DICTIONNAIRE GÉNÉRAL

DES

COMMUNES DE FRANCE,

ET DES

PRINCIPAUX HAMEAUX EN DÉPENDANT,

INDIQUANT LES DÉPARTEMENS, LES ARRONDISSEMENS, LES BUREAUX DE POSTE, LES DISTANCE DES COMMUNES AUX CHEFS-LIEUX D'ARRONDISSEMENT, ET DE CEUX-CI A PARIS.

RÉDIGÉ SUR DES DOCUMENS AUTHENTIQUES.

PARIS,
DE L'IMPRIMERIE DE J. SMITH,
RUE MONTMORENCY, N.º 16.

1818.

AVERTISSEMENT.

Les chiffres qui se trouvent après les noms, dans la première colonne, indiquent, en lieues de poste, les distances aux chefs-lieux d'arrondissement; ceux qui se trouvent dans la deuxième colonne, à la suite des chefs-lieux d'arrondissement ou de département, indiquent la distance de Paris : ces chefs-lieux sont imprimés en petites capitales.

Les hameaux se reconnaissent par le nom des communes dont ils dépendent, imprimé à la suite en caractères *italiques*.

L'astérisque * après un nom indique qu'il existe dans le lieu un bureau de poste aux lettres.

Les articles *le*, *la*, *les*, dont beaucoup de noms se trouvent précédés, ont été placés entre deux parenthèses après ces noms; cependant l'article a été jugé dans quelques cas inséparable, et alors les lieux ont été classés à la lettre L; on ne doit donc chercher les communes sous cette lettre que lorsqu'elles ne se trouvent pas à la lettre initiale du mot qui suit l'article.

On a opéré de même pour les noms précédés du mot *Saint* ou *Sainte* qu'il faut toujours chercher à la lettre initiale du nom propre et non à l'S.

Tous les noms parfaitement semblables sont classés dans l'ordre alphabétique des départemens dont dépendent les communes. Ceux qui sont suivis de surnoms, se trouvent immédiatement après les noms simples, dans l'ordre alphabétique de chacun des mots dont se compose le surnom.

Les *Notre-Dame*, qui ne se trouvent pas à la lettre N doivent se chercher à la lettre initiale des mots qui terminent le nom; on agira de même pour tous les noms composés de plusieurs mots qu'on ne trouverait pas sous la lettre initiale du premier mot.

Comme les lieux sont désignés par les noms connus et usités dans le pays, lorsqu'une commune ne se trouvera pas sous un seul nom, ce sera souvent parce qu'il lui aura été ajouté un surnom; il faudra donc continuer à la chercher parmi celles dont le nom se compose de plusieurs mots.

Pour les recherches, il est nécessaire de se rappeler que beaucoup de lettres s'emploient réciproquement et indifféremment dans bien des cas, l'une pour l'autre, comme l'A pour l'E, l'E pour l'I, l'I pour l'Y, l'M pour l'N, l'S pour le Z, le V pour le W, etc., etc.; que dans certains pays on a l'habitude de doubler quelques consonnes. Ainsi, lorsqu'un nom ne se rencontre pas sous une orthographe, il doit nécessairement se trouver sous celle qui reproduit les mêmes consonnances.

Toutes les communes dont on avait proposé le changement de Sous-Préfecture par le projet de loi soumis aux Chambres, dans la dernière session, se trouvent désignées comme dépendant des nouveaux arrondissemens. Il en est de même pour toutes les communes de la Sous-Préfecture de Wissembourg qui sont portées comme faisant partie de celle d'Haguenau. On a cru devoir en agir ainsi pour ne pas exposer l'ouvrage à présenter, après l'adoption de la loi, et pendant fort long-temps, des indications fausses ou inexactes.

NOTA.

Les exemplaires distribués aux Employés de la Régie des Contributions Indirectes ont seuls le chiffre C. I. sur le titre.

On recommande à ceux des Employés de cette Régie qui remarqueraient quelques erreurs, relativement aux communes où ils exercent leurs fonctions, de les faire connaître à leur directeur, et à ceux-ci d'en faire part à l'Administration.

EXPLICATION DES ABRÉVIATIONS.

B.-Alpes	*signifie*	Basses-Alpes.		Maine-et-L.	*signifie*	Maine-et-Loire.
B.-du-Rhône	—	Bouches-du-Rhône.		Pas-de-Cal.	—	Pas-de-Calais.
B.-Pyrén.	—	Basses-Pyrénées.		Puy-de-Dô.	—	Puy-de-Dôme.
Char.-Inf.	—	Charente-Inférieure.		Pyrén.-Or.	—	Pyrénées-Orientales.
Côtes-du-N.	—	Côtes-du-Nord.		Saône-et-L.	—	Saône-et-Loire.
Eure-et-L.	—	Eure-et-Loire.		Seine-Inf.	—	Seine-Inférieure.
H.-Alpes	—	Hautes-Alpes.		Seine-et-M.	—	Seine-et-Marne.
H.-Garonne	—	Haute-Garonne.		Seine-et-O.	—	Seine-et-Oise.
H.-Loire	—	Haute-Loire.		Tarn-et-Gar.	—	Tarn-et-Garonne.
H.-Marne	—	Haute-Marne.				
H.-Pyrén.	—	Hautes-Pyrénées.				
H.-Saône	—	Haute-Saône.				
H.-Vienne	—	Haute-Vienne.				
Ille-et-Vil.	—	Ille-et-Vilaine.		Ch.-l. d'ar.	*signifie*	Chef-lieu d'arrondissement
Indre-et-L.	—	Indre-et-Loire.				
Loir-et-Ch.	—	Loir-et-Cher.		Ch.-l. de dép.		Chef-lieu de département.
Loire-Inf.	—	Loire-Inférieure.				
Lot-et-Gar.	—	Lot-et-Garonne.		St. ou Ste.		Saint ou Sainte.

ERRATA.

Page 5 Alançon, ch.-l. de dép., Orne : *lisez* Alencon.
    6 Allonnes, Le Mans, Sarte : *lisez* Sarthe.
    8 Ampuguani : *lisez* Ampugnani.
   26 Bannilec : *lisez* Bannalec.
   52 Bourg *, ch.-l. d'ar. : *lisez* ch.-l. de dép.
   87 Chemiré en Charmix : *lisez* en Charnie.
  137 Flour (St.-), ch.-l. d'ar., Lozère : *lisez* Cantal.
  199 Loches, ch.-l. d'ar., Indre : *lisez* Indre-et-Loire.

On trouve chez J. SMITH, Imprimeur-Libraire, rue Montmorency, n.º 16:

MÉMORIAL DU CONTENTIEUX judiciaire et administratif des Contributions indirectes, 7 vol., à 4 fr., 50 c. chaque.—Le tome 8, prix 6 fr., est sous presse.

RECUEIL DES LOIS, INSTRUCTIONS, CIRCULAIRES, etc., relativement à la perception des Droits réunis, 6 vol., in 8°, 21 fr.

RECUEIL DES LOIS, ORDONNANCES, RÉGLEMENS et TARIFS, concernant la perception des Droits d'Entrée et d'Octrois à Paris, 1 vol. in-12, 1 fr. 50 c.

TABLEAUX DES CONTRAVENTIONS ET DES PEINES en matière de Contributions indirectes, par D. Girard, 2.º édition, 2 fr. 50 c.

REGISTRE DU PERSONNEL, sur grand-colombier, avec réglure horizontale. Prix, 50 c. la feuille.

ALMANACH DU COMMERCE de Paris, des Départemens de la France et des principales villes du monde; par J. de la Tynna, 21º année (1818). Prix, 12 fr., et 10 fr. aux souscripteurs.

DICTIONNAIRE topographique, étymologique et historique des Rues de Paris; par J. de la Tynna, in-12. Seconde édition. Paris, 1816. Prix, 7 fr.

CARTE TOPOGRAPHIQUE circulaire des Environs de Paris, dirigée par J. de la Tynna. Prix, en feuilles, 10 fr.

MÉMOIRES DE CHIRURGIE MILITAIRE et Campagnes du baron D.-J. Larrey, contenant les opérations de l'auteur dans ses Campagnes d'Egypte, Italie, Allemagne, Russie, Saxe, et en France, 4 vol. in-8°, avec planches, 25 fr., et 31 fr. 50 c. franc de port.

RECUEIL DE TOUS LES MEMBRES COMPOSANT L'ORDRE ROYAL ET MILITAIRE DE SAINT-LOUIS, depuis l'année 1693, époque de sa fondation; précédé des édits de création et autres relatifs audit Ordre; 3 vol. in-8°. Prix, 18 fr.

DICTIONNAIRE GÉNÉRAL

DES

COMMUNES DE FRANCE,

ET DES

PRINCIPAUX HAMEAUX EN DÉPENDANT.

Communes.	Arrondissem.	Départem.	Communes.	Arrondissem.	Départem.
Aaron (St.-), 6	St.-Brieuc	Côtes-du-N.	Abbeville-St.-Lucien, 8	Clermont	Oise
Aas, 8½	Oléron	B.-Pyrén.	Abbeville, 2½	Briey	Moselle
Aast, 6	Pau	B.-Pyrén.	Abbévillers, 3	Montbéliard	Doubs
Abainville, 7½	Commercy	Meuse	Abeilhan, 2½	Béziers	Hérault
Abancourt, 2	Cambrai	Nord	Abelcourt, 6¼	Lure	H.-Saône
Abancourt, 8	Neufchâtel	Seine-Inf.	Abenon, 6	Lisieux	Calvados
Abancourt-Warfusée, 5	Amiens	Somme	Abense-de-Bas, ¼	Mauléon	B.-Pyrén.
Abaucourt, 6	Nancy	Meurthe	Abense-de-Haut, 3½	Mauléon	B.-Pyrén.
Abaucourt, 3	Verdun	Meuse	Abère, près Morlaas, 5	Pau	B.-Pyrén.
Abbancourt (Romes-camps), 8¼	Beauvais	Oise	Abergement (l'), 8¼	Besançon	Doubs
			Abergement (l'), 4½	Pontarlier	Doubs
Abbans-Dessous, 4¼	Besançon	Doubs	Abergement-de-Cuisery (l'), 6½	Louhans	Saône-et-L.
Abbans-Dessus, 4¼	Besançon	Doubs			
Abbaret, 7	Châteaubriant	Loire-Inf.	Abergement-de-la-Ronce (l'), 2¼	Dôle	Jura
Abbas, 4	Rodez	Aveiron			
Abbaye (l') (La Rivière-Devant), 6	St.-Claude	Jura	Abergement-de-Varcy (l'), 12¼	Belley	Ain
Abbaye (l'), ¼	Pithiviers	Loiret	Abergement-Foigney (l'), 4	Dijon	Côte-d'Or
Abbaye (l') (Léobard), 2	Gourdon	Lot			
Abbaye-Damparis (l'), 1¼	Dôle	Jura	Abergement-le-Duc (l'),	Beaune	Côte-d'Or
			Abergement (Le grand) 6	Nantua	Ain
Abbaye-sous-Plancy (l') 3½	Arcis-sur-Aube.	Aube	Abergement-le-Grand, 2½	Poligny	Jura
Abbecourt, 9	Laon	Aisne	Abergement (Le petit) 6	Nantua	Ain
Abbecourt, 2¼	Beauvais	Oise	Abergement-le-Petit, 2	Poligny	Jura
Abbenans, 4	Baume	Doubs	Abergement-lès-Auxonne (l'), 7½	Dijon	Côte-d'Or
Abbeville, 8	Lisieux	Calvados			
Abbeville, 3	Etampes	Seine-et-O.	Abergement-lès-Malange (l'), 4	Dôle	Jura
ABBEVILLE *	ch.-l. d'ar., 41	Somme			

Communes.	Arrondissem.	Départem.	Communes.	Arrondissem.	Départem.
Abergement-lès-Thesy, 6	Poligny	Jura	Acheul (St.-), 4	Doullens	Somme
Abergement-Rosay (l'), 4 ¼	Lons-le-Saulnier.	Jura	Acheux, 3 ¼	Abbeville	Somme
			Acheux, 5	Doullens	Somme
Abergement-Ste.-Colombe (l'), 3 ¼	Châlons	Saône-et-L.	Acheville, 4	Arras	Pas-de-Cal.
			Achey, 4 ¼	Gray	H.-Saône
Abergement-St.-Jean (l'), 6 ¼	Dôle	Jura	Achicourt, ½	Arras	Pas-de-Cal.
			Achiet-le-Grand, 3 ½	Arras	Pas-de-Cal.
Abert-Ildut (le port d') (Porspoder), 6.	Brest	Finistère	Achiet-le-Petit, 4	Arras	Pas-de-Cal.
			Achun, 5 ¼	ChâteauChinon	Nièvre
Abert-Vrach (le port de l') (Landeda), 7	Brest	Finistère	Achy, 4	Beauvais	Oise
			Acigné, 3	Rennes	Ille-et-Vil.
Abidos, 4	Orthez	B.-Pyrén.	Aclou, 2 ½	Bernay	Eure
Abilly, 9 ½	Loches	Indre-et-L.	Acon, 7 ½	Evreux	Eure
Abit (St.-), 3 ¼	Pau	B.-Pyrén.	Aconin (Noyant), 2	Soissons	Aisne
Abitain, 6	Orthez	B.-Pyrén.	Acq, 1 ½	Arras	Pas-de-Cal.
Abjat, 2 ¼	Nontron	Dordogne	Acquet(Neuilly-le-Dieu) 6 ½	Abbeville	Somme
Ablain-St.-Nazaire, 4	Arras	Pas-de-Cal.			
Ablaincourt, 3 ½	Péronne	Somme	Acqueville, 3 ½	Falaise	Calvados
Ablainvilliers(Verrières), 3	Versailles	Seine-et-O.	Acqueville, 2 ¼	Cherbourg	Manche
			Acquigny, 1	Louviers	Eure
Ablainzevelle, 3 ½	Arras	Pas-de-Cal.	Acquilin (St.-), 4 ½	Riberac	Dordogne
Ablancourt, 2	Vitry-le-Français	Marne	Acquin, 3 ½	Saint-Omer	Pas-de-Cal.
			Acraigne, 4	Nancy	Meurthe
Ableiges, 2	Pontoise	Seine-et-O.	Acy, 2 ½	Soissons	Aisne
Ableuvenettes, 3 ½	Mirecourt	Vosges	Acy ou Romance, ½	Rethel	Ardennes
Abléville, 3 ½	Pont-l'Evêque	Calvados	Acy, 7	Senlis	Oise
Ablis, 3 ½	Rambouillet	Seine-et-O.	Adaincourt, 6	Metz	Moselle
Ablois (St.-Martin d'-), 2	Epernay	Marne	Adainville, 9	Mantes	Seine-et-O.
Ablon, 3 ¼	Pont-l'Evêque	Calvados	Adam-lès-Passavant, 2 ½	Baume	Doubs
Ablon, 4	Corbeil	Seine-et-O.	Adam-lès-Vercel, 3 ½	Baume	Doubs
Abon (Maux), 5	ChâteauChinon	Nièvre	Adamswiller, 7	Saverne	Bas-Rhin
Aboncourt, 3 ¼	Château-Salins	Meurthe	Adast, 1 ¼	Argelès	H.-Pyrén.
Aboncourt, 9	Toul	Meurthe	Adé, 4 ½	Argelès	H.-Pyrén.
Aboncourt, 5	Thionville	Moselle	Adeillac, 8 ½	Muret	Haute-Gar.
Aboncourt, 6	Vesoul	H.-Saône	Adelange, 8	Metz	Moselle
Abondant, 2	Dreux	Eure-et-L.	Adelans, 2 ¼	Lure	H.-Saône
Abos, 5 ¼	Oléron	B.-Pyrén.	Adervielle, 12 ¼	Bagnères	H.-Pyrén.
Abos, 6 ¼	Pau	B.-Pyrén.	Adilly, 1 ½	Parthenay	2 Sèvres.
Aboul (Bozouls), 5 ¼	Rodez	Aveiron	Adissan, 6 ½	Beziers	Hérault
Abraham (St.-), 2 ½	Ploermel	Morbihan	Adjots (les), 1 ½	Ruffec	Charente
Abreschviller, 3 ¼	Sarrebourg	Meurthe	Adjutory (St.-), 8	Confolens	Charente
Abrest, 6	La Palisse	Allier	Adom (Gelvecourt), 3	Mirecourt	Vosges
Abrêts (les), 3	LaTour-du-Pin	Isère	Adon, 4	Rethel	Ardennes
Abriès, 9	Briançon	H.-Alpes	Adon, 4	Gien	Loiret
Abrin, 3 ½	Condom	Gers	Adoulins, 5 ¼	Mirande	Gers
Absac, 4 ½	Libourne	Gironde	Adresse (St.-), 1	Le Hâvre	Seine-Inf.
Abscon, 3 ¼	Douai	Nord	Adrets (les), 5	Grenoble	Isère
Absie (l') (La Chapelle-Séguin), 5 ¼	Parthenay	2 Sèvres	Adrien (St.-), 2	Guingamp	Côtes-du N
			Adrien (St.-) (Plougastel), 4	Brest	Finistère
Abzac, 2 ½	Confolens	Charente			
Accolai, ½	Auxerre	Yonne	Adrien-lès-Authieux (St.-), 2 ½	Rouen	Seine-Inf.
Accolans, 5	Baume	Doubs			
Accons, 11	Tournon	Ardèche	Adriers, 5	Montmorillon	Vienne
Accous, 6 ¼	Oléron	B.-Pyrén.	Adrisans (Cuse), 3 ½	Baume	Doubs
Achain, 3	Château-Salins	Meurthe	Aenduze,* 3	Alais	Gard
Achard (La Chapelle-), 4	Les Sables	Vendée	Affieux, 9	Tulle	Corrèze
Achard (La Mote-), 4 ¼	Les Sables	Vendée	Afféville, 3 ½	Briey	Moselle
Achatel, 5 ½	Metz	Moselle	Affoux, 7 ¼	Villefranche	Rhône
Achen, 3	Sarreguemines	Moselle	Affracourt, 6 ½	Nancy	Meurthe
Achenheim, 2	Strasbourg	Bas-Rhin	Affringues, 4	St.-Omer	Pas-de-Cal.
Achères, 6 ½	Sancerre	Cher	AFFRIQUE (St.-)*	ch.-l. d'ar., 188	Aveiron
Achères, 4 ½	Dreux	Eure-et-L.	Affrique (St.-), 3	Castres	Tarn
Achères, 3	Fontainebleau	Seine-et-M.	Agassac, 7 ¼	St.-Gaudens	H.-Garonne
Achères, 4 ½	Versailles	Seine-et-O.	Agathe (Ste-), 4	Neufchâtel	Seine-Inf.
Achery, 6	Laon	Aisne			

AGN · AIG

Communes.	Arrondissem.	Départem.	Communes.	Arrondissem.	Départem.
Agathe-en-Donzy (Ste.), 7 $\frac{1}{4}$	Roanne	Loire	Agnos, 1	Oléron	B.-Pyrén.
Agathe - la - Bouteresse (Ste.-), 3	Montbrison	Loire	Agny, 1 $\frac{1}{2}$	Arras	Pas-de-Cal.
			Agon, 2 $\frac{1}{2}$	Coutances	Manche
Agathon, $\frac{1}{2}$	Guingamp	Côtes-du-N.	Agonac, 3 $\frac{1}{2}$	Périgueux	Dordogne
Agde *, 6 $\frac{1}{2}$	Béziers	Hérault	Agonès, 7 $\frac{1}{2}$	Montpellier	Hérault
Agea, 7 $\frac{1}{2}$	LonsleSaulnier	Jura	Agonges, 4	Moulins	Allier
Agel, 7 $\frac{1}{2}$	St.-Pons	Hérault	Agonnay, 4	St.-Jean-d'Angély	Char.-Inf.
Agen, 2	Rodez	Aveiron			
AGEN, *	ch-l.de dép. 183	Lot-et-Gar.	Agos, 3	Mont-de-Marsan	Landes
Agencourt, 4	Beaune	Côte-d'Or	Agos, 1	Argelès	H.-Pyrén.
Agenville, 5 $\frac{1}{4}$	Doullens	Somme	Agoulin (St.), 4 $\frac{1}{4}$	Riom	Puy-de-Dô.
Agenvillers, 3	Abbeville	Somme	Agres, 10 $\frac{1}{4}$	Villefranche	Aveiron
Ageux (les), 4	Clermont	Oise	Agrève (St.), 12	Tournon	Ardèche
Ageville, 4 $\frac{1}{2}$	Chaumont	H.-Marne	Agris, 5	Angoulême	Charente
Agey, 5	Dijon	Côte-d'Or.	Agudelle, 2 $\frac{1}{4}$	Jonzac	Char.-Inf.
Agincourt, 1 $\frac{1}{4}$	Nancy	Meurthe	Aguin, 4 $\frac{1}{2}$	Lombez	Gers
Agit (St.-), 8	Vendôme	Loir-et-Ch.	Aguisy (*Lachelle*), $\frac{1}{2}$	Compiègne	Oise
Aglan (*Soturac*), 10	Cahors	Lot	Agutx, 6 $\frac{1}{2}$	Lavaur	Tarn
Aglan (*Challuy*), 1 $\frac{1}{4}$	Nevers	Nièvre	Agy, 1 $\frac{1}{2}$	Bayeux	Calvados
Agmé, 4	Marmande	Lot-et-Gar.	Ahaice (*Ossès*), 11	Mauléon	B.-Pyrén.
Agnac, 2	Rodez	Aveiron	Ahaxe, 10	Mauléon	B.-Pyrén.
Agnac, 8	Marmande	Lot-et-Gar.	Ahetze, 11	Bayonne	B.-Pyrén.
Agnan (St.-), 8	ChâteauChinon	Nièvre	Ahéville, 3 $\frac{1}{2}$	Mirecourt	Vosges
Agnan (St.-), 3	Lavaur	Tarn	Ahuillé, 2 $\frac{1}{4}$	Laval	Mayenne
Agnan-de Cernières (St-) 4	Bernay	Eure	Ahun,* 4 $\frac{1}{2}$	Guéret	Creuse
			Ahuy, 1 $\frac{1}{2}$	Dijon	Côte-d'Or
Agnan - de - Cramesny (St.-), 3 $\frac{1}{2}$	Caen	Calvados	Aibes, 1 $\frac{1}{2}$	Avesnes	Nord
			Aibre, 2 $\frac{1}{4}$	Monthéliard	Doubs
Agnan-de-Pont -Audemer (St.-), $\frac{1}{8}$	Pont-Audemer	Eure	Aicirits, 6 $\frac{1}{2}$	Mauléon	B.-Pyrén.
			Aiding (*Bouzonville*), 6 $\frac{1}{2}$	Thionville	Moselle
Agnan-de-Versillat (St-) 7 $\frac{1}{2}$	Guéret	Creuse	Aiffres, 1 $\frac{1}{4}$	Niort	2 Sèvres
			Aigaliers, 2 $\frac{3}{4}$	Uzès	Gard
Agnan-le-Malherbe (St-) 6	Caen	Calvados	Aigle (l'), 6 $\frac{1}{4}$	Mortagne	Orne
Agnan-sur-Erre (St.-), 6	Mortagne	Orne	Aiglemont, 1 $\frac{1}{2}$	Mézières	Ardennes
Agnan-sur-Loire (St.-), 8	Charolles	Saône-et-L.	Aiglepierre, 3 $\frac{1}{2}$	Poligny	Jura
Agnan sur Sarthe (St.-), 10	Alençon	Orne	Aigleville, 5 $\frac{1}{2}$	Evreux	Eure
Agnant (St.-), 3 $\frac{1}{2}$	ChâteauThiéry	Aisne	Aiglun, 3	Digne	B.-Alpes
Agnant (St.-), 5	St.-Amand	Cher	Aiglun, 9	Grasse	Var
Agnant (St.-), 5 $\frac{1}{2}$	Aubusson	Creuse	Aignan (St.), 2 $\frac{1}{2}$	Sedan	Ardennes
Agnant (*St.-*) (*Hautefort*), 8 $\frac{1}{2}$	Périgueux	Dordogne	Aignan, 12 $\frac{1}{2}$	Mirande	Gers
			Aignan (St.-), 1 $\frac{1}{2}$	Libourne	Gironde
Agnant (St.-), 3	Commercy	Meuse	Aignan (St.-), 3	Nantes	Loire-Inf.
Agnant-en-Vercors (St-) 6 $\frac{1}{4}$	Die	Drôme	Aignan (St.-),* 9 $\frac{1}{4}$	Blois	Loir-et-Ch.
			Aignan (St.-), 8 $\frac{1}{2}$	Mayenne	Mayenne
Agnat, 2 $\frac{1}{2}$	Brioude	H.-Loire	Aignan (St.-), 3 $\frac{1}{2}$	Pontivy	Morbihan
Agneaux, $\frac{1}{4}$	St.-Lô	Manche	Aignan (St.-), 5	Mamers	Sarthe
Agnerville, 4 $\frac{1}{2}$	Bayeux	Côtes-du-N.	Aignan (St.-), 7 $\frac{1}{2}$	Dieppe	Seine-Inf.
Agnès (Ste.-), 10 $\frac{1}{4}$	Besançon	Doubs	Aignan (St.-), 1	Castel-Sarrazin	Tarn et Gar.
Agnès (Ste.-), 3	Lons-le-Saulnier	Jura	Aignan (St.-), 7	Sens	Yonne
			Aignan-des-Guais (St.), 7 $\frac{1}{4}$	Orléans	Loiret
Agnes (Ste.), 4 $\frac{1}{2}$	Grenoble	Isère	Aignan-lès-Rouen(St.-),1	Rouen	Seine-Inf.
Agnessac, 1 $\frac{1}{2}$	Milhaud	Aveiron	Aignan-sur-Roë (St.-), 8 $\frac{1}{2}$	Château - Gontier	Mayenne
Agnet (St.), 9	St.-Sever	Landes			
Agnetz, $\frac{1}{2}$	Clermont	Oise	Aignan-sur-Ry (St.-), 6	Rouen	Seine-Inf.
Agnez-lès-Duisans, 1 $\frac{1}{4}$	Arras	Pas-de-Cal.	Aignant (St.-), 3 $\frac{1}{2}$	Marennes	Char.-Inf.
Agnicourt, 8	Laon	Aisne	Aignant-le-Jaillard(St.-), 4	Gien	Loiret
Agnielles, 8 $\frac{1}{2}$	Gap	H.-Alpes			
Agnières, 8 $\frac{1}{2}$	Gap	H.-Alpes	Aignay-Côte-d'Or, 7 $\frac{1}{2}$ *	Châtillon	Côte-d'Or.
Agnières, 6 $\frac{1}{4}$	St.-Pol	Pas-de-Cal.	Aigne (St.-), 4	Bergerac	Dordogne
Agnières, 9	Amiens	Somme	Aigne, 6 $\frac{1}{4}$	Saint-Pons	Hérault
Agnin, 5 $\frac{1}{4}$	Vienne	Isère	Aigné, 2 $\frac{1}{2}$	Le Mans	Sarthe
Aguin (St.-), 7	Vienne	Isère			

Communes.	Arrondissem.	Départem.	Communes.	Arrondissem.	Départem.
Aignes, $5\frac{1}{2}$	Angoulême	Charente	Ainans (les) $3\frac{1}{4}$	Lure	H.-Saône
Aigneville, 5	Abbeville	Somme	Ainay, 10	Montluçon	Allier
Aigny (St.-), 1	Le Blanc	Indre	Ainay-le-Viel, 1	St.-Amand	Cher
Aigny, $3\frac{1}{2}$	Châlons-sur-Marne	Marne	Aincille, 10	Mauléon	B.-Pyrén.
			Aincourt, 3	Mantes	Seine-et-O.
Aigonnay, $3\frac{1}{2}$	Melle	2 Sèvres	Aincreville, $5\frac{1}{2}$	Montmédy	Meuse
Aigre, * $4\frac{1}{2}$	Ruffec	Charente	Aingeray, $2\frac{1}{2}$	Toul	Meurthe
Aigrefeuille, $5\frac{1}{4}$	Rochefort	Char.-Inf.	Aingeville, $4\frac{1}{2}$	Neuf-Château	Vosges
Aigrefeuille, 6	Villefranche	H.-Garonne	Aingoulaincourt, $7\frac{1}{2}$	Wassy	H.-Marne
Aigrefeuille, 5	Nantes	Loire-Inf.	Aingts, $2\frac{1}{2}$	Montmorillon	Vienne
Aigremont, 4	Alais	Gard	Ainharp, $1\frac{1}{2}$	Mauléon	B.-Pyrén.
Aigremont, $8\frac{1}{2}$	Langres	H.-Marne	Ainhice, $7\frac{1}{4}$	Mauléon	B.-Pyrén.
Aigremont, 4	Versailles	Seine-et-O.	Ainhoua, 7	Bayonne	B.-Pyrén.
Aigremont, 5	Auxerre	Yonne	Ainval, 3	Montdidier	Somme
Aiguefonde, $4\frac{1}{2}$	Castres	Tarn	Ainvelle, $8\frac{1}{2}$	Lure	H.-Saône
Aigue-Parçe, 9	Sarlat	Dordogne	Ainvelle, 10	Neuf-Château	Vosges
Aigue-Perse, 5	Limoges	H.-Vienne	Aimines, 7 *	Amiens	Somme
Aigue-Perse, * 3	Riom	Puy-de-Dô.	Airan, 4	Caen	Calvados
Aigue-Perse, 10	Villefranche	Rhône	Aire, $3\frac{1}{2}$	Rethel	Ardennes
Aiguèse, $10\frac{1}{2}$	Uzès	Gard	Aire, * $7\frac{1}{4}$	St.-Sever	Landes
Aignes-Juntes, $4\frac{1}{2}$	Foix	Ariège	Aire, * 4	St.-Omer	Pas-de-Cal.
Aigues-Mortes, * $9\frac{1}{4}$	Nismes	Gard	Airel, $3\frac{1}{2}$	St.-Lô	Manche
Aigues-Vives, $8\frac{1}{2}$	Pamiers	Ariège	Aires (les) (St.-André-Lancise), 6	Florac	Lozère
Aigues-Vives, 5	Nismes	Gard			
Aiguesvives, 3	Villefranche	H. Garonne	Airion, $1\frac{1}{2}$	Clermont	Oise
Aiguevives, $6\frac{1}{2}$	St.-Pons	Hérault	Airon, 6	Poitiers	Vienne
Aiguilhe, $\frac{1}{4}$	Le-Puy	H.-Loire	Airon-Notre-Dame, 2	Montreuil	Pas-de-Cal.
Aiguillannes (Vilhac), 9	Foix	Ariège	Airon-St.-Vaast, 2	Montreuil	Pas-de-Cal.
Aiguilles, $7\frac{1}{2}$	Briançon	H.-Alpes	Airoux, 2	Castelnaudary	Aude
Aiguillon, * 7	Agen	Lot-et-Gar.	Airoux, 6	Civray	Vienne
Aiguillon (l'), 10	Fontenay-le-Comte	Vendée	Airvault, * $5\frac{1}{2}$	Parthenay	2 Sèvres
			Aiserey, 4	Dijon	Côte-d'Or
Aignillon (l') $5\frac{1}{4}$	Les Sables	Vendée	Aiscy, $8\frac{1}{2}$	Vesoul	H.-Saône
Aiguilly, 1	Roanne	Loire	Aisey-sur-Seine, $3\frac{1}{2}$	Châtillon	Côte-d'Or
Aiguines, $10\frac{1}{4}$	Draguignan	Var	Aisne ou Vesine, 7	Bourg	Ain
Aiguizi, $6\frac{1}{2}$	Château-Thiery	Aisne	Aissey, $3\frac{1}{2}$	Baume	Doubs
Aigulin (St.-), $12\frac{1}{4}$	Jonzac	Char.-Inf.	Aissial-Montezie, $7\frac{1}{2}$	Espalion	Aveiron
Aigurande, 6	La Châtre	Indre	Aissials-la-Garrigue (Is Bonne-Combe), 3	Rodez	Aveiron
Aihère, 5	Bayonne	B.-Pyrén.			
Ail (St.-), $2\frac{1}{4}$	Briey	Moselle	Aisy, $7\frac{1}{4}$	Tonnerre	Yonne
Aile des Hayes-Penquily (l'), $7\frac{1}{2}$	St.-Brieuc	Côtes-du-N.	Aisy-sous-Thil, 3	Semur	Côte-d'Or
			Aiti, 3	Corte	Corse
Ailhon, $8\frac{1}{2}$	Privas	Ardèche	Aix *	ch.-l.-d'ar., 200	B.-du-Rhôn
Aillac, 2	Sarlat	Dordogne	Aix (île d'), * $5\frac{1}{2}$	Rochefort	Char.-Inf.
Aillant, $3\frac{1}{4}$	Joigny	Yonne	Aix (les), $4\frac{1}{2}$	Bourges	Cher
Aillant sur Milleron, 7	Montargis	Loiret	Aix, 2	Ussel	Corrèze
Aillanville, 10	Chaumont	H.-Marne	Aix, 1	Die	Drôme
Aillas, $3\frac{1}{2}$	Bazas	Gironde	Aix, $2\frac{1}{2}$	Briey	Moselle
Ailleres, 6	Foix	Ariège	Aix, $5\frac{1}{2}$	Douai	Nord
Ailleres, $1\frac{1}{4}$	Mamers	Sarthe	Aixe, $2\frac{1}{2}$	Limoges	H.-Vienne
Ailles, 3	Laon	Aisnes	Aix-en-Ergny, 4	Montreuil	Pas-de-Cal.
Aillevans, $4\frac{1}{2}$	Lure	H.-Saône	Aix-en-Issart, $1\frac{1}{2}$	Montreuil	Pas-de-Cal.
Ailleville, $\frac{1}{2}$	Bar-sur-Aube	Aube	Aix-en-Othe, 8	Troyes	Aube
Aillivillers, $8\frac{1}{2}$	Lure	H.-Saône	Aix-la Fayette, $4\frac{1}{2}$	Ambert	Puy-de-Dô.
Ailloncourt, $2\frac{1}{4}$	Lure	H.-Saône	Aix-Noulette, $3\frac{1}{2}$	Béthune	Pas-de-Cal.
Ailly, $2\frac{1}{2}$	Falaise	Calvados	Aizac, $7\frac{1}{2}$	Privas	Ardèche
Ailly, $1\frac{1}{2}$	Louviers	Eure	Aizanville, 5	Chaumont	H. Marne
Ailly, $3\frac{1}{2}$	Commercy	Meuse	Aizé, 7	Issoudun	Indre
Ailly-le-Haut-Clocher, $3\frac{1}{2}$	Abbeville	Somme	Aizecourt-le-Bas, $2\frac{1}{2}$	Péronne	Somme
			Aizecourt-le-Haut, $1\frac{1}{4}$	Péronne	Somme
Ailly-sur-Noye, 5	Montdidier	Somme	Aizecq, 2	Ruffec	Charente
Ailly-sur-Somme, 2	Amiens	Somme	Aizelles, 5	Laon	Aisne
Aimargues, 6	Nismes	Gard	Aizenay, 6	Bourbon-Vend.	Vendée
Aimac, 5	Digne	B. Alpes	Aizier, 2	Pont-Audemer	Eure

Communes.	Arrondissem.	Départem.	Communes.	Arrondissem.	Départem.
Aizy, 4	Soissons	Aisne	Albiose, 15	Digne	B.-Alpes.
Ajac, 1 $\frac{1}{4}$	Limoux	Aude	Albistreccia, 3 $\frac{1}{4}$	Ajaccio	Corse.
Ajac, 8 $\frac{1}{2}$	Périgueux	Dordogne	Albon 9 $\frac{1}{2}$	Valence	Drôme.
AJACCIO *	c.-l. de dép. 290	Corse	Albussac, 5 $\frac{1}{4}$	Tulle	Corrèze.
Ajain, 2 $\frac{1}{4}$	Guéret	Creuse	Alcabelety, 4 $\frac{1}{4}$	Mauléon	B.-Pyrén.
Ajoncourt, 4	Château-Salins	Meurthe.	Alcay, 4 $\frac{1}{2}$	Mauléon	B.-Pyrén.
Ajou, 5.	Bernay	Eure.	Alciette, 10	Mauléon	B.-Pyrén.
Ajoux, 3	Privas	Ardèche.	Aldudes (les), 15, $\frac{1}{2}$	Mauléon	B.-Pyrén.
Alaigne, 3 $\frac{1}{4}$	Limoux	Aude.	Alémont (St.-Jure), 4	Metz	Moselle.
ALAIS *	ch.-l. d'ar., 169	Gard.	Alenya, 2 $\frac{1}{4}$	Perpignan	Pyrén.-Or.
Alaize, 7 $\frac{1}{4}$	Besançon	Doubs.	Alet, 2 $\frac{1}{2}$	Limoux	Aude.
Alan, 1	Montélimart	Drôme.	Aleu, 3 $\frac{1}{2}$	St.-Girons	Ariége.
Alan, 3 $\frac{1}{2}$	St.-Gaudens	H.-Garonne	Alex, 9 $\frac{1}{2}$	Die	Drôme.
ALANÇON *	ch.-l. de dép. 49	Orne.	Alexain, 4.	Mayenne.	Mayenne.
Alando, 2 $\frac{1}{2}$	Corte	Corse.	Alexandre (St.-), 10 $\frac{1}{4}$	Uzès	Gard.
Alary (St.-), 3 $\frac{1}{2}$	Rodez	Aveiron.	Aleyrac, 3 $\frac{1}{4}$	Montélimart	Drôme.
Alata, 1 $\frac{1}{4}$	Ajaccio	Corse.	Alezany, 4 $\frac{1}{2}$	Corte	Corse.
Alauzie (St.-), 5	Cahors	Lot.	Algajola, 2 $\frac{1}{2}$	Calvi	Corse.
Alayrac, 1 $\frac{1}{2}$	Carcassonne	Aude.	Algans, 4 $\frac{1}{4}$	Lavaur	Tarn.
Alayrac, 5.	Montpellier	Hérault.	Algis (St.-), 2 $\frac{1}{2}$	Vervins	Aisne.
Alayrac, 6 $\frac{1}{2}$	Gaillac	Tarn.	Algolsheim, 4	Colmar	H.-Rhin.
Albagnac (Castelnau, 6 $\frac{1}{2}$	Rodez	Aveiron.	Algrange (d'Angevillers) 2	Thionville	Moselle.
Albain (St.-), 3	Mâcon	Saône-et-L.	Algre (St.-), 3 $\frac{1}{2}$	Lapalisse	Allier.
Alban (St.-), 3 $\frac{1}{2}$	Nantua	Ain.	Alièze, 3 $\frac{1}{2}$	LonsleSaulnier	Jura.
Alban, 10 $\frac{1}{2}$	Argentière	Ardèche.	Alignant-du-Vent, 3 $\frac{1}{4}$	Beziers	Hérault.
Alban (St.-), 3 $\frac{1}{2}$	Argentière	Ardèche	Alincthun, 3 $\frac{1}{4}$	Boulogne	Pas-de-Cal.
Alban (St.-), 4 $\frac{1}{2}$	St.-Brieuc	Côtes-du-N.	Alissas, 1	Privas	Ardèche.
Alban (St.-), 3	Toulouse	H.-Garonne	Alix, 2 $\frac{1}{2}$	Villefranche	Rhône.
Alban (St.-), 7	Vienne	Isère	Alizay, 3 $\frac{1}{4}$	Louviers	Eure.
Alban (St.-), 7 $\frac{1}{2}$	Marvejols	Lozère.	Alize-Ste.-Reine, 3 $\frac{1}{2}$	Semur	Côte-d'Or.
Alban, 6 $\frac{1}{4}$	Albi	Tarn.	Allagnat, 3 $\frac{1}{2}$	Clermont	Puy-de-Dô.
Alban-d'Ay (St.-), 10	Tournon	Ardèche.	Allain-aux-Bœufs, 4.	Toul	Meurthe.
Alban-du-Rhône (St.), 3 $\frac{1}{4}$	Vienne	Isère.	Allaincourt, 2 $\frac{1}{4}$	St.-Quentin	Aisne.
Albanies (Menet), 6 $\frac{1}{2}$	Mauriac	Cantal.	Allaincourt, 12	Lure	H.-Saône.
Albarède (l'), 5	Castres	Tarn.	Allaincourt, 4	Château-Salins	Meurthe.
Albares (St.-Marie), 11 $\frac{1}{4}$	Marvejols	Lozère.	Allaincourt-Bioncourt, 3 $\frac{1}{4}$	Château-Salins	Meurthe.
Albares-le-Comptat, 11 $\frac{1}{4}$	Marvejols	Lozère.	Allaines, 9	Chartres	Eure-et-L.
Albaret, 9 $\frac{1}{4}$	Espalion	Aveiron.	Allaines, 1	Péronne.	Somme.
Albas, 9	Narbonne	Aude.	Allainville, 1 $\frac{1}{4}$	Dreux	Eure-et-L.
Albas, 5	Cahors	Lot.	Allainville, 4	Pithiviers	Loiret.
Albefeuille-Lagarde, 2 $\frac{1}{2}$	Castel-Sarrazin	Tarn et Gar	Allainville, 5 $\frac{1}{4}$	Rambouillet	Seine-et-O.
Albenc (l'), * 4	St.-Marcellin	Isère.	Allaire, 12.	Vannes	Morbihan.
Albenque (l'), 4	Cahors	Lot.	Allaix (les), 3.	Limoges	H.-Vienne
Albère, 5 $\frac{1}{4}$	Ceret	Pyren.-Or.	Allamont, 2 $\frac{1}{4}$	Briey	Moselle
Albert, * 6	Péronne	Somme.	Allamps, 4	Toul	Meurthe
Albertaccia, 6	Ajaccio	Corse.	Allanche * 3,	Murat	Cantal
Albertas ou Boue, 2.	Aix	B. du Rhône	Allarmont, 6	St.-Dié	Vosges
Albestroff, 9	Château-Salins	Meurthe.	Allas-Bocage, 1 $\frac{1}{4}$	Jonzac	Char.-Inf.
ALBI *	c.-l. de dép., 169	Tarn.	Allas-Champagne, 2 $\frac{1}{4}$	Jonzac	Char.-Inf.
Albi (St.-), 4	Castres	Tarn.	Allas-de-Berbiguères, 3	Sarlat	Dordogne
Albiac, 4 $\frac{1}{4}$	Villefranche	H.-Garonne	Allas-l'Evêque, 3	Sarlat	Dordogne
Albiac, 6 $\frac{1}{2}$	Figeac	Lot.	Allassac, 3 $\frac{1}{2}$	Brives	Corrèze
Albiac-Haut, 11	Espalion	Aveiron.	Allauch, 3.	Marseille	B. du Rhône
Albiac-Montagne, 11 $\frac{1}{2}$	Espalion	Aveiron.	Alleaume, 4	Valognes	Manche
Albias, 3	Montauban	Tarn et Gar.	Allegre, 3 $\frac{1}{4}$	Alais	Gard
Albières, 9	Carcassonne	Aude.	Allegre, 5 $\frac{1}{4}$	Le Puy	H.-Loire
Albiés, 7	Foix	Ariége.	Alleins, 10.	Arles	B. du Rhône
Albignac, 14	Espalion	Aveiron.	Allemagne, 14	Digne	B.-Alpes
Albignac, 3	Brives	Corrèze.	Allemagne, 1.	Caen	Calvados
Albigny, 2 $\frac{1}{4}$	Lyon	Rhône.	Allemange-Launay, 12 $\frac{1}{4}$	Epernay	Marne
Albin (St.-), 4 $\frac{1}{4}$	Vesoul	H.-Saône.	Allemand-Rombach, 10 $\frac{1}{2}$	Colmar	H.-Rhin
Albin (St.-), 5 $\frac{1}{4}$	LaTour-du-Pin	Isère.	Allemands (les), 2	Pontarlier	Doubs
Albine (St-Amand-Labastide), 7 $\frac{1}{4}$	Castres	Tarn.	Allemans (les), 1.	Pamiers	Ariège

Communes.	Arrondissem.	Départem.
Allemans, 1 ½	Riberac	Dordogne
Allemans, 5	Marmande	Lot-et-Gar.
Allemant, 2 ½	Soissons	Aisne
Allembon, 6	Boulogne	Pas-de-Cal.
Allement, 8 ½	Epernay	Marne
Allemogne (*Thoiry*), 3 ¼	Gex	Ain
Allemond 7 ½	Grenoble	Isère
Allenay, 7 ¼	Abbeville	Somme
Allenc, 3 ¾	Mende	Lozère
Allend'huy, 4 ½	Vouziers	Ardennes
Allenjoie, 2	Montbéliard	Doubs
Allens (*Serres*), 4 ½	Foix	Ariége
Allenwiller, 2 ½	Saverne	B.-Rhin
Allerey, 8	Beaune	Côte-d'Or
Allerey, 6 ½	Châlons	Saône-et-L.
Allériot, 2 ¼	Châlons	Saône-et-L.
Allery, 5	Abbeville	Somme
Alles, 7 ½	Bergerac	Dordogne
Alles, 2	Villeneuve-d'Agen	Lot-et-Gar.
Allesnes-les-Marais, 3 ½	Lille	Nord
Allette, 2	Montreuil	Pas-de-Cal.
Alleux (les), 2 ¼	Vouziers	Ardennes
Alleux (les), 3	Melle	2 Sèvres
Alleux, 2 ½	St.-Flour	Cantal
Allevard, 8 ¼	Grenoble	Isère
Alleyrac, 2	Ussel	Corrèze
Alleyras, 5 ½	Le Puy	H.-Loire
Alleyrat (l'), 1	Aubusson	Creuse
Alliancelles, 5	Vitry-le-Français	Marne
Alliat, 5.	Foix	Ariége
Allibaudière, 1 ½	Arcis-sur-Aube	Aube
Allichamp, 2	St.-Amand	Cher
Allichamp, 2 ¼	Wassy	H.-Marne
Allier, 8 ¼	Mende	Lozère
Allier, 2	Tarbes	H.-Pyrén.
Allières, 2 ½	Grenoble	Isère
Allieux, 5	Montbrison	Loire
Alligny, 6 ½	Château-Chinon.	Nièvre
Alligny, 2	Cosne	Nièvre
Allillac, 10 ¼	Tulle	Corrèze
Allincourt, 2 ¾	Rethel	Ardennes
Allineuc, 4 ½	Loudeac	Côtes-du-N
Alliquerville, 10 ½	Le Havre	Seine-Inf.
Allixan, 1 ¼	Valence	Drôme
Allogny, 4 ½	Bourges	Cher
Allonal (*St.-Amour*), 8 ¾	Lons-le-Saulnier	Jura
Allondans, ¾	Montbéliard	Doubs
Allondrelle, 8 ½	Briey	Moselle
Allonne, 1	Beauvais	Oise
Allonne, 3	Parthenay	2 Sèvres
Allones, 4	Chartres	Eure-et-L.
Allonnes, 2 ½	Saumur	Marne-et-L.
Allonnes, 1 ½	Le Mans	Sarte
Allons, 8	Castellanne	B.-Alpes
Allons, 10	Nérac	Lot-et-Gar.
Allonville (Grand-et-Petit), 1 ½	Amiens	Somme
Allos, 6	Barcelonnette	B.-Alpes
Allos, 3 ½	Mauléon	B.-Pyrén.
Allouagnes, 2 ½	Béthune	Pas-de-Cal.

Communes.	Arrondissem.	Départem.
Alloue, 3 ¼	Confolens	Charente
Allouète (l'), *St.-Avertin*, 1	Tours	Indre-et-L.
Allouville, 1 ½	Yvetot	Seine-Inf.
Allouy, 4 ¼	Bourges	Cher
Allucts (les), 5	Versailles	Seine-et-O.
Alluy, 6 ¼	Château-Chinon	Nièvre
Alluyes, 5 ½	Châteaudun	Eure-et-L.
Ally, 2 ¼	Mauriac	Cantal
Ally, 4 ¼	Brioude	H.-Loire
Almayrac, 5.	Albi	Tarn
Almenesches, 3	Argentan	Orne
Almon, 11	Villefranche	Aveiron
Alnes, 4	Douai	Nord
Alos, 2 ½	St.-Girons	Ariége
Alos, 2 ¼	Gaillac	Tarn
Alonestre (St.-), 6 ¼	Ploermel	Morbihan
Aloxe, 1	Beaume	Côte-d'Or.
Alpinien (St.-), 1 ½	Aubusson	Creuse
Alpuech, 9	Espalion	Aveiron
Alquines, 4 ¼	St.-Omer	Pas-de-Cal.
Alt Eckendorf, 5 ½	Saverne	Bas-Rhin
Altenach, 6.	Belfort.	H.-Rhin
Altenbach, 11	Belfort	H.-Rhin
Altenheim, 2 ½	Saverne	Bas-Rhin
Altenstadt, 7 ½	Haguenau	Bas-Rhin
Althorne, 8	Sarreguemines	Moselle
ALTKIRCH *	ch.-l. d'ar. 125	H.-Rhin
Alton, 6	Nancy	Meurthe
Altorf, 4	Strasbourg	Bas-Rhin
Altrippe, 5	Sarreguemines	Moselle
Altroff, 9	Château-Salins	Meurthe
Altroff (*Bettelainville*), 4	Thionville	Moselle
Altveiller, 8	Sarreguemines	Moselle
Altwiler, 9	Saverne	Bas-Rhin
Altzing, 2	Sarreguemines	Moselle
Aluze, 4	Châlons	Saône-et L.
Alvard (St.-), 5 ¼	Aubusson	Creuse
Alvère (St.-), 7 ¼	Bergerac	Dordogne
Alvignac, 9	Gourdon	Lot
Alvimare, 2 ½	Yvetot	Seine-Inf.
Alyre (St.-), 4 ½	Ambert	Puy-de-Dô.
Alyre ès Montagne (St.), 7	Issoire	Puy-de-Dô.
Alzen, 3	Foix	Ariége
Alzi, 3	Corte	Corse
Alzing (*Vaudreching*), 7 ½	Thionville	Moselle
Alzon, 5	Le Vigan	Gard
Alzonne, * 3 ½	Carcassonne	Aude
Amades, 2	Lombez	Gers
Amadou (St.-), 2 ¼	Pamiers	Ariége
Amage, 6 ¼	Lure	H.-Saône
Amagne, 2	Rethel	Ardennes
Amagney, 3 ¼	Besançon	Doubs
Amailloux, 3	Parthenay	2 Sèvres
Amance, 4	Bar-sur-Aube	Aube
Amance, 3 ½	Nancy	Meurthe
Amance, 6 ½	Vesoul	H.-Saône
Amancet, 6	Castres	Tarn
Amancey, 7 ¾	Besançon	Doubs
Amand (St.-)*	ch.-l. d'ar., 72	Cher
Amand (St.-), 2	Bourganeuf	Creuse
Amand (St.-), 1	Aubusson	Creuse
Amand (St.-), *Vergt*, 6.	Périgueux	Dordogne

Communes.	Arrondissem.	Départem.
Amand (St.-), 8 ¼	Condom	Gers
Amand (St.-), 4	Vendôme	Loir-et-Ch.
Amand (St.-), 7	Agen	Lot-et-Gar.
Amand (St.-), 3 ½	St.-Lô	Manche
Amand (St.-) *Dablois*)2,	Epernay	Marne
Amand (St.-), 2	Vitry-le-Français	Marne
Amand (St.-), 6 ½	Bar-le-Duc	Meuse.
Amand (St.-), 4	Cosne	Nièvre
* Amand (St.-), 8	Douai	Nord
Amand (St.-), 4 ½	Arras	Pas-de-Cal.
Amand (St.-), 2	Ambert	Puy-de-Dô.
Amand des Hautes-Terres (St.-), 5.	Louviers	Eure
Amand-le-Petit (St.-), 8 ½	Limoges	H.-Vienne
Amandin (St.-), 8 ¾	Murat	Cantal
Amange, 2 ½	Dôle	Jura
Amanie(*Bremondans*), 3 ½	Baume	Doubs
Amanlis, 4 ½	Rennes	Ille-et-Vil
Amans (St.-), 2	Pamiers	Ariége
Amans (St.-), 4	Castelnaudary	Aude
Amans (St.-), 10	Espalion	Aveiron
Amans (St.-) (*Muret*), 1 ½	Muret	H.-Garonne
Amans (St.-), 5 ¼	Mende	Lozère
Amans (St.-), 6	Moissac	Tarn et Gar.
Amans de Salmiech (St), 5 ½	Rodez	Aveiron
Amans-Labastide (St.-), 6 ½	Castres	Tarn
Amans-Valtoret (St.-) 6 ½	Castres	Tarn
Amant (St.-), 10	Barbezieux	Charente
Amant (St.-), 7	Bressuire	2 Sèvres.
Amant (St.-), 6 ¼	Bellac	H.-Vienne
Amant-de-Belves (St.-), 6	Sarlat	Dordogne
Amant-de-Boixe (St.-), 4	Angoulême	Charente
Amant-de-Bonnieure (Saint-), 6	Ruffec	Charente
Amant-de-Coly (St.-), 6	Sarlat	Dordogne
Amant-de-Grave (St-) 5 ½	Cognac	Charente
Amant-de-Nouère (St.), 4	Angoulême	Charente
Amant-de-Pellagas (St-), 10 ½	Moissac	Tarn et Gar.
Amant-Tallende (St.-), 4	Clermont	Puy-de-Dô.
Amanty, 7 ½	Commercy	Meuse
Amanvillers, 2 ½	Metz	Moselle
Amanzé, 3 ½	Charolles	Saône-et-L.
Amareins, 4 ½	Trévoux	Ain
Amarens, 4	Gaillac	Tarn
Amarrin (St.-), 11	Belfort	H.-Rhin
Amathay, 8 ¾	Besançon	Doubs
Amator (St.-), 1 ¼	Bayeux	Calvados
Amayé-sur-Orne, 4	Caen	Calvados
Amayé-sur-Seulles, 7	Caen	Calvados
Amazy, 2 ¾	Clamecy	Nièvre
Ambacourt, 1 ¼	Mirecourt	Vosges
Ambarès, 3 ½	Bordeaux	Gironde
Ambax, 7	St.-Gaudens	H.-Garonne
Ambazac, 4	Limoges	H.-Vienne
Ambel, 20 ¼	Grenoble	Isère
Ambenay, 10 ½	Evreux	Eure
Amberac, 6	Angoulême	Charente
Amberieux, * 9	Belley	Ain
Ambérieux, 3 ½	Trévoux	Ain
Ambérieux, 1 ¼	Villefranche	Rhône
Amberuac, 2 ½	Confolens	Charente

Communes.	Arrondissem.	Départem.
Ambert *	ch.-l. d'ar., 114	Puy-de-Dô.
Ambert, 6 ½	Poitiers	Vienne
Ambeyrac, 5 ¾	Villefranche	Aveiron
Ambialet, 6 ¼	Albi	Tarn
Ambierle, 5	Roanne	Loire
Ambiévilliers, 11 ½	Lure	H.-Saône
Ambillou, 14.	Chinon	Indre-et-L.
Ambillou, 6 ¼	Saumur	Maine-et-L.
Amblagneu, 12.	La Tour-du-Pin	Isère
Amblaincourt, 6 ½	Bar-le-Duc	Meuse
Amblainville, 6	Beauvais	Oise
Amblans, 1 ¼	Lure	H.-Saône
Ambleny, 4	Soissons	Aisne
Ambléon, 3	Belley	Ain
Ambleteuse, 3	Boulogne	Pas-de-Cal.
Ambleville, 4 ½	Cognac	Charente
Ambleville, 5 ½	Mantes	Seine-et-O.
Amblie, 4.	Caen	Calvados
Amblimont, 3	Sedan	Ardennes
Ambloy, 4	Vendôme	Loire et Ch.
Ambly, 2 ¼	Rethel	Ardennes
Ambly, 4 ¼	Verdun	Meuse
Amboise, * 6	Tours	Indre-et-L.
Ambon, 5	Vannes	Morbihan
Ambonnay, 6	Rheims	Marne
Ambonville, 6 ¼	Wassy	H.-Marne
Ambourville, 3	Rouen	Seine-Inf.
Ambrault, 4 ¼	Issoudun	Indre
Ambre, 4.	Baume	Doubs
Ambres, 1 ½	Lavaur	Tarn
Ambrenil (St.-), 2 ¼	Châlons	Saône-et-L.
Ambricourt, 8	Montreuil	Pas-de-Cal.
Ambrief 2, ½	Soissons	Aisne
Ambrières, 4 ½	Vitry-le-Français	Marne
Ambrières 2 ½	Mayenne	Mayenne
Ambrigna, 4 ½	Ajaccio	Corse
Ambrines, 4 ¼	St.-Pol	Pas-de-Cal.
Ambroix (St.), 6.	Bourges	Cher
Ambroix (St.-), * 4	Alais	Gard
Ambronay, 10 ¼	Belley	Ain
Ambrugeac, 3	Ussel	Corrèze
Ambrumesnil, 2	Dieppe	Seine-Inf.
Ambrus. 4	Nérac	Lot-et-Gar.
Ambutrix, 10	Belley	Ain
Amecourt, 6	Les Andelys	Eure
Amel, 7 ½	Montmédy	Meuse
Amélécourt, ½	Château-Salins	Meurthe
Amendeuix, 6 ¼	Mauléon	B.-Pyrén.
Amenoncourt, 6 ½	Lunéville	Meurthe
Aménucourt, 4	Mantes	Seine-et-O.
Amerbois (*Videlles*), 4 ¼	Etampes	Seine-et-O.
Amerval, 5	St.-Pol	Pas-de-Cal.
Amé (St.-), 2	Remiremont	Vosges
Ames, 5	Béthune	Pas-de-Cal.
Amettes, 5	Béthune	Pas-de-Cal.
Amengny, 8	Mâcon	Saône-et-L.
Amenvelle, 13	Mirecourt	Vosges
Ameyzieu, 3 ½	Belley	Ain
Amfreville, 3	Caen	Calvados
Amfreville, 4	Valognes	Manche
Amfréville, 2 ¼	Yvetot	Seine-Inf.
Amfreville-la-Campagne 1	Louviers	Eure
Amfreville-lès-Champs, 3	Les Andelys	Eure

Communes.	Arrondissem.	Départem.	Communes.	Arrondissem.	Départem.
Amfreville-sous-les-Monts, 3	Les Andelys	Eure	Anchy-en-Bray, 5 ½	Beauvais	Oise
			Anciennes, 4	Mamers	Sarthe
Amfreville-sur-Iton, 2	Louviers	Eure	Ancienville, 6 ½	Soissons	Aisne
Amfroipret, 6 ¼	Avesnes	Nord	Ancier, 1	Gray	H.-Saône
AMIENS,*	ch.-l. de dép., 32	Somme	Ancizan, 11	Bagnères	H.-Pyrén.
Amifontaine, 6	Laon	Aisne	Anclades (*Lourdes*), 3 ½	Argelès	H.-Pyrén.
Amiguy, 2	St.-Lô	Manche	Anconne, ¼	Montélimart	Drôme
Amigny-Rouy, 7	Laon	Aisne	Ancourt, 2	Dieppe	Seine-Inf.
Amilly, 1 ¼	Chartres	Eure-et-L.	Ancourteville, 3	Yvetot	Seine-Inf.
Amilly, 2 ¼	Coulommiers	Seine-et-M.	Ancretteville-sur-Mer, 6 ½	Yvetot	Seine-Inf.
Amilly-St.-Firmin, 1	Montargis	Loiret			
Amions, 5 ½	Roanne	Loire	Ancteville, 2	Coutances	Manche
Amirat, 10	Grasse	Var	Anctoville, 5 ½	Bayeux	Calvados
Ammerschwir, 2 ½	Colmar	Haut-Rhin	Anctoville, 6 ¼	Coutances	Manche
Ammertzwiller, 7 ½	Belfort	Haut-Rhin	Ancy, 7	Villefranche	Rhône
Ammeville, 7 ½	Lisieux	Calvados	Ancy-le-Franc,* 4 ½	Tonnerre	Yonne
Amné, 6	Le Mans	Sarthe	Ancy-le-Serveox, 3	Tonnerre	Yonne
Amoises (Grandes-), 4 ¼	Vouziers	Ardennes	Ancy-lès-Sologne (*Sologne*), 4	Metz	Moselle
Amoncourt, 4	Vesoul	H.-Saône			
Amondans, 5 ½	Besançon	Doubs	Ancy-sur-Moselle, 2 ¼	Metz	Moselle
Amont, 6	Lure	H.-Saône	Andainville, 8 ½	Amiens	Somme
Amorots, 7 ¼	Mauléon	B.-Pyrén.	Andance, 8	Tournon	Ardèche
Amou, 7 ¼	St.-Sever	Landes	Andancette (*Albon*), 9 ¼	Valence	Drôme
Amour (St.-),* 8 ¼	LonsleSaulnier	Jura	Andard, 3	Angers	Maine-et-L
Amour (St.-), 4	Mâcon	Saône-et-L.	Andé, 2	Louviers	Eure
Ampaza (*Azilone*), 3 ¼	Ajaccio	Corse	Andechy, 3 ½	Mont-Didier	Somme
Ampeils, 4	Condom	Gers	Andel, 4 ¼	St.-Brieuc	Côte-du-N.
Ampiac, 2 ¼	Rodez	Aveiron	Andelain, 6	Laon	Aisne
Ampilly-les-Bordes, 6 ½	Châtillon	Côte-d'Or	Andelarre, 1 ½	Vesoul	H.-Saône
Ampilly-le-Sec, 1 ½	Châtillon	Côte-d'Or	Andelarrot, 1 ½	Vesoul	H.-Saône
Amplaing, 2 ½	Foix	Ariége	Andelat, 1	St.-Flour	Cantal
Amplepuis, 5 ½	Villefranche	Rhône	Andelin (St.-), 2	Cosne	Nièvre
Amplier, 7 ¼	Arras	Pas-de-Cal.	Andelmans, 1	Belfort	Haut-Rhin
Ampoigné, 2	Château-Gontier	Mayenne	Andelot, 4	Poligny	Jura
			Andelot-lès-St.-Amour, 8 ½	LonsleSaulnier	Jura
Amponville, 5	Fontainebleau	Seine-et-M.			
Ampriani, 4 ¼	Corte	Corse	Andelot,* 5	Chaumont	H.-Marne
Ampugnani, 8	Bastia	Corse	Andelu, 4 ¼	Mantes	Seine-et-O.
Ampuis, 6 ½	Lyon	Rhône	ANDELYS (LES)*, ch.-l. d'ar., 26	Eure	
Ampus, 3	Draguignan	Var	Andenac, 6 ½	Mirande	Gers
Amuré, 3 ¼	Niort	2 Sèvres	Andéol (St.-), 2 ¼	Die	Drôme
Amy, 7	Compiègne	Oise	Andéol (St.-), 6	Alais	Gard
Anais	Angoulême	Charente	Andéol (St.-), 7 ½	Grenoble	Isère
Anan, 6 ¼	St.-Gaudens	H.-Garonne	Andéol (St.-), 8 ½	Florac	Lozère
Anans, 4 ¼	Dôle	Jura	Andéol-de-Berg (St.-), 8	Argentière	Ardèche
Anastasie (St.-), 6	Issoire	Puy-de-Dô.	Andéol-de-Bourlenc (St.-), 5 ½	Privas	Ardèche
Anastasie (Ste.-), 3	Murat	Cantal			
Anastasie (Ste.-), 3 ½	Uzès	Gard	Andéol-de-Fourchades (St.-), 15 ½	Tournon	Ardèche
Anastasie (Ste.-), 3	Brignoles	Var			
Anberville-sur-Aulne, 3 ½	Dieppe	Seine-Inf.	Andéol-le-Château(St.-) 4 ½	Lyon	Rhône
Anberville-sur-Ières, 7	Dieppe	Seine-Inf.			
Ance, 3	Oléron	B.-Pyrén.	Andernay, 4 ½	Bar-le-Duc	Meuse
Anceaumeville, 3 ¼	Rouen	Seine-Inf.	Andernos, 10 ½	Bordeaux	Gironde
Anceins, 10	Argentan	Orne	Anderny, 2	Briey	Moselle
Ancelle, 3 ¼	Gap	H.-Alpes	Andert, 1	Belley	Ain
Ancemont, 2 ½	Verdun	Meuse	Andevanne, 7 ½	Vouziers	Ardennes
ANCENIS,*	ch.-l. d'ar., 89	Loire-Inf.	Audeville, 7 ½	Châteaudun	Eure-et-L.
Ancerville, 5 ½	Bar-le-Duc	Meuse	Andeville, 5	Beauvais	Oise
Ancerville, 4	Metz	Moselle	Audheux (St.-), 5	Semur	Côte-d'Or
Ancerviller, 7	Lunéville	Meurthe	Audierne,* 9	Quimper	Finistère
Ancey, 4	Dijon	Côte-d'Or	Andigné ou Audigné, 1 ½	Segré	Maine-et-L
Anchamps, 3 ¼	Rocroi	Ardennes	Andillac, 2 ¼	Gaillac	Tarn
Anchay, 11	LonsleSaulnier	Jura	Andillé, 4	Poitiers	Vienne
Anché, 1 ½	Chinon	Indre-et-L.	Andilly, 4 ¼	Langres	H.-Marne
Anchenoncourt, 7 ½	Vesoul	H.-Saône	Andilly, 2 ½	Toul	Meurthe

Communes.	Arrondissem.	Départem.
Andilly, 3	Pontoise	Seine-et-O.
Andilly-le-Marais, 3 $\frac{1}{2}$	La Rochelle	Char.-Inf.
Andinfer, 3	Arras	Pas-de-Cal.
Andiol (St.-), 5	Arles	B. du Rhône
Andiran, 5	Agen	Lot-et-Gar.
Andlau, 3 $\frac{1}{2}$	Schélestatt	Bas-Rhin
Andoche (St.-), 6 $\frac{1}{2}$	Gray	H.-Saône
Andoins, 3 $\frac{1}{4}$	Pau	B.-Pyrén.
Andolsheim, 1 $\frac{1}{4}$	Colmar	Haut-Rhin
Andon, 6 $\frac{1}{2}$	Grasse	Var
Andonville, 5 $\frac{1}{4}$	Pithiviers	Loiret
Andornay, 2 $\frac{1}{4}$	Lure	H.-Saône
Andouillé, 6 $\frac{1}{2}$	Rennes	Ille-et-Vil.
Andouillé, 3 $\frac{1}{2}$	Laval	Mayenne
Andouque, 5	Albi	Tarn
Andouville, 5 $\frac{1}{2}$	Valognes	Manche
André (St.-), 1 $\frac{1}{2}$	Briançon	H.-Alpes
André (St.-), 1 $\frac{1}{4}$	Embrun	H.-Alpes
André (St.-), 4 $\frac{1}{2}$	Argentière	Ardèche
André (St.-), 13 $\frac{1}{2}$	Tournon	Ardèche
André (St.-), 1	Troyes	Aube
André (St.-) (Festes), 5 $\frac{1}{2}$	Limoux	Aude
André (St.-), 5 $\frac{1}{2}$	Villefranche	Aveiron
André (St.-), 4	Castellanne	B.-Alpes
André (St.-), 2	Cognac	Charente
André (St.-), 1	Sarlat	Dordogne
André (St.-), 3 $\frac{1}{2}$	Evreux	Eure.
André (St.-), 3	Lombez	Gers
André (St.-), 12 $\frac{1}{4}$	Libourne	Gironde
André (St.-), 5 $\frac{1}{4}$	Lodève	Hérault
André (St.-), 9	Dax	Landes
André (St.-), (Cléry), 3 $\frac{1}{2}$	Orléans	Loiret
André (St.-), 5	Verdun	Meuse
André (St.-), $\frac{1}{2}$	Lille	Nord
André (St.-), 2	Montreuil	Pas-de-Cal.
André (St.-), 4	Riom	Puy-de-Dô.
André (St.-), 6 $\frac{1}{4}$	Ceret	Pyr.-Or.
André (St.-), 2 $\frac{1}{4}$	Louhans	Saône-et-L.
André (St.-), 6	Bressuire	2 Sèvres
André (St.-), 9	Albi	Tarn
André-Capcèze (St.-), 6 $\frac{1}{2}$	Mende	Lozère
André-d'Apchon (St.-), 3	Roanne	Loire
André-d'Hebertot (St.-), 1 $\frac{1}{4}$	Pont-l'Evêque	Calvados
André-d'Huiriat (St.-), 5	Bourg	Ain
André-d'Olelargues (Saint-), 5 $\frac{1}{4}$	Uzès	Gard
André-d'Ornais (St.-),	Bourbon-Vendée	Vendée
André-de-Bagé (St.-), 3	Bourg	Ain
André-de-Bohon (St.-),	St.-Lô	Manche
André-de-Briouze (St.-), 7	Argentan	Orne
André-de-Buégues (St.-), 7	Montpellier	Hérault
André-de-Chalançon (St.-), 6 $\frac{1}{2}$	Yssingeaux	H.-Loire
André-de-Corcy (St.-), 3 $\frac{1}{2}$	Trévoux	Ain
André-de Cruzières (St.), 6 $\frac{1}{4}$	Argentière	Ardèche
André-de-Cubzac (St.-), 5 $\frac{1}{2}$	Bordeaux	Gironde
André-de-Double (St.-), 3 $\frac{1}{4}$	Riberac	Dordogne
André-de-Fontenay (St.), 2	Caen	Calvados
André-de-la-Marche (St.-), 3	Beaupréau	Maine-et-L.
André-de-l'Epine (St.-), 1 $\frac{1}{4}$	Saint-Lô	Manche
André-de-Lidon (St.-), 4 $\frac{1}{2}$	Saintes	Char.-Inf.
André-de-Majencoules (St.-), 2 $\frac{1}{4}$	Le Vigan	Gard
André-Demessei (St.-),3	Domfront	Orne
André-de-Roquelongue (St.-), 3	Narbonne	Aude
André-de-Roquepertuis (St.-), 7 $\frac{1}{4}$	Uzès	Gard
André-de-Rozans (St.-), 14 $\frac{1}{4}$	Gap	H.-Alpes
André-de-Valborgne (St.-), 9	Le Vigan	Gard
André-des-Eaux (St.-), 2 $\frac{1}{4}$	Dinan	Côtes du-N.
André-des-Eaux (St.-), 7 $\frac{1}{4}$	Savenay	Loire-Inf.
André-du-Bois, 4	La Réole	Gironde
André-du-Gara (St.-), 1 $\frac{1}{2}$	La Réole	Gironde
André-en-Morvan (St.-), 8 $\frac{1}{4}$	Clamecy	Nièvre
André-en-Royans (St.-), 2	St.-Marcellin	Isère
André-en-Terre-Pleine (St.-), 3	Avallon	Yonne
André-Farivillers (St.-), 7 $\frac{1}{4}$	Clermont	Oise
André-Goule-d'Oie (St.-), 6	Bourbon-Vendée	Vendée
André-la-Côte (St.-), 4 $\frac{1}{2}$	Lyon	Rhône
André-la-Palud (St.-), 2 $\frac{1}{4}$	La Tour-du-Pin	Isère
André-Lancise (St.-), 6	Florac	Lozère
André-le-Bouchoux (St.-), 11	Trévoux	Ain
André-le-Désert (St.-), 9	Mâcon	Saône-et-L.
André-le-Panoux (St.-), 2	Bourg	Ain
André-le-Puy (St.-), 3	Montbrison	Loire
André-sur-Cailly (St.-), 4	Rouen	Seine-Inf.
André-sur-Marceil (St.-), 8 $\frac{1}{4}$	Fontenay-le-Comte	Vendée
André-Treize-Voies (St.-), 9	Bourbon-Vendée	Vendée
Andrea (St.-), 3 $\frac{1}{4}$	Ajaccio	Corse
Andrea (St.-), 3	Calvi	Corse
Andrea (St.-), 4	Sartène	Corse
Andrean (St.-), 4 $\frac{1}{4}$	St.-Gaudens	H. Gar.
Andrein, 4 $\frac{1}{4}$	Orthez	B.-Pyrén.
Andres, 8	Boulogne	Pas-de-Cal.
Andrest, 2 $\frac{1}{4}$	Tarbes	H.-Pyrén.
Andresy, 4 $\frac{1}{4}$	Versailles	Seine-et-O.
Andrezé, 1	Beaupréau	Maine-et-L.

Communes.	Arrondissem.	Départem.
Andrezel, 4	Melun	Seine-et-M.
Andries, 8	Auxerre	Yonne.
Andriveau (*Chancelade*) 2	Périgueux	Dordogne
Androny (St.-), 1 $\frac{1}{4}$	Blaye	Gironde
Anebecq, 3 $\frac{1}{4}$	Vire	Calvados
Anelle, 2	Compiègne	Oise
Anet, 3 $\frac{3}{4}$	Dreux	Eure-et-L.
Anetz, 1 $\frac{1}{2}$	Ancenis	Loire-Inf.
Angais, 3	Pau	B.-Pyrén.
Angeac-Champagne, 2 $\frac{1}{2}$	Cognac	Charente
Angeac-Charente, 6	Cognac	Charente
Angeau (St.), 6	Ruffec	Charente
Angecourt, 2 $\frac{1}{2}$	Sedan	Ardennes
Angel (St.-), 2	Mont-Luçon	Allier
Angel (St.-), 2	Ussel	Corrèze
Angel (St.-), 1 $\frac{1}{4}$	Nontron	Dordogne
Angel (St.-), 4	Riom	Puy-de-Dô
Ange-le-Vieil (St.-), 6 $\frac{1}{2}$	Fontainebleau	Seine-et-M.
Angelo (St.-),	Calvi	Corse
ANGERS *,	ch.-l. de dép. 77	Maine et-L.
Angerville, 4 $\frac{1}{4}$	Pont-l'Evêque	Calvados
Angerville, 4 $\frac{1}{4}$	Etampes	Seine et-O.
Angerville-Bailleul, 8	Le Hâvre	Seine-Inf.
Angerville-la-Campagne, 1	Evreux	Eure.
Angerville-la-Martel, 6 $\frac{1}{4}$	Yvetot	Seine-Inf.
Angerville-Lorcher, 4 $\frac{1}{2}$	Le Hâvre	Seine-Inf.
Angervilliers, 5 $\frac{1}{4}$	Rambouillet	Seine-et-O.
Ange (St.-), 3 $\frac{1}{2}$	Dreux	Eure-et-L.
Angely, 4	Avallon	Yonne.
Angés, 4 $\frac{1}{2}$	Forcalquier	B.-Alpes.
Angeville (*Bosc-le-Hard*, 8	Dieppe	Seine-Inf.
Angeville, 1 $\frac{1}{4}$	Castel-Sarrasin	TarnetGar.
Angey, 3 $\frac{1}{2}$	Avranches	Manche.
Angicourt, 3	Clermont	Oise.
Angiens, 5	Yvetot	Seine-Inf.
Angirey, 4	Gray	H.-Saône.
Angivillers, 3	Clermont	Oise.
Anglade, 2 $\frac{1}{4}$	Blaye	Gironde.
Anglards, 2 $\frac{1}{4}$	Mauriac	Cantal.
Anglards, 2 $\frac{1}{2}$	St.-Flour	Cantal.
Anglars, 3	Espalion	Aveiron.
Anglars, 11 $\frac{1}{2}$	Milhaud	Aveiron.
Anglars, 9 $\frac{1}{2}$	Rodez	Aveiron.
Anglars (*Albas*), 5 $\frac{1}{4}$	Cahors	Lot.
Anglars, 4 $\frac{1}{4}$	Figeac	Lot.
Anglefort, 5	Belley	Ain.
Anglemont, 7 $\frac{1}{4}$	Epinal	Vosges.
Angles, 4	Castellanne	B.-Alpes.
Angles, 2 $\frac{1}{2}$	Cognac	Charente.
Angles (les), 1 $\frac{1}{2}$	Tulle	Corrèze.
Angles (les), 8 $\frac{1}{4}$	Uzès	Gard.
Angles, 4	Argelès	H.-Pyrén.
Angles (les), 11	Prades	Pyrén.-Or.
Angles, 9	Castres	Tarn.
Angles, * 6 $\frac{1}{4}$	Montmorillon	Vienne.
Angles ou Moricq, 9	Les Sables	Vendée.
Anglet, $\frac{1}{2}$	Bayonne	B.-Pyrén.
Angliers, 4	La Rochelle	Char.-Inf.
Angliers, 1 $\frac{1}{2}$	Loudun	Vienne.
Angloischeville, 1 $\frac{1}{4}$	Falaise	Calvados.
Anglure, 13 $\frac{1}{4}$	Epernay	Marne.
Anglus, 6	Wassy	H.-Marne.
Anglnzelle, 11	Epernay	Marne.
Angoisse, 10	Nontron	Dordogne.
Angomont, 9	Lunéville	Meurthe.
Angos, 3 $\frac{1}{4}$	Pau	B.-Pyrén.
Angos, 2 $\frac{1}{2}$	Tarbes	H.-Pyrén.
ANGOULÊME *	ch.-l. de dép. 118	Charente.
Angoulins, 1 $\frac{1}{4}$	La Rochelle	Char.-Inf.
Angoumé, 2 $\frac{1}{4}$	Dax	Landes.
Angounes (*Brie*), 2 $\frac{1}{4}$	Grenoble	Isère.
Angous, 6	Orthez	B.-Pyrén.
Angoustrine, 13	Prades	Pyrén.-Or.
Angoville, 4	Falaise	Calvados.
Angoville, 6 $\frac{1}{4}$	Pont-l'Évêque	Calvados.
Angoville, 6	Pont-Audemer	Eure.
Angoville, 4 $\frac{1}{4}$	Cherbourg	Manche.
Angoville-au-Plein, 6 $\frac{1}{2}$	Valognes	Manche.
Angoville-sur-E., 6 $\frac{1}{4}$	Coutances	Manche.
Angre-Liévin, 5	Béthune	Pas-de-Cal.
Angresse, 6 $\frac{1}{4}$	Dax	Landes.
Angreville, 3 $\frac{1}{2}$	Dieppe	Seine-Inf.
Angrie, 4	Segré	Maine et L.
Anguerny, 3	Caen	Calvados.
Anguilcourt, 6	Laon	Aisne.
Angviller, 4 $\frac{1}{2}$	Sarrebourg	Meurthe.
Angy, 1 $\frac{1}{4}$	Clermont	Oise.
Anhaux, 11 $\frac{1}{2}$	Mauléon	B.-Pyren.
Anhiers, 1 $\frac{1}{4}$	Douai	Nord.
Aniane, 6	Montpellier	Hérault.
Aniche, 3	Douai	Nord.
Anières, 5	Lons le-Saulnier	Jura.
Anières, 2 $\frac{1}{4}$	Melle	2 Sèvres.
Anisy, 2	Caen	Calvados.
Anisy-le-Château, 3	Laon	Aisne.
Anjeot, 3 $\frac{1}{2}$	Belfort	H.-Rhin.
Anjeux, 9 $\frac{1}{4}$	Lure	H-Saône.
Anjoing, 7 $\frac{1}{2}$	Issoudun	Indre.
Anjou, 5	Vienne	Isère.
Anjoutey, 3	Belfort	H.-Rhin.
Anla, 14	Bagnères	H.-Pyrén.
Anlezy, 6 $\frac{1}{2}$	Nevers	Nièvre.
Anlhiac, 9	Périgueux	Dordogne.
Annappes, 1	Lille	Nord.
Annat, 4	Espalion	Aveiron.
Annay, 4	Cosne	Nièvre
Aunay, 4	Tonnerre	Yonne.
Annay-la-Côte, 1 $\frac{1}{2}$	Avallon	Yonne.
Anne (Ste.-), 8 $\frac{1}{2}$	Lombez	Gers.
Anne (Ste.-) (*Lariche*), $\frac{1}{4}$	Tours	Indre-et-L.
Anne (Ste.-), 1 $\frac{1}{4}$	Vendôme	Loir-et-Ch.
Anne (Ste.-) (*Mézières*), 2 $\frac{1}{2}$	Bellac	H-Vienne.
Anne (Ste.-), 8	Limoges	H-Vienne.
Annebault, 3	Pont-l'Evêque.	Calvados.
Annebault ou Appeville, 2	Pont-Audemer	Eure.
Anne-d'Entremont (Ste.-), 2 $\frac{1}{4}$	Falaise	Calvados.
Annelles, 2 $\frac{1}{2}$	Rethel	Ardennes.
Anneot, 1 $\frac{1}{4}$	Avallon	Yonne.
Annepont, 2 $\frac{1}{4}$	St.-Jean-d'Angely	Char.-Inf.
Annequin, 2 $\frac{1}{2}$	Béthune	Pas-de-Cal.
Anneran, 11 $\frac{1}{4}$	Bagnères	H.-Pyrén.

Communes.	Arrondissem.	Départem.	Communes.	Arrondissem.	Départem.
Annères, 8 $\frac{1}{2}$	Bagnères	H.-Pyrén.	Antichan, 5	St.-Gaudens	H.-Garonne
Annesse, 3 $\frac{1}{4}$	Périgueux	Dordogne	Antichan, 14 $\frac{1}{2}$	Bagnères	H.-Pyrén.
Annet, 3	Meaux	Seine-et-M.	Antignac, 1 $\frac{1}{2}$	Jonzac	Char.-Inf.
Anneux, 2 $\frac{1}{4}$	Cambrai	Nord	Antignac (*Vignonet*), 6	Mauriac	Cantal
Anneville (*Ceffosses*), 3 $\frac{1}{2}$	Coutances	Manche.	Antignac, 8	St.-Gaudens	H.-Garonne
Anneville, 3	Chaumont	H.-Marne.	Antigny, 4	Fontenay-le-Comte	Vendée
Anneville, 3	Dieppe	Seine-Inf.			
Anneville, 3 $\frac{1}{4}$	Rouen	Seine-Inf.	Antigny, 3	Montmorillon	Vienne
Anneville-en-Cères, 4 $\frac{1}{4}$	Valognes	Manche.	Antigny-la-Ville, 6	Beaune	Côte-d'Or.
Anneyron, 10 $\frac{1}{2}$	Valence	Drôme.	Antigny-le-Château (*Foissy*), 6	Beaune	Côte-d'Or.
Annezay, 4	St.-Jean-d'Angely.	Char.-Inf.			
			Antilly, 2 $\frac{1}{2}$	Metz	Moselle
Annezin, $\frac{1}{2}$	Béthune	Pas-de-Cal.	Antilly, 7	Senlis	Oise
Annœullin, 4 $\frac{1}{4}$	Lille	Nord.	Antin, 6	Tarbes	H.-Pyrén.
Annoire, 6 $\frac{1}{4}$	Dôle	Jura.	Antisanti, 5 $\frac{1}{4}$	Corte	Corse
Annois, 4 $\frac{1}{4}$	St.-Quentin.	Aisne.	Antist, 1 $\frac{1}{2}$	Bagnères	H.-Pyrén.
Annoisin, 6 $\frac{1}{4}$	La Tour-du-Pin	Isère.	Antogny, 9	Chinon	Indre-et-L.
Annoix, 4 $\frac{1}{2}$	Bourges	Cher.	Antoigné, 6	Saumur	Maine-et-L.
Annonay, * 9	Tournon	Ardèche.	Antoigné (*Châtellerault*), 1	Châtellerault	Vienne
Annonville, 8	Wassy	H.-Marne.			
Annot, 10	Castellane	B.-Alpes.	Antoigny, 6 $\frac{1}{4}$	Domfront	Orne
Annouville, 7 $\frac{1}{4}$	Le Hâvre	Seine-Inf.	Antoine (St.-), 7	Périgueux	Dordogne
Annoux, 5	Avallon	Yonne.	Antoine (St.-), 6	Pontarlier	Doubs
Annoville, 3 $\frac{1}{4}$	Coutances	Manche.	Antoine (St.-), 6	Lectoure	Gers
Anoiran, 1 $\frac{1}{4}$	Nérac	Lot-et-Gar.	Antoine (St.-), 6 $\frac{1}{4}$	Bordeaux	Gironde
Anois, 2 $\frac{1}{2}$	Civray	Vienne	Antoine (St.-), 8 $\frac{1}{4}$	Libourne	Gironde
Anor, 3 $\frac{1}{4}$	Avesnes	Nord	Antoine (St.-), 3 $\frac{1}{2}$	Tours	Indre-et-L.
Anos, 4 $\frac{1}{2}$	Pau	B.-Pyrén.	Antoine (St.-), 3	St.-Marcellin	Isère
Anost, 4	Autun	Saône-et-L.	Antoine (St.-), 2 $\frac{1}{4}$	Villeneuve-d'Agen	Lot-et-G.
Anould, 3	St.-Dié	Vosges			
Anoux, 1 $\frac{1}{4}$	Briey	Moselle	Antoine (St.-) (*Epernay*), $\frac{1}{2}$	Epernay	Marne
Anoye, 5 $\frac{1}{2}$	Pau	B.-Pyrén.			
Anquetierville, 4	Yvetot	Seine-Inf.	Antoine (St.-), 7	Mamers	Sarthe
Anrosey, 6 $\frac{1}{2}$	Langres	H.-Marne	Antoine (St.-), 6 $\frac{1}{2}$	Le Hâvre	Seine-Inf.
Ans (*Laforge*), 6 $\frac{1}{2}$	Périgueux	Dordogne	Antoine (St.-) (*Versailles*), 5	Versailles	Seine-et-O.
Ansac, $\frac{1}{4}$	Confolens	Charente			
Ansacq, 1 $\frac{1}{2}$	Clermont	Oise	Antoine-de-Queyret (St.-), 9	La Réole	Gironde
Ansauville, 3 $\frac{1}{4}$	Toul	Meurthe			
Anse, * 1 $\frac{1}{4}$	Villefranche	Rhône	Antoingt, 2	Issoire	Puy-de-Dô.
Anseauvillers, 5 $\frac{1}{2}$	Clermont	Oise	Antonaves, 12 $\frac{1}{2}$	Gap	H.-Alpes
Anserville, 6	Beauvais	Oise	Antonin (St.-), 2 $\frac{1}{2}$	Calvi	Corse
Ansignan, 12	Perpignan	Pyrén.-Or.	Antonin (St.-), 11 $\frac{1}{2}$	Evreux	Eure
Ansost	Tarbes	H.-Pyrén.	Antonin (St.-), 8	Lectoure	Gers
Ansonis, 7	Apt	Vaucluse	Antonin (St.-), 6 $\frac{1}{4}$	Albi	Tarn
Anstaing, 2	Lille	Nord	Antonin (St.-), 11	Montauban	Tarn-et-Gar
Anstrudes, 6	Avallon	Yonne	Antonne, 3	Périgueux	Dordogne
Antagnac, 5 $\frac{1}{2}$	Marmande	Lot-et-Gar.	Antony, $\frac{1}{2}$	Sceaux	Seine
Ante, 2	Ste-Menehould	Marne	Antorpes, 5 $\frac{1}{4}$	Dôle	Jura
Antéchaux, 4	Montbéliard	Doubs	Antraigues, 6 $\frac{1}{2}$	Privas	Ardèche
Anteuil, 4 $\frac{1}{2}$	Baume	Doubs	Antrain, 6	Fougères	Ille-et-Vil.
Anthelme (St.-), 3 $\frac{1}{4}$	Ambert	Puy-de-Dô.	Antran, 1	Châtellerault	Vienne
Antelupt, 1 $\frac{1}{2}$	Lunéville	Meurthe	Antras, 5	St.-Girons	Ariége
Anthenay, 6	Rheims	Marne	Antrenas, 1 $\frac{1}{4}$	Marvejols	Lozère
Antheny, 4	Rocroi	Ardennes	Antugnac, 4 $\frac{1}{4}$	Limoux	Aude
Antheuil, 2 $\frac{1}{2}$	Beaune	Côte-d'Or	Autully, 2	Autun	Saône-et L.
Antheuil, 3	Compiègne	Oise	Anvers-sous-Montfaucon, 6	Le Mans	Sarthe
Anthien, 6 $\frac{1}{2}$	Clamecy	Nièvre			
Anthieux (les) (*Bellencombre*), 7	Dieppe	Seine-Inf.	Anvéville, 2 $\frac{1}{2}$	Yvetot	Seine-Inf.
			Anville, 2 $\frac{1}{2}$	Angoulême	Charente
Anthon, 9 $\frac{1}{2}$	Vienne	Isère	Anvin, 3 $\frac{1}{4}$	St.-Pol	Pas-de-Cal.
Anthon, 6 $\frac{1}{2}$	Vesoul	H.-Saône	Anvronville, 2 $\frac{1}{2}$	Yvetot	Seine-Inf.
Anthot (St.-), 6 $\frac{1}{4}$	Dijon	Côte-d'Or	Anxaumont, 2 $\frac{1}{4}$	Poitiers	Vienne
Anthouillet, 1 $\frac{1}{2}$	Louviers	Eure	Any-Martin-Rieux *, 5	Vervins	Aisne
Antibes, * 6	Grasse	Var	Auzeling, 6	Thionville	Moselle

Communes.	Arrondissem.	Départem.
Anzeme, 2½	Guéret	Creuse
Anzex, 6¼	Nérac	Lot-et-Gar.
Anzin, 9½	Douai	Nord
Anzy, 7½	Charolles	Saône-et-L.
Aoste, 8½	Die	Drôme
Aoste, 4	LaTour-du-Pin	Isère
Aougny, 5½	Rheims	Marne
Aoury (*Chanville*), 5	Metz	Moselle
Aoust (St.-), 5	La Châtre	Indre
Aouste, 6	Rocroi	Ardennes
Aoutril (St.-), 1½	Issoudun	Indre
Aouze, 3¼	Neufchâteau	Vosges
Apach (*Kirsh-lès-Sierck*) 5	Thionville	Moselle
Apchat, 5½	Issoire	Puy-de-Dô
Apchon, 8¾	Mauriac	Cantal
Apenay-sous-Bellême, 4	Mortagne	Orne
Aphat (*St.-Jean-le Vieux*), 9	Mauléon	B.-Pyrén.
Apilly, 8	Compiègne	Oise
Apinac, 7½	Montbrison	Loire
Apnay-d'Aubin (St.-), 6	Alençon	Orne
Apolinard (St.-), 6¼	St.-Etienne	Loire
Appelle, 6	Lavaur	Tarn
Appelles (*St.-André*), 12¼	Libourne	Gironde
Appenans, 5½	Baume	Doubs
Appenwichr, 1½	Colmar	Haut-Rhin
Appetot, 4	Pont-Audemer	Eure
Appeville *dit* Annebault, 2	Pont-Audemer	Eure
Appeville, 9	Coutances	Manche
Appeville (le Petit), ½	Dieppe	Seine-Inf.
Appieto, 2	Ajaccio	Corse
Appoigni, 2	Auxerre	Yonne
Appolinaire (St.-), ¾	Embrun	H.-Alpes
Appolinaire (St.-), ¾	Dijon	Côte-d'Or
Appolinaire (St.-), 6½	Villefranche	Rhône
Appolinard (St.-), 2	St.-Marcellin	Isère
Appoline (Ste.-) (*Plaisir*) 3	Versailles	Seine-et-O.
Appollinaire-de-Rias (St.-), 10	Tournon	Ardèche
Apprieux, 7	LaTour-du-Pin	Isère
Appy, 7½	Foix	Ariége
Apre (St.-), 4	Riberac	Dordogne
Apremont, 2	Nantua	Ain
Apremont, 7½	Vouziers	Ardennes
Apremont, 10¼	St.-Amant	Cher
Apremont, 3½	Commercy	Meuse
Apremont, 2	Senlis	Oise
Apremont, 2	Gray	H.-Saône
Apremont (*Mezy*), 8	Versailles	Seine-et-O.
Apremont, 8¼	Les Sables	Vendée
Aprey, 3½	Langres	H.-Marne
Aps, 7¼	Privas	Ardèche
APT *,	ch.-l. d'ar., 188	Vaucluse
Aptout (*Beaumont*), 4	Sedan	Ardennes
Aquatilla, 6½	Bastia	Corse
Aquilcourt, 10	Laon	Aisne
Aquilin (St.-), 4½	Evreux	Eure
Aquilin-d'Angeron (S.-) 4½	Bernay	Eure
Aquilin-de-Corbion (St.-), 3½	Mortagne	Orne

Communes.	Arrondissem.	Départem.
Arabaux, 1	Foix	Ariége
Aragnouet, 18	Bagnères	H.-Pyrén.
Aragnès, 5¼	Lombez	Gers
Aragon, 3	Carcassonne	Aude
Araille (St.-), 1¾	St. Girons	Ariége
Araille (St.-), 7	Muret	H.-Garonne
Arailles (St.-), 4½	Mirande	Gers
Arailles (St.-), 6	Auch	Gers
Aramits, 4	Oléron	B.-Pyrén.
Aramon, 7¼	Nismes	Gard
Aranc, 9	Belley	Ain
Arance, 3¼	Orthez	B.-Pyrén.
Arancou, 9	Bayonne	B.-Pyrén.
Arandas, 6½	Belley	Ain
Arandon, 5¼	LaTour-du-Pin	Isère
Aranvielle (*Loudenvielle*), 12¼	Bagnères	H.-Pyrén.
Araujuson, 4	Orthez	B.-Pyrén.
Araules, 4	Yssengeaux	H.-Loire
Araux, 4½	Orthez	B.-Pyrén.
Arbanats, 7¼	Bordeaux	Gironde
Arband, 5	Nantua	Ain
Arbas, 5½	St.-Gaudens	H.-Garonne
Arbecey, 6	Vesoul	H.-Saône
Arbechan, 2½	Auch	Gers
Arbéost, 5	Argelès	H.-Pyrén.
Arberats, 5¼	Mauléon	B.-Pyrén.
Arbere (*Corbère*), 8½	Pau	B.-Pyrén.
Arbert (*Divonne*), 2	Gex	Ain
Arbignieu, 1¼	Belley	Ain
Arbigny, 9	Bourg	Ain
Arbigny, 5½	Langres	H.-Marne
Arbillara, 1	Sartène	Corse
Arbis, 8¼	La Réole	Gironde
Arbito, 3	Corte	Corse
Arblade-le-Bas, 15	Mirande	Gers
Arblade-le-Haut, 13½	Condom	Gers
Arbois *, 2	Poligny	Jura
Arbon, 2	St.-Gaudens	H.-Garonne
Arbonne, 1¼	Bayonne	B.-Pyrén.
Arbonne, 3½	Melun	Seine-et-M.
Arboras, 5½	Lodève	Hérault
Arbori, ½	Ajaccio	Corse
Arbot, 6½	Langres	H.-Marne
Arbouans, ¼	Montbéliard	Doubs
Arboucabe, 5¼	St.-Sever	Landes
Arbouet, 6¼	Mauléon	B.-Pyrén.
Arbouix, 1	Argelès	H.-Pyrén.
Arbourse, 8	Cosne	Nièvre
Arbre (l') (*Attichy*), 4½	Compiègne	Oise
Arbres (les), 6¼	Villefranche	Aveiron
Arbres (les) (*Riom*), 8¼	Mauriac	Cantal
Arbresec, 8½	Vitré	Ille-et-Vil.
Arbresle (l') *, 3¼	Lyon	Rhône
Arbuissonas, 3	Villefranche	Rhône
Arbus, 3¾	Pau	B.-Pyrén.
Arbussols, 3	Prades	Pyrén.-Or.
Arc, 8	Besançon	Doubs
Arc (*Gray*), ½	Gray	H.-Saône
Arc-en-Barrois, 5¼	Chaumont	H.-Marne
Arc-sous-Cicon, 4½	Pontarlier	Doubs
Arc-sous-Montenot, 8½	Pontarlier	Doubs
Arc-sur-Tille, 2½	Dijon	Côte-d'Or
Arcagnac, 3	Auch	Gers
Arçais, 4	Niort	2 Sèvres.

Communes.	Arrondissem.	Départem.
Arcambal, 2	Cahors	Lot
Arcamont, 2 ¼	Auch	Gers
Arcangues, 1 ½	Bayonne	B.-Pyrén.
Arcanhac, 3 ¼	Villefranche	Aveiron
Arçay, 3 ½	Bourges	Cher
Arçay, 1 ½	Loudun	Vienne
Arceau, 3	Dijon	Côte-d'Or
Arcelot, 3	Dijon	Côte-d'Or
Arcenant, 4	Beaune	Côte-d'Or
Arcenay, 5	Semur	Côte-d'Or
Arcens, 11	Tournon	Ardèche
Arces, 6 ¼	Saintes	Char.-Inf.
Arces, 5 ½	Joigny	Yonne
Aicey, 4 ½	Dijon	Côte-d'Or
Arcey, 6 ¼	Baume	Doubs
Archail, 3	Digne	B.-Alpes
Archelange, 1 ½	Dôle	Jura
Arches, 2 ½	Mauriac	Cantal
Arches, 2 ½	Epinal	Vosges
Archettes, 2 ½	Epinal	Vosges
Archeviller, 2 ½	Sarrebourg	Meurthe
Archiac, 3	Jonzac	Char.-Inf.
Archignac, 4	Sarlat	Dordogne
Archignat, 4	Montluçon	Allier
Archigny, 6	Châtelleranlt	Vienne
Archingeay, 3 ¼	St.-Jean-d'Angely	Char.-Inf.
Archon, 11	Laon	Aisne
Arci, 7	Auxerre	Yonne
Arcier, 2 ¼	Besançon	Doubs
Arcinge, 6	Roanne	Loire
Arcins, 8	Bordeaux	Gironde
Arcis-le-Ponsart, 6	Rheims	Marne
ARCIS-SUR-AUBE *,	ch.-l. d'ar., 41	Aube
Arcisse (*St.-Chef*), 3 ½	La Tour-du-Pin	Isère
Arcizac-Adour, 1 ¼	Tarbes	H.-Pyrén.
Arcizac-ez-Angles, 4 ¼	Argelès	H.-Pyrén.
Arcizan-Avant, ¼	Argelès	H.-Pyrén.
Arcizan-Dessus, 1 ½	Argelès	H.-Pyrén.
Arclais, 4	Vire	Calvados
Arcomie, 10 ¼	Marvejols	Lozère
Arcomp, 2	St.-Amand	Cher
Arçon, 1 ½	Pontarlier	Doubs
Arçon, 4 ¼	Dijon	Côte-d'Or
Arçon, 5	Roanne	Loire
Arconcey, 8	Beaune	Côte-d'Or
Arconnay, 5	Mamers	Sarthe
Arcons-d'Allier (St.-), 9 ¼	Brioude	H. Loire
Arcons-de-Barges (St.-), 5	Le Puy	H.-Loire
Arconsat, 3	Thiers	Puy-de-Dô.
Arconville, 2	Bar-sur-Aube	Aube
Arcoues, 1 ½	Mirande	Gers
Arcs (les), 2 ½	Draguignan	Var
Arcueil, 1	Sceaux	Seine
Arcy, 3	Compiègne	Oise
Arcy-Ste.-Restitue, 5 ½	Soissons	Aisne
Ardelay, 11	Bourbon-Vendée	Vendée
Ardelles, 7 ¼	Dreux	Eure-et-L.
Ardelu, 7 ½	Chartres	Eure-et-L.
Ardenais, 3	St.-Amand	Cher
Ardenay, 5	Le Mans	Sarthe
Ardengost, 11 ¼	Bagnères	H.-Pyrén.
Ardenne, 3	Auch	Gers
Ardens, 7	Auch	Gers
Ardentes-St.-Martin, 3 ¼	Châteauroux	Indre
Ardentes-St.-Vincent, 3 ¼	Châteauroux	Indre
Ardes *, 5 ¼	Issoire	Puy-de-Dô.
Ardeuil, 3 ¼	Vouziers	Ardennes
Ardevon, 3 ¼	Avranches	Manche
Ardiège, 1 ¼	St.-Gaudens	H.-Garonne
Ardillats (les), 6	Villefranche	Rhône
Ardilleux, 3 ½	Melle	2 Sèvres
Ardillères, 3 ¼	Rochefort	Char.-Inf.
Ardin, 4	Niort	2 Sèvres
Ardisas, 7 ¼	Lombez	Gers
Ardoix, 8	Tournon	Ardèche
Ardon, 4	Poligny	Jura
Ardon, 3 ½	Orléans	Loiret
Ardouval, 5	Dieppe	Seine-Inf.
Ardres *, 6	St.-Omer	Pas-de-Cal.
Aregno, 2 ½	Calvi	Corse
Areines, ¼	Vendôme	Loir-et-Ch.
Arelles, 2	Bar-sur-Seine	Aube
Arembouts-Capel-Capelle, 1	Dunkerque	Nord
Arembouts-Capelle, 1 ¼	Dunkerque	Nord
Aren, 6 ½	Orthez	B.-Pyrén.
Arènes, 5 ¼	Bourganeuf	Creuse
Arengosse, 8	Mont de Marsan	Landes
Aresches, 6	Poligny	Jura
Aressy, 1	Pau	B.-Pyrén.
Arette, 4 ¼	Oléron	B.-Pyrén.
Arey (St.-), 12 ½	Grenoble	Isère
Arfeuille-Châting, 5 ½	Aubusson	Creuse
Arfeuilles, 3 ½	Lapalisse	Allier
Arfeuilles, 8 ¼	Châteauroux	Indre
Arfons, 6 ¼	Castres	Tarn
Argagnon, 2 ½	Orthez	B.-Pyrén.
Arganchy, 1 ½	Bayeux	Calvados
Argançon, 2	Bar-sur-Aube	Aube
Argancy, 2	Metz	Moselle
Argein, 3	Saint-Girons	Ariège
ARGELÈS *,	ch.-l. d'ar., 230	H.-Pyrén.
Argelès, 7 ¼	Ceret	Pyrén.-Or.
Argelez, 1 ½	Bagnères	H.-Pyrén.
Argelliers, 4 ½	Narbonne	Aude
Argelliers, 5 ¼	Montpellier	Hérault
Argelos, 6 ¼	St.-Sever	Landes
Argelos, 5	Pau	B.-Pyrén.
Argelouze, 18	Mont-de-Marsan	Landes
Argences, 4	Caen	Calvados
Argens, 7	Castellanne	B.-Alpes
Argens, 6	Narbonne	Aude
Argent, 10	Sancerre	Cher
Argentac, 6 ¼	Tulle	Corrèze
Argental, 6 ¼	St.-Etienne	Loire
ARGENTAN *,	ch.-l. d'ar., 50	Orne
Argentelles, 3	Argentan	Orne
Argentenay, 2 ¼	Tonnerre	Yonne
Argenteuil *, 5	Versailles	Seine-et-O.
Argenteuil, 3 ½	Tonnerre	Yonne

Communes.	Arrondissem.	Départem.
Argentière (l') *,	ch.-l. d'ar., 162	Ardèche
Argentières (l'), 4 ½	Briançon	H.-Alpes
Argentieres, 4 ¼	Melun	Seine-et-M.
Argentines, 5 ¼	Nontron	Dordogne
Argentolles, 7	Chaumont	H.-Marne
Argenton (le port d') (*Landunevez*), 5	Brest	Finistère
Argenton, * 6 ½	Châteauroux	Indre
Argenton, 5 ½	Marmande	Lot-et-Gar.
Argenton, 2 ½	Château-Gontier	Mayenne
Argenton-Château *, 4	Bressuire	2 Sèvres
Argenton-l'Eglise, 7	Bressuire	2 Sèvres
Argentré, 2 ½	Vitré	Ille-et-Vil.
Argentré, 2 ½	Laval	Mayenne
Argenvières, 6	Sancerre	Cher
Argenvilliers, 3 ½	Nogent-le-Rotrou	Eure-et-L.
Argers, 1	Ste-Menehould	Marne
Arget, 6 ½	Orthez	B.-Pyrén.
Argevilles (*Boigneville*) 4	Etampes	Seine-et-O.
Argiesans, 1 ¼	Belfort	Haut-Rhin
Argillières, 6 ¼	Gray	H.-Saône
Argilliers, 2 ½	Uzès	Gard
Argilly, 2 ½	Beaune	Côte-d'Or
Argis, 6	Belley	Ain
Argis, 6	Châteauroux	Indre
Arguista-e-Moriffo, 4 ¼	Sartène	Corse
Argœvres, 1 ½	Amiens	Somme
Argol, 5	Châteaulin	Finistère
Argouges, 5 ½	Avranches	Manche
Argouges-sur-Mosles, 2¾	Bayeux	Calvados
Argouges-sur-Aurs, 1 ¼	Bayeux	Calvados
Argoules, 7 ¼	Abbeville	Somme
Argueil, 5 ¼	Neufchâtel	Seine-Inf.
Arguel, 10	Amiens	Somme
Arguenos, 2 ¼	St.-Gaudens	H.-Vienne
Arguey, 1 ½	Besançon	Doubs
Argut-Dessous, 7 ¼	St.-Gaudens	H.-Garonne
Argut-Dessus, 8	St.-Gaudens	H.-Garonne
Arhan, 4 ¼	Mauléon	B.-Pyrén.
Arhansus, 5 ¼	Mauléon	B.-Pyrén.
Aries, 11	Bagnères	H.-Pyrén.
Arifat, 4	Castres	Tarn
Arignac, 3	Foix	Ariége
Arinthod, 8 ¼	Lons-le-Saulnier	Jura
Arjac, 7 ½	Rodez	Aveiron
Arjuzanx, 10	Mont-de-Marsan	Landes
Arlanc, 3	Ambert	Puy-de-Dô.
Arlay, 2 ½	Lons-le-Saulnier	Jura
Arlebosc, 8	Tournon	Ardèche
Arlempdes, 4 ¾	Le Puy	H.-Loire
Arles *,	ch.-l. d'ar., 189	B.du-Rhône
Arles, * 3 ½	Ceret	Pyrén.-Or.
Arlet, 4	Brioude	H.-Loire
Arleuf, 2	Château-Chinon	Nièvre
Arleux, 2 ¼	Douai	Nord
Arleux-en-Gohelle, 3	Arras	Pas-de-Cal.
Arlod, 5	Nantua	Ain
Arlos, 7 ¼	St.-Gaudens	H.-Garonne
Armaillé, 5	Segré	Maine-et-L.
Armancourt, 2	Compiègne	Oise
Armancourt, 3	Montdidier	Somme
Armau, 8	Pau	B.-Pyrén.
Armaucourt, 4	Nancy	Meurthe
Armeau, 3	Joigny	Yonne
Armel (St-), 3	Rennes	Ille-et-Vil.
Armendarits, 9 ¼	Mauléon	B.-Pyrén.
Armenil, 2 ¼	Beauvais	Oise
Armenonville, 4 ½	Chartres	Eure-et-L.
Armenteule, 12 ½	Bagnères	H.-Pyrén.
Armentières, 3 ½	Château-Thierry	Aisne
Armentières, 12 ¼	Evreux	Eure
Armentières *, 4	Lille	Nord
Armentières, 2 ¼	Meaux	Seine-et-M.
Armentieu, 7 ½	Mirande	Gers
Armes, 1	Clamecy	Nièvre
Armillac, 6	Marmande	Lot-et-Gar.
Armissan, 2 ½	Narbonne	Aude
Armix, 4 ½	Belley	Ain
Armoises (Petites), 4 ¼	Vouziers	Ardennes
Armon (St.-), 4 ¼	Pau	B.-Pyrén.
Armonts (les) (*La Lanterne*), 4 ½	Lure	H.-Saône
Armous, 6 ½	Mirande	Gers
Arnac, 6 ½	Milhaud	Aveiron
Arnac, 3	Aurillac	Cantal
Arnac (St.-), 10 ½	Perpignan	Pyrén.-Or.
Arnac-la-Poste *, 8	Bellac	H.-Vienne
Arnage (*Pont-Lieue*), 2	Le Mans	Sarthe
Arnancourt, 5	Wassy	H.-Marne
Arnans, 4 ½	Bourg	Ain
Arnas, ¼	Villefranche	Rhône
Arnaud-Guilhem, 3 ¼	St.-Gaudens	H.-Vienne
Arnave, 4	Foix	Ariége
Arnaville, 8 ½	Toul	Meurthe
Arnay-le-Duc, * 8	Beaune	Côte-d'Or
Arnay-sous-Vitteaux, 4	Semur	Côte-d'Or
Arnayon, 10 ¼	Die	Drôme
Arné, 4 ½	Auch	Gers
Arné, 11 ½	Bagnères	H.-Pyrén.
Arnéguy, 12 ¼	Mauléon	B.-Pyrén.
Arneke, 4 ¼	Hazebrouck	Nord
Arnicourt, 1 ¼	Rethel	Ardennes
Arnières, 1	Evreux	Eure
Arnoncourt, 8 ½	Langres	H.-Marne
Arnos, 6	Orthez	B.-Pyrén.
Arnoult (St-), 2 ¼	Pont-l'Evêque	Calvados
Arnoult (St.-), 5 ½	Chartres	Eure-et-L.
Arnoult (St.-), 5	Vendôme	Loir-et-Ch.
Arnoult (St.-), 8	Beauvais	Oise
Arnoult (St.-), 3 ½	Argentan	Orne
Arnoult (St.-), 6 ¼	Rambouillet	Seine-et-O.
Arnoult (St.-), 3 ½	Yvetot	Seine-Inf.
Arnoult-sur-Ry (St.-), 4 ½	Rouen	Seine-Inf.
Arnouville, 2 ½	Mantes	Seine-et-O.
Arnouville, 6	Pontoise	Seine-et-O.
Aroffe, 3 ½	Neufchâteau	Vosges
Aromas, 12 ½	Lons-le-Saulnier	Jura
Arone, 3 ¼	Mauléon	B.-Pyrén.

Communes.	Arrondissem.	Départem.
Aroumex (St.-), 2 ½	Castel-Sarrasin	Tarn et Gar.
Aroux, 4	Mirande	Gers
Aroz, 4 ¼	Vesoul	H.-Saône
Arpaillargues, 1 ½	Uzès	Gard
Arpajon, 1 ¼	Aurillac	Cantal
Arpajon,* 6	Corbeil	Seine-et-O.
Arparens, 12 ¼	Mirande	Gers
Arpavon, 2 ½	Nyons	Drôme
Arpenans, 4 ¼	Lure	H.-Saône
Arpheuille, 2	St.-Amand	Cher
Arpheuilles, 3	Montluçon	Allier
Arphy, 1 ¼	Le Vigan	Gard
Arquenay, 4 ½	Laval	Mayenne
Arques, 7 ½	Limoux	Aude
Arques, 5 ½	Rodez	Aveiron
Arques (les), 6	Cahors	Lot
Arques, ½	St.-Omer	Pas-de-Cal.
Arques, 1 ¼	Dieppe	Seine-Inf.
Arquettes, 8	Carcassonne	Aude
Arquèves, 4	Doullens	Somme
Arquian, 3	Cosne	Nièvre
Arrablois, 1 ½	Gien	Loiret
Arracourt, 3	Château-Salins	Meurthe
Arradon, 2	Vannes	Morbihan
Arraincourt, 7	Metz	Moselle
Arrambecourt, 9	Arcis-sur-Aube	Aube
Arrancourt, 2	Étampes	Seine-et-O.
Arrancy, 3	Laon	Aisne
Arrancy, 5 ½	Montmédy	Meuse
Arrans, 8 ½	Châtillon	Côte-d'Or
Arras, 4	Tournon	Ardèche
ARRAS,*	ch.-l. de dép., 50	Pas-de-Cal.
Arras, 1	Argelès	H.-Pyrén.
Arrasiguet, 8	Orthez	B.-Pyrén.
Arrast, 2 ¼	Mauléon	B.-Pyrén.
Arraute, 9 ¼	Mauléon	B.-Pyrén.
Arraye, 5	Nancy	Meurthe
Arrayou, 4 ¼	Argelès	H.-Pyrén.
Arreau,* 10 ½	Bagnères	H.-Pyrén.
Arrens, 4	Argelès	H.-Pyrén.
Arrentés-de-Corcieux, 5	St.-Dié	Vosges
Arrentières, 1	Bar-sur-Aube	Aube
Arres, 2 ½	Le Vigan	Gard
Arrest, 4 ½	Abbeville	Somme
Arreux, 2	Mézières	Ardennes
Arriance, 5 ¼	Metz	Moselle
Arribans, 4	St.-Sever	Landes
Arricau, 8 ¼	Pau	B.-Pyrén.
Arrien, 5	Pau	B.-Pyrén.
Arrigas, 4 ½	Le Vigan	Gard
Arrigny, 3 ½	Vitry-le-Français	Marne
Arrive, 5 ½	Orthez	B.-Pyrén.
Arro, 4 ½	Ajaccio	Corse
Arrodet, 5	Argelès	H.-Pyrén.
Arrodets, 5	Bagnères	H.-Pyrén.
Arroman (St.-), 3 ½	Mirande	Gers
Arroman (St.-), 7 ½	Bagnères	H.-Pyrén.
Arromanches, 2 ¼	Bayeux	Calvados
Arron, 1	Mayenne	Mayenne
Arros, 6	Mauléon	B.-Pyrén.
Arros, 1 ½	Oléron	B.-Pyrén.
Arros, 3 ½	Pau	B.-Pyrén.
Arrou, 4 ½	Châteaudun	Eure-et-L.
Arrouede, 7 ¼	Mirande	Gers
Arrouille, 6 ¼	Mont-de-Marsan	Landes
Arrous, 6	Lapalisse	Allier
Arront, 2 ¼	St.-Girons	Ariége
Arrouville, 3	Pontoise	Seine-et-O.
Arrozés, 10	Pau	B.-Pyrén.
Arry, 3 ¼	Caen	Calvados
Arry, 3 ½	Metz	Moselle
Arry, 6 ¾	Abbeville	Somme
Ars, 2	Trévoux	Ain
Ars, 2 ½	Cognac	Charente
Ars (île de Ré), 8 ¼	La Rochelle	Char.-Inf.
Ars, 2 ¼	Aubusson	Creuse
Ars, 9 ¾	Riom	Puy-de-Dô.
Ars-Laquenexy, 1 ¼	Metz	Moselle
Ars-sur-Moselle, 2	Metz	Moselle
Arsac, 5	Bordeaux	Gironde
Arsague, 8 ¼	St.-Sever	Landes
Arsans, 2 ¼	Gray	H.-Saône
Arsonval, 1 ¼	Bar-sur-Aube	Aube
Arsures, 7	Poligny	Jura
Arsurettes, 7	Poligny	Jura
Art-sur-Meurthe, 1 ¼	Nancy	Meurthe
Artagnan, 4 ¼	Tarbes	H.-Pyrén.
Artaise, 5	Sedan	Ardennes
Artaix, 10	Charolles	Saône-et-L.
Artalens, 1 ¼	Argelès	H.-Pyrén.
Artannes, 4	Tours	Indre-et-L.
Artannes, 1 ½	Saumur	Maine-et-L.
Artas, 6	Vienne	Isère
Artassens, 4	Mont-de-Marsan	Landes
Artems, 3	St.-Quentin	Aisne
Artenay,* 5 ½	Orléans	Loiret
Arthel, 8	Cosne	Nièvre
Arthemonay, 6	Valence	Drôme
Arthena, 3 ½	Lons-le-Saulnier	Jura
Arthés, 6	Mont-de-Marsan	Landes
Artheuil, 5 ½	Mantes	Seine-et-O.
Arthez, 3 ¼	Orthez	B.-Pyrén.
Arthez, 1 ½	Albi	Tarn
Arthez-d'Asson, 7 ¼	Pau	B.-Pyrén.
Arthézé, 2 ½	La Flèche	La Sarthe
Arthies, 3 ½	Mantes	Seine-et-O.
Arthon, 3 ¼	Châteauroux	Indre
Arthon, 5 ½	Paimbœuf	Loire-Inf.
Arthun, 3 ½	Montbrison	Loire
Arthyé (*Damery*), 1 ¼	Epernay	Marne
Artigat, 4	Pamiers	Ariége
Artignose, 9	Brignoles	Var
Artigualoutan, 2 ½	Pau	B.-Pyrén.
Artigue, 8	St.-Gaudens	H.-Garonne
Artiguedieu, 3 ¼	Mirande	Gers
Artiguelouve, 2 ½	Pau	B.-Pyrén.
Artignémy, 3	Bagnères	H.-Pyrén.
Artigues, 16 ¼	Foix	Ariége
Artigues, 13 ½	Limoux	Aude
Artigues, ¾	Mirande	Gers
Artigues, 1 ½	Bordeaux	Gironde
Artigues, 4 ¼	Argelès	H.-Pyrén.
Artigues, 8	Brignoles	Var

Communes.	Arrondissem.	Départem.
Artiguevieille (*Cudos*), 2	Bazas	Gironde
Artilleu (*Neuvy*), 11 ¼	Epernay	Marne
Artimont (*Frémecourt*), 1	Pontoise	Seine-et-O.
Artins, 6	Vendôme	Loir-et-Ch.
Artix, 2	Pamiers	Ariége
Artix (*Senaillac*), 8	Cahors	Lot.
Artix, 5	Orthez	B.-Pyrén.
Artolsheim, 3	Schélestatt	Bas Rhin.
Artonges, 4	Château-Thierry.	Aisne.
Artonnay, 5	Tonnerre	Yonne.
Artonne, 2	Riom	Puy-de-Dô.
Artres, 9 ½	Douai	Nord.
Artzenheim, 3 ¾	Colmar	Haut-Rhin.
Arudy, 4 ¼	Oléron	B.-Pyrén.
Arue, 7 ½	Mont-de-Marsan	Landes.
Arvert, 2 ½	Marennes	Char.-Inf.
Arveyres, 2	Libourne	Gironde.
Arvieux, 5 ¼	Rodez	Aveiron.
Arvieux, 4 ½	Briançon	H.-Alpes.
Arvigna, 2 ¼	Pamiers	Ariége.
Arville, 8 ¼	Fontainebleau	Seine-et-M.
Arvillers, 3	Montdidier	Somme.
Arx, 13 ½	Mont-de-Marsan	Landes.
Arzacq, 9	Orthez	B.-Pyrén.
Arzal, 8	Vannes	Morbihan.
Arzano, 2	Quimperlé.	Finistère.
Arzay, 6 ½	Vienne	Isère.
Arzembouy, 8	Cosne	Nièvre.
Arzène, 5 ¼	Mende	Lozère.
Arzène d'Apcher, 11 ½	Marvejols	Lozère.
Arzens, 1 ½	Carcassonne	Aude.
Arzillières, 2	Vitry-le-Français.	Marne.
Arzon, 6	Vannes	Morbihan.
Asasp, 2 ¾	Oléron	B.-Pyrén.
Asbach, 5	Haguenau	Bas-Rhin.
Ascain, 5	Bayonne	B.-Pyrén.
Ascarat, 10 ¾	Mauléon	B.-Pyrén.
Aschères, 5 ¼	Pithiviers	Loiret.
Asco, 4 ¾	Calvi	Corse.
Ascou, 11 ¼	Foix	Ariége.
Ascoux, 1 ¼	Pithiviers	Loiret.
Ascq, 1 ½	Lille	Nord.
Asfeld, 4	Rethel	Ardennes.
Aslonne, 5	Poitiers	Vienne.
Asmé, 6 ¾	Mauléon	B.-Pyrén.
Asnais, 4 ½	La Rochelle	Char.-Inf.
Asnan, 5	Clamecy	Nièvre.
Asnelles, 2 ¼	Bayeux	Calvados.
Asnières, 7 ¼	Bourg	Ain.
Asnières, 5 ¼	Bayeux	Calvados.
Asnières, 2 ¼	Angoulême	Charente.
Asnières, 1 ½	St.-Jean-d'Angely	Char.-Inf.
Asnières, 1	Dijon	Côte-d'Or.
Asnières, 6	La Flèche	Sarthe.
Asnières, 2	St.-Denis	Seine
Asnières, 6	Pontoise	Seine-et-O.
Asnières, 2 ¼	Châtellerault	Vienne.
Asnières, 7 ½	Montmorillon	Vienne.
Asnières, 4 ¼	Avallon	Yonne.
Asnières en Montagne, 8 ½	Châtillon	Côte-d'Or.

Communes.	Arrondissem.	Départem.
Asnières-Gardefort, 1 ½	Sancerre	Cher.
Asnois, 2 ½	Clamecy	Nièvre.
Aspach, 3 ½	Sarrebourg	Meurthe.
Aspach, ½	Altkirch	Haut-Rhin.
Aspach-le-Bas, 6 ¾	Belfort	Haut-Rhin.
Aspach-le-Haut, 7 ½	Belfort	Haut-Rhin.
Aspach-le-Pont (*Burnhaupt-le-Haut*), 6 ¼	Belfort	Haut-Rhin.
Aspères, 7 ½	Nismes	Gard.
Asperjoc, 8	Privas	Ardèche
Aspet, 2 ½	St.-Gaudens	H.-Garonne
Aspin, 2 ¾	Argelès	H.-Pyrén.
Aspin, 10 ¾	Bagnères	H.-Pyrén.
Aspiran, 6 ¼	Lodève	Hérault
Aspis, 6	Orthez	B.-Pyrén.
Aspremont, 8 ¼	Gap	H.-Pyrén.
Aspres-lès-Corps, 8	Gap	H.-Alpes
Aspres-les-Veines, 7 ½	Gap	H.-Alpes
Aspres (Notre-Dame d'), 5	Mortagne	Orne
Aspret, 1 ¼	St.-Gaudens	H.-Garonne
Asprières, 6 ½	Villefranche	Aveiron
Asque, 5	Bagnères	H.-Pyrén.
Asques, 6 ½	Libourne	Gironde
Asques, 3	Castel-Sarrasin	Tarn et Gar.
Asquins, 3 ½	Avallon	Yonne
Assac, 6 ½	Albi	Tarn
Assainvillers, 1	Montdidier	Somme
Assais, 5 ¼	Parthenay	2 Sèvres
Assars, 8 ¼	Clamecy	Nièvre
Assas, 2	Montpellier	Hérault
Assat, 2 ½	Pau	B.-Pyrén.
Assay, 2 ½	Chinon	Indre-et-L.
Asse-le-Berenger, 10 ½	Laval	Mayenne
Assé-le-Boisne, 6	Mamers	Sarthe
Assé-le-Rhiboult, 8 ½	Mamers	Sarthe
Assenay, 4 ½	Troyes	Aube
Assencières, 3 ¼	Troyes	Aube
Assenoncourt, 6	Sarrebourg	Meurthe
Asserac, 9	Savenay	Loire-Inf.
Assevent, 4 ½	Avesnes	Nord.
Assevillers, 2	Péronne	Somme.
Assier, 4	Figeac	Lot
Assieu, 3 ½	Vienne	Isère
Assignan, 6	St.-Pons	Hérault
Assigny, 3 ½	Sancerre	Cher
Assigny, 5	Dieppe	Seine-Inf.
Assions, 4 ¼	Argentière	Ardèche
Assis-sur-Serre, 3	Laon	Aisne
Asson, 5 ¼	Pau	B.-Pyrén.
Assonval, 5 ½	St.-Omer	Pas-de-Cal.
Assonville, 7	Vervins	Aisne
Assoute, 8 ¼	Oléron	B.-Pyrén.
Asswiler, 6	Saverne	Bas-Rhin
Astaffort, 5	Agen	Lot-et-Gar.
Astaillac, 9	Brives	Corrèze
Aste, 7 ½	Oléron	B.-Pyrén.
Asté, ¼	Bagnères	H.-Pyrén.
Astier (St.-), 5	Périgueux	Dordogne
Astier (St.-), 8	Marmande	Lot et-Gar.
Astillé, 3 ¼	Laval	Mayenne
Astis, 4 ½	Pau	B.-Pyrén.
Astoin, 9	Sisteron	B.-Alpes
Aston, 6 ½	Foix	Ariége
Astugue, 3	Bagnères	H.-Pyrén.

Communes.	Arrondissem.	Départem.	Communes.	Arrondissem.	Départem.
Ateaux (St.-Jean), 3 1/2	Riberac	Dordogne	Aubeine, 3 1/2	Beaune	Côte-d'Or
Atelles (les), 6	Argentan	Orne	Aubenas, 3 1/2	Forcalquier	B.-Alpes
Athée, 6 1/2	Dijon	Côte-d'Or	Aubenas *, 7	Privas	Ardèche
Athée, 5	Tours	Indre-et-L.	Aubenasson, 7	Die	Drôme
Athée, 5	Château-Gontier	Mayenne	Aubencheul-au-Bacq, 3 1/2	Cambrai	Nord
Athenai (*Chémiré-le-Gaudin*), 5 1/4	Le Mans	Sarthe	Aubencheul-aux-Bois, 5 1/2	St.-Quentin	Aisne
Atherey, 4 1/4	Mauléon	B.-Pyrén.	Aubenton *, 5	Vervins	Aisne
Atheux (*St.-Romain-lès-Atheux*), 2 1/2	St.-Etienne	Loire	Aubepierre, 7 1/2	Chaumont	H.-Marne
			Aubepierre, 5 1/4	Melun	Seine-et-M.
Athezans, 4 1/2	Lure	H.-Saône	Aubepin (l'), 6 1/2	Lons-le-Saulnier	Jura
Athie, 2	Avallon	Yonne			
Athienville, 2 1/2	Château-Salins	Meurthe	Auberbosc, 3 1/4	Yvetot	Seine-Inf.
Athies, 1	Laon	Aisne	Auberchicourt, 2 1/2	Donai	Nord
Athies, 1	Arras	Pas-de-Cal.	Aubercourt, 6	Montdidier	Somme
Athies, 2 1/2	Péronne	Somme	Aubergenville, 6	Versailles	Seine-et-O.
Athies-sous-Mouthiers, 3	Semur	Côte-d'Or	Auberive, 3 1/4	Vienne	Isère
Athis, 1 1/2	Caen	Calvados	Auberive, 7 1/2	Rheims	Marne
Athis, 4 1/2	Châlons-sur-Marne	Marne	Auberive, 5 1/2	Langres	H.-Marne
			Auberives, 3	St.-Marcellin	Isère
Athis, 7	Domfront	Orne	Aubermesnil, 2 1/2	Dieppe	Seine-Inf.
Athis (*Villiers-sur-Seine*), 4	Provins	Seine-et-M.	Aubermesnil, 3 1/2	Neufchâtel	Seine-Inf.
			Aubert (St.-), 4 1/4	Cambrai	Nord
Athis, 3 1/4	Corbeil	Seine-et-O.	Aubert (St.-), 4 1/2	Lille	Nord
Athos, 6	Orthez	B.-Pyrén.	Aubert (St.-), 5 1/2	Argentan	Orne
Athoze, 7	Baume	Doubs	Aubertans, 6	Vesoul	H.-Saône
Atin, 1	Montreuil	Pas-de-Cal.	Aubertin, 3 1/2	Oléron	B.-Pyrén.
Attagène, 2 1/2	Sartène	Corse	Auberville, 4	Pont-l'Evêque	Calvados
Attainville, 5	Pontoise	Seine-et-O.	Auberville-la-Campagne, 10	Le Hâvre	Seine-Inf.
Attancourt, 1	Wassy	H.-Marne			
Attemesnil, 3 1/2	Yvetot	Seine-Inf.	Auberville-la-Manuel, 5	Yvetot	Seine-Inf.
Attencourt (*Touly*), 5	Laon	Aisne	Auberville-la-Renault, 6 1/2	Le Hâvre	Seine-Inf.
Attenschwiller, 4	Altkirch	Haut-Rhin			
Attiani, 3 1/2	Corte	Corse	Aubervilliers, 1/2	St.-Denis	Seine
Attiches, 4	Lille	Nord	Aubessagne, 6 1/4	Gap	H.-Alpes
Attichy, 4	Compiégne	Oise	Aubeterre, 2 1/2	Arcis-sur-Aube	Aube
Attignat, 2	Bourg	Ain	Aubeterre, 13	Barbezieux	Charente
Attignéville, 2	Neufchâteau	Vosges	Aubeville, 5 1/2	Angoulême	Charente
Attigny *, 4	Vouziers	Ardennes	Aubevoye, 3 1/2	Louviers	Eure
Attigny, 8 1/2	Mirecourt	Vosges	Aubiac, 1/2	Bazas	Gironde
Attilloncourt, 2 1/4	Château-Salins	Meurthe	Aubiac, 1 1/2	Agen	Lot-et-Gar.
Attray, 3 1/2	Pithiviers	Loiret	Aubiat, 2	Riom	Puy-de-Dô.
Attricourt, 4 1/2	Gray	H.-Saône	Aubie, 6 1/2	Bordeaux	Gironde
Attwisse (*Mondorff*), 5	Thionville	Moselle	Aubiere, 1	Clermont	Puy-de-Dô.
Atur, 2	Perigueux	Dordogne	Aubiers (les), 4	Bressuire	2 Sèvres
Aubagnan, 3 1/4	St.-Sever	Landes	Aubiet, 4	Auch	Gers
Aubagne, 4	Marseille	B.du-Rhône	Aubignan, 1 1/2	Carpentras	Vaucluse
Aubagne *, 2 1/2	Lodève	Hérault	Aubignas, 7 1/4	Privas	Ardèche
Aubain du-Pavail (St.-), 4	Rennes	Ille-et-Vil.	Aubigné, 5 1/2	Rennes	Ille-et-Vil.
			Aubigné, 5 1/2	La Flèche	Sarthe
Aubais, 4 1/2	Nismes	Gard	Aubigné, 4 1/2	Melle	2 Sèvres
Auban (St.-) (*Ponnet*), 1 1/2	Die	Drôme	Aubigné-Brilland, 8 1/2	Saumur	Maine-et-L.
			Aubigney, 4	Gray	H.-Saône
Auban (St.-), 9 1/4	Nyons	Drôme	Aubignocs, 1 1/2	Sisteron	B.-Alpes
Auban (St.-), 10	Grasse	Var	Aubigny, 4 1/2	Laon	Aisne
Auban-d'Oze (St.-), 7 1/2	Gap	H.-Alpes	Aubigny (*Auroir*), 3 1/2	St.-Quentin	Aisne
Aubarède, 3	Tarbes	H.-Pyrén.	Aubigny, 4	Moulins	Allier
Aubas, 6	Sarlat	Dordogne	Aubigny, 4	Rocroi	Ardennes
Aubazat, 5 1/2	Brioude	H.-Loire	Aubigny, 2	Arcis-sur-Aube	Aube
Aube, 3	Metz	Moselle	Aubigny, 1/2	Falaise	Calvados
Aube, 5 1/2	Mortagne	Orne	Aubigny, 8	Beaune	Côte-d'Or
Aubécourt (*Remilly*), 5	Metz	Moselle	Aubigny, 3	Loches	Indre-et-L.
Aubéguimont, 4 1/2	Neufchâtel	Seine-Inf.	Aubigny, 6	Langres	H.-Marne

Communes.	Arrondissem.	Départem.	Communes.	Arrondissem.	Départem.
Aubigny, 6	St.-Pol	Pas-de-Cal.	Aubin-de-Cretot (St.-), 2 ½	Yvetot	Seine-Inf.
Aubigny, 2	Melun	Seine-et-M.			
Aubigny, 3 ¼	Parthenay	2 Sèvres	Aubin-de-Locquenay (St.-), 7 ½	Mamers	Sarthe
Aubigny, 4	Amiens	Somme			
Aubigny, 8 ½	Les Sables	Vendée	Aubin-de-Losque (St.-), 3 ½	St.-Lô	Manche
Aubigny-au-Bac, 3 ¼	Douai	Nord			
Aubigny-la-Ronce, 6	Beaune	Côte-d'Or	Aubin-de-Luigné (St.-), 5	Angers	Maine-et-L.
Aubigny-le-Chétif, 9	Nevers	Nièvre			
Aubigny-lès-Sombernon 7	Dijon	Côte-d'Or	Aubin-de-Nahirat (St.-), 4	Sarlat	Dordogne
Aubigny-Village, 9	Sancerre	Cher	Aubin-de-Quillebeuf (St.-), 3	Pont-Audemer	Eure
Aubigny-Ville *, 9	Sancerre	Cher			
Aubilly, 3	Rheims	Marne	Aubin-de-Terregate (St.-), 4	Avranches	Manche
Aubin (St.-), 8 ¼	Laon	Aisne			
Aubin (St.-), 6	Moulins	Allier	Aubin-des-Alleuds (St.-) 10	Saumur	Maine-et-L.
Aubin (St.-), 1	Nogent-sur-Seine	Aube			
Aubin, 8 ¼	Villefranche	Aveiron	Aubin-des-Bois (St.-), 5	Vire	Calvados
Aubin (St.-) (Laugrune) 4	Caen	Calvados	Aubin-des-Cellon (St.-), 3	Bernay	Eure
Aubin (St.-), 4	Beaune	Côte-d'Or	Aubin-des-Châteaux (St.-), 2 ¼	Châteaubriant	Loire-Inf.
Aubin (St.-), 2 ½	Chartres	Eure-et-L.	Aubin-des-Coudrais (St.-), 7	Mamers	Sarthe
Aubin (St.-), 15 ¼	Condom	Gers			
Aubin (St.-), 5	Blaye	Gironde	Aubin-des-Grois (St.-), 4 ¼	Mortagne	Orne
Aubin (St.-), 3 ½	Bordeaux	Gironde			
Aubin (St.-), 4 ¼	Libourne	Gironde	Aubin-des-Hayes (St.-), 2 ½	Bernay	Eure
Aubin, (St), 2 ¼	Issoudun	Indre			
Aubin (St.-), 9	Tours	Indre-et-L.	Aubin-des-Landes (St.-) 2 ½	Vitré	Ille-et-Vil.
Aubin (St.-), 4 ½	Dôle	Jura			
Aubin (St.-), 3 ½	St.-Sever	Landes	Aubin-des-Ormeaux (St.-), 14	Bourbon-Vendée	Vendée
Aubin (St.-), 6 ½	Villeneuve-d'Agen	Lot-et-Gar.	Aubin-des-Préaux (St.-), 5	Avranches	Manche
Aubin (St.-) *, 3	Commercy	Meuse			
Aubin (St.-), 6 ¼	Clamecy	Nièvre	Aubin-du-Désert (St.-), 8	Mayenne	Mayenne
Aubin (St.-), 8 ½	Cosne	Nièvre	Aubin-du-Pavoil (St.-), ½	Segré	Maine-et-L.
Aubin (St.-), 1 ¼	Avesnes	Nord			
Aubin (St-), 4 ½	Beauvais	Oise	Aubin-du-Perron (St.-), 3 ¼	Coutances	Manche
Aubin (St.-), 2	Montreuil	Pas-de-Cal.			
Aubin, 4 ½	Pau	B.-Pyrén.	Aubin-du-Plain (St.-), 2 ½	Bressuire	2 Sèvres
Aubin (St.-) (Marolette), ½	Mamers	Sarthe	Aubin-du-Thenney (St-) 3 ¼	Bernay	Eure
Aubin (St.-) (Itteville), 4	Etampes	Seine-et-O.	Aubin-du-Vieil-Evreux (St.-), 1 ¼	Evreux	Eure
Aubin (St.-), 3	Versailles	Seine-et-O.			
Aubin (St.-), 4	Le Hâvre	Seine-Inf.	Aubin-en-Charollois (St.-), 2 ½	Charolles	Saône-et-L.
Aubin (St.-), 3 ¼	Loudun	Vienne			
Aubin-Anzin (St.-), 1	Arras	Pas-de-Cal.	Aubin-Fosse-Louvain (St.-), 6 ¼	Mayenne	Mayenne
Aubin-Cadelech (St.-), 5 ¼	Bergerac	Dordogne	Aubain-Jouxte-Boulleng (St.-), 5	Rouen	Seine-Inf.
Aubin-Château-Neuf (St.-), 5 ¼	Joigny	Yonne	Aubin-la-Campagne (St.-), 3	Rouen	Seine-Inf.
Aubin-d'Arquenay (St.-) 2 ½	Caen	Calvados	Aubain-la-Plaine (St.-), 5 ¼	Fontenay-le-Comte	Vendée
Aubin-d'Aubigné (St.-) 6	Rennes	Ille-et-Vil.	Aubin-la-Rivière (St.-), 2	Rouen	Seine-Inf.
Aubin-d'Ecrosville (St.-) 4 ½	Louviers	Eure	Aubin-le-Bisay (St.-), 4 ¼	Pont-l'Evêque	Calvados
Aubin-d'Issigeac, 3	Bergerac	Dordogne	Aubin-le-Cauf (St.-), 2	Dieppe	Seine-Inf.
Aubin-de-Bobigny (St.-) 6	Bressuire	2 Sèvres	Aubin-le-Clonx (St.-), 2	Parthenay	2 Sèvres
Aubin-de-Bonneval (St-) 11	Argentan	Orne	Aubin le-Guichard (St-) 2 ¼	Bernay	Eure
Aubin-de-Cormier (St.-), 4	Fougères	Ille-et-Vil.	Aubin-le-Vertueux (St-) 1 ½	Bernay	Eure
Aubin-de-Courteraye (St.-), 2	Mortagne	Orne	Aubry-lès-Soing, 8 ¼	Gray	H.-Saône

AUD · AUG

Communes.	Arrondissem.	Départem.	Communes.	Arrondissem.	Départem.
Aubin Montenoix (St.-), 6	Amiens	Somme	Aude-Laroche, 2 ½	La Palisse	Allier
			Audejos, 3 ¼	Orthez	B.-Pyrén.
Aubin-Rivière (St.-), 11	Amiens	Somme	Audelange, 2	Dôle	Jura
Aubin-St.-Vaast, 4	Montreuil	Pas-de-Cal.	Audeloncourt, 8 ¼	Chaumont	H.-Marne
Aubin-sous-Erquery (St.-), 1 ½	Clermont	Oise	Audelot *, 5	Chaumont	H.-Marne
			Audembert, 4	Boulogne	Pas-de-Cal.
Aubin-sur-Algot (St.-), 2 ¼	Lisieux	Calvados	Audencourt, 6 ½	Cambrai	Nord
			Audenge, 10 ½	Bordeaux	Gironde
Aubin-sur-Anquainville (St.-), 3 ½	Lisieux	Calvados	Auderville, 6 ½	Cherbourg	Manche
			Audeux, 3	Besançon	Doubs
Aubin-sur-Gaillon (St.-) 4	Louviers	Eure	Audeville, 3	Pithiviers	Loiret
			Audigers (les) (Boutigny), 3 ¼	Etampes	Seine-et-O.
Aubin-sur-Iton (St.-), 5 ½	Mortagne	Orne	Audigné ou Andigné, 1 ½	Segré	Maine-et-L.
Aubin-sur-Loire (St.-), 11	Charolles	Saône-et-L.	Audignicourt, 12 ¼	Laon	Aisne
			Audignies, 5 ¼	Avesnes	Nord
Aubin-sur-Mer (St.-), 7 ½	Yvetot	Seine-Inf.	Audignon, 2	St.-Sever	Landes
			Audigny, 7	Vervins	Aisne
Aubin-sur-Scie (St.-), 2 ½	Dieppe	Seine-Inf.	Andigny-les-Fermes, 8	Vervins	Aisne
Aubin-sur-Yonne (St.-), 1 ¼	Joigny	Yonne	Audincourt, 1 ½	Montbéliard	Doubs
			Audinethun, 5 ½	St.-Omer	Pas-de-Cal.
Aubinges, 5	Bourges	Cher	Audinghen, 4	Boulogne	Pas-de-Cal.
Auboncourt-ès-Rivières, 3 ½	Rethel	Ardennes	Audiracq, 5	Pau	B.-Pyrén.
			Andon, 6 ½	St.-Sever	Landes
Auboncourt-lès-Vauzelles, 2 ½	Rethel	Ardennes	Audrehem, 4 ½	St.-Omer	Pas-de-Cal.
			Audren, 3 ¼	Thionville	Moselle
Aubonne, 4	Pontarlier	Doubs	Audressein, 2 ½	St.-Girons	Ariége
Aubons, 13 ¼	Pau	B.-Pyrén.	Audresselles, 3 ½	Boulogne	Pas-de-Cal.
Aubord, 2 ¼	Nismes	Gard	Audrieu, 4	Caen	Calvados
Auboué, 1 ¼	Briey	Moselle]	Audrix, 5	Sarlat	Dordogne
Aubres, ½	Nyons	Drôme	Audruicq, 5	St.-Omer	Pas-de-Cal.
Aubréville, 6	Verdun	Meuse	Audun-le-Roman, 2 ¼	Briey	Moselle
Aubrives, 8	Rocroi	Ardennes	Audun-le-Tiche, 5 ½	Briey	Moselle
Aubrometz, 3 ¼	St.-Pol	Pas-de-Cal.	Audweiller, 4	Sarreguemines	Moselle
Aubry, 9 ¼	Douai	Nord	Auenheim, 3	Haguenau	Bas-Rhin
Aubry-en-Exmes, 2 ½	Argentan	Orne	Auffargis, 2 ½	Rambouillet	Seine-et-O.
Aubry-le-Panthou, 7	Argentan	Orne	Auffay, 6	Dieppe	Seine-Inf.
Aubure, 6	Colmar	Haut-Rhin	Aufferville, 8	Fontainebleau	Seine-et-M.
Aubussargues, 2 ¼	Uzès	Gard	Auffreville, 1 ½	Mantes	Seine-et-O.
AUBUSSON *,	ch.-l. d'ar., 118	Creuse	Auffrique, 6 ¼	Laon	Aisne
Aubusson, 5 ¼	Domfront	Orne	Auflance, 7 ½	Sedan	Ardennes
Aubusson, 3	Thiers	Puy-de-Dô.	Auga, 5 ½	Pau	B.-Pyrén.
Aubvillers, 3	Montdidier	Somme	Augan, 2 ¼	Ploërmel	Morbihan
Auby, 1 ½	Douai	Nord	Auge, 4	Rocroi	Ardennes
Aucaleuc, 1 ½	Dinan	Côtes-du-N.	Auge, 7 ½	Angoulême	Charente
Aucamville, 1 ½	Toulouse	H.-Garonne	Auge, 4	Boussac	Creuse
Aucanville, 6 ½	Castel-Sarrazin	Tarn et Gar.	Auge, 5 ¼	Lons-le-Saulnier	Jura
Aucassein, 3 ¼	St.-Girons	Ariége			
Aucey, 6 ¼	Avranches	Manche	Augé, 9 ¼	Blois	Loir-et-Ch.
AUCH *,	ch.-l. d'ar., 191	Gers	Augé, 4	Niort	2 Sèvres
Auché, 6 ½	Civray	Vienne	Augea, 5 ¼	Lons-le-Saulnier	Jura
Auchel, 3 ¼	Béthune	Pas-de-Cal.			
Auchonvillers, 7	Péronne	Somme	Augedua, 2	Barbezieux	Charente
Auchy, 4 ¼	Douai	Nord	Auger-St.-Vincent, 5	Senlis	Oise
Auchy-au-Bois, 6 ¼	Béthune	Pas-de-Cal.	Augerans, 2 ¼	Dôle	Jura
Auchy-la-Bassée, 3 ½	Béthune	Pas-de-Cal.	Augère, 3	Bourganeuf	Creuse
Auchy-la-Montagne, 7	Clermont	Oise	Augerolles, 4	Thiers	Puy-de-Dô.
Auchy-lès-Moines, 5 ½	St.-Pol	Pas-de-Cal.	Augers, 4	Provins	Seine-et-M.
Aucourt (*Warlencourt*) 5	Arras	Pas-de-Cal.	Angerville-la-Rivière, 4 ½	Pithiviers	Loiret
			Augeville, 9	Wassy	H.-Marne
Aucun, 2 ¼	Argelès	H.-Pyrén.	Augevillers, 2	Thionville	Moselle
Aucy (*Buthiers*), 6 ½	Fontainebleau	Seine-et-M.	Augicourt, 7 ¼	Vesoul	H.-Saône
Audars, 5	Villefranche	H.-Garonne	Auginiac, 2	Nontron	Dordogne
Audaux, 4 ½	Orthez	B.-Pyrén.	Augirein, 4 ½	St.-Girons	Ariége

Communes.	Arrondissem.	Départem.	Communes.	Arrondissem.	Départem.
Augisey, $3\frac{1}{2}$	Lons-le-Saulnier	Jura	Aulnois, 3	Neufchâteau	Vosges
Augmontel, 3	Castres	Tarn	Aulnois-sous-Vertuzey, $1\frac{1}{2}$.	Commercy	Meuse
Augnat, 4	Issoire	Puy-de-Dô.	Aulnoy, 6	Langres	H.-Marne
Augnax, $4\frac{1}{2}$	Auch	Gers	Aulnoy, $3\frac{1}{4}$	Château-Salins	Meurthe
Augny, $1\frac{1}{4}$	Metz	Moselle	Aulnoy, $9\frac{1}{4}$	Douai	Nord
Augny-sur-Grimont (*Vanny*), $1\frac{1}{4}$	Metz	Moselle	Aulnoy, 1	Coulommiers	Seine-et-M.
Anguaise, $5\frac{1}{2}$	Mortagne	Orne	Aulon, $2\frac{1}{4}$	St.-Gaudens	H.-Garonne
Angue, 8	Limoges	H.-Vienne	Aulon, $11\frac{1}{2}$	Bagnères	H.-Pyrén.
Augustin (St.-), 4	Marennes	Char.-Inf.	Aulong, $4\frac{1}{4}$	Bourganeuf	Creuse
Augustin (St.-), $5\frac{1}{4}$	Tulle	Corrèze	Aulos, $6\frac{1}{4}$	Foix	Ariége
Augustin (St.-), $1\frac{1}{2}$	Coulommiers	Seine-et-M.	Ault, $8\frac{1}{4}$	Abbeville	Somme
Augustins-des-Bois (St.-) 5	Angers	Maine-et-L.	Aulus, 6	St.-Girons	Ariège
			Aulx-lès-Cromary, $7\frac{1}{2}$	Vesoul	H.-Saône
Angy, 4	Soissons	Aisne	Aumagne, $2\frac{1}{4}$	St.-Jean-d'Angely	Char.-Inf.
Augy, 5	Moulins	Allier	Aumale *, $5\frac{1}{2}$	Neufchâtel	Seine-Inf.
Augy, $6\frac{1}{4}$	St.-Amand	Cher	Aumatre, 11	Amiens	Somme
Angy, 1	Auxerre	Yonne	Aumelas, $8\frac{1}{2}$	Lodève	Hérault
Aujac, $3\frac{1}{2}$	St.-Jean-d'Angely	Char.-Inf.	Aumenancourt-le-Grand 4	Rheims	Marne
Aujac, 7	Alais	Gard	Aumenancourt-le-Petit, $3\frac{1}{4}$	Rheims	Marne
Aujan, $5\frac{1}{4}$	Mirande	Gers			
Aujargues, 5	Nismes	Gard	Aumencourt (*Couvron*), $3\frac{1}{4}$	Laon	Aisne
Aujeures, $4\frac{1}{3}$	Langres	H.-Marne			
Anjols, 3	Cahors	Lot	Aumensan, 6	Condom	Gers
Aulages, $\frac{1}{4}$	Neufchâtel	Seine-Inf.	Aumes, 7	Béziers	Hérault
Aulaine, $6\frac{1}{4}$	Mamers	Sarthe	Aumessas, $3\frac{1}{4}$	Le Vigan	Gard
Aulaire (St.-), $4\frac{1}{2}$	Brives	Corrèze	Aumetz, 4	Briey	Moselle
Aulais (St.-), 3	Barbezieux	Charente	Aumeville-l'Être, 3	Valognes	Manche
Anlan, 11	Nyons	Drôme	Aumont, 2	Poligny	Jura
Aulas, $\frac{1}{4}$	Le Vigan	Gard	Aumont, $5\frac{1}{4}$	Marvejols	Lozère
Aulaye (St.-), $4\frac{1}{2}$	Riberac	Dordogne	Aumont, 1	Senlis	Oise
Aulaye (Ste.-), $7\frac{1}{4}$	Bergerac	Dordogne	Aumont, 8	Amiens	Somme
Aulde (St.-), $5\frac{1}{4}$	Meaux	Seine-et-M.	Aumontzey, 6	St.-Dié	Vosges
Auldes, $2\frac{1}{2}$	Montluçon	Allier	Aumur, $3\frac{1}{4}$	Dôle	Jura
Aulhat, $1\frac{1}{4}$	Issoire	Puy-de-Dô.	Aunac, 3	Espalion	Aveiron
Anlin, 4	Auch	Gers	Aunac, 4	Ruffec	Charente
Aullene, $3\frac{1}{2}$	Sartène	Corse	Aunat, 14	Limoux	Aude
Aulnat (*Malintrat*), 2	Clermont	Puy-de-Dô.	Aunay*, 7	Vire	Calvados
Aulnay, 5	Arcis-sur-Aube	Aube	Aunay, 6	Chartres	Eure-et-L.
Aulnay *, $3\frac{1}{4}$	St.-Jean-d'Angely	Char.-Inf.	Aunay (*Neuvy*), $11\frac{1}{4}$	Epernay	Marne
Aulnay, 2	Evreux	Eure	Aunay, $5\frac{1}{2}$	Château-Chinon	Nièvre
Aulnay, 7	Pontoise	Seine-et-O.	Aunay, 5	Béthune	Pas-de-Cal.
Aulnay, 6	Versailles	Seine-et-O.	Aunay-Notre-Dame (d'), 10	Argentan	Orne
Aulnay (*Aubergenville*) 6	Versailles	Seine-et-O.	Aunay-sous-Crécy, $2\frac{1}{4}$	Dreux	Eure-et-L.
Aulnay, $4\frac{1}{2}$	Rouen	Seine-Inf.	Auneau, 5	Chartres	Eure-et-L.
Aulnay, $2\frac{1}{2}$	Loudun	Vienne	Aunis (St.-), $9\frac{1}{4}$	Mirande	Gers
Aulnay-aux-Planches, $6\frac{1}{2}$	Epernay	Marne	Aunou-le-Fancon, $1\frac{1}{2}$	Argentan	Orne
			Aunou-sur-Orne, $7\frac{1}{2}$	Alençon	Orne
Aulnay-l'Aître, $2\frac{1}{2}$	Vitry-le-François	Marne	Aupont, $9\frac{1}{4}$	Charolles	Saône-et-L.
Aulnay-la-Rivière, $2\frac{1}{4}$	Pithiviers	Loiret	Auppegard, 3	Dieppe	Seine-Inf.
Aulnay-les-Bois, $6\frac{1}{4}$	Alençon	Orne	Aupre (St.-), $7\frac{1}{2}$	Grenoble	Isère
Aulnay-sur-Marne, 3	Châlons-sur-Marne	Marne	Aups *, $6\frac{1}{2}$	Draguignan	Var
			Auquainville, 3	Lisieux	Calvados
Aulneaux (les), $2\frac{1}{2}$	Mamers	Sarthe	Auquemesnil, 7	Dieppe	Seine-Inf.
Aulnizeux, $6\frac{1}{4}$	Epernay	Marne	Aurade, 4	Lombez	Gers
Aulnoi, $3\frac{1}{4}$	Avesnes	Nord	Auradou, $3\frac{1}{4}$	Villeneuve-d'Agen	Lot-et-Gar.
Aulnois, $1\frac{1}{2}$	Laon	Aisne			
Aulnois, $5\frac{1}{2}$	Bar-le-Duc	Meuse	Auradour, 5	St.-Flour	Cantal
Anlnois (les) (*Epernay*), $\frac{1}{4}$	Epernay	Marne	Auragne, 5	Villefranche	H.-Garonne
			Auray *, 9	Lorient	Morbihan

Communes.	Arrondissem.	Départem.	Communes.	Arrondissem.	Départem.
Aure, $4\frac{1}{4}$	Vouziers	Ardennes	Aussurucq, $2\frac{1}{2}$	Mauléon	B.-Pyrén.
Aurec, $3\frac{1}{2}$	Yssingeaux	H.-Loire	Austreberte (Ste.-), $4\frac{1}{4}$	Rouen	Seine-Inf.
Aureuil, $2\frac{1}{4}$	Limoges	H.-Vienne	Austreberthe (Ste.-), $5\frac{1}{4}$	Montreuil	Pas-de-Cal.
Aureilhan, $25\frac{1}{2}$	Mont-de-Marsan	Landes	Austremonie (St.-), 6	Brioude	H.-Loire
			Autainville, $9\frac{1}{4}$	Blois	Loir-et-Ch.
Aureillan, $\frac{1}{4}$	Tarbes	H.-Pyrén.	Antechaux, 1	Baume	Doubs
Aureille, $6\frac{1}{4}$	Arles	B. du Rhône	Autels (les), 14	Laon	Aisne
Aurel, 9	Carpentras	Vaucluse	Autels (les), 7	Lisieux	Calvados
Aurelle, $4\frac{1}{2}$	Espalion	Aveiron	Autels-St.-Eloi (les), $5\frac{1}{2}$	Nogent-le-Rotrou	Eure-et-L.
Aurelle, $5\frac{1}{2}$	Die	Drôme			
Aurence (Ste.-), 4	Mirande	Gers	Autels-Tubœuf, $3\frac{1}{4}$	Nogent-le-Rotrou	Eure-et-L.
Aurenque, $1\frac{1}{4}$	Lectoure	Gers			
Aurens (St.-), $9\frac{1}{2}$	Lectoure	Gers	Auterive *, $4\frac{1}{2}$	Muret	H.-Garonne
Aurenson, 17	Mirande	Gers	Auterive, 2	Auch	Gers
Aurensan, 2	Tarbes	H.-Pyrén.	Auterive, 6	Orthez	B.-Pyrén.
Aurent, 14	Castellane	B.-Alpes	Auterive, 4	Castel-Sarrazin	Tarn et Gar.
Aures, $5\frac{1}{2}$	Rodez	Aveiron	Autet, 4	Gray	H.-Saône
Aureville, $3\frac{1}{2}$	Toulouse	H.-Garonne	Auteuil, $2\frac{1}{2}$	Beauvais	Oise
Auriac, 9	Carcassonne	Aude	Auteuil, 2	St.-Denis	Seine
Auriac, 7	Rodez	Aveiron	Auteuil, $5\frac{1}{2}$	Rambouillet	Seine-et-O.
Auriac, $7\frac{1}{4}$	St.-Flour	Cantal	Auteuil-le-Plessis, 9	Senlis	Oise
Auriac, $11\frac{1}{4}$	Tulle	Corrèze	Auteyrac; $8\frac{1}{2}$	Brioude	H.-Loire
Auriac, 7	Sarlat	Dordogne	Autezant, $1\frac{1}{2}$	St.-Jean-d'Angely	Char.-Inf.
Auriac, $5\frac{1}{2}$	Villefranche	H.-Garonne			
Auriac, $3\frac{1}{2}$	Mirande	Gers	Authe, 4	Vouziers	Ardennes
Auriac, 6	Marmande	Lot-et-Gar.	Authenay, $5\frac{1}{2}$	Evreux	Eure
Auriac (Thèze), $5\frac{1}{2}$	Pau	B.-Pyrén.	Autheuil, 2	Louviers	Eure
Auriac, 5	Brignoles	Var	Autheuil, 2	Châteaudun	Eure-et-L.
Auriac-de-Bourgeac, $4\frac{1}{2}$	Riberac	Dordogne	Autheuil, $2\frac{1}{2}$	Mortagne	Orne
Auriat, 4	Bourganeuf	Creuse	Autheux, $2\frac{1}{4}$	Doullens	Somme
Auribail, $3\frac{1}{2}$	Muret	H.-Garonne	Authevernes, 4	Les Andelys	Eure
Auribau, 2	Grasse	Var	Authezat (La Sauvetat) 5	Clermont	Puy-de-Dô.
Auribeau, 6	Digne	B.-Alpes	Authie, $1\frac{1}{2}$	Caen	Calvados
Auribeau, 2	Apt	Vaucluse	Authies, $3\frac{1}{4}$	Doullens	Somme
Aurice, $2\frac{1}{4}$	St.-Sever	Landes	Authieule, $1\frac{1}{4}$	Doullens	Somme
Auriebat, 3	Lombez	Gers	Authieux (les), 4	Evreux	Eure
Auriebat, 8	Tarbes	H.-Pyrén.	Authieux (les), $6\frac{1}{2}$	Argentan	Orne
Aurières (Vernines), 5	Clermont	Puy-de-Dô.	Authieux-Dupuits(les), 5	Argentan	Orne
Aurignac, $3\frac{1}{4}$	St.-Gaudens	H.-Garonne	Authieux-Papillon (les), $4\frac{1}{2}$	Lisieux	Calvados
AURILLAC *,	ch.-l. de dép. 138	Cantal			
Aurimont, $5\frac{1}{2}$	Auch	Gers	Authieux-sur-Buchy (les), $6\frac{1}{4}$	Rouen	Seine-Inf.
Anrin, 4	Villefranche	H.-Garonne			
Aurin (St.-), $3\frac{1}{4}$	Montdidier	Somme	Authieux-sur-Calonne (les), $1\frac{1}{4}$	Pont-l'Evêque	Calvados
Auriol, 7	Marseille	B. du Rhône			
Auriole, 3	Argentière	Ardèche	Authieux-sur-Clèret(le), 5	Rouen	Seine-Inf.
Aurioles, 9	La Réole	Gironde			
Aurions, $12\frac{1}{2}$	Pau	B.-Pyrén.	Authieux-sur-Corbon (les), $5\frac{1}{4}$	Pont-l'Evêque	Calvados
Auriple, $10\frac{1}{4}$	Die	Drôme			
Auris, $10\frac{1}{4}$	Grenoble	Isère	Authieux-sur-Port-St.-Ouen (les), $3\frac{1}{4}$	Rouen	Seine-Inf.
Auroir, $3\frac{1}{4}$	St.-Quentin	Aisne			
Auros, $2\frac{1}{2}$	Bazas	Gironde	Authion, $7\frac{1}{2}$	Clamecy	Nièvre
Aurouer, 3	Moulins	Allier	Anthoison, $4\frac{1}{2}$	Vesoul	H.-Saône
Aurouer, 6	St.-Amand	Cher	Authon, 5	Sisteron	B.-Alpes
Auroux, $9\frac{1}{4}$	Mende	Lozère	Authon, $3\frac{1}{2}$	St.-Jean-d'Angely	Char.-Inf.
Ausan, 4	Auch	Gers			
Aussac, $4\frac{1}{4}$	Angoulême	Charente	Authon, 4	Pont-Audemer	Eure
Aussac, $2\frac{1}{4}$	Gaillac	Tarn	Authon, 4	Nogent-le-Rotrou	Eure-et-L.
Aussat, $5\frac{1}{2}$	Mirande	Gers			
Ausseing, $5\frac{1}{2}$	St.-Gaudens	H.-Garonne	Authon, $5\frac{1}{2}$	Vendôme	Loir-et-Ch.
Aussevielle, 3	Pau	B.-Pyrén.	Authon, $8\frac{1}{4}$	Rambouillet	Seine-Inf.
Ausson, $2\frac{1}{4}$	St.-Gaudens	H.-Vienne	Authoreille, 5	Gray	H.-Saône
Aussonce, $4\frac{1}{4}$	Rethel	Ardennes	Authuille, 6	Péronne	Somme
Aussonne, $2\frac{1}{4}$	Toulouse	H.-Garonne	Authume, 1	Dôle	Jura
Aussos, $7\frac{1}{4}$	Mirande	Gers	Authumes, 9	Louhans	Saône-et-L.

Communes.	Arrondissem.	Départem.
Authun, 7 ½	Espalion	Aveiron
Autichamp, 10 ¼	Die	Drôme
Autieges, 2 ¾	Nérac	Lot-et Gar.
Autignac, 4	Béziers	Hérault
Autigny, 5	Yvetot	Seine-Inf.
Autigny-la-Tour, 1 ½	Neufchâteau	Vosges
Autigny-le-Grand, 4 ½	Wassy	H.-Marne
Autigny-le-Petit, 4 ¼	Wassy	H.-Marne
Autingues, 4 ¼	St.-Omer	Pas-de-Cal.
Autivielle, 6	Orthez	B.-Pyrén.
Autoire, 8 ½	Figeac	Lot
Autouillet, 5 ¼	Rambouillet	Seine-et-O.
Autrac, 6 ¼	Brioude	H.-Loire
Autrage (*Echesne*), 2 ½	Belfort	Haut-Rhin
Autrans, 6 ¼	Grenoble	Isère
Autras, 3 ½	Auch	Gers
Autrêche, 7 ½	Tours	Indre-et-L.
Autrêches, 6	Compiégne	Oise
Autrecourt, 3 ¼	Sedan	Ardennes
Autrecourt, 7 ¾	Bar-le-Duc	Meuse
Autremencourt, 6	Laon	Aisne
Autrepierre, 6 ¾	Lunéville	Meurthe
Autreppe, 2 ¼	Vervins	Aisne
Autrelot, 1 ½	Yvetot	Seine-Inf.
Autreville, 3 ¼	Chaumont	H.-Marne
Autreville, 4	Nancy	Meurthe
Autreville, 4	Montmédy.	Meuse
Autreville, 4	Neufchâteau	Vosges
Autrey, 5	Nancy	Meurthe
Autrey, 2 ¼	Gray	H.-Saône
Autrey, 6	Epinal	Vosges
Autrey-les-Cerre, 4	Vesoul	H.-Saône
Autrey-le-Vay, 7 ½	Lure	H.-Saône
Autricourt, 4 ½	Chatillon	Côte-d'Or
Autricourt (*Valeroy-Lorioz*), 1 ¼	Vesoul	H.-Saône
Autruche, 4	Vouziers	Ardennes
Autruy, 4 ¼	Pithiviers	Loiret
Autry, 4 ½	Vouziers	Ardennes
Autry, 2 ½	Gien	Loiret
Autry-Issard, 4	Moulins	Allier
AUTUN *,	ch.-l. d'ar., 70	Saône-et-L.
Auty, 6	Montauban	Tarn-et-G.
Auve, 3	Ste-Ménéhould	Marne
Auvent (St.-), 2	Rochechouart	H.-Vienne
Auvergny, 9 ¾	Evreux	Eure
Auvernaux, 3	Corbeil	Seine-et-O.
Auverné (Grand), 3 ½	Châteaubriant	Loire-Inf.
Auverné (Petit), 3 ¼	Châteaubriant	Loire-Inf.
Auvers, 7 ¼	St.-Lô	Manche
Auvers, 2	Etampes	Seine-et-O.
Auvers, 2	Pontoise	Seine-et-O.
Auvers-le-Hamon, 7	La Flèche	Sarthe
Auverse, 3	Baugé	Maine-et-L.
Auvert (*Noisy-sur-Ecole*), 5	Fontainebleau	Seine-et-M.
Auvet, 2 ¼	Gray	H.-Saône
Auvillards, 3 ½	Pont-l'Evêque	Calvados
Auvillards, 5	Moissac	Tarn-et-G.
Auvillars-sur-Saône, 6	Beaune	Côte-d'Or
Auville-sur-le-Vey, 6	St.-Lô	Manche
Auvillers, ½	Clermont	Oise
Auvillers-les-Forges, 3	Rocroi	Ardennes
Auvilliers, 4 ¼	Montargis	Loiret
Auvilliers, 3 ½	Neufchâtel	Seine-Inf.
Aux, 4 ½	Mirande	Gers
Auxais, 5 ¼	St.-Lô	Manche
Auxange, 3 ¼	Dôle	Jura
Auxant, 5	Beaune	Côte-d'Or
Auxelles (Bas-), 4	Belfort	Haut-Rhin
Auxelles (Haut-), 4 ¼	Belfort	Haut-Rhin
AUXERRE *,	ch.-l. de dép. 43	Yonne
Auxey le-Grand, 3	Beaune	Côte-d'Or
Auxi-le-Château *, 7 ½	St.-Pol	Pas-de-Cal.
Auxilloux, 5 ¼	Castres	Tarn
Auxon, 7	Troyes	Aube
Auxon, 1 ¼	Vesoul	H.-Saône
Auxon-Dessous, 2 ¼	Besançon	Doubs
Auxon-Dessus, 2 ¼	Besançon	Doubs
Auxonne *, 6 ¼	Dijon	Côte-d'Or
Auxtot, 6 ½	Le Hâvre	Seine-Inf.
Auxy, 5	Pithiviers	Loiret
Auxy, 1 ½	Autun	Saône-et-L.
Auzainvillers, 4 ¼	Neufchâteau	Vosges
Auzais, 1 ¼	Fontenay-le-Comte	Vendée
Auzances *, 6 ¾	Aubusson	Creuse
Auzas, 4 ¼	St.-Gaudens	H.-Garonne
Auzat, 8 ¼	Foix	Ariége
Auzat-le-Luguet, 8	Issoire	Puy-de-Dô.
Auzat-sur-Allier, 2 ¼	Issoire	Puy-de-Dô.
Auzeboc, ½	Ivetot	Seine-Inf.
Auzécourt, 4 ½	Bar-le-Duc	Meuse
Auzelles, 4	Ambert	Puy-de-Dô.
Auzers, 4 ½	Mauriac	Cantal
Auzet, 10	Digne	B.-Alpes
Auzeville, 1 ½	Toulouse	H.-Garonne
Auzéville, 6 ½	Verdun	Meuse
Auzielle, 2	Toulouse	H.-Garonne
Auzille, 2 ¼	Toulouse	H.-Garonne
Auzits, 8 ¼	Rodez	Aveiron
Auzon, 7	Troyes	Aube
Auzon, 2 ¼	Brioude	H.-Loire
Auzouer, 6 ½	Tours	Indre-et-L.
Auzouville, 5	Dieppe	Seine-Inf.
Auzouville-l'Esneval, 3	Yvetot	Seine-Inf.
Auzouville-sur-Fauville, 3	Yvetot	Seine-Inf.
Auzouville-sur-Ry, 4 ¼	Rouen	Seine-Inf.
Availle, 2	Châtelleranlt.	Vienne
Availles, 5	Vitré	Ille-et-Vil.
Availles, 5	Melle	2 Sèvres
Availles, 6	Civray	Vienne
Availles-Thouarsaise, 6 ¼	Parthenay	2 Sèvres
Avajan, 11 ¼	Bagnères	H.-Pyrén.
Avalats (les), 2	Albi	Tarn
AVALLON *,	ch.-l. d'ar., 57	Yonne
Avalon, 8 ¼	Grenoble	Isère
Avançon, 2	Rethel	Ardennes
Avancy (*Ste.-Barbe*), 2 ¼	Metz	Moselle
Avangour (St.-), 7	Les Sables	Vendée
Avanne, 1 ¾	Besançon	Doubs
Avant, 5	Arcis-sur-Aube	Aube
Avant, 2 ½	Nogent-sur-Seine	Aube
Avaray, 5	Calvi	Corse
Avaux, 4 ¾	Rethel	Ardennes
Avazay, 6 ¼	Blois	Loir-et-Ch.

Communes.	Arrondissem.	Départem.
Avé (St.-), 2	Vannes	Morbihan
Aveize, 5 ¼	Lyon	Rhône
Avelanges, 6 ½	Dijon	Côte-d'Or
Avelesges, 8 ½	Amiens	Somme
Avelin, 3	Lille	Nord
Aveluy, 6	Péronne	Somme
Avenas, 6 ¼	Villefranche	Rhône
Avenay, 3	Caen	Calvados
Avenay, 6	Rheims	Marne
Avençon, 3 ½	Gap	H.-Alpes
Avène, 5 ¼	Lodève	Hérault
Avenelles, 3	Argentan	Orne
Aveney, 1 ¾	Besançon	Doubs
Avenheim, 4 ½	Strasbourg	Bas-Rhin
Avenières (les), 4 ½	LaTour-du Pin	Isère
Avenières, ¼	Laval	Mayenne
Avensac, 7	Lectoure	Gers
Avensan, 6 ½	Bordeaux	Gironde
Aventignan, 10 ¾	Bagnères	H.-Pyrén.
Aventin (St.-) (*Verrières*), 3	Troyes	Aube
Aventin (St.-), 10	St.-Gaudens	H. Garonne
Aventon, 3	Poitiers	Vienne
Averan, 2 ¼	Tarbes	H.-Pyrén.
Averdoing, 2 ½	St.-Pol	Pas-de-Cal.
Averdon, 3 ¼	Blois	Loir-et-Ch.
Avermes, ¼	Moulins	Allier
Averne-sous-Exmes, 4	Argentan	Orne
Avernes, 4	Pontoise	Seine-et-O.
Avernes-St. Gourgon, 10	Argentan	Orne
Averon, 13 ¾	Mirande	Gers
Avertin (St.-), 1 ¼	Tours	Indre-et-L.
Averton, 8	Mayenne	Mayenne
Avesnelles, ½	Avesnes	Nord
AVESNES *,	ch.-l. d'arr., 55	Nord
Avesnes, 4	Montreuil	Pas-de-Cal.
Avesnes, 3	Mamers	Sarthe
Avesnes, 4	Dieppe	Seine-Inf.
Avesnes, 9 ¾	Neufchâtel	Seine-Inf.
Avesnes-Chaussoy, 9	Amiens	Somme
Avesnes-le-Comte, 5 ¾	St.-Pol	Pas-de-Cal.
Avesnes-le-Sec, 6 ¼	Douai	Nord
Avesnes-lès-Aubert, 3 ½	Cambrai	Nord
Avesnes-lès-Bapaume, 5	Arras	Pas-de-Cal.
Avessac, 7 ½	Savenay	Loire-Inf.
Avessé, 7	La Flèche	Sarthe
Aveux, 14	Bagnères	H.-Pyrén.
Avezac, 6 ½	Bagnères	H.-Pyrén.
Avezac, 3	Lavaur	Tarn
Avezan, 3 ½	Lectoure	Gers
Avèze, ¼	Le Vigan	Gard
Avèze, 13 ¾	Issoire	Puy-de-Dô.
Avèzé, 8	Mamers	Sarthe
Avezieux, 5	Montbrisson	Loire
Avid-de-Fumadière (St.-), 8 ½	Bergerac	Dordogne
Avid-de-Soulège (St.-), 10 ¼	Libourne	Gironde
Avid-de-Tizac, 6	Bergerac	Dordogne
Avid-du-Moiron (St.-), 13	Libourne	Gironde
Avid-Rivière, 9 ½	Bergerac	Dordogne
Avid-Senieur (St.-), 7	Bergerac	Dordogne
Avignon, 1	St.-Claude	Jura
AVIGNON *,	ch.l.de dép. 181	Vaucluse
Avignonet, 1 ¼	Villefranche	H. Garonne
Avignonet, 7	Grenoble	Isère
Avigy (*Pournoy-la-Grasse*), 3 ½	Metz	Moselle
Avillers, 6 ½	Verdun	Meuse
Avillers, 1 ½	Mirecourt	Vosges
Avilley, 3 ½	Baume	Doubs
Avilliers, 3	Briey	Moselle
Avion, 4	Arras	Pas-de-Cal.
Avioth, 1 ½	Montmédy	Meuse
Aviré, 1 ½	Segré	Maine-et-L.
Avirey-Lingey, 2	Bar-sur-Seine	Aube
Aviron, 1	Evreux	Eure
Avit (St.-), 10	Barbezieux	Charente
Avit (St.-) (*Rattière*), 10	Valence	Drôme
Avit (St.-), 7	Châteaudun	Eure-et-L.
Avit (St.-), 1 ½	Lectoure	Gers
Avit (St.-), 1 ¼	Mont-de-Marsan	Landes
Avit (St.-), 9	Vendôme	Loir-et-Ch.
Avit (St.-), 1 ½	Marmande	Lot-et-Gar.
Avit (St.-), 10 ½	Riom	Puy-de-Dô.
Avit (St.-), 4 ½	Castres	Tarn
Avit-de-Tarde (St.-), 2 ½	Aubusson	Creuse
Avit-de-Vialard (St.-), 5	Sarlat	Dordogne
Avit-le-Pauvre (St.-), 2 ¾	Aubusson	Creuse
Avize, 2 ½	Epernay	Marne
Avocourt, 4	Verdun	Meuse
Avoine, 1 ½	Chinon	Indre-et-L.
Avoines, 2 ¼	Argentan	Orne
Avoize, 4	La Flèche	Sarthe
Avold (St.-), 8	Sarreguemines	Moselle
Avolsheim, 4 ½	Strasbourg	Bas-Rhin
Avon, 4	Chinon	Indre-et-L.
Avon, ½	Fontainebleau	Seine-et-M.
Avon, 4 ½	Melle	2 Sèvres
Avon-la-Pese, 4 ½	Nogent-sur-Seine	Aube.
Avondance, 4 ¼	Montreuil	Pas-de-Cal.
Avord, 5	Bourges	Cher
Avosne, 8	Dijon	Côte-d'Or
Avosne, 8	Semur	Côte-d'Or
Avot, 8 ½	Dijon	Côte-d'Or
Avoudrey, 5 ½	Baume	Doubs
Avouzon (*Crozet*), 2 ¼	Gex	Ain
Avrainville, 2 ½	Wassy	H.-Marne.
Avrainville, 2 ½	Toul	Meurthe
Avrainville, 6	Corbeil	Seine-et-O.
Avrainville, 3	Mirecourt	Vosges
AVRANCHES *,	ch. l. d'ar., 89	Manche
Avranville, 3 ¼	Neufchâteau	Vosges
Avrechy, 2	Clermont	Oise
Avrécourt, 5	Langres	H.-Marne
Avrée, 7 ½	Château-Chinon	Nièvre
Avregny, 2 ½	Clermont	Oise
Avremesnil, 3	Dieppe	Seine-Inf.
Avreuil, 6	Bar-sur-Seine	Aube
Avricourt, 6 ¼	Sarrebourg	Meurthe
Avricourt, 7 ½	Compiégne	Oise
Avrigney, 5 ½	Gray	H.-Saône
Avigny, 4	Châtellerault	Vienne
Avril, 1 ½	Briey	Moselle

Communes.	Arrondissem.	Départem.
Avril-sur-Loire, $7\frac{1}{4}$	Nevers	Nièvre
Avrillé, 10	Chinon	Indre-et-L.
Avrillé, 1	Angers	Maine-et-L.
Avrillé *, $6\frac{3}{4}$	Les Sables	Vendée
Avrilly, $7\frac{1}{2}$	La Palisse	Allier
Avrilly, $2\frac{1}{2}$	Evreux	Eure
Avrilly, $1\frac{1}{2}$	Domfront	Orne
Avrolles, 6	Auxerre	Yonne
Avy, 6	Saintes	Char.-Inf.
Awoingt, $1\frac{1}{4}$	Cambrai	Nord
Ax, 11	Foix	Ariége
Axat, $12\frac{1}{2}$	Limoux	Aude
Axiat, $8\frac{1}{4}$	Foix	Ariége
Ay (St.), 3	Orléans	Loiret
Ay, 6	Rheims	Marne
Ay, $3\frac{1}{2}$	Metz	Moselle
Ayat, 6	Riom	Puy-de-Dô.
Aydat, 5	Clermont	Puy-de-Dô.
Aydès (les) (*de Saran et de Fleury*), $1\frac{1}{2}$	Orléans	Loiret
Aydie, $13\frac{3}{4}$	Pau	B.-Pyrén.
Aydius, $7\frac{1}{4}$	Oléron.	B.-Pyrén.
Aydoiles, $2\frac{1}{2}$	Epinal	Vosges
Ayen, $5\frac{1}{4}$	Brives	Corrèze
Ayencourt, $11\frac{1}{2}$	Montdidier	Somme
Ayette, 3	Arras	Pas-de-Cal.
Ayguatébia, 8	Prades	Pyrén.-Or.
Ayguebère, 5	Lombez	Gers
Ayguemorte, $5\frac{1}{4}$	Lectoure	Gers
Ayguemorte, 5	Bordeaux	Gironde
Aygues-Vives, 2	Carcassonne	Aude
Ayguetinse, $4\frac{1}{4}$	Condom	Gers
Aygniaus, $9\frac{1}{4}$	Gap	H.-Alpes
Aymeries, $3\frac{1}{2}$	Avesnes	Nord
Aynac, $6\frac{1}{4}$	Figeac	Lot
Aynat, 4	Foix	Ariége
Ayné, 4	Argelès	H.-Pyrén.
Ayrens, 4	Aurillac	Cantal
Ayros, $\frac{1}{2}$	Argelès	H.-Pyrén.
Ayssene-Broquiez, 6	St.-Affrique	Aveiron
Ayssene-Labesse, 6	St.-Affrique	Aveiron
Aytré, 1	La Rochelle	Char.-Inf.
Aytua, 5	Prades	Pyrén.-Or.
Ayvelles Grandes), $1\frac{1}{2}$	Mézières	Ardennes
Ayvelles (Petites), $1\frac{1}{4}$	Mézières	Ardennes
Ayzac, $\frac{1}{4}$	Argèles	H.-Pyrén.
Ayzieu, 11	Condom	Gers
Azana, *	Ajaccio	Corse
Azannes, $5\frac{1}{4}$	Montmédy	Meuse
Azans, $\frac{1}{4}$	Dôle	Jura
Azas, 5	Toulouse	H.-Garonne
Azat-Chatenet, 4	Bourganeuf	Creuse
Azat-le-Ris, 6	Bellac	H.-Vienne
Azay, 2	Vendôme	Loir-et-Ch.
Azay-Brulé, $3\frac{1}{4}$	Niort	2 Sèvres
Azay-le-Ferron, 7	Le Blanc	Indre
Azay-le-Rideau *, 5	Chinon	Indre-et-L.
Azay-sur-Cher, $3\frac{1}{2}$	Tours	Indre-et-L
Azay-sur-Indre, 2	Loches	Indre-et-L.
Azay-sur-Thoué, 2	Parthenay	2 Sèvres
Azé, $\frac{1}{4}$	Château-Gontier	Mayenne
Azé, 4	Mâcon	Saône-et-L.
Azelot, $3\frac{1}{2}$	Nancy	Meurthe
Azerable, $9\frac{1}{4}$	Guéret	Creuse
Azerac, $10\frac{1}{2}$	Perigueux	Dordogne
Azerailles, $4\frac{1}{2}$	Lunéville	Meurthe
Azerat, $2\frac{1}{2}$	Brioude	H.-Loire
Azereix, 2	Tarbes	H.-Pyrén.
Azet, 14	Bagnères	H.-Pyrén.
Azeville, $3\frac{1}{4}$	Valognes	Manche
Azillanet, $7\frac{1}{2}$	St.-Pons	Hérault
Azille *, 4	Carcassonne	Aude
Azilone, $4\frac{1}{4}$	Ajaccio	Corse
Azincourt, $5\frac{1}{2}$	St.-Pol	Pas-de-Cal.
Azolette, 7	Villefranche	Rhône
Azondange, $6\frac{1}{4}$	Sarrebourg	Meurthe
Azur, $6\frac{1}{4}$	Dax	Landes
Azville, 8	Vendôme	Loir-et-Ch.
Azy, $1\frac{1}{4}$	Château-Thierry	Aisne
Azy, $4\frac{1}{2}$	Sancerre	Cher
Azy-le-Vif, $7\frac{1}{4}$	Nevers	Nièvre

B.

Communes.	Arrondissem.	Départem.
Baalon, 2	Montmédy	Meuse
Baalons, $2\frac{1}{2}$	Mézières	Ardennes
Babel (St.-), $2\frac{1}{2}$	Issoire	Puy-de-Dô.
Babœuf, $7\frac{1}{4}$	Compiégne	Oise
Baby, $5\frac{1}{4}$	Provins	Seine-et-M.
Bac (le) (*Bichancourt*), $11\frac{1}{2}$	Laon	Aisne
Bac (le) (*La Croix-St.-Ouen*), $2\frac{1}{4}$	Compiégne	Oise
Bacarisse (*Gazax*), $6\frac{1}{2}$	Mirande	Gers
Baccarat *, 6	Lunéville	Meurthe
Baccon, 5	Orléans	Loiret
Bacconnes, $6\frac{1}{2}$	Rheims	Marne
Bach, 6	Cahors	Lot
Bachant, $3\frac{1}{2}$	Avesnes	Nord
Bachas, 5	St.-Gaudens	H.-Vienne
Bachelerie (la), 7	Sarlat	Dordogne
Bachen, $7\frac{1}{4}$	St.-Sever	Landes
Bachevilliers, 6	Beauvais	Oise
Baches, $6\frac{1}{2}$	St.-Gaudens	H.-Garonne
Bachy, $4\frac{1}{2}$	Lille	Nord
Bacilly, $2\frac{1}{4}$	Avranches	Manche
Bacon, 11	Marvejols	Lozère
Baconnière (la), $4\frac{1}{4}$	Laval	Mayenne
Bacotte (la) (*Armancourt*), $1\frac{1}{4}$	Compiégne	Oise
Bacouel, 2	Amiens	Somme
Bacourt, $3\frac{1}{4}$	Château-Salins	Meurthe
Bacquepuis, 3	Evreux	Eure
Bacqueville, 2	Les Andelys	Eure
Bacqueville, 4	Dieppe	Seine-Inf.
Badailhac, $4\frac{1}{2}$	Aurillac	Cantal
Badaroux, 1	Mende	Lozère
Badefol, $5\frac{1}{4}$	Bergerac	Dordogne
Badefol-d'Ans, $10\frac{1}{4}$	Périgueux	Dordogne
Badens, $2\frac{1}{2}$	Carcassonne	Aude
Badéo (le), $6\frac{1}{2}$	St.-Brieuc	Côtes-du N.
Badevelle, 3	Montbéliard	Doubs
Badménil aux-Bois, $3\frac{1}{2}$	Epinal	Vosges

Communes.	Arrondissem.	Départem.
Badonviller, $8\frac{1}{2}$	Lunéville	Meurthe
Badonvilliers, 6	Commercy	Meuse
Bærendorf, 7	Saverne	Bas-Rhin
Baffe (la), $2\frac{1}{2}$	Epinal	Vosges
Bagards, $1\frac{1}{2}$	Alais	Gard
Bagas, 2	La Réole	Gironde
Bagat, 5	Cahors	Lot
Bagé-le-Châtel, 5	Bourg	Ain
Bagé-la-Ville, 5	Bourg	Ain
Bagert, $2\frac{1}{2}$	St.-Girons	Ariége
Bages, $2\frac{1}{4}$	Narbonne	Aude
Bages, $3\frac{1}{4}$	Perpignan	Pyrén.-Or
Bagiry, $4\frac{1}{2}$	St.-Gaudens	H.-Garonne
Bagnac, $2\frac{1}{4}$	Figeac	Lot
Bagnars, $8\frac{1}{2}$	Espalion	Aveiron
Bagneaux, $6\frac{1}{4}$	Fontainebleau	Seine-et-M
Bagneaux, 7	Sens	Yonne
BAGNÈRES *,	ch.-l. d'ar., 223	H.-Pyrén.
Bagnères-de-Luchon *, 9	St.-Gaudens	H. Garonne
Bagneux, 2	Soissons	Aisne
Bagneux, $3\frac{1}{4}$	Moulins	Allier
Bagneux, 8	Issoudun	Indre
Bagneux, 1	Saumur	Maine-et-L.
Bagneux, $13\frac{3}{4}$	Epernay	Marne
Bagneux, 3	Toul	Meurthe
Bagneux, $\frac{1}{2}$	Sceaux	Seine
Bagneux, $8\frac{1}{2}$	Bressuire	2 Sèvres
Bagneux-la-Fosse, 3	Bar-sur-Seine	Aube
Bagniseau, $4\frac{1}{4}$	St.-Jean-d'Angely	Char.-Inf.
Bagnole (*Tessé*), 5	Domfront	Orne
Bagnoles, $1\frac{1}{2}$	Carcassonne	Aude
Bagnolet, $1\frac{1}{4}$	St.-Denis	Seine
Bagnols *, 7	Uzès	Gard
Bagnols, $3\frac{1}{2}$	Mende	Lozère
Bagnols, 3	Villefranche	Rhône
Bagnols, 5	Draguignan	Var
Bagnot, 4	Beaune	Côte-d'Or
Baguer-Morvan, $7\frac{1}{2}$	St.-Malo	Ille-et-Vil.
Baguer-Pican, $8\frac{3}{4}$	St.-Malo	Ille-et-Vil.
Bahais, $2\frac{1}{4}$	St.-Lô	Manche
Baho, 2	Perpignan	Pyrén.-Or.
Bahus, $7\frac{1}{4}$	St-Sever	Landes
Baigne, $4\frac{1}{4}$	Vesoul	H.-Saône
Baigneaux, $10\frac{1}{4}$	Châteaudun	Eure-et-L.
Baigneaux, 8	La Réole	Gironde
Baigneaux, $3\frac{1}{2}$	Vendôme	Loir-et-Ch
Baigneux *, $8\frac{1}{2}$	Chatillon	Côte-d'Or
Baigneville, $8\frac{1}{4}$	Le Hâvre	Seine-Inf.
Baignolet, 6	Chartres	Eure-et-L.
Baignols, $9\frac{1}{4}$	Issoire	Puy-de-Dô.
Baigts, $5\frac{1}{4}$	St.-Sever	Landes
Baigts, $1\frac{1}{2}$	Orthez	B.-Pyrén.
Baignes, 4	Bârbezieux	Charente
Baillargues, $2\frac{1}{2}$	Montpellier	Hérault
Baillarguet (*Mont-Ferrier*), $1\frac{1}{4}$	Montpellier	Hérault
Baillasbats, $4\frac{1}{2}$	Lombez	Gers
Baillé, 3	Fougères	Ille-et-Vil.
Bailleau-le-Pin, $3\frac{1}{2}$	Chartres	Eure-et-L.
Bailleau-les-Bois, $2\frac{1}{2}$	Chartres	Eure-et L.
Bailleau-sous-Gallardon, 4	Chartres	Eure-et-L.
Baillescourt (*Puissieux*), 5	Arras	Pas-de-Cal.

Communes.	Arrondissem.	Départem.
Baillet, $3\frac{3}{4}$	Pontoise	Seine-et-O.
Bailleul, $4\frac{1}{2}$	Evreux	Eure
Bailleul *, 4	Hazebrouck	Nord
Bailleul, $1\frac{1}{2}$	Argentan	Orne
Bailleul, 2	Arras	Pas-de-Cal.
Bailleul, $2\frac{1}{2}$	St.-Pol	Pas-de-Cal.
Bailleul (le), 3	La Flèche	Sarthe
Bailleul, $1\frac{3}{4}$	Neuchâtel	Seine-Inf.
Bailleul, 3	Abbeville	Somme
Bailleul-la-Vallée, 4	Pont-Audemer	Eure
Bailleul-le-Socq, $3\frac{1}{2}$	Clermont	Oise
Bailleul-lès-Pernes, 5	St.-Pol	Pas-de-Cal.
Bailleul-Mont, $3\frac{1}{2}$	Arras	Pas-de-Cal.
Bailleul-sur-Thérain, 3	Beauvais	Oise
Bailleul-Val, 3	Arras	Pas-de-Cal.
Bailleval, 1	Clermont	Oise
Baillolet, 2	Neufchâtel	Seine-Inf.
Baillon (*Asnières*), 6	Pontoise	Seine-et-O.
Baillou, 7	Vendôme	Loir-et-Ch.
Bailly, $4\frac{1}{2}$	Compiegne	Oise
Bailly, $3\frac{1}{2}$	Meaux	Seine-et-M.
Bailly, 1	Versailles	Seine-et-O.
Bailly-aux-Forges, $1\frac{1}{4}$	Wassy	H.-Marne
Bailly-Carrois, $5\frac{1}{4}$	Melun	Seine et-M.
Bailly-en-Campagne, 4	Neufchâtel	Seine-Inf.
Bailly-en-Rivière, $3\frac{1}{2}$	Dieppe	Seine-Inf.
Bailly-le-Franc, 9	Arcis-sur-Aube	Aube
Bain, 8	Redon	Ille-et-Vil.
Baincthun, $1\frac{1}{2}$	Boulogne	Pas-de-Cal.
Bainghen, 6	Boulogne	Pas-de-Cal.
Bains (les), 6	Limoux	Aude
Bains *, $1\frac{1}{2}$	Redon	Ille-et-Vil.
Bains, $2\frac{1}{4}$	Le Puy	H.-Loire
Bains *, 8	Mirecourt	Vosges
Bains-d'Arles (les), $2\frac{1}{4}$	Ceret	Pyrén.-Or.
Bainville-aux-Miroirs, 7	Nancy	Meurthe
Bainville-aux-Saules, $3\frac{1}{2}$	Mirecourt	Vosges
Bainville-sur-Madon, $5\frac{1}{2}$	Toul	Meurthe
Bairon, 5	Sedan	Ardennes
Bais, $4\frac{1}{4}$	Vitré	Ille-et-Vil.
Bais, 4	Mayenne	Mayenne
Baisieux, 3	Lille	Nord
Baissey, $3\frac{1}{2}$	Langres	H.-Marne
Baives, $4\frac{1}{4}$	Avesnes	Nord
Baix, $4\frac{1}{2}$	Privas	Ardèche
Baixas, $2\frac{1}{2}$	Perpignan	Pyrén.-Or.
Baizieux, 5	Amiens	Somme
Baizil (le), $2\frac{1}{2}$	Epernay	Marne
Bajamont, 3	Agen	Lot-et-Gar.
Bajande, 12	Prades	Pyrén.-Or.
Bajeux, $3\frac{3}{4}$	St.-Pol	Pas-de-Cal.
Bajonnette, $5\frac{1}{2}$	Lectoure	Gers
Balacet, $2\frac{1}{4}$	St.-Girons	Ariége
Baladou (*Creysse*), 11	Gourdon	Lot
Balagnas, $\frac{1}{2}$	Argelès	H.-Pyrén.
Balagnier, 8	St.-Affrique	Aveiron
Balagny-sur-Aunette, 1	Senlis	Oise
Balagny-sur-Thérain, 5	Senlis	Oise
Balaguier, $5\frac{1}{2}$	Villefranche	Aveiron
Balagueres, $2\frac{1}{4}$	St.-Girons	Ariége
Balaives, 2	Mézières	Ardennes
Balan, $8\frac{1}{4}$	Trevoux	Ain
Balan, $\frac{1}{2}$	Sedan	Ardennes
Balan, $6\frac{1}{2}$	St-Jean-d'Angely	Char.-Inf.

Communes.	Arrondissem.	Départem.
Balanod, 8	Lons-le-Saulnier	Jura
Balansun, $2\frac{1}{2}$	Orthez	B.-Pyrén.
Balanzac, 3	Saintes	Char.-Inf.
Balaruc, 5	Montpellier	Hérault
Balâtre, 6	Montdidier	Somme
Balaysagues, 7	Marmande	Lot-et-Gar.
Balazé, $1\frac{1}{4}$	Vitré	Ille-et-Vil.
Balazuc, 2	Argentière	Ardèche
Balbiac (Haut-), 2	Argentière	Ardèche
Balbigny, $7\frac{1}{4}$	Roanne	Loire
Balbin, $7\frac{1}{2}$	Vienne	Isère
Baldenheim, 2	Schélestatt	Bas-Rhin
Baldersheim, 6	Altkirch	Haut-Rhin
Baldorie (la) (*Morainvilliers*), $5\frac{1}{2}$	Versailles	Seine-et-O.
Baleine (la), $4\frac{1}{2}$	Coutances	Manche
Baleix, $5\frac{1}{4}$	Pau	B.-Pyrén.
Balèmes, $1\frac{1}{4}$	Langres	H.-Marne
Balesme, 10	Loches	Indre-et-L.
Balesta, $3\frac{1}{2}$	St.-Gaudens	H.-Garonne
Baleyssac (*Fossés*), 2	La Réole	Gironde
Balgau, $5\frac{1}{2}$	Colmar	Haut-Rhin
Balham, $3\frac{1}{2}$	Rethel	Ardennes
Balignac, 4	Castel-Sarrasin	Tarn etGar.
Balignicourt, 6	Arcis-sur-Aube	Aube
Bâlines, 9	Evreux	Eure
Balinghem, $5\frac{1}{2}$	St.-Omer	Pas-de-Cal.
Balirac, $7\frac{1}{2}$	Pau	B.-Pyrén.
Baliros, $2\frac{1}{2}$	Pau	B.-Pyrén.
Balizac, $5\frac{1}{2}$	Bazas	Gironde
Ballainvilliers, 5	Corbeil	Seine-et-O.
Ballaisaux, 4	Dôle	Jura
Ballan, $2\frac{1}{4}$	Tours	Indre-et-L.
Ballancourt, $3\frac{1}{2}$	Corbeil	Seine-et-O.
Ballay, $1\frac{1}{2}$	Vouziers	Ardennes
Ballbronn, $5\frac{1}{2}$	Strasbourg	Bas-Rhin
Balledent, $3\frac{1}{4}$	Bellac	H.-Vienne
Ballée, 6	Château-Gontier	Mayenne
Balleray, $5\frac{1}{2}$	Nevers	Nièvre
Balleroy *, $4\frac{1}{2}$	Bayeux	Calvados
Ballersdorff, 2	Altkirch	Haut-Rhin
Ballestavy, 5	Prades	Pyrén.-Or.
Balléville, 3	Neufchâteau	Vosges
Ballon (*Lancrans*), 10	Gex	Ain
Ballon, $3\frac{1}{2}$	Rochefort	Char.-Inf.
Ballon, 6	Le Mans	Sarthe
Ballore, 5	Charolles	Saône-et-L.
Ballots, 7	Château-Gontier	Mayenne
Balloy, $6\frac{1}{2}$	Provins	Seine-et-M.
Balma, $1\frac{1}{4}$	Toulouse	H.-Garonne
Balme (la), 3	Nantua	Ain
Balme (la), 12	LaTour-du-Pin	Isère
Balme (la) (*Bouhans*), 5	Louhans	Saône-et-L.
Balme-d'Epy (la), 10	Lons-le-Saulnier	Jura
Balmelles (les), $11\frac{1}{4}$	Mende	Lozère
Balmes (les), $2\frac{1}{4}$	Florac	Lozère
Balmont (St.-), $6\frac{1}{2}$	Mirecourt	Vosges
Balnot-la-Grange, 3	Bar-sur-Seine	Aube
Balnot-sur-Laigne, 2	Bar-sur-Seine	Aube
Balon (*Gorland*), 5	Beaune	Côte-d'Or

Communes.	Arrondissem.	Départem.
Balons, 14	Nyons	Drôme
Balot, $4\frac{1}{2}$	Châtillon	Côte-d'Or
Balschwiller, 7	Belfort	Haut-Rin
Balsièges, $1\frac{1}{4}$	Mende	Lozère
Baltzenheim, $3\frac{1}{4}$	Colmar	Haut-Rhin
Balut (le) (*Luc*), 13	Rodez	Aveiron
Balzac, $3\frac{1}{2}$	Rodez	Aveiron
Balzac, $1\frac{1}{4}$	Angoulême	Charente
Balzème, $7\frac{1}{4}$	Châteauroux	Indre
Bambeque, 5	Dunkerque	Nord
Bambiderstroff, $6\frac{1}{4}$	Metz	Moselle
Ban (le) (*Champagney*), $4\frac{1}{2}$	Lure	H.-Saône
Ban-St.-Martin, $\frac{1}{4}$	Metz	Moselle
Ban-sur-Meurthe, 4	St.-Dié	Vosges
Banassac, $4\frac{3}{4}$	Marvejols	Lozère
Banat, 5	Foix	Ariége
Bancel-d'Albon(*Albon*), $9\frac{1}{4}$	Valence	Drôme
Bancigny, 2	Vervins	Aisne
Bancourt, $5\frac{1}{2}$	Arras	Pas-de-Cal.
Bandesapt, 2	St.-Dié	Vosges
Bandol, 4	Toulon	Var
Baudry (St.-), $4\frac{3}{4}$	Soissons	Aisne
Bane, $6\frac{1}{2}$	Argentière	Ardèche
Baneins, 7	Trévoux	Ain
Baneuil, 4	Bergerac	Dordogne
Bangor (en Belle-Isle-en-Mer), 12	Lorient	Morbihan
Bangy, $6\frac{1}{4}$	Bourges	Cher
Banières, 5	Lavaur	Tarn
Banijuls-dels-Aspres, $4\frac{1}{4}$	Ceret	Pyrén.-Or.
Banijuls-sur-Mer, $12\frac{1}{4}$	Ceret	Pyrén.-Or.
Banios, 4	Bagnères	H.-Pyrén.
Banise, $3\frac{1}{2}$	Aubusson	Creuse
Bannelec, 3	Quimperlé	Finistère
Bannans, $2\frac{1}{4}$	Pontarlier	Doubs
Bannay, $1\frac{1}{2}$	Sancerre	Cher
Bannay, 6	Epernay	Marne
Bannay, 5	Metz	Moselle
Bannegon, 4	St.-Amand	Cher
Bannes (*St.-Vincent*), $7\frac{1}{2}$	Figeac	Lot
Bannes, $7\frac{1}{2}$	Epernay	Marne
Bannes, $1\frac{1}{4}$	Langres	H.-Marne
Bannes, $9\frac{1}{4}$	Laval	Mayenne
Bannes (*Dissé*), $10\frac{1}{4}$	St.-Calais	Sarthe
Banneville-la-Campagne $2\frac{1}{2}$	Caen	Calvados
Banneville-sur-Ajon, 5	Caen	Calvados
Bannoncourt, $6\frac{1}{4}$	Commercy	Meuse
Bannost, $4\frac{1}{2}$	Provins	Seine-et-M.
Banocrès, $\frac{1}{2}$	Rodez	Aveiron
Banogne, 4	Rethel	Ardennes
Banon, 5	Forcalquier	B.-Alpes
Banos, $1\frac{1}{2}$	St.-Sever	Landes
Bans, 4	Dôle	Jura
Bansac, 3	Issoire	Puy-de-Dô.
Bantanges, $2\frac{1}{2}$	Louhans	Saône-et-L.
Banteux, $3\frac{1}{2}$	Cambrai	Nord
Banthelu, $4\frac{1}{2}$	Mantes	Seine-et-O.
Bantigny, 2	Cambrai	Nord
Bantouzel, $3\frac{1}{4}$	Cambrai	Nord
Bantville, 6	Montmédy	Meuse
Bantzenheim, 8	Altkirch	Haut-Rhin

Communes.	Arrondissem.	Départem.
Banvillars, 1 $\frac{1}{2}$	Belfort	Haut-Rhin
Banville, 4	Bayeux	Calvados
Banvou, 3	Domfront	Orne
Baon, 3	Tonnerre	Yonne
Baons-le-Comte, $\frac{1}{4}$	Yvetot	Seine-Inf.
Bapaume *, 5	Arras	Pas-de-Cal.
Bapeaume (*Canteleu*), 1	Rouen	Seine-Inf.
Bar, 4 $\frac{1}{2}$	Vouziers	Ardennes
Bar, 3	Tulle	Corrèze
Bar (le), 3	Grasse	Var
BAR-LE-DUC *,	ch.-l. de dép., 64	Meuse
Bar-le-Régulier, 13	Beaune	Côte-d'Or
BAR-SUR-AUBE *,	ch.-l. d'ar., 56	Aube
BAR-SUR-SEINE *,	ch.-l. d'ar., 52	Aube
Baracé, 6	Baugé	Maine-et-L.
Baraigne, 3	Castelnaudary	Aude
Baraing (St.), 4	Dôle	Jura
Baraize, 6 $\frac{1}{4}$	La Châtre	Indre
Baralle, 5	Arras	Pas-de-Cal.
Baraques-des-Violons (*Tarcenay*), 3	Besançon	Doubs
Barastre, 6 $\frac{1}{4}$	Arras	Pas-de-Cal.
Baratier, 1	Embrun	H.-Alpes
Barbachen, 6	Tarbes	H.-Pyrén.
Barbaise, 4	Mézières	Ardennes
Barbant (St.-), 4 $\frac{1}{2}$	Bellac	H.-Vienne
Barbas, 7	Lunéville	Meurthe
Barbaste, 1 $\frac{1}{4}$	Nérac	Lot-et-Gar.
Barbatre (*Noirmoutiers*), 20 $\frac{1}{4}$	Les Sables	Vendée
Barbay-Seroux, 5 $\frac{1}{2}$	St.-Dié	Vosges
Barbayra, 2	Carcassonne	Aude
Barbazan, 3 $\frac{1}{4}$	St.-Gaudens	H.-Garonne
Barbazan-Debat, 1	Tarbes	H.-Pyrén.
Babazan-Dessus, 3	Tarbes	H.-Pyrén.
Barbe (Ste.-), 2 $\frac{1}{2}$	Metz	Moselle
Barbe (Ste.-), 8 $\frac{1}{4}$	Epinal	Vosges
Barbe-sur-Gaillon (Ste.), 3 $\frac{1}{4}$	Louviers	Eure
Barbeau (le Petit) (*Samois*), 1 $\frac{1}{4}$	Fontainebleau	Seine-et-M.
Barbentanne, 6 $\frac{1}{4}$	Arles	B.-du-Rhône
Barberey-St.-Sulpice, 1 $\frac{3}{4}$	Troyes	Aube
Barberie, 1	Senlis	Oise
Barberier, 4	Gannat	Allier
Barbery, 4 $\frac{1}{4}$	Falaise	Calvados
Barbeville, $\frac{3}{4}$	Bayeux	Calvados
Barbey, 7 $\frac{1}{4}$	Fontainebleau	Seine-et-M.
Barbezières, 6	Ruffec	Charente
BARBEZIEUX *,	ch.-l. d'ar., 127	Charente
Barbières, 3 $\frac{1}{2}$	Valence	Drôme
Barbirey-sur-Ouche, 5 $\frac{1}{2}$	Dijon	Côte-d'Or
Barbonne, 10 $\frac{1}{4}$	Epernay	Marne
Barbonval, 8 $\frac{1}{2}$	Soissons	Aisne
Barbonville, 4 $\frac{1}{2}$	Lunéville	Meurthe
Barboux, 13 $\frac{1}{4}$	Montbéliard	Doubs
Barbuise, 2 $\frac{1}{4}$	Nogent-sur-Seine	Aube
Barby, 1	Rethel	Ardennes
Barc, 4	Bernay	Eure
Barcelône, 3	Valence	Drôme
Barcelonne, 17	Mirande	Gers
BARCELONNETTE *,	ch.-l. d'ar., 194	B.-Alpes
Barchain, 2 $\frac{1}{2}$	Sarrebourg	Meurthe
Barcilonnette, 7 $\frac{1}{2}$	Gap	H.-Alpes
Barcugnan, 4	Mirande	Gers
Barcus, 4	Mauléon	B.-Pyrén.
Barcy, 1 $\frac{1}{2}$	Meaux	Seine-et-M.
Bard (St.-), 5	Aubusson	Creuse
Bard, 1 $\frac{1}{4}$	Montbrison	Loire
Bard-lès-Ehoisses, 3	Semur	Côte-d'Or
Bard-lès-Pesmes, 5 $\frac{3}{4}$	Gray	H.-Saône
Bardais, 10	Montluçon	Allier
Barde (la), 12 $\frac{1}{4}$	Jonzac	Char.-Inf.
Bardenac, 7	Barbezieux	Charente
Bardigues, 4 $\frac{1}{2}$	Castel Sarrasin	Tarn-et-Gar.
Bardos, 6 $\frac{1}{2}$	Bayonne	B.-Pyrén.
Bardou, 6	Bergerac	Dordogne
Bardouville, 3	Rouen	Seine-Inf.
Bardoux (St.-) (*Rattière*), 6	Valence	Drôme
Barèges (*Betponey*), 6 $\frac{1}{4}$	Argelès	H.-Pyrén.
Barcilhes, 12	Bagnères	H.-Pyrén.
Barembach, 8 $\frac{1}{2}$	St.-Dié	Vosges
Baren, 7	St.-Gaudens	H.-Garonne
Barentin *, 4	Rouen	Seine-Inf.
Barenton, 2 $\frac{1}{2}$	Mortain	Manche
Barenton-Bugny, 2 $\frac{1}{2}$	Laon	Aisne
Barenton-Cel, 2 $\frac{1}{2}$	Laon	Aisne
Barenton-sur-Serre, 2 $\frac{1}{2}$	Laon	Aisne
Barésia, 5	Lons-le-Saulnier	Jura
Barfleur, 6	Valognes	Manche
Bargème, 7 $\frac{1}{2}$	Draguignan	Var
Bargemont, 3 $\frac{1}{2}$	Draguignan	Var
Barges, 2 $\frac{1}{2}$	Dijon	Côte-d'Or
Barges, 5 $\frac{1}{2}$	Le Puy	H.-Loire
Barges, 2 $\frac{1}{2}$	Argentan	Orne
Barges, 9 $\frac{1}{2}$	Vesoul	H.-Saône
Bargny, 7	Senlis	Oise
Bargues, 3	Mont-de-Marsan	Landes
Barie, 5	Bazas	Gironde
Barils (les), 10 $\frac{1}{2}$	Evreux	Eure
Barinque, 4 $\frac{3}{4}$	Pau	B.-Pyrén.
Barisey, 3 $\frac{1}{2}$	Châlons	Saône-et-L.
Barizey-au-Plain, 4 $\frac{1}{2}$	Toul	Meurthe
Barizey-la-Côte, 4	Toul	Meurthe
Barizis, 6 $\frac{1}{2}$	Laon	Aisne
Barjac, 2	St.-Girons	Ariége
Barjac *, 7	Alais	Gard
Barjac, 3 $\frac{1}{4}$	Marvejols	Lozère
Barjols *, 5	Brignoles	Var
Barjon, 7	Dijon	Côte d'Or
Barjonville, $\frac{3}{4}$	Chartres	Eure et-L.
Barles, 8	Digne	B.-Alpes
Barlest, 5 $\frac{1}{4}$	Argelès	H.-Pyrén.
Barleux, 1	Péronne	Somme
Barlieu, 7	Sancerre	Cher
Barlin, 2 $\frac{1}{2}$	Béthune	Pas-de-Cal.
Barly, 6	St.-Pol	Pas-de-Cal.
Barley, 2 $\frac{1}{4}$	Doullens	Somme
Barmainville, 13 $\frac{1}{2}$	Chartres	Eure-et L.
Barnabé (St.-), 1 $\frac{1}{2}$	Loudéac	Côtes-du-N
Barnave, 2 $\frac{1}{2}$	Die	Drôme.
Barnay, 4	Autun	Saône-et L
Barneville, 2 $\frac{3}{4}$	Pont-l'Evêque	Calvados
Barneville, 5	Pont-Audemer	Eure
Barneville, 6 $\frac{1}{2}$	Valognes	Manche.

Communes.	Arrondissem.	Départem.
Baroche (la), $3\frac{1}{4}$	Colmar	Haut-Rhin
Baroche-Gaudouin (la), 6	Mayenne	Mayenne
Baroche-sous-Lucé (la), 2	Domfront	Orne
Baromesnil, 7	Dieppe	Seine-Inf.
Baron, $2\frac{3}{4}$	Caen	Calvados
Baron, $3\frac{1}{2}$	Uzès	Gard
Baron, $4\frac{1}{4}$	Libourne	Gironde
Baron, 3	Senlis	Oise
Baron, 2	Charolles	Saône et-L
Baronville *, $9\frac{1}{2}$	Sarreguemines	Moselle
Barotière (la), 9	Bourbon-Vendée	Vendée
Baron, 3	Falaise	Calvados
Baroville	Bar-sur-Aube.	Aube
Barp, $8\frac{1}{4}$	Bordeaux	Gironde
Barques (port des) (*St.-Nazaire*), 4	Marennes	Char.-Inf.
Barques, $4\frac{1}{2}$	Neufchâtel	Seine-Inf.
Barquet, $4\frac{3}{4}$	Bernay	Eure
Barr *, $3\frac{1}{2}$	Schelestatt	Bas-Rhin
Barran, 3	Auch	Gers
Barran-Abbatial, 5	Auch	Gers
Barranconen, 11	Bagnères	H.-Pyrén.
Barraque-de-Ceignac (*Ceignac*), $4\frac{1}{4}$	Rodez	Aveiron
Barraque-de-Cursan (*Boussac*), $8\frac{1}{2}$	Rodez	Aveiron
Barraque-de-Pouget (*St.-Hilaire*), 4	Rodez	Aveiron
Barraque-de-Serin (*Ceignac*), 6	Rodez	Aveiron
Barraque-de-Viladieu (*Colombiès*), $6\frac{1}{4}$	Rodez	Aveiron
Barraque-de-Vors (*Vors*), 5	Rodez	Aveiron
Barraques (les), (*Chambley*), 5	Metz	Moselle
Barras, 3	Digne	B.-Alpes
Barraute, 5	Orthez	B.-Pyrén.
Barraux *, $8\frac{1}{2}$	Grenoble	Isère
Barre (la), $5\frac{1}{2}$	Bernay	Eure
Barre (la), $7\frac{1}{2}$	Vesoul	H.-Saône
Barre (la), 4	Dôle	Jura
Barre, $3\frac{1}{4}$	Florac	Lozère
Barre (la) (*Deuil*), 4	Pontois	Seine-et-O.
Barre (*Cabanes*), $16\frac{1}{4}$	Castres	Tarn
Barre-Clairin (la), $1\frac{3}{4}$	Melle	2 Sèvres
Barre-de-Semilly (la), $1\frac{1}{4}$	St.-Lô	Manche
Barrême, 9	Digne	B.-Alpes
Barrere (la), $4\frac{1}{2}$	Condom	Gers
Barres (les) (*Ménelou*), 5	Romorantin	Loir-et-Ch.
Barres (les) (*Naintri*), 2	Châtellerault	Vienne
Barret, 1	Barbezieux	Charente
Barret-de-Lioure, $13\frac{3}{4}$	Nyons	Drôme
Barret-le-Bas, $13\frac{3}{4}$	Gap	H.-Alpes
Barret-le-Haut, $13\frac{3}{4}$	Gap	H.-Alpes
Barretaine, 6	Lons-le-Saulnier	Jura
Barri-Neuf (*Fougax*), 10	Foix	Ariége
Barriac, $4\frac{1}{3}$	Rodez	Aveiron
Barrisc, 3	Mauriac	Cantal
Barro, 1	Ruffec	Charente
Barrois, 2	La Palisse	Allier.
Barrou, 10	Loches	Indre-et-L

Communes.	Arrondissem.	Départem.
Barroux, 5	Orange	Vaucluse
Barry, $7\frac{3}{4}$	Vervins	Aisne
Barry, $2\frac{1}{4}$	Tarbes	H.-Pyrén.
Barry-Dislemande, $2\frac{1}{2}$	Castel-Sarrasin	Tarn-et-G.
Bars, 13	Espalion	Aveiron
Bars (*Bors*), $5\frac{1}{2}$	Villefranche	Aveiron
Bars, 9	Périgueux	Dordogne
Bars, $2\frac{1}{2}$	Mirande	Gers
Barsac (le), $2\frac{3}{4}$	Die	Drôme
Barsac, $9\frac{1}{4}$	Bordeaux	Gironde
Barsange, 5	Ussel	Corrèze
Barst, $5\frac{1}{2}$	Sarreguemines	Moselle
Bartenay, 8	Valence	Drôme
Bartenheim, $4\frac{1}{2}$	Altkirch	Haut-Rhin
Barth, $\frac{3}{4}$	Montbéliard	Doubs
Barthe (la), $1\frac{1}{2}$	Muret	H.-Garonne
Barthe (la), $5\frac{1}{2}$	Auch	Gers
Barthe, $11\frac{1}{2}$	Bagnères	H.-Pyrén.
Barthe (la), $7\frac{1}{2}$	Bagnères	H.-Pyrén.
Barthe (la), 4	Tarbes	H.-Pyrén.
Barthe (la), 6	Montauban	Tarn et Gar.
Barthe-Bleys (la), $6\frac{1}{2}$	Gaillac	Tarn
Barthe-Cagnard, 15	Mirande	Gers
Barthe-de-Rivière (la), 1	St.-Gaudens	H.-Garonne
Barthe-Inard (la), $1\frac{3}{4}$	St.-Gaudens	H.-Garonne
Barthelemy (St.-), $3\frac{3}{4}$	Nontron	Dordogne
Barthelemy (St.-), 6	Riberac	Dordogne
Barthelemy (St.-), $8\frac{3}{4}$	Valence	Drôme
Barthelemy (St.-) (*St. Symphorien*), $\frac{3}{4}$	Tours	Indre-et-L.
Barthelemy (St.-), 6	Grenoble	Isère
Barthelemy, 6	Vienne	Isère
Barthelemy (St.-), 9	Dax	Landes
Barthelemy (St.-), $4\frac{1}{2}$	Marmande	Lot-et-Gar.
Barthelemy (St.-), 1	Angers	Maine-et-L.
Barthelemy (St.-) $\frac{1}{4}$	Mortain	Manche
Barthelemy (St.-), 3	Lure	H.-Saône
Barthelemy (St.-), 6	Coulommiers	Seine-et-M.
Barthelemy (St.-), 3	Le Hâvre	Seine-Inf.
Barthelemy-le-Miel (St-), 11	Tournon	Ardèche
Barthelemy-le-Pin (St.-), 8	Tournon	Ardèche
Barthelemy-le-Plein (St.), 5	Tournon	Ardèche
Barthelemy-Lestra (St.-), $5\frac{1}{4}$	Montbrison	Loire
Bartheraus, 7	Besançon	Doubs
Barthes (les), 2	Castel-Sarrasin	Tarn et Gar.
Barthete (la), $15\frac{1}{4}$	Mirande	Gers
Bartrès, 4	Argelès	H.-Pyrén.
Barville, 3	Bernay	Eure
Barville, $3\frac{1}{2}$	Pithiviers	Loiret
Barville, 3	Sarrebourg	Meurthe.
Barville, $3\frac{1}{4}$	Mortagne	Orne.
Barville, $4\frac{1}{2}$	Yvetot	Seine-Inf.
Barville, $1\frac{3}{4}$	Neufchâteau	Vosges
Barzan, 7	Saintes	Char.-Inf.
Barzun, $6\frac{1}{4}$	Pau	B.-Pyrén.
Barzy, $3\frac{1}{2}$	Château-Thierry	Aisne
Bas, 7	Yssengeaux	Haute Loire
Bas, 4	Riom	Puy-de-Dô.
Bas-lieu, $\frac{1}{4}$	Avesnes	Nord

Communes.	Arrondissem.	Départem.
Bas-lieux-lès-Fismes, 6	Rheims	Marne
Bas-Lieux-sous-Châtillon, 6	Rheims	Marne
Bas-Mauco, 1	St.-Sever	Landes
Bascassan (*Alciette*), 10	Mauléon	B.-Pyrén.
Bascons, $3\frac{1}{4}$	MontdeMarsan	Landes
Bascous, $6\frac{1}{4}$	Condom	Gers
Bascous, 3	Mirande	Gers
Basegnez, 2	Mirecourt	Vosges
Baseille (*St.-Front*), $\frac{3}{4}$	Domfront	Orne
Basile (St.-), $5\frac{1}{2}$	Brives	Corrèze
Basledonne (la), 4	Brignoles	Var
Baslières-le-Bourg (*Val-leroy-les-Bois*), $4\frac{1}{4}$	Vesoul	H.-Saône
Basly, 3	Caen	Calvados
Basmoreau, 1	Bourganeuf	Creuse
Basoges (la), $3\frac{1}{4}$	Le Mans	Sarthe
Bassac, $4\frac{1}{2}$	Cognac	Charente
Bassan, 2	Béziers	Hérault
Bassanne, 5	Bazas	Gironde
Bassaucourt, $8\frac{1}{4}$	Commercy	Meuse
Basse (*Castelnau*), 5	Cahors	Lot
Basse-Indre, $2\frac{1}{2}$	Nantes	Loire-Inf.
Basse-Moulins (*Ablois*), 2	Epernay	Marne
Basse Suisse, 10	Sarreguemines	Moselle
Basse-sur-le-Rupt (la), $5\frac{1}{2}$	Remiremont	Vosges
Basse-Vaivre (la), $9\frac{1}{2}$	Vesoul	H.-Saône
Bassée (la) *, 6	Lille	Nord
Bassemberg, $3\frac{1}{4}$	Schélestatt	Bas-Rhin
Basseneville, $6\frac{1}{2}$	Pont-l'Evêque	Calvados
Bassens, $2\frac{1}{2}$	Bordeaux	Gironde
Bassercles, $7\frac{1}{2}$	St.-Sever	Landes
Basserre (la), 2	Bagnères	H.-Pyrén.
Basses, 1	Loudun	Vienne
Basses-Loges (les) (*Avon*), $\frac{3}{4}$	Fontainebleau	Seine-et-M.
Basseux, $2\frac{1}{2}$	Arras	Pas-de-Cal.
Bassevelle, $7\frac{1}{2}$	Meaux	Seine-et-M.
Bassignac, $2\frac{1}{4}$	Mauriac	Cantal
Bassignac-le-Bas, $8\frac{1}{2}$	Tulle	Corrèze
Bassignac-le-Haut, $10\frac{1}{4}$	Tulle	Corrèze
Bassigney, $9\frac{1}{4}$	Lure	H.-Saône
Bassillac, 3	Périgueux	Dordogne
Bassillon, $8\frac{1}{4}$	Pau	B.-Pyrén.
Bassing, 7	Château-Salins	Meurthe
Bassoles-Aulers, $4\frac{1}{4}$	Laon	Aisne
Bassompierre, 3	Briey	Moselle
Bassoncourt, 9	Chaumont	H.-Marne
Basson *, 3	Joigny	Yonne
Bassoues, $5\frac{1}{4}$	Mirande	Gers
Bassu, 3	Vitry-le-François	Marne
Bassuet, $2\frac{1}{4}$	Vitry-le-François	Marne
Bassurels, 5	Florac	Lozère
Bassussarry, 1	Bayonne	B.-Pyrén.
Bassy, 11	Clamecy	Nièvre
Bastanès, $4\frac{1}{2}$	Orthez	B.-Pyrén.
Bastanous, $4\frac{1}{2}$	Mirande	Gers
Bastennes, $6\frac{1}{2}$	St.-Sever	Landes
BASTIA *	ch.-l. d'ar., 300	Corse
Bastide (la), $6\frac{1}{4}$	Argentières	Ardèche

Communes.	Arrondissem.	Départem.
Bastide (la) (*Gueytes*), $5\frac{1}{2}$	Limoux	Aude
Bastide (la), 3	Espalion	Aveiron
Bastide (la), $3\frac{1}{4}$	Uzès	Gard
Bastide (la), 3	Villefranche	H.-Garonne
Bastide (la), $4\frac{1}{2}$	Mirande	Gers
Bastide (la), $5\frac{1}{4}$	St.-Sever	Landes
Bastide (la), $10\frac{1}{4}$	Gourdon	Lot
Bastide (la), $3\frac{1}{2}$	Marmande	Lot-et-Gar.
Bastide (*St.-Etienne-en-Baigorry*), 12	Mauléon	B.-Pyrén.
Bastide (la), $7\frac{1}{2}$	Bagnères	H.-Pyrén.
Bastide (la), 9	Ceret	Pyrén.-Or.
Bastide (la), $9\frac{1}{2}$	Castres	Tarn
Bastide (la) (*Lavaur*), $\frac{1}{2}$	Lavaur	Tarn
Bastide (la), $7\frac{1}{2}$	Draguignan	Var
Bastide-Cap-Denat (la) $1\frac{1}{2}$	Villefranche	Aveiron
Bastide-Cezeracq (la), $6\frac{1}{2}$	Orthez	B.-Pyrén.
Bastide-Clermont (la) $5\frac{1}{4}$	Muret	H.-Garonne
Bastide-d'Anjou (la), 2	Castelnaudary	Aude
Bastide-d'Armagnac (la), 15	Condom	Gers
Bastide-de-Béarn (la), $6\frac{1}{2}$	Orthez	B.-Pyrén.
Bastide-de-Besplas, $7\frac{3}{4}$	Pamiers	Ariége
Bastide-de-Bousignac (la), $6\frac{1}{4}$	Pamiers	Ariége
Bastide-de-Clairence (la), $3\frac{1}{2}$	Bayonne	B.-Pyrén.
Bastide-de-Constance (la), 4	Toulouse	H.-Garonne
Bastide-de-Fonds (la), $8\frac{3}{4}$	St.-Affrique	Aveiron
Bastide-de-Levis (la), $2\frac{1}{4}$	Gaillac	Tarn
Bastide-de-Lordat, $2\frac{1}{4}$	Pamiers	Ariége
Bastide-de-Penne (la), 7	Montauban	Tarn et Gar.
Bastide-de-Pradines (la), $3\frac{1}{4}$	St.-Affrique	Aveiron
Bastide-de-Salat (la), $3\frac{1}{4}$	St.-Girons	Ariége
Bastide-de-Serou (la), $4\frac{1}{2}$	Foix	Ariége
Bastide-Denat (la), $2\frac{1}{2}$	Albi	Tarn
Bastide-Delmont (la), $6\frac{1}{2}$	Figeac	Lot
Bastide-des-Jourdans, 12	Apt	Vaucluse.
Bastide-du-Temple (la), 2	Castel-Sarrasin	Tarn et Gar.
Bastide-du-Vert (la), 4	Cahors	Lot
Bastide-en-Val, 4	Carcassonne	Aude
Bastide-Esparbairenque, 7	Carcassonne	Aude
Bastide-Gabausse (la), $4\frac{1}{2}$	Albi	Tarn
Bastide-l'Evêque (la), 3	Villefranche	Aveiron
Bastide-Louquié (la), $4\frac{3}{4}$	Espalion	Aveiron
Bastide-Marnhac (la), 2	Cahors	Lot
Bastide-Marsa (la) (*Beauregard*), 9	Cahors	Lot
Bastide-Monrejau (la), $6\frac{1}{2}$	Orthez	B.-Pyrén.
Bastide-Nanteuil (la), $1\frac{3}{4}$	Villefranche	Aveiron
Bastide-Pareage (la), 7	Rodez	Aveiron
Bastide-Paumès (la), $6\frac{1}{2}$	St.-Gaudens	H.-Garonne
Bastide-St.-Cernin (la), $4\frac{1}{2}$	Toulouse	H.-Garonne
Bastide-St.-Pierre (la), $5\frac{1}{2}$	Castel-Sarrasin	Tarn et Gar.
Bastide-Savès (la), 2	Lombez	Gers
Bastide-sur-l'Hers (la), $10\frac{3}{4}$	Pamiers	Ariége
Bastide-Teulat (la), 9	St.-Affrique	Aveiron

Communes.	Arrondissem.	Départem.
Bastidette (la), 1 ¼	Muret	H.-Garonne
Bastidonne, 9 ½	Apt	Vaucluse
Bastien (*Baizil*), 2 ½	Epernay	Marne
Bastieux, 5	Briey	Moselle
Bastilly, 2	Briey	Moselle
Bastit, 11	Gourdon	Lot
Bastit (*Pinsac*), 7 ½	Gourdon	Lot
Basuel, 7 ½	Cambrai	Nord
Basville, 5 ¼	Aubusson	Creuse
Basville, 6	Pont-Audemer	Eure
Bataille (la), 3 ½	Melle	2 Sèvres
Batdour, 3	Espalion	Aveiron
Batenans, 10	Montbéliard	Doubs
Baterie (la) (*Graix*), 4 ½	St.-Etienne	Loiret
Bathlemont-lès-Bosmont, 4	Château-Salins	Meurthe
Bâtie-Craimezin (la), 8	Die	Drôme
Bâtie-d'Andaure (la), 7 ½	Tournon	Ardèche
Bâtie-des Fonds (la), 9 ¼	Die	Drôme
Bâtie-Divisin (la), 4	La Tour-du-Pin	Isère
Bâtie-Montgascon (la), 2	La Tour-du-Pin	Isère
Bâtie-Montsaléon (la), 8 ¾	Gap	H.-Alpes
Bâtie-Neuve (la), 2 ½	Gap	H.-Alpes
Bâtie-Rolland (la), 1 ¾	Montelimar	Drôme
Bâtie-Vieille (la), 2	Gap	H.-Alpes
Batignoles (*Clichy-la-Garenne*), 1 ¼	St.-Denis	Seine
Batilli, 3	Argentan	Orne
Batilly, 3	Gien	Loiret
Batilly, 3 ¼	Pithiviers	Loiret
Batresse, 5 ½	Poitiers	Vienne
Bats, 4 ¾	St.-Sever	Landes
Battenans, 7	Besançon	Doubs
Battenheim, 6 ½	Altkirch	Haut-Rhin
Batterans, 1 ¼	Gray	H.-Saône
Battexey, 3	Mirecourt	Vosges
Battigny, 6 ½	Toul	Meurthe
Battigny (*Pierrefonds*), 3 ¾	Compiégne	Oise
Batude (la), 4 ¾	Figeac	Lot
Batut (le), 8 ¼	Espalion	Aveiron
Batut (la), 8 ¾	Tarbes	H.-Pyrén.
Batxère, 5	Bagnères	H.-Pyrén.
Batz (île-de), 7	Morlaix	Finistère
Batz, 9 ½	Savenay	Loire-Inf.
Batz, 4 ¼	Nérac	Lot-et-Gar.
Batzendorff, 1 ¾	Haguenau	Bas-Rhin
Baubery, 2 ½	Charolles	Saône-et-L.
Baucels, 9	Montpellier	Hérault
Bauclair, 4 ¼	Montmédy	Meuse
Baud (St.-), 8	Loches	Indre-et-L.
Baud *, 6	Pontivy	Morbihan
Baudéan, ¾	Bagnères	H.-Pyrén.
Baudel (St.-), 5 ¾	St.-Amand	Cher
Baudement, 13 ¼	Epernay	Marne
Baudemont, 5	Les Andelys	Eure
Baudemont, 4	Charolles	Saône-et-L.
Baudiets, 13 ½	Mont-de-Marsan	Landes
Baudignan, 12 ¾	Mont-de-Marsan	Landes
Baudignécourt, 6 ¾	Commercy	Meuse
Baudignies, 7 ½	Avesnes	Nord
Baudille (St.-), 13 ¾	Grenoble	Isère
Baudinar, 10 ½	Draguignan	Var
Baudonvillers, 4	Bar-le-Duc	Meuse
Baudre, 1	St.-Lô	Manche
Baudrecourt, 3 ¾	Wassy	H.-Marne
Baudreix, 3 ½	Pau	B.-Pyrén.
Baudrémont, 4 ½	Commercy	Meuse
Baudres, 7	Châteauroux	Indre
Baudreville, 12	Chartres	Eure-et-L.
Baudribosc, 3 ½	Yvetot	Seine-Inf.
Baudricourt, 5	St.-Pol	Pas-de-Cal.
Baudricourt, 1 ½	Mirecourt	Vosges
Baudrières, 4 ¼	Châlons	Saône-et-L.
Bauduen, 10 ½	Draguignan	Var
Baudument, 4	Sisteron	B.-Alpes
Baudzely (St.-), 4 ½	Nismes	Gard
BAUGÉ *	ch.-l. d'ar., 67	Maine-et-L.
Baugency *, 6	Orléans	Loiret
Baugy, 8 ½	Charolles	Saône-et-L.
Baulat, 11	Mirande	Gers
Baulay, 7	Vesoul	H.-Saône
Baule, 4 ½	Orléans	Loiret
Baulize (St.-), 5 ½	St.-Affrique	Aveiron
Baulne, 3 ¼	Château-Thierry	Aisne
Baulne, 5	Laon	Aisne
Baulne, 4	Etampes	Seine-et-O.
Baulny, 7	Verdun	Meuse
Baulon, 9	Redon	Ille-et-Vil.
Baulou, 2 ½	Foix	Ariége
BEAUME *,	ch.-l. d'ar., 107	Doubs
Baume-les-Messieurs, 3	Lons le Saulnier	Jura
Baumont (*Ste.-Geneviève*), 5	Dieppe	Seine-Inf.
Baunay, 4 ¼	Epernay	Marne
Bauné, 5	Baugé	Maine-et-L.
Baurain (*Flavigny-le-Grand*), 5	Vervins	Aisne
Baurech, 4 ¼	Bordeaux	Gironde
Baurières, 6 ½	Die	Drôme
Baussancourt, 2	Bar-sur-Aube	Aube
Bautémont, 3	Rethel	Ardennes
Bautheil, 1 ¾	Coulommiers	Seine-et-M.
Bautiran, 5 ½	Bordeaux	Gironde
Bauville-la-Cité, 4 ½	Yvetot	Seine-Inf.
Bauvin, 4 ¼	Lille	Nord
Baux (les), 5	Arles	B.-du-Rhône
Baux-de-Breteuil, 7 ½	Evreux	Eure
Baux-Ste.-Croix, 1 ½	Evreux	Eure
Bauxal, 4 ½	Figeac	Lot
Bauzeil (St.-), 1 ½	Pamiers	Ariége
Bauzel (St.-), 10 ¼	Moissac	Tarn-et-Gar.
Bauzelle, 2	Toulouse	H.-Garonne
Bauzely (St.-), 3 ¼	Milhaud	Aveiron
Bauzemont, 2 ½	Lunéville	Meurthe
Bauzile (St.-), 3	Privas	Ardèche
Bauzile (St.-), 1 ¼	Mende	Lozère
Bauzile-de-la-Silve (St.-), 8	Lodève	Hérault
Bauzy, 6	Blois	Loir-et-Ch.
Bavans, 2	Montbéliard	Doubs
Bavay *, 7	Avesnes	Nord
Bavelincourt, 4	Amiens	Somme
Bavent, 3	Caen	Calvados
Baverans, ¾	Dôle	Jura

Communes.	Arrondissem.	Départem.	Communes.	Arrondissem.	Départem.
Bavilliers, 1	Belfort	Haut-Rhin	Bazincourt, 3 1/2	Bar-le-Duc	Meuse
Bavinchove, 3	Hazebrouck	Nord	Bazinghen, 3 1/2	Boulogne	Pas-de-Cal.
Bavincourt*, 7 1/2	St.-Pol	Pas-de-Cal.	Bazinval, 5 1/2	Neufchâtel	Seine-Inf.
Bax, 6 1/4	Muret	H.-Garonne	Bâzoche (la), 6 1/4	Nogent-le-Rotrou	Eure-et-L.
Bay, 6	Rocroi	Ardennes			
Bay, 5 1/2	Langres	H.-Marne	Bazoches, 6 1/2	Soissons	Aisne
Bay, 5 1/2	Gray	H.-Saône	Bazoches, 6 1/2	Montargis	Loiret
Bayac, 5	Bergerac	Dordogne	Bazoches, 7 1/2	Clamecy	Nièvre
Bayancourt (Ressons), 4	Compiègne	Oise	Bazoches, 5	Argentan	Orne
Bayas, 5 1/4	Libourne	Gironde	Bazoches, 3 1/2	Rambouillet	Seine-et-O.
Baye, 1	Quimperlé	Finistère	Bazoches-en-Dunois, 5	Châteaudun	Eure-et-L.
Bayecourt, 3	Epinal	Vosges	Bazoches-lès-Bray, 6	Provins	Seine-et-M.
Bayel, 1 1/2	Bar-sur-Aube	Aube	Bazoches-lès-Galerandes, 4	Pithiviers	Loiret
Bayencourt, 5 1/4	Doullens	Somme			
Bayenghem-lès-Eperlecques, 2 1/2	St. Omer	Pas-de-Cal.	Bazoches-lès-Hautes, 10 1/4	Châteaudun	Eure-et-L.
			Bazoches-sur-Hoëne, 1 1/2	Mortagne	Orne
Bayenghem-lès-Seninghem*, 4	St.-Omer	Pas-de-Cal.	Bazoge (la), 1 1/2	Mortain	Manche
			Bazoges, 11	Bourbon-Vendée	Vendée
Bayers, 4	Ruffec	Charente			
Bayes, 5 1/2	Epernay	Marne	Bazoges-en-Parèds, 6	Fontenay-le-Comte	Vendée
Bayes (Bazoles), 8	Château-Chinon	Nièvre			
			Bazoille, 1 1/2	Mirecourt	Vosges
Bayet, 4	Gannat	Allier	Bazoilles, 1 1/2	Neufchâteau	Vosges
BAYEUX*,	ch.-l. d'ar., 75	Calvados	Bazoles, 7 1/4	Château-Chinon	Nièvre
Baynes, 4	Bayeux	Calvados.			
Bayon, 3 1/2	Blaye	Gironde	Bazoncourt, 3 1/2	Metz	Moselle
Bayon, 5	Lunéville	Meurthe	Bazoque (la), 4 1/4	Bayeux	Calvados
BAYONNE*,	ch.-l. d'ar.,204	B.-Pyrén.	Bazoque (la), 6	Domfront	Orne
Bayons, 8	Sisteron.	B.-Alpes	Bazoques, 2 1/2	Bernay	Eure
Bayonville, 3 1/4	Vouziers	Ardennes	Bazordan, 13 1/2	Bagnères	H.-Pyrén.
Bayouville, 9	Toul	Meurthe	Bazouge-de-Chemeré (la), 7	Laval	Mayenne
Bayonvillers, 6 1/2	Montdidier	Somme			
Bazac, 12	Barbezieux	Charente	Bazouge-des-Alleux (la), 4	Mayenne	Mayenne
Bazaige, 7	La Châtre	Indre			
Bazailles, 4 1/2	Briey	Moselle	Bazouge-Lapeyrouse, 7	Fougères	Ille-et-Vil.
Bazainville, 6 1/2	Mantes	Seine-et-O.	Bazouge-Montpinçon (la), 1	Mayenne	Mayenne
Bazancourt, 4	Rheims	Marne			
Bazancourt, 7 1/2	Beauvais	Oise	Bazougers, 4 1/2	Laval	Mayenne
Bazantin-le-Grand, 5	Péronne	Somme	Bazouges, 1/4	Château-Gontier	Mayenne
Bazarnes, 3 1/2	Auxerre	Yonne			
BAZAS*,	ch.-l. d'ar. 156	Gironde	Bazouges, 1 1/2	La Flèche	Sarthe
Bazauges, 6 1/4	St.-Jean-d'Angely	Char.-Inf.	Bazouges-du-Désert (la), 3	Fougères	Ille-et-Vil.
Bazeille (Ste.-), 1 1/2	Marmande	Lot-et-Gar.	Bazouges-sous-Hedé, 6	Rennes	Ille-et-Vil.
Bazeilles, 1 1/4	Sedan	Ardennes	Bazugues, 2 1/2	Mirande	Gers
Bazeilles, 1 1/4	Montmédy	Meuse	Bazus, 3 1/2	Toulouse	H.-Garonne
Bazelat, 8 1/4	Guéret	Creuse	Bazus (Aure-), 11 1/2	Bagnères	H.-Pyrén.
Bazemont, 6	Versailles	Seine-et-O.	Bazus (Neste-), 7 1/2	Bagnères	H.-Pyrén.
Bazens, 4	Agen	Lot-et-Gar.	Béage (le), 11	Argentière	Ardèche
Bazenville, 2 1/4	Bayeux	Calvados	Béalcourt, 4	Doullens	Somme
Bazet, 1 1/2	Tarbes	H.-Pyrén.	Béallencourt, 5	St.-Pol	Pas-de-Cal.
Bazeuge (la), 3 1/4	Bellac	H.-Vienne	Beaulieu, 8 1/4	Brives	Corrèze
Bazian, 6	Auch	Gers	Béard, 9	Nevers	Nièvre
Bazicourt, 3	Clermont	Oise	Bears, 5	Cahors	Lot
Baziège, 2	Villefranche	H.-Garonne	Béat (St.-)*, 6 1/2	St.-Gaudens	H.-Garonne
Bazien, 8 1/2	Epinal	Vosges	Beaubec-la-Ville, 6	Neufchâtel	Seine-Inf.
Bazile (St.-), 10	Tournon	Ardèche	Beaubigny, 3	Beaune	Côte-d'Or
Bazile (St.-), 6 1/4	Lisieux	Calvados	Beaubray, 5	Evreux	Eure
Bazile (St.-), 5 1/2	Tulle	Corrèze	Beaucaire*, 6	Nismes	Gard
Bazile (St.-) (Manlay), 12 1/2	Beaune	Côte-d'Or	Beaucaire, 4 1/2	Condom	Gers
			Beaucaire, 6 1/2	Moissac	Tarn et Gar.
Bazile (St.-), 2 1/2	Rochechouart	H.-Vienne	Beaucamp, 2 1/2	Lille	Nord
Bazilhac, 4	Tarbes	H.-Pyrén.	Beaucamp, 3 1/2	Le Hâvre	Seine-Inf.
Bazincourt, 7	Les Andelys	Eure	Beaucamps-le-jeune, 12	Amiens	Somme

Communes.	Arrondissem.	Départem.	Communes	Arrondissem.	Départem.
Beaucamps-le-Vieux, 12	Amiens	Somme	Beaulieu, 5 ¼	Argentière	Ardèche
Beaucé, 1	Fougères	Ille-et-Vil.	Beaulieu, 3	Rocroi	Ardennes
Beaucens, 1 ½	Argelès	H.-Pyrén.	Beaulieu, 2	Vire	Calvados
Beauchalot, 2 ½	St.-Gaudens	H.-Garonne	Beaulieu, 7 ½	Mauriac	Cantal
Beauchamp, 6	Montargis	Loiret	Beaulieu, 4 ¼	Angoulême	Charente
Beauchamp, 6 ½	Abbeville	Somme	Beaulieu, 6	Confolens	Charente
Beauchamps, 5	Avranches	Manche	Beaulieu, 6 ½	Chatillon	Côte-d'Or
Beaucharmoy, 7 ½	Langres	H.-Marne	Beaulieu (*Annesse*), 3 ¼	Périgueux	Dordogne
Beauchastel, 5 ¼	Privas	Ardèche	Beaulieu, 4	Montpellier	Hérault
Beauche, 7 ½	Dreux	Eure-et-L.	Beaulieu, 9	Le Blanc	Indre
Beauché, 6 ½	Châteauroux	Indre	Beaulieu, ½	Loches	Indre-et-L.
Beauchemin, 5 ½	Dôle	Jura	Beaulieu (*Tôche*), 2 ¼	St.-Marcellin	Isère
Beauchemin, 2 ¼	Langres	H.-Marne	Beaulieu, 2 ½	Le Puy	H.-Loire
Beauchêne, 5	Vendôme	Loir-et-Ch.	Beaulieu, 5 ½	Gien	Loiret
Beauchêne, 2 ¼	Domfront	Orne	Beaulieu, 11 ½	Saumur	Maine-et L.
Beauchery, 2 ¼	Provins	Seine-et-M.	Beaulieu, 5 ½	Langres	H.-Marne
Beaucoudray, 5	St.-Lô	Manche	Beaulieu, 4 ¼	Laval	Mayenne
Beaucourt, 6 ¾	Belfort	Haut-Rhin	Beaulieu, 8 ¼	Bar-le-Duc	Meuse
Beaucourt, 4	Amiens	Somme	Beaulieu, 7 ½	Clamecy	Nièvre
Beaucourt, 4	Montdidier	Somme	Beaulieu, 7 ¼	Compiègne	Oise
Beaucourt, 7	Péronne	Somme	Beaulieu, 5 ¼	Mortagne	Orne
Beauconzé, 1	Angers	Maine-et-L.	Beaulieu, 3	Issoire	Puy-de-Dô.
Beaucroissant, 7 ½	St.-Marcellin	Isère	Beaulieu, 1 ½	Bressuire	2 Sèvres
Beaudéduit, 6	Beauvais	Oise	Beaulieu-sous-Bourbon 6 ½	Les Sables	Vendée
Beaudelles (St.-), 1	Mayenne	Mayenne			
Beaudière (la) (St.-Lattier), 3 ¼	St.-Marcellin	Isère	Beaulieu-sur-Mareuil, 8 ½	Fontenay-le-Comte	Vendée
Beaudile (St.-), 7 ½	LaTour-du-Pin	Isère	Beaulieu-sur-Parthenay,2	Parthenay	2 Sèvres
Beaudoncourt, 4 ½	Lure	H.-Saône	Beaulon, 6	Moulins	Allier
Beaudrecourt, 4	Château-Salins	Meurthe	Beaumais, 2 ½	Falaise	Calvados
Beaudreville, 8 ½	Coutances	Manche	Beaumanoir (*Rémy*), 2	Compiègne	Oise
Beaufai, 6	Mortagne	Orne	Beaumanoire (*Mantilly*), 6 ½	Domfront	Orne
Beaufai, 6 ½	Le Mans	Sarthe			
Beauficel, 4	Les Andelys	Eure	Beaumarchez, 8 ½	Mirande	Gers
Beauficel, 2 ½	Mortain	Manche	Beaumat (*Vaillac*), 7	Gourdon	Lot
Beaufin, 21 ½	Grenoble	Isère	Beaume, 4	Vervins	Aisne
Beaufort, 6 ½	Die	Drôme	Beaume (la), 9 ½	Gap	H.-Alpes
Beaufort, 4 ½	Muret	H.-Garonne	Beaume (la), 2 ½	Argentière	Ardèche
Beaufort, 8	St.-Pons	Hérault	Beaume-Cornilane (la),6	Valence	Drôme
Beaufort, 8	St.-Marcellin	Isère	Beaume-d'Hostun (la), 6	Valence	Drôme
Beaufort, 4	Lons-le-Saulnier	Jura	Beaume-de-Trancy, 7 ½	Montélimar	Drôme
Beaufort *, 3 ½	Baugé	Maine-et-L.	Beaume-la-Roche, 6	Dijon	Côte-d'Or
Beaufort, 4	Montmédy	Meuse	Beaumelet (le) (*Daujjay*)	Dieppe	Seine-Inf.
Beaufort, 2 ½	Avesnes	Nord	6		
Beaufort, 5	St.-Pol	Pas-de-Cal.	Beaumenil, 7 ¼	Epinal	Vosges
Beaufort, 5	Montdidier	Somme	Beaumery, 1	Montreuil	Pas-de-Cal.
Beaufou, 7	Bourbon-Vendée	Vendée	Beaumes, 4	Orange	Vaucluse
Beaufour, 3 ¼	Pont-l'Evêque	Calvados	Beaumesnil, 3	Vire	Calvados
Beaufremont, 2 ¼	Neufchâteau	Vosges	Beaumesnil, 2 ¼	Bernay	Eure
Beaufresne, 4 ½	Neufchâtel	Seine-Inf.	Beaumesnil (St.-Laurent de), 3 ½	Alençon	Orne
Beaugas, 3 ¼	Villeneuve-d'Agen	Lot-et-Gar.	Beaumettes, 4 ½	Apt	Vaucluse
			Beaumetz, 5 ½	St.-Omer	Pas-de-Cal.
Beaugeay, 2 ½	Marennes	Char.-Inf.	Beaumetz-lès-Cambrai, 6	Arras	Pas-de-Cal.
Beaugie, 2	Compiègne	Oise	Beaumetz lès-Loges, 2 ¼	Arras	Pas-de-Cal.
Beaugis, 8	Compiegne	Oise	Beaumois, 2 ½	Dieppe	Seine-Inf.
Beaujard (*Poigny*), 1	Provins	Seine-et-M.	Beaumont, 3	Argentière	Ardèche
Beaujeu, 6	Digne	B.-Alpes	Beaumont, 6 ½	Sedan	Ardennes
Beanjen *, 5	Villefranche	Rhône	Beaumont, 1 ¼	Pont-l'Evêque	Calvados
Beaujeux, 2 ½	Gray	H.-Saône	Beaumont, 5 ¼	Tulle	Corrèze
Beaulandais, 2 ½	Domfront	Orne	Beaumont, 7 ½	Bergerac	Dordogne
Beaulencourt, 5	Arras	Pas-de-Cal.	Beaumont, 6 ½	Die	Drôme
Beaulens, 4	Nérac	Lot-et-Gar.	Beaumont, 2 ½	Valence	Drôme

Communes.	Arrondissem.	Départem.
Beaumont, 2 ½	Muret	H.-Garonne
Beaumont, 2 ¼	Condom	Gers
Beaumont, 1 ¼	Brioude	H.-Loire
Beaumont, 4	Cherbourg	Manche
Beaumont, 3 ½	Rheims	Marne
Beaumont, 5	Toul	Meurthe
Beaumont, 3	Verdun	Meuse
Beaumont, 8 ½	Cosne	Nièvre
Beaumont, 5	Cambrai	Nord
Beaumont, 4 ½	Arras	Pas-de-Cal.
Beaumont, ½	Clermont	Puy-de-Dô.
Beaumont, 6	Riom	Puy-de-Dô.
Beaumont, 3 ½	Châlons	Saône-et-L.
Beaumont (*Chalo-St.-Marc*), 2 ¼	Etampes	Seine-et-O.
Beaumont *, 4	Pontoise	Seine-et-O.
Beaumont, 10	Fontainebleau	Seine-et-M.
Beaumont, 4 ½	Neufchâtel	Seine-Inf.
Beaumont, 7	Péronne	Somme
Beaumont *, 3 ¼	Castel-Sarrasin	Tarn et Gar.
Beaumont, 12	Apt	Vaucluse
Beaumont, 6 ½	Orange	Vaucluse
Beaumont, 4 ¼	Châtellerault	Vienne
Beaumont, 10	Limoges	H.-Vienne
Beaumont, 2 ½	Auxerre	Yonne
Beaumont-en-Beine, 12 ½	Laon	Aisne
Beaumont-en-Véron, 1 ½	Chinon	Indre-et-L.
Beaumont-la-Chartre, 8 ¼	St.-Calais	Sarthe
Beaumont-la-Ronce, 6	Tours	Indre-et-L.
Beaumont-le-Chartif, 3 ½	Nogent-le-Rotrou	Eure-et-L.
Beaumont-le-Hareng, 8	Dieppe	Seine-Inf.
Beaumont-le-Roger *, 3	Bernay	Eure
Beaumont-lès-Nonains, 5	Beauvais	Oise
Beaumont-lès-Tours, ¼	Tours	Indre-et-L.
Beaumont-Pied-de-Bœuf, 5	Château-Gontier	Mayenne
Beaumont-Pied de-Bœuf, 8	St.-Calais	Sarthe
Beaumont-sur-Sardolles, 7 ¼	Nevers	Nièvre
Beaumont-sur-Sarthe, 7	Mamers	Sarthe
Beaumont-sur-Vingeanne, 6	Dijon	Côte-d'Or
Beaumont-Village, 3 ½	Loches	Indre-et-L.
Beaumontel, 3	Bernay	Eure
Beaumotte, 6 ¼	Gray	H.-Saône
Beaumotte, 7	Vesoul	H.-Saône
Beaunay, 5	Dieppe	Seine-et-O.
Beaune, 5	Montluçon	Allier
BEAUNE *	ch.-l. d'ar., 81	Côte-d'Or
Beaune, 6 ½	Le Puy	H.-Loire
Beaune, 4 ½	Pithiviers	Loiret
Beaune, 2 ½	Limoges	H.-Vienne
Beaunotte, 7	Châtillon	Côte-d'Or
Beaupont, 6	Bourg	Ain
Beauponyet, 6 ½	Riberac	Dordogne
BEAUPRÉAU *	ch.-l. d'ar., 91	Maine-et-L.
Beaupte ou Baute, 8 ¼	Coutances	Manche
Beaupuis, 4	Clermont	Oise
Beaupuy, 6	Lombez	Gers
Beaupuy, 1	Marmande	Lot-et-Gar.
Beaupuy, 4 ¾	Castel-Sarrasin	Tarn et Gar.
Beauquai, 7 ½	Vire	Calvados

Communes.	Arrondissem.	Départem.
Beauquêne, 2 ¼	Doullens	Somme
Beaurain, 6 ¼	Cambrai	Nord
Beaurain, 6 ½	Compiègne	Oise
Beaurains, 1	Arras	Pas-de-Cal.
Beaure (*Salles-Mongiscard*), 1 ½	Orthez	B.-Pyrén.
Beauregard, 3	Trévoux	Ain
Beauregard, 7	Sarlat	Dordogne
Beauregard, 6	Valence	Drôme
Beauregard, 8 ¼	Cahors	Lot
Beauregard (*Joiselle*), 11	Epernay	Marne
Beauregard (*Fleury-la Rivière*), 2	Epernay	Marne
Beauregard, 5 ½	Clermont	Puy-de-Dô.
Beauregard-Bassac, 5	Bergerac	Dordogne
Beauregard-Vandou, 1 ¾	Riom	Puy-de-Dô.
Beaurepaire *, 5 ½	Vienne	Isère
Beaurepaire, 2 ½	Avesnes	Nord
Beaurepaire, 3	Senlis	Oise
Beaurepaire, 3 ¼	Louhans	Saône-et-L.
Beaurepaire, 4 ½	Le Hâvre	Seine-Inf.
Beaurepaire, 10	Bourbon-Vendée	Vendée
Beaurepas, 6	Sarlat	Dordogne
Beaurevoir, 4 ½	St.-Quentin	Aisne
Beaurieux, 6 ¼	Laon	Aisne
Beaurieux, 3 ½	Avesnes	Nord
Beaurinville, 2 ½	Montreuil	Pas-de-Cal.
Beauronne, 5	Riberac	Dordogne
Beauserré, 8	Beauvais	Oise
Beaussac, 3 ¼	Nontron	Dordogne
Beaussac (*Carlucet*), 7	Gourdon	Lot
Beaussaine (la), 11 ¼	St.-Malo	Ille-et-Vil.
Beaussant (St.-), 5 ¼	Toul	Meurthe
Beaussault, 3	Neufchâtel	Seine-Inf.
Beaussay, 2	Melle	2 Sèvres
Beausse, 3	Beaupréau	Maine-et-L.
Beausset (le) *, 4 ¼	Toulon	Var
Beausset, 2	Carpentras	Vaucluse
Beaussiet, 2 ¼	Mont-de-Marsan	Landes
Beauteville, 1 ¾	Villefranche	H.-Garonne
Beautmetz, 5 ½	Doullens	Somme
Beautor, 7	Laon	Aisne
Beautot, 6	Rouen	Seine-Inf.
Beauvain, 10 ½	Alençon	Orne
Beauvais, 6 ¼	St.-Jean-d'Angely	Char. Inf.
Beauvais (*La Noue*), 10	Epernay	Marne
BEAUVAIS *	ch.-l. de dép. 22	Oise
Beauvais, 6 ¼	Gaillac	Tarn
Beauval, 1 ½	Doullens	Somme
Beauveau, 3	Baugé	Maine-et-L.
Beauvernais, 9 ½	Louhans	Saône-et-L.
Beauvesin, 5	Nyons	Drôme
Beauvezer, 13	Castellanne	B.-Alpes
Beauville, 3 ½	Villefranche	H.-Garonne
Beauville, 7 ½	Agen	Lot-et-Gar.
Beauvilliers, 5	Chartres	Eure-et-L.
Beauvilliers, 8	Blois	Loir-et-Ch.
Beauvilliers, 4	Avallon	Yonne
Beauvoir, 3 ½	Bar-sur-Seine	Aube
Beauvoir, 1 ½	St.-Marcellin	Isère
Beauvoir, 4	Vienne	Isère

Communes.	Arrondissem.	Départem.	Communes.	Arrondissem.	Départem.
Beauvoir, 4	Avranches	Manche	Bédouin, 3	Carpentras	Vaucluse
Beauvoir, 7 ½	Clermont	Oise	Bedous, 6	Oléron	B.-Pyrén.
Beauvoir, 1 ½	Mamers	Sarthe	Bedrinettes, 12	Espalion	Aveiron
Beauvoir, 4 ½	Melun	Seine-et-M.	Beduer, 1 ½	Figeac	Lot
Beauvoir, 3 ½	Niort	2 Sèvres	Béfey (*Villiers - Brett-nach*), 4	Metz	Moselle
Beauvoir *, 15	Les Sables	Vendée			
Beauvoir, 2	Poitiers	Vienne	Beffecourt (*Vaucelles*), 1	Laon	Aisne
Beauvoir, 3	Auxerre	Yonne			
Beauvoir-en-Lions, 8 ½	Neufchâtel	Seine-Inf.	Beffery, 4 ½	Marmande	Lot-et-Gar.
Beauvoir-Rivière, 4 ¼	Doullens	Somme	Beffes, 8	Sancerre	Cher
Beauvais, 3 ½	St.-Quentin	Aisne	Beffia, 5	Lons-le-Saulnier	Jura
Beauvois, 3 ½	Cambrai	Nord			
Beauvois, 1 ½	St.-Pol	Pas-de-Cal.	Beffort, 6	Cahors	Lot
Beauvoisin, 4 ½	Nismes	Gard	Beffer, 4	Vouziers	Ardennes
Beauvoisin, 6 ¼	Dôle	Jura	Begaar, 7 ½	St.-Sever	Landes
Beauzac, 4 ½	Yssingeaux	H.-Loire	Bégadan, 1 ¼	Lesparre	Gironde
Beauzée, 6	Bar-le-Duc	Meuse	Beganne, 11	Vannes	Morbihan
Beauzile (St.-), 2 ½	Gaillac	Tarn	Begard, 3	Guimgamp	Côtes-du N.
Beauzile-de-Montmel (St.-), 4 ½	Montpellier	Hérault	Bege (la), 2	Toulouse	H.-Garonne
			Bègles, 1 ½	Bordeaux	Gironde
Beauzile-de-Pntois (St.-) 7 ¼	Montpellier	Hérault	Bégnécourt, 3	Mirecourt	Vosges
			Bégolle, 6 ½	Tarbes	H.-Pyrén.
Beauzire (St.-), 2 ¼	Brioude	H.-Loire	Begon, 11	Rodez	Aveiron
Beauzire (St.-), 2	Riom	Puy-de-Dô.	Begoux (*Cahors*), 1	Cahors	Lot
Bébec, 4 ½	Yvetot	Seine-Inf.	Bégny, 3 ½	Rethel	Ardennes
Bebing, 1 ¼	Sarrebourg	Meurthe	Begrolles (*Mai*), 2	Beaupréau	Maine-et-L.
Beblenheim, 3	Colmar	Haut-Rhin	Begu (le) *St.-Just*), 7 ½	Limoux	Aude
Bec-aux-Cauchois, 5 ½	Yvetot	Seine-Inf.	Bégude (la) (*Mercuer*), 7 ½	Privas	Ardèche
Bec-de-Mortagne, 8 ½	Le Hâvre	Seine-Inf.			
Bec-Thomas, 4 ¼	Louviers	Eure	Begues, 1	Gannat	Allier
Becas, 6	Mirande	Gers	Bégney, 9	Bordeaux	Gironde
Béceleuf, 3 ½	Niort	2 Sèvres	Beguios, 8 ½	Mauléon	B.-Pyrén.
Béchamps, 3	Briey	Moselle	Behagnies, 4	Arras	Pas-de-Cal.
Bechellouin (le), 4 ¼	Bernay	Eure	Behaine (*Marle*), 6 ½	Laon	Aisne
Béchérel *, 5	Montfort	Ille-et-Vil.	Behardière (la), 5 ½	Mortagne	Orne
Becheresse, 4 ½	Angoulême	Charente	Behasque, 5 ½	Mauléon	B.-Pyrén.
Bécheret (*Bagneux*), 13 ½	Epernay	Marne	Behen, 2	Abbeville	Somme
Béchy, 4 ½	Metz	Moselle	Béhencourt, 4	Amiens	Somme
Bécède - Lauragais (la), 3 ¼	Castelnaudary	Aude	Béhéricourt, 7 ½	Compiègne	Oise
			Behlenheim, 3	Strasbourg	Bas-Rhin
Beckerholtz (*Filstroff*), 7 ½	Thionville	Moselle	Behonne, 1	Bar-le-Duc	Meuse
			Béhorlegui, 11	Mauléon	B.-Pyrén.
Bécon, 5	Angers	Maine-et-L.	Behoust, 6 ½	Rambouillet	Seine-et-O.
Becoune, 6	Montélimart	Drôme	Behren, 2	Sarreguemines	Moselle
Bécoup (*Aubaine*), 4	Beaune	Côte-d'Or	Béhuard, 4	Angers	Maine-et-L.
Bécourt, 5	Montreuil	Pas-de-Cal.	Beignon, 4 ½	Ploërmel	Morbihan
Bécourt, 5	Péronne	Somme	Beillé, 8 ½	Mamers	Sarthe
Becquigny, 6	St.-Quentin	Aisne	Beine, 3 ½	Rheims	Marne
Becquigny, 2 ½	Montdidier	Somme	Beine, 2	Auxerre	Yonne
Becquincourt, 2 ½	Péronne	Somme	Beinheim, 4	Hagnenau	Bas-Rhin
Bedaricux *, 9	Béziers	Hérault	Beinne (*Guiscard*), 8 ½	Compiègne	Oise
Bedarrides, 2	Avignon	Vaucluse	Beire-le-Châtel, 3 ½	Dijon	Côte-d'Or
Beddes, 6 ¼	St.-Amand	Cher	Beire-le-Fort, 4	Dijon	Côte-d'Or
Bedechan, 5	Auch	Gers	Beissat, 5 ½	Aubusson	Creuse
Bédée, 1	Montfort	Ille-et-Vil.	Bel (St.-), 4	Lyon	Rhône
Bedeilhac, 5	Foix	Ariége	Bélabre, 3	Le Blanc	Indre
Bedeille, 2 ½	St.-Girons	Ariége	Belan-sur-Ource, 3 ½	Châtillon	Côte-d'Or
Bedeille, 6 ½	Pau	B.-Pyrén.	Belancourt (*Guiscard*), 8 ½	Compiègne	Oise
Bedejun, 4	Digne	B.-Alpes			
Bedenac, 9 ½	Jonzac	Char.-Inf.	Belange, 2 ¼	Château-Salins	Meurthe
Bedestroff (*Bourgaltroff*), 6 ½	Château-Salins	Meurthe	Belarga, 10	Lodève	Hérault
			Belaye, 6	Cahors	Lot
Bedos, 1 ½	St.-Affrique	Aveiron	Belaygue (*Baulouniex*), 4 ½	Nontron	Dordogne
Bédoués, ¼	Florac	Lozère			

Communes.	Arrondissem.	Départem.	Communes.	Arrondissem.	Départem.
Belbère, $4\frac{1}{2}$	Villefranche	H.-Garonne	Bellefont, $8\frac{1}{2}$	La Réole	Gironde
Belbeuf, $2\frac{1}{2}$	Rouen	Seine-Inf.	Bellefontaine, $4\frac{1}{2}$	Dijon	Côte-d'Or
Belbeze ou Lunion, $1\frac{1}{4}$	Toulouse	H.-Garonne	Bellefontaine, 7	St.-Claude	Jura
Belbezé, $5\frac{1}{2}$	St.-Gaudens	H.-Garonne	Bellefontaine, $1\frac{1}{4}$	Mortain	Manche
Belcaire, 14	Limoux	Aude	Bellefontaine (*Nampcel*)	Compiégne	Oise
Belcastel, $3\frac{1}{4}$	Limoux	Aude	$6\frac{1}{4}$		
Belcastel, 7	Rodez	Aveiron	Bellefontaine, $6\frac{1}{4}$	Pontoise	Seine-et-O.
Belcastel, 3	Lavaur	Tarn	Bellefontaine, $3\frac{1}{4}$	Remiremont	Vosges
Belcodène, 6	Marseille	B.-du-Rhô.	Bellefosse, 6	Schélestatt	Bas-Rhin
Belesta, 9	Foix	Ariége	Bellefosse, 2	Yvetot	Seine-Inf.
Belesta, $8\frac{1}{2}$	Perpignan	Pyrén.-Or.	Bellegarde, 5	Nantua	Ain
Belestat, $3\frac{1}{4}$	Villefranche	H.-Garonne	Bellegarde, $5\frac{3}{4}$	Limoux	Aude
Béleyma, $4\frac{1}{4}$	Bergerac	Dordogne	Bellegarde, $2\frac{1}{2}$	Aubusson	Creuse
Belfahy, 6	Lure	H.-Saône	Bellegarde, $6\frac{1}{2}$	Die	Drôme
Belfays, 10	Montbéliard	Doubs	Bellegarde, $4\frac{1}{2}$	Nismes	Gard
Belflon, 4	Castelnaudary	Aude	Bellegarde, $6\frac{1}{2}$	Toulouse	H.-Garonne
Belfond (*Gennevrières*)	Langres	H.-Marne	Bellegarde, 6	Mirande	Gers
$6\frac{1}{2}$			Bellegarde, $3\frac{1}{2}$	Montbrison	Loire
Belfond, $7\frac{1}{2}$	Alençon	Orne	Bellegarde, $5\frac{1}{2}$	Montargis	Loiret
Belfontaine (*Vry*), $4\frac{1}{4}$	Metz	Moselle	Bellegarde, 3	Albi	Tarn
Belfort, 12	Limoux	Aude	Bellegarde (*Léojac*), $1\frac{1}{2}$	Montauban	Tarn etGar.
BELFORT *,	ch.-l. d'ar., 118	Haut-Rhin	Bellegarde-Poussieux, $4\frac{1}{4}$	Vienne	Isère
Belgeard, $1\frac{1}{2}$	Mayenne	Mayenne	Belle-Herbe, $8\frac{1}{2}$	Montbéliard	Doubs
Belgentier, $4\frac{1}{4}$	Toulon	Var	Belle-Houllefort, 3	Boulogne	Pas-de-Cal.
Belgodère, $4\frac{1}{2}$	Calvi	Corse	Belle-Isle-en-Terre, 5	Guimgamp	Côte-du-N.
Belhade, 19	Mont-de-Marsan	Landes	Belleroche, $9\frac{1}{4}$	Roanne	Loire
			Belleserre, $8\frac{1}{4}$	Toulouse	H.-Garonne
Belhemont (*Poissy*), 3	Versailles	Seine-et-O.	Belleserre, $6\frac{1}{2}$	Castres	Tarn
Belhomert, $7\frac{1}{4}$	Nogent-le-Rotrou	Eure-et-L.	Bellemagny, $4\frac{1}{2}$	Belfort	Haut-Rhin
			Bellemard * (*Cattelier*),	Dieppe	Seine-Inf.
Belhotel, 5	Argentan	Orne	$5\frac{1}{2}$		
Béliet, $11\frac{1}{2}$	Bordeaux	Gironde	Bellême *, $3\frac{1}{2}$	Mortagne	Orne
Bélieux, $14\frac{1}{4}$	Montbéliard	Doubs	Bellemon, $8\frac{1}{2}$	Figeac	Lot
Belignat, 3	Nantua	Ain	Bellenave, 3	Gannat	Allier
Béligneux, 9	Trévoux	Ain	Bellencombe, 7	Dieppe	Seine-Inf.
Belin, $11\frac{1}{4}$	Bordeaux	Gironde	Bellencuve, 4	Dijon	Côte-d'Or
Belis, $7\frac{1}{4}$	Mont-de-Marsan	Landes	Bellenglise, $2\frac{1}{4}$	St.-Quentin	Aisne
			Bellengreville, $2\frac{1}{4}$	Caen	Calvados
BELLAC *,	ch.-l. d'ar., 89	H.-Vienne	Bellengreville, $2\frac{1}{2}$	Dieppe	Seine-Inf.
Bellafaire, 8	Sisteron	B.-Alpes	Bellenot-sous-Pouilly, 8	Beaune	Côte-d'Or
Bellaing, $8\frac{1}{2}$	Douai	Nord	Bellenot-sur-Seine, $5\frac{1}{2}$	Chatillon	Côte-d'Or
Bellancourt, $1\frac{2}{3}$	Abbeville	Somme	Bellenoue, $9\frac{1}{4}$	Fontenay-le-Comte.	Vendée
Bellavilliers, $2\frac{1}{4}$	Mortagne	Orne			
Bellay (le), 3	Pontoise	Seine-et-O.	Bellenoye (*La Villeneuve*), $7\frac{1}{2}$	Vesoul	H.-Saône
Bellay (les Deux-), $3\frac{1}{2}$	Ste-Menehould	Marne	Beberand, $4\frac{1}{2}$	Villefranche	H.-Garonne
Belleau, $1\frac{1}{4}$	Château-Thierry	Aisne	Belleray, $2\frac{1}{2}$	Verdun	Meuse
Belleau, 4	Nancy	Meurthe	Belles-Baraques(*Villers-le-Sec*), $2\frac{1}{4}$	Vesoul	H.-Saône
Bellebat, 8	La Réole	Gironde	Belleuse, 7	Amiens	Somme
Bellebrune, $3\frac{1}{2}$	Boulogne	Pas-de-Cal.	Belleux, $\frac{1}{2}$	Soissons	Aisne
Bellechassaigues, $2\frac{1}{2}$	Ussel	Corrèze	Belleval, $1\frac{1}{2}$	Coutances	Manche
Bellechaume, 5	Joigny	Yonne	Bellevaux (abbaye de) (*Cirey*), $7\frac{1}{2}$	Vesoul	H.-Saône
Belleciu, $7\frac{1}{4}$	Lons-le-Saulnier	Jura			
Bellecombe, $4\frac{1}{2}$	Nyons	Drôme	Bellevesvre, $7\frac{1}{2}$	Louhans	Saône-et-L.
Bellecombe, $5\frac{1}{2}$	St.-Claude	Jura	Belleville, $2\frac{1}{2}$	Vouziers	Ardennes
Belle-Coste (*Pont-de-Montvert*), 4	Florac	Lozère	Belleville (*St.Flavy*), 5	Nogent-sur-Seine	Aube
Belle-Côte (la) (*Boissy*), $3\frac{1}{4}$	Mantes	Seine et-O.	Belleville, $3\frac{1}{2}$	Sancerre	Cher
			Belleville, $3\frac{1}{4}$	Nancy	Meurthe
Belle-Eglise, 6	Senlis	Oise	Belleville, $\frac{1}{2}$	Verdun	Meuse
Bellefaye, 4	Boussac	Creuse	Belleville *, 3	Villefranche	Rhône
Bellefond, $1\frac{1}{2}$	Dijon	Côte-d'Or	Belleville, $1\frac{1}{4}$	St.-Denis	Seine
Bellefond, $6\frac{1}{2}$	Châtellerault	Vienne	Belleville, 5	Niort	2 Sèvres

Communes.	Arrondissem.	Départem.
Belleville, 3	Bourbon-Vendée	Vendée
Belleville-en-Caux, 6	Dieppe	Seine-Inf.
Belleville-sur-Mer, 2	Dieppe	Seine-Inf.
Bellevue (*Parçay*), 3	Tours	Indre-et-L
Bellevue (*Woippy*), 1 ½	Metz	Moselle
Bellevue (*Emevillers*), 4	Compiégne	Oise
Bellevue (*Meudon*), 2	Versailles	Seine-et-O.
BELLEY *	ch.-l.-d'ar., 109	Ain
Belley-Doux, 5	Nantua	Ain
Bellicourt, 3 ½	St.-Quentin	Aisne
Bellière (la), 2 ½	Argentan	Orne
Bellière (la), 8	Neufchâtel	Seine-Inf.
Belligné, 4 ½	Ancenis	Loire-Inf.
Bellignies, 7 ¼	Avesnes	Nord
Belligny, ¼	Villefranche	Rhône
Belliole (la), 4	Sens	Yonne
Belloc, 8 ¼	Pamiers	Ariége
Belloc, 3 ½	Orthez	B.-Pyrén.
Belloc (*Mirande*), 2 ¼	Mirande	Gers
Belloc (*Plaisance*), 9 ¼	Mirande	Gers
Belloi, 4 ¼	Compiégne	Oise
Bellot, 4 ¼	Coulommiers	Seine-et-M.
Bellou, 4 ¼	Lisieux	Calvados
Bellou, 12	Barbezieux	Charente
Bellou-en-Houlme, 4	Domfront	Orne
Bellou-le-Trichard, 6	Mortagne	Orne
Bellou-sur-Huine, 4 ½	Mortagne	Orne
Bellouet, 4 ¼	Lisieux	Calvados
Bellourde (la) (*Carlepont*), 5 ¼	Compiégne	Oise
Belloy, 2	Péronne	Somme
Belloy, 5	Pontoise	Seine-et-O.
Belloy-St.-Léonard, 8	Amiens	Somme
Belloy-sur-Somme, 4	Amiens	Somme
Bellozanne, 8 ¼	Neufchâtel	Seine-Inf.
Belmesnil, 3	Dieppe	Seine-Inf.
Belmond, 4	Belley	Ain
Belmont, 6	St.-Affrique	Aveiron
Belmont, 6 ½	Schélestatt	Bas-Rhin
Belmont, 4	Baume	Doubs
Belmont, 8	Auch	Gers
Belmont, 3 ¼	Condom	Gers
Belmont, 4 ½	LaTour-du-Pin	Isère
Belmont, 3	Dôle	Jura
Belmont, 8 ½	Roanne	Loire
Belmont, 6 ¼	Cahors	Lot
Belmont (*Bussières*), 5 ½	Langres	H.-Marne
Belmont ou Betmont, 5 ¾	Tarbes	H.-Pyrén.
Belmont, 3 ½	Villefranche	Rhône
Belmont, 3 ¼	Lure	H.-Saône
Belmont, 8	Mirecourt	Vosges
Belmont, 5	Neufchâteau	Vosges
Belmont, 4	St.-Dié	Vosges
Belmontel, 7 ½	Cahors	Lot
Belmontel, 3 ¼	Montauban	Tarn et Gar.
Belonchamp, 4 ½	Lure	H.-Saône
Belone, 6	Arras	Pas-de-Cal.
Belotte-St.-Laurent, 9	Lure	H.-Saône
Belpech, 6 ¼	Castelnaudary	Aude
Belpech ou Beaupuy, 2	Toulouse	H.-Garonne
Belpuig (*Prunet*), 8	Prades	Pyrén.-Or.
Belrain, 6 ¼	Commercy	Meuse
Belregard, 12	Espalion	Aveiron

Communes.	Arrondissem.	Départem.
Belrupt, 1 ¼	Verdun	Meuse
Belrupt, 8	Mirecourt	Vosges
Beltange (la) (*Borny*), ¼	Metz	Moselle
Béluire, 6	Saintes	Char.-Inf.
Belus, 3 ¼	Dax	Landes
Belval, 1	Mézières	Ardennes
Belval, 5	Rheims	Marne
Belval, 2	Ste-Ménéhould	Marne
Belval (*Le-Plessier-de-Roi*), 6 ¼	Compiégne	Oise
Belval, 6 ½	St.-Dié	Vosges
Belvedère, 2 ½	Sartène	Corse
Belves *, 6	Sarlat	Dordogne
Belves, 6 ¼	Libourne	Gironde
Belvèze, 3 ¼	Limoux	Aude
Belvèze, 2 ½	Castel-Sarrasin	Tarn et Gar.
Belvèze, 9	Moissac	Tarn et Gar.
Belvezet, 2 ¼	Uzès	Gard
Belvezet, 6	Mende	Lozère
Belvianes, 9	Limoux	Aude
Belvis, 11 ½	Limoux	Aude
Belvoir, 7 ½	Baume	Doubs
Belz, 4 ¼	Lorient	Morbihan
Bémécourt, 7 ½	Evreux	Eure
Ben-Odet (*Perguet*), 4	Quimper	Finistère
Benac, 1 ¼	Foix	Ariége
Benac, 2	Tarbes	H.-Pyrén.
Benagues, 1 ½	Pamiers	Ariége
Benainvilliers (*Morainvilliers*), 5 ½	Versailles	Seine-et-O.
Benais, 4	Chinon	Indre-et-L.
Benaix, 7 ¼	Foix	Ariége
Benaménil, 3	Lunéville	Meurthe
Bénarville, 8 ½	Le Hâvre	Seine-Inf.
Benassais, 7	Poitiers	Vienne
Benâte (la), 2	St.-Jean-d'Angely	Char.-Inf.
Bénate (la), 7	Nantes	Loire-Inf.
Benay, 2 ½	St.-Quentin	Aisne
Benayes, 12 ¼	Brives	Corrèze
Bendorff, 3	Altkirch	H.-Rhin
Beneauville, 3 ¼	Caen	Calvados
Benejacq, 4 ½	Pau	B.-Pyrén.
Benerville, 3 ¼	Pont-l'Evêque	Calvados
Benesse, 2	Dax	Landes
Benesse-en-Maremne, 6 ¾	Dax	Landes
Benest, 5	Confolens	Charente
Benestroff, 7 ½	Château-Salins	Meurthe
Benet, 4 ¼	Fontenay-le-Comte	Vendée
Beneuvre, 10	Châtillon	Côte-d'Or
Benevent, 4 ½	Gap	H.-Alpes
Benevent *, 5 ½	Bourganeuf	Creuse
Bénéville, 4	Yvetot	Seine-Inf.
Beney, 8	Commercy	Meuse
Benezet (St.-), 3 ¼	Alais	Gard
Benfeld *, 3 ½	Schélestatt	Bas-Rhin
Bengy-sur-Craon, 6 ¼	Bourges	Cher
Benifontaine, 5	Béthune	Pas-de-Cal.
Benigne (St.-), 8	Bourg	Ain
Benin (St.-), 10	Montluçon	Allier
Benin (St.-), 7	Falaise	Calvados
Benin (St.-), 7 ¼	Cambrai	Nord
Benin-d'Azy (St.-), 6 ½	Nevers	Nièvre

Communes.	Arrondissem.	Départem.	Communes.	Arrondissem.	Départem.
Benin-des-Bois (St.-), 9	Nevers	Nièvre	Berangeville-la-Campagne, 3	Louviers	Eure
Béning-lès-St.-Avold, 5	Sarreguemines	Moselle	Berangeville-la-Rivière, 1 $\frac{1}{4}$	Evreux	Eure
Benivais, 3 $\frac{1}{4}$	Nyons	Drôme			
Benne (la), 7 $\frac{1}{2}$	Dax	Landes	Berard (*Outre-Furens*), $\frac{1}{4}$	St.-Etienne	Loire
Bennecourt, 4 $\frac{1}{2}$	Mantes	Seine-et-O.	Berat, 3 $\frac{1}{4}$	Muret	H.-Garonne
Bennerey, 3 $\frac{1}{4}$	Lisieux	Calvados	Beraut, 1 $\frac{1}{4}$	Condom	Gers
Bennetot (*Heugleville*), 5 $\frac{1}{4}$	Dieppe	Seine-Inf.	Berberust, 2 $\frac{1}{2}$	Argelès	H.-Pyrén.
Bennetot, 4 $\frac{1}{4}$	Yvetot	Seine-Inf.	Berbezit. 5 $\frac{1}{4}$	Brioude	H.-Loire
Benney, 5 $\frac{1}{4}$	Nancy	Meurthe	Berbiguères, 3	Sarlat	Dordogne
Bennwihr, 2 $\frac{1}{2}$	Colmar	Haut-Rhin	Bercage (*Montmagny*), 3	Pontoise	Seine-et-O
Benoisey, 3	Semur	Côte-d'Or	Bercagny (*Le Perchay*), 2	Pontoise	Seine-et-O.
Benoist (St.-), 12	Castellane	B.-Alpes	Bercenay-en-Othe, 4 $\frac{1}{4}$	Troyes	Aube
Benoist (St.-), 1 $\frac{1}{4}$	Chinon	Indre-et-L.	Bercenay-lès-Hayes, 4 $\frac{1}{2}$	Nogent-sur-Seine	Aube
Benoist (St.-) (*Chemiré-le-Gaudin*), 5 $\frac{1}{4}$	Le Mans	Sarthe	Berche, 2	Montbéliard	Doubs
Benoist (St.-), 1 $\frac{1}{2}$	Poitiers	Vienne	Berchères-la-Maingot, 2	Chartres	Eure-et-L.
Benoit (St.-), 4 $\frac{1}{4}$	Belley	Ain	Berchères-les-Pierres ou l'Evêque, 2	Chartres	Eure-et-L.
Benoit (St.-), 5 $\frac{1}{4}$	Limoux	Aude			
Benoit (St.-), 6 $\frac{1}{2}$	Die	Drôme	Berchères-sur-Vègre, 4 $\frac{1}{2}$	Dreux	Eure-et-L.
Benoit (St.-) *, 10	Le Blanc	Indre	Berck, 4	Montreuil	Pas-de-Cal.
Benoit (St.-), 8	Commercy	Meuse	Bercloux, 3	St.-Jean-d'Angely	Char.-Inf.
Benoit (St.-), 9 $\frac{1}{4}$	Les Sables	Vendée			
Benoit (St.-), 8 $\frac{1}{4}$	Epinal	Vosges	Bercy, 3	Sceaux	Seine
Benoit-d'Hébertot (St.-), 1 $\frac{1}{4}$	Pont-l'Evêque	Calvados	Berd'huis, 3	Mortagne	Orne
			Béreins, 6	Trévoux	Ain
Benoit-de-Cramanx (St.), 4 $\frac{1}{2}$	Albi	Tarn	Berelles, 3 $\frac{1}{4}$	Avesnes	Nord
			Berentzwiller, 4	Altkirch	H.-Rhin
Benoit-de-Fredefond (S), 1 $\frac{1}{2}$	Albi	Tarn	Berenx, 2	Orthez	B.-Pyrén.
			Bererenx, 5	Orthez	B.-Pyrén.
Benoit-des Ombres (St.), 4	Pont-Audemer	Eure	Bercyziat, 4 $\frac{1}{2}$	Bourg	Ain
			Berfay, 2	St.-Calais	Sarthe
Benoit-dés-Ondes (St.), 4	St.-Malo	Ille-et-Vil.	Berg, 3 $\frac{1}{4}$	Thionville	Moselle
Benoit-sur-Loire (St.-), 7 $\frac{1}{2}$	Gien	Loiret	Berg, 6 $\frac{1}{2}$	Saverne	B.-Rhin
Benoit-sur-Seine (St.-), 2 $\frac{1}{2}$	Troyes	Aube	Berganty ou Breganty, 5	Cahors	Lot
Benoit-sur-Vanne (St.-), 7 $\frac{1}{2}$	Troyes	Aube	Bergbieten, 5 $\frac{1}{2}$	Strasbourg	B.-Rhin
			Bergelle, 13 $\frac{1}{2}$	Mirande	Gers
Benoite-Vaux, 7 $\frac{1}{2}$	Commercy	Meuse	BERGERAC *,	ch.-l. d'ar. 133	Dordogne
Benoitville, 4 $\frac{1}{4}$	Cherbourg	Manche	Bergères, 2	Bar-sur-Aube	Aube
Benon, 6	La Rochelle	Char.-Inf.	Bergères, près-Montmirail, 8	Epernay	Marne
Benon, 5 $\frac{1}{4}$	Lesparre	Gironde			
Bénonce, 8	Belley	Ain	Bergères, près Vertus, 4 $\frac{1}{2}$	Epernay	Marne
Benouville, 2 $\frac{1}{2}$	Caen	Calvados	Bergesserein, 7	Mâcon	Saône-et-L.
Bénouville, 5 $\frac{1}{4}$	Le Hâvre	Seine-Inf.	Bergheinn, 3	Colmar	H.-Rhin
Benque, 5 $\frac{1}{4}$	St.-Gaudens	Haute-Gar.	Bergholtz, 7 $\frac{1}{2}$	Colmar	H.-Rhin
Benqué, 4 $\frac{1}{2}$	Bagnères	H.-Pyrén.	Bergholtzzell, 7 $\frac{1}{2}$	Colmar	H.-Rhin
Benqué-Dessous-et-Dessus, 8 $\frac{1}{4}$	St.-Gaudens	H.-Garonne	Bergicourt, 7	Amiens	Somme
			Bergnicourt, 2 $\frac{1}{2}$	Rethel	Ardennes
Benquet, 1 $\frac{1}{4}$	Mont de Marsan	Landes	Bergoney, 4 $\frac{1}{2}$	St.-Sever	Landes
Bentayou, 7 $\frac{1}{2}$	Pau	B.-Pyrén.	Bergonue, 1 $\frac{1}{4}$	Issoire	Puy-de-Dô.
Benusse, 3 $\frac{1}{4}$	Besançon	Doubs	Bergouey, 9	Bayonne	B.-Pyrén.
Beny, 3	Bourg	Ain	Berguencuse, 3 $\frac{1}{4}$	St.-Pol	Pas-de-Cal.
Beny, 3 $\frac{1}{2}$	Caen	Calvados	Bergues, 7 $\frac{1}{4}$	Vervins	Aisne
Beny-Bocage, 2 $\frac{1}{2}$	Vire	Calvados	Bergues *, 2	Dunkerque	Nord
Béon, 3 $\frac{1}{2}$	Belley	Ain	Berguettes, 5	Bethune	Pas-de-Cal.
Béon, 1 $\frac{1}{4}$	Joigny	Yonne	Berhet, 4	Lannion	Côtes-du-N
Béost, 8	Oléron	B.-Pyrén.	Berich, 7 $\frac{1}{4}$	Sarreguemines	Moselle
Derain (St.-), 11 $\frac{1}{2}$	Brioude	H.-Loire	Bérignan, 4	Nyons	Drôme
Berain-la-d'Heune (St.-), 5 $\frac{1}{2}$	Châlons	Saône-et-L.	Bérigny, 3 $\frac{1}{2}$	St.-Lô	Manche
			Berjou, 8 $\frac{1}{2}$	Domfront	Orne
Bérain-sous-Sauvigne (St.-), 7	Autun	Saône-et-L.	Berlaimont, 3 $\frac{1}{4}$	Avesnes	Nord
			Berlancourt, 4	Vervins	Aisne
Berandie (la) (*Pradines*), $\frac{1}{4}$	Cahors	Lot	Berlancourt, 8 $\frac{1}{4}$	Compiègne	Oise
			Berlatz, 10	Castres	Tarn

Communes.	Arrondissem.	Départem.
Berlencourt, $3\frac{1}{2}$	St.-Pol	Pas-de-Cal.
Berles, $4\frac{1}{4}$	St.-Pol	Pas-de-Cal.
Berles-au-Bois, 3	Arras	Pas-de-Cal.
Berlette (*Savy*), 5	St.-Pol	Pas-de-Cal.
Berlière (la), $3\frac{1}{4}$	Vouziers	Ardennes
Berlière (la), $5\frac{1}{2}$	Compiègne	Oise
Berling, 5	Sarrebourg	Meurthe
Berlise, 10	Laon	Aisne
Berlise (*Bazoncourt*), $3\frac{1}{4}$	Metz	Moselle
Berlou, 6	St.-Pons	Hérault
Bermerain, $7\frac{1}{2}$	Cambrai	Nord
Bermericourt, 3	Rheims	Marne
Bermeries, $6\frac{1}{4}$	Avesnes	Nord
Bermering, $8\frac{1}{4}$	Château-Salins	Meurthe
Bermicourt, $2\frac{1}{2}$	St.-Pol	Pas-de-Cal.
Bermi-Rivière, $3\frac{1}{4}$	Soissons	Aisne
Bermont, $1\frac{1}{2}$	Belfort	Haut-Rhin
Bermonville, 2	Yvetot	Seine-Inf.
Bernac, $1\frac{1}{4}$	Ruffec	Charente
Bernac, 8	Marmande	Lot-et-Gar.
Bernac, $2\frac{1}{2}$	Gaillac	Tarn
Bernac-Debas, $2\frac{1}{4}$	Tarbes	H.-Pyrén.
Bernac-Dessus, $2\frac{1}{2}$	Tarbes	H.-Pyrén.
Bernadets, $3\frac{1}{2}$	Pau	B.-Pyrén.
Bernadets-Debats, 6	Tarbes	H.-Pyrén.
Bernadets-Dessus, $6\frac{1}{4}$	Tarbes	H.-Pyrén.
Bernai, $6\frac{1}{4}$	Le Mans	Sarthe
Bernai-sur-Orne, 3	Argentan	Orne
Bernanval (*Tracy-le-Mont*), $4\frac{1}{4}$	Compiègne	Oise
Bernapré, 11	Amiens	Somme
Bernardière (la), 13	Bourbon-Vendée	Vendée
Bernard (St.-), $1\frac{1}{2}$	Trevoux	Ain
Bernard (St.-), 4	Beaune	Côte-d'Or.
Bernard (St.-), $5\frac{1}{4}$	Grenoble	Isère
Bernard (St.-), $4\frac{1}{4}$	Thionville	Moselle
Bernard (le), 7	Les Sables	Vendée
Bernardswiller (*Obernai*) $5\frac{1}{2}$	Schélestatt	Bas-Rhin
Bernardswiller (*Barr*), 3	Schélestatt	Bas-Rhin
Bernatre, $5\frac{1}{2}$	Doullens	Somme
Bernaville, $4\frac{1}{2}$	Doullens	Somme
Bernay, $3\frac{1}{2}$	St.-Jean-d'Angely	Char.-Inf.
BERNAY *,	ch.-l. d'ar., 41	Eure
Bernay (*Brinay*), $6\frac{1}{2}$	Château-Chinon	Nièvre
Bernay, $5\frac{1}{2}$	Coulommiers	Seine-et-M.
Bernay, $6\frac{1}{4}$	Abbeville	Somme
Berne, 3	Péronne	Somme
Berné, $9\frac{1}{4}$	Pontivy	Morbihan
Bernecourt, 4	Toul	Meurthe
Bernede, 17	Mirande	Gers
Bernerie (la) (*Moutiers*), $6\frac{1}{4}$	Paimbœuf	Loire-Inf.
Bernes, $1\frac{1}{4}$	Pontoise	Seine-et-O.
Bernesq, $5\frac{1}{4}$	Bayeux	Calvados
Bernet, $6\frac{1}{2}$	Mirande	Gers
Berneuil, 2	Barbezieux	Charente
Berneuil, $2\frac{1}{2}$	Saintes	Char.-Inf.
Berneuil, 3	Beauvais	Oise
Berneuil, 4	Compiègne	Oise
Berneuil, 4	Doullens	Somme

Communes.	Arrondissem.	Départem.
Berneuil, 2	Bellac	H.-Vienne
Berneval-le-Grand, $2\frac{1}{4}$	Dieppe	Seine-Inf.
Berneville, 1	Arras	Pas-de-Cal.
Bernienville, $3\frac{1}{2}$	Evreux	Eure
Bernière, $8\frac{1}{4}$	Le Hâvre	Seine-Inf.
Bernières, $4\frac{1}{4}$	Caen	Calvados
Bernières, $3\frac{1}{2}$	Falaise	Calvados
Bernières, $3\frac{1}{2}$	Vire	Calvados
Bernières, $2\frac{1}{4}$	Louviers	Eure
Bernières-Bocage, $2\frac{1}{4}$	Bayeux	Calvados
Bernieulles, 3	Montreuil	Pas-de-Cal.
Bernin *, $3\frac{1}{4}$	Grenoble	Isère
Bernis, $2\frac{1}{2}$	Nismes	Gard
Bernolsheim, $4\frac{1}{4}$	Strasbourg	Bas-Rhin
Bernon, 7	Bar-sur-Seine	Aube
Bernos, 2	Bazas	Gironde
Bernot, 8	Vervins	Aisne
Bernouil, $3\frac{1}{2}$	Tonnerre	Yonne
Bernoville (*Aisonville*), 7	Vervins	Aisne
Bernouville, 5	Les Andelys	Eure
Bernthal, 10	Sarreguemines	Moselle
Berny, 5	Montdidier	Somme
Berny, $2\frac{1}{2}$	Péronne	Somme
Bérogne (*Chelles*), $4\frac{1}{2}$	Compiègne	Oise
Berou-la-Mulotière, $5\frac{1}{4}$	Dreux	Eure-et-L.
Berrac, 3	Lectoure	Gers
Berraute, $4\frac{1}{2}$	Mauléon	B.-Pyrén.
Berre, $5\frac{1}{2}$	Aix	B.-du-Rhô.
Berriac, 2	Carcassonne	Aude
Berrias, $5\frac{1}{4}$	Argentière	Ardèche
Berric, 5	Vannes	Morbihan
Berrien, $10\frac{1}{4}$	Châteaulin	Finistère
Berrieux, $6\frac{1}{4}$	Laon	Aisne
Berrogain, 1	Mauléon	B.-Pyrén.
Berru, $2\frac{1}{2}$	Rheims	Marne
Berry-au-Bac, 9	Laon	Aisne
Berry-Marmagne, $2\frac{1}{4}$	Bourges	Cher
Bersac (le), 10	Gap	H.-Alpes
Bersac, 8	Bellac	H.-Vienne
Bersac-Petit, 3	Riberac	Dordogne
Bersaillin, 2	Poligny	Jura
Bersée, 4	Lille	Nord
Bersillies, 5	Avesnes	Nord
Berson, $1\frac{1}{2}$	Blaye	Gironde
Berstett, $3\frac{1}{4}$	Strasbourg	Bas-Rhin
Berstheim, 2	Haguenau	Bas-Rhin
Bert, $2\frac{1}{2}$	La Palisse	Allier
Bertaignemont, $6\frac{1}{2}$	Vervins	Aisne
Bertangles, $2\frac{1}{4}$	Amiens	Somme
Bertaucourt, 5	Doullens	Somme
Bertaucourt, 5	Montdidier	Somme
Bertaucourt-Epourdon, 5	Laon	Aisne
Bertaud (*Ouzilly*), $4\frac{1}{2}$	Châtellerault	Vienne
Bertheauville, $4\frac{1}{4}$	Yvetot	Seine-Inf.
Berthecourt, 4	Beauvais	Oise
Berthegon, 4	Loudun	Vienne
Berthelange, $5\frac{1}{4}$	Besançon	Doubs
Bertheléville, $8\frac{1}{4}$	Commercy	Meuse
Berthelming, $2\frac{1}{2}$	Sarrebourg	Meurthe
Berthen, $3\frac{1}{4}$	Hazebrouck	Nord
Berthenay, $3\frac{1}{4}$	Tours	Indre-et-L.
Berthenouville, 5	Les Andelys	Eure
Berthenoux (la), 3	La Châtre	Indre
Berthes, $2\frac{1}{2}$	Bazas	Gironde

Communes.	Arrondissem.	Départem.	Communes.	Arrondissem.	Départem.
Berthevin (St.-), 1	Laval	Mayenne	Besneville, 5 $\frac{1}{4}$	Valognes	Manche
Berthevin (St.-), 7 $\frac{1}{2}$	Mayenne	Mayenne	Besny, 1	Laon	Aisne
Berthnicourt, 2 $\frac{1}{4}$	St.-Quentin	Aisne	Besole (la), 3 $\frac{1}{4}$	Limoux	Aude
Bertholène, 11	Milhaud	Aveiron	Besonnes, (*Rodelle*), 6 $\frac{1}{4}$	Rodez	Aveiron
Berthouville, 3 $\frac{1}{2}$	Bernay	Eure	Besons, 4	Versailles	Seine-et-O.
Bertignat, 2	Ambert	Puy-de-Dô.	Besonvaux, 2 $\frac{1}{4}$	Verdun	Meuse
Bertignolles, 2 $\frac{1}{2}$	Bar-sur-Seine	Aube	Bessa (*La Valla*), 3 $\frac{1}{2}$	St.-Etienne	Loire
Bertincourt, 6 $\frac{1}{4}$	Arras	Pas-de-Cal.	Bessac, 4	Barbezieux	Charente
Bertis-de-Biron, 12	Bergerac	Dordogne	Bessais, 4 $\frac{1}{4}$	St.-Amand	Cher
Bertoncourt, $\frac{1}{2}$	Rethel	Ardennes	Bessais, 7 $\frac{1}{2}$	Fontenay-le-Comte	Vendée
Bertrambois, 5	Sarrebourg	Meurthe			
Bertrameix, 3 $\frac{1}{4}$	Briey	Moselle	Bessamorel, 2	Yssengeaux	H.-Loire
Bertrancourt, 5 $\frac{1}{4}$	Doullens	Somme	Bessancourt, 2	Pontoise	Seine-et-O.
Bertrand (St.-), 3 $\frac{1}{2}$	St.-Gaudens	H.-Garonne	Bessas, 7	Argentière	Ardèche
Bertrange, 1 $\frac{1}{4}$	Thionville	Moselle	Bessay, 7 $\frac{1}{2}$	St.-Etienne	Loire
Bertre, 5 $\frac{1}{4}$	Lavaur	Tarn	Bessay, (le Monial), 8	Moulins	Allier
Bertren, 14	Bagnères	H.-Pyrén.	Bessay-sur-Allier, 4	Moulins	Allier
Bertreville, 3	Dieppe	Seine-Inf.	Besse, 7	Sarlat	Dordogne
Bertreville, 5 $\frac{1}{4}$	Yvetot	Seine-Inf.	Besse, 12 $\frac{1}{4}$	Grenoble	Isère
Bertrichamps, 7 $\frac{3}{4}$	Lunéville	Meurthe	Besse *, 6	Issoire	Puy-de-Dô.
Bertricourt, 10	Laon	Aisne	Besse, 3	Brignoles	Var
Bertrie, 1 $\frac{1}{2}$	Ribérac	Dordogne	Bessé, 3	Ruffec	Charente
Bertrimont, 7	Dieppe	Seine-Inf.	Bessé, 4	Saumur	Maine-et-L.
Bertrimontier, 2	St.-Dié	Vosges	Bessé, 2 $\frac{1}{4}$	St.-Calais	Sarthe
Bertring, 7	Sarreguemines	Moselle	Bessède-de-Sault, 14 $\frac{1}{4}$	Limoux	Aude
Bertry, 6	Cambrai	Nord	Bessenay, 4 $\frac{1}{4}$	Lyon	Rhône
Bertuelle (la) (*Plaisir*), 3	Versailles	Seine-et-O.	Bessens, 4 $\frac{1}{4}$	Castel-Sarrasin	Tarn et Gar.
Bern, 5	Mamers	Sarthe	Besserette (la), 5 $\frac{1}{4}$	Aurillac	Cantal
Béru, 2 $\frac{1}{2}$	Tonnerre	Yonne	Besserve, 6	Riom	Puy-de-Dô.
Beruges, 3 $\frac{1}{2}$	Poitiers	Vienne	Besses (*Châtellerault*), 1	Châtellerault	Vienne
Berulle, 8	Troyes	Aube	Besset, 5	Pamiers	Ariège
Berville, 6 $\frac{1}{4}$	Lisieux	Calvados	Bessette (la), 14	Issoire	Puy-de-Dô.
Berville, 4	Pontoise	Seine-et-O.	Bessey-en-Chaume, 3	Beaune	Côte-d'Or
Berville, 3 $\frac{1}{2}$	Rouen	Seine-Inf.	Bessey-la-Cour, 3	Beaune	Côte-d'Or
Berville, 3	Yvetot	Seine-Inf.	Bessey-les-Citeaux, 4 $\frac{1}{4}$	Dijon	Côte-d'Or
Berville-en-Romois, 6	Pont-Audemer	Eure	Besseyre-Ste.-Mary (la) 12 $\frac{1}{2}$	Brioude	H.-Loire
Berville près le-Tilleul-Dameagués, 5 $\frac{1}{4}$	Bernay	Eure	Bessi, 6	Auxerre	Yonne
Berville-sur-Mer, 4	Pont-Audemer	Eure	Bessière (la), 3 $\frac{1}{4}$	Castres	Tarn
Berweiller, 8 $\frac{1}{2}$	Thionville	Moselle	Bessière-Candeil (la), 2 $\frac{1}{4}$	Gaillac	Tarn
Berwiller, 7	Colmar	H.-Rhin.			
Berzé (la Ville), 3	Mâcon	Saône-et-L.	Bessières, 5	Toulouse	H.-Garonne
Berzé (le Chatel), 4	Mâcon	Saône-et-L.	Bessines, 6 $\frac{1}{4}$	Bellac	H.-Vienne
Berzem, 3	Privas	Ardèche	Bessinne, 1	Niort	2 Sèvres
Berzieux, 2	Ste.-Ménéhould	Marne	Bessins, 2 $\frac{1}{2}$	St.-Marcellin	Isère
Berzy (le Sec), 2	Soissons	Aisne	Besson, 3	Moulins	Allier
Bès, 5	Villefranche	Aveiron	Bessoncourt, 1 $\frac{1}{2}$	Belfort	H.-Rhin
Bès (le), 6	Castres	Tarn	Bessonie, (la) (*Montredon*), 4 $\frac{1}{2}$	Castres	Tarn
Besace (la), 5	Sedan	Ardennes			
Besain, 2	Poligny	Jura	Bessons, 7 $\frac{1}{2}$	Marvejols	Lozère
BESANÇON *,	ch.-l de dép 102	Doubs	Bessonville (*Chapelle-la-Reine*), 3 $\frac{1}{2}$	Fontainebleau	Seine-et-M.
Besange (la Grande), 2	Château-Salins	Meurthe			
Besange (la Petite), 3	Château-Salins	Meurthe	Bessuejouls, 1 $\frac{1}{4}$	Espalion	Aveiron
Bescat, 4 $\frac{1}{4}$	Oléron	B.-Pyrén.	Bessy, 2 $\frac{1}{4}$	Arcis-sur-Aube	Aube
Besingrand, 6 $\frac{1}{4}$	Orthez	B.-Pyrén.	Bestiac, 9 $\frac{3}{4}$	Foix	Ariège
Beslan, 5	Béziers	Hérault	Betaille, 13 $\frac{1}{4}$	Gourdon	Lot.
Beslière (la), 5 $\frac{1}{4}$	Avranches	Manche	Betain (le), 5 $\frac{1}{4}$	Belfort	H.-Rhin
Beslin (*Thoult*), 5 $\frac{1}{4}$	Epernay	Marne	Betancourt, 8 $\frac{1}{2}$	Vesoul	H.-Saône
Beslon, 8 $\frac{1}{4}$	St.-Lô	Manche	Betancourt-sur-Mance, 9	Vesoul	H.-Saône
Besmé, 12 $\frac{1}{4}$	Laon	Aisne	Betbèze, 13	Bagnères	H.-Pyrén.
Besmond, 3 $\frac{1}{4}$	Vervins	Aisne	Betbezer, 7 $\frac{1}{2}$	MontdeMarsan	Landes
Besmont, 7	Senlis	Oise	Betcave, 4	Lombez	Gers
Besnans, 7 $\frac{1}{2}$	Vesoul	H.-Saône	Betchat, 3 $\frac{1}{4}$	St.-Girons	Ariège
Besné, 2 $\frac{1}{4}$	Savenay	Loire-Inf.	Beteilla	Villefranche	Aveiron

Communes.	Arrondissem.	Départem.
Bétêle, 4	Boussac	Creuse
Bethancourt, 11 ½	Laon	Aisne
Béthancourt, (*Cambronne*), 3	Compiégne	Oise
Béthancourt, 5	Péronne	Somme
Béthelainville, 2 ¾	Verdun	Meuse
Béthencourt, 5	Cambrai	Nord
Béthencourt, 1 ½	Clermont	Oise
Béthencourt, 6	Senlis	Oise
Béthencourt-St.-Ouen, 5	Amiens	Somme
Béthencourt-sur-Mer, 7 ½	Abbeville	Somme
Betheniville, 6 ¼	Rheims	Marne
Betheny, 1 ¼	Rheims	Marne
Béthincourt, 4	Verdun	Meuse
Bethines, 5	Montmorillon	Vienne
Bethisy-St.-Martin, 4	Senlis	Oise
Bethisy-St.-Pierre, 4	Senlis	Oise
Bethmale, 4	St.-Girons	Ariége
Bethon, 12 ¼	Epernay	Marne
Béthoncourt, ¾	Montbeliard	Doubs
Bethonsart, 5	St.-Pol	Pas-de-Cal.
Bethonvilliers, 3 ½	Nogent le-Rotron	Eure-et-L.
Bethonwillier, 2 ½	Belfort	Haut-Rhin
BÉTHUNE *,	ch.-l. d'ar., 57	Pas-de-Cal.
Bétignicourt, 7 ½	Bar-sur-Aube	Aube
Betin (*Molins*), 2	Epernay	Marne.
Betmont ou Belmont, 5 ¾	Tarbes	H.-Pyrén.
Beton-Bazoches, 5	Provins	Seine-et-M.
Betoncourt-lès-Brotte, 4½	Lure	H.-Saône
Betoncourt-lès-Ménétriers, 10	Vesoul	H.-Saône
Betoncourt-St.-Pancras, 9 ¼	Lure	H.-Saône
Betous, 12 ¼	Condom	Gers
Betplan, 6 ¼	Mirande	Gers
Betpouey, 5 ½	Argelès	H.-Pyrén.
Betpouy, 11	Bagnères	H.-Pyrén.
Betracq, 10	Pau	B.-Pyrén.
Bettaincourt, 9 ¾	Wassy	H.-Marne
Bettainvillers, 1 ½	Briey	Moselle
Bettancourt, 5 ½	Vitry-le-Français	Marne
Bettancourt, 5 ¾	Wassy	H.-Marne
Bettange, 5 ½	Metz	Moselle
Bettborn, 2	Sarrebourg	Meurthe
Bettegney, 3 ½	Mirecourt	Vosges
Bettegney-St.-Brice, 3	Mirecourt	Vosges
Bettembos, 8	Amiens	Somme
Bettemont, 2	Pontoise	Seine et-O.
Bettencourt-Rivière, 7	Amiens	Somme
Bettendorff, 1 ½	Altkirch	H.-Rhin
Bettes, 3	Bagnères	H.-Pyrén.
Betteville, 6 ½	Rouen	Seine-Inf.
Bettignies, 5 ¾	Avesnes	Nord
Betting (*Waldwisse*), 7 ½	Thionville	Moselle
Betting-lès-St.-Avold, 5	Sarreguemines	Moselle
Bettlach, 4	Altkirch	Haut-Rhin
Bettlainville, 4	Thionville	Moselle
Betton, 2 ¼	Rennes	Ille-et-Vil.
Betton, 5	Mamers	Sarthe
Bettoncourt, 8 ¾	Wassy	H.-Marne
Bettoncourt, 1 ½	Mirecourt	Vosges
Bettrechies, 7	Avesnes	Nord
Bettevillier, 6	Sarreguemines	Moselle
Bettewiler, 6 ¼	Saverne	Bas-Rhin
Betz, 5	Loches	Indre-et-L.
Betz, 7	Senlis	Oise
Buchès (les) (*Betton*), 2¼	Rennes	Ille-et-Vil.
Beugin, 3 ¼	Béthune	Pas-de-Cal.
Beugnatre, 5	Arras	Pas-de-Cal.
Beugné, 5	Niort	2 Sèvres.
Beugneux, 4	Soissons	Aisne
Beugnies, 1 ½	Avesnes	Nord
Beugnon (le), 7	Niort	2 Sèvres
Beugnon, 8	Tonnerre	Yonne
Beugny, 5 ½	Arras	Pas-de-Cal.
Beulay, 3	St. Dié	Vosges
Beurange-Sous-Justemont (*Vitry*), 2	Thionville	Moselle
Beure, 1 ¼	Besançon	Doubs
Beurey, 2	Bar-sur-Seine	Aube
Beurey, 3 ½	Bar-le-Duc	Meuse
Beurey-Beauguay, 8	Beaune	Côte-d'Or
Beurières, 2 ½	Ambert	Puy-de-Dô.
Beurlay, 5 ½	Saintes	Char.-Inf.
Beurville, 6 ½	Wassy	H.-Marne
Beury (St.-),	Semur	Côte-d'Or
Beusle (*Bazemont*), 7	Versailles	Seine-et-O.
Beussent, 3	Montreuil	Pas-de-Cal.
Beuste, 3 ¼	Pau	B.-Pyren.
Beuthal, 3 ¾	Montbéliard	Doubs
Beutin, 1 ¼	Montreuil	Pas-de-Cal.
Beuvange-sous-St.-Michel (*Volkrange*), 1 ½	Thionville	Moselle
Beuvardes, 2 ½	Château-Thierry	Aisne
Beuve-aux-Champs (St.-) 3	Neufchâtel	Seine-Inf.
Beuve-en-Rivière (St.-), 1 ¼	Neufchâtel	Seine-Inf.
Beuveille, 5 ¼	Briey	Moselle
Beuvezin, 8 ½	Toul	Meurthe
Beuviliers, 1 ½	Lisieux	Calvados
Beuville, 2	Caen	Calvados
Beuville-le-Bocage (*St.-Denis-sur-Scié*), 6 ½	Dieppe	Seine-Inf.
Beuvillers, 3	Briey	Moselle
Beuverages, 9 ½	Douai	Nord
Beuvraignes, 4	Montdidier	Somme
Beuvrequen, 2 ½	Boulogne	Pas-de-Cal.
Beuvreuil, 8 ½	Neufchâtel	Seine-Inf.
Beuvrière (la) ou la Beuvière, 1 ½	Béthune	Pas-de-Cal.
Beuvrigny, 5	Saint-Lô	Manche
Beuvron, 5 ¼	Pont-l'Evêque	Calvados
Beuvron, 3 ½	Clamecy	Nièvre
Beuvry, 4 ½	Douai	Nord
Beuvry, 1	Béthune	Pas-de-Cal.
Beux-Haut-et-Basse, 3 ½	Metz	Moselle
Beuxes, 2 ¼	Loudun	Vienne
Beuzec-Cap-Sizun, 9	Quimper	Finistère
Beuzec-Conq, 6 ½	Quimper	Finistère
Beuzeral, 4 ½	Pont-l'Evêque	Calvados
Beuzeville, 3	Pont-Audemer	Eure
Beuzeville (*Beaumont-le-Hareng*), 8	Dieppe	Seine-Inf.

Communes.	Arrondissem.	Départem.
Beuzeville, 7	Le Hâvre	Seine-Inf.
Beuzeville-au-Plain, 4	Valogne	Manche
Beuzeville-la-Bastille, 4 ¼	Valogne	Manche
Béuzeville-la-Guerard, 3 ¼	Yvetot	Seine-Inf.
Beuzeville-sur-le-Vey, 6 ¼	St.-Lô	Manche
Beuzevillette, 8 ½	Le Hâvre	Seine-Inf.
Bevenais, 6 ½	La Tour-du-Pin	Isère
Béverne, 4 ½	Lure	H.-Saône
Béveuge, 7 ½	Lure	H.-Saône
Béville, 3 ½	Chartres	Eure-et-L.
Béville, (*Clatigny*), 3	Metz	Moselle
Bévillers, 3 ¼	Cambrai	Nord
Bevons, 1 ½	Sisteron	B.-Alpes
Bevy, 4 ¾	Dijon	Côte-d'Or
Bey, 7 ½	Bourg	Ain
Bey, 4 ½	Nancy	Meurthe
Bey, 2 ¼	Châlons	Saône-et-L.
Beychac, 3 ¼	Bordeaux	Gironde
Beylonque, 9 ½	St.-Sever	Landes
Beynac, 4 ¾	Brives	Corrèze
Beynac, 2	Sarlat	Dordogne
Beynac, 2 ¼	Limoges	H.-Vienne
Beyne, 2 ½	Lons-le-Saul- nier	Jura
Beynes, 5	Digne	B.-Alpes
Beynes, 6 ¼	Rambouillet	Seine-et-O.
Beynost, 6 ¼	Trévoux	Ain
Beyrède, 9	Bagnères	H.-Pyrén.
Beyren, 3 ¼	Thionville	Moselle
Beyrie, 6 ¼	Mauléon	B.-Pyrén.
Beyrie (*Louvigni*), 7 ½	Orthez	B.-Pyrén.
Beyrie (la-), 3 ¾	Orthez	B.-Pyrén.
Beyrie, 3 ¼	Pau	B.-Pyrén.
Beyries, 6 ¾	St.-Sever	Landes
Beyssac, 7 ½	Brives	Corrèze
Beyssac (*Strenquels*), 13	Gourdon	Lot
Beyssenat, 10	Brives	Corrèze
Bez, 2	Le Vigan	Gard
Bezac, 1 ¼	Pamiers	Ariége
Bezacoul, 5 ¼	Albi	Tarn
Bezagette, 6 ¼	La Châtre	Indre
Bezalles, 4	Provins	Seine-et-M
Bezannes, 1	Rheims	Marne
Bezaudun, 9	Die	Drôme
Bezaudun, 8	Brignoles	Var
Bezaudun, 7 ½	Grasse	Var
Bezaumont, 4 ½	Nancy	Meurthe
Bezaye (*Beauregard*) 3 ¼	Valence	Drôme
Bèze, 5 ½	Dijon	Côte-d'Or
Bezenac, 3	Sarlat	Dordogne
Bezencourt, 9	Neufchâtel	Seine-Inf.
Bezeril, 1 ½	Lombez	Gers
BÉZIERS*,	ch.-l. d'ar., 198	Hérault
Beziers (le Canal-) ½	Beziers	Hérault
Bézincourt (*Sermaize*), 6 ¾	Compiégne	Oise
Bezing, 2 ¼	Pau	B.-Pyrén.
Bézingkem, 3	Montreuil	Pas-de-Cal.
Bezins, 6	St.-Gaudens	H.-Garonne
Beznwiller, 7 ¼	Belfort	H.-Rhin
Bezolles, 3 ¼	Condom	Gers
Bezouce, 3	Nismes	Gard
Bezouotte, 5 ¼	Dijon	Côte-d'Or
Bezu-la-Forest, 5	Les Andelys	Eure

Communes.	Arrondissem.	Départem.
Bezu-le-Guéry, 2 ½	Château-Thier- ry	Aisne
Bezu-le-Long, 5	Les Andelys	Eure
Bézu-lès-Fèves, 1 ¼	Château-Thier- ry	Aisne
Bézu-St.-Germain	Château-Thier- ry	Aisne
Beznes, 6 ½	Mirande	Gers
Biache, 3	Arras	Pas-de-Cal.
Biache, 1	Péronne	Somme
Biane, 3 ½	Auch	Gers
Bians, 3	Pontarlier	Doubs
Bians, 12 ¼	Lure	H.-Saône
Biard (Foire-de-) (*Céré*), 11	Tours	Indre-et-L.
Biard, ¼	Poitiers	Vienne
Biards (les), 4 ½	Mortain	Manche
Biarne, 1 ¼	Dôle	Jura
Biarre, 6	Montdidier	Somme
Biarrits, 1 ½	Bayonne	B.-Pyrén.
Biarrotte, 7 ¼	Dax	Landes
Biars, 10	Figeac	Lot
Bias, 21 ½	Mont-de-Mar- san	Landes
Biaudos, 8	Dax	Landes
Biberkirich, 3	Sarrebourg	Meurthe
Bibiche, 6 ½	Thionville	Moselle
Bibling (*Merter*), 9	Thionville	Moselle
Biblisheim, 2 ½	Haguenau	Bas-Rhin
Bibost, 4 ½	Lyon	Rhône
Bichancourt-Marizel, 11 ½	Laon	Aisne
Biches, 6 ½	Château-Chi- non	Nièvre
Bicqueley, 1 ¼	Toul	Meurthe
Bidache, 8	Bayonne	B.-Pyrén.
Bidarry, 9 ¼	Mauléon	B.-Pyrén.
Bidart, 2 ¼	Bayonne	B.-Pyrén.
Bideren, 5 ¼	Orthez	B.-Pyrén.
Bidestroff, 7	Château-Salins	Meurthe
Biding, 6	Sarreguemines	Moselle
Bidon, 12 ½	Privas	Ardèche
Bidos, ½	Oléron	B. Pyrén.
Biécourt, 3 ½	Mirecourt	Vosges
Biederthal, 5	Altkirch	Haut-Rhin
Bief, 5 ½	Montbéliard	Doubs
Bief-des-Maisons, 9	Poligny	Jura
Bief-Détoz (*Desessart-Cuénot*, 11 ½	Montbéliard	Doubs
Bief-du-Fourg, 7	Poligny	Jura
Biefmorin, 2	Poligny	Jura
Biefvillers-lès-Bapaume, 5	Arras	Pas-de-Cal.
Bielle, 6 ¼	Oléron	B.-Pyrén.
Bielleville, 8 ½	Le Hâvre	Seine-Inf.
Biencourt, 7 ½	Bar-le-Duc	Meuse
Biencourt, 4 ¼	Abbeville	Somme
Biennais, 7 ½	Dieppe	Seine-Inf.
Bienville, 3 ½	Wassy	H.-Marne
Bienville, 1	Compiégne	Oise
Bienville-la-Petite, 1 ¾	Lunéville	Meurthe
Bienvillers-au-Bois, 3 ½	Arras	Pas-de-Cal.
Bierges, 4 ¼	Epernay	Marne
Biermes, ¼	Rethel	Ardennes

Communes.	Arrondissem.	Départem.
Biermont, 6	Compiégne	Oise
Bierne (*Villemereuil*), 2 ¾	Troyes	Aube
Bierne, 2 ¼	Dunkerque	Nord
Bierné, 2 ¼	Château-Gontier	Mayenne
Biernes, 8 ¼	Chaumont	H.-Marne
Bierres-lès-Sémur, 2	Sémur	Côte-d'Or
Bierville, 5	Rouen	Seine-Inf.
Biesheim, 3	Colmar	Haut-Rhin
Biesles, 3	Chaumont	H.-Marne
Biesville, 4 ½	St.-Lô	Manche
Bietlenheim, 3 ½	Strasbourg	Bas-Rhin
Bieujac, 3 ½	Bazas	Gironde
Bieuxy, 2 ½	Soissons	Aisne
Bieuzy, 3 ¼	Pontivy	Morbihan
Bieville, 1 ¼	Caen	Calvados
Bieville, 5	Lisieux	Calvados
Bievre, 2 ½	Laon	Aisne
Bièvre, 2	Versailles	Seine-et-O.
Bièvres, 8 ¼	Sedan	Ardennes
Bièvres (*Chapelle-sous-Orbais*), 5	Epernay	Marne
Biez (le), 4	Montreuil	Pas-de-Cal.
Biez-en-Blin (St.-), 6	Le Mans	Sarthe
Bifontaine, 5	St.-Dié	Vosges
Bifontaine (*Boissy*), 7 ¾	Epernay	Marne
Biganon, 22	Mont-de-Marsan	Landes
Biganos, 9 ¼	Bordeaux	Gironde
Bigaroque, 6	Sarlat	Dordogne
Bignac, 4 ½	Angoulême	Charente
Bignan, 6	Ploërmel	Morbihan
Bignay, 1 ½	St.-Jean-d'Angely	Char.-Inf.
Bigne (la), 5 ½	Vire	Calvados
Bignicourt, 3	Rethel	Ardennes
Bignicourt-sur-Marne, 2 ½	Vitry-le-Français	Marne
Bignicourt-sur-Saulx, 3 ½	Vitry-le-Français	Marne
Bignon (le), 3 ½	Nantes	Loire-Inf.
Bignon (le), 5 ½	Montargis	Loiret
Bignon (le), 4 ¼	Laval	Mayenne
Bignoux, 3	Poitiers	Vienne
Bigorno, 6	Bastia	Corse
Bigottière (la), 5 ½	Laval	Mayenne
Biguglia, 1 ¼	Bastia	Corse
Behucourt, 4	Arras	Pas-de-Cal.
Bihy (St.-), 5	St.-Brieuc	Côtes-du-N.
Bühl, 9	Colmar	Haut-Rhin
Bikenholz, 3 ¼	Sarrebourg	Meurthe
Bilée, 4	Commercy	Meuse
Bilhac-Lastours, 4 ½	St.-Yrieix	H.-Vienne
Bilhères, 6 ¼	Oléron	B.-Pyrén.
Biliagrossa-Tivolaggio, 1 ¼	Sartène	Corse
Billac, 8 ½	Brives	Corrèze
Billancelles, 5	Chartres	Eure-et-L.
Billancourt (*Auteuil*), 2 ½	St.-Denis	Seine
Billancourt, 6	Montdidier	Somme
Billanges, 5 ½	Limoges	H.-Vienne
Billaux (les), 2	Libourne	Gironde
Billazais, 8	Bressuire	2 Sèvres
Billé, 2	Fougères	Ille-et-Vil.
Billecul, 7	Poligny	Jura
Billère, 9	St.-Gaudens	H.-Garonne
Billère, ½	Pau	B.-Pyrén.
Billeux (les) (*Septeuil*), 3	Mantes	Seine-et-O.
Billey, 7 ¾	Dijon	Côte-d'Or
Billezoie, 2 ½	La Palisse	Allier
Billiat, 5 ½	Nantua	Ain
Billiers, 7	Vannes	Morbihan
Billieu (*Magnieu*), ¾	Belley	Ain
Billieu (*Charavine*), 5	LaTour-du-Pin	Isère
Billio, 6	Ploërmel	Morbihan
Billom *, 6	Clermont	Puy-de-Dô.
Billon, 4 ½	Besançon	Doubs
Billot (*Notre-Dame-de-Fœsnay*), 6 ½	Lisieux	Calvados
Billy, 4 ½	La Palisse	Allier
Billy, 4	Caen	Calvados
Billy, 4	Romorantin	Loir-et-Ch.
Billy, 2 ½	Clamecy	Nièvre
Billy, 7 ¾	Nevers	Nièvre
Billy-Berclean, 5	Béthune	Pas-de-Cal.
Billy-le-Grand, 5	Châlons-sur-Marne	Marne
Billy-lès-Chanceaux, 10	Châtillon	Côte-d'Or
Billy-Montigny, 6 ¼	Béthune	Pas-de-Cal.
Billy-sous-les-Côtes, 8	Commercy	Meuse
Billy-sous-Mangiennes, 5 ¼	Montmédy	Meuse
Billy-sur-Aisne, 2	Soissons	Aisne
Billy sur-Ourcy, 7 ½	Soissons	Aisne
Bilques, 1 ½	St.-Omer	Pas-de-Cal.
Biltzheim, 3 ¾	Colmar	Haut-Rhin
Bilwisheim, 3	Strasbourg	Bas-Rhin
Bimont, 3	Montreuil	Pas-de-Cal.
Binans, 2 ¼	Lons-le-Saulnier	Jura
Binarville, 3	Ste-Ménehould	Marne
Binas, 11	Blois	Loir-et-Ch.
Bindernheim, 3 ½	Schélestatt	Bas-Rhin
Binges, 3 ¼	Dijon	Côte-d'Or
Binic (*Etables St.-Brieuc*), 3	St.-Brieuc	Côtes-du-N.
Biningen-lès-Rorback, 4	Sarreguemines	Moselle
Biniville, 2 ¼	Valogne	Manche
Binos, 6 ¼	St.-Gaudens	H.-Garonne
Binson, 7	Rheims	Marne
Bio, 7 ½	Figeac	Lot
Biol, 4	LaTour-du-Pin	Isère
Biolée (la),	Lons-le-Saulnier	Jura
Biollet, 7	Riom	Puy-de-Dô.
Bion, ¼	Mortain	Manche
Bioncourt, 3	Château-Salins	Meurthe
Bionne (Pont de) (*Combleux*), 2	Orléans	Loiret
Bionville, 11 ¼	Lunéville	Meurthe
Bionville, 5	Metz	Moselle
Biot, 4 ½	Grasse	Var
Bioule, 5	Montauban	Tarn etGar.
Bioussac, 2	Ruffec	Charente
Biozat, 2	Gannat	Allier
Birac, 6 ½	Cognac	Charente
Birac, 1 ¼	Bazas	Gironde

Communes.	Arrondissem.	Départem.
Birac, 1 ½	Marmande	Lot-et-Gar.
Biran, 4	Auch	Gers
Biras, 3 ½	Périgueux	Dordogne
Biriatou, 7 ½	Bayonne	B.-Pyrén.
Birieux, 6	Trévoux	Ain
Birlenbach, 5 ½	Haguenau	Bas-Rhin
Birochère (la) (*Clion*), 5 ½	Paimbœuf	Loire-Inf.
Biron, 6	Saintes	Char.-Inf.
Biron, 12 ¼	Bergerac	Dordogne
Biron, 1	Orthez	B.-Pyrén.
Biscarosse, 26	Mont-de-Marsan	Landes
Biscay, 5 ¼	Mauléon	B.-Pyrén.
Bischheim, ¼	Strasbourg	Bas-Rhin
Bischholtz, 6 ½	Saverne	Bas-Rhin
Bischwiller *, 2	Haguenau	Bas-Rhin
Bischwir, 2 ½	Colmar	Haut-Rhin
Bisel, 2 ½	Altkirch	Haut-Rhin
Bisinchi, 5 ¼	Corte	Corse
Bisot, 13 ¼	Montbéliard	Doubs
Bisping, 4	Sarrebourg	Meurthe
Bissert, 9 ¼	Saverne	Bas-Rhin
Bisseuil, 7	Rheims	Marne
Bissey-la-Côte, 3 ½	Châtillon	Côte-d'Or
Bissey-la-Pierre, 3	Châtillon	Côte-d'Or
Bissey-sous-Cruchot, 4 ½	Châlons	Saône-et-L.
Bissezeele, 3 ½	Dunkerque	Nord
Bissia, 4 ½	Lons-le-Saulnier	Jura
Bissieres, 6	Lisieux	Calvados
Bissy-la-Maconnaise, 5	Mâcon	Saône-et-L.
Bissy-sous-Uxelles, 10	Mâcon	Saône-et-L.
Bissy-sur-Flée, 6 ½	Châlons	Saône-et-L.
Bisten-im-Loch, 11 ¼	Thionville	Moselle
Bistroff, 7 ¼	Sarreguemines	Moselle
Bisval (*Hennezel*), 10 ¼	Mirecourt	Vosges
Bitch *, 8	Sarreguemines	Moselle
Bithaine, 3 ¼	Lure	H.-Saône
Bitry, 3 ½	Cosne	Nièvre
Bitry-St.-Sulpice, 5	Compiégne	Oise
Bitschoffen, 3	Haguenau	Bas-Rhin
Bitschwiller, 9 ½	Belfort	Haut-Rhin
Bives, 5 ¼	Lectoure	Gers
Biviers, 2 ¼	Grenoble	Isère
Biville, 3 ¼	Cherbourg	Manche
Biville-la-Baignarde, 6	Dieppe	Seine-Inf.
Biville-la-Martel, 4 ¼	Yvetot	Seine-Inf.
Biville-la-Rivière, 5	Dieppe	Seine-Inf.
Biville-sur-Mer, 4	Dieppe	Seine-Inf.
Bivilliers, 1 ¼	Mortagne	Orne
Bivinco,	Bastia	Corse
Bizanet, 3	Narbonne	Aude
Bizanos, ½	Pau	B.-Pyrén.
Bize, 6	Narbonne	Aude
Bize, 6	Langres	H.-Marne
Bize, 9 ½	Bagnères	H.-Pyrén.
Bizeneuille, 3	Montluçon	Allier
Biziat, 12	Trévoux	Ain
Bizing (*Grindorff*), 7 ½	Thionville	Moselle
Bizonnes, 5	La Tour-du-Pin	Isère
Bizon, 5	Mortagne	Orne
Bizous, 8	Bagnères	H.-Pyrén.
Blacarville, ½	Pont-Audemer	Eure
Blacé, 2	Villefranche	Rhône

Communes.	Arrondissem.	Départem.
Blachère (la), 3 ¼	Argentière	Ardèche
Blachou (*Seméacq*), 8 ¼	Pau	B.-Pyrén.
Blacourt, 3 ½	Beauvais	Oise
Blacy, ½	Vitry-le-Français	Marne
Blacy, 4	Avallon	Yonne
Blaesheim, 3 ¼	Strasbourg	Bas-Rhin
Blagnac, 1 ¼	La Réole	Gironde
Blagnac, 2	Toulouse	H.-Garonne
Blagny, 5 ½	Sedan	Ardennes
Blagny-sur-Vingeanne, 6 ¼	Dijon	Côte-d'Or
Blaignan, 1 ¼	Lesparre	Gironde
Blain, 4 ¼	Savenay	Loire-Inf.
Blaincourt, 6 ¼	Bar-sur-Aube	Aube
Blaindewalch, 2 ½	Sarrebourg	Meurthe
Blainville, 2	Caen	Calvados
Blainville, 2 ¼	Coutances	Manche
Blainville, 2 ½	Lunéville	Meurthe
Blainville-sur-Ry, 4 ¼	Rouen	Seine-Inf.
Blairville, 2	Arras	Pas-de-Cal.
Blaise, ½	Vouziers	Ardennes
Blaise, 8	Chaumont	H.-Marne
Blaise (St.-) (*Linsdorff*), 5 ½	Altkirch	H.-Rhin
Blaise-du-Bois (St.-), 10	St.-Marcellin	Isère
Blaise-la-Roche (St.-), 6	St.-Dié	Vosges
Blaise-sous-Arzillières, 1 ½	Vitry-le-Français	Marne
Blaise-sous-Hauteville, 4	Vitry-le-Français	Marne
Blaison, 4	Angers	Maine-et-L.
Blaisy, 3 ½	Chaumont	H.-Marne
Blaisy-Bas, 6 ½	Dijon	Côte-d'Or
Blaisy-Haut, 6	Dijon	Côte-d'Or
Blajan, 3 ¼	St.-Gaudens	H.-Garonne
Blalais, 5	Poitiers	Vienne
Blamecourt, 5 ¼	Mantes	Seine-et-O.
Blamont, 3 ¼	Montbéliard	Doubs
Blamont *, 7	Lunéville	Meurthe
Blanc, 7 ½	St.-Affrique	Aveiron
BLANC (LE) *,	ch.-l. d'ar., 76	Indre
Blanc, 6 ¼	Lavaur	Tarn
Blanc-Fossé, 9 ½	Clermont	Oise
Blanc-Ménil, 6 ½	Pontoise	Seine-et-O.
Blanc-Mesnil, 2	Dieppe	Seine-Inf.
Blancafort, 8 ½	Sancerre	Cher
Blancard (St.-), 7 ¼	Mirande	Gers
Blancey, 9	Beaune	Côte-d'Or
Blanchampagne (*Sailly*), 5 ½	Sedan	Ardennes
Blanchardière (la) (*Athis*), 6	Domfront	Orne
Blanche (la) (*Noirmoutiers*), 20 ¼	Les Sables	Vendée
Blanche-Eglise, 4 ½	Château-Salins	Meurthe
Blanche-Fontaine, 8 ¾	Montbéliard	Doubs
Blanchefosse, 6	Rocroi	Ardennes
Blancherie (*Montmort*), 3 ¼	Epernay	Marne
Blancherupt, 7	Schélestatt	Bas-Rhin
Blancheville, 4	Chaumont	H.-Marne
Blandainville, 5 ½	Chartres	Eure-et-L.

Communes.	Arrondissem.	Départem.
Blandans, 3 ½	Lons-le-Saulnier	Jura
Blandas, 3 ½	Le Vigan	Gard
Blandey, 6 ¼	Evreux	Eure
Blandin, 3	LaTour-du-Pin	Isère
Blandine (Ste.), 1 ½	LaTour-du-Pin	Isère
Blandine (Ste.-), 2	Melle	2 Sèvres
Blandouet, 9 ½	Laval	Mayenne
Blandy, 1 ¾	Melun	Seine-et-M.
Blandy, 4	Etampes	Seine-et-O.
Blangermont, 2 ¼	St.-Pol	Pas-de-Cal.
Blangerval, 2 ¾	St.-Pol	Pas-de-Cal.
Blangey (Haut et Bas-) (*Jouey*), 8 ¾	Beaune	Côte-d'Or
Blangy, 2	Pont-l'Evêque	Calvados
Blangy, 3 ¼	St.-Pol	Pas-de-Cal.
Blangy *, 6 ½	Neufchâtel	Seine-Inf.
Blangy-lès-Arras, 1	Arras	Pas-de-Cal.
Blangy-sous-Poix, 6	Amiens	Somme
Blangy-Tronville, 2	Amiens	Somme
Blannaves, 4 ½	Alais	Gard
Blannay, 3	Avallon	Yonne
Blanost, 6	Mâcon	Saône-et-L.
Blanot, 11 ½	Beaune	Côte-d'Or
Blanquefort, 4 ½	Auch	Gers
Blanquefort, 2 ½	Bordeaux	Gironde
Blanquefort, 8 ¾	Villeneuve-d'Agen	Lot-et-Gar.
Blanzac, 5 ½	Angoulême	Charente
Blanzac, 3 ¾	St.-Jean-d'Angely	Char.-Inf.
Blanzac, 1 ¾	Le Puy	H.-Loire
Blanzac, 1 ½	Bellac	H.-Vienne
Blanzaguet, 6	Angoulême	Charente
Blanzat, 1	Clermont	Puy-de-Dô.
Blanzay, 3 ¼	St.-Jean-d'Angely	Char.-Inf.
Blanzée, 4	Verdun	Meuse
Blanzy, 3 ½	Rethel	Ardennes
Blanzy, 7	Autun	Saône-et-L.
Blanzy-lès-Fismes, 6 ½	Soissons	Aisne
Blaqueville, 5 ½	Rouen	Seine-Inf.
Blaquière (la), 2 ¾	Lodève	Hérault
Blargies, 10	Beauvais	Oise
Blarians, 6 ¼	Besançon	Doubs
Blarimont, 6 ½	La Réole	Gironde
Blaringhem, 3	Hazebrouck	Nord
Blars, 9 ¾	Cahors	Lot
Blaru, 6 ¼	Mantes	Seine-et-O.
Blassac, 4 ¼	Brioude	H.-Loire
Blaudeix, 4	Boussac	Creuse
Blauvac, 2	Carpentras	Vaucluse
Blauzac, 14 ½	Rodez	Aveiron
Blauzac, 2 ½	Uzès	Gard
Blauzagnès (*Pinsac*), 7 ½	Gourdon	Lot
Blauzais, 1 ½	Civray	Vienne
Blavepeire, 4 ¼	Aubusson	Creuse
Blavignac, 11 ½	Marvejols	Lozère
Blavincourt, 5	St.-Pol	Pas-de-Cal.
Blay, 2 ¼	Bayeux	Calvados
BLAYE *,	ch.-l. d'ar., 139	Gironde
Blaye *, 3 ½	Albi	Tarn
Blaymont, 6 ½	Agen	Lot-et-Gar.
Blaziert, 2 ½	Condom	Gers
Blécourt, 5	Wassy	H.-Marne.

Communes.	Arrondissem.	Départem.
Blécourt, 1 ¼	Cambrai	Nord
Blegiers, 7	Digne	B.-Alpes
Bligni-le-Carreau, 3	Auxerre	Yonne
Bleigny-en-Othe, 4 ½	Joigny	Yonne
Bleimard, 5 ¼	Mende	Lozère
Blemerey, 5	Lunéville	Meurthe
Blemerey, 2	Mirecourt	Vosges
Blémur (*Piscop*), 3	Pontoise	Seine-et-O.
Blendecques, 1	St.-Omer	Pas-de-Cal.
Bleneau, 13	Joigny	Yonne
Blennes, 8 ½	Fontainebleau	Seine-et-M.
Blénod-aux-Oignons, 2	Toul	Meurthe
Blénod-lès-Pont-à-Mousson, 6 ½	Nancy	Meurthe
Blequin, 5	St.-Omer	Pas-de-Cal.
Bleraucourdelle, 11 ½	Laon	Aisne
Bléraucourt, 11 ½	Laon	Aisne
Blercourt, 4	Verdun	Meuse
Bléré, 6 ¼	Tours	Indre-et-L.
Bléruais, 3	Montfort	Ille-et-Vil.
Blésignac, 6 ¾	Bordeaux	Gironde
Blesme, 3	Vitry-le-Français	Marne
Blesmes, ½	Château-Thierry	Aisne
Blesnay, 3 ¼	Lons-le-Saulnier	Jura
Blessac, 1	Aubusson	Creuse
Blesse, 5 ¾	Brioude	H.-Loire
Blessey, 7	Semur	Côte-d'Or.
Blessi, 7 ½	Béthune	Pas-de-Cal.
Blessonville, 3 ¼	Chaumont	H.-Marne
Blet, 5	St.-Amand	Cher
Blettange (*Bousse*), 2	Thionville	Moselle
Bletterans, 3	LonsleSaulnier	Jura
Bleurville, 10	Mirecourt	Vosges
Bleury, 6	Chartres	Eure-et-L.
Blevaincourt, 5 ½	Neufchâteau	Vosges
Blèves, 4	Mamers	Sarthe
Bléville, 1	Le Hâvre	Seine-Inf.
Blévy, 4 ½	Dreux	Eure-et-L.
Bleyssoles, 4 ¼	Villefranche	Aveiron
Blicourt, 3	Beauvais	Oise
Blie, 3 ¼	Lons leSaulnier	Jura
Blienschwiller, 2	Schélestatt	Bas-Rhin
Blieux, 4	Castellane	B.-Alpes
Blignicourt, 7	Bar-sur-Aube	Aube
Bligny, 2	Bar-sur-Aube	Aube
Bligny, 4	Rheims	Marne
Bligny-le-Sec, 6 ¼	Dijon	Côte-d'Or
Bligny-sous-Beaune, 1	Beaune	Côte-d'Or.
Bligny-sur-Ouche * 4	Beaune	Côte-d'Or.
Blimes, 3 ¼	ChâteauChinon	Nièvre
Blimont (St.-), 5 ½	Abbeville	Somme
Blin (St.-), 8	Chaumont	H.-Marne.
Blincourt, 3 ½	Clermont	Oise
Blincourt, 5	Senlis	Oise
Blingel, 4 ¼	St.-Pol	Pas-de-Cal.
Bliquetuit-Notre Dame, 3	Yvetot	Seine-Inf.
Blis, 5 ½	Périgueux	Dordogne
Blise-Bruken, 2	Sarreguemines	Moselle
Blise-Ebersing, 1 ½	Sarreguemines	Moselle
Blise-Guerviller, 1	Sarreguemines	Moselle
Blise-Scheweyen, 1 ¼	Sarreguemines	Moselle
Blodelsheim, 8	Colmar	Haut-Rhin

Communes.	Arrondissem.	Départem.
Blois, 4 ½	Lons-le-Saulnier	Jura
Blois*,	ch. l. de dép. 46	Loir-et-C.
Blomac, 3	Carcassonne	Aude
Blomard, 6	Montluçon	Allier
Blombay, 3 ¼	Rocroi	Ardennes
Blond, 2 ¼	Bellac	H.-Vienne
Blondefontaine, 9 ½	Vesoul	H.-Saône
Blonville, 3	Pont-l'Evêque	Calvados
Blosseville, dit Bonsecours, 1	Rouen	Seine-Inf.
Blosseville, 7	Yvetot	Seine-Inf.
Blosville, 5 ¼	Valogne	Manche
Blot-l'Eglise, 7	Riom	Puy-de-Dô.
Blotzheim, 4 ½	Altkirch	Haut-Rhin
Blou, 5	Baugé	Maine-et-L.
Blouere (la) (*Villedieu*), 2 ¼	Beaupréau	Maine-et-L.
Bloury (*Montigny*), 1	Metz	Moselle
Blousson, 5 ¼	Mirande	Gers
Blontière (la), 7	Avranches	Manche
Blucon (*Mirabel*), 7 ½	Die	Drôme
Blufferie (la) (*la Haute-Chapelle*), ¼	Domfront	Orne
Blumerey, 4 ¼	Wassy	H.-Marne
Blunay (*Melz*), 2 ½	Provins	Seine-et-M.
Blussangeaux, 6	Baume	Doubs
Blussans, 6	Baume	Doubs
Bô (le), 6 ¼	Falaise	Calvados
Boafles, 5	Neufchâtel	Seine-Inf.
Boast, 5 ¼	Pau	B.-Pyrén.
Bobigny, 1 ½	St.-Denis	Seine
Bobital, 2	Dinan	Côtes-du-N.
Bocace, 4 ½	Rouen	Seine-Inf.
Bocage (le) (*Thiescourt*), 4	Compiègne	Oise
Bocé, 1	Baugé	Maine-et-L.
Bochetterie (*Breuil*), 6	Epernay	Marne
Bockange (*Piblange*), 5	Metz	Moselle
Bocognano, 6 ½	Ajaccio	Corse
Bocquegney, 4 ½	Mirecourt	Vosges
Bocquenée, 9 ¼	Argentan	Orne
Bocquiaux (*Estaves*), 4	St.-Quentin	Aisne
Boden, 4	Vannes	Morbihan
Bodilis, 5	Morlaix	Finistère
Boë, 1 ¼	Agen	Lot-et-Gar.
Boëcé, 1 ½	Mortagne	Orne
Boeilh près Garlin, 8 ½	Pau	B.-Pyrén.
Boeilh près Nay, 3	Pau	B.-Pyrén.
Boeilho, 7 ½	Pau	B.-Pyrén.
Boën, 3	Montbrison	Loire
Boersch, 5 ½	Schélestatt	Bas-Rhin
Boës (St.-), 1 ½	Orthez	B.-Pyrén.
Boeschepe, 3 ¼	Hazebrouck	Nord
Boeseghem, 2 ¼	Hazebrouck	Nord
Boessenbiesen, 2 ½	Schélestatt	Bas-Rhin
Boesses, 3 ¾	Pithiviers	Loiret
Bœuf (*St.-Pierre-de-Bœuf*), 8 ¼	St.-Etienne	Loire
Bœurs, 8	Joigny	Yonne
Boffles, 5	St.-Pol	Pas-de-Cal.
Boffres, 9	Tournon	Ardèche
Bognon, 2 ½	Vesoul	H.-Saône
Bogny-lès-Martin, 3 ½	Mézières	Ardennes

Communes.	Arrondissem.	Départem.
Bogy, 11	Tournon	Ardèche
Bohain, 5	St.-Quentin	Aisne
Bohaire (St.-), 2 ½	Blois	Loir-et-Ch.
Bohal, 7	Vannes	Morbihan
Bohalle (la), 3	Angers	Maine-et-L.
Bohars, 1 ½	Brest	Finistère
Bohas, 3	Bourg	Ain
Bohéries, 6 ¼	Vervins	Aisne
Boidinghem, 3	St.-Omer	Pas-de-Cal.
Boigneville, 4	Etampes	Seine-et-O.
Boigny, 2	Orléans	Loiret
Boigny (*Baulne*), 3 ¼	Etampes	Seine-et-O.
Boil (St.-), 5 ½	Châlons	Saone-et-L.
Boing (St.-), 5 ¼	Lunéville	Meurthe
Boinveau-Legrand (*Cerny*), 3	Etampes	Seine-et-O.
Boinveau-le-Petit (*Bouray*), 4	Etampes	Seine-et-O.
Boinville, 5	Verdun	Meuse
Boinville, 2 ¼	Mantes	Seine-et-O.
Boinville-le-Gaillard, 5	Rambouillet	Seine-et-O.
Boinvilliers, 2 ½	Mantes	Seine-et-O.
Boiry-Becquerelle, 2 ½	Arras	Pas-de-Cal.
Boiry-Notre-Dame, 3	Arras	Pas-de-Cal.
Boiry-St.-Martin, 2 ½	Arras	Pas-de-Cal.
Boiry-Ste.-Rectrude, 2 ½	Arras	Pas-de-Cal.
Bois, 3 ½	Jonzac	Char.-Inf.
Bois (le), île de Ré, 5 ¾	La Rochelle	Char.-Inf.
Bois-Arnault, 11	Evreux	Eure
Bois-aux-Moines (le) (*Naveil*), ¼	Vendôme	Loir-et-C.
Bois-Auzeray, 8 ½	Evreux	Eure
Bois-Benâtre, 4	Vire	Calvados
Bois-Bernard, 3 ½	Arras	Pas-de-Cal.
Bois-Chaubeau (*Abbeville*), 3 ¼	Etampes	Seine-et-O.
Bois-Commun*, 4 ½	Pithiviers	Loiret
Bois-d'Ageux, 3	Compiègne	Oise
Bois-d'Amond, 8 ½	St.-Claude	Jura
Bois-d'Arcy, 2	Versailles	Seine-et-O.
Bois-d'Arcy, 8	Auxerre	Yonne
Bois-d'Hancourt (le), (*Pierre-Fonds*), 3 ¼	Compiègne	Oise
Bois-d'Ennebourg, 3 ¼	Rouen	Seine-Inf.
Bois-d'Oingt (le), 3 ¼	Villefranche	Rhône
Bois-de-Céné, 15 ¼	Les Sables	Vendée
Bois-de-Champ, 3	St.-Dié	Vosges
Bois-de-Gand, 7 ½	Dôle	Jura
Bois-de-la-Pierre (le), 5	Muret	H.-Garonne
Bois-de-la-Roche (*Néant et de Mauron*), 3 ½	Ploërmel	Morbihan
Bois-de-Lihut (le) * (*Moirvillers*), 4 ¼	Compiègne	Oise
Bois-de-Montmorau, 12	Barbezieux	Charente
Bois-des-Dames, 7 ½	Vouziers	Ardennes
Bois-en-Passais (le), 5 ½	Domfront	Orne
Bois-Gautier, 6	Neufchâtel	Seine-Inf.
Bois-Guilbert, 6 ¼	Rouen	Seine-Inf.
Bois-Guillaume, 1	Rouen	Seine-Inf.
Bois-Grollan (*St.-Vincent-sur-Graon*), 9 ½	Les Sables	Vendée
Bois-Hellain, 3	Pont-Audemer	Eure
Bois-Héroult, 8	Rouen	Seine-Inf.
Bois-Herpin, 4 ½	Etampes	Seine-et-O.

Communes.	Arrondissem.	Départem.
Bois-Himont, 2	Yvetot	Seine-Inf.
Bois-Hubert, 4	Evreux	Eure
Bois-Hullin, 3 ¼	Dieppe	Seine-Inf.
Bois-Jean, 1 ½	Montreuil	Pas-de-Cal.
Bois-l'Evêque, 3 ½	Rouen	Seine-Inf.
Bois-la-Barbe (le) (*Vendôme*),	Vendôme	Loir-et-Ch.
Bois-la-Ville, 1 ½	Baume	Doubs
Bois-le-Roy, 6	Evreux	Eure
Bois-le-Roy, 2 ½	Fontainebleau	Seine-et-M.
Bois-lès-Pargny, 5	Laon	Aisne
Bois-Maillard, 11	Evreux	Eure
Bois-Ménard (*Nanteau-sur-Essones*), 6 ½	Fontainebleau	Seine-et-M.
Bois-Murié, 4 ¼	Besançon	Doubs
Bois-Normand (le), 4 ½	Evreux	Eure
Bois-Normand, prèsLyre, 8 ½	Evreux	Eure
Bois-Normand (le) (*St.-Hilaire - la - Gravelle*), 4	Vendôme	Loir-et-C.
Bois-Nouvel, 9	Evreux	Eure
Bois-Penthou, 9	Evreux	Eure
Bois-Robert, 1 ½	Mantes	Seine-et-O.
Bois-Robert, 2 ¼	Dieppe	Seine-Inf.
Bois-Roger, 2 ½	Coutances	Manche
Bois-Roux (*Ville - Maréchal*), 6 ½	Fontainebleau	Seine-et-M.
Bois-St.-Marie, 3 ½	Charolles	Saône-et-L.
Bois-Talbont (le) (*Cesny-en-Cinglais*), 4 ½	Falaise	Calvados
Bois-Vieux (*St.-Bonnet*), 13 ¼	Valence	Drôme
Bois-Yvon, 5 ½	Mortain	Manche
Boisbergues, 2 ¼	Doullens	Somme
Boisbreteau, 4	Barbezieux	Charente
Boisdon, 4 ¼	Provinee	Seine-et-M.
Boiseau (*St.-Jean-de-Boiseau*), 8 ½	Paimbœuf	Loire-Inf.
Boisemont, 1 ½	Les Andelys	Eure
Boisfray (*Villeneuve-la-Lyonne*), 11 ¼	Epernay	Marne
Boisgasson, 4 ¼	Châteaudun	Eure-et-L.
Boisgelot (*Mantry*), 4	Lons-le-Saulnier	Jura
Boisgervily, 2 ½	Montfort	Ille-et-Vil.
Boisle (le), 6 ¼	Abbeville	Somme
Boisleux-au-Mont, 2 ½	Arras	Pas-de-Cal.
Boisleux-St.-Marc, 2 ½	Arras	Pas-de-Cal.
Boismé, 3	Bressuire	2 Sèvres
Boismont, 5 ½	Briey	Moselle
Boismont, 3 ½	Abbeville	Somme
Boismorand, 3 ¼	Gien	Loiret
Boisney, 2 ½	Bernay	Eure
Boisrault (le), 8	Amiens	Somme
Boisredon, 3 ½	Jonzac	Char.-Inf.
Boissay, 3 ½	Neufchâtel	Seine-Inf.
Boissay, 5 ½	Rouen	Seine-Inf.
Boisse (la), 7 ¼	Trévoux	Ain
Boisse, 9 ½	Villefranche	Aveiron
Boisse, 5 ¼	Bergerac	Dordogne
Boisse (*St.-Alauzie*), 5	Cahors	Lot
Boisse, 4	Bressuire	2 Sèvres
Boisseau, 6	Blois	Loir-et-Ch

Communes.	Arrondissem.	Départem.
Boisseaux, 5	Pithiviers	Loiret
Boissède, 7 ½	St.-Gaudens	H.-Garonne
Boissei, 2	Argentan	Orne
Boissel (le), 6	Péronne	Somme
Boissemont, 1	Pontoise	Seine-et-O.
Boisseron, 5	Montpellier	Herault
Boisset, 6	Aurillac	Cantal
Boisset, 2	Alais	Gard
Boisset, 4	St.-Pons	Hérault
Boisset, 4 ¼	Poligny	Jura
Boisset (Notre-Dame-de-), 1 ½	Roanne	Loire
Boisset, 7 ¼	Yssingeaux	H.-Loire
Boisset-le-Châtel, 5 ½	Pont-Audemer	Eure
Boisset-lès-Montrond, 2	Montbrison	Loiret
Boisset-lès-Prévenge, 3 ½	Evreux	Eure
Boisset-St.-Priest, 3	Montbrison	Loire
Boissets, 4 ¼	Mantes	Seine-et-O.
Boissettes, 1	Melun	Seine-et-M.
Boisseuil, 10	Périgueux	Dordogne
Boisseuil, 2	Limoges	H-Vienne
Boissey, 7	Bourg	Ain
Boissey, 5 ¼	Lisieux	Calvados.
Boissezon-d'Aumontel, 3 ¼	Castres	Tarn
Boissezon-de-Masviel (*Murat*), 18 ½	Castres	Tarn
Boissi-la-Rivière, 1 ½	Étampes	Seine-et-O
Boissi-le-Cuté, 2	Etampes	Seine-et-O.
Boissi-le-Sec, 2	Etampes	Seine-et-O.
Boissi-Maugis, 2 ¼	Mortagne	Orne
Boissia, 4 ½	Lons-le-Saulnier	Jura
Boissière (la), 3 ½	Evreux	Eure
Boissière (la), 4 ½	Montpellier	Hérault
Boissière (la), 8	Lons-le-Saulnier	Jura
Boissière (la), 6	Nantes	Loire-Inf.
Boissière (la), 5	Château-Gontier	Mayenne
Boissière (la), 4 ½	Beauvais	Oise
Boissière (la), ¼	Coulommiers	Seine-et-M.
Boissière (la), 3 ¼	Rambouillet	Seine-et-O.
Boissière (la) (*Plaisir*), 3	Versailles	Seine-et-O.
Boissière (la), 10	Amiens	Somme
Boissière (la), 2	Montdidier	Somme
Boissière (la), 10	Bourbon-Vendée	Vendée
Boissière (la), 7 ½	Sables	Vendée
Boissière-d'Ans (la), 6	Périgueux	Dordogne
Boissière-en-Gatine (la), 3 ¼	Parthenay	2 Sèvres
Boissière (la Petite), 5	Bressuire	2 Sèvres
Boissière (la) St.-Florent, 4	Beaupréau	Maine et L.
Boissière-Thouarsaise (la), 2	Parthenay	2 Sèvres
Bossières, 3 ¼	Nismes	Gard
Boissierres, 3 ¼	Cahors	Lot
Boissise-la-Bertrand, 1 ½	Melun	Seine-et-M.
Boissise-le-Roi, 2	Melun	Seine-et-M.
Boissy, 7 ¼	Epernay	Marne
Boissy-aux-Cailles, 5 ¼	Fontainebleau	Seine-et-M.
Boissy-de-Lamberville, 2 ½	Bernay	Eure

Communes.	Arrondissem.	Départem.
Boissy-en-Drouais, 2	Dreux	Eure-et-L.
Boissy Fresnoi, 5	Senlis	Oise
Boissy-l'Aillerie, ¼	Pontoise	Seine-et-O.
Boissy le-Bois, 5	Beauvais	Oise
Boissy-le-Châtel, 1	Coulommiers	Seine-et-M.
Boissy-le-Sec, 9 ¼	Dreux	Eure-et-L.
Boissy-Meauvoisin, 3 ¾	Mantes	Seine-et-O.
Boissy-St.-Léger *, 6	Corbeil	Seine-et-O.
Boissy-Sans-Avoir, 5 ¼	Rambouillet	Seine-et-O.
Boissy-sous-St.-Yon, 10	Rambouillet	Seine-et-O.
Boissy-sur-Damville, 5	Evreux	Eure
Boitron, 6 ¼	Alençon	Orne
Boitron, 4 ¼	Coulommiers	Seine-et-M.
Boistrudan, 6	Rennes	Ille-et-Vil.
Boisville, 4 ½	Chartres	Eure-et-L.
Boisvillette, 4 ½	Chartres	Eure-et-L.
Bolandoz, 8 ¼	Besançon	Doubs
Bolbec *, 7 ¾	Le Hâvre	Seine-Inf.
Boler (*Breistroff-la-Grande*), 2 ¼	Thionville	Moselle
Bollazec, 12 ¼	Châteaulin	Finistère
Bollène, 4	Orange	Vaucluse
Bolleville, 8 ¼	Coutances	Manche
Bolleville, 7 ¼	Le Hâvre	Seine-Inf.
Bollezeele, 6	Dunkerque	Nord
Bollwiller, 6 ½	Colmar	H.-Rhin
Bologne, 3	Chaumont	H.-Marne
Bolozon, 5	Nantua	Ain
Bolquère, 9 ¼	Prades	Pyrén.-Or.
Bolsenheim, 4 ¾	Schélestatt	Bas-Rhin
Bomboillon, 4 ¼	Gray	H.-Saône
Bombon, 4	Melun	Seine-et-M
Bomé, 4	La Palisse	Allier
Bômer-les-Forges (St.-), 1 ½	Domfront	Orne
Bomert (St.-), 3 ¼	Nogent-le-Rotrou	Eure-et-L.
Bommes, 5	Bazas	Gironde
Bommiers, 4 ¼	Issoudun	Indre
Bomy, 5	St.-Omer	Pas-de-Cal.
Bon (St.-), 13 ¼	Epernay	Marne
Bon-Menil, 1 ½	Argentan	Orne
Bona, 7 ¼	Nevers	Nièvre
Bonac, 4	St.-Girons	Ariége
Bonas, 5 ½	Condom	Gers
Boncé, 4	Chartres	Eure-et-L.
Bonchamps, 1 ½	Laval	Mayenne
Boncourt, 6 ¼	Laon	Aisne
Boncourt, 3	Evreux	Eure
Boncourt, 3 ¾	Dreux	Eure-et-L.
Boncourt, 1 ¼	Commercy	Meuse
Boncourt, 2	Briey	Moselle
Boncourt, 4 ¼	St.-Omer	Pas-de-Cal.
Boncourt-la-Ronce (*Corgoloin*), 2 ½	Beaune	Côte-d'Or.
Boncourt-le-Bois, 4 ½	Beaune	Côte-d'Or.
Bondaroy, ½	Pithiviers	Loiret
Bondeval, 2 ½	Montbéliard	Doubs
Bondeville (Notre-Dame), 2	Rouen	Seine-Inf.
Bondeville-sur-Fécamp, 7 ¼	Yvetot	Seine-Inf.
Bondons (les), 2 ¼	Florac	Lozère
Bondoufle, 1 ¼	Corbeil	Seine-et-O.
Bondrezy, 3 ½	Briey	Moselle
Bondues, 1 ¼	Lille	Nord
Bondy *, 2 ½	St.-Denis	Seine
Bonfays (*Légéville*), 3	Mirecourt	Vosges
Bonghat, 8 ½	Clermont	Puy-de-Dô.
Bonhomme, 7 ½	Colmar	H.-Rhin
Bonifacio *, 9	Sartène	Corse
Boningues-lès-Ardres, 4	St.-Omer	Pas-de-Cal.
Bonipaire, 2	St.-Dié	Vosges
Bonlieu, 2 ½	Montélimart	Drôme
Bonliez, 1 ¼	Beauvais	Oise
Bonnaban, 3	St.-Malo	Ille-et-Vil.
Bonnac, 1 ½	Pamiers	Ariége
Bonnac, 5	St.-Flour	Cantal
Bonnac, 2 ½	Limoges	H-Vienne
Bonnaguil, 8	Villeneuve-d'Agen	Lot-et-Gar.
Bonnaisod (*Vincelles*), 3 ½	Lons-le-Saulnier	Jura
Bonnal, 3 ½	Baume	Doubs
Bonnard, 3	Joigny	Yonne
Bonnat, 4	Guéret	Creuse
Bonnaud, 3 ¼	Lons-le-Saulnier	Jura
Bonnay, 3 ¼	Besançon	Doubs
Bonnay, 9 ½	Mâcon	Saône-et-L.
Bonnay, 5	Amiens	Somme
Bonne-Maison, 6 ½	Caen	Calvados
Bonnebosq, 3	Pont-l'Evêque	Calvados
Bonnecombe-Paréage, ½	Rodez	Aveiron
Bonnecoste (*Calés*), 5	Gourdon	Lot
Bonnecourt, 4	Langres	H.-Marne
Bonnée, 5 ½	Gien	Loiret
Bonnefoi, 5	Mortagne	Orne
Bonnefon, 5	Espalion	Aveiron
Bonnefond, 7 ½	Ussel	Corrèze
Bonnefont, 8	Tarbes	H.-Pyrén.
Bonnegarde, 7 ¼	St.-Sever	Landes
Bonneil, 1 ¼	Château-Thierry	Aisne
Bonnelles, 3 ¼	Rambouillet	Seine-et-O.
Bonnemain, 9	St.-Malo	Ille-et-Vil.
Bonnemaison, 3 ½	Bagnères	H.-Pyrén.
Bonnencontre, 8	Beaune	Côte-d'Or
Bonnencontre, 1 ¼	Agen	Lot-et-Gar.
Bonnes, 2 ½	Château-Thierry	Aisne
Bonnes, 14	Barbezieux	Charente
Bonnes, 6	Poitiers	Vienne
Bonnet (St.-) *, 4	Gap	H.-Alpes
Bonnet (St.-), 3 ¼	Mauriac	Cantal
Bonnet (St.-), 6 ½	Murat	Cantal
Bonnet (St.-), 1 ½	Barbezieux	Charente
Bonnet (St.-), 4 ½	Jonzac	Char.-Inf.
Bonnet St.-), 2	Ussel	Corrèze
Bonnet (St.-), 7 ½	Valence	Drôme
Bonnet (St.-), 6 ¼	Le Vigan	Gard
Bonnet (St.-), 5 ½	Nismes	Gard
Bonnet, ou Grange-Bonnet, 8	Poligny	Jura
Bonnet (St.-) (*Gignac*), 15	Gourdon	Lot.
Bonnet (St.-), 11 ½	Mende	Lozère
Bonnet, 8	Commercy	Meuse

Communes.	Arrondissem.	Départem.
Bonnet (St.-), 5	Clermont	Puy-de-Dô.
Bonnet (St.-), 1	Riom	Puy-de-Dô.
Bonnet (St.-), 2 ½	Bellac	H.-Vienne
Bonnet (St.-), 5	Limoges	H.-Vienne
Bonnet-Avalouse (St.-), 2	Tulle	Corrèze
Bonnet-de-Bellenave (St.-), 4	Gannat	Allier
Bonnet-de-Chavagne (St.-), 3	St.-Marcellin	Isère
Bonnet-de-Chirac (St.-), 1 ½	Marvejols	Lozère
Bonnet-de-Cray (St.-), 7 ½	Charolles	Saône-et-L.
Bonnet-Defour (St.-), 6 ½	Montluçon	Allier
Bonnet-de-Galaure (St.-) (*St.-Bonnet*), 8	Valence	Drôme
Bonnet-de-Joux (St.-), 3 ½	Charolles	Saône-et-L.
Bonnet-de-Rochefort (St.-), 2	Gannat	Allier
Bonnet-de-Vieille-Vigne (St.-), 3	Charolles	Saône-et-L.
Bonnet-des-Bruyères (St.-), 9	Villefranche	Rhône
Bonnet-du-Quartz (St.-), 5 ¼	Roanne	Loire
Bonnet-Elvert (St.-), 5 ¼	Tulle	Corrèze
Bonnet-en-Bresse (St.-), 7	Louhans	Saône-et-L.
Bonnet-l'Enfantir (St.-), 5	Brives	Corrèze
Bonnet-Larivière (St.-), 5 ¼	Brives	Corrèze
Bonnet-le-Bourg (St.-), 3 ½	Ambert	Puy-de-Dô.
Bonnet-le-Chastel (St.-), 3	Ambert	Puy-de-Dô.
Bonnet-le-Château (St-), 5	Montbrison	Loire
Bonnet-le-Courreaux 2 ½	Montbrison	Loire
Bonnet-le-Desert (St.-), 8 ½	Montluçon	Allier
Bonnet-le-Froid (St.-) 6 ½	Yssingeaux	H.-Loire
Bonnet-le-Pauvre (St.-), 10 ¼	Tulle	Corrèze
Bonnet-le-Troncy (St.-), 9	Villefranche	Rhône
Bonnet-les-Oules (St.-), 4 ½	Montbrison	Loire
Bonnet-près-Arcival (St.-), 6	Clermont	Puy-de-Dô.
Bonnétable *, 6	Mamers	Sarthe
Bonnétage, 12	Montbéliard	Doubs
Bonnetan, 3 ¼	Bordeaux	Gironde
Bonnetot (*Toster*), 6	Dieppe	Seine-Inf.
Bonneuil, 4 ½	Cognac	Charente
Bonneuil, 9	Le Blanc	Indre
Bonneuil, 10	Clermont	Oise
Bonneuil, 8	Senlis	Oise
Bonneuil, 4	Sceaux	Seine
Bonneuil, 6	Pontoise	Seine-et-O.
Bonneuil-aux-Monges, 3 ¼	Melle	2 Sèvres
Bonneuil-Matours, 4	Châtellerault	Vienne
Bonneuvre, 5	Ancenis	Loire-inf.
Bonneval, 7 ¼	Die	Drôme
Bonneval *, 4	Châteaudun	Eure-et-L.
Bonneval, 8 ½	Brioude	H.-Loire
Bonnevaux, 5 ¾	Besançon	Doubs
Bonnevaux, 5 ½	Pontarlier	Doubs
Bonnevaux, 8	Alais	Gard
Bonneveaux, 6 ½	Vendôme	Loir-et-C.
Bonneveaux (*Buno*), 4 ¼	Etampes	Seine-et-O.
Bonnevent, 7 ¼	Gray	H.-Saône
Bonneviale, 5 ¼	Rodez	Aveiron
Bonneville, 6	Angoulême	Charente
Bonneville, 8	Bergerac	Dordogne
Bonneville (la), 2	Evreux	Eure.
Bonneville (*Veilleur*), 8 ½	Romorantin	Loir-et-Ch.
Bonneville (la) 3 ¼	Valogne	Manche
Bonneville, 3 ½	Doullens	Somme
Bonneville-la-Louvet, 3 ¼	Pont-l'Evêque	Calvados
Bonneville-sur-le-Bec, 5	Pont-Audemer	Eure
Bonneville-sur-Touques 2	Pont-l'Evêque	Calvados
Bonnières, 3	Beauvais	Oise
Bonnières, 5	St.-Pol	Pas-de-Cal.
Bonnières *, 3 ½	Mantes	Seine-et-O.
Bonnieux, 3	Apt	Vaucluse
Bonningues-lès-Calais, 7	Boulogne	Pas-de-Cal.
Bonœil, 3 ½	Falaise	Calvados
Bonnot (St.), 7 ½	Cosne	Nièvre
Bonnut, 1 ½	Orthez	B.-Pyrén.
Bonny *, 5 ½	Gien	Loiret
Bonpas, 3 ½	Foix	Ariége
Bonpas, 1 ½	Perpignan	Pyrén.-Or.
Bonrepaux (*Prat*), 2 ½	St.-Girons	Ariége
Bonrepaux, 3 ½	Toulouse	H.-Garonne
Bonrepos, 4 ½	Muret	H.-Garonne
Bons (*Chazey*), 1	Belley	Ain
Bons, 1 ¼	Falaise	Calvados
Bons-Moulins, 4	Mortagne	Orne
Bonson, 3	Montbrison	Loire
Bontavaut (*Bergères près Montmirail*), 8	Epernay	Marne
Bonviller, 1 ½	Lunéville	Meurthe
Bonvillers, 6 ½	Clermont	Oise
Bonvillet, 6 ¾	Mirecourt	Vosges
Bony, 4 ¼	St.-Quentin	Aisne
Bonzac, 3	Libourne	Gironde
Bonzée, 3 ¼	Verdun	Meuse
Boô, 1	Argelès	H.-Pyrén.
Boofzheim, 5	Schélestatt	B.-Rhin
Boos, 11 ¼	St.-Sever	Landes
Boos, 3	Rouen	Seine-Inf.
Bootzheim, 2 ¼	Schélestatt	B.-Rhin
Boqueho, 3 ¼	St-Brieuc	Côtes-du-N.
Boran, 4	Senlis	Oise
Borce, 9	Oléron	B.-Pyrén.
Borcq, 6	Parthenay	2 Sèvres

Communes.	Arrondissem.	Départem.
Bord, 3	Boussac	Creuse
Bord-Haut (le) (*Vigny*), 3	Pontoise	Seine-et-O.
Borde (la), 6	Bagnères	H.-Pyrén.
Borde-au-Château (la) (*Meursanges*), 2 ½	Beaune	Côte-d'Or
Borde-au-Bureau (la) (*Montagny-lès-Beaune*), 2	Beaune	Côte-d'Or
BORDEAUX *,	ch.-l. de dép. 147	Gironde
Bordeaux, 6 ½	Pithiviers	Loiret
Bordeaux, 5 ¼	Le Hâvre	Seine-Inf.
Bordeaux (les), (*Lonlay-l'Abbaye*), 3	Domfront	Orne
Bordères, 4 ½	MontdeMarsan	Landes
Bordères, 4	Pau	B.-Pyrén.
Bordères, 11	Bagnères	H.-Pyrén.
Bordères, ½	Tarbes	H.-Pyrén.
Bordes (les), 5	Pamiers	Ariège
Bordes, 3	St.-Girons	Ariège
Bordes (les) 3 ½	Troyes	Aube
Bordes (les) (*Vandenesse*), 8 ½	Beaune	Côte-d'Or
Bordes, 1 ¼	St.-Gaudens	H.-Garonne
Bordes (les), 5	Gien	Loiret
Bordes (les), (*Mœurs*), 9 ½	Epernay	Marne
Bordes (les) (*Reveillon*), 12 ¼	Epernay	Marne
Bordes, 1 ½	Argelès	H. Pyrén.
Bordes, 4	Tarbes	H.-Pyrén.
Bordes (les), 5 ¼	Châlons	Saône-et-L.
Bordes (les), 3 ¼	Joigny	Yonne
Bordes, près Lembeye, 8 ½	Pau	B. Pyrén.
Bordes, près Nay, 2 ½	Pau	B. Pyrén.
Bords, 5	St-Jean-d'Angely	Char.-Inf.
Borée, 16 ¼	Tournon	Ardèche
Borel (la) 12 ¼	Nyons	Drôme
Boresse, 7 ¼	Jonzac	Char.-Inf.
Boresse-de-Beaussemblant, 9	Valence	Drôme
Borestz, 2	Senlis	Oise
Borey, 4 ¼	Vesoul	H.-Saône
Borgo, 4	Bastia	Corse
Bormes, 9 ½	Toulon	Var
Born (*Blis*), 5 ½	Périgueux	Dordogne
Born (le), 9	Toulouse	H.-Garonne
Born (le), 2	Mende	Lozère
Born-de-Champs, ¼	Bergerac	Dordogne
Bornambuse, 6	Le Hâvre	Seine-Inf.
Bornay, 2 ½	Lons-le-Saulnier	Jura
Borne, 6	Argentière	Ardèche
Borne (la), 1 ¼	Aubusson	Creuse
Borne, 2 ¼	Le Puy	H. Loire
Bornel, 6 ½	Beauvais	Oise
Bornet, 2 ¼	Boussac	Creuse
Borny, ¼	Metz	Moselle
Boron, 6 ¼	Belfort	H.-Rhin
Boroscourt, 7	Dieppe	Seine-Inf.
Borre, 1	Hazebrouck	Nord
Borreze, 4	Sarlat	Dordogne

Communes.	Arrondissem.	Départem.
Bors de Baignes, 5	Barbezieux	Charente
Bors-de-Bars, 5 ½	Villefranche	Aveiron
Bort *, 5	Ussel	Corrèze
Bort, 8 ½	Clermont	Puy-de-Dô.
Borville, 5 ¼	Luneville	Meurthe
Bos-Cadoule, 11	Rodez	Aveiron
Bosas, 8	Tournon	Ardèche
Bosbenard-Commin, 6	Pont-Audemer	Eure
Bosbenard-Tressy, 6	Pont-Audemer	Eure
Bosc (le), 3	Foix	Ariége
Bosc (le), 2	Lodève	Hérault
Bosc-Asselin, 6 ¼	Neufchâtel	Seine-Inf.
Bosc-aux-Lièvres (*Tostes*), 6	Dieppe	Seine-Inf.
Bosc-Beranger, 4	Neufchâtel	Seine-Inf.
Bosc-Bordel (le), 8	Rouen	Seine-Inf.
Bosc-d'Arros, 2 ½	Pau	B.-Pyrén.
Bosc-Edeline (le), 8 ¼	Rouen	Seine-Inf.
Bosc-Geffroy, 2 ¼	Neufchâtel	Seine-Inf.
Bosc-Guerard, 3	Rouen	Seine-Inf.
Bosc-Hyon, 9 ½	Neufchâtel	Seine-Inf.
Bosc-le-Hard, 8	Dieppe	Seine-Inf.
Bosc-Mesnil, 4 ½	Neufchâtel	Seine-Inf.
Bosc-Morel (le), 3 ½	Bernay	Eure
Bosc-Renoult (le), 6	Pont-Audemer	Eure
Bosc-Renoult (le), 10	Argentan	Orne
Bosc-Renoult (*Ste.-Geneviève*), 5	Dieppe	Seine-Inf.
Bosc-Roger (le), 7 ½	Rouen	Seine-Inf.
Bosc-Roger, près le Bourgth, 8	Pont-Audemer	Eure
Boscamenant, 11 ¼	Jonzac	Char.-Inf.
Boscherville, 6	Pont-Audemer	Eure
Boserenoult (le), 5 ½	Bernay	Eure
Bosgouet (le), 5 ½	Pont-Audemer	Eure
Bosjean, 6 ½	Louhans	Saône-et-L.
Bosmont, 7	Laon	Aisne
Bosmie, 2 ¼	Limoges	H.-Vienne
Bosnormand (le), 7	Pont-Audemer	Eure
Bosquel (le), 5	Amiens	Somme
Bosquentin, 5	Les Andelys	Eure
Bosrobert (le), 4 ½	Bernay	Eure
Bosroger-sous-Bacq, 4	Les Andelys	Eure
Bosroger-sur-Eure, 5	Evreux	Eure
Bosrogier, 1 ¼	Aubusson	Creuse
Bossay, 11	Loches	Indre-et-L.
Bosse (la), 14	Montbéliard	Doubs
Bosse (la), 10	Redon	Ille-et-Vil.
Bosse (la), 8 ¼	Blois	Loir-et-Ch.
Bosse (la), 4	Beauvais	Oise
Bosse (la), 6	Mamers	Sarthe
Bossée, 8	Loches	Indre-et-L.
Bosselshausen, 3 ¼	Saverne	Bas-Rhin
Bossendorf, 4 ¾	Saverne	Bas-Rhin
Bosset, 4 ¼	Bergerac	Dordogne
Bosseval, 2	Sedan	Ardennes
Bossière (la), 2	Lisieux	Calvados
Bossieux, 7	Vienne	Isère
Bossugan, 6 ½	Libourne	Gironde
Bossus, 5	Rocroi	Ardennes
Bost, 3 ½	La Palisse	Allier
Bostenx, 3 ½	MontdeMarsan	Landes
Bosville, 3 ¼	Yvetot	Seine-Inf.
Botans, 1 ½	Belfort	Haut-Rhin

Communes.	Arrondissem.	Départem.	Communes.	Arrondissem.	Départem.
Bothoa, 7	Guingamp	Côtes-du N.	Bouère, 3 $\frac{1}{2}$	Château-Gontier	Mayenne
Botsorhel, 4	Morlaix	Finistère			
Bottereaux (les), 10	Evreux	Eure	Bouessay, 5 $\frac{1}{2}$	Château-Gontier	Mayenne
Botz, 3	Beaupréau	Maine-et-L.			
Bou, 2 $\frac{1}{4}$	Orléans	Loiret	Bouex, 3 $\frac{1}{2}$	Angoulême	Charente
Bouafles, 1 $\frac{1}{4}$	Les Andelys	Eure	Bouexière (la), 4	Rennes	Ille-et-Vil.
Bouafles, 5	Versailles	Seine-et-O.	Bouëmont, 2 $\frac{1}{4}$	Pontoise	Seine-et-O.
Bouage, 3	Nantes	Loire-Inf.	Boufferé, 8 $\frac{1}{2}$	Bourbon-Vendée	Vendée
Bouais, 4	Mortain	Manche			
Bouan, 6 $\frac{1}{2}$	Foix	Ariége	Bouffie (la) (St. Paul), 4	Cahors	Lot
Boubée (la), 2 $\frac{1}{2}$	Auch	Gers	Bouffignereux, 9	Laon	Aisne
Boubers, 2 $\frac{1}{4}$	Montreuil	Pas-de-Cal.	Boufflers, 6 $\frac{1}{2}$	Abbeville	Somme
Boubers, 3 $\frac{1}{4}$	St.-Pol	Pas-de-Cal.	Bouffry, 6 $\frac{1}{2}$	Vendôme	Loir-et-Ch.
Boubiers, 7	Beauvais	Oise	Bougarber, 3 $\frac{1}{2}$	Pau	B.-Pyrén.
Boucagnère, 2 $\frac{1}{2}$	Auch	Gers	Bougé-Chambalud, 5 $\frac{3}{4}$	Vienne	Isère
Boucard, 3 $\frac{1}{2}$	Sancerre	Cher	Bougencourt (Champlat), 5	Rheims	Marne
Boucé, 3	Argentan	Orne			
Boucey, 5 $\frac{1}{2}$	Avranches	Manche.	Bougey, 7 $\frac{1}{2}$	Vesoul	H.-Saône
Bonchage (le), 6 $\frac{1}{2}$	Confolens	Charente	Bougival, 1 $\frac{1}{4}$	Versailles	Seine-et-O.
Bonchage (le), 5 $\frac{1}{4}$	La Tour-du-Pin	Isère	Bouglainval, 3	Chartres	Eure-et-L.
Bouchain, 5	Douai	Nord	Bougligny, 6 $\frac{1}{2}$	Fontainebleau	Seine-et-M.
Bouchamp, 5	Château-Gontier	Mayenne	Bouglon, 4	Marmande	Lot-et-Gar.
			Bougneau, 5 $\frac{1}{2}$	Saintes	Char.-Inf.
Bouchaud (le), 6 $\frac{1}{2}$	La Palisse	Allier	Bougon, 3 $\frac{1}{2}$	Melle	2 Sèvres
Bouchaux (le), 2	Poligny	Jura	Bougue, 2 $\frac{1}{4}$	Mont de-Marsan	Landes
Bouchavesnes, 2	Péronne	Somme			
Bouchemaine, 1 $\frac{1}{2}$	Angers	Maine-et-L.	Bouguenais, 1 $\frac{1}{2}$	Nantes	Loire-Inf.
Boucheporn, 7	Metz	Moselle	Bougy, 3 $\frac{1}{2}$	Caen	Calvados
Boucherans, 6	Poligny	Jura	Bougy, 4 $\frac{1}{2}$	Bernay	Eure
Bouchet, 7 $\frac{1}{4}$	Montélimart	Drôme	Bougy, 4 $\frac{1}{4}$	Orléans	Loiret
Bouchet, 9 $\frac{1}{4}$	Nérac	Lot-et-Gar.	Bouhans, 2 $\frac{1}{4}$	Gray	H.-Saône
Bouchet (le), 1 $\frac{1}{2}$	Loudun	Vienne	Bouhans, 6	Louhaus	Saône et-L.
Bouchet - St. - Nicolas (le), 4 $\frac{1}{2}$	Le Puy	H.-Loire	Bouhans lès-Lure, 1 $\frac{3}{4}$	Lure	H.-Saône
			Bouhans-lès-Montbozon, 6 $\frac{3}{4}$	Vesoul	H.-Saône
Bouchevilliers, 7	Les Andelys	Eure	Bouhet, 7 $\frac{1}{4}$	Rochefort	Char. Inf.
Bouchoir, 4	Moutdidier	Somme	Bouhey, 8	Beaune	Côte-d'Or
Bouchon (le), 5 $\frac{1}{2}$	Bar-le-Duc	Meuse	Bouheyre (la-), 14	Mont-de-Marsan	Landes
Bouchon, 6	Amiens	Somme			
Bouchoux (les) 5	St.-Claude	Jura	Bouhy, 5	Cosne	Nièvre
Bouchy-le-Repos, 13 $\frac{1}{4}$	Epernay	Marne	Bouildroux, 4 $\frac{1}{4}$	Fontenay - le - Comte	Vendée
Boucieu-le-Doux, 7	Tournon	Ardèche			
Bouclans (d'Ambre), 4	Baume	Doubs	Bouilh-Darré, 3	Tarbes	H.-Pyrén.
Boucoiran, 4	Alais	Gard	Bouilh-Devant, 4	Tarbes	H.-Pyrén.
Bouconville, 3 $\frac{1}{4}$	Laon	Aisne	Bouilhonac, 2	Carcassonne	Aude
Bouconville, 4 $\frac{1}{4}$	Vouziers	Ardennes	Bouillac. 7 $\frac{1}{2}$	Villefranche	Aveiron
Bouconville, 3 $\frac{1}{4}$	Commercy	Meuse	Bouillac, 9 $\frac{1}{2}$	Bergerac	Dordogne
Bouconvilliers, 8	Beauvais	Oise	Bouillac, 1 $\frac{1}{2}$	Bordeaux	Gironde
Boucq, 4	Toul	Meurthe	Bouillac, 4 $\frac{1}{4}$	Castel-Sarrasin	Tarn-et-G.
Boucres, 6 $\frac{1}{2}$	Boulogne	Pas-de-Cal.	Bouillancourt, 2	Montdidier	Somme
Boucue, 9 $\frac{1}{2}$	Orthez	B.-Pyrén.	Bouillancy-le-Plessy, 6	Senlis	Oise
Boudes, 3 $\frac{1}{2}$	Issoire	Puy-de-Dô.	Bouilland, 3	Beaune	Côte-d'Or.
Boudeville, 3 $\frac{1}{4}$	Yvetot	Seine-Inf.	Bouillant, 6	Senlis	Oise
Boudi, 3 $\frac{1}{4}$	Villeneuve - d'Agen	Lot-et-Gar.	Bouillante (la) (d'Aix-en-Othe), 8 $\frac{1}{2}$	Troyes	Aube
Boudonnière (la), (St.-George), 5 $\frac{1}{4}$	Domfront	Orne	Bouillargues, 1 $\frac{1}{2}$	Nismes	Gard
			Bouillé (la), 3 $\frac{1}{2}$	Rouen	Seine-Inf.
Boudou, 2	Moissac	Tarn-et-Gar	Bouillé, 3	Fontenoy - le - Comte	Vendée
Boudrac, 4	St.-Gaudens	H.-Garonne			
Boudreville, 6	Châtillon	Côte-d'Or	Bouillé-Loret, 8 $\frac{1}{2}$	Bressuire	2 Sèvres
Boué, 6 $\frac{1}{2}$	Vervins	Aisne.	Bouillé-Menard, 2 $\frac{1}{4}$	Segré	Maine-et-L.
Bouc ou Albertas, 2	Aix	B-du-Rh.	Bouillé-St-Paul, 7	Bressuire	2 Sèvres
Boué, 1 $\frac{1}{4}$	Savenay	Loire-Inf.	Bouillencourt-en-Séry, 5 $\frac{1}{2}$	Abbeville	Somme
Bouelle, 1	Neufchâtel	Seine-Inf.			
Bouer, 9 $\frac{1}{2}$	Mamers	Sarthe	Bouilli, 5	Auxerre	Yonne

Communes.	Arrondissem.	Départem.	Communes.	Arrondissem.	Départem.
Bouillie (la), 8	Dinan	Côtes-du-N.	Boulleret, $3\frac{1}{2}$	Sancerre	Cher
Bouillie (la) (*Jouy-en-Josas*), $1\frac{1}{4}$	Versailles	Seine-et-O.	Boulleville, 2	Pont-Audemer	Eure
			Boully, 2	Pithiviers	Loiret
Bouillon, 5	Avranches	Manche	Bouloc, 5	Toulouse	H.-Garonne
Bouillon (le), $4\frac{1}{2}$	Alençon	Orne	Bouloc, 7	Bayonne	B.-Pyrén.
Bouillon, $6\frac{1}{2}$	Orthez	B.-Pyrén.	Bouloc, 8	Moissac	Tarn-et-G.
Bouillonville, $6\frac{1}{2}$	Toul	Meurthe	Boulogne, $4\frac{1}{2}$	Privas	Ardèche
Bouilly, $3\frac{1}{2}$	Troyes	Aube	Boulogne *, $4\frac{1}{2}$	St.-Gaudens	H.-Garonne
Bouilly, $3\frac{1}{2}$	Rheims	Marne	Boulogne, $1\frac{1}{2}$	Avesnes	Nord
Bouin, 4	Melle	2 Sèvres	BOULOGNE *,	ch.-l. d'ar., 64	Pas-de-Cal.
Bonin (*Neuvy*), $4\frac{1}{4}$	Parthenay	2 Sèvres	Boulogne, $2\frac{1}{2}$	St.-Denis	Seine
Bouins, $4\frac{1}{4}$	Montreuil	Pas-de-Cal.	Boulogne, 5	Bourbon-Vendée	Vendée
Bouis (*Charlautre-la-Petite*), $1\frac{1}{4}$	Provins	Seine-et-M.	Boulogne-Lagrace, $6\frac{1}{4}$	Compiègne	Oise
Bouise (St.-), $2\frac{1}{4}$	Sancerre	Cher	Bouloire, 4	St.-Calais	Sarthe
Bouisse, 12	Carcassonne	Aude	Boulois, $11\frac{1}{4}$	Montbéliard	Doubs
Bouisses (les) (*Mercues*), $1\frac{1}{4}$	Cahors	Lot	Boulon, $6\frac{1}{4}$	Falaise	Calvados
			Boulot, 9	Vesoul	H.-Saône
Bouisson, $3\frac{1}{4}$	Figeac	Lot	Boulots (les) (*Montmort*), $3\frac{1}{4}$	Epernay	Marne
Bouit, 13	Condom	Gers	Boulonnet, $1\frac{1}{2}$	Rodez	Aveiron
Boux, 2	Châtillon	Côte-d'Or	Boulou (le), $2\frac{1}{4}$	Ceret	Pyrén-Or.
Boujaille, 5	Pontarlier	Doubs	Boulonneix, $4\frac{1}{2}$	Nontron	Dordogne
Boujan, $1\frac{1}{2}$	Béziers	Hérault	Boulouze (la), 4	Avranches	Manche
Boujeons, $5\frac{1}{4}$	Pontarlier	Doubs	Boult, $2\frac{1}{2}$	Vouzier	Ardennes
Boulages, 4	Arcis-sur-Aube	Aube	Boult, $4\frac{1}{2}$	Rheims	Marne
Boulancourt, 7	Fontainebleau	Seine-et-M.	Boult, 8	Vesoul	H.-Saône
Boulange, 3	Briey	Moselle	Boulzicourt, $1\frac{1}{2}$	Mézières	Ardennes
Boulante (*Mécringes*), 9	Epernay	Marne	Boumourt, $6\frac{1}{2}$	Orthez	B.-Pyrén.
			Boumiague, 3	Bergerac	Dordogne
Boulard, 8	Senlis	Oise	Boupère (le), $9\frac{1}{4}$	Fontenay-le-Comte	Vendée
Boulaur, $5\frac{1}{2}$	Auch	Gers			
Boulay, 4	Orléans	Loiret	Bouqnainville, 5	Amiens	Somme
Boulay (le), 7	Tours	Indre-et-L.	Bouquehault, $7\frac{1}{2}$	Boulogne	Pas-de-Cal.
Boulay, 11	Mayenne	Mayenne	Bouquelon, 1	Pont-Audemer	Eure
Boulay, * 5	Metz	Moselle	Bouquelot, 4	Pont-Audemer	Eure
Boulay, $8\frac{1}{2}$	Neufchâtel	Seine-Inf.	Bouquemaison, $2\frac{1}{4}$	Doullens	Somme
Boulay (le), 5	Epinal	Vosges	Bouquemont, 8	Commercy	Meuse
Boulay-Morin, $1\frac{1}{2}$	Evreux	Eure	Bouquerie (la), $8\frac{1}{2}$	Bergerac	Dordogne
Boulaye (la), $8\frac{1}{2}$	Autun	Saône-et-L	Bouquet, $3\frac{1}{2}$	Alais	Gard
Boulazac, 1	Périgueux	Dordogne	Bouqueval, 6	Pontoise	Seine-et-O.
Boulbène (la), 2	Castres	Tarn	Bouquigny (*Troissy*), 4	Epernay	Marne
Boulbon, 5	Arles	B.-du-Rhône	Bouquy (*Jaux*), $1\frac{1}{2}$	Compiègne	Oise
Boule (la) $3\frac{1}{4}$	Argentière	Ardèche	Bouranton, $2\frac{1}{2}$	Troyes	Aube
Boule, $6\frac{1}{2}$	Die	Drôme	Bouray (le Petit et le Grand), 4	Etampes	Seine-et-O.
Boule-d'Amont, 7	Prades	Pyrén.-Or.			
Bouleternere, $3\frac{1}{2}$	Prades	Pyrén.-Or	Bonrberain, $6\frac{1}{4}$	Dijon	Côte-d'Or
Bouleurs, 2	Meaux	Seine-et-M	Bourbel, 6	Neufchâtel	Seine-Inf.
Bouleuse, 4	Rheims	Marne	Bourbevelle, $9\frac{1}{2}$	Vesoul	H.-Saône
Boulevé (le), 8	Cahors	Lot	Bourbon-Lancy *, $11\frac{1}{2}$	Charolles	Saône-et-L.
Boulieu, $12\frac{1}{4}$	Tournon	Ardèche	Bourbon-l'Archambault* $4\frac{1}{2}$	Moulins	Allier
Bouligneux, 6	Trévoux	Ain			
Bouligney, $8\frac{1}{4}$	Lure	H.-Saône	BOURBON-VENDÉE *,	ch.-l. de dép., 114	Vendée
Bouligny, $8\frac{1}{4}$	Montmédy	Meuse	Bourbonne *, $8\frac{1}{2}$	Langres	H.-Marne
Boulin (le), 2	Auch	Gers	Bourbourg-Campagne, 4	Dunkerque	Nord
Boulin, $1\frac{1}{4}$	Tarbes	H.-Pyrén.	Bourbourg-Ville, 4	Dunkerque	Nord
Boulincourt, 2	Mirecourt	Vosges	Bourbriac, 2	Guingamp	Côtes-du-N.
Boulins (les) (*Maraye-en-Othe*), $5\frac{1}{2}$	Troyes	Aube	Bourcay, 7	Vendôme	Loir-et-Ch.
			Bourceffanc (*Marennes*)	Marennes	Char.-Inf.
Boullay-les-deux-Eglises, $3\frac{1}{2}$	Dreux	Eure-et-L.	Bourcheid, $3\frac{1}{2}$	Sarrebourg	Meurthe
Boullay Mivoye, $2\frac{1}{2}$	Dreux	Eure-et-L.	Bourcheuil, $8\frac{1}{4}$	Béthune	Pas-de-Cal.
Boullay-Thierry, 3	Dreux	Eure-et-L.	Bourcia, $10\frac{1}{2}$	Lons-le-Saulnier	Jura
Boulleaux (*Chapelle-sous-Orbais*), 5	Epernay	Marne			

Communes.	Arrondissem.	Départem.
Bourdainville, 4	Yvetot	Seine-Inf.
Bourdalot, 7 1/2	Mont-de-Marsan	Landes
Bourdeaux, 13	Die	Drôme
Bourdeilles *, 5 1/4	Périgueux	Dordogne
Bourdeix (le), 2	Nontron	Dordogne
Bourdelles, 1 1/2	La Réole	Gironde
Bourdenay, 3 1/2	Nogent-sur-Seine	Aube
Bourdet (le), 3 1/2	Niort	2 Sèvres
Bourdettes, 3 1/2	Pau	B.-Pyrén.
Bourdie, 2 1/2	Uzès	Gard
Bourdon, 5	Chaumont	H.-Marne
Bourdon, 5	Amiens	Somme
Bourdonnay, 6	Château-Salins	Meurthe
Bourdonne, 8	Mantes	Seine-et-O.
Bourecq, 5	Bethune	Pas-de-Cal.
Bouresches, 1 1/4	Château-Thierry	Aisne
Bouresses, 5	Montmorillon	Vienne
Bouret, 4 1/2	St.-Pol	Pas-de-Cal.
Boureuilles, 6	Verdun	Meuse
Bourey, 4 1/4	Coutances	Manche
Bourg *,	ch.-l. d'ar., 96	Ain
Bourg, 5	Laon	Aisne
Bourg (le), 6 1/4	Villefranche	H.-Garonne
Bourg, 4 1/2	Blaye	Gironde
Bourg (le), 3 1/2	Figeac	Lot
Bourg (Soulaire), 2 1/2	Angers	Maine-et-L.
Bourg, 2	Langres	H.-Marne
Bourg (le), 2	Argentan	Orne
Bourg, 4	Bagnères	H.-Pyrén.
Bourg, 2 1/2	Belfort	Haut-Rhin
Bourg, 7 1/4	Moissac	Tarn-etGar.
Bourg-Achard *, 5	Pont-Audemer	Eure
Bourg-Archambault, 3	Montmorillon	Vienne
Bourg-Argental, 6 1/2	St.-Etienne	Loire
Bourg-Barré, 4 1/4	Rennes	Ille-et-Vil.
Bourg-Blanc, 3	Brest	Finistère
Bourg-Bruche, 4	St.-Dié	Vosges
Bourg-Charente, 2 1/2	Cognac	Charente
Bourg-d'Hem (le), 3 1/4	Guéret	Creuse
Bourg-d'Iré, 1 1/2	Segré	Maine-et-L
Bourg-d'Oueil, 11	St.-Gaudens	H.-Garonne
Bourg-d'Oysans *, 10 1/4	Grenoble	Isère
Bourg-de-Sirod, 6	Poligny	Jura
Bourg-de-Thizy, 9 1/2	Villefranche	Rhône
Bourg-d'Un (le), 4	Dieppe	Seine-Inf.
Bourg-des-Comptes, 10	Redon	Ille-et-Vil.
Bourg-des-Maisons, 4 1/2	Riberac	Dordogne
Bourg-du-Bost, 2	Riberac	Dordogne
Bourg-Fidèle (le), 1	Rocroi	Ardennes
Bourg-l'Evêque, 2 1/2	Segré	Maine-et-L.
Bourg-la-Reine *, 1/4	Sceaux	Seine
Bourg-Lastic, 10 1/2	Clermont	Puy-de-Dô.
Bourg-le-Comte, 8 1/2	Charolles	Saône-et-L.
Bourg-le-Roi, 5	Mamers	Sarthe
Bourg-Libre (St.-Louis) 5 1/4	Altkirch	Haut-Rhin
Bourg-Madame, 13 1/4	Prades	Pyrén.-Or.
Bourg-St-Andéol *, 12 1/2	Privas	Ardèche
Bourg-St.-Cristophe, 9	Trévoux	Ain
Bourg-Ste-Marie, 9 1/2	Chaumont	H.-Marne
Bourg-sous-Bourbon, 1/2	Bourbon-Vendée	Vendée
Bourg-Vilain, 5	Mâcon	Saône-et-L.
Bourgade (la), 2 1/2	Castel-Sarrasin	Tarn-etGar.
Bourgaltroff, 6 1/2	Château-Salins	Meurthe
Bourganeuf *,	ch.-l. d'ar., 118	Creuse
Bourgbeaudouin, 5	Les Andelys	Eure
Bourgeauville, 2 1/2	Pont-l'Evêque	Calvados
BOURGES *,	ch.-l. de dép. 60	Cher
Bourget (le), 7 1/2	Lons-le-Saulnier	Jura
Bourget (le) *, 1 1/4	St.-Denis	Seine
Bourgfelden, 5 1/2	Altkirch	Haut-Rhin
Bourghelles, 3 1/2	Lille	Nord
Bourgneuf, 2 1/2	La Rochelle	Char.-Inf.
Bourgneuf *, 7 1/2	Paimbœuf	Loire-Inf.
Bourgneuf (le), 4 1/4	Orleans	Loiret
Bourgneuf (Dadonville)	Pithiviers	Loiret
Bourgneuf (le) (La Chapelle-St.-Laud), 4	Baugé	Maine-et-L.
Bourgneuf-la-Forêt (le), 5	Laval	Mayenne
Bourgnounac (Mirandol) 7 1/2	Albi	Tarn
Bourgogne, 3	Rheims	Marne
Bourgogne (Vantelay), 5 1/2	Rheims	Marne
Bourgoin *, 4	La Tour-du-Pin	Isère
Bourgon, 7	Laval	Mayenne
Bourgonce (la), 3	St.-Dié	Vosges
Bourgougnague, 5 1/2	Marmande	Lot-et-Gar.
Bourgtheroulde (le) *, 7	Pont-Audemer	Eure
Bourguebus, 2 1/2	Caen	Calvados
Bourgueil *, 3	Chinon	Indre-et-L.
Bourguenolles, 4 1/2	Avranches	Manche
Bourguet (le), 2 1/2	Forcalquier	B.-Alpes
Bourguet (le), 8 1/2	Draguignan	Var
Bourguignon, 11 1/2	Laon	Aisne
Bourguignon, 3	Montbéliard	Doubs
Bourguignon, 10 1/2	Vesoul	H.-Saône
Bourguignon-lès-Conflans, 9 1/4	Lure	H.-Saône
Bourguignon-la-Charité, 5 1/4	Vesoul	H.-Saône
Bourguignon-sous-Montbavin, 2	Laon	Aisne
Bourguignons, 1/4	Bar-sur-Seine	Aube
Bouricourt, 9 1/4	Neufchâtel	Seine-Inf.
Bourideys, 5 1/2	Bazas	Gironde
Bouriège, 3 1/2	Limoux	Aude
Bouriégeole, 4 1/2	Limoux	Aude
Bourisp, 12	Bagnères	H.-Pyrén.
Bourlont-Elimont, 7	Arras	Pas-de-Cal.
Bourmont *, 10	Chaumont	H.-Marne
Bourmont (Marigny), 4 1/2	Compiègne	Oise
Bournainville, 2 1/2	Bernay	Eure
Bournan, 5	Loches	Indre-et-L.
Bournant, 1 1/2	Loudun	Vienne
Bournazel, 8 1/2	Rodez	Aveyron
Bournazel, 6 1/4	Gaillac	Tarn
Bourneau, 2 1/2	Fontenay-le-Comte	Vendée
Bournel, 6 1/2	Villeneuve-d'Agen	Lot-et-Gar.
Bourneuf, 8	Châteauroux	Indre

Communes.	Arrondissem.	Départem.	Communes.	Arrondissem.	Départem.
Bourneville, 2	Pont-Audemer	Eure	Bousse, 2	La Flèche	Sarthe
Bourneville, 6	Châteaudun	Eure-et-L.	Bousselange, 8	Beaune	Côte-d'Or
Bournezeau, 9	Fontenay-le-Comte	Vendée	Bousselargues, 5 1/4	Brioude	H.-Loire
			Boussenac, 4 1/2	St.-Girons	Ariége
Bournezeau, 5	Poitiers	Vienne	Boussenois, 8	Dijon	Côte-d'Or
Bourniac, 5 1/2	Bergerac	Dordogne	Boussens, 11	Muret	H.-Garonne
Bourniquel, 5 1/4	Bergerac	Dordogne	Boussés, 6 1/4	Nérac	Lot-et-Gar.
Bournoc, 2	St.-Affrique	Aveiron	Bousseveiller, 8	Sarreguemines	Moselle
Bournois, 4	Baume	Doubs	Boussey, 4	Semur	Côte-d'Or
Bouroncle, 2 1/2	Brioude	H.-Loire	Boussicourt, 1 1/2	Montdidier	Somme
Bouroncles, 4	St.-Flour	Cantal	Boussières, 3 1/4	Besançon	Doubs
Bournonville (Dampierre-le-Vieux-), 2 1/2	Ste.-Menehould	Marne	Boussières, 3 1/4	Avesnes	Nord
			Boussières, 3 1/2	Cambrai	Nord
Bournonville, 5	Boulogne	Pas-de-Cal.	Boussignies, 5 1/2	Avesnes	Nord
Bournos, 4 1/4	Pau	B.-Pyrén.	Boussois, 5 1/2	Avesnes	Nord
Bourogne, 3	Belfort	Haut-Rhin	Boussy-St.-Antoine, 3 1/4	Corbeil	Seine-et-O.
Bouron, 2	Fontainebleau	Seine-et-M.	Boust, 2	Thionville	Moselle
Bourouillan, 12	Condom	Gers	Boustroff, 8 1/2	Sarreguemines	Moselle
Bourpeuil (Isle-Jourdain), 6	Montmorillon	Vienne	Boutancourt, 2 1/2	Mézières	Ardennes
			Boutancourt, 5	Beauvais	Oise
Bourg, 1 1/4	Vouziers	Ardennes	Boutarié (la), 5	Albi	Tarn
Bourré, 8	Blois	Loir-et-Ch.	Boutavant, 10	Lons-le-Saulnier	Jura
Bourréac, 4	Argelès	H.-Pyrén.			
Bourrepaux, 8	Tarbes	H.-Pyrén.	Boutayrac (Saillac), 8 1/2	Cahors	Lot.
Bourret, 2 1/4	Castel-Sarrasin	Tarn-et-Gar.	Bouteille (la), 1 1/4	Vervins	Aisne
Bourrou, 5 1/2	Périgueux	Dordogne	Bouteilles, 3	Ribérac	Dordogne
Bours, 2 1/2	St.-Pol	Pas-de-Cal.	Bouteilles, 1/2	Dieppe	Seine Inf.
Bours, 1 1/4	Tarbes	H.-Pyrén.	Boutenac, 4 1/2	Narbonne	Aude
Boursault, 1 1/2	Epernay	Marne	Boutenac, 9	Saintes	Char.-Inf.
Bourse (la), 1 1/4	Béthune	Pas-de-Cal.	Boutervilliers, 1 1/2	Etampes	Seine-et-O.
Bourseul, 4	Dinan	Côtes-du N.	Boutet (le), 7 1/2	Auch	Gers
Bourseville, 6 1/4	Abbeville	Somme	Bouteville, 7	Cognac	Charente
Boursières, 3 1/2	Vesoul	H.-Saône	Bouteville, 5 1/2	Valognes	Manche
Boursin, 5 1/2	Boulogne	Pas-de-Cal.	Bouthéon, 4	Montbrison	Loire
Boursonnes, 9	Senlis	Oise	Boutiers, 1 1/2	Cognac	Charente
Boursy, 4 1/2	Cambrai	Nord	Boutigny, 4 1/2	Dreux	Eure-et-L.
Bourth, 11	Evreux	Eure	Boutigny, 1 1/2	Meaux	Seine-et-M.
Bourthes, 4	Montreuil	Pas-de-Cal.	Boutigny, 4	Etampes	Seine-et-O.
Bourville, 6	Yvetot	Seine-Inf.	Bouttemont, 1 1/2	Lisieux	Calvados
Boury, 9	Beauvais	Oise	Bouttencourt, 6 1/4	Abbeville	Somme
Bourzolles (Souillac), 6	Gourdon	Lot	Boutz, 4 1/4	St.-Gaudens	H.-Garonne
Bousalies, 8	St.-Claude	Jura	Bouvancourt, 3 1/4	Rheims	Marne
Bousbach, 2 1/2	Sarreguemines	Moselle	Bouvantes, 11 1/4	Valence	Drôme
Bousbecque, 3 1/4	Lille	Nord	Bouvelinghem, 5	St.-Omer	Pas-de-Cal.
Bouscat (le), 1	Bordeaux	Gironde	Bouvellemont, 2 1/4	Mézières	Ardennes
Bousies, 5 1/4	Avesnes	Nord	Bouvent, 5	Nantua	Ain
Bousignies, 5 1/2	Douai	Nord	Bouverans, 4 3/4	Pontarlier	Doubs
Bousquet (le), 18 1/2	Limoux	Aude	Bouves, 8 1/4	Lectoure	Gers
Bousquet (le), 3 1/2	Florac	Lozère	Bouvesse, 10 1/2	La Tour-du-Pin	Isère
Boussac, 7 1/2	Rodez	Aveiron	Bouvier (Guyancourt), 1	Versailles	Seine-et-O.
BOUSSAC,	h.-l. d'ar., 108	Creuse	Bouvières, 12 1/2	Die	Drôme
Boussac (la), 8 1/4	St.-Malo	Ille-et-Vil.	Bouvignies, 3 1/2	Douai	Nord
Boussac, 2 1/4	igeac	Lot	Bouvigny, 7 1/4	Montmédy	Meuse
Boussac-les-Eglises, 1/2	Boussac	Creuse	Bouvigny, 3	Béthune	Pas-de-Cal.
Boussageau, 4 1/2	Châtellerault	Vienne	Bouville, 6 1/4	Châteaudun	Eure-et-L.
Boussagues, 8	Béziers	Hérault	Bouville, 2	Etampes	Seine-et-O.
Boussais, 5	Parthenay	Sèvres	Bouville, 5	Rouen	Seine-Inf.
Boussssan, 4 1/2	St.-Gaudens	H.-Garonne	Bouville-le-Grand (Bouville), 3 1/4	Etampes	Seine-et-O.
Boussange (Gaudrange), 2	Thionville	Moselle	Bouvillers, 2	Briey	Moselle
Boussay, 5	Evreux	Eure	Bouvillier (Morigny), 1/2	Etampes	Seine-et-O.
Boussay, 11	Loches	Indre-et-L.	Bouvincourt, 6 1/4	Abbeville	Somme
Boussay, 8	Nantes	Loire Inf.	Bouvincourt, 2	Péronne	Somme
Bousse, 2	Thionville	Moselle	Bouvines, 2 1/2	Lille	Nord

Communes.	Arrondissem.	Départem.
Bouvresse, 10	Beauvais	Oise
Bouvron, 2 $\frac{1}{4}$	Savenay	Loire-Inf.
Bouvrons, 1 $\frac{1}{4}$	Toul	Meurthe
Boux-sous-Salmaise, 5	Semur	Côte-d'Or.
Bouxière-aux Bois, 3	Mirecourt	Vosges
Bouxières-au-Mont, 1 $\frac{1}{2}$	Nancy	Meurthe
Bouxières-aux-Chênes, 2	Nancy	Meurthe
Bouxières-sous-Froidmont, 8	Nancy	Meurthe
Bouxurulle, 1 $\frac{1}{4}$	Mirecourt	Vosges
Bouxviler, 3 $\frac{1}{4}$	Saverne	Bas-Rhin
Bouy, 4	Troyes	Aube
Bouy, 3	Bourges	Cher
Bouy, 3 $\frac{1}{2}$	Châlons-sur-Marne	Marne
Bouy-sur-Orvin, 3	Nogent-sur-Seine	Aube
Bouyon, 8	Grasse	Var
Bouzais, $\frac{3}{4}$	St.-Amand	Cher
Bouzancourt, 6 $\frac{1}{2}$	Wassy	H.-Marne
Bouzanville, 9 $\frac{1}{2}$	Nancy	Meurthe
Bouze, 1 $\frac{1}{2}$	Beaune	Côte-d'Or
Bouzel, 6	Clermont	Puy-de-Dô.
Bouzemont, 2 $\frac{1}{4}$	Mirecourt	Vosges
Bouzeron, 5	Châlons	Saône-et-L.
Bouzic, 3	Sarlat	Dordogne
Bouziés (Bas-) (*St.-Gery*), 5 $\frac{1}{4}$	Cahors	Lot
Bouzics (Haut-) (*Bears*), 6	Cahors	Lot
Bouzigues, 5 $\frac{1}{4}$	Montpellier	Hérault
Bouzillé, 5	Beaupréau	Maine-et-L.
Bouzin, 3 $\frac{1}{4}$	St.-Gaudens	H.-Garonne
Bouzincourt, 7	Péronne	Somme
Bouzinhac, 2 $\frac{1}{4}$	Rodez	Aveiron
Bouznac, 10	Moissac	Tarn etGar.
Bouzon (l'Isle), 2 $\frac{1}{2}$	Lectoure	Gers
Bouzon, 13 $\frac{1}{4}$	Mirande	Gers
Bouzonville (*Puze*), 2 $\frac{1}{4}$	Briey	Moselle
Bouzonville *, 6 $\frac{1}{2}$	Thionville	Moselle
Bouzonville-aux-Bois, 2	Pithiviers	Loiret
Bouzonville-en-Beauce,	Pithiviers	Loiret
Bouzy, 5 $\frac{1}{2}$	Rheims	Marne
Bovée, 3 $\frac{1}{4}$	Commercy	Meuse
Bovelles, 4	Amiens	Somme
Boves (*Presles*), 5	Soissons	Aisne
Boves, 2	Amiens	Somme
Bovila (*Fargues*), 6	Cahors	Lot
Boviolle, 4 $\frac{1}{2}$	Commercy	Meuse
Boyard-Ville (*St.-George*), 6 $\frac{1}{4}$	Marennes	Char.-Inf.
Boyaval, 3 $\frac{1}{4}$	St.-Pol	Pas-de-Cal.
Boyeffles (*Bouvigny*), 3	Béthune	Pas-de-Cal.
Boyelles, 3	Arras	Pas-de-Cal.
Boyer, 3 $\frac{1}{2}$	Roanne	Loire
Boyer, 5 $\frac{1}{2}$	Châlons	Saône-et-L.
Boynes *, 2 $\frac{1}{2}$	Pithiviers	Loiret
Boys (St.-), 2 $\frac{1}{4}$	Belley	Ain
Boz, 7 $\frac{1}{2}$	Bourg	Ain
Bozouls, 5 $\frac{1}{4}$	Rodez	Aveiron
Bozzio, 2	Corte	Corse
Brabant, 4 $\frac{1}{4}$	Bar-le Duc	Meuse
Brabant-en-Argonne, 5 $\frac{1}{4}$	Verdun	Meuse
Brabant-sur-Meuse, 6	Montmédy	Meuse

Communes.	Arrondissem.	Départem.
Brach, 9 $\frac{1}{2}$	Bordeaux	Gironde
Braches, 3	Montdidier	Somme
Bracheux, $\frac{1}{2}$	Beauvais	Oise
Brachey, 4 $\frac{1}{4}$	Wassy	H.-Marne
Brachy, 3	Dieppe	Seine-Inf.
Bracieux, 4 $\frac{1}{2}$	Blois	Loir-et-Ch.
Bracon, 5	Poligny	Jura
Bracquemont, 1	Dieppe	Seine-Inf.
Bracquetuit, 7	Dieppe	Seine-Inf.
Bradioncourt, 4 $\frac{1}{4}$	Neufchâtel	Seine-Inf.
Braffais, 3	Avranches	Manche
Bragassargues, 12	Le Vigan	Gard
Bragayrac, 5 $\frac{1}{2}$	Muret	H.-Garonne
Brageac, 1 $\frac{1}{4}$	Mauriac	Cantal
Bragelogne, 4	Bar-sur-Seine	Aube
Bragny, 6	Châlons	Saône-et-L.
Bragny, 5	Charolles	Saône-et-L.
Brahic, 6 $\frac{1}{4}$	Argentière	Ardèche
Braie-Château, 14	Chinon	Indre-et-L.
Braie-sur-Maune, 3 $\frac{1}{2}$	Chinon	Indre-et-L.
Braillans, 12 $\frac{1}{2}$	Besançon	Doubs
Brailly, 5	Abbeville	Somme
Brain, 4	Semur	Côte-d'Or.
Brain, 3 $\frac{1}{2}$	Redon	Ille-et-Vil.
Brain (*Devay*), 12 $\frac{1}{4}$	Nevers	Nièvre
Brain-sur-Allonnes, 3 $\frac{1}{2}$	Saumur	Maine-et-L.
Brain-sur-l'Authion, 2 $\frac{1}{2}$	Angers	Maine-et-L.
Braine, 2 $\frac{1}{4}$	Compiégne	Oise
Brains, 4	Nantes	Loire-Inf.
Brains, 5	Le Mans	Sarthe
Brains-sur-les-Marches, 9	Château-Gontier	Mayenne
Brain-sur-Longuenée, 3	Segré	Maine-et-L.
Brainville, 1 $\frac{3}{4}$	Coutances	Manche
Brainville, 10	Chaumont	H.-Marne
Brainville, 3 $\frac{1}{2}$	Briey	Moselle
Braisne *, 4 $\frac{1}{2}$	Soissons	Aisne
Braize, 9	Montluçon	Allier
Bralleville, 7 $\frac{1}{4}$	Nancy	Meurthe
Bram, 3 $\frac{1}{4}$	Castelnaudary	Aude.
Brametot, 6	Yvetot	Seine-Inf.
Bramevaque, 14 $\frac{1}{2}$	Bagnères	H.-Pyrén.
Bran, 4 $\frac{1}{2}$	Jonzac	Char.-Inf.
Branceilles, 6 $\frac{1}{4}$	Brives	Corrèze
Brancher (St.-), 3 $\frac{1}{2}$	Avallon	Yonne
Branches, 3 $\frac{1}{4}$	Joigny	Yonne
Branches-du-Pont-St.-Maur, 3 $\frac{1}{2}$	Sceaux	Seine
Branchs (St.-), 5 $\frac{1}{2}$	Tours	Indre-et-L.
Brancion, 8	Mâcon	Saône-et-L.
Brancourt, 5	Laon	Aisne
Brancourt, 4 $\frac{1}{2}$	St.-Quentin	Aisne
Brancourt, 1 $\frac{1}{2}$	Neufchâteau	Vosges
Braudan (St.-), 4	St.-Brieuc	Côtes-du-N.
Brande (la) (*Casties*), 7 $\frac{1}{4}$	Muret	H.-Garonne
Brandérion, 4	Lorient	Morbihan
Brando, 2 $\frac{1}{2}$	Bastia	Corse
Brandon, 7	Mâcon	Saône-et-L.
Brandonvillers, 3	Vitry-le-Français	Marne
Brandville, 3	Montmédy	Meuse
Branges, 4	Soissons	Aisne
Branges, 1	Louhans	Saône-et-L.
Brangue, 5 $\frac{1}{2}$	La-Tour-du-Pin	Isère

BRA BRE 55

Communes.	Arrondissem.	Département.	Communes.	Arrondissem.	Département.
Brannay, 4	Sens	Yonne	Braye, 1	Soissons	Aisne
Branne, 2 ½	Baume	Doubs	Braye, 6	Gien	Loiret
Branne, 4	Libourne	Gironde	Braye-en-Laounois, 3 ¼	Laon	Aisne
Brannens, 3 ¼	Bazas	Gironde	Braynans, 2	Poligny	Jura
Brans, 4 ¼	Dôle	Jura	Brazis, 3 ½	Lavaur	Tarn
Branscourt, 3 ½	Rheims	Marne	Bré-en-Pedernec, 2 ½	Guimgamp	Côtes-du-N.
Bransles, 9	Fontainebleau	Seine-et-M.	Bréal, 3 ½	Montfort	Ille-et-Vil.
Brantes, 9	Orange	Vaucluse	Bréal, 3 ¼	Vitré	Ille-et-Vil.
Brantigny (Piney), 5	Troyes	Aube	Bréançon, 3	Pontoise	Seine-et-O.
Brantigny, 2 ¼	Mirecourt	Vosges	Bréau, 1 ½	Le Vigan	Gard
Brantôme, 5 ½	Périgueux	Dordogne	Bréau, 4	Melun	Seine-et-M.
Brauville, 3	Pont-l'Évêque	Calvados	Bréaugies, 6	Avesnes	Nord
Branville, 3	Cherbourg	Manche	Breauté, 6 ¼	Le Hâvre	Seine-Inf.
Braquis, 5	Verdun	Meuse	Breaux, 6	Arcis-sur-Aube	Aube
Bras, 1 ½	Verdun	Meuse	Bréban, 4 ½	Vitry-le-Fran-çais	Marne
Bras, 4	Brignoles	Var			
Bras-d'Asse, 7	Digne	B.-Alpes	Brébières, 4	Arras	Pas-de-Cal.
Brasey-en Morvant, 10	Beaune	Côte-d'Or	Brebotte, 4 ½	Belfort	H.-Rhin
Brasey-en-Plaine, 9	Beaune	Côte-d'Or	Brecé, 2 ½	Rennes	Ille-et-Vil.
Brasey-l'Eglise (Brasey-en-Morvant), 10 ½	Beaune	Côte-d'Or	Brecé, 5	Mayenne	Mayenne
			Breccy, 4	Avranches	Manche
Brasey-le-Bas (Brasey-en-Morvant), 11	Beaune	Côte-d'Or	Brech, 8 ¼	Lorient	Morbihan
			Brechainville, 4	Neufchâteau	Vosges
Brasles, ½	Château-Thier-ry	Aisne	Bréchamps, 3 ½	Dreux	Eure-et-L.
			Brechaumont, 4	Belfort	Haut-Rhin
Braslon, 3 ½	Chinon	Indre-et-L.	Brecklange (Hinckange), 4 ¼	Metz	Moselle
Braspart, 3 ¼	Châteaulin	Finistère			
Brassac, 1 ½	Foix	Ariége	Breconchaux, 1 ¼	Baume	Doubs
Brassac (Grand), 4	Riberac	Dordogne	Brecourt (St.-Andoche), 6 ½	Gray	H.-Saône
Brassac, 3	Issoire	Puy-de-Dô.			
Brassac, 7	Castres	Tarn	Brectouville, 3 ¼	St-Lô	Manche
Brassac, 7	Moissac	Tarn-et-G.	Brécy, 2 ½	Château-Thier-ry	Aisne
Brasseitte, 3	Commercy	Meuse			
Brassempouy, 5 ½	St-Sever	Landes	Brecy, 2 ½	Vouziers	Ardennes
Brasseuil (Auffreville), 1 ¼	Mantes	Seine-et-O.	Brécy, 4 ¼	Caen	Calvados
			Brécy, 4 ½	Bourges	Cher
Brasseuse, 2	Senlis	Oise	Brède (la), 4 ¼	Bordeaux	Gironde
Brassy, 7	Amiens	Somme	Bredon, ½	Murat	Cantal
Brattle, 4 ½	Nancy	Meurthe	Bredon, 6 ¼	St-Jean-d'An-gely	Char.-Inf.
Brancourt, 4	Wassy	H.-Marne.			
Braud, 4 ¼	Blaye	Gironde	Brée, 6	Laval	Mayenne
Braussat, 6	Gannat	Allier	Bréel, 8 ½	Domfront	Orne
Brauvillers, 7	Bar-le-Duc	Meuse	Bregnier, 3	Belley	Ain
Braux, 12	Castellane	B.-Alpes	Brégy, 7	Senlis	Oise
Braux, 2 ½	Mezières	Ardennes	Bréhain, 2 ¼	Château-Salins	Meurthe
Braux, 2 ½	Semur	Côte-d'Or	Bréhain-la-Cour (Bréhain-la-Ville), 5	Briey	Moselle
Braux, 3 ¼	Chaumont	H.-Marne.			
Braux-Ste.-Cohiere, 1	Ste-Menehould	Marne	Bréhain-la-Ville, 5	Briey	Moselle
Braux-St.-Remy, 2	Ste-Menehould	Marne	Bréhal, 4 ½	Coutances	Manche
Brax, 3 ½	Toulouse	H.-Garonne	Bréhain-Loudéac, 7	Ploërmel	Morbihan
Brax, 1 ½	Agen	Lot-et-Gar	Bréhand, 5	St.-Brieuc	Côtes-du-N
Bray, 1 ½	Vervins	Aisne	Bréhat (Isle-), 12	St.-Brieuc	Côtes-du-N
Bray, (Les Bordes), 3 ¼	Troyes	Aube	Bréhemont, 4	Chinon	Indre-et-L.
Bray, 4 ¼	Bernay	Eure	Bréheville, 3 ½	Montmédy	Meuse
Bray, 2	Senlis	Oise	Breil (le), 7 ½	Cahors	Lot
Bray, 1 ¼	Arras	Pas-de-Cal.	Breil, 5	Baugé	Maine-et-L.
Bray, 7	Mâcon	Saône-et-L.	Breil (le), 6	Le Mans	Sarthe
Bray, 4 ¼	Mantes	Seine-et-O.	Breille (la), 4	Saumur	Maine-et-L.
Bray, 4	Péronne	Somme	Breilly, 2 ½	Amiens	Somme
Bray-en-Cinglais, 3	Falaise	Calvados	Brein, 7 ½	Valence	Drôme
Bray-la-Campagne, 6 ¼	Falaise	Calvados	Breindenbach, 7 ¼	Sarreguemines	Moselle
Bray-lès-Mareuil, 2	Abbeville	Somme	Breistroff-la-Grande, 2 ¼	Thionville	Moselle
Bray-St.-Christophe, 3 ½	St.-Quentin	Aisne	Breistroff-la-Petite (Odren), 2 ¼	Thionville	Moselle
Bray-sur-Seine*, 4 ¼	Provins	Seine-et-M.			

Communes.	Arrondissem.	Départem.
Breitenau, 3	Schelestatt	Bas-Rhin
Breitenbach, 3 $\frac{3}{4}$	Schelestatt	Bas-Rhin
Breitenbach, 5 $\frac{1}{4}$	Colmar	Haut-Rhin
Bréievenez, $\frac{1}{4}$	Lannion	Côtes du-N.
Brèles, 5	Brest	Finistère
Brelidy, 3	Guimgamp	Côtes du-N.
Brelou, 2 $\frac{1}{2}$	*Niort*	2 Sèvres
Bremblois (le), 2	Gray	H. Saône
Bremenil, 9	Lunéville	Meurthe
Bremes, 5 $\frac{1}{4}$	St.-Omer	Pas-de-Cal.
Bremmelbach, 6	Haguenau	Bas-Rhin
Bremoncourt (*Montaney*), 11 $\frac{1}{4}$	Montbéliard	Doubs
Bremoncourt, 4	Lunéville	Meurthe
Bremondans, 3 $\frac{1}{2}$	Baume	Doubs
Bremontier, 1	Neufchâtel	Seine-Inf.
Bremontier-lès-Argueil, 8 $\frac{1}{4}$	Neufchâtel	Seine-Inf.
Bremoy, 4 $\frac{1}{2}$	Vire	Calvados
Bremur, 4	Châtillon	Côte-d'Or
Brenac, 7 $\frac{1}{4}$	Limoux	Aude
Brenas, 5	Lodève	Herault
Brenaz, 6 $\frac{1}{4}$	Belley	Ain
Brenelle, 4	Soissons	Aisne
Brennat, 1 $\frac{1}{2}$	Issoire	Puy-de-Dô.
Brennes, 2 $\frac{1}{4}$	Langres	H.-Marne
Brennetuit (*Heugleville*) 5 $\frac{1}{4}$	Dieppe	Seine-Inf.
Brenod, 4	Nantua	Ain
Brénon, 8	Draguignan	Var
Brenouil, 3 $\frac{1}{2}$	Clermont	Oise
Brenoux, 1 $\frac{1}{2}$	Mende	Lozère
Brens, 1	Belley	Ain
Brens, $\frac{1}{4}$	Gaillac	Tarn
Brény, 6 $\frac{1}{2}$	Soissons	Aisne
Bréole (la), 8	Barcelonnette	B.-Alpes
Bréry, 3	Lons-le-Saulnier	Jura
Brès (St.-), 4 $\frac{1}{2}$	Alais	Gard
Brès (St.-), 6	Lectoure	Gers
Brès (St.-), 3	Montpellier	Hérault
Bresche, 15	Chinon	Indre-et-L.
Bréseux, 8 $\frac{3}{4}$	Montbéliard	Doubs
Bresilley, 6 $\frac{1}{4}$	Gray	H.-Saône
Bresles, 3	Beauvais	Oise
Bresles, 5	Amiens	Somme
Bresnay, 4	Moulins	Allier
Brésolettes, 3	Mortagne	Orne
Bressac, 3 $\frac{1}{2}$	Privas	Ardèche
Bresse (la), 8 $\frac{3}{4}$	Remiremont	Vosges
Bresse-sur-Grosne, 7 $\frac{1}{4}$	Châlons	Saône-et-L.
Bressey-sur-Tille, 2 $\frac{1}{2}$	Dijon	Côte-d'Or
Bressieu, 4 $\frac{3}{4}$	Lyon	Rhône
Bressieux, 6	St.-Marcellin	Isère
Bressoles, 7 $\frac{1}{2}$	Trévoux	Ain
Bressoles, 1	Moulins	Allier
Bressoles, 1	Castel-Sarrasin	Tarn et Gar.
Bresson (St.-), 2	Le Vigan	Gard
Bresson, 2	Grenoble	Isère
Bresson (St.-), 3 $\frac{1}{4}$	Figeac	Lot
Bresson (St.-), 8 $\frac{1}{4}$	Lure	H.-Saône
Bressoncourt, 9 $\frac{1}{4}$	Wassy	H.-Marne
BRESSUIRE *,	ch.-l. d'ar., 95	2 Sèvres
BREST *,	ch.-l. d'ar., 164	Finistère

Communes.	Arrondissem.	Départem.
Brest (*Eboz*), 4 $\frac{1}{2}$	Lure	H.-Saône
Brestot, 3	Pont-Audemer	Eure
Bretagne, 5 $\frac{1}{4}$	Condom	Gers
Bretagne, 1 $\frac{1}{2}$	Mont-de-Marsan	Landes
Bretagne, 4 $\frac{1}{2}$	Pau	B.-Pyrén.
Bretagne, 3 $\frac{1}{2}$	Belfort	Haut-Rhin
Bretagne (*Etampes*),	Etampes	Seine-et-O.
Bretagnolles, 3 $\frac{1}{2}$	Evreux	Eure
Bretau, 5	Gien	Loiret
Bretèche (la) (*St.-Nom-la-Bretèche*), 2	Versailles	Seine-et-O.
Bréteil, 1	Montfort	Ille et-Vil.
Bretelle (la) (*Apilly*), 8	Compiègne	Oise
Bretenay, 1 $\frac{1}{2}$	Chaumont	H.-Marne
Breteniére, 2 $\frac{1}{4}$	Dijon	Côte-d'Or
Breteniére (la), 6 $\frac{3}{4}$	Besançon	Doubs
Breteniére (la), 4	Dôle	Jura
Breteniéres, 4 $\frac{1}{2}$	Dôle	Jura
Bretenoux, 10	Figeac	Lot
Breteuil, 7 $\frac{1}{2}$	Evreux	Eure
Breteuil *, 8 $\frac{1}{2}$	Clermont	Oise
Breteuil (*Médon*), 4	Versailles	Seine-et-O.
Bréthel, 6	Mortagne	Orne
Brethon, 5	Montluçon	Allier
Bretigney, 1 $\frac{1}{4}$	Baume	Doubs
Bretignoles, 5	Domfront	Orne
Bretignoles, 3	Bressuire	2 Sèvres
Bretignolles, 4 $\frac{1}{2}$	Les Sables	Vendée
Bretigny (*Prevessin*), 3	Gex	Ain
Brétigny, 3 $\frac{1}{4}$	Montbéliard	Doubs
Brétigny, 4	Bernay	Eure
Brétigny, 7 $\frac{3}{4}$	Compiégne	Oise
Brétigny, 3	Corbeil	Seine-et-O.
Brétigny (*Beaumont*), 4 $\frac{1}{2}$	Châtellerault	Vienne
Bretigny-le-Norges, 1 $\frac{1}{4}$	Dijon	Côte-d'Or
Bretoncelles *, 6 $\frac{1}{2}$	Mortagne	Orne
Bretonie (la), 5	Marmande	Lot-et-Gar.
Bretonnière (la) (*Rouilly*), $\frac{1}{4}$	Provins	Seine-et-M.
Bretonnière (la) (*Chambourcy*, 3 $\frac{1}{2}$	Versailles	Seine-et-O.
Bretonnière (la), 9 $\frac{1}{4}$	Fontenay-le-Comte	Vendée
Brétonvillers, 9 $\frac{1}{4}$	Montbéliard	Doubs
Brets, 6	Toulouse	H.-Garonne
Brette, 3	Ruffec	Charente
Brette, 7 $\frac{1}{4}$	Die	Drôme
Brette, 4 $\frac{1}{4}$	Le Mans	Sarthe
Bretten, 4 $\frac{3}{4}$	Belfort	Haut-Rhin
Bretteville, 2 $\frac{1}{4}$	Cherbourg	Manche
Bretteville, 8 $\frac{1}{4}$	Dieppe	Seine-Inf.
Bretteville, 6 $\frac{1}{4}$	Le Hâvre	Seine-Inf.
Bretteville, 4	Yvetot	Seine-Inf.
Bretteville-l'Orgueilleuse *, 3	Caen	Calvados
Bretteville-la-Parée, 1	Caen	Calvados
Bretteville-le-Rabet, 3 $\frac{1}{4}$	Falaise	Calvados
Bretteville-sur-Bordel, 4	Caen	Calvados
Bretteville-sur-Dives, 6	Lisieux	Calvados
Bretteville-sur-Ay, 7 $\frac{3}{4}$	Coutances	Manche
Bretteville-sur-Laize, 5 $\frac{1}{2}$	Falaise	Calvados
Brettnach, 7 $\frac{1}{2}$	Metz	Moselle
Breuches, 5 $\frac{1}{2}$	Lure	H.-Saône
Breuchotte, 4 $\frac{3}{4}$	Lure	H.-Saône

Communes.	Arrondissem.	Départem.
Breugnon, 2	Clamecy	Nièvre
Breuil (le), 2	La Palisse	Allier
Breuil (la), 3	Bayeux	Calvados
Breuil (le), 6 ¼	Lisieux	Calvados
Breuil (le), 1 ¾	Pont-l'Evêque	Calvados
Breuil (le), 6	Epernay	Marne
Breuil, 5	Rheims	Marne
Breuil, 3 ¾	Wassy	H.-Marne
Breuil (*Troly*), 3 ½	Compiégne	Oise
Breuil (le), 2	Issoire	Puy-de-Dô.
Breuil (le), 4 ¼	Villefranche	Rhône
Breuil (le), 6	Autun	Saône-et-L.
Breuil (le), 1 ¼	Mantes	Seine-et-O.
Breuil (le), 4 ½	Bressuire	2 Sèvres
Breuil, 7	Montdidier	Somme
Breuil (le) (*Olonne*), 1 ½	Les Sables	Vendée
Breuil-Barret, 5 ¼	Fontenay-le-Comte	Vendée
Breuil-Bernard (le), 6	Parthenay	2 Sèvres
Breuil-Chaussé, 1 ½	Bressuire	2 Sèvres
Breuil-le-Réorte (le), 9 ½	Rochefort	Char.-Inf.
Breuil-le-Sec, ½	Clermont	Oise
Breuil-le-Vert, ½	Clermont	Oise
Breuil-Magné, 1 ¼	Rochefort	Char.-Inf.
Breuil-Pont, 5 ¼	Evreux	Eure
Breuil-sur-Sacouin, 1 ½	Soissons	Aisne
Breuilh (le), 6 ¾	Bergerac	Dordogne
Breuilland, 7	Ruffec	Charente
Breuillanfa, 2 ¼	Bellac	H.-Vienne
Breuilles, 4	St.-Jean-d'Angely	Char.-Inf.
Breuillet, 4	Marennes	Char.-Inf.
Breuillet, 9 ½	Rambouillet	Seine-et-O.
Breuilh, 1 ½	Périgueux	Dordogne
Breurey-lès-Savernay, 4 ½	Vesoul	H.-Saône
Breurey-lès-Sorans, 7 ½	Vesoul	H.-Saône
Breuvannes, 10	Chaumont	H.-Marne
Breuve (*Brugny*), 2	Epernay	Marne
Breuvery, 3	Châlons-sur-Marne	Marne
Breuville, 5 ½	Valognes	Manche.
Breux, 7 ½	Evreux	Eure
Breux, 1 ¼	Montmédy	Meuse
Breux, 9 ½	Rambouillet	Seine-et-O.
Brevainville, 5 ½	Vendôme	Loir-et-Ch.
Breval, 4	Mantes	Seine-et-O.
Brevands, 7	St.-Lô	Manche
Brevannes (*Limeil*), 4 ¾	Corbeil	Seine-et-O.
Brevans, ½	Dôle	Jura
Breveaux, 1 ¼	Argentan	Orne
Brevedent (le), 2 ¼	Pont-l'Evêque	Calvados.
Brêves, 2 ½	Clamecy	Nièvre.
Bréviaires (les), 1 ¼	Rambouillet	Seine-et-O.
Breviande, 1	Troyes	Aube
Brevière (le), 5 ¼	Lisieux	Calvados
Brevière (la) (*St.-Jean-aux-Bois*), 1 ¼	Compiégne	Oise
Breville, 2 ¼	Caen	Calvados
Breville, 3 ¾	Cognac	Charente
Bréville, 6	Coutances	Manche
Brévillers, 5 ½	Montreuil	Pas-de-Cal.
Brévillers, 2 ½	Doullens	Somme
Brévilliers, 11 ½	Lure	H.-Saône
Brevilly, 2 ½	Sedan	Ardennes
Brévin (St.-), 3	Paimbœuf	Loire-Inf.
Brevonne, 5 ½	Troyes	Aube
Brexent, 2	Montreuil	Pas-de-Cal.
Brey (le), 5	Pontarlier	Doubs
Bréze, 6 ¼	Besançon	Doubs
Brézé, 3	Saumur	Maine-et-L.
Breziers, 8	Embrun	H.-Alpes
Brézilhac, 6 ¼	Limoux	Aude
Brezins, 8	St.-Marcellin	Isère
Brezoles (*Chapet*), 6	Versailles	Seine-et-O.
Brézolles *, 5 ½	Dreux	Eure-et-L.
Brezons, 7	St.-Flour	Cantal
Briac (St.-), 2 ½	St.-Malo	Ille-et-Vil.
BRIANÇON *,	ch.-l. d'ar. 171	H.-Alpes
Briançonnet, 12	Grasse	Var
Briancourt (*Bosseval*), 2	Sedan	Ardennes
Briancourt, 3	Chaumont	H.-Marne
Brianderie (la) (*Chantenay*), ½	Nantes	Loire-Inf.
Brianny, 3	Semur	Côte-d'Or
Briant, 5 ½	Charolles	Saône-et-L.
Briantes, 1	La Châtre	Indre
Briare *, 2 ½	Gien	Loiret
Briarres, 4	Pithiviers	Loiret
Brias, 1 ¼	St.-Pol	Pas-de-Cal.
Briastre, 6 ¾	Cambrai	Nord
Briatexte, 3	Lavaur	Tarn
Briaucourt, 9	Lure	H.-Saône
Bric, 6	Rennes	Ille-et-Vil.
Brice (St.-), 1 ¾	Cognac	Charente
Brice (St.-), 8	La Réole	Gironde
Brice (St.-) 3 ½	Fougères	Ille-et-Vil.
Brice (St.-), 7	Agen	Lot-et-Gar.
Brice (St.-), 1 ¼	Avranches	Manche
Brice (St.-), ¾	Rheims	Marne
Brice (St.-), 4 ½	ChâteauGontier	Mayenne
Brice (St.-), 3 ¾	Argentan	Orne
Brice (St.-) ½	Provins	Seine-et-M.
Brice (St.-), 6	Pontoise	Seine-et-O.
Brice (St.-), 3	Rochechouart	H.-Vienne
Brice-de-Landelle (St.-), 4 ½	Mortain	Manche
Brice-en-Passais (St.-), 1 ½	Domfront	Orne
Briche (la), 7 ¾	Lectoure	Gers
Briche (la) (*d'Epinay-sur-Seine et de St.-Denis*), ½	St.-Denis	Seine
Briche (la) (*Souzi-la-Briche*), 3	Etampes	Seine-et-O.
Bricon, 3 ¼	Chaumont	H.-Marne
Briconville, 3	Chartres	Eure-et-L.
Bricot-la-ville, 11 ¼	Epernay	Marne
Bricquebec *, 3 ¼	Valognes	Manche
Bricquebost, 4	Cherbourg	Manche
Bricqueville-la-Blonette, 1	Coutances	Manche
Bricqueville-sur-Mer, 4 ½	Coutances	Manche
Bricy, 3 ½	Orléans	Loiret
Bridoré (le), 3	Loches	Indre-et-L.
Brie, 6	Laon	Aisne
Brie, 3 ½	Pamiers	Ariége
Brie, 3	Angoulême	Charente

Communes.	Arrondissem.	Departem.
Brie, 5	St-Jean-d'Angely	Char.-Inf.
Brie, 2 ½	Grenoble	Isère
Brie, 9	Bressuire	2 Sèvres
Brie, 2	Péronne	Somme
Brie-Comte-Robert,* 4 ½	Melun	Seine-et-M.
Brie-de-Barbezieux, 4	Barbezieux	Charente
Brie-de-Chalais, 8	Barbezieux	Charente
Brie sous Archiac, 2 ½	Jonzac	Char.-Inf.
Brie sous-Mortagne, 9	Saintes	Char.-Inf.
Brie sur-Marne, 5	Sceaux	Seine
Briec, 3 ¼	Quimper	Finistère
Briel, 2 ½	Bar sur-Seine	Aube
Brielles, 5	Vitré	Ille-et-Vil.
Brienne, 5 ½	Rethel	Ardennes
Brienne, 4 ¾	Louhans	Saône-et-L.
Brienne-la Vieille, 4 ¾	Bar-sur-Aube	Aube
Brienne-le Château*, 5	Bar-sur-Aube	Aube
Briennon, 3 ½	Roanne	Loire
Brienon*, 4 ¾	Joigny	Yonne
Brière (la), (*d'Itteville*), 3 ¼	Etampes	Seine-et-O.
Brières, 1 ¼	Vouziere	Ardennes
Brieres-les-Scellés, ½	Etampes	Seine-et-O.
Brien Cantainet, 13	Espalion	Aveiron
Brieuc (St.-)*,	ch.-l. de dép., 114	Côtes-du-N.
Brieuc-des-Iffs (St.-), 6	Montfort	Ille-et-Vil.
Brieuil, 4 ½	Melle	2 Sèvres
Brieulles, 4	Vouziers	Ardennes
Brieulles-sur-Meuse, 5 ½	Montmedy	Meuse
Brieux, 3	Argentan	Orne
Brieux-de-Mauron (St.-), 6	Ploërmel	Morbihan
Briey*	ch.-l. d'ar., 75	Moselle
Briffons, 8	Clermont	Puy-de-Dô.
Brigitte (Ste.-), 4 ½	Pontivy	Morbihan
Brignac, 5	Brives	Corrèze
Brignac, 5 ½	Lodève	Herault.
Brignac, 6	Ploërmel	Morbihan
Brignais*, 2 ½	Lyon	Rhône
Brignancourt, 3 ¾	Pontoise	Seine-et-O.
Brigné, 5 ½	Saumur	Maine-et-L.
Brignemont, 10 ½	Toulouse	H.-Garonne
Brigneuil, 4	Confolens	Charente
Brignoles*,	ch.-l. d'ar., 22	Var
Brignon, 4 ½	Alais	Gard
Brignon (le), 2 ¾	Le Puy	H.-Loire
Brigueil, 4 ½	Montmorillon	Vienne
Brillac, 2 ½	Confolens	Charente
Brillane (la), 3	Forcalquier	B.-Alpes
Brillat, 5	St.-Claude	Jura
Brillecourts, 5	Arcis-sur-Aube	Aube
Brillevast, 3 ¾	Cherbourg	Manche
Brillon, 2 ½	Bar-le-Duc	Meuse
Brillon, 6 ¼	Douai	Nord
Brimborion (*Sèvres*), 2	Versailles	Seine et-O.
Brimeux, 1 ½	Montreuil	Pas-de-Cal.
Brimont, 2 ¼	Rheims	Marne
Brin, 3 ¼	Nancy	Meurthe
Brinay, 7	Bourges	Cher
Brinay, 5 ¼	ChâteauChinon	Nièvre
Brinckheim, 4 ¼	Altkirch	H.-Rhin
Brindas, 2 ½	Lyon	Rhône
Bringolo, 2 ½	Guimgamp	Côtes-du-N.

Communes.	Arrondissem.	Departem.
Bringues, 4 ½	Figeac	Lot
Brinighoffen, 1 ¾	Altkirch	Haut-Rhin
Brinon, 13	Sancerre	Cher
Brinon-les-Allemands, 6 ½	Clamecy	Nièvre
Briollay, 2 ½	Angers	Maine-et-L.
Briols, 4	St.-Affrique	Aveiron
Brion, 4	St. Marcellin	Isère
Brion, 8 ¼	Marvejols	Lozère
Brion, 3	Baugé	Maine-et-L.
Brion, 1 ½	Autun	Saône-et L.
Brion, 8	Bressuire	2 Sèvres
Brion, 8	Civray	Vienne
Brion, 1 ¼	Joigny	Yonne
Brion-sur Ource, 2 ½	Châtillon	Côte-d'Or
Brione, 6 ¼	Mamers	Sarthe
Brionne (la), 1 ¼	Guéret	Creuse
Brionne*, 3 ½	Bernay	Eure
Briord, 7 ¼	Belley	Ain
Briot, 6 ½	Beauvais	Oise
Briot, 2 ½	Péronne	Somme
Briou, 8 ½	Blois	Loir et-C.
Brioude*,	ch.-l. d'ar., 119	H.-Loire
Briounes, 1 ½	Espalion	Aveiron
Brioux, 2 ½	Melle	2 Sèvres
Briouzé, 7	Argentan	Orne
Brioz, 1 ¼	Lons-le-Saulnier	Jura
Briquemenil, 4	Amiens	Somme
Briquenay, 3	Vouziers	Ardennes
Briquetière (la), 3	Argentan	Orne
Briqueville, 6 ¼	Bayeux	Calvados
Bris (St.-)*, 2	Auxerre	Yonne
Bris-des-Bois (St.- 3 ½	Saintes	Char.-Inf.
Brisack (Neuf-)*, 3	Colmar	Haut-Rhin
Brisambourg, 3	St.-Jean-d'Angely	Char.-Inf.
Briscous, 2 ¼	Bayonne	B.-Pyrén
Brissac, 7 ¼	Montpellier	Hérault
Brissac*, 10 ¾	Saumur	Maine-et-L.
Brissarthe, 7 ½	Segré	Maine-et-L.
Brissay, 4	St.-Quentin	Aisne
Brisson (St.-), 1 ½	Gien	Loiret
Brisson (St.-), 7 ½	Château-Chinon	Nièvre
Brissy, 3 ½	St.-Quentin	Aisne
Brives*,	ch.-l. d'ar., 125	Corrèze
Brives, ¾	Le Puy	H.-Loire
Brives, 3	Issoudun	Indre
Brives-sur-Charente, 4	Saintes	Char.-Inf.
Brivesac, 7 ½	Brives	Corrèze
Brix, 2 ¼	Valognes	Manche
Brixey-aux-Chanoines, 8 ¼	Commercy	Meuse
Brizay, 3	Chinon	Indre-et-L.
Brizeaux, 7	Bar-le-Duc	Meuse
Broc, 5	Baugé	Maine-et-L.
Broc (le), 1 ½	Issoire	Puy-de-Dô.
Broc (le), 9	Grasse	Var
Brocas, 6	Mont-de-Marsan	Landes
Brochon, 2 ¼	Dijon	Côte-d'Or
Brocotte, 5 ½	Pont-l'Evêque	Calvados
Brocourt, 4 ¼	Verdun	Meuse

Communes.	Arrondissem.	Départem.
Brocourt, 10	Amiens	Somme
Broglie ou Chambrois,* 2¼	Bernay	Eure
Brognard, 1½	Montbéliard	Doubs
Brognon, 4	Rocroi	Ardennes
Brognon, 2¼	Dijon	Côte d'Or
Broin, 6	Beaune	Côte-d'Or
Broin-les-Moines (St.-), 7¼	Châtillon	Côte d'Or
Broindon, 3	Dijon	Côte-d'Or
Broing (St.-), 2½	Gray	H.-Saône
Broing-le-Bois (St.), 4¼	Langres	H.-Marne
Broing-les-Fosses (St.), 4½	Langres	H.-Marne
Broissé-le-Sec, 7	Mamers	Sarthe
Broissia, 10	Lons-le-Saulnier	Jura
Broladre (St.-), 10	St.-Malo	Ille-et-Vil.
Brombos, 6½	Beauvais	Oise
Bromeilles, 5	Pithiviers	Loiret
Brommat, 1¼	Espalion	Aveiron
Brommes, 16	Espalion	Aveiron
Bromont, 5	Riom	Puy-de-Dô.
Bron, 6¼	Vienne	Isère
Bronac, 6	Barbezieux	Charente
Broncourt, 7	Langres	H.-Marne
Bronvaux, 2¾	Briey	Moselle
Bronzet, 12¼	Le Vigan	Gard
Broons*, 6	Dinan	Côtes-du-N
Broons-sur-Vilaine, 5	Vitré	Ille-et-Vil.
Broque (la), 8	St.-Dié	Vosges
Broquère (la), 3	St.-Gaudens	H.-Garonne
Broquier, 8½	Beauvais	Oise
Broquiez, 6	St.-Affrique	Aveiron
Brossain, 15½	Tournon	Ardèche
Brosse (la) (*Montfey*), 7½	Troyes	Aube
Brosse (la) (*Chapelle-des-Fougerais*), 2¾	Rennes	Ille-et-Vil.
Brosse (la) (*St.-Gregoire*), 1	Rennes	Ille-et-Vil.
Brosse (la), 3½	Pithiviers	Loiret
Brossé, 4	Saumur	Maine-et-L.
Brosse (la) (*Chaintreaux*), 7½	Fontainebleau	Seine-et-M.
Brosse-Monceaux, 7¼	Fontainebleau	Seine-et-M.
Brosses, 4½	Avallon	Yonne
Brosses (les) (*Chanu*), 5	Domfront	Orne
Brosville, 2	Evreux	Eure
Brotte, 6¼	Gray	H.-Saône
Brotte, 4½	Lure	H.-Saône
Brottes, 1	Chaumont	H.-Marne
Brou*, 6	Châteaudun	Eure-et-L.
Brou, 5¼	Meaux	Seine-et-M.
Brouage, 1½	Marennes	Char.-Inf.
Brouay, 2½	Béthune	Pas-de-Cal.
Brouaines, 1½	Montmédy	Meuse
Brouains, 1¼	Mortain	Manche
Brouchaud, 7	Périgueux	Dordogne
Brouchy, 6½	Péronne	Somme
Brouck (*Narbéfontaine*), 5	Metz	Moselle.
Brouckerque, 3	Dunkerque	Nord
Brouderdorff, 1¼	Sarrebourg	Meurthe
Broué, 3	Dreux	Eure-et-L.

Communes.	Arrondissem.	Départem.
Brouelles (*Maxou*), 3¼	Cahors	Lot
Brouilla, 4¼	Perpignan	Pyrén.-Or.
Brouillet, 5½	Rheims	Marne
Brouqueyran, 1¾	Bazas	Gironde
Brousse, 2	Carcassonne	Aude
Brousse, 6½	St.-Affrique	Aveiron
Brousse (la), 3	Aurillac	Cantal.
Brousse (la), 3	St.-Jean-d'Angely	Char.-Inf.
Brousse, 5½	Aubusson	Creuse.
Brousse (la), 2½	Brioude	H.-Loire
Brousse, 4½	Ambert	Puy-de-Dô.
Brousse, 5½	Castres	Tarn
Brousseval, ½	Wassy	H.-Marne
Broussey-en-Blois, 4	Commercy	Meuse
Broussey-en-Wævre, 3¼	Commercy	Meuse
Broussy-le-Grand, 8	Epernay	Marne
Boussy-le-Petit, 7¼	Epernay	Marne
Broust, 3	Gannat	Allier
Brouthieres, 8¾	Wassy	H.-Marne
Brouvelieures, 4	St.-Dié	Vosges
Brouville, 6¼	Lunéville	Meurthe
Brouviller, 2¾	Sarrebourg	Meurthe
Brouy, 4	Etampes	Seine-et-O.
Brouzet, 3	Alais	Gard
Brouzils (les), 6	Bourbon-Vendée	Vendée
Brovès, 6	Draguignan	Var
Broxeele, 6½	Dunkerque	Nord
Broye, 6	Clermont	Oise
Broye (la), 6¼	Montreuil	Pas-de-Cal.
Broye, 2½	Autun	Saône-et-L.
Broye-les-Loups, 3¼	Gray	H.-Saône
Broye-lès-Pesmes, 4¾	Gray	H.-Saône
Broyes, 8½	Epernay	Marne
Broze, ½	Gaillac	Tarn
Bru, 7¼	Epinal	Vosges
Bruailles, 1	Louhans	Saône-et-L.
Bruant (*Delain*), 6	Dijon	Côte-d'Or
Bruay, 10¾	Douai	Nord
Bruc, 4½	Redon	Ille-et-Vil.
Bruc (le), 5	Albi	Tarn
Brucamps, 5	Abbeville	Somme
Bruchbach, 4	Altkirch	H.-Rhin
Bruch, 3½	Nerac	Lot-et-Gar.
Brucheville, 6½	Valognes	Manche
Brucourt, 5½	Pont-l'Evêque	Calvados
Brue, 5	Brignoles	Var
Brueil, 2½	Mantes	Seine-et-O.
Bruejouls, 4½	Rodez	Aveiron
Bruère (la), 6	La Flèche	Sarthe
Bruffière (la), 12	Bourbon-Vendée	Vendée
Brugairolles, 3¼	Limoux	Aude
Brugeron (le), 3½	Ambert	Puy-de-Dô.
Bruges, 1	Bordeaux	Gironde
Bruges, 6	Pau	B.-Pyrén.
Brugheas, 3	Gannat	Allier
Brugière (la), *dit Dulac*, 2½	Castres	Tarn
Brugnac, 8	Marmande	Lot-et-Gar.
Brugny, 2	Epernay	Marne
Bruguière (la), 3½	Uzès	Gard
Bruguières, 3½	Toulouse	H.-Garonne

Communes.	Arrondissem.	Départem.	Communes.	Arrondissem.	Départem.
Bruignens, $3\frac{1}{4}$	Lectoure	Gers	Buat (le), $4\frac{1}{2}$	Mortain	Manche
Bruille-lès-Marchiennes, 3	Douai	Nord	Buat (le), $5\frac{1}{4}$	Mortagne	Orne
			Bubertré, $2\frac{1}{4}$	Mortagne	Orne
Bruille-St.-Amand $9\frac{1}{2}$	Douai	Nord	Bubry, $8\frac{1}{2}$	Lorient	Morbihan
			Buc, $1\frac{1}{2}$	Belfort	Haut-Rhin
Brulain, $3\frac{1}{4}$	Niort	2 Sèvres	Buc, $\frac{1}{4}$	Versailles	Seine-et-O.
Brulais (les), 6	Redon	Ille-et-Vil.	Bucamps, $4\frac{1}{4}$	Clermont	Oise
Brulange, 11	Sarreguemines	Moselle	Bucels, $2\frac{1}{4}$	Bayeux	Calvados
Brulate (la), $3\frac{1}{4}$	Laval	Mayenne	Bucey-en-Othe, 4	Troyes	Aube
Bruley, 1	Toul	Meurthe	Bucey-lès-Gy. $5\frac{1}{2}$	Gray	H.-Saône
Brullemail, $10\frac{1}{2}$	Alençon	Orne	Bucey-lès-Traves, $4\frac{1}{4}$	Vesoul	H.-Saône
Brullioles, $5\frac{1}{4}$	Lyon	Rhône	Buchelay, 1	Mantes	Seine-et-O.
Brulon, 7	La Flèche	Sarthe	Buchères, $2\frac{1}{4}$	Troyes	Aube
Brumath, $4\frac{1}{4}$	Strasbourg	Bas-Rhin	Buchey, $7\frac{1}{2}$	Chaumont	H. Marne
Brumetz, $5\frac{1}{4}$	Château-Thierry	Aisne	Buchoire (*Guiscard*), $8\frac{1}{4}$	Compiègne	Oise
			Buchy, 3	Metz	Moselle
Brunelles, $1\frac{1}{2}$	Nogent-le-Rotrou	Eure-et-L.	Buchy *, 7	Rouen	Seine-Inf.
			Bucilly, 3	Vervins	Aisne
Brunembert, $5\frac{1}{4}$	Boulogne	Pas-de-Cal.	Bucquière (le), 6	Arras	Pas-de-Cal.
Brunemont, 3	Douai	Nord	Bucquoy, 4	Arras	Pas de-Cal.
Brunet, 10	Digne	B.-Alpes.	Bucy-le-Long, 1	Soissons	Aisne
Bruneval, 5	Le Hâvre	Seine-Inf.	Bucy-le-Roi, $4\frac{1}{4}$	Orléans	Loiret
Brunhamel, 14	Laon	Aisne	Bucy-lès-Cerny, $1\frac{1}{2}$	Laon	Aisne
Bruniquel, 7	Montauban	Tarn-et-G.	Bucy-lès-Pierrepont, $6\frac{1}{4}$	Laon	Aisne
Brunoy, $3\frac{1}{2}$	Corbeil	Seine-et-O.	Bucy-St.-Liphard, 3	Orléans	Loiret
Brunstatt, $3\frac{1}{4}$	Altkirch	Haut-Rhin	Budange (*Hombourg*), $3\frac{1}{2}$	Thionville	Moselle
Brunville, 5	Dieppe	Seine-Inf.			
Brunvillers-la-Motte, 5	Clermont	Oise	Budange - sous - Justemont (*Fameck*), 2	Thionville	Moselle
Broquedalle, 9	Neufchâtel	Seine-Inf.			
Brus-sous-Forges, $6\frac{1}{4}$	Rambouillet	Seine-et-O.	Buding, 2 $\frac{1}{2}$	Thionville	Moselle
Bruschwickersheim, $2\frac{1}{2}$	Strasbourg	Bas-Rhin	Budling, 4	Thionville	Moselle
Brusque, 7	St.-Affrique	Aveiron	Budos, $11\frac{1}{4}$	Bordeaux	Gironde
Brusquet (le), 3	Digne	B-Alpes	Bué, 1	Sancerre	Cher
Brussey, $6\frac{1}{4}$	Gray	H.-Saône	Bueil, $6\frac{1}{2}$	Evreux	Eure
Brusson, 2	Vitry-le-Français	Marne	Bueil, $7\frac{1}{2}$	Tours	Indre-et-L.
			Buel (St.-), $6\frac{3}{4}$	La Tour-du-Pin	Isère
Brustico, $4\frac{1}{4}$	Corte	Corse	Buellaz, $1\frac{1}{2}$	Bourg	Ain
Brusvily, $2\frac{1}{12}$	Dinan	Côtes-du-N.	Bueswiler, $5\frac{1}{4}$	Saverne	Bas-Rhin
Brutelles, 6	Abbeville	Somme	Buethwiller, $6\frac{1}{4}$	Belfort	Haut-Rhin
Brutz, 3	Rennes	Ille-et-Vil.	Buffard, $7\frac{1}{4}$	Besançon	Doubs
Bruville, $2\frac{3}{4}$	Briey	Moselle	Buffières, $7\frac{1}{4}$	Mâcon	Saône-et-L.
Brux, 4	Civray	Vienne	Buffignécourt, 7	Vesoul	H-Saône
Bruyère (la), 6	Beaune	Côte-d'Or	Buffon, 6	Semur	Côte-d'Or
Bruyère (la), $3\frac{1}{2}$	Muret	H.-Garonne	Bugarach, 9	Limoux	Aude
Bruyère (la), 2	Clermont	Oise	Bugard, 6	Tarbes	H.-Pyrén.
Bruyère (la) (*Le Meux*), $2\frac{1}{4}$	Compiègne	Oise	Bugeac, $6\frac{1}{4}$	Ussel	Corrèze
			Buglise, 3	Le Hâvre	Seine-Inf.
Bruyère (la), 6	Lure	H.-Saône	Bugnac, $2\frac{3}{4}$	Villefranche	H.-Garonne
Bruyère-Bezacoul (la), 9	Castres	Tarn	Bugnen, $4\frac{1}{2}$	Orthez	B.-Pyrén.
Bruyères, $4\frac{1}{2}$	Château-Thierry	Aisne	Bugnicourt, $2\frac{1}{2}$	Douai	Nord
			Bugnières, $5\frac{1}{4}$	Chaumont	H.-Marne
Bruyères, 1	Laon	Aisne	Bugny, 4	Pontarlier	Doubs
Bruyères, $4\frac{1}{2}$	Pontoise	Seine-et-O.	Bugue (le) *, 6	Sarlat	Dordogne
Bruyères *, 6	Epinal	Vosges	Buhl, $\frac{1}{4}$	Sarrebourg	Meurthe
Bruyères-le-Châtel, $7\frac{1}{2}$	Corbeil	Seine-et-O.	Buhl, $5\frac{1}{2}$	Haguenau	Bas-Rhin
Bruys, 6	Soissons	Aisne	Buhulien, $\frac{1}{2}$	Lannion	Côtes-du-N.
Bruys, 15	Gap	H.-Alpes	Buhy, $6\frac{1}{4}$	Mantes	Seine-et-O.
Bruzac (*Gilhac*), 10	Privas	Ardèche	Buicourt, 6	Beauvais	Oise
Bry, $9\frac{1}{2}$	Avesnes	Nord	Buigny-l'Abbé, $2\frac{1}{4}$	Abbeville	Somme
Bu, 3	Dreux	Eure-et-L.	Buigny - lès - Gamaches, $5\frac{1}{2}$	Abbeville	Somme
Bû-sur-Rouvres (le), $4\frac{3}{4}$	Falaise	Calvados			
Bouanes, $3\frac{1}{4}$	St-Sever	Landes	Buigny-St.-Macloux, $1\frac{1}{4}$	Abbeville	Somme
Buasserie (la, (*Moussy*), 1	Epernay	Marne	Builly-en-Gohelle, $3\frac{1}{4}$	Bethune	Pas-de-Cal.
			Buire, 3	Vervins	Aisne
			Buire, $1\frac{1}{2}$	Péronne	Somme

Communes.	Arrondissem.	Départem.
Buire-au-Bois, 6 ¼	St.-Pol	Pas-de-Cal.
Buire-le-Sec, 1 ½	Montreuil	Pas-de-Cal.
Buire-sous-Corbie, 7	Péronne	Somme
Buironfosse, 3 ½	Vervins	Aisne
Buis (le) *, 6 ½	Nyons	Drôme
Buis (*Cour*), 3 ¼	Vienne	Isère
Buis (le) (*St.-Simphorien*), 4	Bellac	H.-Vienne
Buissard, 4 ½	Gap	H.-Alpes
Buisse (la), 3 ¾	Grenoble	Isère
Buissière, 5 ½	Grenoble	Isère
Buissière (la), 2 ½	Béthune	Pas-de-Cal.
Buissière-Rapy (la), 7 ¼	Bellac	H.-Vienne
Buisson (le), 4	Caen	Calvados
Buisson (le), 2 ¼	Marvejols	Lozère
Buisson (le), 5 ½	Coutances	Manche
Buisson (le), 3	Vitry-le-Français	Marne
Buisson (le) (*Plaisir*), 3	Versailles	Seine-et-O.
Buisson, 5	Orange	Vaucluse
Buissoncourt, 3 ½	Nancy	Meurthe
Buissy, 5	Arras	Pas-de-Cal.
Bujaleuf, 6 ½	Limoges	H.-Vienne
Bulagny (Château-) (*Osny*), ½	Pontoise	Seine-et-O.
Bulainville, 6	Bar-le-Duc	Meuse
Bulan, 5	Bagnères	H.-Pyrén.
Bulat-en-Pestivien, 5 ½	Guingamp	Côtes-du-N.
Bulcy, 5	Cosne	Nièvre
Buléon, 6	Ploërmel	Morbihan
Bulgnéville, 4 ½	Neufchâteau	Vosges
Bulhon, 4	Thiers	Puy-de-Dô.
Bulin (*Marsaux*), 3 ¼	Rheims	Marne
Bullainville, 4 ¼	Châteaudun	Eure-et-L.
Bulle, 3 ¼	Pontarlier	Doubs
Bullecourt, 4 ½	Arras	Pas-de-Cal.
Bulles, 2 ¼	Clermont	Oise
Bulligny, 3	Toul	Meurthe
Bullion, 3 ¼	Rambouillet	Seine-et-O.
Bullou, 6 ¼	Châteaudun	Eure-et-L.
Bully, 2 ¼	Caen	Calvados
Bully, 3 ½	Roanne	Loire
Bully, 4 ¼	Lyon	Rhône
Bully, 1 ½	Neufchâtel	Seine-Inf.
Bulson, 2 ½	Sedan	Ardennes
Bult, 5	Épinal	Vosges
Bun, 2 ¼	Argelès	H.-Pyrén.
Buncey, 1	Châtillon	Côte-d'Or
Buneville, 1 ¾	St.-Pol	Pas-de-Cal.
Buno, 5	Étampes	Seine-et-O.
Bunus, 5 ¼	Mauléon	B.-Pyrén.
Bunzac, 4	Angoulême	Charente
Buous, 2	Apt	Vaucluse
Burbach, 7 ½	Saverne	Bas-Rhin
Burbach-le-Bas, 6 ¾	Belfort	Haut-Rhin
Burbach-le-Haut, 7 ½	Belfort	Haut-Rhin
Burbanche (la), 4	Belley	Ain
Burbures, 5 ¼	Béthune	Pas-de-Cal.
Burcin, 5	La Tour-du-Pin	Isère
Burckenwald, 2 ¼	Saverne	Bas-Rhin
Burcy, 2 ¼	Vire	Calvados
Burcy, 6	Fontainebleau	Seine-et-M.
Burdigne, 8	St.-Étienne	Loire
Bure, 7	Châtillon	Côte-d'Or
Bure, 8	Bar-le-Duc	Meuse
Bure, 3 ½	Briey	Moselle
Bure (*Morainvilliers*), 5 ½	Versailles	Seine-et-O.
Buré, 2 ¾	Mortagne	Orne
Buré-la-Ville, 8	Briey	Moselle
Burée, 1 ½	Riberac	Dordogne
Burelle, 1 ¼	Vervins	Aisne
Bures, 3 ¼	Caen	Calvados
Bures, 4	Vire	Calvados
Bures, 3 ¼	Château-Salins	Meurthe
Bures, 9 ½	Alençon	Orne
Bures, 3	Versailles	Seine-et-O.
Bures (*Orgeval*), 4	Versailles	Seine-et-O.
Bures, 2	Neufchâtel	Seine-Inf.
Buret, 5 ½	Toulouse	H.-Garonne
Buret (le), 4	Château-Gontier	Mayenne
Burey, 4	Evreux	Eure
Burey-en-Vaux, 6 ¼	Commercy	Meuse
Burey-la-Côte, 8 ¼	Commercy	Meuse
Burg, 6	Tarbes	H.-Pyrén.
Burgade (la), 3	Cahors	Lot
Burgalays, 6 ½	St.-Gaudens	H.-Garonne
Burgaronne, 4 ½	Orthez	B.-Pyrén.
Burgaud (le), 7 ½	Toulouse	H.-Garonne
Burgheim, 3 ½	Schélestatt	Bas-Rhin
Burgille-lès-Marnay, 5	Besançon	Doubs
Burgnac, 3	Limoges	H.-Vienne
Burgy, 5	Mâcon	Saône-et-L.
Buricourt, 7 ½	Vouziers	Ardennes
Burie, 5	Saintes	Char.-Inf.
Burigna, 12 ½	Lons-le-Saulnier	Jura
Buriville, 4 ½	Lunéville	Meurthe
Burlats, 2 ½	Castres	Tarn
Burlioncourt, 2	Château-Salins	Meurthe
Burnand, 10 ½	Mâcon	Saône-et-L.
Burnevillers, 11 ¼	Montbéliard	Doubs
Burnhaupt-Bas, 7	Belfort	Haut-Rhin
Burnhaupt-Haut, 6 ¼	Belfort	Haut-Rhin
Buron, 3 ¼	Lons-le-Saulnier	Jura
Buron (*Yronde*), 5 ½	Clermont	Puy-de-Dô.
Buros, 2	Pau	B.-Pyrén.
Burosse, 10 ¼	Pau	B.-Pyrén.
Bursard, 5	Alençon	Orne
Burthecourt, 1	Château-Salins	Meurthe
Burthecourt, 3 ½	Nancy	Meurthe
Burtoncourt, 4 ¾	Metz	Moselle
Bury (*Les Istres*), 2 ¼	Epernay	Marne
Bury, 2	Clermont	Oise
Burzet, 6 ¼	Argentière	Ardèche
Burzy, 12	Mâcon	Saône-et-L.
Bus, 7	Arras	Pas-de-Cal.
Bus, 5	Doullens	Somme
Bus, 3	Montdidier	Somme
Bus-St.-Remy, 4 ½	Les Audelys	Eure
Busca, 2 ½	Condom	Gers
Buschwiller, 5	Altkirch	Haut-Rhin
Buscon, 1 ½	Agen	Lot-et-Gar.
Busigny, 7 ½	Cambrai	Nord
Busloup, 3	Vendôme	Loir-et-Ch.
Busnes, 5	Béthune	Pas-de-Cal.

Communes.	Arrondissem.	Départem.
Busque, 6	Lavaur	Tarn
Bussac, 6 ½	Jonzac	Char.-Inf.
Bussac, 1 ½	Saintes	Char.-Inf.
Bussac, 3 ¼	Périgueux	Dordogne
Bussang, 9 ¾	Remiremont	Vosges
Busseau (le), 7	Niort	2 Sèvres
Busseaut, 4 ¾	Châtillon	Côte-d'Or
Busséol, 6	Clermont	Puy-de-Dô.
Busserolle, 4 ¼	Nontron	Dordogne
Busset, 6 ½	La Palisse	Allier
Busseuil, 2 ½	Charolles	Saône-et-L.
Bussiares, 2 ½	Château-Thierry	Aisne
Bussian (*Villiers-sur-Gretz*), 3	Fontainebleau	Seine-et-M.
Bussière, 2 ½	Boussac	Creuse
Bussière (la), 3	Gien	Loiret
Bussière (*Dangé*), 4 ½	Châtelleranlt	Vienne
Bussière (la), 7	Montmorillon	Vienne
Bussière-Badil, 3 ¼	Nontron	Dordogne
Bussière-Boffy, 4 ¼	Bellac	H.-Vienne
Bussière-Dunoise, 3 ¼	Guéret	Creuse
Bussière-Galand, 5 ½	St.-Yrieix	H.-Vienne
Bussière-Nouvelle, 5 ¼	Aubusson	Creuse
Bussière-Poitevin, 4 ¼	Bellac	H.-Vienne
Bussière-sur-Ouche (la), 6	Beaune	Côte-d'Or
Bussières, 1 ½	Bar-sur-Seine	Aube
Bussières, 9 ½	Dijon	Côte-d'Or
Bussières, 7 ¾	Roanne	Loire
Bussières, 5 ½	Langres	H.-Marne
Bussières, 2	Riom	Puy-de-Dô
Bussières, 10	Vesoul	H.-Saône
Bussières, 3	Mâcon	Saône-et-L.
Bussières, 6 ½	Meaux	Seine-et-M.
Bussières, 4	Avallon	Yonne
Bussivarael e, 8	Limoges	H.-Vienne
Bussoles, 1 ½	La Palisse	Allier
Busson, 8 ¼	Chaumont	H.-Marne
Bussu, 3 ¼	Abbeville	Somme
Bussu, 1	Péronne	Somme
Bussunarits, 9 ¼	Mauléon	B.-Pyrén.
Bussurelle, 13	Lure	H.-Saône
Bussy, 5	St. Amand	Cher
Bussy, 1 ½	Bar-le-Duc	Meuse
Bussy, 6 ¾	Compiègne	Oise
Bussy-Albieux, 4	Montbrison	Loire
Bussy-aux-Bois, 2 ½	Vitry-le-Français	Marne
Bussy-en-Othe, 2 ¼	Joigny	Yonne
Bussy l'Estrée, 4	Châlons-sur-Marne	Marne
Bussy-la-Pèle, 6 ½	Dijon	Côte-d'Or
Bussy-la-Pesle, 7 ½	Clamecy	Nièvre
Bussy-le-Château, 4 ½	Châlons-sur-Marne	Marne
Bussy-le-Grand, 4	Semur	Côte-d'Or.
Bussy-le-Repos, 4 ½	Vitry-le-Français	Marne
Bussy-le-Repos, 4	Joigny	Yonne
Bussy-lès-Daours, 3	Amiens	Somme
Bussy-lès-Poix, 6	Amiens	Somme
Bussy-St.-Georges, 4 ½	Meaux	Seine-et-M.
Bussy-St.-Martin, 4 ½	Meaux	Seine-et-M.
Bust, 5 ¼	Saverne	Bas-Rhin

Communes.	Arrondissem.	Départem.
Bustanico, 2 ¾	Corte	Corse
Bustince, 8 ½	Mauléon	B.-Pyrén.
Buteau (*La-Chapelle-la-Reine*), 3 ½	Fontainebleau	Seine-et-M.
Butgnéville, 6 ¼	Verdun	Meuse
Buthier, 9 ¼	Vesoul	H.-Saône
Buthiers, 6 ½	Fontainebleau	Seine-et-M.
Butors (les) (*Morsins*), 11	Epernay	Marne
Butot, 5	Rouen	Seine-Inf.
Butot, 6 ¾	Yvetot	Seine-Inf.
Butry (*Auvers*), 2	Pontoise	Seine-et-O.
Butte (la) (*Orgeval*), 4	Versailles	Seine-et-O.
Butteaux, 4 ¾	Tonnerre	Yonne
Butten, 9 ¼	Saverne	Bas-Rhin
Butz, 2	Mézières	Ardennes
Buverchy, 6 ½	Péronne	Somme
Buvigny, 6	Avesnes	Nord
Buvilly, 1	Poligny	Jura
Buxerette (la), 5 ¼	La Châtre	Indre
Buxerolles, 8 ¼	Châtillon	Côte-d'Or.
Buxerolles, 1	Poitiers	Vienne
Buxerotte, 9 ¼	Dijon	Côte-d'Or.
Buxerulles, 5 ½	Commercy	Meuse
Buxeuil, 1 ½	Bar-sur-Seine	Aube
Buxeuil, 7 ¾	Issoudun	Indre
Buxeuil, 6	Châtellerault	Vienne
Buxière-la-Grue, 7	Moulins	Allier
Buxières, 6	Commercy	Meuse
Buxières, 10	Riom	Puy-de-Dô.
Buxières-lès-Chambley (*Chambley*), 5 ¼	Metz	Moselle
Buxières-lès-Clefmont, 6 ½	Chaumont	H.-Marne
Buxières-lès-Froncles, 6 ¼	Chaumont	H.-Marne
Buxières-lès-Villers, 2	Chaumont	H.-Marne
Buxières-sur-Rochedagout, 9	Riom	Puy-de-Dô.
Buxwiller, 3	Altkirch	Haut-Rhin
Buxy *, 4	Châlons	Saône-et-L.
Buy (*Antilly*), 3	Metz	Moselle
Buyon-Plachy, 3	Amiens	Somme
Buysscheure, 5	Hazebrouck	Nord
Buzan, 3 ½	St.-Girons	Ariège
Buzancais *, 5 ½	Châteauroux	Indre
Buzancy, 3 ½	Soissons	Aisne
Buzancy *, 5	Vouziers	Ardennes
Buzay (*Rouans*), 6	Paimbœuf	Loire-Inf.
Buzeins, 7	Milhaud	Aveiron
Buzet, 4	Nérac	Lot-et-Gar.
Buziet, 3 ¼	Oléron	B.-Pyrén.
Buzignargues, 5	Montpellier	Hérault
Buzon, 7	Tarbes	H.-Pyrén.
Buzons (les) (*Molins*), 2	Epernay	Marne
Buzy, 2 ½	Besançon	Doubs
Buzy, 6	Verdun	Meuse
Buzy, 3 ½	Oleron	B.-Pyrén.
By, 7 ¾	Besançon	Doubs
By (*Thomery*), 1 ½	Fontainebleau	Seine-et-M.
Byans, 5	Besançon	Doubs

Communes.	Arrondissem.	Départem.
C.		
Cabalce (*St.-Jean-le-Vieux*), $9\frac{1}{4}$	Mauléon	B.-Pyrén.
Cabanac, 2	St-Gaudens	H. Garonne
Cabanac, 10	Toulouse	H. Garonne
Cabanac, $7\frac{1}{4}$	Bordeaux	Gironde
Cabanac (*Mauroux*), $10\frac{1}{2}$	Cahors	Lot
Cabanac, $2\frac{1}{2}$	Tarbes	H.-Pyrén.
Cabanasse (la), 9	Prades	Pyrén.-Or.
Cabanes, 11	Rodez	Aveiron
Cabanes, $3\frac{1}{2}$	Villefranche	Aveiron.
Cabanes, $16\frac{1}{4}$	Castres	Tarn
Cabanial, $5\frac{1}{2}$	Villefranche	H.-Garonne
Cabaniols, 1	Rodez	Aveiron.
Cabannes, $7\frac{1}{2}$	Arles	B.du Rhône
Cabannes (les), $6\frac{1}{4}$	Foix	Ariége.
Cabannes (les), $6\frac{1}{4}$	Gaillac	Tarn
Cabannes, 4	Lavaur	Tarn
Cabans, $8\frac{1}{4}$	Bergerac	Dordogne
Cabara, $4\frac{1}{2}$	Libourne	Gironde
Cabarède (la), $8\frac{1}{4}$	Castres	Tarn
Cabas, $7\frac{1}{2}$	Mirande	Gers
Cabasse, 3	Brignoles	Var
Cabestany, $1\frac{1}{4}$	Perpignan	Pyrén.-Or.
Cabidos, $7\frac{1}{2}$	Orthez	B.-Pyrén.
Cabourg, $5\frac{1}{2}$	Caen	Calvados
Cabrerets, $7\frac{1}{2}$	Cahors	Lot
Cabrerolles, 5	Béziers	Hérault
Cabrespine, 6	Carcassonne	Aude
Cabrespines, 3	Espalion	Aveiron
Cabrespines, 11	Rodez	Aveiron
Cabriac (*Galuzières*), $5\frac{1}{4}$	Florac	Lozère
Cabrières, $3\frac{1}{4}$	Nismes	Gard
Cabrières, $6\frac{1}{2}$	Béziers	Hérault
Cabrières, $4\frac{1}{4}$	Avignon	Vaucluse
Cabrières-d'Aigues, $6\frac{1}{2}$	Apt	Vaucluse
Cabries, $2\frac{1}{4}$	Aix	B. du Rhône
Cabris, 2	Grasse	Var
Caccia, 5	Calvi	Corse.
Cachan, 6	Auch	Gers
Cachen, $7\frac{1}{4}$	Mont-de-Marsan	Landes
Cachy (*Libermont*), $8\frac{1}{4}$	Compiègne	Oise
Cachy, $3\frac{1}{4}$	Amiens	Somme
Cacqueray (*Palaiseul*), 3	Langres	H.-Marne
Cadalen, $2\frac{1}{4}$	Gaillac	Tarn
Cadarcet, 3	Foix	Ariége
Cadarsac, $2\frac{1}{2}$	Libourne	Gironde
Cadaujac, $2\frac{1}{4}$	Bordeaux	Gironde
Cadayzac (*Salles-la-Source*), $6\frac{1}{4}$	Rodez	Aveiron
Cadéac, $10\frac{1}{4}$	Bagnères	H.-Pyrén.
Cadeilhan, $12\frac{1}{2}$	Bagnères	H.-Pyren.
Cadeillan, $4\frac{1}{4}$	Lectoure	Gers
Cadeillan, 2	Lombez	Gers
Caden, 9	Vannes	Morbihan
Cadenborne, 2	Sarreguemines	Moselle
Cadenet *, $5\frac{1}{4}$	Apt	Vaucluse
Caderousse, 1	Orange	Vaucluse
Cadière (la), 6	Le Vigan	Gard
Cadiere (la), $5\frac{1}{4}$	Toulon	Var

Communes.	Arrondissem.	Départem.
Cadillac *, $9\frac{1}{4}$	Bordeaux	Gironde
Cadillac, $4\frac{1}{2}$	Libourne	Gironde
Cadillon, $15\frac{1}{4}$	Mirande	Gers
Cadillon, 10	Pau	B.-Pyrén.
Cadix, 7	Albi	Tarn
Cadmène, $4\frac{1}{4}$	Besançon	Doubs
Cadoudal (*Plumélec*), 7	Ploermel	Morbihan.
Cadouin, $8\frac{1}{2}$	Bergerac	Dordogne
Cadoul, $3\frac{1}{2}$	Lavaur	Tarn
Cadour, $3\frac{1}{2}$	Villefranche	Aveiron
Cadours, 8	Toulouse	H.-Garonne
Cadrieu, $4\frac{1}{4}$	Figeac	Lot
CAEN *	ch.-l. d'arr., 67	Calvados
Caër, 1	Evreux	Eure
Caestre, $1\frac{1}{2}$	Hazebrouck	Nord
Caffiers, $5\frac{1}{4}$	Boulogne	Pas-de-Cal.
Cagnac, 3	Villefranche	H.-Garonne
Cagnano, 6	Bastia	Corse
Cagnes, $5\frac{1}{4}$	Grasse	Var
Cagnicourt, $3\frac{1}{2}$	Arras	Pas-de-Cal.
Cagnoncle, $1\frac{1}{4}$	Cambrai	Nord
Cagnotte, 4	Dax	Landes
Cagny, $2\frac{1}{4}$	Caen	Calvados
Cagny, $1\frac{1}{4}$	Amiens	Somme
Cahagnes, 7	Vire	Calvados
Cahagnolles, $3\frac{1}{2}$	Bayeux	Calvados
Cahaignes, 3	Les Andelys	Eure
Cahan, $8\frac{1}{2}$	Domfront	Orne
Caharet, $6\frac{1}{4}$	Tarbes	H.-Pyrén.
Cahon, 2	Abbeville	Somme
CAHORS *,	ch.-l. de dép. 143	Lot
Cahus, 11	Figeac	Lot
Cahuzac, 5	Castelnaudary	Aude
Cahuzac, $11\frac{1}{2}$	Mirande	Gers
Cahuzac, $8\frac{1}{2}$	Villeneuve-d'Agen	Lot-et-Gar.
Cahuzac, $6\frac{1}{2}$	Castres	Tarn
Cahuzac, $2\frac{1}{4}$	Gaillac	Tarn
Caichax, $7\frac{1}{2}$	Foix	Ariége
Cailar (le), $6\frac{1}{2}$	Nismes	Gard
Cailar (le), 7	Lodève	Hérault
Cailhau, $4\frac{1}{2}$	Limoux	Aude
Cailhavel, $5\frac{1}{4}$	Limoux	Aude
Cailla, $14\frac{1}{4}$	Limoux	Aude
Caillac, $2\frac{1}{4}$	Cahors	Lot
Caillac (*Cajare*), $5\frac{1}{2}$	Figeac	Lot
Caillavet, $6\frac{1}{2}$	Auch	Gers
Caille, 7	Grasse	Var
Cailleau, 4	Bordeaux	Gironde
Caillère (la), $4\frac{1}{2}$	Fontenay-le-Comte	Vendée
Cailleville, 6	Yvetot	Seine-Inf.
Caillouel, 12	Laon	Aisne
Caillouet, 4	Evreux	Eure
Cailloux-sur-Fontaines, 2	Lyon	Rhône
Cailly, $3\frac{1}{4}$	Louviers	Eure
Cailly, 5	Rouen	Seine-Inf.
Cairanne, $3\frac{1}{4}$	Orange	Vaucluse
Caire (le), 6	Sisteron	B.-Alpes
Cairon, $2\frac{1}{4}$	Caen	Calvados
Caisne (la), $4\frac{1}{2}$	Caen	Calvados
Caisne, 6	Compiègne	Oise
Caissac (*Testet*), $7\frac{1}{4}$	Rodez	Aveiron
Caissiols, $1\frac{1}{4}$	Rodez	Aveiron

Communes.	Arrondissem.	Départem.
Caix, 4½	Cahors	Lot
Caix, 6½	Montdidier	Somme
Caixas, 7	Perpignan	Pyrén.-Or.
Caixon, 4½	Tarbes	H.-Pyrén.
Cajare, 5½	Figeac	Lot
Cajans-d'Angles, 7	Auch	Gers
Cajunte (la) 6¼	St.-Sever	Landes
Calacuccia, 6¼	Ajaccio	Corse
Calais *, 8	Boulogne	Pas-de-Cal.
CALAIS (St.-) *,	ch. l. d'ar., 45	Sarthe
Calais-du-Désert (St.-), 8½	Mayenne	Mayenne
Calais-en-Saonnois (St.-), 2½	Mamers	Sarthe
Calamane, 2¾	Cahors	Lot
Calan, 4½	Lorient	Morbihan.
Calanhel, 7¼	Guingamp	Côte-du-N.
Calavanté, 2½	Tarbes	H.-Pyrén.
Calce, 5¼	Perpignan	Pyrén.-Or.
Calcomiers, 3¾	Villefranche	Aveiron
Caldégas, 13	Prades	Pyrén-Or.
Calenzana, 2	Calvi	Corse
Cales, 6¼	Bergerac	Dordogne
Calès, 5	Gourdon	Lot
Calian, 7	Auch	Gers
Calignac, 1¾	Nérac	Lot-et-Gar.
Caligny, 7	Domfront	Orne
Callac, 7	Guimgamp	Côtes-du-N.
Callac (*Plumélec*), 6	Ploërmel	Morbihan
Callas, 2½	Draguignan	Var
Callen, 18½	Mont-de-Marsan	Landes
Calletot, 1½	Pont-Audemer	Eure
Calleville, 4	Bernay	Eure
Calleville-les-Deux-Eglises, 6	Dieppe	Seine-Inf.
Calliadelles, 3¼	Villeneuve-d'Agen	Lot-et-Gar.
Callian, 7¼	Draguignan	Var
Calm (la), 9	Espalion	Aveiron
Calmars, 15	Castellanne	B.-Alpes
Calmeilles, 4	Ceret	Pyrén.-Or.
Calmejeanne, 7½	Milhaud	Aveiron
Calmette (la), 4¼	Uzès	Gard
Calmels, 3	St.-Affrique	Aveiron
Calmont, 4½	Rodez	Aveiron
Calmont, 5½	Villefranche	H.-Garonne
Calmoutier, 3	Vesoul	H.-Saône
Caloire, 4½	St.-Etienne	Loire
Calonges, 4	Marmande	Lot-et-Gar.
Calonne-Riquart, 5	Béthune	Pas-de-Cal.
Calonne-sur-la-Lys, 3	Béthune	Pas-de-Cal.
Calorguen, 1¼	Dinan	Côtes-du-N.
Calotterie, 1	Montreuil	Pas-de-Cal.
Caluire, ¼	Lyon	Rhône
Calvayrac (*Praissac*), 7½	Cahors	Lot
Calvèse, 3½	Sartène	Corse
CALVI *,	ch.-l. d'ar., 280	Corse
Calviac, 9½	Figeac	Lot
Calviat, 3	Sarlat	Dordogne
Calvignac, 9	Cahors	Lot
Calvinet, 3½	Aurillac	Cantal
Calvisson*, 4¼	Nismes	Gard
Calzan, 3½	Pamiers	Ariége

Communes.	Arrondissem.	Départem.
Camalès, 3½	Tarbes	H.-Pyrén.
Camarade, 7	Pamiers	Ariége
Camares, 5	St.-Affrique	Aveiron
Camaret, 10¼	Châteaulin	Finistère
Camaret, ¼	Orange	Vaucluse
Camarsac, 4½	Bordeaux	Gironde
Cambayrac, 4	Cahors	Lot
Cambe (la), 8¼	Bayeux	Calvados
Cambe (la), 4½	Argentan	Orne
Cambernard, 3	Muret	H.-Garonne
Cambernon, 1½	Coutances	Manche
Cambes, 1½	Caen	Calvados
Cambès, 3¼	Bordeaux	Gironde
Cambes, 1¼	Figeac	Lot
Cambes, 4	Marmande	Lot-et-Gar.
Cambia, 3	Corte	Corse
Cambiac, 4	Villefranche	H.-Garonne
Cambieure, 4¼	Limoux	Aude
Camblain-Chatelain, 5½	Béthune	Pas-de-Cal.
Camblain-l'Abbé, 6¼	St-Pol	Pas-de-Cal.
Camblane, 2¼	Bordeaux	Gironde
Cambligneul, 6½	St-Pol	Pas-de-Cal.
Cambo, 6½	Le Vigan	Gard
Cambo, 4½	Bayonne	B.-Pyrén.
Cambon, 1½	Savenay	Loire-Inf.
Cambon, 1¼	Albi	Tarn
Cambon, 4¼	Lavaur	Tarn
Cambonnet, 6¼	Lavaur	Tarn
Camboulan 5¼	Villefranche	Aveiron
Camboulas, 4½	Rodez	Aveiron
Camboulazet, 6¼	Rodez	Aveiron
Camboully, 2	Figeac	Lot
Cambounès, 8½	Castres	Tarn
CAMBRAI *,	ch.-l. d'arr., 48	Nord
Cambran, 2½	Dax	Landes
Cambremer, 4¼	Pont-l'Evêque	Calvados
Cambrin, 2½	Béthune	Pas-de-Cal.
Cambron, 1¼	Abbeville	Somme
Cambronne, 1¼	Clermont	Oise
Cambronne, 3¼	Compiègne	Oise
Camburat, 1¼	Figeac	Lot
Came, 8¼	Bayonne	B. Pyrén.
Cameles, 5¼	Perpignan	Pyrén.-Or.
Camelin 11½	Laon	Aisne
Camelle (Ste.-), 4¼	Castelnaudary	Aude
Camembert, 6	Argentan	Orne
Cametours, 3¼	Coutances	Manche
Cameyrac, 3¼	Bordeaux	Gironde
Cami (*Peyrac*), 4	Gourdon	Lot
Camiac, 5	Libourne	Gironde
Camicas, 16¼	Mirande	Gers
Camiers, 4¾	Montreuil	Pas-de-Cal.
Camiran, 2	La Réole	Gironde
Camlez, 4	Lannion	Côtes-du-N.
Cammazes (les), 8¼	Castres	Tarn
Camoil, 12	Vannes	Morbihan
Camon, 9	Pamiers	Ariége
Camon, 1	Amiens	Somme
Camors, 9	Lorient	Morbihan
Camors (*Danneran*), 12	Bagnères	H.-Pyrén.
Camou (Mixe), 6¼	Mauléon	B.-Pyrén.
Camou (Soule), 3	Mauléon	B.-Pyrén.
Camous, 10	Bagnères	H. Pyrén.
Camp-Remy, 8	Clermont	Oise

Communes.	Arrondissem.	Départem.	Communes.	Arrondissem.	Départem.
Campagna-de-Sault, 17 1/2	Limoux	Aude	Camps, 9 1/4	Limoux	Aude
Campagnac, 10	Milhaud	Aveiron	Camps, 10 1/4	Tulle	Corrèze
Campagnac, 2 1/4	Gaillac	Tarn	Camps, 5 1/4	Libourne	Gironde
Campagnan, 10 1/4	Lodève	Hérault	Camps, 6 1/4	Gaillac	Tarn
Campagne, 6	Pamiers	Ariége	Camps, 1	Brignoles	Var
Campagne, 5	Sarlat	Dordogne	Camps-en-Amiénois, 6	Amiens	Somme
Campagne, 10	Condom	Gers	Campsas, 5	Castel-Sarrasin	Tarn-et-Gar.
Campagne, 5 1/4	Montpellier	Hérault	Campsegret, 2 1/4	Bergerac	Dordogne
Campague, 3 1/2	Mont-de-Marsan	Landes	Camptort, 4 1/2	Orthez	B.-Pyrén.
Campagne, 7	Compiégne	Oise	Campuac, 6	Espalion	Aveiron
Campagne, 7 1/2	Boulogne	Pas-de-Cal.	Campugnan, 1 1/4	Blaye	Gironde
Campagne (Traboille), 5 1/4	Orthez	B.-Pyrén.	Campuzan, 10	Bagnères	H.-Pyrén.
Campagne-d'Arcy (la) (Cauly), 2 1/2	Compiégne	Oise	Camu, 5	Orthez	B.-Pyrén.
			Camurat, 16 1/4	Limoux	Aude
			Camy, 4 1/2	Cahors	Lot
Campagne-le-Querci, 5	Sarlat	Dordogne	Canabières, 9	Milhaud	Aveiron
Campagne-les-Boulonnois, 5	Montreuil	Pas-de-Cal.	Canal-du-Béziers (Béziers), 1/2	Béziers	Hérault
Campagne-lès-Hesdin, 2	Montreuil	Pas-de-Cal.	Canale, 3 1/4	Bastia	Corse
			Canale, 7	Bastia	Corse
			Canals, 8	St.-Affrique	Aveiron
Campagne-sur-Aude, 5 1/4	Limoux	Aude	Canals, 6 1/4	Castel-Sarrasin	Tarn-et-Gar.
			Canaples, 4 1/4	Doullens	Somme
Campagne-Wardrecques, 1 1/2	St.-Omer	Pas-de-Cal.	Canappeville, 3	Louviers	Eure
			Canapville, 1 1/4	Pont-l'Evêque	Calvados
Campagnette (Menneville), 4 1/2	Boulogne	Pas-de-Cal.	Canapville, 9	Argentan	Orne
			Canari, 4 1/4	Bastia	Corse
Campagnolles, 1 3/4	Vire	Calvados	Canau (la), 11	Bordeaux	Gironde
Campan, 1	Bagnères	H.-Pyrén.	Canaule, 11 1/2	Le Vigan	Gard
Campana, 4 3/4	Corte	Corse	Canavaggia, 9	Calvi	Corse
Campandré, 7	Caen	Calvados	Canaveilles, 5 1/4	Prades	Pyrén.-Or.
Camparan, 11 1/4	Bagnères	H.-Pyrén.	Cancale, 3 1/2	St.-Malo	Ille-et-Vil.
Campdumy, 2	Brignoles	Var	Canche (la), 4	Beaune	Côte-d'Or
Campeaux, 3	Vire	Calvados	Cauchy, 6	Bayeux	Calvados
Campeaux, 8 1/2	Beauvais	Oise	Canchy, 2 1/2	Abbeville	Somme
Campel, 8	Redon	Ille-et-Vil.	Cancière (le) (La Beaume d'Hostun), 5 1/4	Valence	Drôme
Campénéac, 2	Ploërmel	Morbihan			
Campestre, 5 1/4	Le Vigan	Gard	Cançon, 4	Villeneuve-d'Agen	Lot-et-Gar.
Campet, 3 1/4	Mont-de-Marsan	Landes			
			Candaillargues, 3 1/2	Montpellier	Hérault
Camphin-en-Barembault, 4	Lille	Nord	Candas, 3	Doullens	Somme
			Candé, 2 1/2	Rochefort	Char.-Inf.
Camphin-en-Pevèle, 3 1/2	Lille	Nord	Candé, 3 1/4	Blois	Loir-et-Ch.
Campi, 5 1/4	Corte	Corse	Candé *, 4	Segré	Maine-et-L.
Campigneulles (Grandes) 2	Montreuil	Pas-de-Cal.	Candecotte ou Villy-le-Haut, 4 1/4	Dieppe	Seine-Inf.
Campigneulles (Petites), 1	Montreuil	Pas-de-Cal.	Candes, 3	Chinon	Indre-et-L.
Campigny, 2 1/4	Bayeux	Calvados	Candiac (Vestric), 3 1/2	Nismes	Gard
Campigny, 1	Pont-Audemer	Eure	Candor, 6 1/2	Compiégne	Oise
Campile, 5 1/4	Bastia	Corse	Candresse, 2 1/4	Dax	Landes
Campistronx, 6	Bagnères	H.-Pyrén.	Caneda (la), 1	Sarlat	Dordogne
Campitello, 5 1/2	Bastia	Corse	Canéjan, 2 1/2	Bordeaux	Gironde
Camplong, 7 1/2	Narbonne	Aude	Canens, 7	Muret	H.-Garonne
Camplong, 3	Béziers	Hérault	Canenx, 5	Mont-de-Marsan	Landes
Camplong (Castelnau), 5	Orthez	B.-Pyrén.	Canet, 4 1/2	Narbonne	Aude
			Canet, 6 1/2	Rodez	Aveiron
Campneuseville, 5	Neufchâtel	Seine-Inf.	Canet (le), 5 1/4	Bergerac	Dordogne
Campo, 4 1/2	Ajaccio	Corse	Canet, 12 1/4	Mirande	Gers
Campo-Vecchio, 2	Corte	Corse	Canet, 6	Lodève	Hérault
Campome, 2	Prades	Pyrén.-Or.	Canet, 2 1/2	Perpignan	Pyrén.-Or.
Camponries, 8 1/2	Espalion	Aveiron	Canet-d'Olt, 9 1/2	Milhaud	Aveiron
Campoussy, 4	Prades	Pyrén.-Or.	Cangey, 7 1/2	Tours	Indre-et-L.
Campron, 2 1/4	Coutances	Manche	Canettemont, 3	St.-Pol	Pas-de-Cal.

Communes.	Arrondissem.	Départem.
Caniac, 12	Gourdon	Lot
Canihuel, 7	Guingamp	Côtes-du-N.
Canilhac, 6	Marvejols	Lozère
Canisy, 2	St.-Lô	Manche
Canlers, $7\frac{1}{4}$	Montreuil	Pas-de-Cal.
Canly, $2\frac{1}{2}$	Compiégne	Oise
Cannat (St.-), $3\frac{1}{4}$	Aix	B.du-Rhône
Cannectancourt, $3\frac{1}{2}$	Compiégne	Oise
Cannehan, 6	Dieppe	Seine-Inf.
Cannes, $12\frac{1}{4}$	Le Vigan	Gard
Cannes, 7	Fontainebleau	Seine-et-M.
Cannes *, 4	Grasse	Var
Cannessières, 10	Amiens	Somme
Cannet (le), $6\frac{1}{4}$	Draguignan	Var
Cannet (le), 4	Grasse	Var
Canny, 9	Beauvais	Oise
Canny, 7	Compiégne	Oise
Canohes, $2\frac{1}{2}$	Perpignan	Pyrén.-Or.
Canon, $6\frac{1}{4}$	Lisieux	Calvados
Canourgue (la) *, $4\frac{1}{2}$	Marvejols	Lozère
Canouville, $6\frac{1}{4}$	Yvetot	Seine-Inf.
Cantaing, $1\frac{3}{4}$	Cambrai	Nord
Canté, 5	Pamiers	Ariége
Canteleu, 3	Dieppe	Seine-Inf.
Canteleu, $1\frac{1}{4}$	Rouen	Seine-Inf.
Canteleux, 5	St.-Pol	Pas-de-Cal.
Cantelou, $5\frac{1}{4}$	Cherbourg	Manche
Canteloup, $7\frac{1}{4}$	Lisieux	Calvados
Cantenac, $4\frac{1}{4}$	Bordeaux	Gironde
Cantenay-Epinard, 2	Angers	Maine-et-L.
Cantiers, 3	Les Andelys	Eure
Cantigny, 2	Montdidier	Somme
Cantillac, $3\frac{1}{4}$	Nontron	Dordogne
Cantin, $1\frac{1}{4}$	Douai	Nord
Cantiran, $12\frac{1}{2}$	Condom	Gers
Cantobre, $6\frac{1}{4}$	Milhaud	Aveiron
Cantoin, $12\frac{1}{2}$	Espalion	Aveiron
Cantois, 8	La Réole	Gironde
Canville, $9\frac{1}{4}$	Coutances	Manche
Canville-les-Deux-Eglises, $3\frac{1}{2}$	Yvetot	Seine-Inf.
Cany *, $5\frac{1}{4}$	Yvetot	Seine-Inf.
Caorches, $1\frac{1}{2}$	Bernay	Eure
Caouennec, 2	Lannion	Côtes-du-N.
Caours-lès-Prés, $1\frac{1}{4}$	Abbeville	Somme
Capbis, $6\frac{1}{4}$	Pau	B.-Pyrén.
Capbreton, $8\frac{1}{4}$	Dax	Landes
Capdenac, 1	Figeac	Lot
Caparot, 11	Bergerac	Dordogne
Capelle (la) *, $4\frac{1}{2}$	Vervins	Aisne
Capelle (la), 3	Uzès	Gard
Capelle (la) (*Cabanac*), 10	Cahors	Lot
Capelle (la), 6	Marvejols	Lozère
Capelle, $7\frac{1}{2}$	Cambrai	Nord
Capelle, $4\frac{1}{2}$	Lille	Nord
Capelle, 5	Montreuil	Pas-de-Cal.
Capelle, $4\frac{1}{2}$	St.-Omer	Pas-de-Cal.
Capelle-Balaguier (la), $3\frac{1}{4}$	Villefranche	Aveiron
Capelle-Barrée (la), 9	St.-Flour	Cantal
Capelle-Biron (la), $7\frac{1}{4}$	Villeneuve-d'Agen	Lot-et-Gar.
Capelle-Bleys (la), $3\frac{1}{2}$	Villefranche	Aveiron
Capelle-Bonance (la), $9\frac{1}{2}$	Milhaud	Aveiron
Capelle-Brouck, 5	Dunkerque	Nord

Communes.	Arrondissem.	Départem.
Capelle-Del-Vern (la), $7\frac{1}{4}$	Rodez	Aveiron
Capelle-Delfraisse (la), 5	Aurillac	Cantal
Capelle-en-Vezie (la), 4	Aurillac	Cantal
Capelle-Farcel (la), 12	Milhaud	Aveiron
Capelle-Farcel-St.-Martin (la), $2\frac{1}{2}$	Rodez	Aveiron
Capelle-Fermont, $6\frac{1}{2}$	St.-Pol	Pas-de-Cal.
Capelle-les-Grands, 3	Bernay	Eure
Capelle-Livron (la), $12\frac{1}{2}$	Montauban	Tarn-et-Gar
Capelle-Luc (la), $6\frac{1}{2}$	Gaillac	Tarn
Capelle-Marival (la), $4\frac{1}{4}$	Figeac	Lot
Capelle-St.-Martin (*Celgnac*), $5\frac{1}{4}$	Rodez	Aveiron
Capelle-Segalar (la), $8\frac{1}{4}$	Gaillac	Tarn
Capelle-Viaur (la) (*Flavien*), $5\frac{1}{2}$	Rodez	Aveiron
Capelle-Viescamp (la), 2	Aurillac	Cantal
Capendu, 3	Carcassonne	Aude
Capens, $3\frac{1}{4}$	Muret	H.-Garonne
Capestang, $3\frac{1}{2}$	Béziers	Hérault
Capian, $6\frac{1}{4}$	Bordeaux	Gironde
Capinghem, $2\frac{1}{4}$	Lille	Nord
Capitourlan (*Castillon*), 5	Libourne	Gironde
Caplong, $13\frac{1}{2}$	Libourne	Gironde
Caplongue, $5\frac{1}{4}$	Rodez	Aveiron
Capo-Bianco, $6\frac{1}{2}$	Bastia	Corse
Capoloro, $11\frac{1}{2}$	Bastia	Corse
Capoulet, $5\frac{1}{2}$	Foix	Ariége
Cappais-de-Quinsac (St.-), $3\frac{1}{4}$	Bordeaux	Gironde
Cappel, 4	Sarreguemines	Moselle
Cappy, $3\frac{1}{2}$	Péronne	Somme
Caprais (St.-), 5	Montluçon	Allier
Caprais (St.-), $3\frac{1}{4}$	Bourges	Cher
Caprais (St.-), $5\frac{1}{4}$	Blaye	Gironde
Caprais (St.-), 5	Agen	Lot-et-Gar.
Caprais-du-Temple (St.-), $3\frac{1}{4}$	Villeneuve-d'Agen	Lot-et-Gar.
Capraise (*Fraissinet*), 9	Cahors	Lot
Capraise-de-Clérans (St.-), $3\frac{1}{2}$	Bergerac	Dordogne
Capraja	Bastia	Corse
Caprazy (St.-), $2\frac{1}{4}$	St.-Affrique	Aveiron
Caprise-de-Cahusac (St.-), $4\frac{1}{2}$	Bergerac	Dordogne
Captieux, 5	Bazas	Gironde
Capval, 4	Neufchâtel	Seine-Inf.
Capvern, $4\frac{1}{2}$	Bagnères	H.-Pyrén.
Caradec (St.-), 2	Loudéac	Côtes-du-N.
Caradec (St.-), 6	Pontivy	Morbihan
Caraman *, $4\frac{1}{4}$	Villefranche	H.-Garonne
Caramany, 9	Perpignan	Pyr.-Or.
Carantec, 3	Morlaix	Finistère
Carantilly, $3\frac{1}{4}$	St.-Lô	Manche
Carayac, 3	Figeac	Lot
Carbay, 6	Segré	Maine-et-L.
Carbes, 3	Castres	Tarn
Carbini, $4\frac{1}{4}$	Sartène	Corse
Carbon-Blanc, $2\frac{1}{4}$	Bordeaux	Gironde
Carbonne, $5\frac{1}{4}$	Muret	H.-Garonne
Carbuccia, 5	Ajaccio	Corse
Carcagny, 5	Caen	Calvados
Carcanières, 17	Foix	Ariége

Communes.	Arrondissem.	Departem.
Carcans, 6 ¼	Lesparre	Gironde
Carcarés, 7	St.-Sever	Landes
CARCASSONNE *	ch.-l. dedép. 196	Aude
Carcen, 7 ¾	St.-Sever	Landes
Carcenac-Peyralès, 6 ¾	Rodez	Aveiron
Carcenac-Salmiech, 4 ½	Rodez	Aveiron
Carchetto, 4 ⅔	Corte	Corse
Cardailhac, 2 ½	Figeac	Lot
Cardan, 6 ½	Bordeaux	Gironde
Cardeilhac, 2 ¼	St.-Gaudens	H.-Garonne
Cardenois (le), 1	Montdidier	Somme
Cardesse, 2 ¼	Oléron.	B.-Pyrén.
Cardet, 3	Alais	Gard
Cardinaux (les) (*Ouzilly*), 4 ½	Châtellerault	Vienne
Cardo, 4 ¼	Ajaccio	Corse
Cardo-Di-Lota, ½	Bastia	Corse
Cardonnette, 1 ¾	Amiens	Somme
Cardonville, 7 ¼	Bayeux	Calvados
Cardroc, 5	Montfort	Ille-et-Vil.
Carel, 6 ½	Lisieux	Calvados
Carelles, 6	Mayenne	Mayenne
Carency, 3 ½	Arras	Pas-de-Cal.
Carennac, 13	Gourdon	Lot
Carentan *, 6 ¼	St.-Lô	Manche
Carentoir, 12	Vannes	Morbihan
Carfantain (*Dol*), 6 ½	St.-Malo	Ille-et-Vil.
Cargèse, 4	Ajaccio	Corse
Cargiaca, 2 ½	Sartène	Corse
Carhaix *, 12 ¾	Châteaulin	Finistère
Caries, 4	Brignoles	Var
Carignan *, 5	Sedan	Ardennes
Carignan, 2 ¼	Bordeaux	Gironde
Carisey, 3	Tonnerre	Yonne
Carizieu, 5 ½	La-Tour-du-Pin	Isère
Carla-de-Roquefort (le), 4	Foix	Ariége
Carla-le-Comte, 5	Pamiers	Ariége
Carlais (St-) (*Brelon*), 2 ½	Niort	2 Sèvres
Carlaret (le), 2	Pamiers	Ariége
Carlat, 3	Aurillac	Cantal
Carlencas, 7	Béziers	Hérault
Carlepont, 5 ½	Compiégne	Oise
Carling, 7	Sarreguemines	Moselle
Carlipa, 3	Castelnaudary	Aude
Carlucet, 4	Sarlat	Dordogne
Carlucet, 7	Gourdon	Lot
Carlus, 1 ¼	Albi	Tarn
Carlux, 4	Sarlat	Dordogne
Carly, 3 ½	Boulogne	Pas-de-Cal.
Carnac (*Rouffiac*), 5 ¾	Cahors	Lot
Carnac, 7 ½	Lorient	Morbihan
Carnas, 12 ½	Le Vigan	Gard
Carné (St.-), 1	Dinan	Côtes-du-N
Carneille (la), 7 ½	Domfront	Orne
Carnet, 5 ¼	Avranches	Manche
Carnetin, 4	Meaux	Seine-et-M.
Carnettes, 6 ½	Argentan	Orne
Carneville, 3	Cherbourg	Manche
Carnières, 2 ½	Cambrai	Nord
Carnin, 4 ¼	Lille	Nord
Carniol, 5 ¼	Forcalquier	B.-Alpes
Carnoët, 8	Guingamp	Côtes-du-N
Carnoulles, 9	Toulon	Var
Carnoy, 3 ½	Péronne	Somme

Communes.	Arrondissem.	Departem.
Caro, 2	Ploërmel	Morbihan
Caro, 10 ¼	Mauléon	B.-Pyrén.
Carob (*Lavallée*), 15	Prades	Pyren.-Or.
Carolles, 4 ¾	Avranches	Manche
Caromb, 2	Carpentras	Vaucluse
CARPENTRAS *	ch.-l. d'ar., 179	Vaucluse
Carpinetto, 4 ⅔	Corte	Corse
Carpiquet, 1 ½	Caen	Calvados
Carquebut, 5 ½	Valognes	Manche
Carquefou, 3	Nantes	Loire-Inf.
Carquit (*Gonneville*), 5	Dieppe	Seine-Inf.
Carragoudes, 4	Villefranche	H.-Garonne
Carrepuis, 4 ½	Montdidier	Somme
Carrere, 6	Pau	B.-Pyrén.
Carresse, 5 ¾	Orthez	B.-Pyrén.
Carreuc (St.-), 2 ½	St.-Brieuc	Côtes-du-N
Carrières (les) (*Charenton*), 3	Sceaux	Seine
Carrières-St.-Denis, 3	Versailles	Seine-et-O.
Carrières-sous-Bois (*Ménil-le-Roi*), 4	Versailles	Seine-et-O.
Carrières-sous-Poissy, 3 ½	Versailles	Seine-et-O.
Carrole, 1 ¼	Mirande	Gers
Carros, 8	Grasse	Var
Carrouges *, 7 ½	Alençon	Orne
Carrouges (St.-Sauveur-de-), 8 ¼	Alençon	Orne
Cars, 1 ¼	Blaye	Gironde
Cars (les), 6	St.-Yrieix	H.-Vienne
Carsac, 11 ¼	Bergerac	Dordogne
Carsac, 1 ½	Sarlat	Dordogne
Carsan, 8 ¼	Uzès	Gard
Carsix, 2	Bernay	Eure
Carspach, ½	Altkirch	Haut-Rhin
Cartarin (*Villeneuve-la-Lyonne*), 11 ¼	Epernay	Marne
Cartelègue, 2 ½	Blaye	Gironde
Carteret, 7 ½	Valognes	Manche
Carticas, 3	Corte	Corse
Cartignies, 1 ¼	Avesnes	Nord
Cartigny, 6 ¼	Bayeux	Calvados
Cartigny, 1 ½	Peronne	Somme
Carves, 6	Sarlat	Dordogne
Carville, 2 ½	Vire	Calvados
Carville-la Folletière, 6 ¼	Rouen	Seine-Inf.
Carville-Pot-de-Fer, 3	Yvetot	Seine-Inf.
Carvin-Epenoy *, 7 ½	Béthune	Pas-de Cal.
Casabianca, 7	Bastia	Corse
Casaconi, 5 ½	Bastia	Corse
Casalta, 7	Bastia	Corse
Casanova, 1 ½	Corte	Corse
Cascastel, 9 ½	Narbonne	Aude
Case-Fabre, 6	Prades	Pyrén.-Or.
Caseneuve (*Allés*), 4	Villeneuve-d'Agen	Lot-et-Gar.
Caseneuve, 2 ½	Apt	Vaucluse
Cases-de-Pene, 3 ¾	Perpignan	Pyrén.-Or.
Casinca, 6	Bastia	Corse
Cassabé, 6	Orthez	B.-Pyrén.
Cassagnas, 4 ¼	Florac	Lozère
Cassagne (la), 7	Sarlat	Dordogne
Cassagne, 5	St.-Gaudens	H.-Garonne
Cassagne, 1 ½	Condom	Gers
Cassaguebere, 3	St.-Gaudens	H.-Garonne

Communes.	Arrondissem.	Départem.	Communes.	Arrondissem.	Départem.
Cassagnes (*Pomarède*), 8	Cahors	Lot	Casteljau, 5	Argentière	Ardèche
Cassagnes, 7 1/4	Perpignan	Pyrén.-Or.	Castell, 3 1/2	Prades	Pyrén.-Or.
Cassagnes-Begognès, 5 1/2	Rodez	Aveiron	Castella, 5	Agen	Lot-et-Gar.
Cassagnes-Comtaux, 4 1/4	Rodez	Aveiron.	CASTELLANNE *,	ch.-l. d'ar., 207	B.-Alpes
Cassagnettes, 1 1/4	Rodez	Aveiron	Castellard (le), 5	Digne	B.-Alpes
Cassagnies, près Coustaussa, 4 1/4	Limoux	Aude	Castellare,	Bastia	Corse.
			Castellare, 1 1/4	Corte	Corse
Cassagnolles, 1	Alais	Gard.	Castellarony, 2 1/4	Lectoure	Gers
Cassagnolles, 6 1/2	St.-Pons	Hérault	Castellet (le), 9	Digne	B.-Alpes
Cassaigne (la), 3 1/2	Castelnaudary	Aude	Castellet (le), 5	Toulon	Var
Cassaigne (la), 2 1/4	Mirande	Gers	Castellet, 2	Apt	Vaucluse
Cassaigne (la), 11	Tarbes	H.-Pyrén.	Castellet-les-Sausses, 13	Castellanne	B.-Alpes
Cassaniouse, 6 1/2	Aurillac	Cantal	Castellet-St.-Cassien, 16	Castellanne	B.-Alpes
Cassano, 2 1/2	Calvi	Corse	Castello, 6	Corte	Corse
Cassanus, 4 1/2	Villefranche	Aveiron	Castelnaure (*Embres*), 5	Narbonne	Aude
Cassarou, 4 1/4	Rodez	Aveiron	CASTELNAUDARY *,	ch.-l. d'ar., 198	Aude
Casse (la), 7	Muret	H.-Garonne	Castelmazy, 6 1/2	Rodez	Aveiron
Casseaux (*Villebon*), 3 1/2	Versailles	Seine-et-O.	Castelmoron, 4	La Réole	Gironde
Cassel *, 3 1/4	Hazebrouck	Nord	Castelmoron, 7 1/2	Marmande	Lot-et-Gar.
Cassemartin, 6	Lombez	Gers	Castelmoron, 2	Toulouse	H.-Garonne
Cassen, 4 1/2	Dax	Landes	Castelmus, 4 1/4	Milhaud	Aveiron
Casseneuil, 2 1/4	Villeneuve-d'Agen	Lot-et-Gar.	Castelnau, 4	Espalion	Aveiron
			Castelnau, 3	Milhaud	Aveiron
Cassés (les), 4	Castelnaudary	Aude	Castelnau, 10	Rodez	Aveiron
Cassenil, 1 1/4	La Réole	Gironde	Castelnau *, 7 1/4	Bordeaux	Gironde
Cassien (St.-), 9 1/4	Bergerac	Dordogne	Castelnau, 3	Montpellier	Hérault
Cassien (St.-), 9	St. Marcellin	Isère	Castelnau *, 5	Cahors	Lot
Cassignas, 6	Agen	Lot-et-Gar.	Castelnau, 8	Castres	Tarn
Cassine (la), 5	Mezières	Ardennes	Castelnau-Barbarens, 3	Auch	Gers
Cassis, 5	Marseille	B. du Rhône	Castelnau (Chalosse), 7 3/4	St.-Sever	Landes
Casson, 9 1/2	Châteaubriant	Loire-Inf.	Castelnau-d'Angles, 3 1/2	Mirande	Gers
Cassuejouls, 8	Espalion	Aveiron	Castelnau-d'Aude, 4 1/2	Narbonne	Aude
Cast (St.-), 7	Dinan	Côtes-du-N.	Castelnau-d'Ausan, 7 1/2	Condom	Gers
Cast, 1 1/2	Châteaulin	Finistère	Castelnau-de-Durban, 3 1/2	St.-Girons	Ariége
Castagnac, 6 1/4	Muret	H.-Garonne	Castelnau-de-Guers, 7	Béziers	Hérault
Castagnède, 4 1/4	St.-Gaudens	H.-Garonne	Castelnau-de-Levis, 1 1/2	Albi	Tarn
Castagnède, 6	Orthez	B.-Pyrén.	Castelnau-de-Picampeau, 7 1/4	Muret	H.-Garonne
Castagnère (la), 2 1/2	Auch	Gers			
Castagnos, 6	St.-Sever	Landes	Castelnau-Destretef, 5	Toulouse	H.-Garonne
Castan, 2 1/2	Rodez	Aveiron	Castelnau-Magnoac *, 13	Bagnères	H.-Pyrén.
Castanet (*Castelnau*), 10 1/2	Rodez	Aveiron	Castelnau Rivière-Basse, 14	Tarbes	H.-Pyrén.
Castanet, 2	Toulouse	H.-Garonne	Castelnau-sur-Lovignon,	Condom	Gers
Castanet, 4	Gaillac	Tarn	1 1/4		
Castanet, 14 1/2	Montauban	Tarn-et-Gar.	Castelnau (Tursan), 5 1/4	St.-Sever	Landes.
Castanet-le-Haut, 12	Béziers	Hérault	Castelnaud, 2 1/4	Sarlat	Dordogne
Castans, 8 1/2	Carcassonne	Aude	Castelnaud, 2 1/2	Marmande	Lot-et-Gar.
Casteide, 8 1/2	Pau	B.-Pyrén.	Castelnaud, 3	Villeneuve-d'Agen	Lot-et-Gar.
Casteide-Cami, 6 1/2	Orthez	B.-Pyrén.			
Casteide-Candau, 5 1/2	Orthez	B.-Pyrén.	Castelnavet, 11	Mirande	Gers
Castel, 3	Sarlat	Dordogne	Castelneau, 4 1/2	Alais	Gard
Castel, 4 1/2	Montdidier	Somme	Castelneau, 2 1/2	Lectoure	Gers
Castel-Bajac, 7 1/2	Tarbes	H.-Pyrén.	Castelner, 6 1/2	St.-Sever	Landes
Castel-Biagué, 4	St.-Gaudens	H.-Garonne	Castelnou, 6	Perpignan	Pyrén.-Or.
Castel-Culier, 3	Agen	Lot-et-Gar.	Castelpers, 11	Rodez	Aveiron
Castel-Ferrus, 1	Castel-Sarrasin	Tarn-et-Gar.	Castelreng, 3	Limoux	Aude
Castel-Franc, 4 1/2	Mirande	Gers	Castels, 5 1/2	Dax	Landes
Castel-Franc *, 5 1/2	Cahors	Lot	Castels, 5 1/4	Moissac	Tarn-et-Gar.
Castel-Gaillard, 6 1/4	St.-Gaudens	H.-Garonne	Castelsagrat, 5 1/4	Moissac	Tarn-et-Gar.
Castel-Garric, 7	Albi	Tarn	CASTEL-SARRASIN *,	ch.-l. d'ar., 179	Tarn-et-Gar.
Castel Ginest, 3	Toulouse	H.-Garonne	Castelsarrazins, 7 1/4	St.-Sever	Landes
Castel-Jaloux, 3 1/2	Auch	Gers	Castelvieil, 4 1/2	La Réole	Gironde
Castel-Jaloux *, 8 1/4	Nérac	Lot-et-Gar.	Castelvieilh, 2	Tarbes	H.-Pyrén.
Castelet (*Perles*), 9 1/2	Foix	Ariège	Castendet, 4	Mont-de-Marsan	Landes

Communes.	Arrondissem.	Départem.
Castera,	Bastia	Corse.
Castera (le), $4\frac{1}{4}$	St.-Gaudens	H.-Garonne
Castera (le), 5	Toulouse	H.-Garonne
Castera, $8\frac{1}{4}$	Pau	B.-Pyrén.
Castera, 4	Tarbes	H.-Pyrén.
Castera-Bourret, $3\frac{1}{2}$	Castel-Sarrasin	Tarn et Gar.
Castera-Lanusse, 4	Tarbes	H.-Pyrén.
Castera-Lectourois, $1\frac{1}{4}$	Lectoure	Gers
Castera-Prénerou, 8	Auch	Gers
Castera-Vivent, 5	Condom	Gers
Casteras, $4\frac{1}{4}$	Pamiers	Ariége
Casterels, $1\frac{1}{4}$	Bagnères	H.-Pyrén.
Gasteron (le), $5\frac{1}{2}$	Lectoure	Gers
Casterux, 5	Moissac	Tarn et Gar.
Castet, $5\frac{1}{4}$	Oléron	B.-Pyrén.
Castet-Pugon, $11\frac{1}{4}$	Pau	B.-Pyrén.
Castetarbe (*Orthez*), $1\frac{1}{2}$	Orthez	B.-Pyrén.
Castetbon, $3\frac{1}{4}$	Orthez	B.-Pyrén.
Castetis, $1\frac{1}{2}$	Orthez	B.-Pyrén.
Castetnau, 5	Orthez	B.-Pyrén.
Castetner, $1\frac{1}{2}$	Orthez	B.-Pyrén.
Castets, $4\frac{1}{4}$	Bazas	Gironde
Castetx, 5	Mirande	Gers
Castex, $7\frac{1}{4}$	Pamiers	Ariége
Castex, 13	Condom	Gers
Castière (la) (*Rouau*), $5\frac{1}{4}$	Paimbœuf	Loire-Inf.
Casties, $7\frac{1}{4}$	Muret	H.-Garonne
Castifao, $7\frac{1}{2}$	Calvi	Corse
Castiglioni, 7	Calvi	Corse.
Castignaux (*Toulon*), $\frac{1}{4}$	Toulon	Var
Castillon, 1	Castellanne	B.-Alpes
Castillon, $2\frac{1}{2}$	St.-Girons	Ariége
Castillon, 3	Bayeux	Calvados
Castillon, $5\frac{1}{4}$	Lisieux	Calvados
Castillon, $5\frac{1}{2}$	Alais	Gard
Castillon, 4	Toulouse	H.-Garonne
Castillon, $3\frac{1}{2}$	Lombez	Gers
Castillon*, $4\frac{1}{2}$	Bazas	Gironde
Castillon, 5	Libourne	Gironde
Castillon, $5\frac{1}{2}$	Orthez	B.-Pyrén.
Castillon, $7\frac{1}{2}$	Pau	B.-Pyrén.
Castillon, 4	Bagnères	H.-Pyrén.
Castillon-Débats, 9	Auch	Gers
Castillon-du-Gard, $3\frac{1}{4}$	Uzès	Gard
Castillon-Massas, $2\frac{1}{2}$	Auch	Gers
Castillon, près Bagnères), 10	St.-Gaudens	H.-Garonne
Castillon, près St.-Martory, $2\frac{1}{2}$	St.-Gaudens	H.-Garonne
Castillones, 8	Villeneuve-d'Agen	Lot-et-Gar.
Castilly, $6\frac{1}{2}$	Bayeux	Calvados
Castin, $1\frac{1}{2}$	Auch	Gers
Castin (St-), 3	Pau	B.-Pyrén.
Castineta, 4	Corte	Corse
Castiria, $2\frac{1}{2}$	Corte	Corse
Castres, $1\frac{1}{2}$	St-Quentin	Aisne
Castres*, 6	Bordeaux	Gironde
CASTRES*	ch. l. d'arr., 179	Tarn
Castries, $2\frac{1}{2}$	Montpellier	Hérault
Castweiller, 4	Sarreguemines	Moselle
Cateau (le)*, $6\frac{1}{2}$	Cambrai	Nord
Catelet (le)*, $4\frac{1}{4}$	St.-Quentin	Aisne
Catelmayran, 1	Castel-Sarrasin	Tarn et Gar.
Catelon, 4	Pont-Audemer	Eure

Communes.	Arrondissem.	Départem.
Catenay, $5\frac{1}{2}$	Rouen	Seine-Inf.
Catenoy, $1\frac{1}{2}$	Clermont	Oise
Catherine (Ste.-), $\frac{1}{4}$	Arras	Pas-de-Cal.
Catherine (Ste.-), 5	Ambert	Puy-de-Dô.
Catherine (Ste.-) (*Aufay*), 6	Dieppe	Seine-Inf.
Catherine-de-Fierbois (Ste.), $5\frac{1}{4}$	Loches	Indre-et-L.
Catherine-sur-Riverie (Ste.-), $5\frac{1}{4}$	Lyon	Rhône
Cathervielle, $10\frac{1}{2}$	St.-Gaudens	H.-Garonne
Catheux, 10	Clermont	Oise
Cathières, $12\frac{1}{2}$	Rodez	Aveiron
Catigny, $6\frac{1}{2}$	Compiègne	Oise
Catillon, $8\frac{1}{2}$	Cambrai	Nord
Catillon, 4	Clermont	Oise
Catillon (le), $5\frac{1}{4}$	Neufchâtel	Seine-Inf.
Catillon-du-Temple, 5	Laon	Aisne
Catllar, $\frac{1}{4}$	Prades	Pyrén.-Or.
Catonvielle, $5\frac{1}{4}$	Lombez	Gers
Cattelier, $5\frac{1}{2}$	Dieppe	Seine-Inf.
Cattenières, $2\frac{1}{2}$	Cambrai	Nord
Cattenan, 2	Thionville	Moselle
Catteri 2, $\frac{1}{4}$	Calvi	Corse
Catteville, $4\frac{1}{2}$	Valognes	Manche
Catus, 4	Cahors	Lot
Catz, $6\frac{1}{4}$	St.-Lô	Manche
Cau (le) (*Armous*), $6\frac{1}{2}$	Mirande	Gers
Caüat, (St.-), 3	Carcassonne	Aude
Caubel, $3\frac{1}{4}$	Villeneuve-d'Agen	Lot-et-Gar.
Caubert, 1	Abbeville	Somme
Caubeyres, $5\frac{1}{2}$	Nérac	Lot-et-Gar.
Caubiac, $7\frac{1}{2}$	Toulouse	H.-Garonne
Caubios, $3\frac{1}{4}$	Pau	B.-Pyrén.
Caubous, $10\frac{1}{4}$	St.-Gaudens	H.-Garonne
Caubous, $11\frac{1}{2}$	Bagnères	H.-Pyrén.
Caucalières-Castres, $3\frac{1}{4}$	Castres	Tarn
Caucalières-Lavaur, $3\frac{1}{4}$	Castres	Tarn
Cauchie (la), 4	Arras	Pas-de-Cal.
Cuchy-à-la-Tour, $3\frac{1}{4}$	Béthune	Pas-de-Cal.
Cauconrt, 5	Béthune	Pas-de-Cal.
Caudan, $1\frac{1}{4}$	Lorient	Morbihan
Caudebec*, $2\frac{1}{2}$	Yvetot	Seine-Inf.
Caudebec-lès-Elbeuf, $5\frac{1}{2}$	Rouen	Seine-Inf.
Caudebronde, 5	Carcassonne	Aude
Caudecoste, 5	Agen	Lot-et-Gar.
Caudemuche (le), $3\frac{1}{2}$	Pont-l'Evêque	Calvados
Cauderan, $\frac{1}{4}$	Bordeaux	Gironde
Caudiès, $9\frac{1}{2}$	Prades	Pyrén.-Or.
Caudiès, $13\frac{1}{4}$	Perpignan	Pyrén.-Or.
Caudrot, 2	La Réole	Gironde
Caudry, $4\frac{1}{4}$	Cambrai	Nord
Cauffry, $1\frac{1}{2}$	Clermont	Oise
Caugé, $1\frac{1}{4}$	Evreux	Eure
Caugne (la), 5	Muret	H.-Garonne
Caujac ou Le Bosc, $7\frac{1}{2}$	Rodez	Aveiron
Caujac, $5\frac{1}{2}$	Muret	H.-Garonne
Caulaincourt, $3\frac{1}{2}$	St.-Quentin	Aisne
Caule (le), 4	Neufchâtel	Seine-Inf.
Caulery, $4\frac{1}{4}$	Cambrai	Nord
Caulières, 8	Amiens	Somme
Caulnes, 5	Dinan	Côtes-du-N.
Caumont, $11\frac{1}{2}$	Laon	Aisne

Communes.	Arrondissem.	Départem.
Caumont (*Vesles*), 5	Laon	Aisne
Caumont, 1 ½	St.-Girons	Ariége
Caumont, 5 ¼	Bayeux	Calvados
Caumont, 6 ¼	Falaise	Calvados
Caumont, 7	Pont-Audemer	Eure
Caumont, 15	Mirande	Gers
Caumont, 4 ½	La Réole	Gironde
Caumont, 1 ½	Marmande	Lot-et-Gar.
Caumont, 6 ¼	Montreuil	Pas-de-Cal.
Caumont (*Le Meux*), 1 ¾	Compiégne	Oise
Caumont, 2	Castel-Sarrasin	Tarn etGar.
Caumont, 2	Avignon	Vaucluse
Cauna, 2 ¼	St.-Sever	Landes
Caunay, 4 ¼	Melle	2 Sèvres
Caune (la) *, 12 ½	Castres	Tarn
Cauneille, 5 ½	Dax	Landes
Caunes, 3 ½	Carcassonne	Aude
Caunette (la), 5 ¼	St.-Pons	Hérault
Caunette-sur-Lauquet (la), 5 ¾	Limoux	Aude
Caunettes-en-Val, 6 ½	Carcassonne	Aude
Caupene, 11 ½	Condom	Gers
Caupenne, 4 ¾	St.-Sever	Landes
Cauquigny (*Amfreville*) 4	Valognes	Manche
Caure (la), 4 ¼	Epernay	Marne
Caurel, 5 ¾	Loudéac	Côtes-du N.
Caurelle, 2 ½	Rheims	Marne
Cauroir, 1 ¼	Cambrai	Nord
Caurois, 4 ½	Vouziers	Ardennes
Cauroy-lès-Hermonville, 3 ½	Rheims	Marne
Cause-de-Cléran, 3 ¼	Bergerac	Dordogne
Caussade (la), 13 ¼	Mirande	Gers
Caussade (la), 3 ¼	Villeneuve-d'Agen	Lot-et-Gar.
Caussade, 8	Tarbes	H.-Pyrén.
Caussade *, 6	Montauban	Tarn etGar.
Causse-Cabrespines, 2 ¼	Espalion	Aveiron
Causse-d'Is, 2	Rodez	Aveiron
Causse-de-la-Selle (le), 6 ¼	Montpellier	Hérault
Caussebégon, 10 ¼	Le Vigan	Gard
Caussens, 1 ¼	Condom	Gers
Causses, 4 ½	Béziers	Hérault
Caussiniojouls, 5	Béziers	Hérault
Caussol, 4	Grasse	Var
Caussou, 9 ½	Foix	Ariége
Cauterets *, 4 ¼	Argelès	H.-Pyrén.
Cauverville-en-Lieuvin, 4	Pont-Audemer	Eure
Cauverville-en-Romois, 2 ½	Pont-Audemer	Eure
Cauvicourt, 5	Falaise	Calvados
Cauvignac, 3 ½	Bazas	Gironde
Cauvigny, 4	Beauvais	Oise
Cauville, 8 ½	Falaise	Calvados
Cauville, 3	Le Hâvre	Seine-Inf.
Caux, 3	Carcassonne	Aude
Caux, 5	Béziers	Hérault
Cauzac, 6	Agen	Lot-et-Gar.
Cauze (le), 5	Castel-Sarrasin	Tarn-et-Gar.
Cavagnac, 13 ¼	Gourdon	Lot
Cavagnac, 5	Marmonde	Lot-et-Gar.
Cavaillon, 3 ½	Avignon	Vaucluse
Cavalerie (la), 3 ¼	Milhaud	Aveiron
Cavan, 2 ½	Lannion	Côtes-du N.
Cavanac, 1	Carcassonne	Aude
Cavarc, 7 ¼	Villeneuve-d'Agen	Lot-et-Gar.
Cavaygnac (*Soturac*), 10	Cahors	Lot
Cave (la), 3	St.-Girons	Ariége
Cave (la), 6 ½	Gourdon	Lot
Cave (la) (*Boursault*), 2	Epernay	Marne
Caveirac, 2 ¼	Nismes	Gard
Cavignac, 7	Blaye	Gironde
Cavigny, 2 ½	St.-Lô	Manche
Cavillargues, 4 ¼	Uzès	Gard
Cavillon, 3	Amiens	Somme
Cavirac, 9	Limoux	Aude
Cavoville, 1 ½	Louviers	Eure
Cavro, 3	Ajaccio	Corse
Cavron, 4 ½	Montreuil	Pas-de-Cal.
Cayeux *, 7	Abbeville	Somme
Cayeux, 5 ½	Montdidier	Somme
Cayla (le) (*Cadour*), 3 ½	Villefranche	Aveiron
Cayla (le), 6	St.-Affrique	Aveiron
Caylux *, 12	Montauban	Tarn etGar.
Caynet, 3 ¼	Caen	Calvados
Cayrac, 3 ½	Montauban	Tarn-etGar.
Cayres, 3 ¾	Le Puy	H.-Loire
Cayriech, 7 ½	Montauban	Tarn-etGar.
Cayrol-Bonneval, 2 ½	Espalion	Aveiron
Cayrols, 5	Aurillac	Cantal
Cayrou (le), 2 ¼	Gaillac	Tarn
Cazalis (*Préchac*), 5	Bazas	Gironde
Cazalis, 5 ¼	St.-Sever	Landes
Cazalrenoux, 5	Castelnaudary	Aude
Cazals, 7 ¼	Cahors	Lot
Cazals, 7 ¼	Montauban	Tarn etGar.
Cazals-des-Bailles, 7 ½	Pamiers	Ariége
Cazals-des-Faurés, 7 ½	Pamiers	Ariége
Cazaril, 3 ½	St.-Gaudens	H.-Garonne
Cazaril, 15 ½	Bagnères	H.-Pyrén.
Cazaril-Laspènes, 9 ¼	St.-Gaudens	H.-Garonne
Cazats, 1 ¼	Bazas	Gironde
Cazaubon, 13 ½	Condom	Gers
Cazaugitat, 5	La Réole	Gironde
Cazaulets, 6 ¼	St.-Sever	Landes
Cazaux, 3	Pamiers	Ariége
Cazaux, 7	St.-Gaudens	H.-Garonne
Cazaux, 2 ½	Lombez	Gers
Cazaux-Larboust, 10	St.-Gaudens	H.-Garonne
Cazaux-Debat, 12 ¼	Bagnères	H.-Pyrén.
Cazaux-Fréchet, 11	Bagnères	H.-Pyrén.
Cazaux-Seillan, 5	Mirande	Gers
Cazaux-Villecomtal, 6	Mirande	Gers
Cazavet, 1 ¼	St.-Girons	Ariége
Caze (la), 3	Lombez	Gers
Caze (la), 9	Castres	Tarn
Cazelle (*Prégniac*), 4 ½	Blaye	Gironde
Cazelles, 6	Gaillac	Tarn
Cazenac, 3	Sarlat	Dordogne
Cazenave, 5 ¼	Foix	Ariége
Cazeneuve, 3	St.-Gaudens	H.-Garonne
Cazeneuve, 5	Condom	Gers
Cazenous, 3 ¼	St.-Gaudens	H.-Garonne
Cazères, 8 ¼	Muret	H.-Garonne

Communes.	Arrondissem.	Départem.	Communes	Arrondissem.	Départem.
Cazères, 5	Mont-de-Marsan	Landes	Celle-St.-Cyr (la), 2 1/4	Joigny	Yonne
Cazes (*Puy-l'Evêque*), 9	Cahors	Lot	Celle-sous-Chanternerle (la), 11	Epernay	Marne
			Celle-sur-Loire (la), 2	Cosne	Nièvre
Cazes-Mondenard, 6	Moissac	Tarn-et-Gar.	Celle-sur-Nièvre (la), 9	Cosne	Nièvre
Cazevieille, 4	Montpellier	Hérault	Celles, 3 1/2	Soissons	Aisne
Cazilhac, 3/4	Carcassonne	Aude	Celles, 3	Foix	Ariége
Cazilhac (Bas-), 8	Montpellier	Hérault	Celles, 1	Bar-sur-Seine	Aube
Cazillac, 14	Gourdon	Lot	Celles, 1 1/2	Murat	Cantal
Cazordltte (*Cagnotte*), 4	Dax	Landes	Celles, 4 1/2	Jonzac	Char.-Inf.
Cazotte (la), 3 1/2	St.-Affrique	Aveiron	Celles, 3	Riberac	Dordogne
Cazoules, 3	Sarlat	Dordogne	Celles, 2 3/4	Lodève	Hérault
Cazouls-l'Hérault, 6	Béziers	Hérault	Celles, 4 1/4	Langres	H.-Marne
Cazouls-lès-Béziers, 2 1/2	Béziers	Hérault	Celles, 2	Thiers	Puy-de-Dô.
Céaucé, 2 1/2	Domfront	Orne	Celles, 1 1/4	Melle	2 Sèvres
Céaulcé, 5	Mayenne	Mayenne	Celles, 5	St.-Dié	Vosges
Ceaulmont, 8 1/2	Châteauroux	Indre	Celles-lès-Condé, 3 1/2	Château-Thierry	Aisne
Ceaulmont, 6 1/4	La Châtre	Indre			
Ceaux, 2 1/2	Avranches	Manche	Cellette (la), 2	St.-Amand	Cher
Ceaux, 6	Civray	Vienne	Cellette (la), 5	Boussac	Creuse
Ceaux, 2 1/2	Loudun	Vienne	Cellette (la), 10	Riom	Puy-de-Dô.
Ceaux-d'Allègre, 4 1/4	Le Puy	H.-Loire	Cellettes, 6	Ruffec	Charente
Cebazan, 7	St.-Pons	Hérault	Cellettes, 2 1/4	Blois	Loir-et-Ch.
Cebazat, 1 1/2	Clermont	Puy-de-Dô.	Cellier (le), 4	Ancenis	Loire-Inf.
Cecey, 3	Gray	H.-Saône	Cellier-du-Luc (le), 9 1/2	Argentière	Ardèche
Cecile (Ste.), 4 1/2	Alais	Gard	Celloville, 3	Rouen	Seine-Inf.
Cécile (Ste.-), 9	Issoudun	Indre	Cellule, 1	Riom	Puy-de-Dô.
Cécile (Ste.-), 6 1/4	Avranches	Manche	Célon, 8 1/4	Châteauroux	Indre
Cécile (Ste.-), 5	Mâcon	Saône-et-L.	Celoux, 5	St.-Flour	Cantal
Cécile (Ste.-) (*Flée*), 8 1/2	St.-Calais	Sarthe	Celsoy, 1/2	Langres	H.-Marne
Cécile (Ste.-), 3 1/2	Orange	Vaucluse	Cély, 3	Melun	Seine-et-M.
Cécile (Ste.-), 7	Bourbon-Vendée	Vendée	Cemboing, 8 1/4	Vesoul	H.-Saône
			Cempuis, 7 1/2	Beauvais	Oise
Ceffia, 12 1/4	Lons-le-Saulnier	Jura	Cenac, 1 1/2	Villefranche	Aveiron
			Cenac, 2 3/4	Sarlat	Dordogne
Ceffonds, 4	Wassy	H.-Marne	Cenac, 2 3/4	Bordeaux	Gironde
Ceignac, 3 1/4	Rodez	Aveiron	Cenac (*Albas*), 5	Cahors	Lot
Ceilhes, 6 1/2	Lodève	Hérault	Cénan, 7	Châtellerault	Vienne
Ceillieux, 4 1/4	St.-Etienne	Loire	Cenans, 7 1/3	Vesoul	H.-Saône
Ceilloux, 11	Clermont	Puy-de-Dô.	Cency, 6	Tonnerre	Yonne
Ceintrey, 5	Nancy	Meurthe	Cendras, 1	Alais	Gard
Ceiroux, 4 1/2	Bourganeuf	Creuse	Cendrecourt, 8	Vesoul	H.-Saône
Ceisseins, 4 1/4	Trévoux	Ain	Cendrey, 6 1/2	Besançon	Doubs
Celavo, 6 1/2	Ajaccio	Corse	Cendrieux, 8	Périgueux	Dordogne
Celerin (St.-), 6 1/2	Le Mans	Sarthe	Cene (la), 2 1/4	Villeneuve-d'Agen	Lot-et-Gar.
Celland (le Grand), 3 1/4	Avranches	Manche			
Celland (le Petit), 3 1/4	Avranches	Manche	Généré (St.-), 4	Laval	Mayenne
Celle (la), 4 1/2	Château-Thierry	Aisne	Ceneri-le-Gerei (St.-), 3 1/4	Alençon	Orne
Celle (la), 4	Montluçon	Allier	Cenevières, 8	Cahors	Lot
Celle (la), 13	Tulle	Corrèze	Cenfosse (*Liernais*), 12	Beaune	Côte-d'Or
Celle (la), 4	Boussac	Creuse	Cenne, 2 1/2	Castelnaudary	Aude
Cellé, 6	Vendôme	Loir-et-Ch.	Cénon, 1	Châtellerault	Vienne
Celle (la), 10	Riom	Puy-de-Dô.	Cenon-la-Bastide, 1/4	Bordeaux	Gironde
Celle (la), 1/4	Coulommiers	Seine-et-M.	Censac-la-Vaux, 4	Brioude	H.-Loire
Celle (la), 4 1/4	Fontainebleau	Seine-et-M.	Cense-Pernet(la) (*Montmort*), 3 1/4	Epernay	Marne
Celle (la), 1	Brignoles	Var			
Celle-Barmontoise (la), 3 1/2	Aubusson	Creuse	Censeau, 6 1/4	Poligny	Jura
			Censerey, 10	Beaune	Côte-d'Or
Celle-Bruyère (la), 2	St.-Amand	Cher	Centacres (les), 6	Dieppe	Seine-Inf.
Celle-Dunoise (la), 4 1/4	Guéret	Creuse	Centrès, 8 1/4	Rodez	Aveiron
Cellefrouin, 5 1/2	Ruffec	Charente	Centuri, 8 1/4	Bastia	Corse
Celle-Levéault, 7	Poitiers	Vienne	Cenves, 8	Villefranche	Rhône
Celle St.-Cloud (la), 1	Versailles	Seine-et-O.	Ceols (St.-), 5 1/4	Bourges	Cher

Communes.	Arrondissem.	Départem.
Cépède (la), 6	Agen	Lot-et-Gar.
Cepet, 4 ½	Toulouse	H.-Garonne
Cepie, 1 ¾	Limoux	Aude
Cepoy, 1 ½	Montargis	Loiret
Ceran, 4	Lectoure	Gers
Cerans (*Foulletourte*), 5	La Flèche	Sarthe
Cerbois, 6 ¼	Bourges	Cher
Cercié, 3	Villefranche	Rhône
Cercottes, 2 ¼	Orléans	Loiret
Cercou, 10	Jonzac	Char.-Inf.
Cercueil, 2	Nancy	Meurthe
Cercueil (le), 6 ¼	Alençon	Orne
Cercy-la-Tour, 14	Nevers	Nièvre
Cerdon*, 4	Nantua	Ain
Cerdon, 5	Gien	Loiret
Céré, 4	Tours	Indre-et-L.
Céré, 3 ¼	Mont-de-Marsan	Landes
Céré (St.-)*, 8	Figeac	Lot
Cerelles, 3	Tours	Indre-et-L.
Cérences, 4	Coutances	Manche
Cereste, 5 ¼	Forcalquier	B.-Alpes
CERET*	ch.-l. d'arr., 234	Pyrén.-Or.
Cerfontaine, 4 ¼	Avesnes	Nord
Cergy, ½	Pontoise	Seine-et-O.
Cerice (St.-), 13	Gap	H.-Alpes
Cerifontaine, 6	Beauvais	Oise
Cérilly*, 7	Montluçon	Allier
Cerilly, 1 ½	Châtillon	Côte-d'Or.
Cerilly, 7 ¼	Joigny	Yonne
Cerisais, 4 ½	Bressuire	2 Sèvres
Cerisé, 1	Alençon	Orne
Cerisiers, 5	Joigny	Yonne
Cerisols, 4	St.-Girons	Ariége
Cerisy, 2 ¼	St.-Quentin	Aisne
Cérizy, 4 ¼	Abbeville	Somme
Cérizy, 6	Péronne	Somme
Cerizy-la-Forêt, 4 ¼	St.-Lô	Manche
Cérizy-la-Salle, 3 ¼	Coutances	Manche
Cérizières, 7 ½	Wassy	H.-Marne
Cerlangue (la), 5 ¼	Le Hâvre	Seine-Inf.
Cerleau (la), 4	Rocroi	Ardennes
Cernain (St.-), 7 ¼	Cahors	Lot
Cernans, 6	Poligny	Jura
Cernay, 4 ¼	Lisieux	Calvados
Cernay, 9 ¼	Montbéliard	Doubs
Cernay, 4	Chartres	Eure-et-L.
Cernay, 1 ¼	Rheims	Marne
Cernay*, 8 ¼	Belfort	Haut-Rhin
Cernay, 4	Châtellerault	Vienne
Cernay-en-Dormois, 4	Ste-Menehould	Marne
Cernay-la-Ville, 3 ¼	Rambouillet	Seine-et-O.
Cernay-Soulce, 7 ¼	Montbéliard	Doubs
Cerneux, 4 ½	Provins	Seine-et-M.
Cerniébaud, 8	Poligny	Jura
Cernin (St.-), 3	Aurillac	Cantal
Cernin-de-Biron (St.-), 12	Bergerac	Dordogne
Cernin-de-l'Hermitage (St.-), 8	Sarlat	Dordogne
Cernin-de-Reillac (St.-), 8	Sarlat	Dordogne
Cernion, 4 ½	Rocroi	Ardennes
Cernon, 8 ¾	Lons-le-Saulnier	Jura

Communes.	Arrondissem.	Départem.
Cernon, 4	Châlons-sur-Marne	Marne
Cernoy, 4	Gien	Loiret
Cernoy, 3	Clermont	Oise
Cernusson, 8 ½	Saumur	Maine-et-L.
Cerny, 3	Etampes	Seine-et-O.
Cerny-en-Laonnois, 4 ½	Laon	Aisne
Cerny-lès-Bucy, 1 ¼	Laon	Aisne
Céron, 9 ½	Charolles	Saône-et-L.
Ceronne-lès-Mortagne (St.-), 1 ¼	Mortagne	Orne
Cerons, 8 ½	Bordeaux	Gironde
Cérotte (Ste.-), 1	St.-Calais	Sarthe
Cerqueux, 5 ½	Lisieux	Calvados
Cerqueux (*St.-Crespin*), 4 ½	Lisieux	Calvados
Cerqueux (les), 10	Beaupréau	Maine-et-L.
Cerqueux (les), 8	Saumur	Maine-et-L.
Cerre-lès-Noroy, 3 ½	Vesoul	H.-Saône
Cers, 1 ¼	Béziers	Hérault
Cersais, 5 ½	Bressuire	2 Sèvres
Cerseuil, 4 ½	Soissons	Aisne
Cersot, 5 ½	Châlons	Saône-et-L.
Cert, 2 ¾	St.-Girons	Ariége
Certemery, 4 ½	Poligny	Jura
Certilleux, 1 ¼	Neufchâteau	Vosges
Certines, 2	Bourg	Ain
Cerveyrieux (*Yon*), 3	Belley	Ain
Cervière, 7 ½	Montbrison	Loire
Cervières, 2	Briançon	H.-Alpes
Cervione, 10	Bastia	Corse
Cervon, 10	Clamecy	Nièvre
Cerzat, 5 ¼	Brioude	H.-Loire
Cesaire (St.-), 3 ½	Alais	Gard
Cesancey, 2	Lons-le-Saulnier	Jura
Cescau, 2 ¼	St.-Girons	Ariége
Cescau, 6 ¾	Orthez	B.-Pyrén.
Césins, 5	St.-Flour	Cantal
Cesny, 5	Caen	Calvados
Cesny-en-Cinglais, 4 ½	Falaise	Calvados
Cessac, 7	La Réole	Gironde
Cessac (*Douelles*), 2 ¼	Cahors	Lot
Cesse, 7 ½	Sedan	Ardennes
Cessenon, 8 ½	St.-Pons	Hérault
Cesseras, 8	St.-Pons	Hérault
Cesset, 5	Gannat	Allier
Cesseville, 4	Louviers	Eure
Cessey, 5 ¾	Besançon	Doubs
Cessey-lès-Vitteaux, 5 ½	Semur	Côte-d'Or
Cessey-sur-Tille, 3 ½	Dijon	Côte-d'Or
Cessia, 9 ½	Lons-le-Saulnier	Jura
Cessières, 2 ½	Laon	Aisne
Cessieux, 1 ¼	La Tour-du-Pin	Isère
Cesson, 1	Rennes	Ille-et-Vil.
Cesson, 1 ¼	Melun	Seine-et-M.
Cessoy, 3 ¼	Provins	Seine-et-M.
Cessales, 2 ¼	Villefranche	H.-Garonne
Cessy, ¼	Gex	Ain
Cessy, 4	Cosne	Nièvre
Cestas, 3 ¼	Bordeaux	Gironde
Cestayrols, 2 ½	Gaillac	Tarn
Ceton, 8 ½	Mortagne	Orne

Communes.	Arrondissem.	Départem.
Cette, 6	Montpellier	Hérault.
Cette, 8 ¼	Oléron	B.-Pyrén.
Ceveles, 4 ½	Riberac	Dordogne
Ceyrac, 3	Espalion	Aveiron
Ceyras, 4 ½	Lodève	Hérault
Ceyrat, 1	Clermont	Puy-de-Dô.
Ceyreste, 8	Marseille	B.du Rhône
Ceyssac, ¼	Le Puy	H.-Loire
Ceyzeriat, 2	Bourg	Ain
Cézac, 6 ¼	Blaye	Gironde
Cézac, 4	Cahors	Lot
Cézaire (St.-), 3	Saintes	Char.-Inf.
Cézaire (St.-), 4	Grasse	Var
Cézais, 3 ½	Fontenay-le-Comte	Vendée
Cezan, 4 ¾	Lectoure	Gers
Cezarville, 3	Pithiviers	Loiret
Cezas, 5	Le Vigan	Gard
Cezay, 5	Montbrison	Loire
Cezerieux, 2 ½	Belley	Ain
Cezert (St.-), 6 ½	Toulouse	H.-Garonne
Cézia, 10	Lons-le-Saulnier	Jura.
Cézisi-Belle-Etoile, 6 ½	Domfront	Orne
Cezy, 1	Joigny	Yonne
Chabannais *, 4	Confolens	Charente
Chabestan, 8 ¼	Gap	H.-Alpes
Chabeuil, 2	Valence	Drôme
Chablis *, 4	Auxerre	Yonne
Chabons, 4 ½	La Tour-du-Pin	Isère
Chabotonnes, 5	Gap	H.-Alpes
Chabottes, 4 ½	Gap	H.-Alpes
Chabrac, 2 ½	Confolens	Charente
Chabrais (St.-), 5	Aubusson	Creuse
Chabrières (*Entrages*), 2	Digne	B.-Alpes
Chabrignac, 7	Brives	Corrèze
Chabrillon, 10 ¼	Die	Drôme
Chabris, 10 ½	Issoudun	Indre
Chacé, 1 ½	Saumur	Maine-et-L.
Chacornac, 3 ¼	Le Puy	H.-Loire
Chacrise, 3	Soissons	Aisne
Chadeleuf, 2	Issoire	Puy-de-Dô.
Chadenac, 6 ½	Saintes	Char.-Inf.
Chadenet, 3 ¼	Mende	Lozère
Chadrac, ¼	Le Puy	H.-Loire
Chadron, 2 ½	Le Puy	H.-Loire
Chadurie, 4	Angoulême	Charente
Chaffaut (le), 3	Digne	B.-Alpes
Chaffois, 2	Pontarlier	Doubs
Chaffrey (St.-), 1 ½	Briançon	H.-Alpes
Chagex, 7 ¾	Lure	H.-Saône
Chagui, 2	Argentan	Orne
Chagnon, 4 ½	St.-Etienne	Loire
Chagny, 4 ½	Mézières	Ardennes
Chagny*, 4 ½	Châlons	Saône-et-L.
Chagremont (*Auvers*), 2 ¼	Etampes	Seine-et-O.
Chahaigne, 7 ½	St.-Calais	Sarthe
Chahains, 6 ¼	Alençon	Orne
Chaignay, 3 ½	Dijon	Côte-d'Or
Chaignes, 5 ½	Evreux	Eure
Chaignolles, 6 ¼	Evreux	Eure
Chaignot (*Vaurrois*), 1 ½	Dijon	Côte-d'Or
Chail, 1	Melle	2 Sèvres

Communes.	Arrondissem.	Départem.
Chailade, 4	Murat	Cantal
Chaillac, 8 ½	Le Blanc	Indre
Chaillac, 1 ¾	Rochechouart	H.-Vienne
Chailland, 5	Laval	Mayenne
Chaillé, 4 ¾	Fontenay-le-Comte	Vendée
Chaillé-lès-Ormeaux, 10 ½	Les Sables	Vendée
Chailles, 1 ¼	Blois	Loir-et-Ch.
Chaillevette, 2 ¼	Marennes	Char
Chaillevois, 2 ½	Laon	Aisne
Chailley, 7	Joigny	Yonne
Chailliol, 5 ½	Gap	H.-Alpes
Chaillon, 6 ¼	Commercy	Meuse
Chailloué, 7 ¾	Alençon	Orne
Chailly, 8	Beaune	Côte-d'Or
Chailly, 4	Montargis	Loiret
Chailly, 1	Coulommiers	Seine-et-M.
Chailly, 2	Melun	Seine-et-M.
Chailly-lès-Ennery, 2 ¼	Metz	Moselle
Chailly-sur-Nied (*Courcelles-sur-Nied*), 2 ¼	Metz	Moselle
Chailvet (*Royaucourt*), 2 ½	Laon	Aisne
Chaîne (la) (*Plaisir*), 3	Versailles	Seine-et-O.
Chaînée-des-Coupis, 4 ½	Dôle	Jura
Chaingy, 2 ½	Orléans	Loiret
Chaintré, 3	Mâcon	Saône et-L.
Chaintreaux, 7 ½	Fontainebleau	Seine-et-M.
Chaintriauville (*St.-Pierre-lès-Nemours*), 4 ½	Fontainebleau	Seine-et-M.
Chaintrix, 4 ½	Epernay	Marne
Chaise (la), 4 ½	Bar-sur-Aube	Aube
Chaise (la), 3	Barbezieux	Charente
Chaise (la) (*Naveil*), ¾	Vendôme	Loir-et-Ch.
Chaise (la) (*Planchez*), 3 ½	Château-Chinon	Nièvre
Chaise-Beaudouin (la), 3 ½	Avranches	Manche
Chaise-Dieu, 11 ¼	Evreux	Eure
Chaise-Dieu (la), 8 ½	Brioude	H.-Loire
Chaise-Giraud (la), 5 ½	Les Sables	Vendée
Chaise-le-Vicomte (la), 3	Bourbon-Vendée	Vendée
Chaix, 1 ¼	Fontenay-le-Comte	Vendée
Chalabre, 7	Limoux	Aude
Chalade (la), 7	Verdun	Meuse
Chalagnac, 3	Périgueux	Dordogne
Chalain-d'Uzore, 1 ½	Montbrison	Loire
Chalain-le-Comtal, 1 ¾	Montbrison	Loire
Chalaines, 5	Commercy	Meuse
Chalais, 10	Barbezieux	Charente
Chalais, 5 ½	Nontron	Dordogne
Chalais, 4	Le Blanc	Indre
Chalamont, 10 ½	Trévoux	Ain
Chalampé, 8	Altkirch	Haut-Rhin
Chalancey, 6 ½	Langres	H.-Marne
Chalançon, 12	Tournon	Ardèche
Chalancon, 8	Die	Drôme
Chalandrais, 8 ½	Poitiers	Vienne
Chalandry, 3 ¼	Laon	Aisne
Chalandry, 2	Mézières	Ardennes

Communes.	Arrondissem.	Départem.
Chalange (le), 9 ¼	Alençon	Orne
Chalaures (*Eglizottes*), 9 ¼	Libourne	Gironde
Chalautre-la-Grande, 3 ½	Provins	Seine-et-M.
Chalautre-la-Petite, 1	Provins	Seine-et-M.
Chalautre-la-Reposte, 5 ½	Provins	Seine-et-M.
Chalaux, 8 ½	Clamecy	Nièvre
Chaléa, 12 ½	Lons-le-Saulnier	Jura
Chaleau, 7 ½	Jonzac	Char.-Inf.
Chaleins, 3 ¼	Trévoux	Ain
Chalendrey, 5	Mortain	Manche
Chalesmes (les), 9	Poligny	Jura
Chalette, 5 ½	Arcis-sur-Aube	Aube
Chalette, ½	Montargis	Loiret
Chaleur (la), 6 ¾	Dijon	Côte-d'Or
Chalex, 5 ¼	Gex	Ain
Chaley, 6 ¼	Belley	Ain
Chaleyssin (*St.-Just*), 3	Vienne	Isère
Chalèze, 1 ½	Besançon	Doubs
Chalezeule, 1 ¼	Besançon	Doubs
Chaliers, 3 ½	St. Flour	Cantal
Chalifert, 2 ¼	Meaux	Seine-et-M.
Chalignac, 3	Barbezieux	Charente
Chaligny, 3	Nancy	Meurthe
Chalinargues, 1 ¼	Murat	Cantal
Chalindrey, 2 ½	Langres	H.-Marne
Chalivoismilon, 4 ½	St.-Amand	Cher
Challain, 4	Segré	Maine-et-L.
Challais, ¼	Loudun	Vienne
Challans *, 11 ½	Les Sables	Vendée
Challe, 3	Nantua	Ain
Challement, 5	Clamecy	Nièvre
Challerange, 2 ½	Vouziers	Ardennes
Challes, 5 ½	Le Mans	Sarthe
Challet, 3	Chartres	Eure-et-L.
Challuy, 1 ¼	Nevers	Nièvre
Chalmaison, 2 ¾	Provins	Seine-et-M.
Chalmazelle, 5	Montbrison	Loire
Chalmessin, 6	Langres	H.-Marne
Chalmoux, 10	Charolles	Saône-et-L.
Chalo St.-Mars, 2	Etampes	Seine-et-O.
Chalon (*Gua*), 4 ¼	Marennes	Char.-Inf.
Chalon, 2	Vienne	Isère
Chalonnes, 6	Angers	Maine-et-L.
Châlonnes, 5	Baugé	Maine-et-L.
Châlons (*Charmes*), 6 ¼	Valence	Drôme
Chalons, 4 ½	Laval	Mayenne
CHALONS-SUR-MARNE *,	ch.-l. de dép., 42	Marne
CHALONS-SUR-SAÔNE *.	ch.-l. de dép., 90	Saône-et-L.
Châlons-sur-Vesle, 2 ¼	Rheims	Marne
Châlon-Moulineux, 2 ½	Etampes	Seine-et-O.
Chaltrait, 2 ½	Epernay	Marne
Chalus, 2 ¼	Issoire	Puy-de-Dô.
Châlus *, 6	St.-Yrieix	H.-Vienne
Chaluzy (*St.-Éloy*), 2	Nevers	Nièvre
Chalvignac, 1 ½	Mauriac	Cantal
Chalvraines, 10	Chaumont	H.-Marne
Chamadelle, 8 ¼	Libourne	Gironde
Chamagne, 4	Mirecourt	Vosges
Chamagneux, 7 ½	La Tour-du-Pin	Isère
Chamalières, 4 ¾	Le Puy	H.-Loire
Chamalières, ¼	Clermont	Puy-de-Dô.
Chamaloc, 1 ½	Die	Drôme
Chamand (St.-), 6	Tulle	Corrèze
Chamant (St.-), 5 ½	Mauriac	Cantal
Chamant, 1	Senlis	Oise
Chamarand (St.-), 3 ½	Gourdon	Lot
Chamarande, ¾	Chaumont	H.-Marne
Chamarande, 2 ¼	Etampes	Seine-et-O.
Chamaret, 6	Montélimart	Drôme
Chamassy (St.-) ou Chamecy,	Sarlat	Dordogne
Chamba (la), 8	Montbrison	Loire
Chambain, 7 ¼	Châtillon	Côte-d'Or
Chambalud (*Bougé*), 5 ¾	Vienne	Isère
Chambeire, 4	Dijon	Côte-d'Or
Chambellay, 3 ¼	Segré	Maine-et-L.
Chambéon, 3	Montbrison	Loire
Chambérat (*Huriel*), 2 ½	Montluçon	Allier
Chamberaud, 3 ½	Aubusson	Creuse
Chamberet, 10 ¼	Tulle	Corrèze
Chambéria, 7 ¼	Lons-le-Saulnier	Jura
Chamberteau, 13	Bourbon-Vendée	Vendée
Chambeson, 4 ¼	Brioude	H.-Loire
Chambeugle, 8 ½	Joigny	Yonne
Chambilly, 9 ½	Charolles	Saône-et-L.
Chamblac (le), 3	Bernay	Eure
Chamblanc, 7	Beaune	Côte-d'Or
Chamblay, 6 ½	Poligny	Jura
Chamblé, 5 ½	Montbrison	Loire
Chamblet, 1 ½	Montluçon	Allier
Chambley, 4 ¾	Metz	Moselle
Chambly, 5 ½	Lons-le-Saulnier	Jura
Chambly *, 6	Senlis	Oise
Chambœuf, 3	Dijon	Côte-d'Or
Chambœuf, 4	Montbrison	Loire
Chambois, 3	Argentan	Orne
Chambolles, 3 ½	Dijon	Côte-d'Or
Chambon, 5 ¼	Rochefort	Char.-Inf.
Chambon, 3 ¼	St.-Amand	Cher
Chambon, 3 ¼	Châteauroux	Indre
Chambon, 12	Loches	Indre-et-L.
Chambon, 2 ½	Blois	Loir-et-Ch.
Chambon (le), 1 ¾	St.-Etienne	Loire
Chambon, 6	Yssengeaux	H.-Loire
Chambon, 3	Pithiviers	Loiret
Chambon, 2 ½	Ambert	Puy-de-Dô.
Chambon, 6	Issoire	Puy-de-Dô.
Chambon-Campagne, 6	Boussac	Creuse
Chambon-Ste.-Croix, 5 ½	Guéret	Creuse
Chambon-Ville, 5 ½	Boussac	Creuse
Chambonchard, 9 ¾	Aubusson	Creuse
Chambonnas, 5 ½	Argentière	Ardèche
Chambonnet, 6	Riom	Puy-de-Dô.
Chambor, 9 ½	Evreux	Eure
Chamboraud, 5 ¾	Guéret	Creuse
Chambord, 4	Blois	Loir-et-Ch.
Chamboret, 4	Bellac	H.-Vienne
Chamborigaud, 5 ½	Alais	Gard
Chambornay, 7 ¼	Gray	H.-Saône
Chambornay-lès-Bellevaux, 7 ¼	Vesoul	H.-Saône
Chambors, 7	Beauvais	Oise

Communes.	Arrondissem.	Départem.
Chambost, 7	Lyon	Rhône
Chambost, 4 ½	Villefranche	Rhône
Chamboulive, 5 ¾	Tulle	Corrèze
Chambourcy, 3 ½	Versailles	Seine-et-O.
Chambourg, 1 ½	Loches	Indre-et-L.
Chambray, 4 ½	Evreux	Eure
Chambray, 1 ¼	Tours	Indre-et-L.
Chambray, 1 ¼	Château-Salins	Meurthe
Chambre (la), 6 ½	Sarreguemines	Moselle
Chambrecy, 4 ¼	Rheims	Marne
Chambres (les), 2 ¾	Avranches	Manche
Chambrois ou Broglie *, 2 ¾	Bernay	Eure
Chambroncourt, 10	Chaumont	H.-Marne
Chambroutet, 1 ½	Bressuire	2 Sèvres
Chambry, 1	Laon	Aisne
Chambry, 1	Meaux	Seine-et-M.
Chameanne, 4	Issoire	Puy-de-Dô.
Chamecy ou St.-Chamassy, 1	Sarlat	Dordogne
Chamelet, 3 ½	Villefranche	Rhône
Chameroy, 4	Langres	H.-Marne
Chamery, 2 ¼	Rheims	Marne
Chames, 5 ½	Argentière	Ardèche
Chamesel, 5	Montbéliard	Doubs
Chamesey, 9 ½	Montbéliard	Doubs
Chamesson, 1 ¾	Châtillon	Côte-d'Or
Chameyrac, 2 ¼	Tulle	Corrèze
Chamigny, 5	Meaux	Seine-et-M.
Chamilly, 4 ¾	Châlons	Saône-et-L.
Chammes, 8	Laval	Mayenne
Chamole, 1	Poligny	Jura
Chamond (St.-) *, 2 ½	St.-Etienne	Loire
Chamouillac, 3 ½	Jonzac	Char.-Inf.
Chamouille, 3	Laon	Aisne
Chamouilley, 4 ½	Wassy	H.-Marne
Chamoux, 4 ¾	Avallon	Yonne
Chamoy, 5 ¼	Troyes	Aube
Champ (St.-), 1 ¾	Belley	Ain
Champ (la), 1 ¾	Montélimart	Drôme
Champ, 3 ¾	Grenoble	Isère
Champ (le), 5	Grenoble	Isère
Champ, 1	Montbrison	Loire
Champ (la), 4 ½	Mende	Lozère
Champ (le) (*Thouarcé*), 9	Saumur	Maine-et-L.
Champ (*Leuvrigny*), 3 ¼	Epernay	Marne
Champ-au-Roi, 6	Bar-sur-Aube	Aube
Champ-d'Hiver, 3	Dôle	Jura
Champ-d'Oiseau, 2	Semur	Côte-d'Or
Champ-d'Or, 5	Nantua	Ain
Champ-de-la-Pierre (le), 9	Alençon	Orne
Champ-Dieu, ¾	Montbrison	Loire
Champ-Dolent (le), 3 ½	Evreux	Eure
Champ-Dollant, 5	St.-Jean-d'Angely	Char.-Inf.
Champ-Dominel, 2 ½	Evreux	Eure
Champ-du-Boult, 3 ¼	Vire	Calvados
Champ-Forgueil, 1 ¼	Châlons	Saône-et-L.
Champ-Fromier, 5 ¾	Nantua	Ain
Champ-Guyon, 10 ½	Epernay	Marne
Champ-Raphaël (la), 8 ½	Privas	Ardèche
Champ-Rougier, 3	Poligny	Jura

Communes.	Arrondissem.	Départem.
Champ-St.-Père (le), 9	Les Sables	Vendée
Champ-sur-Cizerne, 6 ½	Epinal	Vosges
Champagnac, 3 ¾	Mauriac	Cantal
Champagnac, 1 ½	Jonzac	Char.-Inf.
Champagnac, 5 ½	Tulle	Corrèze
Champagnac, 3 ½	Brioude	H.-Loire
Champagnac, 3 ½	Rochechouart	H.-Vienne
Champagnac-de-Belair, 4	Nontron	Dordogne
Champagnac-la-Nouaille, 6 ¼	Tulle	Corrèze
Champagnat, 2 ¼	Aubusson	Creuse.
Champagnat, 6	Louhans	Saône-et-L.
Champagnat-le-Jeune, 2	Issoire	Puy-de-Dô.
Champagne, 4 ¾	Belley	Ain
Champagne, 8 ½	Tournon	Ardèche
Champagne, 4	Marennes	Char.-Inf.
Champagne, 6 ½	Riberac	Dordogne
Champagne, 4	Dreux	Eure-et-L.
Champagne, 5 ½	Poligny	Jura
Champagne, 3 ¼	Châlons-sur-Marne	Marne
Champagne (*Joiselle*), 11	Epernay	Marne
Champagné, 3	Le Mans	Sarthe
Champagne, 2	Fontainebleau	Seine-et-M.
Champagne, 3	Pontoise	Seine-et-O.
Champagné, 6 ½	Fontenay-le-Comte	Vendée
Champagne-de-Blanzac, 4 ½	Angoulême	Charente
Champagné-le-Sec, 4	Civray	Vienne
Champagne-lès-Loisia, 6 ¼	Lons-le-Saulnier	Jura
Champagne-Mouton, 5 ¾	Confolens	Charente
Champagné-St.-Hilaire, 7 ½	Civray	Vienne
Champagne-sur-Vingeanne, 6 ½	Dijon	Côte-d'Or
Champagney, 2 ½	Besançon	Doubs
Champagney, 5	Dôle	Jura
Champagney, 4 ½	Lure	H.-Saône
Champagnier, 2 ½	Grenoble	Isère
Champagnôle *, 4 ½	Poligny	Jura
Champagnolle, 4 ½	Jonzac	Char.-Inf.
Champagnolot, 4 ¼	Dôle	Jura
Champagny, 6 ¼	Dijon	Côte-d'Or.
Champagny, 5 ½	Poligny	Jura
Champaissant, 2 ¼	Mamers	Sarthe
Champallement, 7 ½	Clamecy	Nièvre
Champaubert, 5	Epernay	Marne
Champaubert, 5 ½	Vitry-le-Français	Marne
Champayé (*Dormans*), 5	Epernay	Marne
Champcella, 6 ½	Embrun	H.-Alpes
Champcenest, 3 ¼	Provins	Seine-et-M.
Champcerie, 4 ½	Argentan	Orne
Champcervon, 3 ¼	Avranches	Manche
Champceuil, 4 ½	Corbeil	Seine-et-O
Champcevinel, 1 ½	Périgueux	Dordogne
Champcevrais, 12	Joigny	Yonne
Champcey, 2 ½	Avranches	Manche
Champclauses, 5 ½	Le Puy	H.-Loire
Champcœur (*Château-Chinon-Campagne*), 1 ¼	Château-Chinon	Nièvre

Communes.	Arrondissem.	Departem.
Champcouelle, $4\frac{1}{4}$	Provins	Seine-et-M.
Champcourt, $8\frac{1}{2}$	Chaumont	H.-Marne
Champdeniers, 4	Niort	2 Sèvres
Champdeuil, $2\frac{1}{2}$	Melun	Seine-et-M.
Champdôtre, $5\frac{1}{4}$	Dijon	Côte-d'Or
Champdray, 7	St.-Dié	Vosges
Champeau, 2	Nontron	Dordogne
Champeau (*Gajoubert*), $4\frac{1}{4}$	Bellac	H.-Vienne
Champeaux, 2	Vitré	Ille-et-Vil.
Champeaux, $4\frac{1}{4}$	Avranches	Manche
Champeaux (les), $5\frac{1}{2}$	Argentan	Orne
Champeaux, 3	Melun	Seine-et-M.
Champeaux, $4\frac{1}{4}$	Niort	2 Sèvres
Champeaux-sur-Sarthe, $2\frac{3}{4}$	Mortagne	Orne
Champehour (*Maraye-en-Othe*), $5\frac{1}{2}$	Troyes	Aube
Champeix, $1\frac{1}{2}$	Boussac	Creuse
Champeix, 2	Issoire	Puy-de-Dô.
Champenard, $4\frac{1}{2}$	Louviers	Eure
Champenoise (la), $3\frac{1}{4}$	Issoudun	Indre
Champenoux, $3\frac{1}{2}$	Nancy	Meurthe
Champéon, $2\frac{1}{4}$	Mayenne	Mayenne
Champétières, $1\frac{1}{2}$	Ambert	Puy-de-Dô.
Champey, $8\frac{1}{2}$	Nancy	Meurthe
Champey, $13\frac{1}{2}$	Lure	H.-Saône
Champfleur, 4	Mamers	Sarthe
Champfleury, 3	Arcis-sur-Aube	Aube
Champfleury, $1\frac{1}{2}$	Rheims	Marne
Champfremont, $11\frac{1}{2}$	Mayenne	Mayenne
Champgeneteux, 4	Mayenne	Mayenne
Champhaubert, 3	Argentan	Orne
Champhault, 7	Argentan	Orne
Champhol, $\frac{1}{4}$	Chartres	Eure-et-L.
Champieu, 5	Montdidier	Somme
Champier, 9	Vienne	Isère
Champigné, 6	Segré	Maine-et-L.
Champignelles, 1	Joigny	Yonne
Champigneul, 2	Mézières	Ardennes
Champigneul, 4	Châlons-sur-Marne	Marne
Champigneulle, $4\frac{1}{2}$	Vouziers	Ardennes
Champigneulle, 11	Chaumont	H.-Marne
Champigneulle, $1\frac{1}{4}$	Nancy	Meurthe
Champignol, $2\frac{1}{2}$	Bar-sur-Aube	Aube
Champignolles, 6	Beaune	Côte-d'Or
Champignolles, $7\frac{1}{2}$	Evreux	Eure
Champigny, $1\frac{1}{2}$	Arcis-sur-Aube	Aube
Champigny (*Laubressel*), $2\frac{1}{2}$	Troyes	Aube
Champigny, 5	Evreux	Eure
Champigny, 3	Chinon	Indre-et-L.
Champigny, $4\frac{1}{2}$	Blois	Loir-et-Ch.
Champigny, 1	Rheims	Marne
Champigny, 5	Sceaux	Seine
Champigny, 1	Etampes	Seine-et-O.
Champigny, $5\frac{1}{2}$	Poitiers	Vienne
Champigny, 5	Sens	Yonne
Champigny-lès-Langres, 1	Langres	H.-Marne
Champigny-sous-Varennes, 6	Langres	H.-Marne
Champillet, 2	La Châtre	Indre

Communes.	Arrondissem.	Départem.
Champillon, $4\frac{1}{2}$	Rheims	Marne
Champion (*Racine*), $8\frac{1}{4}$	Troyes	Aube
Champion, $3\frac{1}{2}$	Metz	Moselle
Champis, 8	Tournon	Ardèche
Champlan, $5\frac{1}{2}$	Corbeil	Seine-et-O.
Champlat, $4\frac{1}{4}$	Rheims	Marne
Champlatreux (*Epinay*), 6	Pontoise	Seine-et-O.
Champlay, $1\frac{1}{4}$	Joigny	Yonne
Champlecy, $1\frac{1}{2}$	Charolles	Saône-et-L.
Champlein, 9	Cosne	Nièvre
Champlemy, 8	Cosne	Nièvre
Champlieu (*Orroui*), 5	Senlis	Oise
Champlieu, $6\frac{1}{2}$	Châlons	Saône-et-L.
Champlin, 4	Rocroi	Ardennes
Champlitte *, 6	Gray	H.-Saône
Champlitte-la-Ville, $5\frac{3}{4}$	Gray	H.-Saône
Champlive, 3	Baume	Doubs
Champlon, $4\frac{1}{2}$	Verdun	Meuse
Champlost, $5\frac{3}{4}$	Joigny	Yonne
Champmillon, 3	Angoulême	Charente
Champmotteux, 4	Etampes	Seine-et-O.
Champnetery, $5\frac{1}{4}$	Limoges	H.-Vienne
Champneuville, $2\frac{1}{2}$	Verdun	Meuse
Champnier, $2\frac{1}{2}$	Civray	Vienne
Champniers (*Reillac*), $4\frac{1}{2}$	Nontron	Dordogne
Champniert, $2\frac{1}{4}$	Angoulême	Charente
Champoléon, $12\frac{3}{4}$	Embrun	H.-Alpes
Champoly, $8\frac{1}{4}$	Roanne	Loire
Champosoult, 6	Argentan	Orne
Champougny, $6\frac{3}{4}$	Commercy	Meuse
Champoulet, $5\frac{3}{4}$	Gien	Loiret
Champoux, $3\frac{1}{4}$	Besançon	Doubs
Champrans, $\frac{1}{4}$	Baume	Doubs
Champrenard (*La Javie*) 5	Digne	H.-Alpes
Champrenault, 7	Semur	Côte-d'Or
Champrepus, $5\frac{1}{4}$	Avranches	Manche
Champrond, $9\frac{1}{2}$	Mamers	Sarthe
Champrond-en-Gâtine*, 6	Nogent-le-Rotrou	Eure-et-L.
Champrond-en-Perchet, $1\frac{1}{4}$	Nogent-le-Rotrou	Eure-et-L.
Champroy, $4\frac{1}{4}$	Bourganeuf	Creuse
Champs, 9	Laon	Aisne
Champs, $7\frac{1}{4}$	Mauriac	Cantal
Champs (*Hagéville*), 5	Metz	Moselle
Champs (les Hauts-) (*St.-Quintin*), 6	Domfront	Orne
Champs, $1\frac{1}{2}$	Mortagne	Orne
Champs, 4	Riom	Puy-de-Dô.
Champs, $6\frac{1}{4}$	Meaux	Seine-et-M.
Champs, $1\frac{1}{2}$	Auxerre	Yonne
Champs-des-Biens (*Orgeval*), 4	Versailles	Seine et-O.
Champsac, 4	Rochechouart	H.-Vienne
Champsanglard, 3	Guéret	Creuse
Champsecret, $1\frac{1}{2}$	Domfront	Orne
Chamseru, $3\frac{1}{2}$	Chartres	Eure-et-L.
Champsicourt (*Maraye-en-Othe*), $5\frac{1}{2}$	Troyes	Aube
Champsigna, 5	Lons-le-Saulnier	Jura

Communes.	Arrondissem.	Départem.	Communes.	Arrondissem.	Départem.
Champtercier, 2	Digne	B.-Alpes	Chaniers, 1 $\frac{1}{2}$	Saintes	Char.-Inf.
Champtocé, 7	Angers	Maine-et-L.	Chaniés, 11 $\frac{1}{2}$	Espalion	Aveiron
Champtoceau, 8	Beaupréau	Maine-et-L.	Channas (St.-), 7	Aix	B. du Rhône
Champvallon, 1 $\frac{1}{4}$	Joigny	Yonne	Channay, 5 $\frac{1}{2}$	Châtillon	Côte-d'Or
Champvans, 2 $\frac{1}{4}$	Besançon	Doubs	Channay, 12	Chinon	Indre-et-L.
Champvans, 1 $\frac{1}{4}$	Dôle	Jura	Channes, 3	Bar-sur-Seine	Aube
Champvant, 1 $\frac{1}{2}$	Gray	H.-Saône	Chanon, 5	St.-Claude	Jura
Champvaux, 6	Lons-le-Saulnier	Jura	Chanonat, 2 $\frac{1}{2}$	Clermont	Puy-de-Dô.
			Chanos, 5	Valence	Drôme
Champvent, 5	Charolles	Saône-et-L.	Chanousse, 12 $\frac{3}{4}$	Gap	H.-Alpes
Champvert, 11 $\frac{1}{2}$	Nevers	Nièvre	Chanoy, 4 $\frac{1}{2}$	Langres	H.-Marne
Champvoicy, 5 $\frac{1}{4}$	Epernay	Marne	Chanoz, 10 $\frac{1}{2}$	Trévoux	Ain
Champvoux, 7 $\frac{1}{2}$	Cosne	Nièvre	Chantambre (Buno), 5	Etampes	Seine-et-O.
Chamvru, 1	Joigny	Yonne	Chantaria (Thourolle), 2 $\frac{1}{2}$	Compiègne	Oise
Chanac, 1 $\frac{1}{2}$	Tulle	Corrèze			
Chanac, 3 $\frac{1}{4}$	Marvejols	Lozère	Chanteau, 2 $\frac{1}{2}$	Orléans	Loiret
Chanaleilles, 9	Le Puy	H.-Loire	Chantecoq, 4 $\frac{1}{2}$	Montargis	Loiret
Chanans, 6 $\frac{1}{4}$	Baume	Doubs	Chantecoq, 4 $\frac{1}{2}$	Vitry-le-Français	Marne
Chanas, 6	Vienne	Isère			
Chanay, 7 $\frac{1}{4}$	Belley	Ain	Chantecorps, 4 $\frac{3}{4}$	Parthenay	2 Sèvres
Chançay, 4	Tours	Indre-et-L.	Chanteheux, 1 $\frac{1}{2}$	Lunéville	Meurthe
Chancé, 6	Rennes	Ille-et-Vil.	Chanteix, 3 $\frac{1}{2}$	Tulle	Corrèze
Chanceaux, 8	Semur	Côte-d'Or	Chantelle, 4	Gannat	Allier
Chanceaux, 1 $\frac{1}{2}$	Loches	Indre-et-L.	Chanteloube (Razès) *, 6 $\frac{1}{2}$	Bellac	H.-Vienne
Chanceaux, 2 $\frac{1}{2}$	Tours	Indre-et-L.			
Chancelade, 1 $\frac{1}{2}$	Périgueux	Dordogne	Chanteloup, 5	Evreux	Eure
Chanceuay, 6 $\frac{1}{2}$	Wassy	H.-Marne	Chanteloup, 12	Redon	Ille-et-Vil.
Chancepois (Châteaulandon), 8 $\frac{1}{2}$	Fontainebleau	Seine-et-M.	Chanteloup, 7	Beaupréau	Maine-et-L.
			Chanteloup, 4 $\frac{1}{2}$	Coutances	Manche
Chancevigny, 4 $\frac{3}{4}$	Gray	H.-Saône	Chanteloup, 4	Meaux	Seine-et-M.
Chancey, 4 $\frac{1}{2}$	Gray	H.-Saône	Chanteloup, 4	Versailles	Seine-et-O.
Chanchailles, 10	Marvejols	Lozère	Chanteloup, 6 $\frac{1}{4}$	Parthenay	2 Sèvres
Chanciat, 5 $\frac{1}{2}$	St.-Claude	Jura	Chantelouve, 16 $\frac{1}{4}$	Grenoble	Isère
Chandai, 9	Mortagne	Orne	Chantemelle(Hautisse),3	Mantes	Seine-et-O.
Chandefonds, 6	Angers	Maine-et-L.	Chantemerle, 2 $\frac{1}{2}$	St.-Jean d'Angely	Char.-Inf.
Chandieu, 4 $\frac{1}{4}$	Vienne	Isère			
Chandolas, 4 $\frac{1}{4}$	Argentière	Ardèche	Chantemerle, 5	Montélimart	Drôme
Chandon, 4 $\frac{1}{4}$	Roanne	Loire	Chantemerle, 6 $\frac{1}{4}$	Valence	Drôme
Chanéac, 13	Tournon	Ardèche	Chantemerle, 12 $\frac{1}{4}$	Epernay	Marne
Chaneins, 5 $\frac{1}{4}$	Trévoux	Ain	Chantemerle (Moutiers), 7 $\frac{1}{2}$	Parthenay	2 Sèvres
Chanelet (le) (Gisia), 7	Lons-le-Saulnier	Jura			
			Chantenay, $\frac{1}{4}$	Nantes	Loire-Inf.
Chanet, 4	Murat	Cantal	Chantenay, 11 $\frac{1}{2}$	Nevers	Nièvre
Change (le), 5	Périgueux	Dordogne	Chantenay, 6	La Flèche	Sarthe
Changé, 1	Laval	Mayenne	Chantepie, 1	Rennes	Ille-et-Vil.
Change, 6 $\frac{1}{2}$	Autun	Saône-et-L.	Chantes, 6 $\frac{1}{2}$	Vesoul	H.-Saône
Changé, 2	Le Mans	Sarthe	Chantesse, 4 $\frac{1}{2}$	St.-Marcellin	Isère
Changey (Echèvronne), 2 $\frac{1}{2}$	Beaune	Côte-d'Or	Chanteuges, 8 $\frac{1}{4}$	Brioude	H.-Loire
			Chanteussé, 5	Segré	Maine-et-L.
Changey (L'Osne), 9	Beaune	Côte-d'Or	Chanterac, 4	Ribérac	Dordogne
Changey, 7 $\frac{1}{4}$	Châtillon	Côte-d'Or	Chantillac, 5	Barbezieux	Charente
Changey, 2 $\frac{1}{4}$	Langres	H.-Marne	Chantilly *, 2	Senlis	Oise
Changillon, 5 $\frac{1}{4}$	Fontenay-le-Comte	Vendée	Chantoiseau (Thomery), 1 $\frac{1}{2}$	Fontainebleau	Seine-et-M.
Changis, 2 $\frac{1}{2}$	Meaux	Seine-et-M.	Chantôme, 7 $\frac{1}{2}$	La Châtre	Indre
Changy, 2	St.-Amand	Cher	Chantonnay, 2 $\frac{1}{2}$	Gray	H.-Saône
Changy, 4 $\frac{1}{2}$	Roanne	Loire	Chantonnay *, 8	Fontenay-le-Comte	Vendée
Changy, 4 $\frac{1}{2}$	Montargis	Loiret			
Changy, 1 $\frac{1}{2}$	Vitry-le-Français	Marne	Chantraines, 3 $\frac{1}{4}$	Chaumont	H.-Marne
			Chantrans, 7 $\frac{1}{2}$	Besançon	Doubs
Changy, 6	Clamecy	Nièvre	Chantrezac, 4	Confolens	Charente
Changy, 1	Charolles	Saône-et-L.	Chantrigné, 2 $\frac{1}{4}$	Mayenne	Mayenne
Changy (Avon), $\frac{1}{2}$	Fontainebleau	Seine-et-M.	Chanu, 7 $\frac{1}{2}$	Evreux	Eure
Chaniat, 2 $\frac{1}{4}$	Brioude	H.-Loire	Chanu, 5	Domfront	Orne

Communes.	Arrondissem.	Départem.
Chanval (*Guillerval*), 2 $\frac{1}{4}$	Etampes	Seine-et-O.
Chanveaux (*St.-Michel*), 5	Segré	Maine-et-L.
Chanville, 4 $\frac{1}{4}$	Metz	Moselle
Chauzeau, 12	Saumur	Maine-et-L.
Chaon, 14	Romorantin	Loir-et-Ch.
Chaouiley, 6 $\frac{1}{2}$	Nancy	Meurthe
Chaource*, 4	Bar-sur-Seine	Aube
Chaourse, 9	Laon	Aisne
Chap-des-Beaufort, 4	Riom	Puy-de-Dô.
Chap-Denil, 5	Riberac	Dordogne
Chapareillan, 9 $\frac{1}{4}$	Grenoble	Isère
Chapeau, 4	Moulins	Allier
Chapelaine, 9	Epernay	Marne
Chapelaine, 4	Vitry-le-François	Marne
Chapelaude (la), 2 $\frac{1}{2}$	Montluçon	Allier
Chapelette (la), 4 $\frac{1}{2}$	Montluçon	Allier
Chapelle (la), 5	La Palisse	Allier
Chapelle (la), 8 $\frac{1}{4}$	Privas	Ardèche
Chapelle (la), 13	Tournon	Ardèche
Chapelle (la), 1 $\frac{1}{4}$	Sedan	Ardennes
Chapelle (la), 2	Sedan	Ardennes
Chapelle (la), 5 $\frac{1}{4}$	Angoulême	Charente
Chapelle (la), 4	Barbezieux	Charente
Chapelle (la), 6	Sarlat	Dordogne
Chapelle (la), 5	Issoudun	Indre
Chapelle (la), 2 $\frac{3}{4}$	Vienne	Isère
Chapelle (la), 6	Poligny	Jura
Chapelle (la), 8 $\frac{1}{4}$	St.-Etienne	Loire
Chapelle (la), 3	Romorantin	Loir et-Ch.
Chapelle (la), 3	Marmande	Lot-et-Gar.
Chapelle (la) (*Champvoicy*), 5 $\frac{1}{4}$	Epernay	Marne
Chapelle (la), 2 $\frac{1}{2}$	Ste-Menehould	Marne
Chapelle (la), 5	Chaumont	H.-Marne
Chapelle (la), 7	Lunéville	Meurthe
Chapelle (la), 2	Ploërmel	Morbihan
Chapelle (la Haute-), $\frac{1}{4}$	Domfront	Orne
Chapelle (la), 5	Gray	H.-Saône
Chapelle (la), 6	Mantes	Seine-et-O.
Chapelle (la), 7 $\frac{1}{2}$	Amiens	Somme
Chapelle (la), 6	Castel-Sarrasin	Tarn et Gar.
Chapelle (la), 5	St.-Dié	Vosges
Chapelle-Achard (la), 4	Les Sables	Vendée
Chapelle-Agnon, 3	Ambert	Puy-de-Dô.
Chapelle-Alagnon (la), 4 $\frac{1}{4}$	Brioude	H.-Loire
Chapelle-Anthenaise (la), 3 $\frac{1}{4}$	Laval	Mayenne
Chapelle-Artemale (la), 4 $\frac{1}{2}$	Châteauroux	Indre
Chapelle-au-Barel (la), 3	Sarlat	Dordogne
Chapelle-Aubray (la), 1 $\frac{1}{2}$	Beaupréau	Maine-et-L.
Chapelle-aux-Bois, 5	Epinal	Vosges
Chapelle-aux-Brocs (la), 2	Brives	Corrèze
Chapelle-aux-Chasses (la) 4 $\frac{1}{4}$	Moulins	Allier
Chapelle-aux-Choux (la), 5 $\frac{1}{2}$	La Flèche	Sarthe
Chapelle-aux-Filmens (la), 10 $\frac{1}{2}$	St.-Malo	Ille-et-Vil.
Chapelle-aux-Lys (la), 5 $\frac{1}{2}$	Fontenay-le-Comte	Vendée.
Chapelle-aux-Mans (la), 8 $\frac{1}{2}$	Charolles	Saône-et-L.
Chapelle-aux-Moines (la), 4	Domfront	Orne
Chapelle-aux-Naux, 5	Chinon	Indre-et-L.
Chapelle-aux-Pots (la), 3	Beauvais	Oise
Chapelle-aux-Riboux (la), 4	Mayenne	Mayenne
Chapelle-aux-Saints (la) 7	Brives	Corrèze
Chapelle-Auzac (la), 9	Gourdon	Lot
Chapelle Bacquet (la), 2	Pont-Audemer	Eure
Chapelle-Baloue (la), 7 $\frac{3}{4}$	Guéret	Creuse
Chapelle-Basse-Mer, 5	Nantes	Loire-Inf.
Chapelle-Baton (la), 1 $\frac{1}{2}$	St.-Jean-d'Angely	Char.-Inf.
Chapelle-Bâton (la), 4 $\frac{1}{2}$	Niort	2 Sèvres
Chapelle-Bâton (la), 4 $\frac{1}{2}$	Civray	Vienne
Chapelle-Benouville (la) (*St.-Pierre-Benouville*), 5	Dieppe	Seine-Inf.
Chapelle-Bertin (la), 6 $\frac{3}{4}$	Brionde	H.-Loire
Chapelle-Bertrand (la), 1 $\frac{1}{4}$	Parthenay	2 Sèvres
Chapelle-Biche (la), 4	Domfront	Orne
Chapelle-Blanche (la), 5 $\frac{1}{2}$	Dinan	Côtes-du-N.
Chapelle-Blanche (la), 5	Loches	Indre-et-L.
Chapelle-Blancheroche (*Charquemont*), 10 $\frac{1}{2}$	Montbéliard	Doubs
Chapelle-Boissix (la), 10	Redon	Ille-et-Vil.
Chapelle-Bragny (la), 5 $\frac{1}{4}$	Châlons	Saône-et-L.
Chapelle-Castelnaud (la) 3	Sarlat	Dordogne
Chapelle-Cecelin (la), 5 $\frac{1}{4}$	Mortain	Manche
Chapelle-Chaussée (la), 5	Montfort	Ille-et-Vil.
Chapelle-Craonaise (la), 4	Château-Gontier	Mayenne
Chapelle-d'Aligné (la), 3	La Flèche	Sarthe
Chapelle-d'Allagnon (la), 1	Murat	Cantal
Chapelle-d'Angillan (la), 8	Sancerre	Cher
Chapelle-d'Aunainville (la), 6	Chartres	Eure-et-L.
Chapelle-d'Aurec (la), 6 $\frac{1}{4}$	Yssengeaux	H.-Loire
Chapelle-d'Huin, 4	Pontarlier	Doubs
Chapelle-de-Grezignac (la), 6	Riberac	Dordogne
Chapelle-de-Guinchay (la), 3	Mâcon	Saône-et-L.
Chapelle-de-la-Tour (la), 1	LaTour-du-Pin	Isère
Chapelle-de-Mardore, 9 $\frac{1}{4}$	Villefranche	Rhône
Chapelle-de-Montabourlet (la), 7	Riberac	Dordogne
Chapelle-des-Bois, 11	Pontarlier	Doubs
Chapelle-des-Fougerais (la), 2 $\frac{1}{4}$	Rennes	Ille-et-Vil.

Communes.	Arrondissem.	Départem.
Chapelle-des-Marais (la), $5\frac{1}{2}$	Savenay	Loire-Inf.
Chapelle-des-Pots (la), 2	Saintes	Char.-Inf.
Chapelle-du-Bard (la), 10	Grenoble	Isère
Chapelle-du-Bois (la), $6\frac{1}{4}$	Mamers	Sarthe
Chapelle-du-Bois-des-Faux (la), 3	Louviers	Eure
Chapelle-du-Bourgay (la), $3\frac{1}{4}$	Dieppe	Seine-Inf.
Chapelle-du-Fetz (la), $2\frac{1}{4}$	St.-Lô	Manche
Chapelle-du-Genet (la), $\frac{1}{2}$	Beaupréau	Maine-et-L.
Chapelle-du-Loup, 2	Montfort	Ille-et-Vil.
Chapelle-du-Mont-de-France (la), 7	Mâcon	Saône-et-L.
Chapelle-du-Noyer (la), $1\frac{1}{2}$	Châteaudun	Eure-et-L.
Chapelle-en-Gerbold (la) $5\frac{1}{2}$	Vire	Calvados
Chapelle-en-Juger (la), $2\frac{1}{2}$	St.-Lô	Manche
Chapelle-en-Lafaye (la), 5	Montbrison	Loire
Chapelle-en-Vercors (la), $7\frac{1}{4}$	Die	Drôme
Chapelle-en-Serval (la), 2	Senlis	Oise
Chapelle-en-Vaudragon (la), $5\frac{1}{2}$	Lyon	Rhône
Chapelle-Encherie (la), $3\frac{1}{2}$	Vendôme	Loir-et-Ch.
Chapelle-Erbrée (la), $2\frac{1}{2}$	Vitré	Ille-et-Vil.
Chapelle-Faucher (la), $4\frac{1}{4}$	Nontron	Dordogne
Chapelle-Flogny (la), 3	Tonnerre	Yonne
Chapelle-Forainvilliers (la), $2\frac{1}{2}$	Dreux	Eure-et-L.
Chapelle-Fortin (la), $9\frac{1}{4}$	Dreux	Eure-et-L.
Chapelle-Fouquet (la), $3\frac{1}{4}$	Falaise	Calvados
Chapelle-Gaudin (la), 4	Bressuire	2 Sèvres
Chapelle-Gaugain (la), $3\frac{1}{2}$	St.-Calais	Sarthe
Chapelle-Gauthier (la), $4\frac{1}{4}$	Bernay	Eure
Chapelle-Gauthier (la), 4	Melun	Seine-et-M.
Chapelle-Geneste (la), 7	Brioude	H.-Loire
Chapelle-Genevray (la), 6	Evreux	Eure
Chapelle-Godefroy (la), $\frac{1}{2}$	Nogent-sur-Seine	Aube
Chapelle-Gonaguet (la), $2\frac{1}{4}$	Périgueux	Dordogne
Chapelle-Graillouse (la), $11\frac{1}{4}$	Argentière	Ardèche
Chapelle-Guillaume, $6\frac{1}{4}$	Nogent-le-Rotrou	Eure-et-L.
Chapelle-Haiufray (la), $2\frac{1}{4}$	Pont-l'Evêque	Calvados
Chapelle-Harang (la), 3	Bernay	Eure
Chapelle-Hautegrue (la), 5	Lisieux	Calvados
Chapelle-Hermier (la), $6\frac{1}{4}$	Les Sables	Vendée
Chapelle-Heulin, 4	Nantes	Loire-Inf.
Chapelle-Heuzebroc (la), 5	St.-Lô	Manche
Chapelle-Hugon, $8\frac{1}{4}$	St.-Amand	Cher
Chapelle-Hullin (la), $3\frac{1}{4}$	Segré	Maine-et-L.
Chapelle Huon (la), $1\frac{1}{4}$	St.-Calais	Sarthe
Chapelle-Iger (la), $6\frac{1}{4}$	Coulommiers	Seine-et-M.
Chapelle-Janson (la), $2\frac{1}{2}$	Fougères	Ille-et-Vil.
Chapelle-la-Reine (la), $3\frac{1}{2}$	Fontainebleau	Seine-et-M.
Chapelle-Largeau (la), 7	Bressuire	2 Sèvres
Chapelle-Lasson (la), $12\frac{1}{4}$	Epernay	Marne
Chapelle Launay (la), $\frac{1}{4}$	Savenay	Loire-Inf.
Chapelle-Laurent (la) $5\frac{1}{4}$	St.-Flour	Cantal
Chapelles-lès-Granges, $9\frac{1}{4}$	Lure	H.-Saône
Chapelle-lès-Luxueuil, $4\frac{1}{2}$	Lure	H.-Saône
Chapelle-Marcousse (la), $5\frac{1}{4}$	Issoire	Puy-de-Dô.
Chapelle-Moche (la), $7\frac{1}{4}$	Mayenne	Mayenne
Chapelle-Moche (la), $4\frac{1}{4}$	Domfront	Orne
Chapelle-Mont-Brandeix (la), $4\frac{1}{4}$	Rochechouart	H.-Vienne
Chapelle-Montgenoult (la), 6	Argentan	Orne
Chapelle-Monthodon (la), $4\frac{1}{2}$	Château-Thierry	Aisne
Chapelle-Mont-Ligeon (la), 2	Mortagne	Orne
Chapelle-Montlinard (la) $5\frac{1}{2}$	Sancerre	Cher
Chapelle-Montmoreau (la), $2\frac{1}{4}$	Nontron	Dordogne
ChapellesMontreuil, $6\frac{1}{2}$	Poitiers	Vienne
Chapelle-Monvoisin (la), 5	Argentan	Orne
Chapelle-Mortemer (la), 6	Montmorillon	Vienne
Chapelle-Moulière (la), 6	Poitiers	Vienne
Chapelle-Naude (la), 1	Louhans	Saône-et-L.
Chapelle-Onzerain (la), $6\frac{1}{2}$	Orléans	Loiret
Chapelle-Palluau (la), $9\frac{1}{2}$	Les Sables	Vendée
Chapelle-Pommiers (la), 3	Nontron	Dordogne
Chapelle-Pouilloux (la), $3\frac{1}{4}$	Melle	2 Sèvres
Chapelle-près-Sées (la), $5\frac{1}{4}$	Alençon	Orne
Chapelle-Rablais (la), $7\frac{1}{4}$	Provins	Seine-et-M.
Chapelle-Rainsoin (la), $4\frac{1}{4}$	Laval	Mayenne
Chapelle-Rayvel (la), $2\frac{1}{2}$	Pont-Audemer	Eure
Chapelle-Rousselin (la), $3\frac{1}{4}$	Beaupréau	Maine-et-L.

Communes.	Arrondissem.	Départem.
Chapelle-Roux (la), 5	Châtellerault	Vienne
Chapelle-Royale, 7	Nogent-le-Rotrou	Eure-et-L.
Chapelle-St.-André (la), 5	Clamecy	Nièvre
Chapelle-St.-Aubert (la), 2 ½	Fougères	Ille-et-V.
Chapelle-St.-Aubin (la) 1 ¼	Le Mans	Sarthe
Chapelle-St.-Denis (la), 1	St.-Denis	Seine
Chapelle-St.-Etienne (la) 6 ¼	Parthenay	2 Sèvres
Chapelle-St.-Florent (la) 5	Beaupréau	Maine et L.
Chapelle-St.-Fraix (la), 4 ¼	Le Mans	Sarthe
Chapelle-St.-Geraut (la), 8 ½	Tulle	Corrèze
Chapelle-St.-Hippolyte, 3	Loches	Indre-et-L.
Chapelle-St.-Jean (la), 8	Périgueux	Dordogne
Chapelle-St.-Jean (la) (*Orgeval*), 4	Versailles	Seine-et-O.
Chapelle-St.-Jean (la) (*Fontenay-le-Fleury*) 5	Versailles	Seine-et-O.
Chapelle-St.-Laud (la), 4	Baugé	Maine-et-L.
Chapelle-St.-Laurent (la), 5	Parthenay	2 Sèvres
Chapelle-St.-Luc, 1 ½	Troyes	Aube
Chapelle-St.-Martial (la), 4	Bourganeuf	Creuse
Chapelle-St.-Martin (la) 4 ½	Blois	Loir-et-Ch.
Chapelle-St.-Mesmin (la), 1	Orléans	Loiret
Chapelle-St.-Ouen (la), 4 ¾	Les Andelys	Eure
Chapelle-St.-Ouen (la), 5	Neufchâtel	Seine-Inf.
Chapelle-St.-Pierre (la), 5	Beauvais	Oise
Chapelle-St. Remy (la), 8	Mamers	Sarthe
Chapelle-St.-Robert (la), 3	Nontron	Dordogne
Chapelle-S-Sauveur (la). 7 ½	Louhans	Saône-et-L.
Chapelle-St.-Sépulchre (la), 2	Montargis	Loiret
Chapelle-St.-Sulpice (la) 2 ½	Provins	Seine-et-M.
Chapelle-St.-Ursin (la), 1	Bourges	Cher
Chapelle-Sauveur (la), 5	Ancenis	Loire-Inf.
Chapelle-Séguin (la), 5 ¼	Parthenay	2 Sèvres
Chapelle-Sonef (la), 5	Mortagne	Orne
Chapelle-sous-Brancion (la), 8 ½	Mâcon	Saône-et-L.
Chapelle-sous-Chaux (la), 2 ¼	Belfort	Haut-Rhin
Chapelle-sous-Crécy (la), 3	Meaux	Seine-et-M.
Chapelle-sous-Dun (la), 5 ¼	Charolles	Saône-et-L.
Chapelle-sous-Gerberoy (la), 5	Beauvais	Oise
Chapelle-sous-Orbais (la), 5	Epernay	Marne
Chapelle-sous-Rougemont (la), 3 ½	Belfort	Haut-Rhin
Chapelle-sous-Uchon (la), 3	Autun	Saône-et-L.
Chapelle-sur-Averon (la) 4 ¼	Montargis	Loiret
Chapelle-sur-Chézy (la), 2 ½	Château-Thierry	Aisne
Chapelle-sur-Doué (la), 4	Saumur	Maine-et-L.
Chapelle-sur-Dun (la), 6	Yvetot	Seine-Inf.
Chapelle-sur-Erdre, 3	Nantes	Loire-Inf.
Chapelle-sur-Loire *, 3	Chinon	Indre-et-L.
Chapelle-sur-Oreuse (la), 3	Sens	Yonne
Chapelle-sur-Oudon (la), ¾	Segré	Maine-et-L.
Chapelle-sur-Usson (la), 2 ½	Issoire	Puy-de-Dô.
Chapelle-Taillefer (la), 2	Guéret	Creuse
Chapelle-Thecle (la), 3	Louhans	Saône-et-L.
Chapelle-Themer (la), 4	Fontenay-le-Comte	Vendée
Chapelle-Thireuil (la), 6	Niort	2 Sèvres
Chapelle-Thouarault, 2	Montfort	Ille-et-Vil.
Chapelle-Urée (la), 4	Avranches	Manche
Chapelle-Vaupeltaigne (la), 4	Auxerre	Yonne
Chapelle-Vendômoise (la), 3 ½	Blois	Loir-et-Ch.
Chapelle-Veronge (la), 6 ¼	Coulommiers	Seine-et-M.
Chapelle-Vicomtesse (la), 7	Vendôme	Loir-et-C.
Chapelle-Vieille (la), 6	Mortagne	Orne
Chapelle-Villars (la), 6 ½	Châlons	Saône-et-L.
Chapelle-Viviers (la), 4	Montmorillon	Vienne
Chapelle-Volant, 5 ½	Lons-le-Saulnier	Jura
Chapelle-Yvon (la), 3 ¼	Lisieux	Calvados
Chapelles (les), 7 ¾	Mayenne	Mayenne
Chapelles (les), 5 ½	Coulommiers	Seine-et-M.
Chapelles (les) (*Blennes*), 8 ½	Fontainebleau	Seine-et-M.
Chapelles (les Grandes), 2 ½	Arcis-sur-Aube	Aube
Chapelles-Vallon (les), 3	Arcis-sur-Aube	Aube
Chapelon, 3 ¼	Montargis	Loiret
Chapelotte (la), 4 ½	Sancerre	Cher
Chapelotte (la), 1 ¾	Gray	H.-Saône
Chapendu (*Raddon*), 4	Lure	H.-Saône
Chapet, 6	Versailles	Seine-et-O.
Chapeze, 8	Mâcon	Saone-et-L.
Chaplambert, 3 ¾	Lons-le-Saulnier	Jura
Chapois, 3 ½	Poligny	Jura
Chaponnay, 3 ¼	Vienne	Isère

CHA   CHA

Communes.	Arrondissem.	Départem.	Communes.	Arrondissem.	Départem.
Chaponost, 2	Lyon	Rhône	Charette, 8 $\frac{1}{2}$	Louhans	Saône-et-L.
Chappe, 2 $\frac{1}{4}$	Rethel	Ardennes	Chargé, 6 $\frac{1}{4}$	Tours	Indre-et-L.
Chappes, 1 $\frac{1}{4}$	Bar-sur-Seine	Aube	Chargey, 1 $\frac{1}{2}$	Gray	H.-Saône
Chappes, 2	Riom	Puy-de-Dô.	Chargey, 4 $\frac{1}{4}$	Vesoul	H.-Saône
Chappet, 6	Montluçon	Allier	Charière, 4 $\frac{1}{4}$	Bourganeuf	Creuse
Chaptelat, 2	Limoges	H.-Vienne	Chariez, 3	Vesoul	H.-Saône
Chaptes (St.-), 3 $\frac{1}{2}$	Uzès	Gard	Charigny, 2	Semur	Côte-d'Or
Chapton (*Villeneuve-lès-Charleville*), 7 $\frac{1}{4}$	Epernay	Marne	Charité (la) (*Neuvelle-lès-la-Charité*), 6	Vesoul	H.-Saône
Chapuisière, 4 $\frac{1}{2}$	St.-Marcellin	Isère	Charité-sur-Loire(la)*, 6 $\frac{1}{2}$	Cosne	Nièvre
Chaput (le) (*Marennes*), 1 $\frac{1}{4}$	Marennes	Char.-Inf.	Charix, 2	Nantua	Ain
Charais, 4	Poitiers	Vienne	Charlus, 3	St.-Gaudens	H.-Garonne
Charancieux, 3	La-Tour-du-Pin	Isère	Charles (St.-), 3 $\frac{1}{2}$	Château-Gontier	Mayenne
Charancin, 5 $\frac{1}{2}$	Belley	Ain	Charles-Fontaine (*St.-Gobain*), 6 $\frac{1}{2}$	Laon	Aisne
Charanton, 2 $\frac{1}{4}$	St.-Amand	Cher			
Charantonnay, 5 $\frac{1}{4}$	Sancerre	Cher	Charleval, 6 $\frac{3}{4}$	Aix	B. du Rhône
Charavine, 5	La-Tour-du-Pin	Isère	Charleval, 3	Les Andelys	Eure
Charbeaux, 6 $\frac{1}{4}$	Sedan	Ardennes	Charleville *, $\frac{1}{2}$	Mezières	Ardennes
Charbillac (*Bennevent*), 4 $\frac{1}{2}$	Gap	H.-Alpes	Charleville, 7 $\frac{1}{2}$	Epernay	Marne
			Charleville, 4	Metz	Moselle
Charbogne, 3 $\frac{1}{4}$	Vouziers	Ardennes	Charlieu, 4 $\frac{1}{4}$	Roanne	Loire
Charbonnat-sur-Arroux, 6 $\frac{1}{4}$	Autun	Saône-et-L.	Charly *, 2 $\frac{1}{4}$	Château-Thierry	Aisne
Charbonnière, 3	Issoire	Puy-de-Dô.	Charly, 5 $\frac{2}{4}$	St.-Amand	Cher
Charbonnière, 2 $\frac{1}{2}$	Mâcon	Saône-et-L.	Charly, 1 $\frac{1}{4}$	Metz	Moselle
Charbonnières, 5	Besançon	Doubs	Charly, 3	Lyon	Rhône
Charbonnières, 4 $\frac{1}{2}$	Nogent-le-Rotrou	Eure-et-L.	Charmant, 4	Angoulême	Charente
			Charmé, 3	Ruffec	Charente
Charbonnières, 1 $\frac{1}{2}$	Lyon	Rhône	Charme (la), 5 $\frac{1}{4}$	Lons-le-Saulnier	Jura
Charbonnières-les-Varennes, 2	Riom	Puy-de-Dô.			
			Charme (le), 7 $\frac{1}{2}$	Montargis	Loiret
Charbonnières-les-Vielles, 5	Riom	Puy-de-Dô.	Charmée (la), 2 $\frac{1}{4}$	Châlons	Saône-et-L.
			Charmeil, 4	Gannat	Allier
Charbonny, 5 $\frac{1}{2}$	Poligny	Jura	Charmel (le), 3 $\frac{1}{4}$	Château-Thierry	Aisne
Charbournais, 5	Poitiers	Vienne			
Charbuy, 2	Auxerre	Yonne	Charmel (*Forestière*), 12 $\frac{1}{4}$	Epernay	Marne
Charce (la), 7 $\frac{1}{4}$	Nyons	Drôme			
Charcé, 10 $\frac{1}{2}$	Saumur	Maine-et-L.	Charmensac, 5 $\frac{1}{4}$	Murat	Cantal
Charcenne, 4 $\frac{1}{4}$	Gray	H.-Saône	Charmentray, 2	Meaux	Seine-et-M.
Charchigné, 5	Mayenne	Mayenne	Charmes, 6	Laon	Aisne
Charchillat, 5 $\frac{1}{4}$	St.-Claude	Jura	Charmes, 7	Privas	Ardèche
Charcier, 8 $\frac{1}{2}$	St.-Claude	Jura	Charmes, 1	Gannat	Allier
Chard, 6	Aubusson	Creuse	Charmes, 5 $\frac{1}{2}$	Dijon	Côte-d'Or
Chardeny, 2 $\frac{1}{2}$	Vouziers	Ardennes	Charmes, 6 $\frac{1}{2}$	Valence	Drôme
Chardavons, 3	Sisteron	B.-Alpes	Charmes, 2	Langres	H.-Marne
Chardes, 3 $\frac{1}{2}$	Jonzac	Char.-Inf.	Charmes, 10	Vesoul	H.-Saône
Chardogne, 1 $\frac{1}{4}$	Bar-le-Duc	Meuse	Charmes *, 3	Mirecourt	Vosges
Chardonnay, 6	Mâcon	Saône-et-L.	Charmes-en-l'Angle, 4	Wassy	H.-Marne
Chareil, 5	Gannat	Allier	Charmes-la-Côte, 1 $\frac{1}{4}$	Toul	Meurthe
Charencey, 7	Semur	Côte-d'Or.	Charmes-la-Grande, 3 $\frac{1}{4}$	Wassy	H.-Marne
Charency, 5 $\frac{1}{2}$	Poligny	Jura	Charmesseaux, 4	Nogent-sur-Seine	Aube
Charency, 9	Briey	Moselle			
Charens, 7 $\frac{1}{2}$	Die	Drôme	Charmoille, 9	Montbéliard	Doubs
Charensac, $\frac{1}{2}$	Le Puy	H.-Loire	Charmoille, 1 $\frac{1}{2}$	Vesoul	H.-Saône
Charensat, 10	Riom	Puy-de-Dô.	Charmoilles, 2 $\frac{1}{4}$	Langres	H.-Marne
Charentay, 3	Villefranche	Rhône	Charmois, 3 $\frac{1}{4}$	Lunéville	Meurthe
Charentenai, 4	Auxerre	Yonne	Charmois, 2 $\frac{1}{2}$	Belfort	Haut-Rhin
Charentenay, 10 $\frac{1}{4}$	Rochefort	Char.-Inf.	Charmois-l'Orgueilleux, 5	Epinal	Vosges
Charentenay, 7 $\frac{1}{2}$	Gray	H.-Saône			
Charentilly, 2 $\frac{1}{2}$	Tours	Indre-et-L.	Charmois-le-Roulier, 3 $\frac{1}{2}$	Epinal	Vosges
Charenton-le-Pont *, 3	Sceaux	Seine	Charmont, 3 $\frac{2}{4}$	Arcis-sur-Aube	Aube
Charenton-St.-Maurice, 3	Sceaux	Seine	Charmont (Grand-), $\frac{1}{4}$	Montbéliard	Doubs
Charète, 9 $\frac{1}{4}$	La-Tour-du-Pin	Isère	Charmont, 3 $\frac{1}{2}$	Pithiviers	Loiret

Communes.	Arrondissem.	Départem.	Communes.	Arrondissem.	Départem.
Charmont, 5 ¼	Vitry-le-Français	Marne	Charrin, 12 ½	Nevers	Nièvre
Charmont, 4 ¼	Mantes	Seine-et-O.	Charritte-de-Bas, 2 ½	Mauléon	B.-Pyrén.
Charmontois-l'Abbé, 4 ½	Ste-Menéhould	Marne	Charritte-de-Haut, 4 ½	Mauléon	B.-Pyrén.
Charmontois-le-Roy, 5	Ste-Menéhould	Marne	Charritte (Mixe), 9 ¼	Mauléon	B.-Pyrén.
Charmonvillers, 10 ¼	Montbéliard	Doubs	Charron, 5	La Rochelle	Char.-Inf.
Charmotte (la) (Boissy), 7 ¾	Epernay	Marne	Charron, 8	Aubusson	Creuse
Charmoy, 4	Nogent-sur-Seine	Aube	Charroux, 3	Gannat	Allier
			Charroux, 2 ½	Civray	Vienne
Charmoy (Lacelle), 11	Epernay	Marne	Chars, 4	Pontoise	Seine-et-O.
Charmoy, 6	Langres	H.-Marne.	Charsonville, 6	Orléans	Loiret
Charmoy, 7	Autun	Saône-et-L.	Chartainvilliers, 3	Chartres	Eure-et-L.
Charmoy, 2 ¼	Joigny	Yonne	Chartèves, 1 ¼	Château-Thierry	Aisne
Charnas, 13	Tournon	Ardèche	Chartier (St.-), 2	La Châtre	Indre
Charnat, 2	Thiers	Puy-de-Dô.	Chartre (la) *, 7	St.-Calais	Sarthe
Charnay (Graye), 6 ¼	Lons-le-Saulnier	Jura	Chartrené, 2	Baugé	Maine-et-L.
			CHARTRES *,	ch.-l. de dép., 23	Eure-et-L.
			Chartres, 3	Rennes	Ille-et-Vil.
Charnay, 2 ¼	Villefranche	Rhône	Chartres (St.-), 3 ½	Loudun	Vienne
Charnay, 7 ½	Châlons	Saône-et-L.	Chartrettes, 1 ¼	Melun	Seine-et-M.
Charnay, ½	Mâcon	Saône-et-L.	Chartriers, 3 ½	Brives	Corrèze
Charne (la), 9	St.-Claude	Jura	Chartronges, 4	Coulommiers	Seine-et-M.
Charnècles, 8	St.-Marcellin	Isère	Chartrousse, 6 ¼	Grenoble	Isère
Charnelles, 8	Evreux	Eure	Chartuzoc, 2 ½	Jonzac	Char.-Inf.
Charnizay, 8	Loches	Indre-et-L.	Charvieux, 8 ½	Vienne	Isère
Charnod, 11 ¼	Lons-le-Saulnier	Jura	Charzais, ¼	Fontenay-le-Comte	Vendée
Chornois, 8	Rocroi	Ardennes	Charzé-Henry, 4 ½	Segré	Maine-et-L.
Charnoy, 3 ¼	Besançon	Doubs	Charzé-sur-Argos, 2	Segré	Maine-et-L.
Charnoz, 12	Trévoux	Ain	Chas, 6	Clermont	Puy-de-Dô.
Charny, 4	Semur	Côte-d'Or	Chaserey, 6	Bar-sur-Seine	Aube
Charny, 1	Verdun	Meuse	Chasilly-le-Haut, 7	Beaune	Côte-d'Or
Charny, 2	Meaux	Seine-et-M.	Chasnai, 8 ½	Cosne	Nièvre
Charny, 7	Joigny	Yonne	Chasnay, 8 ½	Fontenay-le-Comte	Vendée
Charny-le-Bachot, 3	Arcis-sur-Aube	Aube.			
CHAROLLES *,	ch.-l. d'ar., 92	Saône-et-L.	Chasné, 6	Rennes	Ille-et-Vil.
Charoloise (la) (Belval), 5	Rheims	Marne	Chasnes, 2	Mâcon	Saône-et-L.
			Chasoy, 4 ¼	Besançon	Doubs
Charols, 3	Montélimart	Drôme	Chaspinhac, 1 ½	Le Puy	H.-Loire
Charonne (Grand-), 2 ¼	St.-Denis	Seine	Chaspusac, 2	Le Puy	H.-Loire
Charonne (Petit-) (Grand-Charonne), 2 ¼	St.-Denis	Seine	Chassagne, 4 ¼	Argentière	Ardèche
			Chassagne, 6 ½	Besançon	Doubs
Charonville, 7 ½	Châteaudun	Eure-et-L.	Chassagne (la), 6 ¾	Dôle	Jura
Chârost, 5 ½	Bourges	Cher	Chassagne-le-Haut, 4	Beaune	Côte-d'Or
Charpentry, 6 ½	Verdun	Meuse	Chassagnes, 4 ¼	Brioude	H. Loire
Charpey, 3 ½	Valence	Drôme	Chassagny, 4	Lyon	Rhône
Charpieux (Dessines), 7	Vienne	Isère.	Chassaigne, 2 ½	Riberac	Dordogne
Charpont, 1 ½	Dreux	Eure-et-L.	Chassaigne (la), 4	Issoire	Puy-de-Dô.
Charquemont (Monby), 3	Baume	Doubs	Chassaigne, 1 ½	Loudun	Vienne
Charquemont, 10 ¼	Montbéliard	Doubs	Chassais, 8	Fontenay-le-Comte	Vendée
Charrais (Charmes), 9	Valence	Drôme			
Charraix, 10	Brioude	H.-Loire	Chassal, 2	St.-Claude	Jura
Charras, 6	Angoulême	Charente.	Chassant, 5	Nogent-le-Rotrou	Eure-et-L.
Charray, 3 ½	Châteaudun	Eure-et-L.			
Charre, 6 ½	Orthez	B.-Pyrén.	Chasse (Seyssuel), 1 ¼	Vienne	Isère
Charrecey, 4	Châlons	Saône-et-L.	Chassé, 6	Mamers	Sarthe
Charrésier, 8 ½	St.-Claude	Jura	Chasseguey, 2 ½	Mortain	Manche
Charrey, 8	Beaune	Côte-d'Or	Chasselas, 2 ½	Mâcon	Saône-et-L.
Charrey, 3	Châtillon	Côte-d'Or	Chasselay, 3 ½	St.-Marcellin	Isère
Charrey, 8	Toul	Meurthe	Chasselay *, 2 ½	Lyon	Rhône
Charrière (Charmes), 8 ½	Valence	Drôme	Chassemy, 3 ½	Soissons	Aisne
Charrière (la), 4	Niort	2 Sèvres	Chassenard, 10	La Palisse	Allier
Charrières (les) (Longchamnois), 3 ½	St.-Claude	Jura	Chassenay, 1 ¼	Bar-sur-Seine	Aube
			Chassenay, 10 ¾	Nevers	Nièvre

CHA   CHA   85

Communes.	Arrondissem.	Départem.	Communes.	Arrondissem.	Départem.
Chasseneuil, 7 $\frac{1}{2}$	Confolens	Charente	Chateau-Chinon-Ville *,	ch.-l. d'ar., 67	Nièvre
Chasseneuil, 5 $\frac{1}{4}$	Châteauroux	Indre	Château-d'Almenesches, 2 $\frac{1}{2}$	Argentan	Orne
Chasseneuille, 2 $\frac{1}{2}$	Poitiers	Vienne
Chassenon, 5	Confolens	Charente	Château-d'Olonne (le), 1 $\frac{1}{2}$	Les Sables	Vendée
Chasseradès, 8	Mende	Lozère
Chassericourt, 8	Arcis-sur-Aube	Aube	Château-des-Prés, 4	St.-Claude	Jura
Chassey, 2	Semur	Côte-d'Or	Château-Double, 3	Valence	Drôme
Chassey, 5 $\frac{1}{4}$	Dôle	Jura	Château-Double, 2 $\frac{1}{2}$	Draguignan	Var
Chassey, 9 $\frac{1}{2}$	Commercy	Meuse	Château-du-Loir *, 10	St.-Calais	Sarthe
Chassey, 5 $\frac{1}{4}$	Châlons	Saône-et-L.	Chateaudun *,	ch.-l. d'ar., 34	Eure-et-L.
Chassey-lès-Montbozon, 6	Vesoul	H.-Saône	Châteaufort, 3 $\frac{1}{2}$	Sisteron	B.-Alpes
Chassey-lès-Scey, 5 $\frac{1}{4}$	Vesoul	H.-Saône	Châteaufort, 1 $\frac{1}{4}$	Versailles	Seine-et-O.
Chassiecq, 6 $\frac{1}{4}$	Confolens	Charente	Château-Fromage, 1	Bourbon-Vendée	Vendée
Chassiers, $\frac{1}{4}$	Argentière	Ardèche
Chassieux, 6 $\frac{1}{2}$	Vienne	Isère	Château-Gaillard, 10 $\frac{1}{2}$	Belley	Ain
Chassignelles, 5	Tonnerre	Yonne	Château-Garnier (Thoranne-Basse), 11	Castellane	B.-Alpes
Chassigneux, 2 $\frac{1}{2}$	LaTour-du-Pin	Isère
Chassignoles, 1 $\frac{1}{2}$	La Châtre	Indre	Château-Garnier, 5	Civray	Vienne
Chassignoles, 4 $\frac{1}{2}$	Brioude	H.-Loire	Châteaugay, 1	Riom	Puy-de-Dô.
Chassignolles, 4 $\frac{1}{2}$	Langres	H.-Marne	Châteaugiron, 4	Rennes	Ille-et-Vil.
Chassigny, 4 $\frac{1}{4}$	Charolles	Saône-et-L.	Chateau-Gontier *,	ch.-l. d'ar., 74	Mayenne
Chassigny-sous-Dun, 5 $\frac{1}{2}$	Jonzac	Char.-Inf.	Château-Grenouille (Velminfroi), 4 $\frac{1}{2}$	Lure	H.-Saône
Chassillac (Port-) (St.-Dizant-du-Gua), 6 $\frac{1}{4}$
Chassillé, 7	Le Mans	Sarthe	Château-Guibert(le),13 $\frac{1}{4}$	Les Sables	Vendée
Chassors, 3	Cognac	Charente	Château-Guillaume, 6	Le Blanc	Indre
Chassy, 9	Bourges	Cher	Château-l'Abbaye, 9 $\frac{1}{2}$	Douai	Nord
Chassy, 5	Charolles	Saône-et-L.	Château-la-Beaune, 11 $\frac{1}{2}$	Gap	H.-Alpes
Chassy, 4	Joigny	Yonne	Château-Lavallière, 12	Chinon	Indre-et-L.
Chastang (le), 3 $\frac{1}{4}$	Tulle	Corrèze	Château-Lambezt, 9	Lure	H.-Saône
Chastanier, 9 $\frac{1}{2}$	Mende	Lozère	Châteaulandon *, 8 $\frac{1}{2}$	Fontainebleau	Seine-et-M.
Chasteaux, 2 $\frac{1}{2}$	Brives	Corrèze	Château-Larcher, 6 $\frac{1}{2}$	Poitiers	Vienne
Chastel, 5 $\frac{1}{4}$	Mauriac	Cantal	Château-l'Evêque, ou Preyssac-d'Aganat, 2	Périgueux	Dordogne
Chastel, 1	Murat	Cantal
Chastel, 7 $\frac{1}{2}$	Brioude	H.-Loire	Château-l'Hermitage, 6	La Flèche	Sarthe
Chastel-Nouvel, 1 $\frac{1}{4}$	Mende	Lozère	Château-le-Bois, 5 $\frac{1}{2}$	Besançon	Doubs
Chastenai, 5	Auxerre	Yonne	Chateaulin *,	ch.-l. d'ar.,157	Finistère
Chasteuil, 3	Castellane	B.-Alpes	Château-Meillant *, 7	St.-Amand	Cher
Chastreix, 9 $\frac{1}{2}$	Issoire	Puy-de-Dô.	Château-Missier, 4 $\frac{1}{2}$	Périgueux	Dordogne
Chatagna, 7	Lons-le-Saulnier	Jura	Châteaumur, 11	Fontenay-le-Comte	Vendée
Chataigneraye (la) *, 5 $\frac{1}{4}$	Fontenay-le-Comte	Vendée	Châteauneuf (Rion), 8 $\frac{1}{4}$	Mauriac	Cantal
			Châteauneuf *,	Cognac	Charente
Chatain, 5 $\frac{1}{4}$	Bourganeuf	Creuse	Châteauneuf *, 7 $\frac{1}{4}$	St.-Amand	Cher
Chatain, 5	Civray	Vienne	Châteauneuf, 6	Beaune	Côte-d'Or
Châtaincourt, 2 $\frac{1}{4}$	Dreux	Eure-et-L.	Châteauneuf *, 5 $\frac{1}{2}$	Dreux	Eure-et-L.
Chatas, 3	St.-Dié	Vosges	Châteauneuf, 6 $\frac{1}{2}$	Châteaulin	Finistère
Château, 7 $\frac{1}{2}$	Moulins	Allier	Châteauneuf *, 3	St.-Malo	Ille-et-Vil.
Château, 2	Rethel	Ardennes	Châteauneuf, 5 $\frac{1}{2}$	St.-Etienne	Loire
Château (le) *, 2 $\frac{1}{2}$	Marennes	Char.-Inf.	Châteauneuf *, 5 $\frac{1}{2}$	Orléans	Loiret
Château, 5	Mâcon	Saône-et-L.	Châteauneuf *, 7	Segré	Maine-et-L.
Château-Arnoux, 3	Sisteron	B.-Alpes	Châteauneuf, 5	Cosne	Nièvre
Châteaubleau, 4 $\frac{1}{2}$	Provins	Seine-et-M.	Châteauneuf, 5	Riom	Puy-de-Dô.
Château-Bernard, $\frac{1}{2}$	Cognac	Charente	Châteauneuf, 7	Charolles	Saône-et-L.
Château-Bernard (Miribel), 6	Grenoble	Isère	Châteauneuf, 2	Grasse	Var
			Châteauneuf, 15 $\frac{1}{4}$	Les Sables	Vendée
Châteaubourg, 2	Tournon	Ardèche	Châteauneuf, $\frac{1}{2}$	Limoges	H.-Vienne
Châteaubourg, 4	Vitré	Ille-et-Vil.	Châteauneuf-Calcernier, 2	Orange	Vaucluse
Château-Bréhain, 2	Château-Salins	Meurthe
Chateaubriant *,	ch.-l. d'ar., 88	Loire-Inf.	Châteauneuf-d'Izère, 2	Valence	Drôme
Château-Chalon, 3 $\frac{1}{4}$	Lons-le-Saulnier	Jura	Châteauneuf-d'Oze, 7	Gap	H.-Alpes
Château-Chervix, 6	St.-Yriex	H.-Vienne	Châteauneuf-de-Bordette, 1 $\frac{1}{4}$	Nyons	Drôme
Château-Chinon-Campagne,	Château-Chinon	Nièvre	Châteauneuf-de-Chabre, 11 $\frac{1}{2}$	Gap	H.-Alpes

Communes.	Arrondissem.	Départem.
Châteauneuf-de-Galaure 9	Valence	Drôme
Châteauneuf-de-Mazen, 4	Montélimart	Drôme
Châteauneuf-du-Rhône, 1 $\frac{1}{4}$	Montélimart	Drôme
Châteauneuf-lès-Moustiers, 14	Digne	B.-Alpes
Châteauneuf-Miravail, 5	Sisteron	B.-Alpes
Châteauneuf-Randon, 6	Mende	Lozère
Châteauneuf-Val-St.-Donat, 3	Sisteron	B.-Alpes
Château-Ponsac, 4 $\frac{1}{4}$	Bellac	H.-Vienne
Château-Redon, 3	Digne	B.-Alpes
Château-Regnault, 3	Mézières	Ardennes
Château-Renard, 6 $\frac{1}{4}$	Arles	B.du-Rhône
Château-Renard, 4 $\frac{1}{2}$	Montargis	Loiret
Château-Renand, $\frac{1}{2}$	Louhans	Saône-et-L.
Château-Renault *, 7	Tours	Indre-et-L.
Château-Rouge, 7 $\frac{1}{2}$	Thionville	Moselle
Châteauroux, 2	Embrun	H.-Alpes
CHATEAUROUX *,	ch.-l. d'ar., 66	Indre
CHATEAU-SALINS *,	ch.-l. d'ar., 93	Meurthe
Château-sur-Cher, 11	Riom	Puy-de-Dô.
Château-sur-Epte, 5	Les Andelys	Eure
Château-Thébaud, 3	Nantes	Loire-Inf.
CHATEAU-THIERRY *,	ch.-l. d'ar., 22	Aisne
Château-Verdun, 6 $\frac{3}{4}$	Foix	Ariége
Châteauvert, 3	Brignoles	Var
Château-Vieux, 2 $\frac{1}{4}$	Gap	H.-Alpes
Château-Vieux, 7 $\frac{1}{4}$	Besançon	Doubs
Château-Vieux, 11	Blois	Loir-et-Ch.
Château-Vieux, 6	Romorantin	Loir-et-Ch.
Château-Vieux, 10 $\frac{1}{2}$	Grasse	Var
Château-Vilain, 4	La Tour-du-Pin	Isère
Château-Villain, *ou* Ville-sur-Aujon *, 5	Chaumont	H.-Marne
Château-Voué, 3	Château-Salins	Meurthe
Chatebier (*Frahier*), 6 $\frac{1}{4}$	Lure	H.-Saône
Chateiller (le), 4 $\frac{1}{2}$	Ste-Menéhould	Marne
Châtel, 6 $\frac{1}{4}$	Vouziers	Ardennes
Châtel, 3 $\frac{1}{4}$	Epinal	Vosges
Châtel-Arnaud, 6 $\frac{1}{4}$	Die	Drôme
Châtel-Censoir, 4 $\frac{1}{4}$	Avallon	Yonne
Châtel-de-Joux, 6 $\frac{1}{2}$	St.-Claude	Jura
Châtel-de-Neuvre, 4	Moulins	Allier
Châtel-Gérard, 7 $\frac{3}{4}$	Tonnerre	Yonne
Châtel-Montagne, 4 $\frac{1}{2}$	La Palisse	Allier
Châtel-Perrou, 5	La Palisse	Allier
Châtel-St.-Germain, 1 $\frac{3}{4}$	Metz	Moselle
Châtelaillon, 3	La Rochelle	Char.-Inf.
Châtelain, 2	Château-Gontier	Mayenne
Châtelaine (la), 2	Poligny	Jura
Châtelais, 2	Segré	Maine-et-L.
Châtelan, 7 $\frac{1}{2}$	La Tour-du-Pin	Isère
Châtelard, 3	Barcelonnette	B.-Alpes
Châtelard-la-Rivière, 6 $\frac{1}{4}$	Confolens	Charente
Châtelard-Magny, 3	Baume	Doubs
Châtelaudren *, 4	St.-Brieuc	Côtes-du N.
Châtelay, 5 $\frac{1}{2}$	Dôle	Jura
Châtelblanc, 9 $\frac{1}{2}$	Pontarlier	Doubs
Châteldon, 3	Thiers	Puy-de-Dô.
Châtelet (le), 2 $\frac{1}{2}$	Rethel	Ardennes
Châtelet (le), 2 $\frac{1}{2}$	Rocroi	Ardennes
Châtelet (le), 4	St.-Amand	Cher
Châtelet (le), 6	Beaune	Côte-d'Or
Châtelet (le), 6	Boussac	Creuse
Châtelet (le), 7 $\frac{1}{2}$	Beaume	Doubs
Châtelet (le) (*Essart-lez-Sezanne*), 9 $\frac{1}{4}$	Epernay	Marne
Châtelet (le) *, 2 $\frac{1}{2}$	Melun	Seine-et-M.
Châtelets (les), 7 $\frac{1}{4}$	Dreux	Eure-et-L.
Châteley (le), 2 $\frac{1}{2}$	Poligny	Jura
Châtelguyon, 1	Riom	Puy-de-Dô.
Châtelier (le), 11 $\frac{1}{4}$	Fontenay-le-Comte	Vendée
Châteliers (les), 6	Chartres	Eure-et-L.
Châtellard, 5 $\frac{1}{4}$	Aubusson	Creuse
Châtellenot, 8 $\frac{1}{2}$	Beaune	Côte-d'Or
CHATELLERAULT *,	ch.-l. d'ar., 77	Vienne
Châtellier (le) (*Éreac*), 9 $\frac{1}{2}$	Loudéac	Côtes-du-N.
Châtellier (le), 2	Fougères	Ille-et-Vil.
Châtellier (le), 3 $\frac{1}{4}$	Domfront	Orne
Châtellus, 7	Montbrison	Loire
Châtelmoron, 4 $\frac{1}{4}$	Châlons	Saône-et-L.
Châtelneuf, 7	Poligny	Jura
Châtelneuf, 2	Montbrison	Loire
Châtelroux, 1	Vitry-le-Français	Marne
Châtelus, 4	Boussac	Creuse
Châtelus, 4	St.-Marcellin	Isère
Châtelus-le-Marchaix, 4 $\frac{1}{4}$	Bourganeuf	Creuse
Châtelut, 2 $\frac{1}{2}$	La Palisse	Allier
Châtelux, 3	Avallon	Yonne
Châtenay, 11 $\frac{1}{2}$	Trévoux	Ain
Châtenay (*Châteauneuf-de-Galaure*), 12 $\frac{1}{2}$	Valence	Drôme
Châtenay, 7 $\frac{1}{2}$	Chartres	Eure-et-L.
Châtenay, 7	St.-Marcellin	Isère
Châtenay, 5 $\frac{1}{2}$	Lure	H.-Saône
Châtenay, $\frac{1}{2}$	Sceaux	Seine
Châtenay, 6 $\frac{1}{4}$	Provins	Seine-et-M.
Châtenay, 6	Pontoise	Seine-et-O.
Châtenay-Macheron, 1 $\frac{1}{4}$	Langres	H.-Marne
Châtenay-Vaudin, 2 $\frac{1}{4}$	Langres	H.-Marne
Châtenet, 4 $\frac{1}{2}$	Jonzac	Char.-Inf.
Châtenet (le), 4 $\frac{1}{2}$	Limoges	H.-Vienne
Châtenois, 1 $\frac{1}{4}$	Dôle	Jura
Châtenois, 1	Schélestatt	Bas-Rhin
Châtenois, 2 $\frac{1}{4}$	Belfort	H.-Rhin
Châtenois, 5 $\frac{1}{2}$	Lure	H.-Saône
Châtenois, 3	Neufchâteau	Vosges
Châtenoy, 6	Fontainebleau	Seine-et-M.
Châtenoy-en-Bresse, 3 $\frac{1}{4}$	Châlons	Saône-et-L.
Châtenoy-le-Royal, 1	Châlons	Saône-et-L.
Châtignac, 5	Barbezieux	Charente
Châtignonville, 5 $\frac{1}{4}$	Rambouillet	Seine-et-O.
Châtillon *, 4	Nantua	Ain
Châtillon, 4	Moulins	Allier
Châtillon, 3 $\frac{1}{2}$	Vouziers	Ardennes
Châtillon, 6	Montbéliard	Doubs
Châtillon, 3 $\frac{3}{4}$	Die	Drôme
Châtillon, 3 $\frac{1}{4}$	Châteaudun	Enre-et-L.
Châtillon, 2 $\frac{1}{4}$	Rennes	Ille-et-Vil.
Châtillon *, 11	Châteauroux	Indre

Communes.	Arrondissem.	Départem.	Communes.	Arrondissem.	Départem.
Châtillon, 10	Blois	Loir-et-Ch.	Chauchigny, 4	Arcis-sur-Aube	Aube
Châtillon, 7	Rheims	Marne	Chauconin, ¼	Meaux	Seine-et-M.
Châtillon (Val), 6	Sarrebourg	Meurthe	Chaudardes, 7½	Laon	Aisne
Châtillon, 6	Château-Chinon	Nièvre	Chaudebonne, 12½	Die	Drôme
			Chaude-Fontaine, 4¼	Besançon	Doubs
Châtillon, 3½	Villefranche	Rhône	Chaude-Fontaine, ¼	Ste-Menehould	Marne
Châtillon ½	Sceaux	Seine	Chaudeirac, 7½	Mende	Lozère
Châtillon *, 6	Bressuire	2 Sèvres	Chaudenay, 3¼	Langres	H.-Marne
Châtillon, 6	Civray	Vienne	Chaudenay, 4½	Châlons	Saône-et-L.
Châtillon, 11½	Neufchâteau	Vosges	Chaudenay-le-Chateau, 6	Beaune	Côte-d'Or
Châtillon-en-Vendelais, 3½	Vitré	Ille-et-Vil.	Chaudenay-la-Ville, 6-	Beaune	Côte-d'Or
			Chaudeney, 1	Toul	Meurthe
Châtillon-Guyotte, 3½	Baume	Doubs	Chauderon, 4	Pontarlier	Doubs
Châtillon-la-Borde, 2¼	Melun	Seine-et-M.	Chaudesaigues *, 6¼	St.-Flour	Cantal
Châtillon-la-Palud, 13	Trévoux	Ain	Chaudeyroles, 6½	Le Puy	H.-Loire
Châtillon-le-Désert, 7¼	Gap	H.-Alpes	Chaudière (la), 8¼	Die	Drôme
Châtillon-le-Duc, 2½	Besançon	Doubs	Chaudon, 6	Digne	B.-Alpes
Châtillon-le-Roy, 2½	Pithiviers	Loiret	Chandon, 3½	Dreux	Eure-et-L.
Châtillon-lès-Sons, 6¼	Laon	Aisne	Chaudrey, 2½	Arcis-sur-Aube	Aube
Châtillon-sous-Courtine, 3¼	Lons-le-Saulnier	Jura	Chaudron, 3	Beaupréau	Maine-et-L.
			Chaudry (Vetheuil), 3	Mantes	Seine-et-O.
Châtillon-sous-les-Côtes, 2½	Verdun	Meuse	Chaudun, 2	Soissons	Aisne
			Chaudun, 4	Gap	H.-Alpes
Châtillon-sur-Broney, 4¼	Vitry-le-François	Marne	Chauffailles, 7	Charolles	Saône-et-L.
			Chauffecourt, 1	Mirecourt	Vosges
Châtillon-sur-Chalaronne*, 7½	Trévoux	Ain	Chauffour, 2	Bar-sur-Seine	Aube
			Chauffour, 5¼	Brives	Corrèze
Chatillon-sur-Colmont, 2¼	Mayenne	Mayenne	Chauffour, 4	Langres	H.-Marne
			Chauffour, 2¼	Le Mans	Sarthe
Chatillon-sur-Lison, 6½	Besançon	Doubs	Chauffour, 5½	Mantes	Seine-et-O.
Châtillon-sur-Loing*, 5	Montargis	Loiret	Chauffours, 3	Chartres	Eure-et-L.
Châtillon-sur-Loire, 3½	Gien	Loiret	Chauffry, 2	Coulommiers	Seine-et-M.
Châtillon-sur-Morains, 10¼	Epernay	Marne	Chaufour, 3	Argentan	Orne
			Chaufour, 2	Etampes	Seine-et-O.
Chatillon-sur-Oise, 2¼	St.-Quentin	Aisne	Chaulgnes, 8½	Cosne	Nièvre
CHATILLON-SUR-SEINE*	ch. l. d'arr., 59	Côte-d'Or	Chanliac, 12	Marvejols	Lozère
Chatillon-sur-Thoué, ¼	Parthenay	2 Sèvres	Chaulme (la), 4¼	Ambert	Puy-de-Dô.
Chatin, 1¼	Château-Chinon	Nièvre	Chaulnes, 4	Péronne	Somme
			Chaum, 6	St.-Gaudens	H.-Garonne
Chatoillenot, 5½	Langres	H.-Marne	Chaumard, 2½	Château-Chinon	Nièvre
Châtonnay, 8	Lons-le-Saulnier	Jura			
			Chaume (la), 5¼	Saintes	Char.-Inf.
Chatonnay, 6¼	Vienne	Isère	Chaume, 7½	Châtillon	Côte-d'Or
Chatonod (St.-Champ), 1¼	Belley	Ain	Chaume (la), 6½	Châtillon	Côte-d'Or
			Chaume, 8½	Dijon	Côte-d'Or
Chatonrupt, 3½	Wassy	H. Marne	Chaume-Dessus (la) (Magnien), 11	Beaune	Côte-d'Or
Chatonvillars, 7¼	Lure	H.-Saône			
Chatou, 2	Versailles	Seine-et-O.	Chaumeil, 7¼	Tulle	Corrèze
CHATRE *(la)	ch.-l. d'arr., 72	Indre	Chaumercenne, 4¼	Gray	H.-Saône
Châtre-l'Anglin (la), 9	Le Blanc	Indre	Chaumerée, 6½	Vitré	Ille-et-Vil.
Châtres, 6½	Arcis-sur-Aube	Aube	Chanmergy, 7¼	Dôle	Jura
Châtres, 10	Sarlat	Dordogne	Chaumes *, 4½	Melun	Seine-et-M.
Châtres, 5	Romorantin	Loir-et-Ch.	Chaumesnil, 5	Bar-sur-Aube	Aube
Châtres, 7½	Laval	Mayenne	Chaumont, 4½	Rethel	Ardennes
Châtres, 5½	Melun	Seine-et-M.	Chaumont, 2½	Sedan	Ardennes
Châtressac (Chaillevette), 3	Marennes	Char.-Inf.	Chaumont, 4¼	St.-Amand	Cher
			Chaumont, 1	Ste Claude	Jura
Chatrices, 1½	Ste-Menehould	Marne	Chaumont, 8	Romorantin	Loir-et-Ch.
Chatte, 1	St.-Marcellin	Isère	Chaumont, 3	Baugé	Maine-et-L.
Chattencourt, 3	Verdun	Meuse	CHAUMONT *	ch.-l. de dép. 63	H.-Marne
Châtuzange, 4½	Valence	Drôme	Chaumont, devant Damvillers, 5½	Montmédy	Meuse
Chauché, 6	Bourbon-Vendée	Vendée			
			Chaumont (Sailly), 5½	Metz	Moselle
Chauchet (le), 5½	Aubusson	Creuse	Chaumont *, 6	Beauvais	Oise

Communes.	Arrondissem.	Départem.
Chaumont, 7 ¼	Argentan	Orne
Chaumont, 2 ¼	Ambert	Puy-de-Dô.
Chaumont, 5 ½	Sens	Yonne
Chaumont-la-Ville, 11	Chaumont	H.-Marne
Chaumont-le-Bois, 2 ¼	Châtillon	Côte-d'Or.
Chaumont-sur-Aire, 4	Bar-le-Duc	Meuse
Chaumont-sur-Loire, 4 ¾	Blois	Loir-et-Ch.
Chaumontel, 6	Pontoise	Seine-et-O.
Chaumot, 7 ½	Clamecy	Nièvre
Chaumot, 5	Joigny	Yonne
Chaumousey, 1 ½	Epinal	Vosges
Chaumussay, 9	Loches	Indre-et-L.
Chaumusse (la), 6	St.-Claude	Jura
Chaumusy, 4	Rheims	Marne
Chaunac, 2 ½	Jonzac	Char.-Inf.
Chaunay *, 5	Civray	Vienne
Chauny *, 10	Laon	Aisne
Chaup (la), 14 ¼	Nyons	Drôme
Chauray, 1 ½	Niort	2 Sèvres
Chauriat, 6	Clermont	Puy de-Dô.
Chaussade (la), 1 ¼	Aubusson	Creuse
Chaussaire (la), 3	Beaupréau	Maine-et-L.
Chaussan (St.-Jean-de), 4 ¼	Lyon	Rhône
Chaussayrie (*Chartres*), 3	Rennes	Ille-et-Vil.
Chaussée (la), 3	Vitry-le-Français	Marne
Chaussée (la), 9 ¼	Commercy	Meuse
Chaussée (la), 3	Dieppe	Seine-Inf.
Chaussée (la), 3	Loudun	Vienne
Chaussée-d'Ivry (la), 5	Dreux	Eure-et-L.
Chaussée-de-la-Lande (*Caligny*), 5	Domfront	Orne
Chaussée du Bois de l'Ecu (la), 7	Clermont	Oise
Chaussée-St.-Victor (la), 1 ¼	Blois	Loir-et-C.
Chaussée-sous-Montmirail (la), 9	Epernay	Marne
Chaussée-Tirencourt (la), 3 ½	Amiens	Somme
Chaussenac, 2	Mauriac	Cantal
Chaussenans, 1	Poligny	Jura
Chaussenne, 3 ¼	Besançon	Doubs
Chaussin, 4 ¼	Dôle	Jura
Chaussoy (*Avesnes*), 9	Amiens	Somme
Chaussoy-Epagny, 3 ½	Montdidier	Somme
Chaussy, 4 ¼	Pithiviers	Loiret
Chaussy, 4 ½	Mantes	Seine-et-O
Chautay (le), 10 ¼	St.-Amand	Cher
Chauvac, 9 ¾	Nyons	Drôme
Chauvé, 4 ½	Paimbœuf	Loire-Inf.
Chauvency-les-Forges, 1 ¼	Montmédy	Meuse
Chauvency-les-Montagnes, 1	Montmédy	Meuse
Chauvenet (*Dormans*), 5	Epernay	Marne
Chauvigné, 4 ¾	Fougères	Ille-et-Vil.
Chauvigny, 4	Vendôme	Loir-et-Ch.
Chauvigny (*Sarron*), 12 ¼	Epernay	Marne
Chauvigny *, 6	Montmorillon	Vienne
Chauvillers (*Indevillers*), 9 ¼	Montbéliard	Doubs
Chauvincourt, 4	Les Andelys	Eure
Chauvins (les) (*la Grande Rivière*), 6	St.-Claude	Jura
Chauvirey (*Diancey*), 9	Beaune	Côte-d'Or
Chauvirey-le-Chatel, 8 ½	Vesoul	H.-Saône
Chauvirey-le-Viel, 8 ¼	Vesoul	H.-Saône
Chauvoncourt, 2 ½	Commercy	Meuse
Chauvry, 3	Pontoise	Seine-et-O.
Chaux, 3	Beaune	Côte-d'Or
Chaux, 5 ¼	Montbéliard	Doubs
Chaux (la), 4	Pontarlier	Doubs
Chaux (la), 7 ½	Dôle	Jura
Chaux (la), 10 ½	Alençon	Orne
Chaux (la), 4	Thiers	Puy-de-Dô.
Chaux, 2	Belfort	Haut-Rhin
Chaux, 8 ½	Vesoul	H.-Saône
Chaux (la), 7	Louhans	Saône-et-L.
Chaux-des-Crotenay (la), 7	Poligny	Jura
Chaux-des-Prés (la), 5	St.-Claude	Jura
Chaux-du-Dombief (la), 8	St.-Claude	Jura
Chaux-lès-Clerval, 3 ½	Baume	Doubs
Chaux-lès-Passavant, 2 ¼	Baume	Doubs
Chaux-lès-Ports, 3 ½	Vesoul	H.-Saône
Chaux Neuve, 9	Pontarlier	Doubs
Chaux (Petite), 2 ½	Pontarlier	Doubs
Chaux-sur-Champagny (la), 5 ½	Poligny	Jura
Chauzon, 2 ¼	Argentière	Ardèche
Chavagna, 11 ¼	Lons-le-Saulnier	Jura
Chavagnac, 1 ½	Murat	Cantal
Chavagnac, 9	Sarlat	Dordogne
Chavagné, 2 ¼	Niort	2 Sèvres
Chavagne-lès-Redoux, 7 ¼	Fontenay-le-Comte	Vendée
Chavagnes, 7	Bourbon-Vendée	Vendée
Chavagnieux, 7 ¼	Vienne	Isère
Chavaigne, 3	Rennes	Ille-et-Vil.
Chavaignes, 2 ½	Baugé	Maine-et-L.
Chavaignes, 9	Saumur	Maine-et-L.
Chavanac, 4 ¼	Ussel	Corrèze
Chavanat, 4 ½	Aubusson	Creuse
Chavanay, 7 ½	St.-Etienne	Loire
Chavançon, 7 ½	Beauvais	Oise
Chavanges *, 8	Arcis-sur-Aube	Aube
Chavannatte, 5 ¼	Belfort	Haut-Rhin
Chavanne, 4 ¼	Lons-le-Saulnier	Jura
Chavannes, 4	Bourg	Ain
Chavannes, 4	St.-Amand	Cher
Chavannes, 7	Valence	Drôme
Chavannes-les-Grands, 4 ½	Belfort	Haut-Rhin
Chavannes-sur-l'Etang, 3 ½	Belfort	Haut-Rhin
Chavannes-sur-Reyssouse, 7 ½	Bourg	Ain
Chavanoz, 9 ¼	Vienne	Isère
Chavaroux, 2	Riom	Puy-de-Dô.
Chavasne, 13 ½	Lure	H.-Saône
Chavatte (la), 5 ½	Montdidier	Somme
Chaveignes, 3 ½	Chinon	Indre-et-L.
Chavelot, 1 ½	Epinal	Vosges
Chavenat, 5 ½	Angoulême	Charente
Chavenay, 2 ½	Versailles	Seine-et-O.
Chavenon, 6	Montluçon	Allier

Communes.	Arrondissem.	Départem.	Communes.	Arrondissem.	Départem.
Chavéria, 6 1/2	Lons-le-Saulnier	Jura	Cheix, 5 1/4	Paimbœuf	Loire-Inf.
			Chelan, 7 1/2	Mirande	Gers
Chaveroche, 1 1/4	Ussel	Corrèze	Chelers, 3 1/4	St.-Pol	Pas-de-Cal.
Chaveyriat, 12	Trévoux	Ain	Chélieu, 2 1/2	La Tour-du-Pin	Isère
Chavia, 7 1/2	Lons-le-Saulnier	Jura	Chelle (la), 1 1/2	Compiègne	Oise
			Chelle, 4	Bagnères	H.-Pyrén.
Chavignon*, 4	Soissons	Aisne	Chelle-Debat, 3 1/2	Tarbes	H.-Pyrén.
Chavigny, 1	Soissons	Aisne	Chelles, 4 1/4	Compiègne	Oise
Chavigny, 4 1/2	Evreux	Eure	Chelles, 6	Meaux	Seine-et-M.
Chavigny, 2 1/2	Nancy	Meurthe	Chelly (St.)*, 8 1/4	Marvejols	Lozère
Chaville (Haut, Bas et Petit), 2	Versailles	Seine-et-O.	Chels (St.-), 5 1/2	Figeac	Lot
			Chelsey (Sussey), 12 1/4	Beaune	Côte-d'Or
Chavin, 7	Châteauroux	Indre	Chellun, 9	Vitré	Ille-et-Vil.
Chavornay, 4	Belley	Ain	Chely (St.-), 3 1/2	Espalion	Aveyron
Chavost, 1	Epernay	Marne	Chély-du-Tarn (St-)*, 5 1/2	Florac	Lozère
Chavoune, 5	Soissons	Aisne	Chemaudin, 2 1/2	Besançon	Doubs
Chavoy, 1 1/4	Avranches	Manche	Chemault, 4	Pithiviers	Loiret
Chavroche, 3 1/2	La Palisse	Allier	Chemazé, 1 1/2	Château-Gontier	Mayenne
Chaxelles, 5 1/4	Lunéville	Meurthe			
Chay (le), 5 1/4	Saintes	Char.-Inf.	Chemeiller, 10	Saumur	Maine-et-L.
Chay, 6 1/2	Besançon	Doubs	Chemenot, 3	Poligny	Jura
Chaylard (le)*, 10	Tournon	Ardèche	Chéméré, 5 1/2	Paimbœuf	Loire-Inf.
Chazay, 2 1/4	Villefranche	Rhône	Chemeré, 7 1/2	Laval	Mayenne
Chaze (la), 5 1/4	Marvejols	Lozère	Chemery, 3 1/2	Sedan	Ardennes
Chazeau, 3	St.-Etienne	Loire	Chemery, 7 1/2	Blois	Loir-et-Ch.
Chazeaux, 1 1/4	Argentière	Ardèche	Chémery, 7 1/2	Metz	Moselle
Chazel, 7 1/2	Vesoul	H.-Saône	Chémery (les Deux-), 5 1/2	Thionville	Moselle
Chazelet, 10	Le Blanc	Indre	Chemilin (Aoste), 3 1/2	Latour-du-Pin	Isère
Chazelle, 5 1/4	St.-Flour	Cantal	Chemilla, 10	Lons-le-Saulnier	Jura
Chazelle, 4	Angoulême	Charente			
Chazelle, 10	Lons-le-Saulnier	Jura	Chemillé, 8	Tours	Indre-et-L.
			Chemillé*, 5	Beaupréau	Maine-et-L.
Chazelle (Scy), 1 1/4	Metz	Moselle	Chemillé-sur-Indrois, 2 1/2	Loches	Indre-et-L.
Chazelle, 8	Mâcon	Saône-et-L.	Chemilli-près-Seignelai, 9	Auxerre	Yonne
Chazelles, 9 1/2	Brioude	H.-Loire			
Chazelles-sur-Lavien, 3	Montbrison	Loire	Chemillieu (Parvet), 2 1/2	Belley	Ain
Chazelles-sur-Lyon*, 5	Montbrison	Loire	Chemilly, 2	Moulins	Allier
Chazelot, 3 1/2	Baume	Doubs	Chemilly, 2	Mortagne	Orne
Chazelot (Mailley), 4	Vesoul	H.-Saône	Chemilly, 4 1/2	Vesoul	H.-Saône
Chazemais, 3	Montluçon	Allier	Chemilly, 5	Auxerre	Yonne
Chazes (Claviers), 4 1/4	St.-Flour	Cantal	Chemin, 2 1/4	Châtillon	Côte-d'Or
Chazeuil, 6 1/2	Dijon	Côte-d'Or	Chemin, 5	Dôle	Jura
Chazeuil, 7	Clamecy	Nièvre	Chemin (le), 3	Ste-Menehould	Marne
Chazey, 1	Belley	Ain	Cheminas, 6	Tournon	Ardèche
Chazey-sur-Ain, 11 1/4	Belley	Ain	Cheminon, 5	Vitry-le-Français	Marne
Chazot, 5	Baume	Doubs			
Chebrac, 3 1/2	Angoulême	Charente	Cheminot, 4 1/2	Metz	Moselle
Checy, 2 1/4	Orléans	Loiret	Chémiré-en-Charmix, 9 1/2	Le Mans	Sarthe
Chédigny, 2	Loches	Indre-et-L.	Chémiré-le-Gaudin, 5 1/2	Le Mans	Sarthe
Chef (St.-), 3	L. Tour-du-Pin	Isère	Chémiré-sur-Sarthe, 9 1/2	Segré	Maine-et-L.
Chef-Boutonne*, 3	Melle	2 Sèvres	Chemy, 3 1/2	Lille	Nord
Chef-de-l'Eau, 6 1/4	Rouen	Seine-Inf.	Chenac, 9	Saintes	Char.-Inf.
Chef-du-Pont, 5	Valognes	Manche	Chenaillers, 7	Brives	Corrèze
Cheffes, 3 1/2	Angers	Maine-et-L.	Chenalotte, 14 1/2	Montbéliard	Doubs
Cheffois, 5 1/2	Fontenay-le-Comte	Vendée	Chénas, 5	Villefranche	Rhône
			Chenaud, 5	Riberac	Dordogne
Cheffreville, 3 1/2	Lisieux	Calvados	Chenay, 2 1/2	Rheims	Marne
Chefhant, 2 1/2	Mirecourt	Vosges	Chenay, 4	Mamers	Sarthe
Chetresne (le), 6 1/2	St.-Lô	Manche	Chenay, 3	Melle	2 Sèvres
Chéery, 2 1/4	Sedan	Ardennes	Chenay-le-Châtel, 12	Charolles	Saône-et-L.
Chéchéry, 6 1/4	Vouziers	Ardennes	Chêne (le) (Lessard), 3	Lisieux	Calvados
Cheille, 4 1/2	Chinon	Indre-et-L.	Chêne (le) (Mécringes), 9	Epernay	Marne
Cheilly, 8	Autun	Saône-et-L.	Chêne-Arnoult, 7 1/2	Joigny	Yonne
Chein-Dessus, 4	St.-Gaudens	H.-Garonne	Chêne-Bernard, 4 1/2	Dôle	Jura

Communes.	Arrondissem.	Départem.	Communes.	Arrondissem.	Départem.
Chêne-Chenu, 4 ½	Dreux	Eure-et-L.	Cheptainville, 5 ¼	Corbeil	Seine-et-O.
Chêne-Dolley, 3	Vire	Calvados	Chepy, 2	Châlons-sur-Marne	Marne
Chêne-Douit, 7	Argentan	Orne	Chépy, 4 ¼	Abbeville	Somme
Chêne-la-Reine (le) (Festigny-les-Hameaux),4	Epernay	Marne	Cher (le), 5	Rochefort	Char.-Inf.
Chêne-Pendu (le) (Chambray), 2 ½	Tours	Indre-et-L.	Chérac, 5	Saintes	Char.-Inf.
Chêne-Sec, 6 ¼	Dôle	Jura	Cherancé, 4	Château-Gontier	Mayenne
Chêne-Sec, 7 ½	Argentan	Orne	Chérancé, 6	Mamers	Sarthe
Chêne-Vert (le) (St.-Hilaire-la-Gravelle), 4	Vendôme	Loir-et-Ch.	Cherautte, ½	Mauléon	B.-Pyrén.
			Cherbonnières, 3 ¼	St.-Jean-d'Angely	Char.-Inf.
Chénébier, 7 ½	Lure	H.-Saône	CHERBOURG *, .	ch.-l. d'ar., 97	Manche
Chenecey, 3 ¼	Besançon	Doubs	Chercilly (Marcheseuil), 10 ¼	Beaune	Côte-d'Or
Cheneché, 4 ¼	Poitiers	Vienne			
Chénehutte, 2	Saumur	Maine-et-L.	Cherec (St.-George), 6 ½	Marennes	Char.-Inf.
Chenelette, 6 ½	Villefranche	Rhône	Cherencé, 3 ¼	Mantes	Seine-et-O.
Chenerailles *, 4	Aubusson	Creuse	Chérencé-le-Héron, 4 ½	Avranches	Manche
Chenereille, 3	Montbrison	Loire	Chérencé-le-Roussel, 2 ¼	Mortain	Manche
Chénerilles, 5	Digne	B.-Alpes	Chéreng, 2	Lille	Nord
Chénevelle, 4 ½	Châtellerault	Vienne	Chères (les), 3 ¼	Lyon	Rhône
Chenevière(St.-Quintin-le-Verger), 10 ¼	Epernay	Marne	Cheret, 1 ½	Laon	Aisne
			Chériennes, 6 ¼	Montreuil	Pas-de-Cal.
Chenevières, 1	Pontoise	Seine-et-O.	Cherier, 4 ½	Roanne	Loire
Chenevières (Conflans-Ste.-Honorine), 4 ½	Versailles	Seine-et-O.	Chérigné, 3 ½	Melle	2 Sèvres
			Chéris (les), 3	Avranches	Manche
Chenevières-sur-Marne, 6 ¼	Corbeil	Seine-et-O.	Chérisay, 5	Mamers	Sarthe
			Cherisey, 3	Metz	Moselle
Chenevrey, 6 ½	Gray	H.-Saône	Chérisy, 3 ½	Arras	Pas-de-Cal.
Cheney, 1 ½	Tonnerre	Yonne	Chérizet, 8 ½	Mâcon	Saône-et-L.
Cheni, 5	Auxerre	Yonne	Chérizy, 1 ½	Dreux	Eure-et-L.
Chenicourt, 5	Nancy	Meurthe	Cherlieux (Abbaye-de-) (Montigny-les-Cherlieux), 9 ½	Vesoul	H.-Saône
Chenières, 6	Briey	Moselle			
Cheniers, 5 ¼	Gueret	Creuse			
Cheniers, 3	Châlons-sur-Marne	Marne	Chermignac, 1 ½	Saintes	Char.-Inf.
			Chermisey, 2 ¼	Neufchâteau	Vosges
Chenilla, 9 ½	Lons-le-Saulnier	Jura	Chermizy, 3 ½	Laon	Aisne
			Cheron (St.-), 7	Evreux	Eure
Chenillé-Changé, 4 ½	Segré	Maine-et-L.	Cheron (St.-), 2	Vitry-le-Français	Marne
Chenilly (St.-André),1 ¼	Troyes	Aube	Cheron (St.-) (Mézières), 6 ½	Le Mans	Sarthe
Chenimenil, 3 ¼	Epinal	Vosges			
Chennebrun, 13	Evreux	Eure	Chéron (St.-), 8 ½	Rambouillet	Seine-et-O.
Chennegy, 4 ¼	Troyes	Aube	Cheron-des-Champs (St.-), 5 ¼	Dreux	Eure-et-L.
Chennery, 6 ¼	Vouziers	Ardennes			
Chennevières, 5	Commercy	Meuse	Cheron-du-Chemin (St.), 4	Chartres	Eure-et-L.
Chennevières, 3 ¼	Lunéville	Meurthe			
Chenois (le), 5 ¼	Sedan	Ardennes	Cheronnac, 2	Rochechouart	H.-Vienne
Chenois, 4 ¼	Château-Salins	Meurthe	Cheronvilliers, 11	Evreux	Eure
Chénoise, 2 ¼	Provins	Seine-et-M.	Cheroy *, 6	Sens	Yonne
Chenommet, 3 ½	Ruffec	Charente	Cherré, 6	Segré	Maine-et-L.
Chenon, 3	Ruffec	Charente	Cherré, 7	Mamers	Sarthe
Chenonceaux, 8	Tours	Indre-et-L.	Cherreau, 8	Mamers	Sarthe
Chenou, 7 ½	Fontainebleau	Seine-et-M.	Cherrueix, 6	St.-Malo	Ille-et-Vil.
Chenôve, 1	Dijon	Côte-d'Or	Cherry, 8	Bourges	Cher
Chenove, 5 ¼	Châlons	Saône-et-L.	Cherval, 6	Riberac	Dordogne
Chenu, 6	La Flèche	Sarthe	Cherveix, 8	Périgueux	Dordogne
Chenusson, 6	Tours	Indre-et-L.	Cherves, 1 ½	Cognac	Charente
Chepniers, 6 ¼	Jonzac	Char.-Inf.	Cherves, 6 ½	Confolens	Charente
Chepoix, 7	Clermont	Oise	Cherves, 7 ½	Poitiers	Vienne
Cheppe (la), 3 ¼	Châlons-sur-Marne	Marne	Chervettes, 4 ½	St.-Jean-d'Angely	Char.-Inf.
Cheppes, 4	Châlons-sur-Marne	Marne	Cherveux, 3	Niort	2 Sèvres
Cheppy, 6	Verdun	Meuse	Chervey, 1 ¼	Bar-sur-Seine	Aube

Communes.	Arrondissem.	Départem.
Cherville, 3 ½	Châlons-sur-Marne	Marne
Chery-Chartreuve, 7 ½	Soissons	Aisne
Chery-lès-Pouilly, 2 ½	Laon	Aisne
Chery-les-Rozoy, 12 ¼	Laon	Aisne
Chèseneuve, 7	Vienne	Isère
Chesley, 5	Bar-sur-Seine	Aube
Chesnay (*Etampes*), ½	Etampes	Seine-et-O.
Chesnay (le), 1	Versailles	Seine-et-O.
Chesnay-le Petit (*Chenay*), 1	Versailles	Seine-et-O.
Chesne (le), 3 ½	Vouziers	Ardennes.
Chesne (le), 1	Arcis-sur-Aube	Aube
Chesne (le), 6 ¼	Evreux	Eure
Chesnois (le), 3 ½	Rethel	Ardennes
Chesny, 1 ¼	Metz	Moselle
Chessou, 7 ½	Limoges	H.-Vienne
Chessy, 7 ¼	Troyes	Aube
Chessy, 3 ½	Villefranche	Rhône
Chessy, 3	Meaux	Seine-et-M.
Chestres, ¼	Vouziers	Ardennes
Chetigné (*Ditré*), 1 ¼	Saumur	Maine-et-L.
Cheu, 6	Auxerre	Yonne
Cheuby (*St.-Barbe*), 2 ½	Metz	Moselle
Cheuge, 6	Dijon	Côte-d'Or
Cheust, 4 ¼	Argelès	H.-Pyrén.
Cheux, 2 ¼	Caen	Calvados
Chevagnes, 4	Moulins	Allier
Chevagny, 1 ½	Mâcon	Saône-et L.
Chevagny-sur-Guye, 5 ¼	Charolles	Saône-et-L.
Chevaigné, 4	Rennes	Ille-et-Vil.
Chevaigné, 7	Mayenne	Mayenne
Chevaigné (*St.-Jean-d'Assé*), 5	Le Mans	Sarthe
Chevain (le), 6 ½	Mamers	Sarthe
Cheval-Blanc (*Buchy*), 4	Metz	Moselle
Cheval-Blanc, 4	Avignon	Vaucluse
Cheval-Rouge (*Chesny*) *, 3	Metz	Moselle
Chevanay, 7	Semur	Côte-d'Or
Chevanceau, 6 ¼	Jonzac	Char.-Inf.
Chevanne, 5	Dijon	Côte-d'Or
Chevannes, 4 ¾	Montargis	Loiret
Chevannes (*Billy*), 7 ¼	Nevers	Nièvre
Chevannes, 3 ½	Corbeil	Seine-et-O.
Chevannes, 2	Auxerre	Yonne
Chevannes-lès-Godaux, 6 ½	Clamecy	Nièvre
Chevennes, 3	Vervins	Aisne
Chevenon, 3 ¾	Nevers	Nièvre
Cheverchemont (*Triel*), 4	Versailles	Seine-et-O.
Cheverny, 3 ¾	Blois	Loir-et-Ch.
Cheveuges, 2 ½	Sedan	Ardennes
Chevières, 4 ¼	Vouziers	Ardennes
Chevigney, 4 ¾	Baume	Doubs
Chevigney, 4 ½	Besançon	Doubs
Chevigney, 3 ¾	Gray	H.-Saône
Chevigny, 2 ¼	Dôle	Jura
Chevigny, 3 ½	Epernay	Marne
Chevigny-en-Valière, 2 ½	Beaune	Côte-d'Or
Chevigny-St.-Sauveur, 1 ½	Dijon	Côte-d'Or
Chevillard, 2	Nantua	Ain
Chevillé, 7	La Flèche	Sarthe
Chévillecourt (*Autreches*), 6 ¼	Compiègne	Oise

Communes.	Arrondissem.	Départem.
Chevillon, 2	Montargis	Loiret
Chevillon, 4 ¼	Wassy	H.-Marne
Chevillon (*Maizeroy*), 3 ½	Metz	Moselle
Chevillon, 5	Joigny	Yonne
Chevillotte (la),	Besançon	Doubs
Chevilly *, 3 ½	Orléans	Loiret
Chevilly (*Catigny*), 7	Compiègne	Oise
Chevilly, 1	Sceaux	Seine
Chevinay, 3 ½	Lyon	Rhône
Chevincourt, 3 ½	Compiègne	Oise
Cheviré-le-Rouge, 2	Baugé	Maine-et-L.
Chevrainvilliers, 5 ¾	Fontainebleau	Seine-et-M.
Chevraux, 6 ¼	Lons-le-Saulnier	Jura
Chevregny, 3	Laon	Aisne
Chevremont, 1 ½	Belfort	Haut-Rhin
Chevrerie (la), 1 ½	Ruffec	Charente
Chevresis-le-Meldeux, 6	St.-Quentin	Aisne
Chevresis-lès-Dames, 6	St.-Quentin	Aisne
Chevreuse *, 5	Rambouillet	Seine-et-O.
Chevreville, 2	Mortain	Manche
Chevreville, 5	Senlis	Oise
Chevrey, 5 ¼	Dijon	Côte-d'Or
Chevrière, 6	Montbrison	Loire
Chevrières, 1 ½	Rethel	Ardennes
Chevrières, 1	St.-Marcellin	Isère
Chevrières, 3	Compiègne	Oise
Chevriots (les) (*Aix-en-Othe*), 8 ¼	Troyes	Aube
Chevroches, 1	Clamecy	Nièvre
Chévrolière (la), 3	Nantes	Loire-Inf.
Chevrotaine, 6 ¼	Lons-le-Saulnier	Jura
Chevroux, 7 ½	Bourg	Ain
Chevroz, 2 ¼	Besançon	Doubs
Chevru, 3	Coulommiers	Seine-et-M.
Chevry, 1 ½	Gex	Ain
Chevry, 1 ½	St.-Claude	Jura
Chevry, 5 ¼	Montargis	Loiret
Chevry, 4 ¼	St.-Lô	Manche
Chevry-Cossigny, 4 ½	Melun	Seine-et-M.
Chevry-en-Sereine, 6 ¼	Fontainebleau	Seine-et-M.
Chey, 2 ¼	Melle	2 Sèvres
Cheylard (le), 4	Die	Drôme
Cheylas (le), 7	Grenoble	Isère
Cheyssieu, 2 ¼	Vienne	Isère
Chezabois, 2 ½	Poligny	Jura
Chezal-Benoist, 7	St.-Amand	Cher
Chèze (la), 2 ¼	Loudéac	Côtes-du-N.
Cheze, 3	Argelès	H.-Pyrén.
Chezeau, 6 ¼	Langres	H.-Marne
Chézeaux (les) (*Greve*), 7 ½	Montbéliard	Doubs
Chézeaux (les Grands), 10	Bellac	H.-Vienne
Chezelle, 4	Gannat	Allier
Chezelles, 3	Châteauroux	Indre
Chezelles, 4	Chinon	Indre-et-L.
Chézery, 12	Gex	Ain
Chezoudet (*Bonnet*), 8	Poligny	Jura
Chézy, 2 ½	Moulins	Allier
Chézy-en-Orxois, 3 ½	Château-Thierry	Aisne
Chézy-sur-Marne, 1 ¼	Château-Thierry	Aisne

Communes.	Arrondissem.	Départem.	Communes.	Arrondissem.	Départem.
Chiatra, 6 $\frac{1}{4}$	Corte	Corse	Chitri, 3	Auxerre	Yonne
Chiave, 2	Sartène	Corse	Chitry-lès-Mines, 7 $\frac{1}{2}$	Clamecy	Nièvre
Chiché, 3	Bressuire	2 Sèvres	Chives, 7 $\frac{1}{2}$	St.-Jean-d'An-	Char.-Inf.
Chicheboville, 3 $\frac{1}{2}$	Caen	Calvados		gely	
Chichée, 5	Auxerre	Yonne	Chivres, 5	Laon	Aisne
Chicheri, 3 $\frac{1}{4}$	Joigny	Yonne	Chivres, 2	Soissons	Aisne
Chichey, 10	Epernay	Marne	Chivres, 6	Beaune	Côte-d'Or
Chichi, 5	Auxerre	Yonne	Chivy (*Baulne*), 5	Laon	Aisne
Chichisianne, 10 $\frac{1}{2}$	Grenoble	Isère	Chivy-lès-Etouvelles, 1 $\frac{1}{4}$	Laon	Aisne
Chicourt, 3	Château-Salins	Meurthe	Chizé, 4 $\frac{1}{2}$	Melle	2 Sèvres
Chiddes, 6 $\frac{1}{4}$	Château-Chi-	Nièvre	Chlincourt, 4	Metz	Moselle
	non		Choignes, $\frac{1}{4}$	Chaumont	H.-Marne
Chidrac, 2	Issoire	Puy-de-Dô.	Choigny (*Brissay*), 4	St.-Quentin	Aisne
Chiéné, 2 $\frac{1}{2}$	Fougères	Ille-et-Vil.	Choilley, 5 $\frac{1}{4}$	Langres	H.-Marne
Chierry, $\frac{1}{2}$	Château-Thier-	Aisne	Choisel, 5	Rambouillet	Seine-et-O.
	ry		Choiseuil, 9 $\frac{1}{2}$	Chaumont	H.-Marne
Chierzac (*Bedenac*), 9 $\frac{1}{2}$	Jonzac	Char.-Inf.	Choisey, 1 $\frac{1}{4}$	Dôle	Jura
Chieulles, 1 $\frac{1}{2}$	Metz	Moselle	Choisies, 3 $\frac{1}{4}$	Avesnes	Nord
Chignac (*Ste.-Marie*), 3	Périgueux	Dordogne	Choisy, 2 $\frac{1}{4}$	Clermont	Oise
Chignac (*St.-Pierre*), 3 $\frac{1}{2}$	Périgueux	Dordogne	Choisy, 2	Sceaux	Seine
Chigné, 4	Baugé	Maine-et-L.	Choisy, 3	Coulommiers	Seine-et-M.
Chigny, 3 $\frac{1}{2}$	Vervins	Aisne	Choisy (*Maurecourt*), 5	Versailles	Seine-et-O.
Chigny, 2 $\frac{1}{4}$	Rheims	Marne	Choisy-au-Bac, 1	Compiègne	Oise
Chigy, 4	Sens	Yonne	Cholet *, 5	Beaupréau	Maine-et-L.
Chillac, 4	Barbezieux	Charente	Cholonge, 7 $\frac{1}{2}$	Grenoble	Isère
Chilhac, 4 $\frac{1}{4}$	Brioude	H. Loire	Choloy, 1	Toul	Meurthe
Chille, $\frac{1}{2}$	Lons-le-Saul-	Jura	Chomé (*Bouchy-le-Re-*	Epernay	Marne
	nier		*pos*), 13 $\frac{1}{2}$		
Chilleurs *, 3 $\frac{1}{4}$	Pithiviers	Loiret	Chomelix, 6	Le Puy	H.-Loire
Chilley, 6	Poligny	Jura	Chomelle (la), 3	Brioude	H.-Loire
Chillou (le), 4	Parthenay	2 Sèvres	Chomerac, 2	Privas	Ardèche
Chilly, 2 $\frac{1}{2}$	Rocroi	Ardennes	Clionas, 2	Vienne	Isère
Chilly, 1	Lons-le-Saul-	Jura	Chonville, 1 $\frac{1}{2}$	Commercy	Meuse
	nier		Chooz, 8 $\frac{1}{2}$	Rocroi	Ardennes
Chilly, 5	Poligny	Jura	Choques, 1 $\frac{1}{2}$	Béthune	Pas-de-Cal.
Chilly, 6	Montdidier	Somme	Choqueuse, 10	Clermont	Oise
Chilly-Mazarin, 5 $\frac{1}{2}$	Corbeil	Seine-et-O.	Choranches, 4	St.-Marcellin	Isère
Chinian (St.-) *, 6	St.-Pons	Hérault	Chorcy, $\frac{1}{2}$	Beaune	Côte-d'Or
CHINON *,	ch.-l. d'ar., 74	Indre-et-L.	Chorges *, 5 $\frac{1}{2}$	Embrun	H.-Alpes
Chinoux (*Tréfols*), 10	Epernay	Marne	Chouain, 2 $\frac{1}{4}$	Bayeux	Calvados.
Chipilly, 6	Péronne	Somme	Chouday, 1 $\frac{1}{4}$	Issoudun	Indre
Chirac, 2 $\frac{1}{4}$	Confolens	Charente	Choue, 7	Vendôme	Loir-et-Ch.
Chirac, 2 $\frac{1}{2}$	Ussel	Corrèze	Chouguy, 3 $\frac{1}{4}$	Château-Chi-	Nièvre
Chirac, 1	Marvejols	Lozère		non	
Chirassimont, 6	Roanne	Loire	Chouilly, 1	Epernay	Marne
Chirat-l'Eglise, 6	Gannat	Allier	Chouppes, 4 $\frac{1}{2}$	Loudun	Vienne
Chiré-en-Gensais, 8	Poitiers	Vienne	Chourgnac, 9	Périgueux	Dordogne
Chiré-en-Montreuil, 5	Poitiers	Vienne	Choussy, 7 $\frac{1}{2}$	Blois	Loir-et-Ch.
Chiremont, 3 $\frac{1}{2}$	Montdidier	Somme	Chousy, 2 $\frac{1}{4}$	Blois	Loir-et-Ch.
Chireus, 6 $\frac{1}{4}$	Grenoble	Isère	Chouvigné, 4	Gannat	Allier
Chiriat, 3 $\frac{1}{4}$	St.-Claude	Jura	Choux, 5	St.-Claude	Jura
Chiroubles, 4	Villefranche	Rhône	Choux (les), 3 $\frac{1}{4}$	Gien	Loiret
Chiry, 5	Compiègne	Oise	Chouy, 4 $\frac{1}{2}$	Château-Thier-	Aisne
Chis, 2	Tarbes	H.-Pyrén.		ry	
Chissay, 9	Blois	Loir-et-Ch.	Chouzé-le-Sec, 14	Chinon	Indre-et-L.
Chisseaux, 8 $\frac{1}{2}$	Tours	Indre-et-L	Chouzé-sur-Loire *, 2 $\frac{1}{2}$	Chinon	Indre-et-L.
Chisseria, 9 $\frac{1}{4}$	Lons-le-Saul-	Jura	Chouzelot, 5	Besançon	Doubs
	nier		Choye, 4	Gray	H.-Saône
Chissey. 6	Dôle	Jura	Chozeau, 7	LaTour-du-Pin	Isère
Chissey, 7	Mâcon	Saône-et-L.	Christ-le-Grand (St.-),	Péronne	Somme
Chissey-en-Morvent, 4	Autun	Saône-et-L.	2		
Chitenay, 3	Blois	Loir-et-Ch.	Christal (St.-), 1	Alais	Gard
Chitray, 5 $\frac{1}{4}$	Le Blanc	Indre	Christaud (St.-), 8 $\frac{1}{2}$	Muret	H. Garonne
Chitré (*Vouneuil*), 2 $\frac{1}{2}$	Châtellerault	Vienne	Christiaut (St.-), 3	Mirande	Gers

Communes.	Arrondissem.	Départem.
Christie (Ste.-), 3 ½	Auch	Gers
Christie (Ste.-), 11 ¼	Condom	Gers
Christine (Ste.-) (Plougastel), 4 ¼	Brest	Finistère
Christine (Ste.-), 4 ½	Beaupréau	Maine-et-L.
Christine (Ste.-), 6	Riom	Puy-de-Dô.
Christine (Ste.-), 4	Fontenoy-le-Comte	Vendée
Christol (St.-), 12	Tournon	Ardèche
Christol (St.-), 4 ½	Montpellier	Hérault
Christol (St.-), 9	Carpentras	Vaucluse
Christol-de-Rodières (St.-), 9	Uzès	Gard
Christoly (St.-), 2 ½	Lesparre	Gironde
Christoly-de-Blaye(St.-), 3 ½	Blaye	Gironde
Christophe (St.-), 3 ½	Soissons	Aisne
Christophe (St.-), 3 ¼	La Palisse	Allier
Christophe (St.-), 7	Bar-sur-Aube	Aube
Christophe (St.-), 5 ½	Rodez	Aveiron
Christophe (St.-), 5	Falaise	Calvados
Christophe (St.-), 4 ¼	Mauriac	Cantal
Christophe (St.-), 10	Barbezieux	Charente
Christophe (St.-), 3 ½	Confolens	Charente
Christophe (St.-), 4 ¼	La Rochelle	Char.-Inf.
Christophe (St.-), 4	St.-Amand	Cher
Christophe (St.-), 2	Guéret	Creuse
Christophe (St.-), 8 ½	Valence	Drôme
Christophe (St.-), 2	Châteaudun	Eure-et-L.
Christophe (St.-), 8 ½	Issoudun	Indre
Christophe (St.-), 7 ½	Tours	Indre-et-L.
Christophe (St.-), 5 ¼	Lons-le-Saulnier	Jura
Christophe (St.-), 7	Laval	Mayenne
Christophe (St.-), 1 ¼	Argentan	Orne
Christophe (St.-), 6	Domfront	Orne
Christophe (St.-), 8 ½	Villefranche	Rhône
Christophe (St.-), 3	Châlons	Saône-et-L.
Christophe (St.-), 5	Châtellerault	Vienne
Christophe (St.-), 5 ½	Limoges	H.-Vienne
Christophe-d'Allier (St.-), 6	Le Puy	H.-Loire
Christophe-d'Aubigny (St.), 4	Coutances	Manche
Christophe-de-Double (St.-), 8 ¼	Libourne	Gironde
Christophe-de-Ligneron (St.-), 12	Les Sables	Vendée
Christophe-de-St.-Emilion (St.-), 2 ¼	Libourne	Gironde
Christophe-des-Bois (St.-), 3 ¼	Vitré	Ille-et-Vil.
Christophe-des-Valins (St.-), 4	Fougères	Ille-et-Vil.
Christophe-du-Bois (St.), 7	Beaupréau	Maine-et-L.
Christophe-du-Foc (St.-), 3 ¼	Cherbourg	Manche
Christophe-du-Jambert (St.-), 8	Mamers	Sarthe
Christophe-en-Boucherie (St.-), 3 ½	La Châtre	Indre
Christophe-en-Brionnois (St.-), 5	Charolles	Saône-et-L.

Communes.	Arrondissem.	Départem.
Christophe-en-Champagne (St.-), 7	La Flèche	Sarthe
Christophe-entre-deux-Guiers (St.-), 10	Grenoble	Isère
Christophe-la-Chartreuse (St.-), 9	Bourbon-Vendée	Vendée
Christophe-la-Couperie (St.-), 5	Beaupréau	Maine-et-L.
Christophe-les-Oysans (S.-), 13 ¼	Grenoble	Isère
Christophe-sur-Avre (St.-), 12	Evreux	Eure
Christophe-sur-Conde (St.-), 2 ½	Pont-Audemer	Eure
Christophe-sur-Dolaizon (St.-), 1 ½	Le Puy	H.-Loire
Christophe-sur-Roc (St-), 3 ¼	Niort	2 Sèvres
Christôt-en-Chatelus (St.-), 4 ½	St.-Etienne	Loire
Christôt-en-Fontanès (St.-), 3 ½	St.-Etienne	Loire
Christôt-en-Jarret (St.-), 3 ¼	St.-Etienne	Loire
Christôt-Lachal (St.-), 3 ½	St.-Etienne	Loire
Chuelles, 4 ½	Montargis	Loiret
Chuffilly, 2 ½	Vouziers	Ardennes
Chuigne, 3 ½	Péronne	Somme
Chuignolle, 4	Péronne	Somme
Chuisnes, 5 ½	Chartres	Eure-et-L.
Chusclan, 8	Uzès	Gard
Chuyès, 7 ½	St.-Etienne	Loire
Chuzelle (Villette-Serpaise), 1 ½	Vienne	Isère
Ciadous, 4 ½	St.-Gaudens	H.-Garonne
Ciamanace, 8	Ajaccio	Corse
Cibits, 6	Mauléon	B.-Pyrén.
Ciboure, 4 ½	Bayonne	B.-Pyrén.
Cibranet (St.-), 3	Sarlat	Dordogne
Cideville, 2 ½	Yvetot	Seine-Inf.
Ciel, 4 ¼	Châlons	Saône-et-L.
Cier-de-Luchon, 7 ½	St.-Gaudens	H.-Garonne
Cier-de-Rivière, 2 ¼	St.-Gaudens	H.-Garonne
Cierge (St.-), 10	Tournon	Ardèche
Cierge-la-Serre (St.-), 3 ½	Privas	Ardèche
Cierges, 4 ½	Château-Thierry	Aisne
Cierges, 7	Montmédy	Meuse
Ciergues (St.-), 1 ¼	Langres	H.-Marne
Ciernat, 3	La Palisse	Allier
Cierp, 5 ¼	St.-Gaudens	H.-Garonne
Cierrey, 2	Evreux	Eure
Ciers (St.-), 6 ½	Ruffec	Charente
Ciers (St.-), 6 ½	Libourne	Gironde
Ciers (Avenières), 4 ½	La-Tour-du-Pin	Isère
Ciers-Champagne (St.-), 2 ½	Jonzac	Char.-Inf.
Ciers-de-Canesse (St.-), 1 ½	Blaye	Gironde
Ciers-de-Lalande (St.-), 5 ½	Blaye	Gironde
Ciers-du-Taillon, 3 ½	Jonzac	Char.-Inf.
Cierzac, 4 ½	Jonzac	Char.-Inf.
Cieurac, 3	Cahors	Lot

Communes.	Arrondissem	Départem.
Cieurac (*Lonzac*), $5\frac{1}{4}$	Gourdon	Lot
Cieutat, 3	Bagnères	H.-Pyrén.
Cieux, 4	Bellac	H.-Vienne
Ciez, $3\frac{1}{2}$	Cosne	Nièvre
Cigné, 3	Mayenne	Mayenne
Cigogné, $6\frac{1}{4}$	Tours	Indre-et-L.
Cihigue, 3	Mauléon	B.-Pyrén.
Cilly, $6\frac{1}{4}$	Laon	Aisne
Cimetière (le grand) (*St.-Jean-Bonnefond*), $1\frac{1}{4}$	St.-Etienne	Loire
Cinais, $1\frac{1}{2}$	Chinon	Indre-et-L.
Cinarca, 4	Ajaccio	Corse
Cindré, 3	La Palisse	Allier
Cingal, 4	Falaise	Calvados
Cinguétral, 2	St.-Claude	Jura
Cinq-Autels, 4	Caen	Calvados
Cinq-Mars, 7	Chinon	Indre-et-L.
Cinqueux, 3	Clermont	Oise
Cintegabelle, 6	Muret	H.-Garonne
Cintheaux, 5	Falaise	Calvados
Cintrat, 3	Gannat	Allier
Cintray, 8	Evreux	Eure
Cintray, 2	Chartres	Eure-et-L.
Cintré, 3	Rennes	Ille-et-Vil.
Cintres (*Cheminas*), 6	Tournon	Ardèche
Cintrey *, 9	Vesoul	H.-Saône
Ciotat (la) *, 7	Marseille	B.du-Rhône
Cipières, $5\frac{1}{2}$	Grasse	Var
Ciprieu (St.-), $8\frac{1}{2}$	Rodez	Aveiron
Cir-la-Lande (St.-), 9	Bressuire	2 Sèvres
Cir-les-Colons (St.-), 3	Auxerre	Yonne
Ciral, $5\frac{1}{4}$	Alençon	Orne
Ciran, $3\frac{1}{2}$	Loches	Indre-et-L.
Ciran-du-Jambot (St.-), $11\frac{1}{4}$	Châteauroux	Indre
Circourt, $3\frac{1}{2}$	Briey	Moselle
Circourt, $3\frac{1}{2}$	Mirecourt	Vosges
Circourt, $1\frac{1}{2}$	Neufchâteau	Vosges
Ciré, $3\frac{1}{2}$	Rochefort	Char.-Inf.
Cire (St.-), $1\frac{1}{2}$	Agen	Lot-et-Gar
Cirès, 11	St.-Gaudens	H.-Garonne
Cires-lès-Melto, 4	Senlis	Oise
Cirey, 6	Beaune	Côte-d'Or
Cirey, $4\frac{1}{2}$	Dijon	Côte-d'Or
Cirey, $5\frac{1}{2}$	Sarrebourg	Meurthe
Cirey, $7\frac{1}{2}$	Vesoul	H.-Saône
Cirey-lès-Mareilles, $3\frac{1}{4}$	Chaumont	H.-Marne
Cirey-sur-Blaise, $4\frac{1}{4}$	Wassy	H.-Marne
Cirfontaines, $2\frac{1}{2}$	Lisieux	Calvados
Cirfontaines, $5\frac{1}{2}$	Chaumont	H.-Marne
Cirfontaines, $9\frac{1}{2}$	Wassy	H.-Marne
Cirgue (St.-), $6\frac{1}{4}$	Albi	Tarn
Cirgues (St.-), $11\frac{1}{4}$	Tulle	Corrèze.
Cirgues (St.-), $4\frac{1}{4}$	Brioude	H.-Loire
Cirgues (St.-), $4\frac{1}{4}$	Figeac	Lot
Cirques-de-Jordanne (St.-), $3\frac{1}{2}$	Aurillac	Cantal
Cirgues-de-Malbert (St.), 4	Aurillac	Cantal
Cirgues-de-Prades (St.-), 3	Argentière	Ardèche
Cirgues-en-Montagne (St.-), $9\frac{1}{4}$	Argentière	Ardèche
Cirtce, $5\frac{3}{4}$	Moissac	Tarn et Gar.
Cirières, 3	Bressuire	2 Sèvres
Ciron, 4	Le Blanc	Indre
Cirq (St.-), 5	Sarlat	Dordogne
Cirq (St.-), 6	Cahors	Lot
Cirq (St.-), 7	Montauban	Tarn et Gar.
Cirq-Belarbre (St.-) *Souillaguet*, 2	Gourdon	Lot
Cirq-la-Raffinie (St.-), $12\frac{1}{2}$	Rodez	Aveiron
Cirque-Magdelon (St.-) *Milhac*, 2	Gourdon	Lot
Ciry, $5\frac{1}{2}$	Charolles	Saône-et-L.
Ciry-Salsogne, 3	Soissons	Aisne
Cisai-St.-Aubin, $7\frac{1}{4}$	Argentan	Orne
Cisay-la-Magdelaine, 3	Saumur	Maine-et-L.
Cise, 5	Poligny	Jura
Cisery-les-Grands-Ormes, $3\frac{1}{2}$	Avallon	Yonne
Cissac, 3	Lesparre	Gironde
Cissé, $2\frac{1}{2}$	Poitiers	Vienne
Cissey (*Merceuil*), 3	Beaune	Côte-d'Or
Cissey, $2\frac{1}{4}$	Evreux	Eure
Cisterne, 7	Riom	Puy-de-Dô.
Citerne, $4\frac{1}{4}$	Abbeville	Somme
Citers, $2\frac{1}{2}$	Eure	H.-Saône
Cistrières, 6	Brioude	H.-Loire
Cité (la) (*Périgueux*), $\frac{1}{8}$	Périgueux	Dordogne
Citey, $4\frac{1}{4}$	Gray	H.-Saône
Citou, $3\frac{1}{2}$	Carcassonne	Aude
Citroine (St.-), $1\frac{1}{4}$	Loudun	Vienne
Citry, $6\frac{1}{2}$	Meaux	Seine-et-M.
Civaux, 4	Montmorillon	Vienne.
Civières, 4	Les Andelys	Eure
Civins, $4\frac{1}{2}$	Montbrisson	Loire
Civrac, $1\frac{1}{2}$	Lesparre	Gironde
Civrac, $5\frac{1}{2}$	Libourne	Gironde
Civrac-de-St.-Seurin, $6\frac{1}{4}$	Blaye	Gironde
Civrai, 8	Loches	Indre-et-L.
Civran (St.-), 10	Le Blanc	Indre
Civray, $4\frac{1}{2}$	Bourges	Cher
Civray, $7\frac{1}{2}$	Tours	Indre-et-L.
CIVRAY *,	ch.-l. d'ar., 100	Vienne
Civray-lès-Essards, $4\frac{1}{2}$	Poitiers	Vienne
Civria, $10\frac{1}{4}$	Lons-le-Saulnier	Jura
Civrieux, 3	Trévoux	Ain
Civrieux-d'Azergues, 3	Lyon	Rhône
Civry, 4	Châtillon	Eure-et-L.
Civry, $4\frac{1}{2}$	Avallon	Yonne
Civry-en-Montagne 7	Beaune	Côte-d'Or
Civry-la-Fôret, $4\frac{1}{2}$	Mantes	Seine-et-O.
Cizancourt, $2\frac{1}{2}$	Péronne	Somme
Cize, $5\frac{1}{2}$	Bourg	Ain
Cizely, 9	Nevers	Nièvre
Cizos, 11	Bagnères	H.-Pyrén.
Cizy (St.-), $8\frac{1}{4}$	Muret	H.-Garonne
Clachalose (*Gomme-court*, 5	Mantes	Seine-et-O.
Clacy, 1	Laon	Aisne
Cladech, 5	Sarlat	Dordogne
Clair (St.-), $12\frac{1}{2}$	Tournon	Ardèche
Clair (St.-), $\frac{3}{4}$	La Tour-du-Pin	Isère
Clair (St.-), $3\frac{1}{4}$	Vienne	Isère
Clair (St.-), $2\frac{1}{4}$	Gourdon	Lot

Communes.	Arrondissem.	Départem.
Clair (St.-), 7	Agen	Lot-et-Gar.
Clair (St.-), $2\frac{1}{4}$	St.-Lô	Manche
Clair (St.-), $5\frac{1}{2}$	Le Hâvre	Seine-Inf.
Clair (St.-), $5\frac{1}{4}$	Moissac	Tarn et Gar.
Clair (St.-), $3\frac{1}{4}$	Loudun	Vienne
Clair-d'Arcey (St.-), $1\frac{1}{4}$	Bernay	Eure
Clair-de-Basseneville (St.-), $6\frac{1}{2}$	Pont-l'Evêque	Calvados
Clair-de-Halouze (St.-), 3	Domfront	Orne
Clair-sur-Ept (St.-), $6\frac{1}{4}$	Mantes	Seine-et-O.
Clair-sur-Galaure (St.-), 6	St.-Marcellin	Isère
Clair-sur-les-Monts (St.-), 1	Yvetot	Seine-Inf.
Claira, $2\frac{1}{2}$	Perpignan	Pyrén.-Or.
Clairac *, $5\frac{1}{2}$	Marmande	Lot-et-Gar.
Clairan (*Cannes*), $12\frac{3}{4}$	Le Vigan	Gard
Clairavaud, 5	Aubusson	Creuse
Clairefontaine (*Polaincourt*), $7\frac{1}{2}$	Vesoul	H.-Saône
Clairefontaine, $2\frac{1}{2}$	Rambouillet	Seine-et-O.
Clairefougère, 6	Domfront	Orne
Clairegoutte, 3	Lure	H.-Saône
Clairet (*Hennezet*), 10	Mirecourt	Vosges
Clairey-sur-Madon, $5\frac{1}{4}$	Nancy	Meurthe
Clairefontaine, $5\frac{1}{4}$	Vervins	Aisne
Clairfontaine (*Hennezet*), 10	Mirecourt	Vosges
Clairizet, 3	Rheims	Marne
Clairmarais, $1\frac{1}{4}$	St.-Omer	Pas-de-Cal.
Clairoix, $\frac{3}{4}$	Compiègne	Oise
Clairvaux, $4\frac{1}{2}$	Rodez	Aveiron
Clairvaux, 5	Lons-le-Saulnier	Jura
Clairy-Saulchoix, $2\frac{1}{2}$	Amiens	Somme
Clais, $1\frac{3}{4}$	Neufchâtel	Seine-Inf.
Claivaux (*Ville-sous-la-Ferté*) *, $3\frac{1}{2}$	Bar-sur-Aube	Aube
Claix, $3\frac{1}{4}$	Angoulême	Charente
Claix, $2\frac{1}{2}$	Grenoble	Isère
Clam, $1\frac{1}{2}$	Jonzac	Char.-Inf.
Chamanges, $6\frac{1}{4}$	Epernay	Marne
Clamart, 1	Sceaux	Seine
Clamecy, 1	Soissons	Aisne
CLAMECY *,	ch.-l. d'ar., 52	Nièvre
Clamens (St.-), $1\frac{1}{4}$	Mirande	Gers
Clamensanne, $4\frac{1}{2}$	Sisteron	B.-Alpes
Clamerey, 4	Semur	Côte-d'Or
Clanlieu, $4\frac{1}{4}$	Vervins	Aisne
Clans, $3\frac{3}{4}$	Vesoul	H.-Saône
Clansayes, $5\frac{1}{2}$	Montélimart	Drôme
Claon (le), 7	Verdun	Meuse
Clapier (le), $8\frac{1}{2}$	St.-Affrique	Aveiron
Clapiers, $1\frac{1}{4}$	Montpellier	Hérault
Clappier (le) (*Montaud*) $\frac{1}{4}$	St.-Etienne	Loire
Clar (St.-), $2\frac{1}{2}$	Muret	H.-Garonne
Clar (St.-) *, $4\frac{3}{4}$	Lectoure	Gers
Clara, $1\frac{1}{4}$	Prades	Pyrén.-Or.
Clarac, $1\frac{3}{4}$	St.-Gaudens	H.-Garonne
Clarac, 3	Auch	Gers
Clarac, 5	Tarbes	H.-Pyrén.
Clarac près Nay, $4\frac{1}{4}$	Pau	B.-Pyrén.
Clarac près Thèse, $6\frac{1}{4}$	Pau	B.-Pyrén.
Clarbec, $1\frac{1}{4}$	Pont-l'Evêque	Calvados

Communes.	Arrondissem.	Départem.
Clarens, $14\frac{1}{4}$	Condom	Gers
Clarens, 4	Mirande	Gers
Clarens, $7\frac{1}{2}$	Bagnères	H.-Pyrén.
Clarensac, $3\frac{1}{2}$	Nismes	Gard
Claret, 5	Sisteron	B.-Alpes.
Claret, 6	Montpellier	Hérault
Clarques, 3	St.-Omer	Pas-de-Cal.
Clary, 5	Cambrai	Nord
Classun, 4	St.-Sever	Landes
Clastre (la), $3\frac{1}{2}$	Villefranche	H.-Garonne
Clasville, $5\frac{1}{4}$	Yvetot	Seine-Inf.
Clat (le), $16\frac{3}{4}$	Limoux	Aude
Clâtres, $4\frac{1}{4}$	St.-Quentin	Aisne
Claud (St.-) *, $5\frac{1}{2}$	Confolens	Charente
Claude (St.-) (*Plougastel*), 4	Brest	Finistère
CLAUDE (ST.-) *,	ch.-l.d'ar., 117	Jura
Claude (St.-), 2	Blois	Loir-et-Ch.
Claude (St.-) (*Brévainville*), $5\frac{1}{2}$	Vendôme	Loir-et-Ch.
Claude-Rue (la) (*Montmort*), $3\frac{3}{4}$	Epernay	Marne
Claudon, $9\frac{3}{4}$	Mirecourt	Vosges
Claunay, $1\frac{3}{4}$	Loudun	Vienne
Claunhac, $4\frac{1}{2}$	Villefranche	Aveiron
Clause-Vignes, $4\frac{3}{4}$	Rodez	Aveiron
Clauselle, $4\frac{1}{2}$	Rodez	Aveiron
Clausonne, $9\frac{1}{2}$	Gap	H.-Alpes
Clauzels (les), 5	Cahors	Lot
Clavans, $12\frac{1}{4}$	Grenoble	Isère
Clavé, $4\frac{1}{2}$	Parthenay	2 Sèvres
Claveisolles, 6	Villefranche	Rhône
Clavel (*Caniac*), 12	Gourdon	Lot
Claverie (la), $5\frac{1}{4}$	Condom	Gers
Clavette, $2\frac{1}{2}$	La Rochelle	Char. Inf.
Claveyson, $9\frac{3}{4}$	Valence	Drôme
Clavières, $4\frac{1}{4}$	St.-Flour	Cantal
Claviers, $3\frac{1}{4}$	Draguignan	Var
Claville, $2\frac{1}{2}$	Evreux	Eure
Claville-Motteville, $5\frac{1}{2}$	Rouen	Seine-Inf.
Clavy, $3\frac{1}{2}$	Mézières	Ardennes
Clay, $2\frac{1}{2}$	Montfort	Ille-et-Vil.
Claye *, 4	Meaux	Seine-et-M.
Clay (la), $9\frac{1}{4}$	Fontenay-le-Comte	Vendée
Clayes (les), $2\frac{1}{2}$	Versailles	Seine-et-O.
Clayette (la) *, $4\frac{1}{2}$	Charolles	Saône-et-L.
Clayeures, $4\frac{1}{4}$	Lunéville	Meurthe
Clazais, 2	Bressuire	2 Sèvres
Clébourg, 6	Haguenau	Bas-Rhin
Clecy, $6\frac{1}{4}$	Falaise	Calvados
Cleden-Cap-Sizun, $11\frac{1}{2}$	Quimper	Finistère
Cleden-Poher, $10\frac{1}{4}$	Châteaulin	Finistère
Cléder, 6	Morlaix	Finistère
Cledes, $7\frac{1}{4}$	St.-Sever	Landes
Clefcy, 4	St.-Dié	Vosges
Clefmont, 8	Chaumont	H.-Marne
Clefs, $2\frac{1}{2}$	Baugé	Maine-et-L.
Cléguer, $3\frac{1}{2}$	Lorient	Morbihan
Cléguérec, $2\frac{1}{4}$	Pontivy	Morbihan
Clelles, $10\frac{1}{2}$	Grenoble	Isère
Clemence-d'Embel, $11\frac{1}{2}$	Gap	H.-Alpes
Clemencey, $3\frac{1}{4}$	Dijon	Côte-d'Or
Clemency (*Mathon*), 5	Sedan	Ardennes

Communes.	Arrondissem.	Départem.	Communes.	Arrondissem.	Départem.
Clemensat, 2	Issoire	Puy-de-Dô.	Clermont, 5 $\frac{1}{2}$	Lombez	Gers
Clément (St.-), 5	Vervins	Aisne	Clermont *, 4 $\frac{1}{2}$	Lodève	Hérault
Clément (St.-), 6	La Palisse	Allier	Clermont, 3 $\frac{1}{4}$	Dax	Landes
Clément (St.-), 3 $\frac{1}{4}$	Embrun	H.-Alpes	Clermont *, 6 $\frac{1}{2}$	Verdun	Meuse
Clément (St.-), 14	Tournon	Ardèche	CLERMONT *,	ch.-l. d'ar., 20	Oise
Clément (St.-), 5 $\frac{1}{2}$	Vouziers	Ardennes	Clermont, 1	La Flèche	Sarthe
Clément (St.-), 7 $\frac{1}{4}$	Bayeux	Calvados	Clermont, 2	Grasse	Var
Clément (St.-), 5	Aurillac	Cantal	Clermont-d'Excideuil, 9 $\frac{1}{4}$	Périgueux	Dordogne
Clément (St.-), 2 $\frac{1}{4}$	Rochefort	Char.-Inf.	Clermont-de-Beauregard, 4 $\frac{1}{2}$	Bergerac	Dordogne
Clément (St.-), 3 $\frac{1}{4}$	Tulle	Corrèze	
Clément (St.-), 5 $\frac{1}{2}$	Nontron	Dordogne	Clermont-Derrière, 3	Mirande	Gers
Clément (St.-), 8 $\frac{1}{2}$	Nismes	Gard	Clermont-Dessons, 4	Agen	Lot-et-Gar.
Clément (St.-), 1 $\frac{1}{4}$	Montpellier	Hérault	Clermont-Dessus, 5	Agen	Lot-et-Gar.
Clément (St.-), 7 $\frac{1}{4}$	Le Puy	H.-Loire	CLERMONT-FERRAND *,	ch.-l de dép., 98	Puy-de-Dô.
Clément (St.) (*Cezac*), 4	Cahors	Lot	Clermont-Propre, 3 $\frac{1}{4}$	Mirande	Gers
Clément (St.-), 1 $\frac{1}{4}$	Mortain	Manche	Clermont-sur-Lauquet, 6 $\frac{1}{4}$	Limoux	Aude
Clément (St.-) (*Craon*), 4	Château-Gontier	Mayenne	Cléron, 5 $\frac{1}{4}$	Besançon	Doubs
Clément (St.-), 3	Lunéville	Meurthe	Clerques, 4 $\frac{1}{4}$	St.-Omer	Pas-de-Cal.
Clément (St.-), 7	Senlis	Oise	Clerval, 3	Baume	Doubs
Clément (St.-), 3 $\frac{1}{2}$	Ambert	Puy-de-Dô.	Clervaux, 2 $\frac{1}{2}$	Châtellerault	Vienne
Clément (St.-), 5	Villefranche	Rhône	Cléry, 7 $\frac{1}{2}$	Dijon	Côte-d'Or
Clément (St.-), 7 $\frac{1}{2}$	Châlons	Saône-et-L.	Cléry, 3 $\frac{1}{4}$	Orléans	Loiret
Clément (St.-), 7	Sens	Yonne	Cléry (Grand-), 5	Montmédy	Meuse
Clément-de-la-Place (St.-), 4	Angers	Maine-et-L.	Cléry (Petit-), 4 $\frac{1}{4}$	Montmédy	Meuse
Clément-de-Regnat (St-) 4	Riom	Puy-de-Dô.	Cléry, 4	Pontoise	Seine-et-O.
Clément-des-Levés (St.-) 4	Saumur	Maine-et-L.	Cléry, 1	Péronne	Somme
Clément-le-Mâcon (St.-) $\frac{1}{2}$	Mâcon	Saône-et-L.	Clesles, 14 $\frac{1}{2}$	Epernay	Marne
Clément-lès-Places (St.-) 6 $\frac{1}{4}$	Lyon	Rhône	Clessé, 4	Mâcon	Saône-et-L.
			Clessé, 3 $\frac{1}{4}$	Parthenay	2 Sèvres
Clémenterie (la) (*Villeînes*), 4	Versailles	Seine-et-O.	Clessy, 5	Charolles	Saône-et-L.
Clémentin (St.-), 3	Bressuire	2 Sèvres	Clet (St.-), 3	Guingamp	Côtes-du-N.
Clémentin (St.-), $\frac{1}{2}$	Civray	Vienne	Clety, 3 $\frac{1}{2}$	St.-Omer	Pas-de-Cal.
Clémery, 6	Nancy	Meurthe	Cleurie, 3	Remiremont	Vosges
Clémont, 12 $\frac{1}{2}$	Sancerre	Cher	Cleuville, 3 $\frac{1}{2}$	Yvetot	Seine-Inf.
Clenay, 2	Dijon	Côte-d'Or	Cleville, 6 $\frac{1}{2}$	Pont-l'Evêque	Calvados
Clenleux, 2	Montreuil	Pas-de-Cal.	Cleville, 2 $\frac{1}{2}$	Yvetot	Seine-Inf.
Cléon, 4 $\frac{1}{2}$	Rouen	Seine-Inf.	Clévilliers, 4	Chartres	Eure-et-L.
Cleondandran, 3 $\frac{1}{4}$	Montélimart	Drôme	Cley, 4 $\frac{1}{2}$	Mirecourt	Vosges
Cleppé, 4	Montbrison	Loire	Cleyrac, 4 $\frac{1}{4}$	La Réole	Gironde
Clerac, 8	Jonzac	Char.-Inf.	Cleyzieu, 9	Belley	Ain
Clerai, 7	Alençon	Orne	Clézentaine, 9 $\frac{1}{2}$	Epinal	Vosges
Clercy (*Guigneville*), 3 $\frac{1}{4}$	Etampes	Seine-et-O.	Clichy, 8 $\frac{1}{2}$	Pontoise	Seine-et-O.
Cléré, 9	Chinon	Indre-et-L.	Clichy-la-Garenne, 1 $\frac{1}{2}$	St.-Denis	Seine
Cléré, 7	Saumur	Maine-et-L.	Clignancourt (Montmartre), 1 $\frac{1}{2}$	St.-Denis	Seine
Cléré-Dubois, 10 $\frac{1}{2}$	Le Blanc	Indre	Climbach, 7	Hagnenau	Bas-Rhin
Clères, 5	Rouen	Seine-Inf.	Clinchamp, 7 $\frac{1}{2}$	Chaumont	H.-Marne
Clerey, 3 $\frac{1}{4}$	Troyes	Aube	Clinchamps, 2 $\frac{1}{4}$	Caen	Calvados
Clerey-la-Côte, 4	Neufchâteau	Vosges	Clinchamps, 2	Vire	Calvados
Clerfayt, 3	Avesnes	Nord	Clion, 1 $\frac{1}{2}$	Jonzac	Char.-Inf.
Clergoux, 4 $\frac{1}{2}$	Tulle	Corrèze	Clion, 9 $\frac{1}{2}$	Châteauroux	Indre
Clérieux, 5 $\frac{1}{2}$	Valence	Drôme	Clion (le), 5	Paimbœuf	Loire-Inf.
Clerjus (le), 6	Epinal	Vosges	Cliponville, 3	Yvetot	Seine-Inf.
Clermain, 5	Mâcon	Saône-et-L.	Ciron, 4 $\frac{1}{2}$	Mézières	Ardennes
Clermont, 7 $\frac{1}{4}$	Laon	Aisne	Clisse (la), 2 $\frac{1}{4}$	Saintes	Char.-Inf.
Clermont, 3	St.-Girons	Ariège	Clisson *, 6	Nantes	Loire-Inf.
Clermont, 4 $\frac{1}{4}$	Pont-l'Evêque	Calvados	Clitourps, 4 $\frac{1}{2}$	Cherbourg	Manche
Clermont, 3	Toulouse	H.-Garonne	Clohars, 3 $\frac{1}{4}$	Quimper	Finistère
			Clohars, 2	Quimperlé	Finistère
			Cloître (le), 3 $\frac{1}{2}$	Châteaulin	Finistère
			Cloître (le), 3	Morlaix	Finistère
			Clomot, 9	Beaune	Côte-d'Or

Communes.	Arrondissem.	Départem.	Communes.	Arrondissem.	Départem.
Clonas, 3 1/2	Vienne	Isère	Cogna, 5 1/4	Lons-le-Saulnier	Jura
Clos (le) (*Charleville*), 7 1/2	Epernay	Marne	COGNAC *,	ch.-l. d'ar., 122	Charente
Clos-Fontaine, 8 1/4	Melun	Seine-et-M.	Cognac (*Peyrignac*), 2	Gourdon	Lot
Clotte (la), 11	Jonzac	Char.-Inf.	Cognac, 3 1/4	Rochechouart	H.-Vienne
Clotte, 8 1/4	Bergerac	Dordogne	Cognat, 2	Gannat	Allier
Clouange (*Vitry*), 2 1/4	Thionville	Moselle	Cognehors, 1/4	La Rochelle	Char.-Inf.
Clouay, 3	St.-Lô	Manche	Cogners, 2 1/4	St.-Calais	Sarthe
Cloud (St.-), 1	Pont-l'Evêque	Calvados	Cognet, 11 1/2	Grenoble	Isère
Cloud (St.-), 3	Châteaudun	Eure-et-L.	Cognières, 6 3/4	Vesoul	H.-Saône
Cloud (St.-), 2	Versailles	Seine-et-O	Cognin, 3	St.-Marcellin	Isère
Cloué, 9	Châteauroux	Indre	Cogny, 5	St.-Amand	Cher
Cloué, 6 1/2	Poitiers	Vienne	Cogny, 2	Villefranche	Rhône
Clonlas, ou Clolas (*Beaulieu*), 4 1/2	Angoulême	Charente	Cogolin, 11 1/2	Draguignan	Var
			Cogrières, 2 1/4	St.-Claude	Jura
Clouzeaux (les), 2	Bourbon-Vendée	Vendée	Cogron, 5	St.-Claude	Jura
			Cognlot, 6 1/2	Bergerac	Dordogne
Cloyes *, 3 1/2	Châteaudun	Eure-et-L.	Cohan, 5 1/4	Château-Thierry	Aisne
Cloyes-sur-Marne, 1 1/2	Vitry-le-François	Marne	Cohartille, 3 1/2	Laon.	Aisne
Clucy, 5 1/2	Poligny	Jura	Cohem, 3	St.-Omer	Pas-de-Cal.
Clugnac, 2 1/2	Boussac	Creuse	Cohiniac, 4 3/4	St.-Brieuc	Côtes-du-N.
Cluis-Dessous, 5	La Châtre	Indre	Cohons, 2 1/4	Langres	H.-Marne
Cluis-Dessus, 5	La Châtre	Indre	Cobulet, 2	Espalion	Aveiron
Clumane, 7	Digne	B.-Alpes	Coiffy-le-Bas, 7	Langres	H.-Marne
Cluny *, 5	Mâcon	Saône-et-L.	Coiffy-le-Haut, 7 1/4	Langres	H.-Marne
Cluse (la) (*Montréal et Nantua*), 1/4	Nantua	Ain	Coignac, 2 1/4	Auch	Gers
			Coigneux, 5	Doullens	Somme
Cluse (la), 7 1/2	Gap	H.-Alpes	Coignières, 3 3/4	Rambouillet	Seine-et-O.
Cluse (la), 1	Pontarlier	Doubs	Coiguy, 8 1/4	Coutances	Manche
Clussais, 3 1/2	Melle	2 Sèvres	Coimères, 2	Bazas	Gironde
Clux, 8 1/2	Châlons	Saône-et L.	Coin (le) (*St.-Martin-en-Coailleux*), 2 1/4	St.-Etienne	Loire
Cluze (la), 7 1/4	Grenoble	Isère			
Coadout, 1	Guimgamp	Côtes-du-N	Coin-lès-Cuvry (*Cuvry*), 2	Metz	Moselle
Coarraze, 4 1/2	Pau	B.-Pyrén.			
Coatascorn, 4	Lannion	Côtes-du-N	Coin-Rond (le) (*Olivet*) 1 1/4	Orléans	Loiret
Coat-Méal, 3	Brest	Finistère			
Coatréven, 2 1/4	Lannion	Côtes-du N.	Coin-sur-Seille, 2 1/4	Metz	Moselle
Cobrieux, 3 1/2	Lille	Nord	Coinces, 4 1/2	Orléans	Loiret
Cochère (la), 4 1/2	Argentan	Orne	Coinches, 1 1/4	St.-Dié	Vosges
Cocherelle, 4 1/4	Meaux	Seine-et-M.	Coincourt, 4	Château-Salins	Meurthe
Cocheren, 5	Sarreguemines	Moselle	Coincy, 2 1/4	Château-Thierry	Aisne
Cochets (*Lardy*), 2 1/4	Etampes	Seine-et-O.			
Coclois, 4	Arcis-sur-Aube	Aube	Coincy, 1 1/2	Metz	Moselle
Cocquainvilliers, 2 1/2	Pont-l'Evêque	Calvados	Coings, 2	Châteauroux	Indre
Cocquerelle, 3 1/4	Abbeville	Somme	Coingt, 4	Vervins	Aisne
Cocumont, 4	Marmande	Lot-et-Gar.	Cointicourt, 3 1/4	Château-Thierry	Aisne
Cocural, 9	Espalion	Aveiron			
Cocurès, 1	Florac	Lozère	Coirac, 7	La Réole	Gironde
Codeval, 6 1/2	Limoux	Aude	Coise (St-Etienne-de), 7	Lyon	Rhône
Codognan, 4 1/4	Nismes	Gard	Coiserette, 2 1/2	St.-Claude	Jura
Codolet, 8	Uzès	Gard	Coisevaux, 13 1/2	Lure	H.-Saône
Côdolet, 1/2	Prades	Pyrén.-Or.	Coisia, 12 1/2	Lons-le-Saulnier	Jura
Coëmy (*Faverolles*), 4 1/2	Rheims	Marne			
Coësmes, 11 1/2	Vitré	Ille-et-Vil.	Coisy, 2	Amiens	Somme
Coëtmieux, 4	St.-Brieuc	Côtes-du N.	Coivert, 3 1/2	St Jean-d'Angely	Char.-Inf.
Cœur-Volant (*Louveciennes*), 1 1/2	Versailles	Seine-et-O.			
			Coiviller, 3 1/4	Nancy	Meurthe
Cœuvres, 3 1/4	Soissons	Aisne	Coivrel, 5	Clermont	Oise
Coëx, 6 1/2	Les Sables	Vendée	Coizart, 6 1/2	Epernay	Marne
Coges, 4	Lons-le-Saulnier	Jura	Colagnies-le-Bas, 6 1/2	Beauvais	Oise
			Colans, 7 1/4	Besançon	Doubs
Cogles, 4	Fougères	Ille-et-Vil.	Coleignes, 7	Agen	Lot-et-Gar.
			Colembert, 4 1/4	Boulogne	Pas-de-Cal.

Communes.	Arrondissem.	Départem.	Communes.	Arrondissem.	Départem.
Coligny *, 4 ½	Bourg	Ain	Colombe (Ste.-), 2 ¼	St.-Sever	Landes
Colique (la) (Viel-Montier), 5 ½	Boulogne	Pas-de-Cal.	Colombe (Ste.-), 6 ¼	Roanne	Loire
			Colombe (la), 9 ¼	Blois	Loir-et-Ch.
Collan, 2	Tonnerre	Yonne	Colombe (Ste.-), 3 ¼	Figeac	Lot
Collancelle (la), 11 ¼	Clamecy	Nièvre	Colombe (Ste.-), 2 ¼	Agen	Lot-et-Gar.
Collandres, 7 ½	Mauriac	Cantal	Colombe (Ste.-), 10 ¼	Mende	Lozère
Collandres, 5 ¼	Evreux	Eure	Colombe (la), 7 ¼	St.-Lô	Manche
Collanges, 3	Issoire	Puy-de-Dô.	Colombe (Ste.-), 2 ¼	Valognes	Manche
Collat, 5 ¼	Brioude	H.-Loire	Colombe (Ste.-), 4 ¼	Cosne	Nièvre
Colle (la), 5	Grasse	Var	Colombe (Ste.-), 4	Perpignan	Pyrén.-Or.
Colle-St.-Michel, 8	Castellanne	B.-Alpes	Colombe, 1 ¼	Vesoul	H.-Saône
Collégien, 5 ¼	Meaux	Seine-et-M.	Colombe (Ste.-), ½	La Flèche	Sarthe
Collemiers, 1 ¼	Sens	Yonne	Colombe (Ste.-), 1 ¼	Provins	Seine-et-M.
Colleret, 4 ¼	Avesnes	Nord	Colombe (Ste.-), 4 ¼	Yvetot	Seine-Inf.
Collet (le) (Moutiers), 8	Paimbœuf	Loire-Inf.	Colombe (Ste.-), 2 ¼	Avallon	Yonne
Collet-de-Dèze (le), 8 ¾	Florac	Lozère	Colombe-de-Duras (S 8	Marmande	Lot-et-Gar.
Colletrie (la) (Passy-Grigny), 7 ¼	Rheims	Marne	Colombe-Depeyre (Ste), 5	Marvejols	Lozère
Colleville, 3 ½	Bayeux	Calvados	Colombe-de-Villeneuve (Ste.-), 1 ¼	Villeneuve-d'Agen	Lot-et-Gar.
Colleville, 3	Caen	Calvados	Colombe-la-Petite (Se-), 8	Alençon	Orne
Colleville, 6 ½	Yvetot	Seine-Inf.	Colombe-lès-Bithaine, 4	Lure	H.-Saône
Collias, 2 ½	Uzès	Gard	Colombe-lès-Vienne (Se), 5 ½	Lyon	Rhône
Colligis, 2 ½	Laon	Aisne			
Colligny, 5 ½	Epernay	Marne	Colombe-près-Vernon (Ste.-), 5 ½	Evreux	Eure
Colligny, 2 ½	Metz	Moselle			
Collinée, 6 ½	Loudéac	Côtes-du-N.	Colombe-sur-Lers (Ste), 8 ½	Limoux	Aude
Collines, 4	Montreuil	Pas-de-Cal.	Colombe-sur-Loing (Ste), 9	Auxerre	Yonne
Collioure *, 9 ½	Ceret	Pyrén.-Or.			
Collobrières, 11 ¼	Toulon	Var	Colombe-sur-Quette (Ste.-), 18 ¼	Limoux	Aude
Collombé-la-Fosse, 1 ½	Bar-sur-Aube	Aube			
Collombé-le-Sec, 1 ½	Bar-sur-Aube	Aube	Colombe-Suvrile (Ste.-), 8 ¾	Argentan	Orne
Collonge (la), 2 ¼	Belfort	Haut-Rhin			
Collonges *, 7	Gex	Ain	Colombelles), 1 ¼	Caen	Calvados
Collonges, 4 ¼	Brives	Corrèze	Colombes, 2 ¼	St.-Denis	Seine
Collonges-lès-Bévy, 4 ¼	Dijon	Côte-d'Or	Colombets (Orgeval), 4	Versailles	Seine-et-O.
Collonges-les-Presnieres, 4 ½	Dijon	Côte-d'Or	Colombey *, 4	Toul	Meurthe
Collongues, 2	Tarbes	H.-Pyrén.	Colombey (Coincy), 1 ¼	Metz	Moselle
Collongues, 12 ½	Grasse	Var	Colombey lès Choiseul, 11	Chaumont	H.-Marne
Collongues-au-Simiane, 3	Aix	B. du Rhône	Colombey-les-deux-Eglises, 6 ¼	Chaumont	H.-Marne
Collorec, 7 ¼	Châteaulin	Finistère			
Collorgues, 2 ½	Uzès	Gard	Colombier, 4	Montluçon	Allier
COLMAR *	ch.-l.dedép.123	Haut-Rhin	Colombier, ¼	St.-Amand	Cher
Colmart, 5 ½	Rouen	Seine-Inf.	Colombier, 3	Beaune	Côte-d'Or
Colmen, 8	Thionville	Moselle	Colombier, 7	Vienne	Isère
Colmery, 4	Cosne	Nièvre	Colombier, 5	St.-Etienne	Loire
Colmesnil ou Manneville, 2	Dieppe	Seine-Inf.	Colombier, 1 ½	Vesoul	H.-Saône
Colmey, 7 ¼	Bricy	Moselle	Colombier, 7 ¼	Châlons	Saône-et-L.
Colmier-le-Bas, 7 ½	Langres	H.-Marne	Colombier, 3	Châtellerault	Vienne
Colmier-le-Haut, 7 ½	Langres	H.-Marne	Colombier, 5 ¼	Poitiers	Vienne
Cologuac, 5 ¼	Le Vigan	Gard	Colombier-Châtelot, 6	Baume	Doubs
Cologne, 8	Lombez	Gers	Colombier-en-Brionnois, 3 ¼	Charolles	Saône-et-L.
Colomb (St.-), 8	Marmande	Lot-et-Gar.			
Colombe (Ste.-), 13 ¼	Gap	H.-Alpes	Colombier-Fontaine, 3 ½	Montbéliard	Doubs
Colombe (Ste.-), 7	Ruffec	Charente	Colombier-le-Cardinal, 10 ½	Tournon	Ardèche
Colombe (Ste.-), 4 ¼	Jonzac	Char.-Inf.			
Colombe (Ste.-), 4 ¼	Châtillon	Côte-d'Or	Colombier-le-Jeune, 7	Tournon	Ardèche
Colombe (Ste.-), 2 ¼	Semur	Côte-d'Or	Colombier-le-Vieux, 7	Tournon	Ardèche
Colombe (Ste.-), 1 ¼	Pontarlier	Doubs	Colombières, 6 ¼	Bayeux	Calvados
Colombe (Ste.-), 5	Evreux	Eure	Colombières, 8	St.-Pons	Herault
Colombe)Ste.-), 4 ¼	Libourne	Gironde	Colombiers, 3 ½	Saintes	Char.-Inf.
Colombe (Ste.-), 11 ½	Vitré	Ille-et-Vil.	Colombiers, 2 ¼	Bergerac	Dordogne
Colombe, 7	La-Tour-du-Pin	Isère	Colombiers, 2	Béziers	Hérault

Communes.	Arrondissem.	Départem.
Colombiers (*Baillargues*), 2 ½	Montpellier	Hérault
Colombiers, 5	Mayenne	Mayenne
Colombiers, 1 ½	Alençon	Orne
Colombiers-sur-Seulles, 3 ½	Bayeux	Calvados
Colombiès, 7 ½	Rodez	Aveiron
Colombin (St.-), 5 ½	Nantes	Loire-Inf.
Colombotte, 3 ½	Vesoul	H.-Saône
Colomby, 3	Caen	Calvados
Colomby, 1 ¼	Valognes	Manche
Colomiers, 2 ½	Toulouse	H.-Garonne
Colomieu, 1 ¼	Belley	Ain
Colomme (St.-), 5 ¼	Oléron	B.-Pyrén.
Colonard, 3	Mortagne	Orne
Colondannes, 6	Guéret	Creuse
Colondon, 5	Lons-le-Saulnier	Jura
Colonfay, 4 ½	Vervins	Aisne
Colonges (*Marcilly-lès-Mont-St.-Jean*), 11	Beaune	Côte-d'Or
Colonges, 1 ½	Lyon	Rhône
Colonges-en-Charollois, 9	Charolles	Saône-et-L.
Colonges-la-Madeleine, 5	Autun	Saône-et-L.
Colonne, 3	Poligny	Jura
Colonzèle, 6	Montélimart	Drôme
Colpo (*Bignan*), 12	Ploërmel	Morbihan
Colroy-la-Grande, 3	St-Dié	Vosges
Colroy-la-Roche, 6 ½	St.-Dié	Vosges
Coltainville, 2	Chartres	Eure-et-L.
Coltines, 3	Murat	Cantal
Coly, 8	Sarlat	Dordogne
Colzy (*Berlancourt*), 9	Compiègne	Oise
Comagny (*Moulins-en-Gilbert*), 4 ½	Château-Chinon	Nièvre
Combaillaux, 2 ½	Montpellier	Hérault
Combas, 5 ¼	Nismes	Gard
Combault, 6 ½	Melun	Seine-et-M.
Combe-de-Lancey (la), 4 ½	Grenoble	Isère
Combe-des-Bois, 13	Montbéliard	Doubs
Combeaufontaine *, 6	Vesoul	H.-Saône
Combebonnet, 7	Agen	Lot-et-Gar.
Combefa, 4 ½	Albi	Tarn
Combelles, 1 ¼	Rodez	Aveiron
Combéranche, 1 ½	Riberac	Dordogne
Comberjon (*Colombier*) 1	Vesoul	H.-Saône.
Comberouger, 4 ½	Castel-Sarrasin	Tarn et Gar.
Combertault, 2	Beaune	Côte-d'Or
Combes (les), 7 ¼	Pontarlier	Doubs
Combes-Terre-Foraine-du-Poujol, 8	Béziers	Hérault
Combiers, 6 ¼	Angoulême	Charente
Comblanchien, 2 ½	Beaune	Côte-d'Or
Comblaville, 4	Melun	Seine-et-M.
Comblaye, 7	Poitiers	Vienne
Comble, 1	Bar-le-Duc	Meuse
Combles, 3	Péronne	Somme
Comblessac, 6	Redon	Ille-et-Vil.
Combleux, 1 ½	Orléans	Loiret
Comblizy, 4 ¼	Epernay	Marne
Comblot, 1 ½	Mortagne	Orne
Combon, 5 ¼	Bernay	Eure
Combourg *, 11	St.-Mâlo	Ille-et-Vil.
Combourg-Tillé, 2 ¼	Fougères	Ille-et-Vil.
Combovin, 3 ½	Valence	Drôme
Combrailles, 4	Boussac	Creuse
Combrailles, 7	Riom	Puy-de-Dô.
Combrand, 4 ½	Bressuire	2 Sèvres
Combray, 6	Falaise	Calvados
Combre, 3 ½	Roanne	Loire
Combrée, 3	Segré	Maine-et-L.
Combres, 4 ¼	Nogent-le-Rotrou	Eure-et-L.
Combres, 6	Verdun	Meuse
Combret, 6 ¼	Rodez	Aveiron
Combret, 6	St.-Affrique	Aveiron
Combret, 9 ¼	Mende	Lozère
Combret, 5	Limoges	H.-Vienne
Combreux, 7 ¼	Orléans	Loiret
Combrit, 4 ½	Quimper	Finistère
Combronde, 2	Riom	Puy de-Dô.
Combrossols, 2 ½	Ussel	Corrèze
Combrouze, 8 ½	Rodez	Aveiron
Côme (St.-), 1 ½	Espalion	Aveiron
Côme (St.-), 3 ¼	Bazas	Gironde
Côme (St.-), ¼	Châlons	Saône-et-L.
Côme (St.-) *, 3	Mamers	Sarthe
Côme-de-Fresnay (St.-), 2 ½	Bayeux	Calvados
Côme-du-Mont (St.-), 7 ¼	St.-Lô	Manche
Comelle-sous-Beuvray (la), 3	Autun	Saône-et-L.
Cômes, 2	Prades	Pyrén.-Or.
Comiac, 11	Figeac	Lot
Comiac-de-Florian, 10 ¼	Le Vigan	Gard
Comiers (Notre-Dame de), 6 ½	Grenoble	Isère
Comigne, 3	Carcassonne	Aude
Comin (*Bourg*), 5	Laon	Aisne
Comines, 4	Lille	Nord
Comise (*Bercenay-en-Othe*), 4 ½	Troyes	Aube
Commana, 5	Morlaix	Finistère
Commande (la), 3 ½	Oléron	B.-Pyrén.
Commarin, 8	Beaune	Côte-d'Or
Commeaux, 2	Argentan	Orne
Commelle, 7 ½	Vienne	Isère
Commelle, 1 ½	Roanne	Loire
Commenailles, 8 ¼	Dôle	Jura
Commenchon, 11 ½	Laon	Aisne
Comménil, 4	Pontoise	Seine-et-O.
Commensacq, 13	Mont-de-Marsan	Landes
Commentry, 2 ½	Montluçon	Allier
Commequiers, 9 ½	Les Sables	Vendée
COMMERCY *,	ch.-l. d'ar., 74	Meuse
Commers, 1 ½	Mayenne	Mayenne
Commerveil, 1 ¾	Mamers	Sarthe
Commes, 2	Bayeux	Calvados
Commissey, 1 ¼	Tonnerre	Yonne
Communailles, 7	Poligny	Jura
Communay, 2 ½	Vienne	Isère
Compains, 6	Issoire	Puy-de-Dô.
Compainville, 4 ¼	Neufchâtel	Seine-Inf.
Compans, 4	Meaux	Seine-et-M.
Compas (le), 5 ¼	Aubusson	Creuse
Compeix (le), 3	Bourganeuf	Creuse

Communes.	Arrondissem.	Départem.	Communes.	Arrondissem.	Départem.
Compertrix, $\frac{1}{2}$	Châlons-sur-Marne	Marne	Condé, 3	Soissons	Aisne
			Condé, 6	Vire	Calvados
Compeyre, 1 $\frac{1}{2}$	Milhaud	Aveiron	Condé, 5	St.-Amand	Cher
COMPIÈGNE *,	ch.-l. d'ar., 25	Oise	Condé, 2	Issoudun	Indre
Compigny, 6 $\frac{1}{2}$	Sens	Yonne	Condé, 12 $\frac{1}{2}$	Lons-le-Saulnier	Jura
Compolibat, 4 $\frac{1}{4}$	Villefranche	Aveiron			
Comporté (St.-Macoux) 2	Civray	Vienne	Condé, 4 $\frac{1}{2}$	Châlons-sur-Marne	Marne
Compregnac, 3	Milhaud	Aveiron	Condé, 4	Bar-le-Duc	Meuse
Compreignac, 6 $\frac{1}{4}$	Bellac	H.-Vienne	Condé, 4	Metz	Moselle
Comps, 4 $\frac{1}{2}$	Moulins	Allier	Condé*, 12 $\frac{1}{2}$	Douai	Nord
Comps, 7	Montélimart	Drôme	Condé, 2	Meaux	Seine-et-M.
Comps, 5 $\frac{1}{2}$	Nismes	Gard	Condé, 8	Mantes	Seine-et-O.
Comps, 3 $\frac{1}{4}$	Blaye	Gironde	Condé-Folie (Haut et Bas-), 6	Amiens	Somme
Comps, 6	Riom	Puy-de-Dô.			
Comps, 5 $\frac{1}{2}$	Draguignan	Var	Condé-le-Butor, 7	Alençon	Orne
Comps-la-Grand-Ville, 3 $\frac{1}{4}$	Rodez	Aveiron	Condé-lès-Autry, 3 $\frac{1}{4}$	Vouziers	Ardennes
			Condé-lès-Herpy, 2 $\frac{1}{4}$	Bethel	Ardennes
Comte, 6 $\frac{1}{2}$	Poligny	Jura	Condé-lès-Vouziers, $\frac{1}{2}$	Vouziers	Ardennes
Comté (la), 3 $\frac{1}{4}$	St.-Pol	Pas-de-Cal.	Condé-sur-Huine *, 6 $\frac{1}{2}$	Mortagne	Orne
Comus, 17 $\frac{1}{2}$	Limoux	Aude	Condé-sur-Iton, 2	Evreux	Eure
Conac (St.-), 7 $\frac{1}{2}$	Foix	Ariége	Condé-sur-Laizon, 4 $\frac{1}{2}$	Falaise	Calvados
Conan, 5	Blois	Loir-et-Ch.	Condé-sur-Risle, 2	Pont-Audemer	Eure
Conat, 1 $\frac{1}{2}$	Prades	Pyrén.-Or.	Condé-sur-Sarthe, 1 $\frac{1}{4}$	Alençon	Orne
Conbonne, 9	Die	Drôme	Condé-sur-Seulles, 2	Bayeux	Calvados
Concarneau *, 6 $\frac{1}{2}$	Quimper	Finistère	Condé-sur-Suippe, 9 $\frac{1}{4}$	Laon	Aisne
Concevreux, 9	Laon	Aisne	Condé-sur-Vire, 2 $\frac{1}{2}$	St.-Lô	Manche
Concèzes, 8	Brives	Corrèze	Condean-sur-Huine, 6 $\frac{1}{2}$	Mortagne	Orne
Conches *, 4	Evreux	Eure	Condécourt, 3	Pontoise	Seine-et-O.
Conches, 4 $\frac{1}{2}$	Meaux	Seine-et-M.	Condeissiat, 12	Trévoux	Ain
Conchez, 11 $\frac{1}{4}$	Pau	B.-Pyrén.	Condekerque, 1 $\frac{1}{4}$	Dunkerque	Nord
Conchil-le-Temple, 4	Montreuil	Pas-de-Cal.	Condekerque (Branche-), $\frac{1}{4}$	Dunkerque	Nord
Conchy, 3 $\frac{1}{4}$	St.-Pol	Pas-de-Cal.			
Conchy-lès-Pots, 6	Compiégne	Oise	Condéon, 2	Barbezieux	Charente
Concœur, 5	Beaune	Côte-d'Or	Condes, 1	Chaumont	H.-Marne
Concorés, 3 $\frac{1}{2}$	Gourdon	Lot	Condette, 2	Boulogne	Pas-de-Cal.
Concoret, 5	Ploërmel	Morbihan	Condezaigues, 5 $\frac{1}{4}$	Villeneuve-d'Agen	Lot-et-Gar.
Concots, 5	Cahors	Lot			
Concoules (Alban), 10 $\frac{1}{4}$	Argentière	Ardèche	Condillac, 2	Montélimart	Drôme
Concoules, 8	Alais	Gard	Condols, 6 $\frac{1}{4}$	Milhaud	Aveiron
Concourès, 3 $\frac{1}{2}$	Rodez	Aveiron	CONDOM *,	ch.-l. d'ar., 182	Gers
Concourson, 5	Saumur	Maine-et-L.	Condom (Andert), 1	Belley	Ain
Concremiers, 1 $\frac{1}{2}$	Le Blanc	Indre	Condon, 5	Espalion	Aveiron
Concressault, 8	Sancerre	Cher	Condorcet, 2	Nyons	Drôme
Concriers, 7	Blois	Loir-et-Ch.	Condren, 9	Laon	Aisne
Condac, $\frac{1}{2}$	Ruffec	Charente	Condrieu *, 7 $\frac{1}{2}$	Lyon	Rhône
Condac, 5 $\frac{1}{2}$	Montmorillon	Vienne	Condun-St.-Hilaire, 1	Compiégne	Oise
Condal, 5 $\frac{1}{2}$	Louhans	Saône-et-L.	Conflans, 3	Montargis	Loiret
Condamine, 2	Nantua	Ain	Conflandey, 4 $\frac{1}{4}$	Vesoul	H.-Saône
Condamine, 2 $\frac{1}{2}$	Lons-le-Saulnier	Jura	Conflans, 13 $\frac{1}{2}$	Epernay	Marne
			Conflans, 2 $\frac{1}{2}$	Briey	Moselle
Condat, 7	Murat	Cantal	Conflans, 9 $\frac{1}{4}$	Lure	H.-Saône
Condat, 8 $\frac{1}{2}$	Tulle	Corrèze	Conflans, 5	St.-Calais	Sarthe
Condat, 4 $\frac{1}{2}$	Nontron	Dordogne	Conflans-Ste.-Honorine, 4 $\frac{1}{2}$	Versailles	Seine-et-O.
Condat (St.-Michel), 16 $\frac{1}{2}$	Gourdon	Lot	CONFOLENS *,	ch.-l. d'ar., 102	Charente
Condat (Fumel), 7	Villeneuve-d'Agen	Lot-et-Gar.	Conforgien (St.-Martin-de-la-Mer), 10	Beaune	Côte-d'Or
Condat, 4 $\frac{1}{2}$	Ambert	Puy-de-Dô.	Confort (Chezery), 11	Gex	Ain
Condat, 9	Riom	Puy-de-Dô.	Confouleux (Peux), 6	St.-Affrique	Aveiron
Condat, 1	Limoges	H.-Vienne	Confracourt, 9 $\frac{1}{2}$	Gray	H.-Saône
Condat-sur-Vezère, 9	Sarlat	Dordogne	Confrançon, 3	Bourg	Ain
Condé, 2 $\frac{1}{2}$	Château-Thierry	Aisne	Confrançon (Cortevaix) 8	Mâcon	Saône-et-L.

Communes.	Arrondissem.	Départem.	Communes.	Arrondissem.	Départem.
Congard (St.-), 9	Vannes	Morbihan	Contilly, 1 1/2	Mamers	Sarthe
Congé, 1 1/4	Alençon	Orne	Containvoir, 5 1/4	Chinon	Indre-et-L.
Congé-sur-Orne, 7	Mamers	Sarthe	Contoir, 2	Montdidier	Somme
Congeniès, 4 1/2	Nismes	Gard	Contrazy, 2 1/2	St.-Girons	Ariège.
Congerville, 3	Etampes	Seine-et-O.	Coutré, 4 1/4	St.-Jean-d'Angely	Char.-Inf.
Congis, 5 1/2	Epernay	Marne			
Congis, 2 1/4	Meaux	Seine-et-M.	Contre, 3 1/2	St.-Amand	Cher
Congrier, 7 1/2	Château-Gontier	Mayenne	Contre, 6	Amiens	Somme
			Contréglise, 7	Vesoul	H.-Saône
Conie, 3 1/2	Châteaudun	Eure-et-L.	Contremoulins, 6 1/2	Yvetot	Seine-Inf.
Conilhac, 5 1/4	Narbonne	Aude	Contres, 5 1/4	Blois	Loir-et-Ch.
Conilhac-de-la-Montagne, 3 1/4	Limoux	Aude	Contres, 4	Mamers	Sarthe
			Contreuves, 1 1/4	Vouziers	Ardennes
Conlie, 6 1/4	Mamers	Sarthe	Belley		Ain
Conliège, 1 1/4	Lons-le-Saulnier	Jura	Contrevoz, 2		
			Contrexéville, 7 1/4	Mirecourt	Vosges
			Contrières, 2	Coutances	Manche
Connac, 15 1/4	Rodez	Aveiron	Contrisson, 4 1/2	Bar-le-Duc	Meuse
Connage, 2 1/2	Sedan	Ardennes	Conty, 5	Amiens	Somme
Connan (St.-), 5	Guingamp	Côtes-du-N	Conzac, 4	Barbezieux	Charente
Connangles, 6 1/2	Brioude	H.-Loire	Conzieu, 2 1/2	Belley	Ain
Connantray, 7 1/2	Epernay	Marne	Coole, 2 1/2	Vitry-le-François	Marne
Connantre, 9 1/4	Epernay	Marne			
Conné, 8	Mayenne	Mayenne	Coolus, 1	Châlons-sur-Marne	Marne
Conne-de-la-Barde, 2 1/2	Bergerac	Dordogne			
Conneaux, 5	Uzès	Gard	Copehanière (la), 7	Bourbon-Vendée	Vendée
Connec (St.-), 3 1/2	Loudéac	Côtes-du-N			
Connelles, 2 1/2	Louviers	Eure	Copière (Montreuil), 5 1/4	Mantes	Seine-et-O.
Connerré *, 7	Le Mans	Sarthe	Coquelles, 7	Boulogne	Pas-de-Cal.
Connezac, 3 1/2	Nontron	Dordogne	Corancez, 1 1/2	Chartres	Eure-et-L.
Connigis, 2 1/4	Château-Thierry	Aisne	Corancy, 1	Château-Chinon	Nièvre
Conore, 4	Limoges	H.-Vienne	Coray, 7 1/4	Châteaulin	Finistère
Conqueirac, 8 1/4	Le Vigan	Gard	Corbaon, 9 1/4	Fontenay-le-Comte	Vendée
Conquereuil, 7 1/2	Savenay	Loire-Inf.			
Conques, 2	Carcassonne	Aude	Corbara, 2 1/2	Calvi	Corse
Conques, 9 1/2	Rodez	Aveiron	Corbarieu, 2 1/4	Montauban	Tarn et Gar.
Conquet (le), 5	Brest	Finistère	Corbec-Grestain, 3	Pont-Audemer	Eure
Conquettes, 5	Rodez	Aveiron	Corbehem, 5	Arras	Pas-de-Cal.
Cons-la-Grandville, 2 1/2	Mézières	Ardennes	Corbeil, 4 1/4	Vitry-le-François	Marne
Consac, 2 1/2	Jonzac	Char.-Inf.			
Consegudes, 8	Grasse	Var	CORBEIL *,	ch.-l. d'arr., 8	Seine-et-O.
Consenvoye, 5 1/4	Montmédy	Meuse	Corbeil-Cerf, 3 1/2	Beauvais	Oise
Consigny, 6	Chaumont	H.-Marne	Corbeilles, 4	Montargis	Loiret
Consorce (Ste.-), 2 1/2	Lyon	Rhône	Corbelin, 4	La Tour-du-Pin	Isère
Constant (St.-), 8	Aurillac	Cantal	Corbenay, 7 1/2	Lure	H.-Saône
Constant (St.-), 4 1/4	Angoulême	Charente	Corbeny, 6 1/2	Laon	Aisne
Contalmaison, 4 1/2	Peronne	Somme	Corbère, 5 1/2	Perpignan	Pyrén.-Or.
Contaut, 5	Ste.-Menehould	Marne	Corbères, 8 1/2	Pau	B.-Pyrén.
Contay, 4 1/2	Amiens	Somme	Corberon, 3	Beaune	Côte-d'Or
Conterie (la) (Chantenay), 1/2	Nantes	Loire-Inf.	Corbes, 3	Alais	Gard
			Corbie *, 4 1/2	Amiens	Somme
Contes, 4	Montreuil	Pas-de-Cal.	Corbier (le) (Jouy-le-Châtel), 5 1/2	Provins	Seine-et-M.
Contescourt, 1 1/2	St.-Quentin	Aisne			
Contest (St.-), 1 1/4	Caen	Calvados	Corbière (la), 4	Lure	H.-Saône
Contest, 1 1/2	Mayenne	Mayenne	Corbières, 6 1/2	Forcalquier	B.-Alpes
Conteville, 3	Pont-Audemer	Eure	Corbigny *, 7 1/2	Clamecy	Nièvre
Conteville, 9	Clermont	Oise	Corboin (Concœur), 5	Beaune	Côte-d'Or
Conteville, 2	Boulogne	Pas-de-Cal.	Corbon, 6	Pont-l'Evêque	Calvados
Conteville, 1 1/2	St.-Pol	Pas-de-Cal.	Corbon, 2	Mortagne	Orne
Conteville, 4 1/2	Neufchâtel	Seine-Inf.	Corbonod, 6 1/2	Belley	Ain
Conteville, 5	Abbeville	Somme	Corbreuse, 6 1/2	Rambouillet	Seine-et-O.
Conthil, 4	Château-Salins	Meurthe	Corcelle, 5 1/2	Villefranche	Rhône
Contigné, 6 1/2	Segré	Maine-et-L.	Corcelle-Ferrière, 4 1/2	Besançon	Doubs
Contigny, 6	Moulins	Allier	Corcelle-Riguey, 5	Besançon	Doubs

Communes.	Arrondissem.	Départem.	Communes.	Arrondissem.	Départem.
Corcelles, 5	Nantua	Ain	Cormoyeux, 4 ¼	Rheims	Marne
Corcelles, 12 ¼	Lure	H.-Saône	Cormoz, 6	Bourg	Ain
Corcelles-lès-Arts, 2	Beaune	Côte-d'Or	Corn, 2 ¼	Figeac	Lot
Corcelles-lès-Citeaux, 3 ½	Dijon	Côte-d'Or	Cornac, 9 ¼	Figeac	Lot
Corcelles-lès-Monts, 1 ½	Dijon	Côte-d'Or	Cornant, 3	Sens	Yonne
Corcelotte-en-Montagne, 7	Semur	Côte-d'Or	Cornantes (*Maclaunay*), 9 ½	Epernay	Marne
Corcieux, 4	St.-Dié	Vosges	Cornas, 4 ½	Tournon	Ardèche
Corcondray, 4 ¼	Besançon	Doubs	Cornay, 5 ½	Vouziers	Ardennes
Corcoué, 11	Le Vigan	Gard	Corné, 6	Lectoure	Gers
Corcy, 4 ½	Soissons	Aisne	Corné, 5 ½	Baugé	Maine-et-L.
Cordeac, 12 ½	Grenoble	Isère	Corne-de-Chaux, 5 ½	Besançon	Doubs
Cordebugle, 3 ½	Lisieux	Calvados	Cornebarrieu, 3	Toulouse	H.-Garonne
Cordelle, 2 ¼	Roanne	Loire	Cornebouc (*Courtade*), 1 ½	Gaillac	Tarn
Cordelleville, 4 ½	Rouen	Seine-Inf.	Corneilhan, 1 ½	Béziers	Hérault
Cordemais, 2 ¼	Savenay	Loire-Inf.	Corneilla, 1 ¾	Prades	Pyrén.-Or.
Cordes *, 6	Gaillac	Tarn	Corneilla-de-la-Rivière, 4 ¼	Perpignan	Pyrén.-Or.
Cordes, 1 ½	Castel-Sarrasin	Tarn et Gar.	Corneilla-del-Vercol, 2 ¼	Perpignan	Pyrén.-Or.
Cordesse, 2	Autun	Saône-et-L.	Corueillan, 15 ½	Mirande	Gers
Cordey, 1 ¼	Falaise	Calvados	Corneille (St.-) (*Compiègne*), 1	Compiègne	Oise
Cordieux, 6	Trévoux	Ain			
Cordiron, 4 ¼	Besançon	Doubs	Corneille (Ste.-), 3 ¼	Le Mans	Sarthe
Cordon (*Bregnier*), 3	Belley	Ain	Cornemps, 4 ¼	Libourne	Gironde
Cordonnac, 4 ½	Gaillac	Tarn	Corneuil, 3 ½	Evreux	Eure
Cordonnet, 7 ½	Vesoul	H.-Saône	Corneux, 1 ½	Gray	H.-Saône
Cordoux (*Rozoi*), 4	Soissons	Aisne	Corneville-la-Fouquelière, 2	Bernay	Eure
Corcin, 1 ½	St.-Flour	Cantal			
Corenc, 1	Grenoble	Isère	Corneville-sur-Risle, 1	Pont-Audemer	Eure
Corentin(St.-) (*Rosay*),3	Mantes	Seine-et-O.	Cornier-des-Landes (St.-), 3 ½	Domfront	Orne
Corfélix, 7	Epernay	Marne			
Corgengoux, 2 ½	Beaune	Côte-d'Or	Corniéville, 2	Commercy	Meuse
Corgirnon, 3 ¼	Langres	H.-Marne	Cornil, 3 ½	Tulle	Corrèze
Cornac, 7 ¼	Nontron	Dordogne	Cornillac, 5 ½	Nyons	Drôme
Corgoloin, 3	Beaune	Côte-d'Or	Cornille, 2 ¼	Vitré	Ille-et-Vil.
Corlay, 8	Loudéac	Côtes-du-N.	Cornillé, 5	Baugé	Maine-et-L.
Corlay (le Haut-), 8 ¼	Loudéac	Côtes-du-N.	Cornilles, 3	Périgueux	Dordogne
Corlée, 1	Langres	H.-Marne	Cornillon, 6 ½	Aix	B. du Rhône
Corlier, 9 ½	Belley	Ain	Cornillon, 6	Nyons	Drôme
Cormainville, 6	Châteaudun	Eure-et-L.	Cornillon, 7 ½	Uzès	Gard
Cormaranche, 8	Belley	Ain	Cornillon (*St.-Paul-en-Cornillon*), 3 ½	St.-Etienne	Loire
Cormaranche, 7 ½	Bourg	Ain			
Cormatin, 8	Mâcon	Saône-et-L	Cornillon-en-Trièves, 11 ¼	Grenoble	Isère
Corme-Ecluse, 5	Saintes	Char.-Inf.			
Corme-la-Forêt, 3	Saintes	Char.-Inf.	Cornillon-près-Fontanil, 2	Grenoble	Isère
Cormeil-en-Parisis, 5	Versailles	Seine-et-O.			
Cormeille-le-Crocq, 10	Clermont	Oise	Cornimont, 7 ½	Remiremont	Vosges
Cormeilles, 3	Pont-Audemer	Eure	Cornod, 11 ¼	Lons-le-Saulnier	Jura
Cormeilles-en-Vexin, 2	Pontoise	Seine-et-O.			
Cormelles, 1 ¼	Caen	Calvados	Cornon, 2 ½	Clermont	Puy-de-Dô.
Cormenier (le), 3	Niort	2 Sèvres	Cornot, 7 ½	Vesoul	H.-Saône
Cormenon, 6	Vendôme	Loir-et-Ch.	Cornozac (*Peyrignac*), 2	Gourdon	Lot
Cormeray, 5 ½	Avranches	Manche	Cornuaille (la), 8	Angers	Maine-et-L.
Cormery *, 5	Tours	Indre-et-L.	Cornus, 7 ¼	St.-Affrique	Aveiron
Cormes, 8	Mamers	Sarthe	Cornusse, 7	St.-Amand	Cher
Cormettes, 1 ¼	St.-Omer	Pas-de-Cal.	Corny, 1	Les Andelys	Eure
Cormicy, 4	Rheims	Marne	Corny, 2 ¼	Metz	Moselle
Cormier(le) (*LaPlaine*), 5 ½	Paimbœuf	Loire-Inf.	Corny-la-Ville, 2 ½	Rethel	Ardennes
Cormier-Notre-Dame, 3	Evreux	Eure	Coroinbles, 3	Semur	Côte-d'Or
Cormolain, 5 ½	Bayeux	Calvados	Coron, 10 ½	Saumur	Maine-et-L.
Cormont, 3	Montreuil	Pas-de-Cal.	Corp *, 14 ½	Grenoble	Isère
Cormontreuil, ½	Rheims	Marne	Corpeau, 4	Beaune	Côte-d'Or
Cormot, 4	Troyes	Aube	Corpoyer-la-Chapelle, 5	Semur	Côte-d'Or
Cormot-le-Grand, 5	Beaune	Côte-d'Or			

Communes.	Arrondissem.	Départem.	Communes.	Arrondissem.	Départem.
Corps, 8	Fontenay-le-Comte	Vendée	Côte-en-Couzan (la), 5 1/2	Montbrison	Loire
			Cote-St.-André (la)*, 8 1/2	Vienne	Isère
Corps-Nuds, 4	Rennes	Ille-et-Vil.	Coteau (le) (*Parigny*), 1/4	Roanne	Loire
Corquilleroy, 1 1/2	Montargis	Loiret	Côtes-d'Arey (les), 2	Vienne	Isère
Corquois, 5	St.-Amand	Cher	Côtes-de-Corp (les), 16 3/4	Grenoble	Isère
Corra, 6	Ajaccio	Corse	Cotignac, 4	Brignoles	Var
Corravillers-le-Plaind, 9	Lure	H.-Saône	Cotinière (la) (*St.-Pierre*), 5 1/4	Marennes	Char.-Inf.
Corre, 9 1/4	Vesoul	H.-Saône			
Correns, 3	Brignoles	Var	Cottance, 6	Montbrison	Loire
Corrèze, 4 1/2	Tulle	Corrèze	Cottenchy, 3	Amiens	Somme
Corribert, 4 1/4	Epernay	Marne	Cottévrard, 8	Dieppe	Seine-Inf.
Corrignac, 6	Jonzac	Char.-Inf.	Cottier, 5 1/2	Besançon	Doubs
Corrigot (*Moussy*), 1	Epernay	Marne	Cotton, 1 1/4	Bayeux	Calvados
Corrobert, 5 1/2	Epernay	Marne	Couard (*Autun*), 3	Autun	Saône-et-L.
Corromac, 5 1/4	Villefranche	H.-Garonne	Couarde (la) (Isle-de-Ré), 6 1/4	La Rochelle	Char.-Inf.
Corroy, 9 1/2	Epernay	Marne			
Corsaint, 4	Semur	Côte-d'Or	Couargues, 2 1/4	Sancerre	Cher
Corsavi, 6	Ceret	Pyrén.-Or.	Couat-du-Razés (St.-), 3 3/4	Limoux	Aude
Corscia, 7 1/2	Ajaccio	Corse			
Corsept, 1/2	Paimbœuf	Loire-Inf.	Couberon, 9	Pontoise	Seine-et-O.
Corseul, 2 1/2	Dinan	Côtes-du-N.	Coubert, 4	Melun	Seine-et-M.
Cortals (les), 9 1/4	Prades	Pyrén.-Or.	Coubeyrac, 10	Libourne	Gironde
Cortambert, 6	Mâcon	Saône-et-L.	Coubizon, 2 1/4	Espalion	Aveiron
CORTE *,	ch.-l. d'ar., 315	Corse	Coubjours, 11 1/2	Périgueux	Dordogne
Cortevaix, 8	Mâcon	Saône-et-L.	Coublanc, 5 1/2	Langres	H.-Marne
Cortichiato, 4	Ajaccio	Corse	Coublanc, 8 1/2	Charolles	Saône-et-L.
Cortrat, 3	Montargis	Loiret	Coublevie, 5	Grenoble	Isère
Corubert, 3 1/2	Mortagne	Orne	Coubluc, 9	Orthez	B. Pyrén.
Corvées (les), 6 1/2	Nogent-le-Rotrou	Eure-et-L.	Coubon, 1 1/2	Le Puy	H.-Loire
			Coubon, 3 1/2	Marmande	Lot-et-Gar.
Corveissiat, 5 1/2	Bourg	Ain	Couches *, 6	Autun	Saône-et-L.
Corvol-d'Embernard, 7 1/2	Clamecy	Nièvre	Couchey, 1 1/4	Dijon	Côte-d'Or
Corvol-l'Orgueilleux, 2 1/2	Clamecy	Nièvre	Coucouron, 10 1/4	Argentière	Ardèche
Corzé, 4 1/4	Bangé	Maine-et-L.	Coucy, 1 1/2	Rethel	Ardennes
Cos, 2	Foix	Ariége	Coucy-la-Ville, 6 1/2	Laon	Aisne
Cosledaa, 6 1/2	Pau	B.-Pyrén.	Coucy-le-Château *, 7 1/4	Laon	Aisne
Cosme (St.-), 3 1/2	Nismes	Gard	Coucy-lès-Eppes, 3	Laon	Aisne
Cosme (St.-), 4	Belfort	Haut-Rhin	Coudehard, 4	Argentan	Orne
Cosmes, 4	Château-Gontier	Mayenne	Conderc-de-St.-Rabier (le), 11	Sarlat	Dordogne
Cosnac, 1 1/2	Brives	Corrèze	Coudes, 7	Blois	Loir-et-Ch.
COSNE-SUR-LOIRE *,	ch.-l. d'arr., 57	Nièvre	Coudes, 2 1/4	Issoire	Puy-de-Dô.
Cosnes, 4	Montluçon	Allier	Coudeville, 5 3/4	Coutances	Manche
Cosnes, 7 1/2	Briey	Moselle	Coudons, 10 1/2	Limoux	Aude
Cosqueville, 4 1/2	Cherbourg	Manche	Coudouloux (*Collet-de-Dèze*), 8 1/4	Florac	Lozère
Cossaye, 11	Nevers	Nièvre			
Cossé, 6	Beaupréau	Maine-et-L.	Coudray, 1	Pont-l'Evêque	Calvados
Cossé-en-Champagne	Laval	Mayenne	Coudray (le), 2	Les Andelys	Eure
Cossé-le-Vivien, 4 1/2	Château-Gontier	Mayenne	Coudray (le), 1	Evreux	Eure
			Coudray (le), 1/2	Chartres	Eure-et-L.
Cossesseville, 5	Falaise	Calvados	Coudray (le), 2 1/2	Nogent-le-Rotrou	Eure-et-L.
Cossigny (*Chevry*), 4 1/4	Melun	Seine-et-M.			
Cosswiller, 6 1/4	Strasbourg	Bas-Rhin	Coudray, 3 1/2	Pithiviers	Loiret
Costa (la), 4 1/4	Calvi	Corse	Coudray, 1 1/4	Château-Gontier	Mayenne
Coste (la), 3 1/2	Lodève	Hérault			
Coste (la), 3 1/2	Apt	Vaucluse	Coudray (le) (*La Coulonche*), 3 1/2	Domfront	Orne
Coste-de-Perisson (*Laas*), 2 1/2	Mirande	Gers	Coudray (le), 1 1/2	Corbeil	Seine-et-O.
Costeraste (*Gourdon*), 2	Gourdon	Lot	Coudray (le), 4 1/2	Le Hâvre	Seine-Inf.
Costes (les), 5 1/2	Gap	H.-Alpes	Coudray-Belle-Gueule (le), 3 1/2	Beauvais	Oise
Costouis, 8 1/2	Ceret	Pyrén.-Or.			
Cotdoussan, 4 1/4	Argelès	H.-Pyrén.	Coudray-Maconard (le), 2	Saumur	Maine-et-L.
Côte (la), 1 1/4	Lure	H.-Saône	Coudray-St.-Germes, 3 1/2	Beauvais	Oise
Côte-Brune, 3 1/2	Beaune	Doubs	Coudre (la), 3	Bressuire	2 Sèvres

Communes.	Arrondissem.	Départem.	Communes.	Arrondissem.	Départem.
Coudreceau, 2 $\frac{1}{4}$	Nogent-le-Rotrou	Eure-et-L.	Coulon, 2 $\frac{1}{4}$	Niort	2 Sèvres
Coudrecieux, 3	St.-Calais	Sarthe	Coulonces, 1 $\frac{1}{4}$	Vire	Calvados
Coudres, 4 $\frac{1}{2}$	Evreux	Eure	Coulonces, 3	Argentan	Orne
Coudrie (Salleron), 14	Les Sables	Vendée	Coulonche (la), 4	Domfront	Orne
Coudroy, 6	Montargis	Loiret	Coulongé, 5	La Flèche	Sarthe
Coudry (Neuvy), 11 $\frac{1}{4}$	Epernay	Marne	Coulongé-sur-Sarthe, 7 $\frac{1}{2}$	Alençon	Orne
Coudures, 2 $\frac{1}{4}$	St.-Sever	Landes	Coulonges, 5 $\frac{1}{4}$	Château-Thierry	Aisne
Coueilles, 6 $\frac{1}{4}$	St.-Gaudens	H.-Garonne	Coulonges, 5 $\frac{1}{4}$	Angoulême	Charente
Couëmes, 15	Chinon	Indre-et-L.	Coulonges, 3 $\frac{1}{2}$	St.-Jean-d'Angely	Char.-Inf.
Couëron, 5 $\frac{1}{4}$	Savenay	Loire-Inf.	Coulonges, 7	Saintes	Char.-Inf.
Couesmes, 5	Mayenne	Mayenne	Coulonges, 5	Evreux	Eure
Couffé, 2 $\frac{1}{2}$	Ancenis	Loire-Inf.	Coulonges, 4	Bressuire	2 Sèvres
Couffens, 5 $\frac{1}{4}$	St.-Girons	Ariège	Coulonges, 7	Montmorillon	Vienne
Couffoulens, 1 $\frac{1}{2}$	Carcassonne	Aude	Coulonges-les-Sablons, 6 $\frac{1}{2}$	Mortagne	Orne
Couffy, 3	Ussel	Corrèze			
Couffy, 11 $\frac{1}{4}$	Blois	Loir-et-Ch.	Coulonges-sur-l'Autize, 5	Niort	2 Sèvres
Coufouleux, 4 $\frac{1}{4}$	Gaillac	Tarn	Coulonnieix, 1 $\frac{1}{4}$	Périgueux	Dordogne
Cougeac, $\frac{1}{4}$	Brioude	H.-Loire	Coulonvilliers, 3 $\frac{1}{4}$	Abbeville	Somme
Cougny, 7 $\frac{1}{2}$	Nevers	Nièvre	Couloubre, 6	Cosne	Nièvre
Couhé *, 4 $\frac{1}{4}$	Civray	Vienne	Coulours, 7	Joigny	Yonne
Couilly, 2	Meaux	Seine-et-M.	Coulouvray, 5	Mortain	Manche
Couin, 6 $\frac{1}{2}$	Arras	Pas-de-Cal.	Coulouvres, 6 $\frac{1}{2}$	St.-Claude	Jura
Couiza, 3 $\frac{1}{4}$	Limoux	Aude	Coulvain, 6 $\frac{1}{2}$	Vire	Calvados
Couladere, 8 $\frac{1}{4}$	Muret	H.-Garonne	Coulvon, $\frac{1}{4}$	Vesoul	H.-Saône
Coulaines, $\frac{1}{2}$	Le Mans	Sarthe	Coulx, 8 $\frac{1}{2}$	Marmande	Lot-et-Gar.
Coulandon, 1	Moulins	Allier	Coume, 6	Metz	Moselle
Coulandon, $\frac{1}{2}$	Argentan	Orne	Counozouls, 18 $\frac{1}{4}$	Limoux	Aude
Coulangé, 5	Loches	Indre-et-L.	Coupelle-Neuve, 7	Montreuil	Pas-de-Cal.
Coulange-la-Vineuse, 3	Auxerre	Yonne	Coupelle-Vieille, 7	Montreuil	Pas-de-Cal.
Coulange-sur-Yonne *, 7	Auxerre	Yonne	Coupesarte, 3 $\frac{1}{2}$	Lisieux	Calvados
Coulangeron, 3	Auxerre	Yonne	Coupets, 4 $\frac{1}{2}$	Châlons-sur-Marne	Marne
Coulanges, 3	Blois	Loir-et-Ch.			
Coulanges-lès-Nevers, 1 $\frac{1}{4}$	Nevers	Nièvre.	Coupéville, 4	Châlons-sur-Marne	Marne
Coulans, 4 $\frac{1}{4}$	Le Mans	Sarthe			
Coulaures, 6	Périgueux	Dordogne	Coupiac, 8	St.-Affrique	Aveiron
Couledoux, 4 $\frac{1}{4}$	St.-Gaudens	H.-Garonne	Coupigny, 6 $\frac{1}{2}$	Neufchâtel	Seine-Inf.
Coulembs, $\frac{1}{4}$	Caen	Calvados	Coupillon (Devant-les-Ponts), $\frac{1}{4}$	Metz	Moselle
Couleuvre, 9 $\frac{1}{4}$	Moulins	Allier			
Coulgens, 5 $\frac{1}{4}$	Angoulême	Charente	Coupray, 5	Chaumont	H.-Marne
Coulibœuf, 2 $\frac{1}{2}$	Falaise	Calvados	Coupru, 2 $\frac{1}{2}$	Château-Thierry	Aisne
Coulimer, 1 $\frac{1}{4}$	Mortagne	Orne			
Coulitz (St.-), $\frac{1}{2}$	Châteaulin	Finistère	Couptrain, 8 $\frac{1}{2}$	Mayenne	Mayenne
Coullemont, 6 $\frac{1}{4}$	St.-Pol	Pas-de-Cal.	Coupvray, 2 $\frac{1}{4}$	Meaux	Seine-et-M.
Coulmelle, 3	Montdidier	Somme	Cour, $\frac{1}{4}$	Baume	Doubs
Coulmer, 5 $\frac{1}{2}$	Argentan	Orne	Cour, 3 $\frac{1}{2}$	Vienne	Isère
Coulmier-le-Sec, 3 $\frac{1}{2}$	Châtillon	Côte-d'Or	Cour-d'Arcenay (la), 5	Semur	Côte-d'Or
Coulmiers, 4 $\frac{1}{4}$	Orléans	Loiret	Cour-l'Evêque, 5	Chaumont	H.-Marne
Coulobres, 2 $\frac{1}{4}$	Biziers	Hérault	Cour-les-Barres, 13	St.-Amand	Cher
Coulogne, 9	Boulogne	Pas-de-Cal.	Cour-lès-St.-Maurice, 8 $\frac{1}{4}$	Montbéliard	Doubs
Couloisy, 6	Compiègne	Oise	Cour-Marigny (la), 4	Montargis	Loiret
Coulomb (St.-), 2 $\frac{1}{4}$	St.-Malo	Ille-et-Vil.	Cour-St.-Pierre (la), 3 $\frac{1}{2}$	Castel-Sarrasin	Tarn-et-Gar.
Coulombiers, 6	Mamers	Sarthe	Cour-sur-Loire, 2 $\frac{1}{4}$	Blois	Loir-et-C.
Coulombroux (Seyne), 13	Digne	B.-Alpes	Courances, 6	Etampes	Seine-et-O.
Coulombs, 4 $\frac{1}{4}$	Dreux	Eure-et-L.	Courant, 2 $\frac{1}{2}$	St.-Jean-d'Angely	Char.-Inf.
Coulombs, 6	Meaux	Seine-et-M.			
Coulomby, 4 $\frac{1}{2}$	St.-Omer	Pas-de-Cal.	Courban, 4 $\frac{1}{4}$	Châtillon	Côte-d'Or
Coulommes, 2 $\frac{1}{2}$	Vouziers	Ardennes	Courbe (la), 4	Argentan	Orne
Coulommes, 2 $\frac{1}{4}$	Rheims	Marne	Courbehaye, 6 $\frac{1}{4}$	Châteaudun	Eure-et-L.
Coulommes, 1	Meaux	Seine-et-M.	Courbenans, 11 $\frac{1}{4}$	Lure	H.-Saône
Coulommiers, 1 $\frac{1}{2}$	Vendôme	Loir-et-Ch.	Courbépine, 1 $\frac{1}{2}$	Bernay	Eure
COULOMMIERS *,	ch.-l. d'ar., 15	Seine-et-M.	Courberie, 4 $\frac{3}{4}$	Mayenne	Mayenne
Coulon, 3	Gien	Loiret	Courbes, 5	Laon	Aisne

Communes.	Arrondissem.	Départem.
Courbesseaux, 3 ¼	Lunéville	Meurthe
Courbetaux, 8 ¼	Epernay	Marne
Courbette, 2 ½	Lons-le-Saulnier	Jura
Courbevoie, 2 ¾	St.-Denis	Seine
Courbières, 6 ¼	Limoux	Aude
Courbières, 3 ½	Villefranche	Aveiron
Courbillac, 7 ¼	Angoulême	Charente
Courboin, 1 ¾	Château-Thierry	Aisne
Courbons, 2	Digne	B.-Alpes
Courboult, 4 ½	Vesoul	H.-Saône
Courbouzon, ¾	Lons-le-Saulnier	Jura
Courbouzon, 5 ¾	Blois	Loir-et-Ch.
Courbuisson (le) (*Samois*), 1 ¾	Fontainebleau	Seine-et-M.
Courçais, 4	Montluçon	Allier
Courçay, 6	Tours	Indre-et-L.
Courceaux, 8	Sens	Yonne
Courcebœufs, 4 ¾	Le Mans	Sarthe
Courcelette, 5	Péronne	Somme
Courcelle, 6 ¼	Mont éliard	Doubs
Courcelle (*Lignières*), 3 ½	Vendôme	Loir-et-Ch.
Courcelle, 8 ¼	Fontainebleau	Seine-et-M.
Courcelle (*Demuin*), 5 ½	Montdidier	Somme
Courcelle-Camfleur, 2 ½	Bernay	Eure
Courcelle-lès-Lens, 8 ¼	Béthune	Pas-de-Cal.
Courcelle-sur-Aire, 4	Bar-le-Duc	Meuse
Courcelle-sur-Seine, 2	Les Andelys	Eure
Courcelles, 5 ½	Soissons	Aisne
Courcelles, 8	Bar-sur-Aube	Aube
Courcelles, 5	Besançon	Doubs
Courcelles, ¾	St.-Jean-d'Angely	Char.-Inf.
Courcelles, 12	Chinon	Indre-et-L.
Courcelles, 2 ½	Pithiviers	Loiret
Courcelles (*Angluzelle*), 11	Epernay	Marne
Courcelles (*St.-Brice*), 1	Rheims	Marne
Courcelles, 9	Toul	Meurthe
Courcelles (*Chaussy*), 3 ¼	Metz	Moselle
Courcelles, 3 ¼	Clamecy	Nièvre
Courcelles, 8	Beauvais	Oise
Courcelles, 7	Belfort	Haut-Rhin
Courcelles, 3	La Flèche	Sarthe
Courcelles (*Nanteau-sur-Essonnes*), 6 ½	Fontainebleau	Seine-et-M.
Courcelles (*Mereville*), 3 ¾	Etampes	Seine-et-O.
Courcelles (*Presles*), 2	Pontoise	Seine-et-O.
Courcelles, 2	Pontoise	Seine-et-O.
Courcelles, 2 ¼	Neufchâteau	Vosges
Courcelles-aux-Bois, 3 ¾	Commercy	Meuse
Courcelles-aux-Bois, 5 ½	Doullens	Somme
Courcelles-en-Montagne, 2 ¼	Langres	H.-Marne
Courcelles-Espayelles, 6	Clermont	Oise
Courcelles-Fremois, 3	Semur	Côte-d'Or
Courcelles-le-Comte, 3	Arras	Pas-de-Cal.
Courcelles-lès-Montbéliard, ½	Montbéliard	Doubs
Courcelles-lès-Rangs (*Montliot*), 1 ½	Châtillon	Côte-d'Or
Courcelles-lès-Rosnay, 2 ¾	Rheims	Marne
Courcelles-lès-Semur, 1 ½	Semur	Côte-d'Or
Courcelles-Moyencourt, 5	Amiens	Somme
Courcelles-sous-Grignon, 4	Semur	Côte-d'Or
Courcelles-soux-Thoix, 8	Amiens	Somme
Courcelles-sur-Aujon, 4 ¾	Langres	H.-Marne
Courcelles-sur-Blaise, 3	Wassy	H.-Marne
Courcelles-sur-Nied, 2 ¾	Metz	Moselle
Courcelles-Val-d'Esnoms 5	Langres	H.-Marne
Courcemain, 11 ½	Epernay	Marne
Courcemont, 6 ¾	Le Mans	Sarthe
Courcerac, 3 ¾	St.-Jean-d'Angely	Char.-Inf.
Courcerault, 2 ½	Mortagne	Orne
Courceroy, 2	Nogent-sur-Seine	Aube
Courchamp, 9 ½	Dijon	Côte-d'Or
Courchamp, 2 ½	Provins	Seine-et-M.
Courchamps, 2 ½	Château-Thierry	Aisne
Courchamps, 2 ¾	Saumur	Maine-et-L.
Courchapon, 5 ½	Besançon	Doubs
Courchâton, 9	Lure	H.-Saône
Courchelettes, ¾	Douai	Nord
Courcheverny, 3 ¼	Blois	Loir-et-Ch.
Courchons, 4	Castellanne	B.-Alpes
Courcité, 8	Mayenne	Mayenne
Courcival, 6	Mamers	Sarthe
Courcôme, 1 ½	Ruffec	Charente
Courçon, 6 ¾	La Rochelle	Char.-Inf.
Courcoué, 4 ½	Chinon	Indre-et-L.
Courcouronnes, 1 ¼	Corbeil	Seine-et-O.
Courcourt (*Vaudencourt*), 1 ½	Epernay	Marne
Courcoury, 1 ¾	Saintes	Char.-Inf.
Courcuire, 6	Gray	H.-Saône
Courcy, 4	Falaise	Calvados
Courcy, 3	Pithiviers	Loiret
Courcy, 1	Coutances	Manche
Courcy, 1 ¾	Rheims	Marne
Courdault, 9 ½	Rochefort	Char.-Inf.
Courdault, 3 ¾	Fontenay-le-Comte	Vendée
Courdemanche, 5	St.-Calais	Sarthe
Courdemanches, 6	Evreux	Eure
Courdemanges, 1 ½	Vitry-le-Français	Marne
Courdevêque, 4	Mortagne	Orne
Courdimanche, 4	Etampes	Seine-et-O.
Courdimanche, 1	Pontoise	Seine-et-O.
Couret, 2 ¼	St.-Gaudens	H.-Garonne
Courgains, 3	Mamers	Sarthe
Courgeac, 8	Barbezieux	Charente
Courgenard, 9	Mamers	Sarthe
Courgenay, 6	Sens	Yonne
Courgent, 3 ¼	Mantes	Seine-et-O
Courgeon, 1 ½	Mortagne	Orne
Courgeoût, 1 ¼	Mortagne	Orne
Courgerennes (*Bucheres*), 2	Troyes	Aube
Courgeron, 3	Argentan	Orne
Courgis, 3	Auxerre	Youne

Communes.	Arrondissem.	Départem.	Communes.	Arrondissem.	Départem.
Courgivaux, 13 1/4	Epernay	Marne	Court (la), 8 1/2	Moissac	Tarn et Gar.
Courgoul, 5 1/4	Issoire	Puy-de-Dô.	Courtabeuf (Orçay), 3 1/4	Versailles	Seine-et-O.
Courjeonnet, 6 1/2	Epernay	Marne	Courtacon, 4 1/2	Provins	Seine-et-M.
Courlac, 12	Barbezieux	Charente	Courtade (la), 1/2	Gaillac	Tarn
Courlandon, 5 1/2	Rheims	Marne	Courtagnon, 3 1/2	Rheims	Marne
Courlans, 1 1/4	Lons-le-Saulnier	Jura	Courtalain, 4 1/2	Chateaudun	Eure-et-L.
Courlaou, 2	Lons-le-Saulnier	Jura	Courtaoûlt, 8	Troyes	Aube
Courlay, 3	Bressuire	2 Sèvres	Courtauly, 3 1/2	Limoux	Aude
Courléon, 6	Baugé	Maine-et-L.	Courtavon, 4 1/2	Altkirch	Haut-Rhin
Courlon, 8 1/4	Dijon	Côte-d'Or	Courtecon, 3 1/2	Laon	Aisne
Courlon, 5	Sens	Yonne	Courtefontaine, 6 1/2	Dôle	Jura
Courmangoux, 3 1/2	Bourg	Ain	Courte-Fontaine, 8 1/4	Montbéliard	Doubs
Courmas, 3	Rheims	Marne	Courteille, 4	Argentan	Orne
Courmelles, 1	Soissons	Aisne	Courteilles, 8	Evreux	Eure
Courmelois, 4 1/4	Rheims	Marne	Courteilles (Alençon), 1/2	Alençon	Orne
Courmenil, 4	Argentan	Orne	Courteix, 2 1/2	Ussel	Corrèze
Courmes, 4	Grasse	Var	Courtelain, 1/2	Baume	Doubs
Courmoucle, 7 1/2	Troyes	Aube	Courtelevant, 7	Belfort	Haut-Rhin
Courmont, 6	Lure	H.-Saône	Courtemanche, 1	Montdidier	Somme
Courmonts, 3 1/4	Château-Thierry	Aisne	Courtemaux, 4	Montargis	Loiret
			Courtémont, 2 1/2	Ste-Ménéhould	Marne
			Courtemont-Varennes, 2 1/2	Château-Thierry	Aisne
Cournanel, 1 1/2	Limoux	Aude	Courtempierre, 4	Montargis	Loiret
Courneuve (la), 1/2	St.-Denis	Seine	Courtenai, 6 1/4	La-Tour-du-Pin	Isère
Cournon, 12	Vannes	Morbihan	Courtenault (Reveillon), 12 1/4	Epernay	Marne
Cournonsec, 3 1/2	Montpellier	Hérault			
Cournonteral, 3 1/2	Montpellier	Hérault	Courtenay*, 6 1/4	Montargis	Loiret
Cournonx (St.-Vincent), 3	Cahors	Lot	Courtenot, 1 1/2	Bar-sur-Seine	Aube
			Courteranges, 3	Troyes	Aube
Couronne-Lapalud (la), 1 1/4	Angoulême	Charente	Courteron, 3	Bar-sur-Seine	Aube
			Courtes, 6	Bourg	Ain
Couronne-le-Grand, 2 1/4	Rouen	Seine-Inf.	Courtesoult, 5 1/4	Gray	H.-Saône
Couronne-le-Petit, 1 1/4	Rouen	Seine-Inf.	Courtête (la), 5 1/2	Limoux	Aude
Courouvre, 7	Commercy	Meuse	Courteuil, 1	Senlis	Oise
Courpalay, 5 1/4	Coulommiers	Seine-et-M.	Courtevroust, 3 1/2	Provins	Seine-et-M.
Courpiac, 8 1/4	La Réole	Gironde	Courthezon, 3 1/2	Avignon	Vaucluse
Courpières, 2 1/2	Thiers	Puy-de-Dô.	Courthiézy, 5	Epernay	Marne
Courpignac, 3 1/2	Jonzac	Char.-Inf.	Courthiout, 3	Mortagne	Orne
Courquetaine, 4 1/2	Melun	Seine-et-M.	Courtiers, 5	Parthenay	2 Sèvres
Courrensan, 5 1/4	Condom	Gers	Courties, 5 1/2	Mirande	Gers
Courrières, 7	Béthune	Pas-de-Cal.	Courtieux, 5 1/2	Compiègne	Oise
Courris, 6 1/2	Albi	Tarn	Courtilbert (Aunay), 7 1/2	Vire	Calvados
Courry, 5	Alais	Gard	Courtilliers, 6	La Flèche	Sarthe
Cours, 5	Bazas	Gironde	Courtils, 3	Avranches	Manche
Cours, 5 1/4	La Réole	Gironde	Courtine (la), 7 1/2	Aubusson	Creuse
Cours, 4	Cahors	Lot	Courtiras (Vendôme)	Vendôme	Loir-et-Ch.
Cours, 6	Agen	Lot-et-Gar.	Courtisols, 3	Châlons-sur-Marne	Marne
Cours, 1/4	Cosne	Nièvre			
Cours, 11 1/2	Villefranche	Rhône	Courtivron, 5 1/4	Dijon	Côte-d'Or
Cours, 4 1/4	Niort	2 Sèvres	Courtoin, 3	Sens	Yonne
Cours-de-Piles, 1 1/2	Bergerac	Dordogne	Courtois, 2	Sens	Yonne
Cours-Mesmin, 4 1/2	Romorantin	Loir-et-Ch.	Courtomer, 10	Alençon	Orne
Cours-sous-Magny, 3 1/4	Nevers	Nièvre	Courtomer, 5 1/4	Melun	Seine-et-M.
Coursac, 2 1/4	Périgueux	Dordogne	Courton (Bas-et-Haut) (St.-Loup-de-Naud) 1 1/2	Provins	Seine-et-M.
Coursan, 7 1/2	Troyes	Aube			
Coursan, 1 1/2	Narbonne	Aude	Courtonne-la-Meurdrac, 2	Lisieux	Calvados
Coursegoules, 6	Grasse	Var	Courtonne la-Ville, 4	Lisieux	Calvados
Courset, 5	Boulogne	Pas-de-Cal.	Courtonnel, 3 1/2	Lisieux	Calvados
Courseulles, 4	Caen	Calvados	Courtoulin, 1 1/2	Mortagne	Orne
Courson, 3 1/2	Vire	Calvados	Courtrisy, 3 1/2	Laon	Aisne
Courson, 5	Auxerre	Yonne	Courtry, 5 1/4	Meaux	Seine-et-M.
Courson-Launay, 7 1/2	Rambouillet	Seine-et-O.	Courtry, 2	Melun	Seine-et-M.
Court (la), 1	St.-Girons	Ariège	Courty (Maisse), 4 1/4	Etampes	Seine-et-O.

Communes.	Arrondissem.	Départem.	Communes.	Arrondissem.	Départem.
Courvaudon, 6	Caen	Calvados	Couvertoirade (la), 6 ½	Milhaud	Aveiron
Courveilles, 3 ¼	Laval	Mayenne	Convignon, 1 ½	Bar-sur-Aube	Aube
Courvières, 5 ½	Pontarlier	Doubs	Couville, 3	Cherbourg	Manche
Courville*, 4	Chartres	Eure-et-L.	Couvonges, 3 ¼	Bar-le-Duc	Meuse
Courville, 6	Rheims	Marne	Couvrelles, 4	Soissons	Aisne
Courzieu, 4	Lyon	Rhône	Couvron, 3 ¼	Laon	Aisne
Cousance, 6	Lons-le-Saulnier	Jura	Couvrot, 1	Vitry-le-Français	Marne
Cousancelles, ¼	Bar-le-Duc	Meuse	Coux, ¼	Privas	Ardèche
Cousances, 5	Bar-le-Duc	Meuse	Coux, 3 ½	Jonzac	Char.-Inf.
Cousances-aux-Bois, 2 ½	Commercy	Meuse	Coux (la), 9	Belley	Ain
Consolre, 5	Avesnes	Nord	Coux (le), 4	Sarlat	Dordogne
Couson, 6 ½	Langres	H.-Marne	Cony, 5 ½	Sancerre	Cher
Coussa, 2	Pamiers	Ariége	Couyère (la), 13	Redon	Ille-et-Vil.
Coussac, 3	St.-Yrieix	H.-Vienne	Couze, 4 ½	Bergerac	Dordogne
Coussan, 2	Tarbes	H.-Pyrén.	Couzeix, 1 ½	Limoges	H.-Vienne
Coussay, 4 ½	Loudun	Vienne	Couziers, 3	Chinon	Indre-et-L.
Coussay-les-Bois, 4 ½	Châtellerault	Vienne	Couzon, 5	Moulins	Allier
Coussegrey, 6 ½	Bar-sur-Seine	Aube	Couzon, 7 ½	Gourdon	Lot
Coussergues, 12	Milhaud	Aveiron	Couzon, 1 ¼	Lyon	Rhône
Coussey, 1 ¼	Neufchâteau	Vosges	Cox, 8 ½	Toulouse	H.-Garonne
Coust, 2	St.-Amand	Cher	Coye, 2	Senlis	Oise
Coustaussa, 4 ¼	Limoux	Aude	Coyecques, 4 ¼	St.-Omer	Pas-de-Cal.
Coustouge, 8	Narbonne	Aude	Coyolles, 7	Soissons	Aisne
COUTANCES *	ch.-l. d'ar., 9 r	Manche	Cozes *, 5	Saintes	Char.-Inf.
Coutançon, 7 ½	Provins	Seine-et-M.	Cozzano, 7 ½	Ajaccio	Corse
Coutansauze, 5	Gannat	Allier	Crabe (la), 5	St.-Sever	Landes
Coutant (St.-), 4 ¼	Confolens	Charente	Crach, 10 ½	Lorient	Morbihan
Coutant (St.-), 4 ¼	Rochefort	Char.-Inf.	Craches, 2	Rambouillet	Seine-et-O.
Coutant (St.-), 4	St.-Jean-d'Angely	Char.-Inf.	Crachier, 7	Vienne	Isère
			Crain, 7	Auxerre	Yonne
Coutant (St.-), 2 ¼	Melle	2 Sèvres	Craincourt, 4	Château-Salins	Meurthe
Coutarnoux, 4 ¼	Avallon	Yonne	Craintillieux, 2 ½	Montbrison	Loire
Coutenges, 4 ½	Brioude	H.-Loire	Crainvillers, 6 ½	Neufchateau	Vosges
Coutens, 4 ¼	Pamiers	Ariége	Craissac, 3	Cahors	Lot
Couterne, 5	Domfront	Orne	Cram-Chaban, 8 ¼	La Rochelle	Char.-Inf.
Couternon, 1 ¼	Dijon	Côte-d'Or.	Cramail, 5 ½	Soissons	Aisne
Coutevroust, 2 ½	Meaux	Seine-et-M.	Cramans, 4	Poligny	Jura
Couthenans, 3	Montbéliard	Doubs	Cramant, 1 ¼	Epernay	Marne
Couthure, 2	Marmande	Lot-et-Gar.	Cramard, 7	Poitiers	Vienne
Couthures, 4	La Réole	Gironde	Cramaux, 4	Albi	Tarn
Couthiches, 4	Douai	Nord	Cramenil, 6	Argentan	Orne
Coutouvre, 3 ½	Roanne	Loire	Gramoisy, 3	Senlis	Oise
Contras *, 5 ½	Libourne	Gironde	Cramont, 4 ¼	Abbeville	Somme
Coutretot, 1 ¼	Nogent-le-Rotrou	Eure-et-L.	Crampagna, 9	Pamiers	Ariége
			Craency, 3	Nogent-sur-Seine	Aube
Couture, 5	Ruffec	Charente			
Couture, 3	Riberac	Dordogne	Crançot, 3	Lons-le-Saulnier	Jura
Couture (la), 5	Evreux	Eure			
Couture (la), 1 ¼	Béthune	Pas-de-Cal.	Crandelain, 2 ½	Laon	Aisne
Couture, 3	Castel-Sarrasin	Tarn-et-Gar.	Crandelles, 2	Aurillac	Cantal
Couture (la), 9	Fontenay-le-Comte	Vendée	Crannes, 7 ½	Mayenne	Mayenne
			Crannes, 5 ¼	Le Mans	Sarthe
Couture-d'Argenson (la), 5 ¼	Melle	2 Sèvres	Cransac, 8 ½	Villefranche	Aveiron
			Crantenoy, 6 ½	Nancy	Meurthe
Couturelle, 6 ½	St.-Pol	Pas-de-Cal	Craon *, 4	Château-Gontier	Mayenne
Coutures *, 7 ½	Vendôme	Loir-et-Ch.			
Coutures, 10 ¼	Saumur	Maine-et-L.	Craon, 5 ½	Loudun	Vienne
Coutures, 2	Château-Salins	Meurthe	Craonne, 5	Laon	Aisne
Couvain, 11 ½	Argentan	Orne	Craonnelle, 5	Laon	Aisne
Couvains, 2 ¼	St.-Lô	Manche	Crans, 11 ¼	Trévoux	Ain
Couverpuis, 7	Bar-le-Duc	Meuse	Crans, 2	Poligny	Jura
Couvert, 2 ½	Bayeux	Calvados	Crapeau-Ménil, 8	Compiégne	Oise
Couvert (Soturac), 11 ½	Cahors	Lot	Crapoune *, 8	Le Puy	H.-Loire

Communes.	Arrondissem.	Départem.
Cras, 2 ½	Bourg	Ain
Cras, 6 ½	Nantua	Ain
Cras, 5	St.-Marcellin	Isère
Cras, 4 ½	Cahors	Lot.
Crasménil, 4 ½	Le Hâvre	Seine-Inf.
Crassier (*Vezenay*), 3 ½	Gex	Ain
Crastatt, 2 ¼	Saverne	Bas-Rhin
Crastes, 4	Auch	Gers
Crasville, 2 ¾	Valognes	Manche
Crasville-la-Malet, 5 ½	Yvetot	Seine-Inf.
Crasville-Roquefort, 5	Yvetot	Seine-Inf.
Craux (la) (*Hyères*), 3 ¾	Toulon	Var
Cravanche, 1	Belfort	H.-Rhin
Cravans, 4 ½	Saintes	Char. Inf.
Cravant, 1 ½	Chinon	Indre-et-L.
Cravant, 6 ½	Orléans	Loiret
Cravant, 5	Mantes	Seine-et-O.
Cravant, 4	Auxerre	Yonne
Cravencères, 13 ½	Condom	Gers
Craville, 1 ¾	Louviers	Eure
Cray, 5 ½	La Tour-du-Pin	Isère
Cray, 6 ½	Charolles	Saône-et-O.
Craywick, 3	Dunkerque	Nord
Crazannes, 4	Saintes	Char.-Inf.
Cré-sur-Loir, 1 ½	La Flèche	Sarthe
Créac (St.-), 4	Lectoure	Gers
Créac (St.-), 3 ¾	Argelès	H.-Pyrén.
Créancey, 10 ¼	Beaune	Côte-d'Or
Créances, 5 ½	Coutances	Manche
Créancey, 6	Chaumont	H.-Marne
Créans, 1	La Flèche	Sarthe
Crèche (la) (*St.-Sulpice*), 4 ½	Marennes	Char.-Inf.
Crèche (la) (*Bailleul*), 5	Hazebrouck	Nord
Crèche (la) (*Brelon*), 2 ½	Niort	2 Sèvres
Crèches, 3	Mâcon	Saône-et-L.
Créches, 14 ½	Bagnères	H.-Pyrén.
Crechy, 7	La Palisse	Allier
Crécy *, 3	Meaux	Seine-et-M.
Crécy, 5	Abbeville	Somme
Crécy-au-Mont, 9	Laon	Aisne
Crécy-Couvé, 2 ¼	Dreux	Eure-et-L.
Crécy-sur-Canne, 8 ½	Nevers	Nièvre
Crecy-sur-Serre, 3 ¼	Laon	Aisne
Crédin, 8	Ploërmel	Morbihan
Crégols, 7	Cahors	Lot
Crégy, ½	Meaux	Seine-et-M.
Créhange, 6 ¾	Metz	Moselle
Créhen, 5	Dinan	Côtes-du-N
Creil *, 2	Senlis	Oise
Creissac, 3 ¼	Privas	Ardèche
Creissac, 6	Riberac	Dordogne
Creissan, 4	Beziers	Hérault
Creisseilles, 1 ¾	Privas	Ardèche
Creisset, 6	Digne	B.-Alpes
Crellonnière (la), 4 ¼	Lisieux	Calvados
Crémanville, 3 ½	Pont-l'Evêque	Calvados
Crémarest, 3 ¾	Boulogne	Pas-de-Cal.
Crémeaux, 6	Roanne	Loire
Cremens, 13 ½	Condom	Gers
Crémery, 5 ½	Montdidier	Somme
Cremien *, 8	La Tour-du-Pin	Isère
Crémille, 5 ¼	Châtellerault	Vienne
Cremps, 4	Cahors	Lot
Crenans, 6	St.-Claude	Jura
Crenay, 3	Chaumont	H.-Marne
Creney, 1 ½	Troyes	Aube
Crennes (*Urou*), ¾	Argentan	Orne
Créon, 5 ½	Bordeaux	Gironde
Créon, 9	Mont-de-Marsan	Landes
Créot, 7	Autun	Saône-et-L.
Crepand, 3 ½	Semur	Côte-d'Or
Crêpé, 1 ¼	Niort	2 Sèvres
Crepeville, 4	Dieppe	Seine Inf.
Crépey (*Aubaine*), 2 ¼	Beaune	Côte-d'Or
Crepey, 4	Toul	Meurthe
Crépigny (*Caillouel*), 12	Laon	Aisne
Crepin (St.-), 5 ¼	Embrun	H.-Alpes
Crepin (St.-), 5 ½	Rochefort	Char.-Inf.
Crepin (St-), 4 ½	Périgueux	Dordogne
Crepin (St.-), 3	Sarlat	Dordogne
Crépin (St.-), 4 ¼	Beauvais	Oise
Crépin (St.-), 4 ½	Dieppe	Seine-Inf.
Crepin-aux-Bois (St.-), 3 ¼	Compiégne	Oise
Crepin-de-Richemont (St.-), 3 ½	Nontron	Dordogne
Crépion, 5 ¼	Montmédy	Meuse
Crepoil, 4 ¼	Meaux	Seine-et-M.
Crépol, 6 ½	Valence	Drôme
Crépon, 5	Bayeux	Calvados
Crépy, 2 ½	Laon	Aisne
Crépy (*Pettre*), 1	Metz	Moselle
Crepy *, 6	Senlis	Oise
Crépy, 9	Montreuil	Pas-de-Cal.
Creques, 3	St.-Omer	Pas-de-Cal.
Crequy, 5 ¼	Montreuil	Pas-de-Cal.
Crésancey, 2 ½	Gray	H.-Saône
Crésantigue, 4 ¼	Troyes	Aube
Cresnay (Notre-Dame de), 5	Avranches	Manche
Crespian, 6	Nismes	Gard
Crespin, 13 ½	Rodez	Aveiron
Crespin (St.-), 4 ½	Lisieux	Calvados
Crespin (St.-), 4 ½	Beaupréau	Maine-et-L.
Crespin, 11	Douai	Nord
Crespin-du-Becquet (St.-), 2 ½	Rouen	Seine-Inf.
Crespinet, 4	Albi	Tarn
Crespières, 4 ½	Versailles	Seine-et-O.
Crespy, 5 ¼	Bar-sur-Aube	Aube
Cressac, 6 ¼	Angoulême	Charente
Cressanges, 4	Moulins	Allier
Cressat, 4 ¾	Guéret	Creuse
Cresse (la), 2 ¼	Milhaud	Aveiron
Cressé, 5 ¾	St-Jean-d'Angely	Char.-Inf.
Cressensac *, 12 ½	Gourdon	Lot
Cressenville, 2 ¼	Les Andelys	Eure
Cresserons, 3	Caen	Calvados
Cresseveulle, 3	Pont-l'Evêque	Calvados
Cressey-sur-Tille, 6	Dijon	Côte-d'Or
Cressia, 5 ¼	Lons-le-Saulnier	Jura
Cressien (*Chazeybous*), 1	Belley	Ain
Cressin (*Rochefort*), 1 ¾	Belley	Ain

CRE　　　　　CRO

Communes.	Arrondissem.	Départem.	Communes.	Arrondissem.	Départem.
Cressonsacq, 5	Clermont	Oise	Crezilles, 2 1/4	Toul	Meurthe
Cressy, 6 1/2	Montdidier	Somme	Cricq (St.-), 4	Mont-de-Marsan	Landes
Cressy, 6	Dieppe	Seine-Inf.			
Cressy-sur-Somme, 10	Autun	Saône-et-L.	Cricq (St.-), 4 1/2	St.-Sever	Landes
Crest *, 9	Die	Drôme	Cricq-du-Grave (St.-), 6	Dax	Landes
Crest (le), 3 1/2	Clermont	Puy de-Dô.			
Crest, 5 1/4	Issoire	Puy-de-Dô	Criqueville, 4 1/4	Pont-l'Évêque	Calvados
Crestet (le), 8	Tournon	Ardèche	Criel, 5	Dieppe	Seine-Inf.
Crestet, 6	Orange	Vaucluse	Crillat, 7 1/2	St.-Claude	Jura
Crestot, 4 1/2	Louviers	Eure	Crillon, 3 1/2	Beauvais	Oise
Crête (la), 5	Chaumont	H.-Marne	Crillon, 2 1/2	Carpentras	Vaucluse
Creteil, 3	Sceaux	Seine	Crimolois, 1 1/2	Dijon	Côte-d'Or
Creton, 5	Evreux	Eure	Crion, 1 3/4	Lunéville	Meurthe
Cretot, 6	Le Hâvre	Seine-Inf.	Criq (St.-), 7	Lombez	Gers
Cretteville, 9 1/4	Coutances	Manche	Crique (la), 7	Dieppe	Seine-Inf.
Creue, 7 1/2	Commercy	Meuse	Criquebeuf, 7 1/4	Le Hâvre	Seine-Inf.
Creully, 4	Caen	Calvados	Criquebeuf-la-Campagne	Louviers	Eure
Creuse (la), 4 1/4	Lure	H.-Saône			
Creuse, 3 1/4	Amiens	Somme	Criquebeuf-sur-Seine, 3 1/4	Louviers	Eure
Creuttes (les) (Mons), 1	Laon	Aisne			
Creuszwald-la-Croix, 10 1/4	Thionville	Moselle	Criquebeuf, 3 1/2	Pont-l'Évêque	Calvados
			Criquetot, 4	Dieppe	Seine-Inf.
Creutzwald-la-Houve (Creutzwald-la-Croix), 10 1/2	Thionville	Moselle	Criquetot, 5	Le Hâvre	Seine-Inf.
			Criquetot-le-Mauconduit, 6 1/4	Yvetot	Seine-Inf.
Creutzwald-Wilhelmsbronn (Creutzwald-la-Croix), 10 1/4	Thionville	Moselle	Criquetot-sur-Ouville, 2 1/4	Yvetot	Seine-Inf.
Creux (le) (Izieux), 2 1/4	St.-Etienne	Loire	Criqueville, 6 1/2	Bayeux	Calvados
			Criquiers, 5 1/2	Neufchâtel	Seine-Inf.
Creux-Chemin (le) (Chalo-St.-Mars), 1 1/2	Etampes	Seine-et-O.	Crisenoy, 2	Melun	Seine-et-M.
			Crisolles, 7	Compiègne	Oise
Creuzefond (Curgy), 1 1/2	Autun	Saône-et-L	Crissay, 4 1/2	Chinon	Indre-et-L.
Creuzier-le-Neuf, 4 1/2	La Palisse	Allier	Crissé, 8	Le Mans	Sarthe
Creuzier-le-Vieux, 5	La Palisse	Allier	Cressey, 1/4	Dôle	Jura
Creuzot, 6	Autun	Saône-et-L.	Crissey, 1 1/4	Châlons	Saône-et-L.
Creuzy, 4 1/4	Orléans	Loiret	Cristianacie, 1	Ajaccio	Corse
Créval (St.-Hélier), 7 1/2	Dieppe	Seine-Inf.	Cristot, 3 1/4	Caen	Calvados
Crevans, 10 1/4	Lure	H.-Saône	Criteuil, 5 1/2	Cognac	Charente
Crevant, 3	La Châtre	Indre	Critot, 5 1/2	Neufchâtel	Seine-Inf.
Crevant, 4	Thiers	Puy-de-Dô.	Croccichia, 2	Bastia	Corse
Crévéchamps, 5 1/4	Nancy	Meurthe	Croce, 3	Bastia	Corse.
Crève-Cœur (Orbagna),	Lons-le-Saulnier	Jura	Croci (Moca), 4 1/4	Sartène	Corse
			Crochte, 3	Dunkerque	Nord
Crevecœur, 4 1/2	Lisieux	Calvados	Crocq, 4 1/2	Aubusson	Creuse
Crevecœur, 2 1/4	Cambrai	Nord	Crocy, 2 1/2	Falaise	Calvados
Crévecœur *, 8	Clermont	Oise	Crœtwiller, 5	Haguenau	Bas-Rhin
Crevecœur (le Petit), 5	Clermont	Oise	Croignon, 4 1/2	Bordeaux	Gironde
Crevecœur (La Cour-Neuve), 1/2	St.-Denis	Seine	Croisance, 6	Le Puy	H.-Loire
			Croisette, 1 1/4	St.-Pol	Pas-de-Cal.
Crevecœur, 4 1/2	Coulommiers	Seine-et-M.	Croisic (le), 10 1/4	Savenay	Loire-Inf.
Creveney, 6 1/4	Lure	H.-Saône	Croisille (la), 4	Evreux	Eure
Crévic, 2 1/2	Lunéville	Meurthe	Croisille (la), 3 1/4	Lavaur	Tarn
Crevon, 5 1/4	Rouen	Seine-Inf.	Croisilles, 6 1/4	Falaise	Calvados
Crevoux, 2 1/2	Embrun	H.-Alpes	Croisilles, 2 1/4	Dreux	Eure-et-L.
Creyer, 5 1/2	Die	Drôme	Croisilles, 5	Argentan	Orne
Creysse, 1 1/2	Bergerac	Dordogne	Croisilles, 4	Arras	Pas-de-Cal.
Creysse, 11	Gourdon	Lot	Croissanville *, 6 1/2	Lisieux	Calvados
Creyssels, 1/2	Milhaud	Aveiron	Croisset (Canteleu), 1 1/2	Rouen	Seine-Inf.
Greyssensac, 4	Périgueux	Dordogne	Croissy, 10 1/2	Clermont	Oise
Crezancay, 3	St.-Amand	Cher	Croissy (Pontoise), 5 1/2	Compiègne	Oise
Crézancy, 1 1/4	Château-Thierry	Aisne	Croissy, 2	Versailles	Seine-et-O.
			Croissy Beaubourg, 5 1/2	Meaux	Seine-et-M.
Crézancy, 2 1/4	Sancerre	Cher	Croisy, 6	St.-Amand	Cher
Crézière, 3 1/2	Melle	2 Sèvres	Croisy, 4	Evreux	Eure

Communes.	Arrondissem.	Départem.
Croisy, 10 ½	Neufchâtel	Seine-Inf.
Croix (Ste.-), 6 ½	Trévoux	Ain
Croix (la), 3 ¼	Château-Thierry	Aisne
Croix (Ste.-), 3 ¾	Laon	Aisne
Croix (Ste.-), 15	Digne	B.-Alpes
Croix (Ste.-), 5 ¾	Forcalquier	B.-Alpes
Croix (la), 1 ½	Vouziers	Ardennes
Croix (Ste.-), 3 ½	St.-Girons	Ariége
Croix (la), 13	Espalion	Aveiron
Croix (Ste.-), 2 ½	Villefranche	Aveiron
Croix (Ste.-), 4	Caen	Calvados
Croix (la), 4	St.-Jean-d'Angely	Char.-Inf.
Croix (la) (*Ogny*), 11 ¾	Beaune	Côte-d'Or
Croix (Ste.-), 2	Die	Drôme
Croix (la), 6 ¼	Tours	Indre-et-L.
Croix (Ste.-), 5 ¼	St.-Sever	Landes
Croix (Ste.-) (*Pavezin*), 6 ¼	St.-Etienne	Loire
Croix (Ste.-), 6 ¼	Florac	Lozère
Croix (Ste.-) (*Dormans*), 5	Epernay	Marne
Croix (la) (*St.-François*) 5 ¼	Thionville	Moselle
Croix, 5 ¼	Avesnes	Nord
Croix, 1 ¾	Lille	Nord
Croix (Ste.-)*, 5 ¾	Compiégne	Oise
Croix, 1 ¼	St.-Pol	Pas-de-Cal.
Croix, 7	Belfort	Haut-Rhin
Croix (Ste.-), 1 ¼	Louhans	Saône-et-L.
Croix, 3	Péronne	Somme
Croix (Ste.-), ¼	Le Mans	Sarthe
Croix (Ste.-) (*Angles*), 6 ¼	Montmorillon	Vienne
Croix (la), 1 ¼	Bellac	H.-Vienne
Croix-à-la-Main (la) (*Caligny*), 7 ¼	Domfront	Orne
Croix-au-Bailly (la), 7 ½	Abbeville	Somme
Croix-au-Bost (la), 3	Aubusson	Creuse
Croix-aux-Mines (Ste.-), 11 ¼	Colmar	H.-Rhin
Croix-aux-Mines (la), 3	St.-Dié	Vosges
Croix-Avranchin (la), 4	Avranches	Manche
Croix-Bénite, 1 ½	Toulouse	H.-Garonne
Croix-Boccage (Ste.-), 2 ½	Valognes	Manche
Croix-Chapeaux, 3 ¼	La Rochelle	Char.-Inf.
Croix-Dalle, 3 ¼	Neufchâtel	Seine-Inf.
Croix-de-Caderle (Ste.-) 7 ¾	Le Vigan	Gard
Croix-de-Mareuil (Ste.-) 5	Nontron	Dordogne
Croix-de-Mission (la) (*Montaud*), ¼	St.-Etienne	Loire
Croix-de-Monferrand (Ste.-), 8 ½	Bergerac	Dordogne
Croix-de-Quintillargues (Ste.-), 9 ¼	Montpellier	Hérault
Croix-de-St.-Lô (Ste.-), ¼	St.-Lô	Manche
Croix-de-Vaux (Ste.-) 8	Cahors	Lot
Croix-de-Vix, 8	Les Sables	Vendée
Croix-du-Menilgonfroi (Ste.-), 5	Argentan	Orne
Croix-du-Mont (Ste.-), 10 ¾	Bordeaux	Gironde
Croix-du-Perche (la), 4 ¾	Nogent-le-Rotrou	Eure-et-L.
Croix-en-Brie (la), 5	Provins	Seine-et-M.
Croix-en-Champagne (la), 3	Ste-Menehould	Marne
Croix-en-Plaine (Ste.-). 2 ½	Colmar	Haut-Rhin
Croix-Falgarde (la), 2 ¼	Toulouse	H.-Garonne
Croix-Fonsonnes, 3	St.-Quentin	Aisne
Croix-Hague (Ste.-), 3	Cherbourg	Manche
Croix-Helléant (la), 2	Ploërmel	Morbihan
Croix-Mare, 6	Rouen	Seine-Inf.
Croix-Rault, 6	Amiens	Somme
Croix-Ricard (la) (*Mélicocq*), 2 ¼	Compiégne	Oise
Croix-St.-Leufroix (la), 4	Louviers	Eure
Croix-sur-Aizier (Ste.-), 3	Pont-Audemer	Eure
Croix-sur-Buchy (Ste.-), 7	Rouen	Seine-Inf.
Croix-sur-Mer (Ste.-), 3 ¼	Bayeux	Calvados
Croix-St.-Ouen (la)*, 2	Compiégne	Oise
Croix-sur-Meuse (la), 8 ½	Commercy	Meuse
Croix-sur-Orne (Ste.-).5	Argentan	Orne
Croixanvec, 3 ¼	Pontivy	Morbihan
Croixille (la), 7 ½	Laval	Mayenne
Croizet, 4 ¼	Roanne	Loire
Croizille (la), 7 ½	Limoges	H.-Vienne
Crolles, 2 ¼	Grenoble	Isère
Crollon, 3 ¼	Avranches	Manche
Cromac, 8 ½	Bellac	H.-Vienne
Cromary, 7 ½	Vesoul	H.-Saône
Cronat-sur-Loire, 15	Charolles	Saône-et-L.
Cronce, 6 ½	Brioude	H.-Loire
Crônes, 3 ¼	Corbeil	Seine-et-O.
Cropte (la), 7	Périgueux	Dordogne
Cropte (la), 6	Laval	Mayenne
Cropus, 6	Dieppe	Seine-Inf.
Croquoison, 8	Amiens	Somme
Cros (le) (*Testet*), 14	Rodez	Aveiron
Cros, 7	Le Vigan	Gard
Cros (le), 7 ½	Lodève	Hérault
Cros, 10	Issoire	Puy-de-Dô.
Cros-de-Georand, 10	Argentière	Ardèche
Cros-de-Montamat, 4 ½	Aurillac	Cantal
Cros-de-Montvert, 5	Aurillac	Cantal
Crosant, 7 ¼	Guéret	Creuse.
Crose, 3 ¾	Aubusson	Creuse
Crosey-le-Grand, 4	Beaune	Doubs
Crosey-le-Petit, 4 ½	Beaune	Doubs
Crosmières, 1 ½	La Flèche	Sarthe
Crossac, 4	Savenay	Loire-Inf.
Crosses, 3 ¼	Bourges	Cher
Crosville, 3 ½	Valognes	Manche
Crosville, 3 ½	Dieppe	Seine-Inf.
Crosville, 5 ½	Yvetot	Seine-Inf.
Crosville-la-Vieille, 5	Louviers	Eure

Communes.	Arrondissem.	Départem.	Communes.	Arrondissem.	Départem.
Crotelles, $5\frac{1}{2}$	Tours	Indre-et-L.	Cubières, 12	Limoux	Aude
Crotenay, $3\frac{1}{2}$	Poligny	Jura	Cubières, $6\frac{1}{4}$	Mende	Lozère
Croth, $6\frac{1}{2}$	Evreux	Eure	Cubierettes, $7\frac{1}{2}$	Mende	Lozère
Crotoy, $4\frac{1}{4}$	Compiégne	Oise	Cubjac, $5\frac{1}{2}$	Périgueux	Dordogne
Crotoy (le), $6\frac{3}{4}$	Abbeville	Somme	Cublac, $5\frac{1}{2}$	Brives	Corrèze
Crottes (les), $1\frac{3}{4}$	Embrun	H.-Alpes	Cublize, 8	Villefranche	Rhône
Crottes, $4\frac{1}{4}$	Pithiviers	Loiret	Cubnezais, $6\frac{1}{2}$	Blaye	Gironde
Crottet, 6	Bourg	Ain	Cubord (*Salles-en-Toulon*), 5	Montmorillon	Vienne
Crouais (le), 6	Montfort	Ille-et-Vil.			
Croüay, 2	Bayeux	Calvados	Cubrial, 4	Baume	Doubs
Crouin, $\frac{1}{2}$	Cognac	Charente	Cubry, 4	Baume	Doubs
Croupet, $7\frac{1}{2}$	Lons-le-Saulnier	Jura	Cubry, $10\frac{1}{2}$	Lure	H.-Saône
			Cubzac, 5	Bordeaux	Gironde
Coupte (la), $4\frac{1}{2}$	Lisieux	Calvados	Cucharmoy, $2\frac{1}{4}$	Provins	Seine-et-M.
Crouptes, $6\frac{1}{4}$	Argentan	Orne	Cuchery, $5\frac{1}{2}$	Rheims	Marne
Croutelle, 2	Poitiers	Vienne	Cucq, 3	Montreuil	Pas-de-Cal.
Croutes (les) (*Muret*), 4	Soissons	Aisne	Cucugnan, 14	Carcassonne	Aude
Croutes (les), 9	Troyes	Aube	Cucuron, $4\frac{1}{2}$	Oléron	B.-Pyrén.
Croattes, $3\frac{1}{4}$	Château-Thierry	Aisne	Cucuron, $5\frac{1}{2}$	Apt	Vaucluse
			Cudos, $1\frac{1}{2}$	Basas	Gironde
Crouy, 1	Soissons	Aisne	Cudot, 5	Joigny	Yonne
Crouy, 6	Blois	Loir-et-Ch.	Cuelas, $5\frac{1}{4}$	Mirande	Gers
Crony, 5	Senlis	Oise	Cuers, $5\frac{1}{2}$	Toulon	Var
Crouy, $5\frac{1}{4}$	Meaux	Seine-et-M.	Cuffy, $\frac{1}{2}$	Soissons	Aisne
Crouy-Quesnot, 4	Amiens	Somme	Cuffy, 13 $\frac{1}{4}$	St.-Amand	Cher
Crouzeilles, 10	Pau	B.-Pyrén.	Cugand, 14	Bourbon-Vendée	Vendée
Crouzet (le), $10\frac{1}{4}$	Besançon	Doubs			
Crouzet, 4	Pontarlier	Doubs	Cuges, 7	Marseille	B. du Rhône
Crouzets (les), $6\frac{1}{4}$	Rodez	Aveiron	Cugnaux, $2\frac{1}{2}$	Toulouse	H.-Garonne
Crouzette (la), $3\frac{1}{4}$	Castres	Tarn	Cugney, $3\frac{1}{2}$	Gray	H.-Saône
Crouzille, $3\frac{1}{2}$	Chinon	Indre-et-L.	Cugny, 5	St.-Quentin	Aisne
Crouzille (la), 10	Riom	Puy-de-Dô.	Cugny-les-Croutes, $5\frac{1}{2}$	Soissons	Aisne
Crox, $9\frac{1}{2}$	Châteauroux	Indre	Cuguen, 10	St.-Mâlo	Ille-et-Vil.
Croze, $5\frac{1}{2}$	Valence	Drôme	Cugurmont, 4	Agen	Lot-et-Gar.
Crozet, $2\frac{3}{4}$	Gex	Ain	Cuguron, $2\frac{1}{4}$	St.-Gaudens	H.-Garonne
Crozets (les), $5\frac{1}{2}$	St.-Claude	Jura	Cuhem, 5	St.-Omer	Pas-de-Cal.
Crozillac, 7	Espalion	Aveiron	Cuhon, 8	Poitiers	Vienne
Crozon, $7\frac{1}{4}$	Châteaulin	Finistère	Cui, $1\frac{1}{4}$	Argentan	Orne
Crozon, $3\frac{1}{2}$	La Châtre	Indre	Cuigni, $\frac{1}{2}$	Argentan	Orne
Croas, 4	Privas	Ardèche	Cuignières, $2\frac{1}{2}$	Clermont	Oise
Crucey, $5\frac{3}{4}$	Dreux	Eure-et-L.	Cuigy, 4	Beauvais	Oise
Crucheray, 2	Vendôme	Loir-et-Ch.	Cuillé, 9	Château Gontier	Mayenne
Cruchot, $4\frac{1}{2}$	Châlons	Saône-et-L.			
Crucilieu (*St.-Chef*), $3\frac{1}{2}$	La-Tour-du-Pin	Isère	Cuinchy-lès-Labassée, $2\frac{1}{2}$	Béthune	Pas-de-Cal.
Crué, $1\frac{1}{4}$	Loudun	Vienne	Cuincy, $\frac{1}{2}$	Douai	Nord
Cruejouls, $11\frac{1}{2}$	Millaud	Aveiron	Cuing, $2\frac{1}{4}$	St.-Gaudens	H.-Garonne
Crugey, $5\frac{1}{2}$	Beaune	Côte-d'Or	Cuire (*Caluire*), $\frac{1}{4}$	Lyon	Rhône
Crugny, $5\frac{1}{4}$	Rheims	Marne	Cuirieux, 5	Laon	Aisne
Cruguel, 5	Ploërmel	Morbihan	Cuiry-Honsse, $4\frac{1}{2}$	Soissons	Aisne
Cruis, 5	Forcalquier	B.-Alpes	Cuiry-lès-Chaudardes, 9	Laon	Aisne
Crulai, 5	Mortagne	Orne	Cuiry-lès-Yviers, 12	Laon	Aisne
Crupilly, $3\frac{1}{2}$	Vervins	Aisne	Cuis, $1\frac{1}{4}$	Epernay	Marne
Cruscades, 3	Narbonne	Aude	Cuisance, $2\frac{1}{2}$	Baume	Doubs
Crusilles, $5\frac{1}{2}$	Mâcon	Saône-et-L.	Cuiserey, 5	Dijon	Côte-d'Or
Crusnes, $4\frac{1}{2}$	Briey	Moselle	Cuisia, $5\frac{1}{4}$	Lons-le-Saulnier	Jura
Cruviers, $4\frac{1}{2}$	Alais	Gard			
Crux-la-Ville, $11\frac{1}{2}$	Nevers	Nièvre	Cuisiat, $3\frac{1}{2}$	Bourg	Ain
Cruzielles, 7	Bourg	Ain	Cuisines (les) (*Souillac*), 6	Gourdon	Lot
Cruzini	Ajaccio	Corse			
Cruzy, $8\frac{1}{2}$	St.-Pons	Hérault	Cuisles, 6	Rheims	Marne
Cruzy, 3	Tonnerre	Yonne	Cuissay, 2	Alencon	Orne
Cry, $6\frac{1}{4}$	Tonnerre	Yonne	Cuisse-la-Motte, 4	Compiègne	Oise
Cubas, 8	Périgueux	Dordogne	Cuissy, 5	Laon	Aisne
Cubelles, 6	Le Puy	H.-Loire	Cuisy, $6\frac{1}{4}$	Montmédy	Meuse

Communes.	Arrondissem.	Départem	Communes.	Arrondissem.	Départem.
Cuisy, 2 ¼	Meaux	Seine-et-M.	Curtafond, 2 ½	Bourg	Ain
Cuisy-en-Almont, 2	Soissons	Aisne	Curtil-St-Seine, 3 ½	Dijon	Côte-d'Or
Cuizeaux, 5 ½	Louhans	Saône-et-L.	Curtil-sous Buffières, 7 ½	Mâcon	Saône-et-L.
Cuizery, 5 ½	Louhans	Saône-et-L.	Curtil-sous-Burnand, 11	Mâcon	Saône-et-L.
Cuizier, 6	Roanne	Loire	Curtil-Vergy, 4 ¼	Dijon	Côte-d'Or
Cul-Froid (Aulnay), 6	Versailles	Seine-et-O.	Curtin, 4	La-Tour-du-Pin	Isère
Cula, 6 ½	St.-Etienne	Loire	Curty (Bligny - sous- Beaune), 3	Beaune	Côte-d'Or
Culan, 5	St.-Amand	Cher			
Culêtre, 3 ½	Beaune	Côte-d'Or	Curvalle, 6 ¼	Albi	Tarn
Culey, 3	Bar-le-Duc	Meuse	Curzais, 8	Poitiers	Vienne
Culay-le-Patry, 7	Falaise	Calvados	Curzou, 10	Les Sables	Vendée
Culhat, 4	Thiers	Puy-de-Dô.	Cus, 5 ½	Compiègne	Oise
Culin, 7 ½	Vienne	Isère	Cuse, 3 ½	Baume	Doubs
Culles, 6	Châlons	Saône-et-L.	Cusey, 6 ¼	Langres	H.-Marne
Cully, 3 ¼	Caen	Calvados	Cussac, 1 ½ ½	Espalion	Aveiron
Culmont, 2	Langres	H.-Marne	Cussac, 4	St.-Flour	Cantal
Culots (les) (Corfélix), 7	Epernay	Marne	Cussac, 7	Bergerac	Dordogne
Culoz, 3 ½	Belley	Ain	Cussac, 10 ¼	Bordeaux	Gironde
Cult, 5 ¼	Gray	H.-Saône	Cussac, 1 ½	Le Puy	H.-Loire
Cultures, 3	Marvejols	Lozère	Cussac, 3	Rochechouart	H.-Vienne
Cumières, 5 ½	Rheims	Marne	Cussangy, 3	Bar-sur-Seine	Aube
Cumières, 2 ¼	Verdun	Meuse	Cussay, 6	Loches	Indre-et-L.
Cumiés, 3	Castelnaudary	Aude	Cusset *, 5 ½	La Palisse	Allier
Cumond, 3	Riberac	Dordogne	Cussey-sur-Lizon, 6 ¼	Besançon	Doubs
Cumont, 2	Castel-Sarrasin	Tarn et Gar.	Cussey-sur-Loignon, 3 ½	Besançon	Doubs
Cunault, 3 ½	Saumur	Maine-et-L.	Cussi-le-Châtel, 4	Beaune	Côte-d'Or
Cuncy-lès-Varzy, 3 ¼	Clamecy	Nièvre	Cussigny (moulin de) (Corgoloin), 3 ¼	Beaune	Côte-d'Or
Cunèges, 3 ½	Bergerac	Dordogne			
Cunel, 6	Montmédy	Meuse	Cussigny, 8 ½	Briey	Moselle
Cunelières, 3	Belfort	Haut-Rhin	Cussy, 1 ¼	Bayeux	Calvados
Cunfin, 3	Bar-sur-Seine	Aube	Cussy-en-Morvant, 4	Autun	Saône-et-L.
Cunlhat, 4	Ambert	Puy-de-Dô.	Cussy-la-Colonne, 4	Beaune	Côte-d'Or
Cuon, 2	Baugé	Maine-et-L.	Cussy-les-Forges, 2 ½	Avallon	Yonne
Cuperly, 3 ¼	Châlons-sur-Marne	Marne	Custines, 3	Nancy	Meurthe
			Cutolie-Cortichiato, 4	Ajaccio	Corse
Cuq, 5 ¼	Agen	Lot-et-Gar.	Cutrelle (Vimpelles), 4 ½	Provins	Seine-et-M.
Cuq, 3 ½	Castres	Tarn	Cutry, 3	Soissons	Aisne
Cuq-Toulza, 4 ¼	Lavaur	Tarn	Cutry, 6 ½	Briey	Moselle
Curac, 9	Barbezieux	Charente	Cutting, 7	Château-Salins	Meurthe
Curan, 8	Milhaud	Aveiron	Cuttura, 2 ½	St.-Claude	Jura
Curbans, 9	Sisteron	B.-Alpes	Cuvergnon, 8	Senlis	Oise
Curbigny, 4	Charolles	Saône et-L.	Cuverville, 2	Caen	Calvados
Curboursot (Magrin), 6 ½	Rodez	Aveiron	Cuverville, 1 ½	Les Andelys	Eure
Curchy, 7	Montdidier	Somme	Cuverville, 6	Dieppe	Seine-Inf.
Curciat, 6 ½	Bourg	Ain	Cuverville, 5	Le Havre	Seine-Inf.
Curcy, 5	Caen	Calvados	Cuves, 5 ¼	Avranches	Manche
Curdin, 7 ½	Charolles	Saône-et-L.	Cuves, 6	Chaumont	H.-Marne
Curé, 8	Rochefort	Char.-Inf.	Cuves, 9	Lure	H.-Saône
Curel, 6	Sisteron	B.-Alpes	Cuvier, 7	Poligny	Jura
Curel, 4	Wassy	H.-Marne	Cuvillers, 1 ¼	Cambrai	Nord
Curemonte, 7 ¼	Brives	Corrèze	Cuvilly *, 5 ½	Compiègne	Oise
Curey, 4 ¼	Avranches	Manche	Cuvry, 2	Metz	Moselle
Curgies, 11 ¼	Douai	Nord	Cuxac, 1 ½	Narbonne	Aude
Curgy, 11 ½	Autun	Saône-et-L.	Cuxac-Cabardès, 4	Carcassonne	Aude
Curières, 5 ½	Espalion	Aveiron	Cuy, 4 ½	Compiègne	Oise
Curis, 2 ½	Lyon	Rhône	Cuy, 1 ½	Sens	Yonne
Curlande (Bozouls), 5	Rodez	Aveiron	Cuy-St.-Fiacre, 9	Neufchâtel	Seine-Inf.
Curley, 3 ½	Dijon	Côte-d'Or	Cuzac, 2 ½	Figeac	Lot
Curlu, 2	Péronne	Somme	Cuzance, 9 ¼	Gourdon	Lot
Curnier, 2	Nyons	Drôme	Cuzay-Ste.-Radegonde, 5	St.-Amand	Cher
Cursa, 11	Corte	Corse			
Cursan, 5 ¼	Libourne	Gironde	Cuzes, 5 ¼	Le Mans	Sarthe
Cursay, 2 ½	Loudun	Vienne	Cuzieu, 2	Belley	Ain
Cursey-les-Forges, 8	Dijon	Côte-d'Or	Cuzieu, 3	Montbrison	Loire

Communes.	Arrondissem.	Départem.
Cuzion, $7\frac{1}{4}$	La Châtre	Indre
Cuzorn, $6\frac{1}{4}$	Villeneuve-d'Agen	Lot-et-Gar.
Cuzy, 8	Autun	Saône-et-L.
Cuzy, $4\frac{1}{4}$	Tonnerre	Yonne
Cy-Fertrève (St.-), $7\frac{3}{4}$	Nevers	Nièvre
Cybard (St.-), $5\frac{1}{2}$	Angoulême	Charente
Cybard (St.-), 10	Barbezieux	Charente
Cybard (St.-), $4\frac{1}{4}$	Libourne	Gironde
Cybardeaux (St.-), $4\frac{1}{4}$	Angoulême	Charente
Cydelot, $5\frac{3}{4}$	Rouen	Seine-Inf.
Cydroine (St.-), $1\frac{1}{2}$	Joigny	Yonne
Cyprien (St.-), 8	Barbezieux	Charente
Cyprien (St.-), $5\frac{1}{4}$	Brives	Corrèze
Cyprien (St.-), 4	Sarlat	Dordogne
Cyprien (St.-), 6	Cahors	Lot
Cyprien (St.-), 3	Perpignan	Pyrén.-Or.
Cyprien-Andrezieux (St.-), $3\frac{1}{2}$	Montbrison	Loire
Cyr (St.-), 10	Tournon	Ardèche
Cyr (St.-), $\frac{1}{2}$	Tours	Indre-et-L.
Cyr (St.-), 3	Poligny	Jura
Cyr (St.-) (*Bourgneuf*), $8\frac{1}{2}$	Paimbœuf	Loire-Inf.
Cyr (St.-), $3\frac{1}{4}$	Mortain	Manche
Cyr (St.-), $\frac{1}{2}$	Valognes	Manche
Cyr (St.-), $6\frac{1}{2}$	Beauvais	Oise
Cyr (St.-), $3\frac{1}{4}$	Châlons	Saône-et-L.
Cyr (St.-), $3\frac{1}{2}$	Coulommiers	Seine-et-M.
Cyr (St.-), 1	Versailles	Seine-et-O.
Cyr (St.-) (*La Cadière*), $5\frac{1}{4}$	Toulon	Var
Cyr (St.-), 10	Les Sables	Vendée
Cyr (St.-), 6	Poitiers	Vienne
Cyr (St.-), $2\frac{1}{2}$	Rochechouart	H.-Vienne
Cyr-au-Mont-d'Or (St.-), $1\frac{1}{4}$	Lyon	Rhône
Cyr-l'Estrancourt (St.-), 11	Argentan	Orne
Cyr-de-Favier (St.-), $2\frac{1}{2}$	Roanne	Loire
Cyr-de-Ronceray (St.), 4	Lisieux	Calvados
Cyr-de-Salerne (St.-), $3\frac{1}{4}$	Bernay	Eure
Cyr-de-Volage (St.-), $6\frac{1}{4}$	Roanne	Loire
Cyr-des-Gats (St.-), $3\frac{1}{2}$	Fontenay-le-Comte	Vendée
Cyr-du-Doret, (St.-), $7\frac{1}{2}$	La Rochelle	Char.-Inf.
Cyr-du-Gault (St.-), $6\frac{1}{2}$	Blois	Loir-et-C.
Cyr-du-Vaudreuil (St.-), $1\frac{1}{2}$	Louviers	Eure
Cyr-en-Arthies (St.-), $2\frac{1}{2}$	Mantes	Seine-et-O.
Cyr-en-Paille (St.-), 8	Mayenne	Mayenne
Cyr-en-Val (St.-), $2\frac{1}{2}$	Orléans	Loiret
Cyr-la-Campagne (St.-), $3\frac{1}{2}$	Louviers	Eure
Cyr-Laroche (St.-), $4\frac{1}{4}$	Brives	Corrèze
Cyr-la-Rivière (St.-), $1\frac{1}{2}$	Etampes	Seine-et-O.
Cyr-la-Rosière (St.-), $5\frac{1}{2}$	Mortagne	Orne
Cyr-le-Chatoux (St.-), 3	Villefranche	Rhône
Cyr-le-Gravelais (St.-), $5\frac{1}{2}$	Laval	Mayenne
Cyr-les-Champagnes (St.-), $13\frac{1}{4}$	Nontron	Dordogne
Cyr-les-Vignes (St.-), 4	Montbrison	Loire
Cyr-Sambhey (St.-) (*La-Ferté-St.-Aignan*), 9	Romorantin	Loir-et-Ch.
Cyr-sous-Dourdan (St.-), 5	Rambouillet	Seine-et-O.
Cyr-sur-le-Rhône (St.-), $5\frac{1}{4}$	Lyon	Rhône
Cyr-sur-Menthon (St.), 4	Bourg	Ain
Cyrgues (St.-), 2	Issoire	Puy-de-Dô.
Cyrenbourg (St.-), 2	Saumur	Maine-et-L.
Cys-la-Commune, $5\frac{1}{2}$	Soissons	Aisne
Cysoing, 3	Lille	Nord

D.

Communes.	Arrondissem.	Départem.
Dabisse (les) (*Meas*), 7	Digne	B.-Alpes
Dabo, 5	Sarrebourg	Meurthe
Dachstein, $3\frac{1}{4}$	Strasbourg	Bas-Rhin
Dadonville, $\frac{1}{4}$	Pithiviers	Loiret
Dagland, 5	Sarlat	Dordogne
Dagny, $3\frac{1}{4}$	Coulommiers	Seine-et-M.
Dagny-Lambercy, $11\frac{1}{2}$	Laon	Aisne
Dagonville, $3\frac{3}{4}$	Commercy	Meuse
Daguenière (la), 2	Angers	Maine-et-L.
Dahlenheim, $4\frac{1}{4}$	Strasbourg	Bas-Rhin
Daignac, 5	Libourne	Gironde
Daigny, $1\frac{1}{4}$	Sedan	Ardennes
Daillancourt, 9	Chaumont	H.-Marne
Daillecourt, $7\frac{1}{2}$	Chaumont	H. Marne
Dain-en-Saulnois, $3\frac{3}{4}$	Metz	Moselle
Dainville, $\frac{1}{2}$	Arras	Pas-de-Cal.
Dainville-aux-Forges, 10	Commercy	Meuse
Daix, 1	Dijon	Côte-d'Or
Dalem, 9	Thionville	Moselle
Dalhain, $2\frac{1}{2}$	Château-Salins	Meurthe
Dalhunden, 4	Haguenau	B.-Rhin
Dallet, $3\frac{1}{2}$	Clermont	Puy-de-Dô.
Dallon, $1\frac{1}{4}$	St.-Quentin	Aisne
Dalmazy (Ste.-), 8	Milhaud	Aveiron
Dalou, $2\frac{1}{4}$	Pamiers	Ariége
Dalstein, $4\frac{1}{4}$	Thionville	Moselle
Damary (*Juvincourt*), $7\frac{1}{4}$	Laon	Aisne
Damas, 4	Mirecourt	Vosges
Damas-aux-Bois, $6\frac{1}{4}$	Epinal	Vosges
Damazan, $5\frac{1}{4}$	Nérac	Lot-et-Gar.
Dambach, 5	Haguenau	B.-Rhin
Dambach, $1\frac{1}{2}$	Schélestatt	B.-Rhin
Dambélin, $5\frac{3}{4}$	Montbéliard	Doubs
Dambenois, $1\frac{3}{4}$	Montbéliard	Doubs
Dambenois, 3	Lure	H.-Saône
Damblain, 7	Neufchâteau	Vosges
Damblainville, $1\frac{3}{4}$	Falaise	Calvados
Dambron, 13	Châteaudun	Eure-et-L.
Damelevières, 3	Lunéville	Meurthe
Dame-Marie, $7\frac{1}{2}$	Evreux	Eure
Dame-Marie, $7\frac{1}{2}$	Tours	Indre-et-L.
Dame-Marie, $4\frac{1}{2}$	Mortagne	Orne
Daméraucourt, $8\frac{1}{2}$	Beauvais	Oise
Damerey, $3\frac{1}{4}$	Châlons	Saône-et-L.
Damery, $1\frac{1}{2}$	Epernay	Marne
Damery, $4\frac{1}{2}$	Montdidier	Somme
Dame-Sainte, $5\frac{1}{4}$	Bourges	Cher
Damiathe, $4\frac{1}{2}$	Lavaur	Tarn
Damigny, $\frac{1}{4}$	Alençon	Orne
Damloup, 3	Verdun	Meuse

Communes.	Arrondissem.	Départem.	Communes.	Arrondissem.	Départem.
Dammard, $4\frac{1}{2}$	Château-Thierry	Aisne	Dampleu, $6\frac{1}{2}$	Soissons	Aisne
Dammarie, $2\frac{1}{4}$	Chartres	Eure-et-L.	Dampmart, $3\frac{1}{4}$	Meaux	Seine-et-M.
Dammarie, 7	Bar-le-Duc	Meuse	Dampniat, $12\frac{1}{2}$	Brives	Corrèze
Dammarie, 1	Melun	Seine-et-M.	Damprichard, $10\frac{1}{4}$	Montbéliard	Doubs
Dammarie-en-Puisaye, 5	Gien	Loiret	Damps (les), 3	Louviers	Eure
Dammarie-sur-Loing, $6\frac{1}{2}$	Montargis	Loiret	Dempsmenil, 5	Les Andelys	Eure
Dammartin, $2\frac{1}{2}$	Baume	Doubs	Dampvalley-St.-Pancras, 9	Lure	H.-Saône
Dammartin, $4\frac{1}{4}$	Dôle	Jura	Dampvitoux (*Hagéville*), 6	Metz	Moselle
Dammartin, 6	Langres	H.-Marne			
Dammartin *, 5	Meaux	Seine-et-M.	Damvaley-lès-Colombe, $1\frac{1}{2}$	Vesoul	H.-Saône
Dammartin, $3\frac{3}{4}$	Mantes	Seine-et-O.	Damville *, $5\frac{1}{2}$	Evreux	Eure
Dammartin-sous-Tigeaux, 3	Coulommiers	Seine-et-M.	Damvillers *, $4\frac{1}{2}$	Montmédy	Meuse
Damnemarie, $4\frac{1}{4}$	Montbéliard	Doubs	Damvix, $4\frac{1}{4}$	Fontenay-le-Comte	Vendée
Damueville, $1\frac{1}{4}$	Louviers	Eure			
Damoulins, 5	St.-Sever	Landes	Dancé, $4\frac{1}{4}$	Roanne	Loire
Damonsiers, 3	Avesnes	Nord	Dancé, 5	Mortagne	Orne
Damouzy, 1	Mézières	Ardennes	Dancevoir, $7\frac{1}{2}$	Chaumont	H.-Marne
Dampal, $5\frac{1}{2}$	Langres	H.-Marne	Dancia, 11	Lons-le-Saulnier	Jura
Dampierre, 3	Bourg	Ain			
Dampierre, $4\frac{1}{2}$	Arcis-sur-Aube	Aube	Dancourt (le), $1\frac{1}{4}$	Sedan	Ardennes
Dampierre, 6	Vire	Calvados	Dancourt, $4\frac{1}{2}$	Neufchâtel	Seine-Inf.
Dampierre, 4	St.-Jean-d'Angely	Char.-Inf.	Dancourt, $3\frac{1}{2}$	Montdidier	Somme
			Dancy, $4\frac{1}{2}$	Châteaudun	Eure-et-L.
Dampierre, 7	St.-Amand	Cher	Denestal, $3\frac{1}{2}$	Pont-l'Evêque	Calvados
Dampierre, $7\frac{1}{4}$	Châteaudun	Eure-et-L.	Dangé, 4	Châtellerault	Vienne
Dampierre, 7	La Châtre	Indre	Dangeau, 5	Châteaudun	Eure-et-L.
Dampierre, 5	Dôle	Jura	Dangers, 4	Chartres	Eure-et-L.
Dampierre, $2\frac{1}{2}$	Gien	Loiret	Dangolshein, 5	Strasbourg	Bas-Rhin
Dampierre, 1	Saumur	Maine-et-L.	Dangu, 5	Les Andelys	Eure
Dampierre, $3\frac{1}{4}$	Langres	H.-Marne	Dangu (*Maurecourt*), 5	Versailles	Seine-et-O.
Dampierre, 4	Cosne	Nièvre	Dangy, $3\frac{1}{2}$	St.-Lô	Manche
Dampierre (*Mantilly*), 4	Domfront	Orne	Danizy, $6\frac{1}{2}$	Laon	Aisne
Dampierre, $2\frac{1}{2}$	Dieppe	Seine-Inf.	Danjoutin,	Belfort	Haut-Rhin
Dampierre, $7\frac{1}{2}$	Neufchâtel	Seine-Inf.	Dann, $5\frac{1}{2}$	Sarrebourg	Meurthe
Dampierre, $3\frac{3}{4}$	Rambouillet	Seine-et-O.	Dannelbourg, $3\frac{1}{2}$	Sarrebourg	Meurthe
Dampierre-au-Temple, $2\frac{1}{2}$	Châlons-sur-Marne	Marne	Dannemarie, $3\frac{1}{2}$	Besançon	Doubs
			Dannemarie *, 5	Belfort	Haut-Rhin
Dampierre-en-Bresse, $6\frac{1}{2}$	Louhans	Saône-et-L.	Dannemarie, $7\frac{1}{2}$	Mantes	Seine-et-O.
Dampierre-en-Crost, $6\frac{1}{4}$	Sancerre	Cher	Dannemoine, 1	Tonnerre	Yonne
Dampierre-en-Gracay, $11\frac{1}{2}$	Bourges	Cher	Dannemois, 6	Etampes	Seine-et-O.
			Dannes, 5	Boulogne	Pas-de-Cal.
Dampierre-en-Montagne, 4	Semur	Côte-d'Or	Dannes (St,-), 6	Cahors	Lot
Dampierre-le-Château, 3	Ste-Menehould	Marne	Dannevoux, $5\frac{1}{2}$	Montmédy	Meuse
Dampierre-le-Petit, $3\frac{1}{2}$	Châlons-sur-Marne	Marne	Danvoux, $4\frac{1}{4}$	Vire	Calvados
			Danzé, 3	Vendôme	Loir-et-Ch.
Dampierre-le-Vieux, $2\frac{1}{2}$	Ste-Menehould	Marne	Daon, $2\frac{1}{4}$	Château-Gontier	Mayenne
Dampierre-lès-Conflans, 9	Lure	H.-Saône	Daoulas, 5	Brest	Finistère
			Daours, 3	Amiens	Somme
Dampierre-lès-Montbozon, 5	Vesoul	H.-Saône	Dapeyre (la), $4\frac{1}{4}$	Guéret	Creuse
			Darazac, 10	Tulle	Corrèze
Dampierre-outre-les-Bois, $2\frac{1}{2}$	Montbéliard	Doubs	Darbella (la), 6	St.-Claude	Jura
			Darbonnay, $4\frac{1}{2}$	Lons-le-Saulnier	Jura
Dampierre-sur-Anye, 1	Ste-Menehould	Marne			
Dampierre-sur-Avre, 4	Dreux	Eure-et-L.	Darbres, $3\frac{1}{2}$	Privas	Ardèche
Dampierre-sur-Blevy, $5\frac{1}{2}$	Dreux	Eure-et-L.	Darcey, $4\frac{1}{2}$	Semur	Côte-d'O.
Dampierre-sur-le-Doubs, 2	Montbéliard	Doubs	Dardenac, $5\frac{1}{4}$	Libourne	Gironde
			Dardenay, 6	Langres	H.-Marne
Dampierre-sur-Salon *, 4	Gray	H.-Saône	Dardez, 2	Evreux	Eure
Dampierre-sur-Vingeanne, 7	Dijon	Côte-d'Or	Dardilly, $1\frac{1}{2}$	Lyon	Rhône
			Dareize, 5	Villefranche	Rhône
Dampjoux, 5	Montbéliard	Doubs	Daremont, $6\frac{1}{2}$	Langres	H.-Marne

Communes.	Arrondissem.	Départem.
Dargies, 8	Beauvais	Oise
Dargnies, $6\frac{1}{4}$	Abbeville	Somme
Dargoire, $6\frac{1}{2}$	St.-Etienne	Loire
Darmannes, $2\frac{1}{2}$	Chaumont	H.-Marne
Darmont, $5\frac{1}{4}$	Verdun	Meuse
Darnat, $3\frac{3}{4}$	Bellac	H.-Vienne
Darneix, $4\frac{1}{4}$	Ussel	Corrèze
Darnétal, 1	Rouen	Seine-Inf.
Darney *, 7	Mirecourt	Vosges
Darney-aux-Chênes, 3	Neufchâteau	Vosges
Darnieulles *, 2	Epinal	Vosges
Darnis (*Gramat*), $10\frac{1}{2}$	Gourdon	Lot
Darrois, $1\frac{1}{2}$	Dijon	Côte-d'Or.
Darvaux (*Fromonville*), 4	Fontainebleau	Seine-et-M.
Darvoy, $3\frac{1}{4}$	Orléans	Loiret
Dasle, $2\frac{1}{4}$	Montbéliard	Doubs
Daubensand, 6	Schélestatt	Bas-Rhin
Daubeuf, $2\frac{1}{4}$	Pont-l'Evêque	Calvados
Daubeuf, 2	Les Andelys	Eure
Daubeuf, $8\frac{1}{2}$	Le Hâvre	Seine-Inf.
Daubeuf-la-Campagne, 3	Louviers	Eure
Daubèze, $8\frac{1}{2}$	La Réole	Gironde
Daubèze, $5\frac{1}{4}$	Nérac	Lot-et-Gar.
Daubigny, $6\frac{1}{2}$	Valognes	Manche
Daucourt, $1\frac{1}{2}$	Ste-Menehould	Marne
Daudes (*Montaulieu*), $2\frac{1}{2}$	Troyes	Aude
Daudesigny, 4	Loudun	Vienne
Dauendorf, $2\frac{1}{2}$	Haguenau	Bas-Rhin
Daumazan, 7	Pamiers	Ariége
Daumeray, 7	Baugé	Maine-et-L.
Daunay-la-Vierge (*Bures*), 3	Versailles	Seine-et-O.
Daunian, $15\frac{1}{4}$	Condom	Gers
Dauphin, $1\frac{1}{4}$	Forcalquier	B.-Alpes
Dausse, 4	Villeneuve-d'Agen	Lot-et-Gar.
Daux, 4	Toulouse	H.-Garonne
Dauzat, 4	Issoire	Puy-de-Dô
Davayat, 1	Riom	Puy-de-Dô.
Davayé, $1\frac{1}{2}$	Mâcon	Saône-et-L.
Davejean, 10	Carcassonne	Aude
Davenescourt, $2\frac{1}{2}$	Montdidier	Somme
Davézieux, 11	Tournon	Ardèche
Davignac, 4	Ussel	Corrèze
Davrey, 7	Troyes	Aube
Davron, 3	Versailles	Seine-et-O.
DAX *,	ch.-l. d'arr., 192	Landes
Deauville, $2\frac{1}{4}$	Pont-l'Evêque	Calvados
Deaux, 2	Alais	Gard
Débats-Rivière-d'Orpra, 4	Montbrison	Loire
Dechaux (Grand et Petit), 4	Dôle	Jura
Dechy, $\frac{1}{4}$	Douai	Nord
Decize *, $10\frac{3}{4}$	Nevers	Nièvre
Dedeling, 3	Château-Salins	Meurthe
Deffense (la) (*Champvoicy*), $5\frac{1}{4}$	Epernay	Marne
Degagnac, 5	Gourdon	Lot
Degaguazés, 7	Gourdon	Lot
Degré, $3\frac{1}{4}$	Le Mans	Sarthe
Dehault, 6	Mamers	Sarthe
Dehéries, 5	Cambrai	Nord

Communes.	Arrondissem.	Départem.
Dehlingen, $9\frac{1}{4}$	Saverne	Bas-Rhin
Deinviller, $9\frac{1}{2}$	Epinal	Vosges
Delain, $4\frac{1}{2}$	Gray	H.-Saône
Delampouy, 5	Auch	Gers
Delettes, $3\frac{1}{4}$	St.-Omer	Pas-de-Cal.
Délincourt, 7	Beauvais	Oise
Delivrande (la), $3\frac{1}{2}$	Caen	Calvados
Delle *, $5\frac{1}{4}$	Belfort	Haut-Rhin
Delme, 3	Château-Salins	Meurthe
Delouze, $6\frac{1}{4}$	Commercy	Meuse
Deluge (le), $3\frac{1}{4}$	Beauvais	Oise
Delut, 3	Montmédy	Meuse
Deluz, $2\frac{1}{4}$	Baume	Doubs
Demandolx, 2	Castellanne	B.-Alpes
Demange-aux-Eaux, 6	Commercy	Meuse
Demangevelle, 9	Vesoul	H. Saône
Demie (la), $1\frac{1}{4}$	Vesoul	H. Saône
Demigny, $4\frac{1}{4}$	Châlons	Saône-et-L.
Demu, $7\frac{1}{2}$	Condom	Gers
Demuin, $5\frac{1}{2}$	Montdidier	Somme
Denain, 6	Douai	Nord
Denant, $2\frac{1}{4}$	Fontenay-le-Comte	Vendée
Denat, $2\frac{1}{4}$	Albi	Tarn
Denazé, $3\frac{1}{2}$	Château-Gontier	Mayenne
Denée, 3	Angers	Maine-et-L.
Dénemont (*Folainville*), 1	Mantes	Seine-et-O.
Dénestanville, $3\frac{1}{2}$	Dieppe	Seine-Inf.
Deneuille, $4\frac{3}{4}$	Gannat	Allier
Deneuille, 3	Montluçon	Allier
Deneuvre, $5\frac{1}{4}$	Lunéville	Meurthe
Denèvre, $4\frac{1}{4}$	Gray	H.-Saône
Denezé, $4\frac{1}{2}$	Saumur	Maine-et-L.
Denezières, 7	St.-Claude	Jura
Denguin, $3\frac{1}{4}$	Pau	B.-Pyrén.
Denicé, $1\frac{1}{2}$	Villefranche	Rhône
Denier, $3\frac{1}{4}$	St.-Pol	Pas-de-Cal.
Denipaire, $1\frac{1}{2}$	St.-Dié	Vosges.
Denis (St.-), $9\frac{3}{4}$	Belley	Ain
Denis (St.-), $\frac{1}{2}$	Bourg	Ain
Denis (St.-), 3	Carcassonne	Aude
Denis (St.-), 8	Marennes	Char.-Inf.
Denis (St.-), 5	Alais	Gard
Denis (St.-), $2\frac{1}{2}$	Libourne	Gironde
Denis (St.-) (*Camiac*), 5	Libourne	Gironde
Denis (St.-), $1\frac{1}{2}$	Blois	Loir-et-Ch.
Denis (St.-), 4	Cahors	Lot
Denis (St.-), 9	Gourdon	Lot
Dénis (St.-), $7\frac{1}{4}$	Mende	Lozère
Denis (St.-), 4	Riom	Puy-de-Dô.
DENIS (St.),	ch.-l. d'ar., 2	Seine
Denis (St.-), $8\frac{1}{2}$	Le Hâvre	Seine-Inf.
Denis (St.-), $2\frac{1}{2}$	Coulommiers	Seine-et-M.
Denis (St.-), 4	Niort	2 Sèvres
Denis (St.-), 1	Sens	Yonne
Denis-d'Angeron (St.-), $4\frac{1}{2}$	Bernay	Eure
Denis-d'Anjou (St.-), 5	Château-Gontier	Mayenne
Denis-d'Anthon (St.-), $3\frac{1}{2}$	Nogent-le-Rotrou	Eure-et-L.
Denis-d'Haclon (St.-), 2	Dieppe	Seine-Inf.

Communes	Arrondissem.	Départem.
Denis-d'Héricourt (St.-), 3	Yvetot	Seine-Inf.
Denis-d'Orgue (St.-) *, 10 ¼	Le Mans	Sarthe
Denis-de-Bondeville (St.-), 2 ½	Rouen	Seine-Inf.
Denis-de-Briouze (St.-), 7	Argentan	Orne
Denis-de-Cabanne (St.-), 6	Roanne	Loire
Denis-de-Cernelles (St.-), 7 ½	Châteaudun	Eure-et-L.
Denis-de-Gatines (St.-), 5	Mayenne	Mayenne
Denis-de-l'Hôtel (St.-), 3 ¼	Orléans	Loiret
Denis-de-Mailloc (St.-), 2 ¼	Lisieux	Calvados
Denis-de-Maisoncelles (St.-), 4	Vire	Calvados
Denis-de-Méré (St.-), 6 ¼	Falaise	Calvados
Denis-de-Moronval (St.-) ¾	Dreux	Eure-et-L.
Denis-de-Péon (St.-), 1	Autun	Saône-et-L.
Denis-de-Thiboult (St.-) 5	Rouen	Seine-Inf.
Denis-de-Vaux (St.-), 3 ¼	Châlons	Saône-et-L.
Denis-de-Villenette (St.-), 4 ½	Domfront	Orne
Denis-de-Vilnette (St.-), 6 ½	Mayenne	Mayenne
Denis-des-Coudrais (St.-), 7 ¼	Mamers	Sarthe
Denis-des-Ifes (St.-), 6	Argentan	Orne
Denis-des-Monts (St.-), 6	Pont-Audemer	Eure
Denis-des-Murs (St.-), 5	Limoges	H.-Vienne
Denis-des-Puits (St.-), 7 ½	Nogent-le-Rotron	Eure-et-L.
Denis-du-Béhélan (St.-), 6 ½	Evreux	Eure
Denis-du-Bosguérard (St.-), 6 ½	Pont-Audemer	Eure
Denis-du-Maine (St.-), 5 ¼	Laval	Mayenne
Denis-du-Payré (St.-), 10	Fontenay-le-Comte	Vendée
Denis-Duport (St.-), 4	Meaux	Seine-et-M
Denis-du-Tertre (St.-) (*St.-Mars-la-Brière*), 4	Le Mans	Sarthe
Denis-en-Val (St.-), 1	Orléans	Loiret
Denis-la-Chevasse (St.-), 4	Bourbon-Vendée	Vendée
Denis-le-Ferment (St.-), 5	Les Andelys	Eure
Denis-le-Gast (St.-), 4	Coutances	Manche
Denis-le-Palin (St.-), 6	St.-Amand	Cher
Denis-le-Vêtu (St.-), 2	Coutances	Manche
Denis-lès-Ponts (St.-), ½	Châteaudun	Eure-et-L.
Denis-sur-Coise (St.-), 6	Montbrison	Loire
Denis-sur-Huine (St-), 1 ¼	Mortagne	Orne
Denis-sur-Ouane (St.-) 7 ½	Joigny	Yonne
Denis-sur-Sarthon (St.-), 3 ½	Alençon	Orne

Communes.	Arrondissem.	Départem.
Denis-sur-Scie (St.-), 6 ½	Dieppe	Seine-Inf.
Deniscourt (St.-), 6	Beauvais	Oise
Denis-Hors (St.-), 6 ¼	Tours	Indre-et-L.
Dennebrœucq, 5 ¼	St.-Omer	Pas-de-Cal.
Denneville, 9 ¼	Coutances	Manche
Dennevy, 5 ¼	Châlons	Saône-et-L.
Denney, 1 ¼	Belfort	H.-Rhin
Dennezé, 4 ½	Baugé	Maine-et-L.
Denœuf (St.-), 2	Montreuil	Pas-de-Cal.
Denonville, 7 ½	Chartres	Eure-et L.
Denonal (St.-), 7	Dinan	Côtes-du N.
Denting, 5 ¼	Metz	Moselle
Déols, ½	Châteauroux	Indre
Départ (*Orthez*),	Orthez	B.-Pyrén.
Derbamont, 2 ½	Mirecourt	Vosges
Dercé, 2 ½	Loudun	Vienne
Derchigny, 2 ¼	Dieppe	Seine-Inf.
Dercie (*Gua*), 4 ¼	Marennes	Char.-Inf.
Dercy, 5	Laon	Aisne
Dergues (le), 13 ¼	Rodez	Aveiron
Dernacueillette, 11	Carcassonne	Aude
Dernancourt, 6	Péronne	Somme
Dert (*Pel*), 7 ½	Bar-sur-Aube	Aube
Derval *, 6	Châteaubriant	Loire-Inf.
Desaignes, 7 ½	Tournon	Ardèche
Desandans, 3	Montbéliard	Doubs
Deschaufourt (*Chavost*), 1	Epernay	Marne
Désert (le), 3	Vire	Calvados
Désert (le), 3	St.-Lô	Manche
Désert (St.-), 3 ½	Châlons	Saône-et-L.
Désertines, ½	Montluçon	Allier
Désertines, 7	Mayenne	Mayenne
Déserts (les) (*Champaubert*), 5	Epernay	Marne
Déservillers, 8 ¼	Besançon	Doubs
Desges, 9 ½	Brioude	H.-Loire
Désirat (St.-), 9	Tournon	Ardèche
Desir (St.-),	Lisieux	Calvados
Desiré (St.-), 5	Montluçon	Allier
Désiré (*Le Gault*), 8 ½	Epernay	Marne
Desmicourt (*Hermy*), 5 ½	Arras	Pas-de-Cal.
Desmonts, 4 ½	Pithiviers	Loiret
Desnes, 3 ½	Lons-le-Saulnier	Jura
Desseling, 5	Sarrebourg	Meurthe
Dessenheim, 4	Colmar	Haut-Rhin
Dessia, 10	Lons-le-Saulnier	Jura
Dessines, 7	Vienne	Isère
Destord, 5	Epinal	Vosges
Destry, 10	Sarreguemines	Moselle
Desvres, 4	Boulogne	Pas-de-Cal.
Détain, 6	Dijon	Côte-d'Or
Dettwiller, 1 ¼	Saverne	Bas-Rhin
Détroit (le), 3	Falaise	Calvados
Dettey, 7	Autun	Saône-et-L.
Deuil, 4	Pontoise	Seine-et-O.
Deuillet, 6 ½	Laon	Aisne
Deûlémont, 3 ¼	Lille	Nord
Deux-Bâties (les), 7	Gray	H.-Saône
Deux-Chaises, 6 ½	Moulins	Allier
Deux-Evailles, 6 ¼	Laval	Mayenne
Deux-Jumeaux, 5 ¼	Bayeux	Calvados

Communes.	Arrondissem.	Départem.
Deux-Verges, 7 ½	St.-Flour	Cantal
Deux-Villes (les), 7 ½	Sedan	Ardennes
Deux Nonds-aux-Bois, 7	Commercy	Meuse
Deux-Noux, 6 ½	Bar-le-Duc	Meuse
Deuxville, 1 ½	Lunéville	Meurthe
Devant-les-Ponts, ¼	Metz	Moselle
Devay, 12 ¼	Nevers	Nièvre
Devecey, 2	Besançon	Doubs
Devesset, 13	Tournon	Ardèche
Devèze, 12 ½	Bagnères	H.-Pyrén.
Deviat, 6	Barbezieux	Charente
Devielle (*Goos*), 3 ¾	Dax	Landes
Devillac, 6 ½	Villeneuve-d'Agen	Lot-et-Gar.
Deville, 3 ½	Mézières	Ardennes
Deville, 5 ¼	Neufchâtel	Seine-Inf.
Deville, 1	Rouen	Seine-Inf.
Devise, 2 ½	Péronne	Somme
Devrouse, 4 ½	Louhans	Saône-et-L.
Deycimont, 5	Epinal	Vosges
Deymes, 5	Villefranche	H.-Garonne
Dey-Rançon, 4 ½	Niort	2 Sèvres
Deyviller, 1 ½	Epinal	Vosges
Dezery (St.-), 1	Ussel	Corrèze
Dezery (St.-), 4	Uzès	Gard
Dezize, 7	Autun	Saône-et-L.
Dhuillet (*Ormoi*), 1 ½	Etampes	Seine-et-O.
D'Huison, 7 ½	Romorantin	Loir-et-Ch.
D'Huison, 3	Etampes	Seine-et-O.
D'Huisy, 6	Meaux	Seine-et-M.
D'Huizel, 7 ½	Soissons	Aisne
D'Hun-lès-Places, 12 ½	Clamecy	Nièvre
Dian, 8 ½	Fontainebleau	Seine-et-M.
Diancey, 8	Beaune	Côte-d'Or
Dianne-Capel, 2 ¾	Sarrebourg	Meurthe
Diarville, 8	Nancy	Meurthe
Dicoune, 4 ¼	Louhans	Saône-et-L
Dicy, 6 ½	Joigny	Yonne
Didenheim, 3	Altkirch	H.-Rhin
Didier (St.-), 4	Gannat	Allier
Didier (St.-), 6 ½	La Palisse	Allier
Didier (St.-), 10	Gap	H.-Alpes
Didier (St.-), 9	Privas	Ardèche
Didier (St.-), 8	Tournon	Ardèche
Didier (St.-), 6	Semur	Côte-d'Or
Didier (St.-) (*St.-Paul*), 3	Valence	Drôme
Didier (St.-), 3 ¼	Louviers	Eure
Didier (St.-), 4	Vitré	Ille-et-Vil.
Didier (St.-), 1 ¼	Lons-le-Saulnier	Jura
Didier (St.-), 3 ¼	Clamecy	Nièvre
Didier (St.-), 1 ½	Carpentras	Vaucluse
Didier-au-Mont-d'Or (St.-), 1 ¼	Lyon	Rhône
Didier-d'Allier (St.-), 4	Le Puy	H.-Loire
Didier-d'Aoste (St.-) (*Aoste*), 4 ½	La Tour-du-Pin	Isère
Didier-d'Aussiat (St.-), 3	Bourg	Ain
Didier-de-Bizonnes (St.-), 5	La Tour-du-Pin	Isère
Didier-de-Chalaronne (St.-), 9 ½	Trévoux	Ain
Didier-de-Formant (St.-), 1 ½	Trévoux	Ain
Didier-de-la-Tour (St.-), ½	La Tour-du-Pin	Isère
Didier-en-Bresse (St.-), 5 ¼	Châlons	Saône et-L.
Didier-en-Brionnois (St.-), 4 ½	Charolles	Saône et-L.
Didier-la-Sauve (St.-), 6	Yssingeaux	H.-Loire
Didier-sous-Beaujeu (St.-), 5 ½	Villefranche	Rhône
Didier-sous-Ecouves (St.-), 5 ¾	Alençon	Orne
Didier-sur-Arroux (St.-) 5	Autun	Saône-et-L.
Didier-sur-Doulon (St.-), 3 ½	Brioude	H.-Loire
Didier-sur-Riverie (St.-), 5 ¼	Lyon	Rhône
Didier-sur-Rochefort (St.-), 5	Montbrison	Loire
Die *,	ch.-l. d'ar., 154	Drôme
Dié (St.-) *,	ch.-l. d'ar., 108	Vosges
Diebling, 2	Sarreguemines	Moselle
Diebolsheim, 4	Schélestatt	Bas-Rhin
Diedendorf, 8 ½	Saverne	Bas-Rhin
Dieding, 1 ¼	Sarreguemines	Moselle
Dieffenbach, 6	Haguenau	Bas-Rhin
Dieffenbach, 2 ¼	Schélestatt	Bas-Rhin
Dieffenthal, 1 ¼	Schélestatt	Bas-Rhin
Dieffmaten, 5 ½	Belfort	Haut-Rhin
Dième, 6	Villefranche	Rhône
Diemeringen, 8	Saverne	Bas-Rhin
Diemoz, 4 ¼	Vienne	Isère
Dienay, 5 ½	Dijon	Côte-d'Or.
Dienne, 2 ½	Murat	Cantal
Dienne, 10 ¼	Nevers	Nièvre
Dienné, 9	Poitiers	Vienne
Dienlivol, 6	La Réole	Gironde
Dieppe, 2 ¼	Verdun	Meuse
Dieppe *,	ch.-l. d'ar., 47	Seine-Inf.
Dieppedalle (*Canteleu*), 2	Rouen	Seine-Inf.
Dier (St.-), 10	Clermont	Puy-de-Dô.
Diermenach, 3	Altkirch	Haut-Rhin
Dierre, 5 ½	Tours	Indre et-L.
Diery (St.-), 4	Issoire	Puy-de-Dô.
Diesen (Haute et Basse-) (*Porcelette*), 11 ¾	Thionville	Moselle
Dietwiller, 4 ½	Altkirch	Haut-Rhin
Dieudonné, 6	Senlis	Oise
Dieue, 2 ½	Verdun	Meuse
Dieulouard, 4	Nancy	Meurthe
Dieupentale, 5 ¾	Castel-Sarrasin	Tarn-et-Gar
Dieulefit *, 5	Montélimart	Drôme
Dieuville, 4	Bar-sur-Aube	Aube
Dieuze *, 5	Château-Salins	Meurthe
Diéval, 3	St.-Pol	Pas-de-Cal.
Diffenbach lès-Hellimar 5	Sarreguemines	Moselle
Diffenbach lès-Puttelange, 3 ½	Sarreguemines	Moselle
Difques, 1 ¼	St.-Omer	Pas-de-Cal.

Communes.	Arrondissem.	Départem.
Diges, 3	Auxerre	Yonne
Digna, 6	Lons-le-Saulnier	Jura
Dignac, 3 ½	Angoulême	Charente
Dignac (la), 2 ¾	Tulle	Corrèze
Dignac, 3	Lesparre	Gironde
DIGNE*,	ch. l. de dép. 197	B.-Alpes
Digne-d'Amont (la), 1 ½	Limoux	Aude
Digne d'Aval (la), 1 ¼	Limoux	Aude
Dignonville, 2 ½	Epinal	Vosges
Digny, 7 ½	Dreux	Eure-et-L.
Digoin*, 6	Charolles	Saône-et-L.
Digons, 9 ½	Brioude	H.-Loire
Digosville, 1 ¾	Cherbourg	Manche
Digulville, 4 ¾	Cherbourg	Manche
DIJON*,	ch.-l. d'arr., 78	Côte-d'Or
Dijon (*Morvillers*), 9	Amiens	Somme
Dilot, 4 ½	Joigny	Yonne
Dimancheville, 4 ½	Pithiviers	Loiret
Dimechaux, 2 ¼	Avesnes	Nord
Dimont, 1 ¾	Avesnes	Nord
Dimsthal, 1 ¾	Saverne	Bas-Rhin
DINAN,*	ch.-l. d'ar., 101	Côtes-du-N.
Dinard (*St.-Enogat*), 1	St.-Malo	Ille-et-Vil.
Dineault, 1 ½	Châteaulin	Finistère
Diugé, 7 ¼	Rennes	Ille-et-Vil.
Dingsheim, 2	Strasbourg	Bas-Rhin
Dinsheim, 6	Strasbourg	Bas-Rhin
Diusac, 3 ¾	Bellac	H.-Vienn
Dinsia (*Mont-Fleur*) 10 ½	Lons-le-Saulnier	Jura
Dinteville, 7 ½	Chaumont	H.-Marne
Dio, 3 ¾	Lodève	Hérault
Dionay, 4	St.-Marcellin	Isère
Dionisy (St.-), 5 ½	Nismes	Gard
Dions, 3	Uzès	Gard
Dion, 7	Moulins	Allier
Dioux, 2 ¾	Issoudun	Indre
Diors, 2 ¾	Châteauroux	Indre
Dirac, 2 ¼	Angoulême	Charente
Dirinon, 6	Brest	Finistère
Dirol, 6	Clamecy	Nièvre
Dirlinsdorff, 3 ½	Altkirch	Haut-Rhin
Dischosheim, 6	Schelestatt	Bas-Rhin
Dissais, 8 ¼	Fontenay-le-Comte	Vendée
Dissais, 5	Poitiers	Vienne
Dissangy, 4 ½	Avallon	Yonne
Dissé-sous-Ballon, 5	Mamers	Sarthe
Dissé-sous-Courcillon, 10 ½	St.-Calais	Sarthe
Dissé-sous-le-Eude, 4 ½	La Flèche	Sarthe
Distroff, 1 ¾	Thionville	Moselle
Ditré, 1 ¼	Saumur	Maine-et-L.
Diusse, 12 ¾	Pau	B.-Pyrén.
Divajeu, 9	Die	Drôme
Dives*, 5 ¼	Pont-l'Evêque	Calvados
Dives, 5	Compiégne	Oise
Divette (*Dives*), 5 ¼	Compiégne	Oise
Diville (la), 3	Barbezieux	Charente
Divion, 3 ¾	Béthune	Pas-de-Cal.
Divonne, 2 ¾	Gex	Ain
Divy (St.-), 3	Brest	Finistère
Dixmont, 3 ¼	Joigny	Yonne
Dizant-du-Bois (St.-), 3	Jonzac	Char.-Inf.
Dizant-du-Gua (St.-), 6	Jonzac	Char.-Inf.
Dizier (St.-), 5	Aubusson	Creuse
Dizier (St.-), 2 ¾	Bourganeuf	Creuse
Dizier (St.-), 3 ¾	Boussac	Creuse
Dizier (St.-), 7 ¾	Die	Drôme
Dizier (St.-), 7 ¼	Villeneuve-d'Agen	Lot-et-Gar.
Dizier (St.-)*, 5	Wassy	H.-Marne
Dizier (St.-), 6 ½	Belfort	Haut-Rhin
Dizimieu, 6 ½	LaTour-du-Pin	Isère
Disocourt (*Jaux*), 1 ¾	Compiégne	Oise
Dizy-la-Rivière, 5 ¼	Rheims	Marne
Dizy-le-Gros, 9	Laon	Aisne
Doat (*Casteide*), 8 ½	Pau	B.-Pyrén.
Doazac, 3	Castel-Sarrasin	Tarn-et-G.
Doazit, 3	St.-Sever	Landes
Doazon, 6 ¼	Orthez	B.-Pyrén.
Docelles, 3 ½	Epinal	Vosges
Dôches, 3 ¼	Troyes	Aube
Dode (Ste.-), 3	Mirande	Gers
Dodenhowen (*Rentgen-Basse*), 3 ¼	Thionville	Moselle
Dœuil, 5	St.-Jean-d'Angely	Char.-Inf.
Dognen, 5 ¾	Orthez	B.-Pyrén.
Dogneville, 1 ½	Epinal	Vosges
Dognon (le) (*Mayac*), 4 ¾	Périgueux	Dordogne
Dohem, 3	St.-Omer	Pas-de-Cal.
Dohis, 12 ¾	Laon	Aisne
Doignies, 5	Cambrai	Nord
Doingt, 1	Péronne	Somme
Doizieux, 5 ¾	St.-Etienne	Loire
Doissat, 6	Sarlat	Dordogne
Doissin (*Montrevel*), 4 ¼	La Tour-du-Pin	Isère
Doix (la) (*Ferrigny*), 2	Beaune	Côte-d'Or
Doix, 2	Fontenay-le-Comte	Vendée
Dol,* 6	St.-Malo	Ille-et-Vil.
Dolaincourt, 2 ¼	Neufchâteau	Vosges
Dolay (St.-), 13	Vannes	Morbihan
Dolcourt, 5	Toul	Meurthe
DÔLE*,	ch.-l. d'ar., 78	Jura
Dolignon, 11 ½	Laon	Aisne
Dollancourt, 1 ¾	Bar-sur-Aube	Aube
Dollenbach, 6	Sarreguemines	Moselle
Dolleren, 7	Belfort	Haut-Rhin
Dollon, 4 ¾	St.-Calais	Sarthe
Dollot, 5 ½	Sens	Yonne
Dolmoyrac, 2 ¾	Villeneuve-d'Agen	Lot-et-Gar.
Dolo, 5 ½	Dinan	Côtes-du-N.
Dolomieu, 2 ½	La Tour-du-Pin	Isère
Dolus, 4 ¼	Marennes	Char.-Inf.
Dolus, 6	Loches	Indre-et-L.
Dolving, 1 ¾	Sarrebourg	Meurthe
Dom-le-Menil, 5	Mézières	Ardennes
Domagué, 5	Vitré	Ille-et-Vil.
Domaise, 11	Clermont	Puy-de-Dô.
Domaivre, 2	Mirecourt	Vosges
Domalain, 4 ¼	Vitré	Ille-et-Vil.
Domangéville (*Sanry-sur-Nied*), 2 ¾	Metz	Moselle
Domarin, 7 ½	Vienne	Isère
Domart, 5 ½	Doullens	Somme
Domart, 6	Montdidier	Somme
Domats, 4 ½	Sens	Yonne
Domazan, 7 ¼	Nismes	Gard
Dombasle, 4	Nancy	Meurthe

Communes.	Arrondissem.	Départem.
Dombasle, 4	Verdun	Meuse
Dombasle (en Vosges), 6	Mirecourt	Vosges
Dombasle (en Xentois), 2 ¾	Mirecourt	Vosges
Domblain, 1 ¼	Wassy	H.-Marne
Domblans, 3 ¼	Lons-le-Saulnier	Jura
Dombras, 3 ½	Montmédy	Meuse
Dombrot, 7 ¼	Mirecourt	Vosges
Dombrot, 4 ½	Neufchâteau	Vosges
Domecy-le-Vault, 2 ½	Avallon	Yonne
Domecy-sur-Cure, 3	Avallon	Yonne
Domeirot, 3	Boussac	Creuse
Domeliers, 8	Clermont	Oise
Domely, 3 ¼	Rethel	Ardennes
Domémont, 4 ½	Doullens	Somme
Domêne, 2	Grenoble	Isère
Domengieux, 8 ¼	Pau	B.-Pyrén.
Domerat, 1 ¼	Montluçon	Allier
Domessargues, 4 ½	Alais	Gard
Domet (St.-), 3 ½	Aubusson	Creuse
Domêvre, 5	Lunéville	Meurthe
Domèvre, 3 ¼	Toul	Meurthe
Domèvre-sur-Avière, 1	Épinal	Vosges
Domèvre-sur-Durbion, 3 ¼	Epinal	Vosges
Domeyrat, 2 ¾	Brioude	H.-Loire
Domezain, 4 ¼	Mauléon	B.-Pyrén.
Domfaing, 4	St.-Dié	Vosges
Domfessel, 8 ¾	Saverne	Bas-Rhin
Domfront,*	ch.-l d'ar., 64	Orne
Domfront, 6	Plermont	Oise
Domfront, 5 ¾	Le Mans	Sarthe
Domgermain, 1 ½	Toul	Meurthe
Domineuc (St.-), 8 ¾	St.-Malo	Ille-et-Vil.
Dominipech, 7 ½	Agen	Lot-et-Gar.
Dominois, 7	Compiégne	Oise
Dominois, 7 ½	Abbeville	Somme
Domjean, 4 ¼	Saint-Lô	Manche
Domjevin, 4	Lunéville	Meurthe
Domjulien, 3	Mirecourt	Vosges
Domleger, 5	Abbeville	Somme
Domloup, 3 ½	Rennes	Ille-et-Vil.
Dommarie-Eulmont, 7 ¼	Chamecy	Meurthe
Dommarien, 5	Langres	H.-Marne
Dommartemont, 1	Nancy	Meurthe
Dommartin, 4 ½	Bourg	Ain
Dommartin, 4	Arcis-sur-Aube	Aube
Dommartin, 1	Pontarlier	Doubs
Dommartin, 2 ¾	Nancy	Meurthe
Dommartin, 2	Château-Chinon	Nièvre
Dommartin, 5	Montreuil	Pas-de-Cal.
Dommartin, 3	Lyon	Rhône
Dommartin, 3 ¾	Epinal	Vosges
Dommartin, 5 ½	Mirecourt	Vosges
Dommartin, 4	Neufchâteau	Vosges
Dommartin, 2	Remiremont	Vosges
Dommartin-Gollencourt, 3	Amiens	Somme
Dommartin-l'Etrée, 4 ½	Vitry-le-Français	Marne
Dommartin-la-Chaussée, 8 ½	Toul	Meurthe
Dommartin-la-Montagne, 5 ¼	Verdun	Meuse
Dommartin-la-Planchette, 1 ¼	Ste.-Menéhould	Marne
Dommartin-le-Franc, 2 ½	Wassy	H.-Marne
Dommartin-le-St.-Père 4	Wassy	H.-Marne
Dommartin-les-Cuiseaux, 4 ⅓	Louhans	Saône-et-L.
Dommartin-lès-Toul, ¼	Toul	Meurthe
Dommartin-lès-Villes *(Ville-sur-Illon)*, 4 ¼	Mirecourt	Vosges
Dommartin-sous-Hans, 2 ¾	Ste.-Menéhould	Marne
Dommartin-sur-Yèvre, 3	Ste.-Menéhould	Marne
Domme, 2	Sarlat	Dordogne
Dommerville, 13	Chartres	Eure-et-L.
Dommery, 4 ½	Mézières	Ardennes
Dommier, 2 ¾	Soissons	Aisne
Domnom, 7	Château-Salins	Meurthe
Dompaire,* 3	Mirecourt	Vosges
Dompcevrin, 5 ½	Commercy	Meuse
Dompierre, 6	Moulins	Allier
Dompierre, 2	La Rochelle	Char.-Inf.
Dompierre, 3 ½	Saintes	Char.-Inf.
Dompierre, 2 ½	Pontarlier	Doubs
Dompierre, 3 ¾	Lons-le-Saulnier	Jura
Dompierre, 3 ½	Briey	Moselle
Dompierre, 6 ½	Clamecy	Nièvre
Dompierre, 1 ½	Avesnes	Nord
Dompierre, 2	Domfront	Orne
Dompierre, 6	Clermont	Oise
Dompierre, 6 ¾	Abbeville	Somme
Dompierre, 2 ½	Péronne	Somme
Dompierre, 2 ½	Bourbon-Vendée	Vendée
Dompierre, 5 ¼	Bellac	H.-Vienne
Dompierre, 3 ½	Epinal	Vosges
Dompierre-aux-Bois,* 7	Commercy	Meuse
Dompierre-de-Chalaronne, 9	Trévoux	Ain
Dompierre-du-Chemin, 2 ½	Fougères	Ille-et-Vil.
Dompierre-en-Morvan, 4	Semur	Côte-d'Or
Dompierre-lès-Ormes, 8	Mâcon	Saône-et-L.
Dompierre-sous-Sanvigne, 6 ¼	Charolles	Saône-et-L.
Dompierre-sur-Nièvre, 7	Cosne	Nièvre
Dompnac, 4 ¾	Argentière	Ardèche
Domprel, 4 ½	Baume	Doubs
Dompremy, 2 ½	Vitry-le-Français	Marne
Domprix, 3 ½	Briey	Moselle
Domprot, 4	Vitry-le-Français	Marne
Domps, 9	Limoges	H.-Vienne
Domptail, 5	Lunéville	Meurthe
Domptail, 10	Epinal	Vosges
Domptin, 2 ½	Château-Thierry	Aisne
Domremy, 8	Wassy	H.-Marne
Domremy, 2 ¼	Neufchâteau	Vosges
Domremy-aux-Bois, 3 ¾	Commercy	Meuse
Domsure, 6	Bourg	Ain
Domvallier, 1	Mirecourt	Vosges
Domvast, 3 ¾	Abbevile	Somme
Donan (St.-), 2 ½	St.-Brieuc	Côtes-du-N.

Communes.	Arrondissem.	Départem.	Communes.	Arrondissem.	Départem.
Donatien (St.-) (*Nantes*), $\frac{1}{4}$	Nantes	Loire-Inf.	Dorvillers (*Flétrange*), $6\frac{3}{4}$	Metz	Moselle
Donazac, $3\frac{3}{4}$	Limoux	Aude	D'Os (St.-), 6	Orthez	B.-Pyrén.
Donchery, $1\frac{1}{4}$	Sedan	Ardennes	Dosfrères, 10	Grasse	Var
Doncières, $7\frac{3}{4}$	Epinal	Vosges	Dosmont, 4	Pontoise	Seine-et-O.
Doncourt, 10	Chaumont	H.-Marne	Dosnon, $2\frac{1}{4}$	Arcis-sur-Aube	Aube
Doncourt-aux-Templiers, $6\frac{1}{2}$	Verdun	Meuse	Dossainville, $2\frac{1}{4}$	Pithiviers	Loiret
			Dosse (la), $3\frac{1}{4}$	Nontron	Dordogne
Doncourt-lès-Conflans, $2\frac{1}{4}$	Briey	Moselle	Dossenheim, $2\frac{1}{4}$	Saverne	Bas-Rhin
			Dossenheim, $3\frac{1}{4}$	Strasbourg	Bas-Rhin
Doncourt-lès-Languion, $5\frac{3}{4}$	Briey	Moselle	Douadic, $1\frac{1}{2}$	Le Blanc	Indre
			Douai*,	ch.-l. d'arr., 53	Nord
Dondas, 7	Agen	Lot-et-Gar.	Douains, $5\frac{1}{4}$	Evreux	Eure
Dondaurières, 10	Espalion	Aveiron	Douarnenez*, $6\frac{1}{4}$	Quimper	Finistère
Donjeux, 7	Wassy	H.-Marne	Douaumont, $2\frac{3}{4}$	Verdun	Meuse
Donjeux, $2\frac{1}{4}$	Château-Salins	Meurthe	Doubs, 1	Pontarlier	Doubs
Donjon (le)*, 5	La Palisse	Allier	Doucelles, 5	Mamers	Sarthe
Donnat (St.-), $6\frac{3}{4}$	Valence	Drôme	Douces, 4	Saumur	Maine.et-L.
Donnat (St.-), 10	Issoire	Puy-de-Dô.	Doucey, 3	Vitry-le-Français	Marne
Donnay, $4\frac{1}{4}$	Falaise	Calvados			
Donnazac, 4	Gaillac	Tarn	Douch (*Taussac*), 9	Béziers	Hérault
Donnelay, $3\frac{1}{4}$	Château-Salins	Meurthe	Douchapt, $2\frac{1}{4}$	Riberac	Dordogne
Donnemain, $1\frac{1}{2}$	Châteaudun	Eure-et-L.	Douchy, $3\frac{1}{4}$	St.-Quentin	Aisne
Donnemarie, $5\frac{3}{4}$	Chaumont	H.-Marne	Douchy, $6\frac{1}{4}$	Montargis	Loiret
Donnemarie*, $4\frac{3}{4}$	Provins	Seine-et-M.	Douchy, $6\frac{3}{4}$	Douai	Nord
Donnement, $4\frac{1}{4}$	Arcis-sur-Aube	Aube	Douchy-les-Ayette, 5	Arras	Pas-de-Cal.
Donnenheim, 4	Strasbourg	Bas-Rhin	Doucier, 5	Lons-le-Saulnier	Jura
Donnery, $3\frac{1}{4}$	Orléans	Loiret			
Donneville, $4\frac{1}{4}$	Villefranche	H.-Garonne	Doudeauville, 3	Les Andelys	Eure
Donnezac, $7\frac{1}{4}$	Blaye	Gironde	Doudeauville, $5\frac{1}{4}$	Boulogne	Pas-de-Cal.
Donqueur, $4\frac{1}{4}$	Abbeville	Somme	Doudeauville, $8\frac{1}{4}$	Neufchâtel	Seine-Inf.
Donremy-la-Canne, $7\frac{1}{2}$	Montmédy	Meuse	Doudelainville, $3\frac{3}{4}$	Abbeville	Somme
Dontilly, $4\frac{1}{4}$	Provins	Seine-et-M.	Doudeville*, 3	Yvetot	Seine-Inf.
Dontriex, $7\frac{3}{4}$	Aubusson	Creuse	Doudrac, $7\frac{3}{4}$	Villeneuve-d'Agen	Lot-et-Gar.
Dontrien, $6\frac{1}{4}$	Rheims	Marne			
Douville, $7\frac{1}{4}$	Avranches	Manche	Doue, $2\frac{1}{4}$	Coulommiers	Seine-et-M.
Donzac, 10	Bordeaux	Gironde	Doué*, 4	Saumur	Maine-et-L.
Donzac, 7	Moissac	Tarn-et-G.	Douelles, $2\frac{3}{4}$	Cahors	Lot
Donzacq, $7\frac{1}{4}$	St.-Sever	Landes	Douet-Arthus (le), $\frac{1}{2}$	Argentan	Orne
Donzenac*, $2\frac{1}{4}$	Brives	Corrèze	Douges, 3	Savenay	Loire-Inf.
Donzère, 3	Montélimart	Drôme	Douhet (le), 3	Saintes	Char.-Inf.
Donzy*, 3	Cosne	Nièvre	Douillet, 8	Mamers	Sarthe
Donzy-le-Pertuis, 6	Mâcon	Saône-et-L.	Douilly, 4	Péronne	Somme
Donzy-le-Royal, $7\frac{1}{4}$	Mâcon	Saône-et-L.	Doulaincourt, $8\frac{1}{4}$	Wassy	H.-Marne
Doranges, 4	Ambert	Puy-du-Dô.	Doulaise, $7\frac{1}{2}$	Besançon	Doubs
Dorans, 2	Belfort	Haut-Rhin	Doulcet, 6	Romorantin	Loir-et-Ch.
Dorat, $1\frac{1}{4}$	Thiers	Puy-de-Dô.	Doulchard (St.-), $\frac{3}{4}$	Bourges	Cher
Dorat* (le), 3	Bellac	H.-Vienne	Doulcon, $4\frac{3}{4}$	Montmédy	Meuse
Dorceau, 5	Mortagne	Orne	Doulevant*, $4\frac{1}{4}$	Wassy	H.-Marne
Dordives, $4\frac{1}{4}$	Montargis	Loiret	Doulevant-le-Setit, 2	Wassy	H.-Marne
Dorée (la), $8\frac{1}{4}$	Mayenne	Mayenne	Doulezon, $6\frac{1}{4}$	Libourne	Gironde
Dore-l'Eglise, 4	Ambert	Puy-de-Dô.	Doulieu, 5	Hazebrouck	Nord
Dorengt, $4\frac{1}{4}$	Vervins	Aisne	Doullens*,	ch.-l. d'arr., 40	Somme
Dorff (Ober), $2\frac{1}{4}$	Altkirch	Haut-Rhin	Doulon, $1\frac{1}{4}$	Nantes	Loire-Inf.
Dorlisheim, 5	Strasbourg	Bas-Rhin	Doumy, $4\frac{1}{4}$	Pau	B.-Pyrén.
Dormans*, 5	Epernay	Marne	Dounoux, $2\frac{1}{4}$	Epinal	Vosges
Dormelles, $5\frac{1}{4}$	Fontainebleau	Seine-et-M.	Dourbes (les), 2	Digne	B.-Alpes
Dornac (la), 10	Sarlat	Dordogne	Dourbies, $9\frac{3}{4}$	Le Vigan	Gard
Dornach, 4	Altkirch	Haut-Rhin	Dourdain, $5\frac{1}{4}$	Rennes	Ille-et-Vil.
Dornas, $13\frac{1}{4}$	Tournon	Ardèche	Dourdan*, $6\frac{3}{4}$	Rambouillet	Seine-et-O.
Dornecy, 2	Clamecy	Nièvre	Dourd'hal, $8\frac{1}{4}$	Sarreguemines	Moselle
Dornes, 14	Nevers	Nièvre	Dourges, $8\frac{3}{4}$	Béthune	Pas-de-Cal.
Dornot (*Ancy-sur-Moselle*), $2\frac{3}{4}$	Metz	Moselle	Dourgne, 5	Castres	Tarn
			Dourier (*Airaines*), 7	Amiens	Somme
Dorres, $13\frac{3}{4}$	Prades	Pyrén.-Or.	Dourlers, $1\frac{1}{4}$	Avesnes	Nord
Dortant, $5\frac{1}{4}$	Nantua	Ain	Dourn (le), $7\frac{1}{2}$	Albi	Tarn

Communes.	Arrondissem.	Départem.
Dournazat, $5\frac{1}{4}$	Rochechouart	H.-Vienne
Dournes, $6\frac{3}{4}$	Lavaur	Tarn
Dournon, $5\frac{1}{2}$	Poligny	Jura
Dournon (*Anthon*), $6\frac{1}{2}$	Vesoul	H.-Saône
Dourrier, $3\frac{1}{2}$	Montreuil	Pas-de-Cal.
Dours, $4\frac{3}{4}$	Rodez	Aveiron
Dours, 4	Tarbes	H.-Pyrén.
Doussais, $4\frac{1}{2}$	Châtellerault	Vienne
Doussigny (*Tréfols*), 10	Epernay	Marne
Douville, $6\frac{1}{2}$	Lisieux	Calvados
Douville, $3\frac{3}{4}$	Pont-l'Evêque	Calvados
Douville, $5\frac{1}{4}$	Bergerac	Dordogne
Douville, 3	Les Andelys	Eure
Douvot, 2	Baume	Doubs
Douvrend, $4\frac{1}{2}$	Dieppe	Seine-Inf.
Douvres, $10\frac{1}{4}$	Belley	Ain
Douvres, 3	Caen	Calvados
Douvres, $5\frac{1}{4}$	St.-Claude	Jura
Douvrin, $3\frac{3}{4}$	Béthune	Pas-de-Cal.
Doux, 1	Rethel	Ardennes
Doux, $5\frac{3}{4}$	Parthenay	2 Sèvres
Doux-Marais, 5	Lisieux	Calvados
Douy, $1\frac{1}{2}$	Châteaudun	Eure-et-L.
Douy, 3	Meaux	Seine-et-M.
Douzains, $7\frac{3}{4}$	Villeneuve-d'Agen	Lot-et-Gar.
Douzat, $2\frac{1}{2}$	Angoulême	Charente
Douzens, $3\frac{1}{2}$	Carcassonne	Aude
Douzillac, 6	Riberac	Dordogne
Douzy, $2\frac{1}{2}$	Sedan	Ardennes
Doville, $8\frac{1}{2}$	Coutances	Manche
Doye, 6	Poligny	Jura
Doy (la), $5\frac{1}{4}$	Lons-le-Saulnier	Jura
Doyet, $3\frac{1}{2}$	Montluçon	Allier
Dozulay*, $4\frac{3}{4}$	Pont-l'Evêque	Calvados
Dracé, 4	Villefranche	Rhône
Draché, 8	Loches	Indre-et-L.
Drachenbrunn, 6	Haguenau	Bas-Rhin
Draçy, 2	Châlons	Saône-et-L.
Dracy, $7\frac{1}{2}$	Joigny	Yonne
Dracy-Chalas (*Viévy*), 11	Beaune	Côte-d'Or
Dracy-lès-Couches, 6	Autun	Saône-et-L.
Dracy-lès-Vitteaux, 4	Semur	Côte-d'Or.
Dracy-St.-Loup, $1\frac{1}{2}$	Autun	Saône-et-L.
Dragey, $3\frac{1}{4}$	Avranches	Manche
Dragueville (*Mesnil-Garnies*), $6\frac{1}{4}$	Coutances	Manche
DRAGUIGNAN*,	ch.-l. d'arr., 228	Var
Drain, 6	Beaupréau	Maine-et-L.
Draix, 4	Digne	B.-Alpes
Draize, 4	Rethel	Ardennes
Drambon, $5\frac{1}{2}$	Dijon	Côte-d'Or
Dramelay, $8\frac{3}{4}$	Lons-le-Saulnier	Jura
Drancy, $1\frac{1}{2}$	St.-Denis	Seine
Drancy (Petit-) (*Drancy*), $1\frac{1}{2}$	St.-Denis	Seine
Draqueville, $5\frac{1}{2}$	Dieppe	Seine-Inf.
Dravegny, $6\frac{1}{2}$	Château-Thierry	Aisne
Draveil, $2\frac{1}{2}$	Corbeil	Seine-et-O.
Drée, $6\frac{1}{2}$	Dijon	Côte-d'Or
Drefféac, $4\frac{3}{4}$	Savenay	Loire-Inf.
Dremil-Lafage, $2\frac{1}{2}$	Toulouse	H.-Garonne
Drennec (le), 4	Brest	Finistère
Dreslincourt, $4\frac{1}{2}$	Compiégne	Oise
Dreslincourt, $7\frac{1}{2}$	Montdidier	Somme
Dreuil, 5	Abbeville	Somme
Dreuil-lès-Amiens, $1\frac{1}{4}$	Amiens	Somme
Dreuil lès Molliens, 5	Amiens	Somme
Dreuilhe, $9\frac{3}{4}$	Pamiers	Ariége
DREUX,	ch.-l. d'arr., 22	Eure-et-L.
Drevant, $\frac{3}{4}$	St.-Amand	Cher
Drézéry (St.-), 4	Montpellier	Hérault
Drialcourt (*Gercourt*), $6\frac{1}{4}$	Montmédy	Meuse
Dricourt, 4	Vouziers	Ardennes
Driencourt, 2	Péronne	Somme
Drignac, $2\frac{1}{2}$	Mauriac	Cantal
Drinckam, 5	Dunkerque	Nord
Drocourt, 4	Arras	Pas-de-Cal.
Drocourt, $2\frac{1}{4}$	Mantes	Seine-et-O.
Drogny (*Piblange*), 5	Metz	Moselle
Droisel, 4	Senlis	Oise
Droisy, $3\frac{1}{2}$	Soissons	Aisne
Droisy, 6	Evreux	Eure
Droitaumont, $2\frac{3}{4}$	Briey	Moselle
Droitecourt, 8	Beauvais	Oise
Droitefontaine, $8\frac{1}{4}$	Montbéliard	Doubs
Droiturier, 2	La Palisse	Allier
Droitval (*Cloudon*), $8\frac{1}{2}$	Mirecourt	Vosges
Drom, $1\frac{1}{2}$	Bourg	Ain
Dromesnil, 9	Amiens	Somme
Drosay, $4\frac{1}{2}$	Yvetot	Seine-Inf.
Drosnay, $3\frac{1}{2}$	Vitry-le-Français	Marne
Droue, $7\frac{1}{4}$	Chartres	Eure-et-L.
Droué, 7	Vendôme	Loir-et-Ch.
Drouges, $7\frac{3}{4}$	Vitré	Ille-et-Vil.
Drouilly, $1\frac{1}{2}$	Vitry-le-Français	Marne
Droupt-St.-Bâle, *ou* Droupt-le-Grand, 4	Arcis-sur-Aube	Aube
Droupt-Ste.-Marie, *ou* Droupt-le-Petit, 4	Arcis-sur-Aube	Aube
Drouville, $3\frac{1}{4}$	Lunéville	Meurthe
Drouvin, $1\frac{1}{4}$	Béthune	Pas-de-Cal.
Droux, $2\frac{1}{2}$	Bellac	H.-Vienne
Droyes, $5\frac{3}{4}$	Wassy	H.-Marne
Drubec, $1\frac{1}{2}$	Pont-l'Evêque	Calvados
Drucat, $1\frac{1}{4}$	Abbeville	Somme
Drucourt, 2	Bernay	Eure
Drudas, $7\frac{1}{2}$	Toulouse	H.-Garonne
Druelle, $2\frac{1}{4}$	Rodez	Aveiron
Drugeac, 2	Mauriac	Cantal
Druillat, $5\frac{1}{2}$	Bourg	Ain
Drulhe, $4\frac{1}{2}$	Rodez	Aveiron
Drulhe, $4\frac{1}{4}$	Villefranche	Aveiron
Drulingen, $5\frac{1}{2}$	Saverne	Bas-Rhin
Drusenheim, $3\frac{1}{2}$	Haguenau	Bas-Rhin
Druval, $3\frac{3}{4}$	Pont-l'Evêque	Calvados
Druy, $7\frac{3}{4}$	Nevers	Nièvre
Druye, 4	Tours	Indre-et-L.
Druyes, 7	Auxerre	Yonne
Dry, $4\frac{1}{2}$	Orléans	Loiret
Duault, 7	Guimgamp	Côtes-du-N.
Ducé, $2\frac{1}{4}$	Avranches	Manche
Duclair, $4\frac{1}{2}$	Rouen	Seine-Inf.
Duerne*, 5	Lyon	Rhône
Duesme, $8\frac{1}{2}$	Châtillon	Côte-d'Or

Communes.	Arrondissem.	Départem.
Duey, 3	Senlis	Oise
Duffort, $5\frac{1}{2}$	Mirande'	Gers
Dugny, $1\frac{1}{4}$	Verdun	Meuse
Dugny, $1\frac{1}{2}$	St.-Denis	Seine
Duhort, $6\frac{1}{2}$	St.-Sever	Landes
Duilhac, 14	Carcassonne	Aude
Duisans, $1\frac{1}{4}$	Arras	Pas-de-Cal.
Dume, 2	St.-Sever	Landes
Dun, 5	Pamiers	Ariége
Dun*, $4\frac{1}{2}$	Montmédy	Meuse
Dun-le-Palleteau, $5\frac{1}{2}$	Guéret	Creuse
Dun-le-Poëlier, $8\frac{1}{4}$	Issoudun	Indre
Dun-le-Roy*, 4	St.-Amand	Cher
Dun-sur-Granrg, 3	Château - Chinon	Nièvre
Duneau, $8\frac{3}{4}$	Mamers	Sarthe
Duneau (*Connerré*), 7	Le Mans	Sarthe
Dunes, $8\frac{1}{2}$	Moissac	Tarn-et-G.
Dunet, $7\frac{1}{2}$	Le Blanc	Indre
Dung, 1	Montbéliard	Doubs
Dunières, 6	Yssingeaux	H.-Loire
DUNKERQUE*,	ch.-l. d'arr., 71	Nord
Duntzenheim, $3\frac{3}{4}$	Saverne	Bas-Rhin
Duppigheim, 3	Strasbourg	Bas-Rhin
Duran, 1	Auch	Gers
Durance, $4\frac{1}{4}$	Nérac	Lot-et-Gar.
Duranville, 2	Bernay	Eure
Duras, 6	Marmande	Lot-et-Gar.
Duravel, $9\frac{1}{2}$	Cahors	Lot
Durban, $6\frac{1}{2}$	Foix	Ariége
Durban, $7\frac{1}{2}$	Narbonne	Aude
Durban, 3	Auch	Gers
Durban, $5\frac{3}{4}$	Figeac	Lot
Durbize, $8\frac{3}{4}$	Roanne	Loire
Durcet, $6\frac{1}{2}$	Domfront	Orne
Durdat, $2\frac{1}{2}$	Montluçon	Allier
Dureil, 4	La Flèche	Sarthe
Durenque, $12\frac{1}{2}$	Rodez	Aveiron
Durette, 4	Villefranche	Rhône
Durfort, $9\frac{1}{2}$	Le Vigan	Gard
Durfort, $7\frac{1}{4}$	Castres	Tarn
Durfort, 5	Moissac	Tarn-et-G.
Durmignat, $8\frac{1}{2}$	Riom	Puy-de-Dô.
Durnes, $7\frac{1}{4}$	Besançon	Doubs
Durningen, $4\frac{1}{2}$	Strasbourg	Bas-Rhin
Durrenbach, 2	Haguenau	Bas-Rhin
Dürrenentzen, $2\frac{1}{2}$	Colmar	H.-Rhin
Durstel, $6\frac{1}{4}$	Saverne	Bas-Rhin
Durtal*, $4\frac{1}{2}$	Baugé	Maine-et-L.
Durtol, $\frac{1}{2}$	Clermont	Puy-de-Dô.
Dury, 4	St.-Quentin	Aisne
Dury, $3\frac{1}{2}$	Arras	Pas-de-Cal.
Dury-Amilly, $1\frac{1}{4}$	Amiens	Somme
Dussac, $9\frac{1}{4}$	Nontron	Dordogne
Duttlenheim, $3\frac{1}{2}$	Strasbourg	Bas-Rhin
Duvy, 5	Senlis	Oise
Duzey, $5\frac{1}{2}$	Montmédy	Meuse
Dyé (St.-)*, $3\frac{3}{4}$	Blois	Loir-et-Ch.
Dyé, 3	Tonnerre	Yonne
Dyo, $2\frac{1}{2}$	Charolles	Saône-et-L.

E.

Communes.	Arrondissem.	Départem.
Eancé, $10\frac{1}{4}$	Vitré	Ile-et-Vil.
Eaune (Ste.), $5\frac{1}{4}$	Niort	2 Sèvres
Eaubonne, $3\frac{1}{2}$	Pontoise	Seine-et-O.
Eaucourt, $4\frac{3}{4}$	St.-Quentin	Aisne
Eaucourt-sur-Somme, $1\frac{3}{4}$	Abbeville	Somme
Eaunes, $1\frac{1}{2}$	Muret	H.-Garonne
Eauplet (*Blosseville*), $\frac{1}{2}$	Rouen	Seine-Inf.
Eause, $7\frac{1}{2}$	Condom	Gers
Eaux (*Auxon*), $7\frac{1}{4}$	Troyes	Aube
Eaux-Bonnes, (*Aas*), $9\frac{1}{2}$	Oléron	B.-Pyrén.
Eaux-Chaudes, (*Saruns*), $9\frac{1}{4}$	Oléron	B.-Pyrén.
Ebange, (*Florange*), $\frac{3}{4}$	Thionville	Moselle
Ebaty, 2	Beaune	Côte-d'Or
Ebblinghem, $2\frac{3}{4}$	Hazebrouck	Nord
Ebeon, $2\frac{1}{2}$	St.-Jean-d'Angely	Char.-Inf.
Eberbach (Seltz), 5	Haguenau	Bas-Rhin
Eberbach (*Woerth*), 3	Haguenau	Bas-Rhin
Ebersheim, $1\frac{1}{4}$	Schélestatt	Bas-Rhin
Ebersmunster, $1\frac{3}{4}$	Schélestatt	Bas-Rhin
Eberswiller, $5\frac{1}{2}$	Thionville	Moselle
Ebbersvillers (Petite), $7\frac{3}{4}$	Sarreguemines	Moselle
Eblange, $5\frac{3}{4}$	Metz	Moselle
Eble (St.-), 7	Brioude	H.-Loire
Ebouleau, $5\frac{1}{2}$	Laon	Aisne
Eboz, $4\frac{1}{2}$	Lure	H.-Saône
Ebrémond-de-Bon-Fossé (St.-), $1\frac{3}{4}$	St.-Lô	Manche
Ebrémond-sur-Lozon (St.-), $3\frac{1}{2}$	St.-Lô	Manche
Ebréon, $3\frac{1}{2}$	Ruffec	Chaerrte
Ebreuil, 2	Gannat	A llie
Ebring, $2\frac{1}{2}$	Sarreguemines	Moselle
Ecaille (l'), 3	Rethel	Ardennes
Ecaillon, $2\frac{1}{4}$	Douai	Nord
Ecajeul, 6	Lisieux	Calvados
Ecalles-Alix, $6\frac{3}{4}$	Rouen	Seine-Inf.
Ecalles-sur-Buchy, 6	Rouen	Seine-Inf.
Ecaquelon, 4	Pont-Audemer	Eure
Ecardenville, 5	Bernay	Eure
Ecardenville-sur-Eure, 5	Louviers	Eure
Ecausseville, $2\frac{1}{4}$	Valognes	Manche
Ecauville, $4\frac{1}{2}$	Louviers	Eure
Eccia è Suarella, 3	Ajaccio	Corse
Eccles, 3	Avesnes	Nord
Eceuillé, 10	Châteauroux	Indre
Echailla, 6	Lons-le-Saulnier	Jura
Echallas, $5\frac{1}{4}$	Lyon	Rhône
Echallat, $4\frac{1}{4}$	Angoulême	Charente
Echallon, 4	Nantua	Ain
Echallot, 10	Châtillon	Côte-d'Or
Echalou, $4\frac{1}{2}$	Domfront	Orne
Echampeu, $3\frac{3}{4}$	Meaux	Seine-et-M.
Echandely, 4	Ambert	Puy-de-Dô.
Echannay, $6\frac{1}{2}$	Dijon	Côte-d'Or
Echarçon, 2	Corbeil	Seine-et-O.
Echarnant, $2\frac{1}{2}$	Beaune	Côte-d'Or
Echassièrès, 6	Gannat	Allier

Communes.	Arrondissem.	Départem.
Echauffour, 8	Argentan	Orne
Echaumesnil, 6 ¾	Mortagne	Orne
Echavasne, 6 ¾	Lure	H.-Saône
Echay, 7	Besançon	Doubs
Echebrune, 6 ½	Saintes	Char.-Inf.
Echelle* (l'), 5 ½	Vervins	Aisne
Echelle (l'), 4	Rocroi	Ardennes
Echelle (l'), 7 ¾	Epernay	Marne
Echelle (l'), 7 ½	Arras	Pas-de-Cal.
Echelle (l'), 2	Provins	Seine-et-M.
Echelle (l'), 3	Montdidier	Somme
Echemines, 6 ½	Nogent-sur-Seine	Aube
Echemire, 1	Baugé	Maine-et-L.
Echenans, 2 ½	Montbéliard	Doubs
Echenans, 9	Lure	H.-Saône
Echenay, 8 ½	Wassy	H.-Marne
Echenevey, (*Cessy*), ¾	Gex	Ain
Echenon, 8 ½	Beaune	Côte-d'Or
Echenoz-la-Meline, ½	Vesoul	H.-Saône
Echenoz-le-Sec, 2 ¾	Vesoul	H.-Saône
Echesne-Autrage, 2 ½	Belfort	Haut-Rhin
Echevanne, 5 ¼	Dijon	Côte-d'Or
Echevanne, 7 ½	Besançon	Doubs
Echevanne, 2	Gray	H.-Saône
Echevis, 9 ½	Valence	Drôme
Echevronne, 3	Beaune	Côte-d'Or
Echigey, 4	Dijon	Côte-d'Or
Echillais, 3 ¾	Marennes	Char-Inf.
Echilleuses, 3 ¼	Pithiviers	Loiret
Echinghen, 1	Boulogne	Pas-de-Cal.
Echiré, 1 ½	Niort	2 Sèvres
Echirey, 1	Dijon	Côte-d'Or.
Echouboulains, 5 ¾	Melun	Seine-et-M.
Echourgnac, 6	Riberac	Dordogne
Echuffley, 4 ¾	Alençon	Orne
Eckartswiler, 5 ¼	Saverne	Bas-Rhin
Eckbolsheim, 1	Strasbourg	Bas-Rhin
Eckwersheim, 2 ¾	Strasbourg	Bas-Rhin
Eclaibes, 2 ¼	Avesnes	Nord
Eclaires, 3 ½	Ste.-Menéhould	Marne
Eclance, 2 ¼	Bar-sur-Aube	Aube
Eclaron, 3 ¼	Wassy	H.-Marne
Eclassan, 7	Tournon	Ardèche
Eclavelle, 1 ½	Neufchâtel	Seine-Inf.
Ecleux, 6	Poligny	Jura
Eclimeux, 3 ¾	St.-Pol	Pas-de-Cal.
Eclose (*Des Eparres*), 5	La Tour-du-Pin	Isère
Eclose, 8 ¼	Vienne	Isère
Ecloye (l') (*Carlepont*), 5 ¼	Compiégne	Oise
Ecluse (l'), 2 ¾	Douai	Nord
Ecluse (l'), 3 ¾	Ceret	Pyrén.-Or.
Eclusier, 3	Péronne	Somme
Ecly, 1 ½	Rethel	Ardennes
Ecoche, 7 ¼	Roanne	Loire
Ecœuille, 5 ½	St.-Omer	Pas-de-Cal.
Ecoivres, 1 ¼	Arras	Pas-de-Cal.
Ecoivres, 1 ¾	St.-Pol	Pas-de-Cal.
Ecole, 1 ¼	Besançon	Doubs
Ecollemont, 3 ½	Vitry-le-Français	Marne
Ecoman, 9 ½	Blois	Loir-et-Ch.
Ecommoy*, 6 ¼	Le Mans	Sarthe
Ecoqueneauville, 4 ¾	Valognes	Manche
Ecorans (*Collonges*), 6 ¾	Gex	Ain
Ecorcei, 5	Mortagne	Orne
Ecorces, 10 ½	Montbéliard	Doubs
Ecorches, 3	Argentan	Orne
Ecorcheville, 2 ¼	Pont-l'Evêque	Calvados
Ecordal, 4 ½	Vouziers	Ardennes
Ecos, 4	Les Andelys	Eure
Ecôt, 6 ¼	Chaumont	H.-Marne
Ecotay-l'Olme ¾	Montbrison	Loire
Ecotière (l') (*Busloup*), 3	Vendôme	Loir-et-Ch.
Ecotigny, 5 ¼	Neufchâtel	Seine-Inf.
Ecots, 6 ½	Lisieux	Calvados
Ecottes (*Licques*), 7 ½	Boulogne	Pas-de-Cal.
Ecouché, 2	Argentan	Orne
Ecouen*, 7	Pontoise	Seine-et-O.
Ecouflant, 1 ¼	Angers	Maine-et-L.
Ecouis*, 2	Les Andelys	Eure
Ecourt-St.-Quentin, 6	Arras	Pas-de-Cal.
Ecoust-St.-Mein, 4	Arras	Pas-de-Cal.
Ecouvier, 1 ½	Montmédy	Meuse
Ecouvillon (l') (*Elimourt*, 5	Compiégne	Oise
Ecouvotte (l') 2	Baume	Doubs
Ecoyeux, 4	Saintes	Char.-Inf.
Ecquemicourt, 3 ¼	Montreuil	Pas-de-Cal.
Ecques, 2 ½	St.-Omer	Pas-de-Cal.
Ecquetot, 3 ¼	Louviers	Eure
Ecquevilly, 5	Versailles	Seine-et-O.
Ecrainville, 5 ¾	Le Hâvre	Seine-Inf.
Ecramville, 5 ¼	Bayeux	Calvados
Ecrennes, 1 ½	Pithiviers	Loiret
Ecrennes (les), 4	Melun	Seine-et-M.
Ecretteville-sur-les-Baons, 1 ½	Yvetot	Seine-Inf.
Ecretteville-sur-Mer, 6 ½	Yvetot	Seine-Inf.
Ecrevieux (*Magnieur*), ¾	Belley	Ain
Ecrévisse (l') (*Vallières*), 1	Metz	Moselle
Ecriennes, 2	Vitry-le-Français	Marne
Ecrille, 6 ¼	Lons-le-Saulnier	Jura
Ecromagny, 4 ¼	Lure	H.-Saône
Ecrosnes, 5 ½	Chartres	Eure-et-L.
Ecrouves, 1	Toul	Meurthe
Ecrouzille, 5 ¼	Poitiers	Vienne
Ectot-Lauber, 3 ½	Yvetot	Seine-Inf.
Ectot-les-Baons, 1	Yvetot	Seine-Inf.
Ecublé, 5	Dreux	Eure-et-L.
Ecubley, 7	Mortagne	Orne
Ecueil, 2 ½	Rheims	Marne
Ecuelin, 1 ¾	Avesnes	Nord
Ecuelle, 3 ¼	Gray	H.-Saône
Ecuelle, 7	Châlons	Saône-et-L.
Ecuelles, 3 ¼	Fontainebleau	Seine-et-M.
Ecuillé,	Angers	Maine-et-L.
Ecuisses, 6	Châlons	Saône-et-L.
Ecully, 1	Lyon	Rhône
Ecultot, 4	Le Hâvre	Seine-Inf.
Eculville, 4	Cherbourg	Manche
Ecuquetot, 4	Le Hâvre	Seine-Inf.
Ecuras, 8	Angoulême	Charente
Ecurat, 2	Saintes	Char.-Inf.
Ecurcey, 5 ¾	Montbéliard	Doubs
Ecurey, 3 ¾	Montmédy	Meuse
Ecurie, 1	Arras	Pas-de-Cal.
Ecury-le-Petit, 3 ½	Châlons-sur-Marne	Marne

16

Communes.	Arrondissem.	Départem.	Communes.	Arrondissem.	Départem.
Ecury-le-Repos, 6 $\frac{1}{2}$	Epernay	Marne	Eleu, *dit* Lauvette, 4	Arras	Pas-de-Cal.
Ecury-sur-Coole, 2	Châlons-sur-Marne	Marne	Elincourt, 5	Cambrai	Nord
			Elincourt, 8	Beauvais	Oise
Ecutigny, 4	Beaune	Côte-d'Or	Elincourt (Ste.-Marguerite), 4 $\frac{1}{2}$	Compiègne	Oise
Ecuvilly, 7	Compiègne	Oise			
Edern, 3 $\frac{3}{4}$	Châteaulin	Finistère	Eliph (St.-), 5 $\frac{1}{2}$	Nogent-le-Rotrou	Eure-et-L.
Edling (*Anzeling*), 5 $\frac{1}{4}$	Thionville	Moselle			
Edon, 6	Angoulême	Charente	Elix (St.-), 6 $\frac{2}{7}$	Muret	H.-Garonne
Eduts (les), 5 $\frac{1}{2}$	St.-Jean-d'Angely	Char.-Inf.	Elix (St.-), 2 $\frac{1}{2}$	Lombez	Gers
			Elix (St.-), 3 $\frac{1}{4}$	Miraude	Gers
Eecke, 2	Hazebrouck	Nord	Ellecourt, 5	Neufchâtel	Seine-Inf.
Effiat, 3 $\frac{1}{2}$	Riom	Puy-de-Dô.	Elliant, 4 $\frac{1}{2}$	Quimper	Finistère
Effincourt, 8 $\frac{1}{4}$	Wassy	H.-Marne	Ellier (St-.), 10	Saumur	Maine-et-L.
Effondré (*Thomery*), 1 $\frac{1}{2}$	Fontainebleau	Seine-et-M.	Ellier (St.-), 10	Mayenne	Mayenne
Effreney, (*Amont*), 6	Lure	H.-Saône	Ellier-lès-Bois (St.-), 5 $\frac{1}{2}$	Alençon	Orne
Effry, 2 $\frac{1}{2}$	Vervins	Aisne	Ellviller, 3	Sarreguemines	Moselle
Egat, 11 $\frac{1}{2}$	Prades	Pyrén.-Or.	Elne, 3 $\frac{1}{2}$	Perpignan	Pyrén.-Or.
Eglantier (l'), 5	Clermont	Oise	Elnes, 3	St.-Omer	Pas-de-Cal.
Egléni, 4	Auxerre	Yonne	Eloi (St.-), 9 $\frac{1}{2}$	Trévoux	Ain
Egletou, 7 $\frac{1}{4}$	Tulle	Corrèze	Eloy (St.-), 11	Brives	Corrèze
Egligny, 5 $\frac{1}{4}$	Provins	Seine-et-M.	Eloy (St.-), 4 $\frac{1}{2}$	Bourganeuf	Creuse
Eglingen, 1 $\frac{1}{2}$	Altkirch	Haut-Rhin	Eloy (St.-), 7	Brest	Finistère
Eglise-aux-Bois (l'), 10 $\frac{1}{2}$	Tulle	Corrèze	Eloy (St.-), 2	Nevers	Nièvre
Eglise-Neuve, 3 $\frac{1}{2}$	Périgueux	Dordogne	Eloy (St.-), 3	Ambert	Puy-de-Dô.
Eglise-Neuve, 7 $\frac{1}{4}$	Clermont	Puy-de-Dô.	Eloy (St-), 8 $\frac{1}{2}$	Riom	Puy-de-Dô.
Eglise-Neuve-d'Entraigues, 8	Issoire	Puy-de-Dô.	Eloy-près-Gisors (St.-), 5	Les Andelys	Eure
Eglise-Neuve-d'Issac, 5	Bergerac	Dordogne	Elophe (St.-), 1 $\frac{2}{3}$	Neufchâteau	Vosges
Eglise-Neuve-de-Liards, 3 $\frac{3}{4}$	Issoire	Puy-de-Dô.	Elouan (St.-) (*St.-Guen*), 3 $\frac{1}{2}$	Loudéac	Côtes-du-N.
Eglises (les), 1 $\frac{1}{4}$	St.-Jean-d'Angely	Char.-Inf.	Eloy-de-Fourques (St.-), 5 $\frac{1}{2}$	Bernay	Eure
Eglisolles, 3 $\frac{1}{2}$	Ambert	Puy-de-Dô.	Eloy-de-Gy (St.-), 1 $\frac{1}{2}$	Bourges	Cher
Eglizottes (les), 9 $\frac{1}{4}$	Libourne	Gironde	Eloye, 2	Belfort	Haut-Rhin
Egluy, 5	Die	Drôme	Eloyes, 3 $\frac{1}{2}$	Remiremont	Vosges
Egly, 6 $\frac{1}{2}$	Corbeil	Seine-et-O.	Elsenheim, 3	Schélestatt	Bas-Rhin
Egrève (St.), 1 $\frac{1}{2}$	Grenoble	Isère	Elvange, 7	Metz	Moselle
Egreville*, 8 $\frac{1}{2}$	Fontainebleau	Seine-et-M.	Elven*, 4 $\frac{3}{8}$	Vannes	Morbihan
Egriselles-le-Boccage, 3	Sens	Yonne	Elyse, 1 $\frac{1}{2}$	Ste.-Menéhould	Marne
Egry, 4 $\frac{1}{2}$	Pithiviers	Loiret	Elzange, 2	Thionville	Moselle
Eguenigue, 1 $\frac{1}{4}$	Belfort	Haut-Rhin	Elzing (*Buding*), 2 $\frac{1}{2}$	Thionville	Moselle
Eguille (l'), 4 $\frac{1}{2}$	Marennes	Char.-Inf.	Emagny, 3 $\frac{1}{2}$	Besançon	Doubs
Eguilles, 2	Aix	B.-du-Rhône	Emalleville, 1 $\frac{1}{2}$	Evreux	Eure
Eguilley, 6 $\frac{1}{2}$	Vesoul	H.-Saône	Emalleville, 5 $\frac{1}{2}$	Le Hâvre	Seine-Inf.
Eguilly, 2 $\frac{1}{2}$	Bar-sur-Seine	Aube	Eman (St.-), 5 $\frac{1}{2}$	Chartres	Eure-et-L.
Eguilly, 8	Beaune	Côte-d'Or	Emancé, 3	Rambouillet	Seine-et-O.
Eguisheim, 1	Colmar	Haut-Rhin	Emanville, 4 $\frac{1}{2}$	Evreux	Eure
Eguzon, 6 $\frac{1}{4}$	La Châtre	Indre	Emanville, 5 $\frac{3}{4}$	Rouen	Seine-Inf.
Ehuus, 5 $\frac{1}{4}$	Lure	H.-Saône	Emarmont (*Osny*), 1 $\frac{1}{2}$	Pontoise	Seine-et-O.
Eichoffen, 3	Schélestatt	Bas-Rhin	Embeloy, (*Nampiel*), 6 $\frac{1}{2}$	Compiègne	Oise
Eincheviller, 10	Sarreguemines	Moselle	Embermenil, 4 $\frac{1}{2}$	Lunéville	Meurthe
Einvaux, 3 $\frac{1}{2}$	Lunéville	Meurthe	Embourie, 3	Ruffec	Charente
Einville, 1 $\frac{1}{2}$	Lunéville	Meurthe	Embres, 5	Narbonne	Aude
Eisson, 4 $\frac{1}{2}$	Baume	Doubs	Embreville, 5 $\frac{1}{2}$	Abbeville	Somme
Eix, 2	Verdun	Meuse	EMBRUN*,	ch.-l. d'ar., 179	H.-Alpes
Elan, 2 $\frac{1}{2}$	Mézières	Ardennes	Embry, 4	Montreuil	Pas-de-Cal.
Elancourt, 6 $\frac{1}{4}$	Rambouillet	Seine-et-O.	Eméramville, 6 $\frac{1}{2}$	Meaux	Seine-et-M.
Elange (*Veymerange*), $\frac{3}{4}$	Thionville	Moselle	Emerchicourt, 3 $\frac{3}{4}$	Douai	Nord
Elbach, 5	Belfort	Haut-Rhin	Emeringe, 5	Villefranche	Rhône
Elbes, 2 $\frac{1}{2}$	Villefranche	Aveiron	Emery, 6 $\frac{1}{2}$	Péronne	Somme
Elbeuf*, 4 $\frac{1}{2}$	Rouen	Seine-Inf.	Eméville, 9	Senlis	Oise
Elbeuf-en-Bray, 8 $\frac{5}{8}$	Neufchâtel	Seine-Inf.	Eniétillers, 3 $\frac{1}{2}$	Compiègne	Oise
Elbeuf-sur-Andelle, 6 $\frac{1}{4}$	Rouen	Seine-Inf.	Emieville, 2	Caen	Calvados
Elesmes, 5	Avesnes	Nord	Emiland (St.-), 4 $\frac{1}{2}$	Autun	Saône-et-L.
Elétot, 7 $\frac{1}{2}$	Yvetot	Seine-Inf.	Emilion (St.-) 1 $\frac{1}{2}$	Libourne	Gironde
Elier (St.-), 4	Evreux	Eure	Emlingen, 1	Altkirch	Haut-Rhin

Communes.	Arrondissem.	Départem.
Emmerin, 2 $\frac{1}{4}$	Lille	Nord
Emondeville, 2 $\frac{3}{4}$	Valognes	Manche
Empeaux, 5 $\frac{1}{2}$	Muret	H.-Garonne
Empurany, 11	Tournon	Ardèche
Empuré,	Ruffec	Charente
Empury, 7 $\frac{1}{2}$	Clamecy	Nièvre
En, 5 $\frac{1}{2}$	Prades	Pyrén.-Or.
Enancourt-Léage, 5	Beauvais	Oise
Enancourt-le-Sec, 4	Beauvais	Oise
Enans, 1	Baume	Doubs
Encausse, 1 $\frac{3}{4}$	St.-Gaudens	H.-Garonne
Encausse, 7	Lombez	Gers
Enchastrayes, 1	Barcelonnette	B.-Alpes
Enchenberg, 5 $\frac{3}{4}$	Sarreguemines	Moselle
Enclave-de-la-Martinière (l'), 1	Melle	2 Sèvres
Encourtiech, 1	St.-Girons	Ariége
Encretiéville, 4 $\frac{1}{2}$	Yvetot	Seine-Inf.
Endoufielle, 3	Lombez	Gers
Enfer *(Wy, dit Joli Village)*, 3 $\frac{3}{4}$	Mantes	Seine-et-O.
Enfligneix, 2	Chaumont	H.-Marne
Enfonvelles, 10 $\frac{1}{2}$	Langres	H.-Marne
Enfruts (les) 7 $\frac{1}{2}$	Milhaud	Aveiron
Engalin, 8 $\frac{1}{4}$	Lectoure	Gers
Engente, 1 $\frac{1}{4}$	Bar-sur-Aube	Aube
Engental, 8 $\frac{1}{4}$	Strasbourg	B.-Rhin
Engenville, 2	Pithiviers	Loiret
Enghien *(Montmorency)**, 4	Pontoise	Seine-et-O.
Engins, 3 $\frac{3}{4}$	Grenoble	Isère
Englancourt, 3 $\frac{1}{2}$	Vervins	Aisne
Engle-Fontaine, 6 $\frac{1}{4}$	Avesnes	Nord
Englebelmer, 6 $\frac{1}{2}$	Doullens	Somme
Englesqueville, 6	Bayeux	Calvados
Englesqueville, 1 $\frac{1}{2}$	Pont-l'Evêque	Calvados
Englesqueville, 6	Dieppe	Seine-Inf.
Englesqueville, 4	Le Hâvre	Seine-Inf.
Englesqueville-les-Bras-Longs, 4	Yvetot	Seine-Inf.
Englot, 2	Lille	Nord
Engomer, 1	St.-Girons	Ariége
Engrace (Ste.-) 9 $\frac{1}{2}$	Mauléon	B.-Pyrén.
Engranville, 4	Bayeux	Calvados
Engraviés, 4 $\frac{3}{4}$	Pamiers	Ariége
Enguennegatte, 4	St.-Omer	Pas-de-Cal.
Engwiller, 3	Haguenau	Bas-Rhin
Enimie (St.-), 4 $\frac{3}{4}$	Florac	Lozère
Ennemain, 2 $\frac{1}{2}$	Péronne	Somme
Ennemond (St.-), 3	Moulins	Allier
Ennery, 3	Metz	Moselle
Ennery, 1	Pontoise	Seine-et-O.
Ennetières-en-Weppes, 2	Lille	Nord
Ennevelin, 3 $\frac{1}{4}$	Lille	Nord
Ennezat, 2	Riom	Puy-de-Dô.
Ennordre, 10 $\frac{1}{4}$	Sancerre	Cher
Ennous, 4	St.-Affrique	Aveiron
Enogat, (St.-), 1 $\frac{1}{2}$	St.-Malo	Ille-et-Vil.
Enquin, 4 $\frac{1}{2}$	St.-Omer	Pas-de-Cal.
Enquin, 3	Montreuil	Pas-de-Cal.
Ens, 14	Bagnères	H.-Pyrén.
Enschingen, 1 $\frac{1}{2}$	Altkirch	Haut-Rhin
Ensigné, 3 $\frac{3}{4}$	Melle	2 Sèvres
Ensisheim*, 6 $\frac{1}{2}$	Colmar	Haut-Rhin
Enterieux, 7 $\frac{1}{2}$	St.-Flour	Cantal

Communes.	Arrondissem.	Départem.
Entrages, 2	Digne	B.-Alpes
Entraigues, 8	Espalion	Aveiron
Entraigues, 12 $\frac{1}{2}$	Grenoble	Isère
Entraigues, 2	Carpentras	Vaucluse
Entrains, 5 $\frac{1}{2}$	Clamecy	Nièvre
Entrammes, 2	Laval	Mayenne
Entrange *(Oeutrange)*, 2	Thionville	Moselle
Entrechaux, 7	Orange	Vaucluse
Entrecusteaux, 5	Brignoles	Var
Entre-deux-Eaux, 2	St.-Dié	Vosges
Entre-deux-Guiers-le-Bas, 10	Grenoble	Isère
Entre-deux-Monts, 9	Poligny	Jura
Entremont, 6 $\frac{1}{4}$	Grenoble	Isère
Entrepierres, 1 $\frac{1}{2}$	Sisteron	B.-Alpes
Entrevaux*, 14	Castellanne	B.-Alpes
Entrevennes, 9	Digne	B.-Alpes
Entrevergnes *(Castelnau)*, 8 $\frac{1}{2}$	Castres	Tarn
Entrigny, 6 $\frac{1}{4}$	Châlons	Saône-et-L.
Entzheim, 2 $\frac{1}{2}$	Strasbourg	Bas-Rhin
Enveigt, 13 $\frac{1}{2}$	Prades	Pyrén.-Or.
Envermeu, 3 $\frac{1}{4}$	Dieppe	Seine-Inf.
Eny (St.-), 5 $\frac{3}{4}$	Saint-Lô	Manche
Eoulx, 2	Castellanne	B.-Alpes
Eourres, 15 $\frac{3}{4}$	Gap	H.-Alpes
Eoux, 5	St.-Gaudens	H.-Garonne
Epagne, 6 $\frac{1}{2}$	Bar-sur-Aube	Aube
Epagne, 1 $\frac{1}{4}$	Abbeville	Somme
Epagnette, $\frac{1}{2}$	Abbeville	Somme
Epagny, 2 $\frac{1}{2}$	Soissons	Aisne
Epagny, 2 $\frac{3}{4}$	Dijon	Côte-d'Or
Epaignes, 2	Pont-Audemer	Eure
Epain (St.-), 5	Chinon	Indre-et-L.
Epannes, 3	Niort	2 Sèvres
Epanney, 2 $\frac{1}{2}$	Falaise	Calvados
Eparcy, 2 $\frac{1}{2}$	Vervins	Aisne
Epards (les) *(Moras)*, 10 $\frac{1}{2}$	Valence	Drôme
Eparges (les), 4 $\frac{3}{4}$	Verdun	Meuse
Epargnes, 6	Saintes	Char.-Inf.
Eparmont *(Mont-Martin)*, 3	Compiégne	Oise
Eparres (les), 4 $\frac{1}{2}$	La Tour-du-Pin	Isère
Epaubourg, 4 $\frac{1}{2}$	Beauvais	Oise
Epaumesnil, 9	Amiens	Somme
Epeautrolles, 4 $\frac{1}{2}$	Chartres	Eure-et-L.
Epeaux, 1 $\frac{3}{4}$	Château-Thierry	Aisne
Epecamps, 4 $\frac{1}{2}$	Doullens	Somme
Epées (les) *(Laschy)*, 8	Epernay	Marne
Epégare, 5 $\frac{1}{4}$	Louviers	Eure
Epehy, 4	Péronne	Somme
Epeigné, près Bléré, 9	Tours	Indre-et-L.
Epeigné-sur-Déme, 8	Tours	Indre-et-L.
Epeluche, 1 $\frac{1}{2}$	Riberac	Dordogne
Epénancourt, 3	Péronne	Somme
Epenède, 2 $\frac{1}{2}$	Confolens	Charente
Epenois, 5 $\frac{1}{2}$	Baume	Doubs
Epenoux *(Pusy)*, 1 $\frac{1}{2}$	Vesoul	H.-Saône
Epenouze, 4 $\frac{1}{4}$	Baume	Doubs
Epense, 3	Ste.-Menéhould	Marne
Epercieux, 5	Montbrison	Loire
Epercy, 5	St.-Claude	Jura
Eperlecques, 2 $\frac{1}{4}$	St.-Omer	Pas-de-Ca.
Epernay, 3 $\frac{1}{2}$	Dijon	Côte-d'Or

Communes.	Arrondissem.	Départem.
EPERNAY*	ch.-l. d'ar., 33	Marne
Epernon*, 6 ½	Chartres	Eure-et-L.
Eperrais, 2 ½	Mortagne	Orne
Epertuilly, 7	Autun	Saône-et-L.
Epervans, 1 ¼	Châlons	Saône-et-L.
Epervière (l'), 5 ¼	Segré	Maine-et-L.
Epesses (les), 12 ¼	Fontenay-le-Comte	Vendée
Epeugney, 4 ¼	Besançon	Doubs
Epffig, 2 ¼	Schélestatt	Bas-Rhin
Epiais, 3 ¾	Vendôme	Loir-et-Cher
Epiais, 2	Pontoise	Seine-et-O.
Epiais-lès-Louvres, 8	Pontoise	Seine-et-O.
Epicas, 3 ½	Saumur	Maine-et-L.
Epieds, 1 ¾	Château-Thierry	Aisne
Epieds, 4	Evreux	Eure
Epieds, 5 ½	Orléans	Loiret
Epiez, 6 ½	Commercy	Meuse
Epiez, 9	Briey	Moselle
Epinac, 4	Autun	Saône-et-L.
EPINAL,*	ch.-l. de dép. 98	Vosges
Epinant, 4 ¾	Langres	H.-Marne
Epinay, 4	Caen	Calvados
Epinay, 4	Bernay	Eure
Epinay, 5	Pontoise	Seine-et-O.
Epinay *(Maclou-de-Folleville)*, 7	Dieppe	Seine-Inf.
Epinay, 1 ½	Neufchâtel	Seine-Inf.
Epinay *(Soreng)*, 6 ½	Neufchâtel	Seine-Inf.
Epinay-sous-Senard, 3 ½	Corbeil	Seine-et-O.
Epinay-sur-Frauqueville, 2 ¾	Rouen	Seine-Inf.
Epinay-sur-Fréville, 5 ¾	Rouen	Seine-Inf.
Epiney-sur-Orge, 4 ½	Corbeil	Seine-et-O.
Epinay-sur-Seine, 1	St.-Denis	Seine
Epinay-Tesson (l'), 6 ¼	Bayeux	Calvados
Epine (l'), 12 ¼	Gap	H.-Alpes
Epine (l') *(St.-Germain)*, 2	Troyes	Aube
Epine (l'), 2	Châlons-sur-Marne	Marne
Epine (l'), 2	Montreuil	Pas-de-Cal.
Epine (l'), *(Itteville)*, 4 ¼	Estampes	Seine-et-O.
Epine-au-Bois (l'), 3 ¼	Château-Thierry	Aisne
Epineau-les-Voves 1 ¾	Joigny	Yorne
Epineuil, 4	St-Amand	Cher
Epineuil, ¼	Tonnerre	Yonne
Epineuse, 2	Clermont	Oise
Epineux-le-Chevreuil, 7	Le Mans	Sarthe
Epineux-le-Seguin, 9	Laval	Mayenne
Epineville, 7 ½	Yvetot	Seine-Inf.
Epiniac, 7 ½	St.-Malo	Ille-et-Vil.
Epinonville, 7 ½	Montmédy	Meuse
Epinouze *(Moras)*, 11	Valence	Drôme
Epinoy, 3 ¼	Avesnes	Nord
Epinoy, 7	Arras	Pas-de-Cal.
Epinoy (l'), 2 ¼	Montreuil	Pas-de-Cal.
Epiry, 10	Clamecy	Nièvre
Episy, 4 ¼	Fontainebleau	Seine-et-M.
Epizon, 9 ¼	Wassy	H.-Marne
Eplessier, 7	Amiens	Somme
Epluches *(St.-Ouen-l'Aumone)*, ½	Pontoise	Seine-et-O.
Eply, 6 ½	Nancy	Meurthe
Epoisses, 3	Semur	Côte-d'Or
Epônes, 2 ¼	Mantes	Seine-et-O.
Epothémont, 6 ½	Bar-sur-Aube	Aube
Epouville, 3	Le Hâvre	Seine-Inf.
Eppe-Sauvage, 4	Avesnes	Nord
Eppes, 2 ½	Laon	Aisne
Eppeville, 5 ½	Péronne	Somme
Epping, 5	Sarreguemines	Moselle
Epretot, 4	Le Hâvre	Seine-Inf.
Epreville, 7	Le Hâvre	Seine-Inf.
Epréville-en-Lieuvin, 4 ½	Pont-Audemer	Eure
Epréville-en-Romois, 5	Pont-Audemer	Eure
Epréville, près le Neubourg, 6	Louviers	Eure
Epréville-sur-Ry, 3 ¾	Rouen	Seine-Inf.
Epron, 1	Caen	Calvados
Eps, 2 ½	St.-Pol	Pas-de-Cal.
Epuisay, 4	Vendôme	Loir-et-Cher
Epvre (St.-), 4 ½	Château-Salins	Meurthe
Epy, 10	Lons-le-Saulnier	Jura
Equainville, 4	Pont-Audemer	Eure
Equancourt, 3 ¼	Péronne	Somme
Equancourt *(Jouy-le-Moutier)*, 2	Pontoise	Seine-et-O.
Equedecque, 5	Béthune	Pas-de-Cal.
Equetshardt, 9 ½	Sarreguemines	Moselle
Equemauville, 5 ¼	Pont-l'Evêque	Calvados
Equennes, 7	Amiens	Somme
Equeurdreville, ¾	Cherbourg	Manche
Equevilley, 6	Vesoul	H.-Saône
Equevillon, 5 ½	Poligny	Jura
Equilly, 6 ½	Coutances	Manche
Equimbosc, 4	Yvetot	Seine-Inf.
Equiqueville, 3 ½	Dieppe	Seine-Inf.
Eragny, 9	Beauvais	Oise
Eragny, ½	Pontoise	Seine-et-O.
Eraines, 1	Falaise	Calvados
Eringes, 4 ½	Semur	Côte-d'Or
Eramecourt, 8	Amiens	Somme
Erans *(Farges)*, 6 ½	Gex	Ain
Eraville, 5 ½	Cognac	Charente
Erbajolo, 3	Corte	Corse
Erbéviller, 3	Nancy	Meurthe
Erblon (St.-), 3	Rennes	Ille-et Vil.
Erblon (St.-), 9	ChâteauGontier	Mayenne
Erbray, 2 ½	Châteaubriant	Loire-Inf.
Erbrée, 2	Vitré	Ille-et-Vil.
Erce, 4 ½	St.-Girons	Ariége
Ercé-en-Lamée, 10	Redon	Ille-et-Vil.
Ercé, près Gahard, 6 ½	Rennes	Ille-et-Vil.
Erceville, 4 ¼	Pithiviers	Loiret
Erches, 2 ½	Montdidier	Somme
Ercheux, 6	Montdidier	Somme
Erchin, 1 ¼	Douai	Nord
Erching, 4	Sarreguemines	Moselle
Ercourt, 3 ½	Abbeville	Somme
Ercuis, 5	Senlis	Oise
Erdeven, 5 ½	Lorient	Morbihan
Eréac, 9 ½	Loudéac	Côtes-du-N.
Ergersheim, 3 ¾	Strasbourg	Bas-Rhin
Ergnies, 4 ½	Abbeville	Somme
Ergny, 4	Montreuil	Pas-de-Cal.
Ergué-Armel, ½	Quimper	Finistère
Ergué-Gabéric, 1 ½	Quimper	Finistère
Erigné *(Murs)*, 2	Angers	Maine-et-L.

Communes.	Arrondissem.	Départem.
Erin, 3 $\frac{3}{4}$	St.-Pol	Pas-de-Cal.
Eringhem, 5	Dunkerque	Nord
Erise-la-Brûlée, 3	Bar-le-Duc	Meuse
Erise-la-Grande, 3 $\frac{3}{4}$	Bar-le-Duc	Meuse
Erise-la-Petite, 3 $\frac{3}{4}$	Bar-le-Duc	Meuse
Erise (St.-Dizier), 3	Bar-le-Duc	Meuse
Eriseul, 5	Langres	H.-Marne
Erkartswiler, 1 $\frac{1}{4}$	Saverne	Bas-Rhin
Erlenbach, 3 $\frac{1}{4}$	Schélestatt	Bas-Rhin
Erlon, 5	Laon	Aisne
Erloy, 2 $\frac{1}{2}$	Vervins	Aisne
Erme (St.-) 6 $\frac{1}{2}$	Laon	Aisne
Ermenonville, 3	Senlis	Oise
Ermenonville, 4	Yvetot	Seine-Inf.
Ermenonville-la-Grande, 4	Chartres	Eure et-L.
Ermenonville-la-Petite, 6	Chartres	Eure-et-L.
Ermont, 3	Pontoise	Seine-et-O.
Ernecourt, 3 $\frac{3}{4}$	Commercy	Meuse
Ernée *, 6	Mayenne	Mayenne
Ernemont - Boutavent, 6 $\frac{1}{2}$	Beauvais	Oise
Ernemont-la-Villette, 10 $\frac{1}{4}$	Neufchâtel	Seine-Inf.
Ernemont-sur-Buchy, 6 $\frac{1}{4}$	Rouen	Seine-Inf.
Ernes, 3 $\frac{1}{2}$	Falaise	Calvados
Ernestveiller, 2 $\frac{1}{2}$	Sarreguemines	Moselle
Ernolsheim, 1 $\frac{1}{2}$	Saverne	Bas-Rhin
Ernolsheim, 3	Strasbourg	Bas-Rhin
Erny (St.-Julien), 4 $\frac{1}{4}$	St.-Omer	Pas-de-Cal.
Erôme, 6	Valence	Drôme
Erone, 3	Corte	Corse
Eroudeville, 2	Valognes	Manche
Erp, 1 $\frac{1}{4}$	St.-Girons	Ariége
Erquery, 1	Clermont	Oise
Erquières, 5	St.-Pol	Pas-de-Cal.
Equinghem-le-Sec, 2 $\frac{1}{4}$	Lille	Nord
Equinghem-Lys, 4 $\frac{1}{4}$	Lille	Nord
Erquinvillers, 3	Clermont	Oise
Erquy, 7	St.-Brieuc	Côtes-du-N.
Err, 11 $\frac{1}{2}$	Prades	Pyrén.-Or.
Erre, 4 $\frac{3}{4}$	Douai	Nord
Errevet, 7 $\frac{1}{2}$	Lure	H.-Saône
Erreville (*Arrouville*),	Pontoise	Seine-et-O.
Errouville, 3 $\frac{3}{4}$	Briey	Moselle
Ersa, 8 $\frac{3}{4}$	Bastia	Corse
Erstein, 5	Schélestatt	Bas-Rhin
Erstroff, 7	Sarreguemines	Moselle
Ervauville, 5 $\frac{1}{2}$	Montargis	Loiret
Ervillers, 4	Arras	Pas-de-Cal.
Ervy*, 7 $\frac{1}{2}$	Troyes	Aube
Erzange, 2 $\frac{3}{4}$	Briey	Moselle
Esavilly, 6 $\frac{3}{4}$	Poligny	Jura
Esbarech, 15 $\frac{1}{2}$	Bagnères	H.-Pyrén.
Esbarres, 8	Beaune	Côte-d'Or
Esbly, 2	Meaux	Seine-et-M.
Escaich (*Couret*), 2 $\frac{1}{2}$	St.-Gaudens	H.-Garonne
Escala, 7	Bagnères	H.-Pyrén.
Escalens, 12	Mont-de-Marsan	Landes
Escales, 4 $\frac{3}{4}$	Narbonne	Aude
Escalle (l'), 5	Sisteron	B.-Alpes
Escalles, 6	Boulogne	Pas-de-Cal.
Escalquens, 5 $\frac{1}{2}$	Villefranche	H.-Garonne
Escalus, 6 $\frac{3}{4}$	Dax	Landes
Escames, 6	Beauvais	Oise
Escamps, 5	Cahors	Lot
Escamps, 2 $\frac{1}{2}$	Auxerre	Yonne
Escanecrabe, 4 $\frac{1}{2}$	St.-Gaudens	H.-Garonne
Escardes, 13	Epernay	Marne
Escardes (le Haut d') (*Escardes*), 13	Epernay	Marne
Escarmain, 6 $\frac{1}{4}$	Cambrai	Nord
Escaro, 4 $\frac{1}{2}$	Prades	Pyrén.-Or.
Escassefort, 2 $\frac{3}{4}$	Marmande	Lot-et-Gar.
Escatalens, 2	Castel-Sarrasin	Tarn-et-G.
Escaudain, 4 $\frac{1}{2}$	Douai	Nord
Esoaudes (*Captieux*), 4	Bazas	Gironde
Escaudœuvres, 1	Cambrai	Nord
Escaudolières, 7 $\frac{1}{4}$	Rodez	Aveiron
Escaufourt, 7 $\frac{1}{4}$	St.-Quentin	Aisne
Escaunets, 3	Tarbes	H.-Pyrén.
Escaupont, 11 $\frac{1}{4}$	Douai	Nord
Escayrac (*Las Cabannes*), 5 $\frac{1}{4}$	Cahors	Lot
Escazeaux, 4	Castel-Sarrasin	Tarn-et-G.
Esceuillens, 4 $\frac{1}{2}$	Limoux	Aude
Eschau, 2 $\frac{1}{2}$	Strasbourg	Bas-Rhin
Eschbach, 5	Colmar	Haut-Rhin
Eschbach (Woerth), 1	Haguenau	Bas-Rhin
Eschbourg, 3 $\frac{1}{4}$	Saverne	Bas-Rhin
Escheutzwiller. 4	Altkirch	Haut-Rhin
Escherange, 3 $\frac{1}{4}$	Thionville	Moselle
Esches, 5 $\frac{3}{4}$	Beauvais	Oise
Escheviller*, 6 $\frac{1}{2}$	Sarreguemines	Moselle
Eschwiler, 7 $\frac{1}{2}$	Saverne	Bas-Rhin
Esclagne, 9 $\frac{1}{4}$	Pamiers	Ariége
Esclainvillers, 3	Montdidier	Somme
Esclandes, 3	Marvejols	Lozère
Esclangon, 5	Digne	B.-Alpes
Esclans, 2 $\frac{1}{2}$	Dôle	Jura
Esclassan, 4 $\frac{3}{4}$	Mirande	Gers
Esclavolles, 13 $\frac{1}{2}$	Epernay	Marne
Escles, 5 $\frac{1}{2}$	Mirecourt	Vosges
Esclignac, 5 $\frac{3}{4}$	Lectoure	Gers
Esclottes, 8 $\frac{1}{2}$	Marmande	Lot-et-Gar.
Escluselles, 1 $\frac{1}{2}$	Dreux	Eure-et-L.
Escobecques, 2	Lille	Nord
Escobille (Ste.-), 6 $\frac{1}{4}$	Rambouillet	Seine-et-O.
Escoire, 3 $\frac{1}{2}$	Périgueux	Dordogne
Escolives, 2	Auxerre	Yonne
Escombres, 5 $\frac{3}{4}$	Sedan	Ardennes.
Esconets, 4	Bagnères	H.-Pyrén.
Escopon, 3 $\frac{3}{4}$	Lavaur	Tarn
Escorneboeuf, 7 $\frac{1}{2}$	Auch	Gers
Escorpain, 3	Dreux	Eure-et-L.
Escorpain, 1 $\frac{3}{4}$	St-Calais	Sarthe
Escos, 9 $\frac{1}{2}$	Bayonne	B.-Pyrén.
Escosse, 1 $\frac{1}{4}$	Pamiers	Ariége
Escot, 3 $\frac{1}{2}$	Montbéliard	Doubs
Escot, 4	Oléron	B.-Pyrén.
Escots, 5	Bagnères	H.-Pyrén,
Escou, 1 $\frac{3}{4}$	Oléron	B.-Pyrén.
Escoubès, 4 $\frac{3}{4}$	Pau	B.-Pyrén.
Escoubès, 4 $\frac{1}{2}$	Argelès	H.-Pyrén.
Escoublac, 8 $\frac{1}{2}$	Savenay	Loire-Inf.
Escouloubre, 19 $\frac{3}{4}$	Limoux	Aude
Escource, 16	Mont-de-Marsan	Landes
Escoussans, 8	a Réole	Gironde
Escoussens, 4	astres	Tarn
Escout, 1 $\frac{1}{2}$	Oleron	B.-Pyrén.

Communes.	Arrondissem.	Départem.
Escoutoux, 1	Thiers	Puy-de-Dô.
Escovilly, 2	Caen	Calvados
Escragnolles, 6	Grasse	Var
Escrignolles, 3 ½	Gien	Loiret
Escroux, 12 ½	Castres	Tarn
Escuires, 1	Montreuil	Pas-de-Cal.
Escures, 3 ½	Falaise	Calvados
Escurés, 7 ½	Pau	B.-Pyrén.
Escurolles, 2	Gannat	Allier
Eserval-Combe, 6 ½	Poligny	Jura
Eserval-Tartre, 6 ½	Poligny	Jura
Esget (*Aragnouet*), 18 ½	Bagnères	H.-Pyrén.
Esglandes, 2 ½	St.-Lô	Manche
Eskelbecque, 4	Dunkerque	Nord
Eslettes, 3 ½	Rouen	Seine-Inf.
Eslourenties-d'Aban, 5	Pau	B.-Pyrén.
Eslourenties-d'Arré, 4 ¾	Pau	B.-Pyrén.
Esmans, 6 ¼	Fontainebleau	Seine-et-M.
Esmoulins, 1 ½	Gray	H.-Saône
Esmoulières, 7 ½	Lure	H.-Saône
Esnandes, 3 ½	La Rochelle	Char.-Inf.
Esnes, 3	Verdun	Meuse
Esnes, 3 ½	Cambrai	Nord
Esnoms, 5 ½	Langres	H.-Marne
Esnon, 4	Joigny	Yonne
Esnouveaux, 5	Chaumont	H.-Marne
Espagnac, 3 ½	Tulle	Corrèze
Espagnet, 14 ¼	Condom	Gers
Espalais, 4 ¾	Moissac	Tarn-et-G.
Espalem, 3 ½	Brioude	H.-Loire
ESPALION*,	ch. l. d'arr., 170	Aveiron
Espaly, 1 ¼	Le Puy	H.-Loire
Espanès, 5 ½	Villefranche	H.-Garonne
Espaon, 1 ½	Lombez	Gers
Esparron, 8 ½	Gap	H.-Alpes
Esparron, 1 ½	Le Vigan	Gard
Esparron, 3 ½	St.-Gaudens	H.-Garonne
Esparron, 8	Brignoles	Var
Esparron-de-Verdon, 16	Digne	B.-Alpes
Esparron-la-Bâtie, 8	Sisteron	B.-Alpes
Esparros, 5	Bagnères	H.-Pyrén.
Esparsac, 3 ½	Castel-Sarrasin	Tarn-et-G.
Espartignac, 6	Tulle	Corrèze
Espas, 11	Condom	Gers
Espêche, 6	Bagnères	H.-Pyrén.
Espechède, 4	Pau	B.-Pyrén.
Espédaiblac, 5 ½	Figeac	Lot
Espelette, 5	Bayonne	B.-Pyrén.
Espeluche, 1 ¾	Montélimart	Drôme
Espenan, 12	Bagnères	H.-Pyrén.
Espenel, 5 ½	Die	Drôme
Esperausses, 9 ½	Castres	Tarn
Esperaza, 5 ¾	Limoux	Aude
Esperce, 5	Muret	H.-Garonne
Espère, 2 ¼	Cahors	Lot
Espéreuse, 2	Vendôme	Loir-et-Ch.
Esperons, 4 ¾	St.-Sever	Landes
Espès, 1	Mauléon	B.-Pyrén.
Espessas, 6 ½	Bordeaux	Gironde
Espeyrac, 8 ½	Espalion	Aveiron
Espezel, 12 ¾	Limoux	Aude
Espielh, 4	Bagnères	H.-Pyrén.
Espiens, 1 ½	Nérac	Lot-et-Gar.
Espiet, 4 ½	Libourne	Gironde
Espinadel, ou Spinadel, 5	Aurillac	Cantal

Communes.	Arrondissem.	Départem.
Espinasse, 3	Gannat	Allier
Espinasse, 8	St.-Flour	Cantal
Espinasse, 7	Riom	Puy-de-Dô.
Espinasse, 12 ½	Montauban	Tarn-et-G.
Espinasses, 6 ¾	Embrun	H.-Alpes
Espinassoles, 14 ¾	Rodez	Aveiron
Espinchal, 8	Issoire	Puy-de-Dô.
Espinouse, 5	Digne	B.-Alpes
Espinoux, 5 ¾	Rodez	Aveiron
Espins, 5	Falaise	Calvados
Espira, 2 ¼	Prades	Pyrén.-Or.
Espira-de-la-Gli, 2 ½	Perpignan	Pyrén.-Or.
Espirat, 6	Clermont	Puy-de-Dô.
Esplantas, 7 ¼	Le Puy	H.-Loire
Esplas, 4	St.-Girons	Ariége
Esplas, 3 ¾	Pamiers	Ariége
Esplas, 4 ½	St.-Affrique	Aveiron
Espoey, 5	Pau	B.-Pyrén.
Espondeilhan, 2	Béziers	Hérault
Espoye, 4	Rheims	Marne
Esprels, 6	Vesoul	H.-Saône
Esprit (St.-), 9 ¾	Uzès	Gard
Esprit (St.-), 11	Dax	Landes
Espuite, 5 ½	Orthez	B.-Pyrén.
Esquay, 1 ½	Bayeux	Calvados
Esquay, 2	Caen	Calvados
Esqueheries, 4 ½	Vervins	Aisne
Esquennoy, 9	Clermont	Oise
Esquerchin, 1	Douai	Nord
Esquerdes, 1 ½	St.-Omer	Pas-de-Cal.
Esquermes, ½	Lille	Nord
Esquibien, 9 ¾	Quimper	Finistère
Esquieze, 5	Argelès	H.-Pyrén.
Esquilles, 2	Villefranche	H.-Garonne
Esquire, 3 ¾	St.-Pol	Pas-de-Cal.
Esquiule, 2 ½	Oléron	B.-Pyrén.
Essards, 13	Barbezieux	Charente
Essards (les), 3 ½	Saintes	Char.-Inf.
Essards (les), 5	Evreux	Eure
Essards (les), 5	Dôle	Jura
Essards (les), 7	Vendôme	Loir-et-Ch.
Essards (les) (*St.-Léger-des-Bois*), 3	Angers	Maine-et-L.
Essarois, 5 ½	Châtillon	Côte-d'Or
Essart, ¾	Béthune	Pas-de-Cal.
Essarts (Grands-) (*Plain-set*), 8 ¾	Montbéliard	Doubs
Essarts (les), 6	Chinon	Indre-et-L.
Essarts (les), 10 ½	Argentan	Orne
Essarts (les), 3 ½	Rambouillet	Seine-et-O.
Essarts* (les), 5	Bourbon-Vendée	Vendée
Essarts-Cuénot, 11 ¼	Montbéliard	Doubs
Essarts-la-Belloye (les), 5 ½	Neufchâtel	Seine-Inf.
Essarts-le-Vicomte (les), 13	Epernay	Marne
Essarts-les-Sezannes (les), 9 ¼	Epernay	Marne
Essay, 5 ½	Alençon	Orne
Esse, 1	Confolens	Charente
Essé, 10 ¼	Vitré	Ille-et-Vil.
Essegnez, 3 ½	Mirecourt	Vosges
Esseintes (les), 1	La Réole	Gironde
Essernay (*Calombe*) 1 ¾	Vesoul	H.-Saône
Essert, 1 ¼	Belfort	Haut-Rhin

Communes.	Arrondissem.	Départem.
Essert, 6	Auxerre	Yonne
Esserteaux, 4	Amiens	Somme
Essertenne, 3 ¼	Gray	H.-Saône
Essertenne, 7	Autun	Saône-et-L.
Essertey (*Gray-la-Ville*), ½	Gray	H.-Saône
Essertine-en-Châtelneuf, 1	Montbrison	Loire
Essertine-en-Donzy, 6	Montbrison	Loire
Essey, 8	Beaune	Côte-d'Or
Essey, 1	Nancy	Meurthe
Essey, 6	Toul	Meurthe
Essey-la-Côte, 6	Lunéville	Meurthe
Essey-les-Eaux, 6 ½	Chaumont	H.-Marne
Essey-les-Ponts, 5 ½	Chaumont	H.-Marne
Essia, 3 ½	Lons-le-Saulnier	Jura
Essigny-le-Grand, 2	St.-Quentin	Aisne
Essigny-le-Petit, 2 ¼	St.-Quentin	Aisne
Essises, 1 ¾	Château-Thierry	Aisne
Essommes, ½	Château-Thierry	Aisne
Esson, 1 ¾	Bayeux	Calvados
Esson, 6 ¼	Falaise	Calvados
Essonnes, ¼	Corbeil	Seine-et-O.
Essoyes, 3	Bar-sur-Seine	Aube
Essuilles, 3 ½	Clermont	Oise
Estables, 6 ½	Le Puy	H.-Loire
Estables, 5 ¼	Mende	Lozère
Establet, 7	Die	Drôme
Estadens, 2 ¾	St.-Gaudens	H.-Garonne
Estagel, 5 ¾	Perpignan	Pyrén.-Or.
Estaing, 2 ½	Espalion	Aveiron
Estaires*, 4 ¾	Hazebrouck	Nord
Estampes, 4 ½	Mirande	Gers
Estampures, 7	Tarbes	H.-Pyrén.
Estancarbon, 1	St.-Gaudens	H.-Garonne
Estang, 14	Condom	Gers
Estarvielle, 12	Bagnères	H.-Pyrén.
Estavar, 12	Prades	Pyrén.-Or.
Estaves, 4	St.-Quentin	Aisne
Estendeuil, 8 ¼	Clermont	Puy-de-Dô.
Estenos, 5	St.-Gaudens	H.-Garonne
Estensan, 13 ¾	Bagnères	H.-Pyrén.
Estephe (St.-), 3	Angoulême	Charente
Estephe (St.-), 1 ¾	Nontron	Dordogne
Estephe (St.-), 3	Lesparre	Gironde
Esternay, 11	Epernay	Marne
Esterre, 5 ¾	Argelès	H.-Pyrén.
Estevaux, 4 ½	Dijon	Côte-d'Or
Estève (St.-), 5	Digne	B.-Alpes
Estève (St.-), 1 ½	Perpignan	Pyrén.-Or.
Estevelle, 6 ¼	Béthune	Pas-de-Cal.
Esteven, (St.-), 6 ¾	Bayonne	B.-Pyrén.
Esteville, 5 ½	Rouen	Seine-Inf.
Estezargues, 7 ½	Nismes	Gard
Esthoer, 2	Prades	Pyrén.-Or.
Estialescq, 1 ½	Oléron	B.-Pyrén.
Estibeaux, 4 ¾	Dax	Landes
Estigarde, 9	Mont-de-Marsan	Landes
Estillac, 1 ½	Agen	Lot-et-Gar.
Estipouy, 1	Mirande	Gers
Estirac, 7 ¾	Tarbes	H.-Pyrén.
Estiral, 4 ¾	Brives	Corrèze
Estiraux, 5 ½	Brives	Corrèze
Estissac*, 5	Troyes	Aube
Estivareille, 6	Montbrison	Loire
Estivareilles, 1 ½	Montluçon	Allier
Estos, ½	Oléron	B.-Pyrén.
Estoublon, 6	Digne	B.-Alpes
Estouches, 3 ½	Etampes	Seine-et-O.
Estourmel, 1 ¾	Cambrai	Nord
Estouy, 1 ½	Pithiviers	Loiret
Estrablin, 7	Vienne	Isère
Estrabols, 4 ½	Villefranche	Aveiron
Estrade, 7	Villeneuve-d'Agen	Lot-et-Gar.
Estragnac, 6	Lectoure	Gers
Estrebay, 4 ½	Rocroi	Ardennes
Estreboeuf, 4 ½	Abbeville	Somme
Estrées, 3 ½	St.-Quentin	Aisne
Estrées (Notre-Dame-d'), 5 ¼	Pont-l'Evêque	Calvados
Estrées, 2	Douai	Nord
Estrées, 3	Amiens	Somme
Estrées, 3	Péronne	Somme
Estrées-en-Chaussée, 2	Péronne	Somme
Estrées-la-Campagne, 3 ¼	Falaise	Calvados
Estrées-lès-Cressy, 5 ¼	Abbeville	Somme
Estrées-St.-Denis, 3	Compiégne	Oise
Estrées-St.-Jenoux, 7 ¼	Châteauroux	Indre
Estrud, 4	Avesnes	Nord
Estruval, 7	Abbeville	Somme
Estry, 4	Vire	Calvados
Estussan, 2 ½	Nérac	Lot-et-Gar.
Esves-le-Moutier, 2 ½	Loches	Indre-et-L.
Esvres, 3 ¾	Tours	Indre-et-L.
Eswars, 2 ½	Cambrai	Nord
Etables, 2	Nantua	Ain
Etables, 5	Tournon	Ardèche
Etables, 3 ¾	St.-Brieuc	Côtes-du-N.
Etables (*St.-Claude*), 1	St-Claude	Jura
Etables, 2 ½	Dieppe	Seine-Inf.
Etagnac, 3 ¾	Confolens	Charente
Etainhus, 4 ½	Le Hâvre	Seine-Inf.
Etaimpuis, 8	Dieppe	Seine-Inf.
Etain,* 4	Verdun	Meuse
Etaing, 4	Arras	Pas-de-Cal.
Etais, 5	Châtillon	Côte-d'Or
Etais, 9	Auxerre	Yonne
Etalante, 8 ½	Châtillon	Côte-d'Or
Etallans, 6 ½	Baume	Doubs
Etalles, 2 ½	Rocroi	Ardennes
Etalleville, 3 ½	Yvetot	Seine-Inf.
Etalon, 7	Montdidier	Somme
Etalondes, 6 ½	Dieppe	Seine-Inf.
Etampes, ½	Château-Thierry	Aisne
ETAMPES, *	ch.-l. d'ar., 14	Seine-et-O.
Etanche (l'), ¾	Neufchâteau	Vosges
Etang, 3	Autun	Saône-et-L.
Etang (l'), 4	Melun	Seine-et-M.
Etang-la-Ville (l'), 1	Versailles	Seine-et-O.
Etang-Vergy (l'), 4 ½	Dijon	Côte-d'Or
Etangs (les), * 3	Metz	Moselle
Etantot (l') (*Maclou-de-Folleville*), 7	Dieppe	Seine-Inf.
Etanville (l'), 7 ½	Bayeux	Calvados
Etaples, 3	Montreuil	Pas-de-Cal.
Etaule, 1	Avallon	Yonne

Communes.	Arrondissem.	Départem.
Etaules, 2 ½	Dijon	Côte-d'Or
Etauliers, 2 ¾	Blaye	Gironde
Etaulle, 2 ½	Marennes	Char.-Inf.
Etavaux, 1 ¼	Caen	Calvados
Etavigny, 7	Senlis	Oise
Etcharry, 3 ½	Mauléon	B.-Pyrén.
Etchébar, 4 ¾	Mauléon	B.-Pyrén.
Eteignères, 2 ¾	Rocroi	Ardennes
Eteimbes, 4 ¼	Belfort	Haut-Rhin
Etelfay, 1	Montdidier	Somme
Etelon (l'), 7	Montluçon	Allier
Eternoz, 9	Besançon	Doubs
Eterpigny, ¾	Arras	Pas-de-Cal.
Eterpigny, 1	Péronne	Somme
Eterville, 1 ½	Caen	Calvados
Eth, 9 ½	Avesnes	Nord
Ethuz, 8 ¼	Gray	H.-Saône
Etiau *(Joué)*, 13 ½	Saumur	Maine-et-L.
Etienne (St.-), 3 ½	Forcalquier	B.-Alpes
Etienne (St.-), 8	Argentière	Ardèche
Etienne (St.-), 4 ½	Vouziers	Ardennes
Etienne (St.-), 1	Arcis-sur-Aube	Aube
Etienne (St.-), 6 ¼	St. Flour	Cantal
Etienne (St.-), 7 ¼	Mauriac	Cantal
Etienne (St.-) *(St.-Andéol)*, 2 ¾	Die	Drôme
Etienne (St.-), 3	Alais	Gard
Etienne (St.-), 2 ¾	Fougères	Ille-et-Vil.
Etienne (St.-), ¼	Tours	Indre-et-L.
ETIENNE (St -), *	ch.-l. d'ar., 122	Loire
Etienne, (St.-), 4	Rheims	Marne
Etienne (St.-), 4	Compiègne	Oise
Etienne (St.-), 1 ½	Boulogne	Pas-de-Cal.
Etienne (St.-), 10	Riom	Puy-de-Dô.
Etienne (St.-) ou Gancourt, 8 ¾	Neufchâtel	Seine-Inf.
Etienne (St.-), 1	Remiremont	Vosges
Etienne-au-Temple (St.-), 2 ¼	Châlons-sur-Marne	Marne
Etienne-aux-Clos (Ste -), 2 ½	Ussel	Corrèze
Etienne-Cantalès (St.-), 5	Aurillac	Cantal
Etienne-d'Albagnan (St.-), 4	St.-Pons	Hérault
Etienne-d'Avençon (St.-), 3 ¼	Gap	H.-Alpes
Etienne-d'Orthe (St.-), 4 ¾	Dax	Landes
Etienne-de-Boulogne (St.-), 4 ¼	Privas	Ardèche
Etienne-de-Brillouet (St.-), 4 ¼	Fontenay-le-Comte	Vendée
Etienne-de-Carlat (St.-), 3	Aurillac	Cantal
Etienne-de-Chalaronne (St.-), 8 ½	Trévoux	Ain
Etiene-de-Chigny (St.-), 3 ½	Tours	Indre-et-L.
Etienne-de-Coise (St.-), 7	Lyon	Rhône
Etiennne-de-Corcozié (St.-), 6 ½	Nantes	Loire-Inf.
Etienne-de-Crossey, 6 ¼	Grenoble	Isère
Etienne-de-Fontbellon, (St.-), 7 ¾	Privas	Ardèche
Etienne-de-Fougères (St.-), 3 ¼	Villeneuve-d'Agen	Lot-et-Gar.

Communes.	Arrondissem.	Départem.
Etienne-de-Fursac (St.-), 7	Guéret	Creuse
Etienne-de-Gourgas (St), 2 ¾	Lodève	Hérault
Etienne-de-Lisse (St.-), 5	Libourne	Gironde
Etienne-de-Maurs (St.-), 8	Aurillac	Cantal
Etienne-de-Mer-Morte (St.), 8 ½	Nantes	Loire-Inf.
Etienne-de-Montagne, (St.-) *(Montagne)*, 3 ½	St.-Marcellin	Isère
Etienne-de-Mont-Luc (St.-), 3 ¾	Savenay	Loire-Inf.
Etienne-de-Noucoules (Ste.-), 1 ¾	St.-Affrique	Aveiron
Etienne-de-St.-Geoirs (St.-), 7	St.-Marcellin	Isère
Etienne-de-Serres (St.-), 4	Privas	Ardèche
Etienne-de-Valoux (St.-), 8 ½	Tournon	Ardèche
Etienne-de-Versillat (St -), 7 ½	Guéret	Creuse
Etienne-de-Vicq (St.-), 3	La Palisse	Allier
Etienne-de-Vignon (St.-) 7	Le Puy	H.-Loire
Etienne-de-Villeréal (St.-), 6 ½	Villeneuve-d'Agen	Lot-et-Gar.
Etienne-des-Guérets (St.-), 5 ¼	Blois	Loir-et-Cher
Etienne-des-Landes (St.-), 7	Sarlat	Dordogne
Etienne-des-Loges (St.-), 3	Fontenay-le-Comte	Vendée
Etienne-des-Sorts (St.-), 9	Uzès	Gard
Etienne-du-Bas (St.-), 5 ½	La Palisse	Allier
Etienuc-du-Bois (St.-), 2	Bourg	Ain
Etienne-du-Bois (St.), 13 ½	Les Sables	Vendée
Etienne-du-Gué-de-l'Isle (St.-), 3 ¼	Loudéac	Côtes-du-N.
Etienne-du-Puy-Corbier (St.-), 5	Riberac	Dordogne
Etienne-du-Rouvray (St.-), 2	Rouen	Seine-Inf.
Etienne-du-Tulmont, (St.-), 2 ¼	Montauban	Tarn-et-G.
Etienne-du-Valdonnez (St.-), 2 ¼	Mende	Lozère
Etienne-du-Vauvray (St.-) 1 ¼	Louviers	Eure
Etienne-en-Baigorry (St.-) 12 ½	Mauléon	B.-Pyrén.
Etienne-en-Bresse (St.-), 4	Louhans	Saône-et-L.
Etienne-en-Devoluy (St.-) 10	Gap	H.-Alpes
Etiennc-la Cicogne (St.-), 3	Niort	2 Sèvres
Etiennc-la-Geneste (St.-) 3	Ussel	Corrèze
Etienne-la-Tillaye (St.-), 1 ¼.	Pont-l'Evêque	Calvados
Etiennc-le-Varène (St.-), 2 ¾	Villefranche	Rhône

Communes.	Arrondissem.	Départem.	Communes.	Arrondissem.	Départem.
Etienne-Lallier (St.-), 2 1/4	Pont-Audemer	Eure	Etrée *(Wamin)*, 3 3/4	St.-Pol	Pas-de-Cal.
Etienne-Lardeyrol (St.-), 2 1/4	Le Puy	H.-Loire	Etrée-Blanche, 7 1/2	Béthune	Pas-de-Cal.
Etienne-le-Molard (St.-), 3	Montbrison	Loire	Etrée-Cauchy, 3 3/4	Béthune	Pas-de-Cal.
Etienne-le-Vieux (St.-), 2 1/4	Yvetot	Seine-Inf.	Etréelles, 1 1/2	Montreuil	Pas-de-Cal.
Etienne près Allegre, (St.-), 5 3/4	Brioude	H.-Loire	Etreham, 2 1/4	Bayeux	Calvados
Etienne-Soule (St.-), 2	Mauléon	B.-Pyrén.	Etreillers, 2 1/2	St.-Quentin	Aisne
Etienne - sous - Bailleul (St-.), 5	Louviers	Eure	Etréjust, 9	Amiens	Somme
Etienne-sur-Blesle (St.-), 6 1/4	Brioude	H.-Loire	Etrelles, 4 1/2	Arcis-sur-Aube	Aube
Etienne - sur - Reyssouse (St.-), 7 1/4	Bourg	Ain	Etrelles, 2 3/4	Vitré	Ille-et-Vil.
Etienne-sur-Usson (St.-), 3 1/2	Issoire	Puy-de-Dô.	Etrelles, 5 3/4	Gray	H.-Saône
Etienne - Vallée - Française (St.-), 8 1/2	Florac	Lozère	Etrennes, 1 1/2	Mirecourt	Vosges
Etienvielle, 4	Valognes	Manche	Etrépagny, 3	Andelys (les)	Eure
Etigny, 2 1/2	Sens	Yonne	Etrépigney, 4 1/2	Dôle	Jura
Etilleux (les), 2 1/2	Nogent-le-Rotrou	Eure-et-L.	Etrépigny, 2 1/4	Mezières	Ardennes
Etinehem, 5	Péronne	Somme	Etrépilly, 1 1/4	Château-Thierry	Aisne
Etiolles, 1	Corbeil	Seine-et-O.	Etrépilly, 2	Meaux	Seine-et-M.
Etion, 1/2	Mezières	Ardennes	Etrepy, 4	Vitry-le-François	Marne
Etival, 4 1/4	St.-Claude	Jura	Etretat, 5 1/4	Le Hâvre	Seine-Inf.
Etival, 2	St.-Dié	Vosges	Etreux, *, 9	Vervins	Aisne
Etival-en-Charnie (*Chémiré-en-Charnie*), 9	Le Mans	Sarthe	Etreval, 7	Nancy	Meurthe
Etival-lès-le-Mans, 3	Le Mans	Sarthe	Etreville, 2	Pont-Audemer	Eure
Etivey, 7	Tonnerre	Yonne	Etrez, 5	Bourg	Ain
Etobon, 6 1/2	Lure	H.-Saône	Etriac, 4 1/4	Angoulême	Charente
Etoges, 5	Epernay	Marne	Etriché, 7	Baugé	Maine-et-L.
Etoile, (l'), 13	Gap	H.-Alpes	Etrigé, 6 1/4	Mayenne	Mayenne
Etoile, 2	Valence	Drôme	Etrochey, 1 1/2	Châtillon	Côte-d'Or.
Etoile (l'), 1 1/4	Lons-le-Saulnier	Jura	Etrœungt, 1 1/2	Avesnes	Nord
			Etrœux, 11 1/2	Douai	Nord
Etoile, (l'), 6	Amiens	Somme	Etroite-Fontaine, 6	Lure	H.-Saône
Eton, 7 1/2	Montmédy	Meuse	Etroussat, 4	Gannat	Allier
Etormay, 9 3/4	Châtillon	Côte-d'Or.	Etrun, 3 1/4	Cambrai	Nord
Etouars, 2 1/4	Nontron	Dordogne	Etrun, 1	Arras	Pas-de-Cal.
Etouilly, 6	Péronne	Somme	Etsaut, 9	Oléron	B.-Pyrén.
Etourvy, 3 1/2	Bar-sur-Seine	Aube	Ettendorf, 6	Saverne	Bas-Rhin
Etoutteville, 6 1/4	Rouen	Seine-Inf.	Etting, 3 1/2	Sarreguemines	Moselle
Etoutteville, 1 1/2	Yvetot	Seine-Inf.	Etuffont-Bas, 3 1/2	Belfort	H.-Rhin
Etouvant, 2 1/2	Montbéliard	Doubs	Etuffont-Haut, 3 1/2	Belfort	H.-Rhin
Etouvelles, 1	Laon	Aisne	Etusson, 6	Bressuire	2 Sèvres
Etouvy, 1 1/4	Vire	Calvados	Etupes, 1 1/4	Montbéliard	Doubs
Etoux (les), 5	Villefranche	Rhône	Eturqueraye, 2 1/2	Pont-Audemer	Eure
Etouy, 1 1/2	Clermont	Oise	Etzling, 2 1/2	Sarreguemines	Moselle
Etrabonne, 6 1/2	Besançon	Doubs	Eu (ville d'), *, 7	Dieppe	Seine-Inf.
Etran, 1/2	Dieppe	Seine-Inf.	Eugène (St.-), 2 1/4	Château-Thierry	Aisne
Etranger (l'), 9 1/2	Châteauroux	Indre	Eugène (St.-), 2 1/4	Pont-l'Evêque	Calvados
Etrappe, 6 1/2	Baume	Doubs	Eugène (Ste.-), 3 1/2	Jonzac	Char.-Inf.
Etray, 6	Baume	Doubs	Eugène (St.-), 2 1/4	Avranches	Manche
Etraye, 4 1/2	Montmédy	Meuse	Eugène (St.-), 8	Autun	Saône-et-L.
Etre (l'), ou Lestre, 2 1/2	Valognes	Manche	Eugénic (Ste.-), 5	Argentan	Orne
Etréaupant, 2	Vervins	Aisne	Euilly, 5	Sedan	Ardennes
Etrechet, 2	Châteauroux	Indre	Eulalie (Ste.-), 9 1/4	Argentière	Ardèche
Etréchy, 4 1/2	Sancerre	Cher	Eulalie (Ste.-), 1/2	Carcassonne	Aude
Etrechy, *	Epernay	Marne	Eulalie (Ste.-), 6	St.-Affrique	Aveiron
Etréchy, * 2	Etampes	Seine-et-O.	Eulalie (Ste.-), 5 1/2	Espalion	Aveiron
Etrée, 1/2	Montreuil	Pas-de-Cal.	Eulalie (Ste.-), 3 1/2	Mauriac	Cantal
			Eulalie (Ste.-), 5	Bergerac	Dordogne
			Eulalie (Ste.-), 9 1/2	Valence	Drôme
			Eulalie (Ste.-), 25	Mont-de-Marsan	Landes
			Eulalie (Ste.-), 8 1/4	Marvejols	Lozère
			Eulalie-d'Ambarès (Ste.-), 3	Bordeaux	Gironde
			Eulalie-d'Ans (Ste.-), 8	Périgueux	Dordogne
			Eulalie - d'Espagnac (Ste.-), 3 1/2	Figeac	Lot

Communes.	Arrondissem.	Départem.	Communes.	Arrondissem.	Départem.
Eulien (St.-), 4 1/4	Vitry-le-Français	Marne	Evry-sur-Seine, 1 1/4	Corbeil	Seine-et-O.
Eulmont, 2 3/4	Nancy	Meurthe	Exave (Ossés), 10 1/2	Mauléon	B.-Pyrén.
Eup, 6 1/4	St.-Gaudens	H.-Garonne	Excideuil, 3 3/4	Confolens	Charente
Euphémie (Ste.-), 1 1/2	Trévoux	Ain	Excideuil*, 8	Périgueux	Dordogne
Euphémie (Ste.-), 8 1/2	Nyons	Drôme	Exermont, 4 3/4	Vouziers	Ardennes
Euphrône (St.-), 1	Semur	Côte-d'Or.	Exincourt, 1	Montbéliard	Doubs
Euriel (St.-), 5	Dinan	Côtes-du-N.	Exireuil, 5	Niort	2 Sèvres
Eurre, 9 3/4	Die	Drôme	Exmes, 3	Argentan	Orne
Eurville, 3 3/4	Wassy	H.-Marne	Exoudun, 3	Melle	2 Sèvres
Eurville, 5 3/4	Dieppe	Seine-Inf.	Expiremont, 3 1/2	Jonzac	Char.-Inf.
Eus, 1	Prades	Pyrén.-Or.	Exupery, 1 1/2	Ussel	Corrèze
Eusèbe (St.-), 5 1/4	Gap	H.-Alpes	Exupery (St.-), 2	La Réole	Gironde
Eusèbe (St.-), 8 1/4	Châlons	Saône-et-L.	Eybens, 1 1/4	Grenoble	Isère
Eusoge (St.-) (Rogny), 15	Joigny	Yonne	Eybeynes, 4	Sarlat	Dordogne
			Eybouleuf, 4	Limoges	H.-Vienne
Eusoye (Ste.-), 7	Clermont	Oise	Eyburie, 8 1/2	Tulle	Corrèze
Eustache (St.-), 6 1/4	Le Hâvre	Seine-Inf.	Eychel, 1 1/4	St.-Girons	Ariége
Eutrope (St.-), 9	Barbezieux	Charente	Eydoche, 6	La Tour-du-Pin	Isère
Etrope-de-Born (St.-), 5 1/4	Villeneuve-d'Agen	Lot-et-Gar.	Eygalayes, 13	Nyons	Drôme
			Eygalière, 6 1/4	Arles	B.-du Rhône
Euvezin, 6 1/4	Toul	Meurthe	Eygaliers, 5 3/4	Nyons	Drôme
Euville, 1	Commercy	Meuse	Eygliers, 4 3/4	Embrun	H.-Alpes
Euzet, 3	Alais	Gard	Eyguières, 6 1/4	Arles	B.-du Rhône
Evaillé, 2 1/2	St.-Calais	Sarthe	Eygurande, 5 1/4	Ussel	Corrèze
Evange (Breistoff-Grande), 2 3/4	Thionville	Moselle	Eygurande, 7	Riberac	Dordogne
			Eyharce, 10 1/2	Mauléon	B.-Pyrén.
Evans, 3 3/4	Dôle	Jura	Eyjeaux, 2 1/2	Limoges	H.-Vienne
Evarzec (St.-), 2 1/2	Quimper	Finistère	Eyliac, 5	Périgueux	Dordogne
Evaux, 8 3/4	Aubusson	Creuse	Eymet, 6 1/4	Bergerac	Dordogne
Evaux, 4	Mirecourt	Vosges	Eymeux, 5 3/4	Valence	Drôme
Eve, 4	Senlis	Oise	Eymoutiers, 7 3/4	Angoulême	Charente
Eve (le Grand), (Brantômes), 5	Périgueux	Dordogne	Eymoutiers, 9	Limoges	H.-Vienne
			Eyne, 10	Prades	Pyrén.-Or.
Evecquemont, 7	Versailles	Seine-et-O.	Eynesse, 10	Libourne	Gironde
Evelles (Baubigny), 4	Beaune	Côte-d'Or.	Eyragues, 6 1/2	Arles	B.-du Rhône
Evendorff (Kirchuaumen), 4 1/4	Thionville	Moselle	Eyrans-de-Soudiac, 2	Blaye	Gironde
			Eyreins, 5	Tulle	Corrèze
Evenos, 2 1/2	Toulon	Var	Eyrenville, 4 3/4	Bergerac	Dordogne
Evergnicourt, 9	Laon	Aisne	Eyres, 1 1/4	St.-Sever	Landes
Everly, 3 1/2	Provins	Seine-et-M.	Eyrolles, 3 1/4	Nyons	Drôme
Evesqueville, 3/4	Falaise	Calvados	Eysines, 2	Bordeaux	Gironde
Evette, 2	Belfort	Haut-Rhin	Eysing (Rodemack), 3	Thionville	Moselle
Eveux, 3 3/4	Lyon	Rhône	Eysus, 2	Oléron	B.-Pyrén.
Evigny, 1	Mézières	Ardennes	Eyvignes, 2	Sarlat	Dordogne
Evillers, 5	Pontarlier	Doubs	Eyvirat, 4 3/4	Périgueux	Dordogne
Evin Malmaison, 10	Béthune	Pas-de-Cal.	Eywiler, 7	Saverne	Bas-Rhin
Evisa,	Ajaccio	Corse	Eyzahut, 3 3/4	Montélimart	Drôme
Evoges, 7	Belley	Ain	Eyzerac, 6 1/4	Nontron	Dordogne
Evol, 5	Prades	Pyrén.-Or.	Eyzin, 2 1/4	Vienne	Isère
Evran, 2 1/4	Dinan	Côtes-du-N.	Ezanville, 3	Pontoise	Seine-et-O.
Evrange, 4 1/4	Thionville	Moselle	Ezerville (Engenville), 1 3/4	Pithiviers	Loiret
Evre, 7	Bar-le-Duc	Meuse			
Evrécy, 3	Caen	Calvados	Ezerville (Roinvilliers), 3 3/4	Etampes	Seine-et-O.
Evreux*,	ch.-l. de dép. 27	Eure			
Evricourt, 4	Compiégne	Oise	Ezy, 6 1/2	Evreux	Eure
Evriguet, 5 3/4	Ploermel	Morbihan			
Evron, *8 1/4	Laval	Mayenne			
Evroult - Demontfort (St.-), 6 1/4	Argentan	Orne	**F.**		
Evroult - Notre - Dame - du-Bois (St.-), 9 3/4	Argentan	Orne			
			Fa, 5 1/4	Limoux	Aude
Evrunnes, 15	BourbonVendée	Vendée	Fabas, 3	St.-Girons	Ariége
Evry, 1 1/4	Sens	Yonne	Fabas, 5 3/4	St.-Gaudens	H.-Garonne
Evry-les-Châteaux, 3	Melun	Seine-et-M.	Fabas, 6	Castel-Sarrasin	Tarn-et-G.
			Fabras, 2 3/4	Argentière	Ardèche

Communes.	Arrondissem.	Départem.
Fabrègues, $2\frac{1}{2}$	Montpellier	Hérault
Fabrezan, $7\frac{1}{2}$	Narbonne	Aude
Fabrie (la), 7	Rodez	Aveiron
Faches, 1	Lille	Nord
Fachin (*Château-Chinon-Campagne*), $2\frac{1}{2}$	Château-Chinon	Nièvre
Fadainville $4\frac{1}{2}$	Dreux	Eure-et-L.
Fage (la), $5\frac{1}{2}$	Castelnaudary	Aude
Fage (la), $6\frac{3}{4}$	Tulle	Corrèze
Fage (Haute), $8\frac{1}{2}$	Tulle	Corrèze
Fage-Montivernoux (la), $7\frac{1}{2}$	Marvejols	Lozère
Fage-St.-Julien (la), 9	Marvejols	Lozère
Fages (*St.-Martin-de-Vers*), $5\frac{1}{2}$	Cahors	Lot
Faget (le), 6	Villefranche	H.-Garonne
Faget-Abbatial, 5	Auch	Gers
Fagnières, $\frac{1}{2}$	Châlons-sur-Marne	Marne
Fagnon, $1\frac{1}{2}$	Mézières	Ardennes
Fai, 5	Mortagne	Orne
Failly, $1\frac{3}{4}$	Metz	Moselle
Faimbe, $6\frac{1}{2}$	Baume	Doubs
Fain-lès-Montbard, 4	Semur	Côte-d'Or
Fain-lès-Mouthiers, $3\frac{1}{2}$	Semur	Côte-d'Or
Fains, $4\frac{1}{2}$	Evreux	Eure
Fains, 6	Chartres	Eure-et-L.
Fains, $\frac{1}{2}$	Bar-le-Duc	Meuse
Faissault, $3\frac{1}{2}$	Rethel	Ardennes
Faisses (les), 3	Poligny	Jura
Fajac, 12	Carcassonne	Aude
Fajac-la-Relenque, $5\frac{1}{2}$	Castelnaudary	Aude
Fajoles (*Masclat*), $3\frac{1}{2}$	Gourdon	Lot
Fajolle (la), $16\frac{3}{4}$	Limoux	Aude
Fajolle (la) (*Viellespece*), $2\frac{1}{2}$	St.-Flour	Cantal
Fajolles, $2\frac{1}{2}$	Castel-Sarrasin	Tarn-et-G.
Falaise, 1	Vouziers	Ardennes
FALAISE*,	ch.-l. d'arr., 64	Calvados
Falaise (la), $2\frac{3}{4}$	Mantes	Seine-et-O.
Falaise (*Montainville*),	Versailles	Seine-et-O.
Falckwiller, $7\frac{1}{4}$	Belfort	Haut-Rhin
Faleyras, 8	La Réole	Gironde
Falga (le), 4	Villefranche	H.-Garonne
Falgoux (le), 7	Mauriac	Cantal
Falgueyra, 3	Bergerac	Dordogne
Falk, 9	Thionville	Moselle
Fallavaux, $22\frac{1}{2}$	Grenoble	Isère
Fallencourt, $4\frac{1}{2}$	Neufchâtel	Seine-Inf.
Fallerans, $6\frac{1}{4}$	Baume	Doubs
Falleron, 14	Les Sables	Vendée
Falletans, 1	Dôle	Jura
Fallon, $7\frac{1}{2}$	Lure	H.-Saône
Faloise (la), $3\frac{1}{2}$	Montdidier	Somme
Falvy, 3	Péronne	Somme
Fals, $5\frac{1}{2}$	Agen	Lot-et-Gar.
Famars, $9\frac{3}{4}$	Douai	Nord
Famechon, $6\frac{1}{2}$	Arras	Pas-de-Cal.
Famechon, 7	Amiens	Somme
Fameck, $1\frac{3}{4}$	Thionville	Moselle
Familly, $7\frac{3}{4}$	Lisieux	Calvados
Fampoux, 2	Arras	Pas-de-Cal.
Fanjaux, 5	Auch	Gers
Fanjeaux, $4\frac{1}{2}$	Castelnaudary	Aude
Faou (le), 5	Châteaulin	Finistère
Faoüet (le), $7\frac{3}{4}$	St.-Brieuc	Côtes-du-N.
Faoüet*, 9	Pontivy	Morbihan
Faramans, 9	Trévoux	Ain
Faramans, $6\frac{3}{4}$	Vienne	Isère
Farbus, 2	Arras	Pas-de-Cal.
Farceaux, 2	Les Andelys	Eure
Fare (la), 4	Aix	B.-du-Rhône
Fare (la), 6	Le Puy	H.-Loire
Fare (la), 5	Orange	Vaucluse
Farebersviller, 3	Sarreguemines	Moselle
Fareins, 3	Trévoux	Ain
Farémont, 2	Vitry-le-Français	Marne
Faremoutiers*, $1\frac{3}{4}$	Coulommiers	Seine-et-M.
Farge, 2	Châlons	Saône-et-L.
Fargeau (St.-), 3	Melun	Seine-et-M.
Fargeau (St.)*, $12\frac{1}{2}$	Joigny	Yonne
Fargeol (St.-), 5	Montluçon	Allier
Farges, $6\frac{1}{2}$	Gex	Ain
Farges, 5	Bourges	Cher
Farges, 2	St.-Amand	Cher
Farges (les), 9	Sarlat	Dordogne
Farges, 6	Mâcon	Saône-et-L.
Fargniers, $7\frac{3}{4}$	Laon	Aisne
Fargues, $3\frac{1}{2}$	Bazas	Gironde
Fargues, 3	Bordeaux	Gironde
Fargues, 3	St.-Sever	Landes
Fargues, 7	Cahors	Lot
Fargues, $5\frac{3}{4}$	Nérac	Lot-et-Gar.
Farguettes, 7	Rodez	Aveiron
Farincourt, $8\frac{1}{2}$	Langres	H.-Marne
Farinole, 2	Bastia	Corse
Farnay, $4\frac{1}{2}$	St.-Etienne	Loire
Faronville, 4	Pithiviers	Loiret
Farre (la), $3\frac{1}{2}$	Gap	H.-Alpes
Farre (la), 19	Tournon	Ardèche
Farre (la), $8\frac{1}{2}$	Nyons	Drôme
Farréroles, 6	St.-Affrique	Aveiron
Farret, $5\frac{1}{2}$	St.-Affrique	Aveiron
Farschevillers, 3	Sarreguemines	Moselle
Fasguières, $13\frac{1}{2}$	Rodez	Aveiron
Fatine, $3\frac{1}{2}$	Le Mans	Sarthe
Fatouville, $3\frac{1}{2}$	Pont-Audemer	Eure
Faty (*Wiege*), 4	Vervins	Aisne
Fau-de-Peyre, 7	Marvejols	Lozère
Faubourg-Saint-Pierre (*Vieux Moulin*), 2	Compiègne	Oise
Fauch, $3\frac{1}{2}$	Albi	Tarn
Fauche (la), $10\frac{1}{2}$	Chaumont	H.-Marne
Faucogney, 6	Lure	H.-Saône
Faucompierre, $5\frac{1}{2}$	Remiremont	Vosges
Faucon, $\frac{1}{2}$	Barcelonnette	B.-Alpes
Faucon, 7	Sisteron	B.-Alpes
Faucon, 6	Orange	Vaucluse
Fauconcourt, $7\frac{3}{4}$	Epinal	Vosges
Fauconnière, 2	Valence	Drôme
Faucoucourt, 3	Laon	Aisne
Faucoucourt, 4	Péronne	Somme
Faucouzy, 5	Vervins	Aisne
Fauga (le), 2	Muret	H.-Garonne
Faugères, $5\frac{1}{2}$	Argentière	Ardèche
Faugères, 5	Béziers	Hérault
Fauguernon, $1\frac{3}{4}$	Lisieux	Calvados
Fauguerolles, 4	Agen	Lot-et-Gar.
Fauguerolles, $2\frac{1}{4}$	Marmande	Lot-et-Gar.
Fauillet, 3	Marmande	Lot-et-Gar.
Faulac, 8	Sarlat	Dordogne

Communes.	Arrondissem.	Départem.
Faulq (le), 3	Pont-l'Evêque	Calvados
Faulquemont, 7 ¾	Metz	Moselle
Faulx, 3	Nancy	Meurthe
Fauquembergues, 5	St.-Omer	Pas-de-Cal.
Faurie (la), 8 ¼	Gap	H.-Alpes
Faurille, 6 ½	Bergerac	Dordogne
Faussat (le) *ou* St.-Pierre-de-Combe, 2	Toulouse	H.-Garonne
Faussergues, 7 ¼	Albi	Tarn
Faust (St.-), 2	Pau	B.-Pyrén.
Fauste (Ste.-), 3 ½	Issoudun	Indre
Fautrières, 4 ¼	Charolles	Saône-et-L.
Fauverney, 2 ¼	Dijon	Côte-d'Or.
Fauville, 1	Evreux	Eure
Fauville*, 3	Yvetot	Seine-Inf.
Faux, 2 ½	Rethel	Ardennes
Faux, 4	Bergerac	Dordogne
Faux, 11	Epernay	Marne
Faux (le), 3	Montreuil	Pas-de-Cal.
Faux-la-Montagne, 7 ½	Aubusson	Creuse
Faux-Mazurat, 1	Bourganeuf	Creuse
Faux-sur-Coole, 3	Vitry-le-Français	Marne
Fauzoux, 6	Moissac	Tarn-et-G.
Favarello, 2 ¼	Corte	Corse
Favars, 2 ¾	Tulle	Corrèze
Favas, 3 ¾	Draguignan	Var
Faveraye, 9	Saumur	Maine-et-L.
Faverdines, 2	St.-Amand	Cher
Faverge, 3 ½	La Tour-du-Pin	Isère
Faverges (*Mepieu*), 6 ¾	La Tour-du-Pin	Isère
Faverges-lès-Charnod, 10 ½	Lons-le-Saulnier	Jura
Faverges-lès-St.-Himetière, 10 ½	Lons-le-Saulnier	Jura
Faverles, 7	Gien	Loiret
Faverney, 5 ¼	Vesoul	H.-Saône
Faverois, 6	Belfort	Haut-Rhin
Faveroles, 3	St.-Flour	Cantal
Faverolles, 6 ½	Soissons	Aisne
Faverolles, 5	Evreux	Eure
Faverolles, 4 ¼	Dreux	Eure-et-L.
Faverolles, 3 ¾	Langres	H.-Marne
Faverolles, 11	Châteauroux	Indre
Faverolles, 9	Blois	Loir-et-Ch.
Faverolles, 4 ½	Rheims	Marne
Faverolles, 6	Argentan	Orne
Faverolles, 1	Montdidier	Somme
Faverolles-lès-Lucey, 7 ½	Châtillon	Côte-d'Or
Faveyrolles, 4 ¾	St.-Affrique	Aveiron
Favière (la), 7	Poligny	Jura
Favières, 3 ½	Falaise	Calvados
Favières, 6 ½	Dreux	Eure-et-L.
Favières, 5 ¼	Toul	Meurthe
Favières, 8 ¼	Melun	Seine-et-M.
Favières, 6 ¼	Abbeville	Somme
Favresse, 2 ½	Vitry-le-Français	Marne
Favreuil, 5	Arras	Pas-de-Cal.
Favrieux, 2 ¼	Mantes	Seine-et-O.
Favril (le), 2 ½	Bernay	Eure
Favril (le), 5 ¼	Chartres	Eure-et-L.
Favril, 3 ½	Avesnes	Nord
Favrolles-lès-Marres, 1 ¾	Bernay	Eure
Faxe, 2 ½	Château-Salins	Meurthe
Fay (*Grand-Lup*), 3 ¾	Laon	Aisne
Fay, 3 ½	Nogent-sur-Seine	Aube
Fay, 4 ½	Troyes	Aube
Fay, 9 ¾	Valence	Drôme
Fay, 5 ¾	Dôle	Jura
Fay, 2 ½	Poligny	Jura
Fay, 3	Savenay	Loire-Inf.
Fay (le), 7	Beauvais	Oise
Fay (le), 2 ½	Louhans	Saône-et-L.
Fay, 2 ¾	Le Mans	Sarthe
Fay, 5 ½	Fontainebleau	Seine-et-M.
Fay, 2 ½	Péronne	Somme
Fay-aux-Loges, 4	Orléans	Loiret
Fay-le-Froid, 6 ¾	Le Puy	H.-Loire
Fay-le-Noyer (*Surfontaine*, 4 ½	St.-Quentin	Aisne
Fay-lès-Frette-Cuisse (*Frette-Cuisse*), 9	Amiens	Somme
Fay-lès-Hornoy (*Thieulloy-l'Abbaye*), 6	Amiens	Somme
Fay-lès-Vergies (*Vergies*), 9	Amiens	Somme
Fay-Livron (la), 7 ½	Bourges	Cher
Fay-St.-Quentin, 3 ¾	Beauvais	Oise
Faye (la), 1	Ruffec	Charente
Faye, 2 ½	Vendôme	Loir-et-Ch.
Faye, 9 ½	Saumur	Maine-et-L.
Faye-l'Abbesse, 3	Bressuire	2 Sèvres
Faye-la-Vineuse, 6	Chinon	Indre-et-L.
Faye-Livron (la), 7 ½	Bourges	Cher
Faye-sur-Ardin, 3 ¼	Niort	2 Sèvres
Fayel (le), 5	Les Andelys	Eure
Fayel, 3	Compiégne	Oise
Fayelle, 11 ¼	Epernay	Marne
Fayence, 6 ¼	Draguignan	Var
Fayet, 1	St.-Quentin	Aisne
Fayet, 5 ¾	St.-Affrique	Aveiron
Fayet, 5	Ambert	Puy-de-Dô.
Fayet, 8 ¼	Clermont	Puy-de-Dô.
Faymont, 6	Lure	H.-Saône
Faymoreau, 4	Fontenay-le-Comte	Vendée
Fayrac, 3	Sarlat	Dordogne
Fays, 2	Wassy	H.-Marne
Fays, 5 ¾	Epinal	Vosges
Fays-Billot*, 5 ¾	Langres	H.-Marne
Fayssac, ¾	Gaillac	Tarn
Fayts (les), 2	Avesnes	Nord
Féas, 2 ½	Oléron	B.-Pyrén.
Febvin-Palfart, 5 ¾	St.-Omer	Pas-de-Cal.
Fécamp*, 8 ½	Le Hâvre	Seine-Inf.
Féchain, 3 ½	Douai	Nord
Féchaux (*Villeneuve*), ¾	Lons-le-Saulnier	Jura
Fecocourt, 8	Toul	Meurthe
Fédry, 8 ½	Gray	H.-Saône
Fegersheim, 2 ¾	Strasbourg	Bas-Rhin
Fegréac, 6 ½	Savenay	Loire-Inf.
Feigneux, 6	Senlis	Oise
Feignies, 4 ¾	Avesnes	Nord
Feillens, 6	Bourg	Ain
Feings, 4 ¾	Blois	Loir-et-Ch.
Feings, 2	Mortagne	Orne
Feins, 7 ¼	Rennes	Ille-et-Vil.
Feins, 5	Gien	Loiret
Feissal, 7	Sisteron	B.-Alpes

Communes.	Arrondissem.	Départem.
Fel, 3	Argentan	Orne
Felce, $5\frac{1}{4}$	Corte	Corse
Feldbach, $2\frac{1}{2}$	Altkirch	Haut-Rhin
Feldkirch, $6\frac{1}{2}$	Colmar	Haut-Rhin
Feliceto, 3	Calvi	Corse
Felicien (St.-), 9	Tournon	Ardèche
Feline (la), 8	Gannat	Allier
Felines, 12	Tournon	Ardèche
Félines, 9	Carcassonne	Aude
Felines, $8\frac{3}{4}$	St-Pons	Hérault
Felines, $8\frac{3}{4}$	Brioude	H.-Loire
Feliou-d'Amont (St.-), $3\frac{1}{2}$	Perpignan	Pyrén.-Or.
Feliou-d'Availl (St.-), $3\frac{3}{4}$	Perpignan	Pyrén.-Or.
Felix (St.-), 3	La Palisse	Allier
Felix (St.-), 4	St.-Affrique	Aveiron
Felix (St.-), 6	Barbezieux	Charente
Felix (St.-), $4\frac{1}{2}$	St.-Jean-d'Angely	Char.-Inf.
Felix (St.-) (*Magnien*), $10\frac{1}{2}$	Beaune	Côte-d'Or.
Felix (St.-), $3\frac{3}{4}$	Nontron	Dordogne
Felix (St.-), 3	St.-Gaudens	H.-Garonne
Felix (St.-), $5\frac{1}{2}$	Villefranche	H.-Garonne
Felix (St.-), 5	La Réole	Gironde
Felix (St.-)(*Valprionde*), 9	Cahors	Lot
Felix (St.-), $1\frac{1}{2}$	Figeac	Lot
Felix St.-) (*St-Michel*), $16\frac{1}{2}$	Gourdon	Lot
Felix (St.-), $2\frac{1}{2}$	Clermont	Oise
Felix-de-Châteauneuf (St.-), 10	Tournon	Ardèche
Felix-de-l'Heras (St.-), 6	Lodève	Hérault
Felix-de-la-Garsoude (St.-), $9\frac{1}{4}$	Rodez	Aveiron
Felix-de-Lodès (St.-), 4	Lodève	Hérault
Felix-de-Lunel (St.-), $7\frac{1}{2}$	Rodez	Aveiron
Felix-de-Pallières (St.-), 9	Le Vigan	Gard
Felix-de-Reillac (St.-), 9	Sarlat	Dordogne
Felix-de-Tournegat (St.-) $2\frac{1}{2}$	Pamiers	Ariége
Felix-de-Viladeix (St.-), $4\frac{1}{2}$	Bergerac	Dordogne
Felix-Rieutort (St.-) $2\frac{1}{2}$	Pamiers	Ariége
Felleries, $1\frac{1}{4}$	Avesnes	Nord
Felleringen, 12	Belfort	Haut-Rhin
Felletin*, 2	Aubusson	Creuse
Felline, $10\frac{1}{4}$	Die	Drôme
Felluns, 6	Prades	Pyrén.-Or.
Felon, 3	Belfort	Haut-Rhin
Felzeins, 2	Figeac	Lot
Fenain, $4\frac{1}{2}$	Douai	Nord
Fenay, 2	Dijon	Côte-d'Or
Fendeilhe, $1\frac{1}{4}$	Castelnaudary	Aude
Fenerolle, 8	Rodez	Aveiron
Fénery, $2\frac{3}{4}$	Parthenay	2 Sèvres
Fénétrange, 4	Sarrebourg	Meurthe
Feneu, $2\frac{1}{2}$	Angers	Maine-et-L.
Fénéville (*Brouy*), $3\frac{3}{4}$	Etampes	Seine-et-O.
Feneyrols, 12	Montauban	Tarn-et-G.

Communes.	Arrondissem.	Départem.
Feniers, 6	Aubusson	Creuse
Fenioux, $1\frac{1}{2}$	St.-Jean-d'Angely	Char.-Inf.
Fenioux, 6	Niort	2 Sèvres
Fenneviller, 8	Lunéville	Meurthe
Fenols, $2\frac{1}{2}$	Gaillac	Tarn
Fenouillé (le), $8\frac{1}{2}$	Les Sables	Vendée
Fenouillet, $5\frac{1}{2}$	Limoux	Aude
Fenouillet, $2\frac{1}{2}$	Toulouse	H.-Garonne
Fenouillet, $14\frac{1}{2}$	Perpignan	Pyrén.-Or.
Feppin, 5	Rocroi	Ardennes
Feraldese (*Mesjac*), $8\frac{1}{2}$,	Rodez	Aveiron
Férange (*Eberswiller*) $5\frac{1}{2}$	Thionville	Moselle
Ferassières, $14\frac{1}{2}$	Nyons	Drôme
Fercé, 3	Châteaubriant	Loire-Inf.
Fercé, 6	La Flèche	Sarthe
Fere* (la), $6\frac{1}{2}$	Laon	Aisne
Fère-Brianges, 5	Epernay	Marne
Fère-Champenoise*, $7\frac{1}{2}$	Epernay	Marne
Fère-en-Tardenois*, $3\frac{3}{4}$	Château-Thierry	Aisne
Ferel, 11	Vannes	Morbihan
Fergeux (St.-) $2\frac{1}{2}$	Rethel	Ardennes
Féricy, 4	Melun	Seine-et-M.
Ferin, 1	Douai	Nord
Ferjeux (St.), $8\frac{1}{2}$	Lure	H.-Saône
Fermanville, $3\frac{1}{2}$	Cherbourg	Manche
Ferme (St.-), 6	La Réole	Gironde
Ferme-Cinq-Cents-Liards (la) (*Mélicocq*), $2\frac{1}{2}$	Compiégne	Oise
Ferme-de-Tranloy (la) (*Moyvillers*), $4\frac{1}{2}$	Compiégne	Oise
Ferme-des-Bouillons (*Orgeval*), 4	Versailles	Seine-et-O.
Fermes (les) (*Vieux-Moulin*), $1\frac{3}{4}$	Compiégne	Oise
Fermes-du-Château (les) (*Haute-Fontaine*), $5\frac{1}{2}$	Compiégne	Oise
Fermeté (la), $5\frac{1}{2}$	Nevers	Nièvre
Fermeté (la), $5\frac{3}{4}$	Melun	Seine-et-M.
Fermont, $6\frac{3}{4}$	Briey	Moselle
Ferney*, $2\frac{3}{4}$	Gex	Ain
Fernoel, 11	Riom	Puy-de-Dô.
Feroles, 4	Orléans	Loiret
Ferolles, $4\frac{3}{4}$	Melun	Seine-et-M.
Féron, $2\frac{1}{2}$	Avesnes	Nord
Ferottes (*Thourry*) $7\frac{1}{4}$	Fontainebleau	Seine-et-M.
Ferques, 4	Boulogne	Pas-de-Cal.
Ferrals, 7	Narbonne	Aude
Ferrals, $5\frac{1}{2}$	St.-Pons	Hérault
Ferran, $4\frac{1}{2}$	Limoux	Aude
Ferranzac, $7\frac{1}{2}$	Villeneuve-d'Agen	Lot-et-Gar.
Ferré (le), 4	Fougères	Ille-et-Vil.
Ferré (la), 6	Rocroi	Ardennes
Ferréol (St.-), $2\frac{3}{4}$	Brives	Corrèze
Ferréol (St.-), $2\frac{1}{2}$	Nyons	Drôme
Ferréol (St.-(, $5\frac{3}{4}$	St.-Gaudens	H.-Garonne
Ferréol-d'Auroure (St.-), $6\frac{1}{4}$	Yssingeaux	H.-Loire
Ferréol-de-Cohade (St.-), $1\frac{1}{2}$	Brioude	H.-Loire
Ferréol-des-Côtes (St.-), 1	Ambert	Puy-de-Dô.
Ferrère, $16\frac{3}{4}$	Bagnères	H.-Pyren.

Communes.	Arrondissem.	Départem.	Communes.	Arrondissem.	Départem.
Ferrette, $3\frac{1}{4}$	Altkirch	Haut-Rhin	Ferté (la), $6\frac{1}{4}$	Sedan	Ardennes
Ferrettte (Vieux-), $3\frac{1}{4}$	Altkirch	Haut-Rhin	Ferté (la), 4	Poligny	Jura
Ferreux, $2\frac{1}{2}$	Nogent-sur-Seine	Aube	Ferté-Aleps* (la). 4	Estampes	Seine-et-O.
			Ferté-Bernard* (la), 7	Mamers	Sarthe
Ferrière, 7	La Palisse	Allier	Ferté-en-Bray (la), $6\frac{1}{4}$	Neufchâtel	Seine-Inf.
Ferrière (la), $5\frac{1}{4}$	Loudéac	Côtes-du-N.	Ferté-Fresnel (la), 11	Argentan	Orne
Ferrière, 10	Montbéliard	Doubs	Ferté-Gaucher* (la), $4\frac{1}{2}$	Coulommiers	Seine-et-M.
Ferrière (la), $7\frac{7}{8}$	Nogent-le-Rotrou	Eure-et-L.	Ferté-Haute-Rive (la), 5	Moulins	Allier
Ferrière (la), 7	Tours	Indre-et-L.	Ferté-Imbault (la) (St.-Genoux), $4\frac{1}{2}$	Romorantin	Loir-et-Ch.
Ferrière (la), $11\frac{1}{4}$	Grenoble	Isère			
Ferrière (la), 1	Segré	Maine-et-L.	Ferté-Soupière (la), $4\frac{1}{4}$	Joigny	Yonne
Ferrière, 5	Wassy	H.-Marne	Ferté-Macé (la)*, 5	Domfront	Orne
Ferrière, $\frac{1}{2}$	Loches	Indre-et-L.	Ferté-Milon* (la), $6\frac{1}{2}$	Château-Thierry	Aisne
Ferrière (la), $3\frac{1}{4}$	Parthenay	2 Sèvres			
Ferrière (la), $2\frac{1}{2}$	Bourbon-Vendée	Vendée	Ferté-Reuilly (la) (Reuilly), $3\frac{1}{2}$	Issoudun	Indre
Ferrière (la), 6	Civray	Vienne	Ferté-St.-Aignan (la), 9	Romorantin	Loir-et-Ch.
Ferrière-au-Doyen (la), $5\frac{1}{2}$	Vire	Calvados	Ferté-St.-Aubin* (la), 5	Orléans	Loiret
Ferrière-au-Doyen (la), $4\frac{1}{2}$	Mortagne	Orne	Ferté-St.-Cyr (la) (Villenie), 8	Romorantin	Loir-et-Ch.
Ferrière-aux-Etrangs (la), 3	Domfront	Orne	Ferté-sous-Jouarre* (la), $4\frac{1}{4}$	Meaux	Seine-et-M.
Ferrière-Bechet (la), $2\frac{1}{4}$	Alençon	Orne	Ferté-sur-Amance (la), 7	Langres	H.-Marne
Ferrière-Bochard (la), $3\frac{1}{4}$	Alençon	Orne	Ferté-sur-Aube (la), 8	Chaumont	H.-Marne
			Ferté-sur-Peron (la), 6	St.-Quentin	Aisne
Ferrière-Duval (la). 5	Vire	Calvados	Ferté-Villeneuil (la), $5\frac{1}{2}$	Châteaudun	Eure-et-L.
Ferrière-Harang (la), 4	Vire	Calvados	Ferté-Vidame (la), $9\frac{1}{4}$	Dreux	Eure-et-L.
Ferrière-Haut-Clocher (la), 3	Evreux	Eure	Ferussac, $6\frac{5}{8}$	Brioude	H.-Loire
			Fervache (Vaux), 6	Versailles	Seine-et-O.
Ferrière-l'Arçon, 6	Loches	Indre-et-L.	Fervaches, $3\frac{3}{4}$	St.-Lô	Manche
Ferrière-la-Grande, $3\frac{1}{4}$	Avesnes	Nord	Fervagnes, $3\frac{1}{4}$	Lisieux	Calvados
Ferrière-la-Petite, $3\frac{1}{4}$	Avesnes	Nord	Fescamps, 2	Montdidier	Somme
Ferrière-la-Verrerie, $10\frac{1}{2}$	Alençon	Orne	Fesche-l'Eglise, $6\frac{1}{4}$	Belfort	Haut-Rhin
			Fesches, $2\frac{1}{4}$	Montbéliard	Doubs
Ferrière-sur-Risle (la), 7	Evreux	Eure	Fesmy, 10	Vervins	Aisne
			Fesques, $1\frac{1}{2}$	Neufchâtel	Seine-Inf.
Ferrières, $\frac{1}{2}$	Foix	Ariége	Fessanvilliers, $3\frac{1}{2}$	Dreux	Eure-et-L.
Ferrières, $5\frac{3}{4}$	La Rochelle	Char.-Inf.	Fessenheim, 4	Strasbourg	Bas-Rhin
Ferrières, $4\frac{1}{4}$	Brives	Corrèze	Fessenheim, 7	Colmar	Haut-Rhin
Ferrières, $4\frac{1}{2}$	Besançon	Doubs	Fessevillers, $10\frac{1}{2}$	Montbéliard	Doubs
Ferrières, $7\frac{1}{4}$	Montpellier	Hérault	Fessey-Dessus-et-Dessous, $5\frac{1}{4}$	Lure	H.-Saône
Ferrières, 6	St.-Pons	Hérault			
Ferrières, $2\frac{2}{3}$	Montargis	Loiret	Festalems, 2	Ribérac	Dordogne
Ferrières, 3	Mortain	Manche	Festes, $5\frac{1}{2}$	Limoux	Aude
Ferrières, $4\frac{1}{2}$	Nancy	Meurthe	Festieux, 5	Laon	Aisne
Ferrières, 6	Clermont	Oise	Festigni, 7	Auxerre	Yonne
Ferrières, $5\frac{1}{2}$	Argelès	H.-Pyrén.	Festigny-les-Hameaux, 4	Epernay	Marne
Ferrières, $6\frac{1}{4}$	Gray	H.-Saône	Festubert, $2\frac{1}{4}$	Béthune	Pas-de-Cal.
Ferrières, $4\frac{3}{4}$	Vesoul	H.-Saône	Fête (le), 1	Beaune	Côte-d'Or
Ferrières, 5	Meaux	Seine-et-M.	Fetges (Santo), 8	Prades	Pyrén.-Or.
Ferrières, $10\frac{1}{4}$	Neufchâtel	Seine-Inf.	Fetigny, 7	Lons-le-Saulnier	Jura
Ferrières, $2\frac{1}{4}$	Amiens	Somme			
Ferrières, $6\frac{1}{4}$	Castres	Tarn	Fétils (les), $10\frac{1}{2}$	Evreux	Eure
Ferrières-de-St.-Hilaire, $1\frac{1}{4}$	Bernay	Eure	Feuchères, $2\frac{2}{3}$	Mézières	Ardennes
			Feucherolles, $2\frac{4}{5}$	Versailles	Seine-et-O.
Ferrières-le-Grand (Serignac), $8\frac{1}{4}$	Cahors	Lot	Feuchy, $1\frac{1}{2}$	Arras	Pas-de-Cal.
			Feugarolles, $3\frac{1}{2}$	Nérac	Lot-et-Gar.
Ferrières-le-Petit (Limogne), $8\frac{3}{4}$	Cahors	Lot	Feugères, 4	Coutances	Manche
			Feugères (les) (Orgeval), 4	Versailles	Seine-et-O.
Ferriol (St.-), $7\frac{1}{2}$	Limoux	Aude	Feugerets, $3\frac{1}{2}$	Alençon	Orne
Ferronnière (la) (Beny-Bocage), $2\frac{1}{2}$	Vire	Calvados	Feugerolles, $1\frac{3}{4}$	St.-Étienne	Loire
Ferussac, $6\frac{1}{4}$	Agen	Lot-et-Gar.	Feuges, 4	Arcis-sur-Aube	Aube
Fertans, $7\frac{1}{2}$	Besançon	Doubs	Feuguerolles, 3	Louviers	Eure

FIL FLA

Communes.	Arrondissem.	Départem.	Communes.	Arrondissem.	Départem.
Feugnerolles-sur-Seulles, $5\frac{1}{4}$	Bayeux	Calvados	Fillé-Guécélau, $5\frac{2}{4}$	Le Mans	Sarthe
			Filleul (le), 5	Le Hâvre	Seine-Inf.
Feugroles, 2	Caen	Calvados	Fillières, $4\frac{1}{4}$	Briey	Moselle
Feuilha, 6	Narbonne	Aude	Fillièvres, $4\frac{1}{4}$	St.-Pol	Pas-de-Cal.
Feuillade, $6\frac{1}{4}$	Angoulême	Charente	Fillols, 2	Prades	Pyrén.-Or.
Feuillade (la), 11	Sarlat	Dordogne	Fils-St.-Geneys, $4\frac{3}{4}$	Le Puy	Haute-Loire
Feuillée (la), 9	Châteaulin	Finistère	Filstroff, $7\frac{1}{4}$	Thionville	Moselle
Feuillères, 2	Péronne	Somme	Fimenil, $7\frac{2}{3}$	Epinal	Vosges
Feuilleuse, $5\frac{1}{4}$	Dreux	Eure-et-L.	Finestret, $3\frac{1}{4}$	Prades	Pyrén.-Or.
Feuillie (la), 4	Coutances	Manche	Finochiarola (Île de),	Bastia	Corse
Feuillie (la), $8\frac{5}{8}$	Neufchâtel	Seine-Inf.	Fins (les), 9	Pontarlier	Doubs
Feule, 5	Montbéliard	Doubs	Fins, 4	Péronne	Somme
Feuquières, 8	Beauvais	Oise	Fiorenzo (St.-), 3	Bastia	Corse
Feuquières, $4\frac{3}{4}$	Abbeville	Somme	Fiquefleur, 4	Pont-Audemer	Eure
Feurg, $1\frac{3}{4}$	Gray	H.-Saône	Firbeix, $6\frac{1}{4}$	Nontron	Dordogne
Feurs*, $3\frac{1}{4}$	Montbrison	Loire	Firfol, 2	Lisieux	Calvados
Feusines, 2	La Châtre	Indre	Firmin (St.-), $7\frac{1}{4}$	Gap	H.-Alpes
Feux, $2\frac{1}{4}$	Sancerre	Cher	Firmin (St.-), (St.-Martin)	Pont-Audemer	Eure
Fèves, $1\frac{2}{3}$	Metz	Moselle			
Fey, $2\frac{1}{2}$	Metz	Moselle	Firmin (St.-), $1\frac{1}{4}$	Vendôme	Loir-et-Cher
Fey-en-Haye, 7	Toul	Meurthe	Firmin (St.-), $2\frac{1}{4}$	Gien	Loiret
Feycelles, $1\frac{3}{4}$	Figeac	Lot	Firmin (St.-), $7\frac{1}{2}$	Nancy	Meurthe
Feynière (Thoiry), $3\frac{1}{2}$	Gex	Ain	Firmin (St.-), $5\frac{1}{4}$	Nevers	Nièvre
Feyre (St.-), $1\frac{1}{2}$	Guéret	Creuse	Firmin (St.-), 1	Senlis	Oise
Feyre-la-Montagne (St.-), $2\frac{1}{2}$	Aubusson	Creuse	Firmin (St.-), 3	Autun	Saône-et-L.
			Firmin-des-Bois (St.-), $3\frac{1}{4}$	Montargis	Loiret
Feyt, $6\frac{1}{4}$	Ussel	Corrèze			
Feytial, $1\frac{3}{4}$	Limoges	H.-Vienne	Firmin-du-Bois (St.-), 6	Autun	Saône-et-L.
Feyzin, $4\frac{1}{4}$	Vienne	Isère	Firmin-du-Plain (St.-), 7	Autun	Saône-et-L.
Flinan, 4	Castel-Sarrasin	Tarn-et-G.	Firminy, * $2\frac{1}{4}$	St.-Etienne	Loire
Fiac, 3	Lavaur	Tarn	Firmy, (Terson), $8\frac{1}{4}$	Rodez	Aveiron
Fiacre, 3	Guingamp	Côtes-du-N.	Firmy, 9	Villefranche	Aveiron
Fiacre (St.-), $3\frac{1}{2}$	Nantes	Loire-Inf.	Fislis, $4\frac{1}{4}$	Altkirch	Haut-Rhin
Fiacre (St.-), $1\frac{1}{2}$	Meaux	Seine-et-M.	Fismes, * $6\frac{1}{4}$	Rheims	Marne
Fiancey, 2	Valence	Drôme	Fiteau, (la Petite-), $2\frac{1}{2}$	St.-Gaudens	Haute-Gar.
Ficaja, $7\frac{1}{2}$	Bastia	Corse	Fitignieux, 5	Belley	Ain
Ficheux, 2	Arras	Pas-de-Cal.	Fitillieu, 3	La Tour-du-Pin	Isère
Fichous, $7\frac{1}{4}$	Orthès	B. Pyrén.	Fitou, 9	Narbonne	Aude
Fidelaire (le), $6\frac{1}{4}$	Evreux	Eure	Fitz-James, $\frac{1}{4}$	Clermont	Oise
Fié, 5	Auxerre	Yonne	Fiuminale-pero-é-Casereche, $\frac{3}{4}$	Bastia	Corse
Fied (le), 6	Lons-le-Saulnier	Jura			
			Fiumorbo,	Corte	Corse
Fief-Bertin (Berlière), 6	Compiègne	Oise	Fives, 2	Lille	Nord
Fief-Sauvin, 1	Beaupréau	Maine-et-L.	Fix-Ville-Neuve, $7\frac{3}{4}$	Brioude	H.-Loire
Fieffes, $3\frac{3}{4}$	Doullens	Somme	Fixem, $3\frac{1}{4}$	Thionville	Moselle
Fiefs, $4\frac{1}{4}$	St.-Pol	Pas-de-Cal.	Fixey, 2	Dijon	Côte-d'Or
Fiel, (St.-), $1\frac{1}{2}$	Guéret	Creuse	Fixin, 2	Dijon	Côte-d'Or
Fiennes, $5\frac{1}{2}$	Boulogne	Pas-de-Cal.	Flaba, $3\frac{3}{4}$	Sedan	Ardennes
Fienvillers, 5	Doullens	Somme	Flabas, $5\frac{1}{4}$	Montmé	Meuse
Fierville, $2\frac{1}{4}$	Caen	Calvados	Flabeuville, 8	Briey	Moselle
Fierville, 1	Pont-l'Evêque	Calvados	Flacé, 1	Mâcon	Saône-et-L.
Fierville, $5\frac{3}{4}$	Valognes	Manche	Flacé (Chémiré-le-Gaudin), $5\frac{1}{2}$	Le Mans	Sarthe
Fierville-la-Campagne, 6	Falaise	Calvados			
Fieulaine, $3\frac{3}{4}$	St.-Quentin	Aisne	Flacey, $2\frac{3}{4}$	Dijon	Côte-d'Or
Fieux (le), $7\frac{1}{2}$	Libourne	Gironde	Flacey, 2	Châteaudun	Eure-et-L.
Fieux, $2\frac{1}{4}$	Nérac	Lot-et-Gar.	Flacey, $3\frac{3}{4}$	Louhans	Saône-et-L.
Figaniella (Santa-Maria), $1\frac{3}{4}$	Sartène	Corse	Flachère (la), $5\frac{2}{4}$	Grenoble	Isère
			Flachères, 5	La Tour-du-Pin	Isère
Figanière, $1\frac{1}{2}$	Draguignan	Var	Flacourt, $2\frac{1}{4}$	Mantes	Seine-et-O.
Figari (Carbini),	Sartène	Corse	Flacy, 2	Sens	Yonne
Figarol, $2\frac{1}{4}$	St.-Gaudens	H.-Garonne	Flageat, $5\frac{1}{2}$	Brioude	Haute-Loire
Figeac, *	ch.-l. d'av., 141	Lot	Flagey, $2\frac{1}{4}$	Langres	H.-Marne
Figère (la), $6\frac{1}{4}$	Argentière	Ardèche	Flagey-Amancey, $7\frac{2}{3}$	Besançon	Doubs
Fignévelle, $12\frac{1}{2}$	Mirecourt	Vosges	Flagey-lès-Gilly, $4\frac{1}{2}$	Beaune	Côte-d'Or
Fignières, 1	Montdidier	Somme	Flagey-lès-Auxonne, $7\frac{1}{2}$	Dijon	Côte-d'Or
Filain, 4	Soissons	Aisne	Flagey-Rigney, $6\frac{1}{4}$	Besançon	Doubs
Filain, $3\frac{1}{4}$	Vesoul	H.-Saône	Flagy, $2\frac{1}{2}$	Vesoul	H.-Saône

Communes.	Arrondissem.	Départem.
Flagy, 7 ½	Mâcon	Saône-et-L.
Flagy, 6	Fontainebleau	Seine-et-M.
Flaignes-lès-Oliviers, 4	Rocroi	Ardennes
Flainval, 2 ½	Lunéville	Meurthe
Flamville, 3	Dieppe	Seine-Inf.
Flaive (St.-), 6	Les Sables	Vendée
Flaix, 2 ¾	Provins	Seine-et-M.
Flamangrie (la), 5 ¼	Vervins	Aisne
Flamangrie (la), 7 ½	Avesnes	Nord
Flamanville, 5 ¼	Cherbourg	Manche
Flamanville, 1 ¼	Yvetot	Seine-Inf.
Flamanvillette, 4 ¾	Yvetot	Seine-Inf.
Flamarens, 4 ¾	Lectoure	Gers
Flambertins (les) *(Crespières)*, 4 ½	Versailles	Seine-et-O.
Flamerans, 7 ½	Dijon	Côte-d'Or
Flamerecourt, 4 ¾	Wassy	H.-Marne
Flamets, 3	Neufchâtel	Seine-Inf.
Flanchebouche, 5 ¾	Baume	Doubs
Flancourt, 5	Pont-Audemer	Eure
Flandre *(St.-Léger-aux-Bois)*, 4 ½	Compiégne	Oise
Flangeac, 2	Cahors	Lot
Flangnac, 5	Cahors	Lot
Flanhac, 10 ½	Villefranche	Aveiron
Flanville *(Montoy)*, 1 ¾	Metz	Moselle
Flarembel, 2	Condom	Gers
Flars, 1 ½	Rodez	Aveiron
Flary-le-Martel, 4 ½	St.-Quentin	Aisne
Flassa *(Jujols)*, 3 ¾	Prades	Pyrén.-Or.
Flassan, 3	Carpentras	Vaucluse
Flassans, 3	Brignoles	Var
Flassigny, 1 ½	Montmédy	Meuse
Flastroff *(Delvaldweistroff)*, 7 ½	Thionville	Moselle
Flat, 1 ¾	Issoire	Puy-de-Dô.
Flaucourt, 1 ½	Péronne	Somme
Flaugeac, 1	Espalion	Aveiron
Flaugeac, 3 ¼	Bergerac	Dordogne
Flaujac, 5 ¾	Figeac	Lot
Flaujagues, 6 ½	Libourne	Gironde
Flaumont ½	Avesnes	Nord
Flaux, 2 ¼	Uzès	Gard
Flauzins, 15	Rodez	Aveiron
Flavacourt, 4	Beauvais	Oise
Flaverge (la) *(Cuchery)*, 5 ¼	Rheims	Marne
Flaviac, 2	Privas	Ardèche
Flavignac, 6 ½	St.-Yrieix	H.-Vienne
Flavignerot, 2	Dijon	Côte-d'Or
Flavigny, 7	St.-Amand	Cher
Flavigny,* 3	Semur	Côte-d'Or
Flavigny, 2 ½	Epernay	Marne
Flavigny, 3 ½	Nancy	Meurthe
Flavigny *(Vionville)*, 3	Metz	Moselle
Flavigny le Grand-, 5	Vervins	Aisne
Flavigny le Petit-, 5 ½	Vervins	Aisne
Flavin, 2 ¾	Rodez	Aveiron
Flavy (St.-), 5	Nogent-sur-Seine	Aube
Flavy-le-Melseux, 9	Compiégne	Oise
Flaxieu, 2 ½	Belley	Ain
Flaxlanden, 2 ¾	Altkirch	H.-Rhin
Flayat, 7	Aubusson	Creuse
Flayosc, 2	Draguignan	Var
Fléac, 1	Angoulême	Charente
Fléac, 6 ¾	Saintes	Char.-Inf.

Communes.	Arrondissem.	Départem.
FLÈCHE (la)*	ch.-l. d'ar., 64	Sarthe
Fléchies, 9	Clermont	Oise
Flechin, 5 ¼	St.-Omer	Pas-de-Cal.
Flechinelle, 5	St.-Omer	Pas-de-Cal.
Flée, 2	Semur	Côte-d'Or
Flée, 8 ½	St.-Calais	Sarthe
Fleigneux, ¾	Sedan	Ardennes
Fleigneux, 1 ¾	Sedan	Ardennes
Fleisheim, 3	Sarrebourg	Meurthe
Fleix (le), 5	Bergerac	Dordogne
Fleix, 5	Montmorillon	Vienne
Fléré-la-Rivière, 12 ¼	Châteauroux	Indre
Flers, ¼	Douai	Nord
Flers, 1	Lille	Nord
Flers, 5	Domfront	Orne
Flers, 2 ½	St.-Pol.	Pas-de-Cal.
Flers, 7	Montdidier	Somme
Flers, 4	Péronne	Somme
Flesquières, 3 ¾	Cambrai	Nord
Flesselles-Olincourt, 4	Amiens	Somme
Flétrange, 6 ¾	Metz	Moselle
Fletre, 3	Hazebrouck	Nord
Fleurac, 5 ¼	Cognac	Charente
Fleurac, 8	Sarlat	Dordogne
Fleurance,* 3	Lectoure	Gers
Fleurat, 4 ¼	Guéret	Creuse
Fleuray, 8	Tours	Indre-et-L.
Fleurbaix, 6 ½	Béthune	Pas-de-Cal.
Fleuré, 1 ¾	Argentan	Orne
Fleuré, 5 ½	Poitiers	Vienne
Fleuret *(Trezilles)*, 2 ½	La Palisse	Allier
Fleurey *(Mont-St.-Jean)* 14 ½	Beaune	Côte-d'Or
Fleurey, 6 ¾	Montbéliard	Doubs
Fleurey, 8 ¼	Gray	H.-Saône
Fleurey-lès-Faverney, 3 ½	Vesoul	H.-Saône
Fleurey-lès-St.-Loup, 8 ½	Lure	H.-Saône
Fleurey-sur-Ouche, 3 ½	Dijon	Cote-d'Or
Fleuriel, 5	Gannat	Allier
Fleurieu-sur-l'Arbresle, 3 ½	Lyon	Rhône
Fleurieu-sur-Saône, 2 ¼	Lyon	Rhône
Fleurignac, 8 ¾	Confolens	Charente
Fleurigné, 2	Fougères	Ille-et-Vil.
Fleurigny, 4 ½	Sens	Yonne
Fleurines, 2	Senlis	Oise
Fleurville *(Montbellet)*, 5	Mâcon	Saône-et-L.
Fleury, 6 ½	Soissons	Aisne
Fleury, 2 ¼	Rethel	Ardennes
Fleury, 1	Orléans	Loiret
Fleury, 6 ¾	Avranches	Manche
Fleury, 7	Bar-le-Duc	Meuse
Fleury, 1 ½	Verdun	Meuse
Fleury, 2	Metz	Moselle
Fleury, 8	Beauvais	Oise
Fleury, 2 ½	St.-Pol	Pas-de-Cal.
Fleury, 3	Melun	Seine-et-M.
Fleury, 6	Amiens	Somme
Fleury, 3 ½	Joigny	Yonne
Fleury-la-Forêt, 5	Les Andelys	Eure
Fleury-la-Montagne, 8 ¼	Charolles	Saône-et-L.
Fleury-la-Rivière, 1 ¾	Epernay	Marne
Fleury-la-Tour, 10 ½	Nevers	Nièvre
Fleury-le-Petit *(Sermiers)*, 2 ¾	Rheims	Marne

Communes.	Arrondissem.	Départem.
Fleury-lès-Ruisseaux (*Meudon*), 2	Versailles	Seine-et-O.
Fleury-Merongis, $2\frac{3}{4}$	Corbeil	Seine-et-O.
Fleury-sur-Andelle, $3\frac{1}{2}$	Les Andelys	Eure
Fleury-sur-Loire, $7\frac{3}{4}$	Nevers	Nièvre
Fleurye, 5	Villefranche	Rhône
Fleville, $6\frac{1}{4}$	Vouziers	Ardennes
Fléville, $1\frac{3}{4}$	Briey	Moselle
Fléville, $1\frac{1}{2}$	Nancy	Meurthe
Flévy, 4	Metz	Moselle
Flexanville, $6\frac{3}{4}$	Rambouillet	Seine-et-O.
Flexbourg, $5\frac{3}{4}$	Strasbourg	Bas-Rhin
Fley, 7	Dijon	Côte-d'Or
Fley, $5\frac{3}{4}$	Châlons	Saône-et-L.
Fley, $3\frac{1}{4}$	Tonnerre	Yonne
Fleyrac (*Douelles*), $2\frac{1}{4}$	Cahors	Lot
Flez-Cuzy, $3\frac{3}{4}$	Clamecy	Nièvre
Fligny, $4\frac{1}{2}$	Rocroi	Ardennes
Flin, 4	Lunéville	Meurthe
Flines-lès-Mortagne, $10\frac{1}{4}$	Douai	Nord
Flines-lès-Raches, 2	Douai	Nord
Flins, 6	Versailles	Seine-et-O.
Flins-Neuve-Eglise, $4\frac{3}{4}$	Mantes	Seine-et-O.
Flipou, 3	Les Andelys	Eure
Flixecourt*, 5	Amiens	Somme
Flize, $2\frac{1}{2}$	Mézières	Ardennes
Flocelière (la), $10\frac{4}{5}$	Fontenay-le-Comte	Vendée
Flocourt, 5	Metz	Moselle
Flogny, $3\frac{1}{2}$	Tonnerre	Yonne
Floirac, $1\frac{1}{4}$	Rodez	Aveiron
Floirac, $9\frac{3}{4}$	Saintes	Char.-Inf.
Floirac, 1	Bordeaux	Gironde
Floirac, 9	Gourdon	Lot
Floques, $6\frac{1}{2}$	Dieppe	Seine-Inf.
FLORAC*,	ch.-l. d'ar., 151	Lozère
Florange, 1	Thionville	Moselle
Florémont, 3	Mirecourt	Vosges
Florence (Ste.-), $6\frac{1}{2}$	Libourne	Gironde
Florence* (Ste.-), 7	Bourbon-Vendée	Vendée
Florens (St.-), 4	Alais	Gard
Florensac, 6	Béziers	Hérault
Florent (St.-), $3\frac{1}{2}$	Bourges	Cher
Florent (St.-), 3	Gien	Loiret
Florent (St.-) (*St.-Hilaire*), 1	Saumur	Maiue-et-L.
Florent, 2	Ste.-Menéhould	Marne
Florent (St.-), $\frac{1}{4}$	Niort	2 Sèvres
Florent (St.-), $12\frac{3}{4}$	Les Sables	Vendée
Florent-le-Vieil (St.-), 5	Beaupréau	Maine-et-L.
Florentia, $8\frac{3}{4}$	Lons-le Saulnier	Jura
Florentin (St.-), 5	Issoudun	Indre
Florentin, $2\frac{1}{4}$	Gaillac	Tarn
Florentin (St.-)*, 6	Auxerre	Yonne
Florentin-la-Capelle, 7	Espalion	Aveiron
Floressas, 8	Cahors	Lot
Floret (St.-), 2	Issoire	Puy-de-Dô.
Florimont, 5	Sarlat	Dordogne
Florimont, $6\frac{3}{4}$	Belfort	Haut-Rhin
Florine (Ste.-), $3\frac{3}{4}$	Brioude	H.-Loire
Floringhen, $4\frac{1}{4}$	St.-Pol	Pas-de-Cal.

Communes.	Arrondissem.	Départem.
Floris (St.), $3\frac{3}{4}$	Béthune	Pas-de-Cal.
Flornoy, $1\frac{1}{4}$	Wassy	H.-Marne
Flotte (la)* (*Ile de Ré*), $4\frac{1}{4}$	La Rochelle	Char.-Inf.
Flottemanville-Hague, 2	Cherbourg	Manche
Flottemanville, 1	Valognes	Manche
Flottes (*Rassiels*), 2	Cahors	Lot
Floudes, 1	La Réole	Gironde
FLOUR (ST.-)*,	ch.-l. d'ar., 13[illegible]	Lozère
Flour (St.-), 10	Mende	Lozère
Flour (St.-), 10	Clermont	Puy-de-Dô.
Floure, 4	Carcassoune	Aude
Flourens, $2\frac{1}{4}$	Toulouse	H.-Garonne
Flouris (*Scieurac*), $5\frac{1}{2}$	Mirande	Gers
Flovier (St.-), 5	Loches	Indre-et-L.
Floxel (St.-), 2	Valognes	Manche
Floxicourt, $4\frac{1}{2}$	Amiens	Somme
Floyon, 2	Avesnes	Nord
Fluans, 5	Besançon	Doubs
Fluguières, $2\frac{3}{4}$	St.-Quentin	Aisne
Flumenil, 2	Les Andelys	Eure
Fluy, $3\frac{1}{2}$	Amiens	Somme
Flyrey, 5	Toul	Meurthe
Foameix, 4	Verdun	Meuse
Foccichia, 3	Corte	Corse
Focé, $\frac{1}{2}$	Sartène	Corse
Foëcy, $6\frac{3}{4}$	Bourges	Cher
Fœil (le), $3\frac{1}{2}$	St.-Brieuc	Côtes-du-N.
Foi (Ste.-), $7\frac{1}{4}$	Pamiers	Ariége
Foi (Ste.-), $4\frac{1}{2}$	Villefranche	H.-Garonne
Foi (St.-) (*St.Clair*), 7	Agen	Lot-et-Gar.
Foi-à-Belves (St.-), 6	Sarlat	Dordogne
Foi-de-Longa (Ste.-), $5\frac{1}{2}$	B[illegible]gerac	Dordogne
Foi-St.-Sulpice (Ste.-), 4	Montbrison	Loire
Foisches, 9	Rocroi	Ardennes
Foissac, $4\frac{3}{4}$	Villefranche	Aveiron
Foissac, 3	Uzès	Gard
Foissiat, 4	Bourg	Ain
Foissy, 5	Beaune	Côte-d'Or
Foissy, 5	Sens	Yonne
FOIX*,	ch.-l. d'ar., 196	Ariége
Foix (Ste.-), 4	Mont-de-Marsan	Landes
Fol (le) (*Vernois*), $7\frac{1}{2}$	Montbéliard	Doubs
Folcarde, $1\frac{1}{4}$	Villefranche	H.-Garonne
Folckling, 3	Sarreguemines	Moselle
Folembray, $7\frac{3}{4}$	Laon	Aisne
Folgensburg, 4	Altkirch	Haut-Rhin
Folgoat (le) (*Guinguelleau*), $4\frac{3}{4}$	Brest	Finistère
Folie (la), $5\frac{3}{4}$	Bayeux	Calvados
Folie (la) (*St.-Contest*), $\frac{3}{4}$	Caen	Calvados
Folie (la) (*Ferrière*), 5	Wassy	H.-Marne
Folie (la) (*Moncheux*), $5\frac{3}{4}$	Metz	Moselle
Folie (la) (*Pierrefonds*), $3\frac{1}{2}$	Compiégne	Oise
Folie (la) (*Bracquetuit*), 7	Dieppe	Seine-Inf.
Folie-Herbault (la), 7	Chartres	Eure-et-L.
Folies, $4\frac{1}{2}$	Montdidier	Somme
Follainville, $1\frac{1}{4}$	Mantes	Seine-et-O.
Follatière (la), $4\frac{1}{2}$	La Tour-du-Pin	Isère

Communes.	Arrondissem.	Départem.
Folles, $8\frac{3}{4}$	Bellac	H.-Vienne
Folletière (la), $6\frac{1}{2}$	Lisieux	Calvados
Folletière (la), $6\frac{1}{2}$	Rouen	Seine-Inf.
Folleville, $2\frac{1}{2}$	Bernay	Eure
Folleville, 4	Montdidier	Somme
Folligny, $4\frac{3}{4}$	Avranches	Manche
Folny, $4\frac{1}{4}$	Neufchâtel	Seine-Inf.
Folquin (St.-), 6	St.-Omer	Pas-de-Cal.
Folschevillers, 9	Sarreguemines	Moselle
Folsperchevillers, 1	Sarreguemines	Moselle
Fombelle (Cambounés), $8\frac{1}{4}$	Castres	Tarn
Fomerey, $2\frac{1}{2}$	Epinal	Vosges
Fon-Amphoux, 6	Brignoles	Var
Fonbeauzard, 2	Toulouse	H.-Garonne
Foncaude, $5\frac{1}{4}$	La Réole	Gironde
Foncegrive, $7\frac{1}{2}$	Dijon	Côte-d'Or
Fonches*, $5\frac{1}{2}$	Montdidier	Somme
Fonchettes, $5\frac{1}{4}$	Montdidier	Somme
Foncine-le-Bas, $8\frac{2}{3}$	Poligny	Jura
Foncine-le-Haut, 9	Poligny	Jura
Foncquevillers, 4	Arras	Pas-de-Cal.
Fond-Clairon (Arcy), 3	Compiègne	Oise
Fondérie (la), 15	Mauléon	B.-Pyrén.
Fondettes, $1\frac{1}{2}$	Tours	Indre-et-L.
Fongalop, 7	Sarlat	Dordogne
Fongaufier (Siorac), 5	Sarlat	Dordogne
Fongombault, 2	Le Blanc	Indre
Fongrave, $3\frac{1}{4}$	Villeneuve-d'Agen	Lot-et-Gar.
Fongueseummare, $5\frac{1}{2}$	Le Hâvre	Seine-Inf.
Fonperron, $5\frac{1}{4}$	Parthenay	2 Sèvres
Fons, $8\frac{1}{4}$	Privas	Ardèche
Fons, $4\frac{1}{2}$	Nismes	Gard
Fons, $6\frac{1}{4}$	Uzès	Gard
Fons, $2\frac{1}{4}$	Figeac	Lot
Fonsomes, $2\frac{2}{3}$	St.-Quentin	Aisne
Fonsorbes, $2\frac{2}{3}$	Muret	H.-Garonne
Fontain, $1\frac{1}{2}$	Besançon	Doubs
Fontaine, $\frac{2}{3}$	Vervins	Aisne
Fontaine (Magnien), Beaune		Côte-d'Or
$10\frac{1}{2}$		
Fontaine, 7	Ribérac	Dordogne
Fontaine, $3\frac{1}{2}$	Baume	Doubs
Fontaine, $1\frac{1}{2}$	Grenoble	Isère
Fontaine, $5\frac{1}{4}$	Blois	Loir-et-Ch.
Fontaine (Pezon), 3	Vendôme	Loir-et-Ch.
Fontaine, $5\frac{1}{2}$	Rheims	Marne
Fontaine, $3\frac{3}{4}$	Wassy	H.-Marne
Fontaine, $4\frac{1}{4}$	Montmédy	Meuse
Fontaine, 6	Sarreguemines	Moselle
Fontaine, $2\frac{1}{2}$	Belfort	Haut-Rhin
Fontaine, 1	Le Hâvre	Seine-Inf.
Fontaine, 1	Montdidier	Somme
Fontaine-Afert (la) (Verebrianges), 5	Epernay	Marne
Fontaine - Armée (la) (Rieux), $9\frac{1}{2}$	Epernay	Marne
Fontaine-au-Bois, 5	Avesnes	Nord
Fontaine-au-Pire, $5\frac{3}{4}$	Cambrai	Nord
Fontaine-Bellanger, $2\frac{1}{4}$	Louviers	Eure
Fontaine-Bonne-l'Eau, 10	Clermont	Oise
Fontaine-Chalendray, $6\frac{1}{2}$	St.-Jean-d'Angely	Char.-Inf.
Fontaine-Châtel, 6	Rouen	Seine-Inf.
Fontaine-Couverte, 9	Château-Gontier	Mayenne
Fontaine - Crense (la) (Dormans), 5	Epernay	Marne
Fontaine-Denis, $10\frac{1}{2}$	Epernay	Marne
Fontaine-en-Bausse, 5	Vendôme	Loir-et-Ch.
Fontaine-en-Bray, 3	Neufchâtel	Seine-Inf.
Fontaine-Etoupefour, $\frac{1}{2}$	Caen	Calvados
Fontaine-Fourche, $5\frac{1}{2}$	Provins	Seine-et-M.
Fontaine-Française, $7\frac{1}{2}$	Dijon	Côte-d'Or
Fontaine-Guérin, $2\frac{1}{2}$	Baugé	Maine-et-L.
Fontaine-Halbout, $3\frac{1}{2}$	Falaise	Calvados
Fontaine-Hendebourg, $2\frac{1}{2}$	Louviers	Eure
Fontaine-Henry, 3	Caen	Calvados
Fontaine-Huyère, 4	Arcis-sur-Aube	Aube
Fontaine-l'Abbé, $1\frac{1}{2}$	Bernay	Eure
Fontaine-l'Etalon, $6\frac{1}{4}$	St.-Pol	Pas-de-Cal.
Fontaine-la-Forêt, $3\frac{1}{2}$	Bernay	Eure
Fontaine-la-Gaillarde, $2\frac{1}{2}$	Sens	Yonne
Fontaine-la-Guyon, $3\frac{1}{2}$	Chartres	Eure-et-L.
Fontaine-la-Louvet, $3\frac{1}{2}$	Bernay	Eure
Fontaine-Lavaganne, 6	Beauvais	Oise
Fontaine-le-Bourg, 4	Rouen	Seine-Inf.
Fontaine-le-Coute, $2\frac{1}{2}$	Poitiers	Vienne
Fontaine-le-Dun, $5\frac{1}{4}$	Yvetot	Seine-Inf.
Fontaine-le-Pin, 6	Falaise	Calvados
Fontaine-le-Port, $2\frac{1}{2}$	Melun	Seine-et-M.
Fontaine-le-Sec, 10	Amiens	Somme
Fontaine-lès-Boulans, $4\frac{1}{2}$	St.-Pol	Pas-de-Cal.
Fontaine-lès-Cappy, $3\frac{1}{2}$	Péronne	Somme
Fontaine-lès-Clercs, $1\frac{1}{4}$	St.-Quentin	Aisne
Fontaine - lès - Corps - Nuds, 2	Senlis	Oise
Fontaine-lès-Croisilles, 3	Arras	Pas-de-Cal.
Fontaine-lès-Dijon, $\frac{1}{2}$	Dijon	Côte-d'Or
Fontaine-lès-Hermans, 5	St.-Pol	Pas-de-Cal.
Fontaine-lès-Luxeuil, 6	Lure	H.-Saône
Fontaine-lès-Ribouts, 3	Drenx	Eure-et-L.
Fontaine-Lez, $2\frac{1}{4}$	Avesnes	Nord
Fontaine-Notre-Dame, $2\frac{1}{4}$	St.-Quentin	Aisne
Fontaine-Notre-Dame, $1\frac{1}{2}$	Cambrai	Nord
Fontaine-Raoult, $5\frac{1}{2}$	Vendôme	Loir-et-Ch.
Fontaine-Retertre, $2\frac{1}{4}$	St.-Quentin	Aisne
Fontaine - Riante (Provins), $\frac{1}{2}$	Provins	Seine-et-M.
Fontaine-St.-Lucien, 2	Beauvais	Oise
Fontaine-St.-Martin (la), 4	La Flèche	Sarthe
Fontaine-Simon, 7	Nogent-le-Rotrou	Eure-et-L.
Fontaine-sous-Jony, $3\frac{1}{2}$	Evreux	Eure
Fontaine-sous-Mont-Aiguillon, $4\frac{1}{2}$	Provins	Seine-et-M.
Fontaine-sous-Préaux, 2	Rouen	Seine-Inf.
Fontaine-sous-Coôle, $4\frac{1}{4}$	Châlons-sur-Marne	Marne
Fontaine-sur-Maïe, 5	Abbeville	Somme

Communes.	Arrondissem.	Départem.
Fontaine-sur-Somme, 3 ¼	Abbeville	Somme
FONTAINEBLEAU *,	ch.-l. d'ar., 15	Seine-et-M.
Fontaines, ½	Bar-sur-Aube	Aube
Fontaines (*St.-Hilaire*), 18	Nevers	Nièvre
Fontaines, 3	Argentan	Orne
Fontaines, 2 ¾	Châlons	Saône-et-L.
Fontaines, 1 ½	Etampes	Seine-et-O.
Fontaines, 1 ¼	Fontenay-le-Comte	Vendée
Fontaines, 9 ½	Joigny	Yonne
Fontaines-en-Dormois, 5	Ste-Menéhould	Marne
Fontaines-en-Duesmois, 7	Châtillon	Côte-d'Or
Fontaines-lès-Sèches, 5 ¼	Châtillon	Côte-d'Or
Fontainiveau (*Chaufour*) 1 ¼	Etampes	Seine-et-O.
Fontains, 6 ½	Provins	Seine-et-M.
Fontaiuse, 2	Jonzac	Char.-Inf.
Fontanes, 14	Limoux	Aude
Fontanès, 6	Nismes	Gard
Fontanès, 5 ½	Montpellier	Hérault
Fontanès, 3 ¼	St.-Etienne	Loire
Fontanes, 4	Cahors	Lot
Fontanes (*Bastit*), 11	Gourdon	Lot
Fontanes, 10 ¾	Mende	Lozère
Fontanges, 5 ½	Mauriac	Cantal
Fontangis, 4 ½	Semur	Côte-d'Or
Fontanières, 7 ¼	Aubusson	Creuse
Fontanil, 2	Grenoble	Isère
Fontanils, 4 ¼	Ceret	Pyrén.-Or.
Fontannes, ¾	Brioude	H.-Loire
Fontans, 6 ¼	Marvejols	Lozère
Fontarèche, 3 ¼	Uzès	Gard
Fontarède, 3 ¼	Nérac	Lot-et-Gar.
Fontaynous, 3	Villefranche	Aveiron
Fontclaireau, 4 ½	Ruffec	Charente
Fontcouverte, 7 ½	Narbonne	Aude
Font-Couverte, 1	Saintes	Char.-Inf.
Fontelaye (la), 8	Dieppe	Seine-Inf.
Fontelles, 4	Bar-sur-Seine	Aube
Fontenailles, 1 ½	Bayeux	Calvados
Fontenailles, 4 ¾	Melun	Seine-et-M.
Fontenailles, 5	Auxerre	Yonne
Fontenay, 8 ¼	Bayeux	Calvados
Fontenay, 3	Les Andelys	Eure
Fontenay, 5 ½	Issoudun	Indre
Fontenay, 3 ¼	Montargis	Loiret
Fontenay, 1 ½	Mortain	Manche
Fontenay, 3	Valognes	Manche
Fontenay, 1 ½	Charolles	Saône-et-L.
Fontenay, 5 ½	La Flèche	Sarthe
Fontenay, 5 ¼	Coulommiers	Seine-et-M.
Fontenay, 3	Corbeil	Seine-et-O.
Fontenay, 3	Le Hâvre	Seine-Inf.
Fontenay, 3	Epinal	Vosges
Fontenay-aux-Roses, ¼	Sceaux	Seine
Fontenay-Bossery, 1	Nogent-sur-Seine	Aube
FONTENAY-LE-COMTE *,	ch.-l. d'ar., 109	Vendée
Fontenay-le-Fleury, 5	Versailles	Seine-et-O.

Communes.	Arrondissem.	Départem.
Fontenay-lès-Brüs, 7 ½	Rambouillet	Seine-et-O.
Fontenay-lès-Louvets, 4	Alençon	Orne
Fontenay-lès-Louvres, 6	Pontoise	Seine-et-O.
Fontenay-Marmion, 2	Caen	Calvados
Fontenay-Meauvoisin, 1 ¼	Mantes	Seine-et-O.
Fontenay-Pesnel, 3	Caen	Calvados
Fontenay-près-Chablis, 4 ½	Auxerre	Yonne
Fontenay-près-Vezelay, 3 ½	Avallon	Yonne
Fontenay-St.-Père, 1 ¼	Mantes	Seine-et-O.
Fontenay-sous-Bois, 4	Sceaux	Seine
Fontenay-sous-Mailli, 6	Auxerre	Yonne
Fontenay-sur-Cônie, 8 ¼	Châteaudun	Eure-et-L.
Fontenay-sur-Eure, 2	Chartres	Eure-et-L.
Fontenay-sur-Orne, 1	Argentan	Orne
Fontenay-Torcy, 6 ½	Beauvais	Oise
Fontenel, 1 ½	St.-Jean-d'Angely	Char.-Inf.
Fontenelay, 6 ½	Gray	H.-Saône
Fontenelle, 3 ¼	Château-Thierry	Aisne
Fontenelle, 5	Vervins	Aisne
Fontenelle, 7 ½	Dijon	Côte-d'Or
Fontenelle, 11 ¼	Montbéliard	Doubs
Fontenelle, 3 ½	Bernay	Eure
Fontenelle (la), 6 ½	Fougères	Ille-et-Vil.
Fontenelle (la), 8	Vendôme	Loir-et-Ch.
Fontenelle, 2	Belfort	Haut-Rhin
Fontenelle (*Abbeville*), 3	Etampes	Seine-et-O.
Fontenelle, 2	Pontoise	Seine-et-O.
Fontenelle-lès-Monby, 3 ¼	Baume	Doubs
Fontenille, 5	Ruffec	Charente
Fontenille, 2 ½	Melle	2 Sèvres
Fontenilles, 8	Sarlat	Dordogne
Fontenilles, 3 ¼	Muret	H.-Garonne
Fontenis (les) (*La Malachère*), 5 ¼	Vesoul	H.-Saône
Fontenoi, 2 ½	Soissons	Aisne
Fontenoi, 6 ½	Auxerre	Yonne
Fontenois, 6 ½	Vesoul	H.-Saône
Fontenois-la-Côte (*Fontenois-le-Château*), 8	Mirecourt	Vosges
Fontenois-la-Ville, 10	Lure	H.-Saône
Fontenois-le-Château, 8	Mirecourt	Vosges
Fontenotte, 1	Baume	Doubs
Fontenoy, 5 ¼	Lunéville	Meurthe
Fontenoy, 2	Toul	Meurthe
Fontenu, 6	Lons-le-Saulnier	Jura
Fonteny, 5	Poligny	Jura
Fonteny, 2 ¼	Château-Salins	Meurthe
Fonters-du-Razès, 3 ½	Castelnaudary	Aude
Fontes, 5 ¾	Béziers	Hérault
Fontet, 1	La Réole	Gironde
Fontète, 9 ½	Charolles	Saône-et-L.
Fontrevrault, 4	Saumur	Maine-et-L.
Font-Fredde (*Beaujeu*), 6	Digne	B.-Alpes

Communes.	Arrondissem.	Départem.	Communes.	Arrondissem.	Départem.
Fontgrand, 4	Valence	Drôme	Forges, 9	Vitré	Ille-et-Vil.
Fontienne, 2	Forcalquier	B.-Alpes	Forges(les)(*Valbenoite*), 7 1/2	St.-Etienne	Loire
Fontiers-Cabardès, 3 1/2	Carcassonne	Aude			
Fontiers-d'Aude, 4	Carcassonne	Aude	Forges, 4	Saumur	Maine-et-L.
Fontenouilles, 7 1/4	Joigny	Yonne	Forges, 6 1/2	Montmédy	Meuse
Fontjoncouse, 9	Narbonne	Aude	Forges, 2	Alençon	Orne
Fontuermont, 4	Vire	Calvados	Forges (les) (*St.-Bômer-lès-Forges*), 1 1/2	Domfront	Orne
Fontoy, 2 1/4	Briey	Moselle			
Fontpetrouse, 7	Prades	Pyrén.-Or.	Forges, 7 1/2	Fontainebleau	Seine-et-M.
Fontrabiouse, 11 1/4	Prades	Pyrén.-Or.	Forges, 7 1/2	Rambouillet	Seine-et-O.
Fontrailles, 7	Tarbes	H.-Pyrén.	Forges *, 6	Neufchâtel	Seine-Inf.
Fontroque, 4 1/4	Bergerac	Dordogne	Forges (les), 5	Parthenay	2 Sèvres
Fontvannes, 4	Troyes	Aube	Forges (les), 1	Epinal	Vosges
Fontvieille, 2	Arles	B. du Rhône	Forget St.-), 5	Rambouillet	Seine-et-O.
Foraine-d'Allègre, 5 1/4	Le Puy	H.-Loire	Forgette (*Quévreville-la-Millon*), 2 1/2	Rouen	Seine-Inf.
Forbach *, 4	Sarreguemines	Moselle			
Forcalqueiret, 3	Brignoles	Var	Forgéux (St.-), 6 1/4	Villefranche	Rhône
FORCALQUIER *,	ch.-l. d'ar., 19	B.-Alpes	Forgeux - Lespinasse (St.-), 6	Roanne	Loire
Force (la), 4 1/2	Castelnaudary	Aude			
Force (la), 2 1/4	Bergerac	Dordogne	Forgues, 5 1/2	Muret	H.-Garonne
Forcé, 1 1/2	Laval	Mayenne	Fories(les)(*St-Lattier*)*, 3	St.-Marcellin	Isère
Forcelles-St.-Gorgon, 6 1/4	Nancy	Meurthe			
			Forleans, 2	Semur	Côte-d'Or
Forcelles-sous-Gugney, 8	Nancy	Meurthe	Formentin, 2 1/2	Pont-l'Evêque	Calvados
			Formerie, 10	Beauvais	Oise
Forceville, 10	Amiens	Somme	Formigny, 4	Bayeux	Calvados
Forceville, 5 1/4	Doullens	Somme	Formignères, 11	Prades	Pyrén.-Or.
Forcey, 5	Chaumont	H.-Marne	Formoville, 2	Pont-Audemer	Eure
Forciolo, 5	Ajaccio	Corse	Fornex, 8 1/4	Pamiers	Ariége
Forens, 6	Nantua	Ain	Fors, 2 1/4	Niort	2 Sèvres
Forenville, 1 1/2	Cambrai	Nord	Forstfeld, 3 1/2	Haguenau	Bas-Rhin
Forest (la), 3 1/2	Brest	Finistère	Forstheim, 1 1/2	Haguenau	Bas-Rhin
Forest, 6	Avesnes	Nord	Fort (St.-), 6 1/2	Jonzac	Char.-Inf.
Forest (la), 10	Béthune	Pas-de-Cal.	Fort (St.-), 3 1/4	Marennes	Char.-Inf.
Forest (le), 2	Péronne	Somme	Fort (St.-), 1	Château-Goutier	Mayenne
Forest-l'Abbaye, 3	Abbeville	Somme			
Forest-Montier, 5	Abbeville	Somme	Fort-à-Binson (le) (*Binson*), 7 1/4	Rheims	Marne
Forest-St.-Juillien, 3 1/2	Gap	H.-Alpes			
Forêt (la) (*Fouesnant*), 3 1/2	Quimper	Finistère	Fort-Louis, 3	Haguenau	Bas-Rhin
			Fort-du-Plane, 1	St.-Claude	Jura
Forêt (la), 7	Riom	Puy-de-Dô.	Fort-sur-Né (St.-), 3	Cognac	Charente
Forêt (la) (*Civry-la-Forêt*), 4 1/4	Mantes	Seine-et-O.	Fortan, 3	Vendôme	Loir-et-Ch.
			Fortel, 5	St.-Pol	Pas-de-Cal.
Forêt-Anvray (la), 7	Argentan	Orne	Fortelle (la) (*Cuchery*), 5 1/4	Rheims	Marne
Forêt-de-Tessé (la), 3	Ruffec	Charente			
Forêt-du-Parc, 3	Evreux	Eure	Forteresse (la), 5 1/2	St.-Marcellin	Isère
Forêt-du-Temple (la), 7	Boussac	Creuse	Fortschwihr, 1 1/2	Colmar	Haut-Rhin
			Fortunade (St.-), 2 1/4	Tulle	Corrèze
Forêt la-Folie, 2	Les Andelys	Eure	Fortunat (St.-), 5	Privas	Ardèche
Forêt-le-Roy (la), 7 1/2	Rambouillet	Seine-et-O.	Forzy (*Aougny*), 6 1/2	Rheims	Marne
Forêt-Ste.-Croix (la), 2	Etampes	Seine-et-O.	Fos (*Martignes*), 10	Aix	B. du Rhône
Forêt-sur-Sèvre (la), 4	Bressuire	2 Sèvres	Fos, 8 1/2	St.-Gaudens	H.-Garonne
Forestel (*Brocourt*), 10	Amiens	Somme	Fos, 6	Béziers	Hérault
Forestière (la), 12 1/4	Epernay	Marne	Fossa, 12 1/4	Perpignan	Pyrén.-Or.
Forêts, 2 1/2	Lille	Nord	Fossard (le Grand-) (*Cannes*), 7	Fontainebleau	Seine-et-M.
Forfilières (*Avrecourt*), 5	Langres	H.-Marne			
			Fossard (le Grand-) (*Esmans*), 6 1/4	Fontainebleau	Seine-et-M.
Forfry, 2 1/2	Meaux	Seine-et-M.			
Forge (la), 4	Remiremont	Vosges	Fossard (le Petit-) (*Varennes*), 5 1/2	Fontainebleau	Seine-et-M.
Forgeot (St.-), 1	Autun	Saône-et-L.			
Forges (les) (*Wagnon*), 3	Rethel	Ardennes	Fossat (le), 5	Pamiers	Ariége
Forges, 5	Rochefort	Char.-Inf.	Fossé, 6 1/4	Vouziers	Ardennes
Forges, 5	Tulle	Corrèze	Fosse (la), 3 1/4	Blaye	Gironde
Forges (les), 4 1/2	Boussac	Creuse	Fosse, 1 1/4	Blois	Loir-et-Ch.

Communes.	Arrondissem.	Départem.	Communes.	Arrondissem.	Departem.
Fosse (la), 7 $\frac{1}{2}$	Saumur	Maine-et-L.	Foulayronnes, 1 $\frac{1}{4}$	Agen	Lot-et-Gar.
Fosse (la) (Joiselle), 11	Epernay	Marne	Foulbec, 2	Pont-Audemer	Eure
			Foulcrey, 5 $\frac{1}{2}$	Sarrebourg	Meurthe
Fossé (le), 7	Neufchâtel	Seine-Inf.	Fouleix, 6	Périgueux	Dordogne
Fosse-Corduan (la), 3 $\frac{1}{2}$	Nogent-sur-Seine	Aube	Fouligny, 5 $\frac{1}{4}$	Metz	Moselle
			Foulletourte, 5	La Flèche	Sarthe
Fossemagne, 8	Périgueux	Dordogne	Foullouboux, $\frac{1}{2}$	Rodez	Aveiron
Fossemanant, 3 $\frac{1}{2}$	Amiens	Somme	Foulnay, 6 $\frac{1}{2}$	Dôle	Jura
Fossés, 2	La Réole	Gironde	Foulognes, 4 $\frac{1}{2}$	Bayeux	Calvados
Fossés, 6 $\frac{1}{2}$	Pontoise	Seine-et-O.	Foulons (les) (Esternay), 11	Epernay	Marne
Fosses (les), 4 $\frac{1}{4}$	Melle	2 Sèvres			
Fosseuse, 6	Beauvais	Oise	Foulzy, 3	Rocroi	Ardennes
Fosseux, 4 $\frac{1}{2}$	Arras	Pas-de-Cal.	Fouquebrune, 3 $\frac{1}{2}$	Angoulême	Charente
Fossieux, 3 $\frac{1}{2}$	Château-Salins	Meurthe	Fouquenies, 1	Beauvais	Oise
Fossoy, 1 $\frac{1}{4}$	Château-Thierry	Aisne	Fouquerant (le), 5	Argentan	Orne
			Fouquereuil, $\frac{1}{4}$	Béthune	Pas-de-Cal.
Foucard, 3	Yvetot	Seine-Inf.	Fouquerolles, 3	Beauvais	Oise
Foucarmont, 4	Neufchâtel	Seine-Inf.	Fouquescourt, 5 $\frac{1}{2}$	Montdidier	Somme
Foucarville, 4 $\frac{1}{4}$	Valognes	Manche	Fouqueure, 4	Ruffec	Charente
Foucaucourt, 7	Bar-le-Duc	Meuse	Fouqueville, 4 $\frac{1}{4}$	Louviers	Eure
Foucaucourt-Hors-Nesles, 11	Amiens	Somme	Fouquières, $\frac{1}{2}$	Béthune	Pas-de-Cal.
			Fouquières-lès-Lens, 6 $\frac{1}{4}$	Béthune	Pas-de-Cal.
Fouchange, 3	Dijon	Côte-d'Or	Four, 6	Vienne	Isère
Fouchécourt, 6	Vesoul	H.-Saône	Four-à-Verre (Carlepont), 5 $\frac{1}{4}$	Compiégne	Oise
Fouchécourt, 10	Neufchâteau	Vosges			
Foucherans, 4 $\frac{1}{2}$	Besançon	Doubs	Fourbaune, 1	Baume	Doubs
Foucherans, $\frac{1}{2}$	Dôle	Jura	Fouras, 3 $\frac{1}{2}$	Rochefort	Char.-Inf.
Fouchères, 2	Bar-sur-Seine	Aube	Fourcatier, 4	Pontarlier	Doubs
Fouchères, 6	Bar-le-Duc	Meuse	Fourcés, 3 $\frac{1}{2}$	Condom	Gers
Fouchères, 4	Sens	Yonne	Fourchainville (Villeconin), 2 $\frac{1}{2}$	Etampes	Seine-et-O.
Foucherolles, 6	Montargis	Loiret			
Fouchy, 3 $\frac{1}{2}$	Schélestatt	B.-Rhin	Fourches, 2 $\frac{1}{2}$	Falaise	Calvados
Foucrainville, 3 $\frac{1}{2}$	Evreux	Eure	Fourches (Fontaine-Fourche), 5 $\frac{1}{4}$	Provins	Seine-et-M.
Fouday, 7	Schélestatt	B.-Rhin			
Foudouas, 4 $\frac{1}{2}$	Castel-Sarrasin	Tarn et Gar.	Fourcigny, 9	Amiens	Somme
Fouencamps, 3	Amiens	Somme	Fourcinet, 7 $\frac{1}{2}$	Die	Drôme
Fouesnant, 3 $\frac{1}{4}$	Quimper	Finistère	Fourdrain, 3	Laon	Aisne
Foufflin-Ricametz, 1 $\frac{1}{4}$	St.-Pol	Pas-de-Cal.	Fourdrinoy, 3	Amiens	Somme
Foug, 1 $\frac{1}{4}$	Toul	Meurthe	Fourg, 6 $\frac{1}{2}$	Besançon	Doubs
Fougaron, 4 $\frac{1}{4}$	St.-Gaudens	H.-Garonne	Forges, 4	Les Andelys	Eure
Fougax, 10	Foix	Ariége	Fourgs (les), 3 $\frac{1}{4}$	Pontarlier	Doubs
Fougeal, 11 $\frac{1}{4}$	St.-Malo	Ille-et-Vil.	Fourilles, 4	Gannat	Allier
Fougeray, 6	Redon	Ille-et-Vil.	Fourmagnac, 2	Figeac	Lot
Fougeré, 2 $\frac{1}{2}$	Baugé	Maine-et-L.	Fourmetot, 1	Pont-Audemer	Eure
Fougeré, 3	Bourbon-Vendée	Vendée	Fourmies, 3	Avesnes	Nord
			Fournandin, 7 $\frac{1}{2}$	Joigny	Yonne
FOUGÈRES *, ch.-l. d'arr., 94		Ille-et-Vil.	Fourneaux, 1 $\frac{1}{2}$	Falaise	Calvados
Fougères, 4 $\frac{1}{2}$	Blois	Loir-et-Ch.	Fourneaux, 3	Roanne	Loire
Fougerets (les), 10	Vannes	Morbihan	Fourneaux, 4 $\frac{1}{4}$	St.-Lô	Manche
Fougerolles, 2 $\frac{1}{4}$	La Châtre	Indre	Fournels, 10	Marvejols	Lozère
Fougerolles, 9	Mayenne	Mayenne	Fournes, 6	Carcassonne	Aude
Fougerolles, 7 $\frac{1}{2}$	Lure	H.-Saône	Fournès, 5	Uzès	Gard
Fougi, 2	Argentan	Orne	Fournes, 3 $\frac{1}{2}$	Lille	Nord
Fouguerolle, 6 $\frac{1}{2}$	Bergerac	Dordogne	Fournet (le), 3	Pont-l'Evêque	Calvados
Fouillade (la), 4	Villefranche	Aveiron	Fournets (Grand-Fontaine), 8	Baume	Doubs
Fouilleuse, 2 $\frac{1}{2}$	Clermont	Oise			
Fouillouse, 2 $\frac{1}{2}$	St.-Etienne	Loire	Fourneville, 2 $\frac{1}{4}$	Pont-l'Evêque	Calvados
Fouillousse, 3 $\frac{1}{2}$	Gap	H.-Alpes	Fournival, 3	Clermont	Oise
Fouilloux (le), 10	Jonzac	Char.-Inf.	Fournol, 3	St.-Flour	Cantal
Fouilloy, 9 $\frac{1}{2}$	Beauvais	Oise	Fournols, 3 $\frac{1}{4}$	Ambert	Puy-de-D.
Fouilloy, 4	Amiens	Somme	Fournoulès, 8	Aurillac	Cantal
Fouju, 2 $\frac{1}{2}$	Melun	Seine-et-M.	Fouronnes, 5	Auxerre	Yonne
Foulain, 3 $\frac{1}{2}$	Chaumont	H.-Marne	Fourques, 7 $\frac{1}{2}$	Nismes	Gard
Foulangres, 5	Senlis	Oise	Fourques, 1 $\frac{1}{2}$	Marmande	Lot-et-Gar.

Communes.	Arrondissem.	Départem.
Fourques, 4 ½	Perpignan	Pyrén.-Or.
Fourqueux, 2 ½	Versailles	Seine-et-O.
Fourquevaux, 4 ½	Villefranche	H.-Garonne
Fours, 3	Barcelonnette	B.-Alpes
Fours, 4	Les Andelys	Eure
Fours, 1 ¼	Blaye	Gironde
Fours, 18	Nevers	Nièvre
Foursies, 1 ½	Avesnes	Nord
Fourtou, 10 ¾	Limoux	Aude
Foussais, 3 ¼	Fontenay-le-Comte	Vendée
Foussemagne, 3	Belfort	Haut-Rhin
Fousseret (le), 7 ½	Muret	H.-Garonne
Foussignac, 4 ¼	Cognac	Charente
Fouvent-la-Ville, 7	Gray	H.-Saône
Fouvent-le-Château, 6 ½	Gray	H.-Saône
Fouzilhon, 3 ¼	Béziers	Hérault
Foville, 5	Metz	Moselle
Fox (la), 2	Agen	Lot-et-Gar.
Foy (Ste.-), 3 ¾	Muret	H.-Garonne
Foy (Ste.-)*, 11	Libourne	Gironde
Foy (Ste.-), 8 ½	Charolles	Saône-et-L.
Foy (Ste.-), 3 ¼	Dieppe	Seine-Inf.
Foy (Ste.-), 3 ¼	Les Sables	Vendée
Foy-de-Montgomery (Ste.-), 5 ¼	Lisieux	Calvados
Foy-l'Argentière (Ste.-), 5 ¾	Lyon	Rhône
Foy-la-Longue (Ste.), 6	La Réole	Gironde
Foy-lès-Lyon (Ste.-), 3	Lyon	Rhône
Foye-Monjault (la), 3 ½	Niort	2 Sèvres
Fozières, 1 ¼	Lodève	Hérault
Fozzano, 1	Sartène	Corse
Fragaire (St.-), 8 ¼	St.-Lô	Manche
Fragne, 1 ½	Châlons	Saône-et-L.
Fragny (*Autun*)	Autun	Saône-et-L.
Frahier, 6 ¼	Lure	H.-Saône
Fraigne (St.-), 5	Ruffec	Charente
Fraignot, 8 ¼	Dijon	Côte-d'Or
Fraillicourt, 5	Rethel	Ardennes
Fraimbrault-de-Prières (St.-), 1 ½	Mayenne	Mayenne
Fraimbault-sur-Pisse (St). 6 ¼	Mayenne	Mayenne
Fraimbault-sur Pisse (St.-, 3	Domfront	Orne
Fraimbois, 3	Lunéville	Meurthe
Frain, 7 ¼	Neufchâteau	Vosges
Frais, 2 ½	Belfort	Haut-Rhin
Fraisans, 5 ½	Dôle	Jura
Fraisnes, 8 ½	Nancy	Meurthe
Fraisse, 3 ½	Carcasssonne	Aude
Fraisse, 7 ½	Narbonne	Aude
Fraisse, 6	St.-Pons	Hérault
Fraisse, 3 ¾	St.-Etienne	Loire
Fraisse (*Ambialet*), 6 ¼	Albi	Tarn
Fraissignes, 2 ¾	Rodez	Aveiron
Fraissines, 8	Albi	Tarn
Fraissinet, 8	Cahors	Lot
Fraize*, 4	St.-Dié	Vosges
Frajou (St.-), 5 ¾	St.-Gaudens	H.-Garonne
Fralignes, 1 ½	Bar-sur-Seine	Aube
Framboisière (la), 7 ½	Dreux	Eure-et-L.
Frambouhans, 10 ¼	Montbéliard	Doubs

Communes.	Arrondissem.	Départem.
Framecourt*, 1 ¾	St.-Pol	Pas-de-Cal.
Framerville, 4 ½	Péronne	Somme
Framicourt le Grand et le Petit-, 3 ¼	Abbeville	Somme
Frampas, 2 ¼	Wassy	H.-Marne
Franc, 1 ½	Trévoux	Ain
Franc (le) (*Esternay*), 11	Epernay	Marne
Franc Port (*Choisy-au-Bac*), 2	Compiègne	Oise
Française (la), 4	Montauban	Tarn-et-Gar.
Francalmont, 8 ¼	Lure	H.-Saône
Francarville, 4 ½	Villefranche	H.-Garonne
Francastel, 7	Clermont	Oise
Françay, 4 ½	Blois	Loir-et-Ch.
Francazals, 5 ¾	St.-Gaudens	H.-Garonne
Franscescas, 3 ½	Nérac	Lot-et-Gar.
Franchaise, 5	Moulins	Allier
Francheleins, 4 ½	Trévoux	Ain
Francheval, 2 ½	Sedan	Ardennes
Franchevelle, 2 ¼	Lure	H.-Saône
Francheville (la), 1	Mézières	Ardennes
Francheville, 4 ½	Dijon	Côte-d'Or
Francheville, 8 ½	Evreux	Eure
Francheville, 7 ½	Dôle	Jura
Francheville, 3 ¼	Châlons-sur-Marne	Marne
Francheville, 1 ¼	Toul	Meurthe
Francheville, 2 ½	Argentan	Orne
Francheville, 1 ¼	Lyon	Rhône
Franchy (St.-), 7 ¼	Nevers	Nièvre
Francières, 3	Compiègne	Oise
Francières, 2 ½	Abbeville	Somme
Francillon, 4 ¼	Châteauroux	Indre
Francken, 3	Altkirch	Haut-Rhin
François (St.-), 5 ½	Thionville	Moselle
François (St.-), 2 ¼	Niort	2 Sèvres
Francon, 9 ¼	Muret	H.-Garonne
Franconville, 3 ½	Lunéville	Meurthe
Franconville*, 3	Pontoise	Seine-et-O.
Francoulès, 3 ½	Cahors	Lot
Francourt, 7 ½	Gray	H.-Saône
Francourville, 4	Chartres	Eure-et-L.
Francs, 4 ¼	Libourne	Gironde
Francueil, 8 ½	Tours	Indre-et-L.
Francvillers, 4 ¼	Amiens	Somme
Frandat, 1 ¼	Lectoure	Gers
Frâne, 4 ½	Pontarlier	Doubs
Frâne, 6 ¾	Gray	H.-Saône
Franée, 7 ¼	St.-Claude	Jura
Francy, 4 ¼	Besançon	Doubs
Frangy, 5	Louhans	Saône-et-L.
Franleu, 4 ½	Abbeville	Somme
Frânois (le), 7 ½	Lons-le-Saulnier	Jura
Franois, 4 ½	Gray	H.-Saône
Franquevielle, 3 ¾	St.-Gaudens	H.-Garonne
Franqueville, 2	Vervins	Aisne
Franqueville, 3	Bernay	Eure
Franqueville, 5 ¼	Doullens	Somme
Franquevillette, 3 ½	Rouen	Seine-Inf.
Fransart, 5	Montdidier	Somme
Fransèches, 2 ¼	Aubusson	Creuse
Fransoge (*Verdon*), 6 ¼	Epernay	Marne
Fransu, 5 ½	Doullens	Somme

Communes.	Arrondissem.	Departem.	Communes.	Arrondissem.	Departem.
Fransures, 7 1/2	Montdidier	Somme	Frémonville, 8	Lunéville	Meurthe
Franxault, 7	Beaune	Côte-d'Or	Frenai-le-Buffard, 3 1/2	Argentan	Orne
Frapelle, 2 1/2	St.-Dié	Vosges	Frenai-le-Samson, 5	Argentan	Orne
Fraquelfing, 3 1/4	Sarrebourg	Meurthe	Frenaie-au-Sauvage (la), 4 1/2	Argentan	Orne
Fraroz, 8	Poligny	Jura			
Frasnay-le-Ravier, 9	Nevers	Nièvre	Frenaie-Fayel (la), 4	Argentan	Orne
Frasne, 3	Dôle	Jura	Frenaye (la), 9 1/2	Le Hâvre	Seine-Inf.
Frasnois, 1 3/4	Besançon	Doubs	Frencq, 3	Montreuil	Pas-de-Cal.
Frasnoy, 8 1/2	Avesnes	Nord	Frêne-St.-Mames, 7	Gray	H.-Saône
Frasseto, 5 1/4	Ajaccio	Corse	Frenelle-la-Grande, 1 1/2	Mirecourt	Vosges
Frausseilles, 4	Gaillac	Tarn	Frenelle-la-Petite, 1 1/2	Mirecourt	Vosges
Frawenberg, 1	Sarreguemines	Moselle	Frênes, 10	Langres	H.-Marne
Fraye (la), 3 1/2	Beauvais	Oise	Frênes, 5 1/2	Domfront	Orne
Fraysse, 4 1/2	Bergerac	Dordogne	Freneuse, 3 1/2	Mantes	Seine-et-O.
Frayssignes, 8 1/2	Figeac	Lot	Freneuse, 4	Rouen	Seine-Inf.
Frayssinet, 3 1/4	Gourdon	Lot	Freneuse-sur-Risle, 1/2	Pont-Audemer	Eure
Frazé, 5 1/4	Nogent-le-Rotrou	Eure-et-L.	Frency (le), 10 3/4	Grenoble	Isère
			Frenières, 8	Compiègne	Oise
Fréauville, 3	Neufchâtel	Seine-Inf.	Frenisches, 8	Compiègne	Oise
Frebécourt, 1 1/4	Neufchâteau	Vosges	Frenneville, 9	Amiens	Somme
Frébuans, 1 1/4	Lons-le-Saulnier	Jura	Frenois, 1	Sedan	Ardennes
			Frenois, 7 1/2	Dijon	Côte-d'Or
Frèche, 6	MontdeMarsan	Landes	Frénois (Berlise), 5 1/4	Metz	Moselle
Fréchède, 7	Tarbes	H.-Pyrén.	Frenois, 3 1/2	Mirecourt	Vosges
Frechencourt, 3	Amiens	Somme	Frénois-la-Montagne, 7 1/2	Briey	Moselle
Fréchendets, 4	Bagnères	H.-Pyrén.	Frénouville, 2 1/4	Caen	Calvados
Fréchet (Le), 5	St.-Gaudens	H.-Garonne	Frénoy, 8 1/2	Langres	H.-Marne
Fréchet (Fréchou), 2 1/2	Tarbes	H.-Pyrén.	Frenoy, 3 1/2	Arras	Pas-de-Cal.
Fréchet-Aure, 10 1/4	Bagnères	H.-Pyrén.	Frenoy-Auval, 5	Amiens	Somme
Fréchou, 2 1/4	Tarbes	H.-Pyrén.	Frenoy-Enthel, 5	Senlis	Oise
Frechou (le), 1 1/2	Nérac	Lot-et-Gar.	Frépillon, 2	Pontoise	Seine-et-O.
Frécourt, 3 1/2	Langres	H.-Marne	Freres (les), 10	Grasse	Var
Frécourt (Servigny-lès-Raville), 4	Metz	Moselle	Fresles, 2 1/2	Neufchâtel	Seine-Inf.
			Fresnay, 2 1/4	Bar-sur-Aube	Aube
Frédéric-Fontaine, 3 1/4	Lure	H.-Saône	Fresnay, 3	Caen	Calvados
Fredière (la), 2 1/2	St.-Jean-d'Angely	Char.-Inf.	Fresnay, 9	Paimbœuf	Loire-Inf.
			Fresnay (Faux), 11	Epernay	Marne
Fresay, 5	Béthune	Pas-de-Cal.	Fresnay *, 7	Mamers	Sarthe
Frégan (St.-), 5	Brest	Finistère	Fresnay-le-Comte, 4	Chartres	Eure-et-L.
Fregairoles, 2 1/2	Albi	Tarn	Fresnay-le-Gilmert, 3	Chartres	Eure-et-L.
Fregeoux-le-Majeur(St-), 1 1/2	Ussel	Corrèze	Fresnay-l'Evêque, 9	Chartres	Eure-et-L.
			Fresnaye (la), 4	St-Malo	Ille-et-Vil.
Frégicourt, 3	Péronne	Somme	Fresnaye (la), 3 1/2	Mamers	Sarthe
Frégimont, 4	Agen	Lot-et-Gar.	Fresnaye (la) (St.-Hélier), 7 1/2	Dieppe	Seine-Inf.
Fregouville, 4	Lombez	Gers			
Freigné, 5 1/2	Segré	Maine-et-L.	Fresnaye-le-Long, 8	Dieppe	Seine-Inf.
Freistroff, 6	Thionville	Moselle	Fresne(le)(Camelin), 11	Laon	Aisne
Freissennet, 3	Privas	Ardèche	Fresne (le), 4	Evreux	Eure
Freissinière, 7 1/2	Embrun	H.-Alpes	Fresné (Pithiviers-le-Viel), 1 1/2	Pithiviers	Loiret
Freissinouse (la), 2 1/4	Gap	H.-Alpes			
Fréjeville, 3	Castres	Tarn	Fresne (la), 4 1/2	Châlons-sur-Marne	Marne
Fréjus *, 7 1/2	Draguignan	Var			
Freland, 5 1/2	Colmar	Haut-Rhin	Fresne, 2 1/2	Rheims	Marne
Frelinghien, 2 1/2	Lille	Nord	Fresné (Fresne-le-Plau), 4	Rouen	Seine-Inf.
Frémainville, 5	Pontoise	Seine-et-O.			
Frémécourt, 2 1/2	Pontoise	Seine-et-O.	Fresne, 3	Péronne	Somme
Frémenil, 4 1/4	Lunéville	Meurthe	Fresne-Camilly (le), 3 1/2	Caen	Calvados
Fremereville, 1 1/4	Commercy	Meuse	Fresne-l'Archevêque, 1	Les Andelys	Eure
Fremestroff, 5 1/2	Sarreguemines	Moselle	Fresné-la-Mère, 1 1/2	Falaise	Calvados
Frémicourt, 5 1/2	Arras	Pas-de-Cal	Fresne-le-Plan, 4	Rouen	Seine-Inf.
Fremifontaine, 6	St.-Dié	Vosges	Fresné-le-Puceux, 6 1/2	Falaise	Calvados
Freming, 6	Sarreguemines	Moselle	Fresné-le-Vieux, 4 1/2	Falaise	Calvados
Fremmery, 3 1/2	Château-Salins	Meurthe	Fresne-Poret (le), 2 1/2	Mortain	Manche
Fremontiers-Usseuneville, 7	Amiens	Somme	Fresnaux, 4 1/2	Beauvais	Oise

Communes.	Arrondissem.	Départem.
Fesneaux-Clermont, $4\frac{1}{4}$	Clermont	Oise
Fresnes, $3\frac{1}{4}$	Château-Thierry	Aisne
Fresnes, $6\frac{1}{4}$	Laon	Aisne
Fresnes, $3\frac{1}{2}$	Semur	Côte-d'Or
Fresnes, 5	Blois	Loir-et-Ch.
Fresnes, $\frac{1}{2}$	Sceaux	Seine
Fresnes, $2\frac{1}{2}$	Meaux	Seine-et-M.
Fresnes, $2\frac{1}{2}$	Tonnerre	Yonne
Fresnes-au-Mont, $6\frac{1}{4}$	Commercy	Meuse
Fresnes-en-Soulnois, $1\frac{1}{2}$	Château-Salins	Meurthe
Fresnes-en-Wœvre, $4\frac{1}{4}$	Verdun	Meuse
Fresnes-Légnillon, 8	Beauvais	Oise
Fresnes-lès-Montauban, 3	Arras	Pas-de-Cal.
Fresne-sur-l'Escaut, $10\frac{3}{4}$	Douai	Nord
Fresnes-Tilloloy, 10	Amiens	Somme
Fresney, 3	Evreux	Eure
Fresnicourt, 3	Béthune	Pas-de-Cal.
Fresnoy, $3\frac{1}{2}$	Troyes	Aube
Fresnoy, 5	St.-Pol	Pas-de-Cal
Fresnoy, $4\frac{1}{2}$	Neufchâtel	Seine-Inf.
Fresnoy-Andainville, 10	Amiens	Somme
Fresnoy-la-Rivière, 6	Senlis	Oise
Fresnoy-le-Grand, $3\frac{1}{4}$	St.-Quentin	Aisne
Fresnoy-le-Luat, 4	Senlis	Oise
Fresnoy-lès-Roye, 4	Montdidier	Somme
Fresnoy-lès-St.-Mard, $3\frac{1}{2}$	Montdidier	Somme
Fresnoye (la), 9	Amiens	Somme
Frespech, $3\frac{1}{4}$	Villeneuve-d'Agen	Lot-et-Gar.
Fresquienne, 4	Rouen	Seine-Inf.
Fressac, 9	Le Vigan	Gard
Fressancourt, 5	Laon	Aisne
Fresse (la), $2\frac{1}{4}$	Pontarlier	Doubs
Fresse, $4\frac{1}{2}$	Lure	H.-Saône
Fresse, $6\frac{1}{2}$	Remiremont	Vosges
Fresselines, $7\frac{3}{4}$	Guéret	Creuse
Fressenneville, 5	Abbeville	Somme
Fressies, $2\frac{1}{2}$	Cambrai	Nord
Fressin, $2\frac{1}{4}$	Douai	Nord
Fressine, $3\frac{1}{2}$	Melle	2 Sèvres
Fressineau, $4\frac{1}{2}$	Châtellerault	Vienne
Fressinet-de-Fourques, $4\frac{1}{2}$	Florac	Lozère
Fressinet-Lozère, $3\frac{1}{2}$	Florac	Lozère
Fressins, 5	Montreuil	Pas-de-Cal.
Fresville, 3	Valognes	Manche
Fretay (*Villejust*), 4	Versailles	Seine-et-O.
Freteval, 4	Vendôme	Loir-et-Ch.
Fréthun, 7	Boulogne	Pas-de-Cal.
Frétigney, 8	Gray	H.-Saône
Frétigny, $3\frac{1}{2}$	Nogent-le-Rotrou	Eure-et-L.
Fretils (les), $3\frac{1}{2}$	Neufchâtel	Seine-Inf.
Fretin, $2\frac{1}{2}$	Lille	Nord
Fretoy, 3	Château-Chinon	Nièvre
Frétoy, 6	Clermont	Oise
Frétoy (le), $7\frac{1}{2}$	Compiègne	Oise
Frétoy, $5\frac{1}{4}$	Provins	Seine-et-M.
Frette (la)*, 12	St.-Marcellin	Isère
Frette (la), $3\frac{1}{2}$	Louhans	Saône-et-L.

Communes.	Arrondissem.	Départem.
Frette (la), $5\frac{1}{4}$	Versailles	Seine-et-O.
Frette-Cuisse, 9	Amiens	Somme
Frette-Molle, 8	Amiens	Somme
Frettemeule, $3\frac{1}{4}$	Yvetot	Seine-Inf.
Frettemeulle, 5	Abbeville	Somme
Frettencourt, 10	Beauvais	Oise
Fretterans, $9\frac{1}{4}$	Louhans	Saône-et-L.
Frettes, 7	Langres	H.-Marne
Frétys (le), 7	Rocroi	Ardennes
Freulleville, $3\frac{1}{4}$	Dieppe	Seine-Inf.
Frévent*, $3\frac{1}{4}$	St.-Pol	Pas-de-Cal.
Fréville, $5\frac{1}{2}$	Montargis	Loiret
Fréville, 6	Rouen	Seine-Inf.
Freville, $1\frac{3}{4}$	Neufchâteau	Vosges
Frévillers, $3\frac{3}{4}$	St.-Pol	Pas-de-Cal.
Frévin*, $6\frac{1}{2}$	St.-Pol	Pas-de-Cal.
Freybouse, 6	Sarreguemines	Moselle
Freycenet-la-Cache, $5\frac{1}{2}$	Le Puy	H.-Loire
Freycenet-Latour, $4\frac{1}{4}$	Le Puy	H.-Loire
Freychenet, 4	Foix	Ariége
Frézal-d'Abuges (St.-), $6\frac{1}{4}$	Mende	Lozère
Frézal-de-Vantalon (St-), 7	Florac	Lozère
Friaize, $7\frac{1}{2}$	Nogent-le-Rotrou	Eure-et-L.
Friardel, $5\frac{1}{4}$	Lisieux	Calvados
Friaucourt, 8	Abbeville	Somme
Friauville, $2\frac{1}{4}$	Briey	Moselle
Fribourg, $4\frac{1}{2}$	Sarrebourg	Meurthe
Fricamps-le-Viage, $5\frac{1}{2}$	Amiens	Somme
Frichemesnil, $5\frac{1}{4}$	Rouen	Seine-Inf.
Frichoux (St.-), $2\frac{1}{2}$	Carcassonne	Aude
Fricourt, $4\frac{1}{2}$	Péronne	Somme
Fridolsheim, 3	Saverne	Bas-Rhin
Frieres-Faillouel, 10	Laon	Aisne
Friesenheim, $4\frac{1}{2}$	Schélestatt	Bas-Rhin
Friessen, $2\frac{1}{2}$	Altkirch	Haut-Rhin
Frignicourt, $\frac{1}{2}$	Vitry-le-Français	Marne
Frilière (la) (*Vouvray*), $2\frac{1}{2}$	Tours	Indre-et-L.
Frimbole (la), 5	Sarrebourg	Meurthe
Friolais, 10	Montbeliard	Doubs
Friom (St.-), $2\frac{3}{4}$	Aubusson	Creuse
Frise, 2	Péronne	Somme
Frison, $3\frac{1}{4}$	Epinal	Vosges
Frison (*Harol*), 6	Mirecourt	Vosges
Frison (la) (*Hennezel*), 10	Mirecourt	Vosges
Friville, $6\frac{1}{4}$	Abbeville	Somme
Froberville, 7	Le Hâvre	Seine-Inf.
Frocourt, $1\frac{1}{2}$	Beauvais	Oise
Frœningen, $2\frac{1}{2}$	Altkirch	H.-Rhin
Frœschwiller, 3	Haguenau	Bas-Rhin
Froges, $4\frac{1}{4}$	Grenoble	Isère
Frohen-le-Grand, $3\frac{1}{4}$	Doullens	Somme
Frohen-le-Petit, $3\frac{1}{4}$	Doullens	Somme
Frohmuhl, 6	Sarreguemines	Moselle
Frohmuhl, $6\frac{1}{4}$	Saverne	Bas-Rhin
Froideconche, $5\frac{1}{4}$	Lure	H.-Saône
Froidefontaine, 7	Poligny	Jura
Froidefontaine, $3\frac{1}{4}$	Belfort	Haut-Rhin
Froidestrez, 3	Vervins	Aisne

Communes.	Arrondissem.	Départem.
Froideterre, 1	Lure	H.-Saône
Froidevaux, 3 ¼	Montbéliard	Doubs
Froideville, 8 ¼	Dôle	Jura
Froidfont, 16	Les Sables	Vendée
Froidmont (*Cohartille*), 3 ¼	Laon	Aisne
Froidos, 7 ½	Verdun	Meuse
Froidvaux, 1 ¾	Bar-sur-Aube	Aube
Froissy, 7	Clermont	Oise
Frolois, 5 ½	Semur	Côte-d'Or
Fromagerie (la), 7 ½	Lons-le-Saulnier	Jura
Fromelennes, 9	Rocroi	Ardennes
Fromelles, 4 ½	Lille	Nord
Fromental, 7 ¼	Bellac	H.-Vienne
Fromentières, 8 ¼	Epernay	Marne
Fromentières, 1	Château-Gontier	Mayenne
Fromeréville, 1 ¼	Verdun	Meuse
Fromezey, 4	Verdun	Meuse
Fromond (St.-), 3	St.-Lô	Manche
Fromont, 6	Fontainebleau	Seine-et-M.
Fromonville, 4	Fontainebleau	Seine-et-M.
Fromy, 6 ¼	Sedan	Ardennes
Froncles, 6 ¼	Chaumont	H.-Marne
Frons, 7 ½	Rodez	Aveiron
Fronsac, 5	St.-Gaudens	H.-Garonne
Fronsac, ¼	Libourne	Gironde
Front (St.-), 5	Ruffec	Charente
Front (St.-), 5	Riberac	Dordogne
Front (St.-), 5	Le Puy	H.-Loire
Front (St.-), 7 ¼	Villeneuve-d'Agen	Lot-et-Gar.
Front Champniers (St.), 1 ½	Nontron	Dordogne
Front-d'Alemps (St.-), 4 ¼	Périgueux	Dordogne
Front-de-Collière (St.-), ½	Domfront	Orne
Front-de-Duras (St.-), 7	Marmande	Lot-et-Gar.
Front-de-la-Linde, 5 ½	Bergerac	Dordogne
Front-la-Rivière (St.-), 2	Nontron	Dordogne
Frontanas, 7 ½	La-Tour-du-Pin	Isère
Frontenac, 7	La Réole	Gironde
Frontenac, 3	Figeac	Lot
Frontenai, 4 ½	Lons-le-Saulnier	Jura
Frontenard, 8 ½	Louhans	Saône-et-L.
Frontenas, 2 ¼	Villefranche	Rhône
Frontenaud, 2 ¼	Louhans	Saône-et-L.
Frontenay, 2 ¼	Niort	2 Sèvres
Frontenay, 4	Loudun	Vienne
Frontignan, 4 ½	Montpellier	Hérault
Frontignan-de-Lisle, 7 ½	St.-Gaudens	H.-Garonne
Frontignan, près St.-Beat, 5	St.-Gaudens	H.-Garonne
Frontigny (*Mécleuve*), 1 ½	Metz	Moselle
Fronton *, 7	Toulouse	H.-Garonne
Fronville, 5 ¼	Wassy	H.-Marne
Frossay, 2 ½	Paimbœuf	Loire-Inf.
Frotey ½	Vesoul	H.-Saône
Frotey lès-Lure, 1 ½	Lure	H.-Saône
Frouard, 2	Nancy	Meurthe
Froult (St.-), 3	Marennes	Char.-Inf.
Froust (le), 2 ½	Alençon	Orne

Communes.	Arrondissem.	Départem.
Frouzins, 1 ½	Muret	H.-Garonne
Froville, 5	Lunéville	Meurthe
Froyelle, 4 ½	Abbeville	Somme
Frose, 4 ½	Poitiers	Vienne
Frucourt, 3 ½	Abbeville	Somme
Frugères-les-Mines, 3 ¼	Brioude	H.-Loire
Fruges *, 7	Montreuil	Pas-de-Cal.
Frugie, 7	Nontron	Dordogne
Frugières-le-Pin, 2 ½	Brioude	H.-Loire
Fruncé, 5	Chartres	Eure-et-L.
Fruze, 1 ¼	Neufchâteau	Vosges
Fry, 6 ¼	Neufchâtel	Seine-Inf.
Fuans, 8 ¼	Baume	Doubs
Fublaines, 1 ½	Meaux	Seine-et-M.
Fufert (*Mhère*), 12 ½	Clamecy	Nièvre
Fugeret, 12	Castellanne	B.-Alpes
Fuilet, 4	Beaupréau	Maine-et-L.
Fuilla, 2 ½	Prades	Pyrén.-Or.
Fuissé, 2	Mâcon	Saône-et-L.
Fulaine (*Gionges-St.-Ferjeux*), 3	Epernay	Marne
Fulaines, 10	Senlis	Oise
Fulgent (St.-) *, 10	Bourbon-Vendée	Vendée
Fulgent-des-Ormes (St.-), 5 ¼	Mortagne	Orne
Fuligny, 2 ½	Bar-sur-Aube	Aube
Fullereu, 3	Altkirch	Haut-Rhin
Fultot, 3 ¼	Yvetot	Seine-Inf.
Fulvy, 5 ½	Tonnerre	Yonne
Fumay *, 3 ½	Rocroi	Ardennes
Fumechon, 4 ½	Clermont	Oise
Fumel *, 6 ¼	Villeneuve-d'Agen	Lot-et-Gar.
Fumichon, 3 ¼	Lisieux	Calvados
Furchhausen, 1 ½	Saverne	Bas-Rhin
Furdenheim, 3 ½	Strasbourg	Bas-Rhin
Fure (*Tullins*), 6 ¼	St.-Marcellin	Isère
Furiani, 1 ½	Bastia	Corse
Furmeyer, 5 ½	Gap	H.-Alpes
Fuscien (St.-), 2	Amiens	Somme
Fussey, 2	Beaune	Côte-d'Or
Fussigny (*Courtrisy*), 3 ¼	Laon	Aisne
Fussy, 2 ¼	Bourges	Cher
Fusterouau, 11 ¾	Mirande	Gers
Fustignac, 8 ½	Muret	H.-Garonne
Futeau, 8 ½	Verdun	Meuse
Futelaye (la), 4 ¼	Evreux	Eure
Fuveau, 2 ½	Aix	B.-du-Rhône
Fye, 6	Mamers	Sarthe

G.

Communes.	Arrondissem.	Départem.
Gaas, 3	Dax	Landes
Gabarnac, 10	Bordeaux	Gironde
Gabarret, 11 ¼	Mont-de-Marsan	Landes
Gabaston, 3 ¼	Pau	B.-Pyrén.
Gabat, 6 ½	Mauléon	B.-Pyrén.
Gabian, 4	Beziers	Hérault

Communes.	Arrondissem.	Départem.	Communes.	Arrondissem.	Départem.
Gabillon, 7	Périgueux	Dordogne	Galmier (St.-), 4	Montbrison	Loire
Gabre, 4	Pamiers	Ariége	Galuis, 5	Rambouillet	Seine-et-O.
Gabriac, 6 1/4	Florac	Lozère	Galyé, 4 1/4	St.-Gaudens	H.-Garonne
Gabriac-Cauasse, 4	Espalion	Aveiron	Gamaches, 4	Les Andelys	Eure
Gabriac-Montagne, 4 1/2	Espalion	Aveiron	Gamaches, 6 1/4	Abbeville	Somme
Gabrias, 2 1/4	Marvejols	Lozère	Gamarde, 3 1/2	Dax	Landes
Gabriel (S.-), 1 1/4	Caen	Calvados	Gamarthe, 7 1/2	Mauléon	B.-Pyrén.
Gacé *, 6	Argentan	Orne	Gamay (St. Aubin), 4	Beaune	Côte-d'Or.
Gacogne, 11 1/4	Clamecy	Nièvre	Gambais, 7	Mantes	Seine-et-O.
Gadagne, 1 1/2	Avignon	Vaucluse	Gambaiseul, 3 1/4	Rambouillet	Seine-et-O.
Gadancourt, 4	Pontoise	Seine-et-O.	Gambsheim, 4	Strasbourg	Bas-Rhin
Gadelière (la), 7	Dreux	Eure-et-L.	Gan, 2	Pau	B.-Pyrén.
Gadencourt, 5	Evreux	Eure	Ganac, 1 1/2	Foix	Ariége
Gades, 5 1/4	Angoulême	Charente	Ganagobie, 4	Forcalquier	B.-Alpes
Gaël, 6	Montfort	Ille-et-Vil.	Gancourt du St.-Etienne, 8 1/4	Neufchâtel	Seine Inf.
Gageac, 3 1/2	Bergerac	Dordogne			
Gages, 2 1/2	Rodez	Aveiron	Gand (St.-), 6 1/4	Gray	H.-Saône
Gagnac, 12 1/2	Milhaud	Aveiron	Gandaille, 7 1/2	Agen	Lot-et-Gar.
Gagnac, 3	Toulouse	H.-Garonne	Gandechard, 6	Beauvais	Oise
Gagnac, 10 1/4	Figeac	Lot	Gandelain, 4 1/2	Alençon	Orne
Gagny, 6	Pontoise	Seine-et-O.	Gandelu *, 4 1/2	Château-Thierry	Aisne
Gahard, 6 1/2	Rennes	Ille-et-Vil.			
Gahardou (Ossès), 10 1/4	Mauléon	B.-Pyrén.	Ganderen (Beyren), 4	Thionville	Moselle
Gaicre, 6 1/2	Albi	Tarn	Gandrange, 2	Thionville	Moselle
Gailhan, 12 1/2	Le Vigan	Gard	Ganges *, 8 1/4	Montpellier	Hérault
Gaillac, 12	Milhaud	Aveiron	GANNAT *,	ch.-l. d'ar., 95	Allier
GAILLAC *,	ch.-l. d'ar., 171	Tarn	Gannay-sur-Loire, 6	Moulins	Allier
Gaillac-Foulza, 6 1/4	Muret	H.-Garonne	Gannes, 5 1/4	Clermont	Oise
Gaillagos, 2	Argelès	H.-Pyrén.	Gaus, 1 1/2	Bazas	Gironde
Gaillan, 1/2	Lesparre	Gironde	Gantiés, 2 1/2	St.-Gaudens	H.-Garonne
Gaillarbois, 2 1/2	Les Andelys	Eure	Ganton (St.-), 5 1/2	Redon	Ille-et-Vil.
Gaillarde (Notre-Dame la), 6	Yvetot	Seine-et-O.	Ganzeville, 8	Le Hâvre	Seine-Inf.
			GAP *,	ch.-l. de dép. 173	H.-Alpes
Gaillefontaine, 4 1/2	Neufchâtel	Seine-Inf.	Gapennes, 4 1/4	Abbeville	Somme
Gaillère, 3 1/2	Mont-de-Marsan	Landes	Garac, 7 1/2	Toulouse	H.-Garonne
			Garancières, 2 1/2	Evreux	Eure
Gaillon *, 3 1/2	Louviers	Eure	Garancières, 9	Chartres	Eure-et-L.
Gaillon, 7 1/2	Versailles	Seine-et-O.	Garancières, 1 1/4	Dreux	Eure-et-L.
Gainneville, 2 1/4	Le Hâvre	Seine-Inf.	Garanou, 8	Foix	Ariége
Gaja, 1 1/2	Limoux	Aude	Garantreville, 6 1/4	Fontainebleau	Seine-et-M.
Gaja-la-Selve, 4 1/2	Castelnaudary	Aude	Garat, 2 1/2	Angoulême	Charente.
Gajac, 2 1/2	Rodez	Aveiron	Garbic, 5	Lombez	Gers
Gajac, 1 1/4	Bazas	Gironde	Garcelles, 2	Caen	Calvados
Gajan, 1	St.-Girons	Ariége	Garches, 1 1/2	Versailles	Seine-et-O.
Gajan, 4	Nismes	Gard	Garchizy, 3 1/2	Nevers	Nièvre
Gajoubert, 4 1/2	Bellac	H.-Vienne	Garchy, 4 1/2	Cosne	Nièvre
Gal (St.-), 2 1/2	St.-Flour	Cantal	Gardanne, 2	Aix	B. du Rhône
Gal (St.-), 5 1/2	Mende	Lozère	Garde (la), 1	Castellanne	B.-Alpes
Gal (St.-), 6	Riom	Puy-de-Dô.	Garde (la), 7 1/4	Pamiers	Ariége
Galametz, 4 1/4	St.-Pol	Pas-de-Cal.	Garde (la), 3	Rodez	Aveiron
Galan, 9	Tarbes	H.-Pyrén.	Garde (la), 3	Tulle	Corrèze
Galapian, 6	Agen	Lot-et-Gar.	Garde (la), 9 1/2	Grenoble	Isère
Galessie (Arcambul), 3	Cahors	Lot	Garde (la) (Vendôme),	Vendôme	Loir-et-Ch.
Galez, 1	Tarbes	H.-Pyrén.	Garde (la) (Prévencheres), 10 1/2	Mende	Lozère
Galey, 2	St.-Girons	Ariége			
Galfingen, 2 1/2	Altkirch	Haut-Rhin	Garde (la), 6 1/2	Château-Salins	Meurthe
Galgan, 6 1/2	Villefranche	Aveiron	Garde (la), 2 1/2	Tarbes	H.-Pyrén.
Galgon, 5 1/4	Libourne	Gironde	Garde (la), 6	Moissac	Tarn et Gar.
Galiax, 10 1/4	Mirande	Gers	Garde (la), 2	Toulon	Var
Galinagues, 12 1/2	Limoux	Aude	Garde (la), 3	Apt	Vaucluse
Gallardon, 4 1/2	Chartres	Eure-et-L.	Garde (la) (Roussac), 3 1/2	Bellac	H.-Vienne
Gallargues, 5 1/2	Nismes	Gard	Garde-Adhemar (la), 3 1/2	Montélimart	Drôme
Gallet (le), 8	Clermont	Oise	Garde-Chemin (Cogron), 7 1/2	St.-Claude	Jura
Galloterie (Orcay), 3 1/4	Versailles	Seine-et-O.			

Communes.	Arrondissem.	Départem.
Garde-de-Dieu (la) (*Alièze*), 3 ½	Lons-le-Saulnier	Jura
Garde-de-Lauragais (la), 2 ¼	Villefranche	H.-Garonne
Garde-de-Lisle (la), 7 ¼	St-Gaudens	H.-Garonne
Garde-Deuil, 7	Riberac	Dordogne
Garde-Fimarçon (la), 1 ¼	Lectoure	Gers
Garde-Freinet (la), 8 ½	Draguignan	Var
Garde-le-Dergnes (la), 13 ½	Rodez	Aveiron
Garde-Noble (la), 4 ½	Mirande	Gers
Garde-Paréol (la), 2 ½	Orange	Vaucluse
Garde-sur-le-Né (la), 2	Barbezieux	Charente
Gardegan, 5 ¼	Libourne	Gironde
Gardelle (la) (*Fontaynons*), 3	Villefranche	Aveiron
Gardelle (la), 2	Muret	H.-Garonne
Gardelle (la) (*Pescadoires*), 7 ½	Cahors	Lot
Gardels (les) (*Bazemont*) 6	Versailles.	Seine-et-O.
Gardère (la), 3 ¼	Condom	Gers
Gardère (la), 15 ¾	Mirande	Gers
Gardères, 3 ½	Tarbes	H.-Pyrén.
Gardie, 3	Limoux	Aude
Gardiole (la), 5	Castres	Tarn
Gardonne, 3 ½	Bergerac	Dordogne
Gardouch, ¾	Villefranche	H.-Garonne
Garein, 7 ½	Mont-de-Marsan	Landes
Garenne (la) (*Bois-d'Ageux*), 4	Compiègne	Oise
Garenne (la) (*Colombes*) 3	St.-Denis	Seine
Garenne (la) (*Gennevilliers*), 1	St.-Denis	Seine
Garennes, 5 ½	Evreux	Eure
Gareoult, 3	Brignoles	Var
Gargaille (la) (*Alièze*), 3 ½	Lons-le-Saulnier	Jura
Garganvillard, 2	Castel-Sarrasin	Tarn et Gar.
Gargas, 4	Toulouse	H.-Garonne
Gargas, 2	Apt	Vaucluse
Gargenville, 1 ½	Mantes	Seine-et-O.
Garges, 6	Pontoise	Seine-et-O.
Gargilesse, 6 ¼	La Châtre	Indre
Garian (*Arreau*), 10 ½	Bagnères	H.-Pyrén.
Garideich, 3	Toulouse	H.-Garonne
Garies, 4 ½	Castel-Sarrasin	Tarn-et-Gar
Garigny, 8	Sancerre	Cher
Garimont (*Monès*), 6	Muret	H.-Garonne
Garin, 10 ½	St.-Gaudens	H. Garonne
Garindein, ¼	Mauléon	B.-Pyrén.
Garlan, 1 ½	Morlaix	Finistère
Garlède, 6 ¼	Pau	B.-Pyrén.
Garlin, 9 ¼	Pau	B.-Pyrén.
Garn (le), 10 ¼	Uzès	Gard
Garnache (la), 14 ¾	Les Sables	Vendée
Garnat, 6	Moulins	Allier
Garnaud-Poursay, 1 ¼	St.-Jean-d'Angely	Char.-Inf.
Garnay, ¼	Dreux	Eure-et-L.
Garnerans, 11 ½	Trévoux	Ain

Communes.	Arrondissem.	Départem.
Garnetot, 7 ¼	Lisieux	Calvados
Garos, 7 ½	Orthez	B.-Pyren.
Garrancières, 5 ¼	Rambouillet	Seine-et-O.
Garravet, 1 ½	Lombez	Gers
Garreaux, 5 ¼	St.-Gaudens	H.-Garonne
Garrebourg, 3 ¼	Sarrebourg	Meurthe
Garrevaques-Gandels, 8	Castres	Tarn
Garrey, 3 ½	Dax	Landes
Garrigue (la), 8	Espalion	Aveiron
Garrigue (la), 1 ¼	Rodez	Aveiron
Garrigue (la), 1	Castres	Tarn
Garrigues, 2 ¾	Uzès	Gard
Garrigues, 5 ½	Montpellier	Hérault
Garrigues, 3 ¼	Lavaur	Tarn
Garris, 7	Mauléon	B.-Pyrén.
Garrosse, 12	Mont-de-Marsan	Landes
Gars, 10	Grasse	Var
Garche, 1	Thionville	Moselle
Garsenval (*Guillerval*), 1 ¼	Etampes	Seine-et-O.
Gartempe, 1 ½	Guéret	Creuse
Garthemo, 3 ½	Mortain	Manche
Gas, 5	Chartres	Eure-et-L.
Gasny, 5	Les Andelys	Eure
Gaspard-Bennaven, 12	Espalion	Aveiron
Gasprée, 8 ¼	Alençon	Orne
Gasques, 5	Moissac	Tarn-et-Gar
Gassicourt, ½	Mantes	Seine-et-O.
Gassin, 13	Draguignan	Var
Gast (le), 4	Vire	Calvados
Gastes, 25 ½	Mont-de-Marsan	Landes
Gastines, 8 ½	Château-Gontier	Mayenne
Gastines, 6	La Flèche	Sarthe
Gastines (les) (*Plaisir*),	Versailles	Seine-et O.
Gasville, 1 ½	Chartres	Eure-et-L.
Gâtelles, 5 ¾	Dreux	Eure-et-L.
Gatey, 4 ½	Dôle	Jura
Gatey, 5 ½	Gray	H.-Saône
Gatien (St.-), 1 ¼	Pont-l'Evêque	Calvados
Gatien (St.-), 1 ½	Loudun	Vienne
Gâtins, 6 ½	Provins	Seine-et-M.
Gatteville, 6 ¾	Cherbourg	Manche
Gatti, 3	Corte	Corse
Gattières, 7 ½	Grasse	Var
Gatuzières, 5 ¾	Florac	Lozère
Gaubert, 2	Digne	B.-Alpes
Gaubertin, 4	Pithiviers	Loiret
Gaubiving, 3	Sarreguemines	Moselle
Gaubretière (la), 10	Bourbon-Vendée	Vendée
Gauburge (St.-), 8 ¾	Argentan	Orne
Gauchain-Legal, 3 ¼	Bethune	Pas-de-Cal.
Gauchin, ½	St.-Pol	Pas-de-Cal.
Gauchoirs (le), 9 ¾	Grenoble	Isère
Gauchy, ¼	St.-Quentin	Aisne
Gauciel, 1 ¼	Evreux	Eure
Gaud, 5 ¾	St.-Gaudens	H.-Garonne
Gaudaine (la), 2 ¼	Nogent-le-Rotrou	Eure-et-L.
Gaude (la), 7	Grasse	Var
GAUDENS (ST.-) *,	ch.-l. d'ar., 100	H.-Garonne

Communes.	Arrondissem.	Departem.	Communes.	Arrondissem.	Departem.
Gaudent, 14 1/2	Bagnères	H.-Pyrén.	Geay, 5	Saintes	Char.-Inf.
Gaudent (St.-), 1 1/2	Civray	Vienne	Gebolsheim (Wittersheim), 2	Hagnenau	Bas Rhin
Gauderic (St.-), 6	Casteinaudary	Aude			
Gaudiampré, 5	Arras	Pas-de-Cal.	Gedre (Luz), 7 1/2	Argelès	H.-Pyrén.
Gaudiés, 3	Pamiers	Ariege.	Gee, 16 1/4	Mirande	Gers
Gaudouville, 5 1/4	Lectoure	Gers	Gée, 3	Baugé	Maine-et-L.
Gaudoux, 3 1/4	Auch	Gers	Geffosses, 3 1/2	Coutances	Manche
Gaudreville, 9	Chartres	Eure-et-L.	Gefosse, 7 1/2	Bayeux	Calvados
Gaudreville-la-Rivière, 3	Evreux	Eure	Gehée, 6 1/2	Châteauroux	Indre
			Gein (St.-), 5	Mont-de-Marsan	Landes
Gaugeac, 10	Bergerac	Dordogne			
Gaugeacq, 6 1/4	St.-Sever	Landes	Geishausen, 11	Belfort	H.-Rhin
Gaujac, 6 1/2	Uzès	Gard	Geispetzen, 3	Altkirch	H.-Rhin
Ganjac, 1 1/2	Lombez	Gers	Geispolsheim, 2 1/4	Strasbourg	Bas-Rhin
Gaujac, 3 1/2	Mirande	Gers	Geiswasser, 5	Colmar	H.-Rhin
Gaujac, 6 1/4	Agen	Lot-et-Gar.	Geiswiler, 3 1/4	Saverne	Bas-Rhin
Gaujan, 4	Lombez	Gers	Gelacourt, 6	Luneville	Meurthe
Gaulène, 5	Albi	Tarn.	Ge ais (St.-), 1 1/4	Niort	Sèvres
Gaully (la), 12	Vannes	Morbihan	Gelannes, 3 1/2	Nogent-sur-Seine	Aube
Gault (le), 7 1/2	Châteaudun	Eure-et-L.			
Gault (le), 9	Vendôme	Loir-et-Ch.	Geligneux (Murs), 2 1/2	Belley	Ain
Gault (le), 8 1/2	Epernay	Marne	Gelin, 4 1/2	Pontarlier	Doubs
Gault (St.-), 2 1/2	Château-Gontier	Mayenne	Gellainville, 1	Chartres	Eure-et-L.
			Gellemale, 17	Mirande	Gers
Gaultier (St.-), 7 1/4	Le Blanc	Indre	Gellenave, 12 1/4	Mirande	Gers
Gaumies, 5	Sarlat	Dordogne	Gellenoncourt, 3 1/2	Nancy	Meurthe
Gaumont, 3 1/2	Rethel	Ardennes	Gelles, 10	Clermont	Puy-de-Dô.
Gauré, 3 1/2	Toulouse	H.Garonne	Gelocourt, 6	Toul	Meurthe
Gauriac, 3	Blaye	Gironde	Gelos, 1/2	Pau	B.-Pyrén.
Gauriaguet, 7 1/4	Bordeaux	Gironde	Gelous, 5	Mont-de-Marsan	Landes
Caussan, 10 1/2	Bagnères	H. Pyrén.			
Gansson, 3 1/2	Loudéac	Côtes-du-N.	Gelncourt, 6 1/2	Château-Salins	Meurthe
Gauville, 8 1/2	Evreux	Eure	Gelvécourt, 3 1/2	Mirecourt	Vosges
Gauville, 9	Amiens	Somme	Gely-du-Fesc (St.-), 2 1/4	Montpellier	Hérault
Gauville-la-Campagne, 1 1/4	Evreux	Eure	Gemages, 6	Mortagne	Orne
			Gemaingoutte, 2 1/4	St.-Dié	Vosges
Gauville-en-Gauvillois, 11	Argentan	Orne	Gemat, 4 1/4	Castel-Sarrasin	TarnetGar.
Ganzens (St.-), 3 1/2	Lavaur	Tarn	Gembrie, 14	Bagnères	H.-Pyrén.
Gavarnic (Luz), 9 1/2	Argelès	H.-Pyrén.	Gemeaux, 3 1/2	Dijon	Côte-d'Or
Gavarret, 5	Lectoure	Gers	Gemenos, 5 1/2	Marseille	B. du-Rhône
Gavet (Livet), 4 1/4	Grenoble	Isère	Gemigny, 4 1/2	Orléans	Loiret
Gavignano, 4	Corte	Corse	Gemil, 3 1/2	Toulouse	H-Garonne
Gavino (St.-), 3 1/4	Bastia	Corse	Gemme (Ste.-), 5	Saintes	Char.-Inf.
Gavino (St.-), 4 1/4	Bastia	Corse	Gemme (Ste.-), 2 1/2	Sancerre	Cher
Gavray, 4 1/2	Coutances	Manche	Gemme (Ste.-), 6 1/2	Lectoure	Gers
Gavre (le), 5 1/2	Savenay	Loire-Inf.	Gemme (Ste.-), 4	La Réole	Gironde
Gavrelle, 2 1/2	Arras	Pas-de-Cal.	Gemme (Ste.-), 8	Le Blanc	Indre
Gavros, 3	Caen	Calvados	Gemme (Ste.-), 3 1/4	Vendôme	Loir-et-Ch.
Gawisse, 2 1/4	Thionville	Moselle	Gemme (Ste.-), 7 1/2	Rheims	Marne
Gayan, 2 1/2	Tarbes	H.-Pyrén.	Gemme (Ste.-), 9 1/2	Laval	Mayenne
Gayes, 10 1/4	Epernay	Marne	Gemme (Ste.-) (Lanluets), 2 1/4	Versailles	Seine-et-O.
Gayon, 7 1/2	Pau	B.-Pyrén.			
Gayrand (St.-), 5	Marmande	Lot-et-Gar.	Gemme (Ste.-), 5 1/2	Bressuire	2 Sèvres
Gayssanès, 2 1/2	Castel-Sarrasin	TarnetGar.	Gemme (Ste.-), 5	Albi	Tarn
Gazac, 6 1/2	Mirande	Gers	Gemme-d'Andigné (Ste.-), 1/2	Segré	Maine-et-L.
Gazaupouy, 2 1/4	Condom	Gers			
Gazave, 8	Bagnères	H.-Pyrén.	Gemme-de-la-Plaine (Ste.-), 6	Fontenay-le-Comte	Vendée
Gazelle (la) (Anglards), 2	St.-Flour	Cantal			
			Gemme-des-Broyères (Ste.-, 6 1/2	Fontenay-le-Comte	Vendée
Gazeran, 1 1/2	Rambouillet	Seine-et-O.			
Gazost, 4 1/4	Argelès	H.-Pyrén.	Gemme-sur-Loire (Ste.) 1	Angers	Maine-et-L.
Geais, 4 1/2	Bressuire	2 Sèvres			
Geange, 8 1/2	Châlons	Saône-et-L	Gemnaincourt, 3 1/2	Mirecourt	Vosges
Geaune, 6 1/2	St.-Sever	Landes	Gemonval, 6 1/2	Baume	Doubs

Communes.	Arrondissem.	Départem.
Gemonville, 7	Toul	Meurthe
Gemozac, 4 $\frac{1}{4}$	Saintes	Char.-Inf.
Genac, 4 $\frac{1}{4}$	Angoulême	Charente
Genainville, 4 $\frac{1}{4}$	Mantes	Seine-et-O.
Genard (St.-), 1	Melle	2 Sèvres
Genas, 6 $\frac{1}{2}$	Vienne	Isère
Genasservis, 9	Brignoles	Var
Genat, 5	Foix	Ariége
Genaville, 1	Briey	Moselle
Genay, 2	Trévoux	Ain
Genay, 1	Semur	Côte-d'Or
Gençais (*Sérigny*), 6	Châtelleraut	Vienne
Gençay*, 7 $\frac{1}{2}$	Civray	Vienne
Gence (St.-), 3	Limoges	H.-Vienne
Gendreville, 3 $\frac{1}{4}$	Neufchâteau	Vosges
Gendrey, 5	Dôle	Jura
Gené, 1 $\frac{1}{2}$	Segré	Maine-et-L.
Génébrières, 3 $\frac{1}{4}$	Montauban	Tarn et Gar.
Genech, 4	Lille	Nord
Genechier, 7 $\frac{1}{4}$	Lure	H.-Saône
Géneccourt (*Cuisse-la-Motte*), 4 $\frac{1}{4}$	Compiégne	Oise
Geneitouze (la), 4	Limoges	H.-Vienne
Geneix (St.-), 3 $\frac{1}{4}$	Issoire	Puy-de-Dô
Geneix-Champespe (St.), 10	Issoire	Puy-de-Dô.
Générac, 3 $\frac{1}{2}$	Nismes	Gard
Générac, 3 $\frac{1}{4}$	Blaye	Gironde
Generargues, 2	Alais	Gard
Generest, 12	Bagnères	H.-Pyrén.
Generoux (St.-), 7 $\frac{1}{4}$	Parthenay	2 Sèvres
Generville, 4	Castelnaudary	Aude
Genés (St.-), 6	Libourne	Gironde
Genès-de-Fours (St.-), 1 $\frac{1}{4}$	Blaye	Gironde
Genès-de-Lombaud (St), 4 $\frac{1}{4}$	Bordeaux	Gironde
Genès de-Quenil (St.-), 6 $\frac{1}{2}$	Libourne	Gironde
Genés-du-Bois (St.-), 6 $\frac{1}{2}$	La Réole	Gironde
Geneslay, 6 $\frac{1}{2}$	Mayenne	Mayenne
Genest (St.-), 1 $\frac{1}{4}$	Montluçon	Allier
Genest (St.-), 14 $\frac{1}{4}$	Epernay	Marne
Genest (St.-), 2 $\frac{1}{2}$	Vitry-le-Français	Marne
Genest (le), 2 $\frac{1}{4}$	Laval	Mayenne
Genest (St.-) (*Lencloître*), 3 $\frac{1}{2}$	Châtellerault	Vienne
Genest (St.-), 4 $\frac{1}{2}$	Limoges	H.-Vienne
Genest (St.-), 6	Epinal	Vosges
Genest-Champanelle (St.), 3	Clermont	Puy-de-Dô.
Genest-du-Rez (St.-), 4 $\frac{1}{2}$	Riom	Puy-de-Dô.
Genest-l'Enfant (St.-), 1	Riom	Puy-de-Dô.
Genest-l'Erpt (St.-), 1	St.-Etienne	Loire
Genest-Malifaux (St.-), 3 $\frac{1}{4}$	St.-Etienne	Loire
Genestelle, 3	Privas	Ardèche
Geneteil, 3	Baugé	Maine-et-L.
Genetines, 2	Moulins	Allier
Genéton (*Montbert*), 4	Nantes	Loire-Inf.
Geneton, 6	Bressuire	2 Sèvres
Genetouse (la), 12	Jonzac	Char.-Inf.
Genetouze (la), 1 $\frac{1}{2}$	Bourbon-Vendée	Vendée

Communes.	Arrondissem.	Départem.
Genets, 2 $\frac{1}{2}$	Avranches	Manche
Genette (la), 4 $\frac{1}{2}$	Louhans	Saône-et-L.
Genettes (les), 4 $\frac{1}{2}$	Mortagne	Orne
Genetz (St.-), 7 $\frac{1}{4}$	Brives	Corrèze
Geneuille, 2 $\frac{1}{4}$	Besançon	Doubs
Geneviève (Ste -), 10	Laon	Aisne
Geneviève (St.-), 11 $\frac{1}{2}$	Espalion	Aveiron
Geneviève (Ste-), 5 $\frac{1}{4}$	Valognes	Manche
Geneviève (Ste.-), 5 $\frac{1}{4}$	Nancy	Meurthe
Geneviève (Ste.), 4 $\frac{1}{2}$	Beauvais	Oise
Geneviève (Ste.-), 5	Dieppe	Seine-Inf.
Geneviève (Ste.-), 3 $\frac{1}{2}$	Neufchâtel	Seine-Inf.
Geneviève-des-Bois (Ste), 5 $\frac{1}{2}$	Montargis	Loiret
Geneviève-des-Bois (Ste), 3 $\frac{1}{4}$	Corbeil	Seine-et-O.
Geneviève-lès-Gasny (Ste.-), 5	Les Andelys	Eure
Genevraie (la), 6 $\frac{1}{4}$	Argentan	Orne
Genevraye (la), 2 $\frac{1}{4}$	Fontainebleau	Seine-et-M.
Genevreuil, 2 $\frac{1}{4}$	Lure	H.-Saône
Genevrey, 4 $\frac{1}{4}$	Lure	H.-Saône
Genevrières, 6 $\frac{1}{4}$	Langres	H.-Marne
Genevroye (la), 6 $\frac{1}{4}$	Chaumont	H.-Marne
Geney, 4 $\frac{1}{2}$	Baume	Doubs
Geneys, près St.-Paulien (St.-), 3 $\frac{1}{4}$	Le Puy	H.-Loire
Geneyst-la-Champ (St-.), 15 $\frac{1}{2}$	Tournon	Ardèche
Gengoulph (St.-), 4 $\frac{1}{2}$	Château-Thierry	Aisne
Gengoux-de-Scissey (St), 4 $\frac{1}{2}$	Mâcon	Saône-et-L.
Gengoux-le-Royal (St.-), 11 $\frac{1}{2}$	Mâcon	Saône-et-L.
Génicourt, 3 $\frac{1}{2}$	Bar-le-Duc	Meuse
Génicourt, 3 $\frac{1}{2}$	Verdun	Meuse
Génicourt, 1	Pontoise	Seine-et-O.
Geniès (St.-), 3	Sarlat	Dordogne
Geniès (St.-), 1 $\frac{1}{4}$	Toulouse	H.-Garonne
Geniès (St.-), 3 $\frac{1}{4}$	Montpellier	Hérault
Geniès (St -) (*Senaillac*), 6 $\frac{1}{2}$	Cahors	Lot
Geniés-de-Dromont (St), 3 $\frac{1}{2}$	Sisteron	B.-Alpes
Geniès-de-Malgloirès (St.-), 5 $\frac{1}{2}$	Uzès	Gard
Geniès-des-Comolas (St.-), 7 $\frac{1}{2}$	Uzès	Gard
Géniex-Omerle (St.-), 11 $\frac{1}{4}$	Tulle	Corrèze
Geniez (St.-)*, 6 $\frac{1}{4}$	Espalion	Aveiron
Geniez (St.-), 3	Beziers	Hérault
Geniez-d'Estaing (St.-), 4 $\frac{1}{2}$	Espalion	Aveiron
Geniez-de-Varansal (St), 11	Béziers	Hérault
Geniez-du-Bertrand (St), 4 $\frac{1}{2}$	Milhaud	Aveiron
Genillé, 2	Loches	Indre-et-L.
Genis (St.-), 12 $\frac{1}{4}$	Gap	H.-Alpes
Genis (St.-)*, 4	Jonzac	Char.-Inf.
Genis (St.-), 9 $\frac{1}{2}$	Perigueux	Dordogne
Genis (St.-), 12 $\frac{1}{2}$	Grenoble	Isère

Communes.	Arrondissem.	Départem.
Genis (St.-), 5 $\frac{1}{4}$	Ceret	Pyrén.-Or.
Genis-d'Hiersac (St.-), 3 $\frac{1}{4}$	Angoulême	Charente
Genis-de-Blanzac (St.-), 6	Angoulême	Charente
Genis-l'Argentière (St.-), 5 $\frac{1}{2}$	Lyon	Rhône
Genis Laval (St.-) *, 1 $\frac{3}{4}$	Lyon	Rhône
Genis-les-Ollières (St.-), 1 $\frac{1}{2}$	Lyon	Rhône
Genis-Pouilly (St.-), 2 $\frac{3}{4}$	Gex	Ain
Genis-Terre-Noire (St.), 5 $\frac{1}{2}$	St.-Etienne	Loire
Genis-sur-Menthon (St.-) 4	Bourg	Ain
Genissac, 2	Libourne	Gironde
Génissieux, 4 $\frac{1}{2}$	Valence	Drôme
Genlis, 11	Laon	Aisne
Genlis *, 3 $\frac{1}{4}$	Dijon	Côte-d'Or
Genne-Yvergny, 6 $\frac{1}{4}$	St.-Pol	Pas-de-Cal.
Gennelard, 4 $\frac{1}{2}$	Charolles	Saône-et-L.
Gennes, 1 $\frac{1}{2}$	Besançon	Doubs
Gennes, 5	Vitré	Ille-et-Vil.
Gennes, 4	Saumur	Maine-et-L.
Gennes, 2	Château-Gontier	Mayenne
Genneville, 3	Pont-l'Evêque	Calvados
Gennevilliers, 1 $\frac{1}{4}$	St.-Denis	Seine
Genod, 10 $\frac{1}{2}$	Lons-le-Saulnier	Jura
Genolhac *, 7	Alais	Gard
Genos, 4 $\frac{1}{4}$	St.-Gaudens	H.-Garonne
Genost, 12 $\frac{1}{2}$	Bagnères	H.-Pyrén.
Genouillac, 5 $\frac{1}{2}$	Confolens	Charente
Genouillac, 6	Gourdon	Lot
Genouillat, 5	Boussac	Creuse
Genouillé, 5	Rochefort	Char.-Inf.
Genouillé, 2 $\frac{1}{2}$	Civray	Vienne
Genouilleux, 7 $\frac{1}{2}$	Trévoux	Ain
Genouilly, 12 $\frac{1}{4}$	Bourges	Cher
Genouilly, 7 $\frac{1}{2}$	Châlons	Saône-et-L.
Genouph (St.-), 1 $\frac{1}{4}$	Tours	Indre-et-L.
Genoux (St.-), 4	Romorantin	Loir-et-Ch.
Genrupt, 8 $\frac{1}{2}$	Langres	H.-Marne
Gensac, 1 $\frac{1}{2}$	Cognac	Charente
Gensac, 2 $\frac{1}{2}$	Die	Drôme
Gensac, 4	St.-Gaudens	H.-Garonne
Gensac, 7 $\frac{1}{4}$	Muret	H.-Garonne
Gensac, 2 $\frac{1}{2}$	Lombez	Gers
Gensac, 10	Libourne	Gironde
Gensac, 5 $\frac{1}{2}$	Tarbes	H.-Pyrén.
Gensac, 3	Castel-Sarrasin	Tarn et Gar.
Genté, 1 $\frac{1}{4}$	Cognac	Charente
Gentelles, 4	Amiens	Somme
Gentilly, 1 $\frac{1}{2}$	Sceaux	Seine
Gentioux, 6	Aubusson	Creuse
Geny (*Cuissy*), 5	Laon	Aisne
Geoire (St.-), 6 $\frac{1}{2}$	La-Tour-du-Pin	Isère
Geoirs (St.-), 6	St.-Marcellin	Isère
Geomes (St.-), $\frac{3}{4}$	Langres	H.-Marne
Georfans, 8 $\frac{1}{4}$	Lure	H.-Saône
Georges (St.-), 8	Privas	Ardèche
Georges (St.-), 4 $\frac{1}{4}$	Vouziers	Ardennes

Communes.	Arrondissem.	Départem.
Georges (St.-), 2 $\frac{1}{2}$	Milhaud	Aveiron
Georges (St.-), 4 $\frac{3}{4}$	Rodez	Aveiron
Georges (St.-), 1	St.-Flour	Cantal
Georges (St.-), 3	Ruffec	Charente
Georges (St.-), 6 $\frac{1}{4}$	Marennes	Char.-Inf.
Georges (St.-), 3 $\frac{1}{2}$	St.-Jean-d'Angely	Char.-Inf.
Georges (St.-), 1	St.-Amand	Cher
Georges (St.-), 5 $\frac{1}{4}$	Bourganeuf	Creuse
Georges (St.-), 4	Baume	Doubs
Georges (St.-), 3	Chartres	Eure-et-L.
Georges (St.-), 8	Lombez	Gers
Georges (St.-), 3 $\frac{1}{2}$	Libourne	Gironde
Georges (St.-), 2 $\frac{1}{2}$	Issoudun	Indre
Georges (St.-) (*Rochecorbon*), 1 $\frac{1}{4}$	Tours	Indre-et-L.
Georges (St.-) ((*Frébuans*), 1 $\frac{1}{4}$	Lons-le-Saulnier	Jura
Georges (St.-) (*Senay*), 4 $\frac{1}{4}$	Lons-le-Saulnier	Jura
Georges (St.-), 9 $\frac{1}{2}$	Blois	Loir-et-Ch.
Georges (St.-), 9 $\frac{1}{2}$	Florac	Lozère
Georges (St.-), 3 $\frac{1}{4}$	Sarrebourg	Meurthe
Georges (St.-), 4	Dunkerque	Nord
Georges (St.-), 5	St.-Pol	Pas-de-Cal.
Georges (St.-) (*Gelles*), 10	Clermont	Puy-de Dô.
Georges (St.-), 7	Riom	Puy-de-Dô.
Georges (St.-), 10	Le Hâvre	Seine-Inf.
Georges (St.-), 9	Montauban	Tarn et Gar.
Georges (St.-), 4	Poitiers	Vienne
Georges (St.-), 1	Auxerre	Yonne
Georges-Buttavant (St.-), 1 $\frac{1}{2}$	Mayenne	Mayenne
Georges-Chatelaison (St.-), 6	Saumur	Maine-et-L.
Georges-d'Annebecq (St.-), 5 $\frac{1}{4}$	Argentan	Orne
Georges d'Aunay (St.-), 6 $\frac{1}{2}$	Vire	Calvados
Georges-d'Aurat St.-), 6	Brioude	H.-Loire
Georges-d'Elle (St.-), 2 $\frac{1}{4}$	St.-Lô	Manche
Georges-d'Esperance (St.-), 3 $\frac{1}{2}$	Vienne	Isère
Georges-d'Orques (St.), 2	Montpellier	Hérault
Georges-de-Baroilles (St.-), 6	Roanne	Loire
Georges-de-Blancaney (St.-), 4 $\frac{1}{2}$	Bergerac	Dordogne
Georges-de-Bohon (St.), 5 $\frac{1}{2}$	St.-Lô	Manche
Georges-de-Comiers, 5	Grenoble	Isère
Georges-de-Cubillac (St.-), 1 $\frac{1}{2}$	Jonzac	Char.-Inf.
Georges-de-Dangeul (St.-) (*St.-Martin*), 4	Mamers	Sarthe
Georges-de-Didonne (St.-), 7 $\frac{1}{2}$	Saintes	Char.-Inf.
Georges-de-Gréhaigne (St.-), 11 $\frac{1}{4}$	St.-Mâlo	Ille-et-Vil.
Georges-de-la-Couée (St.-), 4	St.-Calais	Sarthe

Communes.	Arrondissem.	Departem.
Georges-de-Livoye (St.), 3 ½	Avranges	Manche
Georges-de-Monclard (St.-), 4	Bergerac	Dordogne
Georges-de-Montaigu (St.-), 9	Bourbon-Vendée	Vendée
Georges de-Noiné (St.-), 4 ¼	Parthenay	2 Sèvres
Georges-de-Pointindoux (St.-), 6 ¼	Les Sables	Vendée
Georges-de-Pont-Chardon (St.-), 8 ½	Argentan	Orne
Georges-de-Raintambaut (St.-), 4 ¼	Fongères	Ille-et-Vil.
Georges-de-Reneins (St.-), 1 ½	Villefranche	Rhône
Georges-de-Rex (St.-), 3 ¼	Niort	2 Sèvres
Georges-de-Roulley (St.), 3 ¼	Mortain	Manche
Georges-des-Agouts (St.-), 5	Jonzac	Char.-Inf.
Georges-des-Bois (St.-), 2 ¾	Baugé	Maine-et-L.
Georges-des-Coteaux (St.-), 2	Saintes	Char.-Inf.
Georges-des-Groseilliers (St.-), 5 ¼	Domfront	Orne
Georges-des-Sept-Voies (St.-), 4 ½	Saumur	Maine-et-L.
Georges-du-Bois (St.-), 8	Rochefort	Char.-Inf.
Georges-du-Bois (St.-), 2 ¼	Le Mans	Sarthe
Georges-du-Mesnil (St.-), 3 ½	Pont-Audemer	Eure
Georges-du-Plain (St.-), 1	Le Mans	Sarthe
Georges-du-Puit-de-la-Garde (St.-), 6	Beaupréau	Maine-et-L.
Georges-du-Rosay (St.-), 6	Mamers	Sarthe
Georges-du-Viévre (St.-), 3	Pont-Audemer	Eure
Georges-en-Ange (St.-), 5 ¾	Lisieux	Calvados
Georges-en-Couzan (St.), 4 ½	Montbrison	Loire
Georges-ès-Allier (St.-), 5	Clermont	Puy-de-Dô.
Georges-Haute-Ville (St.-), 1 ½	Montbrison	Loire
Georges-l'Agricol (St.-), 6 ¼	Le Puy	H.-Loire
Georges-la-Rivière (St.-), 6 ¼	Valognes	Manche
Georges-le-Flechard (St.-), 4 ¼	Laval	Mayenne
Georges-le-Gaultier (St.-), 9	Mamers	Sarthe
Georges-lès-Landes (St.), 9	Bellac	H.-Vienne
Georges-Montcocq (St.), ¼	St.-Lô	Manche
Georges-Nigrémont (St.-), 3 ¼	Aubusson	Creuse
Georges-sur-Erve (St.-), 9 ¼	Laval	Mayenne

Communes.	Arrondissem.	Departem.
Georges-sur-Eure (St.-), 8	Evreux	Eure
Georges-sur-Fontaine (St.-), 3 ½	Rouen	Seine-Inf.
Georges-sur-la Pré (St.-) 11 ¼	Bourges	Cher.
Georges-sur-Loire (St.-), 4	Angers	Maine-et-L.
Georges-sur-Moulon (St.-), 3 ½	Bourges	Cher
Geours-d'Auribat (St.-), 4 ¾	Dax	Landes
Geours-de-Marenne (St.-), 4	Dax	Landes
Geovresset, 5	Nantua	Ain
Geovressiat, 1 ¼	Nantua	Ain
Ger, 3	Mortain	Manche
Ger, 7 ½	Pau	B.-Pyrén.
Ger, 1 ¼	Argelès	H.-Pyrén.
Geraise, 6	Poligny	Jura
Gerand-de-Vaux (St.)*, 6	Moulins	Allier
Gerard (St.-), 4	Marmande	Lot-et-Gar.
Gerardmer, 5	St.-Dié	Vosges
Geraud-de-Corps (St.-), 8 ¼	Bergerac	Dordogne
Geraud-le-Puy (St.-)*, 3	La Palisse	Allier
Géraudot, 4	Troyes	Aube
Gérauvilliers, 6 ½	Commercy	Meuse
Gerbamont, 5 ½	Remiremont	Vosges
Gerbecourt, ½	Château-Salins	Meurthe
Gerbecourt, 5 ¼	Nancy	Meurthe
Gerbépal, 4	St.-Dié	Vosges
Gerbéviller, 3 ½	Lunéville	Meurthe
Gerberoy, 5	Beauvais	Oise
Gercourt, 6 ¼	Montmedy	Meuse
Gercy, 1	Vervins	Aisne
Gerde, ½	Bagnères	H.-Pyrén.
Gerderets, 5	Pau	B.-Pyrén.
Gère, 7	Oléron	B.-Pyrén.
Géreon (St.-), ¼	Ancenis	Loire-Inf.
Gergny, 2 ½	Vervins	Aisne
Gergueil, 4 ½	Dijon	Côte-d'Or
Gergy, 3 ½	Châlons	Saône-et-L.
Gerland, 4 ½	Beaune	Côte d'Or
Germ, 13 ¼	Bagnères	H.-Pyrén.
Germagnat, 4 ½	Bourg	Ain
Germagny, 6 ¼	Châlons	Saône-et-L.
Germain (St.-), 1 ¾	Belley	Ain
Germain (St.-), 3	Nantua	Ain
Germain (St.-), 9	Trévoux	Ain
Germain (St.-), 5	La Palisse	Allier
Germain (St.-), 8	Privas	Ardèche
Germain (St.-), 1 ½	Troyes	Aube
Germain (St.-), 5	Angoulême	Charente
Germain (St.-), 1	Confolens	Charente
Germain (St.-), 7	Sarlat	Dordogne
Germain (St.-), 10 ½	Valence	Drôme
Germain (St.-), 7 ½	La Réole	Gironde
Germain (St.-), 1	Lesparre	Gironde
Germain (St.-), 3 ½	Libourne	Gironde
Germain (St.-), 2	Fougères	Ille-et-Vil.
Germain (St.-), 2	Loches	Indre-et-L.
Germain (St.-), 5	Poligny	Jura
Germain (St.-), 5 ½	Orléans	Loiret

Communes.	Arrondissem.	Départem.
Germain (St.-), $2\frac{1}{4}$	Montargis	Loiret
Germain (St.-), $4\frac{1}{2}$	Gourdon	Lot
Germain (St.-), 4	Beaupréau	Maine-et-L.
Germain (St.-), 6	Luneville	Meurthe
Germain (St.-), $3\frac{1}{4}$	Commercy	Meuse
Germain (St.-) (*Bouillant*), 6	Senlis	Oise
Germain (St.-), $8\frac{1}{2}$	Clermont	Puy-de-D.
Germain (St.-), $2\frac{1}{4}$	Belfort	Haut-Rhin
Germain (St.-), $1\frac{1}{2}$	Lure	H.-Saône
Germain (St.-), $1\frac{1}{4}$	Neufchâtel	Seine-Inf.
Germain (St.-), $6\frac{1}{4}$	Lavaur	Tarn
Germain (St.-), 4	Montmorillon	Vienne
Germain-au-Mont-d'Or (St.-), $2\frac{1}{4}$	Lyon	Rhône
Germain-Beaupré (St.-), $7\frac{1}{4}$	Guéret	Creuse
Germain-d'Anxure (St.-), 4	Mayenne	Mayenne
Germain-d'Arcé (St.-), 6	La Flèche	Sarthe
Germain-d'Aunay (St.-), $10\frac{1}{2}$	Argentan	Orne
Germain-d'Ectot (St.-), $4\frac{1}{2}$	Bayeux	Calvados
Germain-d'Elle (St.-), $3\frac{1}{4}$	St.-Lô	Manche
Germain-de-Calberte (St.-), $6\frac{1}{4}$	Florac	Lozère
Germain-de-Clairefeuille (St.-), $5\frac{1}{4}$	Argentan	Orne
Germain-de-Coulamer (St.-), 9	Mayenne	Mayenne
Germain-de-Fresnay (St.-), $2\frac{1}{4}$	Evreux	Eure
Germain-de-l'Epinay (St.-), $7\frac{1}{2}$	Nogent-le-Rotrou	Eure-et-L.
Germain-de-l'Homel (St.-), $1\frac{1}{2}$	Château-Gontier	Mayenne
Germain-de-la-Coudre (St.-), 6	Mortagne	Orne
Germain-de-la-Coudre (St.-), 6	Mamers	Sarthe
Germain-de-la-Lieue (St.-), $\frac{1}{4}$	Bayeux	Calvados
Germain-de-Lézeau (St.-) $4\frac{1}{4}$	Dreux	Eure-et-L.
Germain-de-Livet (St.-), $1\frac{1}{2}$	Lisieux	Calvados
Germain-de-Longue-Chaume (St.-), 3	Parthenay	2 Sèvres
Germain-de-Luzignac (St.-), $\frac{1}{2}$	Jonzac	Char.-Inf.
Germain-de-Marencennes (St.-), $5\frac{1}{4}$	Rochefort	Char.-Inf.
Germain-de-Martigny (St.-), $2\frac{1}{4}$	Mortagne	Orne
Germain-de-Montgomery (St.-), $6\frac{1}{4}$	Lisieux	Calvados
Germain-de-Pasquies (St.-), $3\frac{1}{2}$	Louviers	Eure
Germain-de-Ponroumieux (St.-), $2\frac{1}{4}$	Bergerac	Dordogne
Germain-de-Princay (St.-), $8\frac{3}{4}$	Fontenay-le-Comte	Vendée
Germain-de-Salambre (St.-), 5	Ribérac	Dordogne
Germain-de-Salle (St.-), 3	Gannat	Allier
Germain-de-Tournebut (St.-), $1\frac{1}{2}$	Valognes	Manche
Germain-de-Vibrac (St.-) $2\frac{1}{2}$	Jonzac	Seine-Inf.
Germain-des-Angles (St.-), $1\frac{1}{4}$	Evreux	Eure
Germain-des-Bois (St.-), 5	St.-Amand	Cher
Germain-des-Bois (St.-), $3\frac{1}{4}$	Clamecy	Nièvre
Germain-des-Bois (St.-), $2\frac{1}{4}$	Châlons	Saône-et-L.
Germain-des-Bois (St.-), 3	Charolles	Saône-et-L.
Germain-des-Champs (St.-), $2\frac{1}{2}$	Avallon	Yonne
Germain-des-Essourds (St.-), $6\frac{1}{4}$	Rouen	Seine-Inf.
Germain-des-Grois (St.-), 6	Mortagne	Orne
Germain-des-Près (St.), 8	Périgueux	Dordogne
Germain-des-Près (St.-), 7	Redon	Ille-et-Vil.
Germain-des-Près (St.-), 6	Angers	Maine-et-L.
Germain-des-Rives (St.-), 5	Charolles	Saône-et-L.
Germain-des-Vaux (St.-), 6	Cherbourg	Manche
Germain-du-Bois (St.-)*, $4\frac{1}{2}$	Louhans	Saône-et-L.
Germain-du-Corbyst (St.-), $\frac{1}{4}$	Alençon	Orne
Germain-du-Crioult (St.-), 5	Vire	Calvados
Germain-du-Pinel (St.-), 4	Vitré	Ille-et-Vil.
Germain-du-Plain (St.-), $3\frac{1}{4}$	Châlons	Saône-et-L.
Germain-du-Puch (St.-), $3\frac{1}{2}$	Libourne	Gironde
Germain-du-Puits (St.-), [illegible]	Bourges	Cher
Germain-du-Teil (St.-), 1	Marvejols	Lozère
Germain-du-Val (St.-), $11\frac{1}{2}$	La Flèche	Sarthe
Germain-du-Xendre (St.-), 6	Jonzac	Char.-Inf.
Germain-Dupert (St.-), $9\frac{1}{2}$	Bayeux	Calvados
Germain-en-Laye (St.-)*, $2\frac{1}{2}$	Versailles	Seine-et-O.
Germain-en-Viry (St.-), [illegible]	Nevers	Nièvre
Germain-ès-Corbeil (St.-), $\frac{1}{4}$	Corbeil	Seine-et-O.
Germain-l'Aiguiller (St.-), 7	Fontenay-le-Comte	Vendée
Germain-l'Espinasse (St.-), 3	Roanne	Loire
Germain-l'Herm (St.-), $4\frac{1}{4}$	Ambert	Puy-de-Dô.
Germain-la-Blanchecherbe (St.-), $\frac{1}{4}$	Caen	Calvados
Germain-la-Campagne (St.-), 3	Bernay	Eure

Communes.	Arrondissem.	Départem.
Germain-la-Feuille(St.-) 7	Semur	Côte-d'Or
Germain-la-Gâtine(St.-) 2 ½	Chartres	Eure-et-L.
Germain-la-Grange(St.-) 6 ¼	Rambouillet	Seine-et-O.
Germain-la-Montagne (St.-), 10	Roanne	Loire
Germain-la-Poterie(St.-) 2	Beauvais	Oise
Germain-la-Prade(St.-), 1 ½	Le Puy	H.-Loire
Germain-la-Ville (St.-), 3	Châlons-sur-Marne	Marne
Germain-la-Volp (St.-), 2 ¾	Ussel	Corrèze
Germain-Lambron(St.-) 2 ¼	Issoire	Puy-de-Dô.
Germain-Langot (St.-), 2 ½	Falaise	Calvados
Germain-Laval (St.-), 8 ½	Roanne	Loire
Germain-Laval (St.-), 7	Fontainebleau	Seine-et-M.
Germain-Laxis (St.-), 1 ½	Melun	Seine-et-M.
Germain-le-Fouilloux (St.-), 2 ½	Laval	Mayenne
Germain-le-Gaillard (St.-), 5	Chartres	Eure-et-L.
Germain-le-Gaillard (St.-), 6 ¼	Cherbourg	Manche
Germain-le-Guillaume (St.-), 5	Laval	Mayenne
Germain-le-Lièvre (St.-) 2	Ussel	Corrèze
Germain-le-Rocheux (St.-), 5 ½	Châtillon	Côte-d'Or
Germain-le-Vasson(St.-) 3 ¾	Falaise	Calvados
Germain-le-Vieux(St.-), 8 ¼	Alençon	Orne
Germain-lès-Alluyes (St.-), 5 ¾	Châteaudun	Eure-et-L.
Germain-lès-Arlay(St.-) 3	Lons-le-Saulnier	Jura
Germain-lès-Arpajon (St.-), 6	Corbeil	Seine-et-O.
Germain-lès-Belles-Filles (St.-), 7 ½	St.-Yrieix	H.-Vienne
Germain-lès-Couilly (St.-), 2	Meaux	Seine-et-M.
Germain-lès-Vergnes (St.-), 3 ½	Tulle	Corrèze
Germain-sous-Cailly (St.-), 5	Rouen	Seine-Inf.
Germain-sur-Avre(St.-), 8	Evreux	Eure
Germain-sur-Bresle (St.-), 10 ½	Amiens	Somme
Germain-sur-Doue(St.-) 2	Coulommiers	Seine-et-M.
Germain-sur-E (St.-), 6 ¼	Coutances	Manche

Communes.	Arrondissem.	Départem.
Germain-sur-Ecole (St.-), 3	Melun	Seine-et-M.
Germain-sur-Ille (St.-), 5	Rennes	Ille-et-Vil.
Germain-sur-l'Arbresle (St.-), 4 ¼	Lyon	Rhône
Germain-sur-l'Aubois (St.-), 11	St.-Amand	Cher
Germain-sur-Sèves(St-). 5 ½	Coutances	Manche
Germain-sur-Vienne (St.-), 2½	Chinon	Indre-et-L.
Germain-Varreville (St.-), 5	Valognes	Manche
Germain-Village (St.-), ½	Pont-Audemer	Eure
Germain-Villers, 11	Chaumont	H.-Marne
Germaine, 3 ½	St.-Quentin	Aisne
Germaine, 4	Rheims	Marne
Germaine, 6	Langres	H.-Marne
Germainmont (St.-), 3 ½	Rethel	Ardennes
Germainville, 2 ¼	Dreux	Eure-et-L.
Germay, 9 ½	Wassy	H.-Marne
Germefontaine, 5 ¼	Baume	Doubs
Germenaud, 7 ½	Pau	B.-Pyrén.
Germenay, 6 ¼	Clamecy	Nièvre
Germé (St.-), 15 ¼	Mirande	Gers
Germes (St.-), 5	Beauvais	Oise
Germier (St.-), 2 ¼	Villefranche	H.-Garonne
Germier (St.-), 6 ½	Lombez	Gers
Germier (St.-), 7	Parthenay	2 Sèvres
Germier (St.-), 2 ½	Castres	Tarn
Germier (St.-), 2	Lavaur	Tarn
Germignac, 5	Jonzac	Char.-Inf.
Germigney, 5	Dôle	Jura
Germigney, 2 ½	Gray	H.-Saône
Germigni, 6	Auxerre	Yonne
Germignonville, 11	Chartres	Eure-et-L.
Germigny, 9	St.-Amand	Cher
Germigny, 2 ¼	Rheims	Marne
Germigny, 5 ¼	Nevers	Nièvre
Germigny-Desprès, 6 ½	Orléans	Loiret
Germigny-l'Evêque, 1 ½	Meaux	Seine-et-M.
Germigny-sous-Coulombs, 6 ¼	Meaux	Seine-et-M.
Germinon, 5 ½	Epernay	Marne
Germiny, 4	Toul	Meurthe
Germisey, 9 ½	Wassy	H.-Marne
Germolles, 5	Mâcon	Saône-et-L.
Germond, 3 ¼	Niort	2 Sèvres
Germondans, 6 ½	Besançon	Doubs
Germont, 3 ½	Vouziers	Ardennes
Germonville, 8 ¼	Nancy	Meurthe
Germs, 5 ¼	Argelès	H.-Pyrén.
Gernelles, 1 ½	Mézières	Ardennes
Gernicourt, 9	Laon	Aisne
Gérocourt, 1 ¼	Pontoise	Seine-et-O.
Géron (St.-), 2 ½	Brioude	H.-Loire
Geronce, 2 ¼	Oléron	B.-Pyrén.
Gerons (St.-), 4 ½	Aurillac	Cantal
Gerponville, 5 ¼	Yvetot	Seine-Inf.
Gerrots, 4 ½	Pont-l'Evêque	Calvados
Gerry (St.-), 5 ½	Bergerac	Dordogne
Gerstheim, 6	Schélestatt	Bas-Rhin

Communes.	Arrondissem.	Départem.
Gertrude (Ste.-), 2	Yvetot	Seine-Inf.
Geruge, $2\frac{1}{2}$	Lons-le-Saulnier	Jura
Gervais (St.-), 11	Espalion	Aveiron
Gervais (St.-), 4	Ruffec	Charente
Gervais (St.-), $2\frac{1}{4}$	Montélimart	Drôme
Gervais (St.-), $4\frac{1}{2}$	Uzès	Gard
Gervais (St.-), $6\frac{1}{2}$	Bordeaux	Gironde
Gervais (St.-), $4\frac{1}{2}$	St.-Marcellin	Isère
Gervais (St.-), 9	Nérac	Lot-et-Gar.
Gervais (St.-), $4\frac{1}{4}$	Villeneuve-d'Agen	Lot-et-Gar.
Gervais (St.-), 4	Ambert	Puy-de-Dô.
Gervais (St.-) (*St.-Jean*), $2\frac{1}{2}$	Issoire	Puy-de-Dô.
Gervais (St.-), 6	Riom	Puy-de-Dô.
Gervais (St.-), $7\frac{1}{4}$	Châlons	Saône-et-L.
Gervais (St.-), $5\frac{1}{4}$	Mantes	Seine-et-O.
Gervais (St.-), $14\frac{1}{2}$	Les Sables	Vendée
Gervais (St.-), 4	Châtellerault	Vienne
Gervais (St.-), $1\frac{1}{2}$	Rochechouart	H.-Vienne
Gervais-d'Asnières (St.-), 4	Pont-Audemer	Eure
Gervais-de-Messei (St.-), 3	Domfront	Orne
Gervais-de-Vic (St.-), $\frac{1}{4}$	St.-Calais	Sarthe
Gervais-des-Sablons (St.-), $4\frac{1}{2}$	Argentan	Orne
Gervais-du-Perron (St.-), $3\frac{1}{4}$	Alençon	Orne
Gervais-en-Blin, $4\frac{1}{4}$	Le Mans	Sarthe
Gervais-sur-Couches (St.-), 5	Autun	Saône-et-L.
Gervais-Terre-Foraine (St.-), 10	Béziers	Hérault
Gervais-Ville (St.-), 10	Béziers	Hérault
Gervasy (St.-), $2\frac{1}{2}$	Nismes	Gard
Gervazy (St.-), $3\frac{1}{2}$	Issoire	Puy-de-Dô
Gerville, $6\frac{1}{2}$	Coutances	Manche
Gerville (la), $7\frac{1}{2}$	Fontainebleau	Seine-et-M
Gerville, $6\frac{3}{4}$	Le Hâvre	Seine-Inf.
Gery (St.-), 4	Cahors	Lot
Gery, 4	Bar-le-Duc	Meuse
Gerzat, $1\frac{1}{2}$	Clermont	Puy-de-Dô
Gesne-le-Gandelain, 7	Mamers	Sarthe
Gesnes, 5	Laval	Mayenne
Gesnes, 7	Montmédy	Meuse
Gesoncourt, $4\frac{1}{2}$	Toul	Meurthe
Gespunsart, 3	Mézières	Ardennes
Gestas, $4\frac{1}{4}$	Mauléon	B.-Pyrén.
Gesté, $2\frac{1}{2}$	Beaupréau	Maine-et-L.
Gestel, 2	Lorient	Morbihan
Gesties, $6\frac{1}{4}$	Foix	Ariége
Gesvres, 9	Mayenne	Mayenne
Geteu, $7\frac{1}{4}$	Oleron	B.-Pyrén.
Getigné, $6\frac{1}{2}$	Nantes	Loire-Inf.
Gettonière (la) (*Chalo-St.-Mars*), $2\frac{3}{4}$	Etampes	Seine-et-O.
Geu, $1\frac{1}{2}$	Argelès	H.-Pyrén.
Geudertheim, $3\frac{1}{2}$	Strasbourg	Bas-Rhin
Geus, $2\frac{1}{4}$	Oléron	B.-Pyrén.
Geus, $6\frac{1}{2}$	Orthez	B.-Pyrén.
Gevaudun, $4\frac{1}{4}$	Villeneuve-d'Agen	Lot-et-Gar.

Communes.	Arrondissem.	Départem.
Gevezé, $3\frac{1}{4}$	Rennes	Ille-et-Vil.
Gevigney, $7\frac{1}{2}$	Vesoul	H.-Saône
Gevingey, $1\frac{1}{2}$	Lons-le-Saulnier	Jura
Gevonne, $1\frac{1}{4}$	Sedan	Ardennes
Gèvres, $2\frac{1}{4}$	Meaux	Seine-et-M.
Gevresin, 9	Besançon	Doubs
Gevrey *, $2\frac{1}{2}$	Dijon	Côte-d'Or
Gevrolles, $6\frac{3}{4}$	Châtillon	Côte-d'Or
Gevry, $2\frac{1}{4}$	Dôle	Jura
Gex *,	ch.-l. d'ar., 90	Ain
Gex-la-Ville (*Gex*) *, $\frac{1}{4}$	Gex	Ain
Geyrac (St.-), 5	Périgueux	Dordogne
Gez, $\frac{1}{4}$	Argelès	H.-Pyrén.
Gez-èz-Angles, $4\frac{1}{2}$	Argelès	H.-Pyrén.
Gézaincourt, 1	Doullens	Somme
Gezier, $6\frac{1}{4}$	Gray	H.-Saône
Gezincourt, 6	Vesoul	H.-Saône
Ghisoni, $5\frac{1}{4}$	Corte	Corse
Ghissignies, 5	Avesnes	Nord
Ghyvelde, $2\frac{1}{2}$	Dunkerque	Nord
Gi, 2	Auxerre	Yonne
Giat, $10\frac{1}{2}$	Riom	Puy-de-Dô.
Gibarts (*Troissy*), 4	Epernay	Marne
Gibeaumeix, $3\frac{1}{4}$	Toul	Meurthe
Gibel, $4\frac{1}{4}$	Villefranche	H.-Garonne
Gibercourt, $3\frac{1}{4}$	St.-Quentin	Aisne
Gibercy, 5	Montmédy	Meuse
Giberville, $1\frac{1}{2}$	Caen	Calvados
Gibles, 4	Charolles	Saône-et-L.
Gibourne, 4	St.-Jean-d'Angely	Char.-Inf.
Gibret, 5	Dax	Landes
Gibrien (St.-), 1	Châlons-sur-Marne	Marne
Gibrondes, 3	Castres	Tarn
Gicq (le), $5\frac{1}{4}$	St.-Jean-d'Angely	Char.-Inf.
Gidy, $2\frac{1}{4}$	Orléans	Loiret
Giel, 4	Argentan	Orne
Gien *,	ch.-l. d'ar., 38	Loiret
Gien-sur-Cure, $4\frac{1}{2}$	Château-Chinon	Nièvre
Gières, $1\frac{1}{4}$	Grenoble	Isère
Giesville, 4	St.-Lô	Manche
Gièvre, $2\frac{1}{2}$	Romorantin	Loir-et-Ch.
Giey, $5\frac{1}{4}$	Langres	H.-Marne
Gif, 3	Versailles	Seine-et-O.
Giffaumont, $5\frac{1}{2}$	Vitry-le-Français	Marne
Gigean, $3\frac{1}{4}$	Montpellier	Hérault
Giget (*Vœuil*), $2\frac{3}{4}$	Angoulême	Charente
Gignac *, $6\frac{1}{4}$	Lodève	Hérault
Gignac, 15	Gourdon	Lot
Gignac, 3	Apt	Vaucluse
Gignat, 2	Issoire	Puy-de-Dô.
Gignéville, 9	Mirecourt	Vosges
Gigney, $2\frac{1}{4}$	Epinal	Vosges
Gigny (*Beaune*), $\frac{1}{2}$	Beaune	Côte-d'Or
Gigny, $6\frac{1}{4}$	Lons-le-Saulnier	Jura
Gigny, 3	Vitry-le-Français	Marne
Gigny, $4\frac{1}{2}$	Châlons	Saône-et-L.

Communes.	Arrondissem.	Departem.
Gigny, 7 ½	Tonnerre	Yonne
Gigondas, 3	Orange	Vaucluse
Gigors, 8	Sisteron	B.-Alpes
Gigors, 6 ½	Die	Drôme
Gigoux, 4	Boussac	Creuse
Gigouzac, 4 ¾	Cahors	Lot
Gijounet, 11	Castres	Tarn
Gildas (St.-), 6	St.-Brieuc	Côtes-du-N.
Gildas (St.-), 7	Vannes	Morbihan
Gildas-des-Bois (St.-), 4 ¼	Savenay	Loire-Inf.
Gildwiller, 6 ¼	Belfort	Haut-Rhin
Gilhac, 10	Privas	Ardèche
Gilhac, 8	Tournon	Ardèche
Gillancourt, 3 ¾	Chaumont	H.-Marne
Gillaumé, 9	Wassy	H.-Marne
Gilles, 6	Dreux	Eure-et-L.
Gilles (St.-) *, 5	Nismes	Gard
Gilles (St.-), 4	Rennes	Ille-et-Vil.
Gilles (St.-), 11	Le Blanc	Indre
Gilles (*l'Hôpital-de-Bouillé*), 3 ½	Segré	Maine-et-L.
Gilles (St.-), 1 ¼	St-Lô	Manche
Gilles (St.-), 6 ½	Rheims	Marne
Gilles (St.-), 5	Le Hâvre	Seine-Inf.
Gilles (St.-) *, 7 ½	Les Sables	Vendée
Gilles-de-Cretot (St.-), 3	Yvetot	Seine-Inf.
Gilles-de-Livet (St.-), 4 ¼	Pont-l'Evêque	Calvados
Gilles-des-Marais (St.-), 1 ½	Domfront	Orne
Gilles-du-Mené (St.-), 4 ½	Loudéac	Côtes-du-N
Gilles-du-Vieux-Marché (St.-), 4 ½	Loudéac	Côtes-du-N.
Gilles-le-Vicomte (St.-), 3 ¼	Guimgamp	Côtes-du-N.
Gilles-lès-Forest (St.-), 8 ½	Limoges	H.-Vienne
Gilles-Pligeaux (St.), 5	Guimgamp	Côtes-du-N.
Gillevoisin (*Auvers*), 2	Etampes	Seine-et O.
Gilley, 7	Pontarlier	Doubs
Gilley, 7 ¼	Langres	H.-Marne
Gillocourt, 7	Senlis	Oise
Gillois, 6 ½	Poligny	Jura
Gillonnay, 9	Vienne	Isère
Gilly-lès-Citeaux, 4 ½	Beaune	Côte-d'Or
Gilly-sur-Loire, 10	Charolles	Saône et-L.
Gilorgues (*Bozouls*), 6 ½	Rodez	Aveiron
Gimbrede, 4	Lectoure	Gers
Gimbrett, 4	Strasbourg	Bas-Rhin
Gimbroix, 1 ½	Provins	Seine-et-M
Gimeaux, 2 ½	Cognac	Charente
Gimeaux, 1	Riom	Puy-de-Dô
Gimécourt, 5 ½	Commercy	Meuse
Gimel, 2	Tulle	Corrèze
Gimildrecourt, 8 ¼	Chaumont	H.-Marne
Gimond (la), 7	Montbrison	Loire
Gimont *, 6	Auch	Gers
Gimouille, 2 ½	Nevers	Nièvre
Ginac, 5 ¼	Aix	B.-du-Rhô.
Ginai, 3	Argentan	Orne
Ginals, 13 ½	Montauban	Tarn et Gar.

Communes.	Arrondissem.	Departem.
Ginchy, 3	Péronne	Somme
Gincla, 15 ¾	Limoux	Aude
Gincrey, 4	Verdun	Meuse
Gindon, 7	Cahors	Lot
Ginest (Ste.-), 3 ¼	Argentière	Ardèche
Ginestas, 4 ½	Narbonne	Aude
Ginestet, 2 ½	Bergerac	Dordogne
Ginestous (*Baucele*), 9	Montpellier	Herault
Ginies-en-Coiron (St.-), 4 ¼	Privas	Ardèche
Gingsheim, 4 ½	Saverne	Bas-Rhin
Ginoles, 9 ¼	Limoux	Aude
Ginouillac, 3	Villefranche	Aveiron
Gintrac, 10 ½	Figeac	Lot
Giocatojo, 7	Bastia	Corse
Gioncheto, 1 ¼	Sartène	Corse
Gionges-St.-Ferjeux, 3	Epernay	Marne
Gion-de-Mamou, 1 ½	Aurillac	Cantal
Gioux, 4	Aubusson	Creuse
Giovellina, 3 ½	Corte	Corse
Gipcy, 5	Moulins	Allier
Girac, 10	Figeac	Lot
Girancourt, 2 ½	Epinal	Vosges
Giraumont, 2	Briey	Moselle
Girauvoisin, 1 ½	Commercy	Meuse
Girbelle (St.-), 4	Villefranche	Aveiron
Gircourt, 1 ½	Mirecourt	Vosges
Girecourt, 3 ½	Epinal	Vosges
Girefontaine, 9 ¼	Lure	H.-Saône
Giremoutiers, 1 ¼	Coulommiers	Seine-et M.
Girgols, 3	Aurillac	Cantal
Giriviller, 4 ½	Lunéville	Meurthe
Girmont, 2 ½	Epinal	Vosges
Girolles, 2	Montargis	Loiret
Girolles, 2	Avallon	Yonne
Giromagny, 3	Belfort	Haut-Rhin
Giromont (*Coudun*), 1 ¼	Compiégne	Oise
Giron, 5	Nantua	Ain
Giron (St.-), 2 ½	Blaye	Gironde
Gironcourt, 4 ½	Neufchâteau	Vosges
Gironde, 1	La Réole	Gironde
Girondelle, 3	Rocroi	Ardennes
GIRONS (ST.-) *	ch.-l. d'ar., 195	Ariége
Girons (St.-) (*Vielle*), 9	Dax	Landes
Girons (St.-), 2	Orthez	B.-Pyrén.
Gironville, 3 ¼	Dreux	Eure-et-L.
Gironville, 1 ¾	Commercy	Meuse
Gironville, 8 ½	Fontainebleau	Seine-et-M.
Gironville, 2 ¼	Etampes	Seine-et-O.
Girouard, 4 ½	Les Sables	Vendée
Girouettes (les) (*Châtellerault*), 1	Châtellerault	Vienne
Gironssens, 3 ¼	Lavaur	Tarn
Giroux, 3 ¼	Issoudun	Indre
Girovillers-sous-Montfort, 2 ¼	Mirecourt	Vosges
Girvalais, 2	Montluçon	Allier
Giry, 6	Cosne	Nièvre
Gisancourt (*Cus*), 6	Compiégne	Oise
Giscaro, 4	Lombez	Gers
Giscos, 5	Bazas	Gironde
Gisia, 6 ¼	Lons-le-Saulnier	Jura

Communes.	Arrondissem.	Departem.	Communes.	Arrondissem.	Departem.
Gisors *, 6	Les Andelys	Eure	Glatigny, 2 ¼	Metz	Moselle
Gissac, 4	St.-Affrique	Aveiron	Glatigny, 4 ¼	Beauvais	Oise
Gissey-le-Viril, 5	Semur	Côte-d'Or	Glatigny (Jouy-le-Moutier), 1	Pontoise	Seine-et-O.
Gissey-sous-Flavigny, 4	Semur	Côte-d'Or			
Gissey-sur-Ouche, 5	Dijon	Côte-d'Or	Glatigny (Maurcourt), 5	Versailles	Seine-et-O.
Gittonville (Suclas), 2 ¼	Etampes	Seine-et-O.			
Giussani, 4	Calvi	Corse	Glatigny (Versailles), 5	Versailles	Seine-et-O.
Givardon, 6	St.-Amand	Cher	Glaudage, 5 ½	Die	Drôme
Givaudins, 1 ¼	Bourges	Cher	Glavenas, 2	Yssingeaux	H.-Loire
Givenchy, 4 ¼	St.-Pol	Pas-de-Cal.	Glen (St.-), 7 ½	St.-Brieuc	Côtes-du-N
Givenchy en-Gohelle, 3	Arras	Pas-de-Cal.	Glenac, 11	Vannes	Morbihan
Givenchy-lès-Labassé, 3	Bethune	Pas-de-Cal.	Glenat, 4 ½	Aurillac	Cantal
Giverny, 5	Les Andelys	Eure	Gienié, 1 ½	Gueret	Creuse
Giverville, 3	Bernay	Eure	Glennay, 5	Bressuire	2 Sèvres
Givet *, 9	Rocroi	Ardennes	Glennes, 9	Soissons	Aisne
Givors *, 4 ½	Lyon	Rhône	Glenouse, 1 ½	Loudun	Vienne
Givraines, 2 ½	Pithiviers	Loiret	Glère, 7 ½	Montbéliard	Doubs
Givramont (Mereville), 4 ¼	Etampes	Seine-et-O.	Glicourt, 4	Dieppe	Seine-Inf.
			Glisolles, 2 ½	Evreux	Eure
Givrauval, 4 ½	Bar-le-Duc	Meuse	Glisy, 2	Amiens	Somme
Givre (le), 9	Les Sables	Vendée	Glomel, 10	Guingamp	Côtes-du-N.
Givraud, 6 ½	Les Sables	Vendée	Glonville, 6	Lunéville	Meurthe
Givrecourt, 9 ¼	Château-Salins	Meurthe	Glorianes, 5	Prades	Pyrén.-Or.
Givresac, 6 ½	Jonzac	Char.-Inf.	Glorieuse (la), 2	Mont-de-Marsan	Landes
Givria, 7 ½	Lons-le-Saulnier	Jura			
			Glos, 1 ½	Lisieux	Calvados
Givron, 4	Rethel	Ardennes	Glos-la-Ferrière, 12 ½	Argentan	Orne
Givry, 3	Rethel	Ardennes	Glos-sur-Risle, 3 ½	Pont-Audemer	Eure
Givry, 3	Ste-Menehould	Marne	Gluges (Martel), 12	Gourdon	Lot
Givry, 2 ¼	Châlons	Saône-et-L.	Gluiras, 7 ½	Privas	Ardèche
Givry, 2 ½	Avallon	Yonne	Glun, 1	Tournon	Ardèche
Givry-lès-Loisy, 4 ½	Epernay	Marne	Glux, 4	Château-Chinon	Nièvre
Giy-lès-Nonains, 2 ¼	Montargis	Loiret			
Gizais, 5 ¼	Poitiers	Vienne	Go (St.-), 11 ½	Mirande	Gers
Gizard, 2 ½	Espalion	Aveiron	Goarec, 9	Londéac	Côtes-du-N
Gizaucourt, 1 ½	Ste-Menehould	Marne	Goas, 4 ½	Castel-Sarrasin	Tarn et Gar.
Gizay, 5	Bernay	Eure	Goazec (St.-) 7 ½	Châteaulin	Finistère
Gizeux, 6	Chinon	Indre-et-L.	Gobain (St.-), 6 ½	Laon	Aisne
Gizy, 3	Laon	Aisne	Gobert (St.-), 1 ½	Vervins	Aisne
Gizy, 2 ½	Sens	Yonne	Gobrien (St.-) (St.-Servan), 2 ½	Ploërmel	Morbihan
Gladie (St.-), 5 ¼	Orthez	B.-Pyrén.			
Glageon, 2 ½	Avesnes	Nord	Godbrange, 6	Briey	Moselle
Glaignes, 6	Senlis	Oise	Godefroy (la), 1 ½	Avranches	Manche
Glain (la Chapelle-), 4 ½	Châteaubriant	Loire-Inf.	Godenvillers, 6	Clermont	Oise
Glainans, 5 ½	Baume	Doubs	Goderville *, 6	Le Hâvre	Seine-Inf.
Glaine (St.-Jean de), 7 ½	Clermont	Puy-de-Dô.	Godewaersvelde, 3	Hazebrouck	Nord
			Godine (la) (Essarts-lès-Sezannes), 9 ¼	Epernay	Marne
Glaires, ½	Sedan	Ardennes			
Glais, 3 ¼	Montbéliard	Doubs	Godisson, 9 ½	Alençon	Orne
Glaisil, 6 ½	Gap	H.-Alpes	Godisson, 5 ¼	Argentan	Orne
Glaize, ½	Villefranche	Rhône	Godivelle (la), 8	Issoire	Puy-de-Dô.
Glamondans, 3 ½	Baume	Doubs	Godoncourt, 11 ½	Mirecourt	Vosges
Glaud, ½	Château-Thierry	Aisne	Gœrlingen, 5 ½	Saverne	Bas-Rhin
			Gœrsdorf, 3 ½	Haguenau	Bas-Rhin
Gland, 3	Tonnerre	Yonne	Goës, ¼	Oleron	B.-Pyrén.
Glanes, 10	Figeac	Lot	Gœtzenbruck, 6 ½	Sarreguemines	Moselle
Glanges, 7 ½	St.-Yrieix	H.-Vienne	Gœulzin, 1 ½	Douai	Nord
Glannes, 1 ½	Vitry-le-François	Marne	Goguey, 8 ½	Lunéville	Meurthe
			Gognie-Chaussée, 5 ½	Avesnes	Nord
Glanon, 6	Beaune	Côte-d'Or	Gohannière (la), 2 ¼	Avranches	Manche
Glanville, 2	Pont-l'Évêque	Calvados	Gohier, 1 ½	Angers	Maine-et L.
Glassac, 8 ½	Rodez	Aveiron	Gohory, 4 ½	Châteaudun	Eure-et-L.
Glatens, 3 ¼	Castel-Sarrasin	Tarn et Gar.	Goin, 3 ¼	Metz	Moselle
Glatigny, 8 ¼	Coutances	Manche	Goin (St.-), 2 ½	Oleron	B.-Pyrén.

Communes.	Arrondissem.	Départem.	Communes.	Arrondissem.	Départem.
Goincourt, 1/2	Beauvais	Oise	Gonnord, 12	Saumur	Maine-et-L.
Golbey, 1/2	Epinal	Vosges	Gonsans, 4	Baume	Doubs
Goldbach, 10 1/4	Belfort	Haut-Rhin	Gonseville, 4 1/4	Yvetot	Seine-Inf.
Golfech, 5 1/2	Moissac	Tarn et Gar.	Gontaud, 2 1/4	Marmande	Lot-et-Gar.
Golinhac-Espeyrac, 7	Espalion	Aveiron	Gouvillars, 12 1/4	Lure	H.-Saône
Golinhac-Lieu, 7 1/2	Espalion	Aveiron	Goos, 3 1/4	Dax	Landes
Gollainville, 4 1/2	Pithiviers	Loiret	Gor (Ste.-), 6	Mont-de-Marsan	Landes
Gollancourt, 6	Compiègne	Oise			
Golleville, 2	Valognes	Manche	Gorce (la), 4 1/4	Argentière	Ardèche
Golo,	Corte	Corse	Gorcy, 8 1/2	Briey	Moselle
Gombergean, 3 1/2	Vendôme	Loir-et-Ch.	Gordes, 5 1/2	Apt	Vaucluse
Gomelange, 5 1/2	Metz	Moselle	Gorenflos, 4 1/4	Abbeville	Somme
Gometz-la-Ville, 7 1/4	Rambouillet	Seine-et-O.	Gorges, 5 1/2	Mantes	Loire-Inf.
Gometz-le-Châtel, 7	Rambouillet	Seine-et-O.	Gorges, 6 1/2	Coutances	Manche
Gomicourt, 3 1/4	Arras	Pas-de-Cal.	Gorges, 4 1/2	Doullens	Somme
Gommecourt, 4 1/2	Arras	Pas-de-Cal.	Gorgon (St.-), 3 1/4	Pontarlier	Doubs
Gommecourt, 5	Mantes	Seine-et-O.	Gorgon (St.-), 11	Vannes	Morbihan
Gommegnies, 8 1/2	Avesnes	Nord	Gorgon (St.-), 6	Epinal	Vosges
Gommene, 5 1/4	Loudéac	Côtes-du-N.	Gorgue (la), 4 1/2	Hazebrouck	Nord
Gommenech, 6 1/2	St.-Brieuc	Côtes-du-N.	Gorhey, 5 1/2	Mirecourt	Vosges
Gommer, 4 1/2	Pau	B.-Pyrén.	Gorpac, 6 1/2	La Réole	Gironde
Gommersdorff, 5 1/2	Belfort	H.-Pyrén.	Corniés, 9	Montpellier	Hérault
Gommerville, 11 1/2	Chartres	Eure-et-L.	Gorre, 3 1/2	Rochechouart	H.-Vienne
Gommerville, 4 1/2	Le Hâvre	Seine-Inf.	Gorrevod, 9	Bourges	Ain
Gommeville, 3 1/4	Châtillon	Côte-d'Or	Gorron, 5	Mayenne	Mayenne
Gonaincourt, 10 1/2	Chaumont	H.-Marne	Gorses, 5 1/2	Figeac	Lot
Goncelin *, 7	Grenoble	Isère	Gorze, 3	Metz	Moselle
Goncourt, 2	Vitry-le-François	Marne	Gosbreuil, 4	Les Sables	Vendée
			Gosnay, 1 1/4	Béthune	Pas-de-Cal.
Goncourt, 11 1/4	Chaumont	H.-Marne	Gosné, 5 1/2	Fougères	Ille-et-Vil.
Gondecourt, 3 1/2	Lille	Nord	Gosselming, 2	Sarrebourg	Meurthe
Gondenans (Monby), 3	Baume	Doubs	Gotein, 1/2	Mauléon	B.-Pyrén.
Gondenans-lès-Moulins, 3 1/2	Baume	Doubs	Gottenhausen, 1/2	Saverne	Bas-Rhin
			Gottesheim, 2 1/2	Saverne	Bas-Rhin
Gondeville, 3 1/4	Cognac	Charente	Gouaix, 2 1/2	Provins	Seine-et-M.
Gondon (St.-), 2	Gien	Loiret	Goualade, 4	Bazas	Gironde
Gondran (St.-), 5	Rennes	Ille-et-Vil.	Gonarde (la), 4	Auch	Gers
Gondrecourt *, 8 1/2	Commercy	Meuse	Gouaux, 11 1/4	Bagnères	H.-Pyrén.
Gondrecourt, 2 1/2	Briey	Moselle	Gouaux-de-Larboust, 11	St.-Gaudens	H.-Garonne
Gondreville, 2 1/2	Montargis	Loiret	Gouaux-de-Luchon, 7 1/2	St.-Gaudens	H.-Garonne
Gondreville (Auxy), 4 1/2	Pithiviers	Loiret	Gouberge (la), 4	Evreux	Eure
Gondreville, 1	Toul	Meurthe	Gouberville, 5 1/2	Cherbourg	Manche
Gondreville (Vry), 3 1/2	Metz	Moselle	Goucheaupré, 3 1/2	Dieppe	Seine-Inf.
Gondreville, 6	Senlis	Oise	Goucy, 7 1/2	Valognes	Manche
Gondrin, 3 1/2	Condom	Gers	Goudargues, 7	Uzès	Gard
Gonds (les), 2	Saintes	Char.-Inf.	Goudelancourt-lès-Berrieux, 6 1/2	Laon	Aisne
Gonés, 3	Tarbes	H.-Pyrén.			
Gonesse *, 6	Pontoise	Seine-et-O.	Goudelancourt-lès-Pierrepont, 5 1/2	Laon	Aisne
Gonfaron, 5	Brignoles	Var			
Gonfreville, 5 1/4	Coutances	Manche	Goudelin, 2	Guimgamp	Côtes-du-N.
Gonfreville-Caillot, 7 1/4	Le Hâvre	Seine-Inf.	Goudet, 4 1/4	Le Puy	H.-Loire
Gonfreville-Lorcher, 2 1/2	Le Hâvre	Seine-Inf.	Goudex, 7 1/2	St.-Gaudens	H.-Garonne
Gonfrière (la), 9 1/4	Argentan	Orne	Goudon (Bastide), 10 1/2	Gourdon	Lot
Gonnehem, 1 1/2	Béthune	Pas-de-Cal.	Goudon, 2	Tarbes	H.-Pyrén.
Gonnelieu, 5	Cambrai	Nord	Goudoulet (Sagnes), 9	Argentière	Ardèche
Gonnery (St.-), 3 1/4	Pontivy	Morbihan	Goudrexange, 3 1/2	Sarrebourg	Meurthe
Gonnetot, 5	Dieppe	Seine-Inf.	Goudrexon, 6	Lunéville	Meurthe
Gonneville, 3	Caen	Calvados	Gouécourt, 1 1/2	Neufchâteau	Vosges
Gonneville, 3	Cherbourg	Manche	Gouéno (St.-), 5	Loudéac	Côtes-du-N.
Gonneville, 5	Dieppe	Seine-Inf.	Gours (Ségry), 3 1/2	Issoudun	Indre
Gonneville, 4 1/2	Le Hâvre	Seine-Inf.	Gouesnach, 4	Quimper	Finistère
Gonneville-sur-Dives, 4 1/2	Pont-l'Évêque	Calvados	Gouesnière (la), 3	St.-Malo	Ille-et-Vil.
Gonneville-sur-Honfleur, 3 1/4	Pont-l'Évêque	Calvados	Gouesnon, 2	Brest	Finistère
			Gouëzec, 2 1/2	Châteaulin	Finistère

Communes.	Arrondissem.	Départem.	Communes.	Arrondissem.	Départem.
Gougenheim, 5	Strasbourg	Bas-Rhin	Gourvielle, 4 $\frac{1}{2}$	Castelnaudary	Aude
Gouhelaus, 3	Baume	Doubs	Gourville, 6	Angoulême	Charente
Gouh nans, 3	Lure	H.-Saône	Gourvillete, 5 $\frac{1}{2}$	St.-Jean-d'An-	Char.-Inf.
Gouillons, 8 $\frac{1}{4}$	Chartres	Eure-et-L.		gely	
Gouise, 4 $\frac{1}{2}$	Moulins	Allier	Gourzon, 3 $\frac{1}{2}$	Wassy	H.-Marne
Gouix, 3	Montmorillon	Vienne	Gousangré, 3 $\frac{1}{4}$	Pontoise	Seine-et-O.
Goujac, 2	Marmande	Lot-et-Gar.	Goussaincourt, 8 $\frac{1}{4}$	Commercy	Meuse
Goujon, 4 $\frac{1}{4}$	Lombez	Gers	Goussainville, 3 $\frac{1}{4}$	Dreux	Eure-et-L.
Goujonnac, 7	Cahors	Lot	Goussainville, 7	Pontoise	Seine-et-O.
Goulafrière (la), 5	Bernay	Eure	Goussancourt, 3 $\frac{1}{4}$	Château-Thier-	Aisne
Goulaine-Basse, 1 $\frac{1}{2}$	Nantes	Loire-Inf.		ry	
Goulaine-Haute, 2	Nantes	Loire-Inf.	Goussaud (St.-), 5 $\frac{1}{2}$	Bourganeuf	Creuse
Goulay (St.-), 2 $\frac{1}{4}$	Montfort	Ille-et-Vil.	Gousse, 4 $\frac{1}{2}$	Dax	Landes
Goulet, 1	Argentan	Orne	Gousseauville, 8	Dieppe	Seine-Inf.
Goulien, 11	Quimper	Finistère	Goussonville, 2 $\frac{1}{2}$	Mantes	Seine-et-O.
Goulier, 8 $\frac{1}{2}$	Foix	Ariége	Goustranville, 5 $\frac{1}{2}$	Pont-l'Evêque	Calvados
Goulles, 10 $\frac{1}{4}$	Tulle	Corrèze	Gout, 6	Riberac	Dordogne
Goulles (les), 8 $\frac{1}{4}$	Châtillon	Côte-d'Or	Goutevernisse, 7 $\frac{3}{4}$	Muret	H.-Garonne
Gouloux, 6	Château-Chi-	Nièvre	Goutières, 3	Bernay	Eure
	non		Goutières, 7	Riom	Puy-de-Dô.
Goult, 6 $\frac{1}{2}$	Alençon	Orne	Goutrens, 7	Rodez	Aveiron
Goult, 3 $\frac{1}{2}$	Apt	Vaucluse	Gouts, 11 $\frac{1}{2}$	Mirande	Gers
Goult (la Lande-de-), 6 $\frac{1}{4}$	Alençon	Orne	Gouts (Miélan), 2 $\frac{1}{4}$	Mirande	Gers
Goulven, 6	Brest	Finistère	Gouts, 5 $\frac{1}{2}$	St.-Sever	Landes
Goumois, 11 $\frac{1}{4}$	Montbéliard	Doubs	Gouts-en-Fésenguet, 4 $\frac{1}{4}$	Lectoure	Gers
Goupillières, 4	Caen	Calvados	Gouvernes, 4 $\frac{1}{2}$	Meaux	Seine-et-M.
Goupillières, 3 $\frac{1}{2}$	Bernay	Eure	Gouves, 1 $\frac{1}{2}$	Arras	Pas-de-Cal.
Goupillières, 8 $\frac{1}{2}$	Rambouillet	Seine-et-O.	Gouvets, 5 $\frac{1}{4}$	St.-Lô	Manche
Goupillières, 4 $\frac{1}{2}$	Rouen	Seine-Inf.	Gouvieux, 3	Senlis	Oise
Gouraincourt, 7 $\frac{1}{4}$	Montmédy	Meuse	Gouville, 6 $\frac{1}{2}$	Evreux	Eure
Gouray (le), 8	Loudéac	Côtes-du-N.	Gouville, 3 $\frac{1}{4}$	Coutances	Manche
Gouray *, 10	Neufchâtel	Seine-Inf.	Gouville, 5	Rouen	Seine-Inf.
Gourbera, 3	Dax	Landes	Gouvix, 5	Falaise	Calvados
Gourbesville, 2 $\frac{1}{4}$	Valognes	Manche	Gouvry (St.-), 8 $\frac{1}{2}$	Ploërmel	Morbihan
Gourbit, 5 $\frac{1}{2}$	Foix	Ariége	Goux, 6 $\frac{1}{4}$	Besançon	Doubs
Gourby, 3	Dax	Landes	Goux, 5	Montbéliard	Doubs
Gourchelles, 10	Beauvais	Oise	Goux, 3	Pontarlier	Doubs
Gourdan, 3	St.-Gaudens	H.-Garonne	Goux, 1 $\frac{1}{2}$	Dôle	Jura
Gourdiège, 5	St.-Flour	Cantal	Goux, 2 $\frac{1}{2}$	Melle	2 Sèvres
Gourdon, 3	Privas	Ardèche	Goux-lès-Vercel, 3 $\frac{1}{2}$	Baume	Doubs
GOURDON *,	ch.-l.-d'ar., 139	Lot	Gony, 4 $\frac{1}{4}$	St.-Quentin	Aisne
Gourdon, 10 $\frac{1}{4}$	Châlons	Saône-et-L.	Gony, 2 $\frac{1}{4}$	Montreuil	Pas-de-Cal.
Gourdon, 4	Grasse	Var	Gony, 3	St.-Pol	Pas-de-Cal.
Gourdonvielle, 5 $\frac{1}{2}$	Lombez	Gers	Gony, 3	Rouen	Seine-Inf.
Gourdouville, 4 $\frac{3}{4}$	Moissac	Tarn-et-Gar.	Gony-en-Artois, 6	Arras	Pas-de-Cal.
Gourel, 3	Dieppe	Seine-Inf.	Gony-l'Hôpital, 6	Amiens	Somme
Gourfaleur, 1	St.-Lô	Manche	Gouy-lès-Groseilliers, 10	Clermont	Oise
Gourgançon, 9 $\frac{1}{2}$	Epernay	Marne	Gony-Servin, 3 $\frac{1}{2}$	Béthune	Pas-de-Cal.
Gourgé, 3	Parthenay	2 Sèvres	Gony-sous-Bellonne, 6	Arras	Pas-de-Cal.
Gourgeon, 7 $\frac{1}{2}$	Vesoul	H.-Saône	Gouze, 2 $\frac{1}{4}$	Orthez	B.-Pyrén.
Gourgon (St.-), 4	Vendôme	Loir-et-Ch.	Gouzeaucourt, 5	Cambrai	Nord
Gourgue, 3 $\frac{1}{2}$	Bagnères	H.-Pyrén.	Gouzens, 8 $\frac{1}{4}$	Muret	H.-Garonne
Gourhel, $\frac{1}{2}$	Ploërmel	Morbihan	Gouzon *, 5	Boussac	Creuse
Gourin, 12 $\frac{1}{4}$	Pontivy	Morbihan	Gouzongrat, 4 $\frac{1}{4}$	Boussac	Creuse
Gournai *, 4	Compiègne	Oise	Goven, 11	Redon	Ille-et-Vil.
Gournay, 12	Evreux	Eure	Goviller, 7 $\frac{1}{2}$	Nancy	Meurthe
Gournay, 5	La Châtre	Indre	Goxwiller, 3 $\frac{1}{2}$	Schélestatt	Bas-Rhin
Gournay, 9	Pontoise	Seine-et-O.	Goyencourt, 4	Montdidier	Somme
Gournay, 2 $\frac{1}{4}$	Le Havre	Seine-Inf.	Goyrans, 3 $\frac{1}{2}$	Toulouse	H.-Garonne
Gournay, 2	Melle	2 Sèvres	Gozon, 3	St.-Affrique	Aveiron
Gournets, 4	Les Andelys	Eure	Grabels, 2	Montpellier	Hérault
Gours (les), 7	Ruffec	Charente	Gracay, 14 $\frac{1}{4}$	Bourges	Cher
Gours, 6 $\frac{1}{2}$	Libourne	Gironde	Grâce, 2 $\frac{1}{4}$	Loudéac	Côtes-du-N.
Gourson (St.-), 4	Ruffec	Charente	Grace-Dieu (la), 3 $\frac{1}{4}$	Muret	H.-Garonne

Communes.	Arrondissem.	Départem.	Communes.	Arrondissem.	Départem.
Graces, 1/2	Guingamp	Côtes-du-N.	Grand-Corent, 5 1/2	Bourg	Ain
Grachaux, 7	Gray	H. Saône	Grandcourt, 5	Neufchâtel	Seine-Inf.
Gradignan, 2	Bordeaux	Gironde	Grandcourt, 7	Péronne	Somme
Graffenstadten (*Illkirch*), 1 1/4	Strasbourg	Bas-Rhin	Grandessarts (*Plains*), 8 1/4	Montbéliard	Doubs
Graffigny-Chemins, 11 1/4	Chaumont	H.-Marne	Grand-Failly, 8	Briey	Moselle
Gragnague, 2 1/2	Toulouse	H.-Garonne	Grandfontaine, 8	Baume	Doubs
Graignes, 5	St.-Lô	Manche	Grandfontaine, 2 1/2	Besançon	Doubs
Crailhen, 11 1/4	Bagnères	H.-Pyrén.	Grand-Fontaine, 9	St.-Dié	Vosges
Grainbouville, 5	Le Hâvre	Seine-Inf.	Grand-Fontaine-sur-Creuse, 4 1/4	Baume	Doubs
Graincourt, 2	Dieppe	Seine-Inf.			
Graincourt-lès-Havrincourt, 8	Arras	Pas-de-Cal.	Grand Frênoy, 4	Compiègne	Oise
			Grand-Gounet (le) (*Montaud*), 1/4	St.-Étienne	Loire
Grainville, 3	Les Andelys	Eure			
Grainville, 7	Le Hâvre	Seine-Inf.	Grandgermont, 3 1/2	Pithiviers	Loiret
Grainville-la-Campagne, 3 1/2	Falaise	Calvados	Grandhan, 5	Vouziers	Ardennes
			Grand-Houx, 6 1/4	Nogent-le-Rotrou	Eure-et-L.
Grainville-la-Renard, 5 1/2	Yvetot	Seine-Inf.			
Grainville-la-Teinturière, 4 1/4	Yvetot	Seine-Inf.	Grand-Jardin (le) (*Bazemont*), 6	Versailles	Seine-et-O.
Grainville-sur-Ry, 4 1/4	Rouen	Seine-Inf.	Grand-Jean, 3	St.-Jean-d'Angely	Char.-Inf.
Grais (le), 7	Argentan	Orne			
Graissac, 10 1/2	Espalion	Aveiron	Grand-Lucé (le), 5 1/2	St.-Calais	Sarthe
Greissas, 5 1/2	Agen	Lot-et-Gar.	Grandlup, 3 1/4	Laon	Aisne
Graisses (les), 2 1/2	Gaillac	Tarn	Grand-Mas (*Mouret*), 5	Rodez	Aveiron
Graissessac (*Camplong*), 12	Béziers	Hérault	Grand-Mesnil, 8	Lisieux	Calvados
			Grandouet, 4 1/4	Pont-l'Évêque	Calvados
Graix, 4 1/2	St.-Étienne	Loire	Grand-Pierre (*Épernay*), 1/2	Épernay	Marne
Gramat*, 10 1/2	Gourdon	Lot			
Gramazie, 3 1/4	Limoux	Aude	Grandpré*, 3 1/2	Vouziers	Ardennes
Grambois, 10 1/2	Apt	Vaucluse	Grandpré (*Belval*), 5	Rheims	Marne
Grammond, 8	Montbrison	Loire	Grand-Puits, 7 1/2	Melun	Seine-et-M.
Grammont, 7 1/2	Rodez	Aveiron	Grandrieu, 10	Mende	Lozère
Grammont, 8 1/4	Lure	H.-Saône	Grandrieux, 12 1/4	Laon	Aisne
Gramont, 2 1/4	Auch	Gers	Grandrif, 2	Ambert	Puy-de-Dô.
Gramont, 7	Castel-Sarrasin	Tarn-et-Gar.	Grandris, 6 1/2	Villefranche	Rhône
Gramoulas, 4 1/2	Auch	Gers	Grandru, 8	Compiègne	Oise
Granacia (*Focé*), 1 1/4	Sartène	Corse	Grand-Rullecourt, 5	St.-Pol	Pas-de-Cal.
Grancey-le-Château*, 9 1/2	Dijon	Côte-d'Or	Grand-Rupi, 6	Mirecourt	Vosges
Grancey-sur-Ource, 5	Châtillon	Côte-d'Or	Grand-Rupt, 5	St.-Dié	Vosges
Granchain, 1 1/2	Bernay	Eure	Grandsaignes, 6 1/4	Ussel	Corrèze
Grand (la), 10	Gap	H.-Alpes	Grand-Serres, 10	Valence	Drôme
Grand, 4	Neufchâteau	Vosges	Grand-Serva, 6 1/2	St.-Claude	Jura
Grand-Bourg (le), 4 1/2	Guéret	Creuse	Grandvabre, 10 1/2	Rodez	Aveiron
Grand-Camp, 7 1/2	Bayeux	Calvados	Grandval, 6	Argentan	Orne
Grand-Camp, 2 1/4	Bernay	Eure	Grandval, 2	Ambert	Puy-de-Dô.
Grand-Camp, 10	Le Hâvre	Seine-Inf.	Grandvaux, 2 1/2	Charolles	Saône-et-L.
Grand-Castangt, 5 1/2	Bergerac	Dordogne	Grandvelle, 4 1/2	Vesoul	H.-Saône
Grandchamp, 3 1/2	Rethel	Ardennes	Grand-Villard, 1	Briançon	H.-Alpes
Grand-Champ (*Courtaoult*), 8 1/2	Troyes	Aube	Grandvillard, 4	St.-Claude	Jura
			Grandvillars, 4	Belfort	Haut-Rhin
Grand-Champ, 4	Lisieux	Calvados	Grandville, 2	Arcis-sur-Aube	Aube
Grand-Champ, 6	Nantes	Loire-Inf.	Grandville, 9	Chartres	Eure-et-L.
Grandchamp, 4 1/2	Langres	H.-Marne	Grandville (la), 7	Briey	Moselle
Grand-Champ, 4	Vannes	Morbihan	Grand-Villers, 5	Épinal	Vosges
Grandchamp, 9 1/4	Mantes	Seine-et-O.	Grandvillers*, 7	Beauvais	Oise
Grand-Champ, 7 1/2	Joigny	Yonne	Grande-Catherine (la), (*Claudon*), 10 1/2	Mirecourt	Vosges
Grand-Champs, ou les Essarts, 4 1/4	Meaux	Seine-et-M.			
			Grande-Fosse (la), 2 1/4	St.-Dié	Vosges
Grand-Charmont, 1/4	Montbéliard	Doubs	Grande-Lande, 11 1/2	Les Sables	Vendée
Grand-Châtel, 3 1/2	St.-Claude	Jura	Grande-Rivière, 5 1/2	St.-Claude	Jura
Grandcombe (la), 6	Pontarlier	Doubs	Grande-Rue (la) (*Armancourt*), 1 1/2	Compiègne	Oise
Grand-Combe-les-Bois, 13	Montbéliard	Doubs			
			Grande-Synthe, 1 1/2	Dunkerque	Nord

Communes.	Arrondissem.	Départem.
Grande-Verrière (la), 2 ½	Autun	Saône-et-L.
Grandechamp, 5	Mamers	Sarthe
Grandecourt, 9 ½	Gray	H.-Saône
Grandes-Côtes (les), 4 ¼	Vitry-le-Français	Marne
Grandes-Loges (les) *, 3	Châlons-sur-Marne	Marne
Grandeyrole, 3 ¼	Issoire	Puy-de-Dô.
Grane, 10 ¾	Die	Drôme
Granejonls (*l'Hospitalet*), 3	Cahors	Lot
Granes, 6 ½	Limoux	Aude
Grange, 2 ½	Nantua	Ain
Grange (la), 9	Mont-de-Marsan	Landes
Grange (la), 6	Bagnères	H.-Pyrén.
Grange (la), 2	Belfort	Haut-Rhin
Grange-aux-Bois (la) (*Dormans*), 5	Epernay	Marne
Grange-aux-Bois (la), 1	Ste-Menéhould	Marne
Grange-de-Belmont (*Tournedoz*), 5 ½	Baume	Doubs
Grange-de-l'Œuvre (la), (*Valbenoite*), ½	St.-Etienne	Loire
Grange-Gauchère (la) (*Igny-le-Jard*), 4 ¼	Epernay	Marne
Grange-l'Evêque (*St.-Lyé*), 3	Troyes	Aube
Grange-la-Ville, 10	Lure	H.-Saône
Grange-lès-Belvoye (la), 7 ¼	Montbéliard	Doubs
Grange-Rouge (la) (*Claudon*), 10 ½	Mirecourt	Vosges
Grange-le-Boccage, 6	Sens	Yonne
Grange-le-Bourg, 9 ¼	Lure	H.-Saône
Grange-le-Comte (la) (*Brugny*), 2	Epernay	Marne
Granges (les) *, 3	Bar-sur-Seine	Aube
Granges, 6	Agen	Lot-et-Gar.
Granges, 13 ¼	Epernay	Marne
Granges (les) (*Jules*), 4 ¼	Argelès	H.-Pyrén.
Granges, 3 ½	Châlons	Saône-et-L
Granges (les), 7	Rambouillet	Seine-et-O.
Granges-de-Plombière (les), 5 ¼	Remiremont	Vosges
Granges, 6	St.-Dié	Vosges
Granges-de-Dessia (les), 9 ¼	Lons-le-Saulnier	Jura
Granges-de-Noms, 7 ½	Lons-le-Saulnier	Jura
Granges-de-Vaivre, 5	Poligny	Jura
Granges-du-Liége, 4 ¼	Besançon	Doubs
Granges-Gontardes (les), 3	Montélimart	Drôme
Granges-Maillot, 9 ¼	Besançon	Doubs
Granges-Narboz (les), 1 ¼	Pontarlier	Doubs
Grange-Ste.-Marie (les), 3 ¼	Pontarlier	Doubs
Granges-sur-Baume, 3 ¼	Lons-le-Saulnier	Jura
Grangette (la) (*La-Grange-aux-Bois*), 1	St.-Menéhould	Marne
Grangettes (les), 3 ½	Pontarlier	Doubs
Grangettes (les), 7	Poligny	Jura
Grangues, 4 ¾	Pont-l'Evêque	Calvados
Grameu, 4	La-Tour-du-Pin	Isère
Grans, 7 ½	Aix	B.du Rhône
Granville, 2	Caen	Calvados
Granv. ls, 9	Marvejols	Lozère
Granville *, 6 ¼	Avranches	Manche
Granvillier (*Gironville*), 2	Etampes	Seine-et-O.
Granvilliers, 6 ½	Evreux	Eure
Granvilliers-aux-Bois, 4 ½	Clermont	Oise
Granzay, 2 ¾	Niort	2 Sèvres
Gras, 10	Privas	Ardèche
Gras (les), 6	Pontarlier	Doubs
Gras (*Ste.-Barbe*), 2	Metz	Moselle
Grassac, 5 ½	Angoulême	Charente
Grasse (la) *, 5	Carcassonne	Aude
GRASSE *,	ch.-l. d'ar., 233	Var
Grassendorf, 6 ¼	Saverne	Bas-Rhin
Grat (St.-), 3	Villefranche	Aveiron
Grateloup, 5	Marmande	Lot-et-Gar.
Gratens, 6	Muret	H.-Garonne
Gratentour, 4	Toulouse	H.-Garonne
Grateris (le), 6	Baume	Doubs
Gratheuil, 5	Evreux	Eure
Gratibus, 1 ½	Montdidier	Somme
Gratien (St.-), 19 ¼	Nevers	Nièvre
Gratien (St.-), 4	Pontoise	Seine-et-O.
Gratien (St.-), 3	Amiens	Somme
Gratot, 1	Coutances	Manche
Grattepanche, 3 ½	Amiens	Somme
Grattery, 2 ½	Vesoul	H.-Saône
Gratreuil, 5	Ste Menéhould	Marne
Graulas (la), 6 ½	Condom	Gers
Graulejac, 3	Sarlat	Dordogne
Graulet (la), 9 ¾	Toulouse	H.-Garonne
Graulet (la), 3 ¾	Condom	Gers
Graulges (les), 4 ½	Nontron	Dordogne
Graulges-d'Ans (les), 9	Périgueux	Dordogne
Graulière (la), 4 ½	Tulle	Corrèze
Grauves, 2	Epernay	Marne
Graux, 3 ½	Neufchâteau	Vosges
Graval, 1 ½	Neufchâtel	Seine-Inf.
Grave (la) *, 9	Briançon	H.-Alpes
Grave (la), 3 ½	Bordeaux	Gironde
Gravé (St.-), 10	Vannes	Morbihan
Grave (la), ¼	Gaillac	Tarn
Graveleuse, 7	Lons-le-Saulnier	Jura
Gravelines *, 4	Dunkerque	Nord
Gravelle (la), 4 ¼	Lisieux	Calvados
Gravelle (la), 5	Laval	Mayenne
Gravellotte *, 2 ½	Metz	Moselle
Graverie (la), 1 ¼	Vire	Calvados
Graveron, 4 ½	Evreux	Eure
Graves, 4 ¼	Cognac	Charente
Graveson, 6 ¼	Arles	B. du Rhône
Gravières, 6 ¼	Argentière	Ardèche
Graviers (*Saclas*), 2	Etampes	Seine-et-O.
Gravigny, ½	Evreux	Eure
Graville, 1 ¼	Le Hâvre	Seine-Inf.
Gravon, 6 ¼	Provins	Seine-et-M.
GRAY *,	ch.-l. d'ar., 82	H.-Saône

Communes.	Arrondissem.	Départem.	Communes.	Arrondissem.	Départem.
Gray-la-Ville, $\frac{1}{2}$	Gray	H.-Saône	Gresle (la), 5 $\frac{1}{4}$	Roanne	Loire
Grayan, 5	Lesparre	Gironde	Gresse, 11 $\frac{1}{2}$	Grenoble	Isère
Graye, 4 $\frac{1}{2}$	Bayeux	Calvados	Gressets (les) (Celle-St.-	Versailles	Seine-et-O.
Graye, 6 $\frac{1}{4}$	Lons-le-Saulnier	Jura	Cloud), 1		
			Gressey, 6	Mantes	Seine-et-O.
Grazac, 5 $\frac{1}{4}$	Muret	H.-Garonne	Gressigny-sur-Alise, 3 $\frac{1}{2}$	Semur	Côte-d'Or
Grazac, 3	Yssingeaux	H.-Loire	Gressillac, 4 $\frac{1}{2}$	Libourne	Gironde
Grazan, 4 $\frac{1}{2}$	Auch	Gers	Gressoux (Auxois), 2	Vesoul	H.-Saône
Grazay, 2 $\frac{1}{2}$	Chinon	Indre-et-L.	Gresswiller, 6	Strasbourg	Bas-Rhin
Grazay, 2 $\frac{1}{2}$	Mayenne	Mayenne	Gressy, 4	Meaux	Seine-et-M.
Gréalou, 3 $\frac{1}{2}$	Figeac	Lot	Gretz, 2 $\frac{1}{2}$	Fontainebleau	Seine-et-M.
Gréasque, 6 $\frac{1}{2}$	Marseille	B. du Rhône	Gretz, 5	Melun	Seine-et-M.
Grébaut, 3 $\frac{1}{4}$	Abbeville	Somme	Greucourt, 7	Gray	H.-Saône
Grebert, 4	Argentan	Orne	Greuville, 4	Dieppe	Seine-Inf.
Grecourt, 1 $\frac{1}{2}$	St.-Quentin	Aisne	Greux, 2 $\frac{1}{2}$	Neufchâteau	Vosges
Grécourt, 6 $\frac{1}{2}$	Péronne	Somme	Grèves (Haute et Basse-)		
Grédinville (Catigny), 6 $\frac{1}{2}$	Compiègne	Oise	(Pontois), 3 $\frac{1}{4}$	Metz	Moselle
Gredisans, 1 $\frac{1}{4}$	Dôle	Jura	Gréville, 3 $\frac{1}{2}$	Cherbourg	Manche
Grée-St.-Laurent (la), 2 $\frac{1}{2}$	Ploërmel	Morbihan	Grévillers, 5	Arras	Pas-de-Cal.
Greez, 10	Mamers	Sarthe	Grevilly, 6	Mâcon	Saône-et-L.
Greffeil, 6 $\frac{1}{2}$	Limoux	Aude	Grez (le), 9 $\frac{1}{4}$	Le Mans	Sarthe
Grèges, 1 $\frac{1}{4}$	Dieppe	Seine-Inf.	Grez-en-Bouère, 3	Château-Gontier	Mayenne
Gregny (Peron), 4 $\frac{1}{2}$	Gex	Ain			
Grégoire (St.-), 1	Rennes	Ille-et-Vil.	Grez-Neuville, 3 $\frac{1}{2}$	Segré	Maine-et-L.
Grégoire (St.-), 7 $\frac{1}{2}$	Villeneuve-d'Agen	Lot-et-Gar.	Grezac, 5	Saintes	Char.-Inf.
			Grezels, 8	Cahors	Lot
Grégoire (St.-), 3 $\frac{1}{4}$	Albi	Tarn	Grezes, 6	Sarlat	Dordogne
Grégoire - d'Ardennes	Jonzac	Char.-Inf.	Grèzes, 1 $\frac{1}{2}$	Marvejols	Lozère
(St.-), 2 $\frac{1}{2}$			Grezet (le), 5 $\frac{1}{2}$	Marmande	Lot-et-Gar.
Grégoire-du-Viévre (St.), 3	Pont-Audemer	Eure	Grézian, 11	Bagnères	H.-Pyrén.
			Grézieu-la-Varenne, 2 $\frac{1}{2}$	Lyon	Rhône
Grégy, 4 $\frac{1}{4}$	Melun	Seine-et-M.	Grézieu-le-Marché, 6 $\frac{1}{4}$	Lyon	Rhône
Gremecey, 2 $\frac{1}{2}$	Château-Salins	Meurthe	Grézieux, 1 $\frac{1}{2}$	Montbrison	Loire
Gremevilliers, 5	Beauvais	Oise	Grézillé, 4 $\frac{1}{2}$	Saumur	Maine-et-L.
Gremilly, 6	Montmédy	Meuse	Grezolles, 6 $\frac{1}{2}$	Roanne	Loire
Gremonville, 1 $\frac{1}{4}$	Yvetot	Seine-Inf.	Griede (Ste.-), 14 $\frac{1}{2}$	Condom	Gers
Gremuse (la), 4	Digne	B.-Alpes	Grieges, 7	Bourg	Ain
Grenade, 6	Toulouse	H.-Garonne	Gries, 4 $\frac{1}{2}$	Strasbourg	Bas-Rhin
Grénade, 3 $\frac{1}{2}$	Mont-de-Marsan	Landes	Griesbach, 3	Haguenau	Bas-Rhin
			Griesbach, 2 $\frac{1}{4}$	Saverne	Bas-Rhin
Grenadette, 3	Auch	Gers	Griesheim, 6 $\frac{1}{2}$	Schélestatt	Bas-Rhin
Grenand-sous-Sombernon, 5 $\frac{1}{2}$	Dijon	Côte-d'Or	Griesheim, 2 $\frac{1}{4}$	Strasbourg	Bas-Rhin
			Griespach, 4	Colmar	Haut-Rhin
Grenant, 5 $\frac{1}{2}$	Langres	H.-Marne	Grignan, 5 $\frac{1}{2}$	Montélimart	Drôme
Grenay, 5 $\frac{1}{2}$	Vienne	Isère	Grigneuzeville, 8	Dieppe	Seine-Inf.
Grenay, 3 $\frac{1}{2}$	Béthune	Pas-de-Cal.	Grigneville, 2 $\frac{1}{2}$	Pithiviers	Loiret
Grendelbruck, 7	Schélestatt	Bas-Rhin	Grignols, 5	Périgueux	Dordogne
Grenier-Montgon, 4 $\frac{1}{2}$	Brioude	H.-Loire	Grignols, 4	Bazas	Gironde
Grening, 5 $\frac{1}{2}$	Sarreguemines	Moselle	Grignon, 2 $\frac{1}{2}$	Semur	Côte-d'Or
Grenneville, 2	Caen	Calvados	Grignon, 8 $\frac{1}{2}$	Grenoble	Isère
Grenneville, 3	Valognes	Manche	Grignon (Thiverval), 4	Versailles	Seine-et-O.
GRENOBLE *,	ch.-l. de dép. 146	Isère	Grignoncourt, 11 $\frac{1}{2}$	Neufchâteau	Vosges
Grenois, 5	Clamecy	Nièvre	Grigny (Éclaires), 1 $\frac{1}{2}$	Ste-Menéhould	Marne
Grenoux, $\frac{1}{4}$	Laval	Mayenne	Grigny, 5 $\frac{1}{2}$	St-Pol	Pas-de-Cal.
Grentzengen, 2	Altkirch	Haut-Rhin	Grigny, 3 $\frac{1}{2}$	Lyon	Rhône
Greny, 6	Dieppe	Seine-Inf.	Grigny, 2 $\frac{1}{2}$	Corbeil	Seine-et-O.
Greollières, 5 $\frac{1}{2}$	Grasse	Var	Grigny (Borny), 1	Metz	Moselle
Greoux, 17	Digne	B.-Alpes	Grillon, 7	Orange	Vaucluse
Grepiac, 3	Muret	H.-Garonne	Grillons (les) (Malle-Moisson), 4	Digne	B.-Alpes
Grès (le), 7 $\frac{1}{2}$	Toulouse	H.-Garonne			
Gresas, 5 $\frac{1}{2}$	Moissac	Tarn-et-Gar.	Grilly, 2	Gex	Ain
Grèses, 8 $\frac{1}{2}$	Le Puy	H.-Loire	Grimaucourt, 2 $\frac{1}{2}$	Commercy	Meuse
Grèses, 4 $\frac{1}{2}$	Figeac	Lot	Grimaucourt, 4	Verdun	Meuse
Gresin (Léas), 8	Gex	Ain	Grimaud, 10 $\frac{1}{4}$	Draguignan	Var

Communes.	Arrondissem.	Départem.	Communes.	Arrondissem.	Départem.
Grimaudière (la), 4 1/4	Loudun	Vienne	Groutte (la), 1	St.-Amand	Cher
Grimault, 7	Tonnerre	Yonne	Groux (St.-), 6	Ruffec	Charente
Grimbosq, 6 1/2	Falaise	Calvados	Grozeliers (les), 4 1/2	Parthenay	2 Sèvres
Grimenil, 3 1/4	Coutances	Manche	Grozou, 1 1/2	Poligny	Jura
Grimoine (la) (Romain), 5 1/4	Rheims	Marne	Gruchet, 7 1/2	Le Hâvre	Seine-Inf.
Grimonviller, 3 1/2	Toul	Meurthe	Gruchet-St.-Siméon, 4	Dieppe	Seine-Inf.
Grimouville (Règneville), 2 1/2	Coutances	Manche	Gruère (la), 3	Marmande	Lot-et-Gar.
			Grues, 10 1/2	Fontenay-le-Comte	Vendée
Grincourt-lès-Pas, 6	Arras	Pas-de-Cal.	Gruey, 6	Mirecourt	Vosges
Grindorff, 6 1/4	Thionville	Moselle	Grugé, 3	Segré	Maine-et-L.
Grip (Campan), 6	Bagnères	H.-Pyrén.	Grugies, 1	St.-Quentin	Aisne
Grippon (le), 2 1/4	Avranches	Manche	Grugny, 5 1/2	Rouen	Seine-Inf.
Gripport, 8	Nancy	Meurthe	Gruissan, 5 1/2	Narbonne	Aude
Gript, 2 1/4	Niort	2 Sèvres	Grumesnil, 5 1/2	Neufchâtel	Seine-Inf.
Griscourt, 4 1/2	Toul	Meurthe	Grun, 5	Périgueux	Dordogne
Griselles, 5 1/2	Châtillon	Côte-d'Or	Grundweiller, 2	Sarreguemines	Moselle
Grisolles, 2 1/2	Château-Thierry	Aisne	Gruny, 5	Montdidier	Somme
Grisolles *, 6 1/2	Castel-Sarrasin	Tarn-et-Gar.	Grury, 10	Autun	Saône-et-L.
Grisy, 5	Falaise	Calvados	Gruson, 2	Lille	Nord
Grisy, 4 1/2	Melun	Seine-et-M.	Grusse, 3	Lons-le-Saulnier	Jura
Grisy, 2 1/2	Pontoise	Seine-et-O.	Grussenheim, 3	Colmar	Haut-Rhin
Grives, 6	Sarlat	Dordogne	Grust, 5	Argelès	H.-Pyrén.
Grivesnes, 2	Montdidier	Somme	Gruyères, 3	Mezières	Ardennes
Grivillers, 2 1/2	Montdidier	Somme	Gûa (le), 4 1/4	Marennes	Char.-Inf.
Grivy, 1 1/4	Vouziers	Ardennes	Gua (le), 6	Grenoble	Isère
Grizelles, 3	Montargis	Loiret	Guagno, 3 1/2	Ajaccio	Corse
Grizy, 4 1/4	Provins	Seine-et-M.	Guainville, 5 1/2	Dreux	Eure-et-L.
Grofliers, 4	Montreuil	Pas-de-Cal.	Gualargues (Petit-), 5	Montpellier	Hérault
Groises, 3 1/4	Sancerre	Cher	Guarbecque, 5	Béthune	Pas-de-Cal.
Groisilliers (les), 6 1/2	Pont-l'Evêque	Calvados	Guargualé, 4	Ajaccio	Corse
Groissiat, 3	Nantua	Ain	Guchan, 11 1/2	Bagnères	H.-Pyrén.
Groix (Isle de), 4	Lorient	Morbihan	Guchen, 11 1/2	Bagnères	H.-Pyrén.
Grolle (la), 10	Bourbon-Vendée	Vendée	Gudas, 3 1/2	Pamiers	Ariége
			Gudmont, 7 3/4	Wassy	H.-Marne
Gron, 6 1/2	Bourges	Cher	Gué-d'Alleré (le), 5 1/2	La Rochelle	Char.-Inf.
Gron, 1 1/2	Sens	Yonne	Gué-d'Hossus (le), 1	Rocroi	Ardennes
Gronard, 1 1/4	Vervins	Aisne	Gué-d'Hossus (le petit, (Gué-d'Hossus), 1/2	Rocroi	Ardennes
Groppierres, 5	Argentière	Ardèche			
Gros-Blidestroff, 1 1/4	Sarreguemines	Moselle	Gué-de-Long-Roy, 4	Chartres	Eure-et-L.
Grosbois, 8	Beaune	Côte-d'Or	Gué-Deniau (le), 2	Bangé	Maine-et-L.
Grosbois, 1	Baume	Doubs	Gué-de-Velluire (le), 2 1/4	Fontenay-le-Comte	Vendée
Grosbois, 8 1/2	Evreux	Eure			
Grosbois-lès-Tichey, 8	Beaune	Côte-d'Or	Gué-du-Loir (le) (Mazangé), 2 1/4	Vendôme	Loir-et-Ch.
Gros-Chastang, 6 1/2	Tulle	Corrèze			
Groschêne (Busloup), 3	Vendôme	Loir-et-Ch.	Guebenhausen, 2 1/2	Sarreguemines	Moselle
Gros-Rederching, 3	Sarreguemines	Moselle	Gueberschwihr, 2	Colmar	Haut-Rhin
Grosrouvre, 3 1/2	Toul	Meurthe	Guebestroff, 5 1/4	Château-Salins	Meurthe
Grosrouvres, 3 1/2	Rambouillet	Seine-et-O.	Gueblange, 6	Château-Salins	Meurthe
Gros-Tenquin, 7	Sarreguemines	Moselle	Gueblange, 4	Sarreguemines	Moselle
Gros-Theil (le), 6	Louviers	Eure	Guebling, 6 1/2	Château-Salins	Meurthe
Groslay, 4	Pontoise	Seine-et-O.	Guebwiller, 8 1/2	Colmar	Haut-Rhin
Groslée, 4 1/4	Belley	Ain	Guedlau (Aubergenville), 6	Versailles	Seine-et-O.
Grosley, 3 1/4	Bernay	Eure			
Grosménil, 4 1/4	Le Hâvre	Seine-Inf.	Guégon, 3 1/4	Ploërmel	Morbihan
Grosne, 5	Belfort	Haut-Rhin	Guehébert, 2 1/4	Coutances	Manche
Grossœuvre, 2 1/2	Evreux	Eure	Guehenno, 2 1/2	Ploërmel	Morbihan
Grossy (Butot), 5	Rouen	Seine-Inf.	Guéhouville, 6 1/2	Nogent-le-Rotron	Eure-et-L.
Grosville, 4 1/2	Cherbourg	Manche			
Grouches-Luchuel, 1 1/4	Doullens	Somme	Guelange (Guénange), 2 1/2	Thionville	Moselle
Grougis, 8 1/2	Vervins	Aisne			
Groulet, 4 1/2	Lavaur	Tarn	Guémappe, 2 1/2	Arras	Pas-de-Cal.
Groulière (la), 4 1/2	Tulle	Corrèze	Guémar, 3	Colmar	Haut-Rhin

Communes.	Arrondissem.	Départem.
Guémené, 7	Savenay	Loire-Inf.
Guémené, 4	Pontivy	Morbihan
Guémicourt, 12	Amiens	Somme
Guemps, 6	St.-Omer	Pas-de-Cal.
Guemy, 4	St.-Omer	Pas-de-Cal.
Guen (St-), $3\frac{1}{2}$	Loudéac	Côtes-du-N.
Guénange (Haute et Basse-), 2	Thionville	Moselle
Guené (la), $1\frac{1}{4}$	Tulle	Corrèze
Guenestroff, 5	Château-Salins	Meurthe
Guengat, $2\frac{1}{2}$	Quimper	Finistère
Guenin, $6\frac{1}{4}$	Pontivy	Morbihan
Guenouville, 5	Pont-Audemer	Eure
Guenroc, 4	Dinan	Côtes-du-N.
Guënrouet, 4	Savenay	Loire-Inf.
Guenveiller, 5	Sarreguemines	Moselle
Guépié (la), $16\frac{1}{2}$	Montauban	Tarn et Gar.
Guépie-St.-Martin (la), $8\frac{1}{2}$	Gaillac	Tarn
Guéprei, 3	Argentan	Orne
Guer, $5\frac{1}{4}$	Ploërmel	Morbihan
Guérande *, $9\frac{1}{4}$	Savenay	Loire-Inf.
Guérard, 3	Coulommiers	Seine-et-M.
Guerbaville, $4\frac{1}{2}$	Yvetot	Seine-Inf.
Guerbigny, 2	Montdidier	Somme
Guerche (la), 10	St.-Amand	Cher
Guerche (la) *, $6\frac{1}{2}$	Vitré	Ille-et-Vil.
Guerche (la), 12	Loches	Indre-et-L.
Guercheville, $5\frac{1}{4}$	Fontainebleau	Seine-et-M.
Guerchy, $2\frac{1}{4}$	Joigny	Yonne
Guéreins, $7\frac{1}{4}$	Trévoux	Ain
GUÉRET *,	ch.-l. de dép. 111	Creuse
Guérigny, $3\frac{1}{4}$	Nevers	Nièvre
Guérin, 5	Marmande	Lot-et-Gar.
Guerlesquin (le), 5	Morlaix	Finistère
Guermange, 5	Sarrebourg	Meurthe
Guermantes, $4\frac{1}{2}$	Meaux	Seine-et-M.
Guermiette (*St-Etienne-en-Baigorry*), $11\frac{1}{2}$	Mauléon	B.-Pyrén.
Guern, $3\frac{1}{4}$	Pontivy	Morbihan
Guernanville, 7	Evreux	Eure
Guernes, 2	Mantes	Seine-et-O.
Guerno (le), 7	Vannes	Morbihan
Guerny, 4	Les Andelys	Eure
Gueron, $\frac{1}{4}$	Bayeux	Calvados
Gueroulde (la), 8	Evreux	Eure
Guerpont, 2	Bar-le-Duc	Meuse
Guerquesalles, $7\frac{1}{2}$	Argentan	Orne
Guerstling, $8\frac{1}{2}$	Thionville	Moselle
Guerting (*Ham-sous-Varsberg*), $9\frac{1}{2}$	Thionville	Moselle
Guertwiller, $3\frac{1}{2}$	Schélestatt	Bas-Rhin
Guerville, $1\frac{1}{2}$	Mantes	Seine-et-O.
Guerville, 6	Neufchâtel	Seine-Inf.
Gueschart, $7\frac{1}{2}$	Abbeville	Somme
Guesnaing, 1	Douai	Nord
Guesne, $2\frac{1}{2}$	Loudun	Vienne
Guesseling, 8	Sarreguemines	Moselle
Guethary, 3	Bayonne	B.-Pyrén.
Gueudecourt, 4	Peronne	Somme
Gueugnon, 8	Charolles	Saône-et-L.
Gueures, 3	Dieppe	Seine-Inf.
Gueutteville, $6\frac{1}{4}$	Rouen	Seine-Inf.
Gueutteville, $6\frac{1}{4}$	Yvetot	Seine-Inf.

Communes.	Arrondissem.	Départem.
Gueux, $2\frac{1}{4}$	Rheims	Marne
Guevenatten, $6\frac{1}{4}$	Belfort	Haut-Rhin
Guewenheim, $7\frac{1}{4}$	Belfort	Haut-Rhin
Gueyre, 6	Nérac	Lot-et-Gar.
Gueytes, $5\frac{1}{2}$	Limoux	Aude
Gugnécourt, $3\frac{1}{2}$	Epinal	Vosges
Gugney, 8	Nancy	Meurthe
Gugney-aux-Aulx, $2\frac{1}{2}$	Mirecourt	Vosges
Guibermesnil, 10	Amiens	Somme
Guiberville, $3\frac{1}{2}$	Corbeil	Seine-et O.
Guichainville, $1\frac{1}{4}$	Evreux	Eure
Guiche, 7	Bayonne	B.-Pyrén.
Guiche (la) (*Champvont*) 5	Charolles	Saône-et-L.
Guichen, 10	Redon	Ille-et-Vil.
Guiclan, 3	Morlaix	Finistère
Guidel, $2\frac{1}{2}$	Lorient	Morbihan
Guierche (la), $3\frac{1}{2}$	Le Mans	Sarthe
Guierfans, 2	Châlons	Saône-et-L.
Guignecourt, 2	Beauvais	Oise
Guignémicourt, $2\frac{1}{2}$	Amiens	Somme
Guignen, 9	Redon	Ille-et-Vil.
Guignes *, 4	Melun	Seine-et-M.
Guigneville, 2	Pithiviers	Loiret
Guignéville, 4	Etampes	Seine-et-O.
Guignicourt, $7\frac{1}{4}$	Laon	Aisne
Guignicourt, 2	Mézières	Ardennes
Guignières (la) (*Fondettes*), 1	Tours	Indre-et-L.
Guignolas (*La Peyrere*) $7\frac{1}{4}$	Muret	H.-Garonne
Guignonville, $2\frac{1}{2}$	Pithiviers	Loiret
Guignouville (*Etampes*), $\frac{1}{4}$	Etampes	Seine-et-O.
Guigny, $5\frac{1}{4}$	Montreuil	Pas-de-Cal.
Guilberville, 5	St.-Lô	Manche
Guiler, 2	Brest	Finistère
Guiler, $6\frac{1}{2}$	Quimper	Finistère
Guilhen-le-Desert (St.-), $7\frac{1}{4}$	Montpellier	Hérault
Guillac, $4\frac{1}{2}$	Libourne	Gironde
Guillac, $1\frac{1}{2}$	Ploërmel	Morbihan
Guillaucourt, 6	Montdidier	Somme
Guillaume (St.-), $7\frac{1}{2}$	Grenoble	Isère
Guillaume-Perouze, $11\frac{1}{4}$	Gap	H.-Alpes
Guilemont, 3	Péronne	Somme
Guillérand, 5	Tournon	Ardèche
Guillerval, 2	Etampes	Seine-et-O.
Guillerville, 10	Le Hâvre	Seine-Inf.
Guillestre, $4\frac{1}{2}$	Embrun	H.-Alpes
Guilleville, 3	Caen	Calvados
Guilleville, 9	Chartres	Eure-et-L.
Guilliers, $4\frac{1}{2}$	Ploërmel	Morbihan
Guillegomarch, 3	Quimperlé	Finistère
Guillon, $1\frac{1}{4}$	Baume	Doubs
Guillon, $3\frac{1}{2}$	Avallon	Yonne
Guillonville, 7	Châteaudun	Eure-et-L.
Guillos, $10\frac{1}{4}$	Bordeaux	Gironde
Guilly, $6\frac{1}{4}$	Issoudun	Indre
Guilly, $7\frac{1}{4}$	Gien	Loiret
Guilmécourt, 6	Dieppe	Seine-Inf.
Guimaëc, 4	Morlaix	Finistère
Guimerville, 6	Neufchâtel	Seine-Inf.
GUIMGAMP *,	ch.-l. d'ar., 123	Côtes-du-N.
Guimilliau, 4	Morlaix	Finistère

Communes.	Arrondissem.	Départem.
Guimps, 3	Barbezieux	Charente
Guinarthe, 5 ½	Orthez	B.-Pyrén.
Guincaggio, 5	Corte	Corse
Guincourt, 5 ¼	Vouziers	Ardennes
Guindrecourt, 2 ¼	Wassy	H.-Marne
Guinecourt, 2 ½	St. Pol	Pas-de-Cal.
Guines, 7	Boulogne	Pas-de-Cal.
Guinglange, 6	Metz	Moselle
Guinkirchen, 5	Metz	Moselle
Guinoux (St.-), 3 ¾	St-Malo	Ille-et-Vil.
Guinzeling, 8	Château-Salins	Meurthe
Guiolle (la), 6	Espalion	Aveiron
Guipavas, 2	Brest	Finistère
Guipel, 5 ¼	Rennes	Ille-et-Vil.
Guipronvel, 3	Brest	Finistère
Guipry, 6 ¼	Redon	Ille-et-Vil.
Guipy, 7 ½	Clamecy	Nièvre
Guiquellean, 4 ¾	Brest	Finistère
Guiraud (St-), 4	Auch	Gers
Guiraud ((St.-), 4	Lodève	Hérault
Guirlange, 5 ¼	Metz	Moselle
Guiry, 4 ½	Pontoise	Seine-et-O.
Guiscard *, 8	Compiègne	Oise
Guiscriff, 11 ¼	Pontivy	Morbihan
Guise *, 6	Vervins	Aisne
Guiseniers, 2	Les Andelys	Eure
Guisenil, 7 ½	Vesoul	H.-Saône
Guising, 4	Sarreguemines	Moselle
Guislain (le), 5	St-Lô	Manche
Guisoni, 5 ½	Corte	Corse
Guisseny, 6	Brest	Finistère
Guisy, 4 ½	Montreuil	Pas-de-Cal.
Guitalens, 5	Castres	Tarn
Guitant, 5 ½	St.-Gaudens	H. Garonne
Guitinières, 2 ½	Jonzac	Char.-Inf.
Guitrancourt, 1 ½	Mantes	Seine-et-O.
Guitres, 5	Libourne	Gironde
Guitry, 2 ¾	Les Andelys	Eure
Guittadière (la (*St.-Héand*), 2 ½	St.-Etienne	Loire
Guitté, 4 ½	Dinan	Côtes-du-N.
Guivry, 12 ¼	Laon	Aisne
Guisancourt, 7 ½	Amiens	Somme
Guizengard, 4	Barbezieux	Charente
Guizerits, 13	Bagnères	H.-Pyrén.
Gujan, 12 ½	Bordeaux	Gironde
Gumbrechtshoffen-Niederbronn, 3 ½	Haguenau	Bas-Rhin
Gumbrechtshoffen-Oberbronn, 3 ½	Haguenau	Bas-Rhin
Gumery, 2	Nogent-sur-Seine	Aube
Gumiane, 12 ½	Die	Drôme
Gumières, 3 ½	Montbrison	Loire
Gumond, 5 ½	Tulle	Corrèze
Gumont (*Eclaires*), 1 ½	Ste-Menehould	Marne
Gundershoffen, 3	Haguenau	Bas-Rhin
Gundolsheim, 3 ¾	Colmar	Haut-Rhin
Gungwiler, 6 ¼	Saverne	Bas-Rhin
Gunspach, 4	Colmar	Haut-Rhin
Gunstett, 3	Haguenau	Bas-Rhin
Guntzviller, 2 ½	Sarrebourg	Meurthe
Guny, 9	Laon	Aisne
Gupie (la), 2	Marmande	Lot-et-Gar.

Communes.	Arrondissem.	Départem.
Guran, 6 ½	St.-Gaudens	H.-Garonne
Gurat, 4 ½	Angoulême	Charente
Gurcy, 6	Provins	Seine-et-M.
Gurgi, 2	Auxerre	Yonne
Gurgy-la-Ville, 9 ¼	Châtillon	Côte-d'Or
Gurgy-le-Château, 8 ¼	Châtillon	Côte-d'Or
Gurmençon, 1 ¼	Oléron	B.-Pyrén.
Gurs, 6	Orthez	B.-Pyrén.
Gurunhuel, 4	Guimgamp	Côtes-du-N.
Gury, 5 ½	Compiègne	Oise
Gussainville, 5 ½	Verdun	Meuse
Gussignies, 7 ½	Avesnes	Nord
Guyancourt, 1	Versailles	Seine-et-O.
Guyans-lès-Durnes, 7	Besançon	Doubs
Guyans-Vennes, 7 ½	Baume	Doubs
Guyencourt, 9	Laon	Aisne
Guyencourt, 10	Laon	Aisne
Guyencourt, 4 ½	Amiens	Somme
Guyencourt, 3	Péronne	Somme
Guyomard (St.-), 5 ¾	Ploërmel	Morbihan
Guyonnière (la), 10	Bourbon-Vendée	Vendée
Guyonvelle, 7 ½	Langres	H.-Marne
Guyoumerie (la) (*Bures*), 3	Versailles	Seine-et-O.
Guzargues, 4	Montpellier	Hérault
Gy, 3	Romorantin	Loir-et-Ch.
Gy *, 5	Gray	H.-Saône
Gye, 1 ¼	Toul	Meurthe
Gyé-sur-Seine, 2	Bar-sur-Seine	Aube

H.

Communes.	Arrondissem.	Départem.
Habarcq, 2	Arras	Pas-de Cal.
Habas, 5	Dax	Landes
Habit (l'), 4 ¾	Evreux	Eure
Habites (les) (*Apremont*), 8 ¼	Les Sables	Vendée
Hablainville, 5 ½	Lunéville	Meurthe
Habloville, 3 ½	Argentan	Orne
Habonville, 2 ½	Briey	Moselle
Haboudange, 3	Château-Salins	Meurthe
Habsheim, 4 ½	Altkirch	Haut-Rhin
Hachan, 11	Bagnères	H.-Pyrén.
Hachan-Debats, 3 ¾	Mirande	Gers
Hacourt, 10	Chaumont	H.-Marne
Hacqueville, 2 ¼	LesAndelys	Eure
Hadancourt, 8	Beauvais	Oise
Hadic (île de) (*Palais*), 16	Lorient	Morbihan
Hadigny, 3 ¼	Epinal	Vosges
Hadol, 2 ½	Epinal	Vosges
Hadonville-sous-la-Chaussée, 10	Commercy	Meuse
Haegen, 1	Saverne	Bas-Rhin
Hagécourt, 2	Mirecourt	Vosges
Hagede (la) (*St.-James*), 3 ½	Pau	B.-Pyrén.
Hagedet, 9	Tarbes	H.-Pyrén.
Hagenbach, 6 ½	Belfort	Haut Rhin
Hagenthal (Ober), 5	Altkirch	Haut-Rhin
Hagenthal (Nieder), 5	Altkirch	Haut-Rhin

Communes.	Arrondissem.	Départem.
Haget, 7	Mirande	Gers
Haget-Aubin, 3 ¼	Orthez	B.-Pyrén.
Hagetmau, 3 ½	St.-Sever	Landes
Hagéville, 5 ¼	Metz	Moselle
Haguéville, 3 ¼	Neufchâteau	Vosges
Hagnicourt, 4 ½	Rethel	Ardennes
Hagondange (*Talange*), 3	Metz	Moselle
Haguen, 3 ½	Thionville	Moselle
Haguenau *	ch.-l. d'ar., 119	Bas-Rhin
Haihes, 5	Rocroi	Ardennes
Haie-d'Hutot (la), 6	Valognes	Manche
Haies (les) (*Chaumusy*), 4 ½	Rheims	Marne
Haigneville, 4 ¼	Lunéville	Meurthe
Haillainville, 7	Epinal	Vosges
Hailles, 3 ¼	Amiens	Somme
Haillicourt, 2 ½	Béthune	Pas-de-Cal.
Haimps, 5 ¼	St-Jean-d'Angely	Char.-Inf.
Haincheville, 8	Dieppe	Seine-Inf.
Hainneville, 2	Cherbourg	Manche
Hainvillers, 6 ½	Compiègne	Oise
Haironville, 3	Bar-le-Duc	Meuse
Haisnes, 3 ½	Béthune	Pas-de-Cal.
Halaine, 4 ½	Domfront	Orne
Halancourt (*Maney*), 1 ¼	Epernay	Marne
Halbondière (la), 7 ½	Lisieux	Calvados
Hallencourt, 4 ¼	Abbeville	Somme
Hallering, 6	Metz	Moselle
Halles, 4 ½	Montmédy	Meuse
Halles (les), 6 ¼	Lyon	Rhône
Hallesnes-les-Haubourdin, 1 ½	Lille	Nord
Hallignicourt, 5 ¼	Wassy	H.-Marne
Hallines, 1 ¼	St.-Omer	Pas-de-Cal.
Halling, 5	Metz	Moselle
Halling (*Puttelange-lès-Rodemack*), 3 ¼	Thionville	Moselle
Halinghen, 4	Boulogne	Pas-de-Cal.
Hallivillers, 4	Montdidier	Somme
Hallotière (la), 7 ¼	Neufchâtel	Seine-Inf.
Halloville, 6	Lunéville	Meurthe
Halloy, 6 ½	Beauvais	Oise
Halloy, 7	Arras	Pas-de-Cal.
Halloy-lès-Pernoie, 4 ½	Doullens	Somme
Hallu, 6	Montdidier	Somme
Halluin, 4 ½	Lille	Nord
Halstroff (*Grindorff*), 6 ½	Thionville	Moselle
Haltzou, 2 ½	Bayonne	B.-Pyrén.
Ham (le), 2 ½	Mézières	Ardennes
Ham, 8	Rocroi	Ardennes
Ham (le), 6 ¼	Pont-l'Evêque	Calvados
Ham (la), 2	Valognes	Manche
Ham (le), 5	Mayenne	Mayenne
Ham, 9	Briey	Moselle
Ham (Haute et Basse), 1 ½	Thionville	Moselle
Ham, 5	Béthune	Pas-de-Cal.
Ham *, 6	Péronne	Somme
Ham-sous-Varsberg, 10 ½	Thionville	Moselle
Hamage (*Wandignies*), 4 ½	Douai	Nord
Hamars, 6 ½	Caen	Calvados
Hambach, 1 ¾	Sarreguemines	Moselle
Hambach, 8 ¼	Saverne	Bas-Rhin
Hambers, 4	Mayenne	Mayenne
Hambie, 4 ½	Coutances	Manche
Hamblain-lès-Prés, 4	Arras	Pas-de-Cal.
Hameau-des-Côtes (le) (*Bois-Guillaume*), 1	Rouen	Seine-Inf.
Hameau-des-Côtes (le) (*Le-Mont-aux-Malades*), 1	Rouen	Seine-Inf.
Hameaux (les), 7	Bressuire	2 Sèvres
Hamegicourt, 3 ½	St.-Quentin	Aisne
Hamel (le), 7 ½	Bernay	Eure
Hamel, 2 ½	Douai	Nord
Hamel (le), 7 ½	Beauvais	Oise
Hamel-Bouzencourt, 5	Amiens	Somme
Hamel-lès-Conty (*Conty*), 7	Amiens	Somme
Hamelet, 5	Amiens	Somme
Hamelin, 5 ¼	Avranches	Manche
Hamelincourt, 2 ½	Arras	Pas-de-Cal.
Hames, 7	Boulogne	Pas-de-Cal.
Hammeville, 6 ½	Nancy	Meurthe
Hamonville, 4	Toul	Meurthe
Hampigny, 7 ½	Bar-sur-Aube	Aube
Hampont, 1 ¼	Château-Salins	Meurthe
Han (*Arraye*), 5	Nancy	Meurthe
Han-devant-Pierrepont, 6 ¼	Montmédy	Meuse
Han-lès-Juvigny, 1 ¼	Montmédy	Meuse
Han-sur-Meuse, 3 ¾	Commercy	Meuse
Han-sur-Nied, 6	Metz	Moselle
Hanc, 4	Melle	2 Sèvres
Hanches, 5 ½	Chartres	Eure-et-L.
Hancourt, 4	Vitry-le-Français	Marne
Hancourt, 2 ½	Péronne	Somme
Handivilliers, 4 ½	Beauvais	Oise
Hanschuheim, 3	Strasbourg	Bas-Rhin
Hangard, 5 ½	Montdidier	Somme
Hangen-sur-Somme, 5	Amiens	Somme
Hengenbieten, 2 ½	Strasbourg	Bas-Rhin
Hangest, 3 ½	Montdidier	Somme
Hangviller, 3 ½	Sarrebourg	Meurthe
Hannaches, 5 ½	Beauvais	Oise
Hannappes, 6	Rocroi	Ardennes
Hannencourt (*Gargenville*), 1 ¼	Mantes	Seine-et-O.
Hannescamps, 3 ½	Arras	Pas-de-Cal.
Hannocourt, 2 ½	Château-Salins	Meurthe
Hannonville, 5 ¼	Verdun	Meuse
Hannonville, 3 ¾	Briey	Moselle
Hanogne, 4 ½	Rethel	Ardennes
Hanogne-St.-Martin, 3 ½	Mézières	Ardennes
Hanouard (le), 3 ¼	Yvetot	Seine-Inf.
Hans, 3	Ste-Menehould	Marne
Hanskirch, 10 ½	Château-Salins	Meurthe
Hantay, 5	Lille	Nord
Hanvec, 8	Brest	Finistère
Hanvillers, 8	Sarreguemines	Moselle
Hanvoile, 4 ½	Beauvais	Oise
Haon (St.-), 6	Le Puy	H.-Loire
Haon-le-Châtel (St.-), 2 ¾	Roanne	Loire
Hâon-le-Vieux (St.-), 3 ½	Roanne	Loire
Haplemont (*Gerbécourt*), 5 ¼	Nancy	Meurthe

Communes.	Arrondissem.	Départem.	Communes.	Arrondissem.	Départem.
Haplincourt, 6	Arras	Pas-de-Cal.	Harskirchen, 9 ½	Saverne	Bas-Rhin
Happencourt, 2 ¼	St.-Quentin	Aisne	Hartennes, 3	Soissons	Aisne
Happoncourt (Moncel), 2	Neufchâteau	Vosges	Hartmanswiler, 6 ¼	Colmar	Haut-Rhin
Happonvilliers, 5 ¼	Nogent-le-Rotrou	Eure-et-L.	Hartzviller, 2 ½	Sarrebourg	Meurthe
			Harville, 5 ¼	Verdun	Meuse
Harambeaux, ou Harambels (Charante), 2 ¼	Mauléon	B.-Pyrén.	Hary, 1 ½	Vervins	Aisne
			Has (la), 2	Lombez	Gers
Haramont, 7	Soissons	Aisne	Hasnon, 7 ¼	Douai	Nord
Harangère (la), 3 ¼	Louviers	Eure	Hasparren, 5	Bayonne	B.-Pyrén.
Haraucourt, 2 ¼	Sedan	Ardennes	Haspelcheidt, 9 ½	Sarreguemines	Moselle
Haraucourt, 4	Nancy	Meurthe	Haspres, 6 ¼	Douai	Nord
Haraumont, 4 ½	Montmédy	Meuse	Hasselbourg, 5	Sarrebourg	Meurthe
Haravesnes, 5	St.-Pol	Pas-de-Cal.	Hastingues, 6 ¼	Dax	Landes
Haraville, 3	Pontoise	Seine-et-O.	Hatrize, 1 ½	Briey	Moselle
Harberg, 3 ¼	Sarrebourg	Meurthe	Hatstatt, 1 ¼	Colmar	Haut-Rhin
Harbonnières, 7	Montdidier	Somme	Hatten, 4	Haguenau	Bas-Rhin
Harbouey, 8	Lunéville	Meurthe	Hattencourt, 5	Montdidier	Somme
Harcancy, 1	Les Andelys	Eure	Hattenville, 3 ¼	Yvetot	Seine-Inf.
Harcanville, 2 ½	Yvetot	Seine-Inf.	Hattigny, 4	Sarrebourg	Meurthe
Harchéchamps, 2	Neufchâteau	Vosges	Hattmatt, 2 ½	Saverne	Bas-Rhin
Harcigny, 1 ½	Vervins	Aisne	Hattonchâtel, 7 ½	Commercy	Meuse
Harcourt, 4 ¼	Bernay	Eure	Hattonville, 7 ½	Commercy	Meuse
Harcy, 3 ½	Mézières	Ardennes	Hauban, 1	Bagnères	H.-Pyrén.
Hardancourt, 7 ¼	Epinal	Vosges	Haubourdin, 1 ½	Lille,	Nord
Hardanges, 4	Mayenne	Mayenne	Hauconcourt, 2 ½	Metz	Moselle
Hardécourt-aux-Bois, 3	Péronne	Somme	Haucourt, 7 ½	Montmédy	Meuse
Hardencourt, 3 ¼	Evreux	Eure	Haucourt, 6 ¼	Briey	Moselle
Hardifort, 4	Hazebrouck	Nord	Haucourt, 3 ½	Cambrai	Nord
Hardinghen, 5	Boulogne	Pas-de-Cal.	Haucourt, 3	Arras	Pas-de-Cal.
Hardinvast, 2 ¼	Cherbourg	Manche	Haucourt, 5 ¼	Neufchâtel	Seine-Inf.
Hardivillers, 9	Clermont	Oise	Haucourt-l'Hérault, 3	Beauvais	Oise
Hardivilliers, 5	Beauvais	Oise	Haudainville, 1	Verdun	Meuse
Hardoie (la), 5 ½	Rethel	Ardennes	Haudicourt (Agnières), 8 ½	Amiens	Somme
Hardouville (Pavilly), 4 ¼	Rouen	Seine-Inf.			
Haudricourt, 8	Versailles	Seine-et-O.	Haudiomont, 3 ½	Verdun	Meuse
Haréville, 12 ½	Chaumont	H.-Marne	Handonville, 3 ½	Lunéville	Meurthe
Haréville, 4	Mirecourt	Vosges	Handonviller, 1 ½	Lunéville	Meurthe
Harfleur *, 2 ½	Le Hâvre	Seine-Inf.	Haudrecy, 2	Mézières	Ardennes
Hargarten-aux-Mines, 8 ½	Thionville	Moselle	Haudricourt, 3	Neufchâtel	Seine-Inf.
Hargeville, 3	Bar-le-Duc	Meuse	Haulchin, 7 ¼	Douai	Nord
Hargeville, 3 ½	Mantes	Seine-et-O.	Haulies, 3	Auch	Gers
Hargicourt, 4	St.-Quentin	Aisne	Haulmé, 3 ½	Mézières	Ardennes
Hargicourt, 2	Montdidier	Somme	Haulme (le), 4	Pontoise	Seine-et-O.
Hargnies, 6	Rocroi	Ardennes	Haulon (Castelnau-Magnoac), 11 ½	Bagnères	H.-Pyrén.
Hargnies, 4 ½	Avesnes	Nord			
Haricourt, 4	Les Andelys	Eure	Haumiers-Cassarou (les), 2 ¼	Rodez	Aveiron
Haricourt, 8 ½	Chaumont	H.-Marne			
Harie (la), 14	Mont-de-Marsan	Landes	Haumont, 3 ½	Avesnes	Nord
			Haumont, 3 ½	Castel-Sarrasin	Tarn-et-Gar.
Haily, ?	St.-Quentin	Aisne	Haumont-lès-Lachaussée, 8 ½	Commercy	Meuse
Harraand (la), 1 ¼	Chaumont	H.-Marne			
Harméville, 9	Wassy	H.-Marne	Haumont, près Samognieux, 6	Montmédy	Meuse
Harmonville, 4 ¼	Neufchâteau	Vosges			
Harmoye (la), 6	St.-Brieuc	Côtes-du-N.	Hauriet, 3 ½	St.-Sever	Landes
Harnes, 5 ½	Béthune	Pas-de-Cal.	Hausgauen, 2 ¼	Altkirch	Haut-Rhin
Harol, 6	Mirecourt	Vosges	Haussez, 7 ¼	Neufchâtel	Seine-Inf.
Haron, 11 ¼	Pau	B.-Pyrén.	Haussignémont, 2 ½	Vitry-le-François	Marne
Haroné, 6	Nancy	Meurthe			
Harponville, 5 ½	Doullens	Somme	Haussimont, 8 ½	Epernay	Marne
Harprich, 8 ½	Sarreguemines	Moselle	Haussonville, 5	Lunéville	Meurthe
Harraucourt-sur-Seille, 2 ½	Château-Salins	Meurthe	Haussy, 5	Cambrai	Nord
			Haut-au-Mesnil (Millebosc), 8	Dieppe	Seine-Inf.
Harricourt, 5	Vouziers	Ardennes			
Harsault, 7	Mirecourt	Vosges	Haut-Balbiac, 2	Argentière	Ardèche

Communes.	Arrondissem.	Départem.
Haut-Clervaux (*Clervaux*), 2 ½	Châtellerault	Vienne
Haut-Clocher, 1 ½	Sarrebourg	Meurthe
Haut-Lieu, ½	Avesnes	Nord
Haut-Loquin, 5	St.-Omer	Pas-de-Cal.
Haut-Mesnil, 5	St.-Pol	Pas-de-Cal.
Haut-Mesnil (*St.-Victor-l'Abbaye*), 8	Dieppe	Seine-Inf.
Haut Moitiers (*l'Estre*), 2 ½	Valognes	Manche
Haut-Mougey, 7	Mirecourt	Vosges
Haute-Braye (*Autreches*), 5 ¼	Compiègne	Oise
Haute-Chapelle (la), ¾	Domfront	Orne
Haute-Chappe (la) (*Vendôme*,	Vendôme	Loir-et-Ch.
Hautecloque, 1 ¼	St.-Pol	Pas-de-Cal.
Haute-Côte, 2 ½	St.-Pol	Pas-de-Cal.
Haute-Cour, 5 ½	Lons-le-Saulnier	Jura
Haute-Epine, 3	Beauvais	Oise
Haute-Fage, 8 ½	Tulle	Corrèze
Haute-Fage, 3 ¼	Villeneuve-d'Agen	Lot-et-Gar.
Haute-Faye, 3 ¼	Nontron	Dordogne
Haute-Fontaine, 5 ¼	Compiègne	Oise
Haute-Indre (*Basse-Indre*), 2	Nantes	Loire-Inf.
Haute-Isle ou Antisle, 3	Mantes	Seine-et-O.
Haute-Maison (la), 3	Meaux	Seine-et-M.
Haute-Pensée (la) (*Montmort*), 3 ¼	Epernay	Marne
Haute-Perche (*Arthon*), 4 ¼	Paimbœuf	Loire-Inf.
Haute-Pierre, 8	Baume	Doubs
Haute-Rivoire, 7	Lyon	Rhône
Haute-Roche, 4	Semur	Côte-d'Or
Haute-Seille (*Cirey*), 5 ½	Sarrebourg	Meurthe
Haute-Suisse, 10 ¼	Sarreguemines	Moselle
Hautes-Avesnes, 1 ¼	Arras	Pas-de-Cal.
Hautes-Rivières (les), 5	Mézières	Ardennes
Hauts-Champs (les) (*St.-Quentin*), 6	Domfront	Orne
Hautaget, 8 ½	Bagnères	H.-Pyrén.
Hautcourt (le), 2 ¼	St.-Quentin	Aisne
Hautbos, 7	Beauvais	Oise
Hautecourt, 4	Bourg	Ain
Hautecourt, 5	Verdun	Meuse
Hautefeuille, 2 ¾	Coulommiers	Seine-et-M.
Hautefond, 2 ½	Charolles	Saône-et-L.
Hautefort, 9	Périgueux	Dordogne
Hauterive, 5	Gannat	Allier
Hauterive, 4 ½	Pontarlier	Doubs
Hauterive, 6	Dreux	Eure-et-L.
Hauterive, 2 ¼	Villeneuve d'Agen	Lot-et-Gar.
Hauterive, 3 ¼	Alençon	Orne
Hauterive, 4	Auxerre	Yonne
Hauterives, 10 ½	Valence	Drôme
Hautevelle, 7 ½	Lure	H.-Saône
Hautevesnes, 2 ½	Château-Thierry	Aisne
Hautevignes, 3	Marmande	Lot-et-Gar.
Hauteville, 8 ½	Belley	Ain
Hauteville, 6 ¼	Vervins	Aisne

Communes.	Arrondissem.	Départem.
Hauteville, 2	Rethel	Ardennes
Hauteville, 1 ¼	Dijon	Côte-d'Or
Hauteville, 4	Vitry-le-Français	Marne
Hauteville, 6 ¼	St.-Pol	Pas-de-Cal.
Hauteville (la), 9 ¼	Mantes	Seine-et-O.
Haution, 1 ¼	Vervins	Aisne
Hautot, 2	Dieppe	Seine-Inf.
Hautot, 2 ½	Rouen	Seine-Inf.
Hautot-l'Auvray, 3 ¼	Yvetot	Seine-Inf.
Hautot-le-Vatois, 2	Yvetot	Seine-Inf.
Hautot-St.-Sulpice, 2 ½	Yvetot	Seine-Inf.
Hauteville, 2 ¼	Valognes	Manche
Hauteville-la-Guichard, 3 ¼	Coutances	Manche
Hauttes (les) (*Morsins*), 11	Epernay	Marne
Hautvillers, 1 ¾	Abbeville	Somme
Hautvillers, 5	Rheims	Marne
Hauvelu, 3 ½	Dreux	Eure-et-L.
Hauville, 5	Pont-Audemer	Eure
Hauvine, 5 ¼	Vouziers	Ardennes
Haux, 5	Bordeaux	Gironde
Haux, 5	Mauléon	B.-Pyrén.
Havange, 3 ¼	Briey	Moselle
Haveluy, 6 ¼	Douai	Nord
Havernas, 4 ¼	Doullens	Somme
Haverskerque, 2 ¾	Hazebrouck	Nord
Havis, 4	Rocroi	Ardennes
HAVRE (LE) *,	ch.-l. d'ar., 55	Seine-Inf.
Havrincourt, 6 ½	Arras	Pas-de-Cal.
Hayange, 2	Thionville	Moselle
Haye (la), 5 ¼	Muret	H.-Garonne
Haye (la), 10	Loches	Indre-et-L.
Haye (la), 3	Nantes	Loire-Inf.
Haye, 3	Metz	Moselle
Haye (la) (*St-Romain*), 8	Amiens	Somme
Haye (la), 8	Mirecourt	Vosges
Haye-Aubraye (la), 3	Pont-Audemer	Eure
Haye-Bellefond (la), 4 ½	St.-Lô	Manche
Haye-de-Calleville (la), 10 ½	Bernay	Eure
Haye-de-Champ (*St.-Firmin*), 1 ½	Vendôme	Loir-et-Ch.
Haye-de-Routot (la), 3 ½	Pont-Audemer	Eure
Haye-des-Allemands, 5	Sarrebourg	Meurthe
Haye-du-Puits (la), 7 ¼	Coutances	Manche
Haye-Dutheil (la), 7	Louviers	Eure
Haye-le-Comte (la), ½	Louviers	Eure
Haye-Malherbe (la), 2	Louviers	Eure
Haye-Pesnel (la) *, 3 ¼	Avranches	Manche
Haye-Piquenot (la), 5 ¼	Bayeux	Calvados
Haye-St.-Sylvestre (la), 10	Evreux	Eure
Hayes (les), 6	Vendôme	Loir-et-Ch.
Hayes (les) (*Chaumusy*), 4 ½	Rheims	Marne
Hayes (les), 6 ¼	Lyon	Rhône
Hayeville (la), 5 ½	Commercy	Meuse
Haymeix (la), 7	Commercy	Meuse
Haynecourt, 2 ½	Cambrai	Nord
HAZEBROUCK *,	ch.-l. d'ar., 61	Nord
Hazenbourg, 4 ¼	Sarreguemines	Moselle
Héand (St.-), 2 ½	St.-Etienne	Loire
Héauville, 2 ¾	Cherbourg	Manche

Communes.	Arrondissem.	Départem.
Hébecourt, 6	Les Andelys	Eure
Hébecourt, 2	Amiens	Somme
Hébécrévon, 1 ½	St.-Lô	Manche
Hebertot (St.-André-d'), 1 ¼	Pont-l'Evêque	Calvados
Hébertot (St.-Benoît-d'), 1 ¼	Pont-l'Evêque	Calvados
Héberville, 4 ½	Yvetot	Seine-Inf.
Hébuterne, 4 ½	Arras	Pas-de-Cal.
Hèches, 7	Bagnères	H.-Pyrén.
Héchètes (*Hèches*), 7 ¼	Bagnères	H.-Pyrén.
Hecken, 6 ¼	Belfort	Haut-Rhin
Heckenransbach, 2	Sarreguemines	Moselle
Heckling (*Bouzouville*), 6 ½	Thionville	Moselle
Hecmanville, 4	Bernay	Eure
Hecourt, 5	Evreux	Eure
Hécourt, 7	Beauvais	Oise
Hecq, 5 ¼	Avesnes	Nord
Hectomarre, 4 ½	Louviers	Eure
Hédanville, 6 ¼	Doullens	Somme
Hedé *, 5	Rennes	Ille-et-Vil.
Hédicourt (*Luppy*), 5	Metz	Moselle
Hédigneul, 2	Boulogne	Pas-de-Cal.
Hédouville, 3	Pontoise	Seine-et-O.
Hegeney, 2	Haguenau	Bas-Rhin
Hegenheim, 5 ½	Altkirch	Haut-Rhin
Heidolsheim, 1 ¾	Schélestatt	Bas-Rhin
Heidwiller, 1 ½	Altkirch	Haut-Rhin
Heiligenberg, 6 ½	Strasbourg	Bas-Rhin
Heiligenstein, 3 ¾	Schélestatt	Bas-Rhin
Heillecourt, 1 ½	Nancy	Meurthe
Heilles, 2 ½	Clermont	Oise
Heilly, 5	Amiens	Somme
Heiltz-le-Maurupt, 4	Vitry-le-Français	Marne
Heiltz-l'Evêque, 3	Vitry-le-Français	Marne
Heiltz-le-Hullier, 2 ½	Vitry-le-Français	Marne
Heimersdorff, 1 ½	Altkirch	Haut-Rhin
Heimsprung, 3	Altkirch	Haut-Hhin
Heining (*Leyding*), 7 ½	Thionville	Moselle
Heippe, 5	Verdun	Meuse
Heiteren, 4 ¼	Colmar	Haut-Rhin
Héleine (St.-), 4 ½	Châlons	Saône-et-L.
Hélen (St.-), 2 ½	Dinan	Côtes-du N.
Hélène (Ste.-), 7 ¼	Bordeaux	Gironde
Hélène (Ste.-), 2 ½	Mende	Lozère
Hélène (Ste.-), 3 ½	Lorient	Morbihan
Hélène (Ste.-), 7	Yvetot	Seine-Inf.
Hélène (Ste.-), 5 ½	Epinal	Vosges
Helfaut, 1 ½	St.-Omer	Pas-de-Cal
Helfrantzkirch, 3	Altkirch	Haut-Rhin.
Hélicourt, 7 ½	Abbeville	Somme
Hélier (St-), 7	Semur	Côte-d'Or
Hélier (St.-), 7 ½	Dieppe	Seine-Inf.
Helléant, 2 ½	Ploërmel	Morbihan
Hellenvilliers, 7 ½	Evreux	Eure
Hellering, 2	Sarrebourg	Meurthe
Hellering, 6	Sarreguemines	Moselle
Hellesmes, 4 ¼	Douai	Nord
Hellesmes, ½	Lille	Nord
Hellette, 10 ½	Mauléon	B.-Pyrén.
Hellville, 3 ¼	Cherbourg	Manche

Communes.	Arrondissem.	Départem.
Hellimer, 5 ½	Sarreguemines	Moselle
Helling, 5	Sarreguemines	Moselle
Helling (*Budling*), 3 ¼	Thionville	Moselle
Hellocourt, 7 ½	Château-Salins	Meurthe
Helstroff, 5	Metz	Moselle
Hem, 2	Lille	Nord
Hem, 1 ¼	Doullens	Somme
Hem (le), 2	Péronne	Somme
Hem-Lenglet, 3 ¼	Cambrai	Nord
Hemesvez, 1 ½	Valognes	Manche
Hémilly, 5	Metz	Moselle
Heming, 2 ½	Sarrebourg	Meurthe
Hemonstair, 1 ½	Loudéac	Côtes-du-N.
Hénaménil, 3 ¼	Lunéville	Meurthe
Henanbihen, 7 ½	Dinan	Côtes-du N.
Hénansal, 8 ½	Dinan	Côtes-du N.
Hendaye, 7	Bayonne	B.-Pyrén.
Hendecourt-lès-Cagnicourt, 4	Arras	Pas-de-Cal.
Hendecourt-lès-Ransart, 3 ½	Arras	Pas-de-Cal.
Hendling, 1	Sarreguemines	Moselle
Henflingen, 1	Altkirch	Haut-Rhin
Hengoat, 4	Lannion	Côtes-du N.
Henencourt, 5 ½	Amiens	Somme
Hengwiler, 2 ¼	Saverne	Bas-Rhin
Hénin-Lietard, 7 ½	Béthune	Pas-de-Cal.
Hénin-sur-Cojeul, 3 ½	Arras	Pas-de-Cal.
Heninel, 2 ½	Arras	Pas-de-Cal.
Hennappe, 8	Vervins	Aisne
Hennebont *, 2	Lorient	Morbihan
Hennecourt, 4 ½	Mirecourt	Vosges
Hennemont, 4 ½	Verdun	Meuse
Hennequeville, 5 ¼	Pont-l'Evêque	Calvados
Hennesis, 2	Les Andelys	Eure
Henneveux, 5	Boulogne	Pas-de-Cal.
Hennezel, 8 ¼	Mirecourt	Vosges
Hénon, 4 ½	St.-Brieuc	Côtes-du N.
Hénonville, 6	Beauvais	Oise
Hénonville, 3 ½	Rouen	Seine-Inf.
Henricel (le) (*Claudon*), 4	Mirecourt	Vosges
Henrichemont *, 6 ¼	Sancerre	Cher
Henriville, 3 ¼	Sarreguemines	Moselle
Henruel, 2 ½	Vitry-le-Français	Marne
Henry (St.-) (*Cahors*), 1 ½	Cahors	Lot
Henrydorff, 3 ½	Sarrebourg	Meurthe
Hénu, 5	Arras	Pas-de-Cal.
Henvic, 2	Morlaix	Finistère
Herange, 3	Sarrebourg	Meurthe
Herbault, 4	Blois	Loir-et-Ch.
Herbanviliers, 5 ½	Fontainebleau	Seine et-M.
Herbecourt, 2	Péronne	Somme
Herbelles, 2 ¼	St.-Omer	Pas-de-Cal.
Herbergement (l'), 7	Bourbon-Vendée	Vendée
Herbeuval, 8 ¼	Sedan	Ardennes
Herbenville, 6	Verdun	Meuse
Herbeville, 4	Versailles	Seine-et-O.
Herbéviller, 5	Lunéville	Meurthe
Herbeys, 2 ¼	Grenoble	Isère
Herbiers (les) *, 10	Bourbon-Vendée	Vendée

Communes.	Arrondissem.	Départem.	Communes.	Arrondissem.	Départem.
Herbiers (Petit-Bourg-des-), 11	Bourbon-Vendée	Vendée	Hermin, 5	Béthune	Pas-de-Cal.
Herbignac, 7 $\frac{1}{2}$	Savenay	Loire-Inf.	Hermine (Ste.-) *, 5 $\frac{1}{2}$	Fontenay-le-Comte	Vendée
Herbigny, 2 $\frac{1}{2}$	Rethel	Ardennes	Hermitage (l'), 6 $\frac{1}{2}$	St.-Brieuc	Côtes-duN.
Herbinghen, 6 $\frac{1}{2}$	Boulogne	Pas-de-Cal.	Hermitage (l'), 3	Rennes	Ille-et-Vil.
Herbsheim, 11	Saverne	Bas-Rhin	Hermitage(l'),(Pontoise)	Pontoise	Seine-et-O.
Herbisse, 2 $\frac{1}{2}$	Arcis-sur-Aube	Aube	$\frac{1}{2}$		
Herblain (St.-), 2	Nantes	Loire-Inf.	Hermite (l') (Essarts-lès-Sezannes), 9 $\frac{1}{4}$	Epernay	Marne
Herblay, 8	Versailles	Seine-et-O.			
Herblon (St.-), 2 $\frac{1}{4}$	Ancenis	Loire-Inf.	Hermites (les), 8 $\frac{1}{4}$	Tours	Indre-et-L.
Herbouville, 5	Dieppe	Seine-Inf.	Hermitière (l'), 6	Mortagne	Orne
Herbsheim, 3 $\frac{1}{4}$	Schelestatt	Bas-Rhin	Hermival, 1 $\frac{1}{4}$	Lisieux	Calvados
Hercé, 6	Mayenne	Mayenne	Hermonville, 3	Rheims	Marne
Herelle (la), 6	Clermont	Oise	Hermy, 5 $\frac{1}{2}$	Arras	Pas-de-Cal.
Herenguerville, 2 $\frac{1}{4}$	Coutances	Manche	Hernetot, 6 $\frac{1}{2}$	Pont-l'Evêque	Calvados
Hérent (St.-), 4	Issoire	Puy-de-Dô.	Hernicourt, 1 $\frac{1}{2}$	St.-Pol	Pas-de-Cal
Hérépian, 7	Béziers	Hérault	Hernin (St.-), 5	Châteaulin	Finistère
Hères, 9 $\frac{1}{4}$	Tarbes	H.-Pyrén.	Herny, 6	Metz	Moselle
Hergnies, 11	Douai	Nord	Héroles (les) (Coulonges). 8	Montmorillon	Vienne
Hergugney, 3	Mirecourt	Vosges			
Héri, 3	Auxerre	Yonne	Héron (le), 6	Rouen	Seine-Inf.
Héric (St.-), 4	St.-Jean-d'Angely	Char.-Inf.	Héronchelles, 6 $\frac{1}{4}$	Rouen	Seine-Inf.
			Herouël, 3 $\frac{1}{4}$	St.-Quentin	Aisne
Héric, 11	Châteaubriant	Loire-Inf.	Herouville, 1 $\frac{1}{4}$	Caen	Calvados
Héricourt, 6 $\frac{1}{4}$	Beauvais	Oise	Hérouville, 1 $\frac{1}{4}$	Pontoise	Seine-et-O.
Héricourt, 1 $\frac{1}{4}$	St.-Pol	Pas-de-Cal.	Herouvillette, 2	Caen	Calvados
Héricourt, 12	Lure	H.-Saône	Herpelmont, 7	St-Dié	Vosges
Hericy, 3 $\frac{1}{4}$	Melun	Seine-et-M.	Herpes, 7 $\frac{1}{4}$	Angoulême	Charente
Herils, 1 $\frac{1}{2}$	Bayeux	Calvados	Herpont, 3 $\frac{1}{2}$	Ste-Menehould	Marne
Hérimenil, $\frac{1}{4}$	Lunéville	Meurthe	Herpy, 2 $\frac{1}{2}$	Rethel	Ardennes
Hérissart, 4 $\frac{1}{4}$	Doullens	Somme	Herqueville, 2 $\frac{1}{4}$	Louviers	Eure
Hérisson *, 4	Montluçon	Allier	Herqueville, 5 $\frac{1}{4}$	Cherbourg	Manche
Hérisson (Pougne), 3	Parthenay	2 Sèvres	Herré, 10 $\frac{1}{2}$	Mont-de-Marsan	Landes
Héritot, 7	Pont-l'Evêque	Calvados			
Hérival, 2 $\frac{1}{4}$	Remiremont	Vosges	Herrein, 7 $\frac{1}{2}$	Douai	Nord
Herleville, 4 $\frac{1}{2}$	Péronne	Somme	Herrère, 1 $\frac{1}{2}$	Oléron	B.-Pyrén.
Herlière (la), 4	Arras	Pas-de-Cal.	Herrin, 3 $\frac{1}{2}$	Lille	Nord
Herlies, 4	Lille	Nord	Herrlisheim, 3	Haguenau	Bas-Rhin
Herlin-le-Sec, 1	St.-Pol	Pas-de-Cal.	Herry, 4 $\frac{1}{2}$	Sancerre	Cher
Herlincourt, 1 $\frac{1}{4}$	St.-Pol	Pas-de-Cal	Herserange, 6 $\frac{1}{4}$	Briey	Moselle
Herlisheim, 1 $\frac{1}{4}$	Colmar	Haut-Rhin	Hersin-Coupigny, 2 $\frac{1}{4}$	Béthune	Pas-de-Cal.
Herly, 4	Montreuil	Pas-de-Cal.	Herteley (le), 6	Le Hâvre	Seine-Inf.
Herly, 5	Montdidier	Somme	Hertzbach, -	Altkirch	Haut-Rhin
Herm (l'), 1 $\frac{1}{4}$	Foix	Ariège	Hervaux, 10 $\frac{1}{4}$	Châteauroux	Indre
Herm (l'), 2 $\frac{1}{2}$	Muret	H.-Garonne	Hervé (St.-), 3 $\frac{1}{2}$	Loudéac	Côtes-duN.
Herm (l'), 3 $\frac{1}{2}$	Dax	Landes	Hervelinghen, 4	Boulogne	Pas-de-Cal.
Herm (l'), 6	Cahors	Lot	Hervilly, 3	Péronne	Somme
Hermand (St.-) (Ste.-Hermine), 5 $\frac{1}{2}$	Fontenay-le-Comte	Vendée	Hery (l'), 5 $\frac{1}{4}$	Rheims	Marne
			Hery, 6 $\frac{1}{2}$	Clamecy	Nièvre
Hermanville, 3	Caen	Calvados	Herzeele, 5 $\frac{1}{2}$	Dunkerque	Nord
Hermanville, 4	Dieppe	Seine-Inf.	Herzing, 2 $\frac{1}{4}$	Sarrebourg	Meurthe
Hermaux (les), 3	Marvejols	Lozère	Hesbecourt, 3 $\frac{1}{2}$	Péronne	Somme
Hermaville, 6	St.-Pol	Pas-de-Cal.	Hescamps-Ste.-Claire, 9	Amiens	Somme
Hermé, 2 $\frac{1}{2}$	Provins	Seine-et-M.			
Hermelange, 2 $\frac{1}{2}$	Sarrebourg	Meurthe	Hescles, 10	Beauvais	Oise
Hermelinghen, 5 $\frac{1}{2}$	Boulogne	Pas-de-Cal.	Hesdignent, 1 $\frac{1}{4}$	Béthune	Pas-de-Cal.
Hermenault (l'), 2 $\frac{1}{4}$	Fontenay-le-Comte	Vendée	Hesdin-l'Abbé, 2	Boulogne	Pas-de-Cal.
			Hesdin *, 5 $\frac{1}{2}$	Montreuil	Pas-de-Cal.
Herment, 8 $\frac{1}{2}$	Clermont	Puy-de-Dô.	Hesdin (le Vieux-), 5 $\frac{1}{2}$	St.-Pol	Pas-de-Cal.
Hermeray, 3 $\frac{1}{4}$	Rambouillet	Seine-et-O.	Hesingen, 5	Altkirch	Haut-Rhin.
Hermerswiller, 4 $\frac{1}{2}$	Haguenau	Bas-Rhin	Hesloup, 1 $\frac{1}{2}$	Alençon	Orne
Hermes, 4 $\frac{1}{2}$	Beauvais	Oise	Hesmond, 2 $\frac{1}{4}$	Montreuil	Pas-de-Cal.
Hermeville, 4	Verdun	Meuse	Hesmy, 4 $\frac{1}{2}$	Neufchâtel	Seine-Inf.
Hermeville, 4	Le Hâvre	Seine-Inf.	Hessange (Vigy), 3	Metz	Moselle

Communes.	Arrondissem.	Départem.
Hesse, 1 ½	Sarrebourg	Meurthe
Hessenheim, 2	Schélestatt	Bas-Rhin
Hestroff, 5 ¼	Thionville	Moselle
Hestrus, 2 ½	St.-Pol	Pas-de-Cal.
Hétomesnil, 5	Beauvais	Oise
Hettange-la-Grande, 1	Thionville	Moselle
Hettange-la-Petite (*Malling*), 2 ¼	Thionville	Moselle
Hettenschlag, 2 ½	Colmar	Haut-Rhin
Heubécourt, 4	Les Andelys	Eure
Heuchin, 3 ¼	St.-Pol	Pas-de-Cal.
Heucourt, 8 ½	Amiens	Somme
Heudebouville, 1 ½	Louviers	Eure
Heudicourt, 4	Les Andelys	Eure
Heudicourt, 6 ¼	Commercy	Meuse
Heudicourt, 4	Perpignan	Somme
Heudreville près Thiberville, 3	Bernay	Eure
Heudreville-sur-Eure, 2	Louviers	Eure
Heugas, 2 ¼	Dax	Landes
Heugleville, 5 ¾	Dieppe	Seine-Inf.
Heugleville, 4 ½	Yvetot	Seine-Inf.
Heugnes, 7 ½	Châteauroux	Indre
Heugon, 8 ¼	Argentan	Orne
Heugueville, 1 ¾	Coutances	Manche
Heugueville, 3 ½	Le Hâvre	Seine-Inf.
Heuilley-Coton, 2 ¾	Langres	H.-Marne
Heuilley-le-Grand, 3 ¼	Langres	H.-Marne
Heuilley-sur-Saône, 7 ¼	Dijon	Côte-d'Or
Heuland, 3 ¼	Pont-l'Evêque	Calvados
Heume-l'Eglise, 11	Clermont	Puy-de-Dô.
Heunière (la), 5 ½	Evreux	Eure
Heuqueville, 2	Les Andelys	Eure
Heure (l'), ¼	Le Hâvre	Seine-Inf.
Heurgeville, 8	Evreux	Eure
Heuringhem, 2 ¼	St.-Omer	Pas-de-Cal.
Heurtevent, 4 ¼	Lisieux	Calvados
Heussé, 4	Mortain	Manche
Heuton (l') (*Outre-Furens*), ¼	St.-Etienne	Loire
Heutrégiville, 4 ¾	Rheims	Marne
Heuze (la Grande-) (*Bellencombre*), 7	Dieppe	Seine-Inf.
Heuzecourt, 3 ¾	Doullens	Somme
Héviliers, 6 ½	Bar-le-Duc	Meuse
Hévimoncourt, 2 ¾	Montbéliard	Doubs
Heycourt (la), 4	Bar-le-Duc	Meuse
Heyesberg-St.-Louis, 3 ¼	Sarrebourg	Meurthe
Heyrieux, 4 ¾	Vienne	Isère
Heywiller, 2	Altkirck	Haut-Rhin
Hezecques, 8	Montreuil	Pas-de-Cal.
Hezo (le), 3	Vannes	Morbihan
Hibarette, 2 ½	Tarbes	H.-Pyrén.
Hibouville, 3	Dieppe	Seine-Inf.
Hiettenheim, 3	Schélestatt	Bas-Rhin
Hieres, 10	La Tour-du-Pin	Isère
Hierges, 7	Rocroi	Ardennes
Hiermont, 6 ¼	Abbeville	Somme
Hiers, 1	Marennes	Char.-Inf.
Hiersac, 4 ¼	Angoulême	Charente
Hiesse, 1 ½	Confolens	Charente
Hiesville, 5 ¾	Valognes	Manche
Hiéville, 6	Lisieux	Calvados

Communes.	Arrondissem.	Départem.
Hièvre-le-Grand, 1 ¼	Baume	Doubs
Hièvre-Magny, 1 ½	Baume	Doubs
Higny, 3	Briey	Moselle
Higuères, 3	Pau	B.-Pyrén.
Hiis, 2	Tarbes	H.-Pyrén.
Hilaire (St.-), 5	Moulins	Allier
Hilaire (St.-), ou Faverose, 3 ½	Nogent-sur-Seine	Aube
Hilaire (St.-), 3 ¾	Limoux	Aude
Hilaire (St.-), 2 ¼	Rodez	Aveiron
Hilaire (St.-), 1	Barbezieux	Charente
Hilaire (St.-), 2 ½	St-Jean-d'Angely	Char.-Inf.
Hilaire (St.-), 4	Bourganeuf	Creuse
Hilaire (St.-), 2 ½	Baume	Doubs
Hilaire (St.-), 1 ½	Alais	Gard
Hilaire (St.-), 1 ½	Muret	H.-Garonne
Hilaire (St.-), 4 ¾	Montpellier	Hérault
Hilaire (St.-), 2	Le Blanc	Indre
Hilaire (St.-), 5	Grenoble	Isère
Hilaire (St.-), 7	La Tour-du-Pin	Isère
Hilaire (St.-), 9 ¼	Vienne	Isère
Hilaire (St.-), 3 ½	Roanne	Loire
Hilaire (St.-), 3	Brioude	H.-Loire
Hilaire (St.-), 7	Nantes	Loire-Inf.
Hilaire (St.-), 7 ½	Paimbœuf	Loire-Inf.
Hilaire (St.-), 1 ¼	Orléans	Loiret
Hilaire (St.-), 2	Agen	Lot-et-Gar.
Hilaire (St.-), 1	Saumur	Maine-et-L.
Hilaire (St.-), 5 ¼	Verdun	Meuse
Hilaire (St.-), 1	Château-Chinon	Nièvre
Hilaire (St.-), 18	Nevers	Nièvre
Hilaire (St.-), 1	Avesnes	Nord
Hilaire (St.-), 4 ½	Cambrai	Nord
Hilaire (St.-), 4	Riom	Puy-de-Dô.
Hilaire (St.-), 5	Lure	H.-Saône
Hilaire (St.-), 1 ¼	Etampes	Seine-et-O.
Hilaire (St.-), 4 ½	Doullens	Somme
Hilaire (St.-), 2	Châtellerault	Vienne.
Hilaire-au-Temple (St.-) 2 ¼	Châlons-sur-Marne	Marne
Hilaire-Bonneval (St.-), 3 ½	Limoges	H.-Vienne
Hilaire-Cottes (St.-), 5 ½	Béthune	Pas-de-Cal.
Hilaire-Cusson-la-Valmille (St.-), 6	Montbrison	Loire
Hilaire-d'Echaubrognes (St.-)	Bressuire	2 Sèvres
Hilaire-d'Estissac (St.-), 5	Bergerac	Dordogne
Hilaire-de-Bessonie (St.-) 5 ¼	Figeac	Lot
Hilaire-de-Briouse (St.-) 6	Argentan	Orne
Hilaire-de-Cours (St.-), 10	Bourges	Cher
Hilaire-de-Gondilly (St.-), 10	St.-Amand	Cher
Hilaire-de-la-Sône (St.-), 2	St.-Marcellin	Isère
Hilaire-de-la-Vit (St.-), 7 ½	Florac	Lozère
Hilaire-de-Ligné (St.-), 4 ¼	Melle	2 Sèvres

Communes.	Arrondissem.	Départem.	Communes.	Arrondissem.	Départem.
Hilaire-de-Loulay (St.-), 11	Bourbon-Vendée	Vendée	Hilaire-Petitville (St.-)*, 6 1/4	St.-Lô	Manche
Hilaire-de-Luzay (St.-), 6	Bressuire	2 Sèvres	Hilaire-sur-Erre (St.), 6	Mortagne	Orne
			Hilaire-sur-l'Autise (St-), 3	Fontenay-le-Comte	Vendée
Hilaire-de-Mortagne (St.-), 15	Bourbon-Vendée	Vendée	Hilaire-sous-Puiseaux, 2 1/4	Montargis	Loiret
Hilaire-de-Ranoaille (St.-), 2	La Réole	Gironde	Hilaire-sur-Rille (St.-), 6 1/4	Mortagne	Orne
Hilaire-de-Riez (St.-), 8 1/2	Les Sables	Vendée	Hilaire-sur-Yerre (St.-), 1 1/4	Châteaudun	Eure-et-L.
Hilaire-de-Talmont (St.-), 2 1/2	Les Sables	Vendée	Hilaire-Taurieux (St.-), 7 1/2	Tulle	Corrèze
Hilaire-de-Voust (St.-), 4 1/4	Fontenay-le-Comte	Vendée	Hilarion (St.-), 2 1/2	Rambouillet	Seine-et-O.
			Hilbesheim, 1 1/4	Sarrebourg	Meur.he
Hilaire-des-Bois (St.-), 2 1/2	Jonzac	Char.-Inf.	Hillaire (la), 1 1/2	Lombez	Gers
			Hillier (St.-), 2	Provins	Seine-et-M.
Hilaire-des-Bois (St.-), 10	Saumur	Maine-et-L.	Hillion, 2	St.-Brieuc	Côtes du N.
Hilaire-des-Landes (St.-), 2 1/2	Fougères	Ille-et-Vil.	Hilsberg ou Hilsprich, 4	Sarreguemines	Moselle
			Hilsenheim, 3	Schélestatt	Bas-Rhin
Hilaire-des-Landes (St-), 6 1/4	Laval	Mayenne	Hilsprich, ou Hilsberg, 4	Sarreguemines	Moselle
Hilaire-des-Noyers (St.-), 2 1/4	Nogent-le-Rotrou	Eure-et-L.	Himeling (Puttelange-lès-Rodemack), 3 3/4	Thionville	Moselle
Hilaire-du-Bois (St.-), 6	La Réole	Gironde	Himer (St.-), 1/4	Pont-l'Evêque	Calvados
Hilaire-du-Bois (St.-), 5 1/2	Fontenay-le-Comte	Vendée	Himetière (St.-), 10	Lons-le-Saulnier	Jura
			Hinacour, 2 1/4	St.-Quentin	Aisne
Hilaire-du-Harcouet (St.)*, 3 1/4	Mortain	Manche	Hinckange, 5	Metz	Moselle
			Hindisheim, 6	Schélestatt	Bas-Rhin
Hilaire-en-Linières (St.-), 6 1/4	St.-Amand	Cher	Hindlingen, 2 1/4	Altkirch	Haut-Rhin
			Hinges, 1 1/4	Béthune	Pas-de-Cal.
Hilaire-Foissac (St.-), 7 3/4	Tulle	Corrèze	Hinglé (le), 2	Dinan	Côtes du N.
Hilaire-la-Croix (St.-), 9	Riom	Puy-de-Dô.	Hinsbourg, 6 1/4	Saverne	Bas-Rhin
Hilaire-la-Forêt (St.-), 6	Les Sables	Vendée	Hinsingen, 10 1/2	Saverne	Bas-Rhin
Hilaire-la-Gérard (St.-), 5 1/2	Alençon	Orne	Hinx, 2 1/2	Dax	Landes
			Hipostey (Pissos), 18	Mont-de-Marsan	Landes
Hilaire-la-Gravelle (St.-), 4	Vendôme	Loir-et-Ch.	Hyppolyte (St.-), 10 1/4	Espalion	Aveiron
Hilaire-la-Palu (St.-), 4 1/2	Niort	2 Sèvres	Hippolyte (St.-), 9 1/2	Mauriac	Cantal
Hilaire-la-Plaine (St.-), 2 1/2	Guéret	Creuse	Hippolyte (St.-), 6 1/2	Tulle	Corrèze
			Hippolyte (St.-)*, 6 1/2	Montbéliard	Doubs
Hilaire-la-Treille (St.-), 6 1/4	Bellac	H.-Vienne	Hyppolyte (St.-)*, 7	Le Vigan	Gard
			Hippolyte (St.-), 3 1/2	Libourne	Gironde
Hilaire-Lastours (St.-), 4 1/2	St.-Yrieix	H.-Vienne	Hippolyte (St.-), 2 1/2	Argentan	Orne
			Hippolyte (St.-), 1	Riom	Puy-de-Dô.
Hilaire-le-Doyen (St.-), 3 1/2	Saumur	Maine-et-L.	Hippolyte (St.-), 3 1/2	Perpignan	Pyrén.-Or.
			Hippolyte (St.-), 4	Colmar	Haut-Rhin
Hilaire-le-Grand (St.-), 6 1/4	Châlons-sur-Marne	Marne	Hippolyte (St.-), 7	Moissac	Tarn-et-Gar.
			Hippolyte (St-), 2	Carpentras	Vaucluse
Hilaire-le-Liézu (St.-), 9	Mamers	Sarthe	Hippolyte-de-Canteloup (St.-), 3 1/4	Lisieux	Calvados
Hilaire-le-Petit (St.-), 6	Rheims	Marne			
Hilaire-le-Peyroux (St.-), 3 1/2	Tulle	Corrèze	Hippolyte-de-Caton (St.), 3	Alais	Gard
Hilaire-le-Vouhis (St.-), 9 1/4	Fontenay-le-Comte	Vendée	Hippolyte-de-Montaigu (St.-), 2	Uzès	Gard
Hilaire-lès-Andresis (St.-), 5 3/4	Montargis	Loiret	Hippolyte-du-Biard (St), 2	Rochefort	Char.-Inf.
Hilaire-lès-Courbes (St-), 12	Tulle	Corrèze	Hippolyte-des-Prés (St.), 1	Lisieux	Calvados
			Hipsheim, 5 1/2	Schélestatt	Bas-Rhin
Hilaire-les-Monges (St-), 7 1/2	Riom	Puy-de-Dô.	Hirel, 4 1/4	St.-Malo	Ille-et-Vil.
			Hirschland, 6 1/4	Saverne	Bas-Rhin
Hilaire-lès-Mortagne, ou le Pigeon (St.-), 1	Mortagne	Orne	Hirsingen, 1	Altkirch	Haut-Rhin
			Hirson, 4	Vervins	Aisne
Hilaire-Luc (St.-), 5 1/4	Ussel	Corrèze	Hirtzelbach, 2 1/4	Schélestatt	Bas-Rhin

Communes	Arrondissem.	Départem.	Communes.	Arrondissem.	Départem.
Hirtzfelden, $7\frac{1}{2}$	Colmar	Haut-Rhin	Hommeries (les) (Bièvre) 2	Versailles	Seine-et-O.
Hiry (*Ternant*), 18	Nevers	Nièvre	Hommert, $3\frac{1}{2}$	Sarrebourg	Meurthe
His, 5	St.-Gaudens	H.-Garonne	Hommes, 9	Chinon	Indre-et-L.
Hitaud (la), 4	Tarbes	H. Pyrén.	Hommet (le), 3	St -Lô	Manche
Hitère (la), $9\frac{1}{2}$	Muret	H.-Garonne	Homps, 6	Narbonne	Aude
Hitte (la), 2	Auch	Gers	Homps, $6\frac{1}{2}$	Lectoure	Gers
Hitte (la), 5	Argelès	H.-Pyrén.	Homsville, $5\frac{1}{2}$	Valognes	Manche
Hitte (la), $5\frac{1}{2}$	Bagnères	H. Pyrén.	Honbergies, $6\frac{1}{4}$	Avesnes	Nord
Hitte (la), $3\frac{1}{2}$	Tarbes	H.-Pyrén.	Honce (la), 2	Bayonne	B.-Pyrén.
Hitte-Toupière (la), 7	Tarbes	H.-Pyrén.	Hondainville, 2	Clermont	Oise
Hix (*Bourg-Madame*), $2\frac{1}{2}$	Prades	Pyrén.-Or.	Hondeghem, $1\frac{1}{2}$	Hasebrouck	Nord
Hobling (*Chemery*), $5\frac{1}{2}$	Thionville	Moselle	Houdevilliers, $5\frac{1}{4}$	Coulommiers	Seine-et-M.
Hochecourt (*Mécringes*), 9	Epernay	Marne	Houdonville, 3	Louviers	Eure
Hochfelden, $3\frac{1}{4}$	Saverne	Bas-Rhin	Hondschoote, $4\frac{1}{2}$	Dunkerque	Nord
Hochstett, 2	Haguenau	Bas-Rhin	Honfleur *, 4	Pont-l'Évêque	Calvados
Hocmont, 3	Mezières	Ardennes	Honnechy, $6\frac{1}{2}$	Cambrai	Nord
Hocqigny, $4\frac{1}{2}$	Avranches	Manche	Honnecourt, 5	Cambrai	Nord
Hocquincourt, $4\frac{1}{4}$	Abbeville	Somme	Honor-de-Cos (l'), 3	Montauban	Tarn-et-Gar.
Hocquinghen, 7	Boulogne	Pas-de-Cal.	Honoré (St.-), $2\frac{1}{2}$	Quimper	Finistère
Hodan, 5	Mantes	Seine-et-O.	Honoré (St.-), 9	Grenoble	Isère
Hodenc-en-Bray, 3	Beauvais	Oise	Honoré (St.-), 5	Château-Chinon	Nièvre
Hodenc-l'Évêque, $3\frac{1}{2}$	Beauvais	Oise			
Hodeng-au-Bosc, $5\frac{1}{4}$	Neufchâtel	Seine-Inf.	Honoré (St -), 4	Dieppe	Seine-Inf.
Hodeng-en-Bray, 2	Neufchâtel	Seine-Inf.	Honorine-de-Ducy (Ste.), $4\frac{1}{2}$	Bayeux	Calvados
Hodeng-Hodenger, 8	Neufchâtel	Seine-Inf.			
Hodenger, 8	Neufchâtel	Seine-Inf.	Honorine-des-Perles (Ste.-), 3	Bayeux	Calvados
Hoënheim, 1	Strasbourg	B.-Rhin			
Hoerdt, $3\frac{1}{2}$	Strasbourg	B.-Rhin	Houorine-du-Fay (Ste)-, 2	Caen	Calvados
Hoëricourt, 4	Wassy	H.-Marne			
Hoff, $\frac{1}{2}$	Sarrebourg	Meurthe	Honorine-la-Chardonne (Ste.-), 8	Domfront	Orne
Hoffen, 4	Haguenau	B.-Rhin			
Hogues (les), $4\frac{1}{2}$	Les Andelys	Eure	Honorine-la-Guillaume (Ste.-), 7	Argentan	Orne
Hoguette (la), 1	Falaise	Calvados			
Hohatzenheim, 5	Saverne	Bas-Rhin	Honorine-la-Petite (Ste) $5\frac{1}{2}$	Argentan	Orne
Hohengoeft, $3\frac{1}{2}$	Saverne	Bas-Rhin			
Hohévile, 4	Lunéville	Meurthe	Hontan (la), $4\frac{1}{2}$	Orthez	B.-Pyrén.
Hohfranckenheim, $4\frac{1}{4}$	Saverne	Bas-Rhin	Hontanx, 5	Mont-de-Marsan	Landes
Hohroth, 5	Colmar	H.-Rhin			
Hohwiller, 4	Haguenau	Bas-Rhin	Hôpital (l'), 8	Nantua	Ain
Hoix (St.-), 5	Châteaulin	Finistère	Hôpital (l'), $12\frac{1}{4}$	Lons-le-Saulnier	Jura
Holacourt, 7	Metz	Moselle			
Holbach, 7	Sarreguemines	Moselle	Hôpital (l') (*Sarrazac*). 13	Gourdon	Lot
Holbach-lès-Lemberg, $5\frac{1}{2}$	Sarreguemines	Moselle			
			Hôpital (l') (*Pont-de-Montvert*), 4	Florac	Lozère
Holling, $6\frac{1}{2}$	St.-Quentin	Moselle	Hôpital (l'), 8	Sarreguemines	Moselle
Holnon, $1\frac{1}{2}$	Dunkerque	Aisne	Hôpital-Caufront (l'), 6	Brest	Finistère
Holque, 6	Colmar	Nord	Hôpital-d'Orion (l'), $3\frac{1}{2}$	Orthez	B -Pyrén.
Holtzwihr, $1\frac{1}{4}$	Metz	Haut-Rhin	Hôpital-de-Bouillé (l'), $3\frac{1}{2}$	Segré	Maine-et-L.
Holving, $3\frac{1}{2}$	Sarreguemines	Moselle			
Holtzheim, $1\frac{1}{2}$	Strasbourg	Bas-Rhin	Hôpital-de-Grayau (l'), $4\frac{1}{2}$	Lesparre	Gironde
Hom (le), $4\frac{1}{2}$	Villefranche	Aveiron			
Hombleux, $6\frac{1}{2}$	Péronne	Somme	Hôpital-du-Gros-Bois (l'), $4\frac{1}{2}$	Besançon	Doubs
Homblières, $1\frac{1}{2}$	St.-Quentin	Aisne			
Hombourg, 4	Thionville	Moselle	Hôpital-Issendolus (l'), $6\frac{1}{2}$	Figeac	Lot
Hombourg, 7	Altkirch	Haut-Rhin			
Hombourg-Bas . . . 6	Sarreguemines	Moselle	Hôpital-le-Grand (l'), 2	Montbrison	Loire
Hombourg-Haut, 6	Sarreguemines	Moselle	Hôpital-le-Mercier (l'), 6	Charolles	Saône-et-L.
Homécourt, $1\frac{1}{4}$	Briey	Moselle	Hôpital-St.-Blaize (l'), 3	Mauléon	B -Pyrén.
Homer (St.-l'-) *Courtomer*), 10	Alençon	Orne	Hôpital-St.-Lieffroy (l'), 4	Baume	Doubs
Hommaisé (l'), 5	Montmorillon	Vienne	Hôpital-Ste-Christie (l') $12\frac{1}{4}$	Condom	Gers
Hommartin, $2\frac{2}{4}$	Sarrebourg	Meurthe			
Homme (l'), 7	S.-Calais	Sarthe			

Communes.	Arrondissem.	Départem.
Hopital-sous-Rochefort (St.-), 4	Montbrison	Loire
Hopitaux-Neufs, $4\frac{1}{4}$	Pontarlier	Doubs
Hopitaux-Vieux, $3\frac{1}{4}$	Pontarlier	Doubs
Horbourg, $\frac{3}{4}$	Colmar	H. Rhin
Horça (*Ossés*), $11\frac{1}{4}$.	Mauléon	B.-Pyrén.
Hordain, $5\frac{3}{4}$	Douai	Nord
Horgne (la), 4	Mézières	Ardennes
Horgne (la) (*Goin*), $4\frac{3}{4}$	Metz	Moselle
Horgues, 6	Lombez	Gers
Horgues, $\frac{1}{2}$	Tarbes	H.-Pyrén.
Hornaing, $5\frac{1}{4}$	Douai	Nord
Hornoy, 8	Amiens	Somme
Horoux (le), 4	Nantes	Loire-Inf.
Horps (le), 4	Mayenne	Mayenne
Horsarrieu, $2\frac{1}{2}$	St.-Sever	Landes
Horthes, $4\frac{1}{2}$	Langres	H.-Marne
Hortoy (l'), 6	Montdidier	Somme
Horts (les), $2\frac{1}{2}$	Prades	Pyrén.-Or.
Horville, $8\frac{3}{4}$	Commercy	Meuse
Hosme (l'), 7	Evreux	Eure
Hôsme-Chamodat (l'), 3	Mortagne	Orne
Hospitalet (l'), 5	Forcalquier	B.-Alpes
Hospitalet (l'), $15\frac{1}{4}$	Foix	Ariége
Hospitalet (l'), $4\frac{1}{2}$	Milhaud	Aveiron
Hospitalet (l'), $2\frac{3}{4}$	Cahors	Lot
Hosse (la), $5\frac{3}{4}$	St.-Sever	Landes
Host, 4	Sarreguemines	Moselle
Hosta, $6\frac{1}{2}$	Mauléon	B.-Pyrén.
Hosteins, 10	Bazas	Gironde
Hostias, $6\frac{1}{4}$	Belley	Ain
Hostien (St.-), 3	Le Puy	H.-Loire
Hostun, $6\frac{1}{4}$	Valence	Drôme
Hotelans, 5	Dôle	Jura
Hôtellerie (l'), 4	Lisieux	Calvados
Hôtellerie-de-Flée (l'), $1\frac{1}{2}$	Segré	Maine-et-L.
Hothstatt, $2\frac{3}{4}$	Altkirch	Haut-Rhin
Hotonne, 7	Nantua	Ain
Hotot, $5\frac{3}{4}$	Pont-l'Evêque	Calvados
Hotteviller, 6	Sarreguemines	Moselle
Hottot, $3\frac{3}{4}$	Bayeux	Calvados
Houat (île de) (*Palais*), 14	Lorient	Morbihan
Houblonière (la), $2\frac{1}{2}$	Lisieux	Calvados
Houchain, $1\frac{1}{4}$	Béthune	Pas-de-Cal.
Houdain, $6\frac{1}{2}$	Avesnes	Nord
Houdain, $3\frac{1}{4}$	Béthune	Pas-de-Cal
Houdan *, $7\frac{1}{4}$	Mantes	Seine-et-O.
Houdancourt, 4	Compiégne	Oise
Houdelaincourt *, $6\frac{3}{4}$	Commercy	Meuse
Houdelancourt, 7	Montmédy	Meuse
Houdelémont (*Ville-(Houdelémont*), $8\frac{3}{4}$	Briey	Moselle
Houdelmont, 5	Nancy	Meurthe
Houdemont, $1\frac{1}{2}$	Nancy	Meurthe
Houdetot, 6	Yvetot	Seine-Inf.
Houdreville, 6	Nancy	Meurthe
Houécourt, $3\frac{3}{4}$	Neufchateau	Vosges
Houéillés, $7\frac{3}{4}$	Nérac	Lot-et-Gar.
Houetteville, $3\frac{1}{4}$	Louviers	Eure
Houéville, 2	Neufchâteau	Vosges
Houga (le), $15\frac{1}{2}$	Condom	Gers
Houguemarre, 5	Pont-Audemer	Eure
Houilles, 4	Versailles	Seine-et-O.
Houlbec-Cocherel, 5	Evreux	Eure

Communes.	Arrondissem.	Départem.
Houlbec, près le Grostheil, 7	Louviers	Eure
Houldicourt, $4\frac{1}{2}$	Rethel	Ardennes
Houldizy, $1\frac{1}{2}$	Mézières	Ardennes
Houlette, 3	Cognac	Charente
Houlkerque, $4\frac{1}{2}$	Hazebrouk	Nord
Houlle, 2	St.-Omer	Pas-de-Cal.
Houlme (le), 3	Rouen	Seine-Inf.
Houmeau (l'), $\frac{3}{4}$	Angoulême	Charente
Houmeau (l'), 1	La Rochelle	Char.-Inf.
Houmée (l'), 6	Saintes	Char.-Inf.
Houmois (l'), 3	Parthenay	2 Sèvres
Houmoux, 7	Limoux	Aude
Houplin, $2\frac{1}{2}$	Lille	Nord
Houplines, 4	Lille	Nord
Houppeville, $2\frac{3}{4}$	Rouen	Seine-Inf.
Houquetot, 6	Le Hâvre	Seine-Inf.
Hourc, 2	Tarbes	H.-Pyrén.
Hourcade (la), 6	Oléron	B.-Pyrén.
Hourges, $4\frac{3}{4}$	Rheims	Marne
Hourges (*Domart*), 6	Montdidier	Somme
Hours, 5	Pau	B.-Pyrén.
Hourtin, $4\frac{1}{4}$	Lesparre	Gironde
Houry, $1\frac{1}{2}$	Vervins	Aisne
Houssay, $2\frac{1}{2}$	Vendôme	Loir-et-Ch.
Houssay, 2	Château-Gontier	Mayenne
Houssaye (la), 4	Bernay	Eure
Houssaye (la) (*Villebout*), 6	Vendôme	Loir-et-Ch.
Houssay (la), 5	Coulommier	Seine-et-M.
Houssaye-Berranger (la), $5\frac{1}{4}$	Rouen	Seine-Inf.
Housseau (le), $5\frac{1}{2}$	Mayenne	Mayenne
Housseau (le), $5\frac{1}{2}$	Domfront	Orne
Housselmont, 4	Toul	Meurthe
Houssen, $1\frac{1}{4}$	Colmar	Haut-Rhin
Housseras, 6	Epinal	Vosges
Housset, $3\frac{3}{4}$	Vervins	Aisne
Housséville, 8	Nancy	Meurthe
Houssière (la), 4	St.-Dié	Vosges
Houssoye (la), 3	Beauvais	Oise
Houssoye (la), $3\frac{1}{2}$	Amiens	Somme
Houtaud, 1	Pontarlier	Doubs
Houtteville, 3	Bayeux	Calvados
Houtteville, $9\frac{1}{4}$	Coutances	Manche
Houvigneul, 3	St.-Pol	Pas-de-Cal.
Houville, 2	Les Andelys	Eure
Houville, $2\frac{1}{2}$	Chartres	Eure-et-L.
Houvin, 3	St.-Pol	Pas-de-Cal.
Houx, $5\frac{1}{2}$	Chartres	Eure-et-L.
Hoymille, $2\frac{1}{2}$	Dunkerque	Nord
Huanne, $2\frac{1}{2}$	Baume	Doubs
Hubans, 6	Clamecy	Nièvre
Hubersent, $3\frac{3}{4}$	Montreuil	Pas-de-Cal.
Hubert (St.-) (*Villers-Brettnach*), 5	Metz	Moselle
Hubert (St.-) (*Essarts*), $3\frac{1}{2}$	Rambouillet	Seine-et-O.
Hubert-Folie, 2	Caen	Calvados
Huberville, $\frac{3}{4}$	Valognes	Manche
Hublets (les) (*Villeneuve-la-Lyonne*), $11\frac{1}{4}$	Epernay	Marne
Huchenneville, $1\frac{1}{2}$	Abbeville	Somme

Communes.	Arrondissem.	Départem.
Huchepie (*Vendôme*)	Vendôme	Loir-et-Ch.
Huchliez, $1\frac{3}{4}$	St.-Pol	Pas-de-Cal.
Hucqueliers, 3	Montreuil	Pas-de-Cal.
Hudimesnil, $6\frac{1}{4}$	Coutances	Manche
Hudiviller, $1\frac{3}{4}$	Lunéville	Meurthe
Huelgoat, 9	Châteaulin	Finistère
Huest, $\frac{1}{2}$	Evreux	Eure
Huêtres, $3\frac{3}{4}$	Orléans	Loiret
Huez, 10	Grenoble	Isère
Huez (*Bona*), $7\frac{3}{4}$	Nevers	Nièvre
Huges (*Moriès*), 5	Castellanne	B.-Alpes
Hugier, 5	Gray	H.-Saône
Huillé, 5	Baugé	Maine-et-L.
Huillecourt, $8\frac{3}{4}$	Chaumont	H.-Marne
Huilly, 4	Louhans	Saône-et-L.
Huiron, $1\frac{1}{2}$	Vitry-le-Français	Marne
Huis (l') ou Luis, $5\frac{3}{4}$	Belley	Ain
Huismes, $1\frac{1}{2}$	Chinon	Indre-et-L.
Huisseau, 2	Vendôme	Loir-et-Ch.
Huisseau, $2\frac{1}{2}$	Blois	Loir-et-Ch.
Huisseau-sur-Mauve, $3\frac{1}{4}$	Orléans	Loiret
Huisserie (l'), $1\frac{1}{2}$	Laval	Mayenne
Huître (l'), 2	Arcis-sur Aube	Aube
Hulai (*Gretz*), $2\frac{1}{2}$	Fontainebleau	Seine-et-M.
Huleux (*Néry*), 4	Senlis	Oise
Hulies, $5\frac{1}{2}$	Marmande	Lot-et-Gar.
Hulluch, $3\frac{1}{4}$	Béthune	Pas-de-Cal.
Hultenhausen, $5\frac{1}{2}$	Sarrebourg	Meurthe
Humbauville, 3	Vitry-le-Français	Marne
Humbécourt, $2\frac{1}{4}$	Wassy	H.-Marne
Humbercourt, $3\frac{1}{4}$	Doullens	Somme
Humbert, 2	Montreuil	Pas-de-Cal.
Humberville, $7\frac{1}{4}$	Chaumont	H.-Marne
Humbligny, $3\frac{1}{2}$	Sancerre	Cher
Humereuil, $2\frac{1}{2}$	St.-Pol	Pas-de-Cal.
Humery (l') (*Étampes*), $\frac{1}{2}$	Étampes	Seine-et-O.
Humes, $1\frac{1}{2}$	Langres	H.-Marne
Humières, $2\frac{1}{2}$	St.-Pol	Pas-de-Cal.
Hun-les-Places (d'), $12\frac{1}{2}$	Clamecy	Nièvre
Hunawiho, 3	Colmar	Haut-Rhin
Humbercamps, 4	Arras	Pas-de-Cal.
Hundsbach, $2\frac{1}{2}$	Altkirch	Haut Rhin
Huningue *, 6	Altkirch	Haut-Rhin
Hunsbach, 5	Haguenau	Bas-Rhin
Hunting, $3\frac{1}{4}$	Thionville	Moselle
Huos, $2\frac{1}{2}$	St.-Gaudens	H.-Garonne
Huparlac, 9	Espalion	Aveiron
Huppain, $2\frac{3}{4}$	Bayeux	Calvados
Huppy, $3\frac{1}{4}$	Abbeville	Somme
Hurbache, 2	St.-Dié	Vosges
Hurecourt, $12\frac{3}{4}$	Lure	H.-Saône
Hures, $1\frac{1}{2}$	La Réole	Gironde
Hures, $4\frac{1}{4}$	Florac	Lozère
Huriel, $2\frac{1}{2}$	Montluçon	Allier
Hurigny, 2	Mâcon	Saône-et-L.
Hurlus, $4\frac{1}{2}$	Ste-Menehould	Marne
Hurtières, 5	Grenoble	Isère
Hurtigheim, 3	Strasbourg	Bas-Rhin
Huruges (St.-), 10	Mâcon	Saône-et-L.
Husseren, 12	Belfort	Haut-Rhin
Husseren, 2	Colmar	Haut-Rhin
Hussigny, 6	Briey	Moselle

Communes.	Arrondissem.	Départem.
Husson, $2\frac{1}{4}$	Mortain	Manche
Hutte (la) (*Hennezel*), $9\frac{1}{4}$	Mirecourt	Vosges
Huttendorff, $2\frac{1}{2}$	Haguenau	Bas-Rhin
Huviller, $\frac{3}{4}$	Lunéville	Meurthe
Huynes, $3\frac{1}{4}$	Avranches	Manche
Hyds, 4	Montluçon	Allier
Hyemondans, 7	Baume	Doubs
Hyencourt-le-Grand, $4\frac{1}{2}$	Péronne	Somme
Hyencourt-le-Petit, $4\frac{1}{2}$	Péronne	Somme
Hyenville, $1\frac{3}{4}$	Coutances	Manche
Hyères *, $4\frac{1}{4}$	Toulon	Var
Hyet, 5	Vesoul	H.-Saône
Hymont, $1\frac{1}{4}$	Mirecourt	Vosges

I.

Communes.	Arrondissem.	Départem.
Ibarre, $5\frac{1}{4}$	Mauléon	B.-Pyrén.
Ibarrolle, 6	Mauléon	B.-Pyrén.
Ibigny, 5	Sarrebourg	Meurthe
Ibos, $1\frac{1}{4}$	Tarbes	H.-Pyrén.
Ichoux, 22	Mont-de-Marsan	Landes
Ichtratzheim, $3\frac{3}{4}$	Strasbourg	Bas-Rhin
Ichy, $7\frac{3}{4}$	Fontainebleau	Seine-et-M.
Iclon, $6\frac{1}{4}$	Yvetot	Seine-Inf.
Idaux $1\frac{1}{2}$	Mauléon	B.-Pyrén.
Idernes, $9\frac{1}{2}$	Pau	B.-Pyrén.
Ides, 7	Gien	Loiret
Idrac, 1	Mirande	Gers
Idron, 1	Pau	B.-Pyrén.
Ids (St.-Roch), $4\frac{3}{4}$	St.-Amand	Cher
Iffendic, $1\frac{1}{4}$	Montfort	Ille-et-Vil.
Iffiniac, $1\frac{1}{4}$	St.-Brieuc	Côtes-du-N.
Ifs, $1\frac{1}{4}$	Caen	Calvados
Iffs (les), 5	Montfort	Ille-et-Vil.
Ifs (les), ou Eavis, $4\frac{1}{2}$	Dieppe	Seine-Inf.
Ifs (les), $4\frac{3}{4}$	Rouen	Seine-Inf.
Ifs-sur-Laizon, 4	Falaise	Calvados
Igé, 5	Mortagne	Orne
Igé, $3\frac{1}{2}$	Mâcon	Saône-et-L.
Igest (St.-), 7	St.-Affrique	Aveiron
Igest (St-), 3	Villefranche	Aveiron
Ignan (St.-), $1\frac{1}{2}$	St.-Gaudens	H.-Garonne
Ignat (St.-), 3	Riom	Puy-de-Dô.
Ignaucourt, 6	Montdidier	Somme
Ignauville, $7\frac{3}{4}$	Le Hâvre	Seine-Inf.
Igneaux, 11	Foix	Ariége
Igneuc (St.-), $5\frac{1}{4}$	Dinan	Côtes-du-N.
Igney, 5	Sarrebourg	Meurthe
Igney, 3	Epinal	Vosges
Ignol, $7\frac{1}{2}$	St.-Amand	Cher
Igny, 4	Gray	H.-Saône
Igny (St.-) (*Villers-le-Sec*), $2\frac{3}{4}$	Vesoul	H.-Saône
Igny, 2	Versailles	Seine-et-O.
Igny-de-Roche (St.-), 8	Charolles	Saône-et-L.
Igny-de-Vers (St.-), $8\frac{3}{4}$	Villefranche	Rhône
Igny-le-Jard, $4\frac{3}{4}$	Epernay	Marne
Igon, 5	Pau	B.-Pyrén.
Igornay, $2\frac{3}{4}$	Autun	Saône-et-L.
Iges, 6	Mont-de-Marsan	Landes

Communes.	Arrondissem.	Départem.
Igoville, 3 ½	Louviers	Eure
Iguerande, 11	Charolles	Saône-et-L.
Iholdy, 9 ½	Mauléon	B.-Pyrén.
Iis (*Bareilhes*), 11 ½	Bagnères	H.-Pyrén.
Ilay (*Chaux-du-Dombief*), 8	St.-Claude	Jura
Ilhan, 11 ½	Bagnères	H.-Pyrén.
Ilharre, 7 ½	Mauléon	B.-Pyrén.
Ilhes (les), 4 ½	Carcassonne	Aude
Ilhet, 9	Bagnères	H.-Pyrén.
Ilheu, 14	Bagnères	H.-Pyrén.
Illac, 3	Bordeaux	Gironde
Illaire-d'Ozillan (St.-), 4 ½	Uzès	Gard
Illange, 1	Thionville	Moselle
Illartein, 3 ½	St.-Girons	Ariége
Illat, 4	Foix	Ariége
Ille, 4	Prades	Pyrén.-Or.
Illes (les), 4 ½	Ceret	Pyrén.-Or.
Illeville-sur-Monfort, 3 ½	Pont-Audemer	Eure
Illfurth, 2	Altkirch	Haut-Rhin
Illhausern, 3 ½	Colmar	Haut-Rhin
Illiat, 10 ½	Trévoux	Ain
Illide (St.-) 4 ½	Aurillac	Cantal
Illier, 6 ½	Foix	Ariége
Illiers,* 5 ½	Chartres	Eure-et-L.
Illiers l'Évesque, 5	Evreux	Eure
Illiers-la-Ville (St.-), 3 ½	Mantes	Seine-et-O.
Illiers-le-Bois (St.-), 4 ½	Mantes	Seine-et-O.
Illies, 5	Lille	Nord
Illifaut, 9	Loudéac	Côtes-du-N.
Illins, 2 ½	Vienne	Isère
Illkirch, 1 ½	Strasbourg	Bas-Rhin
Illois, 4	Neufchâtel	Seine-Inf.
Illoud, 10	Chaumont	H.-Marne
Illy, 1 ½	Sedan	Ardennes
Illzach, 5	Altkirch	Haut-Rhin
Ilphize (St.-), 3 ½	Brioude	H.-Loire
Imbert (St.-) (*Chantenay*), 11 ½	Nevers	Nièvre
Imbleville, 6	Dieppe	Seine-Inf.
Imbsheim, 3	Saverne	B.-Rhin
Imécourt 5 ½	Vouziers	Ardennes
Imling, ½	Sarrebourg	Meurthe
Immonville, 1 ½	Briey	Moselle
Imoges (St.-), 4	Rheims	Marne
Imphy, 3 ¾	Nevers	Nièvre
Inaumont, 1 ½	Rethel	Ardennes
Inaye, 1 ½	Bayeux	Calvados
Incarville, ½	Louviers	Eure
Inchy, 5	Cambrai	Nord
Inchy, 6	Arras	Pas-de-Cal.
Incourt, 3 ¾	St.-Pol	Pas-de-Cal.
Indevillers, 9 ½	Montbéliard	Doubs
Inerville, 2 ½	Dieppe	Seine-Inf.
Ineuil, 4	St.-Amand	Cher
Infournas (les), 5 ½	Gap	H.-Alpes
Infreville, 7	Pont-Audemer	Eure
Ingenheim, 3 ½	Saverne	B.-Rhin
Ingersheim 1 ½	Colmar	H.-Rhin
Inger, 3	Villefranche	H.-Garonne
Inghem, 2 ½	St.-Omer	Pas-de-Cal.
Inglange, 2	Thionville	Moselle
Inglevert (St.-), 5	Boulogne	Pas-de-Cal.
Ingolsheim, 5 ½	Haguenau	B.-Rhin
Ingouville, ½	Le Hâvre	Seine-Inf.

Communes.	Arrondissem.	Départem.
Ingouville, 6 ½	Yvetot	Seine-Inf.
Ingrande, 2	Châtellerault	Vienne
Ingrandes, 2	Le Blanc	Indre
Ingrandes, 4 ½	Chinon	Indre-et-L.
Ingrandes*, 8	Angers	Maine et-L.
Ingranne, 6	Orléans	Loiret
Ingré, 1 ½	Orléans	Loiret
Ingreville (l'), 3 ½	Coutances	Manche
Inguiniel, 8	Lorient	Morbihan
Ingwiler, 5	Saverne	B.-Rhin
Inimond, 3 ½	Belley	Ain
Injoux, 6	Nantua	Ain
Innenheim, 6 ½	Schélestatt	B.-Rhin
Innocence (Ste.-), 4	Bergerac	Dordogne
Innocents, 7	Dieppe	Seine-Inf.
Inor, 3 ½	Montmédy	Meuse
Inos, 10 ¾	Florac	Lozère
Insming, 9 ½	Château-Salins	Meurthe
Inswiller, 9	Château-Salins	Meurthe
Intel (*Erdeven*), 4 ½	Lorient	Morbihan
Intraville, 4	Dieppe	Seine-Inf.
Intreville, 11 ½	Chartres	Eure-et-L.
Intville-la-Guétard, 2 ½	Pithiviers	Loiret
Intvilliers (*Givraines*), 2 ½	Pithiviers	Loiret
Inval-Boiron, 10	Amiens	Somme
Inxent, 2	Montreuil	Pas-de-Cal.
Inzinzac, 3	Lorient	Morbihan
Ippécourt, 6 ½	Bas-le-Duc	Meuse
Ippling, 1	Sarreguemines	Moselle
Irai, 4 ½	Mortagne	Orne
Iranci, 3	Auxerre	Yonne
Irazein, 4	St.-Girons	Ariége
Iré-le-Sec, 1 ½	Montmédy	Meuse
Iriberry (*Bustince*), 8 ½	Mauléon	B.-Pyrén.
Iriberry (*St.-Etienne-en-Baigorry*), 12 ½	Mauléon	B.-Pyrén.
Irigny, 2 ½	Lyon	Rhône
Irissarry, 9 ¾	Mauléon	B.-Pyrén.
Irles, 6	Péronne	Somme
Irmstett, 4 ¾	Strasbourg	Bas-Rhin
Irodouër, 3 ½	Montfort	Ille-et-Vil.
Iron, 6 ½	Vervins	Aisne
Irouleguy, 12	Mauléon	B.-Pyrén.
Irray, 7	Parthenay	2 Sèvres
Irreville, 2 ½	Evreux	Eure
Irvillac, 6	Brest	Finistère
Is-Bonne-Combe, 2 ½	Rodez	Aveiron
Is-en-Bassigny, 7	Chaumont	H.-Marne
Is-sur-Tille,* 4 ¾	Dijon	Côte-d'Or
Isaire (St.), 3 ¾	St.-Affrique	Aveiron
Isbergues, 7 ½	Béthune	Pas-de-Cal.
Isches, 9 ½	Neufchâteau	Vosges
Isenhausen, 5	Saverne	Bas-Rhin
Iseure, 4	Dijon	Côte-d'Or
Iseux, 4	Amiens	Somme
Isigny,* 9 ¾	Bayeux	Calvados
Isigny, 4	Mortain	Manche
Island (*St.-Martin-la-Mer*), 11	Beaune	Côte-d'Or
Island, 1 ½	Avallon	Yonne
Islat, 9 ½	Bordeaux	Gironde
Isle (l') (*Vergons*), 6	Castellanne	B.-Alpes
Isle (Ste.-), 3 ¾	Laval	Mayenne
Isle (l'), 2	Gaillac	Tarn
Isle (l'), 3 ½	Avignon	Vaucluse

Communes.	Arrondissem.	Départem.	Communes.	Arrondissem.	Départem.
Isle, 1	Limoges	H.-Vienne	Issigeac, $4\frac{3}{4}$	Bergerac	Dordogne
Isle-Adam (l'), 3	Pontoise	Seine-et-O.	Issirac, 9	Uzès	Gard
Isle-Aumont, $2\frac{3}{4}$	Troyes	Aube	Issoire *	ch.-l. d'ar., 142	Puy-de-Dô.
Isle-aux-Moines (l'), 2	Vannes	Morbihan	Isson, $3\frac{1}{2}$	Vitry-le-Fran-	Marne
Isle-Baïse (l'), 2	Mirande	Gers		çais	
Isle - Bouchard (St.-Gilles),* 3	Chinon	Indre-et-L.	Issoncourt, 6	Bar-le-Duc	Meuse
			Isor, $6\frac{1}{2}$	Oléron	B.-Pyrén.
Isle-Bouchard-St.-Maurice), 3	Chinon	Indre-et-L.	Issou, $1\frac{1}{4}$	Mantes	Seine-et-O.
			Issoudun, $2\frac{3}{4}$	Aubusson	Creuse
Isle-Chauvet (le) (Châteauneuf), $15\frac{1}{4}$	Les Sables	Vendée	Issoudun *	ch.-l. d'ar., 60	Indre
			Issus, 6	Villefranche	H.-Garonne
Isle-d'Albeau (l') $7\frac{1}{2}$	Vienne	Isère	Issy, $1\frac{3}{2}$	Sceaux	Seine
Isle-d'Arze, 2	Vannes	Morbihan	Issy-l'Évêque, 9	Autun	Saône-et-L.
Isle-d'Espagne (l'), 1	Angoulême	Charente	Istres, $8\frac{1}{4}$	Aix	B.-du Rhône
Isle-d'Olonne (l'), $2\frac{1}{4}$	Les Sables	Vendée	Istres (les), $2\frac{3}{4}$	Epernay	Marne
Isle-de-Bouin (l'), $18\frac{1}{4}$	Les Sables	Vendée	Isturitz, 5	Bayonne	B.-Pyrén.
Isle-de-Sein (l'), $17\frac{1}{2}$	Quimper	Finistère	Iteincourt, $1\frac{1}{4}$	St.-Quentin	Aisne
Isle-Delle, $4\frac{3}{4}$	Fontenay-le-Comte	Vendée	Iteuil, 4	Poitiers	Vienne
			Ithorrots, $3\frac{3}{4}$	Mauléon	B.-Pyrén.
Isle-devant-Louppy (l'), $3\frac{3}{4}$	Bar-le-Duc	Meuse	Ittenheim, $2\frac{3}{4}$	Strasbourg	Bas-Rhin
			Itterswiller, $2\frac{3}{4}$	Schélestatt	Bas-Rhin
Isle-Dieu (l'), 15	Les Sables	Vendée	Itteville, 4	Etampes	Seine-et-O.
Isle-du-Carney (l') (Lugon), $3\frac{1}{4}$	Libourne	Gironde	Ittlenheim, 4	Strasbourg	Bas-Rhin
			Itxassou, 6	Bayonne	B.-Pyrén.
Isle-en-Rigaut (l'), 3	Bar-le-Duc	Meuse	Itzac, $4\frac{1}{4}$	Gaillac	Tarn
Isle-Jourdain (l'),* 5	Lombez	Gers	Ivergny, 5	St.-Pol	Pas-de-Cal.
Isle-Jourdain (l')*, 6	Montmorillon	Vienne	Iverny, 2	Meaux	Seine-et-M.
Isle-lès-Villenoy, $1\frac{1}{2}$	Meaux	Seine-et-M.	Iversais, 4	Poitiers	Vienne
Isle-St-Denis (l'), $\frac{1}{4}$	St.-Denis	Seine	Iviers, $3\frac{1}{2}$	Vervins	Aisne
Isle-St.-Georges (l'), $4\frac{1}{4}$	Bordeaux	Gironde	Iville, $4\frac{1}{2}$	Louviers	Eure
Isle-sur-Imoude (l'), 4	Auch	Gers	Ivillers, 2	Senlis	Oise
Isle-sur-le-Doubs (l')*, 5	Baume	Doubs	Ivors, 9	Senlis	Oise
Isle-sur-le-Serein (l'), 4	Avallon	Yonne	Ivory, $3\frac{1}{2}$	Poligny	Jura
Isle-sur-Mar, 8	Montluçon	Allier	Ivoy-le-Galeux, 9	Romorantin	Loir-et-Ch.
Isle-sur-Marne, $2\frac{1}{2}$	Vitry-le-François	Marne	Ivrey, 6	Poligny	Jura
			Ivry, 5	Beaune	Côte-d'Or
Isle-Tudy, $5\frac{1}{4}$	Quimper	Finistère	Ivry, $2\frac{1}{2}$	Sceaux	Seine
Isles, $4\frac{1}{2}$	Rheims	Marne	Ivry-la-Bataille, $6\frac{1}{4}$	Evreux	Eure
Isles-Bardeles (les), 3	Falaise	Calvados	Ivry-le-Temple, 6	Beauvais	Oise
Isles-les-Meldeuses (Armantières), $2\frac{3}{4}$	Meaux	Seine-et-M.	Iwuy, $2\frac{1}{2}$	Cambrai	Nord
			Izans (St.-), 2	Lesparre	Gironde
Isle-sous-Ramerupt, $2\frac{1}{2}$	Arcis-sur-Aube	Aube	Izaourt, 13	Bagnères	H.-Pyrén.
Islettes (les), 8	Verdun	Meuse	Izaut-de-l'Hôtel, $2\frac{1}{2}$	St.-Gaudens	H.-Garonne
Ismire (St.-), $2\frac{1}{2}$	Grenoble	Isère	Izaute, 14	Condom	Gers
Isnay, $7\frac{1}{2}$	Château-Chinon	Nièvre	Izaux, $6\frac{1}{2}$	Bagnères	H.-Pyrén.
Isneauville, 2	Rouen	Seine-Inf.	Izé, $2\frac{2}{3}$	Vitré	Ille-et-Vil.
Isomes, $6\frac{1}{4}$	Langres	H.-Marne	Izé, 6	Mayenne	Mayenne
Ispagnac, $2\frac{1}{4}$	Florac	Lozère	Izeau (St.-Benoît d'), $7\frac{1}{2}$	St.-Marcellin	Isère
Ispoure ou St.-Laurent, 10	Mauléon	B.-Pyrén.	Izel-lès-Equerchin, 4	Arras	Pas-de-Cal.
			Izel-lès-Hameaux, 5	St -Pol	Pas-de-Cal.
Isques, $1\frac{1}{2}$	Boulogne	Pas-de-Cal.	Izenave, 4	Nantua	Ain
Issac, $5\frac{1}{4}$	Bergerac	Dordogne	Izernore, 2	Nantua	Ain
Issac-la-Tourette, $1\frac{1}{2}$	Riom	Puy-de-Dô.	Izeron, $1\frac{1}{2}$	St.-Marcellin	Isère
Issamoulène, $5\frac{1}{2}$	Privas	Ardèche	Izeste, $5\frac{1}{4}$	Oléron	B.-Pyrén.
Issancourt, $2\frac{1}{4}$	Mézières	Ardennes	Izier, 3	Dijon	Côte-d'Or
Issandon, $4\frac{1}{2}$	Brives	Corrèze	Izieu, $2\frac{3}{4}$	Belley	Ain
Issans, $1\frac{1}{4}$	Montbéliard	Doubs	Izieux, $2\frac{1}{4}$	St.-Étienne	Loire
Issards (les), 3	Pamiers	Ariège	Izo, $12\frac{1}{2}$	Nyons	Drôme
Issarlès, $11\frac{1}{4}$	Argentière	Ardèche	Ison, $3\frac{1}{2}$	Libourne	Gironde
Issel, $1\frac{1}{2}$	Castelnaudary	Aude	Izotges, $11\frac{3}{4}$	Mirande	Gers
Issendolus (l'Hôpital), $6\frac{1}{2}$	Figeac	Lot	Izy, $3\frac{1}{2}$	Pithiviers	Loiret
Issenheim, $4\frac{1}{4}$	Colmar	Haut-Rhin			
Issepts, $2\frac{3}{4}$	Figeac	Lot			
Isserpent, $2\frac{3}{4}$	La Palisse	Allier			
Issertaux, $8\frac{1}{2}$	Clermont	Puy-de-Dô.			
Isses, $4\frac{1}{4}$	Châlons-sur-Marne	Marne			

Communes.	Arrondissem.	Départem.
J.		
Jablines, 2 ½	Meaux	Seine-et-M.
Jabreilles, 10 ½	Bellac	H.-Vienne
Jabrun, 8	St.-Flour	Cantal
Jacou, 1 ½	Montpellier	Hérault
Jacque, 5 ½	Tarbes	H.-Pyrén.
Jacquelin (*Doussais*), 4	Châtellerault	Vienne
Jacques (St.-), 7	Digne	B.-Alpes
Jacques (St.-), 7 ½	Gap	H.-Alpes
Jacques (St.-),	Lisieux	Calvados
Jacques (St.-), 7	Bressuire	2 Sèvres
Jacques-d'Alhiermont (St.-), 3 ½	Dieppe	Seine-Inf.
Jacques-d'Amburg (St.-), 5 ¼	Riom	Puy-de-Dô.
Jacques-d'Aticieux (St.-), 15 ½	Tournon	Ardèche
Jacques-de-la-Lande (St.-), 1 ½	Rennes	Ille-et-Vil.
Jacques-des-Arrêts (St.-), 8 ½	Villefranche	Rhône
Jacques-des-Blats (St.-), 6	Aurillac	Cantal
Jacques-des-Guerêts (St.-), 5 ¼	Vendôme	Loir-et-Ch.
Jacques-la-Croisée (St.-) (*Moirans*), 7 ½	St.-Marcellin	Isère
Jacques-Lefort (*Berulle*), 8 ½	Troyes	Aube
Jacques-sur-Darnétal (St.-), 2	Rouen	Seine-Inf.
Jacqueville, 4 ¾	Fontainebleau	Seine-et-M.
Jacut (St.-), 6	Dinan	Côtes-du-N.
Jacut (St.-), 6 ¾	Loudéac	Côtes-du-N.
Jacut (St.-), 11	Vannes	Morbihan
Jagny, 6	Pontoise	Seine-et-O.
Jagonnas, 6	Le Puy	H.-Loire
Jaignes, 3 ¼	Meaux	Seine-et-M.
Jaillans (*Hostun*), 6	Valence	Drôme
Jaillé-Yvon, 3 ¼	Segré	Maine-et-L.
Jaillette (*Louvaines*), 1	Segré	Maine-et-L.
Jaillon, 2	Toul	Meurthe
Jailly, 9	Nevers	Nièvre
Jailly-les-Moulins, 5 ½	Semur	Côte-d'Or
Jainvillotte, 2 ¾	Neufchâteau	Vosges
Jal (St.-), 5 ¼	Tulle	Corrèze
Jalenques, 7 ¼	Rodez	Aveiron
Jalesches, 3 ½	Boussac	Creuse
Jaleyrac, 1 ½	Mauriac	Cantal
Jallais, 2 ½	Beaupréau	Maine-et-L.
Jallanges, 6 ½	Beaune	Côte-d'Or
Jallans, 1	Châteaudun	Eure-et-L.
Jallaucourt, 2	Château-Salins	Meurthe
Jalle (Ste.-), 3 ¾	Nyons	Drôme
Jallerange, 6	Besançon	Doubs
Jallieu, 4	La Tour-du-Pin	Isère
Jalligny, 4 ½	La Palisse	Allier
Jalognes, 2 ¾	Sancerre	Cher
Jalogny, 5 ½	Mâcon	Saône-et-L.
Jâlons*, 3 ¼	Châlons-sur-Marne	Marne
Jamaye (la), 4	Riberac	Dordogne
Jambles, 3 ¼	Châlons	Saône-et L.
Jamblusse (*Saillac*), 7	Cahors	Lot
Jambville, 3 ¼	Mantes	Seine-et-O.
James (St.-), 4 ½	Avranches	Manche
James (St.-), 3 ½	Pau	B.-Pyrén.
James (St.-) (*Montbizot*), 4 ½	Le Mans	Sarthe
Jametz, 2 ½	Montmédy	Meuse
Jamezieu, 9 ½	La Tour-du-Pin	Isère
Jamméricourt, 6	Beauvais	Oise
Janaillac, 4	St.-Yrieix	H.-Vienne
Janaillat, 4	Bourganeuf	Creuse
Jancigny, 6 ¼	Dijon	Côte-d'Or
Jandun, 4 ½	Mézières	Ardennes
Janneyrias, 7 ¾	Vienne	Isère
Jans-Cappel (St.-), 4 ¾	Hazebrouck	Nord
Janville, 2 ½	Caen	Calvados
Janville, 11	Chartres	Eure-et-L.
Janville, 1 ½	Compiégne	Oise
Janville (*Auvers*), 2	Etampes	Seine-et-O.
Janvilliers, 6 ½	Epernay	Marne
Jauvrin (St.), 6	St.-Amand	Cher
Janvry, 5	Rheims	Marne
Janvry, 7 ½	Rambouillet	Seine-et-O.
Janzat, 2	Gannat	Allier
Janzé, 6	Rennes	Ille-et-Vil.
Jarcieux, 5 ¾	Vienne	Isère
Jarcy (*Boutigny*), 3 ¾	Etampes	Seine-et-O.
Jard (la)*, 2 ½	Saintes	Char.-Inf.
Jard, 6	Les Sables	Vendée
Jardin (le), 6 ¾	Tulle	Corrèze
Jardin, 1 ¼	Vienne	Isère
Jardin (lès-Grands) (*Montilly*), 6	Domfront	Orne
Jardre, 6 ½	Montmorillon	Vienne
Jardres, 5 ½	Poitiers	Vienne
Jargeau, 3 ¾	Orléans	Loiret
Jarjayes, 4	Sisteron	B.-Alpes
Jarjayes, 2 ¾	Gap	H.-Alpes
Jarmenil, 4	Remiremont	Vosges
Jarnac*, 3	Cognac	Charente
Jarnac-Champagne, 3 ¾	Jonzac	Char.-Inf.
Jarnages, 5	Boussac	Creuse
Jarne (la), 2	La Rochelle	Char.-Inf.
Jarnosse, 4 ½	Roanne	Loire
Jarny, 2 ½	Briey	Moselle
Jarret, 3 ¼	Argelès	H.-Pyrén.
Jarrie, 2 ¼	Grenoble	Isère
Jarrie (la), 3	La Rochelle	Char.-Inf.
Jarrie-Audouin (la), 2	St.-Jean-d'Angely	Char.-Inf.
Jarry-Piget (le), 9	Périgueux	Dordogne
Jars, 3 ½	Sancerre	Cher
Jarville, ½	Nancy	Meurthe
Jarzais, 8	Poitiers	Vienne
Jarzé, 2	Baugé	Maine-et-L.
Jas, 5	Montbrison	Loire
Jasney, 10 ½	Lure	H.-Saône
Jassans, 1 ½	Trévoux	Ain
Jasseines, 4 ½	Arcis-sur-Aube	Aube
Jasseron, 2	Bourg	Ain
Jasses, 5 ¼	Orthez	B.-Pyrén.
Jatxou, 2 ½	Bayonne	B.-Pyrén.
Jau, 3 ¼	Lesparre	Gironde
Jaucourt, 1 ¾	Bar-sur-Aube	Aube
Jaudonnière (la), 5 ¾	Fontenay-le-Comte	Vendée

Communes.	Arrondissem.	Départem.	Communes.	Arrondissem.	Départem.
Jaudrais, $6\frac{1}{4}$	Dreux	Eure-et-L.	Jean-d'Aigue.-Vives (St.), $7\frac{1}{4}$	Foix	Ariége
Jaugenay, $5\frac{1}{4}$	Nevers	Nièvre	Jean-d'Alcapiès (St.-), $3\frac{3}{4}$	St.-Affrique	Aveiron
Jaugey, $5\frac{1}{4}$	Dijon	Côte-d'Or			
Jaujac, $3\frac{1}{4}$	Argentière	Ardèche			
Jauldes, $4\frac{3}{4}$	Angoulême	Charente	JEAN-D'ANGELY* (St.-)	ch.-l. d'ar., 120	Char.-Inf
Jaulges, 6	Auxerre	Yonne	Jean-d'Angle (St.-), $3\frac{1}{4}$	Marennes	Char.-Inf.
Jaulgonne, $2\frac{1}{4}$	Château-Thierry	Aisne	Jean-d'Angles (St.-), $5\frac{1}{4}$	Auch	Gers
			Jean-d'Août (St.-), $\frac{1}{4}$	Mont-de-Marsan	Landes
Jaulnay, $6\frac{1}{4}$	Chinon	Indre-et-L.			
Jaulnes, $5\frac{1}{4}$	Provins	Seine-et-M.	Jean-d'Ardière (St.-), 3	Villefranche	Rhône
Jauloy, $7\frac{1}{4}$	Toul	Meurthe			
Jaulzi, 5	Compiégne	Oise	Jean-d'Asnières (St.-), 4	Pont-Audemer	Eure
Jaunac, 11	Tournon	Ardèche	Jean-d'Assé (St.-), $5\frac{1}{4}$	Le Mans	Sarthe
Jaunac (*Tibiran*), 12	Bagnères	H.-Pyrén.	Jean-d'Aubrigoux (St.-), $8\frac{3}{4}$	Le Puy	H.-Loire
Jaunay, 4	Poitiers	Vienne			
Jaure, $5\frac{1}{4}$	Périgueux	Dordogne			
Jaus, $5\frac{1}{4}$	Châteaubriant	Loire-Inf.	Jean-d'Avelanne (St.-), $5\frac{1}{4}$	La Tour-du-Pin	Isère
Jautau, 7	Nérac	Lot-et-Gar.	Jean-d'Estinssac (St.-), $5\frac{1}{4}$	Bergerac	Dordogne
Jauvard, 4	Le Blanc	Indre			
Jaux, 1	Compiégne	Oise	Jean-d'Eyraud (St.-), $4\frac{1}{4}$	Bergerac	Dordogne
Jauzé, 6	Mamers	Sarthe			
Jauziers, 2	Barcelonnette	B.-Alpes	Jean-d'Heram (St.-), $11\frac{1}{4}$	Grenoble	Isère
Javangues, $2\frac{1}{4}$	Brioude	H.-Loire			
Javene, 1	Fougères	Ille-et-Vil.	Jean-d'Heurs (St.-),	Thiers	Puy-de-Dô.
Javerdat, $4\frac{1}{4}$	Rochechouart	H.-Vienne			
Javerlhiac, $2\frac{1}{2}$	Nontron	Dordogne	Jean-d'Ormont (St.-), $1\frac{3}{4}$	St.-Dié	Vosges
Javernant; $4\frac{1}{4}$	Troyes	Aube			
Javie (la), 5	Digne	B.-Alpes	Jean-de-Barrou (St.-), 10	Narbonne	Aude
Javols, 5	Marvejols	Lozère			
Javrezac, $\frac{1}{4}$	Cognac	Charente	Jean-de-Bassel (St.-), $2\frac{1}{4}$	Sarrebourg	Meurthe
Javron, 6	Mayenne	Mayenne			
Jax, 9	Brioude	H.-Loire	Jean-de-Beauregard (St.-), $7\frac{1}{4}$	Rambouillet	Seine-et-O.
Jaxu, $8\frac{3}{4}$	Mauléon	B.-Pyrén.			
Jayac, 5	Sarlat	Dordogne	Jean-le-Beugné (St.-), $5\frac{3}{4}$	Fontenay-le-Comte	Vendée
Jayat, $5\frac{1}{4}$	Bourg	Ain			
Jaymes (St.-), $2\frac{1}{4}$	Mirande	Gers	Jean-de-Blagnac (St.-), 5	Libourne	Gironde
Jazeneuille, 7	Poitiers	Vienne			
Jazennes, $4\frac{1}{4}$	Saintes	Char.-Inf.	Jean-de-Bœuf, $6\frac{1}{4}$	Dijon	Côte-d'Or
Jean ((St.), $4\frac{1}{4}$	Gex	Ain	Jean-de-Boizeau (St.-), $7\frac{3}{4}$	Paimbœuf	Loire-Inf.
Jean (St.-), $11\frac{1}{4}$	Embrun	H.-Alpes			
Jean (St.-), $5\frac{1}{4}$	Argentière	Ardèche	Jean-de-Bonneval (St.-), 4	Troyes	Aube
Jean (St.-), $4\frac{1}{4}$	St-Girons	Ariége			
Jean (St.-), 5	St.-Affrique	Aveiron	Jean-de-Bournay (St.-), $4\frac{1}{4}$	Vienne	Isère
Jean (St.-) (*Plougastel*), 4	Brest	Finistère			
			Jean-de-Bouzet (St.-), $4\frac{1}{4}$	Castel-Sarrasin	Tarn-et-G.
Jean (St.-) (*Poucharames*), 3	Muret	H.-Garonne	Jean-de-Braye (St.-), 1	Orléans	Loiret
Jean (St.-), 2	Loches	Indre-et-L.	Jean-de-Buegues (St.-), 7	Montpellier	Hérault
Jean (St.-) (*Ham*), 9	Briey	Moselle			
Jean (St.-), $2\frac{1}{4}$	Issoire	Puy-de-Dô.	Jean-de-Chaussan (St.-), $4\frac{1}{4}$	Lyon	Rhône
Jean (St.-), 7	Bressière	2 Sèvres			
Jean-aux-Amognes (St.-), $5\frac{1}{4}$	Nevers	Nièvre	Jean-de-Circulon (St.-), $10\frac{3}{4}$	Le Vigan	Gard
Jean-aux-Bois (St.-), $5\frac{1}{4}$	Rethel	Ardennes	Jean-de-Cocules (St.-), $3\frac{3}{4}$	Montpellier	Hérault
Jean-aux-Bois (St.-), 2	Compiégne	Oise	Jean-de-Côle (St.-), $4\frac{1}{4}$	Nontron	Dordogne
Jean-Bonnefond (St.-), $1\frac{1}{4}$	St.-Etienne	Loire	Jean-de-Corcoué (St.-), $6\frac{1}{4}$	Nantes	Loire-Inf.
Jean-Brévelay (St.-), 7	Ploërmel	Morbihan	Jean-de-Cornies (St.-), $4\frac{1}{4}$	Montpellier	Hérault
Jean-Chambre (St.-), 12	Tournon	Ardèche			
Jean-Chazorne (St.-), $11\frac{1}{4}$	Mende	Lozère	Jean-de-Daye (St.-), $3\frac{3}{4}$	St.-Lô	Manche
Jean-Courtzerodes (St.-), $3\frac{1}{4}$	Sarrebourg	Meurthe	Jean-de-Duras (St.-), 9	Marmande	Lot-et-Gar.
Jean-d'Abbetot (St.-), $5\frac{3}{4}$	Le Hâvre	Seine-Inf.	Jean-de-Folleville (St.-), $8\frac{3}{4}$	Le Hâvre	Seine-Inf.

Communes.	Arrondissem.	Départem.	Communes.	Arrondissem.	Départem.
Jean-de-Fos (St.-), 6 1/2	Lodève	Hérault	Jean-de-Valeriscle (St.-), 3	Alais	Gard
Jean-de-Glaine (St.-), 7 1/2	Clermont	Puy-de-Dô.	Jean-de-Vals (St.-), 3 1/2	Castres	Tarn
Jean-de-la-Croix (St.-), 2	Angers	Maine-et-L.	Jean-de-Vaux (St.-), 7 1/2	Grenoble	Isère
Jean-le-la-Forêt (St.-), 3 3/4	Mortagne	Orne	Jean-de-Vaux, 3 1/2	Châlons	Saône-et-L.
Jean-de-la-Haize (St.-), 1	Avranches	Manche	Jean-de-Vedas (St.-), 1 1/2	Montpellier	Hérault
Jean-de-la-Lequeraye (St.-), 3 1/2	Pont-Audemer	Eure	Jean-de-Velluire (St.-), 2 3/4	Fontenay-le-Comte	Vendée
Jean-de-la-Motte (St.-), 3	La Flèche	Sarthe	Jean-de-Verges (St.-), 1 1/4	Foix	Ariége
Jean-de-la-Neuville (St.-), 7	Le Hâvre	Seine-Inf.	Jean-Delnoux (St.-)(Falguières), 16	Rodez	Aveiron
Jean-de-la-Rivière (St.-), 6 1/2	Valognes	Manche	Jean-des-Baisans (St.-), 2 1/4	St-Lô	Manche
Jean-de-la-Ruelle (St-), 1/2	Orléans	Loiret	Jean-des-Bois (St.-), 6	Domfront	Orne
Jean-de-Laurs (St.-), 9	Figeac	Lot	Jean-des-Champs (St.-), 5 1/2	Avranches	Manche
Jean-de-Lier (St.-), 5 1/2	Dax	Landes	Jean-des-Choux (St.-), 1	Saverne	Bas-Rhin
Jean-de-Liguière (St.-), 5	Angers	Maine-et-L.	Jean-des-Echelles (St.-), 9	Mamers	Sarthe
Jean-de-Liversay (St.-), 6 1/2	La Rochelle	Char.-Inf.	Jean-des-Essartiers (St.-), 5 1/2	Vire	Calvados
Jean-de-Livet (St.-) 1 1/2	Lisieux	Calvados	Jean-des-Essarts (St.-), 5 1/4	Le Hâvre	Seine-Inf.
Jean-de-Losne (St.-), 9	Beaune	Côte-d'Or	Jean-des-Marais (St.-) (St.-Clément-de-la-Place), 4	Angers	Maine-et-L.
Jean-de-Luz (St-), 4 3/4	Bayonne	B.-Pyrén.			
Jean-de-Marsacq (St.-), 5 1/4	Dax	Landes			
Jean-de-Moirans (St.-), 8 1/4	St.-Marcellin	Isère	Jean-des-Mauvrets (St.-), 3	Angers	Maine-et-L.
Jean-de-Mont (St.-), ou La-Barre-de-Mont, 13 1/2	Les Sables	Vendée	Jean-des-Meurgers (St.-), 9	Mortagne	Orne
			Jean-des-Ollières (St.-), 11	Clermont	Puy-de-Dô.
Jean-de-Mur (St.-)(Mur), 4 1/2	Loudéac	Côtes-du-N.	Jean-des-Pierres (St.-), 4	Toulouse	H.-Garonne
Jean-de-Mureil (St.-), 7 1/2	Valence	Drôme	Jean-des-Treux (St.-), 9	Lons-le-Saulnier	Jura
Jean-de-Musols (St.-), 1 1/2	Tournon	Ardèche	Jean-des-Vignes (St.-), 2 1/4	Villefranche	Rhône
Jean-de-Nay (St.-), 3 3/4	Le Puy	H.-Loire	Jean-des-Vignes (St.-), 1/4	Châlons	Saône-et-L.
Jean-de-Niost (St-), 12	Trévoux	Ain	Jean devant Possesse (St.-), 4 3/4	Vitry-le-François	Marne
Jean-de-Paracol (St.-), 6 1/4	Limoux	Aude	Jean-du-Bois (St.-), 3 1/2	La Flèche	Sarthe
Jean-de-Pierre-Fixte (St.-), 1	Nogent-le-Rotrou	Eure-et-L.	Jean-du-Breuil (St.-), 7 1/2	Milhaud	Aveiron
Jean-de-Priche (St.-), 2	Mâcon	Saône-et-L.	Jean-du-Breuil (St.-), 5 1/2	Rochefort	Char.-Inf.
Jean-de-Rebervilliers (St-), 4 1/4	Dreux	Eure-et-L.	Jean-du-Cardonnay (St.-), 3	Rouen	Seine-Inf.
Jean-de-Rives (St.-), 2 1/2	Lavaur	Tarn	Jean-du-Corail (St.-), 4 1/2	Avranches	Manche
Jean-de-Sauves (St.-), 4	Loudun	Vienne	Jean-du-Corail (St.-), 1 1/4	Mortain	Manche
Jean-de-Savigny (St.-), 3	St.-Lô	Manche	Jean-du-Doigt (St.-), 3	Morlaix	Finistère
Jean-de-Serres (St.-), 3 1/2	Alais	Gard	Jean-du-Falga (St.-), 1	Pamiers	Ariége
Jean-de-Soudain (St.-), 3/4	La Tour-du-Pin	Isère	Jean-du-Gard (St.-), 5 1/2	Alais	Gard
Jean-de-Surargue (St.-), 3	Alais	Gard	Jean-du-Marché (St.-), 6	Epinal	Vosges
Jean-de-Thurac (St.-), 4 1/4	Agen	Lot-et-Gar.	Jean-du-Pin (St.-), 1	Alais	Gard
Jean-de-Thurigueux (St.-), 3	Trévoux	Ain	Jean-du-Thenney (St.-), 3 1/2	Bernay	Eure
Jean-de-Touslas (St.-), 5	Lyon	Rhône	Jean-en-Royans (St.-), 8 1/2	Valence	Drôme
Jean-de-Trézy (St.-), 7	Autun	Saône-et-L.			

Communes.	Arrondissem.	Départem.
Jean-en-Val (St.-), $2\frac{3}{4}$	Issoire	Puy-de-Dô
Jean-Froidmentel (St.-) 5	Vendôme	Loir-et-C.
Jean-Fromental (St.-) (*Dionay*), 3	St.-Marcellin	Isère
Jean-Gilardet (*Tréfols*), 10	Epernay	Marne
Jean-Kerdaniel (St.-), $2\frac{3}{4}$	Guimgamp	Côtes-du-N.
Jean-l'Herm (St.-), 3	Toulouse	H.-Garonne
Jean-la-Bussière (St.-), $9\frac{1}{2}$	Villefranche	Rhône
Jean-la-Chalm (St.-), $3\frac{3}{4}$	Le Puy	H.-Loire
Jean-la-Fouillouse (St.-), $7\frac{3}{4}$	Mende	Lozère
Jean-la-Vestre (St.-), 6	Montbrison	Loire
Jean-Lasseille (St.-), $3\frac{3}{4}$	Perpignan	Pyrén.-Or.
Jean-le-Blanc (St.-), 6	Vire	Calvados
Jean-le-Blanc (St.-), $\frac{1}{4}$	Orléans	Loiret
Jean-le-Brocourt (St.-) (*Guibermesnil*), 10	Amiens	Somme
Jean-le-Centenier (St.-), $5\frac{1}{4}$	Privas	Ardèche
Jean-le-Comtal (St.-), $2\frac{1}{2}$	Auch	Gers
Jean-le-Thomas (St.-), 4	Avranches	Manche
Jean-le-Vieux (St.-), $6\frac{1}{2}$	Nantua	Ain
Jean-le-Vieux (St.-), $3\frac{1}{2}$	Grenoble	Isère
Jean-le-Vieux (St.-), $9\frac{1}{2}$	Mauléon	B.-Pyrén.
Jean-lès-Buzy (St.-), 6	Verdun	Meuse
Jean-les-Deux-Jumeaux (St.), $2\frac{1}{2}$	Meaux	Seine-et-M.
Jean-Lespinace (St.-), $8\frac{1}{2}$	Figeac	Lot
Jean-Ligoure (St.-), $5\frac{3}{4}$	Limoges	H.-Vienne
Jean-Marvejoles (St.-), $5\frac{1}{2}$	Alais	Gard
Jean-Mirabel (St.-), $1\frac{1}{2}$	Figeac	Lot
Jean-Petit (St.-)(*Amiens* $\frac{1}{2}$	Amiens	Somme
Jean-Pié-de-Port (St.-),* $10\frac{1}{4}$	Mauléon	B.-Pyrén.
Jean-Pla-de-Cors (St.-), $1\frac{1}{2}$	Ceret	Pyrén.-Or.
Jean-Poudgé (St.-), $10\frac{1}{4}$	Pau	B.-Pyrén.
Jean-Poutge (St.-), $5\frac{1}{2}$	Auch	Gers
Jean-Rorbach (St.-), 4	Sarreguemines	Moselle
Jean-Roure (St.-), 10	Tournon	Ardèche
Jean-Soleymieux (St.-), $2\frac{1}{2}$	Montbrison	Loire
Jean-sur-Cailly (St.-), $4\frac{1}{2}$	Rouen	Seine-Inf.
Jean-sur-Couesnon (St.-), 3	Fougères	Ille-et-Vil.
Jean-sur-Erve (St.-), 8	Laval	Mayenne
Jean-sur-Mayenne (St.-), $2\frac{1}{2}$	Laval	Mayenne
Jean-sur-Moivre (St.-), $3\frac{1}{2}$	Châlons-sur-Marne	Marne
Jean-sur-Reyssouse (St.-), $5\frac{1}{2}$	Bourg	Ain

Communes.	Arrondissem.	Départem.
Jean-sur-Tourbe (St.-), 3	Ste.-Menehould	Marne
Jean-sur-Veyle (St.-), $5\frac{1}{2}$	Bourg	Ain
Jean-sur-Vilaine (St.-), $2\frac{1}{2}$	Vitré	Ille-et-Vil.
Jean-Trolimont (St.-), $5\frac{1}{4}$	Quimper	Finistère
Jeancourt $5\frac{1}{2}$	St.-Quentin	Aisne
Jeandelaincourt, $4\frac{1}{2}$	Nancy	Meurthe
Jeandelize, $2\frac{3}{4}$	Briey	Moselle
Jeauménil, $7\frac{3}{4}$	Epinal	Vosges
Jeannet, 6	Digne	B.-Alpes
Jeannet (St.-), 7	Grasse	Var
Jeantes, 2	Vervins	Aisne
Jebsheim, $2\frac{1}{2}$	Colmar	Haut-Rhin
Jegun, $4\frac{1}{4}$	Auch	Gers
Jenlain, 9	Avesnes	Nord
Jenveville (*Offranville*), 1	Dieppe	Seine-Inf.
Jenvry, $6\frac{1}{2}$	Compiégne	Oise
Jérôme (St.-), $6\frac{3}{4}$	Nantua	Ain
Jésonville, $6\frac{1}{2}$	Mirecourt	Vosges
Jesainville, 6	Nancy	Meurthe
Jesseins, 3	Bar-sur-Aube	Aube
Jetterswiler, $2\frac{3}{4}$	Saverne	Bas-Rhin
Jettingen, $3\frac{1}{2}$	Altkirch	Haut-Rhin
Jeu-de-Mail (*Condekerque-Branche*), $\frac{1}{4}$	Dunkerque	Nord
Jeu-les-Bois, $4\frac{1}{2}$	Châteauroux	Indre
Jeu-Maloches, 8	Châteauroux	Indre
Jeufosse, $4\frac{1}{2}$	Mantes	Seine-et-O.
Jeugny, $4\frac{1}{2}$	Troyes	Aube
Jeumont, $5\frac{1}{2}$	Avesnes	Nord
Jeure (St.-), 6	Tournon	Ardèche
Jeure (St.-), 2	Yssingeaux	H.-Loire
Jeure-d'Andaure (St.-), 7	Tournon	Ardèche
Jeurre, $4\frac{1}{2}$	St.-Claude	Jura
Jeux-lès-Bard, 2	Semur	Côte-d'Or
Jeuxey, $\frac{3}{4}$	Epinal	Vosges
Jevoncourt, 7	Nancy	Meurthe
Jézeau, $10\frac{3}{4}$	Bagnères	H.-Pyrén.
Joachim (St.-), $5\frac{1}{4}$	Savenay	Loire-Inf.
Joanas, $1\frac{1}{2}$	Argentière	Ardèche
Job, $1\frac{3}{4}$	Ambert	Puy-de-Dô
Jobourg, $5\frac{1}{4}$	Cherbourg	Manche
Joch, $2\frac{1}{2}$	Prades	Pyrén.-Or.
Joches, $5\frac{1}{2}$	Epernay	Marne
Jodard (St.-), $4\frac{1}{2}$	Roanne	Loire
Jœuf, $1\frac{1}{2}$	Briey	Moselle
Joganville, $2\frac{1}{2}$	Valognes	Manche
Joigny, $2\frac{1}{2}$	Mézières	Ardennes
JOIGNY,*	ch.-l. d'arr., 37	Yonne
Joinville*, $4\frac{1}{2}$	Wassy	H.-Marne
Joiselle, 11	Epernay	Marne
Jolimets, $6\frac{3}{4}$	Avesnes	Nord
Jonage, $8\frac{1}{2}$	Vienne	Isère
Jonai (*Plainoiseau*), $1\frac{1}{2}$	Lons-le-Saulnier	Jura
Joncels, $3\frac{1}{2}$	Lodève	Hérault
Jonchère (*Blanot*), 11	Beaune	Côte-d'Or
Jonchère (la), $9\frac{1}{2}$	Les Sables	Vendée
Jonchère (la), $9\frac{1}{2}$	Bellac	H.-Vienne
Jonchères, 7	Die	Drôme
Jonchères, $4\frac{3}{4}$	Le Puy	H.-Loire

Communes.	Arrondissem.	Départem.
Joncherey, 5 ¾	Belfort	Haut-Rhin
Jonchery, 1 ½	Chaumont	H.-Marne
Jonchery-sur-Suippes, 6 ¼	Châlons-sur-Marne	Marne
Jonchery-sur-Vesle, 4	Rheims	Marne
Joncourt, 3 ¼	St.-Quentin	Aisne
Joncreuil, 9	Arcis-sur-Aube	Aube
Joncy*, 8	Charolles	Saône-et-L.
Jonquerest (les), 2 ¼	Bernay	Eure
Jonquerette, 2	Avignon	Vaucluse
Jonquery, 5 ¾	Rheims	Marne
Jonquière, 2	Compiègne	Oise
Jonquières, 9 ½	Narbonne	Aude
Jonquières, 4	Nismes	Gard
Jonquières, 4 ½	Lodève	Hérault
Jonquières, 1 ½	Orange	Vaucluse
Jons, 9	Vienne	Isère
Jonsais, 3 ½	Montluçon	Allier
Jonval, 5	Vouziers	Ardennes
Jonvelle, 10	Vesoul	H.-Saône
Jonville, 10	Commercy	Meuse
JONZAC*,	ch.-l. d'arr., 134	Char.-Inf.
Jonzy, 6 ½	Charolles	Saône-et-L.
Joppécourt, 3 ¾	Briey	Moselle
Jordy (St.-), 3	Villefranche	Aveiron
Jorquenay, 1 ½	Langres	H.-Marne
Jorts, 3 ¾	Falaise	Calvados
Jorxey, 2	Mirecourt	Vosges
Jory (St.-), 4	Toulouse	H.-Garonne
Jory-de-Chalais (St.-), 5	Nontron	Dordogne
Jory-Lasbloux (St.-), 8	Périgueux	Dordogne
Josat, 6 ¼	Brioude	H.-Loire
Josnes, 8	Blois	Loir-et-Cher
Josse, 4 ½	Dax	Landes
Josse (St.-), 2	Montreuil	Pas-de-Cal.
Josselin*, 3	Ploërmel	Morbihan
Josserand, 3	Riom	Puy-de-Dô.
Jossigny, 4 ¼	Meaux	Seine-et-M.
Jouac, 8	Bellac	H.-Vienne
Jouaigne, 5	Soissons	Aisne
Jouan-de-l'Isle (St.-), 5 ½	Dinan	Côtes-du-N.
Jouan-des-Guérets (St.-), 2	St.-Malo	Ille-et-Vil.
Jouancy, 6	Tonnerre	Yonne
Jouarc (St.-), 6 ½	Commercy	Meuse
Jouarre, 5	Meaux	Seine-et-M.
Jouars, 6 ¼	Rambouillet	Seine-et-O.
Jouaville, 2 ¼	Briey	Moselle
Joucas, 4 ½	Apt	Vaucluse
Joucou, 11 ½	Limoux	Aude
Joudes, 6 ¾	Louhans	Saône-et-L.
Joudreville, 2 ¾	Briey	Moselle
Joué, 1 ¼	Tours	Indre-et-L.
Joué, 6	Ancenis	Loire-Inf.
Joué 15 ½	Saumur	Maine-et-L.
Joué, 2 ¼	Loudun	Vienne
Joué-du-Bois, 10	Alençon	Orne
Joué-du-Plain, 3	Argentan	Orne
Jouë-en-Champagne, (St.-) *(Neuvy)*, 6	Le Mans	Sarthe
Joué-en-Charnie, 8 ¾	Le Mans	Sarthe
Joué-l'Abbé, 3 ½	Le Mans	Sarthe
Jouels, *(Castelnau)*, 10 ½	Rodez	Aveiron

Communes.	Arrondissem.	Départem.
Jouen (St.-), 4 ½	Pont-l'Evêque	Calvados
Joucy, 8	Beaune	Côte-d'Or
Jougne, 4 ¾	Pontarlier	Doubs
Jouhe, 1 ½	Dôle	Jura
Jouhé, 2 ¼	Montmorillon	Vienne
Jouhet (St.-Denis), 2 ½	La Châtre	Indre
Joui, 6 ¾	St.-Amand	Cher
Jouillat, 2 ¾	Guéret	Creuse
Jouin (St.-), 3 ½	Le Hâvre	Seine-Inf.
Jouin-de-Blavon (St.-), 2	Mortagne	Orne
Jouin-de-Marnes (St.), 7 ½	Parthenay	2 Sèvres
Jouin-de-Milly (St.-), 5	Bressuire	2 Sèvres
Jouin-sous-Châtillon (St.-), 6	Bressuire	2 Sèvres
Jouques, 5	Aix	B.du-Rhône
Jouqueviel, 7 ½	Albi	Tarn
Jourgnac, 3	Limoges	H.-Vienne
Journans, 2 ½	Bourg	Ain
Journé, 2 ½	Montmorillon	Vienne
Journiac, 6	Sarlat	Dordogne
Journy, 4 ¾	St-Omer	Pas-de-Cal.
Jours, 7 ½	Châtillon	Côte-d'Or
Jours-en-Vaux, 6 ½	Beaune	Côte-d'Or
Joursac, 3 ½	Muret	Cantal
Jous-sous-Monjan, 5	Aurillac	Cantal
Joussé, 4 ½	Civray	Vienne
Jousserots (les), 4 ½	Dôle	Jura
Jouvançon, 3 ¾	Louhans	Saône-et-L.
Jouveaux, 3 ½	Pont-Audemer	Eure
Jouvent (St.-), 3 ¼	Limoges	H.-Vienne
Joux, 7 ½	Villefranche	Rhône
Joux-la-Ville, 4	Avallon	Yonne
Jouy, 4	Soissons	Aisne
Jouy, 2	Chartres	Eure-et-L.
Jouy, *(Le Gault)*, 8 ½	Epernay	Marne
Jouy, 2 ½	Rheims	Marne
Jouy, 4	Verdun	Meuse
Jouy *(Guigneville)*, 4 ¼	Etampes	Seine-et-O.
Jouy, 6 ½	Sens	Yonne
Jouy-aux-Arches, 2	Metz	Moselle
Jouy-en-Josas, 1 ¼	Versailles	Seine et-O.
Jouy-en-Pithivray, 2 ½	Pithiviers	Loiret
Jouy-le-Châtel, 5	Provins	Seine-et-M.
Jouy-le-Comte, 3	Pontoise	Seine-et-O.
Jouy-le-Moutier, 1 ½	Pontoise	Seine-et-O.
Jouy-le Potier, 4 ½	Orléans	Loiret
Jouy-Mauvoisin, 1 ¾	Mantes	Seine-et-O.
Jouy-sous-les-Côtes, 2	Commercy	Meuse
Jouy-sous-Thel, 9	Beauvais	Oise
Jouy-sur-Eure, 3	Evreux	Eure
Jouy-sur-Morin, 4	Coulommiers	Seine-et-M.
Jouzieux, 3 ½	St.-Etienne	Loire
Joyeuse*, 2 ½	Argentière	Ardèche
Joyeux, 7 ½	Trévoux	Ain
Joze, 3 ½	Thiers	Puy-de-Dô.
Ju, 10 ¼	Mirande	Gers
Juan (St.-), 2 ¼	Baume	Doubs
Jubainville, 3	Neufchâteau	Vosges
Jubaudière (la), 2 ½	Beaupréau	Maine-et-L.
Jubécourt, 5 ¼	Verdun	Meuse
Jubert *(Saclas)*, 2	Etampes	Seine-et-O.
Jublains, 2 ½	Mayenne	Mayenne
Judoce (St.-), 2 ½	Dinan	Côtes-du-N.
Juery (St.-), 4 ¾	St.-Affrique	Aveiron
Juery (St.-), 11 ½	Marvejols	Lozère
Juery (St.-), 1 ½	Albi	Tarn

Communes.	Arrondissem.	Départem.	Communes.	Arrondissem.	Départem.
Jugazan, 5 1/2	Libourne	Gironde	Julien (St.-), 4	Poitiers	Vienne
Jugeals, 2 1/2	Brives	Corrèze	Julien (St.-), 9 3/4	Neufchâteau	Vosges
Jugon, 5	Dinan	Côtes-du-N.	Julien-aux-Bois (St.-), 11 1/4	Tulle	Corrèze
Jugy, 5 1/2	Châlons	Saône-et-L.			
Juiq, 2 1/2	St.-Jean-d'Angely	Char.-Inf.	Julien-Boutières (St.-), 13	Tournon	Ardèche
Juif, 2	Louhans	Saône-et-L.	Julien-Chapteuil (St.-), 3 1/4	Le Puy	H.-Loire
Juignac, 6	Barbezieux	Charente			
Juigué, 4	Châteaubriant	Loire-Inf.	Julien-d'Ance (St.-), 7	Le Puy	H.-Loire
Juigné-Béné, 2	Angers	Maine-et-L.	Julien-d'Arpaon (St.-), 2	Florac	Lozère
Juigné-sur-Loire, 2	Angers	Maine-et-L.	Julien-d'Asse (St.-), 8	Digne	B.-Alpes
Juigné-sur-Sarthe, 6	La Flèche	Sarthe	Julien-d'Emparc (St.-), 6 1/2	Villefranche	Aveiron
Juignettes, 11	Evreux	Eure			
Juillac, 7	Brives	Corrèze	Julien-d'Espoints (St.-)	Florac	Lozère
Juillac, 7 1/4	Mirande	Gers	Julien-d'Eymet (St.-), 4	Bergerac	Dordogne
Juillac, 9 1/2	Libourne	Gironde	Julien-d'Oddes (St.-), 6 1/4	Roanne	Loire
Juillac-le-Coq, 3	Cognac	Charente	Julien-de-Briola (St.-) 5 1/2	Castelnaudary	Aude
Jouillacq, 6 1/2	Pau	B.-Pyrén.	Julien-de-Cassagnols (St.-), 4	Alais	Gard
Juillaguet, 5	Angoulême	Charente			
Juillan, 1 1/2	Tarbes	H.-Pyrén.	Julien-de-Castelnaud (St.-), 3	Sarlat	Dordogne
Juillé, 4	Ruffec	Charente			
Juillé, 3	Melle	2 Sèvres			
Juillenay, 4	Semur	Côte-d'Or	Julien-de-Civry (St.-) 2 1/2	Charolles	Saône-et-L.
Juilles, 5	Auch	Gers	Julien-de-Capel (St.-), 5 1/2	Clermont	Puy-de-Dô.
Juillet, 7	Mamers	Sarthe	Julien-de-Cray (St.-), 7	Charolles	Saône-et-L.
Juilley, 2 1/2	Avranches	Manche	Julien-de-Cremps (St.-), 3 1/4	Bergerac	Dordogne
Juilly, 1	Semur	Côte-d'Or			
Juilly, 4 3/4	Châlons	Saône-et-L.	Julien-de-Gras-Parou (St.-), 5 1/4	Pamiers	Ariège
Juilly, 5 1/4	Meaux	Seine-et-M.	Julien-de-l'Herins (St.-) (Primarette), 4 3/4	Vienne	Isère
Juilly-sur-Sarce, 1 1/4	Bar-sur-Seine	Aube			
Juire (St.-), 5	Fontenay-le-Comte	Vendée	Julien-de-la-Liègue (St.-), 3 1/4	Louviers	Eure
Juiols, 5 3/4	Prades	Pyrén.-Or.	Julien-de-la-Nef (St.-), 2 3/4	Le Vigan	Gard
Jujurieux, 6 1/2	Nantua	Ain			
Jul, 2 1/4	Lavaur	Tarn	Julien-de-Lampon (St.-), 4	Sarlat	Dordogne
Julia (St.-), 7	Villefranche	H.-Garonne	Julien-de-Mailhoc (St.-), 3	Lisieux	Calvados
Julia-de-Bec (St.-), 8 3/4	Limoux	Aude	Julien-de-Peyrollas (St.-), 9 1/2	Uzès	Gard
Julie (Ste.-), 11 1/4	Belley	Ain			
Julien (St.-), 3	Castellanne	B.-Alpes	Julien-de-Piganiol (St.-), 12	Villefranche	Aveiron
Julien (St.-), 1	Troyes	Aube			
Julien (St.-), 5 1/2	Rodez	Aveiron	Julien-de-Pradoux (St.-), 5	Albi	Tarn
Julien (St.-), 1/2	St.-Jean-d'Augely	Char.-Inf.	Julien-de-Raz (St.-), 5 3/4	Grenoble	Isère
Julien (St.-), 4	Ussel	Corrèze	Julien-de-Toursac (St.-), 6 1/2	Aurillac	Cantal
Julien (St.-), 2	Dijon	Côte-d'Or			
Julien (St.-), 1 1/2	St.-Brieuc	Côtes-du-N.	Julien-de-Valgagne (St.-), 1 1/2	Alais	Gard
Julien (St.-), 6	Boussac	Creuse			
Julien (St.-), 6 1/2	Périgueux	Dordogne	Julien-de-Vouvante (St.-), 3 1/4	Châteaubriant	Loire-Inf.
Julien (St.-), 1 1/2	Montbéliard	Doubs			
Julien (St.-), 11 1/4	Montbéliard	Doubs	Julien-des-Chazes (St.-), 9 3/4	Brioude	H.-Loire
Julien (St.-) (St.-Jean-de-Mureil), 9	Valence	Drôme	Julien-des-Landes (St.-), 5 1/2	Les Sables	Vendée
Julien (St.-), 7 1/4	Muret	H.-Garonne			
Julien (St.-), 5 1/2	Lesparre	Gironde	Julien-du-Cher (St.-) 2 1/2	Romorantin	Loir-et-Ch.
Julien (St.-), 6	St.-Pons	Hérault	Julien-du-Gua (St.-), 5	Privas	Ardèche
Julien (St.-), 8 3/4	Lons-le-Saulnier	Jura	Julien-du-Pinet (St.-), 4	Yssengeaux	H.-Loire
			Julien-du-Puy (St.-), 8	Castres	Tarn
Julien (St.-), 10 1/2	Dax	Landes	Julien-du-Sault (St.-) 2 1/2	Joigny	Yonne
Julien (St.-), 8 1/2	Mont-de-Marsan	Landes	Julien-du-Serre (St.-), 6	Privas	Ardèche
			Julien-du-Terroux (St.-), 7	Mayenne	Mayenne
Julien (St.-), 9	Blois	Loir-et-Ch.			
Julien (St.-), 6 1/2	Nantes	Loire-Inf.	Julien-en-Beauchêne (St.-), 10	Gap	H.-Alpes
Julien (St.-), 4 1/4	Mende	Lozère			
Julien (St.-), 2 1/2	Villefranche	Marne	Julien-en-Champsaur (St.-), 5 3/4	Gap	H.-Alpes
Julien (St.-), 1 1/4	Commercy	Meuse			
Julien (St.-), 10 1/2	Vesoul	H.-Saône	Julien-en-Jarret, (St.-), 2 1/2	St.-Etienne	Loire

Communes.	Arrondissem.	Départem.
Julien-en-Quint (St.-), 3 ½	Die	Drôme
Julien-en-St.-Alban (St.-), 2 ½	Privas	Ardèche
Julien-en-Vercors (St.-), 10	Die	Drôme
Julien-la-Broussé (St.-), 9	Tournon	Ardèche
Julien-la-Geneste (St.-), 6 ¼	Riom	Puy-de-Dô.
Julien-la-Génette (St.-), 8	Aubusson	Creuse
Julien-la-Vestre (St.-), 6	Montbrison	Loire
Julien-le-Faucon (St.-), 3 ¾	Lisieux	Calvados
Julien-le-Montaignier (St.-), 9	Brignoles	Var
Julien-le-Pélerin (St.-), 10 ¾	Tulle	Corrèze
Julien-le-Petit (St.-), 7 ½	Limoges	H.-Vienne
Julien-le-Roux (St.-), 10	Tournon	Ardèche
Julien-le-Vendonnois, 11 ½	Brives	Corrèze
Julien-lès-Gorze (St.-), 4 ¾	Metz	Moselle
Julien-lès-Metz (St.-), ¾	Metz	Moselle
Julien-Maumont, (St.-), 6	Brives	Corrèze
Julien-Molhesabate (St.-), 6	Yssingeaux	H.-Loire
Julien-Molin-Molette, (St.-), 6 ¼	St.-Etienne	Loire
Julien-Puy-la-Vèze (St.-), 9 ½	Clermont	Puy-de-Dô.
Julien-sur-Bibost (St.-), 5	Lyon	Rhône
Julien-sur-Calonne (St.-), ¾	Pont-l'Evêque	Calvados
Julien-sur-Dheune (St.-), 7	Autun	Saône-et-L.
Julien-sur-Reyssouse (St.-), 4 ¾	Bourg	Ain
Julien-sur-Sarthe (St.-), 3	Mortagne	Orne
Julien-sur-Veyle (St.-), 10 ½	Trévoux	Ain
Julien-Vocance (St.-), 21	Tournon	Ardèche
Julienne, 2 ½	Cognac	Charente
Julienne (Ste.-) *Val-St.-Germain*), 6 ¾	Rambouillet	Seine-et-O.
Juliette (Ste.-), 4 ½	Rodez	Aveiron
Juliette (Ste.-), 7 ½	Moissac	Tarn-et-G.
Julitte (Ste.-), 6	Loches	Indre-et-L.
Jullianges, 9 ¾	Brioude	H.-Loire
Jullianges, 13 ½	Marvejols	Lozère
Jullié, 7	Villefranche	Rhône
Julliénas, 6 ½	Villefranche	Rhône
Jully, 7	Tonnerre	Yonne
Julos, 4 ¾	Argelès	H.-Pyrén.
Julvécourt, 5 ¼	Verdun	Meuse
Jumeauville, 2 ¾	Mantes	Seine-et-O.
Jumeaux, 2 ½	Issoire	Puy-de-Dô.
Jumeaux (les), 5 ½	Parthenay	2 Sèvres
Jumel, 5	Montdidier	Somme
Jumelle, 3	Baugé	Maine-et-L.
Jumelles, 3	Evreux	Eure
Jumellière (la), 6 ½	Beaupréau	Maine-et-L.
Jumencourt, 7 ¾	Laon	Aisne
Jumet (*Beyrede*), 9 ¼	Bagnères	H.-Pyrén.
Jumiéges, 5 ¾	Rouen	Seine-Inf.
Jumigny, 5	Laon	Aisne
Jumilhac-de-Cole, 4 ¾	Nontron	Dordogne
Jumilhac-le-Grand, 8 ¼	Nontron	Dordogne

Communes.	Arrondissem.	Départem.
Junac, 6	Foix	Ariége
Junas, 5 ¼	Nismes	Gard
Junay, ½	Tonnerre	Yonne
Juncalas, 2 ¼	Argelès	H.-Pyrén.
Junhac, 6	Aurillac	Cantal
Junien (St.-)*, 2 ¼	Rochechouart	H.-Vienne
Junien-la-Bruyère (St.-), 7 ½	Bourganeuf	Creuse
Junien-lès-Combes (St.-), 1 ¾	Bellac	H.-Vienne
Junies (les), 5	Cahors	Lot
Juniville, 3	Rethel	Ardennes
Jupille, 8	St.-Calais	Sarthe
Jurançon, ½	Pau	B.-Pyrén.
Juranville, 5 ½	Pithiviers	Loiret
Juré, 6	Roanne	Loire
Jure (St.-), 4 ¾	Metz	Moselle
Juret-de-l'Izau, 3 ½	St.-Gaudens	H.-Garonne
Jurignac, 5	Angoulême	Charente
Jurques, 5 ½	Vire	Calvados
Jurs (St.-), 8	Digne	B.-Alpes
Jurson (St.-), 3	Digne	B.-Alpes
Jurvielle, 10 ¾	St.-Gaudens	H.-Garonne
Jury, 1 ½	Metz	Moselle
Jusancourt, 4	Rethel	Ardennes
Juscorps, 3	Niort	2 Sèvres
Jusix, 2 ½	Marmande	Lot-et-Gar.
Jussac, 2	Aurillac	Cantal
Jussarrupt, 6 ¼	St.-Dié	Vosges
Jussas, 5	Jonzac	Char.-Inf.
Jussat, 5	Riom	Puy-de-Dô.
Jussecourt, 3 ½	Vitry-le-Français	Marne
Jussey *, 8	Vesoul	H.-Saône
Jussy, 4	St.-Quentin	Aisne
Jussy, 1 ¾	Metz	Moselle
Jussy, 2 ½	Auxerre	Yonne
Jussy-Champagne, 6	Bourges	Cher
Jussy-le-Chaudrier, 6 ¾	Sancerre	Cher
Just (St.-), ¾	Bourg	Ain
Just (St.-), 15	Privas	Ardèche
Just (St.-), 7 ¾	Limoux	Aude
Just (St.-), 10 ½	Rodez	Aveiron
Just (St.-), 5 ½	St.-Flour	Cantal
Just (St.-), 1 ¾	Marennes	Char.-Inf.
Just (St.-), 3 ½	Bourges	Cher
Just (St.-), 6	Riberac	Dordogne
Just (St.-), 6 ¾	Evreux	Eure
Just (St.-), 3	Alais	Gard
Just (St.-), 5	Montpellier	Hérault
Just (St.-), 2 ½	Redon	Ille-et-Vil.
Just (St.-), 3	Vienne	Isère
Just (St.-), 14	Epernay	Marne
Just (St.-), 4 ¾	Mauléon	B.-Pyrén.
Just (St.-), 4 ½	Provins	Seine-et-M.
Just (St.-), 5	Dieppe	Seine-Inf.
Just (St.-), 2 ¼	Limoges	H.-Vienne
Just-d'Avray (St.-), 5 ½	Villefranche	Rhône
Just-de-Baffie (St.-), 2	Ambert	Puy-de-Dô.
Just-de-Bellengord (St.-), 4 ½	Limoux	Aude
Just-de-Claix (St.-), 2	St.-Marcellin	Isère
Just-des-Marais (St.-), ¼	Beauvais	Oise
Just-des-Verchés (St.-), 5 ½	Saumur	Maine-et-L.
Just-en-Bas (St.-), 5	Montbrison	Loire

Jussey-[illegible]

Communes.	Arrondissem.	Départem.
Just-en-Chaussée (St.-),* 4	Clermont	Oise
Just-en-Chevalet (St.-), 6 ¾	Roanne	Loire
Just-en-Doizieux (St.-) (*Doizieux*), 5 ¾	St.-Etienne	Loire
Just-la-Pendue (St.-), 6	Roanne	Loire
Just-Malmont (St.-), 6	Yssingeaux	H.-Loire
Just, près Brioude (St.-), 1 ¾	Brioude	H.-Loire
Just, près Chomalis (St.-), 5	Le Puy	H.-Loire
Just-sur-Dives (St.-), 3	Saumur	Maine-et-L.
Just-sur-Loire (St.-), 3 ½	Montbrison	Loire
Justaret (*Pins*), 1 ½	Muret	H.-Garonne
Justian, 4	Condom	Gers
Justices (les) (*Angers*), ¼	Angers	Maine-et-L.
Justin (St.-), 7 ¼	Mirande	Gers
Justin (St.-), 6	Mont-de-Marsan	Landes
Justine, 2	Rethel	Ardennes
Justiniac, 4 ½	Pamiers	Ariége
Jutigny (*Paroy*), 2 ½	Provins	Seine-et-M.
Juvaincourt, 1 ½	Mirecourt	Vosges
Juvancourt, 3 ½	Bar-sur-Aube	Aube
Juvanzé, 3 ¼	Bar-sur-Aube	Aube
Juvardeil, 7	Segré	Maine-et-L.
Juvat (St.-), 3	Dinan	Côtes-du-N.
Juvelise, 3	Château-Salins	Meurthe
Juvignac, 1	Montpellier	Hérault
Juvigné, 7 ½	Laval	Mayenne
Juvignies, 2	Beauvais	Oise
Juvigny, 1 ½	Soissons	Aisne
Juvigny, 4	Caen	Calvados
Juvigny, 2	Mortain	Manche
Juvigny, 2 ½	Châlons-sur-Marne	Marne
Juvigny, 6	Bar-le-Duc	Meuse
Juvigny, 1	Argentan	Orne
Juvigny-sous-Andaine, 2 ¾	Domfront	Orne
Juvigny-sur-Loison, 1 ½	Montmédy	Meuse
Juville, 4 ½	Château-Salins	Meurthe
Juvin (St.-), 4 ¾	Vouziers	Ardennes
Juvinas, 8 ½	Privas	Ardèche
Juvincourt, 7 ¾	Laon	Aisne
Juvisy*, 4	Corbeil	Seine-et-O.
Juvrecourt, 2 ¾	Château-Salins	Meurthe
Juxue, 5 ¼	Mauléon	B.-Pyrén.
Juzanvigny, 5 ¾	Bar-sur-Aube	Aube
Juzennecourt, 4	Chaumont	H.-Marne
Juzet-de-Luchon, 8 ¾	St.-Gaudens	H.-Garonne
Juziers-la-Rivière (*Juziers-la-Ville*), 2 ½	Mantes	Seine-et-O.
Juziers-la-Ville, 2	Mantes	Seine-et-O.

K.

Communes.	Arrondissem.	Départem.
Kalembourg (*Laumesfeld*), 4 ¼	Thionville	Moselle
Kalhausen, 3	Sarreguemines	Moselle
Kaltenhausen, 1	Haguenau	Bas-Rhin
Kappelkigner, 4 ½	Sarreguemines	Moselle
Kappellen, 4	Altkirch	Haut-Rhin
Katzenthal, 2	Colmar, 2	Haut-Rhin
Kaufen, 2 ½	Thionville	Moselle
Kauffenheim, 3 ½	Haguenau	Bas-Rhin
Kaydange (*Hombourg*), 3 ¼	Thionville	Moselle
Kayserberg, 3 ½	Colmar	Haut-Rhin
Keffenach, 5	Haguenau	Bas-Rhin
Keffendorff (*Ohlunger*), 1 ¾	Haguenau	Bas-Rhin
Kelvain (*Guern*), 3 ¼	Pontivy	Morbihan
Kembs, 7	Altkirch	Haut-Rhin
Kemplich, 4 ¼	Thionville	Moselle
Kerbach, 2 ½	Sarreguemines	Moselle
Kerfeuntun, ¼	Quimper	Finistère
Kergloff, 11 ½	Châteaulin	Finistère
Kergrist, 2 ¼	Pontivy	Morbihan
Kergrist-Moëlon, 8	Guimgamp	Côtes-du-N.
Kerien, 5	Guimgamp	Côtes-du-N.
Kerinon (*Lambezellec*), ½	Brest	Finistère
Kerity, 9	St.-Brieuc	Côtes-du-N.
Kerity (*Penmarch*), 7 ¼	Quimper	Finistère
Kerling-lès-Sierck, 4	Thionville	Moselle
Kerlonan, 7	Brest	Finistère
Kermaria-Sulard, 2	Lannion	Côtes-du-N.
Kermorch, 2	Guimgamp	Côtes-du-N.
Kernevel, 5 ½	Quimperlé	Finistère
Kernevel (*Plœmeur*), 1	Lorient	Morbihan
Kermilis, 5	Brest	Finistère
Kernonès, 5 ¼	Brest	Finistère
Kerpert, 5	Guimgamp	Côtes-du-N.
Kerprich, 5	Château-Salins	Meurthe
Kerprich-au-Bois, 2	Sarrebourg	Meurthe
Kersaint-Plabennec, 3	Brest	Finistère
Kertzfeld, 3 ¼	Schélestatt	Bas-Rhin
Kervignac, 3	Lorient	Morbihan
Keskastel, 9 ½	Saverne	Bas-Rhin
Kesseldorff, 4	Haguenau	Bas-Rhin
Kienheim, 4 ¼	Strasbourg	Bas-Rhin
Kientzheim, 3 ¼	Colmar	Haut-Rhin
Kiffis, 6	Altkirch	Haut-Rhin
Killem, 4	Dunkerque	Nord
Kilstaet, 3	Strasbourg	Bas-Rhin
Kindwiller, 3 ½	Haguenau	Bas-Rhin
Kingersheim, 5	Altkirch	Haut-Rhin
Kintzheim, 1	Schélestatt	Bas-Rhin
Kirchberg, 6 ¼	Belfort	Haut-Rhin
Kirchheim, 4 ¼	Strasbourg	Bas-Rhin
Kirrberg, 6 ½	Saverne	Bas-Rhin
Kirrwiller, 4 ¼	Saverne	Bas-Rhin
Kirsch-lès-Sierck, 5	Thionville	Moselle
Kirsch-Naumen, 4 ¼	Thionville	Moselle
Kirsche-lès-Luttange (*Luttange*), 2 ¾	Thionville	Moselle
Kirviller, 4 ½	Sarreguemines	Moselle
Klang (*Kemplich*), 3 ¼	Thionville	Moselle
Kleinfranckenheim, 3 ¼	Strasbourg	Bas-Rhin
Kleingoeft, 2 ¼	Saverne	Bas-Rhin
Klindal (*Longeville-lès-St.-Avale*), 8 ¼	Metz	Moselle
Knoeringen, 3	Altkirch	Haut-Rhin
Knoersheim, 2 ¾	Saverne	Bas-Rhin

Communes.	Arrondissem.	Départem.
Knutange, 2 ½	Briey	Moselle
Kœking (*Garsche*), 1 ¾	Thionville	Moselle
Kœnisgsmacker, 2	Thionville	Moselle
Kœslach, 2 ½	Altkirch	Haut-Rhin
Kœtzingen, 2 ¾	Altkirch	Haut-Rhin
Kœur-la-Grande, 3 ¾	Commercy	Meuse
Kœur-la-Petite, 3 ¾	Commercy	Meuse
Kogenheim, 2 ½	Schélestatt	Bas-Rhin
Kolbsheim, 2 ¾	Strasbourg	Bas-Rhin
Kontz-Basse, 4	Thionville	Moselle
Kontz-Haute, 4	Thionville	Moselle
Krafft, 5 ½	Schélestatt	Bas Rhin
Krautergersheim, 6	Schélestatt	Bas-Rhin
Krautwiller, 4 ½	Strasbourg	Bas-Rhin
Kriegsheim, 4 ¾	Strasbourg	Bas-Rhin
Kruth, 13	Belfort	Haut Rhin
Kuenheim, 3 ¾	Colmar	Haut-Rhin
Kuhlendorff, 3 ½	Haguenau	Bas-Rhin
Kuntzig (*Distroff*), 1 ¾	Thionville	Moselle
Kurtzenhausen, 4 ½	Strasbourg	Bas-Rhin
Kuttolsheim, 4 ½	Strasbourg	Bas-Rhin
Kutzenhausen, 4	Haguenau	Bas-Rhin

L.

Communes.	Arrondissem.	Départem.
Laa-Mondrans, ¾	Orthez	B.-Pyrén.
Laas, 6	Auch	Gers
Laas, 2 ½	Mirande	Gers
Laas, 1 ½	Pithiviers	Loiret
Laas, 3 ¾	Orthez	B.-Pyrén.
Lababau, 6 ½	Quimper	Finistère
Labat-Male ou la Batmale, 6 ¼	Pau	B.-Pyrén.
Labatut, 5 ¼	Pamiers	Ariége
Labatut, 5 ¼	Dax	Landes
Labatut, 8 ½	Pau	B.-Pyrén.
Labbeville, 2 ½	Pontoise	Seine-et-O.
Labejan, 2 ½	Mirande	Gers
Labergement. *Voyez* Abergement		
Labescau, 3 ¼	Bazas	Gironde
Labessayre-de-Lair (*Chaliers*), 3 ½	St.-Flour	Cantal
Labesse, 12	Milhaud	Aveiron
Labets, 7	Mauléon	B.-Pyrén.
Labeuville, 7	Verdun	Meuse
Labrit, 7 ¼	Mont de-Marsan	Landes
Labry, 1 ½	Briey	Moselle
Lac (le) (*Vors*), 5	Rodez	Aveiron
Lac (le), 9 ½	Pontarlier	Doubs
Lac-des-Rouges-Truites (le), 8	St.-Claude	Jura
Laccadée, 3 ½	Orthez	B.-Pyrén.
Laccarre, 8 ¼	Mauléon	B.-Pyrén.
Laccary, 5	Mauléon	B.-Pyrén.
Lacelle (la), 5 ¾	Alençon	Orne
Lacénas, 1	Villefranche	Rhône
Laché, 8 ¾	Clamecy	Nièvre
Lachy, 8	Epernay	Marne

Communes.	Arrondissem.	Départem.
Lacq, 4	Orthez	B.-Pyrén.
Lacqui, 5 ¼	Mont-de-Marsan	Landes
Lacres, 5	Boulogne	Pas-de-Cal.
Lacrète (*Neuvisy*, 4 ½	Rethel	Ardennes
Lacrot (*Préty*), 7 ½	Mâcon	Saône-et-L.
Lacs, ¼	La Châtre	Indre
Lactencin (St.-), 4 ½	Châteauroux	Indre
Ladaux, 8	La Réole	Gironde
Ladern, 4 ½	Limoux	Aude
Ladevèze-Rivière, 8	Mirande	Gers
Ladevèze-Ville, 10	Mirande	Gers
Ladignac, 16 ½	Espalion	Aveiron
Ladignac, 2 ½	Tulle	Corrèze
Ladignac (*Penne*), 4	Villeneuve-d'Agen	Lot-et-Gar.
Ladignac, 3	St.-Yrieix	H.-Vienne
Ladinhac, 5	Aurillac	Cantal
Ladon, 3 ½	Montargis	Loiret
Ladonchamps (*Woippy*), 1	Metz	Moselle
Lados, 2	Bazas	Gironde
Ladouze, 5 ½	Périgueux	Dordogne
Laduz, 3	Joigny	Yonne
Lady, 4	Melun	Seine-et-M.
Lafage. *Voyez* Fage (la)		
Lafajolle *Voy.* Fajolle (la)		
Lafare. *Voy.* Fare (la)		
Lafaye. *Voy.* Faye (la)		
Lafeuillade. *Voy.* Feuillade (la)		
Laffat, 6 ¼	Guéret	Creuse
Laffaux, 2	Soissons	Aisne
Laffitau-Petite, 2 ¼	St.-Gaudens	H.-Garonne
Laffitte, 6	Marmande	Lot-et-Gar.
Laffitte-Toupière, 4 ½	St.-Gaudens	H.-Garonne
Laffitte-Toupière, 1 ¾	Mirande	Gers
Laffrey, 6	Grenoble	Isère
Lafitole, 6 ¾	Tarbes	H.-Pyrén.
Lafitte, 2	Castel-Sarrasin	Tarn et Gar.
Lafitte-Vigourdanne, 5 ¾	Muret	H.-Garonne
Lafond (*Cognehors*), faubourg de La Rochelle	La Rochelle	Char.-Inf.
Lafond-de-Lanche (*Memignac*), 2 ½	Périgueux	Dordogne
Laforêt ou Laforest. *V.* Forêt ou Forest (la)		
Lagamas, 6	Lodève	Hérault
Laganne (*Menet*), 6 ½	Mauriac	Cantal
Lagarde. *Voy.* Garde (la)		
Lagazelle (*Anglards*), 2	St.-Flour	Cantal
Lager (St.-), 3 ¼	Privas	Ardèche
Lager (St.-), 3	Villefranche	Rhône
Lagery, 5 ½	Rheims	Marne
Lagiot (*La Verrière*), 5	Rambouillet	Seine-et-O.
Lagnac (*Rodelle*), 5 ¼	Rodez	Aveiron
Lagnes, 4	Avignon	Vaucluse
Lagney, 2 ½	Toul	Meurthe
Lagnicourt, 4	Arras	Pas-de-Cal.
Lagnieu, 11 ¼	Belley	Ain
Lagny, 6	Compiègne	Oise
Lagny (*Montmartin*), 3	Compiègne	Oise
Lagny *, 4	Meaux	Seine-et-M.

Communes.	Arrondissem.	Départem.
Lagny-le-Sec, 5	Senlis	Oise
Lagor, 3 ¼	Orthez	B.-Pyrén.
Lagorce, 7 ½	Libourne	Gironde
Lagord, ¾	La Rochelle	Char.-Inf.
Lagos, 4	Pau	B.-Pyrén.
Lagrange. *Voy.* Grange (la)		
Laguette-Tuilerie (*Sezannes*), 9	Epernay	Marne
Laguian-Mielan, 4 ½	Mirande	Gers
Laguian-Riscle, 13 ¼	Mirande	Gers
Laguinge, 4 ½	Mauléon	B.-Pyrén.
Laguzet (*Junieu-lès-Combes*), 1 ¼	Bellac	H.-Vienne
Laherie, 3	Vervins	Aisne
Lahitte, 2	Auch	Gers
Laifour, 4 ½	Mézières	Ardennes
Laigne (la), 8	La Rochelle	Char.-Inf.
Laigné, 2	Château-Gontier	Mayenne
Laigne (*Caisne*), 5 ½	Compiégne	Oise
Laigné en-Blin, 4 ½	Le Mans	Sarthe
Laignelet, 1	Fougères	Ille-et-Vil.
Laignes *, 4 ½	Châtillon	Côte-d'Or
Laigneville, 2 ¼	Clermont	Oise
Laigny, 1	Vervins	Aisne
Laile-des-Hayes-Penguily 7 ½	St.-Brieuc	Côtes-du-N
Laillé, 10	Redon	Ille-et-Vil.
Lailly, 6 ½	Orléans	Loiret
Lailly, 5 ¼	Sens	Yonne
Laimont, 2 ¼	Bar-le-Duc	Meuse
Lain, 6	Auxerre	Yonne
Lains, 9 ¼	Lons-le-Saulnier	Jura
Lainsec, 8	Auxerre	Yonne
Lainville, 3	Mantes	Seine-et-O.
Laire, 2 ¼	Montbéliard	Doubs
Laires, 5 ½	St.-Omer	Pas-de-Cal
Lairière, 3	Bourbon-Vendée	Vendée
Lairoux, 10	Fontenay-le-Comte	Vendée
Laisnes aux-Bois, 2 ¼	Troyes	Aube
Laissey, 3 ¼	Baume	Doubs
Laitiers (les), 7 ¼	Argentan	Orne
Laître-sous-Amance, 2 ¾	Nancy	Meurthe
Laivaud, 9 ½	St.-Flour	Cantal
Laix, 5 ¼	Briey	Moselle
Laiz, 6 ½	Bourg	Ain
Laizé, 3	Mâcon	Saône-et-L.
Laize-la-Ville, 2 ½	Caen	Calvados
Laizy, 2	Autun	Saône-et-L.
Lajesse, 4	Bar-sur-Seine	Aube
Lalaing, 1 ½	Douai	Nord
Lalaude. *Voy.* Lande (la)		
Lalanne, 4 ½	Lectoure	Gers
Lalanne, 8	Bagnères	H.-Pyrén.
Lalanne, 7	Tarbes	H.-Pyrén.
Lalanne-Arqué, 8 ¼	Mirande	Gers
Lalanne-Racané, 3 ¼	Mirande	Gers
Laleu, 1 ¼	La Rochelle	Char.-Inf.
Laleu, 12	Redon	Ille-et-Vil.
Laleu (*Suvenières*), 4	Angers	Maine-et-L.
Laleu, 7 ½	Alençon	Orne
Laleu, 8	Amiens	Somme
Laleuf, 7 ½	Nancy	Meurthe
Laleugue, 12 ¼	Mirande	Gers
Laleyriat, 2 ½	Nantua	Ain
Lallaye, 3 ¼	Schélestatt	Bas-Rhin
Lalobbe. *Voy.* Lobbe (la)		
Lalonde, 3 ½	Les Andelys	Eure
Lalonde, 5	Rouen	Seine-Inf.
Lalongue, 6 ¼	Pau	B.-Pyrén.
Laloubère, ¾	Tarbes	H.-Pyrén.
Lalouret, 1 ¼	St.-Gaudens	H.-Garonne
Lama, 6 ¼	Bastia	Corse
Lamagnère, 5	Auch	Gers
Lamaid, 3	Montluçon	Allier
Lamain (St.-), 4	Lons-le-Saulnier	Jura
Lamanon, 8 ¼	Arles	B.-du-Rhône
Lamarque, 10	Bordeaux	Gironde
Lamarque-Pontac, 3	Tarbes	H.-Pyrén.
Lamarque-Rustain, 5	Tarbes	H.-Pyrén.
Lamayou, 8	Pau	B.-Pyrén.
Lambach, 6 ½	Sarreguemines	Moselle
Lamballe *, 5	St.-Brieuc	Côtes-du-N.
Lambeje, 3 ¼	Mirande	Gers
Lambersart, ½	Lille	Nord
Lambert, 5	Digne	B.-Alpes
Lambert (St.-), 3 ¼	Vouziers	Ardennes
Lambert (St.-), 7 ½	Falaise	Calvados
Lambert (St.-), 2 ½	Argentan	Orne
Lambert (St.-), 6 ¼	Rambouillet	Seine-et-O.
Lambert-des-Levées (St.-), ½	Saumur	Maine-et-L.
Lambert-du-Lattay (St.-) 11 ¼	Saumur	Maine-et-L.
Lambert-la-Poterie (St.-) 2	Angers	Maine-et-L.
Lambert-Ploumoguer (*Ploumoguer*), 5 ¼	Brest	Finistère
Lamberville, 4	St.-Lô	Manche
Lamberville, 4	Dieppe	Seine-Inf.
Lambese *, 4 ½	Aix	B.-du-Rhône
Lambezellec, 1	Brest	Finistère
Lamblore, 8 ¼	Dreux	Eure-et-L.
Lambres, ½	Douai	Nord
Lambres, 6 ¼	Béthune	Pas-de-Cal.
Lambrey, 6 ½	Vesoul	H.-Saône
Lambruise, 10	Digne	B.-Alpes.
Laméac, 4	Tarbes	H.-Pyrén
Lamecourt (*Rubicourt*), 2	Sedan	Ardennes
Lamécourt, 2 ½	Clermont	Oise
Lamenay, 15 ½	Nevers	Nièvre
Lamensans, 4	Mont-de-Marsan	Landes
Lamer (*Faucogney*), 6	Lure	H.-Saône
Lamérac	Barbezieux	Charente
Lamerey (*Madonne*), 3 ¼	Mirecourt	Vosges
Lameries, 5 ½	Avesnes	Nord
Lametz, 5	Vouziers	Ardennes
Lamidou, 5 ½	Orthez	B.-Pyrén.
Lammerville, 4	Dieppe	Seine-Inf.
Lamnaye, 9	Mamers	Sarthe
Lamolère (*Campet*), 3 ¼	Mont-de-Marsan	Landes

Communes.	Arrondissem.	Départem.
Lamothe *ou* Lamotte. *Voy.* Motte (la)		
Lamonzie. *Voy.* Mouzie (la)		
Lampaul, 5	Morlaix	Finistère
Lampaul-Plouarzel, 5	Brest	Finistère
Lampaul-Ploudalmezeau 5	Brest	Finistère
Lampertheim, 1 ¾	Strasbourg	Bas-Rhin
Lampertsloch, 4	Haguenau	Bas-Rhin
Lamure. *Voy.* Mure (la)		
Lanarvilly, 4 ½	Brest	Finistère
Lanas (*St.-Maurice*), 9 ½	Privas	Ardèche
Lancé, 3	Vendôme	Loir-et-Ch.
Laneette, 8	Lons-le-Saulnier	Jura
Lancharre, 8 ½	Mâcon	Saône-et-L.
Lanchères, 5 ¼	Abbeville	Somme
Lanches (*St.-Hilaire*), 4 ½	Doullens	Somme
Lanchy, 4	St.-Quentin	Aisne
Lancié, 4 ½	Villefranche	Rhône
Lancieux, 6	Dinan	Côtes-du-N.
Lancôme, 4 ¼	Blois	Loir-et-Ch.
Lançon, 5	Vouziers	Ardennes
Lançon, 6	Aix	B. du Rhône
Lançon, 11	Bagnères	H.-Pyrén.
Lancourt (*Barbonne*), 10 ¼	Epernay	Marne
Lancrans, 10	Gex	Ain
Landange, 3 ¼	Sarrebourg	Meurthe
Landas, 5 ¼	Douai	Nord
Landau (Petit-), 7	Altkirch	Haut-Rhin
Landaul, 7	Lorient	Morbihan
Landaville, 2	Neufchâteau	Vosges
Landavran, 2	Vitré	Ille-et-Vil.
Lande (la), 3	Pont-Audemer	Eure
Lande (la), 2 ½	Libourne	Gironde
Lande (la), 5	Libourne	Gironde
Lande (la), 6	Saumur	Maine-et-L.
Lande (la), 5	Moissac	Tarn-et-Gar.
Lande (la) (*Ste.-Radégonde*), 8	Châtellerault	Vienne
Lande (la), 6	Auxerre	Yonne
Lande-Chasle (la), 2 ½	Baugé	Maine-et-L.
Lande-d'Airou (la), 5	Avranches	Manche
Lande-de-Goult (la), 6 ¼	Alençon	Orne
Lande-de-Lougé (la), 4 ½	Argentan	Orne
Lande-en-Son (la), 3 ½	Beauvais	Oise
Lande-Patri (la), 5	Domfront	Orne
Lande-Pereuse (la), 3 ¼	Bernay	Eure
Lande-St.-Siméon (la), 8 ½	Domfront	Orne
Lande-sur-Drôme (la), 7 ½	Bayeux	Calvados
Lande-sur-Eure (la), 6	Mortagne	Orne
Lande-Vaumont (la), 2	Vire	Calvados
Lande-Vieille, 4 ¾	Les Sables	Vendée
Landean, 2	Fougères	Ille-et-Vil.
Landebaëron, 2	Guimgamp	Côtes-du-N.
Landebias, 5 ½	Dinan	Côtes-du-N.
Landec (la), 2 ½	Dinan	Côtes-du-N.
Landécourt, 3 ½	Luneville	Meurthe
Landéda, 6	Brest	Finistère
Landehen, 5 ¼	St.-Brieuc	Côtes-du-N.
Landelle (la), 3	Beauvais	Oise
Landelleau, 9	Châteaulin	Finistère
Landelles, 2 ¼	Vire	Calvados
Landelles, 5 ¼	Chartres	Eure-et-L.
Landemont, 7	Beaupréau	Maine-et-L.
Landerneau *, 5	Brest	Finistère
Landeronde, 7	Les Sables	Vendée
Landerouat, 9	La Réole	Gironde
Landerouet, 3 ½	La Réole	Gironde
Landersheim, 3 ¼	Saverne	Bas-Rhin
Landes, 4	Caen	Calvados
Landes, 2	St.-Jean-d'Angely	Char.-Inf.
Landes, 4	Blois	Loir-et-Ch.
Landes-Génusson (les), 13	Bourbon-Vendée	Vendée
Landes, Neuves et Vieilles (les), 4 ½	Neufchâtel	Seine-Inf.
Landévant, 6	Lorient	Morbihan
Landevennec, 6 ¼	Châteaulin	Finistère
Landéville, 8 ½	Wassy	H.-Marne
Landeyrat, 4 ¼	Murat	Cantal
Landifay, 5	Vervins	Aisne
Landigou, 6 ½	Domfront	Orne
Landin (le), 5	Pont-Audemer	Eure
Landiras, 10	Bordeaux	Gironde
Landisacq, 6	Domfront	Orne
Landivisiau *, 5	Morlaix	Finistère
Landivy, 10	Mayenne	Mayenne
Landorthe, 1 ¼	St.-Gaudens	H.-Garonne
Landos, 5 ½	Le Puy	H.-Loire
Landouville, 4 ½	Dreux	Eure-et-L.
Landouzy-la-Cour, 1 ¼	Vervins	Aisne
Landouzy-la-Ville, 2 ¼	Vervins	Aisne
Landovillers, 3 ¼	Metz	Moselle
Landoy, 2 ½	Provins	Seine-et-M.
Landrais, 4	Rochefort	Char.-Inf.
Landrecourt, 1	Montmédy	Meuse
Landrecourt, 1 ½	Verdun	Meuse
Landrecy *, 4	Avesnes	Nord
Landrefang (*Triteling*), 8	Metz	Moselle
Landremont, 5	Nancy	Meurthe
Landremont, 4	Metz	Moselle
Landres, 4 ¼	Vouziers	Ardennes
Landres, 2 ¼	Briey	Moselle
Landresse, 5 ½	Baume	Doubs
Landrethun-le-Nord, 5	Boulogne	Pas-de-Cal.
Landrethun-lès-Ardres, 5	St.-Omer	Pas-de-Cal.
Landrevange (*Bousse*), 2	Thionville	Moselle
Landreville, 2	Bar-sur-Seine	Aube
Landreville (*Ormoi*), 1	Etampes	Seine-et-O.
Landrichamps, 8	Rocroi	Ardennes
Landricourt, 6 ½	Laon	Aisne
Landricourt, 4 ½	Vitry-le-Français	Marne
Landroff, 10	Sarreguemines	Moselle
Landser, 4	Altkirch	Haut-Rhin
Landudec, 3 ¾	Quimper	Finistère
Landujan, 3	Montfort	Ille-et-Vil.
Landunvez, 6	Brest	Finistère

Communes.	Arrondissem.	Départem.
Laudusse (la), 8 ½	Villeneuve-d'Agen	Lot-et-Gar.
Lauduzière, 1 ½	St.-Etienne	Loire
Laneria, 10	Lons-le-Saulnier	Jura
Lanespède, 5 ¼	Tarbes	H.-Pyrén.
Lanet, 14	Carcasssonne	Aude
Laneuville. *Voy.* Neuville (la)		
Lanfains, 5	St.-Brieuc	Côtes-du N.
Lanfroicourt, 5	Nancy	Meurthe
Langan, 4	Montfort	Ille-et-Vil.
Langannerie (*Grainville-la-Campagne*), 3 ¼	Falaise	Calvados
Langast, 3 ¾	Loudéac	Côtes-du N.
Langate, 1 ¾	Sarrebourg	Meurthe
Langé, 8	Châteauroux	Indre
Langeac *, 7 ½	Brioude	H.-Loire
Langeac-plat-Pays, 7 ¾	Brioude	H.-Loire
Langeais *, 6	Chinon	Indre-et-L.
Langen-Soultzbac, 4 ½	Haguenau	Bas-Rhin
Langeron, 7 ¾	Nevers	Nièvre
Langesse, 4	Gien	Loiret
Langey, 3 ½	Châteaudun	Eure-et-L.
Langis-lès-Mortagne (St-), ¼	Mortagne	Orne
Langlade, 3 ¼	Nismes	Gard
Langle (*Poisselière*), 6	Lure	H.-Saône
Langley, 4	Mirecourt	Vosges
Langoat, 4	Lannion	Côtes-du N.
Langoelan, 4 ½	Pontivy	Morbihan
Langogne *, 11	Mende	Lozère
Langoiran, 5 ½	Bordeaux	Gironde
Langolen, 3 ¼	Quimper	Finistère
Langon *, 4	Bazas	Gironde
Langon, 4 ½	Redon	Ille-et-Vil.
Langon, 2	Romorantin	Loir-et-Ch.
Langon (le), 3	Fontenay-le-Comte	Vendée
Langonnet, 9	Pontivy	Morbihan
Langouédhre (*Plenée-Jugon*), 6	Dinan	Côtes-du N.
Langouet, 4 ¼	Rennes	Ille-et-Vil.
Langourla, 9	Loudéac	Côtes-du N.
LANGRES *,	ch.-l. d'ar., 71	H.-Marne
Langrolay, 3 ½	Dinan	Côtes-du N.
Langrune, 4	Caen	Calvados
Languedias, 5	Dinan	Côtes-du N.
Languenan, 2 ½	Dinan	Côtes-du N.
Languetot, 8 ½	Le Hâvre	Seine-Inf.
Languenx, ¼	St.-Brieuc	Côtes-du N.
Languevoisin, 4	Péronne	Somme
Languidic, 4 ½	Lorient	Morbihan
Languimbert, 5	Sarrebourg	Meurthe
Langy, 4	La Palisse	Allier
Langy, 7 ½	Nevers	Nièvre
Lanhelin, 7	St.-Malo	Ille-et-Vil.
Lanheres, 5	Verdun	Meuse
Lanhouarneau, 8	Morlaix	Finistère
Lanildut, 5 ¼	Brest	Finistère
Laning, 6	Sarreguemines	Moselle
Laniscat, 8	Loudéac	Côtes-du N.
Laniscourt, 1 ¼	Laon	Aisne
Lanleff, 7 ½	St.-Brieuc	Côtes-du N.

Communes.	Arrondissem.	Départem.
Lanluets-Ste. Gemme, 2 ¼	Versailles	Seine-et-O.
Lanmérin, 2 ½	Lannion	Côtes-du N.
Lanmeur, 3	Morlaix	Finistère
Lanmodez, 6	Lannion	Côtes-du N.
Lanne, 4	Nérac	Lot-et-Gar.
Lanne, 4 ½	Oléron	B.-Pyrén.
Lanne, 1 ¼	Tarbes	H.-Pyrén.
Lanne (St.-), 12 ½	Tarbes	H.-Pyrén.
Lanne-Francon (*Auxt*), 4 ½	Mirande	Gers
Lanne-Maignan, 15	Condom	Gers
Lanne-Pax, 5 ¾	Condom	Gers
Lanne-Soubiran, 14 ½	Condom	Gers
Lannéanou, 4	Morlaix	Finistère
Lannebert, 6 ½	St.-Brieuc	Côtes du N.
Lannecaube, 7	Pau	B.-Pyrén.
Lannecorbin (*Montastruc*), 8	Tarbes	H.-Pyrén.
Lannédern, 5	Châteaulin	Finistère
Lannegrasse, 7 ½	Pau	B.-Pyrén.
Lannemezan *, 7	Bagnères	H.-Pyrén.
Lanneplàa, 1 ½	Orthez	B.-Pyrén.
Lanneray, 2 ¼	Châteaudun	Eure-et-L.
Lannes, 2 ½	Langres	H.-Marne
Lannevez, 11 ½	St.-Brieuc	Côtes-du N.
Lannilis, 5	Brest	Finistère
LANNION *,	ch.-l. d'ar., 131	Côtes du N.
Lannion (*St.-Pierre*), ½	Brest	Finistère
Lannoy, 2 ½	Lille	Nord
Lannoy-Cuillière, 9 ½	Beauvais	Oise
Lannusse, 5 ¾	Pau	B.-Pyrén.
Lano, 2 ¼	Corte	Corse.
Lanonaille. *Voyez* Nonaille (la)		
Lanoux, 4	Pamiers	Ariége
Lanquais, 4	Bergerac	Dordogne
Lanques, 5	Chaumont	H.-Marne
Lanrelas, 6	Dinan	Côtes-du-N.
Lanriec, 7	Quimper	Finistère
Lanrigan, 6 ¼	Rennes	Ille-et-Vil.
Lanrivoaré, 4	Brest	Finistère
Lanrivain, 6	Guimgamp	Côtes-du-N.
Lanrodec, 2 ½	Guimgamp	Côtes-du-N.
Lans, 4 ¼	Grenoble	Isère
Lans, 1 ¼	Châlons	Saône-et-L.
Lansac, 3 ½	Blaye	Gironde
Lansac, 2	Tarbes	H.-Pyrén.
Lansac, 9	Perpignan	Pyrén.-Or.
Lansargues, 3 ¾	Montpellier	Hérault
Lanso, 5 ¼	Argelès	H.-Pyrén.
Lanta, 5 ¼	Villefranche	H.-Garonne
Lantabat, 7 ¾	Mauléon	B.-Pyrén.
Lantages, 3	Bar sur-Seine	Aube
Lantan, 6	St.-Amand	Cher
Lante-Fontaine, ¾	Briey	Moselle
Lantenai, 1	Romorantin	Loir-et-Ch.
Lantenay, 3 ½	Dijon	Côte-d'Or
Lanteney, 3	Nantua	Ain
Lantenne, 5 ¼	Besançon	Doubs
Lantenot, 3	Lure	H.-Saône
Lanterne (la), 4 ½	Lure	H.-Saône
Lanteuil, 3 ¼	Brives	Corrèze
Lanthenans, 6 ½	Baume	Doubs

Communes.	Arrondissem.	Départem.
Lanthes, 7	Beaune	Côte-d'Or
Lantheuil, 3	Caen	Calvados
Lantic, 4	St.-Brieuc	Côtes-du-N.
Lantignié, $4\frac{1}{4}$	Villefranche	Rhône
Lantillac, 6	Ploërmel	Morbihan
Lantille, 10	Bar-sur-Aube	Aube
Lantilly, $1\frac{1}{2}$	Semur	Côte-d'Or
Lanton, $10\frac{1}{4}$	Bordeaux	Gironde
Lantriac, $2\frac{3}{4}$	Le Puy	H.-Loire
Lanty, $8\frac{1}{4}$	Chaumont	H.-Marne
Lanty (*Remilly*), $8\frac{1}{4}$	Château-Chinon	Nièvre
Lanuéjols, 4	Villefranche	Aveiron
Lanüejols, $11\frac{1}{2}$	Le Vigan	Gard
Lanuéjols, $1\frac{3}{4}$	Mende	Lozère
Lanux, 17	Mirande	Gers
Lanvalay, $\frac{1}{2}$	Dinan	Côtes-du-N.
Lanvaudan, $5\frac{1}{2}$	Lorient	Morbihan
Lanvellec, $3\frac{1}{2}$	Lannion	Côtes-du-N.
Lanvénegen, 9	Pontivy	Morbihan
Lanvern, $3\frac{1}{4}$	Quimper	Finistère
Lanvézéac, $3\frac{1}{4}$	Lannion	Côtes-du-N.
Lanvignec, $10\frac{1}{2}$	St.-Brieuc	Côtes-du-N.
Lanvollon, 6	St.-Brieuc	Côtes-du-N.
Lanzac, $5\frac{1}{4}$	Gourdon	Lot
LAON *,	ch.-l. de dép., 33	Aisne
Laon (St.-), $1\frac{1}{2}$	Loudun	Vienne
Laons, $3\frac{1}{2}$	Dreux	Eure-et-L.
Lapan, $4\frac{1}{2}$	Bourges	Cher
Lapège, 6	Foix	Ariége
Lapenne. *Voy.* Penne (la)		
Lapenty, $2\frac{1}{2}$	Mortain	Manche
Lapérouse. *Voy.* Pérouse (la)		
Laperrière. *Voyez* Perrière (la)		
Lapeyre, 7	Tarbes	H.-Pyrén.
Lapierre. *Voy.* Pierre (la)		
Lapiste, $5\frac{1}{2}$	Mauléon	B.-Pyrén.
Laplaud, $3\frac{1}{2}$	Confolens	Charente
Lappion, $7\frac{1}{4}$	Laon	Aisne
Laps, 6	Clermont	Puy-de-Dô.
Lapte, $2\frac{1}{4}$	Yssengeaux	H.-Loire
Laragne, $9\frac{1}{2}$	Gap	H.-Alpes
Larajasse, $6\frac{1}{2}$	Lyon	Rhône
Laramande (*Illier*), $6\frac{1}{4}$	Foix	Ariége
Laran, $10\frac{1}{2}$	Bagnères	H.-Pyrén.
Larbey, $4\frac{1}{2}$	St.-Sever	Landes
Larbont, 5	Foix	Ariége
Larbroye, $5\frac{1}{2}$	Compiègne	Oise
Larcan, $1\frac{1}{2}$	St.-Gaudens	H.-Garonne
Larcat, $6\frac{1}{4}$	Foix	Ariége
Larçay, 2	Tours	Indre-et-L.
Larceveaux, $6\frac{1}{4}$	Mauléon	B.-Pyrén.
Larchamp, $8\frac{1}{2}$	Mayenne	Mayenne
Larchamp, $4\frac{1}{4}$	Domfront	Orne
Larchant, 4	Fontainebleau	Seine-et-M.
Larche, $5\frac{1}{4}$	Barcelonnette	B.-Alpes
Larche, $2\frac{1}{2}$	Brives	Corrèze
Larderet, $4\frac{1}{2}$	Poligny	Jura
Lardier, $5\frac{1}{2}$	Gap	H.-Alpes
Lardieres, $3\frac{3}{4}$	Beauvais	Oise
Lardiers, 4	Forcalquier	B.-Alpes
Lardy, 3	Etampes	Seine-et-O.
Larée, 10	Condom	Gers
Larg-Nieder, 3	Altkirch	Haut-Rhin
Larg-Ober, 5	Altkirch	Haut-Rhin
Largeasse, $5\frac{1}{4}$	Parthenay	2 Sèvres
Largillay, $5\frac{1}{4}$	Lons-le-Saulnier	Jura
Largitzen, 2	Altkirch	Haut-Rhin
Largny, 7	Soissons	Aisne
Larick (le), 8	Valence	Drôme
Larmor (*Plœmeur*), 1	Lorient	Morbihan
Larnage, $5\frac{1}{2}$	Valence	Drôme
Larnagol, $6\frac{1}{4}$	Figeac	Lot
Larnas, $10\frac{1}{2}$	Privas	Ardèche
Larnat, $6\frac{1}{2}$	Foix	Ariége
Larnaud, $2\frac{1}{2}$	Lons-le-Saulnier	Jura
Larnod, 2	Besançon	Doubs
Laroche. *Voy.* Roche (la)		
Laroing, $1\frac{1}{2}$	Pau	B. Pyrén.
Laroque. *Voy.* Roque (la) *ou* Larroque		
Larouquette. *Voy.* Rouquette (la)		
Larouzières (*Védrines-St-Loup*), 5	St.-Flour	Cantal
Larrau, 9	Mauléon	B.-Pyrén.
Larrazet, $2\frac{1}{4}$	Castel-Sarrasin	Tarn-et-Gar.
Larré, 5	Vannes	Morbihan
Larré, $2\frac{1}{2}$	Alençon	Orne
Larrebieu, $1\frac{1}{4}$	Mauléon	B.-Pyrén.
Larressingle, $2\frac{1}{4}$	Condom	Gers
Larressore, 4	Bayonne	B.-Pyrén.
Larrest, $4\frac{1}{4}$	Brest	Finistère
Larrèt, 6	Gray	H.-Saône
Larreule, $6\frac{1}{4}$	Orthez	B.-Pyrén.
Larreule, 6	Tarbes	H.-Pyrén.
Larrey, 3	Châtillon	Côte-d'Or
Larrians, 8	Vesoul	H.-Saône
Larribar, $4\frac{1}{2}$	Mauléon	B.-Pyrén.
Larroneau, 2	Lombez	Gers
Larroque, $9\frac{1}{4}$	Pamiers	Ariége
Larroque, 3	St.-Gaudens	H.-Garonne
Larroque, 14	Bagnères	H.-Pyrén.
Larroque, $4\frac{1}{4}$	Gaillac	Tarn
Larroque-en-Galin, $2\frac{1}{2}$	Lectoure	Gers
Larroque-Ordan, $3\frac{1}{2}$	Auch	Gers
Larroque-Roucazel, $7\frac{1}{2}$	Albi	Tarn
Larroque-sur-Losse, $2\frac{1}{4}$	Condom	Gers
Larrory, $1\frac{1}{4}$	Mauléon	B.-Pyrén.
Larroumieu, $3\frac{1}{4}$	Condom	Gers
Larry (*Liéhon*), $3\frac{1}{2}$	Metz	Moselle
Lartigolle, 2	Auch	Gers
Lartigue, $4\frac{1}{2}$	Auch	Gers
Lartigue, 6	Bazas	Gironde
Larue. *Voy.* Rue (la)		
Laruns (*Berrogain*), $\frac{1}{2}$	Mauléon	B.-Pyrén.
Laruns, $8\frac{1}{4}$	Oléron	B.-Pyrén.
Lary (St.-), $4\frac{1}{2}$	St.-Girons	Ariége
Lary (St.-), 3	St.-Gaudens	H.-Garonne
Lary (St.-), 3	Auch	Gers
Lary (St.-), $2\frac{1}{4}$	Lectoure	Gers
Lary (St.-), $12\frac{1}{4}$	Bagneres	H.-Pyrén.
Larzac, 6	Sarlat	Dordogne
Larzicourt, 3	Vitry-le-Français	Marne

Communes.	Arrondissem.	Départem.
Lasbordes, 2	Castelnaudary	Aude
Lasbouygues (*Ragat*, 5 ½)	Cahors	Lot
Lascabannes, 5 ½	Cahors	Lot
Lascaux, 7 ¾	Brives	Corrèze
Lascazères, 8 ¼	Tarbes	H.-Pyrén.
Lascelle, 2 ⅔	Aurillac	Cantal
Lascie (*Claudon*), 10	Mirecourt	Vosges
Lasclaveries *ou* les Claveries, 5	Pau	B.-Pyrén.
Lasclottes, 4 ¼	Gaillac	Tarn
Lascours (*Cruviers*), 4 ½	Alais	Gard
Laserra, 3 ½	Sartène	Corse
Lasfaillades, 10 ½	Castres	Tarn
Laslades, 2	Tarbes	H.-Pyrén.
Lasmartres, 3 ½	Lectoure	Gers
Lasnans, 3 ½	Baume	Doubs
Lasplanques, 7 ½	Albi	Tarn
Lasque, 10	Pau	B.-Pyrén.
Lassalles, 10	Bagnères	H.-Pyrén.
Lassay, 2 ½	Romorantin	Loir-et-Ch
Lassay, 5	Mayenne	Mayenne
Lasse, 2	Baugé	Maine-et-L.
Lasse, 11	Mauléon	B.-Pyrén.
Lasserade, 9 ¾	Mirande	Gers
Lasseran, 1 ¾	Auch	Gers
Lasserre (*Tourtouse*), 3	St.-Girons	Ariége
Lasserre, 6 ¼	Limoux	Aude
Lasserre, 6	Toulouse	H.-Garonne
Lasserre, 2 ½	Nérac	Lot-et-Gar.
Lasserre, 9 ½	Pau	B.-Pyrén.
Lasserre-Berdoues, 1	Mirande	Gers
Lasseube, 4	Lombez	Gers
Lasseube, 3	Oléron	B.-Pyrén.
Lasseube-Propre, 2	Auch	Gers
Lassenbetat, 3 ¾	Oléron	B.-Pyrén.
Lassicourt, 6 ½	Bar-sur-Aube	Aube
Lassigny, 6	Compiégne	Oise
Lasson, 2 ½	Caen	Calvados
Lasson, 9	Tonnerre	Yonne
Lassouts, 3	Espalion	Aveiron
Lassur, 8	Foix	Ariége
Lassy, 5	Vire	Calvados
Lassy, 11	Redon	Ille-et-Vil.
Lassy, 6 ½	Pontoise	Seine-et-O.
Lastelle, 7	Coutances	Manche
Lastens, 4	Lavaur	Tarn
Lastours, 3 ½	Carcassonne	Aude
Lasvarennes, 3	Villefranche	H.-Garonne
Lasvaux (*Cazillac*), 14	Gourdon	Lot
Lateinture (*Magny-le-Désert*), 5	Domfront	Orne
Latet (le), 4 ½	Poligny	Jura
Latette (la), 7	Poligny	Jura
Lathus, 3	Montmorillon	Vienne
Latillé, 5	Poitiers	Vienne
Latilly, 2 ½	Château-Thierry	Aisne
Latou, 1 ¾	St.-Gaudens	H.-Garonne
Latour. *Voy.* Tour (la)		
Latrape. *Voy.* Trape *ou* Trappe (la)		
Latrecey, 7 ½	Chaumont	H.-Marne
Latresne, 2 ½	Bordeaux	Gironde
Latrille, 7 ¾	St.-Sever	Landes

Communes.	Arrondissem.	Départem.
Lattainville, 8	Beauvais	Oise
Lattes, 1 ¼	Montpellier	Herault
Lattier (St.-), 3	St.-Marcellin	Isère
Lattre, 6	St. Pol	Pas-de Cal.
Lau, ¼	Argelès	H. Pyren.
Laubach, 2	Haguenau	Bas-Rhin
Laubies (les), 6 ¼	Mende	Lozère
Laubinet (*Vielespèce*), 3	St.-Flour	Cantal
Laubressel, 2 ¼	Troyes	Aube
Laubrieres, 8	Château-Gontier	Mayenne
Laucourt, 4	Montdidier	Somme
Laudun, 6 ¼	Uzès	Gard
Laugnac, 5	Agen	Lot-et-Gar.
Laujuzan, 14	Condom	Gers
Laulne, 4 ¼	Coutances	Manche
Laumesfeld, 5	Thionville	Moselle
Launac, 6	Toulouse	H.-Garonne
Launaguet, 2	Toulouse	H.-Garonne
Launay, ¼	Pont-l'Evêque	Calvados
Launay, 2 ½	Bernay	Eure
Launay (*Allemanche*), 2 ½	Epernay	Marne
Launay (*Le Meix-St.-Epoing*), 11	Epernay	Marne
Launay (*Frênes*), 5	Domfront	Orne
Launay (*St.-Pierre-d'Entremont*), 6 ½	Domfront	Orne
Launay-Villiers, 5 ¼	Laval	Mayenne
Launeuc (St.-), 9	Dinan	Côtes-du N.
Launois, 4	Soissons	Aisne
Launois, 5	Mezières	Ardennes
Launois (*Biennes*), 8 ½	Fontainebleau	Seine-et-M.
Launstroff, 6 ½	Thionville	Moselle
Laupie (la), 2	Montélimart	Drôme
Laur, 15	Condom	Gers
Laurabuc, 1 ¾	Castelnaudary	Aude
Laurac, 1 ½	Argentière	Ardèche
Laurac, 3	Lombez	Gers
Laurac-le-Grand, 3 ¼	Castelnaudary	Aude
Lauraet, 3 ¼	Condom	Gers
Lauraguel, 2	Limoux	Aude
Laurandanne, 3 ¼	Agen	Lot-et-Gar.
Laure, 3 ½	Carcassonne	Aude
Laure (St.-), 2 ½	Riom	Puy de-Dô.
Laurede, 5 ¼	Dax	Landes
Laurenan, 4 ½	Loudéac	Côtes-du N.
Laurens, 4	Béziers	Herault
Laurens (St.-), 4 ½	Pau	B.-Pyrén.
Laurent (St.), 6	Bourg	Ain
Laurent (St.-), 15	Digne	B.-Alpes
Laurent (St.-), 7	Argentière	Ardèche
Laurent (St.-), 1	Mézières	Ardennes
Laurent (St.-), 4 ¼	Bayeux	Calvados
Laurent (St.-), 1 ½	Cognac	Charente
Laurent (St.-), 4 ¼	Confolens	Charente
Laurent (St.-), 7	Bourges	Cher
Laurent (St.-), 2	Guingamp	Côtes-du N.
Laurent (St.-), 2	Guéret	Creuse
Laurent (St.-), 8 ½	Valence	Drôme
Laurent (St.-), 5 ½	St.-Gaudens	H.-Garonne
Laurent (St.-), 5	Lesparre	Gironde

Communes.	Arrondissem.	Départem.
Laurent (St.-), 2	Libourne	Gironde
Laurent (St.-), 5 $\frac{1}{2}$	Vienne	Isère
Laurent (St.-), 7 $\frac{3}{4}$	Dax	Landes
Laurent (St.-), 7	Cahors	Lot
Laurent (St.-), 8 $\frac{1}{2}$	Figeac	Lot
Laurent (St.-), 4	Nérac	Lot et-Gar.
Laurent (St -), 4	Montmédy	Meuse
Laurent (St.-), 9	Vannes	Morbihan
Laurent (St.-), 1 $\frac{3}{4}$	Cosne	Nièvre
Laurent (St.-), 1	Arras	Pas-de-Cal.
Laurent (St -), *ou* Ispoure, 10	Mauléon	B.-Pyrén.
Laurent (St.-), 9	Bagnères	H.-Pyrén.
Laurent (St.-), 3	Le Hâvre	Seine-Inf.
Laurent (St.-), 4	Yvetot	Seine-Inf.
Laurent (St.-), 2 $\frac{3}{4}$	Rochechouart	H.-Vienne
Laurent (St.-), 1	Epinal	Vosges
Laurent - Chabreuges (St.-), 1	Brioude	Haute-Loire
Laurent-d'Aigouse (St.-), 7 $\frac{1}{2}$	Nismes	Gard
Laurent-d'Agny (St.-), 3 $\frac{1}{2}$	Lyon	Rhône
Laurent-d'Andenay (St.-), 7	Châlons	Saône-et-L.
Laurent-d'Arce (St.-), 6 $\frac{3}{4}$	Bordeaux	Gironde
Laurent - d'Envermeu (St.-), 3 $\frac{1}{4}$	Dieppe	Seine-Inf.
Laurent-d'Oingt (St.-), 3 $\frac{1}{2}$	Villefranche	Rhône
Laurent-d'Olt (St.-), 12 $\frac{1}{2}$	Milhaud	Aveiron
Laurent-de-Beaumesnil (St.-), 3 $\frac{3}{4}$	Alençon	Orne
Laurent - de - Brossac (St.-), 6	Barbezieux	Charente
Laurent-de-Cerdas (St.-), 7 $\frac{1}{2}$	Ceret	Pyrén.-Or.
Laurent-de-Chamousset (St.-), 5 $\frac{3}{4}$	Lyon	Rhône
Laurent-de-Condel (St.-), 5	Falaise	Calvados
Laurent-de-Cuves (St.-), 4 $\frac{1}{2}$	Mortain	Manche
Laurent-de-Jourde (St.-), 5 $\frac{3}{4}$	Montmorillon	Vienne
Laurent-de-la-Cabrerisse (St.-), 9	Narbonne	Aude
Laurent - de - la - Plaine (St.-), 5 $\frac{1}{2}$	Beaupréau	Maine-et-L.
Laurent-de-la-Prée (St.-), 2 $\frac{1}{2}$	Rochefort	Char.-Inf.
Laurent - de - la - Salanque (St.-), 3 $\frac{1}{2}$	Perpignan	Pyrén.-Or.
Laurent - de - la - Salle (St.-), 3 $\frac{3}{4}$	Fontenay - le - Comte	Vendée
Laurent-de-Lin (St.-), 12	Chinon	Indre-et-L.
Laurent-de-Montmoreau (St.-), 9	Barbezieux	Charente
Laurent-de-Mures (St.-), 2 $\frac{3}{4}$	Marvejols	Lozère
Laurent - de - Terregate (St.-), 3 $\frac{3}{4}$	Avranches	Manche
Laurent-de-Trèves (St.-) 2	Florac	Lozère
Laurent-de-Vaux (St.-), 3 $\frac{1}{2}$	Lyon	Rhône

Communes.	Arrondissem.	Départem.
Laurent-de-Vegrez (St.-), 8 $\frac{3}{4}$	Marvejols	Lozère
Laurent-des-Arbres (St.-), 7	Uzès	Gard
Laurent-des-Autels (St.-), 6	Beaupréau	Maine-et-L.
Laurent-des-Bois (St.-), 5	Evreux	Eure
Laurent-des-Bois (St.-), 9	Blois	Loir-et-Ch.
Laurent-des-Carnols (St.-) 7 $\frac{1}{2}$	Uzès	Gard
Laurent-des-Eaux (St.-), 7	Blois	Loir-et-Ch.
Laurent-des-Grès (St.-), 3 $\frac{3}{4}$	Bernay	Eure
Laurent - des - Hommes (St.-), 6	Riberac	Dordogne
Laurent - des - Mortiers (St.-), 3 $\frac{1}{4}$	Château - Gontier	Mayenne
Laurent - des - Vignes (St.-), 1	Bergerac	Dordogne
Laurent-du-Bâton (St.-), 6	Bergerac	Dordogne
Laurent-du-Bois (St.-), 4	La Réole	Gironde
Laurent-Du-Cros (St.-), 3 $\frac{1}{4}$	Gap	H.-Alpes
Laurent-du-Mont (St.-), 3 $\frac{3}{4}$	Lisieux	Calvados
Laurent-du-Mottay (St.-), 6	Beaupréau	Maine-et-L.
Laurent-du-Pape (St.-), 6	Privas	Ardèche
Laurent-du-Plan (St.-), 7	La Réole	Gironde
Laurent-du-Pont (St.-), 8 $\frac{3}{4}$	Grenoble	Isère
Laurent-du-Rieu (St.-), 5 $\frac{1}{4}$	Bayeux	Calvados
Laurent - du - Tencement (St.-) 3 $\frac{3}{4}$	Bernay	Eure
Laurent-du-Var (St.-), 7 $\frac{1}{2}$	Grasse	Var
Laurent - en - Beaumont (St.-), 12 $\frac{1}{2}$	Grenoble	Isère
Laurent - en - Brionnois (St.-), 5	Charolles	Saône-et-L.
Laurent-en-Gâtine (St.-), 6	Tours	Indre-et-L.
Laurent - en - Grandraux (St.-), 6 $\frac{1}{2}$	St.-Claude	Jura
Laurent-la-Barrière (St.-), 4	St.-Jean-d'Angely	Char-Inf.
Laurent-la-Conche (St.-), 3	Montbrison	Loire
Laurent-la-Gâtine (la), 3 $\frac{1}{4}$	Dreux	Eure-et-L.
Laurent-la-Roche (St.-), 3	Lons - le - Saulnier	Jura
Laurent - la - Vernède (St.-), 3 $\frac{1}{4}$	Uzès	Gard
Laurent-le-Minier (St.-), 2 $\frac{1}{2}$	Le Vigan	Gard
Laurent-les-Eglises (St.-), 5	Limoges	H.-Vienne

Communes.	Arrondissem.	Départem.
Laurent-Rochefort (St.-), 4 $\frac{1}{4}$	Montbrison	Loire
Laurent - sous - Coiron (St.-), 4 $\frac{1}{2}$	Privas	Ardèche
Laurent-sur-Manoir (St.-) 2 $\frac{1}{2}$	Périgueux	Dordogne
Laurent-sur-Sèvre (St.-), 14	Bourbon-Vendée	Vendée
Lauresse, 4 $\frac{3}{4}$	Figeac	Lot
Lauret, 6 $\frac{1}{2}$	Lectoure	Gers
Lauret, 5	Montpellier	Hérault
Lauret, 9 $\frac{1}{2}$	St.-Sever	Landes
Laurie, 7 $\frac{3}{4}$	St.-Flour	Cantal
Laurière (*Antonne*), 4	Périgueux	Dordogne
Laurière, 9	Bellac	H.-Vienne
Lauris, 5 $\frac{3}{4}$	Apt	Vaucluse
Lauroux, 1 $\frac{3}{4}$	Lodève	Hérault
Laurs (St.-), 5 $\frac{1}{2}$	Niort	2 Sèvres
Laussac, 14	Espalion	Aveiron
Lausonne, 3 $\frac{1}{4}$	Le Puy	H.-Loire
Laussou, 5 $\frac{3}{4}$	Villeneuve-d'Agen	Lot-et-Gar.
Lautenbach, 9 $\frac{3}{4}$	Colmar	Haut-Rhin
Lauterbourg*, 8	Haguenau	Bas-Rhin
Lauthenbach-Zell, 10	Colmar	Haut-Rhin
Lauthier, 6	Montmorillon	Vienne
Lautignac, 5 $\frac{3}{4}$	Muret	H.-Garonne
Lautrec, 4	Castres	Tarn
Lauw, 5	Belfort	Haut-Rhin
Lauwin-Planque, $\frac{3}{4}$	Douai	Nord
Laux (le), 5 $\frac{1}{2}$	Castres	Tarn
Laux-Montaud 10 $\frac{1}{2}$	Nyons	Drôme
Lauzach, 5	Vannes	Morbihan
Lauzerte*, 6 $\frac{1}{4}$	Moissac	Tarn-et-G.
Lauzerville, 4 $\frac{1}{2}$	Villefranche	H.-Garonne
Lauzès, 7	Cahors	Lot
Lauzet, 5	Barcelonnette	B.-Alpes
Lauzun*, 8	Marmande	Lot-et-Gar.
Lavail, 7 $\frac{3}{4}$	Ceret	Pyrén.-Or.
Laval, 2 $\frac{1}{2}$	Laon	Aisne
Laval, 5 $\frac{3}{4}$	St.-Affrique	Aveiron
Laval, 9	Tulle	Corrèze
Laval, 13 $\frac{3}{4}$	Montbéliard	Doubs
Laval, 2	Alais	Gard
Laval, 9 $\frac{3}{4}$	Uzès	Gard
Laval, 5 $\frac{1}{4}$	Grenoble	Isère
Laval, 4 $\frac{3}{4}$	Brioude	H.-Loire
Laval, (*Reillaguet*), 5	Gourdon	Lot
Laval, 11	Mende	Lozère
LAVAL*,	ch.-l. de dép. 72	Mayenne
Laval, 7 $\frac{3}{4}$	Fontainebleau	Seine-et-M.
Laval, 6	Epinal	Vosges
Laval-d'Aix, 1 $\frac{1}{2}$	Die	Drôme
Laval-d'Aurelle, 7 $\frac{1}{2}$	Argentière	Ardèche
Laval-du-Tarn, 7	Marvejols	Lozère
Laval-Martin (*St.-Nom-la-Bretèche*), 2	Versailles	Seine-et-O.
Laval-Morancy, 2 $\frac{1}{4}$	Rocroi	Ardennes
Laval-Roquecezière, 8	St.-Affrique	Aveiron
Laval-sur-Tourbe, 3 $\frac{1}{2}$	Ste.-Menehould	Marne
Lavalade, 9 $\frac{1}{2}$	Bergerac	Dordogne
Lavalette, 3	Toulouse	H.-Garonne
Lavalette, 2	Lodève	Hérault
Lavalette, 4	Sarreguemines	Moselle
Lavalette, 1 $\frac{1}{4}$	Toulon	Var
Lavanciat, 5 $\frac{1}{2}$	St.-Claude	Jura

Communes.	Arrondissem.	Départem.
Lavangeot, 2 $\frac{1}{2}$	Dôle	Jura
Lavannes, 5	Rheims	Marne
Lavans, 3	Dôle	Jura
Lavans-les-Lonvières, 2	St.-Claude	Jura
Lavans-Quingey, 5 $\frac{3}{4}$	Besançon	Doubs
Lavans-sur-Valouse, 11	Lons-le-Saulnier	Jura
Lavans-Vuillafans, 7 $\frac{1}{2}$	Besançon	Doubs
Lavardac, 1 $\frac{3}{4}$	Nérac	Lot-et-Gar.
Lavardens, 4	Auch	Gers
Lavardin, 4	Vendôme	Loir-et-Ch.
Lavardin, 3 $\frac{3}{4}$	Le Mans	Sarthe
Lavarré, 4 $\frac{3}{4}$	St.-Calais	Sarthe
Lavars, 11 $\frac{1}{4}$	Grenoble	Isère
Lavatoggio, 1 $\frac{1}{4}$	Calvi	Corse
Lavau, 1 $\frac{1}{2}$	Troyes	Aube
Lavau, 1 $\frac{1}{4}$	Savenay	Loire-Inf.
Lavau, 14 $\frac{1}{2}$	Joigny	Yonne
Lavaudieu, 1 $\frac{3}{4}$	Brioude	H.-Loire
Lavaur, 8	Sarlat	Dordogne
LAVAUR*,	ch.-l. d'ar., 178	Tarn
Lavaux-Ste.-Anne, 1	Montluçon	Allier
Lavaye-Neuve (*Chalo-St.-Mars*), 1 $\frac{3}{4}$	Etampes	Seine-et-O.
Lavazan, 2 $\frac{1}{2}$	Bazas	Gironde
Lavelanet, 7	Foix	Ariége
Lavelanet, 7 $\frac{1}{4}$	Muret	H.-Garonne
Laveline, 2 $\frac{3}{4}$	St.-Dié	Vosges
Laveline devant Bruyères, 7 $\frac{3}{4}$	Epinal	Vosges
Laveline-du-Houx, 6	Epinal	Vosges
Lavenay, 5 $\frac{3}{4}$	St.-Calais	Sarthe
Laveraet, 4 $\frac{1}{2}$	Mirande	Gers
Lavercantière, 6	Gourdon	Lot
Laverdine, 8	Bourges	Cher
Lavergne (*Thegra*) 11 $\frac{1}{2}$	Gourdon	Lot
Lavergne, 6	Marmande	Lot-et-Gar.
Lavergnes, $\frac{3}{4}$	St.-Jean-d'Angely	Char.-Inf.
Lavernas, 7	La Flèche	Sarthe
Lavernay, 4 $\frac{1}{4}$	Besançon	Doubs
Laverne-Teirac, 15	Rodez	Aveiron
Lavernhe, 6	Milhaud	Aveiron
Lavernose, 2 $\frac{1}{4}$	Muret	H.-Garonne
Lavernoy, 5	Langres	H.-Marne
Laverune, 1 $\frac{1}{2}$	Montpellier	Hérault
Laveyron, 9	Valence	Drôme
Lavieu, 2 $\frac{1}{2}$	Montbrison	Loire
Laviéville *Voyez* Viéville (la),		
Laviers, 1 $\frac{1}{4}$	Abbeville	Somme
Lavignac, 6	St.-Yrieix	H.-Vienne
Lavignette (*Malandry*), 7	Sedan	Ardennes
Lavigney, 8 $\frac{1}{2}$	Vesoul	H.-Saône
Lavigny, 1 $\frac{3}{4}$	Lons-le-Saulnier	Jura
Laviguerie, 5	Rodez	Aveiron
Lavincourt, 4	Bar-le-Duc	Meuse
Laviron, 6 $\frac{1}{4}$	Baume	Doubs
Lavit, 4 $\frac{1}{2}$	Castel-Sarrasin	Tarn-et-G.
Lavoncourt, 7 $\frac{1}{4}$	Gray	H.-Saône
Lavours, 2 $\frac{1}{4}$	Belley	Ain
Lavoute (*St.-Germain*), 5	Nantua	Ain

Communes.	Arrondissem.	Départem.
Lavoux, 7	Montmorillon	Vienne
Lavoux, $4\frac{1}{2}$	Poitiers	Vienne
Lawade (*Valières*), 1	Metz	Moselle
Lax, $2\frac{1}{2}$	Rodez	Aveiron
Laxou, $1\frac{1}{2}$	Nancy	Meurthe
Lay (*St.-Symphorien-de-Lay*), $4\frac{1}{2}$	Roanne	Loire
Lay, $5\frac{1}{2}$	Orthez	B.-Pyrén.
Lay, $\frac{3}{4}$	Sceaux	Seine
Lay-St.-Christophe, $1\frac{1}{2}$	Nancy	Meurthe
Laye, $2\frac{3}{4}$	Gap	H.-Alpes
Laye-St.-Remy, $2\frac{1}{4}$	Toul	Meurthe
Layes (les, $3\frac{3}{4}$	Rambouillet	Seine-et-O.
Laymont, 2	Lombez	Gers
Laynhac, 6	Aurillac	Cantal
Layrac, 9	Toulouse	H.-Garonne
Layrac, 3	Agen	Lot-et-Gar.
Layrière, 10	Carcassonne	Aude
Layrisse $2\frac{1}{4}$	Tarbes	H.-Pyrén.
Lays-sur-le-Doubs, $9\frac{1}{4}$	Louhans	Saône-et-L.
Layssac, 10	Milhaud	Aveiron
Laz, $6\frac{1}{2}$	Châteaulin	Finistère
Lazarre (St.-), 10	Sarlat	Dordogne
Lazenay, $7\frac{1}{4}$	Bourges	Cher
Lazer, $8\frac{1}{4}$	Gap	H.-Alpes
Lazonza, 5	Sartène	Corse
Léalvillers, 5	Doullens	Somme
Léas, $8\frac{1}{2}$	Gex	Ain
Léaupartie, 4	Pont-l'Evêque	Calvados
Leauvallière (*Montoy*), $1\frac{3}{4}$	Metz	Moselle
Lebarre, $5\frac{3}{4}$	Bordeaux	Gironde
Lebetain, $5\frac{3}{4}$	Belfort	Haut-Rhin
Lebeuville, 6	Nancy	Meurthe
Lebézier (*La Ferté-Macé*), $5\frac{1}{2}$	Domfront	Orne
Leboulin, 2	Auch	Gers
Lecancière (*La Beaume-d'Hostun*), $5\frac{3}{4}$	Valence	Drôme
Lécaude, 3	Lisieux	Calvados
Lecci, 7	Sartène	Corse
Lecelles, $8\frac{1}{2}$	Douai	Nord
Lecey, 2	Langres	H.-Marne
Lechan (*Hèches*), 9	Bagnères	H.-Pyrén.
Le Chêne (*Lessard*), 3	Lisieux	Calvados
Lèches (les), 5	Bergerac	Dordogne
Lécourt, $6\frac{1}{2}$	Langres	H.-Marne
Lecousse, $\frac{1}{2}$	Fougères	Ille-et-Vil.
Lect, 5	St.-Claude	Jura
LECTOURE*	ch.-l. d'ar., 181	Gers
Lecumberry, $10\frac{1}{2}$	Mauléon	B.-Pyrén.
Lecussan, $4\frac{3}{4}$	St.-Gaudens	H.-Garonne
Ledas, $6\frac{1}{4}$	Albi	Tarn
Ledat, $1\frac{1}{2}$	Villeneuve d'Agen	Lot-et-Gar.
Lédenon, $4\frac{1}{4}$	Nismes	Gard
Lederzeele, 7	Dunkerque	Nord
Ledignan*, $3\frac{1}{2}$	Alais	Gard
Ledinghem, 5	St.-Omer	Pas-de-Cal.
Ledringhem, 5	Dunkerque	Nord
Leduix, $\frac{3}{4}$	Oléron	B.-Pyrén.
Lée, $1\frac{3}{4}$	Pau	B. Pyrén.
Leers, 3	Lille	Nord
Lées, 7	Oléron	B.-Pyrén.
Leffard, 2	Falaise	Calvados
Leffincourt, $2\frac{1}{2}$	Vouziers	Ardennes

Communes.	Arrondissem.	Départem.
Leffond, $7\frac{1}{2}$	Gray	H.-Saône
Leffonds, 5	Chaumont	H.-Marne
Leffrimkoucke, $1\frac{1}{4}$	Dunkerque	Nord
Lège, 7	St.-Gaudens	H.-Garonne
Lege, $11\frac{1}{2}$	Bordeaux	Gironde
Legé, $8\frac{1}{2}$	Nantes	Loire-Inf.
Léger (St.-), $8\frac{1}{2}$	La Palisse	Allier
Léger (St.-), $4\frac{1}{2}$	Gap	H.-Alpes
Léger (St.-), $6\frac{1}{2}$	Arcis-sur-Aube	Aube
Léger (St.-), $1\frac{3}{4}$	Troyes	Aube
Léger (St.-), $5\frac{3}{4}$	Angoulême	Charente
Léger (St.-), 3	Saintes	Char.-Inf.
Léger (St.-), $5\frac{1}{2}$	Dijon	Côte-d'Or.
Léger (St.-), $6\frac{1}{2}$	Chartres	Eure-et-L.
Léger (St.-), $5\frac{1}{2}$	Bazas	Gironde
Léger (St.), 5	La Réole	Gironde
Léger (St.-), $12\frac{1}{2}$	St.-Malo	Ille-et-Vil.
Léger (St.), $1\frac{1}{4}$	Roanne	Loire
Léger (St.-), $7\frac{1}{4}$	Brioude	H.-Loire
Léger (St.-), 4	Nantes	Loire-Inf.
Léger (St.-), $5\frac{1}{2}$	Nérac	Lot-et Gar.
Léger (St.-) (*Mai*), $3\frac{1}{2}$	Beaupréau	Maine-et-L.
Léger (St.-), $4\frac{1}{4}$	Avranches	Manche
Léger (St.-), $5\frac{3}{4}$	Laval	Mayenne
Léger (St.-), $1\frac{3}{4}$	Beauvais	Oise
Léger (St.-), $4\frac{1}{2}$	Argentan	Orne
Léger (St.-), 3	Arras	Pas-de-Cal.
Léger (St.-) (*Manspach*), $11\frac{1}{2}$	Belfort	Haut-Rhin
Léger (St.-), $3\frac{1}{2}$	Coulommiers	Seine-et-M.
Léger (St.-), $\frac{1}{4}$	Melle	2 Sèvres
Léger (St.-), $8\frac{1}{2}$	Orange	Vaucluse
Léger (St.-), $2\frac{1}{2}$	Loudun	Vienne
Léger-au-Bois (St -), 5	Neufchâtel	Seine-Inf.
Léger-aux-Bois (St.-), $4\frac{1}{4}$	Compiégne	Oise
Léger-Bridereix (St.-), $6\frac{1}{2}$	Guéret	Creuse
Léger-de-Foucheret (St.), 4	Avallon	Yonne
Léger-de-Fougerez (St.-), $1\frac{1}{4}$	Château-Chinon	Nièvre
Léger-de-Fourche (St.-), $7\frac{1}{2}$	Semur	Côte-d'Or
Léger-de-Glatigny (St -), 3	Bernay	Eure
Léger-de-la-Haye (St.-), $7\frac{1}{2}$	Alençon	Orne
Léger-de-Peyre (St.-), $1\frac{1}{2}$	Marvejols	Lozère
Léger-des-Bois (St.-), $3\frac{1}{4}$	Angers	Maine-et-L.
Léger-des-Vignes (St.-), $8\frac{1}{2}$	Nevers	Nièvre
Léger-du-Bois (St.-), 2	Autun	Saône-et-L.
Léger-du-Bosedel (St.-), $1\frac{1}{2}$	Bernay	Eure
Léger-du-Bosq (St.-), 4	Pont-l'Evêque	Calvados
Léger-du-Bourg-Deny (St.-), $1\frac{1}{2}$	Rouen	Seine-Inf.
Léger-du-Gennetey (St.-), 5	Pont-Audemer	Eure
Léger-du-Houley (St.-), $2\frac{3}{4}$	Lisieux	Calvados
Léger-du-Malzieu (St.-), $11\frac{3}{4}$	Marvejols	Lozère
Léger-en-Yveline (St.-), $2\frac{1}{2}$	Rambouillet	Seine-et-O.

Communes.	Arrondissem.	Départem.	Communes.	Arrondissem.	Départem.
Léger-la-Montagne (St.-), 8 1/4	Bellac	H.-Vienne	Lempde, 2 1/2	Clermont	Puy-de-Dô.
Léger-la-Pallu (St.-), 5 3/4	Poitiers	Vienne	Lempdes*, 4	Brioude	H.-Loire
Léger-le-Guéritois (St.-), 1 1/4	Guéret	Creuse	Lempeant, 6	Lavaur	Tarn
			Lempire, 5	St.-Quentin	Aisne
Léger-le-Pauvre (St.-), 11	Amiens	Somme	Lempire, 1 1/4	Verdun	Meuse
Léger-le-Petit (St.-), 7	Sancerre	Cher	Lemps, 4	Tournon	Ardèche
Léger-lès-Authies (St.-), 4	Doullens	Somme	Lemps*, 5	La Tour-du-Pin	Isère
Léger-lès-Domart (St.-), 5	Doullens	Somme	Lempty, 4	Thiers	Puy-de-Dô.
			Lempzours, 5 3/4	Nontron	Dordogne
			Lenault, 6	Vire	Calvados
Léger-lès-Paray (St.-), 5 1/4	Charolles	Saône-et-L.	Lenax, 4 1/2	La Palisse	Allier
			Lencloître (foire de), Rouziers), 5 3/4	Tours	Indre-et-L.
Léger-Magnazeix (St.-), 6 1/2	Bellac	H.-Vienne	L'encloître, 4	Châtellerault	Vienne
			Lencouacq, 9	Mont-de-Marsan	Landes
Léger-sous-Beuvray (St.), 3	Autun	Saône-et-L.	Lendresse, 3	Orthez	B.-Pyrén.
			Lengelsheim, 7 1/4	Sarreguemines	Moselle
Léger-sous-Brienne (St.-), 5	Bar-sur-Aube	Aube	Lengronne, 3 3/4	Coutances	Manche
			Lengros, 9 3/4	Mirande	Gers
Léger-sous-Bustière (St.-), 5 1/4	Mâcon	Saône-et-L.	Lenguey (Bremondans), 3 1/2	Baume	Doubs
Léger - sur - Bonneville (St.-), 4	Pont-Audemer	Eure	Lenharrée, 7 1/2	Epernay	Marne
Léger-sur-d'Heune (St.-), 4 3/4	Châlons	Saône-et-L.	Lening, 9	Château-Salins	Meurthe
			Lenizeul, 9	Chaumont	H.-Marne
Léger-sur-Sarthe (St.-), 6 1/2	Alençon	Orne	Lenjerdière (St.-Gervais), 4	Châtellerault	Vienne
Legeville, 3 1/2	Mirecourt	Vosges	Lennon, 3 3/4	Châteaulin	Finistère
Legna, 7 1/4	Lons-le-Saulnier	Jura	Lenoncourt, 3	Nancy	Meurthe
			Lens, 7 1/2	Nyons	Drôme
Legny, 3 1/2	Villefranche	Rhône	Lens*, 5	Béthune	Pas-de-Cal.
Legrerie (la) (Vinay), 3	St.-Marcellin	Isère	Lenslestang, 12	Valence	Drôme
Léguevin, 3 1/2	Toulouse	H.-Garonne	Lent, 2	Bourg	Ain
Légurgon, 1/2	Oléron	B.-Pyrén.	Lent, 5 1/4	Poligny	Jura
Léguillac-de-Cercles, 4 3/4	Nontron	Dordogne	Lentigny, 2 1/4	Roanne	Loire
Léguillac-de-Lauche, 4 1/2	Périgueux	Dordogne	Lentilhères, 9	Privas	Ardèche
Lehérie-la-Viéville*, 4 1/4	Vervins	Aisne	Lentillac, 8	Cahors	Lot
Léhon, 1/4	Dinan	Côtes-du-N.	Lentillac, près Figeac, 1 3/4	Figeac	Lot
Leichert, 3	Foix	Ariège	Lentillac, près St.-Céré 7 3/4	Figeac	Lot
Leignes, 2	Montmorillon	Vienne	Lentilly, 3 1/2	Lyon	Rhône
Leigniers-les-Bois, 4 1/2	Châtellerault	Vienne	Lentin, 12 3/4	Rodez	Aveyron
Leigniers-sur-Usseau, 2 1/2	Châtellerault	Vienne	Lentiol, 8	St.-Marcellin	Isère
Leignieux, 3 1/2	Montbrison	Loire	Lento, 6	Bastia	Corse
Leimbach, 8 1/4	Belfort	Bas-Rhin	Léobard, 2	Gourdon	Lot
Leispars (St.-Etienne-en-Baigorry), 12 1/4	Mauléon	B.-Pyrén.	Léocadie (Ste.-), 12	Prades	Pyrén.-Or.
			Léogeats, 4 1/2	Bazas	Gironde
Leiterswiller, 4	Haguenau	Bas-Rhin	Léoguan, 3 1/2	Bordeaux	Gironde
Lelex, 7 1/2	Gex	Ain	Léojac, 1 3/4	Montauban	Tarn-et-G.
Lelin ou Loulin 15 1/2	Mirande	Gers	Léomer (St.-), 3	Montmorillon	Vienne
Lelling, 7	Sarreguemines	Moselle	Léon, 7 1/2	Dax	Landes
Lemaguy. Voy. Magny (le)	-	-	Léon (St.-), 5 1/2	La Palisse	Allier
			Léon (St.-), 6	Bergerac	Dordogne
Lemainville, 7	Nancy	Meurthe	Léon (St.-), 7	Sarlat	Dordogne
Lembach, 6	Haguenau	Bas-Rhin	Léon (St.-), 4 1/4	Villefranche	H.-Garonne
Lemberg, 7	Sarreguemines	Moselle	Léon (St.-), 7	Bordeaux	Gironde
Lembeye, 7 1/2	Pau	B.-Pyrén.	Léon (St.-), 5 1/4	Nérac	Lot-et-Gar.
Lembras, 1 1/2	Bergerac	Dordogne	Léon-sur-l'Isle (St.-), 6	Périgueux	Dordogne
Lemé, 3	Vervins	Aisne	Léonard (St.-), 4	Lectoure	Gers
Lême, 6 1/2	Pau	B.-Pyrén.	Léonard (St.-), 8	Blois	Loir-et-Ch.
Lénée, 5 3/4	Châteaudun	Eure-et-L.	Léonard (St-) (Angers), 1/2	Angers	Maine-et-L.
Lémeré, 3	Chinon	Indre-et-L.			
Lemestroff (Oudren), 3 3/4	Thionville	Moselle	Léonard (St.-), 1 1/2	Rheims	Marne
			Léonard (St.-), 1	Senlis	Oise
Lemmecourt, 2 3/4	Neufchâteau	Vosges	Léonard (St.-), 1	Boulogne	Pas-de-Cal.
Lemmes, 4	Verdun	Meuse	Léonard (St.-), 8	Le Havre	Seine-Inf.

Communes.	Arrondissem.	Départem.
Léonard (St.-)*, 5	Limoges	H.-Vienne
Léonard (St.-), 2	St.-Dié	Vosges
Léonard-des-Bois (St.-), 9	Mamers	Sarthe
Léonard-Despares (St.-), 9	Alençon	Orne
Léonard-la-Rivière (St.-), 4	Pont-l'Evêque	Calvados
Léoncel (*La Vache*), 7	Valence	Drôme
Léons (St.-), 3 $\frac{1}{4}$	Milhaud	Aveiron
Léonville, 3 $\frac{1}{2}$	Pithiviers	Loiret
Léopardin (St.-), 4 $\frac{3}{4}$	Moulins	Allier
Leoloing, 4 $\frac{1}{4}$	Brioude	H.-Loire
Leoville, 3 $\frac{1}{2}$	Jonzac	Char.-Inf.
Lépanges, 5	Epinal	Vosges
Léparon, 8	Riberac	Dordogne
Lépaud, 4	Boussac	Creuse
Lépinai-le-Comte, 5	Domfront	Orne
Lepinas, 1 $\frac{3}{4}$	Guéret	Creuse
Lépinois (*Bouchy-le-Repos*) 13 $\frac{3}{4}$	Epernay	Marne
Lepnoux (*Claudon*), 10 $\frac{1}{2}$	Mirecourt	Vosges
Lepuix. *Voy.* Puix (le)		
Lèques, 6 $\frac{1}{2}$	Nismes	Gard
Leran, 9	Pamiers	Ariége
Lercoul, 6 $\frac{3}{4}$	Foix	Ariége
Léré, 4 $\frac{1}{2}$	Sancerre	Cher
Leren, 6 $\frac{1}{4}$	Orthez	B.-Pyrén.
Leretolu (*Videlles*), 5 $\frac{1}{4}$	Etampes	Seine-et-O.
Lerigneux, 2	Montbrison	Loire
Lerm, 3 $\frac{1}{2}$	Bazas	Gironde
Lerné, 2 $\frac{1}{4}$	Chinon	Indre-et-L.
Lérouville, 1	Commercy	Meuse
Lerrain, 4 $\frac{1}{2}$	Mirecourt	Vosges
Lery, 8 $\frac{1}{2}$	Dijon	Côte-d'Or
Lery, 2 $\frac{1}{2}$	Louviers	Eure
Léry (St.-), 5 $\frac{3}{4}$	Ploërmel	Morbihan
Lerzy, 4 $\frac{1}{2}$	Vervins	Aisne
Lesart, 6	Arras	Pas-de-Cal.
Lesbœuf, 4	Péronne	Somme
Lesbois, 6	Mayenne	Mayenne
Lescard, 1 $\frac{3}{4}$	Pau	B.-Pyrén.
Leschères, 3	St.-Claude	Jura
Leschères, 5 $\frac{1}{2}$	Wassy	H.-Marne
Lescherolles, 5 $\frac{1}{4}$	Coulommiers	Seine-et-M.
Lescheroux, 5	Bourg	Ain
Lesches, 6 $\frac{3}{4}$	Die	Drôme
Lesches, 2 $\frac{1}{2}$	Meaux	Seine-et-M.
Lescouet, 5 $\frac{1}{2}$	Dinan	Côtes-du-N.
Lescouet, 11 $\frac{1}{4}$	Loudéac	Côtes-du-N.
Lescousse, 2 $\frac{1}{4}$	Pamiers	Ariége
Lescout, 6 $\frac{3}{4}$	Lavaur	Tarn
Lescun, 8 $\frac{1}{2}$	Oléron	B.-Pyrén.
Leseums, 9	Muret	H.-Garonne
Lescure, 1	St.-Girons	Ariége
Lescure, 14 $\frac{3}{4}$	Rodez	Aveiron
Lescure, 1	Albi	Tarn
Lescurry, 3 $\frac{1}{2}$	Tarbes	H.-Pyrén.
Lesdaing, 2 $\frac{1}{2}$	Cambrai	Nord
Lesdins, 1 $\frac{3}{4}$	St.-Quentin	Aisne
Lesen, 7 $\frac{3}{4}$	Mont-de-Marsan	Landes
Lesges, 4 $\frac{1}{2}$	Soissons	Aisne
Lesgoor, 8 $\frac{3}{4}$	St.-Sever	Landes
Lesignan-la-Cebe, 6 $\frac{3}{4}$	Béziers	Hérault
Lésigné, 4 $\frac{1}{4}$	Baugé	Maine-et-L.
Lésigny, 3	Melun	Seine-et-M.
Lésigny, 5	Châtellerault	Vienne
Leslay (le), 5	St.-Brieuc	Côtes-du-N.
Lesme, 13	Charolles	Saône-et-L.
Lesmont, 7 $\frac{1}{2}$	Bar-sur-Aube	Aube
Lesneven*, 5	Brest	Finistère
LESPARRE*	ch.-l. d'ar., 138	Gironde
Lespères, 4	Muret	H.-Garonne
Lesperon, 10 $\frac{1}{2}$	Argentière	Ardèche
Lesperon, 15 $\frac{1}{2}$	Mont-de-Marsan	Landes
Lespesses, 5	Béthune	Pas-de-Cal.
Lespielle, 7 $\frac{1}{2}$	Pau	B.-Pyrén.
Lespignan, 2	Béziers	Hérault
Lespinasse, 3	Toulouse	H.-Garonne
Lespinassière, 6	Carcassonne	Aude
Lespitau, 1 $\frac{1}{2}$	St.-Gaudens	H.-Garonne
Lesponne (*Bagnères*), 3	Bagnères	H.-Pyrén.
Lesponey, 3	Tarbes	H.-Pyrén.
Lespourcy, 5	Pau	B.-Pyrén.
Lespugue, 3 $\frac{1}{2}$	St.-Gaudens	H.-Garonne
Lesquerde, 10 $\frac{1}{2}$	Perpignan	Pyrén.-Or.
Lesquielles-St.-Germain, 6 $\frac{1}{2}$	Vervins	Aisne
Lesquin, 1	Lille	Nord
Lessac, 1 $\frac{1}{2}$	Confolens	Charente
Lessard, 3	Lisieux	Calvados
Lessard, $\frac{3}{4}$	St.-Claude	Jura
Lessard-en-Bresse, 4 $\frac{3}{4}$	Châlons	Saône-et-L.
Lessard-Royal, 2 $\frac{1}{2}$	Châlons	Saône-et-L.
Lessay, 5 $\frac{3}{4}$	Coutances	Manche
Lesse, 5	Château-Salins	Meurthe
Lesseux, 2 $\frac{3}{4}$	St.-Dié	Vosges
Lesson, 5 $\frac{1}{2}$	Fontenay-le-Comte	Vendée
Lessy (*Châtel-St.-Germain*), 1 $\frac{3}{4}$	Metz	Moselle
Lestanville, 5	Dieppe	Seine-Inf.
Lestap, 3	Castres	Tarn
Lestards, 9 $\frac{1}{2}$	Ussel	Corrèze
Lestelle, 3 $\frac{1}{2}$	St.-Gaudens	H.-Garonne
Lestelle, 6	Pau	B.-Pyrén.
Lesterne, 6	Agen	Lot-et-Gar.
Lesterps, 2	Confolens	Charente
Lestiac, 5 $\frac{3}{4}$	Bordeaux	Gironde
Lestignac, 3 $\frac{1}{2}$	Bergerac	Dordogne
Lestiou, 7	Blois	Loir-et-Ch.
Lestrade, 4	Espalion	Aveiron
Lestre, 2 $\frac{1}{2}$	Valognes	Manche
Lestrem, 2 $\frac{1}{2}$	Béthune	Pas-de-Cal.
Létanne, 6 $\frac{1}{2}$	Sedan	Ardennes
Lethour, 4 $\frac{1}{2}$	Rethel	Ardennes
Léthuin, 7 $\frac{1}{2}$	Chartres	Eure-et-L.
Létra (*La Tour*), 1 $\frac{1}{4}$	St.-Etienne	Loire
Létra, 3 $\frac{1}{2}$	Villefranche	Rhône
Letret, 5 $\frac{1}{4}$	Gap	H.-Alpes.
Létricourt, 6	Nancy	Meurthe
Letteguives, 6	Les Andelys	Eure
Leu (la). *Voy.* Laleu		
Leu (St.-), 5 $\frac{1}{2}$	Montreuil	Pas-de-Cal.
Leu-Desserent (St.-), 3	Senlis	Oise
Leu-Taverny (St.-), 3	Pontoise	Seine-et-O.
Leubringhen, 4	Boulogne	Pas-de-Cal.
Leuc, 2	Carcassonne	Aude
Leucamp, 5	Aurillac	Cantal
Leucate, 9 $\frac{1}{2}$	Narbonne	Aude

Communes.	Arrondissem.	Départem.
Leuchey, 4 ½	Langres	H.-Marne
Leudeville, 3 ½	Corbeil	Seine-et-O.
Leudon, 4 ¼	Coulommiers	Seine-et-M.
Leuglay, 7	Châtillon	Côte-d'Or.
Leugny, 4	Auxerre	Yonne
Leugny-sur-Creuze, 4 ½	Châtellerault	Vienne
Leuhan 7 ¾	Châteaulin	Finistère
Leulinghem, 1 ¾	St.-Omer	Pas-de-Cal.
Leulinghen, 3 ½	Boulogne	Pas-de-Cal.
Leupe (*Sévenans*), 1 ½	Belfort	Haut-Rhin
Leuqueue (la), 4	Neufchâtel	Seine-Inf.
Leurville, 8 ¾	Chaumont	H.-Marne
Leury, 1 ½	Soissons	Aisne
Leuse, 3 ¾	Vervins	Aisne
Leuville, 4 ½	Corbeil	Seine-et-O.
Leuvrigny, 3 ¼	Epernay	Marne
Leuy (le), 3 ½	St.-Sever	Landes
Levainville, 5	Chartres	Eure-et-L.
Leval. *Voy*. Val (le)		
Levancourt, 5	Altkirch	Haut-Rhin
Levaré, 6 ½	Mayenne	Mayenne
Levas (*Carlencas*), 7	Béziers	Hérault
Levécourt, 9 ¾	Chaumont	H.-Marne
Levemont, 8	Beauvais	Oise
Levens, 11	Digne	B.-Alpes
Levergies, 2 ½	St.-Quentin	Aisne
Lèves, ½	Chartres	Eure-et-L.
Lèves (les), 13 ¾	Libourne	Gironde
Levesville, 11	Chartres	Eure-et-L.
Levet, 4 ½	Bourges	Cher
Leveze, 5	Nérac	Lot-et-Gar.
Levie, 3 ½	Sartène	Corse
Levier, 5 ½	Pontarlier	Doubs
Levignac, 5	Toulouse	H.-Garonne
Lévignac, 4	Marmande	Lot-et-Gar.
Lévignac-le-Bas, 7	Villefranche	Aveiron
Lévignac-le-Haut, 10	Villefranche	Aveiron
Lévignen, 6	Senlis	Oise
Lévigny, 2	Bar-sur-Aube	Aube
Levis, 6	Auxerre	Yonne
Levoncourt, 5 ¼	Commercy	Meuse
Levrecey (*Velleguindry*), 2 ½	Vesoul	H.-Saône
Levrezy, 3	Mézières	Ardennes
Levroux *, 5	Châteauroux	Indre
Lévy-St.-Nom, 3 ¾	Rambouillet	Seine-et-O.
Lewarde, 1 ¾	Douai	Nord
Lexy, 6 ½	Briey	Moselle
Ley, 4	Château-Salins	Meurthe
Leyding, 7 ½	Thionville	Moselle
Leymé, 7 ¾	Figeac	Lot
Leymen, 5	Altkirch	Haut-Rhin
Leyment, 10 ¾	Belley	Ain
Leynes, 3	Mâcon	Saône-et-L.
Leyr, 4	Nancy	Meurthe
Leyrat, 2	Boussac	Creuse
Leyrieu, 8 ½	La-Tour-du-Pin	Isère
Leyrits, 8	Nérac	Lot-et-Gar.
Leyssard, 3	Nantua	Ain
Leyviller, 5	Sarreguemines	Moselle
Lez, 16	Espalion	Aveiron
Lez, 7	St.-Gaudens	H.-Garonne
Lezan, 3	Alais	Gard
Lézardrieux, 8	Lannion	Côtes-du-N.
Lezat, 7 ½	Pamiers	Ariége
Lézat, 4 ½	St.-Claude	Jura

Communes.	Arrondissem.	Départem.
Lezat (*Bas*), 4	Riom	Puy-de-Dô.
Lezay, 3	Melle	2 Sèvres
Lezennes, 1	Lille	Nord
Lezer (St.-), 4	Tarbes	H.-Pyrén.
Lézeville, 10	Wassy	H.-Marne
Lezey, 3 ½	Château-Salins	Meurthe
Lezignac-Durand, 5 ½	Confolens	Charente
Lezignan *, 4 ½	Narbonne	Aude
Lezignan, 4	Argelès	H.-Pyrén.
Lézigneux, 1	Montbrison	Loire
Lezin (St.-), 4	Beaupréau	Maine-et-L.
Lezinnes, 2 ½	Tonnerre	Yonne
Lezons, ¾	Pau	B.-Pyrén.
Lezoux *, 3	Thiers	Puy-de-Dô.
Lherm. *Voy*. Herm (l')		
Lheue (la), 4 ½	Châlons	Saône-et-L.
Lheurine (Ste.-), 3	Jonzac	Char.-Inf.
Lhez, 2 ½	Tarbes	H.-Pyrén.
Lhor, 8 ½	Château-Salins	Meurthe
Lhôsme-Chamodot, 3	Mortagne	Orne
Lhoumeau, 1	La Rochelle	Char.-Inf.
Lhuis, 6	Soissons	Aisne
Liac, 5	Tarbes	H.-Pyrén.
Liaigre, 5 ½	Poitiers	Vienne
Liancourt, 7	Beauvais	Oise
Liancourt, 1 ½	Clermont	Oise
Liancourt, 5	St.-Pol	Pas-de-Cal.
Liancourt-Fosse, 5 ¼	Montdidier	Somme
Liancoux, 4 ¼	Milhaud	Aveiron
Liaroles, 1 ½	Condom	Gers
Liart, 6	Rocroi	Ardennes
Lias, 12 ¾	Condom	Gers
Lias, 5	Lombez	Gers
Lias, 2 ½	Argelès	H.-Pyrén.
Liausson, 2 ¾	Lodève	Hérault
Liauzun (*Orniac*), 8	Cahors	Lot
Libarde (la) (*Bourg*), 4 ¼	Blaye	Gironde
Libaros, 9	Tarbes	H.-Pyrén.
Libarrens, ½	Mauléon	B.-Pyrén.
Liberete (Ste.-) (*Chaumont*), 4 ½	Rethel	Ardennes
Libermont, 7 ¾	Compiégne	Oise
Libos (*Monsempron*), 6	Villeneuve-d'Agen	Lot-et-Gar.
Libou, 5 ½	Auch	Gers
LIBOURNE *,	ch.-l. d'arr., 140	Gironde
Licey-sur-Vingeanne, 7 ½	Dijon	Côte-d'Or.
Lichans, 4 ¼	Mauléon	B.-Pyrén.
Licharre, ½	Mauléon	B.-Pyrén.
Lichères, 4	Ruffec	Charente
Lichère, près Aigremont, 5	Auxerre	Yonne
Licheres, près le Châtel-Censoir, 9 ¼	Avallon	Yonne
Lichos, 6 ¾	Orthez	B.-Pyrén.
Lichtenberg, 7 ½	Saverne	Bas-Rhin
Lichy (*Bona*), 7 ½	Nevers	Nièvre
Liconas, 9 ½	Lons-le-Saulnier	Jura
Licourt, 3 ½	Péronne	Somme
Liçons, 1 ½	St.-Gaudens	H.-Garonne
Licq, 4 ¾	Mauléon	B.-Pyrén.
Licques, 7	Boulogne	Pas-de-Cal.
Licyclignon, 5 ½	Château-Thierry	Aisne
Lidrequin, 4	Château-Salins	Meurthe

Communes.	Arrondissem.	Départem.	Communes.	Arrondissem.	Départem.
Lidrezing, 4 1/4	Château-Salins	Meurthe	Lignareix, 2	Ussel	Corrèze
Liebentzwiller, 5	Altkirch	Haut-Rhin	Ligné, 3 1/2	Ruffec	Charente
Liebevillers, 5 3/4	Montbéliard	Doubs	Ligné, 4	Ancenis	Loire-Inf.
Liebsdorf, 3 1/2	Altkirch	Haut-Rhin	Ligneires, 7	Argentan	Orne
Liederscheid, 9	Sarreguemines	Moselle	Lignemare, 4 1/2	Neufchâtel	Seine-Inf.
Lieffrans-le-Grand, 5 1/4	Vesoul	H.-Saône	Lignerac, 4	Brives	Corrèze
Liesnans, 8 1/2	St.-Claude	Jura	Lignères, 5 3/4	Chinon	Indre-et-L.
Liége (le), 4	Loches	Indre-et-L.	Lignereuil, 4 3/4	St.-Pol	Pas-de-Cal.
Liéhon, 3	Metz	Moselle	Ligneries (les), 6	Argentan	Orne
Lième (la), 1 1/4	Lons-le-Saulnier	Jura	Lignerolles, 2	Montluçon	Allier
			Lignerolles, 8	Châtillon	Côte-d'Or.
Liénard (les) (Courthiézy), 5	Epernay	Marne	Lignerolles, 5	Evreux	Eure
			Lignerolles, 3 1/2	La Châtre	Indre
Liepvre, 10	Colmar	Haut-Rhin	Lignerolles, 2	Mortagne	Orne
Liéramont, 3 1/2	Péronne	Somme	Ligners-Langoust, 4	Loudun	Vienne
Liercourt, 6 3/4	Abbeville	Somme	Lignéville, 6	Mirecourt	Vosges
Liergues, 1 1/4	Villefranche	Rhône	Lignières, 8	Bar-sur-Seine	Aube
Liernais, 12	Beaune	Côte-d'Or	Lignières, 3 1/2	Vendôme	Loir-et-Cher
Liernolles, 6	La Palisse	Allier	Lignières, 4 1/2	Commercy	Meuse
Lierres, 5	Béthune	Pas-de-Cal.	Lignières, 2	Montdidier	Somme
Lierval, 2 1/4	Laon	Aisne	Lignières-Châtelain, 8 1/2	Amiens	Somme
Lierville, 8	Beauvais	Oise	Lignières-hors-Soucaucourt, 11	Amiens	Somme
Lies, 1 1/4	Bagnères	H.-Pyrén.			
Liesle, 7	Besançon	Doubs	Lignières-la-Carelle, 6	Mamers	Sarthe
Liessies, 2 1/4	Avesnes	Nord	Lignières-la-Doucelle, 10 1/4	Mayenne	Mayenne
Liettres, 6 1/2	Béthune	Pas-de-Cal.			
Lieudieu, 6	Vienne	Isère	Lignol, 1 3/4	Bar-sur-Aube	Aube
Lieu-Dieu (Jard), 6	Les Sables	Vendée	Lignol, 4 1/2	Pontivy	Morbihan
Lieu-St.-Amand, 5 3/4	Douai	Nord	Lignon, 3	Vitry-le-Français	Marne
Lieucamp, 6	Villefranche	Aveiron			
Lieucourt, 3 1/4	Gray	H.-Saône	Lignon, 7	Argentan	Orne
Lienjas, 2 1/4	Rodez	Aveiron	Lignorelles, 3	Auxerre	Yonne
Lieurac, 4 1/4	Foix	Ariége	Lignou (Couterne), 5	Domfront	Orne
Lieuran-Cabrières, 7 1/2	Béziers	Hérault	Ligny*, 4	Bar-le-Duc	Meuse
Lieuran-lès-Béziers, 1 1/2	Béziers	Hérault	Ligny, 4 1/2	Cambrai	Nord
Lieurey, 7	Lisieux	Calvados	Ligny, 7 1/2	Lille	Nord
Lieurey*, 3	Pont-Audemer	Eure	Ligny, 7	Béthune	Pas-de-Cal.
Lieuron, 6	Redon	Ille-et-Vil.	Ligny, 7	Charolles	Saône-et-L.
Liensaint, 1	Valognes	Manche	Ligny, 3	Auxerre	Yonne
Lieusaint*, 3 1/2	Melun	Seine-et-M.	Ligny-le-Barque, 5 1/2	Arras	Pas-de-Cal.
Lieutadès, 8 1/2	St.-Flour	Cantal	Ligny-le-Ribaud, 6 1/2	Orléans	Loiret
Lieuvillers, 3	Clermont	Oise	Ligny-St.-Flochel, 1 3/4	St.-Pol	Pas-de-Cal.
Lieux (St.), 3 1/4	Lavaur	Tarn	Ligny-sur-Cauche, 3 3/4	St.-Pol	Pas-de-Cal.
Lieux-la-Fenasse (St.-), 6 1/4	Albi	Tarn	Ligré, 2	Chinon	Indre-et-L.
			Ligron, 2 1/4	La Flèche	Sarthe
Lievans, 4 3/4	Vesoul	H.-Saône	Ligsdorf, 4 1/2	Altkirch	Haut-Rhin
Lieville, 5 3/4	Valognes	Manche	Ligueil, 2 3/4	St.-Jean-d'Angely	Char.-Inf.
Liévin, 5	Béthune	Pas-de-Cal.			
Lièvremont, 4	Pontarlier	Doubs	Ligueil, 4 1/2	Loches	Indre-et-L.
Liez, 7 1/2	Laon	Aisne	Ligueux, 4 1/2	Périgueux	Dordogne
Liez (Notre-Dame-de-), 3 3/4	Fontenay-le-Comte	Vendée	Ligueux, 13 1/2	Libourne	Gironde
			Ligugé, 2 1/2	Poitiers	Vienne
Lièze, 4 1/2	Chinon	Indre-et-L.	Lihons*, 4	Péronne	Somme
Liffol-le-Petit, 11	Chaumont	H.-Marne	Lihus-Grand-et-Petit, 4	Beauvais	Oise
Liffré, 5	Rennes	Ille-et-Vil.	Lilhac, 4 3/4	St.-Gaudens	H.-Garonne
Lifol-le-Grand, 2 1/2	Neufchâteau	Vosges	Lilignod, 5 3/4	Belley	Ain
Ligardes, 4 3/4	Lectoure	Gers	LILLE*,	ch.-l. de dép. 60	Nord
Ligescourt, 6 1/2	Abbeville	Somme	Lillebonne*, 8 1/2	Le Hâvre	Seine-Inf.
Liginiac, 4	Ussel	Corrèze	Lillemer, 4 1/2	St.-Malo	Ille-et-Vil.
Liglet, 5	Montmorillon	Vienne	Lillers*, 3	Béthune	Pas-de-Cal.
Lignac, 7 1/2	Le Blanc	Indre	Lilletot, 1 1/2	Pont-Audemer	Eure
Lignaire (St.-), 3/4	Niort	2 Sèvres	Lilly, 5	Les Andelys	Eure
Lignairolles, 6 1/2	Limoux	Aude	Limairac, 6 1/2	Rodez	Aveiron
Lignan, 1 1/4	Bazas	Gironde	Limalonges, 6 1/4	Melle	2 Sèvres
Lignan, 3 1/2	Bordeaux	Gironde	Limans, 1 3/4	Forcalquier	B.-Alpes
Lignan, 1 1/2	Béziers	Hérault	Limanton, 5	Château-Chinon	Nièvre

Communes.	Arrondissem.	Départem.
Limas, 1	Villefranche	Rhône
Limay, près Mantes,	Mantes	Seine-et-O.
Limbeut, 3 ¾	Louviers	Eure
Limbrassac, 6	Pamiers	Ariége
Limé, 5	Soissons	Aisne
Limeil-Brevannes, 4 ¾	Corbeil	Seine-et-O.
Limendoux, 4	Pau	B.-Pyrén.
Limeray, 7 ¼	Tours	Indre-et-L.
Limerzel, 8 ½	Vannes	Morbihan
Limetz, 5	Mantes	Seine-et-O.
Limeuil, 9 ¾	Bergerac	Dordogne
Limeux, 6	Bourges	Cher
Limeux, 3	Abbeville	Somme
Limey, 5 ¼	Toul	Meurthe
Limezouls, 4	Sarlat	Dordogne
Limiers, 2 ½	Pithiviers	Loiret
Limmersheim, 5 ½	Schélestatt	Bas-Rhin
Limoges, 2 ¾	Melun	Seine-et-M.
LIMOGES*,	ch. l. de dép., 97	H.-Vienne
Limogne, 7 ¾	Cahors	Lot
Limoise, 6 ½	Moulins	Allier
Limon, 2 ½	Nérac	Lot-et-Gar.
Limon, 6 ½	Nevers	Nièvre
Limon (*Vauhalland*), 3	Versailles	Seine-et-O.
Limonds (les) (*Brugny*), 2	Epernay	Marne
Limonest, 1 ¾	Lyon	Rhône
Limoni, 12 ½	Tournon	Ardèche
Limons, 3	Thiers	Puy-de-Dô.
Limont-Fontaine, 2 ¼	Avesnes	Nord
Limours*, 6 ¾	Rambouillet	Seine-et-O.
Limouse, 2 ½	Rodez	Aveiron
Limousinière (la), 6	Nantes	Loire-Inf.
Limousinière (la), 4	Bourbon-Vendée	Vendée
Limousis, 4	Carcassonne	Aude
LIMOUX*,	ch. l. d'ar., 201	Aude
Limpiville, 5 ¼	Yvetot	Seine-Inf.
Lin (St.-), 3 ¼	Parthenay	2 Sèvres
Linac, 2 ¼	Figeac	Lot
Lenard, 2 ¾	Guéret	Creuse
Linards (*Concores*), 3 ½	Gourdon	Lot
Linards, 6	Limoges	H.-Vienne
Linars, 1 ¼	Angoulême	Charente
Linas*, 4 ¾	Corbeil	Seine-et-O.
Linay, 6 ¼	Sedan	Ardennes
Linazais, 4 ½	Civray	Vienne
Lincel, 3	Forcalquier	B.-Alpes
Lincheux-Hallivillers, 7	Amiens	Somme
Lincou, 16	Rodez	Aveiron
Linde (la), 5	Bergerac	Dordogne
Lindebeuf, 3 ¼	Yvetot	Seine-Inf.
Lindois (le), 7 ½	Confolens	Charente
Lindre-Basse, 5 ½	Château-Salins	Meurthe
Lindre-Haute, 5 ½	Château-Salins	Meurthe
Lindron (le) (*Marennes*), ½	Marennes	Char.-Inf.
Lindry, 3	Auxerre	Yonne
Linemont (le) (*Jonsquières*), 2	Compiégne	Oise
Lineveit, 3	Lure	H.-Saône
Lingé, 4	Le Blanc	Indre
Lingeard, 3	Mortain	Manche
Lingèvres, 3	Bayeux	Calvados
Linghem, 6 ¼	Béthune	Pas-de-Cal.
Lingolsheim, 1 ¾	Strasbourg	Bas-Rhin
Lingreville, 3 ½	Coutances	Manche

Communes.	Arrondissem.	Départem.
Linquizetta, 6 ½	Corte	Corse
Linière, 5 ¼	Cognac	Charente
Linière-Bouton, 4	Baugé	Maine-et-L.
Linières, 6	St.-Amand	Cher
Liniers, 4 ½	Poitiers	Vienne
Liniez, 5	Issoudun	Indre
Linsdorff, 4 ½	Altkirch	H.-Rhin
Linselles, 3	Lille	Nord
Linseux, 2 ¾	St.-Pol.	Pas-de-Cal.
Linstroff, 7 ½	Sarreguemines	Moselle
Linthal, 13 ½	Colmar	H.-Rhin
Linthelles, 9 ¾	Epernay	Marne
Linthes, 9 ½	Epernay	Marne
Lintot, 4	Dieppe	Seine-Inf.
Lintot, 9 ½	Le Hâvre	Seine-Inf.
Lintrey, 5 ¼	Lunéville	Meurthe
Linxe, 7 ¼	Dax	Landes
Liny-devant-Dun, 4 ¾	Montmédy	Meuse
Liocourt, 5 ¾	Château-Salins	Meurthe
Liomer, 9	Amiens	Somme
Lion, 4	Caen	Calvados
Lion, 3	Gien	Loiret
Lion, 6 ½	Pau	B.-Pyrén.
Lion-d'Angers (le)*, 3	Segré	Maine-et-L.
Lion-devant-Dun, 3 ½	Montmédy	Meuse
Lion-en-Beauce, 6 ½	Orléans	Loiret
Lions (St.-), 9	Digne	B.-Alpes
Liorac, 3 ¾	Bergerac	Dordogne
Liouc, 11 ¼	Le Vigan	Gard
Lioudres, 9 ¼	Brives	Corrèze
Liouville, 1 ¾	Commercy	Meuse
Lioux, 4 ½	Apt	Vaucluse
Lioux-lès-Monges, 5 ½	Aubusson	Creuse
Lipsheim, 2 ¾	Strasbourg	B.-Rhin
Lirac, 6 ¾	Uzès	Gard
Liré, 6	Beaupréau	Maine-et-L.
Lirey, 3 ¾	Troyes	Aube
Lironcourt, 11 ¼	Neufchâteau	Vosges
Lironville, 5	Toul	Meurthe
Liroze, 2	Caen	Calvados
Liry, 3.	Vouziers	Ardennes
Lizant, 1 ½	Civray	Vienne
Lisbourg, 5	St.-Pol	Pas-de-Cal.
Lizier-du-Planté, (St.-), 2	Lombez	Gers
Lisière-du-Bois (la) (*St.-Mards*), 6 ¼	Troyes	Aube
Lisières, 5 ¾	Guéret	Creuse
LISIEUX*	ch.-l. d'ar., 55	Calvados
Lissine, 6 ¾	Besançon	Doubs
Lisle, 5	Périgueux	Dordogne
Lisle, 2 ½	Vendôme	Loir-et-Ch.
Lisle Bascous, 7 ¼	Condom	Gers
Lisle en-Dodon, 7	St.-Gaudens	H.-Garonne
Lislet, 9	Laon	Aisne
Lison, 7	Bayeux	Calvados
Lizores, 5 ½	Lizieux	Calvados
Lisos, 3	Les Andelys	Eure
Lissac, 5 ¼	Pamiers	Ariége
Lissac, 2 ½	Brives	Corrèze
Lissac, 3	Le Puy	H.-Loire
Lissac, 1 ¼	Figeac	Lot
Lissay, 3 ¾	Bourges	Cher
Lisse, 2	Nérac	Lot-et-Gar.
Lisse, 2 ¾	Vitry-le-Français	Marne
Lisses, 1 ¼	Corbeil	Seine-et-O.

Communes.	Arrondissem.	Départem.
Lisseul, 7	Riom	Puy-de-Dô.
Lissey, $3\frac{3}{4}$	Montmédy	Meuse
Lissieu, $2\frac{1}{2}$	Lyon	Rhône
Lissy, $2\frac{1}{2}$	Melun	Seine-et-M.
Listrac, $8\frac{3}{4}$	Bordeaux	Gironde
Listrac, 9	La Réole	Gironde
Lit, $10\frac{1}{2}$	Dax	Landes
Lithaire, $7\frac{1}{4}$	Coutances	Manche
Litteau, $5\frac{3}{4}$	Bayeux	Calvados
Littenheim, $2\frac{3}{4}$	Saverne	B.-Rhin
Littry, $5\frac{1}{2}$	Bayeux	Calvados
Litz, 2	Clermont	Oise
Livarot *, $4\frac{1}{2}$	Lisieux	Calvados
Livaye, $3\frac{3}{4}$	Alençon	Orne
Liverdun, $4\frac{1}{2}$	Toul	Meurthe
Liverdy, $6\frac{1}{4}$	Melun	Seine-et-M.
Livernon, 4	Figeac	Lot
Livers, $6\frac{1}{4}$	Gaillac	Tarn
Livet, $5\frac{1}{2}$	Grenoble	Isère
Livet, $6\frac{1}{2}$	Mortagne	Orne
Livet, $6\frac{1}{2}$	Laval	Mayenne
Livet, $2\frac{1}{4}$	Mamers	Sarthe
Livet-en-Ouche, 5	Bernay	Eure
Livet-sur-Authon, 5	Bernay	Eure
Livière (Ste.-), 5	Vitry-le-Français	Marne
Livilliers, 1	Pontoise	Seine-et-O.
Livinière (la), 9	St.-Pons	Hérault
Livrade (Ste.-), 6	Toulouse	H.-Garonne
Livrade (Ste.-) *, $2\frac{1}{2}$	Villeneuve-d'Agen	Lot-et-Gar.
Livré	Rennes	Ille-et-Vil.
Livré, $5\frac{1}{2}$	Château Gontier	Mayenne
Livron, 4	Valence	Drôme
Livron, $5\frac{1}{2}$	Pau	B.-Pyrén.
Livry, $5\frac{1}{4}$	Bayeux	Calvados
Livry, $4\frac{1}{2}$	Châlons-sur-Marne	Marne
Livry, 9	Nevers	Nièvre
Livry, 1	Melun	Seine-et-M.
Livry *, 8	Pontoise	Seine-et-O.
Livry-le-Franc, 4	Briey	Moselle
Lixhausen, $4\frac{1}{2}$	Saverne	B.-Rhin
Lixheim, $2\frac{1}{2}$	Sarrebourg	Meurthe
Lixières, 5	Nancy	Meurthe
Lixières, $1\frac{5}{6}$	Briey	Moselle
Lixing, $7\frac{3}{4}$	Sarreguemines	Moselle
Lixing, 2	Sarreguemines	Moselle
Lixy, 5	Sens	Yonne
Lizaigne (Ste.-), $1\frac{3}{4}$	Issoudun	Indre
Lizeray, 2	Issoudun	Indre
Lizier (St.-), $\frac{1}{4}$	St.-Girons	Ariége
Lizines, $2\frac{1}{2}$	Provins	Seine-et-M.
Lizio, 4	Ploërmel	Morbihan
Lizolle (la), 4	Gannat	Allier
Lizos, 5	Tarbes	H.-Pyren.
Lizy, 3.	Laon	Aisne
Lizy *, $3\frac{1}{2}$	Meaux	Seine-et-M.
Llagone (la), $9\frac{3}{4}$	Prades	Pyrén.-Or.
Llar, 6	Prades	Pyrén.-Or.
Llauro, $6\frac{1}{2}$	Perpignan	Pyrén.-Or.
Llo, $11\frac{1}{2}$	Prades	Pyrén.-Or.
Lloupia, $3\frac{3}{4}$	Perpignan	Pyrén.-Or.
Lô (St.-) *	ch.-l. de dép. 83	Manche
Lô-d'Ourville (St.-), $6\frac{3}{4}$	Valognes	Manche
Lobbe (la), 4	Rethel	Ardennes
Lobbe (la) (*d'Arry*), 5	Metz	Moselle

Communes.	Arrondissem.	Départem.
Lobsann, $4\frac{1}{2}$	Haguenau	Bas-Rhin
Locarn, 9	Guingamp	Côtes-du-N.
Loebrevalaire, 4	Brest	Finistère
Locconville, 6	Beauvais	Oise
Locenvel, $5\frac{1}{2}$	Guingamp	Côtes-du-N.
Loché, $4\frac{1}{2}$	Loches	Indre-et-L.
Loché, 2	Mâcon	Saône-et-L.
Loches, $2\frac{1}{4}$	Bar-sur-Seine	Aube
LOCHES *,	ch.-l. d'ar., 6[illegible]	Indre
Locheur (le), 3	Caen	Calvados
Lochieu, $5\frac{1}{2}$	Belley	Ain
Lochwiler, $1\frac{1}{4}$	Saverne	Bas-Rhin
Lochy, $3\frac{1}{2}$	Bourges	Cher
Locmalo, $3\frac{1}{4}$	Pontivy	Morbihan
Locmaria, 3	Brest	Finistère
Locmaria, 9	Châteaulin	Finistère
Locmaria (*Quimper*), $\frac{1}{4}$	Quimper	Finistère
Locmaria (en Belle-Isle Mer), 16	Lorient	Morbihan
Locmariaquer, $12\frac{1}{4}$	Lorient	Morbihan
Locmélard, 6	Morlaix	Finistère
Locminé *, $5\frac{1}{2}$	Pontivy	Morbihan
Locoal-Mendon, $5\frac{1}{2}$	Lorient	Morbihan
Locon, $1\frac{1}{2}$	Béthune	Pas-de-Cal.
Locquéguiner, 7	Brest	Finistère
Locquignol, 5	Avesnes	Nord
Locquirec, 5	Morlaix	Finistère
Locrist (*Le Couquet*), 6	Brest	Finistère
Locronan, $3\frac{1}{4}$	Châteaulin	Finistère
Loctudy, $5\frac{1}{4}$	Quimper	Finistère
Locunolé, $12\frac{1}{2}$	Pontivy	Morbihan
Loddes, 3	La Palisse	Allier
Lodes, $2\frac{1}{4}$	St.-Gaudens	H.-Garonne
LODÈVE *,	ch.-l. d'ar., 187	Hérault
Lods, $8\frac{1}{4}$	Besançon	Doubs
Lœuilley, $4\frac{1}{2}$	Gray	H.-Saône
Lœuilly, $6\frac{1}{2}$	Laon	Aisne
Lœuilly, $7\frac{1}{2}$	Dieppe	Seine-Inf.
Lœuilly, $3\frac{1}{2}$	Amiens	Somme
Loffre, $1\frac{1}{2}$	Douai	Nord
Loge (la) *Theillay*), 7	Romorantin	Loir-et-Ch.
Loge (la), $5\frac{1}{4}$	Montreuil	Pas-de-Cal.
Loge-Fougereuse, $4\frac{1}{4}$.	Fontenay-le-Comte	Vendée
Loge-Mégrigny (la), $6\frac{1}{4}$	Bar-sur-Aube	Aube
Loge-Pinard (la) (*Moussy*), 1	Epernay	Marne
Loge-Pomblain (la), $4\frac{1}{2}$	Bar-sur-Seine	Aube
Loges (les), $6\frac{1}{2}$	Vire	Calvados
Loges (les), $3\frac{1}{2}$	Langres	H.-Marne
Loges (les) (*Coudrecieux*), $3\frac{1}{4}$	St.-Calais	Sarthe
Loges (les), 1	Versailles	Seine-et-O.
Loges (les), $6\frac{1}{4}$	Le Hâvre	Seine-Inf.
Loges (les (*Beuvraignes*). 4	Montdidier	Somme
Loges (les Petites), 5	Rheims	Marne
Loges-Marchis (les), $4\frac{1}{4}$	Mortain	Manche
Loges-Marguerons (les), 5	Bar-sur-Seine	Aube
Loges-Saulces (les), $1\frac{1}{4}$	Falaise	Calvados
Loges-sur-Brecey (les), $4\frac{1}{2}$	Avranches	Manche
Loglenheim, 2	Colmar	Haut-Rhin
Logne (*Rurange*), $2\frac{1}{4}$	Thionville	Moselle
Lognes, $6\frac{1}{4}$	Le Mans	Sarthe
Lognes, 6	Meaux	Seine-et-M

Communes.	Arrondissem.	Départem.
Logny, 4 ½	Rethel	Ardennes
Logny-Bogny, 5	Rocroi	Ardennes
Logny-lès-Aubenton, 5	Vervins	Aisne
Logonna, 6	Brest	Finistère
Logonna-Quimerch, 3 ¼	Châteaulin	Finistère
Logras (*Peron*), 5 ¼	Gex	Ain
Logrian, 11 ¼	Le Vigan	Gard
Logron, 3	Châteaudun	Eure-et-L.
Lohéac, 8	Redon	Ille-et-Vil.
Lohitzun, 3	Mauléon	B.-Pyrén.
Lohr, 5 ¼	Saverne	B.-Rhin
Lohuec, 7	Guingamp	Côtes du N.
Loigné, 1 ¼	Château-Gontier	Mayenne
Loigny, 9 ¾	Châteaudun	Eure-et-L.
Loirac, 2 ¼	Lesparre	Gironde
Loire, 2	Rochefort	Char.-Inf.
Loiré, 4 ¾	St.-Jean-d'Angely	Char.-Inf.
Loiré, 3	Segré	Maine-et-L.
Loire, 5	Lyon	Rhône
Loiron, 3 ¼	Laval	Mayenne
Loisail, 1	Mortagne	Orne
Loiselières, 5	Le Hâvre	Seine-Inf.
Loiserolles (*La-Bussière-sur-Ouche*), 7 ½	Beaune	Côte-d'Or
Loisey, 4	Bar-le-Duc	Meuse
Loison, 6 ½	Montmédy	Meuse
Loison, 5	Béthune	Pas-de-Cal.
Loison, 4	Montreuil	Pas-de-Cal.
Loisy (*Besny*), 1	Laon	Aisne
Loisy, 1 ¼	Vouziers	Ardennes
Loisy, 5 ½	Nancy	Meurthe
Loisy, 4 ¾	Louhans	Saône-et-L.
Loisye, 1	Vitry-le-Français	Marne
Loivre, 2 ½	Rheims	Marne
Loix, île de Ré, 6 ¾	La Rochelle	Char.-Inf.
Loizé, 3	Melle	2 Sèvres
Loizie-en-Brie, 5 ¼	Epernay	Marne
Lolif, 1 ¼	Avranches	Manche
Lolme, 6 ¾	Bergerac	Dordogne
Lolmie (*St.-Laurent*), 7 ¼	Cahors	Lot
Lolon, 4	Châteaudun	Eure-et-L.
Lombard, 5 ¾	Besançon	Doubs
Lombard, 3 ½	Lons-le-Saulnier	Jura
Lombers, 4	Albi	Tarn
LOMBEZ *	ch.-l.d'arr., 195	Gers
Lombia, 5	Pau	B.-Pyrén.
Lombray, 11 ½	Laon	Aisne
Lombres, 11	Bagnères	H.-Pyrén.
Lombreuil, 2 ½	Montargis	Loiret
Lombron, 5 ¼	Le Mans	Sarthe
Lombut (*Euilly*), 3 ¼	Sedan	Ardennes
Lomme, 1 ¼	Lille	Nord
Lommerange, 2	Briey	Moselle
Lommoye, 4 ¼	Mantes	Seine-et-O.
Lomné, 5	Bagnères	H.-Pyrén.
Lomont, 1 ¾	Baume	Doubs
Lomont, 5 ¼	Lure	H.-Saône
Lomontot, 5 ¼	Lure	H.-Saône
Lompnas, 5 ¼	Belley	Ain

Communes.	Arrondissem.	Départem.
Lompnes, 8 ½	Belley	Ain
Lompnieu, 6 ¼	Belley	Ain
Lompret, 1 ½	Lille	Nord
Lon (St.-), 3 ½	Dax	Landes
Lonçon, 8	Orthez	B. Pyrén.
Londigny, 2	Ruffec	Charente
Londinières, 3 ¼	Neufchâtel	Seine-Inf.
Londres, 3	Marmande	Lot-et-Gar.
Long, 3 ¼	Abbeville	Somme
Longages, 3 ¼	Muret	H.-Garonne
Longaulnay, 11 ½	St.-Malo	Ille-et-Vil.
Longavesnes, 3	Péronne	Somme
Longchamp, 6	Vervins	Aisne
Longchamp, 3	Bar-sur-Aube	Aube.
Longchamp, 3	Dijon	Côte-d'O.
Longchamp, 4	Les Andelys	Eure
Longchamp, 6 ½	Chaumont	H.-Marne
Longchamp, 7 ½	Commercy	Meuse
Longchamp (*Boulogne*), 2 ¼	St.-Denis	Seine
Longchamp, 2	Epinal	Vosges
Longchamp, 3	Neufchâteau	Vosges
Longchaumois, 3	St.-Claude	Jura
Longcochon, 6 ½	Poligny	Jura
Longé, 4 ½	Argentan	Orne
Longeau, 2 ¼	Langres	H.-Marne.
Longeault, 4	Dijon	Côte-d'Or
Longeaux, 5	Bar-le-Duc	Meuse
Longechaux, 5	Baume	Doubs
Longechenal, 7	La Tour-du-Pin	Isère
Longecombe, 8	Belley	Ain
Longecourt, 3 ½	Dijon	Côte-d'Or
Longecourt-lès-Culetre, 4 ½	Beaune	Côte-d'Or
Longemaison, 6 ¼	Baume	Doubs
Longepierre, 8 ¼	Châlons	Saône-et-L.
Longeray (*Léas*), 7 ¾	Gex	Ain
Longeron, 6	Beaupréau	Maine-et-L.
Longes, 6 ½	Lyon	Rhône
Longessaigne, 6 ¼	Lyon	Rhône
Longevelle, 7	Baume	Doubs
Longevelle, 9 ¼	Montbéliard	Doubs
Longevelle, 5 ½	Gray	H.-Saône
Longevelle, 4 ½	Lure	H.-Saône
Longèves, 3 ¼	La Rochelle	Char.-Inf.
Longèves, 1	Fontenay-le-Comte	Vendée
Longeville, 4 ¼	Troyes	Aube
Longeville, 8 ½	Besançon	Doubs
Longeville (la), 4	Pontarlier	Doubs
Longeville, 5 ½	Wassy	H.-Marne
Longeville, 1 ¼	Bar-le-Duc	Meuse
Longeville, 7	Les Sables	Vendée
Longeville-lès-Cheminot (*Cheminot*), 4	Metz	Moselle
Longeville-lès-Metz, ¾	Metz	Moselle
Longeville-lès-St.-Avold, 8	Metz	Moselle
Longevilles (les), 5 ½	Pontarlier	Doubs
Longfossé, 5	Boulogne	Pas-de-Cal.
Longine (la), 7 ½	Lure	H.-Saône
Longis (St.-), ½	Mamers	Sarthe
Longjumeau *, 5	Corbeil	Seine-et-O.
Long-la-Ville, 6 ¼	Briey	Moselle

Communes.	Arrondissem.	Départem.
Longlune, 8	Evreux	Eure
Longmesnil, 7½	Neufchâtel	Seine-Inf.
Longnes, 3¼	Mantes	Seine-et-O.
Longny *, 4	Mortagne	Orne
Longperrier, 5	Meaux	Seine-et-M.
Longpont, 4	Soissons	Aisne
Longpont, 4¼	Corbeil	Seine-et-O.
Longpré, 3	Bar sur-Seine	Aube
Longpré, 4½	Vendôme	Loir-et-Ch.
Longpré-lès-Corps-Saints 4¼	Abbeville	Somme
Longraye, 3½	Bayeux	Calvados
Longré, 4½	Ruffec	Charente
Longroy, 8	Dieppe	Seine-Inf.
Longsaucey, 3¼	Baume	Doubs
Longsols, 5	Arcis-sur-Aube	Aube
Longué *, 4	Baugé	Maine-et-L.
Longue(la) (*Mont-Marquet*), 9½	Amiens	Somme
Longueau (*Cuisles*), 6	Rheims	Marne
Longueau, 1	Amiens	Somme
Longuefuye, 2	Château-Gontier	Mayenne
Longueil, 2	Dieppe	Seine-Inf.
Longuenesse, ½	St.-Omer	Pas-de-Cal.
Longuenoë, 5	Alençon	Orne
Longuère (la), 6¼	Pau	B.-Pyrén.
Longuerue, 5½	Rouen	Seine-Inf.
Longues, 1¼	Bayeux	Calvados
Longuesse, 2	Pontoise	Seine-et-O.
Longuetoise (*Chalo-St.-Mars*), 1½	Etampes	Seine-et-O.
Longueuil-Ste.-Marie, 3	Compiègne	Oise
Longueuil-sur-Oise, 2	Compiègne	Oise
Longueval, 8½	Soissons	Aisne
Longueval, 4	Péronne	Somme
Longueville, 4	Arcis-sur-Aube	Aube
Longueville, 7	Bayeux	Calvados
Longueville, 1½	Marmande	Lot-et-Gar.
Longueville, 6½	Coutances	Manche
Longueville (la), 6¼	Avesnes	Nord
Longueville, 5¼	Boulogne	Pas-de-Cal.
Longueville (*Lourps*), 1¼	Provins	Seine-et-M.
Longueville (*Huison*), 3½	Etampes	Seine-et-O.
Longueville, 4	Dieppe	Seine-Inf.
Longuevillette, 1¼	Doullens	Somme
Longuyon *, 7¼	Briey	Moselle
Longvay (*Villy-le-Moutier*), 3½	Beaune	Côte-d'Or
Longvic, 1	Dijon	Côte-d'Or
Longvillers, 6	Caen	Calvados
Longvillers, 5	Abbeville	Somme
Longvilliers, 2	Montreuil	Pas-de-Cal
Longvilliers, 3¾	Rambouillet	Seine-et-O
Longvy, 5	Dôle	Jura
Longwé, 1½	Vouziers	Ardennes
Longwy *, 8	Briey	Moselle
Lonlai-l'Abbaye, 1½	Domfront	Orne
Lonlai-le-Tesson, 6	Domfront	Orne
Lonnel (St.-), 5	Dinan	Côtes duN.
Lonnes, 4	Ruffec	Charente
Lonny, 3	Mézières	Ardennes

Communes.	Arrondissem.	Départem.
Lonquette (la), 6	Pau	B.-Pyrén.
Lonray, 1¼	Alençon	Orne
Lons, 1¼	Pau	B.-Pyrén.
LONS-LE-SAULNIER *,	ch.-l. de dép. 105	Jura
Lonzac, 5¼	Jonzac	Char.-Inf.
Lonzac, 6¼	Tulle	Corrèze
Lonzat (le), 5	Gannat	Allier
Looberghe, 4½	Dunkerque	Nord
Loon, 2¼	Dunkerque	Nord
Loos, 1	Lille	Nord
Loos, 3¾	Béthune	Pas de-Cal.
Loos, 4	Pau	B.-Pyrén.
Looze, 1	Joigny	Yonne
Loperec, 2½	Châteaulin	Finistère
Loperhet, 4	Brest	Finistère
Loqueffret, 6¼	Châteaulin	Finistère
Loquénolé, 1½	Morlaix	Finistère
Loquivy-Lannion, ½	Lannion	Côtes-duN.
Loquivy-Plougras, 7½	Lannion	Côtes-duN.
Lor, 9	Laon	Aisne
Loray, 5	Baume	Doubs.
Lorbrie, 1¼	Fontenay-le-Comte	Vendée
Lorcières, 5	St.-Flour	Cantal
Lorcy, 6	Pithiviers	Loiret
Lordat, 8	Foix	Ariège
Loré, 5	Domfront	Orne
Lorentzen, 8¼	Saverne	Bas Rhin
Lorenzo (St.-), 3	Corte	Corse
Loreto, 2½	Sartène	Corse
Loreur (le), 5½	Coutances	Manche
Loreux, 5	Romorantin	Loir-et-Ch.
Lorey, 5½	Evreux	Eure
Lorey (le), 3	Coutances	Manche
Lorey, 5	Lunéville	Meurthe
Lorges, 8¼	Blois	Loir-et-Ch.
Lorgies, 3½	Béthune	Pas-de-Cal.
Lorgues, 2¼	Draguignan	Var
LORIENT *,	ch.-l. d'ar., 140	Morbihan
Loriges, 5	Gannat	Allier
Lorignac, 6	Jonzac	Char.-Inf.
Lorigné, 4½	Melle	2 Sèvres
Loriol *, 4	Valence	Drôme
Loriol, 1	Carpentras	Vaucluse
Lorlange, 3	Brioude	H.-Loire
Lorleau, 5	Les Andelys	Eure
Lormaison, 4½	Beauvais	Oise
Lormaye, 4½	Dreux	Eure-et-L.
Lormes *, 8½	Clamecy	Nièvre
Lormont, 1½	Bordeaux	Gironde
Loro-Montzey, 6	Lunéville	Meurthe
Loroux (le), 2½	Fougères	Ile-et-Vil.
Lorquin, 2½	Sarrebourg	Meurthe
Lorrez, 8	Fontainebleau	Seine et-M.
Lorris *, 5½	Montargis	Loiret
Lorry-devant-le-Pont, 3¼	Metz	Moselle
Lorry-lès-Metz, 1	Metz	Moselle
Lortet, 7	Bagnères	H.-Pyrén.
Losay, 2¼	St.-Jean-d'Angely	Char.-Inf.
Loscouet (le), 9¼	Loudéac	Côtes-duN.
Losne, 9	Beaune	Côte-d'Or
Losse, 10½	Mont-de-Marsan	Landes

Communes.	Arrondissem.	Départem.
Lostanges, 6	Brives	Corrèze
Lostroff, 8	Château-Salins	Meurthe
Lothein (St.-), 4 ¼	Lons-le-Saulnier	Jura
Lothey, 1 ¼	Châteaulin	Finistère
Lottinghen, 6	Boulogne	Pas-de-Cal.
Louaille, 4	La Flèche	Sarthe
Louan, 4 ¼	Provins	Seine-et-M
Louannec, 2 ½	Lannion	Côtes-du-N.
Louans, 9	Loches	Indre-et-L.
Luargat, 4	Guingamp	Côtes-du N.
Louâtres, 4 ¾	Soissons	Aisne
Loubajac, 4 ¾	Argelès	H.-Pyrén.
Loubaresse, 5	Argentière	Ardèche
Loubaut, 8	Pamiers	Ariége
Loube (St.-), 2	Lombez	Gers
Loubedat, 12 ¼	Condom	Gers
Loubejac, 5	Sarlat	Dordogne
Loubéjac (*Albenque*), 5	Cahors	Lot
Loubens, 3 ½	Pamiers	Ariége
Loubens, 5 ½	Villefranche	H.-Garonne
Loubens, 2	La Réole	Gironde
Loubers, 4 ¼	Gaillac	Tarn
Loubersan, 2 ½	Mirande	Gers
Louberssac, 9	Figeac	Lot
Loubert, 3 ¼	Confolens	Charente
Loubert (St.-), 4 ¼	Bazas	Gironde
Louberville, 4 ½	Lombez	Gers
Lonbès (St.-), 4 ¼	Bordeaux	Gironde
Loubès, 9	Marmande	Lot-et-Gar.
Loubeyrat, 3	Riom	Puy-de-Dô.
Loubieng, 1 ½	Orthez	B.-Pyrén.
Loubieres, 1 ¼	Foix	Ariége
Loubierre (la), 2 ¼	Rodez	Aveiron
Loubigné, 3 ¾	Melle	2 Sèvres
Loubillé, 4 ¼	Melle	2 Sèvres
Loubion, 14 ½	Condom	Gers
Loubix, 6 ¼	Pau	B.-Pyrén.
Loubouer (St.-), 4 ¾	St.-Sever	Landes
Loubouey (*Artigualoutan*), 2 ½	Pau	B.-Pyrén.
Loubrouil, 5	Auch	Gers
Loucastagnet, 14 ½	Condom	Gers
Loucé, 1 ¼	Argentan	Orne
Loucelles, 3	Caen	Calvados
Louches, 4 ¼	St.-Omer	Pas-de-Cal.
Louchy, 6	Gannat	Allier
Loucrup, 3	Tarbes	H.-Pyrén.
LOUDÉAC *,	ch.-l. d'ar., 117	Côtes-du N.
Loudenvielle, 13	Bagnères	H.-Pyrén.
Londervielle, 12 ¾	Bagnères	H.-Pyrén.
Loudes, 3 ¼	Le Puy	H.-Loire
Loudet, 2	St.-Gaudens	H.-Garonne
Loudrefing, 8	Château-Salins	Meurthe
LOUDUN *,	ch. l. d'arr., 78	Vienne
Loué, 8	Le Mans	Sarthe
Louème, 5	Châtillon	Côte-d'Or
Louer, 4 ½	Dax	Landes
Louerre, 6	Saumur	Maine-et-L.
Louesme, 8 ¾	Joigny	Yonne
Louestault, 6 ½	Tours	Indre-et-L.
Louet, près Authie (St.-) 1 ½	Caen	Calvados
Louet-sur-Lozou (St.-), 3 ½	St.-Lô	Manche

Communes.	Arrondissem.	Départem.
Louet-sur-Seulles (St.-), 5 ½	Caen	Calvados
Louet-sur-Vire (St.-), 4 ½	St.-Lô	Manche
Loueuse, 5 ½	Beauvais	Oise
Loucy, 1 ½	Tarbes	H.-Pyrén.
Lougarranné, 4	Mirande	Gers
Lougnac, 6 ¾	Brives	Corrèze
Longratte, 5 ¼	Villeneuve-d'Agen	Lot-et-Gar.
Lougres, 2 ½	Montbéliard	Doubs
Lougrillon, 5 ¾	Lectoure	Gers
Louhaget, 13 ¾	Condom	Gers
LOUHANS *,	ch.-l. d'ar., 100	Saône-et-L.
Louhossoa, 7	Bayonne	B.-Pyrén.
Louifer, 1 ½	Châteaubriant	Loire-Inf.
Louin, 4 ¾	Parthenay	2 Sèvres
Louis (St.-), 9 ¾	Limoux	Aude
Louis (St.-), 6	Riberac	Dordogne
Louis-de-la-Petite-Flandre (St.-), 2 ¼	Rochefort	Char.-Inf.
Louis-de-Montferrand (St.-), 4 ¼	Bordeaux	Gironde
Louis-lès-Marais (St.-) (*Braud*), 4 ¼	Blaye	Gironde
Louit, 3	Tarbes	H.-Pyrén.
Loulans, 7 ¾	Vesoul	H.-Saône
Loulay, 3	St.-Jean-d'Angely	Char.-Inf.
Loulin *ou* Lelin, 15 ½	Mirande	Gers
Loulle, 5 ½	Poligny	Jura
Loumassés, 7	Mirande	Gers
Loup (St.-), 6	Moulins	Allier
Loup (St.-) 3	Rethel	Ardennes
Loup (St.-), 6	Villefranche	Aveiron
Loup (St.-), 2	St.-Jean-d'Angely	Char.-Inf.
Loup (St.-), 3	St.-Amand	Cher
Loup (St.-), *ou* Lanloup, 7	St.-Brieuc	Côtes-du N.
Loup (St.-), 5 ½	Boussac	Creuse
Loup (St.-), 4	Chartres	Eure-et-L.
Loup (St.-), 3	St.-Gaudens	H.-Garonne
Loup (St.-), 2	Toulouse	H.-Garonne
Loup (St.-), 4 ¼	Dôle	Jura
Loup (St.-), 4	Romorantin	Loir-et-Ch.
Loup (St.-) (*Orléans*), ¾	Orleans	Loiret
Loup (St.-), 5	Pithiviers	Loiret
Loup (St.-), 2 ½	Nérac	Lot-et-Gar.
Loup (St.-), 1 ½	Avranches	Manche
Loup (St.-), 8 ¼	Epernay	Marne
Loup (St.-), 4 ¼	Langres	H.-Marne
Loup (St.-), 5 ¼	Château-Gontier	Mayenne
Loup (St.-), 1 ½	Cosne	Nièvre
Loup (St.-) (*St.-Germain-en-Vry*), 9	Nevers	Nièvre
Loup (St.-), 5 ¼	Villefranche	Rhône
Loup (St.-), 3 ¼	Gray	H.-Saône
Loup (St.-), 7 ½	Lure	H.-Saône
Loup (St.-), 4 ¼	Parthenay	2 Sèvres
Loup (St.-), 5 ¼	Moissac	Tarn et Gar.
Loup-aux-Bois (St.-), 6	Vouziers	Ardennes

Communes.	Arrondissem.	Départem.
Loup-Canivet (St.-), $1\frac{1}{4}$	Falaise	Calvados
Loup-de-Buffigny (St.-), $3\frac{1}{4}$	Nogent-sur-Seine	Aube
Loup-de-Fribois (St.-), $4\frac{1}{2}$	Lisieux	Calvados
Loup-de-la-Salle (St.-), $8\frac{1}{4}$	Châlons	Saône-et-L.
Loup-de-Naud (St.-), $1\frac{1}{4}$	Provins	Seine-et-M.
Loup-de-Varenne (St.-), $1\frac{1}{4}$	Châlons	Saône-et-L.
Loup-Dordon (St.-), 5	Joigny	Yonne
Loup-du-Gast (St.-), 2	Mayenne	Mayenne
Loup-du-Lac (le), 2	Montfort	Ille-et-Vil.
Loup-Hors (St.-), $\frac{1}{2}$	Bayeux	Calvados
Loup-le-Gonois (St.-), 4	Montargis	Loiret
Loupe (la), 6	Nogent-le-Rotrou	Eure-et-L.
Loupeigne, $4\frac{1}{2}$	Soissons	Aisne
Loupershausen, $2\frac{1}{2}$	Sarreguemines	Moselle
Loupes, $3\frac{1}{4}$	Bordeaux	Gironde
Loupfougères, $5\frac{1}{2}$	Mayenne	Mayenne
Loupia, 3	Limoux	Aude
Loupiac, 6	Villefranche	Aveiron
Loupiac, $3\frac{1}{4}$	Mauriac	Cantal
Loupiac, $1\frac{3}{4}$	La Réole	Gironde
Loupiac (*Puilévêque*), 8	Cahors	Lot
Loupiac (*Peyrac*), 4	Gourdon	Lot
Loupiac, 4	Gaillac	Tarn
Loupiac-de-Cadillac, $9\frac{1}{4}$	Bordeaux	Gironde
Loupian, $6\frac{3}{4}$	Montpellier	Hérault
Loupmont, $3\frac{1}{4}$	Commercy	Meuse
Loupourret, $15\frac{3}{4}$	Mirande	Gers
Louppelande, $4\frac{1}{4}$	Le Mans	Sarthe
Louppy-le-Grand, $3\frac{1}{2}$	Bar-le-Duc	Meuse
Louppy-le-Petit, $2\frac{1}{2}$	Bar-le-Duc	Meuse
Louppy-snr-Loison, $1\frac{1}{4}$	Montmédy	Meuse
Louptiere (la), 3	Nogent-sur-Seine	Aube
Lourches, $5\frac{1}{4}$	Douai	Nord
Lourde, $3\frac{1}{2}$	St.-Gaudens	H.-Garonne
Lourdes *, 3	Argelès	H.-Pyrén.
Lourdoué-St.-Pierre, $6\frac{1}{4}$	Gueret	Creuse
Lourdoueix-St.-Michel, $6\frac{1}{4}$	La Châtre	Indre
Loures, 13	Bagnères	H.-Pyrén.
Louresse, 6	Saumur	Maine-et-L.
Lourmais, 10	St. Malo	Ille-et-Vil.
Lourmarin, $4\frac{3}{4}$	Apt	Vaucluse
Lournand, 6	Mâcon	Saône-et-L.
Lourouër, 1	La Châtre	Indre
Lourouer-lès-Bois, $\frac{3}{4}$	Châteauroux	Indre
Louroux (le), 7	Loches	Indre-et-L.
Louroux Béconnais (le), 6	Angers	Maine-et-L.
Louroux-Bourbonnais, 5	Montluçon	Allier
Louroux-de-Beaune, $5\frac{1}{2}$	Montluçon	Allier
Louroux-de-Bouble, 6	Gannat	Allier
Louroux-Hôdement, 3	Montluçon	Allier
Lourps, $2\frac{1}{4}$	Provins	Seine-et-M.

Communes.	Arrondissem.	Départem.
Lourqueu, 6	Dax	Landes
Lourties, $3\frac{1}{4}$	Mirande	Gers
Loury, $4\frac{1}{2}$	Orléans	Loiret
Lousac, $1\frac{1}{2}$	Cognac	Charente
Lousersou, $15\frac{3}{4}$	Mirande	Gers
Lousignac, 6	St.-Jean-d'Angely	Char.-Inf.
Louslitges, $5\frac{1}{2}$	Mirande	Gers
Louspeyroux, $6\frac{1}{2}$	Nérac	Lot-et-Gar.
Loussous-Debat, 11	Mirande	Gers
Loutehel, 8	Redon	Ille-et-Vil.
Loutremange, 4	Metz	Moselle
Loutzveiller *, 7	Sarreguemines	Moselle
Louvagny, $3\frac{1}{2}$	Falaise	Calvados
Louvaines, 1	Segré	Maine-et-L.
Louvatange, 5	Dôle	Jura
Louveciennes, $1\frac{3}{4}$	Versailles	Seine-et-O.
Louvemont, $1\frac{1}{4}$	Wassy	H.-Marne
Louvemont, $2\frac{1}{2}$	Verdun	Meuse
Louvencourt, 4	Doullens	Somme
Louvenne, $7\frac{1}{2}$	Lons-le-Saulnier	Jura
Louvent (St.-), $1\frac{1}{2}$	Vitry-le-Français	Marne
Louvercy, $4\frac{1}{2}$	Châlons-sur-Marne	Marne
Louvergny, 5	Vouziers	Ardennes
Louverné, 2	Laval	Mayenne
Louverot, 2	Lons-le-Saulnier	Jura
Louversey, 5	Evreux	Eure
Louvesc (la), 13	Tournon	Ardèche
Louvetot, 2	Yvetot	Seine-Inf.
Louvetot (*Grigneuzeville*), 8	Dieppe	Seine-Inf.
Louvicamp, $3\frac{1}{2}$	Neufchâtel	Seine-Inf.
Louvie-Juzon, $5\frac{1}{2}$	Oleron	B.-Pyren.
Louvie-Sonviron, $7\frac{1}{4}$	Oléron	B.-Pyren.
Louvière (la), $5\frac{1}{2}$	Castelnaudary	Aude
Louvières, $4\frac{1}{2}$	Chaumont	H.-Marne
Louvières, 4	Argentan	Orne
Louviers, $5\frac{1}{4}$	Bayeux	Calvados
LOUVIERS *,	ch.-l. d'ar., 29	Eure
Louvigné, $2\frac{1}{2}$	Laval	Mayenne
Louvigné-du-Desert, 4	Fougères	Ille-et-Vil.
Louvigné-en-Bain, 4	Vitré	Ille-et-Vil.
Louvignies-Bavay, 6	Avesnes	Nord
Louvignies-Quesnoy, $6\frac{1}{4}$	Avesnes	Nord
Louvigny, 1	Caen	Calvados
Louvigny, 4	Metz	Moselle
Louvigny, $7\frac{1}{2}$	Orthez	B.-Pyrén.
Louvigny, 4	Mamers	Sarthe
Louvil, $3\frac{1}{4}$	Lille	Nord
Louville, $5\frac{1}{2}$	Chartres	Eure-et-L.
Louvilliers-en-Drouais, $1\frac{1}{2}$	Dreux	Eure-et-L.
Louvilliers-lès-Perches, $6\frac{1}{2}$	Dreux	Eure-et-L.
Louvois, $4\frac{1}{2}$	Rheims	Marne
Louvrechy, 4	Montdidier	Somme
Louvres *, $7\frac{1}{2}$	Pontoise	Seine-et-O.
Louvroil, $3\frac{1}{2}$	Avesnes	Nord
Louye, $6\frac{1}{2}$	Evreux	Eure
Louze, $5\frac{1}{4}$	Wassy	H.-Marne

Communes.	Arrondissem.	Départem.
Louze, 2 $\frac{1}{2}$	Mamers	Sarthe
Louzouer, 3	Montargis	Loiret
Louzourm, 3 $\frac{1}{4}$	Argelès	H.-Pyrén.
Louzy, 8	Bressuire	2 Sèvres
Loxeville, 4	Commercy	Meuse
Loyat, 1 $\frac{3}{4}$	Ploërmel	Morbihan
Loye, 3	St.-Amand	Cher
Loye (la), 2 $\frac{1}{4}$	Dôle	Jura
Loyer (St.-), 1 $\frac{3}{4}$	Argentan	Orne
Loyer-le-Franc(*Soulon-sans-Fond*), 2 $\frac{1}{2}$	Dijon	Côte-d'Or.
Loyère (la), 2	Châlons	Saône-et-L.
Loyes, 9 $\frac{1}{4}$	Trevoux	Ain
Loyettes, 15 $\frac{1}{2}$	Belley	Ain
Loysia, 7 $\frac{3}{4}$	Lons-le-Saulnier	Jura
Lozane, 3	Villefranche	Rhône
Loze, 13	Montauban	Tarn-et-Gar.
Lozère (*Palaisau*), 3	Versailles	Seine-et-O.
Lozi, 6 $\frac{1}{2}$	Ajaccio	Corse
Lozier (*Vinay*), 3 $\frac{1}{2}$	St.-Marcellin	Isère
Lozinghem, 3	Bethune	Pas-de-Cal.
Lu (*Bray*), 4 $\frac{3}{4}$	Mantes	Seine-et-O.
Lua (Grande-) (*Ablois*), 2	Epernay	Marne
Luant, 3 $\frac{1}{2}$	Châteauroux	Indre
Luard (le), 9 $\frac{3}{4}$	Mamers	Sarthe
Luat (le), 4	Senlis	Oise
Luban, 11 $\frac{1}{2}$	Nérac	Lot-et-Gar.
Lubbon, 12	Mont-de-Marsan	Landes
Lube, 6 $\frac{1}{4}$	Pau	B.-Pyrén.
Lubecourt, $\frac{1}{2}$	Château-Salins	Meurthe
Lubersac, 10	Brives	Corrèze
Lubersac, 8	Marmande	Lot-et-Gar.
Lubey, 1 $\frac{3}{4}$	Briey	Moselle
Lubilhac, 3 $\frac{1}{2}$	Brioude	H.-Loire
Lubin (St.-), 3	Pontoise	Seine-et-O.
Lubin-d'Issigny (St.-), 1 $\frac{3}{4}$	Châteaudun	Eure-et-L.
Lubin-de-Cravant (St.-), 5 $\frac{1}{2}$	Dreux	Eure-et-L.
Lubin-de-la-Haye (St.-), 4 $\frac{1}{2}$	Dreux	Eure-et-L.
Lubin-des-Ci-Fonds (St.-), 3 $\frac{3}{4}$	Nogent-le-Rotrou	Eure-et-L.
Lubin-des-Joncherets (St.-), 3 $\frac{1}{2}$	Dreux	Eure-et-L.
Lubin-des-Prés (St.-) (*Freteval*), 4	Vendôme	Loir-et-Ch
Lubin-en-Vergonnois (St.-), 2 $\frac{1}{4}$	Blois	Loir-et-Ch.
Lubine, 4	St.-Dié	Vosges
Lublé, 13	Chinon	Indre-et-L.
Lubret, 5 $\frac{1}{2}$	Tarbes	H.-Pyrén.
Luby, 5 $\frac{1}{4}$	Tarbes	H.-Pyrén.
Luc, 6	Narbonne	Aude
Luc, 1 $\frac{1}{2}$	Rodez	Aveiron
Luc, 3 $\frac{1}{2}$	Caen	Calvados
Luc (St.-), 1 $\frac{3}{4}$	Evreux	Eure
Luc, 16	Mont-de-Marsan	Landes
Luc, 10 $\frac{3}{4}$	Mende	Lozère
Luc, 5	Tarbes	H.-Pyrén.
Luc (St.-), 6	Tarbes	H. Pyrén.
Luc (le) *, 6 $\frac{3}{4}$	Draguignan	Var
Luc-en-Diois, 4 $\frac{1}{2}$	Die	Drôme
Luc-sur-Aude, 3 $\frac{1}{4}$	Limoux	Aude
Lucarré, 7 $\frac{1}{2}$	Pau	B.-Pyrén.
Luçay-le-Captif, 4 $\frac{1}{2}$	Issoudun	Indre
Luçay-le-Mâle, 9 $\frac{1}{4}$	Châteauroux	Indre
Lucbardés, 2 $\frac{1}{2}$	Mont-de-Marsan	Landes
Lucciana, 4	Bastia	Corse
Luce (Ste.-) (*Blaye*), $\frac{1}{4}$	Blaye	Gironde
Luce (Ste.-), 16 $\frac{1}{4}$	Grenoble	Isère
Luce (Ste.-), 2	Nantes	Loire-Inf.
Lucé, 1 $\frac{1}{2}$	Domfront	Orne
Lucé-sous-Ballon, 7	Mamers	Sarthe
Luceau, 9 $\frac{1}{4}$	St.-Calais	Sarthe
Lucelle, 6	Altkirch	Haut-Rhin
Lucenay, 2	Villefranche	Rhône
Lucenay-l'Evêque, 3	Autun	Saône-et-L.
Lucenay-le-Duc, 6	Semur	Côte-d'Or
Lucenay-lès-Aix, 15 $\frac{1}{2}$	Nevers	Nièvre
Lucey, 7 $\frac{1}{2}$	Châtillon	Côte-d'Or
Lucey, 2	Toul	Meurthe
Lucgarier, 4 $\frac{1}{4}$	Pau	B.-Pyrén.
Luchapt, 7	Montmorillon	Vienne
Luchat, 2 $\frac{1}{4}$	Saintes	Char.-Inf.
Luché, 3	La Flèche	Sarthe
Luché, 4 $\frac{1}{2}$	Bressuire	2 Sèvres
Luché, 3	Melle	2 Sèvres
Lucheux, 2 $\frac{1}{2}$	Doullens	Somme
Luchy, 7	Clermont	Oise
Lucia (Ste.-),	Corte	Corse
Lucia (Ste.-), 2	Sartène	Corse
Lucien (St.-), 5 $\frac{1}{2}$	Dreux	Eure-et-L.
Lucien (St.-), 7 $\frac{1}{4}$	Neufchâtel	Seine-Inf.
Lucion, 11 $\frac{1}{4}$	Châteauroux	Indre
Lucmau, 3 $\frac{1}{2}$	Bazas	Gironde
Luçon *, 7 $\frac{1}{4}$	Fontenay-le-Comte	Vendée
Lucq, 3 $\frac{1}{2}$	Oléron	B.-Pyrén.
Lucq, 7 $\frac{1}{2}$	Pau	B.-Pyrén.
Lucquy, 2	Rethel	Ardennes
Lucs (les), 6	Bourbon-Vendée	Vendée
Lucvielle, 4 $\frac{1}{2}$	Auch	Gers
Lucy, 3 $\frac{1}{4}$	Epernay	Marne
Lucy, 4	Château-Salins	Meurthe
Lucy, 1 $\frac{1}{4}$	Neufchâtel	Seine-Inf.
Lucy-le-Bocage, 1 $\frac{1}{4}$	Château-Thierry	Aisne
Lucy-le-Bois *, 2	Avallon	Yonne
Lucy-sur-Cure, 7	Auxerre	Yonne
Lucy-sur-Yonne, 7	Auxerre	Yonne
Lude (le) *, 4	La Flèche	Sarthe
Ludelange, 3 $\frac{1}{2}$	Briey	Moselle
Ludes, 3	Rheims	Marne
Ludesse, 2 $\frac{1}{4}$	Issoire	Puy-de-Dô.
Ludiés, 2	Pamiers	Ariége.
Ludon, 4 $\frac{1}{4}$	Bordeaux	Gironde
Ludres, 2 $\frac{1}{2}$	Nancy	Meurthe
Lué, 3	Baugé	Maine-et-L.
Luemschwiller, 2	Altkirch	Haut-Rhin
Lugagnan, 2 $\frac{1}{4}$	Argelès	H.-Pyrén.
Lugaignac, 4 $\frac{1}{4}$	Libourne	Gironde

Communes.	Arrondissem.	Départem.
Lugan, 6 ½	Villefranche	Aveiron
Lugan, 3	Lavaur	Tarn
Lugaubac, 7	Cahors	Lot
Lugarde, 8	Murat	Cantal
Lugasson, 7 ¼	La Réole	Gironde
Lugaut, 7 ½	Mont-de-Marsan	Landes
Lugeac, 2	Brioude	H.-Loire
Luglon, 8	Mont-de-Marsan	Landes
Lugny, 2	Vervins	Aisne
Lugny, 6	St. Amand	Cher
Lugny, 4 ½	Sancerre	Cher
Lugny, 1 ½	Charolles	Saône-et-L.
Lugny, 5	Mâcon	Saône-et-L.
Lugo, 2	Corte	Corse
Lugo Dinaza, 6 ¼	Corte	Corse
Lugon, 3 ½	Libourne	Gironde
Lugos, 11 ¼	Bordeaux	Gironde
Lugy, 8	Montreuil	Pas-de-Cal
Luhier, 12 ¼	Montbeliard	Doubs
Luigné, 8 ½	Saumur	Maine-et-L.
Luigny, 5 ¼	Nogent-le-Rotrou	Eure-et-L.
Luis, 5 ¼	Belley	Ain
Luisans, 7 ½	Baume	Doubs
Luisant, ¼	Chartres	Eure-et-L.
Luisetaines, 4	Provins	Seine-et-M.
Luitré, 2 ½	Fougères	Ille-et-Vil.
Luize (*Le Breuil*), 6	Epernay	Marne
Lumbin, 6	Grenoble	Isère
Lumbres, 3	St.-Omer	Pas-de-Cal.
Lumeau, 11	Châteaudun	Eure-et-L.
Lumes, 1 ½	Mézières	Ardennes
Luméville, 10	Commercy	Meuse
Lumier-en-Champagne (St.-), 2	Vitry-le-Français	Marne
Lumier-la-Populeuse (St.-), 3 ½	Vitry-le-Français	Marne
Lumigny, 3 ½	Coulommiers	Seine-et-M.
Lumine (Ste.-), 5 ¼	Nantes	Loire-Inf.
Lumine-de-Coutais (Ste.) 6 ½	Nantes	Loire-Inf.
Lumio, 1 ½	Calvi	Corse
Lunac, 4 ¼	Villefranche	Aveiron
Lunaire (St.-), 2	St.-Malo	Ille-et-Vil.
Lunaise (Ste.-), 5 ¼	Bourges	Cher.
Lunan, 1	Figeac	Lot
Lunas, 3 ¼	Bergerac	Dordogne
Lunas, 2 ¼	Lodève	Hérault
Lunax, 6	St.-Gaudens	H.-Garonne
Lunay, 4	Vendôme	Loir-et-Ch.
Luneau, 8	La Palisse	Allier
Lunegardes (*Bastit*), 11	Gourdon	Lot
Lunel, 4 ¼	Montpellier	Hérault
Lunel-Viel *, 4	Montpellier	Hérault
Luneray, 4	Dieppe	Seine-Inf.
Lunéry *, 4 ½	Bourges	Cher
LUNÉVILLE *,	ch.-l. d'ar., 93	Meurthe
Lunghignano, 2	Calvi	Corse
Lunion *ou* Belbeze, 1 ¼	Toulouse	H.-Garonne
Luot (le), 2 ½	Avranches	Manche
Lupcourt, 2 ½	Nancy	Meurthe
Luperce (St.-), 3	Chartres	Eure-et-L.
Lupersac, 3 ½	Aubusson	Creuse

Communes.	Arrondissem.	Départem.
Lupiac, 10 ¼	Mirande	Gers
Lupicin (St.-), 2 ½	St.-Claude	Jura
Lupien (St.-) *ou* Somme-Fontaine, 5 ½	Nogent-sur-Seine	Aube
Luplanté, 4 ½	Chartres	Eure-et-L.
Luppach (*Buxwiller*), 3	Altkirch	Haut-Rhin
Luppé, 15 ½	Condom	Gers
Luppe, 8 ¼	St.-Etienne	Loire
Luppy, 4	Metz	Moselle
Lupsault, 6	Ruffec	Charente
Lupstein, 2 ½	Saverne	Bas-Rhin
Luque (la), 10 ¼	St.-Sever	Landes
Luquet, 3 ¼	Tarbes	B.-Pyrén.
Lurais, 3	Le Blanc	Indre
Luray, 1	Dreux	Eure-et-L.
Lurbe, 3	Oléron	B.-Pyrén.
Lurcy, 4	Trévoux	Ain
Lurcy-le-Bourg, 9	Cosne	Nièvre
Lurcy-Lévi, 9 ¼	Moulins	Allier
Lurcy-sur-Abron, 12 ¼	Nevers	Nièvre
Luré, 6 ¼	Roanne	Loire
LURE *.	ch.-l. d'ar., 97	H.-Saône
Lureuil, 4	Le Blanc	Indre
Lurey, 13 ½	Epernay	Marne
Luri, 6	Bastia	Corse
Luriecq, 4 ½	Montbrison	Loire
Lurs, 2 ¼	Forcalquier	B.-Alpes
Lury, 7 ¼	Bourges	Cher
Lus-la-Croix-Haute, 8 ¼	Die	Drôme
Lusanger, 5	Châteaubriant	Loire-Inf.
Lusans, 3 ½	Beaune	Doubs
Luscan, 3 ¼	St.-Gaudens	H.-Garonne
Lusignac, 4 ½	Riberac	Dordogne
Lusignan *, 7	Poitiers	Vienne
Lusignan (Grand-), 3	Agen	Lot-et-Gar.
Lusignan (Petit-), 5 ½	Agen	Lot-et-Gar.
Lusigny, 2 ½	Moulins	Allier
Lusigny, 3 ½	Troyes	Aube
Lusigny-sur-Ouche, 3 ½	Beaune	Côte-d'Or
Lusinay (*Illins*), 2 ¼	Vienne	Isère
Lusoir, 3 ¼	Vervins	Aisne
Lussac, 6 ¼	Confolens	Charente
Lussac, 1	Jonzac	Char.-Inf.
Lussac, 5	Boussac	Creuse
Lussac (*St.-Cyprien*), 4	Sarlat	Dordogne
Lussac, 3 ½	Libourne	Gironde
Lussac, 2	Montmorillon	Vienne
Lussac-lès-Eglises, 7	Bellac	H.-Vienne
Lussagnet, 7 ¼	Mont-de-Marsan	Landes
Lussagnet, 6 ¼	Pau	B.-Pyrén.
Lussan, 4 ½	Uzès	Gard
Lussan, 9 ½	Muret	H.-Garonne
Lussan, 3 ½	Auch	Gers
Lussant, 3 ¼	Rochefort	Char.-Inf.
Lussas, 5 ¼	Privas	Ardèche
Lussas, 1 ¼	Nontron	Dordogne
Lussat, 3 ½	Clermont	Puy-de-Dô.
Lussaud, 9 ¼	St.-Flour	Cantal
Lussault, 4 ½	Tours	Indre-et-L.
Lussay, 2 ¼	Melle	2 Sèvres
Lusse, 3	St.-Dié	Vosges
Lusseray, 3	Melle	2 Sèvres
Lusson, 6 ¾	Pau	B.-Pyrén.

Communes.	Arrondissem.	Départem.
Lustar, 6	Tarbes	H.-Pyrén.
Lusy, 3 ¼	Montmédy	Meuse
Luthenay, 7 ¼	Nevers	Nièvre
Luthezieux, 4 ¾	Belley	Ain
Luthilhous, 5 ½	Bagnères	H.-Pyrén.
Lutran, 4	Belfort	H.-Rhin
Luttange, 3 ¾	Thionville	Moselle
Luttenbach, 5	Colmar	H.-Rhin
Luttenheim, 3	Haguenau	Bas-Rhin
Lutter, 4 ¼	Altkirch	H.-Rhin
Lutterbach, 5 ½	Altkirch	Haut-Rhin
Lutz, 2	Châteaudun	Eure-et-L
Lutzelbourg, 5	Sarrebourg	Meurthe
Lutzelhausen, 8 ¾	Strasbourg	Bas-Rhin
Luvigny, 7	St.-Dié	Vosges
Lux, 5 ½	Dijon	Côte d'Or.
Lux, 2	Villefranche	H. Garonne
Lux, 1	Châlons	Saône-et-L
Luxé, 4	Ruffec	Charente
Luxe, 7 ¼	Mauléon	B.-Pyrén.
Luxelans, 3	Montbéliard	Doubs
Luxémont, 1	Vitry-le-Français	Marne
Luxeuil *, 4 ½	Lure	H.-Saône
Luxey, 16 ½	Mont-de-Marsan	Landes
Luxiol, 1	Baume	Doubs
Luyères, 3 ¾	Troyes	Aube
Luynes, 3	Tours	Indre-et-L.
Luz *, 5	Argelès	H.-Pyren.
Luzac (*St.-Just*), 1 ¼	Marennes	Char.-Inf.
Luzancy, 5 ½	Meaux	Seine-et-M
Luzarches *, 6	Pontoise	Seine-et-O.
Luzé, 5	Chinon	Indre-et-L.
Luze, 8 ½	Lure	H.-Saône
Luzech, 4	Cahors	Lot
Luzenac, 9	Foix	Ariége
Luzeret, 8	Le Blanc	Indre
Luzerne (la), 4	Avranches	Manche
Luzerne (la), 1 ¼	St.-Lô	Manche
Luziez (*Salviac*), 3 ½	Gourdon	Lot
Luzillat, 3	Thiers	Puy-de-Dô.
Luzillé, 8 ¼	Tours	Indre-et-L
Luzy, 2	Chaumont	H.-Marne
Luzy *, 9	Château-Chinon	Nièvre
Lyas, 1	Privas	Ardèche
Lyaumont, 9	Lure	H.-Saône
Lyé (St.-), 2 ¾	Troyes	Aude
Lyé (St.-), 3 ¾	Orléans	Loiret
Lye, 11 ¼	Châteauroux	Indre
Lyfontaine, 3 ¼	St.-Quentin	Aisne
Lymeyrag, 7	Périgueux	Dordogne
Lymezi, 5 ½.	Rouen	Seine-Inf.
Lynde, 2 ¼	Hazebrouck	Nord
Lyoffans, 2 ½	Lure	H. Saône
Lyon *,	ch.-l. de dép. 119	Rhône
Lyons-la-Forêt *, 4	Les Andelys	Eure
Lyphard (St.-), 8 ½	Savenay	Loire-Inf.
Lys (St.-) *, 3 ½	Muret	H.-Garonne
Lys, 3 ¼	Clamecy	Nièvre
Lys (le), 4	Senlis	Oise
Lys, 7	Mâcon	Saône-et-L
Lys-lès-Lannoy, 2 ¼	Lille	Nord
Lys-St.-Georges, 4 ½	La Châtre	Indre

M.

Communes.	Arrondissem.	Départem.
Maa (*Moliets*), 6 ¼	Dax	Landes
Maast, 4	Soissons	Aisne
Maatz, 5	Langres	H.-Marne
Mably, 1 ¼	Roanne	Loire
Mabonnerie (la) (*St.-Sauveur*), 3 ¼	Compiègne	Oise
Macaire (St.-) *, 4	La Réole	Gironde
Macaire (St.-), 3	Beaupréau	Maine-et-L.
Macaire (St.-), 7	Saumur	Maine-et-L.
Macau, 5 ¼	Bordeaux	Gironde
Maccaye, 6 ½	Bayonne	B.-Pyren.
Macé, 8	Alençon	Orne
Macey, 2 ¼	Troyes	Aube
Macey, 5	Avranches	Manche
Machault, 3 ¼	Vouziers	Ardennes
Machault, 4 ¾	Melun	Seine-et-M.
Maché, 9 ¼	Les Sables	Vendée
Machecoul *, 8	Nantes	Loire-Inf.
Machecourt (*Chivres*), 5	Laon	Aisne
Machefin, 8 ½	Dôle	Jura
Machème (*Mazerolles*), 6	Saintes	Char.-Inf.
Machemont, 2 ¼	Compiègne	Oise
Macheren, 6	Sarreguemines	Moselle
Macheroménil, 2 ¼	Rethel	Ardennes
Machiel, 5	Abbeville	Somme
Machine (la), 9	Nevers	Nièvre
Machy, 4 ½	Troyes	Aube
Machy, 5 ½	Abbeville	Somme
Mackenheim, 2 ¾	Schelestatt	Bas-Rhin
Macker, 5	Metz	Moselle
Mackwiler, 7 ¼	Saverne	Bas-Rhin
Maclas, 7 ½	St.-Etienne	Loire
Maclaunay, 9 ¼	Epernay	Marne
Maclou (St.-), 5 ¾	Lisieux	Calvados
Maclou (St.-), 2	Pont-Audemer	Eure
Maclou (St.-), 8	Le Hâvre	Seine-Inf.
Maclou-de-Folleville (St.-), 7	Dieppe	Seine-Inf.
Mâcon, ¼	Nogent-sur-Seine	Aube
Mâcon (*St.-Martin-la-Mer*), 12	Beaune	Côte-d'Or
Macon *,	ch.-l. de dép. 102	Saône-et-L.
Maconcourt, 7 ½	Wassy	H.-Marne
Maconcourt, 4	Neufchâteau	Vosges
Maconge, 8	Beaune	Côte-d'Or
Macornai, 1 ¼	Lons-le-Saulnier	Jura
Macoux (St.-), 2	Civray	Vienne
Macquelines, 7	Senlis	Oise
Macquenom (*Yutz-Basse*), ½	Thionville	Moselle
Macqueville, 7	St.-Jean-d'Angely	Char.-Inf.
Macquiny, 5	Vervins	Aisne
Macrelle (la) (*Cuisles*), 6	Rheims	Marne
Madaillan, 3	Agen	Lot-et-Gar.
Madecourt, 2 ¼	Mirecourt	Vosges
Madegney, 3	Mirecourt	Vosges

Communes.	Arrondissem.	Départem.	Communes.	Arrondissem.	Départem.
Madeleine (la), 6 1/2	Cognac	Charente	Magnicourt-sur-Canche, 3	St.-Pol	Pas-de-Cal.
Madeleine (la), 2 1/2	Ruffec	Charente	Magnien, 8	Beaune	Côte-d'Or
Madeleine (la) (la Roque), 2	Cahors	Lot	Magnier (St.-), 10 3/4	Riom	Puy-de-Dô.
Madeleine (la), 1	Marmande	Lot-et-Gar.	Magnières, 5 1/4	Lunéville	Meurthe
Madeleine (la), 1/2	Lille	Nord	Magnieu, 1/4	Belley	Ain
Madeleine (la), 1/2	Montreuil	Pas-de-Cal.	Magnils (les), 8 1/2	Fontenay-le-Comte	Vendée
Madeleine (la), 4 1/4	Belfort	Haut-Rhin	Magnivraie, 3 1/4	Lure	H. Saône
Madeleine (la), 6 1/4	Fontainebleau	Seine-et-M.	Magnon, 3	Marmande	Lot-et-Gar.
Madeleine (la) (Samois), 1 1/4	Fontainebleau	Seine-et-M.	Magnoncourt, 7 1/4	Lure	H.-Saône
Madeleine-Bouvet (la), 6	Mortagne	Orne	Magnoray (le), 3	Vesoul	H.-Saône
Madeleine-de-Nonancourt (la), 7	Evreux	Eure	Magny (Viney), 11 1/4	Laon	Aisne
			Magny, 1	Bayeux	Calvados
Madeleine-Villefrouin (la), 6	Blois	Loir-et-Ch.	Magny, 4 1/2	Chartres	Eure-et-L.
			Magny (le), 1	La Châtre	Indre
Maden (St.-), 3 2/5	Dinan	Côtes-du-N.	Magny, 1	Metz	Moselle
Madic, 4 1/4	Mauriac	Cantal	Magny, 7 1/2	Clamecy	Nièvre
Madière, 2	Pamiers	Ariége	Magny, 3 1/4	Nevers	Nièvre
Madiné (Chateauneuf), 5 1/2	St.-Etienne	Loire	Magny, 4 1/2	Belfort	Haut-Rhin
			Magny (le) (Champagney), 4 1/2	Lure	H.-Saône
Madirac, 4 1/4	Bordeaux	Gironde			
Madiran, 11	Tarbes	H.-Pyrén.	Magny (le), 8	Mirecourt	Vosges
Madonne, 3 1/2	Mirecourt	Vosges	Magny, 2	Avallon	Yonne
Madré, 7 1/2	Mayenne	Mayenne	Magny-d'Anigny, 2 1/4	Lure	H.-Saône
Madré, 6 1/2	Domfront	Orne	Magny-en-Vexin *, 5 1/4	Mantes	Seine-et-O.
Madriat, 4	Yssoire	Puy-de-Dô.	Magny-Fouchard (le), 4	Bar-sur-Aube	Aube
Maël-Carhaix, 9	Guimgamp	Côtes-du-N.	Magny-Jobert, 3	Lure	H.-Saône
Maël-Pestivien, 5	Guimgamp	Côtes du-N.	Magny-la-Campagne, 4 1/4	Falaise	Calvados
Maennolsheim, 2 1/2	Saverne	Bas-Rhin	Magny-la-Ville, 2	Semur	Côte-d'Or
Maffliers, 4	Pontoise	Seine-et-O.	Magny-la-Fosse, 2 1/4	St.-Quentin	Aisne
Maffrecourt, 1 1/4	St.-Menehould	Marne	Magny-Lambert, 5 1/2	Châtillon	Côte-d'Or
Magalas, 2 1/4	Béziers	Hérault	Magny-le-Désert, 5 1/4	Domfront	Orne
Mage (le), 5	Mortagne	Orne	Magny-le-Gros, 4 1/2	Belfort	Haut-Rhin.
Magescq, 4 1/2	Dax	Landes	Magny-le-Freule, 6 1/4	Lisieux	Calvados
Magistère (la) *, 6 1/2	Moissac	Tarn-et-Gar.	Magny (le Grand et le Petit-), 6 1/4	Lure	H.-Saône
Magnac, 4	Rodez	Aveiron			
Magnac, 5	St.-Flour	Cantal	Magny-le-Hongre, 3	Meaux	Seine-et-M.
Magnac, 5 1/2	Aubusson	Creuse	Magny le-Petit, 4	Belfort	Haut-Rhin
Magnac, 6	St.-Yrieix	H.-Vienne	Magny-lès-Aubigny, 8	Beaune	Côte-d'Or
Magnac-Laval, 3 1/2	Bellac	H.-Vienne	Magny-lès-Auxonne, 6 1/4	Dijon	Côte-d'Or
Magnac-Lavalette, 4 1/4	Angoulême	Charente	Magny-lès-Cirey, 7 1/4	Vesoul	H.-Saône
Magnac-sur-Touvres, 1 1/4	Angoulême	Charente	Magny-lès-Hameaux, 8 1/2	Rambouillet	Seine-et-O.
Magnan, 14 1/2	Condom	Gers	Magny-lès-Jussey, 8	Vesoul	H.-Saône
Magnant, 1 1/4	Bar-sur-Seine	Aube	Magny-lès-Villiers, 8	Beaune	Côte-d'Or
Magnanville, 1	Mantes	Seine-et-O.	Magny-sur-Albanne, 3 1/2	Dijon	Côte-d'Or
Magnargues (Carrennac)	Gourdon	Lot	Magny sur-Tille, 2 1/2	Dijon	Côte-d'Or
			Magny-Vernois, 1/4	Lure	H.-Saône
Magnat, 1 1/2	Bourganeuf	Creuse	Magoar, 4	Guimgamp	Côtes-du-N.
Magne (St.-), 9 1/2	Bordeaux	Gironde	Magrains (la Grâce-Dieu), 3 1/4	Muret	H.-Garonne
Magne (St.-), 4 1/2	Libourne	Gironde			
Magné (le) (Mers), 3 1/4	La Châtre	Indre	Magret (Ste-Suzanne), 1/4	Orthez	B.-Pyrén.
Magné, 1 1/4	Niort	2 Sèvres	Magrie, 1 1/2	Limoux	Aude
Magné, 7	Civray	Vienne	Magrin, 4	Rodez	Aveiron
Magnéance (Ste.-), 3 1/2	Avallon	Yonne	Magstatt-Nieder, 5	Altkirch	Haut-Rhin
Magnère (la), 5	Auch	Gers	Magstatt-Ober, 3	Altkirch	Haut-Rhin
Magnet, 3	La Palisse	Allier	Mahalon, 6 1/2	Quimper	Finistère
Magneux, 5 1/4	Rheims	Marne	Mahéru, 4	Mortagne	Orne
Magneux, 1 1/4	Wassy	H.-Marne	Mai (St.-), 3 1/4	Nyons	Drôme
Magneux-Haute-Rive, 2 1/2	Montbrison	Loire	Mai, 2 1/2	Beaupréau	Maine-et-L.
Magneville, 2 1/4	Valognes	Manche	Maîche, 9 1/2	Montbéliard	Doubs
Magnicourt, 5	Arcis-sur-Aube	Aube	Maidières, 6 1/4	Nancy	Meurthe
Magnicourt-en-Comté, 3 1/4	St.-Pol	Pas-de-Cal.	Maignas, 2 1/4	Lectoure	Gers
			Maignaut, 2 1/2	Condom	Gers

Communes.	Arrondissem.	Départem.
Maigné, 6	La Flèche	Sarthe
Maignelay, 5	Clermont	Oise
Maigrin (St-), 3 ½	Jonzac	Char.-Inf.
Maigrin, 3 ½	Lavaur	Tarn
Mailhac, 7 ½	Narbonne	Aude
Mailhoc, 2 ½	Albi	Tarn
Mailholas, 6 ¾	Muret	H.-Garonne
Maillac, 8 ½	Bellac	H.-Vienne
Maillanne, 6 ¼	Arles	B. du Rhône
Maillas, 12	Mont-de-Marsan	Landes
Maillé, 6	Chinon	Indre-et-L.
Maillé, 3 ¾	Fontenay-le-Comte	Vendée
Maillé, 4 ½	Poitiers	Vienne
Maillebois, 5	Dreux	Eure-et-L.
Maillères, 6 ¼	Mont-de-Marsan	Landes
Mailleroncourt-Charette, 7	Lure	H.-Saône
Mailleroncourt-St.-Pancras, 11 ¼	Lure	H.-Saône
Maillet, 3	Montluçon	Allier
Maillet, 6 ½	La Châtre	Indre
Mailley, 3 ¾	Vesoul	H.-Saône
Maillezais, 3	Fontenay-le-Comte	Vendée
Maillot, 1	Sens	Yonne
Maillut, 2	Nantua	Ain
Mailly, 4	Arcis-sur-Aube	Aube
Mailly, 3 ¼	Rheims	Marne
Mailly, 6 ¾	Nancy	Meurthe
Mailly, 10 ½	Charolles	Saône-et-L.
Mailly, 6 ¼	Doullens	Somme
Mailly-Bas, 6 ½	Dijon	Côte-d'Or
Mailly-Château, 5	Auxerre	Yonne
Maime (St.-), 1 ¾	Forcalquier	B.-Alpes.
Maime-de-Péreyrol (St.-) 6	Périgueux	Dordogne
Mailly-la-Ville, 5	Auxerre	Yonne
Mailly-Rainval, 3 ½	Montdidier	Somme
Maimbeville, 2 ¼	Clermont	Oise
Main-fonds, 5 ½	Angoulême	Charente
Mainal, 5 ¼	Lons-le-Saulnier	Jura
Mainbervilliers (*Boissy-aux-Cailles*), 5 ¼	Fontainebleau	Seine-et-M
Maimbresson, 6 ½	Rethel	Ardennes
Mainbressy, 6	Rethel	Ardennes
Maincourt, 3 ¾	Rambouillet	Seine-et-O.
Maincy, 1	Melun	Seine-et-M.
Maine-de-Boixe (le), 5 ½	Angoulême	Charente
Maing, 8 ¼	Douai	Nord
Mainneville, 6	Les Andelys	Eure
Mainsac, 5	Aubusson	Creuse
Maintenay, 2 ¼	Montreuil	Pas-de-Cal.
Maintenon*, 4	Chartres	Eure-et-L.
Mainterne, 4 ½	Dreux	Eure-et-L.
Maintru, 3 ½	Neufchâtel	Seine-Inf.
Mainville (*Bromeille*), 5	Pithiviers	Loiret
Mainville, 1 ½	Briey	Moselle
Mainvillers, 7	Metz	Moselle
Mainvilliers ½	Chartres	Eure-et-L.
Mainvilliers, 3 ½	Pithiviers	Loiret

Communes.	Arrondissem.	Départem.
Mainxe, 3	Cognac	Charente
Mainzac, 7	Angoulême	Charente
Maire, 13 ¼	Grenoble	Isère
Mairé (la), 3 ¾	Parthenay	2 Sèvres
Mairé, 4 ½	Châtellerault	Vienne
Mairé-Lévescault, 4 ¼	Melle	2 Sèvres
Mairieux, 5	Avesnes	Nord
Mairy, 2 ½	Sedan	Ardennes
Mairy, 3	Châlons-sur-Marne	Marne
Mairy, 1 ¼	Briey	Moselle
Maisdon, 4 ½	Nantes	Loire-Inf.
Maise (la) (*La Ville-Neuve*), 2 ½	Vesoul	H.-Saône
Maiseroy, 3 ¾	Metz	Moselle
Maisnières, 5 ¼	Abbeville	Somme
Maisoil, 3	Béthune	Pas-de-Cal.
Maisnil-en-Arrouaise, 3 ½	Péronne	Somme
Maisnil-en-Weppes, 3 ¼	Lille	Nord
Maisnil-lès-Donqueur, 5	Abbeville	Somme
Maisod, 6 ½	St.-Claude	Jura
Maison-Blanche (*St.-Grégoire*), 1	Rennes	Ille-et-Vil.
Maison-Blanche (*Romanèche*), 4	Mâcon	Saône-et-L.
Maison-Blanche (la) (*Coignières*), 3 ¼	Rambouillet	Seine-et-O.
Maison-des-Champs (la), 2 ½	Bar-sur-Aube	Aube
Maison-Dieu (la), 3 ¼	Clamecy	Nièvre
Maison-du-Bois (la) (*Gray*), ½	Gray	H.-Saône
Maison-du-Veau (*Chassey*), 6	Vesoul	H.-Saône
Maison-Feine, 6 ¼	Guéret	Creuse
Maison-Maugis, 2 ¼	Mortagne	Orne
Maison-Neuve (*Rozerieulles*), 2	Metz	Moselle
Maison-Neuve (*Mafflière*), 4	Pontoise	Seine-et-O.
Maison-Ponthieu, 6 ¼	Abbeville	Somme
Maison-Roland, 3 ½	Abbeville	Somme
Maison-Rouge (la) (*Chessy*), 8 ¼	Troyes	Aube
Maison-Rouge (*Courtevroust*), 3	Provins	Seine-et-M.
Maison-Rouge (la) (*Nantial*), 4	Bellac	H. Vienne
Maisoncelle, 3 ¾	Sedan	Ardennes
Maisoncelle, 7	Clermont	Oise
Maisoncelle, 3	Coulommiers	Seine-et-M.
Maisoncelle, 6 ¾	Fontainebleau	Seine-et-M.
Maisoncelle, 5 ½	Provins	Seine-et-M.
Maisoncelle, 5	St.-Pol	Pas-de-Cal.
Maisoncelle-le-Petit (*Maisoncelles*), 6 ¼	Fontainebleau	Seine-et-M.
Maisoncelle-St.-Lucien, 2	Beauvais	Oise
Maisoncelles, 1 ½	Vire	Calvados
Maisoncelles, 8 ½	Chaumont	H.-Marne
Maisoncelles, 3 ½	Laval	Mayenne
Maisoncelles, 3 ¼	St.-Calais	Sarthe
Maisoncelles-Pelvey*, 7	Caen	Calvados

Communes.	Arrondissem.	Départem.
Maisoncelles-sur-Ajon, 4	Caen	Calvados
Maisonnais, 5	St.-Amand	Cher
Maisonnais, 3 ½	Rochechouart	H.-Vienne
Maisonnay, 1 ¼	Melle	2 Sèvres
Maisonnettes, 8	Baume	Doubs
Maisonnisse, 3 ¼	Guéret	Creuse
Maisons, 2	Bar-sur-Aube	Aube
Maisons (les), 4	Bar-sur-Seine	Aube
Maisons, 14	Carcassonne	Aude
Maisons, 1 ½	Bayeux	Calvados
Maisons, 7 ½	Chartres	Eure-et-L.
Maisons, 2 ¾	Sceaux	Seine
Maisonsblanches (les) (*St.-Cyr*), ¼	Tours	Indre-et-L.
Maisons-du-Bois (les), 3 ½	Pontarlier	Doubs
Maisons-en-Champagne, 1 ½	Vitry-le-Français	Marne
Maisons-sur-Seine, 4	Versailles	Seine-et-O.
Maisontiers, 3 ¼	Parthenay	2 Sèvres
Maisse, 4	Etampes	Seine-et-O.
Maissemy, 2 ½	St.-Quentin	Aisne
Maisy, 9	Bayeux	Calvados
Maixe, 1 ¼	Lunéville	Meurthe
Maixent (St.-), 9 ½	Mamers	Sarthe
Maixent (St.-)*, 4 ½	Niort	2 Sèvres
Maixent (St.-), 8 ¾	Les Sables	Vendée
Maixme (St.-), 5 ½	Dreux	Eure-et-L.
Maizerais (*Essey*), 6	Toul	Meurthe
Maizeray, 5 ½	Verdun	Meuse
Maizery, 2 ½	Metz	Moselle
Maizet, 2	Caen	Calvados
Maizey, 5 ½	Commercy	Meuse
Maizey-sur-Ource, 1 ¼	Châtillon	Côte-d'Or
Maizicourt, 5	Doullens	Somme
Maizières, 6	Bar-sur-Aube	Aube
Maizières (*Chessy*), 8 ½	Troyes	Aube
Maizières, 3	Falaise	Calvados
Maizières, 5	Besançon	Doubs
Maizières, 5 ½	Langres	H.-Marne
Maizières, 2 ½	Wassy	H.-Marne
Maizières, 7	Château-Salins	Meurthe
Maizières, 4	Toul	Meurthe
Maizières, 2	Metz	Moselle
Maizières, 3 ½	St.-Pol	Pas-de-Cal.
Maizières, 5 ½	Vesoul	H.-Saône
Maizières (*Buno*), 5	Etampes	Seine-et-O.
Maizières-la-Grande-Paroisse, 5 ½	Nogent-sur-Seine	Aube
Maizilly, 6 ¼	Roanne	Loire
Maizy, 7 ¼	Laon	Aisne
Majastres, 7	Castellanne	B.-Alpes
Malabat, 7	Mirande	Gers
Malachère (la), 5 ½	Vesoul	H.-Saône
Malafretaz, 3	Bourg	Ain
Malain, 4 ½	Dijon	Côte-d'Or
Malaincourt, 10	Chaumont	H.-Marne
Malaincourt, 4	Neufchâteau	Vosges
Malancourt, 4	Verdun	Meuse
Malancourt, 2 ¼	Briey	Moselle
Malandry, 7	Sedan	Ardennes
Malange, 4	Dôle	Jura
Malans, 6 ½	Besançon	Doubs
Malans, 6	Gray	H.-Saône
Malarce, 5 ½	Argentière	Ardèche
Malartic, 1 ¼	Auch	Gers
Malassise(*St.-Jean-aux-Bois*), 1 ¼	Compiègne	Oise
Malaucène, 6	Orange	Vaucluse
Malaucourt, 3	Château-Salins	Meurthe
Malaumont, 2	Commercy	Meuse
Malaunay, 2 ¼	Rouen	Seine-Inf.
Malaussanne, 8	Orthez	B.-Pyrén.
Malauze, 3 ½	Moissac	Tarn-et-Gar
Malaville, 6 ½	Cognac	Charente
Malavillers, 2 ½	Briey	Moselle
Malay-le-Roy, 2	Sens	Yonne
Malay-le-Vicomte, 1 ½	Sens	Yonne
Malay-Ougy, 9	Mâcon	Saône-et-L.
Malbos, 7 ¼	Argentière	Ardèche
Malbos, 8 ½	St.-Flour	Cantal
Malbouhans, 2 ½	Lure	H.-Saône
Malbouzon, 6 ½	Marvejols	Lozere
Malbrans, 4 ¼	Besançon	Doubs
Malbuisson, 4	Pontarlier	Doubs
Malefougasse, 6 ½	Forcalquier	B.-Alpes
Malegoude, 7 ¼	Pamiers	Ariege
Malemort, 2	Carpentras	Vaucluse
Malène (la), 6 ¾	Florac	Lozère
Malensac, 9	Vannes	Morbihan
Maléon, 5 ½	Limoges	H.-Vienne
Malesherbes *, 4 ½	Pithiviers	Loiret
Malestroit, 4	Ploërmel	Morbihan
Malétable, 3	Mortagne	Orne
Malevezie, 5	St.-Gaudens	H.-Garonne
Maleville, 2	Villefranche	Aveiron
Malguénac, 1 ¼	Pontivy	Morbihan
Malhoure (la), 7 ½	St.-Brieuc	Côtes-du-N.
Malicorne, 4	Montluçon	Allier
Malicorne, 3 ½	La Flèche	Sarthe
Malicorne, 7 ¼	Joigny	Yonne
Malicornet, 6 ½	La Châtre	Indre
Malièvre, 13	Fontenay-le-Comte	Vendée
Maligny, 6	Beaune	Côte-d'Or
Maligny, 4	Auxerre	Yonne
Malijai, 5	Digne	B.-Alpes
Malincourt, 5	Cambrai	Nord
Malintrat, 2	Clermont	Puy-de-Dô
Malissard (*Chabeuil*), 1 ½	Valence	Drôme
Malives, 3 ¼	Blois	Loir-et-Ch.
Malleloy, 3 ½	Nancy	Meurthe
Mallemoisson, 4	Digne	B.-Alpes
Mallemort, 11 ¼	Arles	B.-du-Rhône
Malleon, 3 ½	Pamiers	Ariège
Malleran (*Yvrac*), 5 ¼	Angoulême	Charente
Mallereix, 1 ½	Boussac	Creuse
Malleret, 6 ¼	Aubusson	Creuse
Mallerey, 3 ¼	Lons-le-Saulnier	Jura
Malleroy (*Dammartin*), 6	Langres	H.-Marne
Mallet, 3	St.-Flour	Cantal
Malleval (*Cognin*), 4	St.-Marcellin	Isère
Malleville-lès-Grès, 6 ½	Yvetot	Seine-Inf.
Malleville-sur-le-Bec, 4 ¼	Bernay	Eure

Communes.	Arrondissem.	Départem.	Communes.	Arrondissem.	Départem.
Mallevillers, 8 1/4	Vesoul	H.-Saône	Mauancourt, 3	Péronne	Som..e
Malliargue (*Allanches*) 3 1/4	Murat	Cantal	Manas, 3 1/2	Montélimart	Drôme
			Manas, 4 1/2	Mirande	Gers
Malling, 2 1/4	Thionville	Moselle	Manaurie, 4	Sarlat	Dordogne
Malloué, 4 1/2	Vire	Calvados	Mance, 1	Briey	Moselle
Malmaison (la), 7 1/4	Laon	Aisne	Mancellière (la), 7 1/2	Dreux	Eure-et-L.
Malmaison (la) (*Amagney*), 3 1/4	Besançon	Doubs	Mancellière (la), 4 1/2	Mortain	Manche
			Mancellière (la), 1 1/2	St.-Lô	Manche
Malmaison (la) (*Mance*) 1	Briey	Moselle	Mancenans, 5 1/4	Baume	Doubs
			Mancenans, 9 1/4	Montbéliard	Doubs
Malmaison (*Gonesse*), 5	Pontoise	Seine-et-O.	Mancey, 6 1/4	Châlons	Saône-et-L.
Malmaison (la) (*Bazemont*), 6	Versailles	Seine-et-O.	Manchecourt, 2 1/2	Pithiviers	Loiret
			Manciet, 10 1/4	Condom	Gers
Malmaison-lès-Longuion (la), 8 1/4	Briey	Moselle	Mancieul, 1 1/2	Briey	Moselle
			Mancine (la), 3 1/2	Chaumont	H.-Marne
Malmerspach, 10 1/4	Belfort	Haut-Rhin	Mancioux, 4 1/2	St.-Gaudens	H.-Garonne
Malmort, 1/4	Brives	Corrèze	Mancy, 1 1/2	Epernay	Marne
Malmy, 4 1/2	Mézières	Ardennes	Mancy (*Bettlainville*), 3 1/2	Thionville	Moselle
Malmy, 2 1/2	Ste-Menehould	Marne			
Malnoyer, 5 1/4	Argentan	Orne	Mandacou, 4 1/2	Bergerac	Dordogne
MALO (ST.-)*,	ch.-l. d'ar., 104	Ille-et-Vil.	Mandagouts, 1 1/2	Le Vigan	Gard
Mâlo (St.-), 4 1/2	Cosne	Nièvre	Mandailles, 4	Espalion	Aveiron
Malo (St.-), 5	Argentan	Orne	Mandailles, 5	Aurillac	Cantal
Malo-de-Beignon (St.-), 5	Ploërmel	Morbihan	Mandé (St.-), 5	St.-Jean-d'Angely	Char.-Inf.
Malo-Delalande (St.-), 2 1/4	Coutances	Manche	Mandé (St.-), 3	Sceaux	Seine
			Mandelieu, 4 1/2	Grasse	Var
Malo-de-Phily (St.-), 8	Redon	Ille-et-Vil.	Mandelot (*Mavilly*), 2	Beaune	Côte-d'Or
Malo-des-Bois (St.-), 13	Bourbon-Vendée	Vendée	Maudeure, 2 1/2	Montbéliard	Doubs
			Mandeville, 3 1/2	Bayeux	Calvados
Malon (St.-), 3 1/4	Montfort	Ille-et-Vil.	Mandeville, 3 1/2	Louviers	Eure
Malons, 9 1/2	Alais	Gard	Mandoul, 2	Castres	Tarn
Malouy, 1 1/2	Bernay	Eure	Mandray, 2 1/2	St.-Dié	Vosges
Malpart, 2	Montdidier	Somme	Mandre - aux - Quatre-Tours, 5 1/4	Toul	Meurthe
Malpas, 3 1/2	Pontarlier	Doubs			
Malras, 1	Limoux	Aude	Mandres, 9 1/4	Evreux	Eure
Malroy, 1 1/4	Metz	Moselle	Mandres, 1 1/4	Chaumont	H.-Marne
Maltat, 13	Charolles	Saône-et-L.	Mandres, 3 1/2	Corbeil	Seine-et-O.
Maltot, 1 1/2	Caen	Calvados	Mandres, 5 1/4	Neufchâteau	Vosges
Malval (*Crandelain*), 2 1/2	Laon	Aisne	Mandrevillars, 8 1/2	Lure	H.-Saône
Malval, 5	Guéret	Creuse	Manduel, 2 1/2	Nismes	Gard
Malval, 8 1/2	St.-Etienne	Loire	Mane, 1/4	Forcalquier	B.-Alpes
Malval, 12	Lure	H.-Saône	Mane, 5 1/4	St.-Gaudens	H.-Garonne
Malves, 2	Carcassonne	Aude	Manéglise, 3 1/4	Le Hàvre	Seine-Inf.
Malvières, 8 1/2	Brioude	H.-Loire	Manéhouville, 2 1/2	Dieppe	Seine-Inf.
Malviés, 3	Limoux	Aude	Manent, 7 1/2	Mirande	Gers
Malleville, 1 1/2	Savenay	Loire-Inf.	Manerbe, 3	Pont-l'Evêque	Calvados
Malzaize (*Pissy*), 3 1/4	Rouen	Seine-Inf.	Manère (la), 10 1/4	Ceret	Pyrén.-Or.
Malzéville, 1/4	Nancy	Meurthe	Manet (le) (*Montigny-le-Bretonneux*), 2	Versailles	Seine-et-O.
Malzieu (le), 10 1/4	Marvejols	Lozère			
Malzy, 4 1/2	Vervins	Aisne	Mangiennes, 4 1/2	Montmédy	Meuse
Maman (St.-) (*Martinde-Colonel*), 5 1/2	Valence	Drôme	Manglieu, 7 1/2	Clermont	Puy-de-D.
			Mangonville, 6	Nancy	Meurthe
Mambouhans, 5 1/2	Montbéliard	Doubs	Manheulles, 3 1/4	Verdun	Meuse
MAMERS *,	ch.-l. d'ar., 44	Sarthe	Manhoué, 3 1/2	Château-Salins	Meurthe
Mamert (St.-), 4 1/4	Nismes	Gard	Manicamp, 11 1/2	Laon	Aisne
Mamert (St.-), 8 1/4	Villefranche	Rhône	Manicourt, 7	Montdidier	Somme
Mamès (St.-), 3	Fontainebleau	Seine-et-M.	Manin, 5	St.-Pol	Pas-de-Cal.
Mamet (St.-), 3 1/2	Aurillac	Cantal	Maninghem, 3	Montreuil	Pas-de-Cal.
Mamet (St.-), 9 1/2	St.-Gaudens	H.-Garonne	Maninghen-Wimile, 1 1/4	Boulogne	Pas-de-Cal.
Mametz, 4	St.-Omer	Pas-de-Cal.	Maniquerville, 7	Le Hàvre	Seine-Inf.
Mametz, 5	Péronne	Somme	Manlay, 12	Beaune	Côte-d'Or
Mamey, 5 1/4	Toul	Meurthe	Manles, 5	Ruffec	Charente
Mamirolle, 2 1/2	Besançon	Doubs	Mannecourt (*Chatenois*) 5	Neufchâteau	Vosges

Communes.	Arrondissem.	Départem.	Communes.	Arrondissem.	Départem.
Manneville, 2 ½	Caen	Calvados	Marainville, 3	Mirecourt	Vosges
Manneville ou Colmesnil, 2	Dieppe	Seine-Inf.	Marainviller, 2	Lunéville	Meurthe
			Marais (le), 3 ½	Falaise	Calvados
Manneville, 5 ¼	Le Hâvre	Seine-Inf.	Marais, 5	Romorantin	Loir-et-Ch.
Manneville-ès-Plains, 7	Yvetot	Seine-Inf.	Marais, 3 ½	Compiègne	Oise
Manneville-la-Pipard, 1	Pont-l'Evêque	Calvados	Marais (le) (Chevrières) 3 ¼	Compiègne	Oise
Manneville-la-Raoult, 4	Pont-Audemer	Eure			
Manneville-sur-Risle, 1	Pont-Audemer	Eure	Marais, 7 ½	Dieppe	Seine-Inf.
Mannevillette, 3	Le Hâvre	Seine-Inf.	Marais-Vernier (le), 2	Pont-Audemer	Eure
Mano, 21	Mont-de-Marsan	Landes	Marancin, 8 ½	Libourne	Gironde
			Marancourt (St.-Cyr-la-Rivière), 1 ¼	Étampes	Seine-et-O.
Manœuvre (Vincy), 3 ½	Meaux	Seine-et-M.			
Manoir (le), 1 ½	Bayeux	Calvados	Marandeuil, 5 ½	Dijon	Côte-d'Or
Manoir (le), 3 ¼	Louviers	Eure	Marange-Sylvange, 3	Metz	Moselle
Manois, 6 ¼	Chaumont	H.-Marne	Marange-Zondrange, 6	Metz	Moselle
Manom, ½	Thionville	Moselle	Marangea, 6 ¼	Lons-le-Saulnier	Jura
Manon (la), 8 ½	Arles	B. du Rhône			
Manoncourt, 3	Nancy	Meurthe	Marans *, 5	La Rochelle	Char.-Inf.
Manoncourt-en-Voivre, 3	Toul	Meurthe	Marans, 1 ½	Segré	Maine-et-L.
			Marant, 1 ½	Montreuil	Pas-de-Cal.
Manoncourt-sur-Seille, 5	Nancy	Meurthe	Maranville, 6 ½	Chaumont	H.-Marne
			Maranwez, 6 ½	Mézières	Ardennes
Manonville, 3 ¼	Toul	Meurthe	Marat, 2 ¼	Ambert	Puy-de-Dô.
Manonvillier, 3 ¼	Lunéville	Meurthe	Marat, 7 ½	Lure	H.-Saône
Manosque *, 4	Forcalquier	B.-Alpes	Marats (les), 3 ½	Bar-le-Duc	Meuse
Manot, 2	Confolens	Charente	Marancourt, 1 ½	Sedan	Ardennes
Manou, 7 ¼	Nogent-le-Rotrou	Eure-et-L.	Marault, 2 ½	Chaumont	H.-Marne
			Maraussan, 1 ¼	Béziers	Hérault
Maure, 4	Vouziers	Ardennes	Maravat, 6 ½	Lectoure	Gers
MANS (LE) *,	ch.-l. de dép. 54	Sarthe	Maraye-en-Othe, 5 ½	Troyes	Aube
Mansac, 3	Brives	Corrèze	Marbache, 3	Nancy	Meurthe
Mansan, 4	Tarbes	H.-Pyrén.	Marbaix, 1 ½	Avesnes	Nord
Mansat, 1	Bourganeuf	Creuse	Marbeuf, 4	Louviers	Eure
Manses, 5	Pamiers	Ariège	Marbéville, 7 ¼	Chaumont	H.-Marne
Mansigné, 4	La Flèche	Sarthe	Marbœuf, 3 ½	Ajaccio	Corse
Mansonville, 6	Castel-Sarrasin	Tarn-et-Gar.	Marbotte, 2	Commercy	Meuse
Manspach, 11 ½	Belfort	Haut-Rhin	Marboué, 1 ½	Châteaudun	Eure-et-L.
Mant, 6 ¼	St.-Sever	Landes	Marboz, 3	Bourg	Ain
Mantailles, 10	Valence	Drôme	Marby, 3 ½	Rocroi	Ardennes
Mantallot, 4	Lannion	Côtes-du-N.	Marc (St.-), 5	St.-Flour	Cantal
Mantenay-Montlin, 5	Bourg	Ain	Marc (St.-), 7 ½	Rochefort	Char.-Inf.
MANTES *,	ch.-l. d'ar., 15	Seine-et-O.	Marc (St.-), 4 ¼	Châtillon	Côte-d'Or
Mantes-la-Ville, ¼	Mantes	Seine-et-O.	Marc (St.-), 1	Brest	Finistère
Mautet, 7 ½	Prades	Pyrén.-Or.	Marc (St.-) (Lantenai), ½	Romorantin	Loir-et-Ch.
Manthe (Moros), 12 ½	Valence	Drôme	Marc (St.-) (Jouy-en-Josas), 1 ½	Versailles	Seine-et-O.
Manthelan, 4	Loches	Indre-et-L.			
Manthelon, 5	Évreux	Eure	Marc-à-Loubaud(St.-),5	Aubusson	Creuse
Mantheville, 7 ¼	Le Hâvre	Seine-Inf.	Marc-Affrongier (St.-), 1 ¼	Aubusson	Creuse
Mantheville, 4 ½	Yvetot	Seine-Inf.			
Mantière (Chezery), 13	Gex	Ain	Marc-d'Egrenne (St.-),	Domfront	Orne
Mantigny-le-Chartif, 6 ¼	Nogent-le-Rotrou	Eure-et-L.	Marc-d'Onilly (St.-), 5	Falaise	Calvados
			Marc-de-Vaux (St.-), 3 ½	Châlons	Saône-et-L.
Mantilly, 4	Domfront	Orne	Marc-du-Cor (St.-), 6	Vendôme	Loir-et-Ch.
Mantoche, 1 ½	Gray	H.-Saône	Marc-la-Lande (St.-), 4 ½	Parthenay	2 Sèvres
Mantry, 3 ½	Lons-le-Saulnier	Jura	Marc-le-Blanc (St.-), 3 ½	Fougères	Ille-et-Vil.
			Marc-sur-Conesnon (St.-), 3 ¼	Fougères	Ille-et-Vil.
Manvieux, 2	Bayeux	Calvados			
Manvieux (St.-), 3	Caen	Calvados	Marc-sur-Risle (St.-), 1	Pont-Audemer	Eure
Manvieux (St.-), 1 ½	Vire	Calvados			
Many, 7	Metz	Moselle	Marcais, 6 ½	Poitiers	Vienne
Manzac, 4	Périgueux	Dordogne	Marçal (St.-), 7 ¼	Ceret	Pyrén.-Or.
Manzat, 3 ¼	Riom	Puy-de-Dô.	Marcamps, 5	Blaye	Gironde
Manziat, 6 ½	Bourg	Ain	Marcan (St.-), 8 ¼	St.-Malo	Ille-et-Vil.
Marac, 3 ½	Langres	H.-Marne	Marçay, 2	Chinon	Indre-et-L.

Communes.	Arrondissem.	Départem.
Marcé (*Montrouveau*), 8	Vendôme	Loir-et-Ch.
Marcé, 4	Baugé	Maine-et-L.
Marcé, $1\frac{1}{4}$	Avranches	Manche
Marcé-sur-Evre, 8	Loches	Indre-et-L.
Marceau (St.-), $1\frac{1}{2}$	Mézières	Ardennes
Marceau (St.-), $8\frac{1}{2}$	Mamers	Sarthe
Marcel (St.-), $6\frac{1}{2}$	Trévoux	Ain
Marcel (St.-), $14\frac{1}{2}$	Privas	Ardèche
Marcel (St.-), 14	Tournon	Ardèche
Marcel (St.-), 3	Mézières	Ardennes
Marcel (St.-), 3	Narbonne	Aude
Marcel (St.-), $9\frac{1}{4}$	Rodez	Aveiron
Marcel (St.-), 5	Bergerac	Dordogne
Marcel (St.-), $1\frac{1}{4}$	Montélimart	Drôme
Marcel (St.-) (*Péage-de-Romans*), $1\frac{1}{4}$	Valence	Drôme
Marcel (St.-), $6\frac{1}{4}$	Evreux	Eure
Marcel (St.-), 3	Toulouse	H.-Garonne
Marcel (St.-), $6\frac{3}{4}$	Châteauroux	Indre
Marcel (St.-), 10	Grenoble	Isère
Marcel (St.-), 6	La Tour-du-Pin	Isère
Marcel (St.-) (*Espaly*), $1\frac{1}{4}$	Le Puy	H.-Loire
Marcel (St-), 8	Vannes	Morbihan
Marcel (St.-), 3	Briey	Moselle
Marcel (St.-), 7	Villefranche	Rhône
Marcel (St.-), $8\frac{3}{4}$	Vesoul	H.-Saône
Marcel (St.-), $\frac{3}{4}$	Châlons	Saône-et-L.
Marcel (St.-), 8	Gaillac	Tarn
Marcel-Cave, 5	Amiens	Somme
Marcel-d'Urphé (St.-), 7	Roanne	Loire
Marcel-de-Carreiret (St.), $4\frac{3}{4}$	Uzès	Gard
Marcel-de-Crussol (St.-), $6\frac{1}{4}$	Privas	Ardèche
Marcel-de-Félines (St.-), 6	Roanne	Loire
Marcel-de-Fonfouillouse (St.-), 8	Le Vigan	Gard
Marcel-de-la-Harpe (St.-), 5	Montluçon	Allier
Marcel-en-Murat (St.-), $8\frac{1}{2}$	Montluçon	Allier
Marcelin (St.-), 3	Montbrison	Loire
Marcelin (St.-), $6\frac{1}{2}$	Charolles	Saône-et-L.
MARCELLIN (St.-) *,	ch.-l. d'ar., 142	Isère
Marcellin (St.-), 6	Orange	Vaucluse
Marcellois, $6\frac{1}{2}$	Semur	Côte-d'Or.
Marcellus, 2	Marmande	Lot-et-Gar.
Marcenais, $7\frac{1}{4}$	Blaye	Gironde
Marcenat *, 6	Murat	Cantal
Marcenay, $3\frac{1}{2}$	Châtillon	Côte-d'Or
Marcerin, 3	Orthez	B.-Pyrén.
Marcet (St.-), $2\frac{1}{4}$	St.-Gaudens	H.-Garonne
Marcevol, 3	Prades	Pyrén.-Or.
Marcey-le-Grand, $6\frac{1}{2}$	Besançon	Doubs
Marchainville, 5	Mortagne	Orne
Marchais, $4\frac{1}{2}$	Château-Thierry	Aisne
Marchais, 5	Laon	Aisne
Marchais (*Boutigny*), 4	Etampes	Seine-et-O.
Marchais-Beton, $8\frac{1}{2}$	Joigny	Yonne
Marchamp, $5\frac{3}{4}$	Belley	Ain
Marchampt, $5\frac{1}{4}$	Villefranche	Rhône

Communes.	Arrondissem.	Départem.
Marchastel, $7\frac{1}{2}$	Murat	Cantal
Marchastel, $5\frac{1}{2}$	Marvejols	Lozère
Marchaux, $4\frac{1}{4}$	Besançon	Doubs
Marche (la), 7	Cosne	Nièvre
Marche (la) *, $8\frac{1}{4}$	Neufchâteau	Vosges
Marché-à-Lonarde, 6	Montdidier	Somme
Marche-en-Wœvre (la), $6\frac{1}{4}$	Commercy	Meuse
Marche (la Petite-), 4	Montluçon	Allier
Marche-Maisons, $6\frac{1}{4}$	Alençon	Orne
Marche-sur-Saône (la), $6\frac{1}{2}$	Dijon	Côte-d'Or
Marchélepot, $3\frac{1}{2}$	Péronne	Somme
Marchémoret, $3\frac{1}{4}$	Meaux	Seine-et-M.
Marchenoir, $7\frac{1}{4}$	Blois	Loir-et-Ch.
Marchepont (*Rombies*), $11\frac{1}{2}$	Douai	Nord
Marches, $4\frac{1}{4}$	Valence	Drôme
Marcheseuil, $10\frac{1}{4}$	Beaune	Côte-d'Or
Marchésieux, $5\frac{1}{4}$	Coutances	Manche
Marchéville, 5	Chartres	Eure-et-L.
Marchéville, 5	Verdun	Meuse
Marchéville, 4	Abbeville	Somme
Marchezais, 3	Dreux	Eure-et-L.
Marchiennes-Campagne, $4\frac{1}{4}$	Douai	Nord
Marchiennes-Ville *, $4\frac{1}{4}$	Douai	Nord
Marciac, 6	Mirande	Gers
Marcieu, 15	Grenoble	Isère
Marcigny-sous-Thil, $3\frac{1}{2}$	Semur	Côte-d'Or
Marcigny-sous-Vitteaux, 4	Semur	Côte-d'Or
Marcillac, $5\frac{1}{2}$	Rodez	Aveiron
Marcillac, $5\frac{1}{4}$	Blaye	Gironde
Marcillac, 6	Figeac	Lot
Marcillat, 5	Montluçon	Allier
Marcillat, 6	Riom	Puy-de-Dô.
Marcillé, $2\frac{1}{2}$	Mayenne	Mayenne
Marcillé-Raoul, 8	Fougères	Ille-et-Vil.
Marcillé-Robert, $7\frac{1}{4}$	Vitré	Ille-et-Vil.
Marcilles, $3\frac{1}{4}$	Chaumont	H.-Marne
Marcillole, 7	St.-Marcellin	Isère
Marcilly, $4\frac{1}{2}$	Sancerre	Cher
Marcilly, $1\frac{1}{4}$	Vendôme	Loir-et-Ch.
Marcilly, $2\frac{1}{2}$	Avranches	Manche
Marcilly, $13\frac{1}{4}$	Epernay	Marne
Marcilly, 4	Langres	H.-Marne
Marcilly, 6	Châlons	Saône-et-L.
Marcilly, 2	Meaux	Seine-et-M.
Marcilly-d'Azergues, 3	Lyon	Rhône
Marcilly-en-Got, 5	Romorantin	Loir-et-Ch.
Marcilly-en-Villette, 4	Orléans	Loiret
Marcilly-la-Campagne, 5	Evreux	Eure
Marcilly-la-Gueurce, $4\frac{1}{4}$	Charolles	Saône-et-L.
Marcilly-le-Hayer, 5	Nogent-sur-Seine	Aube
Marcilly-le-Pavé, 2	Montbrison	Loire
Marcilly-sous-Mont-St.-Jean, $11\frac{1}{2}$	Beaune	Côte-d'Or
Marcilly-sur-Eure, 7	Evreux	Eure
Marcilly-sur-Vienne, 7	Chinon	Indre-et-L.
Marck, 11	Boulogne	Pas-de-Cal.
Marclatour, $3\frac{3}{4}$	Tulle	Corrèze
Marclap, 3	Montbrisou	Loire

Communes.	Arrondissem.	Départem.
Marcoing, 2	Cambrai	Nord
Marcolès, 4	Aurillac	Cantal
Marcolin, 9	St.-Marcellin	Isère
Marcols, 7	Privas	Ardèche
Marçon, $8\frac{3}{4}$	St.-Calais	Sarthe
Marconne, $5\frac{1}{4}$	Montreuil	Pas-de-Cal.
Marconnel, 5	Montreuil	Pas-de-Cal
Marcori (St.-), $9\frac{1}{4}$	Bergerac	Dordogne
Marcorignan, $2\frac{1}{2}$	Narbonne	Aude
Marcouf (St.-), $6\frac{1}{2}$	Bayeux	Calvados
Marcouf (St.-), $3\frac{1}{2}$	Valognes	Manche
Marcoussis, 10	Rambouillet	Seine-et-O.
Marconville, 2	Les Andelys	Eure
Marconville, 6	Pont-Audemer	Eure
Marcoux, 2	Digne	B.-Alpes
Marcoux, $2\frac{1}{2}$	Montbrison	Loire
Marcq, $3\frac{1}{4}$	Douai	Nord
Marcq, $5\frac{1}{4}$	Rambouillet	Seine-et-O.
Marcq-en-Barœul, 1	Lille	Nord
Marcy, $6\frac{1}{2}$	Laon	Aisne
Marcy, $2\frac{1}{4}$	St.-Quentin	Aisne
Marcy, 5	Clamecy	Nièvre
Marcy (*Ste.-Consorce*), $2\frac{1}{2}$	Lyon	Rhône
Marcy-la-Chassagne, 2	Villefranche	Rhône
Mard (St.-), 6	Soissons	Aisne
Mard (St.-), $5\frac{1}{4}$	Lunéville	Meurthe
Mard (St.-), 4	Meaux	Seine-et-M.
Mard (St.-), 4	Montdidier	Somme
Mard-de-Coulonges (St.-), $1\frac{1}{4}$	Mortagne	Orne
Mard-de-Fresnes (St.-), 2	Bernay	Eure
Mard-de-Reno (St.-), $1\frac{1}{2}$	Mortagne	Orne
Mard-lès-Rouffy (St.-), $3\frac{1}{4}$	Epernay	Marne
Mard-sur-Auve (St.-), $2\frac{1}{2}$	Ste-Menéhould	Marne
Mard-sur-le-Mont (St.-), 4	Ste-Menéhould	Marne
Mardelle (*Montmort*), $3\frac{1}{4}$	Epernay	Marne
Mardeuil, $\frac{1}{2}$	Epernay	Marne
Mardié, $2\frac{1}{4}$	Orléans	Loiret
Mardigny (*Lorry-devant-le-Pont*), 4	Metz	Moselle
Mardilly, $6\frac{1}{2}$	Argentan	Orne
Mardor, $2\frac{3}{4}$	Langres	H.-Marne
Mardore, 10	Villefranche	Rhône
Mards (St.-), 4	Dieppe	Seine-Inf.
Mards-en-Othe (St.-), 6	Troyes	Aube
Mardyck, $2\frac{1}{2}$	Dunkerque	Nord
Mare (la) (*Chevraux*), $6\frac{1}{4}$	Lons-le-Saulnier	Jura
Maré (*Mont*), $6\frac{3}{4}$	Château-Chinon	Nièvre.
Mare-aux-Galets (la) (*la Ferté-Macé*), $5\frac{1}{4}$	Domfront	Orne
Mareau-aux-Bois, $2\frac{1}{4}$	Pithiviers	Loiret
Mareau-aux-Près, $2\frac{1}{4}$	Orléans	Loiret
Maréche (la) (*Tessancourt*), $6\frac{1}{2}$	Versailles	Seine-et-O.
Mareil, $5\frac{1}{2}$	Pontoise	Seine-et-O.
Mareil-en-Champagne, $6\frac{1}{2}$	La Flèche	Sarthe
Mareil-le-Guyon, $4\frac{1}{2}$	Rambouillet	Seine-et-O.
Mareil Marly, 2	Versailles	Seine-et-O
Mareil-sur-Loir, $1\frac{1}{2}$	La Flèche	Sarthe
Mareil-sur-Mauldres, 5	Versailles	Seine-et-O.
Mareillac, $6\frac{1}{2}$	Brives	Corrèze
Mareilles, $5\frac{1}{4}$	Aubusson	Creuse
Mareilly, 5	Dijon	Côte-d'Or
Marembat, $5\frac{1}{4}$	Condom	Gers
Marengheol, 2	Issoire	Puy-de-Dô.
Marenla, $1\frac{3}{4}$	Montreuil	Pas-de-Cal.
MARENNES *,	ch.-l. d'ar., 133	Char.-Inf.
Marennes, 3	Vienne	Isère
Mareschés, $8\frac{1}{4}$	Avesnes	Nord
Maresmontier, $1\frac{1}{2}$	Montdidier	Somme
Maresquel, $2\frac{3}{4}$	Montreuil	Pas-de-Cal.
Marest, $6\frac{1}{4}$	Cambrai	Nord
Marest, 3	St.-Pol	Pas-de-Cal.
Marest-Dampcourt, $11\frac{1}{2}$	Laon	Aisne
Marestang, $3\frac{1}{2}$	Lombez	Gers
Maresville, 2	Montreuil	Pas-de-Cal.
Maret-Maréchet, $\frac{1}{2}$	St.-Claude	Jura
Marets (les), $3\frac{1}{2}$	Provins	Seine-et-M.
Mareuil, $6\frac{1}{4}$	Angoulême	Charente
Mareuil, $6\frac{1}{4}$	Bourges	Cher
Mareuil *, $4\frac{3}{4}$	Nontron	Dordogne
Mareuil, $10\frac{1}{4}$	Blois	Loir-et-Ch.
Mareuil (*Le Roc*), 6	Gourdon	Lot
Mareuil, 6	Compiègne	Oise
Mareuil, 10	Senlis	Oise
Mareuil, 1	Meaux	Seine-et-M.
Mareuil, $1\frac{1}{4}$	Abbeville	Somme
Mareuil, $8\frac{1}{2}$	Fontenay-le-Comte	Vendée
Mareuil-en-Brie, 4	Epernay	Marne
Mareuil-en-Vols, $4\frac{1}{2}$	Château-Thierry	Aisne
Mareuil-sur-Ay, $6\frac{1}{4}$	Rheims	Marne
Mareuil-sur-le-Port, $7\frac{1}{4}$	Rheims	Marne
Marey, $7\frac{1}{4}$	Neufchateau	Vosges
Marey-lès-Fussey, 2	Beaune	Côte-d'Or
Marey-sur-Tille, $6\frac{1}{4}$	Dijon	Côte-d'Or
Marfaux, $3\frac{1}{2}$	Rheims	Marne
Marfontaine, 3	Vervins	Aisne
Margaritz (*St.-Martin-d'Août*), $11\frac{1}{2}$	Valence	Drôme
Margaux, 8	Bordeaux	Gironde
Margelle (la), $7\frac{1}{4}$	Dijon	Côte-d'Or
Margency, $3\frac{1}{2}$	Pontoise	Seine-et-O.
Margerelle (la), 7	Langres	H.-Marne
Margerides, $3\frac{1}{2}$	Ussel	Corrèze
Margerie, 4	Vitry-le-Français	Marne
Margerie-Chantagret, $2\frac{1}{2}$	Montbrison	Loire
Margès, 7	Valence	Drôme
Margilley, $5\frac{1}{2}$	Gray	H.-Saône
Margival, 2	Soissons	Aisne
Margniès-d'Anglès (le), $9\frac{1}{2}$	Castres	Tarn
Marguy, $8\frac{1}{4}$	Sedan	Ardennes
Margny, 6	Epernay	Marne
Margny-aux-Cerises, 8	Compiègne	Oise
Margon, $\frac{1}{2}$	Nogent-le-Rotrou	Eure-et-L.
Margon, $3\frac{1}{4}$	Béziers	Hérault
Margueray, $6\frac{1}{4}$	St.-Lô	Manche
Marguerite (Ste.-), $7\frac{1}{2}$	Argentière	Ardèche
Marguerite (Ste.-), 4	Caen	Calvados

Communes.	Arrondissem.	Départem.	Communes.	Arrondissem.	Départem.
Marguerite (Ste.-) (E-lincourt), 6	Compiègne	Oise	Marie-de-Frugie (Ste.-), 6 $\frac{1}{2}$	Nontron	Dordogne
Marguerite(Ste.-), (Bricqueville-sur-Mer), 4 $\frac{1}{2}$	Contances	Manche	Marie-de-Vergt (Ste.-), 5	Périgueux	Dordogne
			Marie-des-Bois(Ste.-),6 $\frac{1}{4}$	Domfront	Orne
Marguerite (Ste.-), (Monnerer), 4 $\frac{1}{2}$	Thionville	Moselle	Marie - des-'Champs (Ste.-), 3	Les Andelys	Eure
Marguerite (Ste.-), 2	Dieppe	Seine-Inf.	Marie - des - Champs (St.-), $\frac{1}{2}$	Yvetot	Seine-Inf.
Marguerite (St.e-), 5 $\frac{1}{4}$	Neufchâtel	Seine-Inf.			
Marguerite (Ste.-), 4	Rouen	Seine-Inf.	Marie-des-Chazes(Ste.-), 9 $\frac{3}{4}$	Brioude	H.-Loire
Marguerite (Ste.-), 4 $\frac{1}{2}$	Yvetot	Seine-Inf.	Marie-des-Monts(Ste.-), 6 $\frac{1}{4}$	St.-Lô	Manche
Marguerite (Ste.-), $\frac{1}{2}$	St.-Dié	Vosges			
Marguerite - de - l'Hôtel (Ste.-), 6 $\frac{1}{2}$	Evreux	Eure	Marie-du-Bois (Ste.-),2 $\frac{1}{4}$	Mortain	Manche
			Marie-du-Bois (Ste.-), 5 $\frac{1}{4}$	Mayenne	Mayenne
Marguerite - de - Viette (Ste.-), 5 $\frac{1}{2}$	Lisieux	Calvados	Marie-du-Mont(Ste.-),6	Valognes	Manche
Marguerite - des - Loges (Ste.-), 4 $\frac{1}{4}$	Lisieux	Calvados	Marie-en-Chanois(Ste-), 6 $\frac{1}{4}$	Lure	H.-Saône
Marguerite - en - Onche (Ste.-), 4	Bernay	Eure	Marie-en-Chaux (Ste.-), 5 $\frac{1}{2}$	Lure	H.-Saône
Marguerites, 2	Nismes	Gard	Marie-Kerque (Ste.-) . 5	St.-Omer	Pas-de-Cal.
Margueron, 14 $\frac{1}{2}$	Libourne	Vendée	Marie-la-Blanche (Ste.-), 1 $\frac{1}{2}$	Beaune	Côte-d'Or
Marguestau, 11	Condom	Gers			
Marguette, 4	Douai	Nord	Marie-la-Robert(Ste.-), 10	Alençon	Orne
Margut, 7 $\frac{1}{2}$	Sedan	Ardennes			
Margy(Vieil-St.-Remy), 6	Rethel	Ardennes	Marie-Laumont (Ste.-), 2 $\frac{1}{4}$	Vire	Calvados
Maria-di-Lata, 1 $\frac{1}{2}$	Bastia	Corse	Marie-Maurens (Ste.-)3 $\frac{1}{2}$	Lombez	Gers
Maria - é - Fisaniella, 1 $\frac{1}{2}$	Sartène	Corse	Marie - outre - l'Eau (Ste.-), 5	Vire	Calvados
Maria-é-Siche, 4	Ajaccio	Corse	Marie-sur-Ouche (Ste-), 4 $\frac{1}{4}$	Dijon	Côte-d'Or
Mariac, 12 $\frac{1}{2}$	Tournon	Ardèche			
Mariana, 4	Bastia	Corse	Marien (St.-), 3	Boussac	Creuse
Marians, 4 $\frac{1}{2}$	Prades	Pyrén.-Or.	Mariens (St.-), 7	Blaye	Gironde
Mariaud, 9	Digne	B.-Alpes	Marienthal, 5	Sarreguemines	Moselle
Maricourt, 3	Péronne	Somme	Marieulles, 3	Metz	Moselle
Marié, 2 $\frac{1}{2}$	Argentan	Orne	Marieux, 2 $\frac{1}{2}$	Doullens	Somme
Marie (Ste.-), 15 $\frac{1}{2}$	Gap	H.-Alpes	Marigna - sur - Valouse, 7 $\frac{1}{2}$	Lons-le-Saulnier	Jura
Marie (Ste.-), 1	Vouziers	Ardennes			
Marie (Ste.-), 8 $\frac{3}{4}$	Arles	B.du Rhône	Marignac, 7	Saintes	Char.-Inf.
Marie (Ste.-), 6 $\frac{1}{4}$	St.-Flour	Cantal	Marignac, 1 $\frac{1}{2}$	Die	Drôme
Marie (Ste.-), 5	Barbezieux	Charente	Marignac, 6 $\frac{1}{2}$	St.-Gaudens	H.-Garonne
Marie (Ste.-) (Ile de Ré), 5 $\frac{1}{4}$	La Rochelle	Char.-Inf.	Marignac, 4 $\frac{3}{4}$	Castel-Sarrasin	Tarn et Gar.
			Marignac-Lasclares, 6 $\frac{1}{2}$	Muret	H.-Garonne
Marie (Ste.-), 3 $\frac{1}{4}$	Ussel	Corrèze	Marignac-Laspeyres, 10 $\frac{1}{4}$	Muret	H.-Garonne
Marie (Ste.-), 2 $\frac{1}{4}$	Montbéliard	Doubs	Marignana,	Ajaccio	Corse
Marie (Ste.-), 6	Auch	Gers	Marignane, 5	Aix	B. du Rhône
Marie (Ste.-), 6 $\frac{1}{4}$	Dax	Landes	Marignat, 2 $\frac{1}{2}$	St.-Claude	Jura
Marie (Ste.-), 5 $\frac{1}{2}$	Paimbœuf	Loire-Inf.	Marigné, 4 $\frac{1}{2}$	Segré	Maine-et-L.
Marie (Ste.-), 7 $\frac{1}{2}$	Nevers	Nièvre	Marigné, 7	Le Mans	Sarthe
Marie (Ste.-) ; 15	Bagnères	H.-Pyrén.	Marigné, 3 $\frac{1}{4}$	Niort	2 Sèvres
Marie (Ste-) (Campan).4	Bagnères	H.-Pyrén.	Marigné-Peuton, 2	Château-Gontier	Mayenne
Marie (Ste.-), 3	Perpignan	Pyrén.-Or.			
Marie (Ste.-) *, 12 $\frac{1}{2}$	Colmar	Haut-Rhin	Marignieu, 2 $\frac{1}{4}$	Belley	Ain
Marie (Ste.-), 4 $\frac{1}{2}$	Le Hâvre	Seine-Inf.	Marigny, 2	Moulins	Allier
Marie-à-Py (Ste.-), 5	Ste-Menehould	Marne	Marigny, 4 $\frac{1}{4}$	Nogent-sur-Seine	Aube
Marie-aux-Anglais(Ste.), 4 $\frac{1}{4}$	Lisieux	Calvados	Marigny, 1 $\frac{3}{4}$	Bayeux	Calvados
Marie-aux-Chênes(Ste.-), 1 $\frac{1}{4}$	Briey	Moselle	Marigny, 5	Lons-le-Saulnier	Jura
Marie-Cappel (Ste.-), 2 $\frac{3}{4}$	Hazebrouck	Nord	Marigny, 2 $\frac{1}{2}$	Orléans	Loiret
Marie-d'Alloix (Ste.-),5 $\frac{1}{4}$	Grenoble	Isère	Marigny, 3	St.-Lô	Manche
Marie - d'Audonville (Ste.-) (St.-Martin),2	Valognes	Manche	Marigny, $\frac{1}{2}$	Compiègne	Oise
			Marigny, 9 $\frac{1}{2}$	Châlons	Saône-et-L.
Marie-d'Oléron (Ste.-), 2 $\frac{1}{2}$	Oléron	B.-Pyrén.	Marigny *, 8 $\frac{1}{2}$	Charolles	Saône-et-L.
			Marigny, 7	Poitiers	Vienne

Communes.	Arrondissem.	Départem.
Marigny-Brisais, 6 ¼	Poitiers	Vienne
Marigny-en-Orxois, 2 ½	Château-Thierry	Aisne
Marigny-l'Eglise, 9	Clamecy	Nièvre
Marigny-le-Cahouet, 2 ½	Semur	Côte-d'Or
Marigny-le-Grand, 10 ¼	Epernay	Marne
Marigny-lès-Reulée, 1 ½	Beaune	Côte-d'Or
Marigny-Marmande, 8	Chinon	Indre-et-L.
Marigny-sur-le-Matz, 3 ¼	Compiégne	Oise
Marigny-sur-Yonne, 7	Clamecy	Nièvre
Marilais, 5	Beaupréau	Maine-et-L.
Marillac, 4 ½	Angoulême	Charente
Marillet, 4 ¼	Fontenay-le-Comte	Vendée
Marimbaut, 1 ½	Bazas	Gironde
Marimont, 6 ¼	Château-Salins	Meurthe
Marin, 2 ½	Villefranche	Aveiron
Marines, 3	Pontoise.	Seine-et-O.
Maringe, 4	Montbrison	Loire
Maringues *, 3 ½	Thiers	Puy-de-Dô.
Mariolle, 8	La Palisse	Allier
Marions, 3 ¼	Bazas	Gironde
Marissel, ¼	Beauvais	Oise
Marizy, 5	Charolles	Saône-et-L.
Marizy-le-Grand, 5 ¼	Château-Thierry	Aisne
Marizy-St.-Mard, 4 ½	Château-Thierry	Aisne
Markolsheim *, 3	Schélestatt	Bas-Rhin
Marlanval (*Boissy-aux-Cailles*), 5 ¼	Fontainebleau	Seine-et-M.
Marle *, 6 ½	Laon	Aisne
Marlemont, 5	Rocroi	Ardennes
Marlenheim, 4 ¾	Strasbourg	Bas-Rhin
Marles, 4 ½	Coulommiers	Seine-et-M.
Marles, 8 ½	Amiens	Somme
Marles, 3 ¼	Béthune	Pas-de-Cal.
Marles 1 ¼	Montreuil	Pas-de-Cal.
Marlet (Bon de) (*Bayes*) 5 ¼	Epernay	Marne
Marlhes, 5	St.-Etienne	Loire
Marliac, 7 ¼	Muret	H.-Garonne
Marliens, 3 ½	Dijon	Côte-d'Or
Marlieux, 8 ½	Trévoux	Ain
Marlot (*Cirey*), 6 ¼	Vesoul	H.-Saône
Marlotte (*Bouron*), 2	Fontainebleau	Seine-et-M
Marly, 3	Vervins	Aisne
Marly, 1 ½	Metz	Moselle
Marly, 10 ¼	Douai	Nord
Marly-la-Ville, 7	Pontoise	Seine-et-O
Marly-le-Roy, 1 ½	Versailles	Seine-et-O
Marly-sous-Issy, 10	Autun	Saône-et-L.
Marly-sur-Arroux, 6 ½	Charolles	Saône-et-L.
Marmague, 2 ¼	Bourges	Cher
Marmagne, 5	Semur	Côte-d'Or
Marmagne, 4	Autun	Saône-et-L.
MARMANDE *,	ch.-l. d'ar., 177	Lot-et-Gar.
Marmanhac, 2 ½	Aurillac	Cantal
Marmeau, 5	Avallon	Yonne
Marmesse, 5	Chaumont	H.-Marne
Marmignac, 9	Cahors	Lot
Marmont, 2 ¼	Villefranche	Aveiron
Marmont-Pachas, 7 ½	Agen	Lot-et-Gar.
Marmouillé, 5	Argentan	Orne

Communes.	Arrondissem.	Départem.
Marmoutier, 1 ½	Saverne	Bas-Rhin
Marnac, 6	Sarlat	Dordogne
Marnagues (*La Tour*), 4	St.-Affrique	Aveiron
Marnand, 8 ¾	Villefranche	Rhône
Marnans, 4	St.-Marcellin	Isère
Marnas (*Marsas*), 5 ½	Valence	Drôme
Marnaves, 6 ¼	Gaillac	Tarn
Marnay, 1	Nogent-sur-Seine	Aube
Marnay, 3 ¾	Chaumont	H. Marne
Marnay *, 6 ¼	Gray	H.-Saône
Marnay, 3	Châlons	Saône-et-L.
Marnay, 5 ½	Poitiers	Vienne
Marne (la), 7	Nantes	Loire-Inf.
Marnefer, 11	Argentan	Orne
Marnes, 1	Versailles	Seine-et O.
Marnes, 7 ¼	Parthenay	2 Sèvres
Marnésia, 3 ¾	Lons-le-Saulnier	Jura
Marnhac, 6	Espalion	Aveiron
Marnières, 9	Evreux	Eure
Marniés-de-Brassac (le), 9 ½	Castres	Tarn
Marnoz, 4 ½	Poligny	Jura
Marœuil, 1 ½	Arras	Pas-de-Cal.
Maroilles, 3	Avesnes	Nord
Marolette, ¾	Mamers	Sarthe
Marolle (la), 7	Romorantin	Loir-et-Cher
Marolles, 3	Lisieux	Calvados
Marolles, 2 ½	Nogent-le-Rotrou	Eure-et-L.
Marolles, 2	Blois	Loir-et-Cher
Marolles, ¾	Vitry-le-Français	Marne
Marolles, 10	Senlis	Oise
Marolles, ½	St.-Calais	Sarthe
Marolles, 2	Coulommiers	Seine-et-M.
Marolles, 7 ¾	Fontainebleau	Seine-et-M.
Marolles (*Mortery*), 1 ¼	Provins	Seine-et-M.
Morolles, 2	Etampes	Seine-et-O.
Marolles-en Brie, 5	Corbeil	Seine-et-O.
Marolles-lès-Arpajon, 4	Corbeil	Seine-et-O.
Marolles-lès-Baillys, 2	Bar-sur-Seine	Aube
Marolles-les-Braux, 4	Mamers	Sarthe
Marolles-sous-Lignères, 9	Bar-sur-Seine	Aube
Marols, 3	Montbrison	Loire
Maromme, 2	Rouen	Seine-Inf.
Maron, 5 ½	Châteauroux	Indre
Maron, 3	Nancy	Meurthe
Maroncourt, 1 ½	Mirecourt	Vosges
Maronde (la), 7 ½	Amiens	Somme
Maroué, 5	St.-Brieuc	Côtes-du-N.
Maroule, 3 ¼	Villefranche	Aveiron
Marpain, 5	Dôle	Jura
Marpaps, 6 ½	St.-Sever	Landes
Marpent, 5 ½	Avesnes	Nord
Marpiré, 2 ½	Vitré	Ille-et-Vil.
Marq, 5	Vouziers	Ardennes
Marquaix, 3	Péronne	Somme
Marquay, 6	Sarlat	Dordogne
Marquay, 1 ¾	St.-Pol	Pas-de-Cal.
Marque (la) *Voyez* Lamarque		
Marquebille (*St.-Cricq*), 4 ½	St.-Sever	Landes
Marquefave, 4 ½	Muret	H.-Garonne.

Communes.	Arrondissem.	Départem.
Marquéglise, 4	Compiégne	Oise
Marquein, 5 ½	Castelnaudary	Aude
Marquemont, 7	Beauvais	Oise
Marquerie, 2 ½	Tarbes	H.-Pyrén.
Marques, 5	Neufchâtel	Seine-Inf.
Marquette, 3	Lille	Nord
Marquetterie (la) (*Pierry*), ¾	Epernay	Marne
Marquigny, 5	Vouziers	Ardennes
Marquillies, 4	Lille	Nord
Marquion, 5	Arras	Pas-de-Cal.
Marquise*, 3	Boulogne	Pas-de-Cal.
Marquivillers, 2 ½	Montdidier	Somme
Marquixanes, 1 ¼	Prades	Pyrén.-Or.
Marrast, 3 ½	Condom	Gers
Marray, 6 ¾	Tours	Indre-et-L.
Marre, 2	Verdun	Meuse
Marry, 9 ½	Châlons	Saône-et-L.
Mars, 1 ¼	Vouziers	Ardennes
Mars (les), 6	Aubusson	Creuse
Mars, 1 ¼	Le Vigan	Gard
Mars, 6	Roanne	Loire
Mars (St.-), 5 ½	Coulommiers	Seine-et-M.
Mars (les) (*Itterville*), 4	Estampes	Seine-et-O.
Mars-d'Outillé (St.-), 5 ½	Le Mans	Sarthe
Mars-de-Coutais (St.-), 4 ½	Nantes	Loire-Inf.
Mars-de-Cré (St.-) (*Lude*) 4	La Flèche	Sarthe
Mars-de-Locquenay (St.-), 5	St.-Calais	Sarthe
Mars-des-Prés (St.-), 7 ½	Fontenay-le-Comte	Vendée
Mars-du-Désert (St.-), 9 ½	Châteaubriant	Loire-Inf.
Mars-du-Désert (St.-), 9	Mayenne	Mayenne
Mars-la-Brière (St.-)*, 4	Le Mans	Sarthe
Mars-la-Futaye (St.-), 8 ½	Mayenne	Mayenne
Mars-la-Réorthe (St.-), 12	Fontenay-le-Comte	Vendée
Mars-la-Saille (St.-), 4 ¾	Ancenis	Loire-Inf.
Mars-la-Tour, 4 ¾	Metz	Moselle
Mars-Petit, 8 ¼	Châteaubriant	Loire-Inf.
Mars-sous-Ballon (St.-) (*Ballon*), 6	Le Mans	Sarthe
Mars-sur-Allier, 6 ½	Nevers	Nièvre
Mars-sur-Colmont (St.-), 2 ½	Mayenn	Mayenne
Marsa, 12 ¾	Limoux	Aude
Marsac, 3	Angoulême	Charente
Marsac, 1 ½	Périgueux	Dordogne
Marsac, 7 ½	Savenay	Loire-Inf.
Marsac, 1 ¾	Ambert	Puy-de-Dô.
Marsac, 3 ¾	Tarbes	H.-Pyrén.
Marsac, 2 ¼	Albi	Tarn
Marsac, 6	Castel-Sarrasin	Tarn etGar.
Marsainvilliers, 1 ½	Pithiviers	Loiret
Marsais, 9 ¾	Rochefort	Char.-Inf.
Marsais, 3 ½	St.-Amand	Cher
Marsais, 2 ¾	Fontenay-le-Comte	Vendée
Marsal, 3	Château Salins	Meurthe
Marsal, 3 ¾	Albi	Tarn
Marsales, 9 ¾	Bergerac	Dordogne
Marsan, 3	Auch	Gers
Marsaneix, 3 ½	Périgueux	Dordogne
Marsangis, 12 ¾	Epernay	Marne
Marsangy, 3	Sens	Yonne
Marsannay-la-Côte, 1 ½	Dijon	Côte-d'Or
Marsannay-le-Bois, 3	Dijon	Côte-d'Or
Marsanne, 3 ¼	Montélimart	Drôme
Marsas, 7 ¼	Valence	Drôme
Marsas, 7 ½	Blaye	Gironde
Marsas, 4	Bagnères	H.-Pyrén.
Marsat, 5	Bourganeuf	Creuse
Marsat, 1	Riom	Puy-de-Dô.
Marsault (St.-), 6 ½	Bressuire	2 Sèvres
Marseigne (*Jalligny*), 4 ½	La Palisse	Allier
Marseillan, 3	Auch	Gers
Marseillan, 2 ¼	Mirande	Gers
Marseillan, 6	Béziers	Hérault
Marseillan, 2 ½	Tarbes	H.-Pyrén.
MARSEILLE,	ch.-l. de dép. 208	B.-du Rhône
Marseille, 5	Beauvais	Oise
Marseilles-lès-Aubigny, 8 ¼	Sancerre	Cher
Marseillette, 4	Carcassonne	Aude
Marsillac, 6	Angoulême	Charente
Marsillac, 6 ¼	Tulle	Corrèze
Marsillac, 3	Sarlat	Dordogne
Marsillargues, 5 ½	Montpellier	Hérault
Marsillon, 6 ¼	Orthez	B.-Pyrén.
Marsilly, 2	La Rochelle	Char.-Inf.
Marsilly, 7	Chinon	Indre-et-L.
Marsilly (*Hermonville*), 3 ¼	Rheims	Marne
Marsilly, 2	Metz	Moselle
Marso, 10	Espalion	Aveiron
Marsolan, 1 ¾	Lectoure	Gers
Marson (*Riou*), 2 ½	Saumur	Maine-et-L.
Marson, 3	Châlons-sur-Marne	Marne
Marson, 5	Commercy	Meuse
Marsonnas, 4	Bourg	Ain
Marsoulas, 5	St.-Gaudens	H.-Garonne
Marsous, 2 ½	Argelès	H.-Pyrén.
Marspich, 1 ½	Thionville	Moselle
Mart-Jousseraud (la), 4 ½	Lons-le-Saulnier	Jura
Martagny, 6	Les Andelys	Eure
Martainneville-lès-Bas, 4 ¾	Abbeville	Somme
Martainville, 5 ¾	Falaise	Calvados
Martainville, 3	Evreux	Eure
Martainville-près-la-Lande, 2	Pont-Audemer	Eure
Martainville-sur-Ry, 4	Rouen	Seine-Inf.
Martaizé, 2 ½	Loudun	Vienne
Martel*, 12	Gourdon	Lot
Marteville, 2 ½	St.-Quentin	Aisne
Marthe (Ste.-), 5 ½	Evreux	Eure
Marthemont, 5	Nancy	Meurthe
Marthes, 4 ¼	St.-Omer	Pas-de-Cal.
Marthil, 3	Château-Salins	Meurthe
Marthon, 5 ¾	Angoulême	Charente
Martial (St.-), 16 ½	Tournon	Ardèche
Martial (St.-), 10 ½	Rodez	Aveiron
Martial (St.-), 6	St.-Flour	Cantal
Martial (St.-), 3	St.-Jean-d'Angely	Char.-Inf.
Martial (St.-), 6	Sarlat	Dordogne

Communes.	Arrondissem.	Départem.
Martial (St.-), $3\frac{3}{4}$	Le Vigan	Gard
Martial (St.-), $4\frac{1}{2}$	La Réole	Gironde
Martial (St.-) (*St.-Marcel*), 8	Gaillac	Tarn
Martial (St.-), 6	Montmorillon	Vienne
Martial (St.-) (*St.-Barbant*), $4\frac{1}{2}$	Bellac	H.-Vienne
Martial-d'Albarède (St.-), $7\frac{1}{2}$	Périgueux	Dordogne
Martial-d'Artinsec (St.-), 9	Riberac	Dordogne
Martial-d'Aubeterre (St.-), 12	Barbezieux	Charente
Martial-de-Coculet (St.-), $4\frac{3}{4}$	Jonzac	Char.-Inf.
Martial-de-Gimel (St.-), 3	Tulle	Corrèze
Martial-de-Mirambeau (St.-), $3\frac{3}{4}$	Jonzac	Char.-Inf.
Martial-de-Montmoreau (St.-), 8	Barbezieux	Charente
Martial-de-Vallette (St.-), $\frac{1}{2}$	Nontron	Dordogne
Martial-de-Vitaterne (St.-), $\frac{1}{2}$	Joñzac	Char.-Inf.
Martial-de-Viveyrol (St.-), 4	Riberaç	Dordogne
Martial-Entraignes (St.-), $7\frac{3}{4}$	Tulle	Corrèze
Martial-Laborie (St.-), 8	Périgueux	Dordogne
Martial-le-Mont (St.-), 5	Aubusson	Creuse
Martial-le-Vieux (St.-), $8\frac{1}{2}$	Aubusson	Creuse
Martiel, $2\frac{1}{4}$	Villefranche	Aveiron
Martignargues, 3	Alais	Gard
Martignas, $4\frac{1}{4}$	Bordeaux	Gironde
Martignat, 2	Nantua	Ain
Martignat, 5	St.-Claude	Jura
Martigné*, 4	Mayenne	Mayenne
Martigné-Briand, 5	Saumur	Maine-et-L.
Martigné-Ferchaux, $10\frac{1}{4}$	Vitré	Ille-et-Vil.
Martigny, $2\frac{1}{2}$	Laon	Aisne
Martigny, $3\frac{3}{4}$	Vervins	Aisne
Martigny, $1\frac{1}{2}$	Falaise	Calvados
Martigny, 3	Mortain	Manche
Martigny, $1\frac{3}{4}$	Dieppe	Seine-Inf.
Martigny, 4	Péronne	Somme
Martigny-le-Comte, 4	Charolles	Saône-et-L.
Martigny-lès-Gerbouvaux, $2\frac{3}{4}$	Neufchâteau	Vosges
Martigny-lès-Lamarche, $7\frac{1}{2}$	Neufchâteau	Vosges
Martigues*, 8	Aix	B.-du Rhône
Martillac, $3\frac{3}{4}$	Bordeaux	Gironde
Martilly (*Tallevendes-le-Petit*), $\frac{1}{4}$	Vire	Calvados
Martimont (*Crotoy*), $4\frac{1}{2}$	Compiégne	Oise
Martin (St.), $1\frac{1}{2}$	Nantua	Ain
Martin (St.-), 6	Moulins	Allier
Martin (St.-), 16	Digne	B.-Alpes
Martin (St.-), 3	Forcalquier	B.-Alpes
Martin (St.-), 2	Briançon	H.-Alpes
Martin St.-) (*St.-Pierre*), $8\frac{1}{4}$	Gap	H.-Alpes
Martin (St.-), $10\frac{1}{2}$	Milhaud	Aveiron

Communes.	Arrondissem.	Départem.
Martin (St.-), 7	St.-Flour	Cantal
Martin (St.-), $\frac{1}{4}$	Cognac	Charente
Martin (St.-), 2	Ruffec	Charente
Martin (St.)* (île-de-Ré), $5\frac{1}{4}$	La Rochelle	Char.-Inf.
Martin St.-) (*St.-d'Août*) 7	Valence	Drôme
Martin (St.-), 2	Pont-Audemer	Eure
Martin (St.-) (*Morlaix*),	Morlaix	Finistère
Martin (St.-), 1	Alais	Gard
Martin (S.-) (*Balma*), $1\frac{1}{4}$	Toulouse	H.-Garonne
Martin (St.-), $5\frac{1}{4}$	Villefranche	H.-Garonne
Martin (St.-), $14\frac{1}{2}$	Condom	Gers
Martin (St.-), $4\frac{3}{4}$	Lectoure	Gers
Martin (St.-), 3	Lombez	Gers
Martin (St.-), $\frac{3}{4}$	Mirande	Gers
Martin (St.-), 7	St.-Pons	Hérault
Martin (St.-), 6	La Tour-du-Pin	Isère
Martin (St.-), 5	Vendôme	Loir-et-Ch.
Martin (st.-) (*Duravel*), $10\frac{3}{4}$	Cahors	Lot
Martin (St.-), 7	Agen	Lot-et-Gar.
Martin (St.-), 2	Valognes	Manche
Martin (St.-), 4	Chaumont	H.-Marne
Martin (St.-), $5\frac{1}{4}$	Lunéville	Meurthe
Martin (St.-), 10	Vannes	Morbihan
Martin (St.-), $2\frac{1}{2}$	Arras	Pas-de-Cal.
Martin (St.-), $1\frac{1}{4}$	Ambert	Puy-de Dô.
Martin (St.-), 7	Bayonne	B.-Pyrén.
Martin (St.-), $5\frac{3}{4}$	Orthez	B.-Pyrén.
Martin (St.-), $1\frac{1}{4}$	Tarbes	H.-Pyrén.
Martin (St.-), $2\frac{1}{4}$	Ceret	Pyrén-Or.
Martin (St.-), $11\frac{1}{2}$	Perpignan	Pyrén.-Or.
Martin (St.-), $3\frac{1}{4}$	Schélestatt	Bas-Rhin
Martin (St.-), (*Bellencombre*), 7	Dieppe	Seine-Inf.
Martin (St.-), 8	Brignoles	Var
Martin, (St.-), $1\frac{1}{2}$	Tonnerre	Yonne
Martin-au-Laërt (St.-), $\frac{1}{4}$	St.-Omer	Pas-de-Cal.
Martin-aux-Arbres (St.-), $2\frac{3}{4}$	Yvetot	Seine-Inf.
Martin-aux-Bois (St.-), 5	Clermont	Oise
Martin-aux-Bois (St.-), $5\frac{1}{4}$	Neufchâtel	Seine-Inf.
Martin-aux-Buneaux (St.-), 7	Yvetot	Seine-Inf.
Martin-aux-Champs (St.-), $4\frac{1}{4}$	Châlons-sur-Marne	Marne
Martin-aux-Chartrins (St.-), 1	Pont-l'Evêque	Calvados
Martin-Binagre (St.-), $3\frac{1}{2}$	Auch	Gers
Martin-Boulogne (St.-), $\frac{1}{2}$	Boulogne	Pas-de-Cal.
Martin-Cantalès (St.-), $4\frac{3}{4}$	Mauriac	Cantal
Martin-Château (St.-), 4	Bourganeuf	Creuse
Martin-Chénetron (St.-), 3	Provins	Seine-et-M.
Martin-Choquel (St.-), 5	Boulogne	Pas-de-Cal.
Martin-d'Abat (St.-), $7\frac{1}{4}$	Orléans	Loiret
Martin-d'Ablois (St.-), 2	Epernay	Marne
Martin-d'Albon (St.- (*Albon*), $9\frac{1}{2}$	Valence	Drôme
Martin-d'Août St.-), 8	Valence	Drôme
Martin-d'Arcé (St.-), $\frac{1}{2}$	Baugé	Maine-et-L.

Communes.	Arrondissem.	Départem.
Martin-d'Ardèche (St.-), 15 ¾	Privas	Ardèche
Martin-d'Ardinghem (St.-), 5	St.-Omer	Pas-de-Cal.
Martin-d'Ars (St.-), 13	Bourbon-Vendée	Vendée
Martin-d'Aspres (St.-), 5	Mortagne	Orne
Martin-d'Aubigny (St.-), 4	Coutances	Manche
Martin-d'Augé (St.-), 5	Niort	2 Sèvres
Martin-d'Auxigny (St.-), 4 ½	Bourges	Cher
Martin-d'Auxy (St.-), 7	Châlons	Saône-et-L.
Martin-d'Entraigues (St.-), 2 ¾	Melle	2 Sèvres
Martin-d'Estreaux* (St.-), 7 ½	Roanne	Loire
Martin-d'Etableaux (St.-), 9	Loches	Indre-et-L.
Martin-d'Hère (St.-), 1 ½	Grenoble	Isère
Martin-d'Heuille (St.-), 5 ¼	Nevers	Nièvre
Martin-d'Ollières (St.-), 4	Issoire	Puy-de-Dô.
Martin-d'Onez (St.-), 3 ¾	Mont-de-Marsan	Landes
Martin-d'Uriage (St.-), 3 ¼	Grenoble	Isère
Martin-d'Arry (St.-), 10	Jonzac	Char.-Inf.
Martin-de-Bavel (St.-), 2 ½	Belley	Ain
Martin-de-Bernegoue (St.-), 3	Niort	2 Sèvres
Martin-de-Bienfait (St.-), 4 ½	Lisieux	Calvados
Martin-de-Blagny (St.-), 4 ¾	Bayeux	Calvados
Martin-de-Bocherville (St.-), 2 ¼	Rouen	Seine-Inf.
Martin-de-Boizy (St.-), 1 ¾	Roanne	Loire
Martin-de-Bon-Fossé (St.-), 2 ¼	St.-Lô	Manche
Martin-de-Boubaux (St.-) 9 ½	Florac	Lozère
Martin-de-Bouillac (St.-), 7 ¾	Villefranche	Aveiron
Martin-de-Brem (St.-), 4	Les Sables	Vendée
Martin-de-Bromes (St.-), 15	Digne	B.-Alpes
Martin-de-Caralp (St.-), 1 ½	Foix	Ariége
Martin-de-Castillon (St.-), 2 ½	Apt	Vaucluse
Martin-de-Castillonnes (St.-), 8 ¼	Villeneuve-d'Agen	Lot-et-Gar
Martin-de-Castries (St.-), 6 ¼	Lodève	Hérault
Martin-de-Cénilly (St.-), 4 ¼	Coutances	Manche
Martin-de-Cernières (St.-), 5	Bernay	Eure
Martin-de-Charnac (St.-), 4	Bourganeuf	Creuse
Martin-de-Chassenon (St.-), 2 ½	Fontenay-le-Comte	Vendée
Martin-de-Chaulieu (St.-), 3	Mortain	Manche
Martin-de-Clelles (St.-), 10 ¼	renoble	Isère
Martin-de-Combes (St.-), 4 ¼	Bergerac	Dordogne
Martin-de-Commune (St.-), 5	Autun	Saône-et-L.
Martin-de-Corconas (St.-), 5 ¾	Le Vigan	Gard
Martin-de-Cornas (St.-), 4 ¼	Lyon	Rhône
Martin-de-Cours (St.-), 10 ¾	Bourges	Cher
Martin-de-Coux (St.-), 9	Jonzac	Char.-Inf.
Martin-de-Croix (*Burnand*), 11	Mâcon	Saône-et-L.
Martin-de-Curton (St.-), 18 ¼	Nérac	Lot-et-Gar.
Martin-de-Fontaines (St.-), 2	Lyon	Rhône
Martin-de-Fontenay (St.-), 2	Caen	Calvados
Martin-de-Fraigneau (St.-) ou Tesson, 1 ½	Fontenay-le-Comte	Vendée
Martin-de-Fresnay (St.-), 6 ½	Lisieux	Calvados
Martin-de-Fugères, 5 ¾	Le Puy	H.-Loire
Martin-de-Goyne (St.-), 2 ½	Lectoure	Gers
Martin-de-Gurson (St.-), 9 ¾	Bergerac	Dordogne
Martin-de-Hinx (St.-), 6 ¼	Dax	Landes
Martin-de-Juilliers (St.-), 3	St.-Jean-d'Angely	Char.-Inf.
Martin-de-Jussac (St.-), 2 ½	Rochechouart	H.-Vienne
Martin-de-l'Herm (St.-), 3 ¼	La Réole	Gironde
Martin-de-la-Brasque (St.-), 7 ¼	Apt	Vaucluse
Martin-de-la-Caussade (St.-), ½	Blaye	Gironde
Martin-de-la-Condre (St.-), 3 ½	St.-Jean-d'Angely	Char.-Inf.
Martin-de-Laives (St.-), 4 ¾	Châlons	Saône-et-L.
Martin-de-la-Lieue (St.-), 1	Lisieux	Calvados
Martin-de-Lamps (St.-), 5 ¾	Châteauroux	Indre
Martin-de-Landelles (St.-), 5	Mortain	Manche
Martin-de-Lansuscle (St.-), 5 ¾	Florac	Lozère
Martin-de-la-Place (St.-), 3	Saumur	Maine-et-L.
Martin-de-Laye (St.-), 5 ¾	Libourne	Gironde
Martin-de-Lezeau (St.-), 5 ¼	Dreux	Eure-et-L.
Martin-de-Lixy (St.-), 8	Charolles	Saône-et-L.
Martin-de-Londres (St.-), 5 ¾	Montpellier	Hérault
Martin-de-Mâcon (St.-), 9	Bressuire	2 Sèvres

Communes.	Arrondissem.	Départem.
Martin-de-Mailloc (St.-), 2 $\frac{1}{4}$	Lisieux	Calvados
Martin-de-Melle (St.-), $\frac{1}{2}$	Melle	2 Sèvres
Martin-de-Miseré (St.-), 2	Grenoble	Isère
Martin-de-Nigelles (St.-), 5 $\frac{3}{4}$	Dreux	Eure-et-L.
Martin-de-Pont-Chardon (St.-), 8 $\frac{1}{2}$	Argentan	Orne
Martin-de-St.-Maixent, 4 $\frac{1}{2}$	Niort	2 Sèvres
Martin-de-Salancey (St.-), 6	Charolles	Saône-et-L.
Martin-de-Sallen (St.-), 7	Caen	Calvados
Martin-de-Sauzay (St.-), 8 $\frac{1}{2}$	Bressuire	2 Sèvres
Martin-de-Seignaux (St.-), 6 $\frac{3}{4}$	Dax	Landes
Martin-de-Senozan (St.-), 3	Mâcon	Saône-et-L.
Martin-de-Sescas (St.-), 3	La Réole	Gironde
Martin-de-Sos (St.-) 5 $\frac{3}{4}$	Nérac	Lot-et-Gar.
Martin-de-Sosseuac (St.-), 9 $\frac{3}{4}$	Le Vigan	Gard
Martin-de-Taissac (St.-), 11 $\frac{1}{2}$	Limoux	Aude
Martin-de-Valamas (St.-) 11 $\frac{3}{4}$	Tournon	Ardèche
Martin-de-Valois (St.-), 3	Aurillac	Cantal
Martin-de-Varreville (St.-), 5 $\frac{1}{2}$	Valognes	Manche
Martin-de-Vers (St.-), 6	Cahors	Lot
Martin-de-Ville-en-Glose (St.-), (*St.-Denys*, 5	Château-Gontier	Mayenne
Martin-de-Villeneuve (Ste.-), 7 $\frac{3}{4}$	La Rochelle	Char.-Inf.
Martin-de-Villeréal (St.-), 7 $\frac{3}{4}$	Villeneuve-d'Agen	Lot-et-Gar.
Martin-de-Villereglas, 1 $\frac{3}{4}$	Limoux	Aude
Martin-de-Vinay (St.-), (*St.-Antoine*), 2 $\frac{1}{2}$	St.-Marcellin	Isère
Martin-des-Champs (St.-), 3 $\frac{3}{4}$	Sancerre	Cher
Martin-des-Champs (St.-), $\frac{3}{4}$	Avranches	Manche
Martin-des-Champs (St.-), 3 $\frac{3}{4}$	St.-Lô	Manche
Martin-des-Champs (St.-), 2	Châlons	Saône-et-L.
Martin-des-Champs (St.-), 5	Coulommiers	Seine-et-M.
Martin-des-Champs (St.-), 1 $\frac{1}{2}$	Provins	Seine-et-M.
Martin-des-Champs (St.-), 4	Mantes	Seine-et-O.
Martin-des-Champs (St.-), 12 $\frac{1}{2}$	Joigny	Yonne
Martin-des-Combes (St.-), 2 $\frac{1}{2}$	Lodève	Hérault
Martin-des-Entrées (St.-), $\frac{3}{4}$	Bayeux	Calvados
Martin-des-Fontaines (St.-), 3 $\frac{1}{2}$	Fontenay-le-Comte	Vendée
Martin-des-Landes (St.-), 6 $\frac{3}{4}$	Alençon	Orne
Martin-des-Monts (St.-), 9 $\frac{1}{2}$	Mamers	Sarthe

Communes.	Arrondissem.	Départem.
Martin-des-Noyers (St.-), 3 $\frac{1}{2}$	Lisieux	Calvados
Martin-des-Noyers (St.-), 6	Bourbon-Vendée	Vendée
Martin-des-Pezerits, 3 $\frac{1}{2}$	Mortagne	Orne
Martin-des-Pierres (St.-), 4	Toulouse	H.-Garonne
Martin-des-Plains (St.-), 2 $\frac{3}{4}$	Issoire	Puy-de-Dô.
Martin-des-Prés (St.-), 5 $\frac{3}{4}$	Loudéac	Côtes-du-N.
Martin-des-Prés (St.-), 5 $\frac{1}{2}$	Mortagne	Orne
Martin-des-Puits (St.-), 16	Carcassonne	Aude
Martin-Don (St.-), 3	Vire	Calvados
Martin-Dordon (St.-), 4 $\frac{3}{4}$	Joigny	Yonne
Martin-Doydes (St.-), 2	Pamiers	Ariége
Martin-du-Bec (St.-), 4 $\frac{1}{2}$	Le Hâvre	Seine-Inf.
Martin-du-Bochet (St.-), 6 $\frac{1}{4}$	Provins	Seine-et-M.
Martin-du-Bois (St.-), 6 $\frac{1}{2}$	Libourne	Gironde
Martin-du-Bois (St.-), 2	Segré	Maine-et-L.
Martin-du-Bû (St.-), 1	Falaise	Calvados
Martin-du-Fouilloux (St.-), 3	Angers	Maine-et-L.
Martin-du-Fouilloux (St.-), 3	Parthenay	2 Sèvres
Martin-du-Lac (St.-), 9 $\frac{1}{2}$	Charolles	Saône-et-L.
Martin-du-Limet (St.-), 5 $\frac{3}{4}$	Château Gontier	Mayenne
Martin-du-Manoir (St.-), 2 $\frac{1}{2}$	Le Hâvre	Seine-Inf.
Martin-du-Mont (St.-), 2 $\frac{1}{2}$	Bourg	Ain
Martin-du-Mont (St.-), 5 $\frac{1}{2}$	Dijon	Côte-d'Or
Martin-du-Mont (St.-), 1 $\frac{3}{4}$	Louhans	Saône-et-L.
Martin-du-Péan (St.-), 3 $\frac{3}{4}$	Châteaudun	Eure-et-L.
Martin-du-Plessis (St.-), 6 $\frac{3}{4}$	Rouen	Seine-Inf.
Martin-du-Puits (St.-), 8 $\frac{1}{2}$	Clamecy	Nièvre
Martin-du-Puy (St.-), 4 $\frac{1}{2}$	La Réole	Gironde
Martin-du-Tartre (St.-), 6 $\frac{3}{4}$	Châlons	Saône-et-L.
Martin-du-Tertre (St.-), 5	Pontoise	Seine-et-O.
Martin-du-Tertre (St.-), 1 $\frac{1}{2}$	Sens	Yonne
Martin-du-Tort (St.-), (*Montans*), $\frac{3}{4}$	Gaillac	Tarn
Martin-du-Tronsec (St.-), 2	Cosne	Nièvre
Martin-du-Vieux-Bellême, 3 $\frac{1}{2}$	Mortagne	Orne
Martin-du-Vivier (St.-), 2	Rouen	Seine-Inf.
Martin-Eglise, 1	Dieppe	Seine-Inf.
Martin-en-Bière (St.-), 3	Melun	Seine-et-M.

Communes.	Arrondissem.	Départem.
Martin-en-Bresse (St.-), 1 1/4	Châlons	Saône-et-L.
Martin-en-Campagne (St.-), 3 1/2	Dieppe	Seine-Inf.
Martin-en-Couilleux (St.), 2 3/4	St.-Etienne	Loire
Martin-en-Gâtinois (St.-), 7 3/4	Châlons	Saône-et-L.
Martin-en-Haut (St.-), 5	Lyon	Rhône
Martin-en-Vercors (St.-), 10 1/2	Die	Drôme
Martin-ès-Vignes (St.-), 1/4	Troyes	Aube
Martin-Fressengeas (St.-), 4 3/4	Nontron	Dordogne
Martin-Gaillard, 7	Dieppe	Seine-Inf.
Martin-l'Aiguillon (St.-), 8 3/4	Alençon	Orne
Martin-l'Heureux (St.-), 6 1/2	Rheims	Marne
Martin-l'Hortier (St.-), 1 1/4	Neufchâtel	Seine-Inf.
Martin-l'Inférieur (St.-), 4 1/4	Privas	Ardèche
Martin-la-Besace (St.-), 5	Vire	Calvados
Martin-la-Bouval (St.-), 7 3/4	Cahors	Lot
Martin-la-Campagne, 1 1/2	Evreux	Eure
Martin-la-Corneille (St.-), 3 3/4	Louviers	Eure
Martin-la-Fosse (St.-), 4	Nogent-sur-Seine	Aube
Martin-la-Garenne (St.-), 1 3/4	Mantes	Seine-et-O.
Martin-la-Lande (St.-), 1 1/4	Castelnaudary	Aude
Martin-la-Méane (St.), 6 1/4	Tulle	Corrèze
Martin-la-Patrouille (St.-), 7	Charolles	Saône-et-L.
Martin-la-Plaine (St.-), 6 1/4	St.-Etienne	Loire
Martin-la-Rivière (St.-), 6	Montmorillon	Vienne
Martin-la-Roche (St.-), 8	Périgueux	Dordogne
Martin-la-Sauveté (St.-), 6 3/4	Roanne	Loire
Martin-la-Vallée (St.-), 9 1/2	Charolles	Saône-et-L.
Martin-Lars (St.-), 5	Fontenay-le-Comte	Vendée
Martin-Lars (St.-), 8	Civray	Vienne
Martin-Lastier (St.-), 7	Riberac	Dordogne
Martin-le-Beau (St.-), 4 1/2	Tours	Indre-et-L.
Martin-le-Blanc (St.-), 3 1/2	Neufchâtel	Seine-Inf.
Martin-le-Bogé (St.-), 2 1/2	Bourg	Ain
Martin-le-Bouillant (St.), 6	Mortain	Manche
Martin-le-Bretucourt (St.-), 7 1/2	Rambouillet	Seine-et-O.
Martin-le-Colonel (St.), 9 1/4	Valence	Drôme
Martin-le-Gréard (St.-), 3	Cherbourg	Manche
Martin-le-Hebert (St.-), 2 3/4	Valognes	Manche
Martin-le-Mault (St.-), 8 1/4	Bellac	H.-Vienne
Martin-le-Nœud (St.-), 1	Beauvais	Oise
Martin-le-Pin (St.-), 1 1/4	Nontron	Dordogne
Martin-le-Supérieur (St.-), 4	Privas	Ardèche
Martin-le-Veil (St.-), 4	Carcassonne	Aude
Martin-le-Vieux (St.-), 4 3/4	Bayeux	Calvados
Martin-le-Vieux (St.-), 2 3/4	Pont-l'Evêque	Calvados
Martin-le-Vieux (St.-), 1 1/4	Bernay	Eure
Martin-le-Vieux (St.-), 13	Mont-de-Marsan	Landes
Martin-le-Vieux (St.-), 3 1/4	Limoges	H.-Vienne
Martin-le-Vinoux (St.-), 1 1/4	Grenoble	Isère
Martin-les-Bois (St.-), 5	Falaise	Calvados
Martin-lès-Castons (St.-), 3	Marmande	Lot-et-Gar.
Martin-lès-Langres (St.-), 1 3/4	Langres	H.-Marne
Martin-lès-Voulangis (St.-), 3	Meaux	Seine-et-M.
Martin-Lestra (St.-) 5	Montbrison	Loire
Martin-Longueau (St.-), 3 1/2	Clermont	Oise
Martin-Rivière (St.-), 10	Vervins	Aisne
Martin-Sepert (St.-), 10	Brives	Corrèze
Martin-sous-Montaigu (St.-), 3	Châlons	Saône-et-L.
Martin-sous-Mouzeuil (St.-), 3 1/4	Fontenay-le-Comte	Vendée
Martin-sur-Ecaillon, 7 1/2	Cambrai	Nord
Martin-sur-le-Pré (St.-), 1/4	Châlons-sur-Marne	Marne
Martin-sur-Ocre (St.-), 1	Gien	Loiret
Martin-sur-Ocre (St.-), 5 1/4	Joigny	Yonne
Martin-sur-Oreuse (St.-), 4	Sens	Yonne
Martin-sur-Ouanne (St.-), 7 1/2	Joigny	Yonne
Martin-Terressus (St.-), 4	Limoges	H.-Vienne
Martin-Valmeroux (St.-)*, 4 1/4	Mauriac	Cantal
Martincourt, 5	Toul	Meurthe
Martincourt, 3	Montmédy	Meuse
Martincourt, 4	Beauvais	Oise
Martinet (St.-), 4	Mamers	Sarthe
Martinet, 6	Les Sables	Vendée
Martinié (la), 6	Castres	Tarn
Martinien (St.-), 2 1/2	Montluçon	Allier
Martinière (la) (*Pellerin*), 6 1/2	Paimbœuf	Loire-Inf.
Martinière (la) (*Saclay*), 2	Versailles	Seine-et-O.
Martino-di-Hota (St.-), 1 1/4	Bastia	Corse

MAS MAS 221

Communes.	Arrondissem.	Départem.	Communes.	Arrondissem.	Départem.
Martinpuich, 6 ½	Arras	Pas-de-Cal.	Mas-Stes.-Puelles, r ¼	Castelnaudary	Aude
Martinvast, 1 ¾	Cherbourg	Manche	Masblanc, 5 ¾	Arles	B.-du-Rhône
Martinvaux (Loray), 5	Baume	Doubs	Mascaraas, 11 ¼	Pau	B.-Pyrén.
Martinvelle, 11 ¾	Mirecourt	Vosges	Mascaras, 3 ¾	Mirande	Gers
Martis (les) (La Prade), 3	Carcassonne	Aude	Mascaras, 2 ¼	Tarbes	H.-Pyrén.
			Mascarville, 4 ¼	Villefranche	H.-Garonne
Martisserre, 8	St.-Gaudens	H.-Garonne	Mascheix, 6 ¼	Brives	Corrèze
Martizay, 5	Le Blanc	Indre	Masclat, 5 ¼	Gourdon	Lot
Martois, 7	Beaune	Côte-d'Or	Mascoucue (Haget-Au-	Orthez	B.-Pyrén.
Martorey (St.-Héand), 2 ¼	St.-Étienne	Loire	bin), 4		
			Masilly, 6 ¼	Mâcon	Saône-et-L.
Martory (St.-)*, 4 ¼	St.-Gaudens	H.-Garonne	Maslacq, 2	Orthez	B.-Pyrén.
Martot, 5 ¾	Louviers	Eure	Masles, 7	Mortagne	Orne
Martragny, 4 ¼	Caen	Calvados	Masme (St.-), 4 ½	Rheims	Marne
Martre (la), 8 ¾	Draguignan	Var	Masnancourt (Autrèches), 6	Compiègne	Oise
Martres*, 9 ¾	Muret	H.-Garonne			
Martres, 9	La Réole	Gironde	Masnières, 2 ¼	Cambrai	Nord
Martres-d'Artière, 5	Clermont	Puy-de-Dô.	Masny, 2	Douai	Nord
Martres-de-Rivière, 1 ¾	St.-Gaudens	H.-Garonne	Masos (les), ¾	Prades	Pyrén.-Or.
Martres-de-Vayre, 3 ½	Clermont	Puy-de-Dô.	Masparraute, 9	Mauléon	B.-Pyrén.
Martres-sur-Morges (les), 3	Riom	Puy-de-Dô.	Maspies, 6 ¼	Pau	B.-Pyrén.
			Masquère (la), 1 ¾	Muret	H.-Garonne
Martrin, 6	St.-Affrique	Aveiron	Massabrac, 6 ¼	Muret	H.-Garonne
Martron (Boresse), 7 ¾	Jonzac	Char.-Inf.	Massac, 11	Carcassonne	Aude
Martrou (Echillais), 4	Marennes	Char.-Inf.	Massac, 6	St.-Jean-d'Angely	Char.-Inf.
Martyre (la), 5 ½	Brest	Finistère			
Maruejol-lès-Gardon, 3 ¾	Nîmes	Gard	Massac, 1 ¼	Lavaur	Tarn
Marun, 4	Lombez	Gers	Massaguel, 4 ¼	Castres	Tarn
Marval, 5	Rochechouart	H.-Vienne	Massais, 6	Bressuire	2 Sèvres
Marvaux, 3 ¼	Vouziers	Ardennes	Massals, 14	Castres	Tarn
Marvejols, 3	Alais	Gard	Massangy, 4 ¾	Avallon	Yonne
MARVEJOLS*,	ch. l. d'arr., 143	Lozère	Massannes, 3	Alais	Gard
Marvelise, 5 ¼	Baume	Doubs	Massat, 4 ¼	St.-Girons	Ariége
Marville, 2	Montmédy	Meuse	Massay, 14 ¾	Bourges	Cher
Marville-les-Bois, 4	Dreux	Eure-et-L.	Masse (la) (Les Junies), 5	Cahors	Lot
Marville-Moutier-Brûlé, 1 ¾	Dreux	Eure-et-L.	Masseilles, 3 ¼	Bazas	Gironde
			Massels, 4 ¼	Villeneuve-d'Agen	Lot-et-Gar.
Marvoisin (Xivray), 5	Commercy	Meuse			
Mary (St.-), 5	Aurillac	Cantal	Massemcomme, 2 ¼	Condom	Gers
Mary (St.-), 7 ¾	Confolens	Charente	Massenne (Pont), 1	Semur	Côte-d'Or
Mary, 3 ¼	Meaux	Seine-et-M.	Masserac, 8	Savenay	Loire-Inf.
Mary-le-Gros (St.-), 4 ¼	St.-Flour	Cantal	Masseret, 10 ¾	Tulle	Corrèze
Mary-le-Plein (St.-), 4 ¾	St.-Flour	Cantal	Masseries (St.-Gery), 4 ¼	Cahors	Lot
Marzau, 9	Vannes	Morbihan	Masseube, 4 ¼	Mirande	Gers
Marzenay, 7 ¼	Lons-le-Saulnier	Jura	Massevaux, 5 ¼	Belfort	Haut-Rhin
			Massiac*, 6	St.-Flour	Cantal
Marzens, 1 ¾	Lavaur	Tarn	Massieu (St.-Geoire), 7	La Tour-du-Pin	Isère
Marzials, 5 ¼	Milhaud	Aveiron	Massieux, 1 ½	Trévoux	Ain
Marzy, 1	Nevers	Nièvre	Massiges, 4	Ste-Menéhould	Marne
Mas (le) (Friminy), 2 ¾	St.-Étienne	Loire	Massignac, 6 ¼	Confolens	Charente
Mas (le), 9	Grasse	Var	Massignieu-de-Rive, 1 ¾	Belley	Ain
Mas-Cabardès (le), 5	Carcassonne	Aude	Massigny-lès-Semur, 1	Semur	Côte-d'Or
Mas-d'Argenais (le), 2 ½	Marmande	Lot-et-Gar.	Massillargues, 1	Le Vigan	Gard
Mas-d'Artige (le), 6 ½	Aubusson	Creuse	Massilli (Doussais), 4 ¼	Châtellerault	Vienne
Mas-d'Auvignon (le), 3	Lectoure	Gers	Massingy, 1 ¾	Châtillon	Côte-d'Or
Mas-d'Azil (le)*, 5 ¼	Pamiers	Ariége	Massingy-les-Vitteaux, 6	Semur	Côte-d'Or
Mas-de-las-Fabries (le), 8 ¼	Rodez	Aveiron	Massogne, 7	Poitiers	Vienne
			Massoulès, 4 ¼	Villeneuve-d'Agen	Lot-et-Gar.
Mas-de-Londres, 4 ½	Montpellier	Hérault			
Mas-del-Soullié, 15 ¼	Rodez	Aveiron	Massoulie (la), 5	Périgueux	Dordogne
Mas-des-Cours, 3	Carcassonne	Aude	Massugas, 8	La Réole	Gironde
Mas-Dieu (le), 2	Alais	Gard	Massuyés, 12	Castres	Tarn
Mas-Dieu-le-Grand, 4 ¾	Confolens	Charente	Massy, 7	Mâcon	Saône-et-L.
Mas-Dieu-le-Petit, 3 ¾	Confolens	Charente	Massy, 6	Corbeil	Seine-et-O.
Mas-du-Causse (le), 6 ½	Villefranche	Aveiron	Massy, 1 ¼	Neufchâtel	Seine-Inf.
Masgrenier, 4	Castel-Sarrasin	Tarn-et-G.	Mastaing, 4 ¾	Douai	Nord

Communes.	Arrondissem.	Départem.	Communes.	Arrondissem.	Départem.
Mastre (la), 10	Tournon	Ardèche	Maugan (St.-), 3	Montfort	Ille-et-Vil.
Masure. *Voyez* Mazure			Maugré (*Verchain*), 7 ¾	Douai	Nord
Mataclon, 4	Nantua	Ain	Mauguio, 2 ½	Montpellier	Hérault
Matelles (les), 3 ½	Montpellier	Hérault	Maulais, 6	Bressuire	2 Sèvres
Matemale, 11	Prades	Pyrén.-Or.	Mablaix, 16 ¾	Nevers	Nièvre
Math (la), 2 ¼	Lunéville	Meurthe	Maulan, 4	Bar-le-Duc	Meuse
Matha, 4 ¼	St.-Jean-d'Angely	Char.-Inf.	Maulay, 2 ½	Loudun	Vienne
			Maulde, 9 ½	Douai	Nord
Mathaux, 5 ½	Bar-sur-Aube	Aube	Mauléon, 14	Condom	Gers
Mathay, 2 ½	Montbéliard	Doubs	MAULÉON*,	ch.-l. d'arr., 206	B.-Pyrén.
Mathenay, 3 ½	Poligny	Jura	Mauléon-Barousse, 15	Bagnères	H.-Pyrén.
Mathes (les), 5 ¼	Marennes	Char.-Inf.	Maulers, 8	Clermont	Oise
Mathexey, 5	Lunéville	Meurthe	Maulette, 7	Mantes	Seine-et-O.
Mathieu, 2	Caen	Calvados	Maulévrier, 8	Beaupréau	Maine-et-L.
Mathieu-le-Fort (St.-) (*Plougouvelin*), 5	Brest	Finistère	Maulévrier, 2 ½	Yvetot	Seine-Inf.
			Maulichère, 15	Mirande	Gers
Mathieu (St.-), 3	Rochechouart	H.-Vienne	Maulin, 6 ¾	Langres	H.-Marne
Mathieu-de-Trivies (St.-), 5 ½	Montpellier	Hérault	Maulinveau (le) (*St.-Hilaire*), 1	Etampes	Seine-et-O.
Mathons, 5 ½	Wassy	H.-Marne	Maulle*, 5	Versailles	Seine-et-O.
Mathonville, 4 ½	Neufchâtel	Seine-Inf.	Maulne, 5	Montluçon	Allier
Mathurin (St.-), 4	Angers	Maine-et-L.	Maulvis (St.-), 9 ½	Amiens	Somme
Mathurin-Léobazel (St.-, 9 ¾	Tulle	Corrèze	Maumont (*St.-Julien*), 6	Brives	Corrèze
			Maumus, 4 ¼	Mirande	Gers
Matignac (*Puy-l'Évèque*), 8 ¼	Cahors	Lot	Maumusson, 15 ¼	Mirande	Gers
			Maumusson, 4 ½	Ancenis	Loire-Inf.
Matignicourt, 2	Vitry-le-François	Marne	Maumusson, 10 ½	Pau	B.-Pyrén.
			Maumusson, 4	Castel-Sarrasin	Tarn-et-G.
Matignon, 7	Dinan	Côtes-du-N.	Mauny, 4 ½	Rouen	Seine-Inf.
Matougues, 2	Châlons-sur-Marne	Marne	Maupas, 4 ½	Troyes	Aube
			Maupas (*Sussey*), 12	Beaune	Côte-d'Or
Matour, 9	Mâcon	Saône-et-L.	Maupas, 14 ½	Condom	Gers
Matré (St.-), 8	Cahors	Lot	Maupas-le-Grand (*Carlepont*), 5 ½	Compiègne	Oise
Matringhem, 8	Montreuil	Pas-de-Cal.			
Mattainvilliers, 6 ½	Dreux	Eure-et-L.	Maupas-le-Petit (*Carlepont*), 6	Compiègne	Oise
Mattincourt, ½	Mirecourt	Vosges			
Matton, 5	Sedan	Ardennes	Mauperthuis, 1 ½	Coulommiers	Seine-et-M.
Mattstall, 5 ½	Haguenau	Bas-Rhin	Maupertuis, 5 ½	St.-Lô	Manche
Matzenheim, 4	Schélestatt	Bas-Rhin	Maupertus, 3	Cherbourg	Manche
Maubec, 7 ½	Vienne	Isère	Mauprevoir, 6	Civray	Vienne
Maubec, 5 ½	Pau	B.-Pyrén.	Mauquenchy, 5 ½	Neufchâtel	Seine-Inf.
Maubec, 5	Castel-Sarrasin	Tarn-et-G.	Maur (St.-), 5	St.-Amand	Cher
Maubec, 4	Avignon	Vaucluse	Maur (St.-), 3 ½	Châteaudun	Eure-et-L.
Maubert (St.-) (*St.-Fort*), 7 ½	Jonzac	Char.-Inf.	Maur (St.-), 1 ¼	Mirande	Gers
			Maur (St.-), 1	Châteauroux	Indre
Maubert-Fontaine*, 2	Rocroi	Ardennes	Maur (St.-), 2 ¼	Lons-le-Saulnier	Jura
Maubeuge*, 4 ¼	Avesnes	Nord			
Maubourguet, 7	Tarbes	H.-Pyrén.	Maur (St.-), 5 ½	Saumur	Maine-et-L.
Maubuisson (*Louveciennes*), 1 ⅜	Versailles	Seine-et-O.	Maur (St.-), 6 ½	Beauvais	Oise
			Maur (St.-) (*Gournay*), 3 ½	Compiègne	Oise
Mauchamp, 2 ½	Etampes	Seine-et-O.			
Mauco, 1 ¼	Mont-de-Marsan	Landes	Maur (St.-), 3 ½	Sceaux	Seine
			Maur-des-Bois (St.-), 6 ¼	Mortain	Manche
Maucomble, 2 ½	Neufchâtel	Seine-Inf.	Maura (la) (*Septmoncel*), 3	St.-Claude	Jura
Maucor, 2 ½	Pau	B.-Pyrén.			
Maucourt, 3	Verdun	Meuse	Mauran, 9 ¾	Muret	H.-Garonne
Maucourt, 7 ½	Compiègne	Oise	Maure (Ste.-), 2	Troyes	Aube
Maucourt, 6	Montdidier	Somme	Maure, 7	Redon	Ille-et-Vil.
Maudan (St.-), 1 ⅜	Loudéac	Côtes-du-N.	Maure (Ste.-)*,	Chinon	Indre-et-L.
Maudé (St.-), 2 ½	Dinan	Côtes-du-N.	Maure, 7	Pau	B.-Pyrén.
Maudé (St.-), (*La-Croix-Helléant*), 2	Ploërmel	Morbihan	Maure-de-Peyriac (Ste.-), 6 ½	Nérac	Lot-et-Gar.
Maudétour, 4	Mantes	Seine-et-O.	Maurecourt, 5	Versailles	Seine-et-O.
Maudre, 9	Bar-le-Duc	Meuse	Mauregard, 6	Meaux	Seine-et-M.
Maufans, 3 ¼	Lons-le-Saulnier	Jura	Mauregny-en-Haye, 3 ½	Laon	Aisne
			Maureillan, 2	Béziers	Hérault

Communes.	Arrondissem.	Départem.	Communes.	Arrondissem.	Départem.
Maureillas, 1 3/4	Ceret	Pyrén.-Or.	Maurice-de-Mairé (St.-)	Niort	2 Sèvres
Maurelle (la), 2 1/2	Villeneuve-d'Agen	Lot-et-Gar.	1		
Mauremont, 2	Villefranche	H.-Garonne	Maurice-de-Tavernolle (St.-), 1 1/2	Jonzac	Char.-Inf.
Maurens, 2 1/4	Bergerac	Dordogne	Maurice-des-Champs (St.-), 7	Châlons	Saône-et-L.
Maurens, 3	Villefranche	H.-Garonne			
Maurens, 3 1/4	Lombez	Gers	Maurice-des-Noues (St.-), 4	Fontenay-le-Comte	Vendée
Maurepas, 5	Rambouillet	Seine-et-O.			
Maurepas, 2	Péronne	Somme	Maurice-des-Prés (St.-), 3 1/4	Mâcon	Saône-et-L.
Mauressac, 4 1/2	Muret	H.-Garonne			
Mauressargue, 5	Alais	Gard	Maurice-du-Désert (St.-), 5	Domfront	Orne
Maureville, 4 1/2	Villefranche	H.-Garonne			
MAURIAC*,	ch.-l. d'ar., 128	Cantal	Maurice-en-Gourgois (St.-), 5 1/2	Montbrison	Loire
Mauriac, 5 1/2	La Réole	Gironde			
Maurice (St.-), 10 3/4	Belley	Ain	Maurice-en-Rivière (St.-), 3 3/4	Châlons	Saône-et-L.
Maurice (St.-), 9 1/4	Gap	H.-Alpes			
Maurice (St.-), 9 1/4	Privas	Ardèche	Maurice-la-Fougereuse (St.-), 6	Bressuire	2 Sèvres
Maurice (St.-), 13	Tournon	Ardèche			
Maurice (St.-), 3 1/2	St.-Flour	Cantal	Maurice-Lalley (St.-), 12 1/4	Grenoble	Isère
Maurice (St.-), 1 1/2	Confolens	Charente			
Maurice (St.-), 1/2	La Rochelle	Char.-Inf.	Maurice-le-Girard (St.-), 5	Fontenay-le-Comte	Vendée
Maurice (St.-), 3 1/4	Aubusson	Creuse			
Maurice (St.-), 8 1/2	Guéret	Creuse	Maurice-le-Vieil (St.-)	Joigny	Yonne
Maurice (St.-), 5 1/4	Bergerac	Dordogne	5		
Maurice (St.-), 5 1/2	Montbéliard	Doubs	Maurice-lès-Brousses (St.-), 3 1/4	Limoges	H.-Vienne
Maurice (St.-), 2 1/2	Nyons	Drôme			
Maurice (St.-), 3 1/2	Châteaudun	Eure-et-L.	Maurice-lès-Châteauneuf (St.-), 7	Charolles	Saône-et-L.
Maurice (St.-), 4	Alais	Gard			
Maurice (St.-), 6	Lodève	Hérault	Maurice-lès-Cherancey (St.-), 4 1/2	Mortagne	Orne
Maurice (St.-), 4	Vienne	Isère			
Maurice (St.-), 7 1/2	St.-Claude	Jura	Maurice-lès-Touches (St.-),	Autun	Saône-et-L.
Maurice (St.-), 2 1/2	St.-Sever	Landes			
Maurice (St.-), 4 1/2	Figeac	Lot	Maurice-sous-les-Côtes (St.-), 8	Commercy	Meuse
Maurice (St.-), 5 1/2	Villeneuve-d'Agen	Lot-et-Gar.			
			Maurice-sur-Averon (St.-), 6 1/2	Montargis	Loiret
Maurice (St.-), 6	Florac	Lozère			
Maurice (St.-), 5 1/2	Valognes	Manche	Maurice-sur-d'Argoire (St.-), 5 1/2	Lyon	Rhône
Maurice (St.-), 1 1/2	Langres	H.-Marne			
Maurice (St.-), 7	Lunéville	Meurthe	Maurice-sur-Fessard (St.-), 2 1/4	Montargis	Loiret
Maurice (St.-), 7 3/4	Nevers	Nièvre			
Maurice (St.-), 5	Clermont	Puy-de-Dô.	Maurice-sur-Huine (St.-), 3	Mortagne	Orne
Maurice (St.-), 10	Riom	Puy-de-Dô.			
Maurice (St.-), 2 1/2	Schélestatt	Bas-Rhin	Maurice-sur-Loire (St.-), 2 3/4	Roanne	Loire
Maurice (St.-), 10 1/2	Le Hâvre	Seine-Inf.			
Maurice (St.-), 4	Neufchâtel	Seine-Inf.	Maurice-sur-Vingeanne (St.-), 9	Dijon	Côte-d'Or
Maurice (St.-) (Malaunay), 3	Rouen	Seine-Inf.			
			Maurice-Thisouailles (St.-), 4 1/4	Joigny	Yonne
Maurice (St.-), 7 1/2	Rambouillet	Seine-et-O.			
Maurice (St.-), 7 1/2	Civray	Vienne	Mauries, 7 3/4	St.-Sever	Landes
Maurice (St.-), 7 1/4	Epinal	Vosges	Mauriet, 4 1/2	Condom	Gers
Maurice (St.-), 6 1/4	Remiremont	Vosges	Mauriues, 5	St.-Flour	Cantal
Maurice-aux-Riches-Hommes (St.-), 7 1/2	Sens	Yonne	Maurois, 6 1/4	Cambrai	Nord
			Mauron, 5	Ploërmel	Morbihan
Maurice-d'Echazeau (St.-), 5	Bourg	Ain	Mauroux, 4 1/2	Lectoure	Gers
			Mauroux, 10 1/2	Cahors	Lot
Maurice-d'Ihie (St.-), 8 1/2	Privas	Ardèche	Maurrin, 2 1/2	Mont-de-Marsan	Landes
Maurice-de-Beyuost (St.-), 7	Trévoux	Ain			
			Maurs,* 8	Aurillac	Cantal
Maurice-de-Galoup (St.-), 4 1/2	Nogent-le-Rotrou	Eure-et-L.	Maurupt, 4 1/2	Vitry-le-Français	Marne
Maurice-de-Gordan (St.-), 11 1/2	Trévoux	Ain	Maury, 8 1/4	Perpignan	Pyrén.-Or.
			Mausoléo, 4 1/2	Calvi	Corse
Maurice-de-Lauransanne (St.-), 2 1/4	Jonzac	Char.-Inf.	Maussac, 3 1/2	Ussel	Corrèze
			Maussanne, 3 1/4	Arles	B.-du-Rhône
Maurice-de-Lignon (St.-), 2	Yssingeaux	H.-Loire	Maussans, 7 3/4	Vesoul	H.-Saône
			Maussans, 2 1/4	Alby	Tarn

Communes.	Arrondissem.	Départem.
Maute, 4 $\frac{1}{4}$	Aubusson	Creuse
Mauvage, 5 $\frac{1}{2}$	Commercy	Meuse
Mauvaisville, $\frac{1}{2}$	Argentan	Orne
Mauves, $\frac{1}{2}$	Tournon	Ardèche
Mauves, 3 $\frac{1}{2}$	Nantes	Loire-Inf.
Mauves, 2	Montagne	Orne
Mauvesin, 2 $\frac{1}{2}$	St.-Girons	Ariége
Mauvesin, 8 $\frac{3}{4}$	Lectoure	Gers
Mauvesin, 8 $\frac{1}{4}$	Mont-de-Marsan	Landes
Mauvesin, 1 $\frac{1}{2}$	Marmande	Lot-et-Gar.
Mauvesin, 4	Bagnères	H.-Pyrén.
Mauvesin-de-l'Isle, 7 $\frac{1}{4}$	St.-Gaudens	H.-Garonne
Mauvesin-de-Prat, 2 $\frac{3}{4}$	St.-Girons	Ariége
Mauvesin-Derrière, 5	Auch	Gers
Mauvesins, 5	Villefranche	H.-Garonne
Mauvières, 2	Le Blanc	Indre
Mauvilly, 6	Châtillon	Côte-d'Or.
Maux, 3 $\frac{3}{4}$	Château-Chinon	Nièvre
Mauzac, 5 $\frac{1}{4}$	Bergerac	Dordogne
Mauzac, 2 $\frac{1}{2}$	Muret	H.-Garonne
Mauzac, 2 $\frac{1}{4}$	Castel-Sarrasin	Tarn-et-G.
Mauzé, 5 $\frac{1}{2}$	Bressuire	2 Sèvres
Mauzé *, 4 $\frac{1}{2}$	Niort	2 Sèvres
Maves, 5 $\frac{1}{4}$	Blois	Loir-et-Ch.
Mavilly, 1	Beaune	Côte-d'Or
Max (St.-), $\frac{3}{4}$	Nancy	Meurthe
Maxent, 5 $\frac{1}{2}$	Montfort	Ille-et-Vil.
Maxent (St.-), 5 $\frac{1}{2}$	Abbeville	Somme
Maxéville, $\frac{1}{2}$	Nancy	Meurthe
Maxey, 2 $\frac{3}{4}$	Neufchâteau	Vosges
Maxey-sur-Vaize, 7 $\frac{1}{2}$	Commercy	Meuse
Maxilly-sur-Saône, 7	Dijon	Côte-d'Or
Maxime (St.-), 10 $\frac{1}{4}$	Draguignan	Var
Maximin (St.-), 1 $\frac{1}{4}$	Uzès	Gard
Maximin (St.-), 8 $\frac{1}{2}$	Grenoble	Isère
Maximin (St.-), 3	Senlis	Oise
Maximin (St.-), * 4	Brignoles	Var
Maxire (St.-), 1 $\frac{1}{2}$	Niort	2 Sèvres
Maxou, 3	Cahors	Lot
Maxtatt, 5	Sarreguemines	Moselle
May, 2	Caen	Calvados
May *, 4 $\frac{1}{2}$	Meaux	Seine-et-M.
Mayac, 4 $\frac{1}{2}$	Périgueux	Dordogne
MAYENNE *	ch.-l. d'arr., 67	Mayenne
Mayet, 6	La Flèche	Sarthe
Mayet-de-Montagne, 5 $\frac{1}{2}$	La Palisse	Allier
Mayet-des-Colles, 2	Gannat	Allier
Mayeux (St.-) 5 $\frac{3}{4}$	Loudéac	Côtes-du-N.
Maylis, 3 $\frac{1}{2}$	St.-Sever	Landes
Maynac, 3	Bordeaux	Gironde
Mayot, 6 $\frac{1}{4}$	Laon	Aisne
Mayran, 7	Rodez	Aveiron
Mayrègue, 8 $\frac{3}{4}$	St.-Gaudens	H.-Garonne
Mayres, 7 $\frac{1}{4}$	Argentière	Ardèche
Mayreville, 4 $\frac{1}{2}$	Castelnaudary	Aude
Mayronnes, 6	Carcassonne	Aude
Maysel, 4	Senlis	Oise
Mazamet *, 4 $\frac{1}{4}$	Castres	Tarn
Mazan, 9 $\frac{1}{2}$	Argentière	Ardèche
Mazan, 1 $\frac{1}{2}$	Carpentras	Vaucluse
Mazangé, 2 $\frac{1}{4}$	Vendôme	Loir-et-Ch.
Mazaugues, 4	Brignoles	Var
Mazaye, 5	Clermont	Puy-de-Dô.
Mazé, 4	Baugé	Maine-et-L.
Mazeché, 7	Mamers	Sarthe

Communes.	Arrondissem.	Départem.
Mazeirat, 6	Boussac	Creuse
Mazeirat, 2 $\frac{1}{2}$	Guéret	Creuse
Mazeire (la), 5 $\frac{3}{4}$	Aubusson	Creuse
Mazeley, 3	Epinal	Vosges
Mazerat-Aurouze, 5 $\frac{1}{2}$	Brioude	H.-Loire
Mazeray, 1	St.-Jean-d'Angely	Char.-Inf.
Mazère (la), 4	Condom	Gers
Mazère (la), 2	Mirande	Gers
Mazères, 4	Pamiers	Ariége
Mazères, 4 $\frac{1}{2}$	St.-Gaudens	H.-Garonne
Mazères, 2 $\frac{1}{4}$	Bazas	Gironde
Mazères, 1	Pau	B.-Pyrén.
Mazères, 10 $\frac{1}{2}$	Bagnères	H.-Pyrén.
Mazères-Camp peils, 3 $\frac{1}{2}$	Auch	Gers
Mazerettes, $\frac{3}{4}$	Mirande	Gers
Mazerier, 1	Gannat	Allier
Mazermy, 6	Vouziers	Ardennes
Mazeroles, 4 $\frac{1}{2}$	Limoux	Aude
Mazeroles 4 $\frac{1}{4}$	Villefranche	Aveiron
Mazeroles, 5	Tarbes	H.-Pyrén.
Mazerolles, 8	Confolens	Charente
Mazerolles, 6	Saintes	Char.-Inf.
Mazerolles, 3 $\frac{1}{4}$	Besançon	Doubs
Mazerolles, 1 $\frac{1}{4}$	Mont-de-Marsan	Landes
Mazerolles, 7	Orthez	B.-Pyrén.
Mazerolles, 3	Montmorillon	Vienne
Mazerulles, 2 $\frac{1}{2}$	Château-Salins	Meurthe
Marzeuil, 5 $\frac{1}{4}$	Loudun	Vienne
Mazeyrat-Crispinhac, 6 $\frac{3}{4}$	Brioude	H.-Loire
Mazeyrolles, 7	Sarlat	Dordogne
Mazière-Basse (la), 4 $\frac{3}{4}$	Ussel	Corrèze
Mazière-Haute (la), 4 $\frac{3}{4}$	Ussel	Corrèze
Mazière-en-Gatine, 3 $\frac{3}{4}$	Parthenay	2 Sèvres
Mazières (les), 3	Villefranche	Aveiron
Mazières, 6	Chinon	Indre-et-L.
Mazières (*Duravel*), 10	Cahors	Lot
Mazières, 7 $\frac{1}{4}$	Villeneuve-d'Agen	Lot-et-Gar.
Mazières, 6	Beaupréau	Maine-et-L.
Mazières, 1	Melle	2 Sèvres
Mazille (*Isnay*), 7 $\frac{1}{2}$	Château-Chinon	Nièvre
Mazille, 5 $\frac{1}{2}$	Mâcon	Saône-et-L.
Mazingarbe, 2 $\frac{1}{2}$	Béthune	Pas-de-Cal.
Mazinghem, 6 $\frac{1}{4}$	Béthune	Pas-de-Cal.
Mazinghien, 9	Cambrai	Nord
Mazion, 1 $\frac{1}{4}$	Blaye	Gironde
Mazirat, 3	Montluçon	Allier
Mazirot, 1	Mirecourt	Vosges
Mazis (le), 10	Amiens	Somme
Mazoire, 8	Issoire	Puy-de-Dô.
Mazouau, 7 $\frac{1}{2}$	Bagnères	H.-Pyrén.
Mazous, 4 $\frac{3}{4}$	Mirande	Gers
Mazouzière (la) (*St.-Quentin*), 6	Domfront	Orne
Mazubi, 14 $\frac{1}{4}$	Limoux	Aude
Mazural (Faux), 1	Bourganeuf	Creuse
Mazure (la) (*Chanu*), 5	Domfront	Orne
Mazures (les), 3 $\frac{1}{2}$	Mézières	Ardennes
Mazzola, 3 $\frac{1}{2}$	Corte	Corse
Méailles, 13	Castellanne	B.-Alpes
Meallet, 2 $\frac{3}{4}$	Mauriac	Cantal
Méandre, 6 $\frac{1}{2}$	Grenoble	Isère
Méard (St.-), 6 $\frac{1}{2}$	Limoges	H.-Vienne
Meard-de-Drône (St.-), 2 $\frac{1}{4}$	Riberac	Dordogne

Communes.	Arrondissem.	Départem.	Communes.	Arrondissem.	Départem.
Méard-de-Gurson (St.-), 7 1/4	Bergerac	Dordogne	Mées (les), 2	Mamers	Sarthe
Méasnes, 7 1/4	Guéret	Creuse	Mégange (*Guinkirchen*), 5	Metz	Moselle
Meaucé, 6 1/2	Nogent-le-Rotrou	Eure-et-L.	Mégrigny, 5	Arcis-sur-Aube	Aube
Meauce, 3 2/3	Nevers	Nièvre	Mégrit, 5	Dinan	Côtes-du-N.
Meauffe (la), 2	St.-Lô	Manche	Meguillaume, 6	Argentan	Orne
Méaugeon (la), 1 1/2	St.-Brieuc	Côtes-du-N.	Méharicourt, 6	Montdidier	Somme
Méaulte, 6	Péronne	Somme	Méharin, 9	Bayonne	B.-Pyrén.
Méautis, 6 1/2	St.-Lô	Manche	Méhers, 8	Blois	Loir-et-Ch.
MEAUX *	ch.-l d'ar., 12	Seine-et-M.	Méheudin, 1 3/4	Argentan	Orne
Mécé, 4 1/2	Vitré	Ille-et-Vil.	Méhoncourt, 3 1/2	Lunéville	Meurthe
Mechers, 7	Saintes	Char.-Inf.	Méhoudin, 5 3/4	Domfront	Orne
Mechmont, 4	Cahors	Lot	Méhun-sur-Indre, 3 1/4	Châteauroux	Indre
Méchy (*Sanry-les-Vigy*), 2 1/2	Metz	Moselle	Méhun-sur-Yèvre *, 4 1/2	Bourges	Cher
Mécleuves, 2 1/2	Metz	Moselle	Meiguane (la), 2	Angers	Maine-et-L.
Mecquignies, 5 2/3	Avesnes	Nord	Meigné, 5	Baugé	Maine-et-L.
Mécrin, 2	Commercy	Meuse	Meigné, 2 2/3	Saumur	Maine-et-L.
Mécringes, 9	Epernay	Marne	Meigneux, 4 1/2	Provins	Seine-et-M.
Médan, 4	Versailles	Seine-et-O.	Meigneux, 8	Amiens	Somme
Médard (St.-), 7 1/4	Angoulême	Charente	Meilhac, 7	Montmorillon	Vienne
Médard (St.-), 1	Barbezieux	Charente	Meilhan, 2 1/2	Auch	Gers
Médard (St.-), 2 1/2	Jonzac	Char.-Inf.	Meilhan, 5	St.-Sever	Landes
Médard (St.-), 3 2/3	La Rochelle	Char.-Inf.	Meilhan, 3	Marmande	Lot-et-G.
Médard (St.-), 2 1/2	Aubusson	Creuse	Meilhard, 11 1/4	Tulle	Corrèze
Médard (St.-), 8 1/4	Périgueux	Dordogne	Meilhaud, 2	Issoire	Puy-de-Dô.
Médard (St.-), 9	Riberac	Dordogne	Meilhe (St.-) (*Escalens*), 12	Mont-de-Marsan	Landes
Médard (St.-), 1 1/2	St.-Gaudens	H.-Garonne	Meilhac, 9	St-Malo	Ille-et-Vil.
Médard (St.-), 1 1/2	Mirande	Gers	Meilhac (*Lannecaube*), 7	Pau	B.-Pyrén.
Médard (St.-) *, 5	Libourne	Gironde	Meilhac, 6	St.-Yrieix	H.-Vienne
Médard (St.-), 9 1/2	Châteauroux	Indre	Meilhan, 4 1/2	Lombez	Gers
Médard (St.-), 5 1/4	Montbrison	Loire	Meillant, 1 3/4	St.-Amand	Cher
Médard (St.-), 4	Cahors	Lot	Meillard, 5	Moulins	Allier
Médard (St.-), 6	Agen	Lot-et-G.	Meillars, 7 1/2	Quimper	Finistère
Médard (St.-), 4	Château-Salins	Meurthe	Meillant, 3 1/4	Doullens	Somme
Médard (St.-), 4 1/2	Orthez	B.-Pyrén.	Meilleray, 6 2/3	Coulommiers	Seine-et-M.
Médard (St.-), 2 1/2	Melle	2 Sèvres	Meilleraye (la), 4 1/4	Châteaubriant	Loire-Inf.
Médard-d'Eyrans (St.-), 4	Bordeaux	Bordeaux	Meillet, 4 1/2	Moulins	Allier
Médard-de-Beauce (St.-), 1/2	Mont-de-Marsan	Landes	Meillon, 1 1/2	Pau	B.-Pyrén.
			Meillonnas, 2	Bourg	Ain
			Meilly-sur-Rouvres, 9	Beaune	Côte-d'Or
Médard-de-Nicourbi (St.-), 4 2/3	Figeac	Lot	Meinarguettes, 6	Brignoles	Var
			Metraunes, 4 1/2	Alais	Gard
Médard-de-Presque (St.-), 8 1/4	Figeac	Lot	Meisendhal, 7	Sarreguemines	Moselle
			Meissengott, 5 1/4	Schélestatt	Bas-Rhin
			Meissies, 4	Vienne	Isère
Médard-des-Prés (St.-), 1/2	Fontenay-le-Comte	Vendée	Meistratzheim, 5 1/2	Schelestatt	B.-Rhin
			Meix (le), 7 1/2	Dijon	Côte-d'Or
Médard-en-Galle (St.-), 3 1/4	Bordeaux	Gironde	Meix (Grand et Petit), 7 1/2	Dôle	Jura
			Meix St.-Epoing (le), 11	Epernay	Marne
Médard-la-Garenie (St.-), 3 1/2	Figeac	Lot	Meix-Tiercelin (le), 5 1/2	Vitry-le-Français	Marne
Médard-sur-Ille (St.-), 6	Rennes	Ille-et-Vil.	Mejeannes-le-Clap, 5 1/2	Alais	Gard
Médavi, 2 1/2	Argentan	Orne	Mejeannes-les-Alais, 1 1/2	Alais	Gard
Mediere, 5 1/2	Baume	Doubs	Mela, 2 1/2	Sartène	Corse
Médillac, 6	Barbezieux	Charente	Mélac (*Sauvignac*), 7	Barbezieux	Charente
Médis, 6	Saintes	Char.-Inf.	Mélagnes, 8 1/2	St-Affrique	Aveyron
Medonville, 4	Neufchâteau	Vosges	Melai, 6	Beaupréau	Maine-et-L.
Medréac, 5	Montfort	Ille-et-Vil.	Melain-la-Campagne (St.-), 4 1/2	Evreux	Eure
Mée, 3	Château-Gontier	Mayenne			
Mée (le), 1/2	Melun	Seine-et-M.	Melaine (St.-), 1/2	Pont-l'Evêque	Calvados
Méen (St.-), 5 1/4	Brest	Finistère	Melaine (St.-), 3 1/2	Vitré	Ille-et-Vil.
Méen (St.-), 5	Montfort	Ille-et-Vil.	Melaine (St.-), 5	Angers	Maine-et-L.
Mées (les), 7	Digne	B.-Alpes	Mélamare, 7	Le Havre	Seine-Inf.
Mées, 1 1/4	Dax	Landes	Melan, 6	Digne	B.-Alpes

Communes.	Arrondissem.	Départem.	Communes.	Arrondissem.	Départem.
Melanfroy (*Pecy*), 6 ½	Provins	Seine-et-M.	Mémenil, 3 ½	Epinal	Vosges
Melany (St.-), 4	Argentière	Ardèche	Memer, 3 ¼	Villefranche	Aveiron
Melay. *Voy.* Meslay			Memin (St.-), 8	Semur	Côte-d'Or
Melcey, 7 ¼	Lure	H.-Saône	Memmie (St.-), ¼	Châlons-sur-Marne	Marne
Melease, 3	Rennes	Ille-et-Vil.			
Melgven, 5 ¼	Quimperlé	Finistère	Mémon, 13 ½	Montbéliard	Doubs
Mélicoq, 2	Compiégne	Oise	Menade, 2 ½	Avallon	Yonne
Mélicoq (le Petit) (*Mélicoq*), 2	Compiégne	Oise	Menarmont, 8 ¾	Epinal	Vosges
			Menars *, 2 ¼	Blois	Loir-et-Ch.
Mélicourt, 6 ½	Bernay	Eure	Menat, 7	Riom	Puy-de-Dô.
Mélignière (*Joiselle*), 11	Epernay	Marne	Meuaucourt, 5	Bar-le-Duc	Meuse
Meligny-le-Grand, 3 ½	Commercy	Meuse	Mencas, 9	Montreuil	Pas-de-Cal.
Meligny-le-Petit, 4	Commercy	Meuse	Menchoffen, 5	Saverne	Bas-Rhin
Melin, 8	Vesoul	H.-Saône	MENDE*,	ch.-l. de dép.145	Lozère
Melia-sous-Orches (*Auxy le-Grand*), 3 ½	Beaune	Côte-d'Or	Mendibieu, 1	Mauléon	B.-Pyrén.
			Mendionde, 6 ½	Bayonne	B.-Pyrén.
Melincourt, 12	Lure	H.-Saône	Menditte, 2	Mauléon	B.-Pyrén.
Mélionec, 10 ½	Loudéac	Côtes-du-N.	Mendive, 10 ¾	Mauléon	B.-Pyrén.
Meliscy, 3	Lure	H.-Saône	Mendousse, 10 ½	Pau	B.-Pyrén.
Melisey, 2 ¼	Tonnerre	Yonne	Mendy, 2	Mauléon	B.-Pyrén.
Meljac, 8 ¼	Rodez	Aveiron	Méuéac, 7 ¼	Ploërmel	Morbihan
Mellac, 1	Quimperlé	Finistère	Meneble, 6 ½	Châtillon	Côte-d'Or
Mellé, 4	Fougères	Ille-et-Vil.	Menecle (la), 12	Barbezieux	Charente
MELLE *	ch.-l. d'arr., 106	2 Sèvres	MENÉHOULD (STE.-),	ch.-l. d'arr., 55	Marne
Mellecey, 2 ¾	Châlons	Saône-et-L.	Ménélies, 6 ¾	Abbeville	Somme
Mellerai, 5	Domfront	Orne	Menerhes, 4 ½	Apt	Vaucluse
Melleran, 3 ¾	Melle	2 Sèvres	Meuerval, 7 ¼	Neufchâtel	Seine-Inf.
Melleray, 4 ½	Mayenne	Mayenne	Menesplet, 10	Riberac	Dordogne
Melleray, 10 ½	Mamers	Sarthe	Menesqueville, 3	Les Andelys	Eure
Melleraye (la), 8 ¼	Fontenay-le-Comte	Vendée	Ménessaire, 15	Beaune	Côte-d'Or
			Méuestreau, 5 ½	Orléans	Loiret
Melleroy, 7	Montargis	Loiret	Menet, 6 ½	Mauriac	Cantal
Melles, 8 ¾	St.-Gaudens	H.-Garonne	Ménetou, 4	Romorantin	Loir-et-Ch.
Melleville, 7 ½	Dieppe	Seine-Inf.	Méueton-Ratel, 2 ½	Sancerre	Cher
Mellier-Fontaine, 2	Mézières	Ardennes	Ménetou-Salon, 5	Bourges	Cher
Mello, 4	Senlis	Oise	Ménetoux, 9 ¼	Issoudun	Indre
Méloir (St.-), 4	Dinan	Côtes-du-N.	Menetréau, 4 ¾	Cosne	Nièvre
Meloir (St.-), (*Quebriac*), 6 ½	Rennes	Ille-et-Vil.	Ménétréol, 6 ½	Châteauroux	Indre
			Ménétréol-sur-Sauldre, 11 ½	Sancerre	Cher
Méloir-des-Ondes (St.-), 2 ½	St.-Malo	Ille-et-Vil.			
			Ménétréol-en-Sancerre, ½	Sancerre	Cher
Méloisey, 1 ¼	Beaune	Côte-d'Or	Menetreuil, 2 ¾	Louhans	Saône-et-L.
Mélon (*Porspoder*), 6 ½	Brest	Finistère	Menetreux-le-Pitois, 4	Semur	Côte-d'Or
Melouze (la), 3	Alais	Gard	Menetrol, 1	Riom	Puy-de-Dô.
Melrand, 4 ½	Pontivy	Morbihan	Menetrux, 3 ¾	Lons-le-Saulnier	Jura
Mels, 11	Espalion	Aveiron			
Melsheim, 3 ¼	Saverne	Bas-Rhin	Menetrux-en-Joux, 6 ¼	Lons-le-Saulnier	Jura
MELUN *,	ch.-l. de dép. 12	Seine-et-M.			
Melves, 6	Sisteron	B.-Alpes	Ménévillers, 6	Clermont	Oise
Melz, 5 ½	Provins	Seine-et-M.	Menge (St.-), 3 ½	Mirecourt	Vosges
Melzac, 9 ¼	Rodez	Aveiron	Menges (St.-), 1	Sedan	Ardennes
Melzicourt, 3	Ste.-Menehould	Marne	Menigonte, 3 ¾	Parthenay	2 Sèvres
Memain (St.-), 7	Arcis-sur-Aube	Aube	Ménil, 6	Beaupréau	Maine-et-L.
Memain (St.-), 12	Périgueux	Dordogne	Ménil (le) (*Broussy-le-Grand*), 8	Epernay	Marne
Membrey, 6	Gray	H.-Saône			
Membrolle (la) (*Mettray*), 1 ½	Tours	Indre-et-L.	Ménil (*Clesles*), 14 ½	Epernay	Marne
			Ménil (*Festigny-les-Hameaux*), 4	Epernay	Marne
Membrolle (la), 3	Angers	Maine-et-L.			
Membrolles, 13 ½	Blois	Loir-et-Ch.	Ménil (le) (*Granges*), 13 ½	Epernay	Marne
Même (St.-), 3 ¼	Cognac	Charente			
Même (St.-), 2	St.-Jean-d'Angely	Char.-Inf.	Ménil (*Villeneuve-la-Lyonne*), 11 ¼	Epernay	Marne
Même (St.-), 7 ½	Nantes	Loire-Inf.	Ménil, 1 ½	Château-Gontier	Mayenne
Même (St.-), 3 ½	Meaux	Seine-et-M.			
Même (Ste.-), 5	Rambouillet	Seine-et-O.	Ménil, 4	Verdun	Meuse
Mémelshoffen, 4 ½	Haguenau	Bas-Rhin	Ménil (le) (*Cuisse-la-Motte*), 4 ½	Compiègne	Oise

Communes.	Arrondissem.	Départem.
Ménil, 1 $\frac{3}{4}$	St.-Pol	Pas-de-Cal.
Ménil (le), 5 $\frac{1}{2}$	Meaux	Seine-et-M.
Ménil (le) (*Ormoi*), 1 $\frac{1}{4}$	Etampes	Seine-et-O.
Ménil (*Bouray*), 4 $\frac{1}{4}$	Etampes	Seine-et-O.
Ménil (*Villeneuve-sur-Auvers*), 1 $\frac{1}{2}$	Etampes	Seine-et-O.
Ménil (le), 8 $\frac{3}{4}$	Le Hâvre	Seine-Inf.
Ménil (le), 6	Neufchâtel	Seine-Inf.
Ménil (le), 7	Péronne	Somme
Ménil, 8 $\frac{1}{4}$	Epinal	Vosges
Ménil (*Evaux*), 3 $\frac{1}{2}$	Mirecourt	Vosges
Ménil (le), 7	Remiremont	Vosges
Ménil, 4	St.-Dié	Vosges
Ménil-Adelée (le), 3 $\frac{1}{4}$	Mortain	Manche
Ménil-Amand, 5 $\frac{1}{2}$	Coutances	Manche
Ménil-Amey (le), 2 $\frac{1}{2}$	St.-Lô	Manche
Ménil-Angot (le), 4	St.-Lô	Manche
Ménil-Annelles, 2 $\frac{1}{2}$	Rethel	Ardennes
Ménil-Aubert, 3 $\frac{1}{4}$	Coutances	Manche
Menil-Aubry, 7	Pontoise	Seine-et-O.
Ménil-Augrain, 6	Caen	Calvados
Ménil-Auval (le), 2 $\frac{3}{4}$	Cherbourg	Manche
Ménil-aux-Bois, 3 $\frac{1}{4}$	Commercy	Meuse
Ménil-Bacley (le), 4 $\frac{1}{2}$	Lisieux	Calvados
Ménil-Benoit, 2 $\frac{1}{4}$	Vire	Calvados
Ménil-Bérard (le), 6	Mortagne	Orne
Ménil-Blondel (le) (*St.-Aubin*), 3	Versailles	Seine-et-O.
Menil-Bœufs (le), 4	Mortain	Manche
Ménil-Bonant, 5 $\frac{1}{2}$	Coutances	Manche
Ménil-Broult (le), 3	Alençon	Orne
Ménil-Bruntel (le), 1 $\frac{1}{2}$	Péronne	Somme
Ménil-Caussais, 2 $\frac{3}{4}$	Vire	Calvados
Ménil-Ciboult, 6 $\frac{1}{2}$	Domfront	Orne
Ménil-Conteville (le), 6	Beauvais	Oise
Ménil-David, 3 $\frac{1}{2}$	Neufchâtel	Seine-Inf.
Ménil-de-Briouze (le), 8	Argentan	Orne
Ménil-Drey (le), 4 $\frac{3}{4}$		
Ménil-Durand (le), 3 $\frac{1}{4}$	Lisieux	Calvados
Ménil-Durand (le), 1 $\frac{1}{2}$	St.-Lô	Manche
Ménil-Durdent (le), 5 $\frac{1}{2}$	Yvetot	Seine-Inf.
Ménil-Durécu (le), 5 $\frac{3}{4}$	Rouen	Seine-Inf.
Ménil-en-Xintois, 3	Mirecourt	Vosges
Ménil-Erreux, 3 $\frac{1}{4}$	Alençon	Orne
Ménil-Esnard (le), 1 $\frac{3}{4}$	Rouen	Seine-Inf.
Ménil-Eudes (le), 2	Lisieux	Calvados
Ménil-Eudin, 10	Amiens	Somme
Ménil-Eury (le), 3 $\frac{1}{4}$	St.-Lô	Manche
Ménil-Follemprise, 4 $\frac{1}{4}$	Dieppe	Seine-Inf.
Ménil-Fourni (le (*Cérisi*), 5	Domfront	Orne
Ménil-Frementel, 1 $\frac{1}{2}$	Caen	Calvados
Ménil-Froger, 6 $\frac{1}{2}$	Argentan	Orne
Ménil-Fuguet (le), 1 $\frac{1}{2}$	Evreux	Eure
Ménil-Garnier, 6 $\frac{1}{4}$	Coutances	Manche
Ménil-Geoffroy (le), 6	Yvetot	Seine-Inf.
Ménil-Germain (le), 3	Lisieux	Calvados
Ménil-Gilbert (le), 3	Mortain	Manche
Ménil-Girault (*Boissi-la-Rivière*), 1 $\frac{1}{2}$	Etampes	Seine-et-O.
Ménil-Glaise, 3 $\frac{1}{2}$	Argentan	Orne
Ménil-Gondouin, 5 $\frac{1}{2}$	Argentan	Orne
Ménil-Gremichon (le) (*St.-Martin-du-Vivier*), 1 $\frac{1}{2}$	Rouen	Seine-Inf.
Ménil-Guillaume (le), 2	Lisieux	Calvados
Ménil-Guyon (le), 8 $\frac{3}{4}$	Alençon	Orne
Ménil-Hardray (le), 4 $\frac{1}{4}$	Evreux	Eure
Ménil-Herman (le), 3	St.-Lô	Manche
Ménil-*Hermei*, 6	Argentan	Orne
Ménil-Hubert, 4 $\frac{1}{2}$	Argentan	Orne
Ménil-Hubert-sur-Orne, 9 $\frac{1}{2}$	Domfront	Orne
Ménil-Hue, 5 $\frac{3}{4}$	Coutances	Manche
Ménil-Imbert, 4	Argentan	Orne
Ménil-Jean, 4 $\frac{1}{2}$	Argentan	Orne
Ménil-Jourdain (le), 1 $\frac{3}{4}$	Louviers	Eure
Ménil-la-Comtesse, 1 $\frac{1}{2}$	Arcis-sur-Aube	Aube
Ménil-la-Horgne, 2 $\frac{1}{4}$	Commercy	Meuse
Ménil-la-Tour, 2 $\frac{1}{2}$	Toul	Meurthe
Ménil-le-Roi (le), 4	Versailles	Seine-et-O.
Ménil-Lépinois, 3 $\frac{1}{4}$	Rethel	Ardennes
Ménil-Lettre, 4	Arcis-sur-Aube	Aube
Ménil-lès-la-Caure (le) (*La Caure*), 4 $\frac{1}{4}$	Epernay	Marne
Ménil-Mauger (le), 4 $\frac{1}{4}$	Lisieux	Calvados
Ménil-Mauger, 3 $\frac{1}{4}$	Neufchâtel	Seine-Inf.
Ménil-Mitry (le), 6	Nancy	Meurthe
Ménil-Montant (*Belle*-ville), 1 $\frac{3}{4}$	St.-Denis	Seine
Ménil-o-Zouf*, 4 $\frac{1}{2}$	Vire	Calvados
Ménil-Opac (le), 3 $\frac{1}{4}$	St.-Lô	Manche
Ménil-Oury (le), 4 $\frac{1}{4}$	Lisieux	Calvados
Ménil-Ozenne (le), 3 $\frac{1}{4}$	Avranches	Manche
Ménil-Patry, 3	Caen	Calvados
Ménil-Rainfray (le),	Mortain	Manche
Ménil-Raoult (le), 2 $\frac{1}{4}$	St.-Lô	Manche
Ménil-Raoult (le), 4 $\frac{1}{4}$	Rouen	Seine-Inf.
Ménil-Réaume, 7	Dieppe	Seine-Inf.
Ménil-Robert, 2	Vire	Calvados
Ménil-Rogues, 6	Coutances	Manche
Ménil-Rousset, 7	Bernay	Eure
Ménil-Rouxelin (le), 1 $\frac{1}{2}$	St.-Lô	Manche
Ménil-Rury (le), 3 $\frac{1}{2}$	Yvetot	Seine-Inf.
Ménil-St.-Denis (le), 5	Senlis	Oise
Ménil-St.-Denis (le), 5	Rambouillet	Seine-et-O.
Ménil-St.-Firmin (le), 7	Clermont	Oise
Ménil-St.-George (*Ervy*), 7 $\frac{1}{4}$	Troyes	Aube
Ménil-St.-George, 1 $\frac{1}{2}$	Montdidier	Somme
Ménil-St.-Germain, 2 $\frac{1}{4}$	Dieppe	Seine-Inf.
Ménil-St.-Laurent, 1 $\frac{1}{4}$	St.-Quentin	Aisne
Ménil-St.-Martin (le), 6	Valognes	Manche
Ménil-St.-Nicaise-le-Grand, 4 $\frac{1}{2}$	Péronne	Somme
Ménil-St.-Père, 4 $\frac{3}{4}$	Troyes	Aube
Ménil-Sauval (*Auffay*), 6	Dieppe	Seine-Inf.
Ménil-Scelleur (le), 8 $\frac{1}{4}$	Alençon	Orne
Ménil-Sellières, 2 $\frac{1}{2}$	Troyes	Aube
Ménil-Simon (le), 2 $\frac{3}{4}$	Lisieux	Calvados
Ménil-Simon, 5 $\frac{3}{4}$	Dreux	Eure-et-L.
Ménil-sous-Bazoille, 1 $\frac{3}{4}$	Mirecourt	Vosges
Ménil-sous-Harol, 6 $\frac{1}{2}$	Mirecourt	Vosges
Ménil-sous-Jumièges (le), 6 $\frac{1}{2}$	Rouen	Seine-Inf.
Ménil-sous-Vienne, 5	Les Andelys	Eure
Ménil-sur-Blangy (le), 1 $\frac{1}{2}$	Pont-l'Evêque	Calvados
Ménil-sur-Bulles (le), 3 $\frac{1}{2}$	Clermont	Oise
Ménil-sur-Lestrée, 8 $\frac{1}{2}$	Evreux	Eure
Ménil-sur-Oger (le), 2 $\frac{3}{4}$	Epernay	Marne

Communes.	Arrondissem.	Départem.	Communes.	Arrondissem.	Départem.
Ménil-sur-Sanx, 5	Bar-le-Duc	Meuse	Mer*, 5	Blois	Loir-et-Ch.
Ménil-Thébault (le), 4 1/4	Mortain	Manche	Mer (la) (*Faucogney*), 6	Lure	H.-Saône
Ménil-Théribus (le), 6	Beauvais	Oise	Meracq, 9 1/2	Orthez	B.-Pyrén.
Ménil-Thomas, 6 1/2	Dreux	Eure-et-L.	Méral, 6 1/2	Château-Gontier	Mayenne
Ménil-Touffray (le), 4 1/4	Falaise	Calvados	Méras, 7 1/4	Pamiers	Ariége
Ménil-Tove (le), 2	Mortain	Manche	Merammont, 1/2	Briey	Moselle
Ménil-Véneron (le), 4	St.-Lô	Manche	Mercatel, 1 1/2	Arras	Pas-de-Cal.
Ménil-Verclives, 2	Les Andelys	Eure	Mercenac, 1 1/2	St.-Girons	Ariége
Ménil-Vicomte, 6 1/2	Argentan	Orne	Mercœil, 2	Beaune	Côte-d'Or
Ménil-Vigot (le), 4	St.-Lô	Manche	Mercey, 5 1/2	Evreux	Eure
Ménil-Villeman, 6 1/2	Coutances	Manche	Mercey, 7 1/2	Vesoul	H.-Saône
Ménil-Vilment (le), 3 1/4	Falaise	Calvados	Mercey-le-Grand, 6 1/2	Besançon	Doubs
Ménil-Vin, 7	Argentan	Orne	Mercey-sur-Saône, 4 1/2	Gray	H.-Saône
Ménil-Voisin (*Auvers*), 2 1/4	Etampes	Seine-et-O.	Mercières (La Croix-St.-Ouen), 1 1/2	Compiègne	Oise
Ménilles, 5	Evreux	Eure	Mercin, 1	Soissons	Aisne
Ménilot, 1 1/4	Toul	Meurthe	Mercœur, 9 1/2	Tulle	Corrèze
Ménils (les), 8	Nancy	Meurthe	Mercœur, 3 1/4	Brionde	H.-Loire
Ménitrée (la) (*St.-Mathurin*), 5	Angers	Maine-et-L.	Mercq-St.-Liévin*, 4	St.-Omer	Pas-de-Cal.
Ménitréol, 3 1/2	Issoudun	Indre	Mercuer, 7 1/2	Privas	Ardèche
Mennessis, 9	Laon	Aisne	Mercués, 2	Cahors	Lot
Mennecy, 2 1/2	Corbeil	Seine-et-O.	Mercurey, 3 1/4	Châlons	Saône-et-L.
Mennerville, 3	Mantes	Seine-et-O.	Mercurio, 3	Corte	Corse
Mennetou, 9 1/2	St.-Amand	Cher	Mercurol, 7 1/4	Valence	Drôme
Menneval, 1	Bernay	Eure	Mercus, 3	Foix	Ariége
Mennevieux (*Molagny*), 10 1/4	Neufchâtel	Seine-Inf.	Mercy, 5	Moulins	Allier
			Mercy, 5	Joigny	Yonne
Menneville, 9	Laon	Aisne	Mercy-le-Bas, 4	Briey	Moselle
Menneville, 4 1/2	Boulogne	Pas-de-Cal.	Mercy le Haut, 3	Briey	Moselle
Mennevret, 8	Vervins	Aisne	Mercy-le-Haut, 1 1/4	Metz	Moselle
Ménoire, 6 1/2	Tulle	Corrèze	Merd (St.-), 6 1/2	Tulle	Corrèze
Menois (les) (*Rouilly-St.-Loup*), 2	Troyes	Aube	Merd-la-Breuille (St.-), 8	Aubusson	Creuse
Menomblet, 8	Fontenay-le-Comte	Vendée	Merd-lès-Oussines (St.-), 5 1/4	Ussel	Corrèze
Menoncourt, 1 1/4	Belfort	Haut-Rhin	Merdignac, 6 1/4	Loudéac	Côtes-du-N.
Menotey, 2	Dôle	Jura	Méré, 4 1/2	Rambouillet	Seine-et-O.
Menou (le), 7 1/2	Châteauroux	Indre	Méré, 3	Auxerre	Yonne
Menou, 5 1/4	Clamecy	Nièvre	Mère - Église (Ste.-)*, 4 1/4	Valognes	Manche
Menouille, 10	Lons-le-Saulnier	Jura	Méréau, 8 1/4	Bourges	Cher
Menouval, 1	Neufchâtel	Seine-Inf.	Méréaucourt, 7 1/2	Amiens	Somme
Menouville, 3	Pontoise	Seine-et-O.	Méréglise, 6 1/2	Chartres	Eure-et-L.
Menoux (St.-), 4	Moulins	Allier	Mérélessart, 5	Abbeville	Somme
Menoux, 6 1/2	Vesoul	H.-Saône	Mérens, 12 1/2	Foix	Ariége
Mens*, 12 1/2	Grenoble	Isère	Mérens, 3 1/4	Auch	Gers
Mensignac, 3 1/2	Périgueux	Dordogne	Merenil, 11 1/2	Gap	H.-Alpes
Menskirch (*Datstein*), 6 1/2	Thionville	Moselle	Méréville, 3	Nancy	Meurthe
			Méréville, 4	Etampes	Seine-et-O.
Menteyer, 2 1/4	Gap	H.-Alpes	Merey, 5 1/2	Evreux	Eure
Mentières, 1 1/2	St.-Flour	Cantal	Merey-lès-Vieilley, 3 1/4	Besançon	Doubs
Mentque, 2 1/4	St.-Omer	Pas-de-Cal.	Merey-sous-Montrond, 4 1/4	Besançon	Doubs
Menucourt, 2	Pontoise	Seine-et-O.			
Ménufamille, 5 1/4	Vienne	Isère	Merfy, 2	Rheims	Marne
Ménus (les), 7 1/2	Mortagne	Orne	Mergey, 3 1/2	Troyes	Aube
Menville, 5	Toulouse	H.-Garonne	Méri *Voy*. Mery ou Merry		
Méo..., 4	Brignoles	Var	Mérial, 15 1/2	Limoux	Aude
..., 5 1/2	Châteauroux	Indre	Merica, 6 1/2	Bastia	Corse
...as, 3	Barcelonnette	B.-Alpes	Méricourt, 4	Arras	Pas-de-Cal.
..., 4	Baugé	Maine-et-L.	Méricourt, 2 1/2	Mantes	Seine-et-O.
...les, 4	Castellane	B.-Alpes	Méricourt, 7	Amiens	Somme
..., 6 1/4	La Tour-du-Pin	Isère	Méricourt-l'Abbé, 7	Péronne	Somme
..., 7	Bourg	Ain			

Communes.	Arrondissem.	Départem.
Méricourt-sur-Somme, 6	Péronne	Somme
Mériel, 2	Pontoise	Seine-et-O.
Mérifons, 4 ¾	Lodève	Hérault
Mérignac, 5 ½	Cognac	Charente
Mérignac, 5	Jonzac	Char.-Inf.
Mérignac, 1 ¼	Bordeaux	Gironde
Mérignac, 7 ½	Figeac	Lot
Mérignac (*Rocamadour*) 7	Gourdon	Lot
Mérignas, 6	La Réole	Gironde
Mérignat, 4 ½	Nantua	Ain
Mérignat, 1 ¼	Bourganeuf	Creuse
Mérigneux (*Tartaras*), 6 ¼	St.-Etienne	Loire
Mérignies, 4	Lille	Nord
Mérigny, 3	Le Blanc	Indre
Mérigon, 2 ½	St.-Girons	Ariége
Mérilheu, 1	Bagnères	H.-Pyrén.
Mérillac, 8	Loudéac	Côtes-du-N.
Mérinchal, 6 ¼	Aubusson	Creuse
Mérindol, 4 ½	Nyons	Drôme
Mérindol, 8 ½	Apt	Vaucluse
Mérinville, 4 ¼	Montargis	Loiret
Mériot (le), 1	Nogent-sur-Seine	Aube
Méritein, 4 ¼	Orthez	B.-Pyrén.
Mérivaux, 5 ¼	Joigny	Yonne
Merkeghem, 6	Dunkerque	Nord
Merlan (*Noisy-le-Sec*), 2	St.-Denis	Seine
Merlande (*Chapelle-Gonaguet*), 3	Périgueux	Dordogne
Merlas, 8	La-Tour-du-Pin	Isère
Merlatière (la), 4	Bourbon-Vendée	Vendée
Merlaut, 1 ½	Vitry-le-Français	Marne
Merle, 7 ½	Montbrison	Loire
Merle, 4	Moissac	Tarn et Gar.
Merléac, 4 ½	Loudéac	Côtes-du-N
Merlebach, 6	Sarreguemines	Moselle
Merlerault (le), 5 ¾	Argentan	Orne
Merles, 3 ¼	Montmédy	Meuse
Merlévenez, 4	Lorient	Morbihan
Merlieux-Fouquerolles, 2 ½	Laon	Aisne
Merlimont, 4	Montreuil	Pas-de-Cal
Merlines, 4 ¼	Ussel	Corrèze
Mernel, 8	Redon	Ille-et-Vil.
Mérobert, 10	Rambouillet	Seine-et-O.
Méron, 5	Saumur	Maine-et-L.
Méronna, 4 ¼	Lons-le-Saulnier	Jura
Merosaglia, 3 ¾	Corte	Corse
Mérouville, 12 ½	Chartres	Eure-et-L.
Meroux, 1 ¼	Belfort	Haut-Rhin.
Merpins, 1 ½	Cognac	Charente
Merrey, ½	Bar-sur-Seine	Aube
Merrey, 9 ¾	Chaumont	H.-Marne
Merris, 2 ¾	Hazebrouck	Nord
Merry, 2 ½	Argentan	Orne
Merry-le-Sec, 4	Auxerre	Yonne
Merry-sur-Yonne, 6	Auxerre	Yonne

Communes.	Arrondissem.	Departem.
Mers, 2 ¼	La Châtre	Indre
Mers, 9 ¼	Abbeville	Somme
Merschweiller, 4	Thionville	Moselle
Mersinval (*Vernouillet*), 4 ½	Versailles	Seine-et-O.
Mersuaye (*Gévigney*), 6	Vesoul	H.-Saône
Merten, 9 ½	Thionville	Moselle
Mertrud, 3	Wassy	H.-Marne
Mertzen, 3 ¼	Altkirch	Haut-Rhin
Mertzwiller, 2	Hagnenau	Bas-Rhin
Méru *, 5 ¼	Beauvais	Oise
Mérneix-Forain, 6 ½	Florac	Lozère
Mérueix-Ville *, 6 ½	Florac	Lozère
Merval, 9	Soissons	Aisne
Merval, 8 ½	Neufchâtel	Seine-Inf.
Mervance, 5	Louhans	Saône-et-L.
Mervent, 2	Fontenay-le-Comte	Vendée
Merviel, 4 ¼	Foix	Ariége
Mervilla, 2	Toulouse	H.-Garonne
Merville, 4 ½	Toulouse	H.-Garonne
Merville *, 3 ¼	Hazebrouck	Nord
Merville-aux-Bois, 5	Montdidier	Somme
Merviller, 6	Lunéville	Meurthe
Mervilliers, 11	Chartres	Eure-et-L.
Mervou (St.-), 3	Montfort	Ille-et-Vil.
Merxheim, 4	Colmar	Haut-Rhin
Mery (*Premecy*), 3	Rheims	Marne
Méry, 6	Clermont	Oise
Méry, 6 ¼	Meaux	Seine-et-M.
Méry (St.-), 3	Melun	Seine-et-M.
Méry, 1 ½	Pontoise	Seine-et-O.
Méry-Corbon, 6	Lisieux	Calvados
Méry-ès-Bois, 9	Sancerre	Cher
Méry-sur-Cher, 10	Bourges	Cher
Méry-sur-Seine *, 4 ½	Arcis-sur-Aube	Aube
Merzer (le), 6	St.-Brieuc	Côtes-du-N.
Mésage (Notre-Dame de), 4 ½	Grenoble	Isère
Mésandans, 2	Baume	Doubs
Mésanger, 2 ½	Ancenis	Loire-Inf.
Mesbrecourt, 4 ¼	Laon	Aisne
Mescoules 3 ¼	Bergerac	Dordogne
Mesges (le), 5	Amiens	Somme
Mésières. *Voy*. Mézières		
Meslan, 9	Pontivy	Morbihan
Mesland, 6	Blois	Loir-et-Ch.
Meslay, 4 ½	Falaise	Calvados
Meslay, ¼	Vendôme	Loir-et-Ch.
Meslay, 9 ¼	Langres	H.-Marne
Meslay *, 5	Laval	Mayenne
Meslay, 5	Lure	H.-Saône.
Meslay-le-Grenet, 3 ¼	Chartres	Eure-et-L.
Meslay-le-Vidame, 8 ¼	Châteaudun	Eure-et-L.
Meslay-Outre-Loire, 11	Charolles	Saône-et-L.
Mesle-sur-Sarthe *, 6 ¼	Alençon	Orne
Meslière, 3 ½	Montbéliard	Doubs
Meslin, 4	St-Brieuc	Côtes-du-N.
Meslin-du-Bose (St.-), 6	Louviers	Eure
Meslon, 1 ¾	St.-Amand	Cher
Mesmay, 6 ¼	Besançon	Doubs

Communes.	Arrondissem.	Départem.
Mesme (St.-). *Voyez* Même		
Mesmin (St.-) (*St.-Hilaire et St.-Nicolas*), 2	Orléans	Loiret
Mesmin (St.-), 10	Fontenay-le-Comte	Vendée
Mesmont, 3 ½	Rethel	Ardennes
Mesmont, 5 ¼	Dijon	Côte-d'Or
Mesmoulins, 8	Le Hâvre	Seine Inf.
Mesnac, 2 ½	Cognac	Charente
Mesnay, 3	Poligny	Jura
Mesneux (les), 1 ½	Rheims	Marne
Mesnière (la), 2	Mortagne	Orne
Mesnières, 1 ¼	Neufchâtel	Seine-Inf.
Mesnil. *Voy.* Ménil		
Mesnillard (le), 2 ¼	Mortain	Manche
Mesnilles-Hurlus, 4	Ste-Menehould	Marne
Mesnoy, 3 ¼	Lons-le-Saulnier	Jura
Mesnuls (les), 3 ¼	Rambouillet	Seine-et-O.
Mespaul, 4	Morlaix	Finistère
Mesplede, 3	Orthez	B.-Pyrén.
Mesples, 4	Montluçon	Allier
Mespuits, 3	Etampes	Seine-et-O.
Mesquer, 11 ¼	Savenay	Loire-Inf.
Messac, 4	Jonzac	Char.-Inf.
Messac, 8	Redon	Ille-et-Vil.
Messais, 3 ¼	Loudun	Vienne
Messan (*Rouans*), 5	Paimbœuf	Loire-Inf.
Messanges, 4 ¼	Dijon	Côte-d'Or
Messanges, 8	Dax	Landes
Messangi, 7	Moulins	Allier
Messas, 5 ¼	Orléans	Loiret
Messé, 5 ¼	Melle	2 Sèvres
Messein, 3	Nancy	Meurthe
Messeix, 10 ¾	Clermont	Puy-de-Dô.
Messemé, 1 ½	Loudun	Vienne
Messeux, 3	Ruffec	Charente
Messey-sur-Grosne, 5 ½	Châlons	Saône-et-L.
Messia-le-Vignoble, 1	Lons-le-Saulnier	Jura
Messia-lès-Chambéria, 7 ¼	Lons-le-Saulnier	Jura
Messigny, 2	Dijon	Côte-d'Or
Messimy, 3 ½	Trévoux	Ain
Messimy, 3	Lyon	Rhône
Messincourt, 5	Sedan	Ardennes
Messon, 3 ¼	Troyes	Aube
Messy, 3 ¼	Meaux	Seine-et-M.
Mesterieux, 2 ¼	La Reole	Gironde
Mestes, 1 ¼	Ussel	Corrèze
Mestry, 6	Bayeux	Calvados
Mesvres, 3	Autun	Saône-et-L.
Métabief, 5 ¼	Pontarlier	Doubs
Métairies (les), 3	Cognac	Charente
Métairies-St.-Quirin, 3 ¼	Sarrebourg	Meurthe
Meteren, 3 ½	Hazebrouck	Nord
Methamis, 1 ½	Carpentras	Vaucluse
Metigny, 7 ½	Amiens	Somme
Metrich (*Kœnigsmaker*), 2 ½	Thionville	Moselle
Metting, 5 ¼	Sarrebourg	Meurthe

Communes.	Arrondissem.	Départem.
Mettray, 2	Tours	Indre-et-L.
METZ *,	ch.-l. de dép., 79	Moselle
Metz (le) (*Jouy-en-Josac*), 1 ¼	Versailles	Seine-et-O.
Metz-en-Couture, 7 ½	Arras	Pas-de-Cal.
Metz-le-Comte, 3 ½	Clamecy	Nièvre
Metz-Robert, 4 ½	Bar-sur-Seine	Aube
Metzerall, 6	Colmar	Haut-Rhin
Metzerwisse, 2	Thionville	Moselle
Metzing, 2	Sarreguemines	Moselle
Meucon, 2	Vannes	Morbihan
Meudon, 2	Versailles	Seine-et-O.
Meuilley, 5	Beaune	Côte-d'Or
Meulan *, 7	Versailles	Seine-et-O.
Meulers, 3	Dieppe	Seine-Inf.
Meulin, 7 ½	Mâcon	Saône-et-L.
Meulles, 5 ¼	Lisieux	Calvados
Meulson, 6 ½	Châtillon	Côte-d'Or
Meun (*Achères*), 3	Fontainebleau	Seine-et-M.
Meunet-sur-Brives, 3	Issoudun	Indre
Meunet-sur-Vatan, 4 ¼	Issoudun	Indre
Meung *, 4	Orléans	Loiret
Meurchain, 6 ½	Béthune	Pas-de-Cal.
Meurdraquière (la), 6	Coutances	Manche
Meurecourt, 8 ¼	Lure	H.-Saône
Meures, 3 ½	Chaumont	H.-Marne
Meurgers (St.-Jean-des-), 9	Mortagne	Orne
Meurival, 7 ¼	Laon	Aisne
Meursac, 3 ½	Saintes	Char.-Inf.
Meursanges, 2 ½	Beaune	Côte-d'Or
Meursault, 2	Beaune	Côte-d'Or
Meurville, 2	Bar-sur-Aube	Aube
Meury, 8 ¼	Chaumont	H.-Marne
Meuse (*Montmort*), 3 ¼	Epernay	Marne
Meuse, 5 ¼	Langres	H.-Marne
Meusempouy, 7 ½	Lectoure	Gers
Meusnes, 11 ½	Blois	Loir-et-Ch.
Meussiat, 7 ½	St.-Claude	Jura
Meuvaines, 3	Bayeux	Calvados
Meux, 2 ½	Jonzac	Char.-Inf.
Meux (le), 2	Compiègne	Oise
Meux-le-Mont (le) (*Le Meux*), 2	Compiègne	Oise
Meuzac, 4 ½	St.-Yrieix	H.-Vienne
Meves, 4 ½	Cosne	Nièvre
Mevoisins, 5 ½	Chartres	Eure-et-L.
Mévouillon, 11	Nyons	Drôme
Mexant (St.-), 3	Tulle	Corrèze
Mexant (St.-), 1 ¼	Aubusson	Creuse
Mexant (St.-), 5	La Réole	Gironde
Meximieux *, 10 ½	Trévoux	Ain
Mexy, 6 ½	Briey	Moselle
Méy, 1 ½	Metz	Moselle
Meyderolles, 3 ½	Ambert	Puy-de-Dô.
Meyenheim, 4 ¼	Colmar	Haut-Rhin
Meylan, 1 ½	Grenoble	Isère
Meylan, 6	Nérac	Lot-et-Gar.
Meylieu-Montrond, 2 ½	Montbrison	Loire
Meymac, 2 ½	Ussel	Corrèze
Meymans, 5 ¾	Valence	Drôme
Meymes, 11 ¼	Mirande	Gers
Meynes, 4 ¼	Nismes	Gard
Meypin (*Savas*), 3 ¼	Vienne	Isère

Communes.	Arrondissem.	Départem.
Meyrac (*St.-Sosy*), 8 ¼	Gourdon	Lot
Meyragués (*Pinsac*), 7 ½	Gourdan	Lot
Meyrals, 4	Sarlat	Dordogne
Meyrand (le), 6	Yssoire	Puy-de-Dô.
Meyrargues, 3	Aix	B. du Rhône
Meyras, 5	Argentière	Ardèche
Meyres, 4	Ambert	Puy-de-Dô.
Meyreuil, 1 ½	Aix	B. du Rhône
Meyriat, 3 ½	Bourg	Ain
Meyrié, 7 ¼	Vienne	Isère
Meyrieu, 6 ½	Vienne	Isère
Meyrignac, 5 ¼	Tulle	Corrèze
Meyronne (*St.-Sosy*), 8 ¼	Gourdon	Lot
Meyronnes, 4	Barcelonnette	B.-Alpes
Meys, 7	Lyon	Rhône
Meyssac, 4 ¼	Brives	Corrèze
Meysse, 5	Privas	Ardèche
Meyze (la), 3	St.-Yrieix	H.-Vienne
Meyzieux, 7 ¼	Vienne	Isère
Mezangers, 8 ½	Laval	Mayenne
Mézangueville, 7 ½	Neufchâtel	Seine-Inf.
Mézard (St.-), 3 ½	Lectoure	Gers
Meze (Ste.-), 2 ½	Lectoure	Gers
Mèze *, 6 ¼	Montpellier	Hérault
Mezeaux, 2	Poitiers	Vienne
Mezel, 4	Digne	B.-Alpes
Mezel (*Veyrac*), 13 ¼	Gourdon	Lot
Mézel, 5	Clermont	Puy-de-Dô.
Mezens, 4 ¼	Gaillac	Tarn
Mézenvielle, 5	Toulouse	H.-Garonne
Mezeray, 3 ½	La Flèche	Sarthe
Mezères, 4	Le Puy	H.-Loire
Mezéresche, 2 ¼	Thionville	Moselle
Mézériat, 13	Trévoux	Ain
Mezerolles, 2 ½	Doullens	Somme
Mezerville, 5 ½	Castelnaudary	Aude
Mezeyrac (*Mozan*), 9 ½	Argentière	Ardèche
Mézidon, 6	Lisieux	Calvados
Mézière (la), 3	Rennes	Ille-et-Vil.
Mézières, 2 ¼	St.-Quentin	Aisne
MÉZIÈRES *,	ch.-l. de dép. 61	Ardennes
Mézières, 5 ¼	Confolens	Charente
Mezières, 2	Les Andelys	Eure
Mézières, 6 ½	Châteaudun	Eure-et-L.
Mezières, 4 ½	Fougères	Ille-et-Vil.
Mezières, 7	Le Blanc	Indre
Mézières, 5	Montargis	Loiret
Mézières, 2 ¼	Orleans	Loiret
Mezières, 6 ½	Le Mans	Sarthe
Mezières, 2	Mantes	Seine-et-O.
Mezières, 2	Pontoise	Seine-et-O.
Mezières, 4 ½	Montdidier	Somme
Mézières, 3	Bellac	H.-Vienne
Mézières-en-Dronais, 1 ¼	Dreux	Eure et-L.
Mézières-sous-Ballon, 7	Mamers	Sarthe
Mezilhac, 7	Privas	Ardèche
Mezilles, 9 ¾	Joigny	Yonne
Mezin, 3 ½	Nérac	Lot-et Gar.
Meziré, 4	Belfort	Haut-Rhin
Mézoargues, 5	Arles	B.du-Rhône
Mézos, 19	Mont-de-Marsan	Landes
Mézy, 8	Versailles	Seine-et-O.

Communes.	Arrondissem.	Départem.
Mézy-Moulins, 2 ¼	Château-Thierry	Aisne
Mezzana, 2	Ajaccio	Corse
Mezzana,	Bastia	Golo
Mhère, 12 ½	Clamecy	Nièvre
Mhervé (St.-), 3 ½	Vitré	Ille-et-Vil.
Mialet, 5	Noutron	Dordogne
Mialet, 3 ½	Alais	Gard
Mialet, 2 ¼	Figeac	Lot
Mialos, 8 ½	Orthes	B.-Pyrén.
Miannay, 2 ½	Abbeville	Somme
Micaud (St.-), 7	Châlons	Saône-et-L.
Michaugues, 6 ¼	Clamecy	Nièvre
Michel (St.-), 5 ¼	Vervins	Aisne
Michel (St.-), 2 ½	Forcalquier	B.-Alpes
Michel (St.), 2 ¼	Pamiers	Ariége
Michel (St.-), 7 ½	Milhaud	Aveiron
Michel (St.-), 10	Villefranche	Aveiron
Michel (St.-), 1	Angoulême	Charente
Michel (St.-) (*Miribel*), 7	Valence	Drôme
Michel (St.-), 9 ¾	Muret	H.-Garonne
Michel (St.-), 2 ½	Mirande	Gers
Michel (St.-), 1 ¼	Libourne	Gironde
Michel (St.-), 6 ½	Lodève	Hérault
Michel (St.-), 6	Chinon	Indre-et-L.
Michel (St-)(*Escalus*) 6 ¼	Dax	Landes
Michel (St.-), 8 ¼	St.-Etienne	Loire
Michel (St.-), 4 ½	Paimbœuf	Loire-Inf.
Michel (St.-), 3 ¼	Pithiviers	Loiret
Michel (St.-) (*Cours*), 4	Cahors	Lot
Michel (St.-), 16 ½	Gourdon	Lot
Michel (St.), 5	Segré	Maine-et-L.
Michel (St.-), 4	Langres	H.-Marne
Michel (St.-), 3	Montreuil	Pas-de-Cal.
Michel (St.-), ½	St.-Pol	Pas-de-Cal.
Michel (St.-), 11 ¼	Mauléon	B.-Pyrén.
Michel (St.-)(*Bougival*), 1 ¼	Versailles	Seine-et-O.
Michel (St.-), 4 ½	Le Hâvre	Seine-Inf.
Michel (St.), 5	Moissac	Tarn et Gar.
Michel (St.-), 1 ½	St.-Dié	Vosges
Michel-d'Euzet (St.-), 7	Uzès	Gard
Michel-d'Halécourt (St.-), 9 ½	Neufchâtel	Seine-Inf.
Michel-de-Castelnau (St.-), 5 ¼	Bazas	Gironde
Michel-de-Chabrillanoux (St.-), 5	Privas	Ardèche
Michel-de-Chavaigne (St.-), 4 ½	St.-Calais	Sarthe
Michel-de-Dèze (St.-), 8 ¼	Florac	Lozère
Michel-de-Double (St.-), 6	Riberac	Dordogne
Michel-de-Feins (St.-), 3	Château-Gontier	Mayenne
Michel-de-Labadie (St.-), 6 ¼	Albi	Tarn
Michel-de-la Haye (St.-), 4 ½	Pont-Audemer	Eure
Michel-de-Landesque (St.-), 4	St.-Affrique	Aveiron
Michel-de-Lanès (St.-), 4 ½	Castelnaudary	Aude

Communes.	Arrondissem.	Départem.
Michel-de-la-Pierre (St.-), 3	Coutances	Manche
Michel-de-la-Roë (St.-), 8	Château-Gontier	Mayenne
Michel-de-Livet (St.-), 3 ¾	Lisieux	Calvados
Michel-de-Loubeyon (St.-), 9 ½	Figeac	Lot
Michel-de-Montagne (St.-), 8 ½	Bergerac	Dordogne
Michel-de-Plétan (St.-), 3 ¼	Dinan	Côtes-du-N.
Michel-de-Podensac (St.-), 7 ¼	Bordeaux	Gironde
Michel-de-Préaux (St.-), 1	Pont-Audemer	Eure
Michel-de-St.-Geoire (St.-), 5 ½	St.-Marcellin	Isère
Michel-de-Sommaire, 12 ¼	Argentan	Orne
Michel-de-Vax (St.-), 6	Gaillac	Tarn
Michel-de-Vesse, 2 ¼	Aubusson	Creuse
Michel-de-Villadeix (St.-), 6 ½	Périgueux	Dordogne
Michel-de-Volangis (St.-), 2 ¼	Bourges	Cher
Michel-de-Llotes (St.-), 5 ½	Prades	Pyrén.-Or.
Michel-des-Loups (St.-), 4 ¼	Avranches	Manche
Michel-en-Beaumont (St.-), 15 ¼	Grenoble	Isère
Michel-en-Brenne (St.-), 6 ¼	Le Blanc	Indre
Michel-en-Grève (St.-), 2 ½	Lannion	Côtes-du-N.
Michel-en-l'Herm (St.-), 10	Fontenay-le-Comte	Vendée
Michel-l'Annuel (St.-), 4 ½	Saintes	Char.-Inf.
Michel-l'Ecluse (St.-), 7	Riberac	Dordogne
Michel-la-Forêt (St.-), 6 ½	Mortagne	Orne
Michel-la-Pujade (St.-), 2 ½	La Réole	Gironde
Michel-le-Cloucq (St.-), 1 ¼	Fontenay-le-Comte	Vendée
Michel-le-Rance (St.-), 11	Tournon	Ardèche
Michel-les-Postes (St.-), 8 ¾	Grenoble	Isère
Michel-Mont-Malchus (St.-), 11	Fontenay-le-Comte	Vendée
Michel-sur-Orge (St.-), 3 ½	Corbeil	Seine-et-O.
Michelbach, 7	Belfort	Bas-Rhin
Michelbach-Nider, 4	Altkirch	Haut-Rhin
Michelbach-Ober, 4	Altkirch	H. Rhin
Michery, 4 ¼	Sens	Yonne
Midrevaux, 1 ¼	Neufchâteau	Vosges
Mièges, 7	Poligny	Jura
Miélan *, 3 ¼	Mirande	Gers
Miélot, 5 ¼	Besançon	Doubs
Miermaigne, 4 ¼	Nogent-le-Rotrou	Eure-et-L.
Miers, 9	Gourdon	Lot

Communes.	Arrondissem.	Départem.
Miéry, 5	Lons-le-Saulnier	Jura
Mietesheim, 2 ½	Haguenau	Bas-Rhin
Mieuxcé, 2 ½	Alençon	Orne
Mifaget, 7 ¼	Oleron	B.-Pyrén.
Migé, 3	Auxerre	Yonne
Migennes, 2 ½	Joigny	Yonne
Miglos, 6	Foix	Ariège
Mignafans, 9 ¼	Lure	H.-Saône
Mignavillers, 9	Lure	H.-Saône
Migné, 7	Le Blanc	Indre
Migné, 1 ½	Poitiers	Vienne
Migneaux (*Poissy*), 3	Versailles	Seine-et-O.
Mignères, 2 ½	Montargis	Loiret
Mignerette, 3	Montargis	Loiret
Mignéville, 6	Lunéville	Meurthe
Mignières, 2 ½	Chartres	Eure-et-L.
Mignovillard, 8	Poligny	Jura
Migny, 2 ½	Issoudun	Indre
Migré, 3	St.-Jean-d'Angely	Char.-Inf.
Migron, 6	Saintes	Char.-Inf.
Migron (le) (*Frossay*), 2 ¼	Paimbœuf	Loire-Inf.
Mihiel (St.-) *, 4	Commercy	Meuse
Mijanès, 16	Foix	Ariège
Mijoux (*Gex*), 4 ¼	Gex	Ain
Mijoux (*Septmoncel*), 6	St. Claude	Jura
Milesse (la), 2 ¼	Le Mans	Sarthe
Milhac, 4 ½	Rodez	Aveiron
Milhac, 2	Gourdon	Lot
Milhars, 6	Gaillac	Tarn
MILHAUD *,	ch.-l. d'ar., 185	Aveiron
Milhaud, 1 ½	Nismes	Gard
Milhavet, 3 ¼	Albi	Tarn
Milizac, 2 ½	Brest	Finistère
Millac-d'Auberoche, 5	Périgueux	Dordogne
Millac-de-Nontron, 3	Nontron	Dordogne
Millac-le-Sec, 4	Sarlat	Dordogne
Millam, 6	Dunkerque	Nord
Millançay, 2 ½	Romorantin	Loir-et-Ch.
Millancourt, 7	Péronne	Somme
Millarié (la), 2 ½	Albi	Tarn
Millas, 11	Rodez	Aveiron
Millas, 4 ½	Perpignan	Pyrén.-Or.
Millaudon (*Ruhans*), 5 ¼	Vesoul	H.-Saône
Millay, 7	Château-Chinon	Nièvre
Mille-Savattes, 9 ¼	Domfront	Orne
Millebosc, 8	Dieppe	Seine-Inf.
Millemont, 5	Rambouillet	Seine-et-O.
Millencourt, 2 ½	Abbeville	Somme
Millery, 1	Semur	Côte-d'Or
Millery, 3 ¼	Nancy	Meurthe
Millery, 3 ¼	Lyon	Rhône
Millevache, 4 ¾	Ussel	Corrèze
Millières, 4 ½	Coutances	Manche
Millières, 6	Chaumont	H.-Marne
Millieu (*Montsevéroux*), 5	Vienne	Isère
Millon, 2 ½	Baugé	Maine-et-L.
Millon-Fosse, 7 ¼	Douai	Nord
Milly (*Gennes*), 4	Saumur	Maine-et-L.

Communes.	Arrondissem.	Départem.
Milly, 2	Mortain	Manche
Milly, 3 ½	Montmédy	Meuse
Milly, 2 ½	Beauvais	Oise
Milly, 3	Mâcon	Saône-et-L.
Milly *, 6	Étampes	Seine-et-O.
Milly, 4	Auxerre	Yonne
Millon-la-Chapelles, 6 ¼	Rambouillet	Seine-et-O.
Mimbaste, 3	Dax	Landes
Mimet, 3	Aix	B.-du-Rhône
Mimeure, 8	Beaune	Côte-d'Or
Mimizan, 25 ½	Mont-de-Marsan	Landes
Mimort, 11 ½	Mirande	Gers
Minancourt, 5	Ste-Menehould	Marne
Minecourt, 3 ¼	Vitry-le-Français	Marne
Minerois (les) (*Aix-en-Othe*), 8 ½	Troyes	Aube
Minerve, 6	St.-Pons	Hérault
Mingant (le fort) (*Plouzané*), 3	Brest	Finistère
Mingot, 6 ½	Château-Chinon	Nièvre
Mingot, 4 ¼	Tarbes	H.-Pyrén.
Mingoval, 5	St.-Pol	Pas-de-Cal
Miniac, 4 ½	Montfort	Ille-et-Vil.
Miniac-Morvan, 4 ¼	St.-Malo	Ille-et-Vil.
Minié (le), 3 ¼	Milhaud	Aveiron
Minière (la) (*Guyancourt*), 1	Versailles	Seine-et-O.
Minières (les), 5 ½	Évreux	Eure
Minières (les) (*Pairé*), 6	Civray	Vienne
Minihy-Treguier, 4	Lannion	Côtes-du-N.
Minorville, 3 ¼	Toul	Meurthe
Minot, 8 ½	Châtillon	Côte-d'Or.
Minversheim, 6 ¼	Saverne	Bas-Rhin
Minzac, 11 ½	Bergerac	Dordogne
Mioles, 10	Castres	Tarn
Mionnay, 4 ½	Trévoux	Ain
Mions, 4 ½	Vienne	Isère
Mios, 10 ¼	Bordeaux	Gironde
Miossens, 5 ¼	Pau	B.-Pyrén.
Mirabeau, 4	Digne	B.-Alpes
Mirabeau, 11 ½	Apt	Vaucluse
Mirabel, 5	Privas	Ardèche
Mirabel, 8 ½	Rodez	Aveiron
Mirabel, 7 ½	Die	Drôme
Mirabel, 1 ¼	Nyons	Drôme
Mirabel, 4 ½	Montauban	Tarn et Gar.
Miradoux, 3 ¼	Lectoure	Gers
Miramas, 7 ½	Aix	B. du Rhône
Mirambeau *, 3 ½	Jonzac	Char.-Inf.
Mirambeau, 7 ¼	St.-Gaudens	H.-Garonne
Miramont, ½	St.-Gaudens	H.-Garonne
Miramont, 5 ¼	Lectoure	Gers
Miramont, 2	Mirande	Gers
Miramont, 9	St.-Sever	Landes
Miramont, 7	Agen	Lot-et-Gar.
Miramont, 6	Marmande	Lot-et-Gar.
Miramont, 6	Moissac	Tarn et Gar.
Miran, 4	Condom	Gers
MIRANDE *,	ch.-l. d'ar., 195	Gers
Mirandol, 7 ½	Albi	Tarn
Mirannes, 5	Auch	Gers

Communes.	Arrondissem.	Départem.
Miraumont, 6	Péronne	Somme
Miraval, 5	Carcassonne	Aude
Mirbelle, 6 ¼	Chaumont	H.-Marne
Miré, 2 ½	Tours	Indre-et-L.
Miré, 8	Segré	Maine-et-L.
Mirebeau *, 4 ¾	Dijon	Côte-d'Or
Mirebeau *, 6 ½	Poitiers	Vienne
Mirebel, 5 ½	Lisieux	Calvados
Mirebel, 4 ½	Lons-le-Saulnier	Jura
MIRECOURT *,	ch.-l. d'ar., 90	Vosges
Mirefleurs, 3 ½	Clermont	Puy-de-Dô.
Miremont (*Mouzens*), 6	Sarlat	Dordogne
Miremont, 3 ¼	Muret	H.-Garonne
Mirepeisset, 5	Narbonne	Aude
Mirepeix, 4	Pau	B.-Pyrén.
Mirepoix *, 6	Pamiers	Ariège
Mirepoix, 9	Toulouse	H.-Garonne
Mirepoix, 3 ¼	Auch	Gers
Mirevail-Lauragais, 1 ½	Castelnaudary	Aude
Mireval, 3	Montpellier	Hérault
Miribel, 6 ½	Trévoux	Ain
Miribel, 7	Valence	Drôme
Miribel, 7	Grenoble	Isère
Miribel, 10	Grenoble	Isère
Mirmande, 7 ½	Valence	Drôme
Mirmont, 8	Riom	Puy-de-Dô.
Miroir (le), 3 ¾	Louhans	Saône-et-L.
Mirvaux, 3 ½	Amiens	Somme
Mirville, 6 ¼	Le Hâvre	Seine-Inf.
Miscon, 6 ½	Die	Drôme
Miserey, 1 ¾	Besançon	Doubs
Miserey, 2 ¼	Evreux	Eure
Misery, 2 ½	Péronne	Somme
Mison, 3	Sisteron	B. Alpes
Missé, 7	Bressuire	2 Sèvres
Missecle, 6	Lavaur	Tarn
Missègre, 6 ¼	Limoux	Aude
Missery, 13 ½	Beaune	Côte-d'Or
Missillac, 5	Savenay	Loire-Inf.
Missiriac, 9	Vannes	Morbihan
Misson, 4 ½	Dax	Landes
Missy, 3 ¾	Laon	Aisne
Missy, 3	Caen	Calvados
Missy-aux-Bois, 2	Soissons	Aisne
Missy-sur-Aisne, 2 ½	Soissons	Aisne
Misy, 8 ½	Fontainebleau	Seine-et-M.
Mitry, 5	Meaux	Seine-et-M.
Mitschdorf, 4	Haguenau	Bas-Rhin
Mittainville, 3 ¼	Rambouillet	Seine-et-O.
Mittainvilliers, 3	Chartres	Eure-et-L.
Mittelbergheim, 3	Schelestatt	Bas-Rhin
Mittelbronn, 4 ½	Sarrebourg	Meurthe
Mittelhausen, 6	Saverne	Bas-Rhin
Mittelhausbergen, 1 ¼	Strasbourg	Bas-Rhin
Mittelschaeffolsheim, 3 ½	Strasbourg	Bas-Rhin
Mittelwichr, 2 ¼	Colmar	H.-Rhin
Mittersheim, 5 ¼	Sarrebourg	Meurthe
Mittois, 5 ½	Lisieux	Calvados
Mitre (St.-), 10	Aix	B.-du-Rhône
Mitzach, 11 ½	Belfort	Haut-Rhin
Mivoye (la), 1 ½	Rouen	Seine-Inf.
Mixe, 9	Dax	Landes
Mizerieux, 1 ½	Trevoux	Ain

Communes.	Arrondissem.	Départem.
Mizérieux, 5	Montbrison	Loire
Mizoen, $11\frac{3}{4}$	Grenoble	Isère
Moatanges, $4\frac{1}{2}$	Nantua	Ain
Mobecq, $7\frac{1}{4}$	Coutances	Manche
Moca-é-Croce, $4\frac{3}{4}$	Sartène	Corse
Mocale, 2	Calvi	Corse
Modène, 2	Carpentras	Vaucluse
Modéon, $5\frac{1}{2}$	Semur	Côte-d'Or
Moëlain, 4	Wassy	H.-Marne
Moëlan, 2	Quimperlé	Finistère
Moëns, $2\frac{1}{4}$	Gex	Ain
Moëres (les), 3	Dunkerque	Nord
Moernach, 3	Altkirch	Haut-Rhin
Moëse, $2\frac{1}{4}$	Marennes	Char.-Inf.
Mœurs, $9\frac{1}{4}$	Epernay	Marne
Mœuvres, $3\frac{1}{4}$	Cambrai	Nord
Moffans, $2\frac{1}{2}$	Lure	H.-Saône
Mogeville, $3\frac{1}{2}$	Verdun	Meuse
Mogneneins, $8\frac{1}{2}$	Trévoux	Ain
Mogneville, 3	Bar-le-Duc	Meuse
Mogneville, $1\frac{3}{4}$	Clermont	Oise
Mogues, $7\frac{1}{2}$	Sedan	Ardennes
Mohon, $\frac{1}{2}$	Mézières	Ardennes
Mohon, $4\frac{1}{4}$	Ploërmel	Morbihan
Moidans, $14\frac{1}{4}$	Gap	H.-Alpes
Moignié, 2	Rennes	Ille-et-Vil.
Moigny, 5	Etampes	Seine-et-O.
Moimay, $6\frac{1}{4}$	Lure	H.-Saône
Moinerie (la) (*Lantenai*), $\frac{1}{2}$	Romorantin	Loir-et-Ch.
Moineville, $1\frac{1}{2}$	Briey	Moselle
Moings, $2\frac{1}{2}$	Jonzac	Char.-Inf.
Moingt, $\frac{1}{4}$	Montbrison	Loire
Moinville, $4\frac{1}{2}$	Chartres	Eure-et-L.
Moirans*, $7\frac{1}{2}$	St.-Marcellin	Isère
Moirans*, 5	St.-Claude	Jura
Moirax, 3	Agen	Lot-et-Gar.
Moiré, $2\frac{1}{4}$	Villefranche	Rhône
Moiremont, $1\frac{1}{2}$	Ste-Menehould	Marne
Moirey, $5\frac{1}{4}$	Montmédy	Meuse
Moiron, $1\frac{1}{4}$	Lons-le-Saulnier	Jura
Moiry, $7\frac{1}{2}$	Sedan	Ardennes
Moisdon-la-Rivière, $2\frac{1}{4}$	Châteaubriant	Loire-Inf.
Moisdrey, 5	Avranches	Manche
Moisenay, $1\frac{3}{4}$	Melun	Seine-et-M.
Moislains, 2	Péronne	Somme
Moissac, 2	Murat	Cantal
Moissac, $7\frac{1}{2}$	Florac	Lozère
MOISSAC*,	ch.-l. d'ar., 177	Tarn-et-Gar
Moissac, 8	Brignoles	Var
Moissannes, $3\frac{1}{2}$	Limoges	H.-Vienne
Moissat, 6	Clermont	Puy-de-Dô.
Moisselles*, 7	Pontoise	Seine-et-O.
Moissey, 3	Dôle	Jura
Moissieux, $4\frac{1}{2}$	Vienne	Isère
Moisson, 3	Mantes	Seine-et-O.
Moissy-Cramayel, $2\frac{1}{2}$	Melun	Seine-et-M.
Moisville, 5	Evreux	Eure
Moisy, $10\frac{1}{2}$	Blois	Loir-et-Ch.
Moita, $5\frac{1}{4}$	Corte	Corse
Moitiers (les), 4	Valognes	Manche
Moitron, $7\frac{1}{2}$	Châtillon	Côte-d'Or
Moitron, 8	Mamers	Sarthe

Communes.	Arrondissem.	Départem.
Moivre, 4	Châlons-sur-Marne	Marne
Moivrons, $4\frac{1}{4}$	Nancy	Meurthe
Molac, 7	Vannes	Morbihan
Molagny, $10\frac{1}{4}$	Neufchâtel	Seine-Inf.
Molain, 8	Vervins	Aisne
Molain, 2	Poligny	Jura
Molaise, $7\frac{1}{4}$	Châlons	Saône-et-L.
Molaise, $3\frac{1}{2}$	Louhans	Saône-et-L.
Molamboz, 4	Poligny	Jura
Molandier, $6\frac{1}{2}$	Castelnaudary	Aude
Molans, 5	Nyons	Drôme
Molas, $7\frac{1}{2}$	St.-Gaudens	H.-Garonne
Molay (le), $3\frac{1}{2}$	Bayeux	Calvados
Molay, $2\frac{1}{2}$	Dôle	Jura
Molay, $9\frac{1}{2}$	Vesoul	H.-Saône
Molay, $3\frac{1}{2}$	Tonnerre	Yonne
Moléans, $2\frac{1}{4}$	Châteaudun	Eure-et-L.
Molèdes, $7\frac{1}{2}$	St.-Flour	Cantal
Molène (île), $6\frac{1}{4}$	Brest	Finistère
Molère, 4	Bagnères	H.-Pyrén.
Molesme, $5\frac{1}{2}$	Châtillon	Côte-d'Or
Molesme, 5	Auxerre	Yonne
Molezon, $4\frac{3}{4}$	Florac	Lozère
Molf (St.-), $10\frac{1}{4}$	Savenay	Loire-Inf.
Molière $\frac{1}{2}$	Die	Drôme
Molières, $6\frac{1}{2}$	Limoux	Aude
Molières, $6\frac{3}{4}$	Bergerac	Dordogne
Molières, $\frac{1}{4}$	Le Vigan	Gard
Molières, $5\frac{1}{4}$	Figeac	Lot
Molières (les), 5	Rambouillet	Seine-et-O.
Molières, $6\frac{1}{2}$	Montauban	Tarn et Gar.
Moliets, $6\frac{1}{4}$	Dax	Landes
Molinchart, 1	Laon	Aisne
Molincourt, 4	Les Andelys	Eure
Molines, $7\frac{1}{2}$	Briançon	H.-Alpes
Molines, $6\frac{1}{2}$	Gap	H.-Alpes
Molinet, 10	Moulins	Allier
Molinges, $2\frac{1}{4}$	St.-Claude	Jura
Molinghem, $6\frac{1}{4}$	Béthune	Pas-de-Cal.
Molinons, $5\frac{1}{4}$	Sens	Yonne
Molinot, 8	Beaune	Côte-d'Or
Molins, $7\frac{1}{4}$	Bar-sur-Aube	Aube
Molins, 2	Epernay	Marne
Molitard, $2\frac{1}{4}$	Châteaudun	Eure-et-L.
Molitg, $1\frac{1}{4}$	Prades	Pyrén.-Or.
Molkirch, 6	Schlestatt	Bas-Rhin
Mollans, $3\frac{1}{4}$	Lure	H.-Saône
Mollard (le), $9\frac{1}{2}$	Valence	Drôme
Mollau, $12\frac{1}{4}$	Belfort	Haut-Rhin
Molle, 5	La Palisse	Allier
Molle (la), $15\frac{1}{4}$	Draguignan	Var
Mollégés, $6\frac{1}{2}$	Arles	B. du Rhône
Molleville, $3\frac{1}{2}$	Castelnaudary	Aude
Molliens, 9	Beauvais	Oise
Molliens-au-Bois, $3\frac{1}{4}$	Amiens	Somme
Molliens-Vidame, 5	Amiens	Somme
Mollifar, 7	Calvi	Corse
Mollon, 11	Trévoux	Ain
Molois, $6\frac{1}{2}$	Dijon	Côte-d'Or
Molompise, $6\frac{1}{4}$	St.-Flour	Cantal
Molosme, 2	Tonnerre	Yonne
Molphey, $4\frac{1}{2}$	Semur	Côte-d'Or
Molring, 8	Château-Salins	Meurthe

Communes.	Arrondissem.	Départem.
Molsheim*, 5	Strasbourg	Bas-Rhin
Molunes (les), $4\frac{1}{2}$	St.-Claude	Jura
Molvange (*Escherange*), $3\frac{1}{4}$	Thionville	Moselle
Momas, 7	Orthez	B.-Pyrén.
Mombrier, 3	Blaye	Gironde
Mombrisson, $4\frac{1}{4}$	Moissac	Tarn-et-Gar.
Mombrun, 9	Bressuire	2 Sèvres
Momelin (St.-), 8	Dunkerque	Nord
Momeres, 1	Tarbes	H.-Pyrén.
Momestroff, 6	Metz	Moselle
Mommenheim, $5\frac{1}{4}$	Strasbourg	Bas-Rhin
Momuy, $5\frac{1}{2}$	St.-Sever	Landes
Monai, 5	Lons-le-Saulnier	Jura
Monampteuil, $2\frac{1}{2}$	Laon	Aisne
Monassut, 5	Pau	B.-Pyrén.
Monastère (le), $\frac{1}{4}$	Rodez	Aveiron
Monastier (le), $3\frac{1}{2}$	Le Puy	H.-Loire
Monastier (le), $1\frac{1}{2}$	Marvejols	Lozère
Monbadon, $4\frac{1}{4}$	Libourne	Gironde
Monbahus, $5\frac{1}{2}$	Villeneuve-d'Agen	Lot-et-Gar.
Monbalen, 6	Agen	Lot-et-Gar.
Monbardon, 8	Mirande	Gers
Monbarla, $6\frac{1}{2}$	Moissac	Tarn et Gar.
Monbartier, $3\frac{1}{4}$	Castel-Sarrasin	Tarn et Gar.
Monbazens, $6\frac{1}{4}$	Villefranche	Aveiron
Monbazillac, $1\frac{1}{4}$	Bergerac	Dordogne
Monbel, 10	Pamiers	Ariége
Monbequi, $4\frac{1}{2}$	Castel-Sarrasin	Tarn et Gar
Monbetou, $2\frac{1}{4}$	Castel-Sarrasin	Tarn et Gar.
Monbos, 4	Bergerac	Dordogne
Monbrun. *Voy.* Montbrun		
Monby, 3	Baume	Doubs
Moncaud, 4	Nérac	Lot-et-Gar.
Moncaup, $3\frac{1}{4}$	St.-Gaudens	H.-Garonne
Moncaup, 9	Pau	B.-Pyrén.
Moncayolle, $1\frac{1}{2}$	Mauléon	B.-Pyrén.
Moncé-en-Blin, $3\frac{1}{4}$	Le Mans	Sarthe
Moncé-en-Saosnois, $2\frac{1}{2}$	Mamers	Sarthe
Monceau, $6\frac{1}{4}$	Tulle	Corrèze
Monceau, $4\frac{1}{2}$	Beaune	Côte-d'Or
Monceau, 5	Châlons	Saône-et-L.
Monceau-le-Neuf, $5\frac{1}{2}$	Vervins	Aisne
Monceau-le-Wast, $2\frac{1}{2}$	Laon	Aisne
Monceau-le-Vieil, $6\frac{1}{4}$	St.-Quentin	Aisne
Monceau-lès-Leups, $3\frac{1}{4}$	Laon	Aisne
Monceau-St.-Waast, $2\frac{1}{4}$	Avesnes	Nord
Monceau-sur-Oise, $5\frac{1}{4}$	Vervins	Aisne
Monceaux, $6\frac{1}{2}$	Trévoux	Ain
Monceaux, $4\frac{1}{2}$	Troyes	Aube
Monceaux, $\frac{1}{4}$	Bayeux	Calvados
Monceaux (les), 3	Lisieux	Calvados
Monceaux, $2\frac{1}{2}$	La Tour-du-Pin	Isère
Monceaux, $6\frac{1}{4}$	Clamecy	Nièvre
Monceaux, $3\frac{1}{2}$	Clermont	Oise
Monceaux, $3\frac{1}{2}$	Mortagne	Orne
Monceaux, 2	Meaux	Seine-et-M.
Monceaux, 2	Corbeil	Seine-et-O.
Monceaux-l'Abbaye, 9	Beauvais	Oise
Monceaux-l'Etoile, $6\frac{1}{2}$	Charolles	Saône et-L.
Monceaux lès-Bray, 5	Provins	Seine-et-M.

Communes.	Arrondissem.	Départem.
Monceaux-lès-Provins, 5	Provins	Seine-et-M.
Moncel, $2\frac{1}{4}$	Château-Salins	Meurthe
Moncel, $1\frac{1}{4}$	Luneville	Meurthe
Moncel, 3	Riom	Puy-de-Dô.
Moncel, 2	Neufchâteau	Vosges
Moncelle (la), $1\frac{1}{4}$	Sedan	Ardennes
Moncet (*Rieux*), $9\frac{1}{4}$	Epernay	Marne
Moncetz, 2	Châlons-sur-Marne	Marne
Moncetz, 2	Vitry-le-Français	Marne
Moncey, $13\frac{1}{2}$	Trévoux	Ain
Moncey, 5	Besançon	Doubs
Moncey (*Baugeney*), $5\frac{1}{2}$	Orléans	Loiret
Moncey, $2\frac{1}{4}$	Vesoul	H.-Saône
Monchaude, $1\frac{1}{2}$	Barbezieux	Charente
Monchaux, $2\frac{1}{2}$	St.-Pol	Pas-de-Cal.
Monchaux, $6\frac{1}{4}$	Neufchâtel	Seine-Inf.
Monchaux, $8\frac{1}{2}$	Douai	Nord
Moncheaux, 6	Lille	Nord
Monchecourt, $2\frac{1}{4}$	Douai	Nord
Monchel, $3\frac{1}{4}$	St.-Pol	Pas-de-Cal.
Monchel (les) (*Ayencourt*), $\frac{1}{2}$	Montdidier	Somme
Monchenot (*Villers-Allerand*), $2\frac{1}{2}$	Rheims	Marne
Moncheutin, $3\frac{1}{4}$	Vouziers	Ardennes
Moncheux, 5	Metz	Moselle
Monchiet, $3\frac{1}{4}$	Arras	Pas-de-Cal.
Monchy-au-Bois, $3\frac{1}{2}$	Arras	Pas-de-Cal.
Monchy-Creton, $2\frac{1}{2}$	St.-Pol	Pas-de-Cal.
Monchy-Cayeux, $1\frac{1}{4}$	St.-Pol	Pas-de-Cal.
Monchy-Humières, $2\frac{1}{2}$	Compiègne	Oise
Monchy-la-Gache, 3	Péronne	Somme
Monchy-le-Châtel, 4	Beauvais	Oise
Monchy-le-Preux, $2\frac{1}{2}$	Arras	Pas-de-Cal.
Monchy-St.-Eloy, 3	Clermont	Oise
Monci, $6\frac{1}{2}$	Domfront	Orne
Moncla, $11\frac{1}{2}$	Pau	B.-Alpes
Moncla, $1\frac{1}{4}$	Mirande	Gers
Monclain, 3	Rethel	Ardennes
Monclar. *Voy.* Montclar		
Monclara, $7\frac{1}{4}$	Cahors	Lot
Monclaur, 6	Mirande	Gers
Moncley, $3\frac{1}{2}$	Besançon	Doubs
Moncontour*, 5	St.-Brieuc	Côtes du N.
Moncontour, $3\frac{1}{4}$	Loudun	Vienne
Moncorneil-Derrière, $6\frac{1}{2}$	Auch	Gers
Moncorneil-Devant, $6\frac{1}{2}$	Auch	Gers
Moncornet*, 9	Laon	Aisne
Moncornet, $2\frac{1}{2}$	Mézières	Ardennes
Moncourt (le), $2\frac{1}{4}$	Château Salins	Meurthe
Moncourt, $3\frac{1}{2}$	Château-Salins	Meurthe
Moncourt, 10	Vesoul	H.-Saône
Moncourt, (*Fromonville*), 4	Fontainebleau	Seine-et-M.
Moncoutant, $6\frac{1}{4}$	Parthenay	2 Sèvres
Moncrabeau, 4	Nérac	Lot-et-Gar.
Moncube, $1\frac{1}{4}$	St.-Sever	Landes
Moucuq, 7	Cahors	Lot
Moncy-Notre-Dame, $\frac{1}{2}$	Mézières	Ardennes
Moncy-St-Pierre, $\frac{1}{2}$	Mézières	Ardennes
Mondane (St.-), 3	Sarlat	Dordogne
Mondebat, $9\frac{1}{4}$	Mirande	Gers

Communes.	Arrondissem.	Departem.	Communes.	Arrondissem.	Departem.
Moudebat, 7	Pau	B.-Pyren.	Mongefond, 11 1/4	Lons-le-Saulnier	Jura
Moudelange, 2	Thionville	Moselle			
Mondement, 7 1/2	Epernay	Marne	Mongelos (Ainhice), 7	Mauleon	B.-Pyrén.
Mondescourt, 8 1/4	Compiègne	Oise	Mongerie (la), 11 1/2	Tulle	Corrèze
Mondevert, 3	Vitré	Ille-et-Vil.	Mongeron, 3 1/2	Corbeil	Seine-et-O.
Mondeville, 1	Caen	Calvados	Mongesty, 10	Gourdon	Lot.
Mondeville, 5	Etampes	Seine-et-O	Monget, 6 1/2	St. Sever	Landes
Mondicourt, 7 1/2	St.-Pol	Pas-de-Cal.	Mougey, 5	Lavaur	Tarn
Mondilhan, 5 1/4	St. Gaudens	H.-Garonne	Mongibaud, 12 1/4	Brives	Corrèze
Mondion, 3	Châtellerault	Vienne	Mouguillem, 14 1/2	Condom	Gers
Mondon, 4	Baume	Doubs	Monheurt, 7 1/2	Nerac	Lot-et-Gar.
Mondonville, 8 1/2	Chartres	Eure-et-L.	Monidée, (Auvillers), 2 1/2	Rocroi	Ardennes
Mondonville, 3	Toulouse	H.-Garonne			
Mondorff, 4 1/2	Thionville	Moselle	Monieux, 7	Carpentras	Vaucluse
Mondoubleau*, 6	Vendôme	Loir-et-Ch.	Monistrol-d'Allier, 5	Le Puy	H.-Loire
Mondoumerc, 5 1/4	Cahors	Lot	Monistrol-sur Loire*, 5 1/2	Yssingeaux	H.-Loire
Mondouzil, 2	Toulouse	H. Garonne	Monjan, 3	Ruffec	Charente.
Moudrainville*, 3	Caen	Calvados	Monjoy, 6	Moissac	Tarn-et-Gar
Mondrécourt, 5	Bar-le-Duc	Meuse	Monléon-Magnoac, 10	Bagnères	H.-Pyren.
Mondrepuis, 3 1/4	Vervins	Aisne	Monlet, 5 1/2	Le Puy	H.-Loire
Mondreville, 8 1/2	Fontainebleau	Seine-et-M.	Monlezun, 13 1/4	Condom	Gers
Mondreville, 4 1/4	Mantes	Seine-et-O.	Monlezun, 4 1/2	Mirande	Gers
Mondurausse, 6	Gaillac	Tarn	Monlong, 9.	Bagnères	H.-Pyrén.
Monein, 4 1/2	Oléron	B.-Pyrén.	Monmadales, 4	Bergerac	Dordogne
Monès, 6	Muret	H. Garonne	Monmarveix, 3 1/2	Bergerac	Dordogne
Monesple, 3	Pamiers	Ariège	Monna (le), 1 1/4	Milhaud	Aveiron
Monestier, 5	Gannat	Allier	Monnai, 10 1/2	Argentan	Orne
Monestier, 10	Tournon	Ardèche	Monnaie*, 3 1/2	Tours	Indre-et-L.
Monestier (Cenne), 3 1/2	Castelnaudary	Aude	Monneren, 4 1/2	Thionville	Moselle
Monestier (le), 1 1/2	Ambert	Puy-de-Dô.	Monnerville, 3	Etampes	Seine-et-O.
Monestier d'Allemont (le), 6 1/2	Gap	H.-Alpes	Monnès, 8	St.-Affrique	Aveiron
			Monnet-la-Ville, 4 1/2	Poligny	Jura
Monestier d'Ambel, 23	Grenoble	Isère	Monnetay-sur-Allier, 5	Moulins	Allier
Monestier-de-Clermont, 8 1/4	Grenoble	Isère	Monnetay-sur-Loire, 8 1/4	Moulins	Allier
			Monnières, 1/4	Dôle	Jura
Monestier-du-Percy, 4 1/4	Grenoble	Isère	Monnières, 4 1/2	Nantes	Loire-Inf.
Monestier-Labastide, 4	Bergerac	Dordogne	Monoblet, 8 1/2	Le Vigan	Gard
Monestier-Merlines, 5 1/2	Ussel	Corrèze	Mompazier*, 10	Bergerac	Dordogne
Monestier-Port-Dieu, 2 1/2	Ussel	Corrèze	Mompeyroux. Voyez Montpeyroux		
Monestiés, 5	Albi	Tarn			
Monestiez, 3	Carcassonne	Aude	Monpezat. Voyez Montpezat		
Monestrol, 3 1/4	Villefranche	H. Garonne			
Monetay, 5	Lons-le-Saulnier	Jura	Monplaisir (Plantières), 1/2	Metz	Moselle
Monéteau, 1	Auxerre	Yonne	Monprimblanc, 10 1/4	Bordeaux	Gironde
Monetier, 4	Briançon	H.-Alpes	Monregard, 5	Yssingeaux	H.-Loire
Monfand, 6 1/2	Gannat	Allier	Mons, 5	Caen	Calvados
Monfarville (Barfleurs), 6	Valognes	Manche	Mons, 1/2 (Roffiac)	S.-Flour	Cantal
			Mons, 7	Angoulême	Charente
Monfancon. Voyez Montfaucon			Mons, 4 1/2	St-Jean-d'Angely	Char.-Inf.
Monferrand. Voyez Montferrand			Mons, 2 1/2	Bergerac	Dordogne
			Mons, 2	Alais	Gard
Monfiquet, 5 1/4	Bayeux	Calvados	Mons, 2 1/2	Toulouse	H.-Garonne
Monflanquin*, 4	Villeneuve-d'Agen	Lot-et-Gar.	Mons, 3 1/2	Auch	Gers
			Mons, 6 1/2	St-Pons	Hérault
Monfort. Voyez Montfort			Mons, 3 1/2	Tours	Indre-et-L.
			Mons (Illins), 6	Vienne	Isère
Monfreville, 6 1/2	Bayeux	Calvados	Mons (Ours), 1/2	Le Puy	H.-Loire
Mongaillard. Voyez Montgaillard			Mons, 2 1/2	St.-Pol	Pas-de-Cal.
			Mons, 6	Riom	Puy-de-Dô.
Mongardin. Voyez Montgardin			Mons, 4 1/2	Provins	Seine-et-M.
			Mons (Athis), 3 1/4	Corbeil	Seine-et-O.
Mougaury, 1 1/2	La Réole	Gironde	Mons, 3 1/2	Abbeville	Somme
Mongansy, 2	Lombez	Gers	Mons, 8 1/2	Draguignan	Var

Communes.	Arrondissem.	Départem.	Communes.	Arrondissem.	Départem.
Mons, 3	Loudun	Vienne	Mont-le-Vic, 1 1/4	La Châtre	Indre
Mons-en-Barœul, 1/4	Lille	Nord	Mont-le-Vignoble, 2 1/2	Toul	Meurthe
Mons-en-Chaussée, 2	Péronne	Somme	Mont-les-Etrelles, 6	Gray	H.-Saône
Mons-en-Laonnois, 1	Laon	Aisne	Mont-lès-Lamarche, 9	Neufchâteau	Vosges
Mons-en-Pevèle, 4 1/2	Lille	Nord	Mont-lès-Neufchâteau, 1	Neufchâteau	Vosges
Monsac, 6 1/4	Bergerac	Dordogne			
Monsaguel, 4	Bergerac	Dordogne	Mont-lès-Seurre, 7 1/2	Châlons	Saône-et-L.
Monsales, 5 1/2	Villefranche	Aveiron	Mont-Notre-Dame, 5 1/2	Soissons	Aisne
Monsaurin, 2 1/2	Mirande	Gers	Mont-St.-Eloy, 1 1/2	Arras	Pas-de-Cal.
Monsec, 4	Nontron	Dordogne	Mont-St.-Jean, 5 1/4	Vervins	Aisne
Monsecret, 5 1/2	Domfront	Orne	Mont-St.-Jean, 12	Beaune	Côte-d'Or
Monségur, 7 1/2	Foix	Ariége	Mont-St.-Jean, 10 1/2	Le Mans	Sarthe
Monségur, 6 1/2	Montélimart	Drôme	Mont-St.-Léger, 7 1/2	Gray	H.-Saône
Monsegur*, 4	La Réole	Gironde	Mont-St.-Martin, 7 1/2	Soissons	Aisne
Monségur, 5 1/2	St.-Sever	Landes	Mont-St.-Martin, 2 1/2	Vouziers	Ardennes
Monségur, 4 1/4	Villeneuve-d'Agen	Lot-et-Gar.	Mont-St.-Martin, 3 1/4	Grenoble	Isère
			Mont-St.-Martin, 8	Briey	Moselle
Monségur, 9	Pau	B.-Pyren.	Mont-St.-Michel, 4	Avranches	Manche
Monsempron, 5 1/2	Villeneuve-d'Agen	Lot-et-Gar.	Mont-St.-Père, 2	Château-Thierry	Aisne
Monséria, 6 1/4	Lons-le-Saulnier	Jura	Mont-St.-Remy, 3 1/2	Vouziers	Ardennes
			Mont-St.-Savin, 4 1/2	Montmorillon	Vienne
Monsengny, 3 1/2	Gray	H.-Saône	Mont-St.-Sulpice, 4	Auxerre	Yonne
Monsireigne, 8 1/2	Fontenay-le-Comte	Vendée	Mont-St.-Vincent, 9 1/2	Châlons	Saône-et-L.
			Mont-sous-les-Côtes, 4	Verdun	Meuse
Monsol, 7 1/2	Villefranche	Rhône	Mont-sous-Vaudrey, 4 1/2	Dôle	Jura
Monsures, 5 1/2	Amiens	Somme	Mont-sur-Courville, 6 1/2	Rheims	Marne
Monswiler, 1/4	Saverne	Bas-Rhin	Mont-sur-Monnet, 4	Poligny	Jura
Mont (St.-), 15 1/4	Mirande	Gers	Mont-sur-St.-Germain, 4 1/2	Semur	Côte-d'Or
Mont (le), 8 1/4	Lons-le-Saulnier	Jura			
			Mont-sur-Vent, 2 1/2	Coutances	Manche
Mont, 2 1/4	Blois	Loir-et-Ch.	Monta (la) (Outrefurens), 1/4	St.-Etienne	Loire
Mont, 1 1/4	Lunéville	Meurthe			
Mont (Landres), 2 1/4	Briey	Moselle	Montabard, 1 1/2	Argentan	Orne
Mont, 3	Metz	Moselle	Montabon, 10 1/4	St.-Calais	Sarthe
Mont, 6 1/4	Château-Chinon	Nièvre	Montabot, 5 1/2	St.-Lô	Manche
			Montacher, 5 1/4	Sens	Yonne
Mont, 3	Orthez	B.-Pyrén.	Montadet, 1	Lombez	Gers
Mont, 12 1/2	Pau	B.-Pyrén.	Montadroit, 7	Lons-le-Saulnier	Jura
Mont, 12 1/2	Bagnères	H.-Pyrén.			
Mont (le) (St.-Germain), 1 1/2	Lure	H.-Saône	Montady, 1 1/4	Béziers	Hérault
			Montagagne, 4 1/2	Foix	Ariège
Mont, 11	Charolles	Saône-et-L.	Montagna-le-Reconduit, 9 1/4	Lons-le-Saulnier	Jura
Mont (le), 6	St.-Dié	Vosges			
Mont-aux-Malades, 1/2	Rouen	Seine-Inf.	Montagna-le-Templier, 10	Lons-le-Saulnier	Jura
Mont-d'Astarac, 8 1/4	Mirande	Gers			
Mont-d'Or-les-Bains, 7 1/2	Issoire	Puy-de-Dô.	Montagnac, 13	Digne	B.-Alpes
			Montagnac, 4 1/2	Bergerac	Dordogne
Mont-d'Origny, 4	St.-Quentin	Aisne	Montagnac, 6	Nismes	Gard
Mont-de-Bourg, 2 1/4	Yvetot	Seine-Inf.	Montagnac, 6	Lombez	Gers
Mont-de-Galyé, 4 1/2	St.-Gaudens	H.-Garonne	Montagnac*, 7	Béziers	Hérault
Mont-de-Jeu, 3 1/4	Vouziers	Ardennes	Montagnac, 3 1/2	Nérac	Lot-et-Gar.
Mont-de-l'If, 7	Rouen	Seine-Inf.	Montagnac-d'Auberoche, 6 1/2	Périgueux	Dordogne
Mont-de-Lans, 11 1/2	Grenoble	Isère			
Mont-de-Laval, 13 1/2	Montbéliard	Doubs	Montagnac-sur-Lède, 5	Villeneuve-d'Agen	Lot-et-Gar.
Mont-de-Marrast, 4	Mirande	Gers			
MONT-DE-MARSAN*,	ch.-l. de dép. 180	Landes	Montagnat, 1 1/2	Bourg	Ain
Mont-devant-Sassey, 4	Montmedy	Meuse	Montagne, 3 1/2	Libourne	Gironde
Mont-de-Verroux (Monchenu), 6 1/2	Valence	Drôme	Montagne, 3	St.-Marcellin	Isère
			Montagne (la) (Courgivaux), 13 1/2	Epernay	Marne
Mont-de-Vougney, 10 1/2	Montbéliard	Doubs			
Mont-l'Etroit, 5	Toul	Meurthe	Montagne (la) (Cuisse-la-Motte), 4	Compiègne	Oise
Mont-le-Bon, 8	Pontarlier	Doubs			
Mont-le-François, 4 1/2	Gray	H.-Saône	Montagne (la), 6	Lure	H. Saône
Mont-le-Vernois, 4	Vesoul	H.-Saône			

Communes.	Arrondissem.	Départem.	Communes.	Arrondissem.	Départem.
Montagne (la) (*Morigny*), 1/2	Etampes	Seine-et-O.	Montalivet, 7 1/2	Coulommiers	Seine-et-M.
Montagne, 6	Amiens	Somme	Montalzat, 6 1/4	Montauban	Tarn etGar.
Montagne-de-Gournai (*Emevillers*), 4	Compiégne	Oise	Montamat, 1	Lombez	Gers
			Montamel (*Ussel*), 8	Gourdon	Lot
Montagne-en-Lavieu (la), 3	Montbrison	Loire	Montamet (*Orgeval*), 4	Versailles	Seine-et-O.
Montagneux, 2	LaTour-du-Pin	Isère	Montamisé, 2	Poitiers	Vienne
Montagney, 3 1/2	Baume	Doubs	Montamy, 4	Vire	Calvados
Montagney, 5 1/4	Gray	H.-Saône	Montanay, 3	Trévoux	Ain
Montagnieu, 6 1/4	Belley	Ain	Montancès (*Montren*) 4 1/2	Périgueux	Dordogne
Montagnol, 5	St.-Affrique	Aveiron	Montancy, 11 1/4	Montbéliard	Doubs
Montagny, 3 1/2	Roanne	Loire	Montandon, 7 1/2	Montbéliard	Doubs
Montagny, 8	Beauvais	Oise	Montané, 7 1/2	Mirande	Gers
Montagny, 4	Senlis	Oise	Montanel, 5 1/2	Avranches	Manche
Montagny, 3 1/2	Lyon	Rhône	Montaner, 9	Pau	B.-Pyrén.
Montagny, 7	Châlons	Saône-et-L.	Montangon, 5 1/2	Troyes	Aube
Montagny, 7	Mâcon	Saône-et-L.	Montans, 1/2	Gaillac	Tarn
Montagny, 7 1/2	Neufchâtel	Seine-Inf.	Montant (St.-), 11 1/2	Privas	Ardèche
Montagny-lès-Beanne, 2 1/2	Beaune	Côte-d'Or	Montaon (*Bagneux*), 13 3/4	Epernay	Marne
			Montapas, 10 1/4	Nevers	Nièvre
Montagny-lès-Seurres, 8 1/2	Beaune	Côte-d'Or.	Montarcher, 5	Montbrison	Loire
			Montardit, 2	St.-Girons	Ariége
Montagny près Louhans, 1	Louhans	Saône-et-L.	Montardon, 1 1/4	Pau	B.-Pyrén.
			Montaren, 1 1/2	Uzès	Gard
Montagoudin, 1	La Réole	Gironde	Montaret (le), 10	Grenoble	Isère
Montagrier, 3 1/2	Riberac	Dordogne	MONTARGIS	ch.-l. d'arr., 29	Loiret
Montagudet, 10	Moissac	Tarn etGar.	Motarlot, 6 1/2	Dijon	Côte-d'Or
Montagut, 6 1/2	Orthez	B.-Pyrén.	Montarlot, 6 1/2	Gray	H.-Saône
Montaign, 3 1/4	Laon	Aisne	Montarlot, 7 1/2	Vesoul	H.-Saône
Montaigu, 2 1/2	St.-Affrique	Aveiron	Montarlot, 4 1/2	Fontainebleau	Seine-et-M.
Montaigu, 1/4	Lons-le-Saulnier	Jura	Montarnal (*Senergues*), 9	Rhodez	Aveiron
			Montarnaud, 3	Montpellier	Hérault
Montaigu, 4 1/2	St.-Lô	Manche	Montaron, 2	Château-Chinon	Nièvre
Montaigu, 2	Valognes	Manche	Montarrabé, 3	Auch	Gers
Montaigu (*Chambourcy*) 3 1/2	Versailles	Seine-et-O.	Montastruc, 4	St.-Gaudens	H.-Garonne
			Montastruc, 3 1/2	Toulouse	H.-Garonne
Montaigu*, 9	Bourbon-Vendée	Vendée	Montastruc, 3 1/2	Auch	Gers
			Montastruc, 4 1/2	Lectoure	Gers
			Montastruc, 4 1/2	Villeneuve-d'Agen	Lot-et-Gar.
Montaign-les-Bois, 6	Contances	Manche			
Montaignet, 4	La Palisse	Allier	Montastruc, 8	Tarbes	H.-Pyrén.
Montaigut, 4 1/2	Toulouse	H.-Garonne	Montastruc, 3 1/4	Montauban	Tarn-et-G.
Montaigut(*St. Jean-de-Glaine*), 7 1/2	Clermont	Puy-de-Dô.	Montastruc-Savès, 7	Muret	H.-Garonne
			Montat (le), 2	Cahors	Lot
Montaigut, 2 1/2	Issoire	Puy-de-Dô.	Moutaterre, 3	Senlis	Oise
Montaigut*, 9	Riom	Puy-de-Dô.	Montauban, 9 3/4	Nyons	Drôme
Montaigut, 5	Moissac	Tarn etGar.	Montauban, 9 1/4	St.-Gaudens	H.-Garonne
Montaigut-le-Blanc, 3	Gueret	Creuse	Montauban*, 2 1/2	Montfort	Ille-et-Vil.
Montaigut-le-Blin, 3	La Palisse	Allier	Montauban, 5	Péronne	Somme
Montaillé, 1	St.-Calais	Sarthe	MONTAUBAN*	ch.-l. d'arr., 179	Tarn-et-G.
Montaillou, 11 1/4	Foix	Ariége	Montaubert (*Monthelon*), 1 1/2	Epernay	Marne
Montain, 2	Lons-le-Saulnier	Jura	Montaud, 4 1/2	Montpellier	Hérault
Montain (*Bourret*), 2 1/4	Castel-Sarrasin	Tarn-etGar.	Montaud, 8 1/2	St.-Marcellin	Isère
Montaine (Ste.-), 11 1/4	Sancerre	Cher	Montaud (*Outrefurens*), 1/2	St.-Etienne	Loire
Montainville, 5	Chartres	Eure-et-L.			
Montainville, 5	Versailles	Seine-et-O.	Montaudin, 8	Mayenne	Mayenne
Montalais (les) (*Meudon*), 2	Versailles	Seine-et-O.	Montaulieu, 2 3/4	Nyons	Drôme
			Montaulin, 2 1/2	Troyes	Aube
Montalba, 4 1/4	Ceret	Pyrén.-Or	Montaure, 1 1/2	Louviers	Eure
Montalba, 10 1/4	Perpignan	Pyrén.-Or	Montauriol, 3 1/4	Castelnaudary	Aude
Montalembert, 6 1/4	Melle	2 Sèvres	Montauriol, 7	Toulouse	H.-Garonne
Montalet-le-Bois, 2 1/4	Mantes	Seine et-O	Montauriol, 7	Villeneuve-d'Agen	Lot-et-Gar.
Montalieu, 5 1/4	Grenoble	Isère	Montauriol, 4 1/4	Ceret	Pyrén.-Or.

Communes.	Arrondissem.	Départem.	Communes.	Arrondissem.	Départem.
Montauriol, 8	Albi	Tarn	Montbronn, 6	Sarreguemines	Moselle
Montauroux, $7\frac{3}{4}$	Draguignan	Var	Montbrun, 5	Narbonne	Aude
Montausses, $3\frac{1}{2}$	Lavaur	Tarn	Montbrun, 13	Nyons	Drôme
Montaut, $2\frac{1}{4}$	Pamiers	Ariége	Montbrun, $9\frac{1}{2}$	Muret	H.-Garonne
Montaut, $4\frac{3}{4}$	Bergerac	Dordogne	Montbrun, 5	Villefranche	H.-Garonne
Montaut, 3	St.-Gaudens	H.-Garonne	Montbrun, $6\frac{1}{2}$	Lombez	Gers
Montaut, 3	Muret	H.-Garonne	Montbrun, $3\frac{3}{4}$	Mirande	Gers
Montaut, $2\frac{1}{4}$	Auch	Gers	Montbrun, 4	Figeac	Lot
Montaut, $3\frac{1}{2}$	Mirande	Gers	Montcabrié, $4\frac{3}{4}$	Lavaur	Tarn
Montaut, $8\frac{1}{2}$	St.-Sever	Landes	Montcabrier (*Duravel*), 10	Cahors	Lot
Montaut, $6\frac{1}{4}$	Villeneuve-d'Agen	Lot-et-Gar.	Montcaras, $2\frac{1}{2}$	La-Tour-du-Pin	Isère
Montaut, $6\frac{3}{4}$	Pau	B.-Pyrén.	Montcaret, $8\frac{1}{4}$	Bergerac	Dordogne
Montautour, $3\frac{1}{4}$	Vitré	Ille-et-Vil.	Montcassin, $2\frac{1}{2}$	Mirande	Gers
Montauville, 7	Nancy	Meurthe	Montcassin, 8	Nérac	Lot-et-G.
Montay, $6\frac{1}{4}$	Cambrai	Nord	Montcauvaire, 4	Rouen	Seine-Inf.
Montayrette (la) (*Flangnac*), $5\frac{5}{8}$	Cahors	Lot	Montceau et Montceaux. *Voy.* Monceau ou Monceaux.		
Montazeau, $7\frac{1}{4}$	Bergerac	Dordogne	Montcel. *Voy.* Moncel		
Montazels, $3\frac{1}{4}$	Limoux	Aude	Montcenis, 6	Autun	Saône-et-L.
Montbarcy, 4	Dôle	Jura	Montcey*. *Voy.* Moncey		
Montbarrois, $4\frac{1}{4}$	Pithiviers	Loiret	Montchabond, $2\frac{1}{4}$	Grenoble	Isère
Montbason*, $3\frac{1}{4}$	Tours	Indre-et-L.	Montchalons, $2\frac{1}{4}$	Laon	Aisne
Montbavin, $2\frac{1}{4}$	Laon	Aisne	Montchamp, 3	St.-Flour	Cantal
Montbayer, 8	Barbezieux	Charente	Montchamps-le-Grand, $4\frac{1}{2}$	Vire	Calvados
Montbayon (*Ablois*), 2	Epernay	Marne			
Montbazin, 4	Montpellier	Hérault	Montchamps-le-Petit, $4\frac{1}{4}$	Vire	Calvados
MONTBÉLIARD *	ch.-l. d'arr., 118	Doubs	Montcharvot, $7\frac{1}{2}$	Langres	H.-Marne
Montbéliardot, $12\frac{3}{4}$	Montbéliard	Doubs	Montchaton, $1\frac{1}{4}$	Coutances	Manche
Montbellet, $4\frac{1}{2}$	Mâcon	Saône-et-L.	Montchauverot, 4	Lons-le-Saulnier	Jura
Montbenoit, 4	Pontarlier	Doubs			
Montberault (*Bruyères*), 1	Laon	Aisne	Montchauvet, 4	Vire	Calvados
Montberaut, $9\frac{1}{4}$	Muret	H.-Garonne	Montchauvet, 4	Mantes	Seine-et-O.
Montbernard, $4\frac{1}{2}$	St.-Gaudens	H.-Garonne	Montchauvier, $3\frac{1}{4}$	Lons-le-Saulnier	Jura
Montbernenchon, $2\frac{1}{2}$	Béthune	Pas-de-Cal.			
Montberon, $2\frac{1}{2}$	Toulouse	H.-Garonne	Montchenu, 8	Valence	Drôme
Montbert, 4	Auch	Gers	Montchevrel, $9\frac{1}{2}$	Alençon	Orne
Montbertaud, 4	Semur	Côte-d'Or	Montchevrier, $5\frac{1}{2}$	La Châtre	Indre
Montbertrand, 4	Vire	Calvados	Montclar, 15	Digne	B.-Alpes
Montbeugny, $2\frac{1}{4}$	Moulins	Allier	Montclar, $2\frac{1}{4}$	Carcassonne	Aude
Montbizot, $4\frac{3}{4}$	Le Mans	Sarthe	Montclar, $5\frac{1}{2}$	St.-Affrique	Aveiron
Montblainville, $6\frac{5}{8}$	Verdun	Meuse	Montclar, $10\frac{1}{4}$	Muret	H.-Garonne
Montblanc, 10	Castellane	B.-Alpes	Montclar, $1\frac{3}{4}$	Villefranche	H.-Garonne
Montblanc, $1\frac{1}{4}$	Lombez	Gers	Montclar, 13	Condom	Gers
Montblauc, 3	Béziers	Hérault	Montclar, $3\frac{3}{4}$	Villeneuve-d'Agen	Lot-et-Gar.
Montbleru (*Neuvy*) $11\frac{1}{2}$	Epernay	Marne			
Montbleuse (la), 6	Gray	H.-Saône	Montclar, $5\frac{1}{4}$	Montauban	Tarn-et-G.
Montboillon, $7\frac{3}{4}$	Gray	H.-Saône	Montclard, $6\frac{5}{8}$	Die	Drôme
Montboissier, $5\frac{3}{4}$	Châteaudun	Eure-et-L.	Montclard, $4\frac{1}{4}$	Brioude	H.-Loire
Montbolo, $3\frac{1}{2}$	Ceret	Pyrén.-Or.	Montclarié (la), $9\frac{1}{2}$	Castres	Tarn
Montbonnet*, $1\frac{1}{4}$	Grenoble	Isère	Montclus, $11\frac{1}{4}$	Gap	H.-Alpes
Montboucher, $1\frac{1}{2}$	Bourganeuf	Creuse	Montclus, $8\frac{1}{4}$	Uzès	Gard
Montboucher, $1\frac{1}{2}$	Montélimart	Drôme	Montcombroux, 4	La Palisse	Allier
Montbouton, $7\frac{1}{2}$	Belfort	Haut-Rhin	Montcony, $2\frac{1}{4}$	Louhans	Saône-et-L.
Montbouy, 4	Montargis	Loiret	Montcorbon, 7	Montargis	Loiret
Montbozon, 7	Vesoul	H.-Saône	Montcourt. *Voy.* Moncourt		
Montbrand, $9\frac{1}{2}$	Gap	H.-Alpes			
Montbrard*, $4\frac{1}{2}$	Semur	Côte-d'Or	Montcoux, $10\frac{3}{4}$	Lons-le-Saulnier	Jura
Montbras, $7\frac{1}{4}$	Commercy	Meuse			
Montbray, 7	St.-Lô	Manche	Montcouyoul, $8\frac{1}{4}$	Castres	Tarn
Montbré*, $1\frac{1}{4}$	Rheims	Marne	Montcoy, 3	Châlons	Saône-et-L.
Montbrehain, $3\frac{1}{4}$	St.-Quentin	Aisne	Montcreson, 3	Montargis	Loiret
Montbrison, $6\frac{1}{4}$	Montélimart	Drôme	Montcuit, 3	Coutances	Manche
MONTBRISON *	ch.-l. de dép. 124	Loire	Montcusel, $6\frac{1}{2}$	St.-Claude	Jura
Montbron, $6\frac{5}{8}$	Angoulême	Charente	Montdardier, $2\frac{1}{4}$	Le Vigan	Gard
			Montdauphin*, $4\frac{1}{2}$	Embrun	H.-Alpes

Communes.	Arrondissem.	Départem.	Communes.	Arrondissem.	Départem.
Montdauphin, 6 1/2	Coulommiers	Seine-et-M.	Montenois, 6 1/2	Baume	Doubs
Montdavezau, 8 1/2	Muret	H.-Garonne	Montenoison, 9	Cosne	Nièvre
Montdesir (*Guillerval*)*, 2	Etampes	Seine-et-O.	Montenoy, 3	Nancy	Meurthe
			Montepilloir, 2	Senlis	Oise
Montdidier, 8 1/2	Château-Salins	Meurthe	Monteplain, 4 1/2	Dôle	Jura
MONTDIDIER *	ch.-l. d'ar., 24	Somme	Montépreux, 10 1/2	Epernay	Marne
Montdieu (le; (*Bairon*), 5	Sedan	Ardennes	Monterault, 6 1/2	Saintes	Char.-Inf.
Montdigny, 2	Mézières	Ardennes	Monterblanc, 3	Vannes	Morbihan
Montdol, 5 1/2	St.-Malo	Ille-et-Vil.	Montereau, 6	Gien	Loiret
Montdorey, 12 1/2	Lure	H.-Saône	Montereau *, 6 1/2	Fontainebleau	Seine-et-M.
Montdragon, 7 1/2	Castres	Tarn	Montereau-sur-Jard, 1 1/2	Melun	Seine-et-M.
Montdragon, 5	Orange	Vaucluse	Monterfil, 2 1/2	Montfort	Ille-et-Vil.
Monté, 6	Bastia	Corse	Monterollier, 4 1/2	Neufchâtel	Seine-Inf.
Monteaux, 6	Blois	Loir-et-Ch.	Monterrin, 2	Ploërmel	Morbihan
Monteavril, 2	Montreuil	Pas-de-Cal.	Montertelot, 1 1/2	Ploërmel	Morbihan
Montebert, 5	Nantes	Loire-Inf.	Montescot, 3	Perpignan	Pyrén.-Or.
Montebourg *, 1 1/2	Valognes	Manche	Montescourt-Lizeroles, 5 1/2	St.-Quentin	Aisne
Montech *, 2 1/2	Castel-Sarrasin	Tarn-et-G.	Montespan, 2 1/2	St.-Gaudens	H.-Garonne
Monécheroux, 5 1/2	Montbéliard	Doubs	Montespieu, 2	Castres	Tarn
Montedolmo, 7 1/2	Bastia	Corse	Montesquieu, 1 1/2	St.-Girons	Ariége
Monteglin, 8 1/2	Gap	H.-Alpes	Montesquieu, 2	Villefranche	H.-Garonne
Montegnier, 1	Gannat	Allier	Montesquieu, 4	Béziers	Hérault
Montegresso	Calvi	Corse	Montesquieu, 3 1/2	Nérac	Lot-et-Gar.
Montegut, 3	Pamiers	Ariége	Montesquieu-de-Lisle, 5	St.-Gaudens	H.-Garonne
Montegut, 3/4	St.-Girons	Ariége	Montesquieu-Volvestre, 7 1/2	Muret	H.-Garonne
Montegut, 8 5/8	Muret	H.-Garonne			
Montegut, 6	Villefranche	H.-Garonne	Montesquieux, 3 1/2	Moissac	Tarn-et-G.
Montegut, 1 1/2	Auch	Gers	Montesquiou, 2 1/2	Mirande	Gers
Montegut, 1	Lombez	Gers	Montesquious, 3 1/2	Ceret	Pyrén.-Or.
Montegut, 6 1/2	Mirande	Gers	Montessaux, 2 1/2	Lure	H.-Saône
Montegut, 7 1/2	Mont-de-Marsan	Landes	Montesson, 6 1/2	Langres	H.-Marne
Montégut, 10	Bagnères	H-Pyrén.	Montesson, 3	Versailles	Seine-et-O.
Montégut-Gures, 9 1/4	Mirande	Gers	Montestrucq, 1 1/2	Orthez	B.-Pyrén.
Monteil (le), 4	Bourganeuf	Creuse	Montet (le), 4	Figeac	Lot
Monteil (*Outrefurens*), 1/4	St.-Etienne	Loire	Monteux, 2 1/2	Valence	Drôme
Monteil (le), 1/2	Le Puy	H.-Loire	Monteux, 1/4	Carpentras	Vaucluse
Monteil-Guillaume, 5 1/2	Aubusson	Creuse	Monteville, 3 1/2	Rouen	Seine-inf.
Monteille, 3	Lisieux	Calvados	Montevrain, 3 1/2	Meaux	Seine-et-M.
Monteils, 6 3/4	St.-Affrique	Aveiron	Monteynard, 7 1/2	Grenoble	Isère
Monteils, 2 1/2	Villefranche	Aveiron	Montezic, 9	Espalion	Aveiron
Monteils, 2	Alais	Gard	Montfa, 7	Pamiers	Ariége
Monteils, 7	Montauban	Tarn-et-G.	Montfa, 2 1/2	Castres	Tarn
Montel-aux-Moines *, 6	Moulins	Allier	Montfalcon, 5 1/2	St.-Marcellin	Isère
Montel-de-Gellat, 8	Riom	Puy-de-Dô.	Montfaucon, 1 1/2	Château-Thierry	Aisne
Montelarat, 2 1/2	St.-Affrique	Aveiron			
Monteleger, 3	Valence	Drôme	Montfaucon, 6 1/2	Bergerac	Dordogne
Montelier (le), 7 1/2	Trévoux	Ain	Montfaucon, 1	Besançon	Doubs
MONTÉLIMART *	ch.-l. d'arr., 154	Drôme	Montfaucon, 8 1/2	Uzès	Gard
Montellier, 2 1/2	Valence	Drôme	Montfaucon, 4	Yssingeaux	H.-Loire
Montelon, 4	Marmande	Lot-et-G.	Montfaucon, 8	Gourdon	Lot
Montels, 3	Foix	Ariége	Montfaucon, 4	Beaupréau	Maine-et-L.
Montels, 4 1/2	Béziers	Hérault	Montfaucon, 7	Montmédy	Meuse
Montels, 1/4	Gaillac	Tarn	Montfaucon, 7 1/2	Tarbes	H.-Pyrén.
Montemagiore, 2	Calvi	Corse	Montfauxelles, 5 3/4	Vouziers	Ardennes
Montemain, 6	Châteaudun	Eure-et-L.	Montfermeil, 9	Pontoise	Seine-et-O.
Montembert, 15 1/2	Nevers	Nièvre	Montfermier, 6 1/2	Montauban	Tarn-et-G.
Montemboeuf, 7 1/4	Confolens	Charente	Montfermy, 5	Riom	Puy-de-Dô.
Montenach (*Sierck*), 4	Thionville	Moselle	Montferuey, 5 1/2	Baume	Doubs
Montenaille (*Buxerotte*), 9 1/2	Dijon	Côte-d'Or.	Montferrand, 3	Castelnaudary	Aude
			Montferrand, 8 1/2	Bergerac	Dordogne
Montenay, 5	Mayenne	Mayenne	Montferrand, 3 1/2	Besançon	Doubs
Montende *, 5	Jonzac	Char.-Inf.	Montferrand, 7 1/2	Nyons	Drôme
Montenescourt, 3 1/2	Arras	Pas-de-Cal.	Montferrand, 5 1/2	Auch	Gers
Monteneuf, 5 1/2	Ploërmel	Morbihan	Montferrand, 3 1/2	Lombez	Gers
Montenils, 7 1/2	Coulommiers	Seine-et-M.	Montferrand, 1/2	Clermont	Puy-de-Dô.

Communes.	Arrondissem.	Départem.
Montferrat, 5	La-Tour-du-Pin	Isère
Montferrat, 2 $\frac{3}{4}$	Draguignan	Var
Montferrer, 6 $\frac{3}{4}$	Ceret	Pyrén.-Or.
Montferrier, 6 $\frac{1}{2}$	Foix	Ariége
Montferrier, 1 $\frac{3}{4}$	Montpellier	Hérault
Montfleur, 11	Lons-le-Saulnier	Jura
Montfey, 7 $\frac{1}{4}$	Troyes	Aube
Montflorin, 4	Pontarlier	Doubs
Montflours, 3 $\frac{3}{4}$	Laval	Mayenne
Montfort, 4 $\frac{1}{2}$	Sisteron	B.-Alpes
Montfort, 16 $\frac{3}{4}$	Limoux	Aude
Montfort, 6 $\frac{1}{2}$	Besançon	Doubs
Montfort, 6 $\frac{1}{2}$	Lectoure	Gers
MONTFORT *,	ch.-l. d'ar., 104	Ille-et-Vil.
Montfort, 4 $\frac{1}{2}$	Dax	Landes
Montfort, 2 $\frac{1}{2}$	Saumur	Maine-et-L.
Montfort, 4 $\frac{3}{4}$	Orthez	B.-Pyrén.
Montfort, 4 $\frac{3}{4}$	Le Mans	Sarthe
Montfort, 3	Brignoles	Var
Montfort-Lamaury *, 4 $\frac{1}{2}$	Rambouillet	Seine-et-O.
Montfort-sur-Risle, 3	Pont-Audemer	Eure
Montfranc, 8	St.-Affrique	Aveiron
Montfrin, 5 $\frac{1}{4}$	Nismes	Gard
Montfroc, 14	Nyons	Drôme
Montfuron, 4 $\frac{3}{4}$	Forcalquier	B.-Alpes
Montgailhard, 1 $\frac{1}{4}$	Foix	Ariége
Montgailhard, 13	Carcassonne	Aude
Montgaillard, 1	Villefranche	H.-Garonne
Montgaillard, 7	Auch	Gers
Montgaillard, 2 $\frac{1}{4}$	St.-Sever	Landes
Montgaillard, 2 $\frac{1}{2}$	Nérac	Lot-et-Gar.
Montgaillard, 1 $\frac{1}{2}$	Bagnères	H.-Pyrén.
Montgaillard, 6 $\frac{1}{2}$	Gaillac	Tarn
Montgaillard, 4 $\frac{3}{4}$	Castel-Sarrasin	Tarn-et-G.
Montgaillard près Boulogne, 2 $\frac{3}{4}$	St.-Gaudens	H.-Garonne
Montgaillard près Salies, 5 $\frac{3}{4}$	St.-Gaudens	H.-Garonne
Montgardin, 3 $\frac{3}{4}$	Gap	H.-Alpes
Montgardin, 2	Mirande	Gers
Montgardon, 7 $\frac{3}{4}$	Coutances	Manche
Montgaroult, 2	Argentan	Orne
Montgauch, 1 $\frac{1}{4}$	St.-Girons	Ariége
Montgaudry, 4	Mortagne	Orne
Montgaugier, 6	Poitiers	Vienne
Montgazin, 4 $\frac{1}{4}$	Muret	H.-Garonne
Montgé, 3	Meaux	Seine-et-M.
Montgeard, 3	Villefranche	H.-Garonne
Montgenèvre, 2	Briançon	H.-Alpes
Montgenost, 13	Epernay	Marne
Montgenoux, 5	St.-Amand	Cher
Montgerard (*Vinay*), 1 $\frac{3}{4}$	Epernay	Marne
Montgerin, 5	Clermont	Oise
Montgermont, 2	Rennes	Ille-et-Vil.
Montgéroult, 2	Pontoise	Seine-et-O.
Montgesoye, 7	Besançon	Doubs
Montgie (la) ou la Montgie, 2	Issoire	Puy-de-Dô.
Montgiscard, 4 $\frac{1}{2}$	Villefranche	H.-Garonne
Montgivray, $\frac{1}{2}$	La Châtre	Indre
Montgivroux, 6 $\frac{1}{4}$	Epernay	Marne
Montgobert, 4	Soissons	Aisne
Montgon, 3 $\frac{3}{4}$	Vouziers	Ardennes
Montgothier, 4 $\frac{3}{4}$	Mortain	Manche
Montgradail, 5 $\frac{1}{2}$	Limoux	Aude
Montgras, 5 $\frac{1}{2}$	Muret	H.-Garonne
Montgreleix, 7 $\frac{1}{2}$	Murat	Cantal
Montgrillon, 9	Belley	Ain
Montgrimault (*Grauves*), 2	Epernay	Marne
Montgru, 6	Soissons	Aisne
Montguers, 9	Nyons	Drôme
Montgueux, 2 $\frac{1}{4}$	Troyes	Aube
Montguillon, 2 $\frac{3}{4}$	Segré	Maine-et-L.
Montguyon, 19	Jonzac	Char.-Inf.
Montharville, 4	Châteaudun	Eure-et-L.
Monthaud, 4 $\frac{1}{2}$	Limoux	Aude
Monthault, 4 $\frac{1}{2}$	Fougères	Ille-et-Vil.
Monthault, 2	Romorantin	Loir-et-Ch.
Monthelie, 2 $\frac{1}{2}$	Beaune	Côte-d'Or
Monthelon, 1 $\frac{1}{4}$	Epernay	Marne
Monthelon, 1	Autun	Saône-et-L.
Monthenault, 2 $\frac{1}{2}$	Laon	Aisne
Montheries, 5	Chaumont	H.-Marne
Montherlant, 4	Beauvais	Oise
Monthermé, 3 $\frac{1}{2}$	Mézières	Ardennes
Monthéront (les), 4 $\frac{1}{2}$	Verdun	Meuse
Monthiers, 1 $\frac{3}{4}$	Château-Thierry	Aisne
Monthieu, 4 $\frac{1}{2}$	Trévoux	Ain
Monthion, 1 $\frac{1}{2}$	Meaux	Seine-et-M.
Monthigny-l'Allier, 6 $\frac{1}{2}$	Château-Thierry	Aisne
Monthodon, 8	Tours	Indre-et-L.
Monthois, 2 $\frac{1}{2}$	Vouziers	Ardennes
Montholier, 1 $\frac{3}{4}$	Poligny	Jura
Monthou-sur-Bière, 3 $\frac{3}{4}$	Blois	Loir-et-Ch.
Monthou-sur-Cher, 8	Blois	Loir-et-Ch.
Monthoudon, 3	Mamers	Sarthe
Monthoumet, 13	Carcassonne	Aude
Monthuchon, 1 $\frac{1}{4}$	Coutances	Manche
Monthurel, 2 $\frac{1}{2}$	Château-Thierry	Aisne
Monthureux-Lesec, 4 $\frac{1}{2}$	Mirecourt	Vosges
Monthureux-sur-Saône, 10	Mirecourt	Vosges
Monticello, 3 $\frac{1}{2}$	Calvi	Corse
Montichi, 3 $\frac{3}{4}$	Ajaccio	Corse
Montier-en-Isle, $\frac{3}{4}$	Bar-sur-Aube	Aube
Montiéramé, 4 $\frac{3}{4}$	Troyes	Aube
Montierchaume, 2 $\frac{1}{4}$	Châteauroux	Indre
Montierender *, 3 $\frac{3}{4}$	Wassy	H.-Marne
Montiers, 4	Clermont	Oise
Montiers-Hubert (les), 4 $\frac{3}{4}$	Lisieux	Calvados
Montiers-sur-Saux, 8	Bar-le-Duc	Meuse
Monties, 7 $\frac{1}{2}$	Mirande	Gers
Montignac, 6	Saintes	Char.-Inf.
Montignac, 8	Riberac	Dordogne
Montignac *, 6	Sarlat	Dordogne
Montignac, 7 $\frac{1}{2}$	La Réole	Gironde
Montignac, 2 $\frac{1}{2}$	Tarbes	H.-Pyrén.
Montignac-Charente, 3 $\frac{3}{4}$	Angoulême	Charente
Montignac-de-Lauzun, 6 $\frac{3}{4}$	Marmande	Lot.-et-G.
Montignac-le-Coq, 13	Barbezieux	Charente
Montignac-Toupinerie, 4 $\frac{3}{4}$	Marmande	Lot.-et-G.
Montignargues, 6	Uzès	Gard
Montigné, 6 $\frac{1}{2}$	Angoulême	Charente
Montigné, 3	Baugé	Maine-et-L.
Montigné, 5	Beaupréau	Maine-et-L.
Montigné, 2 $\frac{3}{4}$	Laval	Mayenne

Communes.	Arrondissem.	Départem.	Communes.	Arrondissem.	Départem.
Montigné, 1 1/4	Melle	2 Sèvres	Montigny-Vilaincourt, 3 1/2	Amiens	Somme
Montigny, 3 1/4	Mezières	Ardennes	Montilliers, 9	Saumur	Maine-et-L.
Montigny, 6	Rocroi	Ardennes	Montillot, 3 1/2	Avallon	Yonne
Montigny, 6	Troyes	Aube	Montilly, 2	Moulins	Allier
Montigny, 5	Caen	Calvados	Montilly, 6	Domfront	Orne
Montigny, 3 1/4	Sancerre	Cher	Montils, 6 1/4	Saintes	Char.-Inf.
Montigny, 4	Poligny	Jura	Montils (les), 3	Blois	Loir-et-Ch.
Montigny, 3 1/2	Pithiviers	Loiret	Montipouret, 2 1/4	La Châtre	Indre
Montigny, 3 1/4	Mortain	Manche	Montirat, 2	Carcassonne	Aude
Montigny, 6	Lunéville	Meurthe	Montirat, 8 1/2	Albi	Tarn
Montigny, 6 1/2	Briey	Moselle	Montireau, 5	Nogent-le-Rotrou	Eure-et-L.
Montigny, 2 1/2	Cambrai	Nord			
Montigny, 1 1/2	Douai	Nord	Montiron, 4	Lombez	Gers
Montigny, 5	Clermont	Oise	Moutis (les). (La Chapelle-Rablais), 7 1/2	Provins	Seine-et-M.
Montigny, 6 1/2	Béthune	Pas-de-Cal.			
Montigny, 2 1/2	Mamers	Sarthe			
Montigny 4 1/2	Doullens	Somme	Montivernage, 1 1/4	Baume	Doubs
Montigny, 1 1/2	Rouen	Seine-Inf.	Montivilliers *, 2 1/2	Le Hâvre	Seine-Inf.
Montigny, 4	Bressuire	2 Sèvres	Montjai, 13 1/4	Gap	H.-Alpes
Montigny, 3	Auxerre	Yonne	Montjardin, 6 1/2	Limoux	Aude
Montigny-aux-Amognes 3 1/4	Nevers	Nièvre	Montjaux, 5	Milhaud	Aveiron
			Montjavoult, 9	Beauvais	Oise
Montigny-Barthélemy (St.-), 2	Semur	Côte-d'Or	Montjay, 7 1/2	Louhans	Saône-et-L.
			Montjay (Bures), 3	Versailles	Seine-et-O.
Montigny-Carotte, 4	St.-Quentin	Aisne	Montjean, 7	Beaupréau	Maine-et-L.
Montigny-devant-Sassey 4	Montmédy	Meuse	Montjean, 3 1/2	Laval	Mayenne
			Montjoire, 4	Toulouse	H.-Garonne
Montigny-en-Morvand, 3	Château-Chinon	Nièvre	Montjouvent, 6 1/4	Lons-le-Saulnier	Jura
Montigny-Laucoup, 6	Provins	Seine-et-M.	Montjoux, 7	Montélimart	Drôme
Montigny-Laugrain, 4 1/2	Soissons	Aisne	Montjoye, 1/2	St.-Girons	Ariege
Montigny-le-Bretonneux 2	Versailles	Seine-et-O.	Montjoye, 13	Carcassonne	Aude
			Montjoye, 6 1/4	Montbéliard	Doubs
Montigny-le-Franc, 6 1/2	Laon	Aisne	Montjoye (la), 5	Nérac	Lot-et-Gar.
Montigny-le-Gauuelon, 3	Châteaudun	Eure-et-L.	Montjoye, 5	Avranches	Manche
			Montjoye, 3	Mortain	Manche
Montigny-le-Gnesdier, 6	Provins	Seine-et-M.	Montjustin, 5 1/4	Forcalquier	B.-Alpes
Montigny-le-Roy *, 5	Langres	H.-Marne	Monjustin, 4 1/2	Vesoul	H.-Saône
Montigny-lès-Arbois, 3	Poligny	Jura	Monthéry *, 4 1/2	Corbeil	Seine-et-O.
Montigny-lès Cherlieux, 8 1/4	Vesoul	H.-Saône	Montlandon, 5	Nogent-le-Rotrou	Eure-et-L.
Montigny-lès-Condé, 3 1/2	Château-Thierry	Aisne	Montlandon, 2 1/2	Langres	H.-Marne
			Montlaur, 3	Carcassonne	Aude
Montigny-lès-Corneilles, 6	Versailles	Seine-et-O.	Montlaur, 3	St.-Affrique	Aveiron
			Montlaur, 4	Die	Drôme
Moutigny-lès-Metz, 1/2	Metz	Moselle	Montlaur, 4	Villefranche	H.-Garonne
Montigny-lès-Vaucouleurs, 5 1/4	Commercy	Meuse	Montlaurent, 2	Rethel	Ardennes
			Montlaux, 3 1/2	Forcalquier	B.-Alpes
Montigny-lès-Vesoul, 2 1/4	Vesoul	H.-Saône	Montlauzun, 7 1/4	Cahors	Lot
Montigny-Montfort, 2 1/2	Semur	Côte-d'Or	Montlay, 4 1/2	Semur	Côte-d'Or
Montigny-sous-Crécy, 5	Laon	Aisne	Montlevon, 2 1/4	Château-Thierry	Aisne
Montigny-sous-Marle, 6 1/4	Laon	Aisne	Montlévêque, 1	Senlis	Oise
			Montliard, 5 1/2	Pithiviers	Loiret
Montigny-sur-Armançon 2	Semur	Côte-d'Or	Montlibert (Signy), 7	Sedan	Ardennes
Montigny-sur-Aube, 5 1/2	Châtillon	Côte-d'Or	Montlieu *, 8	Jonzac	Char.-Inf.
Montigny-sur-Avre, 6 1/2	Dreux	Eure-et-L.	Montlignon, 3 1/2	Pontoise	Seine-et-O.
Montigny-sur-Cannes, 7 1/4	Château-Chinon	Nièvre	Montliot, 1 1/2	Châtillon	Côte-d'Or
			Montlivault, 3	Blois	Loir-et-Ch.
Montigny - sur - Loing, 2 1/2	Fontainebleau	Seine-et-M.	Montlognon, 3	Senlis	Oise
			Montloué, 10	Laon	Aisne
Montigny-sur-Vesle, 4 1/2	Rheims	Marne	Montlouet, 5	Chartres	Eure-et-L.
Montigny-sur-Vingean-ne, 9	Dijon	Côte-d'Or	Montlouis, 5 1/2	St.-Amand	Cher
			Montlouis, 3	Tours	Indre-et-L.

Communes.	Arrondissem.	Départem.	Communes.	Arrondissem.	Départem.
Montlouis *, 9	Prades	Pyrén.-Or.	Montoille (Vaivre), 1 1/4	Vesoul	H.-Saône
MONTLUÇON *,	ch.-l. d'ar., 8	Allier	Montoillot, 6 1/4	Dijon	Côte-d'Or
Montluel *, 7 1/2	Trévoux	Ain	Montoir, 4	Savenay	Loire-Inf.
Montmachoux, 6 1/4	Fontainebleau	Seine-et-M.	Montoire *, 4	Vendôme	Loir-et-Ch.
Montmacq, 3 1/4	Compiègne	Oise	Montoiron, 3	Châtellerault	Vienne
Montmaguy, 4 1/4	Pontoise	Seine-et-O	Montois, 1 1/4	Briey	Moselle
Montmahoux, 10	Besançon	Doubs	Montoison, 11	Die	Drôme
Montmain, 3	Beaune	Côte-d'Or	Montoldre, 5 1/2	La Palisse	Allier
Montmain, 3 1/4	Rouen	Seine-Inf.	Montolieu, 2	Carcassonne	Aude
Montmalin, 3	Poligny	Jura	Montou (Vayre), 4	Clermont	Puy-de-Dô.
Montmarault *, 7	Montluçon	Allier	Montonvillers, 3	Amiens	Somme
Montmarcei, 5 1/4	Argentan	Orne	Montord, 5	Gannat	Allier
Montmargantin (Ceaucé), 1 1/4	Domfront	Orne	Montorgueil (Fleury-la-Rivière), 2	Epernay	Marne
Montmarin, 2 1/4	Rethel	Ardennes	Montorient (Geruge), 1 1/4	Lons-le-Saulnier	Jura
Montmarlon, 6	Poligny	Jura	Montormantier, 7 1/2	Langres	H.-Marne
Montmarquet, 9 1/2	Amiens	Somme	Montormel, 4	Argentan	Orne
Montmartin, 3	Bar-sur-Seine	Aube	Montory, 4 1/2	Mauléon	B.-Pyrén.
Montmartin, 3	Compiègne	Oise	Montot, 7	Beaune	Côte-d'Or
Montmartin-en-Graignes, 5	St.-Lô	Manche	Montot, 6 1/4	Chaumont	H.-Marne
Montmartin-sur-Mer, 2 1/2	Coutances	Manche	Montot, 4	Gray	H.-Saône
Montmartre, 1 1/4	St.-Denis	Seine	Montouliers, 8	St.-Pons	Hérault
Montmaur, 4	Gap	H.-Alpes	Montoulieu, 1 1/4	Foix	Ariège
Montmaur, 3	Castelnaudary	Aude	Montoulieu, 4 1/4	St.-Gaudens	H.-Garonne
Montmaur, 1 1/4	Die	Drôme	Montoulieu, 8 1/2	Montpellier	Hérault
Montmaurin, 14 1/4	Gap	H.-Alpes	Montournais, 8	Fontenay-le-Comte	Vendée
Montmaurin, 2 1/4	St.-Gaudens	H.-Garonne			
MONTMÉDY *,	ch.-l. d'ar., 72	Meuse	Montours, 3	Fougères	Ille-et-Vil.
Montmeillant, 5	Rethel	Ardennes	Montourtier, 6 1/4	Laval	Mayenne
Montmejan, 8	Milhaud	Aveiron	Montoussé, 7 1/2	Bagnères	H.-Pyrén.
Montmelas-St.-Forlin, 2 1/4	Villefranche	Rhône	Montoussin, 8 1/4	Muret	H.-Garonne
			Montoy (le), 4	Vitry-le-François	Marne
Montmelard, 10	Mâcon	Saône-et-L.			
Montmençon, 6	Dijon	Côte-d'Or	Montoy, 1 1/2	Metz	Moselle
Montmergy (Nesle-le-Repons), 4 1/4	Epernay	Marne	Montpaon, 4 1/4	St.-Affrique	Aveiron
			Montpardiac, 3 1/4	Mirande	Gers
Montmerle *, 6	Trévoux	Ain	Montpellier, 4 1/4	Saintes	Char.-Inf.
Montmerrei, 3	Argentan	Orne	MONTPELLIER *,	ch.-l. de dép 193	Hérault
Montmeyrand, 3	Valence	Drôme	Montpérat, 8	La Réole	Gironde
Montmirail, 7 1/2	Valence	Drôme	Montperreux, 3 1/2	Pontarlier	Doubs
Montmirail *, 8 1/4	Epernay	Marne	Montpeyroux, 9 1/4	Bergerac	Dordogne
Montmirail, 9 1/2	Mamers	Sarthe	Montpeyroux, 5 1/2	Lodève	Hérault
Montmirail, 2	Gaillac	Tarn	Montpeyroux (Coudes), 2 1/4	Issoire	Puy-de-Dô.
Montmirat, 6	Nismes	Gard			
Montmiraux (Cerny), 3 1/4	Etampes	Seine-et-O.	Montpeyroux-Bousquet, 6	Espalion	Aveiron
Montmirey-la-Ville, 3 1/2	Dôle	Jura			
Montmirey-le-Château, 3 1/4	Dôle	Jura	Montpeyroux-Murat, 6 1/4	Espalion	Aveiron
			Montpezat, 14	Digne	B.-Alpes
Montmoreau, 10	Barbezieux	Charente	Montpezat, 6 1/4	Argentière	Ardèche
Montmorency, 8 1/4	Bar-sur-Aube	Aube	Montpezat, 4	Nismes	Gard
Montmorency, 4	Pontoise	Seine-et-O.	Montpezat, 2 1/2	Lombez	Gers
MONTMORILLON *,	ch.-l. d'ar., 85	Vienne	Montpezat, 7	Agen	Lot-et-Gar.
Montmorin, 7 1/2	Clermont	Puy-de-Dô.	Montpezat, 9 1/2	Pau	B.-Pyrén.
Montmorot, 2	Lons-le-Saulnier	Jura	Montpezat, 6 1/4	Montauban	Tarn-et-Gar.
			Montpinchon, 2 1/4	Coutances	Manche
Montmort, 3 1/4	Epernay	Marne	Montpinçon, 6 1/4	Lisieux	Calvados
Montmort, 8	Autun	Saône-et-L.	Montpinier, 3	Castres	Tarn
Montmortier, 8	Mirecourt	Vosges	Montpitol, 4 1/2	Toulouse	H. Garonne
Montmoure, 6	Castres	Tarn	Montplaisant, 6	Sarlat	Dordogne
Montmoyen, 6	Châtillon	Côte-d'Or	Montplaisir (Jonquières), 2	Compiègne	Oise
Montmurat, 9 1/2	Aurillac	Cantal			
Montner, 6 1/2	Perpignan	Pyrén.-Or.	Montplonne, 3	Bar-le-Duc	Meuse
Montmeyan, 7	Brignoles	Var	Montpolin, 1 1/4	Baugé	Maine-et-L.

Communes.	Arrondissem.	Departem.
Montpont *, 9	Riberac	Dordogne
Montpont, 2 ¾	Louhans	Saône-et-L.
Montpotier, 3	Nogent-sur-Seine	Aube
Montpouillan, 1 ½	Marmande	Lot-et-Gar.
Montrabé, 1 ½	Toulouse	H.-Garonne
Montrabot, 4 ¼	St.-Lô	Manche
Montracol, 2	Bourg	Ain
Montrambert, 5	Dôle	Jura
Montramé (*Gouaix-et-Soisy*), 1 ½	Provins	Seine-et-M.
Montravers, 5	Bressuire	2 Sèvres
Montreal, 1	Nantua	Ain
Montreal, ½	Argentière	Ardèche
Montreal, 3	Carcassonne	Aude
Montreal, 4	Nyons	Drôme
Montreal, 3 ¾	Condom	Gers
Montreal, 3	Avallon	Yonne
Montreau (*Méréville*), 3 ¼	Etampes	Seine-et-O.
Montrécourt, 5	Cambrai	Nord
Montredon, 1 ½	Narbonne	Aude
Montredon, 3 ¼	St.-Affrique	Aveiron
Montredon, 3 ¼	Figeac	Lot
Montredon, 5	Castres	Tarn
Montréjean *, 3	St.-Gaudens	H.-Garonne
Montrelais, 3 ½	Ancenis	Loire-Inf.
Montrelet, 3 ¼	Doullens	Somme
Montren, 4 ¼	Périgueux	Dordogne
Montrenauld, 2	Mamers	Sarthe
Montrequienne (*Burange*), 3 ¼	Thionville	Moselle
Montrésor, 3 ½	Loches	Indre-et-L.
Montrest, 2 ¼	Louhans	Saône-et-L.
Montreuil, 4 ¼	Troyes	Aube
Montreuil, 4	Pont-l'Evêque	Calvados
Montreuil, 1 ¼	Dreux	Eure-et-L.
Montreuil, 6	Tours	Indre-et-L.
Montreuil, 3	St.-Lô	Manche
Montreuil, 3	Mayenne	Mayenne
Montreuil, 6	Argentan	Orne
MONTREUIL *,	ch.-l. d'ar., 56	Pas-de-Cal.
Montreuil (*Joué-en-Charnie*), 8 ¾	Le Mans	Sarthe
Montreuil, 3 ¼	Sceaux	Seine
Montreuil, 6	Mantes	Seine-et-O.
Montreuil, 6 ¾	Dieppe	Seine-Inf.
Montreuil, 6 ¼	Poitiers	Vienne
Montreuil-aux-Lions, 2 ½	Château-Thierry	Aisne
Montreuil-Bellay, 4	Saumur	Maine-et-L.
Montreuil-Bilfroy, 2	Angers	Maine-et-L.
Montreuil-des-Landes, 4 ½	Vitré	Ille-et-Vil.
Montreuil-en-Houlme, 4	Argentan	Orne
Montreuil-l'Argillé *, 4 ½	Bernay	Eure
Montreuil-le-Chétif, 9	Mamers	Sarthe
Montreuil-le-Gast, 3 ½	Rennes	Ille-et-Vil.
Montreuil-le-Henry, 4	St.-Calais	Sarthe
Montreuil-sous-Pérouse, 1 ¼	Vitré	Ille-et-Vil.
Montreuil-sur-Blaise, ¾	Wassy	H.-Marne
Montreuil-sur-Brêche, 3 ½	Clermont	Oise
Montreuil-sur-Ille, 7	Rennes	Ille-et-Vil.
Montreuil-sur-Loir, 1 ¼	Angers	Maine-et-L.
Montreuil-sur-Maine, 3	Segré	Maine-et-L.
Montreuil-sur-Mer, 1 ¼	Fontenay-le-Comte	Vendée
Montreuil-sur-Thérain, 2 ¼	Beauvais	Oise
Montreuil-sur-Thonnance, 8 ½	Wassy	H.-Marne
Mont-Renillon, 4 ¼	Château-Chinon	Nièvre
Montreux, 8	Lunéville	Meurthe
Montreux-Château, 3 ¼	Belfort	Haut-Rhin
Montreux-Jeune, 4	Belfort	Haut-Rhin
Montreux-Vieux, 4	Belfort	Haut-Rhin
Montrevault, 2 ½	Beaupréau	Maine-et-L.
Montrevel, 3	Bourg	Ain
Montrevel, 8 ¼	Lons-le-Saulnier	Jura
Montrevel, 4 ½	La Tour-du-Pin	Isère
Montribourg, 6	Chaumont	H.-Marne
Montrichard *, 8 ¼	Blois	Loir-et-Ch.
Montricoux, 6	Montauban	Tarn et Gar.
Montrieux, 7 ½	Romorantin	Loir-et-Ch.
Montrieux (*Naveil*), ¾	Vendôme	Loir-et-Ch.
Montrigaud, 8	Valence	Drôme
Montrobert (*Rieux*), 9 ¼	Epernay	Marne
Montrodat, 1	Marvejols	Lozère
Montrol Senard, 3 ¼	Bellac	H.-Vienne
Montrollet, 4 ¼	Confolens	Charente
Montromant, 5	Lyon	Rhône
Montromble (*Autun*),	Autun	Saône-et-L.
Montron, 4 ½	Château-Thierry	Aisne
Montrond, 11 ¼	Gap	H.-Alpes
Montrond, 4 ¼	Besançon	Doubs
Montrond, 2 ½	Poligny	Jura
Montrond, 9 ¼	Alençon	Orne
Montrosiès, 6 ¼	Gaillac	Tarn
Montrot (le) (*Traves*), 5	Vesoul	H.-Saône
Montrotier, 5 ¼	Lyon	Rhône
Montrôty, 9 ¾	Neufchâtel	Seine-Inf.
Montrouge, 1 ½	Sceaux	Seine
Montrouveau, 8	Vendôme	Loir-et-Ch.
Montroy, 3	La Rochelle	Char.-Inf.
Montrozier, 4 ½	Rodez	Aveiron
Montry, 2	Meaux	Seine-et-M.
Monts. *Voy.* Mons		
Montsalier, 5	Forcalquier	B.-Alpes
Montsalvi, 1 ¼	Albi	Tarn
Montsalvy, 6	Aurillac	Cantal
Montsaon, 2	Chaumont	H.-Marne
Montsauche, 5 ¼	Château-Chinon	Nièvre
Montsaugeon, 5 ¼	Langres	H.-Marne
Montsaunès, 3	St.-Gaudens	H.-Garonne
Montsavillon (*Monthureux-sur-Saône*, 10 ¼	Mirecourt	Vosges
Montsecq, 5	Commercy	Meuse
Montségur. *Voy.* Monségur		
Monselgues, 6	Argentière	Ardèche
Montsérié, 8 ½	Bagnères	H.-Pyrén.
Montséret, 3	Narbonne	Aude

Communes.	Arrondissem.	Départem.	Communes.	Arrondissem.	Départem.
Montseveroux, $3\frac{1}{4}$	Vienne	Isère	Morcens, 11	Mont-de-Marsan	Landes
Montsoreau, 3	Saumur	Maine-et-L.			
Montsoult, 4	Pontoise	Seine-et-O.	Morchain, $3\frac{1}{2}$	Péronne	Somme
Montsurs, 5	Laval	Mayenne	Morchamps, 3	Baume	Doubs
Montuzain, $2\frac{1}{2}$	Arcis-sur-Aube	Aube	Morchies, $5\frac{1}{2}$	Arras	Pas-de-Cal.
Montureux, $2\frac{1}{4}$	Gray	H.-Saône	Morcourt, 1	St. Quentin	Aisne
Montureux-lès-Baulay, $7\frac{1}{4}$	Vesoul	H.-Saône	Morcourt, 6	Senlis	Oise
			Morcourt, 6	Péronne	Somme
Montursin, $7\frac{1}{4}$	Montbéliard	Doubs	Mordelles *, 4	Rennes	Ille-et-Vil.
Montusclat, $4\frac{1}{2}$	Le Puy	H.-Loire	Moré (St.-), $3\frac{1}{4}$	Avallon	Yonne
Montussaint, 3	Baume	Doubs	Moréac, $4\frac{1}{2}$	Pontivy	Morbihan
Montussan, 3	Bordeaux	Gironde	Morée, 4	Vendôme	Loir-et-Ch.
Montvalen, $6\frac{1}{4}$	Gaillac	Tarn	Moreil (St.), 5	Bourganeuf	Creuse
Montvalent, $8\frac{1}{2}$	Gourdon	Lot	Morel (St.-), $1\frac{1}{2}$	Vouziers	Ardennes
Montvendre, $2\frac{1}{4}$	Valence	Drôme	Morel-Maison, 5	Neufchâteau	Vosges
Montverdun, 2	Montbrison	Loire	Morelles(les) (*Moras*), 13	Valence	Drôme
Montvert, 5	Aurillac	Cantal	Morenchies, 1	Cambrai	Nord
Montvic, 6	Montluçon	Allier	Moreton, $2\frac{3}{4}$	Loudun	Vienne
Montviette, $4\frac{1}{4}$	Lisieux	Calvados	Morestel, 4	La Tour-du-Pin	Isère
Montville (*Engenville*), $2\frac{1}{4}$	Pithiviers	Loiret	Moret *, 3	Fontainebleau	Seine-et-M.
			Morêcil, 7	Grenoble	Isère
Montviron, 2	Avranches	Manche	Morette, $6\frac{1}{2}$	St.-Marcellin	Isère
Montvoisin (*Œuilly*), $2\frac{1}{2}$	Épernay	Marne	Morenil *, 4	Montdidier	Somme
Monty (*Le Chenoix*), $5\frac{1}{4}$	Sedan	Ardennes	Morey, 3	Dijon	Côte-d'Or
			Morey, 4	Nancy	Meurthe
Montz, 6	Beauvais	Oise	Morey, 10$\frac{1}{2}$	Vesoul	H.-Saône
Monzéville, 3	Verdun	Meuse	Morey, 5	Châlons	Saône-et-L.
Mouviel, 6	Villeneuve-d'Agen	Lot-et-Gar.	Morez *, 5	St.-Claude	Jura
			Morfontaine, 5	Briey	Moselle
Monvinost (*Le Gault*), $8\frac{1}{2}$	Épernay	Marne	Morganx, $5\frac{1}{2}$	St.-Sever	Landes
			Morgemoulin, 4	Verdun	Meuse
Monze, $2\frac{1}{2}$	Carcassonne	Aude	Morges, 8	Lons-le-Saulnier	Jura
Moon, 3	St.-Lô	Manche			
Moos, $3\frac{1}{4}$	Altkirch	Haut-Rhin	Morgny, $4\frac{1}{4}$	Les Andelys	Eure
Moosch, $10\frac{1}{2}$	Belfort	Haut-Rhin	Morgny, 5	Rouen	Seine-Inf.
Moospach (*Moosch*), $10\frac{1}{4}$	Belfort	Haut-Rhin	Morgny-en-Thiérache, $12\frac{3}{4}$	Laon	Aisne
Moprel, 7	Poligny	Jura	Morhange, 9	Sarreguemines	Moselle
Moqpois (*Châteaulandon*), $8\frac{1}{2}$	Fontainebleau	Seine-et-M.	Moriani, 9	Bastia	Corse
			Moriat, 4	Issoire	Puy-de-Dô
Moraches, 5	Clamecy	Nièvre	Moriccio, $4\frac{1}{2}$	Sartène	Corse
Moragne, 4	Rochefort	Char.-Inf.	Morienval, 7	Senlis	Oise
Morains-le-Petit, 6	Épernay	Marne	Morières, 4	Falaise	Calvados
Morainville, 8	Chartres	Eure-et-L.	Morières (*Avignon*),	Avignon	Vaucluse
Morainville, près Lievrey, 4	Pont-Audemer	Eure	Moriers, 6	Châteaudun	Eure-et-L.
			Moriés, 5	Castellane	B.-Alpes
Morainville-sur-Damville, 5	Evreux	Eure	Morieux, 3	St.-Brieuc	Côtes-du-N.
			Morigny, $7\frac{1}{4}$	St.-Lô	Manche
Morainvilliers, $5\frac{1}{2}$	Versailles	Seine-et-O.	Morigny, 5	Étampes	Seine-et-O.
Morambert, $3\frac{1}{2}$	Arcis-sur-Aube	Aube	Morillon (St), $5\frac{3}{4}$	Bordeaux	Gironde
Morancé, $2\frac{1}{2}$	Villefranche	Rhône	Moringhem, 2	St.-Omer	Pas-de-Cal.
Morancez, $1\frac{1}{4}$	Chartres	Eure-et-L.	Morionvillers, 11	Chaumont	H.-Marne
Morancourt, $2\frac{3}{4}$	Wassy	H.-Marne	Moriville, $5\frac{1}{2}$	Épinal	Vosges
Morand, 8	Tours	Indre-et-L.	Moriviller, $3\frac{1}{2}$	Lunéville	Meurthe
Morangis, 2	Épernay	Marne	Mrizécourt, 9	Neufchâteau	Vosges
Morangis, $4\frac{1}{4}$	Corbeil	Seine-et-O.	Morizel, 4	Montdidier	Somme
Morangles, 5	Senlis	Oise	Morizès, 5	La Réole	Gironde
Morannes, 8	Baugé	Maine-et-L.	Morlaas, $2\frac{1}{2}$	Pau	B.-Pyrén.
Moranville, 4	Verdun	Meuse	Morlac, 3	St.-Amand	Cher
Moras, 12	Valence	Drôme	Morlaincourt, $5\frac{1}{4}$	Commercy	Meuse
Moras, 7	La Tour-du-Pin	Isère	MORLAIX *,	ch.-l. d'arr., 148	Finistère
Morbecque, 1	Hazebrouck	Nord	Morlancourt, 6	Péronne	Somme
Morbier, $5\frac{1}{2}$	St.-Claude	Jura	Morlange (*Bionville*), 5	Metz	Moselle

Communes.	Arrondissem.	Départem.
Morlange (*Fameck*), 1 ¼	Thionville	Moselle
Morlanne, 6	Orthez	B.-Pyrén.
Morlaye (la), 3	Senlis	Oise
Morle (le), 3 ½	St.-Flour	Cantal
Morlet, 4	Autun	Saône-et-L.
Morley, 7	Bar-le-Duc	Meuse
Morlhon, 1 ¼	Villefranche	Aveiron
Morlincourt, 6 ½	Compiégne	Oise
Mormaison, 8	Bourbon-Vendée	Vendée
Mormant, 1 ½	Montargis	Loiret
Mormant *, 5 ¼	Melun	Seine-et-M.
Mormès, 14 ¾	Condom	Gers
Mormey (*Escardes*), 13	Epernay	Marne
Mormoiron, 2	Carpentras	Vaucluse
Mornac, 2 ½	Angoulême	Charente
Mornac, 3 ½	Marennes	Char.-Inf.
Mornand, 1 ½	Montbrison	Loire
Mornans, 12	Die	Drôme
Mornant *, 4 ¼	Lyon	Rhône
Mornas, 2	Orange	Vaucluse
Mornay, 2 ½	Nantua	Ain
Mornay, 9	Dijon	Côte-d'Or
Mornay, 3 ½	Charolles	Saône-et-L.
Mornay-Berry, 10	St.-Amand	Cher
Mornay-sur-Allier, 9	St.-Amand	Cher
Mornex (*St.-Jean*), 4 ½	Gex	Ain
Moroges, 4	Châlons	Saône-et-L.
Morogne, 6 ¼	Gray	H.-Saône
Morrogues, 6	Bourges	Cher
Moronvillers, 5 ¼	Rheims	Marne
Morre, ½	Besançon	Doubs
Morsain, 3	Soissons	Aisne
Morsalines, 3 ¼	Valognes	Manche
Morsan, 2 ½	Bernay	Eure
Morsang-sur-Orge, 3 ¼	Corbeil	Seine-et-O.
Morsang-sur-Seine, 1 ¼	Corbeil	Seine-et-O.
Morsbach, 4 ¾	Sarreguemines	Moselle
Morsbronn, 4	Sarreguemines	Moselle
Morsbronn, 2 ½	Haguenau	Bas-Rhin
Morschwiller, 3	Haguenau	Bas-Rhin
Morschwiller-Nieder, 3 ½	Altkirch	Haut-Rhin
Marschwiller-Ober, 2	Altkirch	Haut-Rhin
Morsent (Notre-Dame-de-), 1 ½	Evreux	Eure
Morsiglia, 7 ¼	Bastia	Corse
Morsins, 11	Epernay	Marne
Mortagne, 10	Douai	Nord
MORTAGNE *,	ch.-l. d'arr., 38	Orne
Mortagne *, 14	Bourbon-Vendée	Vendée
Mortagne, 4	St.-Dié	Vosges
Mortagne-la-Vieille, 5 ¼	Bochefort	Char.-Inf.
Mortagne-sur-Gironde, 9 ¼	Saintes	Char.-Inf.
MORTAIN *,	ch.-l. d'arr., 80	Manche
Mortaut, 5	Chaumont	H.-Marne
Mortcerf, 4	Coulommiers	Seine-et-M.
Morte (la), 7 ½	Grenoble	Isère
Morteau *, 7 ½	Pontarlier	Doubs
Morteaux, 2 ½	Falaise	Calvados
Mortefontaine, 5	Soissons	Aisne
Mortefontaine, 5 ¾	Beauvais	Oise
Mortefontaine, 2	Senlis	Oise

Communes.	Arrondissem.	Départem.
Mortemar, 7	Sarlat	Dordogne
Mortemart, 3	Bellac	H.-Vienne
Mortemer, 5	Compiégne	Oise
Mortemer, 2	Neufchâtel	Seine-Inf.
Morterol, 2 ½	Bourganeuf	Creuse
Morterolles *, 6 ¾	Bellac	H.-Vienne
Mortery, 1 ¼	Provins	Seine-et-M.
Morteuil (*Merceuil*), 2	Beaune	Côte-d'Or
Morthemer, 5 ½	Montmorillon	Vienne
Morthommiers, 2 ¼	Bourges	Cher
Mortière (la) (*Thoult*), 5 ¼	Epernay	Marne
Mortiers, 4 ½	Laon	Aisne
Mortiers, 2 ½	Jonzac	Char.-Inf.
Mortrée *, 3 ½	Argentan	Orne
Mortroux, 6 ½	Guéret	Creuse
Mortzwiller, 5 ¼	Belfort	Haut-Rhin
Morval, 8 ¼	Lons-le-Saulnier	Jura
Morval, 7	Arras	Pas-de-Cal.
Morvillars, 3 ¾	Belfort	Haut-Rhin
Morville, 3 ½	Pithiviers	Loiret
Morville, 1 ½	Valognes	Manche
Morville (la), 6 ½	Commercy	Meuse
Morville, 9 ¼	Neufchâtel	Seine-Inf.
Morville, 3 ¼	Neufchâteau	Vosges
Morville-lès-Vic, 1	Château-Salins	Meurthe
Morville-sur-Nied, 3 ½	Château-Salins	Meurthe
Morville-sur-Seille, 8 ½	Nancy	Meurthe
Morvillers-St.-Saturnin, 9	Amiens	Somme
Morvilliers, 5 ½	Bar-sur-Aube	Aube
Morvilliers, 8 ¼	Dreux	Eure-et-L.
Morvilliers, 5 ½	Beauvais	Oise
Mory, 4 ¼	Arras	Pas-de-Cal.
Mory, 4 ½	Meaux	Seine-et-M.
Mory-Montcreux, 6	Clermont	Oise
Mosles, 2 ½	Bayeux	Calvados
Mosnac, 7 ¼	Cognac	Charente
Mosnac, 2 ½	Jonzac	Char.-Inf.
Mosnay, 5 ½	Châteauroux	Indre
Mosnes, 8 ½	Tours	Indre-et-L.
Mosset, 3	Prades	Pyrén.-Or.
Mosson, 2 ¼	Châtillon	Côte-d'Or
Mostuéjouls, 4	Milhaud	Aveiron
Mothe (la). *Voy.* Motte		
Motheren, 7	Haguenau	Bas-Rhin
Mothier (le), 9 ¼	Vienne	Isère
Mothois, 7 ½	Beauvais	Oise
Motreff, 11 ½	Châteaulin	Finistère
Motte (la), 5	Sisteron	B.-Alpes
Motte (la) (*Verdun*), 7	Rodez	Aveiron
Motte (la), 2	Lisieux	Calvados
Motte (la) (*Tremblade*), 1 ¼	Marennes	Char.-Inf.
Motte (la), 1 ¾	Loudéac	Côtes-du-N.
Motte (la), 10 ½	Toulouse	H.-Garonne
Motte (la), 5 ¼	Auch	Gers
Motte (la), 2	La Réole	Gironde
Motte (la), 2 ¼	St.-Sever	Landes
Motte (la), 11	Romorantin	Loir-et-Ch.
Motte (la), 1	Brioude	H.-Loire
Motte (la) (*Degagnac*), 5	Gourdon	Lot
Motte (la), 6 ½	Chaumont	H.-Marne
Motte (la) (*Cuisse-la-Motte*), 3	Compiegne	Oise

Communes.	Arrondissem.	Départem.
Motte (la), 6	Lavaur	Tarn
Motte (la), 2 ½	Draguignan	Var
Motte (la), 4 ½	Orange	Vaucluse
Motte-Achard (la) *, 4 ¾	Les Sables	Vendée
Motte-Audo (la), 3	Lectoure	Gers
Motte aux-Aulnois (la), 7	Joigny	Yonne
Motte-aux-Bois (la) (*Morbeque*), 1 ½	Hazebrouck	Nord
Motte-Brebière (la), 2	Amiens	Somme
Motte-Buleux (la), 2 ¼	Abbeville	Somme
Motte-Cap-de-Ville (la), 2 ¼	Montauban	Tarn et Gar.
Motte-Cassel (la), 6 ½	Gourdon	Lot
Motte-Chalancon (la), 8 ¾	Die	Drôme
Motte-Cumont (la), 4	Castel-Sarrasin	Tarn et Gar.
Motte-d'Aigues (la), 7	Apt	Vaucluse
Motte-d'Aveillans (la), 10	Grenoble	Isère
Motte-de-Galaure (la), 9 ½	Valence	Drôme
Motte-des-Champs (la), 3 ½	Lombez	Gers
Motte-des-Prés (*Vertus*), 3 ¾	Epernay	Marne
Motte-en-Champsaur (la), 5 ¼	Gap	H.-Alpes
Motte-en-Santerre (la), 5 ½	Amiens	Somme
Motte-Faujas (la), 9	Valence	Drôme
Motte-Fénélon (la), 3 ½	Gourdon	Lot
Motte-Feuilly (la), 1 ½	La Châtre	Indre
Motte-Fouquet (la), 10	Alençon	Orne
Motte-Gohas (la), 2 ¼	Lectoure	Gers
Motte-Goudrin (la), 4	Condom	Gers
Motte-Montravel (les), 9	Bergerac	Dordogne
Motte-Pouy (la), 7 ¼	Lectoure	Gers
Motte-S.-Héraye (la) *, 3 ½	Melle	2 Sèvres
Motte-St.-Jean (la), 6 ¼	Charolles	Saône-et-L.
Motte-St.-Martin (la), 11 ¼	Grenoble	Isère
Motte-Ternant (la), 5	Semur	Côte-d'Or
Motte-Tilly (la), 2	Nogent-sur-Seine	Aube
Mottereau, 7 ¼	Châteaudun	Eure-et-L.
Motteville, 1 ¼	Yvetot	Seine-Inf.
Mottey-Besuche, 5	Gray	H.-Saône
Mottey-sur-Saône, 4 ¼	Gray	H.-Saône
Mouacourt, 4 ¼	Lunéville	Meurthe
Mouais, 5	Châteaubriant	Loire-Inf.
Mouans, 2	Grasse	Var
Mouaville, 2 ¼	Briey	Moselle
Mouazé, 5	Rennes	Ille-et-Vil.
Mouchamps, 8	Bourbon-Vendée	Vendée
Mouchan, 2 ½	Condom	Gers
Mouchard, 5	Poligny	Jura
Mouche (la), 3 ½	Avranches	Manche
Mouchés, 1 ½	Mirande	Gers
Mouchin, 5 ½	Lille	Nord
Mouchy-le-Preux, 5 ½	Neufchâtel	Seine-Inf.
Mouchy-sur-Eu, 7	Dieppe	Seine-Inf.
Moudant (*Courbetaux*), 8 ¼	Epernay	Marne
Mouledoux, 5	Tarbes	H.-Pyrén.
Mouen, 2 ½	Caen	Calvados
Mouettes, 4 ½	Evreux	Eure
Mouffy, 4	Auxerre	Yonne
Moullaines, 2	Les Andelys	Eure

Communes.	Arrondissem.	Départem.
Mouflers, 5 ¼	Abbeville	Somme
Mouflières (*Bellancourt*) 1 ¼	Abbeville	Somme
Mouflières, 11	Amiens	Somme
Mougins, 2 ¼	Grasse	Var
Mougon, 4	Chinon	Indre-et-L.
Mougon, 3	Melle	2 Sèvres
Mouguerre, 1 ½	Bayonne	B.-Pyren.
Mouhers, 3 ¼	La Châtre	Indre
Mouhet, 11 ½	Le Blanc	Indre
Mouhous, 8	Pau	B.-Pyrén.
Mouillac, 6 ½	Libourne	Gironde
Mouillac, 11	Montauban	Tarn et Gar.
Mouille (la), 4	St.-Claude	Jura
Mouilleron, 6 ½	Langres	H.-Marne
Mouilleron-en-Pareds, 6 ¼	Fontenay-le-Comte	Vendée
Mouilleron-le-Captif, 1 ½	Bourbon-Vendée	Vendée
Mouillevillers, 7 ¼	Montbéliard	Doubs
Mouilly (la), 2 ¼	Montmédy	Meuse
Mouilly, 3	Verdun	Meuse
Moulainville, 2	Verdun	Meuse
Moularés, 7	Albi	Tarn
Moulay, 1	Mayenne	Mayenne
Moulayres, 6 ½	Lavaur	Tarn
Moules, 1	St.-Girous	Ariège
Moulés, 9	Montpellier	Hérault
Mouleydier-St.-Cybard, 2 ¼	Bergerac	Dordogne
Moulezan, 6 ½	Nismes	Gard
Moulhard, 6	Nogent-le-Rotrou	Eure-et-L.
Moulicent, 4	Mortagne	Orne
Moulidars, 3 ¾	Angoulême	Charente
Morliet, 5 ½	Libourne	Gironde
Moulignac, 9	Rodez	Aveiron
Mouliherne, 3	Baugé	Maine-et-L.
Moulin (le) (*Joncquiers*), 2	Compiégne	Oise
Moulin-Blanc (le) (*St.-Marc*), 1	Brest	Finistère
Moulin-Brûlé (*Estrés-St.-Denis*), 3	Compiégne	Oise
Moulin-le-Grand (*Tessancourt*), 6 ½	Versailles	Seine-et-O.
Moulins-sous-tous-Vents, 5 ½	Compiégne	Oise
Moulin-Thurevey (*Autun*),	Autun	Saône-et-L.
Mouline (la) (*Olemps*), ½	Rodez	Aveiron
Moulineaux, 3 ¼	Caen	Calvados
Moulineaux (les) (*Meudon*), 2	Versailles	Seine-et-O.
Moulineaux (*la Bouille*), 3	Rouen	Seine-Inf.
Moulines, 3 ¾	Falaise	Calvados
Moulines, 3	Mortain	Manche
Moulinet (le), 4 ¾	Gien	Loiret
Moulinet, 5	Villeneuve-d'Agen	Lot-et-Gar.
Moulineux (*Chalou*), 2 ½	Etampes	Seine-et-O.
Moulinot, 6 ½	Clamecy	Nièvre
Moulins, 6 ¼	Laon	Aisne

Communes.	Arrondissem.	Departem.
Moulins *,	ch.-l. de dép. 80	Allier
Moulins, 6 ½	Vitré	Ille-et-Vil.
Moulins, 6	Châteauroux	Indre
Moulins, 4 ¼	Montmédy	Meuse
Moulins, 1	Argentan	Orne
Moulins, 7	Bressuire	2 Sèvres
Moulins, 4	Tonnerre	Yonne
Moulins-en-Gilbert *, 4	Château-Chinon	Nièvre
Moulins-la-Marche *, 4	Mortagne	Orne
Moulins-le-Carbonnet, 6	Mamers	Sarthe
Moulins-lès-Metz, 1 ¼	Metz	Moselle
Moulins-sur-Ouane, 6	Auxerre	Yonne
Moulins-St.-Yvre, 2 ¼	Bourges	Cher
Moulis, 8 ¼	Bordeaux	Gironde
Moulisme, 3	Montmorillon	Vienne
Moulle, 1 ¼	St.-Omer	Pas-de-Cal.
Moulon, 2 ¼	Libourne	Gironde
Moulon, 2 ¼	Montargis	Loiret
Moulons, 3	Jonzac	Char.-Inf.
Moulotte, 6	Verdun	Meuse
Moult*, 4	Caen	Calvados
Mouly-de-Vaisse, 6 ½	Rodez	Aveiron
Moumoulous, 5	Tarbes	H.-Pyrén.
Moumour, 1 ½	Oléron	B.-Pyrén.
Mouny, 6 ¼	Pau	B.-Pyrén.
Mouuisme (*St.-Ouen*), 1 ¼	Bellac	H.-Vienne
Mouquet (le) (*Barentin*) 4 ¼	Rouen	Seine-Inf.
Mourcairol, 7	Béziers	Hérault
Mourede, 5	Condom	Gers
Mourens, 8	La Réole	Gironde
Mourenx, 6 ¼	Orthez	B.-Pyrén.
Mouret, 2	Figeac	Lot
Mouret-Grand-Mas, 5 ½	Rodez	Aveiron
Moureuil, 8 ½	Riom	Puy-de-Dô.
Mourey (*Grilly*), 1 ½	Gex	Ain
Moureze, 4 ½	Lodève	Hérault
Mouriès, 5	Arles	B. du Rhône
Mourioux, 4 ¼	Bourganeuf	Creuse
Mourjon, 6	Aurillac	Cantal
Mourlens, ¼	Lombez	Gers
Mourlin (*Bayes*), 5 ¼	Epernay	Marne
Mourmelon-le-Grand, 5 ¼	Châlons-sur-Marne	Marne
Mourmelon-le-Petit, 5	Châlons-sur-Marne	Marne
Mournans, 6	Poligny	Jura
Mournède, 6	Mirande	Gers
Mouron, 5	Vouziers	Ardennes
Mouron, 10	Clamecy	Nièvre
Mouroux, 1	Coulommiers	Seine-et-M.
Mourrens, 2 ½	Agen	Lot-et-Gar.
Mourriers, 5	Montreuil	Pas-de-Cal.
Mours, 4	Valence	Drôme
Mours, 4	Pontoise	Seine-et-O.
Mourvilles-Hautes, 3	Villefranche	H.-Garonne
Mourvilles-Basses, 3 ¼	Villefranche	H.-Garonne
Mousais (les) (*Igny-le-Jard*), 4 ¼	Epernay	Marne
Mouscardés, 6	Dax	Landes
Mousieys, 6 ¼	Gaillac	Tarn
Moussac, 4 ¼	Uzès	Gard
Moussac (*Guidon*), 5 ¾	Cahors	Lot
Moussac-sur-Vienne, 5 ½	Montmorillon	Vienne
Moussages, 3 ½	Mauriac	Cantal
Moussais, 2	Châtellerault	Vienne
Moussan, 2 ½	Narbonne	Aude
Mousse (la), 5 ¼	Falaise	Calvados
Moussé, 7 ¼	Vitré	Ille-et-Vil.
Mousseau (*Boynes*), 2 ½	Pithiviers	Loiret
Mousseaux, 4 ½	Evreux	Eure
Mousseaux (*Clichy-la-Garenne*), 1 ¼	St.-Denis	Seine
Mousseaux, 2 ½	Mantes	Seine-et-O.
Mousset-la-Capelle, 5	Rodez	Aveiron
Moussey, 2 ½	Troyes	Aube
Moussey, 6 ½	Sarrebourg	Meurthe
Moussey, 6	St.-Dié	Vosges
Moussières, 4 ¼	Dôle	Jura
Moussières (les), 4	St.-Claude	Jura
Mousson, 7 ¼	Nancy	Meurthe
Moussonvilliers, 4 ¾	Mortagne	Orne
Moussouleus, 1 ½	Carcassonne	Aude
Moussy, 1	Epernay	Marne
Moussy, 9 ½	Cosne	Nièvre
Moussy, 4 ½	Pontoise	Seine-et-O.
Moussy-le-Neuf, 6 ¼	Meaux	Seine-et-M.
Moussy-le-Vieux, 5 ¼	Meaux	Seine-et-M.
Moussy-sur-Aisne, 4 ½	Laon	Aisne
Moustajon, 8 ¼	St.-Gaudens	H.-Garonne
Mouste (*De Lème*), 6 ½	Pau	B.-Pyrén.
Moustera, 2	Guimgamp	Côtes-du N.
Moustey, 20 ½	Mont-de-Marsan	Landes
Moustier (le), 7 ¾	Tulle	Corrèze
Moustier, 5 ¼	Marmande	Lot-et-Gar.
Moustier, 4 ¼	Avesnes	Nord
Moustiers, 11	Digne	B.-Alpes
Moustoir (le), 11	Guimpamp	Côtes du N.
Moustoir-Rac, 7	*Pontivy*	*Morbihan*
Moustron, 7	Orthez	B.-Pyren.
Moutaine, 5 ½	Poligny	Jura
Moutardon, 2 ½	Ruffec	Charente
Mouter, 7	Montmorillon	Vienne
Mouterhaussen, 8	Sarreguemines	Moselle
Mouterres, 1	Loudun	Vienne
Mouthe, 7 ½	Pontarlier	Doubs
Moutherot (le), 6 ¾	Besançon	Doubs
Mouthier, 9 ¼	Besançon	Doubs
Mouthier-en-Bresse, 8 ½	Louhans	Saône-et-L.
Mouthiers, 2 ½	Angoulême	Charente
Mouthiers, 3	Semur	Côte-d'Or.
Moutier, 1	Briey	Moselle
Moutier (le) (*Orgeval*), 4	Versailles	Seine-et-O.
Boutier-d'Hun (le), 4 ¼	Guéret	Creuse
Boutier-Maleard (le), 6 ½	Guéret	Creuse
Moutier-Roseille, 1	Aubusson	Creuse
Moutiers, 5 ½	Chartres	Eure-et-L.
Moutiers, 5	Vitré	Ille-et-Vil.
Moutiers (les), 7	Paimbœuf	Loire-Inf.
Moûtiers, 4 ½	Bressuire	2 Sèvres
Moutiers (les), 7 ½	Parthenay	2 Sèvres
Moutiers, 10	Auxerre	Yonne
Moutiers-au-Perche, 5	Mortagne	Orne

Communes.	Arrondissem.	Départem.	Communes.	Arrondissem.	Départem.
Moutiers-en-Auge (les), $3\frac{1}{4}$	Falaise	Calvados	Mud (le), $3\frac{1}{4}$	Metz	Moselle
Moutiers-en-Cinglais (les), $5\frac{1}{2}$	Falaise	Calvados	Mudaison, $3\frac{1}{2}$	Montpellier	Hérault
Moutiers-les-Maux-Faits (les), $8\frac{1}{4}$	Les Sables	Vendée	Muel, $3\frac{1}{2}$	Altkirch	I le-et-Vil.
			Muespach-Mittel, $3\frac{1}{2}$	Altkirch	ut-Rhin
			Muespach-Nider, $3\frac{1}{2}$	Altkirch	Haut-Rhin
Moutiers-sur-le-Laye (les), $7\frac{1}{4}$	Fontenay-le-Comte	Vendée	Muespach-Ober, 4	Altkirch	Haut-Rhin
			Muette (la) (St.-Jean-aux-Bois), 2	Compiègne	Oise
Moutils, 6	Coulommiers	Seine-et-M	Mugron, $4\frac{1}{2}$	St.-Sever	Landes
Mouton, $4\frac{1}{4}$	Ruffec	Charente	Muhlhausen, $6\frac{1}{2}$	Saverne	Bas-Rhin
Moutonne, 5	Lons-le-Saulnier	Jura	Muides, $4\frac{1}{4}$	Blois	Loir-et-Ch.
Moutonneau, 4	Ruffec	Charente	Muidorge, 8	Clermont	Oise
Moutoux, $4\frac{1}{2}$	Poligny	Jura	Muids, $2\frac{1}{2}$	Louviers	Eure
Moutrot, $1\frac{1}{2}$	Toul	Meurthe	Muids (les) (St.-Hilaire),	Orléans	Loiret
Mouveaux, 2	Lille	Nord	Muille, $6\frac{1}{2}$	Péronne	Somme
Moux, 1	Carcassonne	Aude	Muirancourt, $7\frac{1}{2}$	Compiègne	Oise
Moux (Corgoloin), 4	Beaune	Côte-d'Or	Muire (la), $1\frac{1}{2}$	Lons-le-Saulnier	Jura
Moux, $5\frac{1}{4}$	Château-Chinon	Nièvre			
			Muizon, $2\frac{1}{4}$	Rheims	Marne
Mouy, 2	Clermont	Oise	Mujouls (les), 13	Grasse	Var
Mony, $4\frac{1}{4}$	Provins	Seine-et-M.	Mulbach, $6\frac{1}{2}$	Schelestatt	Bas-Rhin
Monzay, 3	Loches	Indre-et-L	Mülbach, $5\frac{1}{4}$	Colmar	Haut-Rhin
Mouzay, $2\frac{1}{2}$	Montmédy	Meuse	Mulcey, 4	Château-Salins	Meurthe
Mouzeil, 4	Ancenis	Loire-Inf	Mulhausen*, 5	Altkirch	Haut-Rhin
Mouzens, 6	Sarlat	Dordogne	Mulle (sur-la) (Lancrans), 11	Gex	Ain
Monzens, $4\frac{1}{2}$	Lavaur	Tarn			
Mouzeuil, $3\frac{1}{2}$	Fontenay-le-Comte	Vendée	Mulsanne, $3\frac{1}{2}$	Le Mans	Sarthe
			Mulsans, $3\frac{1}{2}$	Blois	Loir-et-Ch.
Monzie-Montrastruc (la), $2\frac{1}{4}$	Bergerac	Dordogne	Mulsent, 4	Mantes	Seine-et-O.
			Mun, $4\frac{1}{2}$	Tarbes	H.-Pyrén.
Monzie-St.-Martin (la), 2	Bergerac	Dordogne	Munchausen, $6\frac{1}{2}$	Haguenau	Bas-Rhin
			Munchausen, $5\frac{1}{2}$	Colmar	Haut-Rhin
Mouzieys, $3\frac{1}{4}$	Albi	Tarn	Muncq-Nieurlet, $4\frac{1}{2}$	St.-Omer	Pas-de-Cal.
Monzillon, 5	Nantes	Loire-Inf.	Mundolsheim, $1\frac{1}{4}$	Strasbourg	Bas-Rhin
Mouzon*, $3\frac{1}{2}$	Sedan	Ardennes	Monein, $5\frac{1}{2}$	Orthez	B.-Pyrén.
Mouzon, $5\frac{1}{4}$	Confolens	Charente	Mung (le), 5	Saintes	Char.-Inf.
Moval, 2	Belfort	Haut-Rhin	Munneville-le-Bingard, $2\frac{1}{2}$	Coutances	Manche
Moy, 3	St.-Quentin	Aisne			
Moyaux, 3	Lisieux	Calvados	Munneville-sur-Mer, $3\frac{1}{2}$	Coutances	Manche
Moydieu, $2\frac{1}{2}$	Vienne	Isère	Munster, 9	Château-Salins	Meurthe
Moyemont, 6	Epinal	Vosges	Munster, $4\frac{1}{2}$	Colmar	Haut-Rhin
Moyen, $4\frac{1}{4}$	Lunéville	Meurthe	Munsthal, 8	Sarreguemines	Moselle
Moyencourt, $5\frac{1}{2}$	Amiens	Somme	Muntzenheim, 2	Colmar	Haut-Rhin
Moyencourt, 7	Montdidier	Somme	Munwiller, $4\frac{1}{4}$	Colmar	Haut-Rhin
Moyenmoutier, 4	St.-Dié	Vosges	Mur, $4\frac{1}{2}$	Loudéac	Côtes-du-N.
Moyenneville, $4\frac{1}{2}$	Clermont	Oise	Mur-de-Barrez*, 17	Espalion	Aveiron
Moyenneville, $2\frac{1}{2}$	Arras	Pas-de-Cal.	Muracciole, $3\frac{1}{4}$	Corte	Corse
Moyenneville, 2	Abbeville	Somme	Muradès (Vignonet), 6	Mauriac	Cantal
Moyenvic*, 2	Château-Salins	Meurthe	Murasson, $8\frac{1}{2}$	St.-Affrique	Aveiron
Moyeuvre-la-Grande, $3\frac{1}{4}$	Thionville	Moselle	Murat, $7\frac{1}{2}$	Mont-Luçon	Allier
			MURAT*	ch.-l. d'arr., 132	Cantal
Moyeuvre-la-Petite (Moyeuvre-la-Grande) $3\frac{1}{4}$	Thionville	Moselle	Murat, $8\frac{1}{2}$	Ussel	Corrèze
			Murat (la Mothe-Cassel), $6\frac{1}{2}$	Gourdon	Lot
Moyon, $3\frac{1}{4}$	St.-Lô	Manche	Murat, $17\frac{1}{2}$	Castres	Tarn.
Moyrazès, $4\frac{1}{4}$	Rodez	Aveiron	Murat-le-Quaire, $12\frac{1}{2}$	Clermont	Puy-de-Dô.
Moyvillers, 4	Compiègne	Oise	Murato, 4	Bastia	Corse
Mozac (St.-Just), 1	Marennes	Char.-Inf.	Murbach, $9\frac{1}{4}$	Colmar	Haut-Rhin
Mozat, $\frac{1}{4}$	Riom	Puy-de-Dô.	Murcé, 6	Mamers	Sarthe
Mozé, 3	Angers	Maine-et-L.	Mure (la), 5	Castellane	B.-Alpes
Mozun, 2	Clermont	Puy-de-Dô.	Mure (la)*, $9\frac{1}{4}$	Grenoble	Isère
Muchedent, $4\frac{1}{2}$	Dieppe	Seine-Inf.	Mure, $5\frac{1}{2}$	Vienne	Isère
Mucidan*, 7	Ribérac	Dordogne	Mure (la Chapelle-Bertin), $6\frac{1}{4}$	Brioude	H.-Loire

Communes.	Arrondissem.	Départem.
Mure (la), 5 1/4	Villefranche	Rhône
Murcaumont, 8 1/2	Beauvais	Oise
Mureaux (les), 7	Versailles	Seine-et-O.
Murel (*Martel*), 12	Gourdon	Lot
Murelet, 6	Muret	H.-Garonne
Muret, 4	Soissons	Aisne
Muret, 4 1/4	Rodez	Aveiron
MURET*,	ch.-l. d'arr., 177	H.-Garonne
Muret (*Saugnac*), 23	MontdeMarsan	Landes
Murette (la), 10	St.-Marcellin	Isère
Murianette, 1 1/2	Grenoble	Isère
Murinais, 2	St.-Marcellin	Isère
Muris (St.-) (*Montmirail*), 7 1/4	Valence	Drôme
Murles, 2 1/2	Montpellier	Hérault
Murlins, 8	Cosne	Nièvre
Muro, 2 1/4	Calvi	Corse
Murols, 15	Espalion	Aveiron
Murols, 5 1/4	Yssoire	Puy-de-Dô.
Muron, 4 1/2	Rochefort	Char.-Inf.
Murs, 2 1/4	Belley	Ain
Murs, 10 1/2	Châteauroux	Indre
Murs, 3	Romorantin	Loir-et-Ch.
Murs, 2	Angers	Maine-et-L.
Murs, 6	Apt	Vaucluse
Murtin, 3 1/2	Mézières	Ardennes
Murvaux, 3 1/4	Montmédy	Meuse
Murviel, 3	Béziers	Hérault
Murviel, 2 1/2	Montpellier	Hérault
Murville, 2 1/2	Briey	Moselle
Mury-Monteymond (St.-), 4 1/2	Grenoble	Isère
Mus, 4 1/4	Nismes	Gard
Muscourt, 7 1/4	Laon	Aisne
Musculdy, 2	Mauléon	B.-Pyrén.
Musegros, 1 1/4	Les Andelys	Eure
Museray, 6	Montmédy	Meuse
Musigny, 8 1/2	Beaune	Côte-d'Or
Musseau, 6	Langres	H.-Marne
Musset (*Lerm*), 3 1/2	Bazas	Gironde
Mussey, 6 1/2	Wassy	H.-Marne
Mussey, 1 1/4	Bar-le-Duc	Meuse
Mussig, 1 1/2	Schélestatt	Bas-Rhin
Mussoire (la), 9 1/2	Alençon	Orne
Mussy-l'Evêque (*Charleville*), 4	Metz	Moselle
Mussy-la-Fosse, 2	Semur	Côte-d'Or
Mussy-sous-Dun, 6 1/4	Charolles	Saône-et-L.
Mussey-sur-Seine*, 4 1/2	Bar-sur-Seine	Aube
Mutigney, 5 1/2	Dôle	Jura
Mutigny, 6 1/4	Rheims	Marne
Mutrécy, 7 1/2	Falaise	Calvados
Mutry, 5	Rheims	Marne
Mutterschultz, 1 1/2	Schélestatt	Bas.-Rhin
Mutzenhausen, 4	Saverne	Bas-Rhin
Mutzig, 5 1/2	Strasbourg	Bas-Rhin
Muzillac*, 6	Vannes	Morbihan
Muzinand, 5	Nantua	Ain
Muzy, 8 1/2	Evreux	Eure
Muy (le) 6	Poligny	Jura
Muy (le) 3 1/4	Draguignan	Var
Myenne-sur-Loire, 1/4	Cosne	Nièvre
Mylonnais (*Vetheuil*), 2 1/4	Mantes	Seine-et-O.
Myon, 7 1/2	Besançon	Doubs
Myon (St.-) 2	Riom	Puy-de-Dô

N.

Communes.	Arrondissem.	Départem.
Nabas, 6	Orthez	B.-Pyrén.
Nabinaud, 14	Barbezieux	Charente
Nabirac, 4	Sarlat	Dordogne
Nabor (St.-), 4 1/4	Schélestatt	Bas-Rhin
Nabord (St.-), 1 1/2	Arcis-sur-Aube	Aube
Nabord (St.-), 1 1/4	Remiremont	Vosges
Nabringhen, 4 1/2	Boulogne	Pas-de-Cal.
Nachamps, 2 1/2	St.-Jean-d'Angely	Char.-Inf.
Nacqueville, 2 1/4	Cherbourg	Manche
Nadaillac, 6	Sarlat	Dordogne
Nadaillac (*Le Roc*), 6	Gourdon	Lot
Nadans (*Leibvillers*), 5 3/4	Montbéliard	Doubs
Nadeau (St.-) (*St.-Sornin*), 3 1/2	Marennes	Char.-Inf.
Nades, 4	Gannat	Allier
Nadillac (*Cras*), 4	Cahors	Lot
Nadon (*Veneux*), 2 1/4	Fontainebleau	Seine-et-M.
Naftel, 3 1/2	Mortain	Manche
Nagel, 4 1/2	Evreux	Eure
Nages, 5 1/4	Nismes	Gard
Nages, 15	Castres	Tarn
Naglincourt (*La Viéville*), 3	Mirecourt	Vosges
Nahuja, 12 1/2	Prades	Pyrén.-Or.
Nailhoux, 3	Villefranche	H.-Garonne
Naillac, 9	Périgueux	Dordogne
Naillat, 5 1/4	Guéret	Creuse
Nailly, 2 1/2	Sens	Yonne
Naintré, 2 1/4	Châtellerault	Vienne
Nainville, 5	Corbeil	Seine-et-O.
Naisey, 4 1/4	Baume	Doubs
Naives, 1 1/2	Bar-le-Duc	Meuse
Naives-en-Bois, 3 1/4	Commercy	Meuse
Naix, 6	Bar-le-Duc	Meuse
Naixant (St.-), 1 3/4	Bergerac	Dordogne
Naizin, 3 1/4	Pontivy	Morbihan
Najac, 4 3/4	Villefranche	Aveiron
Naillié, 6	Montmorillon	Vienne
Nalliers, 4	Fontenay-le-Comte	Vendée
Nalzen, 5	Foix	Ariége
Nambsheim, 5	Colmar	Haut-Rhin
Nampcel, 6 1/2	Compiégne	Oise
Nampcelle-la-Cour, 2	Vervins	Aisne
Nampont, 8 3/4	Abbeville	Somme
Nampsaumont, 4	Amiens	Somme
Nampsauval, 4	Amiens	Somme
Nampty-Coppegueule, 5	Amiens	Somme
Nan-sous-Thil, 3 1/2	Semur	Côte-d'Or
Nanc, 9 1/2	Lons-le-Saulnier	Jura
Nançay, 9	Bourges	Cher
Nance, 3 1/2	Lons-le-Saulnier	Jura
Nanclars, 5 1/2	Angoulême	Charente
Nançois-le-Grand, 4 1/2	Commercy	Meuse
Nançois-le-Petit, 3 1/2	Bar-le-Duc	Meuse
Nancras, 4 1/2	Saintes	Char.-Inf.
Nancray, 3 1/2	Pithiviers	Loiret
Nancré, 6	Chinon	Indre-et-L.

Communes.	Arrondissem.	Départem.
Nancuise, $7\frac{3}{4}$	Lons-le-Saulnier	Jura
NANCY *	ch.-l. de dép. 86	Meurthe
Nandax, $3\frac{1}{2}$	Roanne	Loire
Nandy, 2	Melun	Seine-et-M.
Nancray, $4\frac{1}{2}$	Baume	Doubs
Nangeville, $4\frac{1}{4}$	Pithiviers	Loiret
Nangis *, $5\frac{1}{2}$	Provins	Seine-et-M.
Nannai, 6	Cosne	Nièvre
Nans, $3\frac{1}{2}$	Baume	Doubs
Nans, $10\frac{1}{4}$	Besançon	Doubs
Nans-(les), 6	Poligny	Jura
Nans, 6	Brignoles	Var
Nant *, 6	Milhaud	Aveiron
Nant-le-Grand, $3\frac{1}{2}$	Bar-le-Duc	Meuse
Nant-le-Petit, $4\frac{1}{2}$	Bar-le-Duc	Meuse
Nanteau-sur-Essonnes, $6\frac{1}{2}$	Fontainebleau	Seine-et-M.
Nanteau-sur-Lunain, $6\frac{3}{4}$	Fontainebleau	Seine-et-M.
Nanterre *, 3	St.-Denis	Seine
Nantes, $10\frac{1}{2}$	Grenoble	Isère
NANTES *	ch.-l. de dép. 100	Loire-Inf.
Nanteuil, $1\frac{1}{4}$	Rethel	Ardennes
Nanteuil, $2\frac{1}{2}$	Ruffec	Charente
Nanteuil, 8	Riberac	Dordogne
Nanteuil, 4	Rheims	Marne
Nanteuil, $5\frac{1}{4}$	Niort	2 Sèvres
Nanteuil-la-Fosse, 3	Soissons	Aisne
Nanteuil-le-Haudouin *, 4	Senlis	Oise
Nanteuil-lès-Meaux, $\frac{3}{4}$	Meaux	Seine-et-M.
Nanteuil-Notre-Dame, $3\frac{1}{4}$	Château-Thierry	Aisne
Nanteuil-sous-Muret, 3	Soissons	Aisne
Nanteuil-sur-Marne, 6	Meaux	Seine-et-M.
Nanteuil-sur-Ourcq, $3\frac{1}{2}$	Château-Thierry	Aisne
Nanteux (*Maligny*), $10\frac{1}{2}$	Beaune	Côte-d'Or
Nantey, $11\frac{1}{4}$	Lons-le-Saulnier	Jura
Nantheuil, $6\frac{3}{4}$	Nontron	Dordogne
Nanthiat, $7\frac{1}{2}$	Nontron	Dordogne
Nantiat, $4\frac{1}{2}$	Bellac	H.-Vienne
Nantillé, $1\frac{3}{4}$	St.-Jean-d'Angely	Char.-Inf.
Nantillois, $6\frac{1}{2}$	Montmédy	Meuse
Nantilly, $1\frac{1}{2}$	Gray	H.-Saône
Nantoin, $8\frac{1}{4}$	Vienne	Isère
Nantois, $5\frac{1}{2}$	Bar-le-Duc	Meuse
Nanton, $5\frac{1}{2}$	Châlons	Saône-et-L.
Nantouard, $2\frac{1}{2}$	Gray	H.-Saône
Nantouillet, $3\frac{1}{2}$	Meaux	Seine-et-M.
Nantoux, $1\frac{1}{2}$	Beaune	Côte-d'Or
NANTUA *	ch.-l. d'ar., 100	Ain
Naours, $3\frac{3}{4}$	Doullens	Somme
Nappes (*Chaumusy*), $4\frac{1}{4}$	Rheims	Marne
Napt, 3	Nantua	Ain
Narbé-Fontaine, 6	Metz	Moselle
Narbier, $13\frac{3}{4}$	Montbéliard	Doubs
NARBONNE *	ch.-l. d'ar., 197	Aude
Narcastel, 2	Pau	B.-Pyrén.
Narce (la), $8\frac{1}{4}$	Argentière	Ardèche
Narcy, $4\frac{1}{2}$	Wassy	H.-Marne
Narcy, $4\frac{1}{2}$	Cosne	Nièvre
Naresse, $8\frac{1}{4}$	Villeneuve-d'Agen	Lot-et-Gar.

Communes.	Arrondissem.	Départem.
Nargis, $3\frac{1}{2}$	Montargis	Loiret
Narnhac, 7	St.-Flour	Cantal
Narp, $3\frac{3}{4}$	Orthez	B.-Pyrén.
Narrosse $1\frac{1}{2}$	Dax	Landes
Narthous, $8\frac{3}{4}$	Albi	Tarn
Nasaire (St.-), $4\frac{1}{2}$	Montpellier	Hérault
Nasbinals, 7	Marvejols	Lozère
Nassandres, $2\frac{3}{4}$	Bernay	Eure
Nassiet, $6\frac{1}{2}$	St.-Sever	Landes
Nassigny, 4	Montluçon	Allier
Nastringues, $6\frac{3}{4}$	Bergerac	Dordogne
Nathalcine (Ste.-), 2	Sarlat	Dordogne
Nattages (*Parves*), $2\frac{1}{4}$	Belley	Ain
Natsviller, $8\frac{1}{2}$	St.-Dié	Vosges
Naucelle, $8\frac{1}{2}$	Rodez	Aveiron
Naucelles, 1	Aurillac	Cantal
Naujean, $5\frac{1}{2}$	Libourne	Gironde
Naulieu, $7\frac{3}{4}$	Roanne	Loire
Nauphary (St.-), $2\frac{1}{4}$	Montauban	Tarn-et-G.
Nauphlette, $4\frac{1}{2}$	Mantes	Seine-et-O.
Nauroy, $3\frac{1}{2}$	St.-Quentin	Aisne
Nauroy, 4	Rheims	Marne
Naussac, $5\frac{1}{2}$	Villefranche	Aveiron
Naussac, 10	Mende	Lozère
Naussanes, $6\frac{1}{4}$	Bergerac	Dordogne
Nauvay, 3	Mamers	Sarthe
Nauvialle, 7	Rodez	Aveiron
Navacelles, 3	Alais	Gard
Navailles, $3\frac{3}{4}$	Pau	B.-Pyrén.
Navarrenx *, 5	Orthez	B.-Pyrén.
Naveil, $\frac{3}{4}$	Vendôme	Loir-et-Ch.
Navenne, $\frac{1}{2}$	Vesoul	H.-Saône
Naves, 3	Gannat	Allier
Naves, $5\frac{3}{4}$	Argentière	Ardèche
Naves, $4\frac{1}{4}$	Rodez	Aveiron
Naves, $1\frac{1}{2}$	Tulle	Corrèze
Naves, $1\frac{3}{4}$	Cambrai	Nord
Navez, $1\frac{1}{4}$	Castres	Tarn
Navilly, $7\frac{1}{2}$	Châlons	Saône-et-L.
Nay, $5\frac{3}{4}$	Coutances	Manche
Nay, $4\frac{1}{4}$	Pau	B.-Pyrén.
Nayemont-lès-Fosses, 1	St.-Dié	Vosges
Nayrac (le), 4	Espalion	Aveiron
Nazaire (St.-), $3\frac{1}{2}$	Narbonne	Aude
Nazaire (St.-), $3\frac{1}{2}$	Marennes	Char.-Inf.
Nazaire (St.-), $7\frac{1}{2}$	Valence	Drôme
Nazaire (St.-), $7\frac{1}{2}$	Uzès	Gard
Nazaire (St.-), $13\frac{1}{2}$	Libourne	Gironde
Nazaire (St.-), 6	Le Blanc	Indre
Nazaire (St.-), 3	Grenoble	Isère
Nazaire (St.-), $5\frac{1}{2}$	Savenay	Loire-Inf.
Nazaire (St.-), $8\frac{1}{2}$	Marmande	Lot-et-Gar.
Nazaire (St.-), $2\frac{1}{2}$	Perpignan	Pyrén.-Or.
Nazaire (St.-), $5\frac{1}{2}$	Moissac	Tarn-et-G.
Nazaire (St.-), 3	Toulon	Var
Nazaire-de-Ladarez, (St.-), 6	Béziers	Hérault
Nazaire-des-Gardies, (St.-), $11\frac{3}{4}$	Le Vigan	Gard
Nazaire-le-Désert, (St.-), $6\frac{1}{2}$		Drôme
Nazareth, $\frac{1}{2}$	Nérac	Lot-et-Gar.
Nazelles, $5\frac{1}{2}$	Tours	Indre-et-L.
Néac, $3\frac{1}{2}$	Libourne	Gironde
Néant, $2\frac{3}{4}$	Ploërmel	Morbihan
Neau, 7	Laval	Mayenne

Communes.	Arrondissem.	Départem.
Neaufles-St.-Martin, 5	Les Andelys	Eure
Neaupne, 3	Argentan	Orne
Neauphe-sous-Essay, 5¾	Alençon	Orne
Neauphle-le-Château*, 6¼	Rambouillet	Seine-et-O.
Neauphle-le-Vieux, 6¼	Rambouillet	Seine-et-O.
Neaux, 2½	Roanne	Loire
Nébian, 5¼	Lodève	Hérault
Nébias, 6¾	Limoux	Aude
Nebing, 8½	Château-Salins	Meurthe
Nébouzat, 5¾	Clermont	Puy-de-Dô.
Nechers, 2	Issoire	Puy-de-Dô.
Nechwiller-Lauterbourg, 7	Haguenau	B.-Rhin
Nechwiller-Woerth), 3¼	Haguenau	B.-Rhin
Neci, 3	Argentan	Orne
Nectaire (St.-), 5½	Issoire	Puy-de-Dô.
Nedde, 10	Limoges	H.-Vienne
Nédon, 5	St.-Pol	Pas-de-Cal.
Nédonchel, 5	St.-Pol	Pas-de-Cal.
Neffes, 2	Gap	H.-Alpes
Neffiach, 5½	Perpignan	Pyrén.-Or.
Néfies, 5	Béziers	Hérault
Néglia (*Arinthod*), 8½	Lons-le-Saulnier	Jura
Négrepelisse, 4	Montauban	Tarn-et-G.
Negreville, 1¾	Valognes	Manche
Négron, 5½	Tours	Indre-et-L.
Négrondes, 5½	Périgueux	Dordogne
Neguebout, 4¼	Lectoure	Gers
Néhou, 5½	Valognes	Manche
Nelling, 5	Sarreguemines	Moselle
Nemours*, 4¼	Fontainebleau	Seine-et-M.
Nempont, 5	Montreuil	Pas-de-Cal.
Nenon, 2¾	Dôle	Jura
Néomaye (Ste.-), 3½	Niort	2 Sèvres
Néon, 5	Le Blanc	Indre
Neoules, 4	Brignoles	Var
Néoux, 2	Aubusson	Creuse
Népoulas (*Compeignac*), 7½	Bellac	H.-Vienne
Nepvant, 2¼	Montmédy	Meuse
Nérac*,	ch.-l. d'ar., 187	Lot-et-Gar.
Nerbis, 3½	St.-Sever	Landes
Nercillac, 1¾	Cognac	Charente
Néré, 5½	St.-Jean-d'Angely	Char.-Inf.
Néret, 3½	La Châtre	Indre
Nérigean, 3½	Libourne	Gironde
Nérignac, 5	Montmorillon	Vienne
Néris, 1½	Montluçon	Allier
Nermier, 6¾	Lons-le-Saulnier	Jura
Neron, 4½	Dreux	Eure-et-L.
Néronde, 7½	Roanne	Loire
Néronde, 2	Thiers	Puy-de-Dô.
Nérondes, 9	St.-Amand	Cher
Néronville (*Châteaulandon*), 8½	Fontainebleau	Seine-et-M.
Nerpol (Serres-de), 4	St.-Marcellin	Isère
Ners, 2½	Falaise	Calvados
Ners, 3	Alais	Gard
Nersac, 2	Angoulême	Charente
Nervesain, 9	Gray	H.-Saône
Nervieux, 5	Montbrison	Loire
Nerville (*Presles*), 3	Pontoise	Seine-et-O.

Communes.	Arrondissem.	Départem.
Néry, 4	Senlis	Oise
Nescus, 4	Foix	Ariége
Nesde, 6	Poitiers	Vienne
Nesle, 1½	Château-Thierry	Aisne
Nesle, 5¾	Châtillon	Côte-d'Or.
Nesle*, 5	Péronne	Somme
Nesle-en Bray, 1½	Neufchâtel	Seine-Inf.
Nesle-l'Hôpital, 11	Amiens	Somme
Nesle-la-Reposte, 12¾	Epernay	Marne
Nesle-le-Repons, 4½	Epernay	Marne
Nesle-Normandeuse, 6	Neufchâtel	Seine-Inf.
Nesles (*Seringes*), 4½	Château-Thierry	Aisne
Nesles, 4½	Coulommiers	Seine-et-M.
Nesles, 3	Pontoise	Seine-et-O.
Nesles, 3	Boulogne	Pas-de-Cal.
Neslettes, 11½	Amiens	Somme
Nesmes, 5	Le Blanc	Indre
Nesmy, 9¾	Les Sables	Vendée
Nesploy, 7	Montargis	Loiret
Nespouls, 3¼	Brives	Corrèze
Nessa, 3½	Calvi	Corse
Nestalas, *ou* Pierrefitte*, 1¾	Argelès	H.-Pyrén.
Nestier, 9	Bagnères	H.-Pyrén.
Nettancourt, 4½	Bar-le-Duc	Meuse
Neublans, 6¾	Dôle	Jura
Neubois, 2	Schélestatt	Bas-Rhin
Neubourg (le)*, 5½	Louviers	Eure
Neubourg (le), ½	Mortain	Manche
Neubourg (*Dauendorf*), 2½	Haguenau	Bas-Rhin
Neucourt, 5½	Pontoise	Seine-et-O.
Neudorff (*Bibiche*), 5½	Thionville	Moselle
Neufberquin, 3¾	Hazebrouck	Nord
Neufbosc, 5½	Neufchâtel	Seine-Inf.
Neufbrisack*, 3	Colmar	Haut-Rhin
Neufchateau*,	ch.-l. d'ar., 80	Vosges
Neufchâtel, 10	Laon	Aisne
Neufchâtel, 4½	Montbéliard	Doubs
Neufchâtel, 3	Boulogne	Pas-de-Cal.
Neufchâtel, 3½	Mamers	Sarthe
Neufchatel*,	ch.-l. d'arr., 37	Seine-Inf.
Neufchef, 1½	Briey	Moselle
Neufchelles, 9	Senlis	Oise
Neuffons, 3	La Réole	Gironde
Neuffontaines, 5¾	Clamecy	Nièvre
Neufgrange, 1	Sarreguemines	Moselle
Neufles-sur-Risle, 10	Evreux	Eure
Neuflieux, 10	Laon	Aisne
Neuflize, 2½	Rethel	Ardennes
Neufmaison, 4	Mézières	Ardennes
Neufmaison, 8	Lunéville	Meurthe
Neufmanil, 2½	Mézières	Ardennes
Neufmarché, 12	Neufchâtel	Seine-Inf.
Neufménil, 8½	Coutances	Manche
Neufmesnil, 3¾	Avesnes	Nord
Neufmesnil (*Offranville*)	Dieppe	Seine-Inf.
Neufmoulin, 2¾	Sarrebourg	Meurthe
Neufmoulin, 2	Abbeville	Somme
Neufmoutiers, 5½	Coulommiers	Seine-et-M.
Neufmoutiers, 1	Meaux	Seine-et-M.
Neufour, (le), 7	Verdun	Meuse
Neufvillage, 8½	Château-Salins	Meurthe

Communes.	Arrondissem.	Départem.
Neugartheim, $4\frac{1}{4}$	Strasbourg	Bas-Rhin
Neuhaeusel, 3	Haguenau	Bas-Rhin
Neuilh, 4	Bagnères	H.-Pyrén.
Neuillac, $2\frac{1}{2}$	Jonzac	Char.-Inf.
Neuillé, 2	Saumur	Maine-et-L.
Neuillé-Pont-Pierre, $5\frac{1}{2}$	Tours	Indre-et-L.
Neuillé-le-Lierre, 6	Tours	Indre-et-L.
Neuilly, 7	La Palisse	Allier
Neuilly, 8	Bayeux	Calvados
Neuilly, 4	Caen	Calvados
Neuilly, 5	St.-Amand	Cher
Neuilly (*Maligny*), $10\frac{3}{4}$	Beaune	Côte-d'Or
Neuilly, $4\frac{1}{4}$	Evreux	Eure
Neuilly, $4\frac{3}{4}$	Châteauroux	Indre
Neuilly, $5\frac{3}{4}$	Clamecy	Nièvre
Neuilly*, $2\frac{1}{4}$	St.-Denis	Seine
Neuilly, $2\frac{1}{4}$	Joigny	Yonne
Neuilly-en-Sancerre, $3\frac{1}{4}$	Sancerre	Cher
Neuilly-en-Thel, 5	Senlis	Oise
Neuilly-en-Vexin, 4	Pontoise	Seine-et-O.
Neuilly-l'Hôpital, 2	Abbeville	Somme
Neuilly-le-Bisson, $4\frac{1}{4}$	Alençon	Orne
Neuilly-le-Brignon, 10	Loches	Indre-et-L.
Neuilly-le-Dien, $6\frac{1}{2}$	Abbeville	Somme
Neuilly-le-Réal, $3\frac{1}{2}$	Moulins	Allier
Neuilly-le-Vendeu, $8\frac{1}{2}$	Mayenne	Mayenne
Neuilly-lès-Dijon, $1\frac{1}{2}$	Dijon	Côte-d'Or.
Neuilly-lès-Langres, $2\frac{3}{4}$	Langres	H.-Marne
Neuilly-St.-Front*, $4\frac{1}{2}$	Château-Thierry	Aisne
Neuilly-sous-Clermont, 1	Clermont	Oise
Neuilly-sur-Eure, $6\frac{1}{2}$	Mortagne	Orne
Neuilly-sur-Marne, 9	Pontoise	Seine-et-O.
Neuilly-sur-Suize, 2	Chaumont	H.-Marne
Neulette, $3\frac{3}{4}$	St.-Pol.	Pas-de-Cal.
Neulize, $4\frac{1}{2}$	Roanne	Loire
Neulles, $1\frac{1}{2}$	Jonzac	Char.-Inf.
Neulliac, $1\frac{1}{2}$	Pontiy	Morbihan
Neung, $5\frac{1}{2}$	Romorantin	Loir-et-Ch.
Neunkirchen, $\frac{3}{4}$	Sarreguemines	Moselle
Neunkircken (*Schwerdorff*), $7\frac{1}{2}$	Thionville	Moselle
Neure, $7\frac{3}{4}$	Moulins	Allier
Neurey-en-Vaux, 9	Lure	H.-Saône
Neurey-lès-la-Demie, $2\frac{1}{4}$	Vesoul	H.-Saône
Neuvache, $4\frac{1}{4}$	Briançon	H.-Alpes
Neuvechapelle, 5	Béthune	Pas-de-Cal.
Neuveéglise, 4	St.-Flour	Cantal
Neuveéglise, 3	Schélestatt	Bas-Rhin
Neuvegrange (la), 4	Les Andelys	Eure
Neuvegrange (la) (*Cirey*), $7\frac{1}{4}$	Vesoul	H.-Saône
Neuvelyre (la), 8	Evreux	Eure
Neuvemaison, $2\frac{1}{4}$	Vervins	Aisne
Neuvelle, $4\frac{3}{4}$	Gray	H.-Saône
Neuvelle (la), $1\frac{3}{4}$	Lure	H.-Saône
Neuvelle (la), $5\frac{1}{2}$	Vesoul	H.-Saône
Neuvelle-lès-Coiffy (la), 7	Langres	H.-Marne
Neuvelle-lès-Grancey, $9\frac{3}{4}$	Dijon	Côte-d'Or
Neuvelle-lès-la-Charité, $5\frac{1}{4}$	Vesoul	H.-Saône
Neuvelle-lès-Sorans (*Sorans*), $6\frac{3}{4}$	Vesoul	H.-Saône
Neuvelle-lès-Voisey, 9	Langres	H.-Marne
Neuvelotte (la), $2\frac{3}{4}$	Nancy	Meurthe
Neuvesely, $7\frac{1}{2}$	Cambrai	Nord
Neuvesmaisons, $3\frac{1}{2}$	Nancy	Meurthe
Neuveville (la), $1\frac{1}{2}$	Château-Salins	Meurthe
Neuveville (la), $2\frac{1}{4}$	Toul	Meurthe
Neuveville (la) (*Valleroy*), 1	Briey	Moselle
Neuveville (la), 5	Epinal	Vosges
Neuveville (la), $3\frac{1}{4}$	Mirecourt	Vosges
Neuveville (la), $3\frac{1}{2}$	Neufchâteau	Vosges
Neuveville (la), 4	St.-Dié	Vosges
Neuveville-aux-Bois (la), $3\frac{1}{2}$	Lunéville	Meurthe
Neuveville devant Bayon (la), 7	Nancy	Meurthe
Neuveville devant Nancy (la), $1\frac{1}{4}$	Nancy	Meurthe
Neuvic, 10	Jonzac	Char.-Inf.
Neuvic, $4\frac{1}{2}$	Ussel	Corrèze
Neuvic*, $6\frac{1}{2}$	Riberac	Dordogne
Neuvic, 7	Limoges	H.-Vienne
Neuvicq, $7\frac{1}{4}$	St.-Jean-d'Angely	Char.-Inf.
Neuvier, $5\frac{1}{2}$	Montbéliard	Doubs
Neuvillalais, $6\frac{3}{4}$	Le Mans	Sarthe
Neuville, 3	Laon	Aisne
Neuville, 4	Montluçon	Allier
Neuville, 3	Vouziers	Ardennes
Neuville, $2\frac{1}{4}$	Bayeux	Calvados
Neuville, $\frac{1}{4}$	Vire	Calvados
Neuville, $5\frac{3}{4}$	Tulle	Corrèze
Neuville, 8	Tours	Indre-et-L.
Neuville*, 5	Orléans	Loiret
Neuville (la), $2\frac{1}{2}$	Pithiviers	Loiret
Neuville (la) (*Festigny-les-Hameaux*), 4	Epernay	Marne
Neuville (la), $3\frac{1}{4}$	Sarrebourg	Meurthe
Neuville (la), $5\frac{1}{2}$	Metz	Moselle
Neuville, 5	Clamecy	Nièvre
Neuville, $6\frac{1}{2}$	Avesnes	Nord
Neuville (la), 4	Lille	Nord
Neuville (la), $4\frac{1}{4}$	Compiégne	Oise
Neuville, $\frac{1}{2}$	Montreuil	Pas-de-Cal.
Neuville, $8\frac{1}{2}$	Clermont	Puy-de-Dô.
Neuville, $2\frac{1}{4}$	Le Mans	Sarthe
Neuville (*Eragny*), 1	Pontoise	Seine-et-O.
Neuville, $\frac{1}{2}$	Dieppe	Seine-Inf.
Neuville, 4	Abbeville	Somme
Neuville (la), 3	Montdidier	Somme
Neuville, 4	Poitiers	Vienne
Neuville-à-Bayard (la), $3\frac{1}{2}$	Wassy	H.-Marne
Neuville-à-Maire (la), $3\frac{3}{4}$	Sedan	Ardennes
Neuville-à-Remy (la), $1\frac{1}{4}$	Wassy	H.-Marne
Neuville-au-Cornet, $1\frac{3}{4}$	St.-Pol	Pas-de-Cal.
Neuville-au-Plein, $3\frac{1}{2}$	Valognes	Manche
Neuville-au-Pont (la), 1	Ste.-Menehould	Marne
Neuville-au-Pont (la), $4\frac{1}{2}$	Wassy	H.-Marne
Neuville-au-Rupt (la), $2\frac{1}{2}$	Commercy	Meuse
Neuville-aux-Bois (la), $5\frac{1}{2}$	Ste.-Menehould	Marne
Neuville-aux-Bois (la), $7\frac{3}{4}$	Wassy	H.-Marne
Neuville-aux-Bois (la), 10	Amiens	Somme
Neuville-aux-Jouttes (la), 6	Rocroi	Ardennes

Communes.	Arrondissem.	Départem.
Neuville-aux-Larris (la), 5	Rheims	Marne
Neuville-aux-Tourneurs (la), 5 ½	Rocroi	Ardennes
Neuville Boscq, 7	Beauvais	Oise
Neuville-Bosmont (la), 6 ½	Laon	Aisne
Neuville-Bourjonval, 7	Arras	Pas-de-Cal.
Neuville-Champ-d'Oisel (la), 4 ½	Rouen	Seine-Inf.
Neuville-Coppegueule, 11	Amiens	Somme
Neuville-d'Aumont (la), 3 ¾	Beauvais	Oise
Neuville-des-Vaux, 4 ¼	Evreux	Eure
Neuville-Dorengt (la), 4 ½	Vervins	Aisne
Neuville-du-Bosc (la), 5 ½	Bernay	Eure
Neuville-en-Beaumont, 5 ½	Valognes	Manche
Neuville-en-Beine (la), 12	Laon	Aisne
Neuville-en-Chalois (les) (*Louvois*), 4 ¼	Rheims	Marne
Neuville-en-Férand, 3 ½	Lille	Nord
Neuville-en-Hez (la), 1 ½	Clermont	Oise
Neuville-en-Tournafuy (la), 4 ½	Rethel	Ardennes
Neuville-en-Verdunois, 7 ½	Commercy	Meuse
Neuville-Ferrières, ¾	Neufchâtel	Seine-Inf.
Neuville-Garnier (la), 4	Beauvais	Oise
Neuville-Housset (la), 3 ¾	Vervins	Aisne
Neuville-l'Archevêque, 3	Lyon	Rhône
Neuville-les-Anciens (la) (*Amiens*), ¼	Amiens	Somme
Neuville-lès-Bray, 4 ¼	Péronne	Somme
Neuville-lès-Decize, 7 ¾	Nevers	Nièvre
Neuville-lès-Locuilly, 3 ½	Amiens	Somme
Neuville-lès-Vaucouleurs, 5 ½	Commercy	Meuse
Neuville-lès-This, 2 ¼	Mézières	Ardennes
Neuville-Molliens (la), 9	Beauvais	Oise
Neuville près Claville, 3	Evreux	Eure
Neuville près St.-André, 4	Evreux	Eure
Neuville près Sées, 8	Alençon	Orne
Neuville-Roy (la), 4 ½	Clermont	Oise
Neuville-St.-Amand, 1	St.-Quentin	Aisne
Neuville-St.-Remy, ¾	Cambrai	Nord
Neuville-St.-Vaast, 2	Arras	Pas-de-Cal.
Neuville-sous-Arzillières, 2	Vitry-le-Français	Marne
Neuville-sous-Corbie (la) (*Corbie*), 4 ½	Amiens	Somme
Neuville-sous-Farceaux, 2	Les Andelys	Eure
Neuville-sur-Ain, 5 ½	Bourg	Ain
Neuville-sur-Authon, 4	Bernay	Eure
Neuville-sur-Eaulne, 3	Neufchâtel	Seine-Inf.
Neuville-sur-l'Escaut, 5 ½	Douai	Nord
Neuville-sur-Margival, 2	Soissons	Aisne
Neuville-sur-Meuse (la), 3 ½	Montmédy	Meuse
Neuville-sur-Orne, 2 ½	Bar-le-Duc	Meuse
Neuville-sur-Oudeuil (la), 5	Beauvais	Oise

Communes.	Arrondissem.	Départem.
Neuville-sur-Renon, 9 ¾	Trévoux	Ain
Neuville-sur-Seine, 2	Bar-sur-Seine	Aube
Neuville-sur-Touques, 7	Argentan	Orne
Neuville-sur-Vanne, 5 ½	Troyes	Aube
Neuville-Vitasse, 1 ½	Arras	Pas-de-Cal.
Neuviller, 8	Lunéville	Meurthe
Neuviller, 8 ¼	St.-Dié	Vosges
Neuviller-sur-Moselle, 6	Nancy	Meurthe
Neuvillers-sur-Fave, 1 ¼	St.-Dié	Vosges
Neuvillette, 3 ¾	St.-Quentin	Aisne
Neuvillette, 4 ¾	Evreux	Eure
Neuvillette (la), ¾	Rheims	Marne
Neuvillette, 9 ¾	Le Mans	Sarthe
Neuvillette, 1 ¾	Doullens	Somme
Neuvilley, 2 ½	Poligny	Jura
Neuvilly, 6 ½	Verdun	Meuse
Neuviroeuil, 3	Arras	Pas-de-Cal.
Neuvivy, 4 ½	Rethel	Ardennes
Neuvry (*Jaulnes*), 4	Provins	Seine-et-M.
Neuvy, 1	Moulins	Allier
Neuvy, 5 ¾	Blois	Loir-et-Ch.
Neuvy, 4	Beaupréau	Maine-et-L.
Neuvy, 11 ¼	Epernay	Marne
Neuvy, 4 ¼	Compiegne	Oise
Neuvy, 3 ½	Argentan	Orne
Neuvy, 9	Charolles	Saône-et-L.
Neuvy, 6	Le Mans	Sarthe
Neuvy, 4 ¼	Parthenay	2 Sèvres
Neuvy, 6	Tonnerre	Yonne
Neuvy-Deux-Clochers, 3 ¼	Sancerre	Cher
Neuvy-en-Beauce, 12 ½	Chartres	Eure-et-L.
Neuvy-en-Dunois, 7	Châteaudun	Eure-et-L.
Neuvy-en-Sullias, 6 ½	Orléans	Loiret
Neuvy-le-Barois, 9 ½	St.-Amand	Cher
Neuvy-le-Roi *, 6 ½	Tours	Indre-et-L.
Neuvy-Pailloux, 3	Issoudun	Indre
Neuvy-St.-Sépulchre, 3 ½	La Châtre	Indre
Neuvy-sur-Baranjon, 8	Bourges	Cher
Neuvy-sur Loire *, 4	Cosne	Nièvre
Neuweeg-Lachaussée, 5 ¼	Altkirch	Haut-Rhin
Neuwiller, 3	Saverne	Bas-Rhin
Neuwiller, 5 ½	Altkirch	Haut-Rhin.
NEVERS *,	ch.-l. de dép., 61	Nièvre
Nevez, 5	Quimperlé	Finistère
Nésian, 2	Narbonne	Aude
Néville, 6 ¼	Cherbourg	Manche
Néville, 6	Yvetot	Seine-Inf.
Nevoy, 1	Gien	Loiret
Nevy, 2 ½	Dôle	Jura
Nevy-sur-Seille, 3 ¼	Lons-le-Saulnier	Jura
Nexon, 4 ½	St.-Yrieix	H.-Vienne
Ney, 5 ½	Poligny	Jura
Neyrolles, ¾	Nantua	Ain
Neyron, 6 ¼	Trévoux	Ain
Nezel, 6	Versailles	Seine-et-O.
Nézen, 6 ½	St.-Claude	Jura
Nezignan-l'Evêque, 6	Béziers	Hérault
Niaffles, 6	Château-Gontier	Mayenne
Niandon (*Praissac*), 7 ¼	Cahors	Lot

Communes.	Arrondissem.	Départem.
Niaux, 5	Foix	Ariége
Nibas, 5	Abbeville	Somme
Nibelle, 4 ½	Pithiviers	Loiret
Nibles, 3 ½	Sisteron	B.-Alpes
Nic (St.-), 3 ¼	Châteaulin	Finistère
Nicaise (St.-) (*Couchy*), 4	Compiègne	Oise
Nicey, 5	Châtillon	Côte-d'Or
Nicey, 6 ¼	Commercy	Meuse
Nicolao (St.-), 8 ¼	Bastia	Corse
Nicolas (St.-), 7	La Palisse	Allier
Nicolas (St.-) (*St.-Jean*) 1 ¼	Embrun	H.-Alpes
Nicolas (St.-), 1 ½	Nogent-sur Seine	Aube
Nicolas (St.-), 7	Guimgam	Côtes-du-N.
Nicolas (St.-), 1 ½	Orléans	Loiret
Nicolas (St.-), 4	Agen	Lot-et-Gar.
Nicolas (St.-)*, 2 ½	Nancy	Meurthe
Nicolas (St.-), 3	Alençon	Orne
Nicolas (St.-), ¼	Arras	Pas-de-Cal.
Nicolas (St.), 5 ¼	St.-Omer	Pas-de-Cal.
Nicolas (St.-), 8	Le Hâvre	Seine-Inf.
Nicolas (St.-), 3 ¼	St.-Yrieix	H.-Vienne
Nicolas-aux-Bois (St.-), 3 ¼	Laon	Aisne
Nicolas-d'Alhiermont (St.-), 3	Dieppe	Seine-Inf.
Nicolas-d'Athée (St.-), 7 ½	Evreux	Eure
Nicolas-de-Bliquetuit (St.-), 3 ½	Yvetot	Seine-Inf.
Nicolas-de-Bourgueil (St.-), 4	Chinon	Indre-et-L.
Nicolas-de-Brem (St.-), 4 ¼	Les Sables	Vendée
Nicolas-de-Coutances (St.-),	Coutances	Manche
Nicolas-de-la-Grave (St.-)*, 2	Castel-Sarrasin	Tarn et Gar.
Nicolas-de-la Haye (St.-) 3 ½	Yvetot	Seine-Inf.
Nicolas-de-Laitiers (St.-) 9 ½	Argentan	Orne
Nicolas-de-Macherin (St.-), 6 ¼	Grenoble	Isère
Nicolas-de-Pont-St.-Pierre (St.-), 5	Les Andelys	Eure
Nicolas-de-Redon (St.-), 8	Savenay	Loire-Inf.
Nicolas-de-Sommaire (St.-), 12 ½	Argentan	Orne
Nicolas-des-Bois (St.-), 4 ½	Avranches	Manche
Nicolas-des-Motets (St-), 9	Tours	Indre-et-L.
Nicolas-du-Bosc (St.-), 6	Louviers	Eure
Nicolas-du-Bosc-Asselin (St.-), 4	Louviers	Eure
Nicolas-du-Bosc-l'Abbé (St.-), 1 ½	Bernay	Eure
Nicolas-du-Tertre (St.-), 6	Ploërmel	Morbihan
Nicolas-du-Verbois (St.-), 3 ¼	Rouen	Seine-Inf.
Nicolas-lès-Citeaux (St.-) 3	Beaune	Côte-d'Or
Nicolas-Pierre-Pont (St.-), 9	Coutances	Manche
Nicolas, près Granville (St.-), 5 ¼	Avranches	Manche
Nicole, 8	Agen	Lot-et-Gar.
Nicorps, ½	Coutances	Manche
Nidange (*Charleville*), 4	Metz	Moselle
Nider-Betschdorff, 3 ½	Hagnenau	Bas-Rhin
Niderbronn, 4	Haguenau	Bas-Rhin
Niderbruch, 6	Belfort	Haut-Rhin
Niderentzen, 4	Colmar	Haut-Rhin
Niderhaslach, 7 ½	Strasbourg	Bas-Rhin
Niderhausbergen, 1 ½	Strasbourg	Bas-Rhin
Niderhergheim, 3	Colmar	Haut-Rhin
Niderhoff, 3 ½	Sarrebourg	Meurthe
Niderlauterbach, 7	Haguenau	Bas-Rhin
Nidermoischwir, 2	Colmar	Haut-Rhin
Nidermottern, 6 ½	Saverne	Bas-Rhin
Nidernay, 5	Schélestatt	Bas-Rhin
Niderrœdern, 5	Haguenau	Bas-Rhin
Niderschæffolsheim, 1 ½	Haguenau	Bas-Rhin
Niderséebach, 5	Haguenau	Bas-Rhin
Nidersoulzbach, 4 ½	Saverne	Bas-Rhin
Niderstenzel, 4 ½	Sarrebourg	Meurthe
Niderviller, 1 ½	Sarrebourg	Meurthe
Niderwisse, 6	Metz	Moselle
Nids, 5 ½	Orléans	Loiret
Nieder. *Voy.* Nider		
Niedwelling (*Guerstling*), 8	Thionville	Moselle
Nieigles, 4 ¼	Argentière	Ardèche
Nielles-lès-Ardres, 4 ½	St.-Omer	Pas-de-Cal.
Nielles-lès-Blequin, 4 ½	St.-Omer	Pas-de-Cal.
Nielles-lès-Calais, 7	Boulogne	Pas-de-Cal.
Nielles-lès-Thérouanne, 3 ¼	St.-Omer	Pas-de-Cal.
Nieppe, 6 ¼	Hazebrouck	Nord
Niergnies, 1 ½	Cambrai	Nord
Nieudan, 4	Aurillac	Cantal
Nieuil, 5 ¼	Confolens	Charente
Nieuil, 2 ½	Limoges	H.-Vienne
Nieuil-le-Vironil, 2 ¼	Jonzac	Char.-Inf.
Nieuil-sur-l'Autise, 3	Fontenay-le-Comte	Vendée
Nieul, 1 ¼	La Rochelle	Char.-Inf.
Nieul (*St.-Sornin*), 3	Marennes	Char.-Inf.
Nieul-l'Espoir, 4 ½	Poitiers	Vienne
Nieul-le-Dolent, 6 ¾	Les Sables	Vendée
Nieul-lès-Saintes, 2 ½	Saintes	Char.-Inf.
Niévroz, 8	Trévoux	Ain
Niffer, 7	Altkirch	Haut-Rhin
Nigresserre, 18 ¼	Espalion	Aveiron
Niherne, 2 ½	Châteauroux	Indre
Nijon, 11 ¼	Chaumont	H.-Marne
Nilieu, 5 ½	Dôle	Jura
Nilly, 1 ¼	Lons-le-Saulnier	Jura
Nilvange, 2 ½	Briey	Moselle
Ninigan, 6 ½	St.-Gaudens	H.-Garonne

Communes.	Arrondissem.	Départem.	Communes.	Arrondissem.	Départem.
Ninville, 6 1/4	Chaumont	H.-Marne	Noël-Cerneux, 14 1/2	Montbéliard	Doubs
Niolo,	Corte	Corse	Noël-St.-Martin, 4	Senlis	Oise
Niort, 14 1/4	Limoux	Aude	Noëllet, 4	Segré	Maine-et-L.
Niort. 5 1/4	Mayenne	Mayenne	Noës (les), 1/2	Troyes	Aube
NIORT *,	ch.-l. dedép.107	2 Sèvres	Noës (les), 4 1/2	Roanne	Loire
Niort-le-Petit (Mirambeau), 3 1/2	Jonzac	Char.-Inf.	Noeux, 1 1/2	Béthune	Pas-de-Cal.
Niozelles, 1 1/2	Forcalquier	B.-Alpes	Nœux, 6	St.-Pol	Pas-de-Cal.
NISMES *,	ch.-l. dedep.180	Gard	Nogaret, 7 1/2	Villefranche	H.-Garonne
Nissan, 2	Béziers	Hérault	Nogaro *, 12	Condom	Gers
Nistos (Bize), 11	Bagnères	H.-Pyrén.	Nogent (Auffrique), 6 1/4	Laon	Aisne
Nitry, 4 1/2	Tonnerre	Yonne	Nogent, 2 1/4	Rheims	Marne
Nitting, 2 1/4	Sarrebourg	Meurthe	Nogent (Sormiers), 2 1/4	Rheims	Marne
Nivelle, 9 1/4	Donai	Nord	Nogent, 5	Chaumont	H.-Marne
Nivillac, 11	Vannes	Morbihan	Nogent, 4	Sceaux	Seine
Nivilliers, 2	Beauvais	Oise	Nogent-en-Othe, 6 1/4	Troyes	Aube
Nivolas (Serezin), 3	LaTour-du-Pin	Isère	Nogent-l'Artaud, 2 1/2	Château-Thierry	Aisne
Nixéville. 2	Verdun	Meuse	Nogent-le-Bernard, 5	Mamers	Sarthe
Nizan, 3 1/2	St.-Gaudens	H.-Garonne	Nogent-le-Phaye, 1 1/2	Chartres	Eure-et-L.
Nizau, 2	Bazas	Gironde	Nogent-le-Roi *, 4	Dreux	Eure-et-L.
Nizas, 1 1/2	Lombez	Gers	NOGENT-LE-ROTROU *,	ch.-l. d'ar., 38	Eure-et-L.
Nizas, 6	Béziers	Hérault	Nogent-le-Sec, 4 1/2	Evreux	Eure
Nizerolles, 5	La Palisse	Allier	Nogent-lès-Montbard, 4	Semur	Côte-d'Or
Nizier (St.-), 3 1/4	Roanne	Loire	Nogent-lès-Vierges, 3	Senlis	Oise
Nizier-d'Azergue (St.-), 7	Villefranche	Rhône	Nogent-sur-Aube, 3 1/2	Arcis-sur-Aube	Aube
Nizier-de-Fornas (St.-), 6	Montbrison	Loire	Nogent-sur-Eure, 2	Chartres	Eure-et-L.
			Nogent-sur-Loire, 10 1/4	St.-Calais	Sarthe
Nizier - le - Bouchoux (St.-), 6	Bourg	Ain	NOGENT-SUR-SEINE *,	ch.-l. d'ar., 26	Aube
Nizier-le-Désert (St.-), 10 1/2	Trévoux	Ain	Nogentel, 1 1/4	Château-Thierry	Aisne
			Nogentel (Neuvy), 11 1/2	Epernay	Marne
Nizier-sous-Charmoy (St.-), 7	Autun	Saône-et-L.	Nogua, 3	Lons-le-Saulnier	Jura
			Noguères, 6 1/2	Orthez	B.-Pyrén.
Nizier-sur-Arroux (St.-) 6	Autun	Saône-et-L.	Nohanent, 1	Clermont	Puy-de-Dô.
			Nohant, 1 1/2	La Châtre	Indre
Nizon, 4 1/2	Quimperlé	Finistère	Nohèdes, 4 1/2	Prades	Pyrén.-Or.
Nizy, 9	Laon	Aisne	Nohic, 8 1/2	Castel-Sarrasin	Tarn-et-Gar.
Noaillac, 8 1/2	Rodez	Aveiron	Noidan, 4	Semur	Côte-d'Or
Noaillac, 3 1/2	Brives	Corrèze	Noidans-le-Ferroux, 5	Vesoul	H.-Saône
Noaillac, 3	La Réole	Gironde	Noidans-lès-Vesoul, 1/2	Vesoul	H. Saône
Noaillan, 4 1/4	Bazas	Gironde	Noidant-Chatenay, 2 1/2	Langres	H.-Marne
Noailles, 1 1/2	Brives	Corrèze	Noidant-le-Rocheux, 1 1/2	Langres	H.-Marne
Noailles *, 3 1/4	Beauvais	Oise	Noilhan, 1 1/2	Lombez	Gers
Noailles, 4	Gaillac	Tarn	Noirtel, 1	Clermont	Oise
Noailly, 3 1/4	Roanne	Loire	Nointelle, 4	Pontoise	Seine-et-O.
Noalhac, 10	Marvejols	Lozère	Nointot, 7 1/2	Le Hâvre	Seine-Inf.
Noalhat, 2	Thiers	Puy-de-Dô.	Noir-le-Petit, 5 1/4	Dôle	Jura
Noards, 4	Pont-Audemer	Eure	Noircourt, 10	Laon	Aisne
Noarrieu (Castetis), 1 1/4	Orthez	B.-Pyrén.	Noire-Fontaine, 4 1/2	Montbéliard	Doubs
Nobre (la), 7 1/4	Mauriac	Cantal	Noirémont, 7	Clermont	Oise
Nocario, 4 1/4	Corte	Corse	Noiret (St.-Pierre-d'Entremont), 6 1/2	Domfront	Orne
Nocé, 4	Mortagne	Orne			
Noceta, 2 1/4	Corte	Corse	Noirétable, 7	Montbrison	Loire
Nochize, 2 1/4	Charolles	Saône-et-L.	Noirlieu, 5	Ste-Menehould	Marne
Nocle (la), 18	Nevers	Nièvre	Noirlien, 3	Bressuire	2 Sèvres
Nocq, 3	Montluçon	Allier	Noirmoutiers *, 20 1/4	Les Sables	Vendée
Nod-sur-Seine, 2 1/2	Châtillon	Côte-d'Or	Noiron, 4	Châtillon	Côte-d'Or
Nods, 6 1/4	Baume	Doubs	Noiron, 2 1/2	Gray	H.-Saône
Noé, 4	Bar-sur-Seine	Aube	Noiron-les-Citeaux, 3	Dijon	Côte-d'Or
Noé *, 3 1/4	Muret	H.-Garonne	Noiron-sous-Bèze, 6	Dijon	Côte-d'Or
Noé, 8	Sens	Yonne	Noironte, 3 1/2	Besançon	Doubs
Noé-Poulain (la), 2	Pont-Audemer	Eure	Noirpalu, 3 1/2	Avranches	Manche
Noeilhan, 3 1/4	Mirande	Gers	Noirterre, 2	Bressuire	2 Sèvres

Communes.	Arrondissem.	Départem.	Communes.	Arrondissem.	Départem.
Noirval, 2 ½	Vouziers	Ardennes	Noron, 2	Bayeux	Calvados
Noiseau, 6 ½	Corbeil	Seine-et-O.	Noron, 1	Falaise	Calvados
Noisiel, 6 ¼	Meaux	Seine-et-M.	Noroy, 7	Soissons	Aisne
Noisseville, 1 ¼	Metz	Moselle	Noroy, 3 ½	Clermont	Oise
Noisy, 1 ½	Versailles	Seine-et-O.	Noroy-le-Bourg, 3	Vesoul	H.-Saône
Noisy-le-Grand, 9 ½	Pontoise	Seine-et-O.	Noroy-lès-Jussey, 8 ¼	Vesoul	H.-Saône
Noisy-le-Sec, 2	St.-Denis	Seine	Norient-Fontes, 6 ¼	Béthune	Pas-de-Cal.
Noisy-le-Sec, 6	Fontainebleau	Seine-et-M.	Norrey, 3 ½	Falaise	Calvados
Noisy-sur-Ecole, 5	Fontainebleau	Seine-et-M.	Norrois, 1 ½	Vitry-le-Français	Marne
Noisy-sur-Oise, 5 ¼	Pontoise	Seine-et-O.			
Noites-l'Abesse, 10 ½	Villefranche	Aveiron	Norroy, 6 ¼	Nancy	Meurthe
Noizay, 4 ¼	Tours	Indre-et-L.	Norroy, 5 ½	Neufchâteau	Vosges
Noizé, 10	Bressuire	2 Sèvres	Norroy-le-Sec, 2	Briey	Moselle
Nojals, 8 ½	Bergerac	Dordogne	Norroy-le-Veneur, 1 ¼	Metz	Moselle
Nojon-le-Sec, 5 ½	Les Andelys	Eure	Nort, 8	Châteaubriant	Loire-Inf.
Nolay *, 6	Beaune	Côte-d'Or	Norten (Condé), 4	Metz	Moselle
Nolay, 6 ½	Nevers	Nièvre	Northausen, 5 ½	Schélestatt	Bas-Rhin
Nolf (St.-), 2	Vannes	Morbihan	Norville (la), 5 ½	Corbeil	Seine-et-O.
Nollevel, 7 ½	Neufchâtel	Seine-Inf.	Norville, 11	Le Hâvre	Seine-Inf.
Nom-la-Bretèche (St.-), 2	Versailles	Seine-et-O.	Nossage, 11 ½	Gap	H.-Alpes
Nomain, 5 ¼	Douai	Nord	Nossoncourt, 7 ¼	Epinal	Vosges
Nomdieu, 4	Nérac	Lot-et-Gar.	Nostang, 5	Lorient	Morbihan
Nomécourt, 3 ½	Wassy	H.-Marne	Noth, 5 ½	Guéret	Creuse
Nomeny, 6	Nancy	Meurthe	Nothalten, 2 ½	Schélestatt	Bas-Rhin
Nomexy, 3 ½	Epinal	Vosges	Notre-Dame (Domfront), ½	Domfront	Orne
Nommay, 1 ¼	Montbéliard	Doubs			
Nompatelize, 2	St.-Dié	Vosges	Notre-Dame-d'Alençon, 9 ½	Saumur	Maine-et-L.
Nonac, 8	Barbezieux	Charente			
Nonancourt *, 7	Evreux	Eure	Notre-Dame-d'Alhiermont, 3 ½	Dieppe	Seine-Inf.
Nonant, 1 ½	Bayeux	Calvados			
Nonant *, 4 ¼	Argentan	Orne	Notre-Dame-d'Alonne, 6 ½	Valognes	Manche
Nonars, 7	Brives	Corrèze			
Nonaville, 6 ½	Cognac	Charente	Notre-Dame-d'Elle, 2 ¼	St.-Lô	Manche
Noucourt, 6 ½	Wassy	H.-Marne	Notre-Dame-d'Epine, 3 ½	Bernay	Eure
Nonconrt, ¼	Neufchâteau	Vosges	Notre-Dame-d'Estrées, 5	Pont-l'Evêque	Calvados
Nonères, ¼	Mont-de-Marsan	Landes	Notre-Dame-d'Oé, 2	Tours	Indre-et-L.
			Notre-Dame-d'Or, 4 ½	Loudun	Vienne
Nonhigny, 6 ¾	Sarrebourg	Meurthe	Notre-Dame-de-Biron, 12 ¼	Bergerac	Dordogne
Nonières, 9	Tournon	Ardèche			
Nonsard, 6 ¼	Commercy	Meuse	Notre-Dame-de-Blagny, 5 ½	Bayeux	Calvados
NONTRON *,	ch.-l. d'ar., 111	Dordogne			
Nontronneau, 1	Nontron	Dordogne	Notre-Dame-de-Boisset, 1 ½	Roanne	Loire
Nonville, 5	Fontainebleau	Seine-et-M.			
Nonville, 8 ¼	Mirecourt	Vosges	Notre-Dame-de-Cénilly, 4 ½	Coutances	Manche
Nonvilliers, 7	Nogent-le-Rotrou	Eure-et-L.	Notre-Dame-de-Commiers, 6 ¼	Grenoble	Isère
Nouza, 3	Bastia	Corse			
Nonzeville, 5	Epinal	Vosges	Notre-Dame-de-Coudun, (Condun), 1	Compiègne	Oise
Noorpeene, 4 ½	Hazebrouck	Nord			
Norbécourt, 2 ½	St.-Omer	Pas-de-Cal.	Notre-Dame-de-Courson, 4 ½	Lisieux	Calvados
Nordansque, 3 ¼	St.-Omer	Pas-de-Cal			
Nordheim, 4 ½	Strasbourg	Bas-Rhin	Notre-Dame-de-Cresnay, 5	Avranches	Manche
Nordleulinghem, 3	St.-Omer	Pas-de-Cal.			
Nordquerque, 5 ¼	St.-Omer	Pas-de-Cal.	Notre-Dame-de-Franqueville, 1	Rouen	Seine-Inf.
Norente (Chaudon), 6	Digne	B.-Alpes.			
Norcy, 3	Caen	Calvados	Notre-Dame-de-Fresnay, 6 ½	Lisieux	Calvados
Norges-la-Ville, 2	Dijon	Côte-d'Or			
Normandel, 4 ¼	Mortagne	Orne	Notre-Dame-de-Fresne, 4	Pont-Audemer	Eure
Normandie (la Chelle), 1	Compiègne	Oise	Notre-Dame-de-Gravenchon, 10	Le Hâvre	Seine-Inf.
Normanville, 1 ½	Evreux	Eure			
Normanville, 3 ¼	Yvetot	Seine-Inf.	Notre-Dame-de-l'Isle, 5 ½	Les Andelys	Eure
Normée, 7	Epernay	Marne	Notre-Dame-de-la-Toussaint, 6 ¼	Yvetot	Seine-Inf.
Normier, 3 ½	Semur	Côte-d'Or			
Norolles, 1	Pont-l'Evêque	Calvados	Notre-Dame-de-Licz, 3 ½	Fontenay-le-Comte	Vendée

Communes.	Arrondissem.	Départem.	Communes.	Arrondissem.	Départem.
Notre-Dame-de-Lisse, 3 1/2	Laon	Aisne	Nouillonpont, 5 1/4	Montmédy	Meuse
Notre-Dame-de-Livaye, 3 1/2	Lisieux	Calvados	Nouilly, 1	Metz	Moselle
			Noulens, 5 1/2	Condom	Gers
Notre-Dame-de-Livet, 3	Lisieux	Calvados	Nourard-le-Franc, 4	Clermont	Oise
Notre-Dame-de-Livoye, 3 1/4	Avranches	Manche	Nouray, 2 1/2	Vendôme	Loir-et-Ch.
			Noureuil (*Viry*), 9 1/2	Laon	Aisne
Notre-Dame-de-Londres, 6	Montpellier	Hérault	Noureuil, 4	Arras	Pas-de-Cal.
			Nousse, 5	Dax	Landes
Notre-Dame-de-Mésage, 4 1/2	Grenoble	Isère	Noussevillers-lès-Puttelange, 1 1/2	Sarreguemines	Moselle
Notre-Dame-de-Mont, 14 1/2	Les Sables	Vendée	Noussevillers-lès-Volmonster, 6 1/2	Sarreguemines	Moselle
Notre-Dame-de-Morsent, 1 1/2	Evreux	Eure	Nousty, 3 1/2	Pau	B.-Pyrén.
			Nouvelle-Eglise, 6	St.-Omer	Pas-de-Cal.
Notre-Dame-de-Préaux, 1	Pont-Audemer	Eure	Nouvion (le), 6 1/4	Vervins	Aisne
Notre-Dame-de-Rié, 9 1/4	Les Sables	Vendée	Nouvion, 3	Mézières	Ardennes
Notre-Dame-de-Sanillac, 2 1/2	Périgueux	Dordogne	Nouvion, 3 1/2	Abbeville	Somme
			Nouvion-l'Abbesse, 5	Laon	Aisne
Notre-Dame-de-Touchet, 2	Mortain	Manche	Nouvion-le-Comte, 5	Laon	Aisne
			Nouvion-le-Vineux, 1 1/4	Laon	Aisne
Notre-Dame-de-Varengeville, 4	Rouen	Seine-Inf.	Nouvoitou, 3	Rennes	Ille-et-Vil.
			Nouvron, 2 1/2	Soissons	Aisne
Notre-Dame-des-Champs (*Malaunay*), 3	Rouen	Seine-Inf.	Nouzerines, 3	Boussac	Creuse
			Nouzerolles, 6 1/2	Guéret	Creuse
Notre-Dame-des-Champs (*St.-Jean-d'Assé*), 5 1/2	Le Mans	Sarthe	Nouziers, 5	Boussac	Creuse
			Nouzilly, 4 1/2	Tours	Indre-et-L.
Notre-Dame-du-Bec, 3 1/2	Le Havre	Seine-Inf.	Nouzon, 2	Mézières	Ardennes
Notre-Dame-du-Cros, 7 1/2	Brioude	H.-Loire	Novacelles, 3	Ambert	Puy-de-Dô.
Notre-Dame-du-Parc, 5 1/2	Dieppe	Seine-Inf.	Novale, 5	Corte	Corse
Notre-Dame-du-Pé, 5	La Flèche	Sarthe	Noves, 5	Arles	B.du-Rhône
Notre-Dame-du-Pé (*Beauvoir*), 15	Les Sables	Vendée	Noviant, 2 1/2	Metz	Moselle
			Noviant-aux-Prés, 4 1/2	Toul	Meurthe
Notre-Dame-du-Thil, 1/2	Beauvais	Oise	Novillars, 2 1/2	Besançon	Doubs
Notre-Dame-du-Val-sur-Mer, 3	Pont-Audemer	Eure	Novillars, 2 1/2	Belfort	Haut-Rhin
			Novion, 2 1/4	Rethel	Ardennes
Notre-Dame-du-Vaudreuil, 1 1/2	Louviers	Eure	Novis, 7	Milhaud	Aveiron
			Novitalle-Viguerie, 3 1/2	Toulouse	H.-Garonne
Notre-Dame-la-Gaillarde, 6	Yvetot	Seine-Inf.	Novy, 1 1/2	Rethel	Ardennes
			Noyal, 6	St.-Brieuc	Côtes-du-N.
Nots, 2 1/2	Châteauroux	Indre	Noyal, 2	Châteaubriant	Loire-Inf.
Nottonville, 4 1/2	Châteaudun	Eure-et-L.	Noyal, 1 1/2	Pontivy	Morbihan
Nouaille (la), 3 1/4	Aubusson	Creuse	Noyal-Muzillac,	Vannes	Morbihan
Nouaille (la), 10 1/2	Nontron	Dordogne	Noyal-sous-Bazouges, 8	Fougères	Ille-et-Vil.
Nouaillé, 3	Poitiers	Vienne	Noyal-sur-Seiche, 2	Rennes	Ille-et-Vil.
Nouaillette (la), 9	Périgueux	Dordogne	Noyal-sur-Vilaine, 2 1/2	Rennes	Ille-et-Vil.
Nouainville, 1 1/2	Cherbourg	Manche	Noy Ile, 6 1/2	Vervins	Aisne
Nouan-le-Fuselier, 10	Romorantin	Loir-et-Ch.	Noyalo, 2	Vannes	Morbihan
Nouan-sur-Loire, 5 1/2	Blois	Loir-et-Ch.	Noyan, 2	Soissons	Aisne
Nouans, 5	Mamers	Sarthe	Noyant, 5	Moulins	Allier
Nonans, 6	Loches	Indre-et-L.	Noyant, 5 1/2	Chinon	Indre-et-L.
Nouart, 6 1/2	Vouziers	Ardennes	Noyant, 4	Baugé	Maine-et-L.
Nouâtre, 6	Chinon	Indre-et-L.	Noyant, 7	Saumur	Maine-et-L.
Nouaye (la), 1/4	Montfort	Ille-et-Vil.	Noyant-en-Gout, 3 1/2	Bourges	Cher
Noudkeil (*Ottange*), 3 1/2	Thionville	Moselle	Noyant-en-Gracay, 13 1/2	Bourges	Cher
Noué (la), 10	Epernay	Marne	Noyant-la-Gravoyère, 1 1/2	Segré	Maine-et-L.
Nonée (la), 4 1/4	Ploërmel	Morbihan	Noyarey, 3 1/2	Grenoble	Isère
Noneilhes, 4 1/2	Villefranche	H.-Garonne	Noyelle-en-Chaussée, 5 1/2	Abbeville	Somme
Noues (*Vauclusotte*), 7 1/2	Montbéliard	Doubs	Noyelle-Godeault, 8 1/2	Béthune	Pas-de-Cal.
Nouette, 2	Yssoire	Puy-de-Dô.	Noyelle-lès-Humières, 3	St.-Pol	Pas-de-Cal.
Nougaroulet, 3 1/2	Auch	Gers	Noyelle-lès-Vermelle, 1	Bethune	Pas-de-Cal.
Nouhan, 3	Boussac	Creuse	Noyelle-sous-Bellone, 2	Arras	Pas-de-Cal.
Nouic, 1 1/2	Bellac	H.-Vienne	Noyelle-sous-Lens, 5 1/2	Béthune	Pas-de-Cal.
Nouilhan, 5	Tarbes	H.-Pyrén.	Noyelle-sur-Mer, 3 1/2	Abbeville	Somme
Nouillers (les), 2 1/2	St-Jean-d'Angely	Char.-Inf.	Noyelle-sur-Selle, 6 1/2	Douai	Nord

Communes.	Arrondissem.	Départem.
Noyelle-Vion, 5 ½	St.-Pol	Pas-de-Cal.
Noyelles, 2 ¼	Avesnes	Nord
Noyellès, 1 ¾	Lille	Nord
Noyelles-sur-Escaut, 1 ½	Cambrai	Nord
Noyellette-en-l'Eau, 6 ¼	St.-Pol	Pas-de-Cal.
Noyen, 4 ½	La Flèche	Sarthe
Noyen-sur-Seine, 3 ½	Provins	Seine-et-M.
Noyen-surVernisson*, 4 ¼	Montargis	Loiret
Noyer (le), 5	Gap	H.-Alpes
Noyer-Menard (le), 8	Argentan	Orne
Noyer-près-Beauménil (le), 3 ¾	Bernay	Eure
Noyères, 6	Clermont	Oise
Noyers, 3	Sisteron	B.-Alpes.
Noyers, 1 ¼	Sedan	Ardennes
Noyers, 4	Caen	Calvados
Noyers, 7	Chinon	Indre-et-L.
Noyers, 9 ¼	Blois	Loir-et-Ch.
Noyers, 4 ¼	Montargis	Loiret
Noyers, 7 ½	Chaumont	H.-Marne
Noyers, 4	Bar-le-Duc	Meuse
Noyers, 5 ½	Neufchâtel	Seine-Inf.
Noyers *, 4 ½	Tonnerre	Yonne
Noyers près Vesly, 4	Les Andelys	Eure
Noyon *, 6	Compiègne	Oise
Nozac, 1 ½	Gourdon	Lot
Nozay, 1	Arcis-sur-Aube	Aube
Nozay *, 7	Châteaubriant	Loire-Inf.
Nozay, 5	Versailles	Seine-et-O.
Nozeroy, 7	Poligny	Jura
Nozeyrolles, 10 ½	Brioude	H.-Loire
Nozières, 15	Tournon	Ardèche
Nozières, 1	St.-Amand	Cher
Nozières,	Alais	Gard
Nuaillé *, 4 ½	La Rochelle	Char.-Inf.
Nuaillé, 2 ½	St.-Jean-d'Angely	Char.-Inf
Nuailly, 6	Beaupréau	Maine-et-L.
Nuars, 4 ½	Clamecy	Nièvre
Nubécourt, 6	Bar-le-Duc	Meuse
Nuces, 4 ¼	Rodez	Aveiron
Nueil, 4 ½	Chinon	Indre-et-L.
Nueil, 6	Saumur	Maine-et-L.
Nueil, 3 ½	Bressuire	2 Sèvres
Nueil-sur-Dive, 3	Loudun	Vienne
Nueil-sous-Faye, 3 ¼	Loudun	Vienne
Nuelles, 4 ¼	Lyon	Rhône
Nuillé-le-Jalais, 4 ½	Le Mans	Sarthe
Nuillé-sur-Ouette, 5	Laval	Mayenne
Nuillé-sur-Vicoin, 2 ¼	Laval	Mayenne
Nuisemont (*le Puits*), 3	Bar-sur-Seine	Aube
Nuisement (le), 4 ½	Evreux	Eure
Nuisement-aux-Bois, 4 ½	Vitry-le-Français	Marne
Nuisement-sur-Cole, 2 ½	Châlons-sur-Marne	Marne
Nuisy, 11	Epernay	Marne
Nuits *, 4	Beaune	Côte-d'Or
Nuits, 6 ½	Tonnerre	Yonne
Nullement, 5 ½	Neufchâtel	Seine-Inf.
Nully, 5	Wassy	H.-Marne
Nuncq, 3	St.-Pol	Pas-de-Cal
Nuret-le-Feron, 8	Le Blanc	Indre
Nurlu, 3	Péronne	Somme

Communes.	Arrondissem.	Départem.
Nuzejouls, 3	Cahors	Lot
Nyër, 5	Prades	Pyrén.-Or.
Nyoiseau, 1	Segré	Maine-et-L.
NYONS,	ch.-l. d'ar., 163	Drôme

O.

Communes.	Arrondissem.	Départem.
Obazine, 2 ¼	Brives	Corrèze
Obenheim, 5 ½	Schélestatt	Bas-Rhin
Oberbetschdorff, 3 ½	Haguenau	Bas-Rhin
Oberbronn, 4 ½	Haguenau	Bas-Rhin
Oberbruck, 6 ¾	Belfort	Haut-Rhin
Oberdorff, 8	Thionville	Moselle
Oberdorff, 3	Haguenau	Bas-Rhin
Oberentzen, 4	Colmar	Haut-Rhin
Obergailbach, 3	Sarreguemines	Moselle
Oberhaslach, 7 ¾	Strasbourg	Bas-Rhin
Oberhausbergen, 1	Strasbourg	Bas-Rhin
Oberhergheim, 3 ½	Colmar	Haut-Rhin
Oberhoffen-Bischwiller, 1 ½	Haguenau	Bas-Rhin
Oberhoffen-Wissembourg, 6 ½	Haguenau	Bas-Rhin
Oberlauterbach, 6	Haguenau	Bas-Rhin
Obermerschwichr, 2	Colmar	Haut-Rhin.
Obermottern, 5	Saverne	Bas-Rhin
Obernai, 5	Schélestatt	Bas-Rhin
Oberroëdern, 4 ½	Haguenau	Bas-Rhin
Obersaasheim, 4	Colmar	Bas-Rhin
Oberschaïffolsheim, 1 ½	Strasbourg	Haut-Rhin
Obersééhach, 5 ½	Haguenau	Bas-Rhin
Obersoulzbach, 4 ½	Saverne	Bas-Rhin
Oberstenzel, 2	Sarrebourg	Meurthe
Oberwisse(*Niederwisse*) 6 ¾	Metz	Moselle
Obies, 5 ¼	Avesnes	Nord
Objat, 4 ½	Brives	Corrèze
Oblas (St.-) (*Oytiers*), 3	Vienne	Isère
Oblinghem, 1 ¼	Béthune	Pas-de-Cal.
Obrechies, 3	Avesnes	Nord
Obreck, 2	Château-Salins	Meurthe
Obrich, 8	Sarreguemines	Moselle
Obsonville, 7 ½	Fontainebleau	Seine-et-M.
Obterre, 10	Le Blanc	Indre
Obterre (*Chalo-St.-Mars*), 2 ¼	Etampes	Seine-et-O.
Obtrée, 2 ¼	Châtillon	Côte-d'Or
Ocagnano,	Bastia	Corse
Occaignes, 1 ¼	Argentan	Orne
Occana, 3 ½	Ajaccio	Corse
Occelon, 6	Die	Drôme
Occey, 7 ½	Langres	H.-Marne
Occhietana, 4 ½	Calvi	Corse
Occi, 1 ½	Calvi	Corse
Occoches, 1 ½	Doullens	Somme
Occos (*St.-Etienne-en-Baigorry*), 12 ½	Mauléon	B.-Pyrén.
Ochancourt, 4 ¼	Abbeville	Somme
Oches, 5 ½	Vouziers	Ardennes
Ochey, 3	Toul	Meurthe
Ochiaz, 5	Nantua	Ain

Communes.	Arrondissem.	Départem.	Communes.	Arrondissem.	Départem.
Ochtezeele, 4 $\frac{1}{2}$	Hazebrouck	Nord	Oigney, 7 $\frac{1}{4}$	Vesoul	H.-Saône
Ocquerre, 4	Meaux	Seine-et-M.	Oignies, 7 $\frac{1}{2}$	Béthune	Pas-de-Cal.
Ocqueville, 6 $\frac{1}{2}$	Yvetot	Seine-Inf.	Oigny, 7	Soissons	Aisne
Octeville, $\frac{1}{4}$	Cherbourg	Manche	Oigny, 8 $\frac{1}{2}$	Vendôme	Loir-et-Ch.
Octeville, 2 $\frac{1}{2}$	Le Hâvre	Seine-Inf.	Oingt, 3 $\frac{1}{2}$	Villefranche	Rhône
Octeville-la-Venelle, 2 $\frac{1}{2}$	Valognes	Manche	Oinville, 2 $\frac{1}{4}$	Mantes	Seine-et-O.
Octon, 3	Lodève	Herault	Oinville-St.-Liphard, 12	Chartres	Eure-et-L.
Odeillo, 11	Prades	Pyrén.-Or.	Oinville-sous-Auneau, 4	Chartres	Eure-et-L.
Odeillo (Réal), 11	Prades	Pyrén.-Or.	Oiré, 2 $\frac{1}{4}$	Châtellerault	Vienne
Odenas, 3	Villefranche	Rhône	Oirières, 3	Gray	H.-Saône
Oderen, 12 $\frac{1}{2}$	Belfort	Haut-Rhin	Oiry, 1 $\frac{1}{2}$	Epernay	Marne
Odival, 5 $\frac{1}{2}$	Chaumont	H.-Marne	Oiselay, 7 $\frac{1}{4}$	Gray	H. Saône
Odomez, 10 $\frac{1}{2}$	Douai	Nord	Oisème (Gasville), 1	Chartres	Eure-et-L.
Odos, 1	Tarbes	H.-Pyrén.	Oisemont, 10 $\frac{1}{2}$	Amiens	Somme
Odratzheim, 4 $\frac{1}{4}$	Strasbourg	Bas-Rhin	Oisilly, 5 $\frac{1}{2}$	Dijon	Côte-d'Or
Oeilleville, 2	Mirecourt	Vosges	Oisly, 6 $\frac{1}{2}$	Blois	Loir-et Ch.
Oermingen, 10 $\frac{1}{4}$	Saverne	Bas-Rhin	Oison, 9	Sancerre	Cher
Oeting, 4	Sarreguemines	Moselle	Oison, 5	Pithiviers	Loiret
Œuf, 1	St.-Pol	Pas-de-Cal	Oisonville, 9	Chartres	Eure-et-L.
Œuilly, 5 $\frac{1}{2}$	Laon	Aisne	Oisseau, 1 $\frac{1}{4}$	Mayenne	Mayenne
Œuilly, 2 $\frac{1}{2}$	Epernay	Marne	Oisseau, 5	Mamers	Sarthe
Oeutrange, 2	Thionville	Moselle	Oissel, 3	Rouen	Seine-Inf.
Oeuvy, 8 $\frac{1}{2}$	Epernay	Marne	Oissery, 3 $\frac{1}{4}$	Meaux	Seine-et-M.
Oey, 4 $\frac{1}{2}$	Commercy	Meuse	Oissy, 4 $\frac{1}{2}$	Amiens	Somme
Œyregave, 6 $\frac{1}{2}$	Dax	Landes	Oistreville (Augerville), 5	Etampes	Seine-et-O.
Œyrelay, 1 $\frac{1}{2}$	Dax	Landes			
Offekerque, 6 $\frac{1}{2}$	St.-Omer	Pas-de-Cal.	Oisy, 7	Vervins	Aisne
Offémont (St.-Crépin-aux-Bois), 3 $\frac{1}{2}$	Compiègne	Oise	Oisy, 7 $\frac{1}{4}$	Douai	Nord
			Oisy, 7	Arras	Pas-de-Cal.
Offemont, 1	Belfort	Haut-Rhin	Oizé, 5	La Flèche	Sarthe
Offendorff, 3 $\frac{1}{2}$	Haguenau	Bas-Rhin	Olargues, 5 $\frac{1}{2}$	St.-Pons	Herault
Offenheim, 2 $\frac{1}{2}$	Strasbourg	Bas-Rhin	Olbier (Goulier), 8 $\frac{1}{4}$	Foix	Ariége
Offies, 2 $\frac{1}{2}$	Avesnes	Nord	Olby, 5	Clermont	Puy-de-Dô.
Offignies, 8 $\frac{1}{2}$	Amiens	Somme	Oleac-Debas, 2	Tarbes	H.-Pyrén.
Offin, 2 $\frac{1}{2}$	Montreuil	Pas-de-Cal.	Oleac Dessus, 5 $\frac{1}{2}$	Tarbes	H. Pyrén.
Oflanges, 3 $\frac{1}{4}$	Dôle	Jura	Oléani, 4	Bastia	Corse
Offois, 5	Peronne	Somme	Olemps, 1 $\frac{1}{4}$	Rodez	Aveiron
Offoy, 8	Beauvais	Oise	Olendon, 3	Falaise	Calvados
Offranville, 1	Dieppe	Seine-Inf.	OLÉRON *,	ch.-l. d'ar., 205	B.-Pyrén.
Offrethun, 2 $\frac{1}{4}$	Boulogne	Pas-de-Cal.	Oletta, 2 $\frac{1}{2}$	Bastia	Corse
Offroicourt, 1 $\frac{1}{4}$	Mirecourt	Vosges	Olette, 4	Prades	Pyrén.-Or.
Offwiller, 5	Haguenau	Bas-Rhin	Oley, 3 $\frac{1}{2}$	Briey	Moselle
Ogenne, 4 $\frac{1}{4}$	Orthez	B.-Pyrén.	Olgy (Argancy), 2	Metz	Moselle
Oger, 2 $\frac{1}{2}$	Epernay	Marne	Olhaiby (Ithorrois), 3 $\frac{1}{4}$	Mauléon	B.-Pyrén.
Ogeu, 2 $\frac{1}{4}$	Oléron	B.-Pyrén.	Oliergues, 3 $\frac{1}{2}$	Ambert	Puy-de-Dô.
Ogéviller, 4 $\frac{1}{2}$	Lunéville	Meurthe	Olive (Ste.-), 5 $\frac{1}{2}$	Trévoux	Ain
Oglastro, 4 $\frac{1}{2}$	Bastia	Corse	Olivet, 1	Orléans	Loiret
Ognes, 10	Laon	Aisne	Olivet, 3 $\frac{1}{2}$	Laval	Mayenne
Ognès, 9 $\frac{1}{4}$	Epernay	Marne	Oliveze, 5 $\frac{1}{2}$	Sartène	Corse
Ognes, 5	Senlis	Oise	Olizy, 2 $\frac{1}{2}$	Vonziers	Ardennes
Oguéville, 6 $\frac{1}{2}$	Nancy	Meurthe	Olizy, 5 $\frac{1}{2}$	Rheims	Marne
Ognoles, 8	Compiègne	Oise	Olizy, 2 $\frac{1}{2}$	Montmédy	Meuse
Ognon, 1	Senlis	Oise	Ollainville, 6 $\frac{1}{2}$	Corbeil	Seine-et-O.
Ogny, 10	Beaune	Côte-d'Or.	Ollainville, 3 $\frac{1}{2}$	Neufchâteau	Vosges
Ogny, 9 $\frac{1}{2}$	Châtillon	Côte-d'Or	Ollancourt (Tracy-le-Mont), 4	Compiègne	Oise
Ogy, 2	Metz	Moselle			
Ohain, 3 $\frac{1}{2}$	Avesnes	Nord	Olans, 7	Besançon	Doubs
Oherville, 3 $\frac{1}{2}$	Yvetot	Seine-Inf.	Ollé, 3 $\frac{1}{2}$	Chartres	Eure-et-L.
Ohis, 2 $\frac{1}{4}$	Vervins	Aisne	Ollezy, 4 $\frac{1}{4}$	St.-Quentin	Aisne
Ohlungen, 1 $\frac{1}{2}$	Haguenau	Bas-Rhin	Ollieres (les), 3 $\frac{1}{2}$	Privas	Ardèche
Ohnenheim, 2 $\frac{1}{4}$	Schelestatt	Bas-Rhin	Ollières, 5	Montmédy	Meuse
Ohrenthal, 8	Sarreguemines	Moselle	Ollières, 5	Brignoles	Var
Oie (l') (Ste.-Florence), 7	Bourbon-Vendée	Vendée	Ollioules *, 2	Toulon	Var
			Olloix, 6	Clermont	Puy-de-Dô.

Communes.	Arrondissem.	Departem.
Ollon, 4 ½	Nyons	Drôme
Olmes (les), 5 ½	Villefranche	Rhône
Olmet, 1	Lodève	Hérault
Olmet, 5	Thiers	Puy-de-Dô.
Olmetta, 2 ¾	Bastia	Corse
Olmetta, 3 ½	Bastia	Corse
Olmi-é-Capella, 4 ½	Calvi	Corse
Olmi-é-Prunelli, 5 ½	Bastia	Corse
Olmiccia, 2	Sartène	Corse
Olmo,	Bastia	Corse
Olonne, 1 ½	Les Sables	Vendée
Olonzac, 8	St.-Pons	Hérault
Ols, 3 ½	Villefranche	Aveiron
Olschberg, 7	Sarreguemines	Moselle
Oltingen, 5	Altkirch	Haut-Rhin
Olwisheim, 3 ½	Strasbourg	Bas-Rhin
Omblaize, 6 ½	Die	Drôme
Omécourt, 8	Beauvais	Oise
Omelmont, 5 ½	Nancy	Meurthe
Omencourt, 6	Montdidier	Somme
Omer (St.-), 5 ½	Falaise	Calvados
OMER (ST.-)*,	ch.-l. d'arr., 63	Pas-de-Cal.
Omer-Capelle (St.-), 6	St.-Omer	Pas-de-Cal.
Omer-en-Chaussée (St.-), 3	Beauvais	Oise
Omergues (les), 10	Sisteron	B.-Alpes
Omerville, 5 ½	Mantes	Seine-et-O.
Omessa, 1 ¾	Corte	Corse
Omet, 9	Bordeaux	Gironde
Omex, 2 ¾	Argelès	H.-Pyrén.
Omey, 3 ¾	Châlons-sur-Marne	Marne
Omicourt, 4 ½	Mézières	Ardennes
Omiécourt, 4 ½	Péronne	Somme
Omissy, 1	St.-Quentin	Aisne
Ommécl, 3 ½	Argentan	Orne
Ommeray, 5 ½	Château-Salins	Meurthe
Ommoy, 2 ½	Argentan	Orne
Omont, 5	Mezières	Ardennes
Omont (*Norroy-le-Veneur*), 3 ½	Metz	Moselle
Omonville*, 3	Dieppe	Seine-Inf.
Omonville, 4	Neufchâtel	Seine-Inf.
Omonville-la-Foliot (*Denneville*), 9 ½	Coutances	Manche
Omonville-la-Petite, 5 ½	Cherbourg	Manche
Omonville-la-Rogue, 4 ¾	Cherbourg	Manche
Omps, 4 ¾	Aurillac	Cantal
Oms, 3	Ceret	Pyrén.-Or.
Onans, 5	Baume	Doubs
Onard, 5 ¼	Dax	Landes
Onay, 6 ¾	Valence	Drôme
Onay, 5	Poligny	Jura
Onay, 3	Gray	H.-Saône
Oncieux, 6 ¾	Belley	Ain
Oncourt, 2 ¾	Epinal	Vosges
Oncy, 6	Etampes	Seine-et-O.
Onde-Fontaine, 5 ¾	Vire	Calvados
Ondes, 5 ½	Toulouse	H.-Garonne
Ondincourt, 3 ½	Chaumont	H.-Marne
Ondras (St.-), 3	La-Tour-du-Pin	Isère
Ondres, 9 ½	Dax	Landes
Ondreville, 3 ½	Pithiviers	Loiret
Oneix, 6 ¾	Mauléon	B.-Pyrén.
Ouen (St.-), 5	Montfort	Ille-et-Vil.
Onesse, 15	Mont-de-Marsan	Landes

Communes.	Arrondissem.	Départem.
Onet-l'Eglise, 2 ½	Rodez	Aveiron
Onet-la-Plaine, 2 ½	Rodez	Aveiron
Oneux, 3	Abbeville	Somme
Ongles, 3	Forcalquier	B.-Alpes
Onglières, 6 ½	Poligny	Jura
Onjon, 4 ½	Troyes	Aube
Onlay, 3 ½	Château-Chinon	Nièvre
Onnaing, 11 ½	Douai	Nord
Onnoz, 8	Lons-le-Saulnier	Jura
Ons-en-Bray, 3 ¼	Beauvais	Oise
Onville, 4	Metz	Moselle
Onvillers, 2 ½	Montdidier	Somme
Onzain, 4 ¾	Blois	Loir-et-Ch.
Oo, 10 ½	St.-Gaudens	H.-Garonne
Ooizy, 1 ½	Clamecy	Nièvre
Oostcappel, 4 ¾	Dunkerque	Nord
Openans, 7 ½	Lure	H.-Saône
Opio, 2	Grasse	Var
Opoul, 5 ½	Perpignan	Pyrén.-Or.
Oppède, 5 ½	Apt	Vaucluse
Oppedete, 5 ½	Forcalquier	B.-Alpes
Opperdingen, 8 ½	Sarreguemines	Moselle
Opportune (Ste.-) (*St.-Père-en-Retz*), 2 ½	Paimbœuf	Loire-Inf.
Opportune (Ste.-), 7 ½	Domfront	Orne
Opportune-du-Bosc (Ste.-), 6 ½	Bernay	Eure
Opportune-la-Campagne (Ste.-), 4 ¾	Bernay	Eure
Opportune, près Vieux-Port (Ste.-), 2	Pont-Audemer	Eure
Oppy, 2 ½	Arras	Pas-de-Cal.
Optevoz, 6 ½	La-Tour-du-Pin	Isère
Oraas, 5 ½	Orthez	B.-Pyrén.
Oradour, 5	Ruffec	Charente
Oradour-Fanais, 3 ½	Confolens	Charente
Oradour-St.-Genest, 3 ½	Bellac	H.-Vienne
Oradour-sur-Glane, 4 ½	Rochechouart	H.-Vienne
Oradour-sur-Vayres, 2 ½	Rochechouart	H.-Vienne
Oradoux-de-Chirouse (St.-), 7	Aubusson	Creuse
Oradoux, près Crocq (St.-), 5	Aubusson	Creuse
Orainville, 10	Laon	Aisne
Oraison, 11	Digne	B.-Alpes
ORANGE*	ch.-l. d'ar., 173	Vaucluse
Orangis (*Ris*), 2 ½	Corbeil	Seine et-O.
Orbagna, 3 ¾	Lons-le-Saulnier	Jura
Orbais, 5	Epernay	Marne
Orban, 2 ½	Albi	Tarn
Orbec*, 5 ½	Lisieux	Calvados
Orbeil, 1 ½	Issoire	Puy-de-Dô.
Orbessan, 3	Auch	Gers
Orbey, 6 ¼	Colmar	Haut Rhin
Orbigny, 5 ½	Loches	Indre-et-L.
Orbigny-au-Mont, 2 ½	Langres	H.-Marne
Orbigny-au-Val, 2	Langres	H.-Marne
Orbois, 4 ½	Bayeux	Calvados
Orçay, 9	Romorantin	Loir-et-Cher
Orçay, 3 ½	Versailles	Seine-et-O.
Orcemont, 1 ¾	Rambouillet	Seine-et-O.
Orcenais, 1	St.-Amand	Cher
Orcet, 2 ¾	Clermont	Puy-de-Dô.
Orcevaux, 2 ¾	Langres	H.-Marne

Communes.	Arrondissem.	Départem.	Communes.	Arrondissem.	Départem.
Orchaise, $2\frac{3}{4}$	Blois	Loir-et-Cher	Origny-Ste.-Benoite*, $3\frac{3}{4}$	St.-Quentin	Aisne
Orchamps, 4	Dôle	Jura	Orin, $1\frac{3}{4}$	Oléron	B.-Pyrén.
Orchamps-Vennes, $6\frac{1}{2}$	Baume	Doubs	Orincles, $2\frac{3}{4}$	Tarbes	H.-Pyrén.
Orches (Baubigny), $3\frac{1}{2}$	Beaune	Côte-d'Or	Oriocourt, $2\frac{1}{4}$	Château-Salins	Meurthe
Orches, 5	Châtellerault	Vienne	Oriol, $9\frac{1}{4}$	Valence	Drôme
Orchies*, 4	Douai	Nord	Oriolles, 4	Barbezieux	Charente
Orcinas, $7\frac{3}{4}$	Montélimart	Drôme	Orion, $3\frac{1}{2}$	Orthez	B.-Pyrén.
Orcines, $1\frac{1}{2}$	Clermont	Puy-de-Dô.	Oris-en-Ratiers, 10	Grenoble	Isère
Orcino,	Ajaccio	Corse	Orist, $3\frac{1}{2}$	Dax	Landes
Orcival, $7\frac{1}{2}$	Clermont	Puy-de-Dô.	Orival, 12	Barbezieux	Charente
Orçonnette, $2\frac{1}{4}$	Issoire	Puy-de-Dô.	Orival, $4\frac{1}{2}$	Rouen	Seine-Inf.
Orconte, $2\frac{1}{4}$	Vitry-le-Français	Marne	Orival, 9	Amiens	Somme
			Orlac, 3	Saintes	Char.-Inf.
Orcourt (Cuchery), $5\frac{1}{2}$	Rheims	Marne	ORLÉANS*	ch.-l dedép 31	Loiret
Ordan, $3\frac{1}{4}$	Auch	Gers	Orléat, 5	Thiers	Puy-de-Dô.
Ordiarp, $1\frac{1}{4}$	Mauléon	B.-Pyrén.	Orleix, $1\frac{1}{4}$	Tarbes	H.-Pyrén.
Ordizan, $1\frac{1}{4}$	Bagnères	H.-Pyrén.	Orlhaguet, 12	Espalion	Aveiron.
Ordonnac, 2	Lesparre	Gironde	Orlhonac, $1\frac{1}{2}$	Villefranche	Aveiron
Ordonnaz, $4\frac{1}{4}$	Belley	Ain	Orliac, 6	Sarlat	Dordogne
Ore, $4\frac{3}{4}$	St.-Gaudens	H.-Garonne	Orliac-de-Bar, $3\frac{1}{2}$	Tulle	Corrèze
Orègue, $9\frac{3}{4}$	Mauléon	B.-Pyrén.	Orliaguet, 5	Sarlat	Dordogne
Oreilla, $5\frac{1}{4}$	Prades	Pyrén.-Or.	Orliénas, 3	Lyon	Rhône
Oreille-Maison (La-Marche), $8\frac{1}{4}$	Neufchâteau	Vosges	Orlu, 12	Foix	Ariége
			Orlut, 8	Chartres	Eure-et-L.
Oreite, $5\frac{1}{2}$	Orthez	B.-Pyrén.	Orly, $2\frac{1}{4}$	Sceaux	Seine
Orens (St.-), $1\frac{1}{2}$	Condom	Gers	Orly, 4	Coulommiers	Seine-et-M.
Orens (St.-), 2	Mont-de-Marsan	Landes	Ormancey (Mont-St.-Jean), $14\frac{3}{4}$	Beaune	Côte-d'Or
Orens-de-Gameville (St.-), $2\frac{1}{2}$	Toulouse	H.-Garonne	Ormancey, $3\frac{1}{4}$	Langres	H.-Marne
Oresmeaux, $3\frac{1}{2}$	Amiens	Somme	Orme-Gautier (l') (Orgeval), 4	Versailles	Seine-et-O.
Orezza, $2\frac{3}{4}$	Corte	Corse	Ormeaux, 4	Coulommiers	Seine-et-M.
Orezza, 5	Corte	Corse	Ormenans, 7	Vesoul	H.-Saône
Organ, 11	Bagnères	H.-Pyrén.	Ormes, 1	Arcis-sur-Aube	Aube
Orgeans, $8\frac{3}{4}$	Montbéliard	Doubs	Ormes, $3\frac{1}{2}$	Evreux	Eure
Orgedeuil, $6\frac{1}{4}$	Angoulême	Charente	Ormes, $2\frac{1}{4}$	Orléans	Loiret
Orgeix, $11\frac{1}{2}$	Foix	Ariége	Ormes, 1	Rheims	Marne
Orgelet*, 5	Lons-le Saulnier	Jura	Ormes, $5\frac{1}{4}$	Nancy	Meurthe
			Ormes, 8	Louhans	Saône-et-L.
Orgemont (Cerny), $3\frac{1}{4}$	Etampes	Seine-et-O.	Ormes (les), $3\frac{1}{2}$	Provins	Seine-et-M.
Orgères, 8	Châteaudun	Eure-et-L.	Ormes (les)*, 5	Châtellerault	Vienne
Orgères, $3\frac{3}{4}$	Rennes	Ille-et-Vil.	Ormes (les), $5\frac{1}{2}$	Joigny	Yonne
Orgères, $10\frac{3}{4}$	Mayenne	Mayenne	Ormesnil, $5\frac{1}{2}$	Neufchâtel	Seine-Inf.
Orgères, 7	Argentan	Orne	Ormesnil, $5\frac{1}{2}$	Rouen	Seine-Inf.
Orgerus, $6\frac{1}{4}$	Rambouillet	Seine-et-O.	Ormesson, $5\frac{1}{4}$	Fontainebleau	Seine-et-M.
Orges, 4	Chaumont	H.-Marne	Ormesson, 6	Corbeil	Seine-et-O.
Orgeux, $1\frac{3}{4}$	Dijon	Côte-d'Or	Ormesson (Deuil), $4\frac{1}{2}$	Pontoise	Seine-et-O.
Orgeval, $2\frac{1}{4}$	Laon	Aisne	Ormesvillers, 5	Sarreguemines	Moselle
Orgeval, 4	Versailles	Seine-et-O.	Ormoiche, $5\frac{1}{2}$	Lure	H.-Saône
Orgeville, $3\frac{1}{4}$	Evreux	Eure	Ormoy, $3\frac{1}{2}$	Dreux	Eure-et-L.
Orgibet, $3\frac{3}{4}$	St.-Girons	Ariége	Ormoy, 9	Vesoul	H.-Saône
Orglandes, $2\frac{1}{2}$	Valognes	Manche	Ormoy (Tigery), 1	Corbeil	Seine-et-O.
Orgnac, $7\frac{1}{4}$	Argentière	Ardèche	Ormoy, $3\frac{1}{2}$	Auxerre	Yonne
Orgnac, $6\frac{1}{4}$	Brives	Corrèze	Ormoy-la-Rivière, 1	Etampes	Seine-et-O.
Orgon*, $8\frac{1}{4}$	Arles	B.-du Rhône	Ormoy-le-Davien, 5	Senlis	Oise
Orgueil, $7\frac{1}{4}$	Castel-Sarrasin	Tarn-et-G.	Ormoy-les-Serfontaines, 4	Chaumont	H.-Marne
Oricourt, 6	Lure	H.-Saône			
Orieux, 6	Tarbes	H.-Pyrén.	Ormoy-sur-Aube, 7	Chaumont	H.-Marne
Origuac, 3	Bagnères	H.-Pyrén.	Ormoy-Villabé, 1	Corbeil	Seine-et-O.
Origne, 7	Bazas	Gironde	Ormoy-Villers, 5	Senlis	Oise
Orignolles, 8	Jonzac	Char.-Inf.	Ornacieux, $7\frac{1}{2}$	Vienne	Isère
Origny, $2\frac{1}{2}$	Vervins	Aisne	Ornaizons, $2\frac{1}{2}$	Narbonne	Aude
Origny, $5\frac{1}{2}$	Châtillon	Côte-d'Or	Ornano, 3	Ajaccio	Corse
Origny-le-Butin, $3\frac{1}{2}$	Mortagne	Orne	Ornans*, $5\frac{1}{2}$	Besançon	Doubs
Origny-le-Roux, $4\frac{1}{4}$	Mortagne	Orne	Ornel, 4	Verdun	Meuse
Origny-le-Sec, $5\frac{1}{2}$	Nogent-sur-Seine	Aube	Orues, 2	Verdun	Meuse

Communes.	Arrondissem.	Départem.
Ornessan, 4	Auch	Gers
Orneto, 7 ⅓	Bastia	Corse
Ornex, 2 ¼	Gex	Ain
Ornhiac, 8	Cahors	Lot
Ornolac, 5	Foix	Ariége
Ornon, 9 ¾	Grenoble	Isère
Orny, 2 ¾	Metz	Moselle
Oroër, 2 ¼	Beauvais	Oise
Oroix, 2 ½	Tarbes	H.-Pyrén.
Oron, 3 ¾	Château-Salins	Meurthe
Oroux, 3 ½	Parthenay	2 Sèvres
Orphin, 3 ¼	Rambouillet	Seine-et-O.
Orpierre, 12 ½	Gap	H.-Alpes
Orquevaux, 8 ¼	Chaumont	H.-Marne
Orquigny (*Binson*), 6 ¾	Rheims	Marne
Orrain, 10	Dijon	Côte-d'Or
Orres (les), 2 ¼	Embrun	H.-Alpes
Orret, 8 ¾	Châtillon	Côte-d'Or
Orriule, 4	Orthez	B.-Pyrén.
Orrouer, 5	Chartres	Eure-et-L.
Orroui, 5	Senlis	Oise
Orry, 2	Senlis	Oise
Ors (*Château*), 2	Marennes	Char.-Inf.
Ors, 9	Cambrai	Nord
Orsan, 6 ¾	Uzès	Gard
Orsanco, 5 ¼	Mauléon	B.-Pyrén.
Orsans, 5 ½	Castelnaudary	Aude
Orsans, 2 ¾	Baume	Doubs
Orschwihr, 7 ½	Colmar	Haut-Rhin
Orschwiller, 1 ¼	Schélestatt	B.-Rhin
Orse (St.-), 8	Pécigueux	Dordogne
Orsennes, 6 ¼	La Châtre	Indre
Orsierres, 13	Embrun	H.-Alpes
Orsinval, 7 ¾	Avesnes	Nord
Orsonville, 6	Rambouillet	Seine-et-O.
Ortaffa, 4	Perpignan	Pyrén.-Or.
Ortale, 5 ¾	Corte	Corse
Orthevielle, 5 ½	Dax	Landes
ORTHEZ *	ch.-l. d'arr, 197	B.-Pyrén.
Ortholès, 2 ¼	Rodez	Aveiron
Ortiac, 2 ¾	Argelès	H.-Pyrén.
Ortillon, 2	Arcis-sur-Aube	Aube
Ortipario, 6 ½	Bastia	Corse
Orto, 2 ¾	Ajaccio	Corse
Orto, 2 ½	Bastia	Corse
Ortoncourt, 7 ¾	Epinal	Vosges
Ortoux, 12	Le Vigan	Gard
O[illegible]s, 7 ½	Foix	Ariége
Orval, ½	St.-Amand	Cher
Orval, 1 ¼	Coutances	Manche
Orvault, 2	Nantes	Loire-Inf.
Orve, 5 ¼	Baume	Doubs
Orveau, 2 ½	Etampes	Seine-et-O.
Orveaux, 3 ½	Evreux	Eure
Orveaux, 3 ¾	Pithiviers	Loiret
Orville, 6 ¼	Dijon	Cote-d'Or
Orville, 6 ¾	Issoudun	Indre
Orville, 4 ¼	Pithiviers	Loiret
Orville, 8	Argentan	Orne
Orville, 7 ½	Arras	Pas-de-Cal.
Orvillers, 5	Compiégne	Oise
Orvilliers, 5	Mantes	Seine-et-O.
Orx, 7 ½	Dax	Landes
Os, 5	Orthez	B.-Pyrén.
Osches, 5 ¼	Verdun	Meuse
Osenbach, 4 ¾	Colmar	Haut-Rhin

Communes.	Arrondissem.	Départem.
Osenx, 1 ¼	Orthez	B.-Pyrén.
Oslon, 1 ¼	Châlons	Saône-et-L.
Osly-Courtil, 1 ½	Soissons	Aisne
Osmane (St.-), 2 ¾	St.-Calais	Sarthe
Osmanville, 8 ¾	Bayeux	Calvados
Osmery, 5 ½	St.-Amand	Cher
Osmets, 4	Tarbes	H.-Pyrén.
Osmoy, 2 ¼	Bourges	Cher
Osmoy, 4 ½	Mantes	Seine-et-O.
Osmoy, 2 ½	Neufchâtel	Seine-Inf.
Osne-le-Val, 6	Wassy	H.-Marne
Osnes, 5	Sedan	Ardennes
Osny, ½	Pontoise	Seine-et-O.
Ossages, 6 ¼	Dax	Landes
Ossas, 2 ½	Mauléon	B.-Pyrén.
Osse, 4 ¼	Baume	Doubs
Osse, 6 ½	Vitré	Ille-et-Vil.
Osse, 6 ¼	Oléron	B.-Pyrén.
Osseja, 13	Prades	Pyrén.-Or.
Osseles, 5	Besançon	Doubs
Ossen, 3	Argelès	H.-Pyrén.
Ossenx, 3 ¾	Orthez	B.-Pyrén.
Ossérain, 5 ½	Mauléon	B.-Pyrén.
Ossés, 11	Mauléon	B.-Pyrén.
Ossey-les-Trois-Maisons, 4	Nogent-sur-Seine	Aude
Ossun, 2 ½	Tarbes	H.-Pyrén.
Ossun-ès-Angles, 5 ¼	Argelès	H.-Pyrén.
Ost (St.-), 4 ¾	Mirande	Gers
Ost, ¾	Argelès	H.-Pyrén.
Ostabat, 6 ¾	Mauléon	B.-Pyrén.
Ostel, 4 ½	Soissons	Aisne
Ostergnies, 5	Avesnes	Nord
Osthausen, 4	Schélestatt	Bas-Rhin
Ostheim, 2 ½	Colmar	Haut-Rhin
Osthoffen, 3 ¼	Strasbourg	Bas-Rhin
Ostreville, 1 ¼	St.-Pol	Pas-de-Cal.
Ostriconi, 6	Calvi	Corse
Ostricourt, 5	Lille	Nord
Ostwald, 1 ¼	Strasbourg	B.-Rhin
Osvin (St.-), 1 ¾	Avranches	Manche
Ota, 2	Ajaccio	Corse
Othe, 9	Briey	Moselle
Othis, 5 ½	Meaux	Seine-et-M.
Ottange, 4 ¼	Thionville	Moselle
Otterstahl, ¼	Saverne	Bas-Rhin
Otterswiler, ¼	Saverne	Bas-Rhin
Otticoren (*St.-Etienne-en-Baigorry*), 12 ½	Mauléon	B.-Pyrén.
Ottmarsheim, 7	Altkirch	H.-Rhin
Ottonville, 6	Metz	Moselle
Ottrott (le Bas-), 5	Schélestatt	Bas-Rhin
Ottrott (le Haut-), 3	Schélestatt	Bas-Rhin
Ottweiller, 5 ¾	Saverne	B.-Rhin
Ouaigne, 2 ½	Clamecy	Nièvre
Ouaine, 5	Auxerre	Yonne
Ouainville, 5 ¾	Yvetot	Seine-Inf.
Ouarville, 4	Chartres	Eure-et-L.
Oubeaux (les), 7 ½	Bayeux	Calvados
Ouchamps, 4	Blois	Loir-et-Ch.
Ouches, 5	Le Blanc	Indre
Ouches, 1 ½	Roanne	Loire
Oucques, 7 ¼	Blois	Loir-et-Ch.
Oudalle, 3 ½	Le Hâvre	Seine-Inf.
Oudan, 5	Clamecy	Nièvre
Oudeuil, 3	Beauvais	Oise

Communes.	Arrondissem.	Départem.	Communes.	Arrondissem.	Départem.
Oudezeele, 4	Hazebrouck	Nord	Ouen-sous-Iton (St.-), 6	Mortagne	Orne
Oudon, 2 1/4	Ancenis	Loire-Inf.	Ouen-sur-Mer (St.-), 3	Argenten	Orne
Oudry, 5 1/2	Charolles	Saône-et-L.	Ouerre, 2	Dreux	Eure-et-L.
Oueilhous, 5	Tarbes	H.-Pyrén.	Ouesme (Ste.-), 3	Niort	2 Sèvres
Ouen (St.-), 3	La Rochelle	Char.-Inf	Ouessant (île), 10	Brest	Finistère
Ouen (St.-), 7	St.-Jean-d'Angely	Char.-Inf.	Ouezi, 5	Caen	Calvados
Ouen (St.-), 6 1/2	Tours	Indre-et-L.	Ouflières. 4 1/2	Caen	Calvados
Ouen (St.-), 7/2	Vendôme	Loir-et-Ch.	Ouges, 1 1/2	Dijon	Côte-d'Or
Ouen (St.-), 4 1/2	Vitry-le-Français	Marne	Ouges, 9	Vesoul	H.-Saône
			Ougney (les), 2 1/2	Baume	Doubs
			Ougney, 5 1/2	Dôle	Jura
Ouen (St.-), 5 3/4	Nevers	Nièvre	Ougny, 4 1/2	Château-Chinon	Nièvre
Ouen (St.-), 6	Le Mans	Sarthe			
Ouen (St.-), 1	St.-Denis	Seine	Ouhans, 4	Pontarlier	Doubs
Ouen (St.-), 3 3/4	Coulommiers	Seine-et-M.	Ouillon, 3 1/4	Pau	B.-Pyrén.
Ouen (St.-), 4 3/4	Melun	Seine-et-M.	Ouilly, 1/4	Villefranche	Rhône
Ouen (St.-), 5 1/4	Doullens	Somme	Ouilly-le-Vicomte, 3/4	Lisieux	Calvados
Ouen(St.-)(*Les Pineaux*) 8	Fontenay-le-Comte	Vendée	Ouilly-la-Ribaude, 2 1/2	Lisieux	Calvados
			Ouilly-le-Bassei, 3 1/2	Falaise	Calvados
Ouen (St.-), 1 1/4	Bellac	H.-Vienne	Ouilly-le-Tesson, 3	Falaise	Calvados
Ouen (St.-), 5 1/2	Neufchâteau	Vosges	Ouistreham, 5	Caen	Calvados
Ouen-au-Bosc (St.-), 5 3/4	Yvetot	Seine-Inf.	Oulches, 5	Laon	Aisne
Ouen-d'Athée (St.-), 7 1/2	Evreux	Eure	Oulchy-la-Ville, 4 1/2	Soissons	Aisne
Ouen-de-Foncheuil (St.-), 4 1/4	Louviers	Eure	Oulchy-le-Château, 5	Soissons	Aisne
			Oulins, 4 1/2	Dreux	Eure-et-L.
Ouen-de-la-Cour (St.-), 3	Mortagne	Orne	Oulles, 9 3/4	Grenoble	Isère
			Oullins, 1 1/4	Lyon	Rhône
Ouen-de-la-Londe (St.-), 8	Pont-Audemer	Eure	Oulmes, 3 1/4	Fontenay-le-Comte	Vendée
Ouen-de-la-Roirie (St.-), 6 1/4	Fougères	Ille-et-Vil.	Oulon, 9 1/2	Cosne	Nièvre
			Oulph (St.-), 5	Arcis-sur-Aube	Aube
Ouen-de-Mimbré (St.-), 6	Mamers	Sarthe	Ounans, 6	Poligny	Jura
			Oupershausen (l'), 2 1/2	Sarreguemines	Moselle
Ouen-de-Secherouvre (St.-), 2 1/4	Mortagne	Orne	Oupia, 8 1/4	St.-Pons	Hérault
			Our, 4	Dôle	Jura
Ouen-de-Thouberville (St.-), 7	Pont-Audemer	Eure	Ourcello-Maison, 7	Clermont	Oise
			Ourches, 11 1/2	Die	Drôme
Ouen-des-Aleux (St.-), 4	Fougère	Ille-et-Vil.	Ourches, 3 1/2	Commercy	Meuse
Ouen-des-Champs St.-), 1 1/2	Pont-Audemer	Eure	Ourde, 15 1/2	Bagnères	B.-Pyrén.
			Ourdis, 4 1/2	Argelès	H.-Pyrén.
Ouen-des-Oies (St.), 6 1/2	Laval	Mayenne	Ourouër, 5 1/4	Nevers	Nièvre
Ouen-des-Toits (St.-), 3 1/2	Laval	Mayenne	Ouroux, 4	Château-Chinon	Nièvre
Ouen-du-Breuil (St.-), 5 1/4	Rouen	Seine-Inf.			
			Ouroux, 2 3/4	Châlons	Saône-et-L.
Ouen-du-Menil-Oger (St.-), 6 1/2	Pont-l'Evêque	Calvados	Ouroux (St.-Antoine-d'), 7 1/4	Villefranche	Rhône
Ouen-eu-Champagne (St.-), 6	La Flèche	Sarthe	Ouroux-sous-le-Bois-Ste.-Marie, 5 1/4	Charolles	Saône-et-L.
Ouen-l'Aumône (St.-), 1/4	Pontoise	Seine-et-O.	Ours, 1/2	Le Puy	H.-Loire
Ouen-la-Besace (St.-), 5 1/2	Vire	Calvados	Ours (St.-), 5	Riom	Puy-de-Dô.
Ouen-le-Brisoult (St.-), 10 3/4	Alençon	Orne	Ours (St.-), 9	Tarbes	H.-Pyrén.
			Ours-Belile, 1 1/2	Tarbes	H.-Pyrén.
Ouen-le-Houx (St.-), 4 1/2	Lisieux	Calvados	Ourscamps, 5	Compiègne	Oise
Ouen-le-Mauger (St.-), 5	Dieppe	Seine-Inf.	Ourton, 3 1/2	Béthune	Pas-de-Cal.
			Ourville, 4 1/2	Yvetot	Seine-Inf.
Ouen-le-Pin (St.-), 4	Pont-l'Evêque	Calvados	Ousse, 6 1/2	Mont-de-Marsan	Landes
Ouen-Marchefrey (St.-), 4 1/2	Dreux	Eure-et-L.			
			Ousse, 2 1/2	Pau	B.-Pyrén.
Ouend-Prend-en-Bourse (St.-), 3	Dieppe	Seine-Inf.	Oussières, 3	Poligny	Jura
			Ousson, 4	Gien	Loiret
Ouen-sous-Bailly (St.-), 3 1/2	Dieppe	Seine-Inf.	Oussoy, 3	Montargis	Loiret
			Oust, 8	St.-Girons	Ariège
Ouen-sous-Belencombre (St.-), 7 1/4	Dieppe	Seine-Inf.	Ousté, 4	Abbeville	Somme
			Outarville, 4 1/2	Argelès	H.-Pyrén.
Ouen-sous-Brachy (St.-), 3	Dieppe	Seine-Inf.	Outersteene (*Bailleul*), 3 1/4	Pithiviers	Loiret
				Hazebrouck	Nord

Communes.	Arrondissem.	Départem.
Outines, $4\frac{1}{2}$	Vitry-le-Français	Marne
Outrancourt, $5\frac{1}{2}$	Neufchâteau	Vosges
Outre (*St.-Erme*),	Laon	Aisne
Outre-Furens, $\frac{1}{2}$	St.-Etienne	Loire
Outreau, $\frac{3}{4}$	Boulogne	Pas-de-Cal.
Outrebois, 2	Doullens	Somme
Outremécourt, 12	Chaumont	H. Marne
Outrepont, 2	Vitry-le-Français	Marne
Outrille (St.-), $14\frac{3}{4}$	Bourges	Cher
Outzveiller (l'), 7	Sarreguemines	Moselle
Ouvans, 4	Baume	Doubs
Ouve-Wirquin, $4\frac{1}{2}$	St.-Omer	Pas-de-Cal.
Ouveilhan, $2\frac{1}{4}$	Narbonne	Aude
Ouville, $1\frac{3}{4}$	Coutances	Manche
Ouville, $1\frac{1}{2}$	Abbeville	Somme
Ouville-l'Abbaye, $2\frac{1}{2}$	Yvetot	Seine-Inf.
Ouville la-Bien-Tournée, $5\frac{1}{2}$	Lisieux	Calvados
Ouville-la-Rivière, 2	Dieppe	Seine-Inf.
Ouvrouer, $4\frac{3}{4}$	Orléans	Loiret
Ouzilly, 4	Châtellerault	Vienne
Ouzilly, $2\frac{1}{2}$	Loudun	Vienne
Ouzouer-des-Champs, $3\frac{1}{4}$	Montargis	Loiret
Ouzouer-le-Doyen, $11\frac{1}{4}$	Blois	Loir-et-Cher
Ouzouer-le-Marché, $11\frac{1}{2}$	Blois	Loir-et-Cher
Ouzouer-sous-Bellegarde, $5\frac{3}{4}$	Montargis	Loiret
Ouzouer-sur-Loire, $3\frac{1}{2}$	Gien	Loiret
Ouzouer-sur-Trezé, 3	Gien	Loiret
Ouzous, 1	Argelès	H.-Pyrén.
Ovanche, 6	Vesoul	H.-Saône
Ovrimont (*Burcy*), 6	Fontainebleau	Seine-et-M.
Ox (*Muret*), 1	Muret	H.-Garonne
Oxelaère, $2\frac{3}{4}$	Hazebrouck	Nord
Oye, $2\frac{1}{2}$	Pontarlier	Doubs
Oye, 7	St.-Omer	Pas-de-Cal.
Oyé, 4	Charolles	Saône-et-L.
Oyen(St-) * (*Montbellet*), $4\frac{1}{2}$	Mâcon	Saône-et-L.
Oyes, 7	Epernay	Marne
Oyeux, $4\frac{1}{2}$	La Tour-du-Pin	Isère
Oyhercq, $2\frac{1}{2}$	Mauléon	B.-Pyrén.
Oyonnax, 4	Nantua	Ain
Oyron, $9\frac{1}{2}$	Bressuire	2 Sèvres
Oytiers, 3	Vienne	Isère
Oz, $7\frac{3}{4}$	Grenoble	Isère
Ozan, 8	Bourg	Ain
Ozan, 6	Orthez	B.-Pyrén.
Oze, 7	Gap	H.-Alpes
Ozenay, 7	Mâcon	Saône-et-L.
Ozerailles, $1\frac{1}{2}$	Briey	Moselle
Ozeville, $2\frac{3}{4}$	Valognes	Manche
Ozières, $7\frac{1}{2}$	Chaumont	H.-Marne
Ozillac, 2	Jonzac	Char.-Inf.
Ozolles, $2\frac{1}{2}$	Charolles	Saône-et-L.
Ozon, $3\frac{1}{2}$	Tournon	Ardèche
Ozon, $5\frac{1}{2}$	Tarbes	H.-Pyrén.
Ozon, $\frac{1}{2}$	Châtellerault	Vienne
Ozouer-la-Ferrière, $5\frac{3}{4}$	Melun	Seine-et-M.
Ozouer-le-Breuil, 4	Châteaudun	Eure-et-L.
Ozouer-le-Report, $5\frac{3}{4}$	Melun	Seine-et-M.
Ozouer-le-Voulgis, 4	Melun	Seine-et-M.
Ozourt, $4\frac{1}{2}$	Dax	Landes
P.		
Paars, 6	Soissons	Aisne
Pabu, $\frac{1}{2}$	Guingamp	Côtes-du N.
Pabu (St.-), $4\frac{3}{4}$	Brest	Finistère
Pacaudière (la) *, 6	Roanne	Loire
Pacé *, $2\frac{1}{2}$	Rennes	Ile-et-Vil.
Pacé, $1\frac{3}{4}$	Alençon	Orne
Pachas-Marmont, $6\frac{1}{2}$	Nérac	Lot-et-Gar.
Pachins, 5	Villefranche	Aveir[illegible]
Pact, $5\frac{1}{2}$	Vienne	Isère
Pacy *, $4\frac{1}{2}$	Evreux	Eure
Pacy, 3	Tonnerre	Yonne
Padern, $1\frac{1}{4}$	Carcassonne	Aude
Padiés, 6	Albi	Tarn
Padirac, (*Miers*), 9	Gourdon	Lot
Padole (la) (*Mondeville*), 5	Etampes	Seine-et-O.
Padoux, 5	Epinal	Vosges
Paër (St.-), 5	Les Andelys	Eure
Paër (St.-), 5	Rouen	Seine-Inf.
Pageas, 6	St.-Yrieix	H.-Vienne
Pagney, 6	Dôle	Jura
Pagney-Derrière-Barine, 1	Toul	Meurthe
Pagnoz, 5	Poligny	Jura
Pagny-la-Blanche-Côte, 7	Commercy	Meuse
Pagny-la-Ville, 7	Beaune	Côte-d'Or
Pagny-le-Château, 7	Beaune	Côte-d'Or
Pagny-lès-Goin, $3\frac{1}{4}$	Metz	Moselle
Pagny-sur-Meuse, $3\frac{3}{4}$	Commercy	Meuse
Pagny-sur-Moselle, $12\frac{1}{2}$	Nancy	Meurthe
Pagolle, $3\frac{1}{4}$	Mauléon	B.-Pyrén.
Pailhac, $10\frac{3}{4}$	Bagnères	H.-Pyrén.
Pailhès, $3\frac{1}{2}$	Pamiers	Ariége
Pailhès, 2	Béziers	Hérault
Paillarès, 11	Tournon	Ardèche
Paillart, 8	Clermont	Oise
Paillasse (la) (*Etoile*), 2	Valence	Drôme
Paillé, $2\frac{1}{4}$	St.-Jean-d'Angely	Char.-Inf.
Paillencourt, $2\frac{1}{2}$	Cambrai	Nord
Paillerols, $5\frac{1}{3}$	Aurillac	Cantal
Paillet, 6	Bordeaux	Gironde
Pailloles (les), $2\frac{1}{4}$	Villeneuve-d'Agen	Lot-et-Gar.
Paillories, $2\frac{1}{4}$	Rodez	Aveiron
Pailly (le), 2	Langres	H.-Marne.
Pailly, $6\frac{1}{2}$	Sens	Yonne
PAIMBŒUF *,	ch.-l. d'ar., 108	Loire-Inf.
Paimpol *, $10\frac{3}{4}$	St.-Brieuc	Côtes-du N.
Paimpont, $6\frac{1}{2}$	Montfort	Ile-et-Vil.
Painblanc, 7	Beaune	Côte-d'Or
Pair (St.-), 3	Caen	Calvados
Pair (St.-), $5\frac{3}{4}$	Avranches	Manche
Pair-du-Mont, (St.-), $3\frac{1}{4}$	Lisieux	Calvados
Pairé, 6	Civray	Vienne
Paire-de-Grandrupt (le), $1\frac{1}{2}$	St.-Dié	Vosges
Pairoux, 4	Civray	Vienne
Paisia, $3\frac{1}{4}$	Lons-le-Saulnier	Jura

Communes.	Arrondissem.	Départem.
Paissy, 5	Laon	Aisne
Paisy-Cosdon, 6 ¾	Troyes	Aube
Paizay-le-Chapt, 4 ¼	Melle	2 Sèvres
Paizay-le-Tort, 1 ¼	Melle	2 Sèvres
Paizé-le-Sec, 5 ½	Montmorillon	Vienne
Pajax, 9 ½	Villefranche	Aveiron
Pal-de-Chalançon (St.-), 6 ½	Yssingeaux	H.-Loire
Pal-de-Mons (St.-), 4	Yssingeaux	H.-Loire
Pal-de-Murs (St.-), 6 ½	Brioude	H.-Loire
Paladru, 4 ¼	LaTour-du-Pin	Isère
Palaginges, 3 ¼	Brives	Corrèze
Palais (St.-), 6	Montluçon	Allier
Palais (St.-), 5 ¼	Marennes	Char.-Inf.
Palais (St.-), 4 ½	Bourges	Cher
Palais (St.-), 6 ¼	Blaye	Gironde
Palais (le), 4 ½	Libourne	Gironde
Palais (en-Belle-isle-en-Mer) *, 14	Lorient	Morbihan
Palais (St.-) *, 6	Mauléon	B.-Pyrén.
Palais (le), 1 ½	Limoges	H.-Vienne
Palais-de-Negrignac (St.), 6	Jonzac	Char.-Inf.
Palais-de-Phiolin (St.-), 4	Jonzac	Char.-Inf.
Palais-du-Né (St-), 4	Barbezieux	Charente
Palaiseau *, 3	Versailles	Seine-et-O.
Palaiseul, 3	Langres	H.-Marne
Palaja, 1	Carcassonne	Aude
Palaminy, 9	Muret	H.-Garonne
Palantine, 5	Besançon	Doubs
Palau, 6 ½	Ceret	Pyrén.-Or.
Palau, 13	Prades	Pyrén.-Or.
Palaudu, 2	Ceret	Pyrén.-Or.
Palavit (St-) (*Cavagnac*), 13 ¼	Gourdon	Lot
Palayrac, 11	Carcassonne	Aude
Palenne (*Pierrefonds*), 4	Compiègne	Oise
Palente, 2 ¼	Lure	H.-Saône
Palesville-las-Touzeilles, 7 ¼	Castres	Tarn
Palet (*Oye*), 2 ½	Pontarlier	Doubs
Paley, 6 ¼	Fontainebleau	Seine-et-M.
Paleyrac, 8 ¼	Bergerac	Dordogne
Palhers, 1	Marvejols	Lozère
Palinges, 3 ½	Charolles	Saône-et-L.
PALISSE (LA) *,	ch.-l. d'ar., 93	Allier
Palisse, 3 ½	Ussel	Corrèze
Palisseau (le), 5	Périgueux	Dordogne
Palize, 4 ½	Besançon	Doubs
Pallanne, 3 ¾	Mirande	Gers
Pallaye (Ste.-), 4	Auxerre	Yonne
Palleau, 7 ¼	Châlons	Saône-et-L.
Pallegney, 3 ¼	Epinal	Vosges
Pallet (le), 4 ½	Nantes	Loire-Inf.
Pallu (la), 8 ½	Mayenne	Mayenne
Palluau, 8	Châteauroux	Indre
Palluau *, 10 ¼	Les Sables	Vendée
Palluaud, 14	Barbezieux	Charente
Palluel, 7	Arras	Pas-de-Cal.
Palluel, 6 ½	Yvetot	Seine-Inf.
Pallut (la), 1 ½	Cognac	Charente
Palmas, 10 ½	Milhaud	Aveiron
Palme (la), 6	Narbonne	Aude
Palogneux, 5	Montbrison	Loire

Communes.	Arrondissem.	Départem.
Palol, 1 ¼	Ceret	Pyrén.-Or.
Palonie (la) (*Couzon*), 7 ½	Gourdon	Lot
Palud (la), 15	Digne	B.-Alpes
Palud (la) *, 4 ½	Orange	Vaucluse
PAMIERS *,	ch.-l. d'arr., 190	Ariége.
Pampelonne, 7 ½	Albi	Tarn
Pamplie, 5 ½	Niort	2 Sèvres
Pamproux, 4 ½	Melle	2 Sèvres
Panassac, 6 ¼	Mirande	Gers
Panat, 4	Rodez	Aveiron
Panazol, 1	Limoges	H.-Vienne
Pancé, 9	Redon	Ille-et-Vil.
Panchard, 1	Meaux	Seine-et-M.
Pancrace (St.-), 3	Nautron	Dordogne
Pancrace (St-), 5	Grenoble	Isère
Pancré (St.-), 7 ¾	Briey	Moselle
Pancy, 2 ½	Laon	Aisne
Pandelon (St.-), 1 ¼	Dax	Landes
Pandrigne, 3	Tulle	Corrèze
Panens (*Mousieys*), 6 ¼	Gaillac	Tarn
Pange, 3	Metz	Moselle
Panges, 5 ¼	Dijon	Côte-d'Or
Panilleuse, 4	Les Andelys	Eure
Panissage, 3	La Tour-du-Pin	Isère
Panissière, 6	Montbrison	Loire
Panjas, 12	Condom	Gers
Panlatte, 7	Evreux	Eure
Panly, 4	Dieppe	Seine-Inf.
Panuecé, 3 ½	Ancenis	Loire-Inf.
Pannecières, 4	Pithiviers	Loiret
Pannes, 1 ½	Montargis	Loiret
Pannes, 8	Toul	Meurthe
Pannessières, 1 ¼	Lons-le-Saulnier	Jura
Panneville, 5 ½	Rouen	Seine-Inf.
Panon, 2	Mamers	Sarthe
Panossas, 7	LaTour-du-Pin	Isère
Panouze (la), 6	Milhaud	Aveiron
Panouze (la), 7 ½	Mende	Lozère
Panouze-Cernon (la), 5	St.-Affrique	Aveiron
Pantaise (*Mont-Morot*), 1	Lons-le-Saulnier	Jura
Pantaléon (St.-), 2	Brives	Corrèze
Pantaléon (St.-), 10 ¼	Tulle	Corrèze
Pantaléon (St.-), 7 ¼	Montelimart	Drôme
Pantaléon (St.-), 5	Cahors	Lot
Pantaléon (St.-), ½	Autun	Saône-et-L.
Pantaléon (St.-), 4 ½	Apt	Vaucluse
Pantaly-d'Ans (St.-), 7	Périgueux	Dordogne
Pantaly-d'Excideuil (St.-), 7	Périgueux	Dordogne
Panthier (*Créancey*), 10	Beaune	Côte-d'Or
Pantin, 1 ½	St.-Denis	Seine
Panzoult, 2 ½	Chinon	Indre-et-L.
Papleux, 5 ¼	Vervins	Aisne
Papoul (St.-), 2	Castelnaudary	Aude
Paquelin (*Arleuf*), 2 ½	Château-Chinon	Nièvre
Paquier (*Painblanc*), 5 ½	Beaune	Côte-d'Or
Paquiers (*La Cluze*), 5	Grenoble	Isère
Paracy, 5 ¼	Bourges	Cher
Parade (la), 7	Marmande	Lot-et-Gar.
Parade (la), 6 ½	Florac	Lozère
Paradis (*Belval*), 4 ¼	Rheims	Marne

Communes.	Arrondissem.	Départem.
Paradou, 3 1/4	Arles	B.-du-Rhône
Parahou (*St.-Louis*), 9 1/2	Limoux	Aude
Paramé, 1/2	St. Malo	Ille et-Vil.
Parançay (*Bernay*), 3 1/2	St.-Jean-d'Angely	Char.-Inf.
Parantignat, 1	Yssoire	Puy-de-Dô.
Paraso,	Calvi	Corse
Paravis, 2 1/4	Lectoure	Gers
Paray, 4 1/4	Corbeil	Seine-et-O.
Paray-le-Frézil, 5 1/2	Moulins	Allier
Paray-le-Moineau, 5	Rambouillet	Seine-et-O.
Paray-le-Monial *, 3	Charolles	Saône-et-L.
Paray-sous-Brialle, 6	Gannat	Allier
Paraza, 5	Narbonne	Aude
Parc (le) (*Champvoicy*), 5 3/4	Epernay	Marne
Parc-d'Anxtot, 6 1/2	Le Hâvre	Seine-Inf.
Parçay, 2	Tours	Indre-et-L.
Parçay, 5	Baugé	Maine-et L.
Parçay-sur-Vienne, 4	Chinon	Indre-et-L.
Parcé, 2	Fougères	Ille-et-Vil.
Parcé, 4	La Flèche	Sarthe
Parcieux, 1 1/2	Trévoux	Ain
Parcoul, 8	Riberac	Dordogne
Parq (le), 5	St.-Pol	Pas-de-Cal.
Parcy, 3	Soissons	Aisne
Pardailhan, 3 1/4	St.-Pons	Herault
Pardaillan, 6 1/2	Marmande	Lot-et-Gar.
Pardeilhan, 3 1/2	Condom	Gers
Pardies, 5 1/4	Oléron	B.-Pyrén.
Pardies, 3	Pau	B.-Pyrén.
Pardines, 2	Yssoire	Puy-de-Dô.
Pardon (St.-), 4 1/4	Bazas	Gironde
Pardoul (St.-), 2	St.-Jean-d'Angely	Char. Inf.
Pardoux (St.-), 3	Bourganeuf	Creuse
Pardoux (St.-), 3 1/4	Bergerac	Dordogne
Pardoux (St.-), 2	Riberac	Dordogne
Pardoux (St.-), 8	Sarlat	Dordogne
Pardoux (St.-), 2	Figeac	Lot
Pardoux (St.-), 1	Marmande	Lot et-Gar.
Pardoux (St.-), 6	Riom	Puy-de-Dô
Pardoux (St.-), 2 1/4	Parthenay	2 Sèvres
Pardoux (St.-), 5 1/4	Bellac	H.-Vienne
Pardoux-Corbier (St.-), 9 3/4	Brives	Corrèze
Pardoux-d'Ans (St.-), 7	Périgueux	Dordogne
Pardoux-d'Arnet (St.-), 3 1/4	Aubusson	Creuse
Pardoux-Isaac (St.-), 7	Marmande	Lot-et-Gar.
Pardoux-l'Ortigier (St.-), 5	Brives	Corrèze
Pardoux-la-Croisille (St.-), 5 1/4	Tulle	Corrèze
Pardoux-la-Rivière (St.-), 2	Nontron	Dordogne
Pardoux-le-Neuf (St.-), 1 1/4	Ussel	Corrèze
Pardoux-le-Neuf (St.-), 1 1/2	Aubusson	Creuse
Pardoux-le-Pauvre (St.-), 6 1/2	Aubusson	Creuse
Pardoux-le-Vieux (St.-), 1 1/2	Ussel	Corrèze

Communes.	Arrondissem.	Départem.
Pardoux-les-Carts (St.-), 3 1/4	Aubusson	Creuse
Pardoux-Mareuil (St.-), 5	Nontron	Dordogne
Paréac, 4 1/2	Argelès	H.-Pyren.
Pareid, 5 1/4	Verdun	Meuse
Parempuire, 3 1/4	Bordeaux	Gironde
Parennes, 9 1/2	Le Mans	Sarthe
Parent, 5 1/2	Clermont	Puy-de-Dô.
Parenties, 5 1/4	Orthez	B.-Pyrén.
Parentis, 2 1/4	Mont-de-Marsan	Landes
Parentis-de-Born, 24	Mont-de-Marsan	Landes
Parenty, 3	Montreuil	Pas-de-Cal.
Pares-Fontaines (les), 1 1/2	Pont l'Evêque	Calvados
Pareuil (*Passy-Grégny*), 6 1/2	Rheims	Marne
Parey, 5 1/4	Neufchâteau	Vosges
Parey-St.-Césaire, 5 1/2	Nancy	Meurthe
Parey-sous-Montfort, 5 1/2	Neufchâteau	Vosges
Parfondeval, 12 1/4	Laon	Aisne
Parfondeval, 1 1/4	Mortagne	Orne
Parfondeval, 3 1/4	Neufchâtel	Seine-Inf.
Parfondru, 1 3/4	Laon	Aisne
Parfonrupt, 6	Verdun	Meuse
Parfouru, 5	Caen	Calvados
Parfouru-l'Eclin, 4 1/2	Bayeux	Calvados
Pargnan, 5 1/4	Laon	Aisne
Pargny, 3 1/2	Château-Thierry	Aisne
Pargny, 1/2	Rethel	Ardennes
Pargny, 2 3/4	Rheims	Marne
Pargny, 4	Vitry-le-Français	Marne
Pargny, 3	Peronne	Somme
Pargny-Filain, 4	Soissons	Aisne
Pargny-les-Bois, 5	Laon	Aisne
Pargny-sous-Mureau, 1 1/2	Neufchâteau	Vosges
Pargoire (St.-), 11 1/4	Lodève	Herault
Pargues, 8	Bar-sur-Seine	Aube
Parignargues, 3 1/2	Nismes	Gard
Parigné, 2	Fougères	Ille-et-Vil.
Parigné, 1	Mayenne	Mayenne
Parigné-l'Evesque, 4 3/4	Le Mans	Sarthe
Parigné-le-Pôlin, 5 1/2	Le Mans	Sarthe
Parigny, 1 1/2	Roanne	Loire
Parigny, 2 1/2	Mortain	Manche
Parigny-la-Rose, 4 1/4	Clamecy	Nièvre
Parigny-lès-Vaux, 5 1/4	Nevers	Nièvre
Parigny-sur-Sardolles, 7 1/4	Nevers	Nièvre
Paris (le) (*Esternay*), 11	Epernay	Marne
PARIS,	ch.-l. de dép.	Seine
Paris-l'Hôpital (*Dezize*), 7	Autun	Saône-et-L.
Paris-le-Petit, 7 1/4	Die	Drôme
Paris-le-Petit (*St.-Martin-du-Fouilloux*), 3 1/2	Angers	Maine-et L.
Paris-le-Petit (*Jouy-le-Châtel*), 4 1/2	Provins	Seine-et-M.
Parisie (la) (*Cuisse-la-Motte*), 4 1/4	Compiègne	Oise
Parisot, 7	Villeneuve-d'Agen	Lot-et-Gar.
Parisot, 2 1/4	Gaillac	Tarn
Parisot, 13 1/2	Montauban	Tarn-et-Gar.

Communes.	Arrondissem.	Départem.
Parize-en-Viry (St.-), 9	Nevers	Nièvre
Parize-le-Châtel (St.-), 6 $\frac{1}{2}$	Nevers	Nièvre
Parizet, 3 $\frac{1}{4}$	Grenoble	Isère
Parlan, 4 $\frac{1}{4}$	Rodez	Aveiron
Parlan, 5	Aurillac	Cantal
Parlatges, 3	Lodève	Hérault
Parleboscq, 12 $\frac{1}{4}$	Mont-de-Marsan	Landes
Parly, 4	Auxerre	Yonne
Parmilieu, 10	La Tour-du-Pin	Isère
Parmin (*Jouy-le-Comte*), 3	Pontoise	Seine-et-O.
Parnac, 10	Le Blanc	Indre
Parnac, 3	Cahors	Lot
Parnans, 6 $\frac{1}{4}$	Valence	Drôme
Parnay, 3	St.-Amand	Cher
Parnay, 2 $\frac{1}{2}$	Saumur	Maine-et-L
Parné, 2 $\frac{1}{2}$	Laval	Mayenne
Parnes, 10	Beauvais	Oise
Parnot, 7 $\frac{1}{2}$	Langres	H.-Marne
Paroches (les), 5	Commercy	Meuse
Parois, 5 $\frac{1}{2}$	Verdun	Meuse
Paroisse (la Grande-), 5	Fontainebleau	Seine-et-M.
Paroisse-du-Vigan, $\frac{1}{4}$	Le Vigan	Gard
Paron, 1	Sens	Yonne
Paroy, 6 $\frac{3}{4}$	Besançon	Doubs
Paroy, 8 $\frac{1}{4}$	Wassy	H.-Marne
Paroy, 3 $\frac{1}{2}$	Luneville	Meurthe
Paroy, 3 $\frac{1}{2}$	Provins	Seine-et-M.
Paroy-en-Othe, 4	Joigny	Yonne
Paroy-sur-Tholon, 1	Joigny	Yonne
Parpeçay, 9 $\frac{1}{2}$	Issoudun	Indre
Parpeville, 5	St.-Quentin	Aisne
Parquet-la-Landeblin (*St-Jean-aux-Bois*), 2	Compiègne	Oise
Parranquet, 8 $\frac{1}{4}$	Villeneuve-d'Agen	Lot-et-Gar.
Parrhayse, 4 $\frac{3}{4}$	Oléron	B.-Pyrén.
Parre-aux-Tertres (St.-) 1	Troyes	Aube
Parre-lès-Vandes (St.-), 8	Bar-sur-Seine	Aube
Parrecey, 2 $\frac{1}{4}$	Dôle	Jura
Parrouquial (la), 7 $\frac{1}{2}$	Albi	Tarn
Pars, 7	Arcis-sur-Aube	Aube
Parsac, 4	Boussac	Creuse
Parsac, 2 $\frac{1}{2}$	Libourne	Gironde
Parth (Haute et Basse-) (*Boust*), 2 $\frac{1}{4}$	Thionville	Moselle
Parthein (St.-), 12 $\frac{1}{2}$	Villefranche	Aveiron
Parthenay, 5 $\frac{1}{2}$	Rennes	Ille-et-Vil.
PARTHENAY *,	ch.-l. d'ar., 96	2 Sèvres
Parts, 4	Nogent-sur-Seine	Aube
Parux, 6 $\frac{1}{2}$	Sarrebourg	Meurthe
Parves, 2 $\frac{1}{4}$	Belley	Ain
Parville, 1	Evreux	Eure
Parvillers, 4 $\frac{1}{2}$	Montdidier	Somme
Parzac, 5 $\frac{1}{2}$	Confolens	Charente
Pas (le) (*Isbonne-Combe*), 4	Rodez	Aveiron
Pas (les), 4	Avranches	Manche
Pas (le), 4	Mayenne	Mayenne
Pas, 6	Arras	Pas-de-Cal.

Communes.	Arrondissem.	Départem.
Pas-de-Jeu, 10	Bressuire	2 Sèvres
Pas-St.-Lomer (le), 7 $\frac{1}{2}$	Mortagne	Orne
Paslières, 2.	Thiers	Puy-de-Dô.
Pasly, $\frac{1}{2}$	Soissons	Aisne
Pasques, 3 $\frac{1}{2}$	Dijon	Côte-d'Or.
Pasquier (le), 4 $\frac{1}{2}$	Poligny	Jura
Passa, 4 $\frac{1}{2}$	Perpignan	Pyrén.-Or.
Passage (le) (*Lanriec*), 6 $\frac{1}{2}$	Quimper	Finistère
Passage (le), 2 $\frac{1}{2}$	La-Tour-du-Pin	Isère
Passage, $\frac{1}{4}$	Agen	Lot-et-Gar.
Passais, 3 $\frac{1}{2}$	Domfront	Orne
Passavant, 3 $\frac{1}{2}$	Baume	Doubs
Passavant, 6 $\frac{1}{2}$	Saumur	Maine-et L.
Passavant, 3	Ste-Menehould	Marne
Passavant, 10	Vesoul	H.-Saône
Passel, 5	Compiègne	Oise
Passenans, 4	Lons-le-Saulnier	Jura
Passilly, 6 $\frac{1}{2}$	Tonnerre	Yonne
Passin, 5 $\frac{1}{2}$	Belley	Ain
Passin, 5	La Tour-du-Pin	Isère
Passirac, 5	Barbezieux	Charente
Passoncourt, 6	Epinal	Vosges
Passonfontaine, 6	Baume	Doubs
Passy, 9	Mâcon	Saône-et-L.
Passy, 2 $\frac{1}{2}$	St.-Denis	Seine
Passy, 4 $\frac{1}{4}$	Provins	Seine et-M.
Passy, 2 $\frac{1}{2}$	Sens	Yonne
Passy-en-Vallois, 4 $\frac{1}{2}$	Château-Thierry	Aisne
Passy-Grigny, 7	Rheims	Marne
Passy-sur-Marne, 3 $\frac{1}{2}$	Château-Thierry	Aisne
Paster (St.-), 6 $\frac{1}{2}$	Mamers	Sarthe
Pastour (St.-), 3 $\frac{1}{4}$	Villeneuve-d'Agen	Lot-et-Gar.
Pastous (St.-), 1	Argelès	H.-Pyrén.
Pastriciola,	Ajaccio	Corse
Patay, 5 $\frac{1}{2}$	Orléans	Loiret
Paterne (St.-), 7 $\frac{1}{4}$	Tours	Indre-et-L
Patet (le), 3	St.-Claude	Jura
Pathus (St.-), 3 $\frac{1}{4}$	Meaux	Seine-et-M.
Patinerie (la) (*Rémy*), 2	Compiègne	Oise
Patinges, 10 $\frac{1}{4}$	St.-Amand	Cher
Patornay, 4	Lons-le-Saulnier	Jura
Patrice (St.-), 5	Chinon	Indre-et-L.
Patrice-de-Claids (St.-), 5 $\frac{3}{4}$	Coutances	Manche
Patrice-du-Désert (St.-), 10	Alençon	Orne
Patro,	Calvi	Corse
Patte-d'Oie (*Gonesse*), 7	Pontoise	Seine-et-O.
Pau (St.-), 5 $\frac{1}{4}$	Nérac	Lot-et-Gar.
PAU *,	ch.-l. de dép. 200	B.-Pyrén.
Paucourt, 1 $\frac{1}{2}$	Montargis	Loiret
Paudy, 3	Issoudun	Indre
Pauillac, 5	Lesparre	Gironde
Paul (St.-), 5	Barcelonnette	B.-Alpes
Paul (St.-) (*St.-Jean*), 5	St.-Affrique	Aveiron
Paul (St.-), 7	Aix	B. du Rhône
Paul (St.-), 5 $\frac{1}{4}$	Mauriac	Cantal

Communes.	Arrondissem.	Départem.
Paul (St.-), $4\frac{3}{4}$	Angoulême	Charente
Paul (St.-), $1\frac{1}{2}$	Barbezieux	Charente
Paul (St.-), $3\frac{1}{2}$	Tulle	Corrèze
Paul (St.-), $4\frac{1}{4}$	Valence	Drôme
Paul (St.-), 3	Alais	Gard
Paul (St.-), $4\frac{1}{2}$	Toulouse	H.-Garonne
Paul (St.-), $1\frac{1}{2}$	Blaye	Gironde
Paul (St.-), $\frac{1}{2}$	Dax	Landes
Paul (St.-), 24	Mont-de-Marsan	Landes
Paul (St.-), 4	Cahors	Lot
Paul (St.-), $1\frac{1}{2}$	Beauvais	Oise
Paul (St.-), $9\frac{1}{2}$	Bagnères	H.-Pyrén.
Paul (St.-)*, $10\frac{1}{4}$	Perpignan	Pyrén.-Or.
Paul (St.-), $4\frac{3}{4}$	Lavaur	Tarn
Paul (St.-), 4	Limoges	H.-Vienne
Paul (St.-), 4	Neufchâtean	Vosges
Paul-aux Bois (St.-), 10	Laon	Aisne
Paul-d'Epercieux (St.-), $5\frac{1}{2}$	Montbrison	Loire
Paul-d'Izeau (St.-), $7\frac{1}{2}$	St.-Marcellin	Isère
Paul-d'Oueil (St.-), $10\frac{1}{2}$	St.-Gaudens	H.-Garonne
Paul-d'Uzore (St.-), $1\frac{1}{2}$	Montbrison	Loire
Paul de-Baïse (St.-), $5\frac{1}{2}$	Condom	Gers
Paul-de-Courtoune (St.-), $3\frac{1}{2}$	Lisieux	Calvados
Paul-de-Fourques (St.-), $4\frac{1}{2}$	Bernay	Eure
Paul-de-Jarrat (St.-), $2\frac{1}{2}$	Foix	Ariége
Paul-de-Lahaye (St.-), 4	Pont-Audemer	Eure
Paul-de-Serré (St.-), $3\frac{1}{2}$	Périgueux	Dordogne
Paul-de-Tartas (St.-), $6\frac{1}{2}$	Le Puy	H.-Loire
Paul-de-Valmalle (St.-), $3\frac{3}{4}$	Montpellier	Hérault
Paul-de-Varax (St.-), $10\frac{3}{4}$	Trévoux	Ain
Paul-de-Varces (St.-), 3	Grenoble	Isère
Paul de-Vezelin (St.-), $4\frac{1}{2}$	Roanne	Loire
Paul-des-Landes (St.-), 2	Aurillac	Cantal
Paul-des-Sablons (St.-), $6\frac{1}{4}$	Valognes	Manche
Paul-Despis (St.-), 3	Moissac	Tarn-etGar.
Paul-du-Bois (St.-), 11	Saumur	Maine-et-L.
Paul-du-Var (St.-), $5\frac{1}{2}$	Grasse	Var
Paul-du-Vernay (St.-), $2\frac{3}{4}$	Bayeux	Calvados
Paul-en-Cornillon (St.-), $3\frac{1}{4}$	St.-Etienne	Loire
Paul-en-Gâtine (St.-), 7	Parthenay	2 Sèvres
Paul-en-Jarret (St.-), $3\frac{3}{4}$	St.-Etienne	Loire
Paul-en-Pareds (St.-), 11	Fontenay-le-Comte	Vendée
Paul-la-Roche, 7	Nontron	Dordogne
Paul-le-Froid (St.-), $9\frac{1}{2}$	Mende	Lozère
Paul-le-Gaultier (St.-), 9	Mamers	Sarthe
Paul-le-Monestier (St.-), $8\frac{1}{2}$	Grenoble	Isère

Communes.	Arrondissem.	Départem.
Paul-le-Vicomte (St.-), $4\frac{1}{2}$	Mamers	Sarthe
Paul-Lizonne (St.-), 4	Riberac	Dordogne
Paul Montpenit (St.-), $9\frac{1}{4}$	Les Sables	Vendée
Paul-sur-Risle (St.-), 1	Pont-Audemer	Eure
Paul-Trois-Châteaux (St.-), 6	Montélimart	Drôme
Paule, $11\frac{1}{2}$	Guimgamp	Côtes-du-N.
Paule (Ste.-), $3\frac{1}{2}$	Villefranche	Rhône
Paulet (St.-), $3\frac{1}{2}$	Castelnaudary	Aude
Paulet, $3\frac{1}{4}$	Toulouse	H.-Garonne
Paulet-des-Caissons (St.-) $9\frac{1}{2}$	Uzès	Gard
Paulhac, 4	St.-Flour	Cantal
Paulhac, 4	Toulouse	H.-Garonne
Paulhac, $\frac{1}{4}$	Brioude	H.-Loire
Paulhaguet, $4\frac{1}{4}$	Brioude	H.-Loire
Paulhan, $7\frac{1}{4}$	Lodève	Hérault
Paûlheine, 7	St.-Flour	Cantal
Paulhiac, $5\frac{1}{2}$	Villeneuve-d'Agen	Lot-et-Gar.
Paulhiac, 14	Marvejols	Lozère
Pauliat, $7\frac{1}{4}$	Guéret	Creuse
Paulien (St-.), $2\frac{3}{4}$	Le Puy	H.-Loire
Paulignac, 6	Barbezieux	Charente
Pauligne, $1\frac{1}{4}$	Limoux	Aude
Paulin, 6	Sarlat	Dordogne
Paulin, $6\frac{1}{4}$	Albi	Tarn
Paulmery, $11\frac{1}{4}$	Châteauroux	Indre
Paulmy, 8	Loches	Indre-et-L.
Paulnay, $7\frac{1}{2}$	Le Blanc	Indre
Paulx, 8	Nantes	Loire-Inf.
Paunac, $9\frac{1}{4}$	Bergerac	Dordogne
Paupens (*St.-Martin-la-Plaine*), $6\frac{1}{4}$	St.-Etienne	Loire
Paussac, 8	Riberac	Dordogne
Pautaines, $9\frac{1}{4}$	Wassy	H.-Marne
Pauvre, 4	Vouziers	Ardennes
Pavace (St.-), 1	Le Mans	Sarthe
Pavant, $1\frac{3}{4}$	Château-Thierry	Aisne
Pavezin, $6\frac{1}{4}$	St.-Etienne	Loire
Pavie, 1	Auch	Gers
Pavillon, 4	Troyes	Aube
Pavilly, $4\frac{1}{4}$	Rouen	Seine-Inf.
Pavin (St.-), 6	Argentan	Orne
Pavin-des-Champs (St.-) $\frac{1}{4}$	Le Mans	Sarthe
Payens, $3\frac{1}{2}$	Troyes	Aube
Payolle (*Campan*), 6	Bagnères	H.-Pyrén.
Payra, $3\frac{1}{2}$	Castelnaudary	Aude
Payraud, $10\frac{1}{2}$	Tournon	Ardèche
Payré-sur-Vendée, 3	Fontenay-le-Comte	Vendée
Payros, $1\frac{1}{2}$	St.-Sever	Landes
Paysac, $11\frac{3}{4}$	Nontron	Dordogne
Paysay-Naudonin, $4\frac{1}{2}$	Ruffec	Charente
Payssous, $2\frac{1}{4}$	St.-Gaudens	H.-Garonne
Pazanne (Ste.-), $8\frac{1}{2}$	Paimbœuf	Loire Inf.
Pazayac, 6	Sarlat	Dordogne
Paziols, 14	Carcassonne	Aude
Pazy, $7\frac{1}{2}$	Clamecy	Nièvre
Pé (St.-), $7\frac{1}{2}$	Bayonne	B.-Pyrén.

Communes.	Arrondissem.	Départem.
Pé (St.-), 5 ½	Argelès	H.-Pyrén.
Pé-d'Armens (St.-), 3 ½	Libourne	Gironde
Pé-Dardet (St.-), 5 ½	St.-Gaudens	H.-Garonne
Pé-de-Boulogne (St.-), 6 ¼	Nérac	Lot-et-Gar.
Pé-de-Castels (St.-), 6 ½	Libourne	Gironde
Pé-de-Léren (St.-), 6 ½	Orthez	B.-Pyrén.
Pé-Delbosc (St.-), 4 ½	St.-Gaudens	H.-Garonne
Peage-de-Romans (le), 4	Valence	Drôme
Péage-de-Roussillon (le)*, 4 ½	Vienne	Isère
Péas, 8 ¼	Epernay	Marne
Peaugres, 11	Tournon	Ardèche
Péaule, 8 ½	Vannes	Morbihan
Péault, 8 ½	Fontenay-le-Comte	Vendée
Pebrac, 9 ¼	Brioude	H.-Loire
Pech (le), 6 ¼	Foix	Ariége
Pechabou, 2 ½	Toulouse	H.-Garonne
Pèchadoires, 1	Thiers	Puy-de-Dô.
Pecharie, 5 ½	Castelnaudary	Aude
Pechaudier, 5	Lavaur	Tarn
Pechanriole, 2 ½	Toulouse	H. Garonne
Pechbonnieu, 2 ¼	Toulouse	H.-Garonne
Pechbusque, 2 ½	Toulouse	H.-Garonne
Pechereau (le), 7	Châteauroux	Indre
Pechluna, 5	Castelnaudary	Aude
Pechourcy, 4 ½	Lavaur	Tarn
Pechpeyroux (*Cezac*), 4	Cahors	Lot
Pecolet (*Etoile*), 2 ½	Valence	Drôme
Pecorade, 6 ½	St.-Sever	Landes
Pecq (le), 2 ½	Versailles	Seine-et O.
Pecquencourt, 2 ¾	Douai	Nord
Pecqueuse, 5	Rambouillet	Seine-et-O.
Pécy, 6	Provins	Seine-et-M.
Pedernec, 2	Guingamp	Côtes-du-N.
Pégayrolles, 3 ½	Lodève	Hérault
Pégayrolles, 7 ¼	Montpellier	Hérault
Pegomas, 3	Grasse	Var
Pegue (le), 6 ½	Montélimart	Drôme
Peguilhan, 5 ½	St.-Gaudens	H.-Garonne
Peigney, 1	Langres	H.-Marne
Peillac, 11	Vannes	Morbihan
Peintre, 2 ¾	Dôle	Jura
Peintures (les), 6 ½	Libourne	Gironde
Voyez Pey pour tous les autres noms qui commencent par Pei.		
Pel, 7 ½	Bar-sur-Aube	Aube
Pelacoye (*Francoulès*), 3 ½	Cahors	Lot
Pélières, 3 ¾	Issoire	Puy-de-Dô.
Pélissane, 5	Aix	B.-du-Rhône
Pellafol, 15	Grenoble	Isère
Pelleautier, 2	Gap	A.-Alpes
Pellefigues, 1 ½	Lombez	Gers
Pellegrue, 8	La Réole	Gironde
Pelleport, 7	Toulouse	H.-Garonne
Pellerey, 7 ½	Dijon	Côte-d'Or
Pellerin (St.-), 4 ½	Châteaudun	Eure-et-L.
Pellerin (le), 7	Paimbœuf	Loire-Inf.
Pellerin (St.-), 5 ¾	St.-Lô	Manche

Communes.	Arrondissem.	Départem.
Pellerine (la), 4 ½	Baugé	Maine-et-L.
Pellerine (la), 8 ½	Mayenne	Mayenne
Pelletot, 7 ¼	Dieppe	Seine-Inf.
Pellevoisin, 7	Châteauroux	Indre
Pellier, 8 ¼	St.-Claude	Jura
Pellouailles, 2 ¼	Angers	Maine-et-L.
Pelonne, 6	Nyons	Drôme
Pelousey, 2 ½	Besançon	Doubs
Peltre, 1	Metz	Moselle
Pelussin, 6 ¼	St.-Etienne	Loire
Pelves, 2 ½	Arras	Pas-de-Cal.
Penche (la), 7	Montauban	Tarn-et-Gar.
Pencran, 5 ¼	Brest	Finistère
Pendé, 5 ¼	Abbeville	Somme
Penestin, 10	Vannes	Morbihan
Penfeld (*Bohars*), 1	Brest	Finistère
Penhars, ½	Quimper	Finistère
Pénil, ¼	Briey	Moselle
Penin, 3 ¼	St.-Pol	Pas-de-Cal.
Penmarch, 7 ¼	Quimper	Finistère
Penmeurit, 4	Quimper	Finistère
Pennautier, ½	Carcassonne	Aude
Pennavaire, 8	Espalion	Aveiron
Penne (la), 3	Pamiers	Ariége
Penne (la), 3	Marseille	B. du Rhône
Penne (la), 5 ¼	Nyons	Drôme
Penne, 2 ½	Villeneuve-d'Agen	Lot-et-Gar.
Penne, 6 ½	Gaillac	Tarn
Penne-de-Pie, 4 ½	Pont-l'Evêque	Calvados
Pennecière, 4 ¼	Vesoul	H.-Saône
Pennes (les), 4	Aix	B. du Rhône
Pennes, 5 ½	Die	Drôme
Penol, 9	St.-Marcellin	Isère
Pensey, 8	Wassy	H.-Marne
Pensol, 5 ½	Rochechouart	H.-Vienne
Penthiès (*Ledas*), 6 ¼	Albi	Tarn
Penvénant, 4 ½	Lannion	Côtes-du-N.
Pepées, 2	Lombez	Gers
Pepieux, 4 ½	Carcassonne	Aude
Pépieux, 3	Auch	Gers
Péqueux, 4	Melun	Seine-et-M.
Perassay, 5	La Châtre	Indre
Peravy-Epreux (St.-), 5 ¼	Pithiviers	Loiret
Peravy-la-Colombe (St.-), 4 ½	Orléans	Loiret
Peray (St.-)*, 5	Tournon	Ardèche
Peray (le), 1 ½	Rambouillet	Seine-et-O.
Percey, 4 ½	Tonnerre	Yonne
Percey-le-Grand, 7	Gray	H.-Saône
Percey-le-Pautel, 3	Langres	H.-Marne
Percey-le-Petit, 7	Langres	H.-Marne
Perchay (le), 3	Pontoise	Seine-et-O.
Perche (la), 2 ½	St.-Amand	Cher
Perche (la), 5 ½	Marmande	Lot-et-Gar.
Perchede, 14 ¼	Condom	Gers
Percy, 6 ½	Lisieux	Calvados
Percy (le), 11 ¼	Grenoble	Isère
Percy, 6 ½	St. Lô	Manche
Perdon (St.-), 2	Mont-de-Marsan	Landes
Perdoux (St.-). *Voyez* Pardoux		
Perdreauville, 1 ¼	Mantes	Seine-et-O.

Communes.	Arrondissem.	Départem.
Perduville, 1 3/4	Neufchâtel	Seine-Inf.
Peré, 6 1/4	Rochefort	Char.-Inf.
Père (St.), 2 1/2	St.-Malo	Ille-et-Vil.
Père (St.-), 6	Gien	Loiret
Père (St.-), 1/2	Cosne	Nièvre
Péré, 6	Bagnères	H.-Pyrén.
Père (St.-) (*Mereville*), 4 1/2	Etampes	Seine-et-O.
Père (St.-), 3 1/4	Avallon	Yonne
Père-en-Retz (St.-), 2 1/2	Paimbœuf	Loire-Inf.
Pereille, 4 1/2	Foix	Ariége
Pérennes (*Welles*), 6	Clermont	Oise
Peret, 5 1/2	Ussel	Corrèze
Peret, 7	Béziers	Hérault
Pereuil, 5 3/4	Angoulême	Charente
Pereuilh, 2	Tarbes	H.-Pyrén.
Péreuse (la), 4 1/2	Rethel	Ardennes
Péreuse (Ste.-), 3	Château-Chinon	Nièvre
Pérey, 1 1/2	Besançon	Doubs
Pergain, 4 1/4	Lectoure	Gers
Perguet, 4 1/2	Quimper	Finistère
Perier. *Voy*. Perrier		
Perieux, 7 1/4	Trévoux	Ain
Pérignac, 5 1/4	Angoulême	Charente
Pérignac, 4	Saintes	Char.-Inf.
Pérignan-Fleury, 1 1/2	Narbonne	Aude
Pérignat-Aubière, 2	Clermont	Puy-de-Dô.
Pérignat-ès-Allier, 3 1/2	Clermont	Puy-de-Dô.
Périgné, 2	Melle	2 Sèvres
Périgneux, 4	Montbrison	Loire
Périgny, 1 1/2	La Palisse	Allier
Périgny, 6	Vire	Calvados
Périgny, 1	La Rochelle	Char.-Inf.
Périgny, 1/4	Lons-le-Saulnier	Jura
Périgny, 2	Vendôme	Loir-et-Ch.
Périgny, 3 1/2	Corbeil	Seine-et-O.
Périgny, 7	Tonnerre	Yonne
Périgny-la-Rose, 3 1/4	Nogent-sur-Seine	Aube
Périgny lès-Dijon, 1 1/2	Dijon	Côte-d'Or
Périgny, près Auxerre, 1	Auxerre	Yonne
Périgny-sur-l'Oignon, 7	Dijon	Côte-d'Or
Perigny-sur-Loire, 10	Charolles	Saône-et-L
Périgrac, 10	Sarlat	Dordogne
PÉRIGUEUX *,	ch.-l. de dép. 121	Dordogne
Périllox, 6 1/2	Perpignan	Pyrén.-Or.
Périnchies, 2	Lille	Nord
Périnne (Ste.-) (*St.-Jean-aux-Bois*), 2	Compiégne	Oise
Périssac, 5 1/4	Libourne	Gironde
Perles, 6 1/2	Soissons	Aisne
Perles, 9 1/2	Foix	Ariége
Pern (St.-), 5	Montfort	Ille-et-Vil.
Pern, 4	Cahors	Lot
Pernant, 2	Soissons	Aisne
Pernant, 1 1/2	Beaune	Côte-d'Or
Pernat (la), 8	Poligny	Jura
Pernay, 4	Tours	Indre-et-L.
Pernelle (la), 4 1/4	Valognes	Manche
Pernes, 2	Boulogne	Pas-de-Cal.
Pernes *, 3 1/4	St. Pol	Pas-de-Cal
Pernes, 1	Carpentras	Vaucluse
Pernois, 4 1/2	Doullens	Somme
Pernot (le) (*Grandvelle*), 4 1/2	Vesoul	H.-Saône
Peroe-Casevecchie, 8	Bastia	Corse
Perols, 7	Ussel	Corrèze
Pérols, 2	Montpellier	Hérault
Peron, 5 1/4	Gex	Ain
Peronnas, 3/4	Bourg	Ain
Peronne, 4 1/2	Mâcon	Saône-et-L.
PÉRONNE *,	ch.-l. d'ar., 35	Somme
Péronville, 6	Châteaudun	Eure-et-L.
Pérouges, 10	Trévoux	Ain
Pérouille (la), 4 1/2	Châteauroux	Indre
Péronne, 3 1/2	Lille	Nord
Perouse, 1/2	Belfort	Haut-Rhin
Pérouze (la). *Voy*. Peyrouze		
Péroy-les-Gombries, 5	Senlis	Oise
Perpesac-le-Blanc, 6 1/4	Brives	Corrèze
Perpesac-le-Noir, 5 1/4	Brives	Corrèze
Perpezat, 7 1/2	Clermont	Puy-de-Dô.
PERPIGNAN *,	ch.-l. de dép. 228	Pyrén.-Or.
Perquée, 5 1/4	Mont-de-Marsan	Landes
Perques (les), 4	Valognes	Manche
Perran (St.-), 3	Montfort	Ille-et-Vil.
Perrancey, 1 1/4	Langres	H.-Marne
Perray, 4 1/2	Mamers	Sarthe
Perray, 1/2	Corbeil	Seine-et-O.
Perrecy-les-Forges *, 5 1/2	Charolles	Saône-et-L
Perret, 9	Loudéac	Côtes-du-N.
Perreuil, 7	Autun	Saône-et-L.
Perreuse, 10	Auxerre	Yonne
Perreux, 1 3/4	Roanne	Loire
Perreux (St.-), 13	Vannes	Morbihan
Perreux, 6 1/2	Joigny	Yonne
Perrex, 4	Bourg	Ain
Perrier (le), 15	Grenoble	Isère
Perrier (le) (*St.-Hilaire-de-la-Saône*), 2 1/2	St.-Marcellin	Isère
Perrier, 1 1/2	Issoire	Puy-de-Dô.
Perrier (le), 13 1/4	Les Sables	Vendée
Perrière (la) (*Maraye-en-Othe*), 5 1/2	Troyes	Aube
Perrière (la), 7 1/2	Beaune	Côte-d'Or
Perrière (la) (*Caligny*), 7 1/2	Domfront	Orne
Perrière (la), 3 1/4	Mortagne	Orne
Perrières, 2 1/2	Falaise	Calvados
Perriers, 2 1/2	Caen	Calvados
Perriers, 5 1/2	Pont-l'Evêque	Calvados
Perriers, 4 1/2	Bernay	Eure
Perriers *, 4 1/4	Coutances	Manche
Perriers, 2 1/4	Mortain	Manche
Perriers-sur-Andelle, 5	Les Andelys	Eure
Perrigny. *Voy*. Périgny		
Perrogney, 3	Langres	H.-Marne
Perron (le), 4 1/2	St-Lô	Manche
Perros-Guirrec, 2 1/2	Lannion	Côtes-du-N.
Perros-Hamon, 11	St.-Brieuc	Côtes-du-N.
Perrouse, 8 1/2	Vesoul	H.-Saône
Perroy, 4	Cosne	Nièvre
Perruel, 5	Les Andelys	Eure
Perrusson, 1/2	Loches	Indre-et-L.
Pers, 5 1/2	Aurillac	Cantal
Pers, 5	Montargis	Loiret

Communes.	Arrondissem.	Départem.
Pers, 3 ¾	Melle	2 Sèvres
Persac, 4	Montmorillon	Vienne
Persan, 4	Pontoise	Seine-et-O.
Persquen, 4 ½	Pontivy	Morbihan
Pertain, 3½	Péronne	Somme
Perthes, 1 ½	Rethel	Ardennes
Perthes, 6 ¼	Wassy	H.-Marne
Perthes, 2	Melun	Seine-et-M.
Perthes-en-Rolhière, 6 ¼	Bar-sur-Aube	Aube
Perthes-lès-Hurlus, 4	Ste-Menehould	Marne
Pertheville, 2	Falaise	Calvados
Pertre (le), 5	Vitré	Ille-et-Vil.
Pertuis *, 8	Apt	Vaucluse
Pertuits (*Le Gault*), 8½	Epernay	Marne
Perusse (la), 5	Digne	B.-Alpes
Perusse, 7	Chaumont	H.-Marne
Peruze, 4	Confolens	Charente
Pervenchères, 3	Mortagne	Orne
Perville, 6½	Moissac	Tarn-et-Gar
Pescadoires, 7½	Cahors	Lot
Pesmes *, 5½	Gray	H.-Saône
Pessac, 1 ¼	Bordeaux	Gironde
Pessac, 9 ¼	Libourne	Gironde
Pessan, 1	Auch	Gers
Pessans, 5 ¼	Besançon	Doubs
Pessat-Villeneuve, 1	Riom	Puy-de-Dô.
Pesserre (St.-), 2 ½	Lectoure	Gers
Pessines, 2	Saintes	Char.-Inf.
Pestivien, 5	Guimgamp	Côtes-du N.
Petersbach, 5 ¼	Saverne	B.-Rhin
Petit-Bourg-des-Herbiers, 11	Bourbon-Vendée	Vendée
Petit-Camp (*Mées*), 4	Digne	B.-Alpes
Petit-Châtel, 3 ¼	St.-Claude	Jura
Petit-Croix, 2 ¼	Belfort	Haut-Rhin
Petit Failly, 8 ½	Briey	Moselle
Petit-Mars, 8 ¼	Châteaubriant	Loire-Inf.
Petit-Mercey, 5 ½	Dôle	Jura
Petit-Mesnil (le), 4 ¼	Bar-sur-Aube	Aube
Petit-Mont, 6¼	Sarrebourg	Meurthe
Petit-Paris, 7 ¼	Die	Drôme
Petit-Paris(le) (*St.-Martin-du-Fouilloux*), 3½	Angers	Maine-et-L.
Petit-Paris (le) (*Jouy-le-Châtel*), 4 ½	Provins	Seine-et-M.
Petit-Pot (*Châtellerault*) 1	Châtellerault	Vienne
Petit-St.-Jean (*Peyrins*) 5 ¼	Valence	Drôme
Petit-St.-Mars (*Etampes*), ¾	Etampes	Seine-et-O.
Petit-Villard, 8	Poligny	Jura
Petit-Xivry, 8	Briey	Moselle
Petite-Chaux, 8	Pontarlier	Doubs
Petite-Fontaine, 3 ¼	Belfort	Haut-Rhin
Petite-Forêt-de-Raismes 10 ¼	Douai	Nord
Petite-Fosse (la), 2 ½	St.-Dié	Vosges
Petite-Pierre (la), 4	Saverne	Bas-Rhin
Petite-Raon (la), 5½	St.-Dié	Vosges
Petite-Synthe, 1	Dunkerque	Nord
Petite-Verrière (la), 3	Autun	Saône-et-L.
Petite-Ville (la), 4	Vitry-le-Français	Marne

Communes.	Arrondissem.	Départem.
Petites-Chiettes, 8 ½	St.-Claude	Jura
Petites Côtes (les), 4 ¼	Vitry-le-Français	Marne
Petiville, 3 ¾	Caen	Calvados
Petiville, 10 ¼	Le Hâvre	Seine-Inf.
Pétoncourt, 3	Château-Salins	Meurthe
Petosse, 2	Fontenay-le-Comte	Vendée
Petrello-é-Bichisa, 4	Sartène	Corse
Petrigaggio, 4 ¼	Corte	Corse
Pettonville, 5	Lunéville	Meurthe
Peudry, 8	Barbezieux	Charente
Peugny (Grand et Petit-) (*Mouy*), 3 ¼	Provins	Seine-et-M.
Peujard, 6 ¾	Bordeaux	Gironde
Peumartin (*St.-Héand*), 2 ¼	St.-Etienne	Loire
Peumerit-Quintin, 6	Guimgamp	Côtes-du N.
Peuplingues, 6	Boulogne	Pas-de-Cal.
Peuton, 2 ¾	Château-Gontier	Mayenne
Peuvillers, 3 ¾	Montmédy	Meuse
Peux, 6	St. Affrique	Aveiron
Pevange, 3 ¼	Château-Salins	Meurthe
Péver (St.-), 2 ¾	Guingamp	Côtes-du N.
Pevy, 4	Rheims	Marne
Péxine (St.-), 7	Fontenay-le-Comte	Vendée
Pexiora, 1 ¾	Castelnaudary	Aude
Pexonne, 7	Lunéville	Meurthe
Pey, 4 ¼	Dax	Landes
Peyniar, 3 ⅔	Aix	B. du Rhône
Peipin, 1 ½	Sisteron	B.-Alpes
Peypin, 5	Marseille	B.-du-Rhône
Peypin-d'Aignes, 7 ¾	Apt	Vaucluse
Peyrabout, 2	Guéret	Creuse
Peyrac *, 4	Gourdon	Lot
Peyralbes (*Bedas*), 1 ½	St.-Affrique	Aveiron
Peyrat (le), 11	Pamiers	Ariége
Peyrat, 17 ½	Espalion	Aveiron
Peyrat, ¾	Bellac	H.-Vienne
Peyrat, 9	Limoges	H.-Vienne
Peyrat-Lanonière, 4	Aubusson	Creuse
Peyratte (la), 2	Parthenay	2 Sèvres
Peyraube, 5	Tarbes	H.-Pyrén.
Peyre, 2 ¼	Milhaud	Aveiron
Peyre (la) (*Versols*), 2	St.-Affrique	Aveiron
Peyre, 6 ¼	St.-Sever	Landes
Peyrebrune, 12 ¾	Milhaud	Aveirón
Peyrecave, 4 ¼	Lectoure	Gers
Peyrefite-du-Rages, 4 ½	Limoux	Aude
Peyrefite-sur-l'Hers, 4	Castelnaudary	Aude
Peyregoux, 3	Castres	Tarn
Peyrehorade, 5 ½	Dax	Landes
Peyreleau, 5 ½	Milhaud	Aveiron
Peyrelevade, 6 ¼	Ussel	Corrèze
Peyrelongue, 7	Pau	B.-Pyrén.
Peyrens, 1 ¼	Castelnaudary	Aude
Peyrère (la), 7 ¾	Muret	H.-Garonne
Peyresq, 9	Castellanne	B.-Alpes
Peyrestorles, 2	Perpignan	Pyrén.-Or.
Peyret-St.-André, 12 ½	Bagnères	H.-Pyrén.
Peyriac, 4 ½	Carcassonne	Aude
Peyriac-de-Mer, 3	Narbonne	Aude

Communes.	Arrondissem.	Départem.
Peyriat, 2	Nantua	Ain
Peyrière, 4	Marmande	Lot-et-Gar.
Peyrieu, $\frac{3}{4}$	Belley	Ain
Peyrinac, 2	Gourdon	Lot
Peyrigué (le), 3	Lombez	Gers
Peyrignere, 5	Tarbes	H.-Pyrén.
Peyrilhac, 3 $\frac{1}{2}$	Limoges	H.-Vienne
Peyrillac, 6	Sarlat	Dordogne
Peyrilles, 5	Gourdon	Lot
Peyrins, 5	Valence	Drôme
Peyrissac, 8 $\frac{1}{2}$	Tulle	Corrèze
Peyrissas, 5 $\frac{1}{2}$	St.-Gaudens	H.-Garonne
Peyrobe (*Lamayou*), 8	Pau	B. Pyrén.
Peyrolles, 3 $\frac{1}{4}$	Limoux	Aude
Peyrolles, 4	Aix	B.-du-Rhône
Peyrolles, 6 $\frac{3}{4}$	Le Vigan	Gard
Peyrolles, 2	Gaillac	Tarn
Peyroulles, 4	Castellanne	B.-Alpes
Peyrouze (la), 5 $\frac{1}{2}$	Trévoux	Ain
Peyrouse (la), 2	Toulouse	H.-Garonne
Peyrouze (la), 1 $\frac{1}{2}$	St.-Claude	Jura
Peyrouse (la), 7 $\frac{1}{2}$	Lons-le-Saulnier	Jura
Peyrouse (la), 10	Riom	Puy-de-Dô.
Peyrouse, 4 $\frac{1}{2}$	Argelès	H.-Pyrén.
Peyrouzet, 3	St.-Gaudens	H.-Garonne
Peyruis, 5 $\frac{1}{4}$	Forcalquier	B.-Alpes
Peyrun, 4	Tarbes	H.-Pyrén.
Peyrus, 3	Valence	Drôme
Peyrusse, 5 $\frac{1}{2}$	Villefranche	Aveiron
Peyrusse, 4	Murat	Cantal
Peyrusse, 5 $\frac{1}{2}$	Brioude	H.-Loire
Peyrusse-Grande, 6 $\frac{3}{4}$	Mirande	Gers
Peyrusse-Massas, 3	Auch	Gers
Peyrusse-Vieille, 7	Mirande	Gers
Peyssies, 5 $\frac{1}{4}$	Muret	H.-Garonne
Peytoulens, 6 $\frac{1}{4}$	Lectoure	Gers
Peyzac, 4 $\frac{1}{4}$	Argenitère	Ardèche
Peyzac, 4	Sarlat	Dordogne
Pézanne (Ste.-), $\frac{1}{4}$	Niort	2 Sèvres
Pezarches, 3	Coulommiers	Seine-et-M.
Pezay-le-Joly, 8 $\frac{3}{4}$	Châteauroux	Indre
Pezay-le-Joly, 6	Le Blanc	Indre
Pézé, 8 $\frac{1}{2}$	Le Mans	Sarthe
Pezenas*, 5	Béziers	Hérault
Pezenes, 6	Béziers	Hérault
Pezens, 1 $\frac{1}{2}$	Carcassonne	Aude
Pezeux, 6 $\frac{1}{2}$	Montbéliard	Doubs
Pezeux, 3 $\frac{1}{4}$	Dôle	Jura
Pezieu (*Arbignieu*), 1 $\frac{1}{4}$	Belley	Ain
Pezilla, 3 $\frac{1}{2}$	Perpignan	Pyrén.-Or.
Pezilla, 5 $\frac{3}{4}$	Prades	Pyrén.-Or.
Pezinnes (*Poilly*), 4 $\frac{1}{4}$	Rheims	Marne
Pezou, 3	Vendôme	Loir-et-Ch.
Pézuls, 7	Bergerac	Dordogne
Pezy, 3	Chartres	Eure-et-L.
Pfaffenheim, 2 $\frac{1}{4}$	Colmar	Haut-Rhin
Pfaffenhoffen, 6 $\frac{1}{4}$	Saverne	Bas-Rhin
Pfalzweyer, 3 $\frac{1}{2}$	Saverne	Bas-Rhin
Pfastatt, 5	Altkirch	Haut-Rhin
Pfetterhausen, 4	Altkirch	Haut-Rhin
Pfettisheim, 3	Strasbourg	Bas-Rhin

Communes.	Arrondissem.	Départem.
Pfulgriesheim, 2 $\frac{1}{2}$	Strasbourg	Bas-Rhin
Phaffans, 1 $\frac{1}{2}$	Belfort	Haut Rhin
Phal (St.-), 5	Troyes	Aube
Phalempin, 3 $\frac{1}{4}$	Lille	Nord
Phalsbourg*, 5	Sarrebourg	Meurthe
Philbert (St.-), 4	Baugé	Maine-et-L.
Philbert (St.-), 2	Beaupréau	Maine-et-L.
Philbert (St.-), 7 $\frac{1}{2}$	Argentan	Orne
Philbert-de-Bouaine (St.-), 11	Bourbon Vendée	Vendée
Philbert-de-Grand-Lieu (St.-), 5	Nantes	Loire-Inf.
Philbert-de-la-Pelouse (St.-) (*Giseux*), 4 $\frac{1}{2}$	Chinon	Indre-et-L.
Philbert-des-Champs (St.-), 3	Pont-l'Evêque	Calvados
Philbert-du-Pont-Charault (St.-), 6 $\frac{1}{4}$	Fontenay-le-Comte	Vendée
Philbert-sur-Boissey (St.-), 5	Pont-Audemer	Eure
Philbert-sur-Risle (St.-), 3	Pont-Audemer	Eure
Philibert (St.-) (*Albon*), 9	Valence	Drôme
Philibert-sous-Gevrey (St.-), 2 $\frac{1}{4}$	Dijon	Côte-d'Or
Philippe (St.-), 7 $\frac{1}{2}$	Libourne	Gironde
Philippe (St.-), 12	Libourne	Gironde
Philisbourg, 10	Sarreguemines	Moselle
Phillondenx, 7 $\frac{1}{2}$	St.-Sever	Landes
Phlin, 7	Nancy	Meurthe
Pia, 1 $\frac{1}{2}$	Perpignan	Pyrén.-Or.
Piacé, 7	Mamers	Sarthe
Piau, 4	La Réole	Gironde
Pian-en-Médoc (le), 4	Bordeaux	Gironde
Piana, 3 $\frac{1}{4}$	Ajaccio	Corse
Piancourt, 3 $\frac{1}{4}$	Bernay	Eure
Pianello, 4 $\frac{1}{2}$	Corte	Corse
Piano, 8	Bastia	Corse
Piards (les), 5	St.-Claude	Jura
Piarre (la), 10	Gap	H.-Alpes
Piat (St.-), 4 $\frac{1}{2}$	Chartres	Eure-et-L.
Piazzole, 5 $\frac{1}{2}$	Corte	Corse
Pibeuf, 4	Rouen	Seine-Inf.
Piblange, 5	Metz	Moselle
Piboul (le), 4 $\frac{1}{2}$	Rodez	Aveiron
Pibrac, 3 $\frac{1}{2}$	Toulouse	H.-Garonne
Picarreau, 3	Poligny	Jura
Picauville, 4	Valognes	Manche
Pichanges, 3 $\frac{1}{2}$	Dijon	Côte-d'Or
Picherande, 8	Issoire	Puy-de-Dô.
Picquenard (*Orgeval*) 4	Versailles	Seine-et-O.
Picquigny*, 3	Amiens	Somme
Piedi-partino, 4 $\frac{1}{4}$	Corte	Corse
Piedicorte, 3	Corte	Corse
Piedicorte, 4 $\frac{1}{4}$	Corte	Corse
Piedicroce, 4 $\frac{1}{2}$	Corte	Corse
Piedmont, 8 $\frac{1}{2}$	Briey	Moselle
Piedorezza, 4 $\frac{1}{2}$	Corte	Corse
Piegon, 2	Nyons	Drôme
Piegros, 8 $\frac{1}{4}$	Die	Drôme
Piégut, 9	Sisteron	B.-Alpes
Piégut (*Pluviers*), 2 $\frac{1}{4}$	Nontron	Dordogne
Pience (St.-), 3	Avranches	Manche

Communes.	Arrondissem.	Départem.
Pienne, 2 ½	Briey	Moselle
Piennes, 1 ¾	Montdidier	Somme
Piepape, 4	Langres	H.-Marne
Piere, 4 ¼	Bastia	Corse
Pierre (St.-) 1 ¼	Vervins	Aisne
Pierre (St.-), 18	Castellanne	B.-Alpes
Pierre (St.-), 1	Briançon	H.-Alpes
Pierre (St.), 8 ¼	Gap	H.-Alpes
Pierre (St.-) 4 ¾	Argentière	Ardeche
Pierre (St.-). 5 ½	Vouziers	Ardennes
Pierre (St.-), 2 ½	Caen	Calvados
Pierre (St.-), 5 ½	Marennes	Char.-Inf.
Pierre (St.-) (*Royan*), 5 ¾	Marennes	Char.-Inf.
Pierre (St.-), 1	Brest	Finistère
Pierre (la), 5	Grenoble	Isère
Pierre (St.-), 6	St.-Claude	Jura
Pierre (St.-), ½	Mont-de-Marsan	Landes
Pierre (St.-), (*St. Martin*), 5	Vendôme	Loir-et-Ch.
Pierre, 1 ¼	Toul	Meurthe
Pierre (Bois-St.-), 2 ½	Schélestatt	Bas-Rhin
Pierre (St.-). 3	Schélestatt	Bas-Rhin
Pierre (St.-) (*Lucelle*), 6	Altkirch	Haut-Rhin
Pierre, 8 ½	Louhans	Saône-et-L.
Pierre (St.-), (*Sénégats*), 8 ½	Castres	Tarn
Pierre-à-Champ (St.-), 7 ½	Bressuire	2 Sèvres
Pierre-à-Chartres (St.-), (*Vieux-Moulin*), 2	Compiégne	Oise
Pierre à Gouy (St.-), 3 ¼	Amiens	Somme
Pierre-Aigle (St.-), 3	Soissons	Aisne
Pierre-aux-Oyes (St.-). 1 ¾	Châlons-sur-Marne	Marne
Pierre-Avès (St.-), 13 ¾	Gap	H.-Alpes
Pierre-Azif (St.-), 2 ½	Pont-l'Evêque	Calvados
Pierre-Benouville (St.). 5	Dieppe	Seine-Inf.
Pierre-Bronck (St.-), 5 ½	Dunkerque	Nord
Pierre-Canivet (St.-), 1	Falaise	Calvados
Pierre-Château (St.-), 9	Limoges	H.-Vienne
Pierre-Cherignat (St.-), 3	Bourganeuf	Creuse
Pierre-Colamine (St.-), 5 ¼	Issoire	Puy-de-Dô.
Pierre-d'Allevau (St.-), 8	Grenoble	Isère
Pierre-d'Allonne (St.-), 6 ½	Valognes	Manche
Pierre-d'Amilly (St.-), 9 ¼	Rochefort	Char-Inf.
Pierre d'Arthéglise (St.-), 5 ¾	Valognes	Manche
Pierre d'Arthenay (St.-), 3	St.-Lô	Manche
Pierre-d'Aubezies (St.-), 9 ¼	Mirande	Gers
Pierre-d'Aurillac (St.-), 3 ½	La Réole	Gironde
Pierre-d'Antils (St.-), 7	Evreux	Eure
Pierre-d'Entremont (St.-), 11 ¼	Grenoble	Isère
Pierre-d'Etremont (St.-), 6	Domfront	Orne
Pierre-d'Exideuil (St.-), 1	Civray	Vienne
Pierre d'Eyraud (St.-), 3 ¾	Bergerac	Dordogne
Pierre d'Irube (St.-). ¼	Bayonne	B.-Pyrén.
Pierre-de-Bailleul (St.-), 5	Louviers	Eure
Pierre-de-Bat (St.-), 9	La Réole	Gironde
Pierre-de-Bœuf (St.-), 8 ¼	St.-Etienne	Loire
Pierre-de-Bossenay (St.-). 4	Nogent-sur-Seine	Aube
Pierre-de-Bressieux (St.-), 6	St.-Marcellin	Isère
Pierre-de-Buzet (St.-), 4 ½	Nérac	Lot-et-Gar.
Pierre-de-Canteloup (St.-), 7	Lisieux	Calvados
Pierre-de-Cernières (St.-), 4 ½	Bernay	Eure
Pierre-de-Chartreuse (St.-), 7 ½	Grenoble	Isère
Pierre-de-Cherenne (St.-), 2	St.-Marcellin	Isère
Pierre-de-Chevillé (St.-), 11	St.-Calais	Sarthe
Pierre-de-Clairac (St.-), 9	Agen	Lot-et-Gar.
Pierre-de-Côle (St.-). 5 ¼	Nontron	Dordogne
Pierre-de-Colombiers (St.-) 5 ¼	Argentière	Ardèche
Pierre-de-Combe (St.-), ou Faussat, 2	Toulouse	H.-Garonne
Pierre-de-Cormeilles (St.-) 3	Pont-Audemer	Eure
Pierre-de-Courton (St.-). 4 ½	Lisieux	Calvados
Pierre-de-Coutances (St.-)	Coutances	Manche
Pierre-de-Cresnay (St.-), 5	Avranches	Manche
Pierre-de-Franqueville (St.-), 2 ½	Rouen	Seine-Inf.
Pierre-de-Fursac (St.-), 7	Guéret	Creuse
Pierre de Jards (St.-), 4 ¼	Issoudun	Indre
Pierre-de-Julliers (St.-), 3	St.-Jean-d'Angely	Char.-Inf.
Pierre-de-l'Etrier (St.-), (*St.-Pantaléon*), ¼	Autun	Saône-et-L.
Pierre-de-Lage (St.) 6 ¼	Villefranche	H.-Garonne
Pierre-de-Lamps (St.-). 5 ½	Châteauroux	Indre
Pierre-de-Lasserre (St.-), 7 ½	Albi	Tarn
Pierre-de-Lévignac (St.-), 4 ¼	Marmande	Lot-et-Gar.
Pierre-de-Lier (St.-), 5 ¼	Dax	Landes
Pierre-de-Liérou (St.-), 3 ¼	Louviers	Eure
Pierre-de-Lisle (St.), 3	St.-Jean-d'Angely	Char.-Inf.
Pierre-de-Macchabée, (St.-), 18	Tournon	Ardèche
Pierre-de-Maillé (St.-) 6 ½	Montmorillon	Vienne
Pierre-de-Mailloc (St.-), 3	Lisieux	Calvados

Communes.	Arrondissem.	Départem.	Communes.	Arrondissem.	Départem.
Pierre-de-Méaroz (St.-), 12 1/2	Grenoble	Isère	Pierre-du-Lorouer (St.-), 5 1/4	St.-Calais	Sarthe
Pierre-de-Mérage (St.-), 5	Grenoble	Isère	Pierre-du-Mont (St.-), 6	Bayeux	Calvados
Pierre-de-Mesnil (St.-), 4 1/2	Bernay	Eure	Pierre-du-Mont (St.-), 2 1/2	Clamecy	Nièvre
Pierre-de-Mons (St.-), 4 1/4	Bazas	Gironde	Pierre-du-Palais (St.-), 10	Jonzac	Char.-Inf.
Pierre-de-Nogaret (St.-), 5	Marvejols	Lozère	Pierre-du-Regard (St.-), 6	Vire	Calvados
Pierre-de-Plesguen (St.-), 7 1/2	St.-Malo	Ille-et-Vil.	Pierre-du-Regard (St.-), 7 1/4	Domfront	Orne
Pierre de-Revens (St.-), 12 1/2	Le Vigan	Gard	Pierre - du - Tronchet (St.-), 5 1/2	Valognes	Manche
Pierre-de-Rivière (St.-), 1 1/4	Foix	Ariége	Pierre-du-Vauvray (St.-), 1	Louviers	Eure
Pierre-de-Salerne (St.-), 4	Bernay	Eure	Pierre-Eglise (St.-)*, 4	Cherbourg	Manche
Pierre-de-Semilly (St.-), 1 1/4	St.-Lô	Manche	Pierre-en-Port (St.-), 7 1/2	Yvetot	Seine-Inf.
			Pierre-en-Val (St.-), 7 1/2	Dieppe	Seine-Inf.
			Pierre-en-Vaux (St.-), 9	Beaune	Côte-d'Or
Pierre - de - Sommaire (St.-), 12 1/4	Argentan	Orne	Pierre-en-Vaux (St.-), 4 1/4	Saumur	Maine-et-L.
			Pierre-ès-Champs (St.), 5 1/2	Beauvais	Oise
Pierre-de-Surgères (St.-), 6 1/4	Rochefort	Char-Inf.	Pierre-ès-Liens (St.), 2	Périgueux	Dordogne
			Pierre-Eynac (St.-), 2 1/2	Le-Puy	H.-Loire
			Pierre-la-Bruyère (St.-), 5 1/2	Mortagne	Orne
Pierre - de - Varennes (St.-), 6	Autun	Saône-et-L.	Pierre-la-Cour (St.-), 5	Laval	Mayenne
			Pierre-la-Cour (St.-), 8	Mayenne	Mayenne
Pierre-de-Vassols (St.-), 2	Carpentras	Vaucluse	Pierre-la-Feuille (St.-), (Maxou), 2 1/2	Cahors	Lot
Pierre-des-Bois (St.-), 7	La Flèche	Sarthe	Pierre-la-Garenne (St.-), 5	Louviers	Eure
Pierre - des - Cerceuils (St.-), 4 1/2	Louviers	Eure			
Pierre-des-Champs (St.-), 7	Carcassonne	Aude	Pierre-la-Montagne (St.-), St.-Léger-la-Montagne), 8 1/2	Bellac	H.-Vienne
Pierre-des-Corps (St.-), 1/2	Tours	Indre-et-L.	Pierre-la-Noailly (St.-), 5	Roanne	Loire
Pierre-les-Echaurrognes (St.-), 8	Bressuire	2 Sèvres	Pierre-la-Palud (St.-), 3 1/2	Lyon	Rhône
			Pierre-la-Rivière (St.-), 4	Argentan	Orne
Pierre-des-Etieux (St.-), 1 1/4	St.-Amand	Cher	Pierre-la-Roche (St.-), 3 1/2	Privas	Ardèche
			Pierre-la-Vieille (St.-), 6 1/2	Vire	Calvados
Pierre-des-Forçats (St.-), 9	Prades	Pyrén.-Or.	Pierre-Langers (St.-), 4	Avranches	Manche
Pierre-des-Ifs (St.-), 1 1/2	Lisieux	Calvados	Pierre-Laval (St.-), 3 1/2	La Palisse	Allier
Pierre-des-Ifs (St.-), 2 1/2	Pont-Audemer	Eure	Pierre-Lavis (St.-), 2 1/2	Yvetot	Seine-Inf.
Pierre - d s-Jonquières (St.), 3 1/4	Neufchâtel	Seine-Inf.	Pierre-le-Bost (St.-), 4	Bourganeuf	Creuse
Pierre-des-Landes (St.-), 9	Laval	Mayenne	Pierre-le-Bost (St-), 2	Boussac	Creuse
Pierre-des-Loges (St.-), 7	Mortagne	Orne	Pierre-le-Chastel (St.-), 5	Riom	Puy-de-Dô.
Pierre-des-Ormes (St.-), 1 1/2	Mamers	Sarthe	Pierre-le-Moutier (St.-)*, 7 1/4	Nevers	Nièvre
Pierre-des-Tripieds (St.-), 8 1/4	Florac	Lozère	Pierre-le-Petit (St.-), 5 1/2	Yvetot	Seine-Inf.
Pierre-des-Verchés (St.-), 5 1/2	Saumur	Maine-et-L.	Pierre-le-Vieux (St.-), 10 1/4	Marvejols	Lozère
			Pierre-le-Vieux (St.-), 6	Mâcon	Saône-et-L.
Pierre - du - Bosguerard (St.), 4 1/2	Louviers	Eure	Pierre-le-Vieux (St.-), 6	Yvetot	Seine-Inf.
Pierre-du-Bû (St.-), 1	Falaise	Calvados	Pierre-le-Vieux (St.-), 2 1/4	Fontenay-le-Comte	Vendée
Pierre-du-Champ (St.-), 5 1/2	Le-Puy	H.-Loire	Pierre-le-Viger (St.-), 5 1/2	Yvetot	Seine-Inf.
Pierre-du-Châtel (St.-), 3	Pont-Audemer	Eure	Pierre-lès-Bitry (St.-), 5	Compiègne	Oise
Pierre-du-Chemin (St.-), 7	Fontenay-le-Comte	Vendée	Pierre-lès-Bois (St.-), 4 1/4	St.-Amand	Cher
Pierre-du-Joncquet (St.-), 6 1/4	Pont-l'Evêque	Calvados	Pierre-lès-Eglises (St.-), 6	Montmorillon	Vienne
			Pierre-lès-Calais (St.-), 8	Boulogne	Pas-de-Cal.

Communes.	Arrondissem.	Départem.
Pierre-lès-Manneville (St.-), 4 1/2	Fontainebleau	Seine-et-M.
Pierre-Liversson (St.-) (*Francoulés*), 4	Cahors	Lot
Pierre-Manneville (St.-), 3 1/2	Rouen	Seine-Inf.
Pierre-Montlimart (St.-) 2 1/2	Beaupréau	Maine-et-L.
Pierre-Nogaret (St.-), 2 1/2	Marmande	Lot-et-Gar.
Pierre-Roche (St.-), 7 1/2	Clermont	Puy-de-Dô.
Pierre-sur-Dives (St.-)*, 6 1/4	Lisieux	Calvados
Pierre-sur-Erve (St.-), 8 1/4	Laval	Mayenne
Pierre-sur-Vence (St.-), 2 1/2	Mézières	Ardennes
Pierre-Tarrentaine (St.-), 4	Vire	Calvados
Pierre-Toirac ((St.-), 3 1/2	Figeac	Lot
Pierre-Varengéville (St.-), 4	Rouen	Seine-Inf.
Pierre-Villers (St.-), 6 1/4	Montmédy	Meuse
Pierrebesse, 9	Espalion	Aveiron
Pierrebuffierre *, 4	Limoges	H.-Vienne
Pierrechâtel, 7 1/4	Grenoble	Isère
Pierreclaux, 3 1/2	Mâcon	Saône-et-L.
Pierreconrt, 6 1/4	Gray	H.-Saône
Pierrecourt, 5 1/4	Neufchâtel	Seine-Inf.
Pierreécrite (la) (*Alligny*), 8	Château-Chinon	Nièvre.
Pierrefaite, 6 1/4	Langres	H.-Marne
Pierrefeu, 6	Toulon	Var
Pierrefiche, 6	Espalion	Aveiron
Pierrefiche, 8	Mende	Lozère
Pierrefigues, 5	Le Hâvre	Seine-Inf.
Pierrefitte, 8	Moulins	Allier
Pierrefitte, 4	Falaise	Calvados
Pierrefitte, 1	Pont-l'Evêque	Calvados
Pierrefitte, 5 3/4	Tulle	Corrèze
Pierrefitte, 5	Boussac	Creuse
Pierrefitte, 10 1/2	Romorantin	Loir-et-Ch.
Pierrefitte, 7 1/2	Commercy	Meuse
Pierrefitte, 3	Beauvais	Oise
Pierrefitte, 2 1/2	Argentan	Orne
Pierrefitte, 1	St.-Denis	Seine
Pierrefitte (*St.-Hilaire*), 1	Etampes	Seine-et-O.
Pierrefitte, 4 1/2	Bressuire	2 Sèvres
Pierrefitte, 4	Mirecourt	Vosges
Pierrefitte-ès-Bois, 5 1/2	Gien	Loiret
Pierrefond, 3 1/2	Compiègne	Oise
Pierrefontaine, 5 1/2	Baume	Doubs
Pierrefontaine, 4 1/4	Montbéliard	Doubs
Pierrefontaine, 3	Langres	H.-Marne
Pierrefort *, 6 1/4	St.-Flour	Cantal
Pierregot, 3 1/2	Amiens	Somme
Pierrejeux (*Orny*), 3	Metz	Moselle
Pierrejux, 3	Gray	H.-Saône
Pierrelatte *, 4 1/4	Montélimart	Drôme
Pierrelaye, 1	Pontoise	Seine-et-O
Pierrelevée, 3 1/2	Meaux	Seine-et-M.
Pierrelez, 6	Provins	Seine-et-M.
Pierrelongue, 5 1/2	Nyons	Drôme
Pierrelongue (*Boulancourt*), 7	Fontainebleau	Seine-et-M.
Pierremande, 8 3/4	Laon	Aisne
Pierremont (St.-), 7	Laon	Aisne
Pierremont (St.-), 5	Vouziers	Ardennes
Pierremont (St.-), (*Avril*), 1 1/4	Briey	Moselle
Pierremont, 1 3/4	St.-Pol	Pas-de-Cal.
Pierremont (St.-), 9 1/2	Epinal	Vosges
Pierremorains, 5 3/4	Epernay	Marne
Pierrepercée (*Noyant*), 5	Moulins	Allier
Pierrepercée, 9	Lunéville	Meurthe
Pierreperthuis, 3	Avallon	Yonne
Pierrepont, 3 3/4	Laon	Aisne
Pierrepont, 5	Mézières	Ardennes
Pierrepont, 3 1/2	Caen	Calvados
Pierrepont, 2 1/2	Falaise	Calvados
Pierrepont, 5 1/2	Briey	Moselle
Pierrepont, 4 3/4	Neufchâtel	Seine-Inf.
Pierrepont, 2	Montdidier	Somme
Pierrepont, 5	Epinal	Vosges
Pierreroude, 2 1/2	Bernay	Eure
Pierrerue, 1	Forcalquier	B.-Alpes
Pierrerue, 7	St.-Pons	Hérault
Pierres, 4	Vire	Calvados
Pierres, 4	Chartres	Eure-et-L.
Pierresegade (*Viane*), 12	Castres	Tarn
Pierreval, 4 1/2	Rouen	Seine-Inf.
Pierreville (St.-), 5 3/4	Privas	Ardèche
Pierreville, 5 3/4	Cherbourg	Manche
Pierreville, 4 3/4	Nancy	Meurthe
Pierreville (*Bacqueville*), 4	Dieppe	Seine-Inf.
Pierrevillers, 2 3/4	Briey	Moselle
Pierrevert, 5 1/2	Forcalquier	B.-Alpes
Pierric, 8 3/4	Savenay	Loire-Inf.
Pierru (*Betton*), 2 1/2	Rennes	Ille-et-Vil.
Pierry, 3/4	Epernay	Marne
Piételle, 4 1/2	Lons-le-Saulnier	Jura
Piétra, 6	Corte	Corse
Piétrabugno,	Bastia	Corse
Piétra-Corbora, 5 1/2	Bastia	Corse
Piétra-Serena, 3 1/3	Corte	Corse
Piétralba, 6 3/4	Bastia	Corse
Piétro (St.-),	Bastia	Corse
Piétro (St.-), 1	Corte	Corse
Pietroso, 5	Corte	Corse
Piets, 6 3/4	Orthez	B.-Pyrén.
Pieusse, 1 1/2	Limoux	Aude
Pieux (les)*, 5 1/4	Cherbourg	Manche
Piffonds, 5 1/2	Joigny	Yonne
Pigerolles, 5 1/2	Aubusson	Creuse
Pignan, 2 1/4	Montpellier	Hérault
Pignans, 5	Brignoles	Var
Pignicourt, 9 1/2	Laon	Aisne
Pignols, 6	Clermont	Puy-de-Dô.
Pigny, 2 3/4	Bourges	Cher
Piguy (*Lucy*), 3/4	Epernay	Marne
Pihem, 2	St.-Omer	Pas-de-Cal.
Pihen, 6	Boulogne	Pas-de-Cal.
Piis, 5 1/4	Lectoure	Gers
Piis, 5	Villeneuve-d'Agen	Lot-et-Gar.

Communes.	Arrondissem.	Départem.	Communes.	Arrondissem.	Départem.
Pila-é-Canale, $3\frac{3}{4}$	Ajaccio	Corse	Pinsot, 10	Grenoble	Isère
Piles (Hautes-et-Basses), (Cornilles), $5\frac{1}{4}$	Périgueux	Dordogne	Pintac, 3	Tarbes	H.-Pyrén.
			l'interville, 1	Louviers	Eure
Pillac, 12	Barbezieux	Charente	1 intheville, $4\frac{1}{4}$	Verdun	Meuse
Pille (la), $5\frac{1}{4}$	Louviers	Eure	Pinthières (les), 4	Dreux	Eure et-L.
Pillemoine, $5\frac{1}{2}$	Poligny	Jura	Piohetta, $4\frac{1}{2}$	Corte	Corse
Pilles (les), $1\frac{1}{4}$	Nyons	Drôme	Pioggiola, $4\frac{1}{4}$	Calvi	Corse
Pilleux (Chantenay), $\frac{1}{2}$	Nantes	Loire-Inf.	Piolene, $1\frac{1}{2}$	Orange	Vaucluse
Pilliers (les) (Villecerf), $4\frac{1}{2}$	Fontainebleau	Seine-et-M.	Piounat, 3	Guéret	Creuse
			Pionsat, 8	Riom	Puy-de-Dô.
Pillon (le), $8\frac{3}{4}$	Die	Drôme	Pioussay, $4\frac{1}{2}$	Melle	2 Sèvres
Pillon, $4\frac{3}{4}$	Montmédy	Meuse	Pipet (St.-Baudiller) $10\frac{1}{2}$	Grenoble	Isère
Pilon (le) (Cheix), $5\frac{1}{4}$	Paimbœuf	Loire-Inf.	Pipriac, $5\frac{1}{2}$	Redon	Ille-et-Vil.
Pimbo, 9	St.-Sever	Landes	Pique-Louvet (Banvou), 3	Domfront	Orne
Pimelles, $2\frac{1}{2}$	Tonnerre	Yonne			
Pimorin, $5\frac{1}{2}$	Lons-le-Saulnier	Jura	Piquecos, $2\frac{1}{4}$	Montauban	Tarn-et-G.
			Pirajoux, 4	Bourg	Ain
Pimpré, $4\frac{1}{2}$	Compiégne	Oise	Piré, 5	Rennes	Ille-et-Vil.
Pin (le), $7\frac{1}{2}$	La Palisse	Allier	Piriac, $11\frac{1}{2}$	Savenay	Loire-Inf.
Pin (le), 3	Lisieux	Calvados	Pirmil, $5\frac{1}{2}$	La Flèche	Sarthe
Pin (le), $4\frac{5}{4}$	Jonzac	Char.-Inf.	Pirou (Pierrefort), $1\frac{1}{4}$	St.-Flour	Cantal
Pin (le), 1	St.-Jean-d'Angely	Char.-Inf.	Pirou, 5	Coutances	Manche
			Pis-Bajon, 6	Mirande	Gers
Pin (le), 4	Uzès	Gard	Pisanny, $2\frac{1}{4}$	Saintes	Char.-Inf.
Pin (le), $5\frac{1}{2}$	Muret	H.-Garonne	Piscop, 4	Pontoise	Seine-et-O.
Pin (le), $1\frac{3}{4}$	Toulouse	H.-Garonne	Pisdorf, $9\frac{1}{4}$	Saverne	B.-Rhin
Pin (le), 6	Lombez	Gers	Piseux, 6	Evreux	Eure
Pin (le), $6\frac{1}{2}$	La Châtre	Indre	Pisieu, $5\frac{1}{2}$	Vienne	Isère
Pin (le), $4\frac{1}{2}$	La Tour-du-Pin	Isère	Pisse, $4\frac{1}{2}$	Briançon	H.-Alpes
Pin (le), $1\frac{1}{4}$	Lons-le-Saulnier	Jura	Pisselepx, $6\frac{1}{2}$	Soissons	Aisne
			Pisseleux, $2\frac{1}{2}$	Beauvais	Oise
Pin (le), 6	Ancenis	Loire-Inf.	Pisseloup, 8	Langres	H.-Marne
Pin (le), 3	Argentan	Orne	Pisseloup, 8	Gray	H.-Saône
Pin (le), $7\frac{1}{4}$	Gray	H.-Saône	Pisserottes (les) (Bannay), 6	Epernay	Marne
Pin (le), 5	Meaux	Seine-et-M.			
Pin (le), $4\frac{1}{2}$	Bressuire	2 Sèvres	Pisserottes (les) (Le Thoult), $5\frac{1}{4}$	Epernay	Marne
Pin (le), $4\frac{1}{2}$	Moissac	Tarn-et-G.			
Pin-la-Garenne (le), 2	Mortagne	Orne	Pisseure (la), $8\frac{1}{2}$	Lure	H.-Saône
Pin-en-Mauge, 3	Beaupréau	Maine-et-L.	Pissos, 18	Mont-de-Marsan	Landes
Pin Moriez, $2\frac{1}{4}$	Marvejols	Lozère			
Pinarello	Sartène	Corse	Pissot, $4\frac{1}{2}$	Périgueux	Dordogne
Pinas, $7\frac{1}{2}$	Bagnères	H.-Pyrén.	Pissote, $1\frac{1}{4}$	Fontenay-le-Comte	Vendée
Pinay, 6	Roanne	Loire			
Pinbodière (Essarts-le-Vicomte), 13	Epernay	Marne	Pissy, 3	Rouen	Seine-Inf.
			Pissy, $3\frac{1}{2}$	Amiens	Somme
Pincé, 6	La Flèche	Sarthe	Pisy, 4	Avallon	Yonne
Pindères, 9	Nérac	Lot-et-Gar.	Pitgham, 4	Dunkerque	Nord
Pindray, 2	Montmorillon	Vienne	Pithienville, 5	Evreux	Eure
Pineaux (les), 8	Fontenay-le-Comte	Vendée	PITHIVIERS, ch.-l. d'arr., 21		Loiret
			Pithiviers-le-Vieil, $1\frac{1}{4}$	Pithiviers	Loiret
Pinet, 7	Milhaud	Aveiron	Pithon, $4\frac{1}{2}$	St.-Quentin	Aisne
Pinet, 7	Béziers	Hérault	Pithon (St.-), $6\frac{1}{2}$	Cambrai	Nord
Pinet, $8\frac{3}{4}$	Albi	Tarn	Pitres, 4	Louviers	Eure
Pineuilh, $12\frac{1}{2}$	Libourne	Gironde	Pittefaux, 1	Boulogne	Pas-de-Cal.
Piney, $4\frac{1}{4}$	Troyes	Aube	Pixerécourt, 1	Nancy	Meurthe
Piniers (le), 2	St.-Jean-d'Angely	Char.-Inf.	Pizançon (Romans), $4\frac{1}{2}$	Valence	Drôme
			Pizany, $7\frac{1}{2}$	Trévoux	Ain
Pino, $6\frac{1}{2}$	Bastia	Corse	Pizieux, $1\frac{1}{2}$	Mamers	Sarthe
Pino, 2	Calvi	Corse	Pizou (le), 10	Riberac	Dordogne
Pinols, $10\frac{3}{4}$	Brioude	H.-Loire	Pla (le), $16\frac{1}{2}$	Foix	Ariège
Pinon, $3\frac{3}{4}$	Laon	Aisne	Plabennec, 3	Brest	Finistère
Pins (les), 8	Confolens	Charente	Placard (Verdey), $8\frac{3}{4}$	Epernay	Marne
Pins, $1\frac{1}{4}$	Muret	H.-Garonne	Placé, 4	Mayenne	Mayenne
Pins (les), 9	Tours	Indre-et-L.	Placés (les), $4\frac{1}{2}$	Bernay	Eure
Pinsac, $7\frac{1}{2}$	Gourdon	Lot	Placey, $4\frac{1}{2}$	Besançon	Doubs
Pinsaguel, 2	Muret	H.-Garonne	Placy, 5	Falaise	Calvados

Communes.	Arrondissem.	Départem.	Communes.	Arrondissem.	Départem.
Placy, 4 1/4	St.-Lô	Manche	Plane (la), 4 1/2	Villefranche	Aveiron
Plagne, 10 1/2	Muret	H.-Garonne	Plane, 5 1/2	Lons-le-Saulnier	Jura
Plaguole, 5 1/2	Muret	H.-Garonne	Planée (la), 3 1/4	Pontarlier	Doubs
Plaigne, 5 1/2	Castelnaudary	Aude	Planemont, 8 1/2	Lure	H.-Saône
Plailly, 3	Senlis	Oise	Planès, 9	Prades	Pyrén.-Or.
Plaimbois, 6	Baume	Doubs	Planèses, 7 1/4	Perpignan	Pyrén.-Or.
Plaimbois-du-Miroir, 12 1/2	Montbéliard	Doubs	Planfoix (*St.-Genest-Malifaux*), 1 1/2	St.-Etienne	Loire
Plaimpied, 2 3/4	Bourges	Cher			
Plaine (la), 6	Paimbœuf	Loire-Inf.	Planguenoual, 3 3/4	St.-Brieuc	Côtes-du-N.
Plaine (la), 12 1/2	Saumur	Maine-et-L.	Plaphes, 12 1/2	Espalion	Aveiron
Plaine (la) (*Armancourt*) 2	Compiégne	Oise	Planiolles, 7	Figeac	Lot
Plaine, 6	St.-Dié	Vosges	Planois (le), 6 3/4	Louhans	Saône-et-L.
Plaine-du-Boccage (la) (*Thiescourt*), 4	Compiégne	Oise	Planoy, 4	Coulommiers	Seine-et-M.
			Planquay (le), 2 1/4	Bernay	Eure
Plaine-Haute, 2 1/2	St.-Brieuc	Côtes-du-N.	Planquery, 4 1/4	Bayeux	Calvados
Plaines, 4	Bar-sur-Seine	Aube	Planques, 6	Montreuil	Pas-de-Cal.
Plainfaing, 4 1/2	St.-Dié	Vosges	Planrupt, 3 1/4	Wassy	H.-Marne
Plainoiseau, 2	Lons-le-Saulnier	Jura	Plans (les), 2 1/4	Alais	Gard
			Plans (les), 1 1/4	Lodève	Hérault
Plains (les), 8 1/4	Montbéliard	Doubs	Plantaire (St.-), 6 1/2	La Châtre	Indre
Plaintel, 3	St.-Brieuc	Côtes-du-N.	Plantay (le), 9	Trévoux	Ain
Plainval, 4	Clermont	Oise	Plantières, 1/2	Metz	Moselle
Plainville, 1 1/4	Bernay	Eure	Plantis (le), 10 1/2	Alençon	Orne
Plainville, 6	Clermont	Oise	Planzolles, 4 1/4	Argentière	Ardèche
Plaisac, 6	Angoulême	Charente	Plappeville, 1/2	Metz	Moselle
Plaisance, 8	St.-Affrique	Aveiron	Plasence, 6 1/2	Orthez	B.-Pyrén.
Plaisance, 3 1/2	Toulouse	H.-Garonne	Plasne, 2	Bernay	Eure
Plaisance*, 9 1/4	Mirande	Gers	Plassac, 3 1/4	Angoulême	Charente
Plaisance, 2 1/2	Montmorillon	Vienne	Plassac, 2 1/4	Jonzac	Char.-Inf.
Plaisia, 5	Lons-le-Saulnier	Jura	Plassac, 1 1/4	Blaye	Gironde
			Plassay, 4	Saintes	Char.-Inf.
Plaisir (St.-), 6	Moulins	Allier	Plat-d'Etain (le) (*Artins*), 6	Vendôme	Loir-et-Ch.
Plaisir, 3	Versailles	Seine-et-O.			
Plaissan, 10 1/2	Lodève	Hérault	Plat-Pays-de-Saulieu, 6	Semur	Côte-d'Or
Plan (le), 9 1/4	Muret	H.-Garonne	Plats, 5	Tournon	Ardèche
Plan, 6	St.-Marcellin	Isère	Plaudren, 4	Vannes	Morbihan
Plan (le), 4	Mont-de-Marsan	Landes	Plauzat, 5 1/4	Clermont	Puy-de-Dô.
			Plavés, 4 1/2	Auch	Gers
Plan-d'Aups, 8	Brignoles	Var	Plavialla, 5 1/4	Castelnaudary	Aude
Plan-de-la-Tour (le), 7 1/4	Draguignan	Var	Plazac, 9	Sarlat	Dordogne
Planas (*Thoard*), 4	Digne	B.-Alpes	Pleau (la), 9 3/4	Tulle	Corrèze
Planay, 7	Châtillon	Côte-d'Or	Pleaux, 4 1/2	Mauriac	Cantal
Plancard (St.)*, 3	St.-Gaudens	H.-Garonne	Plébouille, 7 1/2	Dinan	Côtes-du-N.
Planchamps, 11 1/2	Mende	Lozère	Pléchatel, 9	Redon	Ille-et-Vil.
Planche (la) (*Ormoi*), 3/4	Etampes	Seine-et-O.	Plédéliac, 7	Dinan	Côtes-du-N.
Planche-des-Crocs (la) (*St.-Gervans-de-Messei*), 4	Domfront	Orne	Plédran, 1 1/2	St.-Brieuc	Côtes-du-N.
			Pléhaut, 7	Auch	Gers
			Pléhédel, 7	St.-Brieuc	Côtes-du-N.
Plancher-Bas, 6	Lure	H.-Saône	Pléhérel, 9	Dinan	Côtes-du-N.
Plancher-les-Mines, 7 1/2	Lure	H.-Saône	Pleibert-Christ, 2	Morlaix	Finistère
Planchers (St.-), 6	Avranches	Manche	Pleine-Fougères, 11 1/4	St.-Malo	Ille-et-Vil.
Planches (les), 1 1/4	Louviers	Eure	Pleineselve, 4 1/2	St.-Quentin	Aisne
Planches, 5 1/2	Issoudun	Indre	Pleinesève, 5 1/4	Yvetot	Seine-Inf.
Planches (les), 9	Poligny	Jura	Pleines-Œuvres, 5 1/4	Vire	Calvados
Planches, 7 1/2	Argentan	Orne	Pleinselve, 6 1/4	Blaye	Gironde
Planches près Arbois (les), 3	Poligny	Jura	Plélan*, 5	Montfort	Ille-et-Vil.
			Plélauff, 9	Loudéac	Côtes-du-N.
Planchette (la), 1 1/4	Metz	Moselle	Plélo, 4	St.-Brieuc	Côtes-du-N.
Planchez, 3	Château-Chinon	Nièvre	Plémet, 3	Loudéac	Côtes-du-N.
			Plémy, 5 1/2	Loudéac	Côtes-du-N.
Planchotte (la) *Hennezel*), 10 1/2	Mirecourt	Vosges	Plenartige, 10	Limoges	H.-Vienne
			Plenée-Jugon, 7	Dinan	Côtes-du-N.
Plancoët*, 4	Dinan	Côtes-du-N.	Pleneuf, 5 1/2	St.-Brieuc	Côtes-du-N.
Plancy, 3	Arcis-sur-Aube	Aube	Plénise, 6 1/2	Poligny	Jura
Plandebaix, 6 1/4	Die	Drôme	Plénisette, 6 1/4	Poligny	Jura

Communes.	Arrondissem.	Départem.
Plerguer, 4 ¼	St.-Malo	Ille-et-Vil.
Plérin, ½	St.-Brieuc	Côtes-du-N.
Plerneuf, 2 ½	St.-Brieuc	Côtes-du-N.
Plescop, 2	Vannes	Morbihan
Plesder, 7 ½	St.-Malo	Ille-et-Vil.
Plesguien, 6	St.-Brieuc	Côtes-du-N.
Plesidy, 2 ¾	Guingamp	Côtes-du-N.
Pleslin, 2 ½	Dinan	Côtes-du-N.
Plesnois (*Norroy-le-Veneur*), 1 ¾	Metz	Moselle
Plesnoy (*Proviseux*), 9	Laon	Aisne
Plesnoy, 3 ¼	Langres	H.-Marne
Plessala, 4 ½	Loudéac	Côtes-du-N.
Plessé, 4 ¾	Savenay	Loire-Inf.
Plessier-Brion, 3	Compiégne	Oise
Plessier-de-Roi (le), 6 ¾	Compiégne	Oise
Plessier-Huleux, 4 ½	Soissons	Aisne
Plessier-Marigny (le) (*Marigny-sur-le-Matz*), 4	Compiégne	Oise
Plessier-Rosainvillers (le), 3 ½	Montdidier	Somme
Plessier-sur-Bulles (le), 3 ½	Clermont	Oise
Blessier-sur-St.-Just (le), 4	Clermont	Oise
Plessis (*Guyencourt*), 10	Laon	Aisne
Plessis (le), 7	Coutances	Manche
Plessis (le) (*Saudoy*), 10	Epernay	Marne
Plessis-aux-Bois (le), 2 ½	Meaux	Seine-et-M.
Plessis-aux-Tournelles (le) (*Cucharmoy*), 2 ¾	Provins	Seine-et-M.
Plessis-Barbuise, 3	Nogent-sur-Seine	Aube
Plessis-Balisson (le), 3	Dinan	Côtes-du-N.
Plessis-Belleville (le), 5	Senlis	Oise
Plessis-Bouchard (le), 6	Pontoise	Seine-et-O.
Plessis-Cacheleux (*Dives*), 5 ½	Compiégne	Oise
Plessis-Dorin (le), 9	Vendôme	Loir-et-Ch.
Plessis-Dumée, 7 ½	Sens	Yonne
Plessis-Feu-Aussoux (le), 3 ½	Coulommiers	Seine-et-M.
Plessis-Gassot, 6	Pontoise	Seine-et-O.
Plessis-Gate-Bled (le), 3 ½	Nogent-sur-Seine	Aube
Plessis-Grammoire (le), 2	Angers	Maine-et-L.
Plessis-Grimoult (le), 7	Vire	Calvados
Plessis-Grohan, 2	Evreux	Eure
Plessis-Hainault (le) (*St.-Just*), 4 ½	Provins	Seine-et-M.
Plessis-Hébert (le), 4	Evreux	Eure
Plessis-l'Echelle (le), 7 ½	Blois	Loir-et-Ch.
Plessis-l'Evêque (le), 2	Meaux	Seine-et-M.
Plessis-les-Vallées, 3	Pontoise	Seine-et-O.
Plessis-Longueau (le), 3 ½	Clermont	Oise
Plessis-Macé (le), 3	Angers	Maine-et-L.
Plessis-Mahiet (le), 5	Bernay	Eure
Plessis-Paté (le), 3	Corbeil	Seine-et-O.
Plessis-Pate-d'Oie, 9	Compiégne	Oise
Plessis-Piquet, ½	Sceaux	Seine
Plessis-Placy (le), 3 ½	Meaux	Seine-et-M.
Plessis-St.-Jean, 6	Sens	Yonne
Plestan, 7 ½	Dinan	Côtes-du-N.
Plestan (le Petit), 3	Dinan	Côtes-du-N.
Plestin, 4 ½	Lannion	Côtes-du-N.

Communes.	Arrondissem.	Départem.
Pleubian, 8	Lannion	Côtes-du-N.
Pleucadeuc, 8	Vannes	Morbihan
Pleudaniel, 6	Lannion	Côtes-du-N.
Pleugriffet, 6	Ploërmel	Morbihan
Pleuguenenc, 7 ½	St.-Malo	Ille-et-Vil.
Pleumeleuc, 1 ½	Montfort	Ille-et-Vil.
Pleumeur-Bodou, 2 ½	Lannion	Côtes-du-N.
Pleumeur-Gautier, 6	Lannion	Côtes-du-N.
Pleure, 5 ½	Dôle	Jura
Pleurs, 11	Epernay	Marne
Pleurtuit, 2 ½	St.-Malo	Ille-et-Vil.
Pleuven, 3 ½	Quimper	Finistère
Pleuvezain, 4	Neufchâteau	Vosges
Pleuville, 5 ¾	Confolens	Charente
Plévenon, 9	Dinan	Côtes-du-N.
Plévin, 5	Dinan	Côtes du-N.
Plévin, 12	Guingamp	Côtes-du-N.
Pleyben, 2 ½	Châteaulin	Finistère
Pleysians, 6	Nyons	Drôme
Pliboux, 5 ½	Melle	2 Sèvres
Plichancourt, 1 ¾	Vitry-le-Français	Marne
Plieux, 2 ½	Lectoure	Gers
Plis (le) (*Grigneuzeville*), 8	Dieppe	Seine-Inf.
Plivôt, 2	Epernay	Marne
Ploaré, 6 ½	Quimper	Finistère
Plobannalec, 5 ½	Quimper	Finistère
Plobsheim, 3	Strasbourg	Bas-Rhin
Plœmel, 7	Lorient	Morbihan
Plœmeur, 1	Lorient	Morbihan
Ploërdut, 6 ¼	Pontivy	Morbihan
Ploëren, 2 ½	Vannes	Morbihan
PLOERMEL *	ch.-l. d'arr., 117	Morbihan
Plœuc, 4 ¾	St.-Brieuc	Côtes-du-N.
Ploëven, 2 ½	Châteaulin	Finistère
Ploëzal, 5	Guingamp	Côtes-du-N.
Plogastel, 3 ¾	Quimper	Finistère
Plogoff, 12 ¾	Quimper	Finistère
Plogonnec, 3 ¼	Quimper	Finistère
Ploiron (le), 6	Clermont	Oise
Ploiselière (la), 6	Lure	H.-Saône
Ploisy, 1 ½	Soissons	Aisne
Plomb, 1 ½	Avranches	Manche
Plombières, 1 ½	Dijon	Côte-d'Or
Plombières*, 4	Remiremont	Vosges
Plomelin, 2	Quimper	Finistère
Plomeur, 5 ¾	Quimper	Finistère
Plomion, 1 ¾	Vervins	Aisne
Plomodiern, 2 ½	Châteaulin	Finistère
Ploneis, 2	Quimper	Finistère
Plonéour, 5 ½	Quimper	Finistère
Plonevez-le-Faon, 6 ½	Châteaulin	Finistère
Plonevez-Porzai, 3 ¾	Châteaulin	Finistère
Plorec, 4 ¾	Dinan	Côtes-du-N.
Plottes, 7	Mâcon	Saône-et-L.
Plouagat, 2 ½	Guingamp	Côtes-du-N.
Plouaret, 4	Lannion	Côtes-du-N.
Plouarzel, 5	Brest	Finistère
Plouasne, 5 ½	Dinan	Côtes-du-N.
Plouay, 6	Lorient	Morbihan
Ploubalay, 4 ½	Dinan	Côtes-du-N.
Ploubazlanec, 11	St.-Brieuc	Côtes-du-N.
Plouberre, ¾	Lannion	Côtes-du-N.
Ploudalmezeaul, 5	Brest	Finistère
Ploudaniel, 5	Brest	Finistère

Communes.	Arrondissem.	Départem.
Ploudiry, 6	Brest	Finistère
Plouëc, 3	Guingamp	Côtes-du-N.
Plouëdern, 5	Brest	Finistère
Plouégat-Guérand, 4	Morlaix	Finistère
Plouégat-Moisan, 5	Morlaix	Finistère
Plouénan, 4	Morlaix	Finistère
Plouer, 2 ½	Dinan	Côtes-du-N.
Plouescat, 7	Morlaix	Finistère
Plouëzec, 8 ¾	St.-Brieuc	Côtes-du-N.
Plouézoch, 1 ¾	Morlaix	Finistère
Ploufragan ¾	St.-Brieuc	Côtes-du-N.
Plougard, 6	Morlaix	Finistère
Plougasnou, 3	Morlaix	Finistère
Plougastel, 4	Brest	Finistère
Plougonvélin, 4	Brest	Finistère
Plougouven, 3	Morlaix	Finistère
Plougonver, 5	Guimgamp	Côtes-du-N.
Plougoulm, 5	Morlaix	Finistère
Plougoumelen, 10	Lorient	Morbihan
Plougourvert, 5	Morlaix	Finistère
Plougras, 6	Lannion	Côtes-du-N.
Plougrescant, 6	Lannion	Côtes-du-N.
Plouguenast, 3 ¾	Loudéac	Côtes-du-N.
Plouguer, 12 ¾	Châteaulin	Finistère
Plouguerneau, 6	Brest	Finistère
Plouguernevel, 10	Guimgamp	Côtes-du-N.
Plouguiel, 5 ½	Lannion	Côtes-du-N.
Plouguin, 3 ¾	Brest	Finistère
Plouha, 6	St.-Brieuc	Côtes-du-N.
Plouharnel, 7	Lorient	Morbihan
Plouhinec, 9	Quimper	Finistère
Plouhinec, 8 ½	Lorient	Morbihan
Plouider, 6	Brest	Finistère
Plouigneau, 3	Morlaix	Finistère
Plouisy, 1	Guimgamp	Côtes-du-N.
Ploujean, 1	Morlaix	Finistère
Ploulech, ¾	Lannion	Côtes-du-N.
Ploumagoar, ½	Guimgamp	Côtes-du-N
Ploumiliau, 2	Lannion	Côtes-du-N.
Ploumoguer, 4 ¾	Brest	Finistère
Plounéour-Ménès, 4	Morlaix	Finistère
Plounéour-Trez, 7	Brest	Finistère
Plounérin, 5 ½	Lannion	Côtes-du-N.
Plounéventer, 6	Morlaix	Finistère
Plounévez-Lochrist, 8	Morlaix	Finistère
Plounévez-Moëdec, 5	Lannion	Côtes-du-N.
Plounévez-Quentin, 8	Guimpamp	Côtes-du-N.
Plounévézel, 12 ¾	Châteaulin	Finistère
Plounez, 10 ½	St.-Brieuc	Côtes-du-N.
Plourach, 8	Guimgamp	Côtes-du-N.
Plouray, 9 ½	Pontivy	Morbihan
Plourhan, 4 ½	St.-Brieuc	Côtes-du-N.
Plourin, 4	Brest	Finistère
Plourin, 1	Morlaix	Finistère
Plourivo, 9	St.-Brieuc	Côtes-du-N.
Plouvain, 2 ½	Arras	Pas-de-Cal.
Plouvara, 3	St.-Brieuc	Côtes-du-N.
Plouvien, 3 ¾	Brest	Finistère
Plouvorn, 5	Morlaix	Finistère
Ploux, 6	Bourges	Cher
Plouyé, 9	Châteaulin	Finistère
Plouzanné, 2 ½	Brest	Finistère
Plouzellambre, 3 ½	Lannion	Côtes-du-N.
Plouzévédé, 6	Morlaix	Finistère
Plovan, 6 ½	Quimper	Finistère
Ployart, 3 ¾	Laon	Aisne

Communes.	Arrondissem.	Départem.
Plozevet, 6	Quimper	Finistère
Pluche (*Chérisey*), 3 ¼	Metz	Moselle
Pludihen, 2 ½	Dinan	Côtes-du-N.
Pludual, 7	St.-Brieuc	Côtes-du-N.
Pluduno, 5	Dinan	Côtes-du-N.
Plufur, 4 ½	Lannion	Côtes-du-N.
Pluguffan, 1 ½	Quimper	Finistère
Pluherlin, 8	Vannes	Morbihan
Plumaudan, 4 ¾	Dinan	Côtes-du-N.
Plumaugat, 6	Dinan	Côtes-du-N.
Plumartin, 5	Châtellerault	Vienne
Plume (la), 3 ½	Agen	Lot-et-Gar.
Plumélec, 6	Ploërmel	Morbihan
Plumelin, 6	Pontivy	Morbihan
Plumeliau, 3 ¼	Pontivy	Morbihan
Plumergat, 11	Lorient	Morbihan
Plumetot, 2 ½	Caen	Calvados
Plumieux, 4 ½	Loudéac	Côtes-du-N.
Plumoison, 4 ½	Montreuil	Pas-de-Cal.
Plumont, 4	Dôle	Jura
Pluneret, 9 ½	Lorient	Morbihan
Plurien, 8	St.-Brieuc	Côtes-du-N.
Plusquellec, 8	Guimgamp	Côtes-du-N.
Plussulien, 6 ¾	Loudéac	Côtes-du-N.
Pluvault, 4	Dijon	Côte-d'Or
Pluvet, 4 ½	Dijon	Côte-d'Or.
Pluviers, 3	Nontron	Dordogne
Pluvigner, 8	Lorient	Morbihan
Pluzunet, 3 ¾	Lannion	Côtes-du-N.
Pô (le) (*Carnac*), 8	Lorient	Morbihan
Pocancy, 4	Épernay	Marne
Pocé, 1 ¼	Vitré	Ille-et-Vil.
Pocé, 6	Tours	Indre-et-L.
Poché (*St.-Sabine*), 5	Le Mans	Sarthe
Podensac *, 8	Bordeaux	Gironde
Poël-Laval, 5	Montélimart	Drôme
Poët (le), 8 ¾	Gap	H.-Alpes
Poët-Célard, 12	Die	Drôme
Poët-d'Ampercip, 7 ¾	Nyons	Drôme
Poët-Segilat, 4 ¾	Nyons	Drôme
Poeuilly, 3	Péronne	Somme
Poey, 2	Oléron	B.-Pyrén.
Poey, 2 ¾	Pau	B.-Pyrén.
Poézat, 1	Gannat	Allier
Poggio, 2 ½	Bastia	Corse
Poggio, 9 ¾	Bastia	Corse
Poggio, 1 ½	Corte	Corse
Poggio,	Sartène	Corse
Poggio-di-Castel-d'Aqua, 7 ¾	Bastia	Corse
Poggio-d'Inazza, 7 ½	Corte	Corse
Poggio-Marinaccio, 7 ½	Bastia	Corse
Poggio-Mezzana, 7 ½	Bastia	Corse
Poggiolo, 2 ½	Ajaccio	Corse
Pogny, 3 ½	Châlons-sur-Marne	Marne
Poigny, ¾	Provins	Seine-et-M.
Poigny, 1 ½	Rambouillet	Seine-et-O.
Poil (le), 8	Castellanne	B.-Alpes
Poil (le) (*Montagny-lès-Beaune*), 1 ¼	Beaune	Côte-d'Or
Poil (*Laroche-Millay*), 7 ½	Château-Chinon	Nièvre
Poilcourt, 4 ½	Rethel	Ardennes
Poilhes, 3	Béziers	Hérault
Poillé, 6	La Flèche	Sarthe

Communes.	Arrondissem.	Départem.
Poilley, $3\frac{1}{2}$	Fougères	Ille-et-Vil.
Poilley, $2\frac{1}{2}$	Avranches	Manche
Poilly, $\frac{1}{2}$	Gien	Loiret
Poilly, $4\frac{1}{4}$	Rheims	Marne
Poilly, $3\frac{3}{4}$	Joigny	Yonne
Poilly, 3	Tonnerre	Yonne
Poilly. *Voyez* Pouilly		
Poinchi, 4	Auxerre	Yonne
Poincillon (*Sorbey*), $3\frac{3}{4}$	Metz	Moselle
Poincy, 1	Meaux	Seine-et-M.
Poinsenot, $7\frac{1}{2}$	Langres	H.-Marne
Poinson-lès-Fay, $6\frac{1}{4}$	Langres	H.-Marne
Poinson-lès-Grancey, 8	Langres	H.-Marne
Poinson-lès-Larrey, 3	Châtillon	Côte-d'Or
Poinson-lès-Nogent, $6\frac{1}{4}$	Chaumont	H.-Marne
Point (St.-), 4	Pontarlier	Doubs
Point (St.-), 5	Mâcon	Saône-et-L.
Point-du-Jour (*Auteuil*), $2\frac{3}{4}$	St.-Denis	Seine
Pointe (la) (*Marennes*), $1\frac{1}{2}$	Marennes	Char.-Inf.
Pointel, $6\frac{1}{2}$	Argentan	Orne
Pointis-de-Rivière, 2	St.-Gaudens	H.-Garonne
Pointis-Inard, $1\frac{3}{4}$	St.-Gaudens	H.-Garonne
Pointre, $3\frac{1}{2}$	Dôle	Jura
Poinville, 11	Chartres	Eure-et-L.
Poinvillers, $6\frac{1}{2}$	Besançon	Doubs
Poiré-sous-Bourbon (le), 4	Bourbon-Vendée	Vendée
Poiré-sur-Velluire (le), $2\frac{3}{4}$	Fontenay-le-Comte	Vendée
Poiremont (*Lyaumont*), 9	Lure	H.-Saône
Poirier, $2\frac{1}{2}$	Caen	Calvados
Poiroux (le), $5\frac{1}{2}$	Les Sables	Vendée
Pois (St.-), $3\frac{1}{2}$	Mortain	Manche
Pois-de-Fiole (*Nogna*), 3	Lons-le-Saulnier	Jura
Poisat, $1\frac{3}{4}$	Grenoble	Isère
Poiseuil-la-Ville, $9\frac{1}{4}$	Châtillon	Côte-d'Or.
Poiseul, $3\frac{1}{2}$	Langres	H.-Marne
Poiseul-la-Grange, $4\frac{3}{4}$	Dijon	Côte-d'Or
Poiseul-les-Saulx, 6	Dijon	Côte-d'Or
Poiseux, $5\frac{1}{4}$	Nevers	Nièvre
Poisieux, $6\frac{3}{4}$	Bourges	Cher
Poislay (le), 8	Vendôme	Loir-et-Ch.
Poisoux, 10	Lons-le-Saulnier	Jura
Poisson, 4	Charolles	Saône-et-L.
Poissonnière (la) (*Savennières*), $2\frac{1}{4}$	Angers	Maine-et-L.
Poissons, 6	Wassy	H.-Marne
Poissy*, 3	Versailles	Seine-et-O.
Poisvilliers, $1\frac{1}{2}$	Chartres	Eure-et-L.
Poitevinière (la), $2\frac{1}{4}$	Beaupréau	Maine-et-L.
Poitiers*,	ch.-l. de dép. 86	Vienne
Poitte, $3\frac{3}{4}$	Lons-le-Saulnier	Jura
Poivre, 5	Arcis-sur-Aube	Aube
Poix, 3	Mézières	Ardennes
Poix, $5\frac{1}{4}$	Châlons-sur-Marne	Marne
Poix (St.-), $7\frac{1}{2}$	Château-Gontier	Mayenne
Poix, $6\frac{1}{4}$	Avesnes	Nord
Poix*, 6	Amiens	Somme

Communes.	Arrondissem.	Départem.
Poixe (*Servigny-les-St.-Barbe*), 2	Metz	Moselle
Poizay-le-Joly, 6	Châtellerault	Vienne
Poizay-le-Vieux, 6	Châtellerault	Vienne
Pol (St.-)*, 5	Morlaix	Finistère
Pol (St.-)*,	ch. l. d'arr., 52	Pas-de-Cal.
Polaincourt, $7\frac{3}{4}$	Vesoul	H.-Saône
Polàstron, $8\frac{1}{2}$	Muret	H.-Garonne
Polastron, 2	Lombez	Gers
Pôle (Ste.-), 7	Lunéville	Meurthe
Poleymieux, $2\frac{1}{4}$	Lyon	Rhône
Polgue (St.-), $4\frac{1}{2}$	Roanne	Loire
Policarpe (St.-), $1\frac{3}{4}$	Limoux	Aude
Poliénas, 5	St.-Marcellin	Isère
Polignac, 5	Jonzac	Char.-Inf.
Polignac, $\frac{3}{4}$	Le Puy	H.-Loire
Poligné, 9	Redon	Ille-et-Vil.
Poligny, $4\frac{1}{2}$	Gap	H.-Alpes
Poligny, 2	Bar-sur-Seine	Aube
Poligny*,	ch.-l. d'ar., 104	Jura
Poligny, 7	Fontainebleau	Seine-et-M.
Polincove, $4\frac{1}{2}$	St.-Omer	Pas-de-Cal.
Polisot, 1	Bar-sur-Seine	Aube
Polisy, $1\frac{1}{4}$	Bar-sur-Seine	Aube
Pollestres, $2\frac{1}{4}$	Perpignan	Pyrén.-Or.
Polliat, 2	Bourg	Ain
Pollieu, $1\frac{3}{4}$	Belley	Ain
Pollionay, $2\frac{3}{4}$	Lyon	Rhône
Polminhac, 3	Aurillac	Cantal
Polver[illegible], 8	Bastia	Corse
Pomacle, $3\frac{1}{4}$	Rheims	Marne
Pomarède (la), $3\frac{1}{4}$	Castelnaudary	Aude
Pommarède (*Saux*), $1\frac{1}{2}$	St.-Gaudens	H.-Garonne
Pommarède, 7	Cahors	Lot
Pomarez, $7\frac{3}{4}$	St.-Sever	Landes
Pomas, $2\frac{1}{2}$	Limoux	Aude
Pomerol, $2\frac{1}{2}$	Libourne	Gironde
Pomerols, $6\frac{3}{4}$	Béziers	Hérault
Pomerose (la) (*Boissy*), $8\frac{3}{4}$	Epernay	Marne
Pomeyrols, 7	Espalion	Aveiron
Pomeys, $6\frac{3}{4}$	Lyon	Rhône
Pommainville, $1\frac{1}{4}$	Argentan	Orne
Pommard, 1	Beaune	Côte-d'Or
Pommera, $7\frac{1}{2}$	St.-Pol	Pas-de-Cal.
Pommeraye (la), $4\frac{1}{2}$	Falaise	Calvados
Pommeraye (la), 6	Beaupréau	Maine-et-L.
Pommeraye (*Millebosc*), 8	Dieppe	Seine-Inf.
Pommeraye (la), $4\frac{1}{4}$	Rouen	Seine-Inf.
Pommeraye-sur-Sèvres (la), 11	Fontenay-le-Comte	Vendée
Pommeret, $2\frac{3}{4}$	St.-Brieuc	Côtes-du-N.
Pommereuil, 8	Cambrai	Nord
Pommereux, $8\frac{1}{4}$	Neufchâtel	Seine-Inf.
Pommereval, 6	Dieppe	Seine-Inf.
Pommerieux, $3\frac{1}{2}$	Château-Gontier	Mayenne
Pommerieux, 3	Metz	Moselle
Pommerit-Jaudi, 5	Lannion	Côtes-du-N.
Pommerit-le-Vicomte, 7	St.-Brieuc	Côtes-du-N.
Pommerol, $7\frac{3}{4}$	Nyons	Drôme
Pommet, $12\frac{3}{4}$	Gap	H.-Alpes
Pommeuse, $1\frac{1}{2}$	Coulommiers	Seine-et-M.
Pommevic, $4\frac{1}{4}$	Moissac	Tarn-et-G.
Pommier, 6	Vienne	Isère
Pommier, 4	Arras	Pas-de-Cal.
Pommiers, $\frac{3}{4}$	Soissons	Aisne

Communes.	Arrondissem.	Départem.
Pommiers, 3 ¼	Jonzac	Char.-Inf.
Pommiers, 1 ¼	Le Vigan	Gard
Pommiers, 6	La Châtre	Indre
Pommiers, 3 ¼	Grenoble	Isère
Pommiers, 7 ¼	Roanne	Loire
Pommiers, 1 ¼	Villefranche	Rhône
Pomont, 7	Argentan	Orne
Pomoy, 3	Lure	H.-Saône
Pompadour, 9 ¼	Brives	Corrèze
Pompain (St.-), 3 ½	Niort	2 Sèvres
Pompean (*Chartres*), 3	Rennes	Ille-et-Vil.
Pompeire, 1	Parthenay	2 Sèvres
Pompejac, 2	Bazas	Gironde
Pompejac, 6	Agen	Lot-et-Gar.
Pompey, 2 ½	Nancy	Meurthe
Pompiac, 2	Lombez	Gers
Pompiac, 6 ¼	Villeneuve-d'Agen	Lot-et-Gar.
Pompierre, 3 ½	Baume	Doubs
Pompierre, 2 ½	Neufchâteau	Vosges
Pompiey, 3 ¼	Nérac	Lot-et-Gar.
Pompignac, 4	Bordeaux	Gironde
Pompignan, 8	Le Vigan	Gard
Pompignan, 6 ¼	Castel-Sarrasin	TarnetGar.
Pompogne, 8	Nerac	Lot-et-Gar.
Pompon, 6	Sarlat	Dordogne
Pomponne, 4 ¼	Meaux	Seine-et-M.
Pomport, 1 ¼	Bergerac	Dordogne
Pomps, 5 ½	Orthez	B.-Pyrén.
Pomy, 3 ½	Limoux	Aude
Ponac (*Martel*), 12	Gourdon	Lot
Ponçay, 5	Chinon	Indre-et-L.
Poncé, 4 ¼	St.-Calais	Sarthe
Poncelet (le) (*Sezannes*), 9	Epernay	Marne
Ponces (*Dosmont*),	Pontoise	Seine-et-O.
Poncey-lès-Athée, 6 ½	Dijon	Côte-d'Or
Poncey lès-Pellerey, 7 ¼	Dijon	Côte-d'Or
Ponchapt, 5 ¼	Bergerac	Dordogne
Ponchel (le), 6 ¼	St.-Pol	Pas-de-Cal.
Ponches, 6 ½	Abbeville	Somme
Ponchon, 3 ¼	Beauvais	Oise
Poncin, 5 ½	Nantua	Ain
Poncins, 3	Montbrison	Loire
Ponciro, 5	Cahors	Lot
Poncy (St.-), 4 ½	St.-Flour	Cantal
Pondaurat, 4 ½	Bazas	Gironde
Pondron, 7	Senlis	Oise
Ponet, 1 ½	Die	Drôme
Ponpidou (le) *, 4 ½	Florac	Lozère
Pons (St.-), 2	Gannat	Allier
Pons (St.-), ½	Barcelonnette	B.-Alpes
Pons (St.-) (*Seyne*), 13	Digne	B.-Alpes
Pons (St.-), 5 ¼	Privas	Ardèche
Pons, 10	Espalion	Aveiron
Pons *, 5 ½	Saintes	Char.-Inf.
PONS (ST.-) *,	ch.-l. d'ar., 193	Hérault
Pons-de-la-Calm (St.-), 4 ½	Uzès	Gard
Pons-de-Mauchiens (St-) 7 ½	Béziers	Hérault
Pons-de-Metz, 1	Amiens	Somme
Pons Novelle, 3	Amiens	Somme
Pons-au-Père, 2	Mirande	Gers

Communes.	Arrondissem.	Départem.
Ponsan-Soubiran, 6 ¼	Mirande	Gers
Ponsas, 6 ¼	Valence	Drôme
Ponson, 7	St.-Sever	Landes
Ponson-Debat, 8 ¼	Pau	B.-Pyrén.
Ponson-Dessus, 8	Pau	B.-Pyrén.
Ponsonnas, 11 ¼	Grenoble	Isère
Pont, 3 ½	Falaise	Calvados
Pont, 5 ½	Dijon	Côte-d'Or
Pont, 1	Semur	Côte-d'Or
Pont-à-Bucy, 3 ½	Laon	Aisne
Pont-à-Chats (*Guillerval*), 1 ¾	Etampes	Seine-et-O.
Pont-à-Chaussy (*Courcelles-Chaussy*), 3	Metz	Moselle
Pont-à-Domangeville (*Sanry-sur-Nieg*), 3	Metz	Moselle
Pont-à-la-Fosse (*Appilly*), 8	Compiégne	Oise
Pont-à-Lagache (*Pontoise*), 5 ¼	Compiégne	Oise
Pont-à-Marcq *, 3 ½	Lille	Nord
Pont-à-Mousson *, 7	Nancy	Meurthe
Pont-à-Vendin, 5	Béthune	Pas-de-Cal.
Pont-Arcy, 6	Soissons	Aisne
Pont-au-Mur, 7 ¼	Riom	Puy-de-Dô.
Pont-Aubert, 1	Avallon	Yonne
PONT-AUDEMER *,	ch.-l. d'ar., 45	Eure
Pont-Authou, 4	Pont-Audemer	Eure
Pont-aux-Moines (*St.-Mardié*), 2 ½	Orléans	Loiret
Pont-aux-Moëtes (le) (*St.-Pierre-d'Entremont*), 7	Domfront	Orne
Pont-Aven, 4	Quimperlé	Finistère
Pont-Beauvoisin (le) *, 5	La Tour-du-Pin	Isère
Pont-Bellanger, 5 ¾	Vire	Calvados
Pont-Blossier (*Ruan*), 6	Vendôme	Loir-et-Ch.
Pont-Charra, 8 ¼	Grenoble	Isère
Pont-Chartrin (*Jouars*), 6 ½	Rambouillet	Seine-et-O.
Pont-Château *, 3 ¼	Savenay	Loire-Inf.
Pont-Cher (*Joué*), 1 ½	Tours	Indre-et-L.
Pont-Chevalier (*Cuisse-la-Motte*), 4 ½	Compiégne	Oise
Pont-Christ (*La Roche*), 7	Brest	Finistère
Pont-Croix *, 7 ¾	Quimper	Finistère
Pont-d'Ain *, 5	Bourg	Ain
Pont-d'Auguerin (le) (*La Bazouge*), 3	Fougères	Ille-et-Vil.
Pont-d'Armes (*Assevac*) 8 ½	Savenay	Loire-Inf.
Pont-d'Egrenne (*St.-Marc*), 1 ½	Domfront	Orne
Pont-Dhéry, 5	Poligny	Jura
Pont-de-Barret, 5	Montélimart	Drôme
Pont-de-Berne (le) (*Compiégne*), 7 ½	Compiégne	Oise
Pont-de-Bordes (*Lavardac*), 1 ¾	Nérac	Lot-et-Gar.
Pont-de-Caen (*La Haute-Chapelle*), ¼	Domfront	Orne
Pont-de-Caligny (*Caligny*), 8	Domfront	Orne

Communes.	Arrondissem.	Départem.
Pont-de-Cé (les), 1	Angers	Maine-et-L.
Pont-de-Ciron (Espinassole), 14	Rodez	Aveiron
Pont-de-Ciron (Mirandol), 7 1/2	Albi	Tarn
Pont-de-Gennes, 5	Le Mans	Sarthe
Pont-de-Greydan (Beauvezer), 13	Castellanne	B.-Alpes
Pont-de-l'Arche *, 2 1/2	Louviers	Eure
Pont-de-Larn, 4 1/2	Castres	Tarn
Pont-de-Mantilly (Mantilly), 6	Domfront	Orne
Pont-de-Montvert (le), 4	Florac	Lozère
Pont-de-Pany (Ste.-Marie-sur-Ouche), 4 1/2	Dijon	Côte-d'Or
Pont-de-Planches (le), 7 1/4	Gray	H.-Saône
Pont-de-Poitte (Poitte), 3 1/2	Lons-le-Saulnier	Jura
Pont-de-Remy, 2 1/2	Abbeville	Somme
Pont-de-Rodes (St.-Chamerand), 3 1/2	Gourdon	Lot
Pont-de-Roide, 3 1/2	Montbéliard	Doubs
Pont-de-Ruan, 4 1/2	Tours	Indre-et-L.
Pont-de-Salars, 5 1/2	Rodez	Aveiron
Pont-de-Tauus (Cabrespines), 15	Rodez	Aveiron
Pont-de-Touvres (Houmeau), 1	Angoulême	Charente
Pont-de-Vaux *, 8 1/2	Bourg	Ain
Pont-de-Veyle *, 6	Bourg	Ain
Pont-de Vie, 7	Argentan	Orne
Pont-de-Villiers (Cerny) 3 1/2	Etampes	Seine-et-O.
Pont-des-Vents (Montfleur), 11	Lons-le-Saulnier	Jura
Pont-du-Bois, 11 1/2	Lure	H.-Saône
Pont-du-Casse, 1 1/2	Agen	Lot-et-Gar.
Pont-du-Château, 3 1/2	Clermont	Puy-de-Dô.
Pont-du-Navoy, 4	Poligny	Jura
Pont-du-Var (le), 7 1/2	Grasse	Var
Pont-Ecrepin, 4 1/2	Argentan	Orne
Pont-en-Royans *, 3 1/2	St.-Marcellin	Isère
Pont-Farcy, 4 1/2	Vire	Calvados
Pont-Faverger, 5 1/2	Rheims	Marne
Pont-Fol, 4 1/2	Pont-l'Evêque	Calvados
Pont-Gibaud, 4	Riom	Puy-de-Dô.
Pont-Gonin, 5 1/2	Chartres	Eure-et-L.
Pont-Hubert (Pont-Ste-Marie), 1/2	Troyes	Aube
Pont-l'Abbé, 5 1/2	Saintes	Char.-Inf.
Pont-l'Abbé *, 4	Quimper	Finistère
Pont-l'Abbé (Picauville) 4	Valognes	Manche
PONT-L'EVEQUE *,	ch.-l. d'ar., 56	Calvados
Pont-l'Evêque, 6	Compiègne	Oise
Pont-la-Ville, 5	Chaumont	H.-Marne
Pont-le-Roy *, 2	Nogent-sur-Seine	Aube
Pont-le-Voy, 6 1/2	Blois	Loir-et-Ch.
Pont-lès-Bonfays, 4	Mirecourt	Vosges
Pont-lès-Moulins, 1	Baume	Doubs
Pont-Lieue, 1/2	Le Mans	Sarthe
Pont-Melvez, 3	Guingamp	Côtes du N.
Pont-Pellera (le) (Monsegre), 6	Domfront	Orne
Pont-Pierre, 8	Metz	Moselle
Pont-Point, 3	Senlis	Oise
Pont-Rousseau (Rezé), 1/2	Nantes	Loire-Inf.
Pont-St-Mard, 7 1/4	Laon	Aisne
Pont-St.-Martin, 2	Nantes	Loire-Inf.
Pont-St.-Martin (St.-Bonnet), 3	Bellac	H.-Vienne
Pont-St.-Martin (St.-Sornin), 3	Bellac	H.-Vienne
Pont-St.-Vincent, 3 1/4	Nancy	Meurthe
Pont-Ste.-Marie, 1/2	Troyes	Aube
Pont-Ste.-Maxence *, 3	Senlis	Oise
Pont-Scorff, 3	Lorient	Morbihan
Pont-sur-l'Oignon, 9 1/4	Lure	H. Saône
Pont-sur-Madon, 2 1/2	Mirecourt	Vosges
Pont-sur-Meuse, 1 1/2	Commercy	Meuse
Pont-sur-Sambre, 3 1/2	Avesnes	Nord
Pont-sur-Vannes, 6	Sens	Yonne
Pont-sur-Yonne *, 3	Sens	Yonne
Pont-Vallain, 5	La Flèche	Sarthe
Pontacq, 7	Pau	B.-Pyrén.
Pontailler-sur-Saône *, 6 1/2	Dijon	Côte-d'Or
Pontaix, 2	Die	Drôme
Pontalery, 3 1/2	Lisieux	Calvados
Pontangis, 12 1/4	Epernay	Marne
Pontarion, 2 1/2	Bourganeuf	Creuse
PONTARLIER *,	ch.-l. d'ar., 114	Doubs
Pontarmé, 1	Senlis	Oise
Pontaubault (le), 1 1/4	Avranches	Manche
Pontault, 6 1/2	Melun	Seine-et-M.
Pontavert, 7 1/2	Laon	Aisne
Pontcarré, 6 1/2	Melun	Seine-et-M.
Pontcarré (Roissy), 8	Melun	Seine-et-M.
Pontcey, 3 1/2	Vesoul	H.-Saône
Pontcoulant, 6	Vire	Calvados
Ponteilla, 3 1/2	Perpignan	Pyrén.-Or.
Ponteils, 8 1/2	Alais	Gard
Pontejac, 5	Auch	Gers
Ponteux, 22	Mont-de-Marsan	Landes
Pontets (les), 8 1/2	Pontarlier	Doubs
Pontevès, 6	Brignoles	Var
Ponteyraud, 5	Ribérac	Dordogne
Ponthévrard, 3 1/2	Rambouillet	Seine-et-O.
Ponthierry * (St.-Fargeau), 3	Melun	Seine-et-M.
Ponthion, 2	Vitry-le-Français	Marne
Ponthoile, 5	Abbeville	Somme
Ponthou (le), 4	Morlaix	Finistère
Ponthouin, 5 1/2	Mamers	Sarthe
Pontiacq, 7 1/2	Pau	B.-Pyrén.
Pontigné, 5	Bangé	Maine-et-L.
Pontigny (Condé), 3 1/4	Metz	Moselle
Pontigny, 4	Auxerre	Yonne
Pontingron (Courtieux), 5 1/2	Compiègne	Oise
Pontis, 8 1/2	Barcelonnette	B.-Alpes
PONTIVY *,	ch.-l. d'ar., 126	Morbihan
Pontoise, 5 1/2	Compiègne	Oise
PONTOISE *,	ch.-l. d'ar., 7	Seine-et-O.
Pontons, 9 1/2	St. Sever	Landes
Pontorson *, 5 1/4	Avranches	Manche

Communes.	Arrondissem.	Départem.
Pontours, 6	Bergerac	Dordogne
Pontoux, $2\frac{1}{2}$	St.-Claude	Jura
Pontoux, 7	Châlons	Saône-et-L.
Pontoy, 3	Metz	Moselle
Pontpeau (le) (*St.-Erblou*), 3	Rennes	Ille-et-Vil.
Pontpertuzat, 6	Villefranche	H.-Garonne
Pontreau (*Brutz*), 3	Rennes	Ille-et-Vil.
Pontrebeau, $6\frac{1}{2}$	Gray	H.-Saône
Pontrieux *, 4	Guingamp	Côtes-du-N.
Pontru, $2\frac{1}{2}$	St.-Quentin	Aisne
Pontruet, $2\frac{1}{4}$	St.-Quentin	Aisne
Ponts, $\frac{1}{2}$	Avranches	Manche
Ponts, $7\frac{1}{2}$	Pau	B.-Pyrén.
Ponts (*Marais*), $7\frac{1}{2}$	Dieppe	Seine-Inf.
Pontsericourt (*Tavaux*), $7\frac{3}{4}$	Laon	Aisne
Poôté (la), $11\frac{1}{2}$	Mayenne	Mayenne
Popian, $7\frac{3}{4}$	Lodève	Hérault
Popincourt, 4	Montdidier	Somme
Popolasca,	Corte	Corse
Porcelette, $12\frac{1}{4}$	Thionville	Moselle
Porchaire (St.-) *, 4	Saintes	Char.-Inf.
Porchaire (St.-), 1	Bressuire	2 Sèvres
Porcher, $3\frac{1}{4}$	Briey	Moselle
Porchères, $7\frac{1}{2}$	Libourne	Gironde
Porcheresse, 6	Angoulême	Charente
Porcherie (la), 6	St.-Yrieix	H.-Vienne
Porcheux, 3	Beauvais	Oise
Porcheville, $1\frac{1}{4}$	Mantes	Seine-et-O.
Pordiac, $6\frac{1}{2}$	Lectoure	Gers
Pordic, $1\frac{1}{4}$	St. Brieuc	Côtes-du-N.
Porge (le), 11	Bordeaux	Gironde
Pornain (*Ste.-Marie*), $6\frac{1}{4}$	Paimbœuf	Loire-Inf.
Pormort, 2	Les Andelys	Eure
Pornic *, $5\frac{1}{4}$	Paimbœuf	Loire-Inf.
Porquéricourt, 6	Compiègne	Oise
Porquier (St.-), $1\frac{3}{4}$	Castel-Sarrasin	Tarn-et-Gar.
Porri, $6\frac{1}{2}$	Bastia	Corse
Porsale (le port de) (*Ploudalmezeau*), 6	Brest	Finistère
Porspoder, 6	Brest	Finistère
Port, 1	Nantua	Ain
Port (St.-), 2	Melun	Seine-et-M.
Port-Bail, $7\frac{1}{4}$	Valognes	Manche
Port-d'Atelier, 6	Vesoul	H.-Saône
Port-de-Lanne, $5\frac{1}{4}$	Dax	Landes
Port-de-Pascau (*St.-Leger*), $5\frac{3}{4}$	Nérac	Lot-et-Gar.
Port-de-Penne (*Penne*), 2	Villeneuve-d'Agen	Lot-et-Gar.
Port-de-Porsale (le) *Ploudalmezeau*), 6	Brest	Finistère
Port-Dieu (le), $3\frac{1}{2}$	Ussel	Corrèze
Port-en-Bessin, $2\frac{1}{2}$	Bayeux	Calvados
Port-l'Anguille (le) (*Samois*), $1\frac{3}{4}$	Fontainebleau	Seine-et-M.
Port-le-Grand, $2\frac{1}{2}$	Abbeville	Somme
Port-Lesney, 6	Poligny	Jura
Port-Louis *, 1	Lorient	Morbihan
Port-Marly, 2	Versailles	Seine-et-O.
Port-Montain (*Noyen-sur-Seine*), 3	Provins	Seine-et-M.
Port-St-Ouen (le) (*Les Authieux*), 3	Rouen	Seine-Inf.

Communes.	Arrondissem.	Départem.
Port-St.-Père, $7\frac{1}{2}$	Paimbœuf	Loire-Inf.
Port-St.-Marie *, 5	Agen	Lot-et-Gar.
Port-Salut (le) (*Bois-d'Ajeux*), 4	Compiègne	Oise
Port-sur-Saône *, 3	Vesoul	H.-Saône
Port-sur-Seille, $6\frac{1}{2}$	Nancy	Meurthe
Port-Vendres (*Collioure*) $10\frac{1}{4}$	Ceret	Pyrén.-Or.
Port-Villez, $5\frac{1}{2}$	Mantes	Seine-et-O.
Porta-d'Ampugnani (la), 8	Bastia	Corse
Porte-aux-Moines (*St.-Martin-des-Prés*), $5\frac{1}{2}$	Loudéac	Côtes-du-N.
Porte-de-Fer (la) (*St.-Etienne*),	Tours	Indre-et-L.
Porte-Joye, $1\frac{3}{4}$	Louviers	Eure
Porteau (le) (*St.-Marie*), $6\frac{1}{2}$	Paimbœuf	Loire-Inf.
Portel, 5	Narbonne	Aude
Portes (les) Ile-de-Ré, $10\frac{1}{4}$	La Rochelle	Char.-Inf.
Portes (les), $4\frac{3}{4}$	Aubusson	Creuse
Portes, 3	Montélimart	Drôme
Portes (*Etoile*), 1	Valence	Drôme
Portes, $3\frac{3}{4}$	Evreux	Eure
Portes, $4\frac{1}{2}$	Alais	Gard
Portet, 3	Toulouse	H.-Garonne
Portet, 13	Pau	B.-Pyrén.
Portet-d'Aspet, 5	St.-Gaudens	H.-Garonne
Portet-de-Luchon, 11	St.-Gaudens	H.-Garonne
Portet, $5\frac{1}{2}$	Bordeaux	Gironde
Portieux, 5	Mirecourt	Vosges
Portiragnes, 2	Béziers	Herault
Porto-Vecchio,	Sartène	Corse
Portrieux (*St.-Quay*), $3\frac{1}{4}$	St.-Brieux	Côtes-du-N.
Ports, 7	Chinon	Indre-et-L.
Porzic (le) (*St.-Pierre*), 2	Brest	Finistère
Pose, 3	Louviers	Eure
Possanges, $4\frac{1}{2}$	Semur	Côte-d'Or
Possesse, 5	Vitry-le-Français	Marne
Postiac (*Naujean*), $5\frac{1}{2}$	Libourne	Gironde
Postolle (la), 5	Sens	Yonne
Postroff, $4\frac{1}{4}$	Sarrebourg	Meurthe
Pot (St.-), $15\frac{3}{4}$	Mirande	Gers
Potan (St.-), 6	Dinan	Côtes-du-N.
Poteau-du-Châtellier (*Châtellier*), $3\frac{1}{2}$	Domfront	Orne
Potelières, 4	Alais	Gard
Potelle, 8	Avesnes	Nord
Potensac, $1\frac{1}{4}$	Lesparre	Gironde
Poterie (la), $5\frac{1}{4}$	St.-Brieuc	Côtes-du-N.
Poterie (la) (*Chartres*), 3	Rennes	Ille-et-Vil.
Poterie (la), $2\frac{1}{2}$	Argentan	Orne
Poterie (la) (*Segrifontaine*), $8\frac{1}{2}$	Domfront	Orne
Poterie (la), 5	Le Hâvre	Seine-Inf.
Poterie-au-Perche (la), $2\frac{3}{4}$	Mortagne	Orne
Poterie-Matthieu, 2	Pont-Audemer	Eure
Poterne (la) (*Belval*), 5	Rheims	Marne
Pothières, 3	Châtillon	Côte-d'Or
Potière (la) (*Lassigny*), $6\frac{1}{2}$	Compiègne	Oise
Potigny, $2\frac{1}{2}$	Falaise	Calvados
Potigny, $4\frac{3}{4}$	Loudun	Vienne

Communes.	Arrondissem.	Départem.
Potte, 3 ½	Péronne	Somme
Poty (le) (*Roucamps*), 7 ½	Vire	Calvados
Pouan, 1 ½	Arcis-sur-Aube	Aube
Pouancé, 5	Segré	Maine-et-L.
Pouancé, 3	Loudun	Vienne
Pouange (St.-), 2 ¼	Troyes	Aube
Pouant, 3	Loudun	Vienne
Poubeau, 10 ¼	St.-Gaudens	H.-Garonne
Poucharamet, 3 ¼	Muret	H.-Garonne
Pouchergues, 12	Bagnères	H.-Pyrén.
Poudenas, 4 ¼	Nérac	Lot-et-Gar.
Poudens, 6 ¼	St.-Sever	Landes
Poudens (*Degagnac*), 5	Gourdon	Lot
Poudis, 5	Lavaur	Tarn
Poueyferré, 4	Argelès	H.-Pyrén.
Pouëze (la), 3 ¼	Segré	Maine-et-L.
Pouffond, ¼	Melle	2 Sèvres
Pouge (la), 5 ¼	Bourganeuf	Creuse
Pouget, 3	Espalion	Aveiron
Pouget (le), 3 ¼	Villefranche	Aveiron
Pouget (le), 8 ¾	Lodève	Hérault
Pougna-Douresse, 3 ¼	Uzès	Gard
Pougné, 3	Ruffec	Charente
Pougnes, 3	Parthenay	2 Sèvres
Pougny (*Collonges*), 7 ½	Gex	Ain
Pougny, 1	Cosne	Nièvre
Pougues, 7 ½	Clamecy	Nièvre
Pougues, 3 ¼	Nevers	Nièvre
Pougy, 5	Arcis-sur-Aube	Aube
Pouillac, 6 ¼	Jonzac	Char.-Inf.
Pouillat, 5	Bourg	Ain
Pouillé, 11 ½	Blois	Loir-et-Ch.
Pouillé, 3	Ancenis	Loire-Inf.
Pouillé, 3	Fontenay-le-Comte	Vendée
Pouillé, 5 ½	Poitiers	Vienne
Pouillenay, 2	Semur	Côte-d'Or
Pouillères (les), 5	St.-Dié	Vosges
Pouilley-Français, 3 ¼	Besançon	Doubs
Pouilly-les-Vignes, 1 ¼	Besançon	Doubs
Pouillon, 3 ¼	Dax	Landes
Pouillon, 2 ¼	Rheims	Marne
Pouilloux, 6 ½	Charolles	Saône-et-L.
Pouilly, 3 ¼	Laon	Aisne
Pouilly, 6 ¼	Langres	H.-Marne
Pouilly, 4 ¼	Montmédy	Meuse
Pouilly, 1 ¼	Metz	Moselle
Pouilly, 4 ½	Beauvais	Oise
Pouilly (*Solutré*), 2	Mâcon	Saône-et-L.
Pouilly-en-Montagne, 9	Beaune	Côte-d'Or
Pouilly-le-Monial, 2	Villefranche	Rhône
Pouilly-les-Fleurs, 4 ½	Montbrison	Loire
Pouilly-les-Nonains, 2 ¼	Roanne	Loire
Pouilly-sous-Charlieu, 3 ¼	Roanne	Loire
Pouilly-sur-Loire *, 3 ½	Cosne	Nièvre
Pouilly-sur-Saône, 5 ½	Beaune	Côte-d'Or
Pouilly-sur-Vingeanne, 8 ½	Dijon	Côte-d'Or
Pouilly. *Voy.* Poilly		
Poujol (le), 8	Béziers	Hérault
Poujols (*Sardan*), 12 ½	Le Vigan	Gard
Poujols, 1	Lodève	Hérault
Poulaines, 9 ½	Issoudun	Indre
Poulainville, 1 ½	Amiens	Somme
Poulan, 1 ¼	Alby	Tarn

Communes.	Arrondissem.	Departem.
Poulangy, 3 ¼	Chaumont	H.-Marne
Poulat, 2	St.-Gaudens	H.-Garonne
Poulay, 2 ½	Mayenne	Mayenne
Pouldavid (*Pouldergat*), 4 ½	Quimper	Finistère
Pouldergat, 4 ½	Quimper	Finistère
Pouldouran, 5 ½	Lannion	Côtes-du-N.
Pouldreuzic, 5 ¼	Quimper	Finistère
Poule, 3 ¼	Villefranche	Rhône
Poulet (le) (*Moras*), 7 ½	Valence	Drôme
Pouliacq, 10	Pau	B.-Pyrén.
Pouligney, 3	Baume	Doubs
Pouligny, 1 ½	Le Blanc	Indre
Pouligny (*Montaron*), 8	Château-Chinon	Nièvre
Pouligny-Notre-Dame, 3	La Châtre	Indre
Pouligny-St.-Martin, 2 ½	La Châtre	Indre
Pouliguen (*Batz*), 9 ¼	Savenay	Loire-Inf.
Poullan, 7	Quimper	Finistère
Poullaouën, 11 ½	Châteaulin	Finistère
Poulx, 2 ¼	Nismes	Gard
Poumarous, 5 ½	Tarbes	H.-Pyrén.
Poupas, 6	Castel-Sarrazin	Tarn et Gar.
Poupry, 12 ¼	Châteaudun	Eure-et-L.
Pourcain (St.-), 6	Gannat	Allier
Pourcain-Malchère (St.-), 2 ½	Moulins	Allier
Pourcain-sur-Bêbre (St.-), 7 ½	Moulins	Allier
Pourchaires, 2 ½	Privas	Ardèche
Pourcharesses, 10 ¼	Mende	Lozère
Pourcieux, 6	Brignoles	Var
Pourcy, 3 ½	Rheims	Marne
Pourlans, 9 ½	Châlons	Saône-et-L.
Pournoy-la-Chétive, 2 ½	Metz	Moselle
Pournoy-la-Grasse, 2 ¼	Metz	Moselle
Pouron, 3 ¼	Sedan	Ardennes
Pourrain, 3	Auxerre	Yonne
Pourrières, 7	Brignoles	Var
Poursac, 3	Ruffec	Charente
Poursay-Garnaud, 1 ¼	St.-Jean-d'Angely	Char.-Inf.
Poursuigues, 9 ½	Orthez	B.-Pyrén.
Pouru-aux-Bois, 2 ½	Sedan	Ardennes
Pouru-St.-Remy, 2 ½	Sedan	Ardennes
Pourville, 1	Dieppe	Seine-Inf.
Poussac, 3 ½	Nérac	Lot-et-Gar.
Poussan, 5	Montpellier	Hérault
Poussanges, 3 ¾	Aubusson	Creuse
Poussay, ¼	Mirecourt	Vosges
Pousseaux, 2	Clamecy	Nièvre
Poussieux (*Bellegarde*), 4 ¼	Vienne	Isère
Poussignac, 5	Marmande	Lot-et-Gar.
Poussignol, 3	Château-Chinon	Nièvre
Poussy, 5	Caen	Calvados
Poustomy, 7	St.-Affrique	Aveiron
Pout (le), 4 ¼	Bordeaux	Gironde
Poutroye (la), 6 ¼	Colmar	Haut-Rhin
Pouts, 4 ½	Argelès	H.-Pyrén.
Pouvray, 6	Mortagne	Orne
Pouxeux, 3 ½	Remiremont	Vosges
Pouy, 6	Nogent-sur-Seine	Aube

Communes.	Arrondissem.	Départem.	Communes.	Arrondissem.	Départem.
Pouy, 1 1/4	Dax	Landes	Prades-Ségur, 5 1/4	Rodez	Aveiron
Pouy, 12	Bagnères	H.-Pyrén.	Pradettes, 6 1/2	Pamiers	Ariège
Pouy (la) (Gazave), 7 1/2	Bagnères	H.-Pyrén.	Pradier, 4	Murat	Cantal
Pouy, 4	Tarbes	H.-Pyrén.	Pradières, 1 1/2	Foix	Ariège
Pouy-le-Touges (le), 6 1/4	Muret	H.-Garonne	Pradinas, 7 1/2	Rodez	Aveiron
Pouy-Dessaux, 4	Mont-de-Marsan	Landes	Pradines, 6 1/2	Ussel	Corrèze
			Pradines, 2 3/4	Roanne	Loire
Pouy-Draguin, 11 1/4	Mirande	Gers	Pradines, 1 1/2	Cahors	Lot
Pouy-Guilles, 2 1/2	Mirande	Gers	Pradons, 3 1/2	Argentière	Ardèche
Pouy-le-Bon, 2 1/2	Mirande	Gers	Prads, 9	Digne	B.-Alpes
Pouy-le-Brin, 5 1/2	Auch	Gers	Prabecq, 2 1/2	Niort	2 Sèvres
Pouy-Minet, 7	Lombez	Gers	Prailles, 3	Melle	2 Sèvres
Pouy-Petit, 1 1/2	Condom	Gers	Praissac, 7	Cahors	Lot
Pouy-Roquelaure, 4	Lectoure	Gers	Praissas, 5 1/2	Agen	Lot-et-Gar.
Pouy-Ségur, 2 1/2	Mirande	Gers	Pralon, 4 1/2	Dijon	Côte d'Or
Pouyade (la), 10	Libourne	Gironde	Pralong, 1	Montbrison	Loire
Pouyastrou, 2 1/2	Tarbes	H.-Pyrén.	Prancher (St.-), 3 1/2	Mirecourt	Vosges
Pouzac, 1/2	Bagnères	H.-Pyrén.	Prangey, 3 1/2	Langres	H.-Marne
Pouzauges-la-Ville *, 9	Fontenay-le-Comte	Vendée	Pranles, 2	Privas	Ardèche
			Prantigny, 2 1/2	Gray	H.-Saône
Pouzanges-le-Vieux, 9	Fontenay-le-Comte	Vendée	Pranzac, 3 1/2	Angoulême	Charente
			Praslay, 5 1/2	Langres	H.-Marne
Pouzat (le), 9	Tournon	Ardèche	Praslin, 3	Bar-sur-Seine	Aube
Pouzay, 5	Chinon	Indre-et-L.	Prasville, 6	Chartres	Eure-et-L.
Pouzes, 5	Villefranche	H.-Garonne	Prat, 2 1/2	St.-Girons	Ariège
Pouzilhac, 4 1/2	Uzès	Gard	Prat, 3 1/2	Lannion	Côtes-du-N.
Pouzin (le), 4 1/2	Privas	Ardèche	Prat (Avezac), 7	Bagnères	H.-Pyrén.
Pouzol (le), 3 1/2	Bergerac	Dordogne	Prat-de-Belves, 5	Sarlat	Dordogne
Pouzol, 6 1/2	Riom	Puy-de-Dô.	Prat-de-Carlux, 3	Sarlat	Dordogne
Pouzolles, 3 1/4	Béziers	Hérault	Prato, 7 1/4	Calvi	Corse
Pouzols, 7	Narbonne	Aude	Prats, 3	St.-Claude	Jura
Pouzols, 8 1/4	Lodève	Hérault	Prats, 7	Chaumont	H.-Marne
Pouzols, 2	Albi	Tarn	Prats, 5	Prades	Pyrén.-Or.
Pouzy, 8	Moulins	Allier	Prats-de-Mollo, 9 1/2	Ceret	Pyrén.-Or.
Poville, 3 1/2	Rouen	Seine-Inf.	Prats-St-Thomas, 8	Prades	Pyrén.-Or.
Poyanne, 5 1/2	Dax	Landes	Pratviel (Salles), 8	St.-Gaudens	H. Garonne
Poyans, 2 1/2	Gray	H.-Saône	Pratviel, 2 1/2	Lavaur	Tarn
Poyartin, 4 1/4	Dax	Landes	Prauthoy, 5 1/2	Langres	H.-Marne
Poyal, 5 1/4	Die	Drôme	Pray, 4	Vendôme	Loir-et-Ch.
Pozières, 6	Péronne	Somme	Praye, 7	Nancy	Meurthe
Pradal (le), 8	Béziers	Hérault	Praye, 7	Mâcon	Saône-et-L.
Prade (la), 3	Carcassonne	Aude	Prayols, 1 1/2	Foix	Ariège
Prade (la), 12	Barbezieux	Charente	Pré-d'Ange (le), 1 1/4	Lisieux	Calvados
Prade-St.-Maime (la), 1 1/4	Rodez	Aveiron	Pré-Griset (le) (Jaux), 1 1/4	Compiègne	Oise
Pradeaux, 1 1/4	Boussac	Creuse	Prémanon, 5	St.-Claude	Jura
Pradeaux (les), 1 1/2	Issoire	Puy-de-Dô.	Pré-Martinet, 1	St.-Claude	Jura
Pradelle (la) (Pui-Laurent), 13 1/2	Limoux	Aude	Pré-St.-Evroult, 5 1/2	Châteaudun	Eure-et-L.
			Pré-St. Gervais, 1 1/2	St.-Denis	Seine
Pradelle (la), 9 1/2	Rodez	Aveiron	Pré-St.-Martin, 6	Châteaudun	Eure-et-L.
Pradelles, 6 1/2	Die	Drôme	Préau (St.-Cornier), 3 1/2	Domfront	Orne
Pradelles, 7	Le Puy	H.-Loire	Préaux, 8	Tournon	Ardèche
Pradelles, 2	Hazebrouck	Nord	Préaux, 5	Caen	Calvados
Pradelles-Cabardès, 5	Carcassonne	Aude	Préaux, 4 1/2	Lisieux	Calvados
Pradelles-en-Val, 4	Carcassonne	Aude	Préaux, 9 1/2	Châteauroux	Indre
Pradère-lès-Bourguets, 5	Toulouse	H.-Garonne	Préaux, 5 1/2	Château-Gontier	Mayenne
Prades, 3	Argentière	Ardèche			
Prades, 11 1/2	Foix	Ariège	Préaux, 5 1/2	Mortagne	Orne
Prades, 5 1/4	Espalion	Aveiron	Préaux, 7 1/2	Fontainebleau	Seine-et-M.
Prades, 2	Montpellier	Hérault	Préaux, 3	Rouen	Seine-Inf.
Prades, 10 1/4	Brioude	H.-Loire	Prébois, 13 1/2	Grenoble	Isère
Prades, 5 1/2	Florac	Lozère	Precey, 2 1/2	Avranches	Manche
Prades *,	ch.-l. d'ar., 23 1/2	Pyrén.-Or.	Préchac, 5 1/2	Auch	Gers
Prades, 4 1/2	Lavaur	Tarn	Préchac, 4 1/2	Lectoure	Gers

Communes.	Arrondissem.	Départem.
Préchac, 11	Mirande	Gers
Préchac, $3\frac{1}{4}$	Bazas	Gironde
Préchac, $\frac{1}{4}$	Argelès	H.-Pyrén.
Préchacq, $3\frac{1}{2}$	Dax	Landes
Préchacq-Josbaig, $6\frac{1}{4}$	Orthez	B.-Pyrén.
Préchacq-Navarreux, $6\frac{1}{4}$	Orthez	B.-Pyrén.
Précieux, 1	Montbrison	Loire
Précigné, 6	La Flèche	Sarthe
Précilhon, 1	Oléron	B.-Pyrén.
Précorbin, $2\frac{3}{4}$	St.-Lô	Manche
Précy, 7	Sancerre	Cher
Précy, 4	Senlis	Oise
Précy, 2	Meaux	Seine-et-M.
Précy, $3\frac{1}{4}$	Joigny	Yonne
Précy-le-Sec, 4	Avallon	Yonne
Précy-Notre-Dame, $7\frac{1}{2}$	Bar-sur-Aube	Aube
Précy St.-Martin, 7	Bar-sur-Aube	Aube
Précy-sous-Thil, 3	Semur	Côte-d'Or
Prédefin, 5	St.-Pol	Pas-de-Cal.
Prédubut (*Escardes*), 13	Epernay	Marne
Prée (la), 4	Neufchâtel	Seine-Inf.
Préfail (*La Plaine*), $6\frac{1}{2}$	Paimbœuf	Loire-Inf.
Préfontaine, $3\frac{1}{4}$	Montargis	Loiret
Préfontaine (*Egre*), 4	Pithiviers	Loiret
Prégilbert, 5	Auxerre	Yonne
Pregnin (*St.-Genis*), $2\frac{1}{4}$	Gex	Ain
Préguillac, 2	Saintes	Char.-Inf.
Préhy, 3	Auxerre	Yonne
Preignac, $\frac{1}{4}$	Lesparre	Gironde
Preignan, $2\frac{1}{2}$	Auch	Gers
Preignan, 2	Lavaur	Tarn
Preigney, $8\frac{1}{4}$	Vesoul	H.-Saône
Preische (*Rentgen-Basse*), $3\frac{1}{4}$	Thionville	Moselle
Preissan, $1\frac{1}{2}$	Carcassonne	Aude
Prejet-Armandon (St.-), $4\frac{1}{4}$	Brioude	H.-Loire
Prejet-d'Allier (St.-), 6	Le Puy	H.-Loire
Prejet-du-Tarn (St.-), 9	Florac	Lozère
Prélot (le), $5\frac{1}{2}$	Gray	H.-Saône
Prély-le-Chetif, 9	Sancerre	Cher
Prémeaux, 3	Beaune	Côte-d'Or
Premecy, $3\frac{1}{4}$	Rheims	Marne
Prémery, 10	Cosne	Nièvre
Prémesques, $2\frac{1}{4}$	Lille	Nord
Premeyzel, $2\frac{1}{4}$	Belley	Oise
Prémian, 3	St.-Pons	Hérault
Premier-Fait, 2	Arcis-sur-Aube	Aube
Premières, $4\frac{1}{4}$	Dijon	Côte-d'Or
Premillat, 1	Montluçon	Allier
Prémillieu, 5	Belley	Ain
Prémont, $5\frac{1}{4}$	St.-Quentin	Aisne
Prémontré, $4\frac{1}{2}$	Laon	Aisne
Prendeignes, $2\frac{1}{4}$	Figeac	Lot
Préneron, 8	Auch	Gers
Prenessaye (la), $2\frac{1}{4}$	Loudéac	Côtes-du-N.
Prenois, $2\frac{1}{4}$	Dijon	Côte-d'Or
Prénouvellon, 13	Blois	Loir-et-Ch.
Prénovel, 5	St.-Claude	Jura
Prenoy, $3\frac{1}{2}$	Montargis	Loiret
Preny, $7\frac{1}{4}$	Nancy	Meurthe
Préporché, $4\frac{1}{2}$	Château-Chinon	Nièvre
Prépotin, $2\frac{1}{2}$	Mortagne	Orne
Prés (les), $8\frac{1}{4}$	Die	Drôme
Prés-Patour (*Naveil*), $\frac{1}{4}$	Vendôme	Loir-et-Ch.
Préseau, $10\frac{1}{4}$	Douai	Nord
Présentevillers, $1\frac{1}{4}$	Montbéliard	Doubs
Préserville, $4\frac{1}{4}$	Villefranche	H.-Garonne
Présilly, $3\frac{1}{4}$	Lons-le-Saulnier	Jura
Presle, $5\frac{1}{2}$	Vesoul	H.-Saône
Presles, $1\frac{1}{2}$	Laon	Aisne
Presles, 5	Soissons	Aisne
Presles, 3	Vire	Calvados
Presles, 3	St.-Marcellin	Isère
Presles, $5\frac{3}{4}$	Melun	Seine-et-M.
Presles, $3\frac{1}{4}$	Pontoise	Seine-et-O.
Pressac	Civray	Vienne
Pressagny l'Orgueilleux, 3	Les Andelys	Eure
Pressiat, $3\frac{1}{2}$	Bourg	Ain
Pressignac, $5\frac{1}{2}$	Confolens	Charente
Pressignac, $4\frac{1}{4}$	Bergerac	Dordogne
Pressigny, $3\frac{1}{4}$	Montargis	Loiret
Pressigny, $7\frac{1}{4}$	Langres	H.-Marne
Pressigny, $4\frac{1}{2}$	Parthenay	2 Sèvres
Pressigny-le-Grand, 8	Loches	Indre-et-L.
Pressigny-le-Petit, 8	Loches	Indre-et-L.
Pressins, 4	La Tour-du-Pin	Isère
Pressoir, $4\frac{1}{2}$	Péronne	Somme
Pressy, $3\frac{1}{4}$	St.-Pol	Pas-de-Cal.
Pressy-sous-Dondin, 6	Charolles	Saône-et-L.
Prest (St.-), $1\frac{1}{2}$	Chartres	Eure-et-L.
Prétière (la), $6\frac{1}{4}$	Baume	Doubs
Pretin, $4\frac{1}{2}$	Poligny	Jura
Prétot, $8\frac{1}{2}$	Coutances	Manche
Prétot, $4\frac{1}{2}$	Le Hâvre	Seine-Inf.
Prétot, $4\frac{1}{2}$	Yvetot	Seine-Inf.
Prêtreville, $2\frac{1}{4}$	Lisieux	Calvados
Préty, 8	Mâcon	Saône-et-L.
Pretz, 6	Bar-le-Duc	Meuse
Preuil (St.-), $6\frac{1}{2}$	Cognac	Charente
Preuille, $3\frac{1}{2}$	Montluçon	Allier
Preuillé-Léguillé, $6\frac{1}{4}$	St.-Calais	Sarthe
Preuilly, $5\frac{1}{4}$	Bourges	Cher
Preuilly *, 10	Loches	Indre-et-L.
Preuilly-la-Ville, 3	Le Blanc	Indre
Preures, 3	Montreuil	Pas-de-Cal.
Preuschdorff, 4	Haguenau	Bas-Rhin
Preutin, 3	Briey	Moselle
Preuve (Ste.-), $6\frac{1}{2}$	Laon	Aisne
Preux-au-Sars, $8\frac{1}{4}$	Avesnes	Nord
Preux-aux-Bois, 5	Avesnes	Nord
Preuzeville, 4	Neufchâtel	Seine-Inf.
Préval, 7	Mamers	Sarthe
Prevelle, $7\frac{1}{2}$	Mamers	Sarthe
Prévenchères, $10\frac{1}{4}$	Mende	Lozère
Préveranges, 9	St.-Amand	Cher
Prevessin, 3	Gex	Ain
Prévière (la) $5\frac{1}{4}$	Segré	Maine-et-L.
Previlliers, 4	Beauvais	Oise
Prévinquères, 8	Milhaud	Aveiron
Prévinquières, $6\frac{1}{2}$	Villefranche	Aveiron
Prévocourt, 3	Château-Salins	Meurthe
Prey, 2	Evreux	Eure
Prey, 5	Epinal	Vosges
Preyssac-d'Agonat, 2	Périgueux	Dordogne

Communes.	Arrondissem.	Départem.
Preyssac-d'Excideuil, 9	Périgueux	Dordogne
Prez, 4	Rocroi	Ardennes
Prez-en-Pail*, 9	Mayenne	Mayenne
Prez-sous-la-Fauche, 10	Chaumont	H.-Marne
Prez-sur-Marne, $3\frac{1}{2}$	Wassy	H.-Marne
Prezailles, $4\frac{1}{4}$	Le Puy	H.-Loire
Priaire, 5	Niort	2 Sèvres
Priay, 5	Bourg	Ain
Pridigrigio, 8	Calvi	Corse
Priech (St.-), $3\frac{1}{2}$	Tulle	Corrèze
Priest (St.-), $1\frac{1}{4}$	Privas	Ardèche
Priest (St.-), $7\frac{1}{2}$	St.-Amand	Cher
Priest (St.-), 5	Aubusson	Creuse
Priest (St.-), 5	Vienne	Isère
Priest (St.-), $1\frac{1}{4}$	St.-Etienne	Loire
Priest-Bramefant (St.-), 7	Riom	Puy-de-Dô.
Priest-d'Andelot (St.-), 1	Gannat	Allier
Priest-de-Mareuil (St.-), $4\frac{1}{4}$	Nontron	Dordogne
Priest-des-Champs (St.-), 6	Riom	Puy-de-Dô.
Priest-en-Marcillat (St.-), 3	Montluçon	Allier
Priest-en-Murat (St.-), 5	Montluçon	Allier
Priest-la-Feuille (St.-), $6\frac{1}{2}$	Guéret	Creuse
Priest-la-Plaine (St.-), $4\frac{1}{2}$	Guéret	Creuse
Priest-la-Prugne (St.-), $8\frac{1}{2}$	Roanne	Loire
Priest-la-Roche (St.), $4\frac{1}{2}$	Roanne	Loire
Priest-la-Vestre (St.-), 6	Montbrison	Loire
Priest-le-Betoux, $4\frac{1}{2}$	Bellac	H.-Vienne
Priest-les-Fougères (St.-), 7	Nontron	Dordogne
Priest-les-Vergnes (St.), $8\frac{1}{2}$	Limoges	H.-Vienne
Priest-Ligoure (St.-), $4\frac{1}{4}$	St.-Yrieix	H.-Vienne
Priest-Palus (St.-), $3\frac{1}{2}$	Bourganeuf	Creuse
Priest-sous-Aixe (St.-), $2\frac{1}{2}$	Limoges	H.-Vienne
Priest-Taurion (St.-), 3	Limoges	H.-Vienne
Prieur-Debui, $3\frac{1}{4}$	Espalion	Aveiron
Priez, $5\frac{1}{4}$	Château-Thierry	Aisne
Prignac, $4\frac{1}{4}$	St.-Jean-d'Angely	Char.-Inf.
Prignac, $4\frac{1}{2}$	Blaye	Gironde
Prignac, $10\frac{1}{4}$	Bordeaux	Gironde
Prigny (*Les Moutiers*), $6\frac{1}{4}$	Paimbœuf	Loire-Inf.
Prigonrieux, $1\frac{1}{4}$	Bergerac	Dordogne
Prim (St.-), $2\frac{1}{2}$	Vienne	Isère
Primarette, $4\frac{3}{4}$	Vienne	Isère
Primat, $1\frac{1}{2}$	Vouziers	Ardennes
Primelin, $10\frac{1}{4}$	Quimper	Finistère
Primelle, $5\frac{1}{4}$	Bourges	Cher
Prinais (la) (*St.-Brevin*), 3	Paimbœuf	Loire-Inf.
Prinçay, $2\frac{1}{2}$	Châtellerault	Vienne
Prinçay, $3\frac{1}{4}$	Loudun	Vienne
Princé, 4	Vitré	Ille-et-Vil.
Prinche (*Luché*), 3	La Flèche	Sarthe
Pringy, 2	Vitry-le-Français	Marne
Pringy, $2\frac{1}{2}$	Melun	Seine-et-M.
Prinquiau, $1\frac{1}{4}$	Savenay	Loire-Inf.

Communes.	Arrondissem.	Départem.
Prinsuejols, $5\frac{1}{4}$	Marvejols	Lozère
Printzheim, $2\frac{1}{4}$	Saverne	Bas-Rhin
Prisces, $1\frac{1}{2}$	Vervins	Aisne
Prisches, $3\frac{1}{4}$	Avesnes	Nord
Prises (les) (*La Sauvagère*), 5	Domfront	Orne
Priseveaux (*Boigneville*), $4\frac{1}{4}$	Etampes	Seine-et-O.
Prissac, $7\frac{1}{2}$	Blanc (le)	Indre
Prissé-le-Grand, $4\frac{1}{4}$	Niort	2 Sèvres
Prissé-le-Petit, 4	Niort	2 Sèvres
Prissey, $2\frac{1}{2}$	Beaune	Côte-d'Or
Prissey, $2\frac{1}{2}$	Mâcon	Saône-et-L.
PRIVAS*	ch.-l. d'ar., 158	Ardèche
Privat (St.-), $6\frac{1}{2}$	Privas	Ardèche
Privat (St.-), $11\frac{1}{2}$	Tulle	Corrèze
Privat (St.-), 3	Riberac	Dordogne
Privat (St.-), $3\frac{1}{2}$	Lodève	Hérault
Privat (*Montigny-lès-Metz*) (St.-), 1	Metz	Moselle
Privat-d'Allier (St.-), $4\frac{1}{4}$	Le Puy	H.-Loire
Privat-de-Vallonque (St.), $6\frac{1}{2}$	Florac	Lozère
Privat-des-Champs (St.-), 7	Alais	Gard
Privat-des-Vieux (St.-), 1	Alais	Gard
Privat-du-Dragon (St.-), $3\frac{1}{4}$	Brioude	H.-Loire
Privat-du-Fau (St.-), 13	Marvejols	Lozère
Privat-la-Montagne (St.-), $2\frac{1}{2}$	Briey	Moselle
Privé (St.-), $\frac{1}{2}$	Orléans	Loiret
Privé (St.-), $6\frac{1}{4}$	Châlons	Saône-et-L.
Privé (St.-), $12\frac{1}{2}$	Joigny	Yonne
Privezac, $4\frac{1}{2}$	Villefranche	Aveiron
Prix (St.-), $\frac{1}{2}$	La Palisse	Allier
Prix (St.-), 8	Tournon	Ardèche
Prix, 1	Mezières	Ardennes
Prix, $5\frac{1}{4}$	Villefranche	Aveiron
Prix (St.-), $5\frac{1}{4}$	Epernay	Marne
Prix (St.-), 3	Autun	Saône-et-L.
Prix (St.-), $3\frac{1}{2}$	Pontoise	Seine-et-O.
Prix-lès-Arnay (St.-), 9	Beaune	Côte-d'Or
Priziac, $9\frac{1}{4}$	Pontivy	Morbihan
Prizy, $2\frac{1}{2}$	Charolles	Saône-et-L.
Prodelles (*Champagnac*), $3\frac{3}{4}$	Mauriac	Cantal
Próhencour, 7	St.-Affrique	Aveiron
Proissant, 2	Sarlat	Dordogne
Proissy, $5\frac{1}{4}$	Vervins	Aisne
Proix, $6\frac{1}{2}$	Vervins	Aisne
Projan, 18	Mirande	Gers
Projet (St.-), $6\frac{1}{4}$	Mauriac	Cantal
Projet (St.-), $4\frac{1}{4}$	Angoulême	Charente
Projet (St.-), $4\frac{1}{2}$	Dreux	Eure-et-L.
Projet (St.-), $3\frac{1}{2}$	Gourdon	Lot
Projet (St.-), 4	Niort	2 Sèvres
Projet (St.-), 13	Montauban	Tarn-et-Gar.
Promilhanes, 9	Cahors	Lot
Promp-le-Roy, 4	Clermont	Oise
Prompsat, 2	Riom	Puy-de-Dô.
Prône, 5	Rheims	Marne
Pronville, $4\frac{1}{2}$	Arras	Pas-de-Cal.

Communes.	Arrondissem.	Départem.
Propiac, 5 ¼	Nyons	Drôme
Propières, 6 ¼	Villefranche	Rhône
Prouais, 3 ¼	Dreux	Eure-et-L.
Prouant (St.-), 8 ¾	Fontenay-le-Comte	Vendée
Proucy, 6 ½	Vire	Calvados
Proudines, 7 ½	Clermont	Puy-de-Dô.
Prouilhaç, 1 ¼	Lectoure	Gers
Prouilhac (*Gourdon*),	Gourdon	Lot
Prouilly, 3 ½	Rheims	Marne
Proulieu, 12 ¾	Belley	Ain
Proupiary, 2 ¼	St.-Gaudens	H.-Garonne
Prouvais, 9	Laon	Aisne
Prouville, 5 ½	Doullens	Somme
Prouvy, 9 ¼	Douai	Nord
Prouzel (Haut et Bas-), 3	Amiens	Somme
Provemont, 3 ½	Les Andelys	Eure
Provenchère, 7 ¼	Montbéliard	Doubs
Provenchères, 5 ¼	Langres	H.-Marne
Provenchères, 8 ½	Wassy	H.-Marne
Provenchères, 3 ¾	Vesoul	H.-Saône
Provenchères, 7 ½	Mirecourt	Vosges
Provenchères, 3	St.-Dié	Vosges
Provency, 2	Avallon	Yonne
Proverville, ½	Bar-sur-Aube	Aube
Proveysieux, 3	Grenoble	Isère
Proville, 1	Cambrai	Nord
Provin, 4 ½	Lille	Nord
PROVINS *,	ch.-l. d'ar., 23	Seine-et-M.
Proviseux, 9	Laon	Aisne
Provisy (*Novion*), 2 ¼	Rethel	Ardennes
Proyart, 4 ½	Péronne	Somme
Prudemanche, 4 ¼	Dreux	Eure-et-L.
Prudhamat, 9 ¼	Figeac	Lot
Prugna, 4	Ajaccio	Corse
Prugnanes, 12 ½	Perpignan	Pyrén.-Or.
Prugne (la), 9 ½	La Palisse	Allier
Prugny, 3	Troyes	Aube
Pruillé, 4 ½	Segré	Maine-et-L.
Pruillé-le-Chétif, 2	Le Mans	Sarthe
Pruines, 5 ½	Rodez	Aveiron
Prunay, 6	Nogent-sur-Seine	Aube
Prunay, 3 ¼	Troyes	Aube
Prunay, 4 ½	Vendôme	Loir-et-Ch.
Prunay, 3	Rheims	Marne
Prunay (*Louveciennes*), 1 ¼	Versailles	Seine-et-O
Prunay-le-Gillon, 3	Chartres	Eure-et-L.
Prunay-le-Temple, 4 ½	Mantes	Seine-et-O.
Prunay sous-Ablis, 3 ¼	Rambouillet	Seine-et-O.
Prunay-sous-Maisse, 2	Etampes	Seine-et-O.
Prunelli,	Corte	Corse
Prunelli, 8 ¼	Corte	Corse
Prunet, 1 ¾	Argentière	Ardèche
Prunet, 3	Aurillac	Cantal
Prunet, 5	Villefranche	H.-Garonne
Prunet, 8	Prades	Pyrén.-Or.
Prunières, 4 ¼	Embrun	H.-Alpes
Prunières, 11 ¼	Grenoble	Isère
Prunières, 9 ¼	Marvejols	Lozère
Pruniers, 4 ½	Issoudun	Indre
Pruniers, 2 ¼	Romorantin	Loir-et-Ch.
Pruno, 7 ½	Bastia	Corse

Communes.	Arrondissem.	Départem.
Prunoy, 6 ½	Joigny	Yonne
Prusly-sur-Ource, 1 ¼	Châtillon	Côte-d'Or
Prusy, 6	Bar-sur-Seine	Aube
Pruzilly, 3 ½	Mâcon	Saône-et-L.
Prye (*La Fermeté*), 5 ¼	Nevers	Nièvre
Puberg, 5 ¼	Saverne	Bas-Rhin
Publy, 2 ½	Lons-le-Saulnier	Jura
Puceul, 8 ½	Châteaubriant	Loire-Inf.
Puch (le), 17	Foix	Ariège
Puch, 5	La Réole	Gironde
Puch, 7	Nérac	Lot-et-Gar.
Puchay, 3	Les Andelys	Eure
Puche (*Ogy*), 2	Metz	Moselle
Puchévillers, 3 ¼	Doullens	Somme
Puech (le), 1 ¼	Lodève	Hérault
Puech-Baurès, 1 ¼	Rodez	Aveiron
Puech Camp, ½	Rodez	Aveiron
Puech-de-Noyés, 4 ¾	Rodez	Aveiron
Puech-del-Fraine (*Anglars*), 11 ½	Milhaud	Aveiron
Puech-Grimal, 6	Rodez	Aveiron
Puech-Redon, 11 ¼	Le Vigan	Gard
Puéchabon, 7	Montpellier	Hérault
Puellemontier, 5 ½	Wassy	H.-Marne
Puessans, 2 ½	Baume	Doubs
Puget (le), 6 ½	Draguignan	Var
Puget (le), 7 ½	Toulon	Var
Puget, 7	Apt	Vaucluse
Pugey, 1 ¼	Besançon	Doubs
Pugieu, 2	Belley	Ain
Puginier, 1 ½	Castelnaudary	Aude
Pugnac, 4	Blaye	Gironde
Pugnoy (la), 2 ½	Béthune	Pas-de-Cal.
Pugny, 6	Parthenay	2 Sèvres
Pui (le). *Voy.* Puy		
Puibegon, 5 ¼	Lavaur	Tarn
Puibelliard, 8 ½	Fontenay-le-Comte	Vendée
Puiceley, 4	Gaillac	Tarn
Puicherie, 4 ½	Carcassonne	Aude
Puid (le), 6 ¼	St.-Dié	Vosges
Puideserre, 4	Fontenay-le-Comte	Vendée
Puigiron, 2	Montélimart	Drôme
Puihardy, 5	Niort	2 Sèvres
Puilacher, 9 ¾	Lodève	Hérault
Puilanier, 3 ¼	Albi	Tarn
Puilauriens, 13 ½	Limoux	Aude
Puilly, 7 ½	Sedan	Ardennes
Puimain (le) (*Bourgneuf*), 7 ½	Paimbœuf	Loire-Inf.
Puimisson, 2 ¼	Béziers	Hérault
Puisaleine (*Moulin-sous-Tous-Vents*), 5	Compiégne	Oise
Puiseaux (*Auxon*), 7	Troyes	Aube
Puiseaux, 4 ½	Pithiviers	Loiret
Puiselet-le-Marais, 2	Etampes	Seine-et-O.
Puisenval, 4 ½	Neufchâtel	Seine-Inf.
Puiset (le), 11	Chartres	Eure-et-L.
Puiset-Divré, 3 ¼	Beaupréau	Maine-et-L.
Puiseux, 5 ½	Soissons	Aisne
Puiseux, 3 ½	Rethel	Ardennes
Puiseux, 2 ¼	Dreux	Eure-et-L.

Communes.	Arrondissem.	Départem.	Communes.	Arrondissem.	Départem.
Puiseux, $1\frac{1}{4}$	Pontoise	Seine-et-O.	Puxieux (Marstatour), 5	Metz	Moselle
Puiseux-en-Bray, 6	Beauvais	Oise	Puy (le), 3	Bar-sur-Seine	Aube
Puiseux-le-Haut-Berger, 6	Senlis	Oise	Puy (le), 3	Baume	Doubs
Puiseux-lès-Louvres, $6\frac{1}{4}$	Pontoise	Seine-et-O.	Puy, $4\frac{1}{2}$	Châtillon	Côte-d'Or
Puisieulx, $2\frac{1}{2}$	Rheims	Marne	Puy (St.-), 4	Condom	Gers
Puisieux, 5	Vervins	Aisne	Puy (le), 4	La Reole	Gironde
Puisieux, 5	Arras	Pas-de-Cal.	Puy (le), $8\frac{1}{4}$	St.-Claude	Jura
Puisieux, 3	Meaux	Seine-et-M.	Puy (le) *	ch.-l. du dép. 130	H.-Loire
Puissalicon, $2\frac{1}{2}$	Beziers	Hérault	Puy Cornet, 5	Montauban	Tarn et Gar.
Puissaye (la), $8\frac{1}{4}$	Dreux	Eure-et-L.	Puy-d'Arnac, $7\frac{1}{4}$	Brives	Corrèze
Puisseguin, $3\frac{1}{2}$	Libourne	Gironde	Puy Daniel, $4\frac{1}{4}$	Muret	H. Garonne
Puissegur, $7\frac{1}{4}$	Toulouse	H.-Garonne	Puy-de-Fourchée, $3\frac{1}{2}$	Perigueux	Dordogne
Puissegur, 5	Lectoure	Gers	Puy-des-Maizes (le), 3	Chaumont	H. Marne
Puissergnier, $3\frac{1}{2}$	Beziers	Hérault	Puy-du-Lac, 5	Rochefort	Char.-Inf.
Puits. Voy. Puy			Puy-Fort-Eguille, $1\frac{1}{2}$	Nérac	Lot-et-Gar.
Puivert, $7\frac{1}{4}$	Limoux	Aude	Puy-Gaillard, $4\frac{1}{2}$	Castel-Sarrasin	Tarn et Gar.
Puivert, $4\frac{1}{4}$	Apt	Vaucluse	Puy-Gaillard, $6\frac{1}{2}$	Montauban	Tarn et Gar.
Puix (le) (Del'e), $7\frac{1}{2}$	Belfort	Haut-Rhin	Puy-Gouzon, $1\frac{1}{2}$	Albi	Tarn
Puix (le) (Giromagny), $3\frac{1}{2}$	Belfort	Haut-Rhin	Puy-Guillaume, 3	Thiers	Puy-de-Dô.
Pajadren, $5\frac{1}{2}$	Lombez	Gers	Puy-Guilhem, $4\frac{1}{2}$	Bergerac	Dordogne
Pajaut, $8\frac{1}{4}$	Uzès	Gard	Puy-l'Evêque, 8	Cahors	Lot
Pujo, 4	Mont-de-Marsan	Landes	Puy-la-Garde, 14	Montauban	Tarn-et-Gar.
Pujo, 3	Tarbes	H.-Pyrén.	Puy la Roque, $9\frac{1}{4}$	Montauban	Tarn-et-Gar.
Pujol (le), $4\frac{1}{4}$	Villefranche	H. Garonne	Puy-la-Vallée, 7	Clermont	Oise
Pujol (le), $2\frac{1}{2}$	Castres	Tarn	Puy-la-Vèze (St-Julien), $9\frac{1}{2}$	Clermont	Puy-de-Dô.
Pujolet (le), $6\frac{3}{4}$	Villefranche	H. Garonne	Puy-Laurent, $9\frac{1}{4}$	Mende	Lozère
Pujolle (la), $15\frac{1}{4}$	Mirande	Gers	Puy-Laurens *, 5	Lavaur	Tarn
Pujols (les), $2\frac{1}{4}$	Pamiers	Ariège	Puy-Michel, 8	Digne	B.-Alpes
Pujols, $10\frac{1}{4}$	Bordeaux	Gironde	Puy-Moisson, 10	Digne	B.-Alpes
Pujols, $6\frac{1}{2}$	Libourne	Gironde	Puy-Notre-Dame, 6	Saumur	Maine et L.
Pujols, $\frac{1}{2}$	Villeneuve-d'Agen	Lot-et-Gar.	Puy-Près, $4\frac{1}{2}$	Briançon	H.-Alpes
			Puy-St.-Bonnet (le), 9	Bressuire	2 Sèvres
			Puy-St.-Euzèbe, $1\frac{1}{2}$	Embrun	H.-Alpes
			Puy-St.-Gulmier, 9	Riom	Puy-de-Dô.
Pujos, $8\frac{1}{4}$	Mirande	Gers	Puy-St.-Martin, $11\frac{1}{2}$	Die	Drôme
Pulay, $9\frac{1}{4}$	Evreux	Eure	Puy-Ste.-Réparade (le), $3\frac{1}{2}$	Aix	B. du Rhône
Puley (le), $6\frac{1}{4}$	Châlons	Saône-et-L.	Puy-Sanières, 1	Embrun	H.-Alpes
Puligny, 3	Beaune	Côte-d'Or	Puybarban, 5	Bazas	Gironde
Puligny, 5	Nancy	Meurthe	Puybrun, $10\frac{1}{2}$	Figeac	Lot
Pulney, $8\frac{1}{4}$	Toul	Meurthe	Puycalvel (la Mothe-Cassel), $6\frac{1}{4}$	Gourdon	Lot
Pulnoy, $1\frac{1}{2}$	Nancy	Meurthe			
Pulversheim, $7\frac{1}{4}$	Colmar	Haut-Rhin	Puycalvel, $4\frac{1}{2}$	Castres	Tarn
Ponchy, $6\frac{1}{4}$	Montdidier	Somme	Puycasquier, 5	Auch	Gers
Puncrot, $3\frac{1}{2}$	Neufchâteau	Vosges	Puydarrieux, 9	Tarbes	H.-Pyrén.
Puntous, 12	Bagnères	H.-Pyrén.	Puye (la), $7\frac{1}{2}$	Châtellerault	Vienne
Pupillin, $1\frac{1}{4}$	Poligny	Jura	Puygareau (Lencloitre), 4	Châtellerault	Vienne
Pure, 5	Sedan	Ardennes	Puylausie, 1	Lombez	Gers
Purgerot, $5\frac{1}{4}$	Vesoul	H.-Saône	Puyloubier, 4	Aix	B. du Rhône
Pusey, 1	Vesoul	H-Saône	Puymangoud, 6	Riberac	Dordogne
Pusigneux (Cray), $5\frac{1}{2}$	La Tour-du-Pin	Isère	Puymaufray, $6\frac{1}{4}$	Fontenay-le-Comte	Vendée
Pussay, $3\frac{1}{2}$	Etampes	Seine-et-O.			
Pussigny, 7	Chinon	Indre-et-L.	Puymaurin, $6\frac{1}{4}$	St.-Gaudens	H.-Garonne
Pusy, $1\frac{1}{2}$	Vesoul	H.-Saône	Puymeras, $6\frac{1}{2}$	Orange	Vaucluse
Putanges, 5	Argentan	Orne	Puymiclan, 6	Marmande	Lot-et-Gar.
Puteaux, $2\frac{1}{2}$	St.-Denis	Seine	Puymirol, $5\frac{1}{2}$	Agen	Lot-et-Gar.
Puthenaye (la), $4\frac{1}{4}$	Bernay	Eure	Puymoyen, 1	Angoulême	Charente
Putot, 3	Caen	Calvados	Puynormand, $5\frac{1}{4}$	Libourne	Gironde
Putot, $5\frac{1}{4}$	Pont-l'Evêque	Calvados	Puyol, $7\frac{1}{2}$	St.-Sever	Landes
Puttigny, $1\frac{1}{4}$	Château-Salins	Meurthe	Puyoo, $3\frac{1}{2}$	Orthez	B.-Pyrén.
Puttelange *, 3	Sarreguemines	Moselle	Puyourde, 8	Figeac	Lot
Puttelange-lès-Rodemacks, $3\frac{1}{4}$	Thionville	Moselle			
Puxe, $2\frac{1}{4}$	Briey	Moselle	Puyperoux (Aignes), 5	Angoulême	Charente

Communes.	Arrondissem.	Départem.
Puyravault, 8 ¾	Rochefort	Char.-Inf.
Puyravault, 5 ¼	Fontenay-le-Comte	Vendée
Puyrenier, 4	Nontron	Dordogne
Puyroland, 3 ¼	St.-Jean-d'Angely	Char.-Inf.
Puysentul, 8 ½	Lectoure	Gers
Puysségenpion, 5	Marmande	Lot-et-Gar.
Puyvalador, 11 ¾	Prades	Pyrén.-O.
Puyveaux, 6	Ruffec	Charente
Puzeaux, 4 ½	Péronne	Somme
Puzieux, 3 ¼	Château-Salins	Meurthe
Pozieux, 1	Mirecourt	Vosges
Puzignan, 7 ½	Vienne	Isère
Py (le) (*Pecharie*), 5 ½	Castelnaudary	Aude
Py, 5	Prades	Pyrén.-O.
Pys, 6	Péronne	Somme

Q.

Communes.	Arrondissem.	Départem.
Quadypre, 3	Dunkerque	Nord
Quaix, 1 ¼	Grenoble	Isère
Quantilly, 4 ½	Bourges	Cher
Quarante, 4	Béziers	Hérault
Quarouble, 11 ½	Douai	Nord
Quarré-les-Tombes, 4	Avallon	Yonne
Quarte (la), 10 ½	Vesoul	H.-Saône
Quartier (le), 9	Riom	Puy-de-Dô.
Quasquara, 4 ¾	Ajaccio	Corse
Quatre-Champs, 1 ¾	Vouziers	Ardennes
Quatre-Favrils, 4	Argentan	Orne
Quatre-Puits, 5	Falaise	Calvados
Quatre-Roues (les) (*Prunier*), 1 ¼	Romorantin	Loir-et-Ch.
Quatremarre, 1 ¾	Louviers	Eure
Quatzenheim, 3 ½	Strasbourg	Bas-Rhin
Quay (St.-), 1 ½	Lannion	Côtes-du-N.
Quay (St.-), 4	St.-Brieuc	Côtes-du-N.
Quay (le) (*Beauvoir*), 15	Les Sables	Vendée
Quéant, 4 ½	Arras	Pas-de-Cal.
Queaux, 5 ¼	Montmorillon	Vienne
Quebriac, 6 ½	Rennes	Ille-et-Vil.
Quédillac, 5	Montfort	Ille-et-Vil.
Quelaines, 3 ½	Château-Contier	Mayenne
Queleu (*Plantières*), ½	Metz	Moselle
Quelmes, 2 ¼	St.-Omer	Pas-de-Cal.
Quéménéven, 2 ½	Châteaulin	Finistère
Quemigny, 3 ¾	Dijon	Côte-d'Or
Quemigny-sur-Seine, 7	Châtillon	Côte-d'Or
Quemper-Guézénec,	Guimgamp	Côtes-du-N.
Quend, 7 ½	Abbeville	Somme
Quenet (le) *Bracquetuit*, 7	Dieppe	Seine-Inf.
Quenexy (la), 2 ½	Metz	Moselle
Quenne, 1	Auxerre	Yonne
Quenoche, 5	Vesoul	H.-Saône
QUENTIN (St.-)*	ch.-l. d'ar., 37	Aisne
Quentin (St.-), 4 ¾	Rethel	Ardennes
Quentin (St.-), 7 ½	Pamiers	Ariége
Quentin (St.-), 6	Barbezieux	Charente
Quentin (St.-), 5	Confolens	Charente
Quentin (St.-), 2 ½	Aubusson	Creuse

Communes.	Arrondissem.	Départem.
Quentin (St.-), 1	Sarlat	Dordogne
Quentin (St.-), 4 ½	Libourne	Gironde
Quentin (St.-), 11 ½	Libourne	Gironde
Quentin (St.-), 2	Loches	Indre-et-L.
Quentin (St.-), 8	St.-Marcellin	Isère
Quentin (St.-), 5 ½	Vienne	Isère
Quentin (St.-), 1 ¼	Le Puy	H.-Loire
Quentin (St.-), 5	Vendôme	Loir-et-Ch.
Quentin (St.-), 8 ¾	Villeneuve-d'Agen	Lot-et-Gar.
Quentin (St.-), 2 ½	Baugé	Maine-et-L.
Quentin (St.-), 4	Beaupréau	Maine-et-L.
Quentin (St.-), 1 ½	Avranches	Manche
Quentin (St.-), 3 ½	Châlons-sur-Marne	Marne
Quentin (St.-) (*Gionges-St.-Ferjeux*, 3	Epernay	Marne
Quentin (St.-), 2	Vitry-le-Français	Marne
Quentin (St.-), 3 ½,	Château-Gontier	Mayenne
Quentin (St.-), 1 ¾	Cosne	Nièvre
Quentin (St.-) 6	Domfront	Orne
Quentin (St.-), 2 ¾	Issoire	Puy-de-Dô.
Quentin (St.-), 7	Riom	Puy-de-Dô.
Quentin (St.-) (*St.-Maixent*), 10	Mamers	Sarthe
Quentin (St.-), 7 ½	Dieppe	Seine-Inf.
Quentin-d'Elle (St.-), 3 ¼	St.-Lô	Manche
Quentin-de-Blavou (St.-), 2 ½	Mortagne	Orne
Quentin-de-la-Roche (St.-), 2 ½	Falaise	Calvados
Quentin-de-Ransanna (St.-), 6 ½	Saintes	Char.-Inf.
Quentin-des-Isles (St.-), 1 ¼	Bernay	Eure
Quentin-Després (St.-), 7	Beauvais	Oise
Quentin-en-Tourmond, (St.-), 7 ½	Abbeville	Somme
Quentin-le-Petit (St.-), 4 ½	Mortagne	Orne
Quentin-le-Verger (St.-), 10 ¾	Epernay	Marne
Quenza, 4 ½	Sartène	Corse
Quercamp, 3 ½	St.-Omer	Pas-de-Cal.
Quérénaing, 8 ½	Douai	Nord
Quérien (*Prenessaye*), 2 ¼	Loudéac	Côtes-du-N.
Querigut, 17	Foix	Ariége
Quernes, 7 ½	Béthune	Pas-de-Cal.
Querqueville, 1 ½	Cherbourg	Manche
Querré, 5	Segré	Maine-et-L.
Querrien, 2	Qhimperlé	Finistère
Querrieux, 3	Amiens	Somme
Quers, 2 ¼	Lure	H.-Saône
Querticello	Bastia	Corse
Querville, 4 ½	Lisieux	Calvados
Quesmy, 7 ½	Compiégne	Oise
Quesnay, 3 ½	Falaise	Calvados
Quesnay-Guesnon, 3 ¾	Bayeux	Calvados
Quesne (le), 10	Amiens	Somme
Quesnel (le), 4 ½	Montdidier	Somme
Quesnel-Aubry (le), 4 ½	Clermont	Oise
Quesnoy (le) *, 7 ½	Avesnes	Nord

Communes.	Arrondissem.	Départem.	Communes.	Arrondissem.	Départem.
Quesnoy (le) (Chevrières), 3 1/2	Compiégne	Oise	Quillion, 6 1/4	Châteaulin	Finistère
			Quilly, 1 3/4	Vouziers	Ardennes
Quesnoy (le), 6 1/4	St.-Pol	Pas-de-Cal.	Quilly, 5 1/2	Falaise	Calvados
Quesnoy (le), 2 3/4	Abbeville	Somme	Quilly, 1 3/4	Savenay	Loire-Inf.
Quesnoy (le), 6	Amiens	Somme	Quily, 2 1/4	Ploërmel	Morbihan
Quesnoy (le), 4	Montdidier	Somme	Quimerch, 3 3/4	Châteaulin	Finistère
Quesnoy-sur-Deûle, 2 1/2	Lille	Nord	QUIMPER *	ch.-l.de dép.159	Finistère
Quesques, 6 1/4	Boulogne	Pas-de-Cal.	QUIMPERLÉ *	ch.-l. d'ar., 148	Finistère
Quessigny, 3	Evreux	Eure	Quimperven, 3 1/4	Lannion	Côtes-du-N.
Quessoy, 3 3/4	St.-Brieuc	Côtes-du-N.	Quincais, 2 1/4	Poitiers	Vienne
Quessy, 7 3/4	Laon	Aisne	Quincampoix, 10 1/4	Beauvais	Oise
Questembert, 6 1/4	Vannes	Morbihan	Quincampoix (Clermont), 4 1/4	Clermont	Oise
Questrecque, 4	Boulogne	Pas-de-Cal.			
Quet, 15 1/2	Grenoble	Isère	Quincampoix (Flée), 8 1/2	St.-Calais	Sarthe
Quétiéville, 4 3/4	Lisieux	Calvados	Quincampoix, 3 1/2	Rouen	Seine-Inf.
Quetigny, 1 1/4	Dijon	Côte-d'Or.	Quincarnon, 6	Evreux	Eure
Quettehou, 3 1/2	Valognes	Manche	Quincé, 10 1/4	Saumur	Maine-et-L.
Quettetot, 4 1/4	Valognes	Manche	Quincerot, 2 1/2	Tonnerre	Yonne
Quetteville, 2 1/4	Pont-l'Évêque	Calvados	Quincerot-lès-Montbard, 3 1/4	Semur	Côte-d'Or
Quettreville, 2 1/4	Coutances	Manche			
Queudes, 11	Épernay	Marne	Quincey, 1 1/4	Nogent-sur-Seine	Aube
Queue (la) (Joiselle), 11	Épernay	Marne			
			Quincey, 3	Beaune	Côte-d'Or
Queue (la) (Galuis), 5	Rambouillet	Seine-et-O.	Quincey, 3	Vesoul	H.-Saône
Queue-en-Brie (la), 7	Corbeil	Seine-et-O.	Quincié, 4	Villefranche	Rhône
Queuille (la), 10	Clermont	Puy-de-Dô.	Quincieux, 5	St.-Marcellin	Isère
Queuille, 4	Riom	Puy-de-Dô.	Quincieux, 3 1/4	Lyon	Rhône
Queutrey, 6 3/4	Gray	H.-Saône	Quincy, 5	Soissons	Aisne
Queuvre (la), 4 1/4	Orléans	Loiret	Quincy, 5 3/4	Bourges	Cher
Quevauvillers, 4	Amiens	Somme	Quincy, 1 1/4	Montmédy	Meuse
Queven, 1 3/4	Lorient	Morbihan	Quincy, 1 1/4	Meaux	Seine-et-M.
Quévert, 1	Dinan	Côtes-du-N.	Quincy, 3	Corbeil	Seine-et-O.
Quevillon, 2 1/4	Rouen	Seine-Inf.	Quincy-Basse, 6 1/4	Laon	Aisne
Quévilloncourt, 6 1/4	Nancy	Meurthe	Quincy-sur-Armançon, 3	Semur	Côte-d'Or.
Quevilly-le-Grand, 1 1/2	Rouen	Seine-Inf.	Quinéville, 3 1/4	Valognes	Manche
Quevilly-le-Petit, 1/4	Rouen	Seine-Inf.	Quingey *, 5	Besançon	Doubs
Quévrecourt, 1/4	Neufchâtel	Seine-Inf.	Quins, 8 1/4	Rodez	Aveiron
Quévreville-la-Millon, 2 3/4	Rouen	Seine-Inf.	Quinsac, 3	Bordeaux	Gironde
			Quinsaines, 2	Montluçon	Allier
Quévreville-la-Potterie, 4	Rouen	Seine-Inf.	Quinson, 16	Digne	B.-Alpes
			Quint, 1 1/4	Toulouse	H.-Garonne
Queynac (Galgon), 5 1/4	Libourne	Gironde	Quinte (la), 4	Le Mans	Sarthe
Queyrac, 1 1/4	Lesparre	Gironde	Quiutenas, 9	Tournon	Ardèche
Queyrières, 3 3/4	Le Puy	H.-Loire	Quintennic 7 1/4	Dinan	Côtes-du-N.
Queyssac, 7 3/4	Brives	Corrèze	Quintigny, 1 3/4	Lons-le-Saulnier	Jura
Queyssac, 2 1/4	Bergerac	Dordogne			
Quezac, 7	Aurillac	Cantal	Quintillan, 10	Narbonne	Aude
Quézac, 2 3/4	Florac	Lozère	Quintin (St.-), 5 1/4	Château-Thierry	Aisne
Quiberon *, 10	Lorient	Morbihan			
Quiberville, 2 1/2	Dieppe	Seine-Inf.	Quintin *, 4	St.-Brieuc	Côtes-du-N.
Quibou, 2 1/2	St.-Lô	Manche	Quintin (St.-), 1 1/4	Uzès	Gard
Quié, 4 1/2	Foix	Ariége	Quinzac, 8	Nontron	Dordogne
Quiers, 5 3/4	Montargis	Loiret	Quiou (le), 3 1/2	Dinan	Côtes-du-N.
Quiers, 6 1/2	Melun	Seine-et-M.	Quiquery, 4 1/4	Péronne	Somme
Quiéry-la-Motte, 4	Arras	Pas-de-Cal.	Quirbajou, 10 1/2	Limoux	Aude
Quierzy, 12 1/2	Laon	Aisne	Quirc (St.-), 6	Pamiers	Ariége
Quiestède, 3	St.-Omer	Pas-de-Cal.	Quirieu, 7 1/2	La-Tour-du-Pin	Isère
Quiévelou, 3 1/4	Avesnes	Nord	Quirin (St.-), 4	Sarrebourg	Meurthe
Quiévrechain, 12	Douai	Nord	Quiroir (La Plaine), 6 1/2	Paimbœuf	Loire-Inf.
Quiévy, 4 1/2	Cambrai	Nord			
Quilen, 3	Montreuil	Pas-de-Cal.	Quiny-le-Sec, 3 1/2	Montdidier	Somme
Quilhan (Ortoux), 12	Le Vigan	Gard	Quissac, 10 1/2	Le Vigan	Gard
Quillan, 8 1/4	Limoux	Aude	Quissac, 6 1/2	Figeac	Lot
Quillebœuf, 3	Pont-Audemer	Eure	Quissac, 4 1/2	Agen	Lot-et-Gar.
Quillico (St.-), 4	Bastia	Corse	Quistinic, 7	Lorient	Morbihan
Quillio (le), 3 1/2	Loudéac	Côtes-du-N.	Quittebœuf, 4	Evreux	Eure

Communes.	Arrondissem.	Départem.
Quitteur, $3\frac{1}{2}$	Gray	H.-Saône
Quivières, $3\frac{1}{2}$	Péronne	Somme
Quœux, 5	St.-Pol	Pas-de-Cal.

R.

Communes.	Arrondissem.	Départem.
Raba (*Béfey*), 4	Metz	Moselle
Rabastens, $4\frac{1}{2}$	Tarbes	Ht-Pyrén.
Rabastens*, $2\frac{1}{2}$	Gaillac	Tarn
Rabat, 5	Foix	Ariége
Rabatelière (la), 7	Bourbon-Vendée	Vendée
Rabeur, 2	Poligny	Jura
Rabier (St.-), 10	Sarlat	Dordogne
Rablay, $10\frac{3}{4}$	Saumur	Indre-et-L.
Rabodange, 5	Argentan	Orne
Rabon, $2\frac{1}{2}$	Gap	H.-Alpes
Rabouillet, 5	Prades	Pyrén.-Or.
Rabut, $\frac{1}{2}$	Pont-l'Evêque	Calvados
Rac, 2	Montélimart	Drôme
Racécourt, 2	Mirecourt	Vosges
Rac..es, $1\frac{1}{2}$	Douai	Nord
Racho (St.-), $5\frac{3}{4}$	Charolles	Saône-et-L.
Racine, 8	Troyes	Aube
Racineuse (la), $6\frac{1}{4}$	Louhans	Saône-et-L.
Racquinghem, $2\frac{1}{2}$	St.-Omer	Pas-de-Cal.
Racrange, 9	Sarreguemines	Moselle
Raddon, 4	Lure	H.-Saône
Radegonde (Ste.-), 2	Rodez	Aveiron
Radegonde (Ste.-), 5	Barbezieux	Charente
Radegonde (Ste.-), $5\frac{3}{4}$	Saintes	Char.-Inf.
Radegonde (Ste.-), 7	Boussac	Creuse
Radegonde (Ste.-), $6\frac{1}{4}$	Bergerac	Dordogne
Radegonde (Ste.-), $7\frac{1}{4}$	Libourne	Gironde
Radegonde (Ste.-), $\frac{3}{4}$	Tours	Indre-et-L.
Radegonde (Ste.-), 9	Autun	Saône-et-L.
Radegonde (Ste.-), 7	Bressuire	2 Sèvres
Radegonde (Ste.-, 1	Péronne	Somme
Radegonde (Ste.-), $5\frac{3}{4}$	Fontenay-le-Comte	Vendée
Radegonde (Ste.-), $7\frac{1}{2}$	Châtellerault	Vienne
Radegonde (Ste.-) 5	Loudun	Vienne
Radegonde-la-Vineuse (Ste.-), 2	Fontenay-le-Comte	Vendée
Rademont, $4\frac{1}{2}$	Meaux	Seine-et-M.
Radenac, $6\frac{1}{2}$	Ploërmel	Morbihan
Radepont, $2\frac{3}{4}$	Les Andelys	Eure
Radet (*Fleury-la-Rivière*), 2	Epernay	Marne
Radicatel, $7\frac{3}{4}$	Le Hâvre	Seine-Inf.
Radinghem, 3	Lille	Nord
Radinghem, 8	Montreuil	Pas-de-Cal.
Radon, $2\frac{1}{4}$	Alençon	Orne
Radonvillers, 5	Bar-sur-Aube	Aube
Raffetot, $8\frac{1}{2}$	Le Hâvre	Seine-Inf.
Ragecourt-sur-Blaise, $1\frac{3}{4}$	Wassy	H.-Marne
Ragecourt-sur-Marne, $3\frac{1}{2}$	Wassy	H.-Marne
Rahay, $1\frac{3}{4}$	St.-Calais	Sarthe
Rahling, $4\frac{3}{4}$	Sarreguemines	Moselle
Rahon, 6	Baume	Doubs
Rahon, 5	Dôle	Jura
Raids, $5\frac{3}{4}$	St.-Lô	Manche
Raillencourt, $1\frac{1}{4}$	Cambrai	Nord
Railleu, $8\frac{1}{2}$	Prades	Pyrén.-Or.
Raillicourt, $4\frac{1}{2}$	Mézières	Ardennes
Raimbeaucourt, $1\frac{1}{2}$	Douai	Nord
Raimbertot, $3\frac{1}{2}$	Le Hâvre	Seine-Inf.
Raimond, 6	St.-Amand	Cher
R..inans, $1\frac{3}{4}$	Montbéliard	Doubs
Rainans, 2	Dôle	Jura
Raincheval, $3\frac{1}{4}$	Doullens	Somme
Raincourt, $8\frac{3}{4}$	Vesoul	H.-Saône
Rainecourt, $4\frac{1}{2}$	Péronne	Somme
Rainfreville, 4	Dieppe	Seine-Inf.
Rainneville, $2\frac{1}{2}$	Amiens	Somme
Rainville, 3	Neufchâteau	Vosges
Rainvilliers, $1\frac{1}{2}$	Beauvais	Oise
Raismes, $10\frac{1}{4}$	Douai	Nord
Raissac, $4\frac{3}{4}$	Foix	Ariége
Raissac, 4	Carcassonne	Aude
Raissac, $4\frac{1}{2}$	Narbonne	Aude
Raissac, 2	St.-Affrique	Aveiron
Raissac, 10	Castres	Tarn
Raix, $1\frac{1}{2}$	Ruffec	Charente
Ram (le), 7	Milhaud	Aveiron
Ramasse, $2\frac{1}{2}$	Bourg	Ain
Ramatuelle, $14\frac{1}{4}$	Draguignan	Var
Rambaud, $1\frac{1}{4}$	Gap	H.-Alpes
Rambert (St.-)*, $6\frac{3}{4}$	Belley	Ain
Rambert (St.-) (*Albon*), 11	Valence	Drôme
Rambert (St.-), 3	Montbrison	Loire
Rambert-l'Isle-Barbe (St.-), $\frac{3}{4}$	Lyon	Rhône
Rambervillers, $6\frac{1}{2}$	Epinal	Vosges
Rambey, $4\frac{1}{4}$	Lons-le-Saulnier	Jura
Rambluzin, 5	Verdun	Meuse
RAMBOUILLET*,	ch. l. d'ar., 13	Seine-et-O.
Ramboz (*Maiche*), $9\frac{1}{2}$	Montbéliard	Doubs
Rambucourt, $4\frac{1}{4}$	Commercy	Meuse
Ramburelles, 5	Abbeville	Somme
Rambures, 5	Abbeville	Somme
Ramecourt, $\frac{1}{2}$	St.-Pol	Pas-de-Cal.
Ramecourt, $\frac{3}{4}$	Mirecourt	Vosges
Ramée (Ste.-), $5\frac{1}{2}$	Jonzac	Char.-Inf.
Ramée (la) (*St.-Viau*), 1	Paimbœuf	Loire-Inf.
Ramefort, $5\frac{1}{4}$	St.-Gaudens	H.-Garonne
Ramejan (*Maureillan*), 2	Béziers	Hérault
Ramerupt, 3	Arcis-sur-Aube	Aube
Ramicourt (*St.-Erme*), $6\frac{1}{2}$	Laon	Aisne
Ramicourt, $3\frac{1}{2}$	St.-Quentin	Aisne
Ramière (la), 10	Cahors	Lot
Ramillies, $1\frac{1}{4}$	Cambrai	Nord
Rammersmatt, $7\frac{1}{4}$	Belfort	Haut-Rhin
Ramonchamp, $5\frac{1}{2}$	Remiremont	Vosges
Ramonville, 1	Toulouse	H.-Garonne
Ramoules, $1\frac{1}{2}$	Pithiviers	Loiret
Ramous, 3	Orthez	B.-Pyrén.
Ramousies, $1\frac{3}{4}$	Avesnes	Nord
Ramouzens, $6\frac{1}{4}$	Condom	Gers
Rampau, $1\frac{1}{4}$	St.-Lô	Manche
Rampieux, $9\frac{1}{4}$	Bergerac	Dordogne
Rampillon, $4\frac{3}{4}$	Provins	Seine-et-M.
Rampon (*Ws*),	Pontoise	Seine-et-O.
Rampont, $4\frac{1}{2}$	Verdun	Meuse
Rampoux, 6	Gourdon	Lot

Communes.	Arrondissem.	Départem.	Communes.	Arrondissem.	Départem.
Rancé, 5	Trévoux	Ain	Raucoules, $7\frac{1}{2}$	Albi	Tarn
Rance, $7\frac{1}{2}$	Bar-sur-Aube	Aube	Raucourt, $5\frac{3}{4}$	Sedan	Ardennes
Rancenay, $2\frac{1}{4}$	Besançon	Doubs	Raucourt, 7	Nancy	Meurthe
Rancennes, 8	Rocroi	Ardennes	Raucourt, $6\frac{1}{4}$	Avesnes	Nord
Ranchal, 9		Rhône	Raucourt, $6\frac{2}{4}$	Gray	H.-Saône
Ranchette, $2\frac{1}{2}$		Jura	Raucourt. Voy. Rocourt.		
Ranchicourt, $3\frac{3}{4}$	Béthune	Pas-de-Cal.	Raulecourt, 5	Commercy	Meuse
Ranchot, $4\frac{1}{2}$	Dôle	Jura	Raulhac, 5	Aurillac	Cantal
Ranchy, $1\frac{1}{2}$	Bayeux	Calvados	Rauret, $6\frac{1}{2}$	Le Puy	H.-Loire
Rancogne, 5	Angoulême	Charente	Rauville-la-Bigot, 5	Valognes	Manche
Rançon, 2	Yvetot	Seine-Inf.	Rauville-la-Place, $3\frac{1}{2}$	Valognes	Manche
Rançon, $2\frac{3}{4}$	Bellac	H.-Vienne	Rauwiler, $5\frac{1}{2}$	Saverne	Bas-Rhin
Ranconnières, 5	Langres	H.-Marne	Raveaux, $7\frac{1}{4}$	Cosne	Nièvre
Rancourt, 5	Bar-le-Duc	Meuse	Ravel, 7	Die	Drôme
Rancourt, 5	Péronne	Somme	Ravel, 7	Clermont	Puy-de-Dô.
Rancourt, $2\frac{1}{2}$	Mirecourt	Vosges	Ravenel, 4	Clermont	Oise
Rancy, 5	Louhans	Saône-et-L.	Ravennes-Fontaines, $7\frac{1}{2}$	Langres	H.-Marne
Randans, 5	Riom	Puy-de-Dô.	Ravenoville, 4	Valognes	Manche
Randevillers, $5\frac{1}{2}$	Baume	Doubs	Raves, 2	St.-Dié	Vosges
Randeynes, $1\frac{1}{2}$	Rodez	Aveiron	Ravières, $6\frac{1}{2}$	Tonnerre	Yonne
Randonnai, 4	Mortagne	Orne	Ravigny, $12\frac{1}{2}$	Mayenne	Mayenne
Rang, $4\frac{1}{2}$	Baume	Doubs	Raville, $1\frac{3}{2}$	Lunéville	Meurthe
Rangecourt, $7\frac{1}{2}$	Chaumont	H.-Marne	Raville, 5	Metz	Moselle
Rangen, $3\frac{1}{2}$	Saverne	Bas-Rhin	Ravilloles, 3	St.-Claude	Jura
Ranguevaux, $2\frac{3}{4}$	Thionville	Moselle	Ravon-aux-Bois, $3\frac{1}{2}$	Remiremont	Vosges
Raurupt, 6	St.-Dié	Vosges	Ray, 9	Mortagne	Orne
Rans, $4\frac{1}{2}$	Dôle	Jura	Ray, 9	Gray	H.-Saône
Ransart, $2\frac{1}{2}$	Arras	Pas-de-Cal.	Raye, 6	Montreuil	Pas-de-Cal.
Ranspach, $11\frac{1}{2}$	Belfort	H.-Rhin	Rayet, $7\frac{1}{4}$	Villeneuve-d'Agen	Lot-et-Gar.
Ranspach-Nieder, $3\frac{1}{4}$	Altkirch	H.-Rhin			
Ranspach-Ober, $3\frac{1}{2}$	Altkirch	H.-Rhin	Razac-d'Eymet, 5	Bergerac	Dordogne
Rantechaux, $5\frac{1}{2}$	Baume	Doubs	Razac-sur-Lisle, 5	Périgueux	Dordogne
Rantigny, $1\frac{1}{4}$	Clermont	Oise	Raze, $4\frac{1}{2}$	Vesoul	H.-Saône
Ranton, 2	Loudun	Vienne	Razengues, $5\frac{1}{2}$	Lombez	Gers
Rantzwiller, $2\frac{1}{4}$	Altkirch	Haut-Rhin	Razès, $6\frac{3}{4}$	Bellac	H.-Vienne
Ranville, 3	Caen	Calvados	Razigueres, $7\frac{1}{2}$	Perpignan	Pyrén.-Or.
Ranville, 7	Ruffec	Charente	Razimet, 8	Nérac	Lot-et-Gar.
Ranzevelle, $8\frac{1}{2}$	Vesoul	H.-Saône	Razines, 5	Chinon	Indre-et-L.
Ranzières, 8	Commercy	Meuse	Réal, 11	Prades	Pyrén.-Or.
Raon-l'Étape*, 4	St.-Dié	Vosges	Réalcamp, 5	Neufchâtel	Seine-Inf.
Raon-les-Leaux, $8\frac{3}{4}$	Sarrebourg	Meurthe	Réallon, $5\frac{1}{2}$	Embrun	H.-Alpes
Raon-sur-Plaine, $7\frac{1}{4}$	St.-Dié	Vosges	Réalmont, 5	Albi	Tarn
Rapaggio, 5	Corte	Corse	Réalville, 4	Montauban	Tarn-et-G.
Rapale, $5\frac{1}{4}$	Bastia	Corse	Réans, $8\frac{1}{2}$	Condom	Gers
Rapey, $3\frac{1}{2}$	Mirecourt	Vosges	Réanville, $5\frac{1}{2}$	Évreux	Eure
Raphael (St.-), $8\frac{1}{2}$	Périgueux	Dordogne	Réau, 2	Melun	Seine-et-M.
Rapheau (St.-), $8\frac{3}{4}$	Draguignan	Var	Réaumont, 9	St.-Marcellin	Isère
Rapilly, $2\frac{1}{2}$	Falaise	Calvados	Réaumur, $7\frac{3}{4}$	Fontenay-le-Comte	Vendée
Rapsécourt, 3	Ste-Menéhould	Marne			
Raray, 3	Senlis	Oise	Réaup, $4\frac{1}{2}$	Nérac	Lot-et-Gar.
Rarécourt, 7	Verdun	Meuse	Reauville, 4	Montélimart	Drôme
Rary (Pierremont), 7	Laon	Aisne	Reaux, $1\frac{1}{2}$	Jonzac	Char.-Inf.
Raslay, $2\frac{1}{4}$	Loudun	Vienne	Rebai*, 3	Coulommiers	Seine-et-M.
Rasnes, $4\frac{1}{2}$	Argentan	Orne	Rebecques, $3\frac{1}{2}$	St.-Omer	Pas-de-Cal.
Rasomesnil-le-Bon (Sévis), 7	Dieppe	Seine-Inf.	Rebenacq, 5	Oléron	B.-Pyrén.
			Rebergues, 5	St.-Omer	Pas-de-Cal.
Rassiels, 3	Cahors	Lot	Rebets, $6\frac{1}{4}$	Rouen	Seine-Inf.
Rasteau, $5\frac{3}{4}$	Orange	Vaucluse	Rebeuville, $\frac{3}{4}$	Neufchâteau	Vosges
Ratayrens, $6\frac{1}{4}$	Gaillac	Tarn	Rebigue, $\frac{3}{4}$	Toulouse	H.-Garonne
Ratenelle, 9	Mâcon	Saône-et-L.	Rebla, 3	Corte	Corse
Rathier, 2	Poligny	Jura	Rébouc (Hèches), 9	Bagnères	H.-Pyrén.
Ratieville, $4\frac{1}{2}$	Rouen	Seine-Inf.	Rebourceaux, 5	Auxerre	Yonne
Ratte, $1\frac{3}{2}$	Louhans	Saône-et-L.	Rebourguiel, $3\frac{1}{2}$	St.-Affrique	Aveiron
Rattière, 10	Valence	Drôme	Reboursin, $5\frac{1}{2}$	Issoudun	Indre
Rtzwiler, $9\frac{1}{2}$	Saverne	Bas-Rhin	Rebréchien, $3\frac{1}{4}$	Orléans	Loiret
Raucoules, $4\frac{1}{2}$	Yssingeaux	H.-Loire	Rebreuve, $5\frac{1}{2}$	Béthune	Pas-de-Cal.

Communes.	Arrondissem.	Départem.
Rebreuve, 3 ¾	St.-Pol	Pas-de-Cal.
Rebreuviette, 3 ¾	St.-Pol	Pas-de-Cal.
Recanoz, 8 ½	Dôle	Jura
Recey-sur-Ource, 5 ¾	Châtillon	Côte-d'Or
Réchésy, 7 ¼	Belfort	Haut-Rhin
Rechicourt, 7	Montmédy	Meuse
Réchicourt, 5	Sarrebourg	Meurthe
Rechicourt-la-Petite, 3	Château-Salins	Meurthe
Rechotte, 2 ½	Belfort	Haut-Rhin
Récicourt, 4 ½	Verdun	Meuse
Reclainville, 4	Chartres	Eure-et-L.
Reclenne, 2	Autun	Saône-et-L.
Reclinghem, 5	St.-Omer	Pas-de-Cal.
Reclonville, 4 ¾	Lunéville	Meurthe
Recloses, 1 ¾	Fontainebleau	Seine-et-M.
Reclusière (la) (*St.-Julien-en-Jarrêt*), 2 ½	St.-Etienne	Loire
Recoin (*La Batie-Divisin*), 4 ½	La Tour-du-Pin	Isère
Recologne, 3 ¾	Besançon	Doubs
Recologne, 6	Gray	H.-Saône
Recologne, 6	Vesoul	H.-Saône
Réconbeau, 3 ½	Die	Drôme
Reconval (*Amenucourt*), 4 ½	Mantes	Seine-et-O.
Recoules-d'Aubrac, 8	Marvejols	Lozère
Récourt, 4	Arras	Pas-de-Cal.
Récourt-la-Côte, 4 ½	Langres	H.-Marne
Récourt-le-Creux, 5	Verdun	Meuse
Recouvrance, 3 ¾	Rethel	Ardennes
Recouvrance, 3 ¾	Belfort	Haut-Rhin
Recques, 1 ¾	Montreuil	Pas-de-Cal.
Recques, 4	St.-Omer	Pas-de-Cal.
Reculesoz, 8 ½	Pontarlier	Doubs
Reculet (*Montmirail*), 5	Valence	Drôme
Reculey (le), 1 ¾	Vire	Calvados
Recurt, 9	Tarbes	H.-Pyrén.
Recy, 1	Châlons-sur-Marne	Marne
Rédange, 5 ½	Briey	Moselle
Rédéné, 1	Quimper	Finistère
Rederching-le-Petit, 5	Sarreguemines	Moselle
Redessan, 3	Nismes	Gard
Reding, 1 ½	Sarrebourg	Meurthe
Redlach (*Flétrange*), 8	Metz	Moselle
Redon*,	ch.-l. d'ar., 113	Ille-et-Vil.
Redorthe (la), 4 ½	Carcassonne	Aude
Redortiers, 6	Forcalquier	B.-Alpes
Rées-Fosse-Martin, 7	Senlis	Oise
Refaime (*Vautebis*), 3 ¾	Parthenay	2 Sèvres
Reffroy, 5	Commercy	Meuse
Reffuveille, 4	Mortain	Manche
Refranche, 7	Besançon	Doubs
Regades, 1 ¾	St.-Gaudens	H.-Garonne
Regat, 8 ¾	Pamiers	Ariége
Regcade, 4	St.-Flour	Cantal
Regino,	Calvi	Corse
Règle (St.-), 7	Tours	Indre-et-L.
Régnauvile, 6 ½	Montreuil	Pas-de-Cal.
Régnévelle, 6 ¼	Mirecourt	Vosges
Règneville, 2 ½	Coutances	Manche
Règneville, 2 ¾	Valognes	Manche
Regneville, 6 ½	Montmédy	Meuse
Regney, 3	Mirecourt	Vosges
Régnié, 4	Villefranche	Rhône
Regnier-Ecluse, 6 ¼	Abbeville	Somme
Régniéville, 6	Toul	Meurthe
Reguiowez, 1 ½	Rocroi	Ardennes
Régny, 2 ¾	St.-Quentin	Aisne
Régny, 4 ½	St.-Amand	Cher
Régny, 3 ¼	Roanne	Loire
Réguiny, 7	Ploërmel	Morbihan
Réguisheim, 5 ¼	Colmar	Haut-Rhin
Regnise, 8	Brignoles	Var
Rehainviller, 1	Lunéville	Meurthe
Réhaupal, 8	St.-Dié	Vosges
Reheré, 6	Lunéville	Meurthe
Rehincourt, 6 ¼	Epinal	Vosges
Réhon, 6 ¾	Briey	Moselle
Reichsfeld, 3	Schélestatt	Bas-Rhin
Reichshoffen, 3 ¾	Haguenau	Bas-Rhin
Reichstett, 1 ¾	Strasbourg	Bas-Rhin
Reignac, 2	Barbezieux	Charente
Reignac, 4 ¾	Blaye	Gironde
Reignac, 3	Loches	Indre-et-L.
Reignac (*Gramat*), 10 ½	Gourdon	Lot
Reigné (*Souvigné*), 4 ½	Niort	2 Sèvres
Reilhac, 1 ½	Aurillac	Cantal
Reillac, 4 ½	Nontron	Dordogne
Reillac, 7 ½	Figeac	Lot
Reillaguet, 5	Gourdon	Lot
Reillane, 4	Forcalquier	B.-Alpes
Reillannette, 12 ¾	Nyons	Drôme
Reillon, 5 ¼	Lunéville	Meurthe
Reilly, 8 ¾	Beauvais	Oise
Reimerswiller, 3	Haguenau	Bas-Rhin
Reims, *ou* Rheims*,	ch.-l. d'arr., 38	Marne
Reims-la-Brûlée, 1 ½	Vitry-le-Français	Marne
Reinange (*Volstroff*), 2	Thionville	Moselle
Reine (Ste.-), 4 ½	Savenay	Loire-Inf.
Reine (Ste.-), 4 ½	Gray	H.-Saône
Reinhards-Munster, 2 ¼	Saverne	Bas-Rhin
Reiningen, 4	Altkirch	Haut-Rhin
Reipertswiler, 8	Saverne	Bas-Rhin
Reix, 5	Bourganeuf	Creuse.
Réjaumont, 4	Lectoure	Gers
Réjaumont, 8	Bagnères	H.-Pyrén
Rejoux-le-Mayac, 4 ¾	Périgueux	Dordogne
Relanges, 6 ½	Mirecourt	Vosges
Relans, 3 ½	Lons-le-Saulnier	Jura
Rellec (le) (*Guipavas*), 2	Brest	Finistère
Rémalard*, 4 ½	Mortagne	Orne
Rémaucourt, 1 ¾	St.-Quentin	Aisne
Remaucourt, 3	Rethel	Ardennes
Remaudière (la), 6	Nantes	Loire-Inf.
Remaugies, 2	Montdidier	Somme
Remauville, 7 ½	Fontainebleau	Seine-et-M.
Rembercourt, 8	Toul	Meurthe
Rembercourt-aux-Pots, 3 ¾	Bar-le-Duc	Meuse
Rémécourt, 2 ½	Clermont	Oise
Remelange-Haute-et-Basse (*Fameck*), 1 ½	Thionville	Moselle
Remeldorff, 7 ½	Thionville	Moselle
Remelfang, 6 ¾	Metz	Moselle
Rémelfing, ¾	Sarreguemines	Moselle
Remeling, 6 ½	Thionville	Moselle
Remeneuil, 2	Châtellerault	Vienne
Remennecourt, 5	Bar-le-Duc	Meuse
Remenonville, 4 ½	Lunéville	Meurthe
Reménonville, 6	Toul	Meurthe

Communes.	Arrondissem.	Départem.	Communes.	Arrondissem.	Départem.
Rémérangles, 2 1/4	Clermont	Oise	Rémy, 2	Compiègne	Oise
Réméréville, 4	Nancy	Meurthe	Rémy, 3	Arras	Pas-de-Cal.
Rémering, 3	Sarréguemines	Moselle	Remy (St.-), 2 3/4	Montreuil	Pas-de-Cal.
Rémering, 9 1/2	Thionville	Moselle	Remy (St.-), 7	Riom	Puy-de-Dô.
Rémesnil, 3	Doullens	Somme	Remy (St.-), 1	Thiers	Puy-de-Dô.
Remeze (St.-), 12 1/4	Privas	Ardèche	Remy (St,-), 6 3/4	Vesoul	H.-Saône
Remicourt, 4	Ste.-Menéhould	Marne	Remy (St.-), 1/2	Châlons	Saône-et-L.
Remicourt, 1 1/2	Mirecourt	Vosges	Rewy (St.-), 3	Coulommiers	Seine-et-M.
Remiencourt, 3 1/2	Amiens	Somme	Remy (St.-), 5	Châtellerault	Vienne
Remies, 3 3/4	Laon	Aisne	Remy (St.-), 4	Montmorillon	Vienne
Remigny, 3 1/4	St.-Quentin	Aisne	Remy (St.-), 3	St.-Dié	Vosges
Rémiguy, 4 3/4	Châlons	Saône-et-L.	Remy-aux-Bois (St.-), 6	Lunéville	Meurthe
Remilly, 2 1/2	Mézières	Ardennes	Remy-Blanzy (St.-), 4	Soissons	Aisne
Remilly, 2	Sedan	Ardennes	Remy-Chaussée (St.-), 1 1/2	Avesnes	Nord
Remilly, 4	St.-Lô	Manche	Remy-de-Charguat, (St.-), 2 1/4	Issoire	Puy-de-Dô.
Remilly, 5 1/4	Metz	Moselle			
Remilly, 8	Château-Chinon	Nièvre	Remy-de-Sillé (St.-), 9	Le Mans	Sarthe
Remilly-le-Petit (Remilly), 2 1/4	Sedan	Ardennes	Remy-des-Bois (St.-) (Souligné-sous-Ballon), 4 1/2	Le Mans	Sarthe
Remilly-en-Montagne, 5 1/2	Dijon	Côte-d'Or	Remy-des-Landes (St.-), 8 1/2	Coutances	Manche
Remilly-sur-Tille, 2 1/4	Dijon	Côte-d'Or	Remy-des-Monts (St.-), 1 1/2	Mamers	Sarthe
Remilly-Wirquin, 3	St.-Omer	Pas-de-Cal.			
Remimont (St.-), 6	Nancy	Meurthe	Remy-des-Ventes (St.-), 2 1/2	Neufchâtel	Seine-Inf.
Remimont (St.-), 5 1/4	Neufchâteau	Vosges	Remy-du-Plain (St.-), 2 1/2	Mamers	Sarthe
Réininiac, 4	Ploermel	Morbihan			
REMIREMONT*,	ch.-l. d'arr., 103	Vosges	Remy-du-Plein (St.-), 8	Fougères	Ille-et-Vil.
Rémois, 3 1/2	Neufchâteau	Vosges	Remy-en-Bouzemont (St.-), 2 1/4	Vitry-le-François	Marne
Remoiville, 1 3/4	Montmédy	Meuse			
Remollon, 7 1/4	Embrun	H.-Alpes	Remy-en-Campagne (St.-), 7	Dieppe	Seine-Inf.
Remoncourt, 5	Lunéville	Meurthe			
Remoncourt, 2 1/4	Mirecourt	Vosges	Remy-en-l'Eau (St.-), 3	Clermont	Oise
Rémondans, 4 3/4	Montbéliard	Doubs	Remy-en-Plaine (St.-), 5	Niort	2 Sèvres
Remomeix, 1	St.-Dié	Vosges			
Remouville, 5 1/2	Vouziers	Ardennes	Remy-en-Rivière (St.-), 4 1/2	Neufchâtel	Seine-Inf.
Remoray, 6	Pontarlier	Doubs			
Remouillé, 6	Nantes	Loire-Inf.	Remy-l'Honoré (St.-), 5	Rambouillet	Seine-et-O.
Remoulins, 4 1/4	Uzès	Gard	Remy-le-Petit (St.-), 2 1/4	Rethel	Ardennes
Removille, 2 3/4	Neufchâteau	Vosges			
Rempnat, 11	Limoges	H.-Vienne	Remy-lès-Chevreuse (St.-), 6 1/4	Rambouillet	Seine-et-O.
Remuée (la), 5	Le Havre	Seine-Inf.			
Remungol, 3 1/2	Pontivy	Morbihan	Remy-Mal-Bâty (St.-), 2 1/4	Avesnes	Nord
Remungol (Moustoir), 2 1/2	Pontivy	Morbihan			
Remusat, 4 3/4	Nyons	Drôme	Remy-Sault (St.-), 3 1/2	Rethel	Ardennes
Remy (St.-), 1	Bourg	Ain	Remy-sur-Avre (St.-), 2 1/4	Dreux	Eure-et-L.
Remy (St.-), 5	Gannat	Allier			
Remy (St.-), 1 1/2	Arcis-sur-Aube	Aube	Remy-sur-Bussy (St.-), 5	Ste.-Menéhould	Marne
Remy (St.-), 1 1/2	Villefranche	Aveiron	Renac, 2 1/2	Redon	Ille-et-Vil.
Remy (St.-)*,	Arles	B. du-Rhône	Renage, 7	St.-Marcellin	Isère
Remy (St.-), 6 1/4	Falaise	Calvados	Renaison, 2 3/4	Roanne	Loire
Rémi (St.-), 4 1/4	Mauriac	Cantal	Renan (St.-), 3	Brest	Finistère
Remy (St.-), 9	St.-Flour	Cantal	Renancourt (Amiens), 1/2	Amiens	Somme
Remy (St.-), 2	Ussel	Corrèze	Renansart, 5	St.-Quentin	Aisne
Remy (St.-), 5	Semur	Côte-d'Or.	Renaucourt, 7 1/2	Gray	H.-Saône
Remy (St.-), 7 3/4	Bergerac	Dordogne	Renaudière (la), 3 1/2	Beaupréau	Maine-et-L.
Remy (St.-), 2 1/2	Le Puy	Haute-Loire	Renauvoid, 1 1/2	Epinal	Vosges
Remy (St.-) (Labastide), 2	Cahors	Lot	Renay, 2 1/2	Vendôme	Loir-et-Ch.
Remy (St.-), 5	Angers	Maine-et-L.	Renazé, 7	Château-Gontier	Mayenne
Remy (St.-), 3	Beaupréau	Maine-et-L.	Rencurel, 4	St.-Marcellin	Isère
Remy (St.-), 10	Epernay	Marne	René, 4	Mamers	Sarthe
Remy (St.-) (Château-Gontier et St.-Fort), 1/2	Château-Gontier	Mayenne	René-Ménil, 4 1/4	Falaise	Calvados
			Renedale, 4	Pontarlier	Doubs
Remy (St.-), 5	Verdun	Meuse	Renescure, 3 1/2	Hazebrouck	Nord

Communes.	Arrondissem.	Départem.
Renève, 6 $\frac{1}{2}$	Dijon	Côte-d'Or
Renfeugères, 4 $\frac{1}{2}$	Rouen	Seine-Inf.
Rening, 9 $\frac{1}{2}$	Château-Salins	Meurthe
Rennemoulin, 2	Versailles	Seine-et-O.
Rennepont, 6 $\frac{1}{4}$	Chaumont	H.-Marne
Rennes, 5 $\frac{3}{4}$	Limoux	Aude
Rennes, 7 $\frac{1}{2}$	Besançon	Doubs
RENNES *	ch-l. de dép. 89	Ille-et-Vil.
Rennes-en-Grenouilles, 6	Mayenne	Mayenne
Rennes-en-Grenouilles, 5 $\frac{1}{2}$	Domfront	Orne
Renneval, 10	Laon	Aisne
Renneville, 5 $\frac{1}{2}$	Rethel	Ardennes
Renneville, 5	Les Andelys	Eure
Renneville, $\frac{1}{2}$	Villefranche	H.-Garonne
Renneville, 3 $\frac{3}{4}$	Epernay	Marne
Renno, 1	Ajaccio	Corse
Renouard (le), 6	Argentan	Orne
Renséville (*Englesqueville*), 6	Dieppe	Seine-Inf.
Rentgen-Basse, 3 $\frac{1}{4}$	Thionville	Moselle
Rentgen-Haute (*Rentgen-Basse*), 3 $\frac{1}{4}$	Thionville	Moselle
Rentières, 5 $\frac{1}{4}$	Issoire	Puy-de-Dô.
Renty, 5 $\frac{1}{4}$	St.-Omer	Pas-de-Cal.
Renung, 5 $\frac{3}{4}$	St.-Sever	Landes
Renwez, 3	Mézières	Ardennes
Réole (la), 9	Toulouse	H.-Garonne
RÉOLE (la) *	ch.-l. d'arr., 149	Gironde
Réorthe (la), 6 $\frac{1}{2}$	Fontenay-le-Comte	Vendée
Réotier, 4	Embrun	H.-Alpes
Réouillés (*St.-Pé*), 5 $\frac{1}{4}$	Argelès	H.-Pyrén.
Repaix, 7	Lunéville	Meurthe
Reparas, 10 $\frac{3}{4}$	Die	Drôme
Reparata (St-), 9	Bastia	Corse
Reparsac, 2	Cognac	Charente
Repas (le), 7	Argentan	Orne
Repas (*Auxy*), 1 $\frac{1}{2}$	Autun	Saône-et-L.
Répel, 3	Mirecourt	Vosges
Repentigny, 3 $\frac{3}{4}$	Pont-l'Evêque	Calvados
Replonges, 5 $\frac{1}{2}$	Bourg	Ain
Repos (les), 3 $\frac{1}{4}$	Lons-le-Saulnier	Jura
Repos (le), 2 $\frac{1}{2}$	Argentan	Orne
Reppe, 3 $\frac{1}{4}$	Belfort	H.-Rhin
Requeil, 5 $\frac{1}{2}$	La Flèche	Sarthe
Réquignies, 4 $\frac{3}{4}$	Avesnes	Nord
Requista, 15	Rodez	Aveiron
Reschwoog, 3	Haguenau	Bas-Rhin
Resie-la-Grande, 3 $\frac{1}{2}$	Gray	H.-Saône
Resie-St.-Martin (la), 4 $\frac{1}{4}$	Gray	H.-Saône
Résigny, 13 $\frac{1}{4}$	Laon	Aisne
Respailles, 1	Mirande	Gers
Ressaincourt (*St.-Jure*), 5	Metz	Moselle
Ressard (le) (*Barretaine*), 6 $\frac{1}{4}$	Lons-le-Saulnier	Jura
Resson, $\frac{3}{4}$	Rethel	Ardennes
Resson, 1 $\frac{1}{2}$	Bar-le-Duc	Meuse
Ressons, 3	Beauvais	Oise
Ressons, 4	Compiégne	Oise
Ressons-le-Long, 3	Soissons	Aisne
Ressuintes (les), 8 $\frac{3}{4}$	Dreux	Eure-et-L.
Restigné, 4	Chinon	Indre-et-L.
Restinclières, 4	Montpellier	Hérault
Restitut (St.-), 6	Montélimart	Drôme
Restoue, 3 $\frac{3}{4}$	Mauléon	B.-Pyrén.
Rétaud, 3 $\frac{3}{4}$	Saintes	Char.-Inf.
Reterre, 7 $\frac{1}{4}$	Aubusson	Creuse
RETHEL *	ch.-l. d'arr., 52	Ardennes
Réthel, 3 $\frac{1}{4}$	Thionville	Moselle
Retheuil, 6 $\frac{1}{2}$	Soissons	Aisne
Réthondes, 3	Compiégne	Oise
Rethonvillers, 6	Montdidier	Somme
Réthouse, 3 $\frac{3}{4}$	Lons-le-Saulnier	Jura
Rethoville, 5 $\frac{1}{4}$	Cherbourg	Manche
Rétiers, 10 $\frac{1}{4}$	Vitré	Ille-et-Vil.
Retonfey, 2	Metz	Moselle
Rétonval, 4 $\frac{1}{2}$	Neufchâtel	Seine-Inf.
Retortat (*Sezannes*), 9	Epernay	Marne
Retournac, 2 $\frac{1}{2}$	Yssingeaux	H.-Loire
Retourneloz (*Esternay*), 11	Epernay	Marne
Retschwiller, 4	Haguenau	B.-Rhin
Rety, 7 $\frac{1}{2}$	Béthune	Pas-de-Cal.
Rety, 4 $\frac{1}{2}$	Boulogne	Pas-de-Cal.
Retzwiller, 5	Belfort	Haut-Rhin
Reugney, 8 $\frac{1}{4}$	Besançon	Doubs
Reugny, 3	Montluçon	Allier
Reugny, 4 $\frac{3}{4}$	Tours	Indre-et-L.
Reugny, 9	Nevers	Nièvre
Reuil (*Vincy*), 11 $\frac{1}{2}$	Laon	Aisne
Reuil, 6 $\frac{1}{2}$	Rheims	Marne
Reuil, 5	Meaux	Seine-et-M.
Reuil-Laneuville, 4 $\frac{3}{4}$	Clermont	Oise
Reuilly, 2 $\frac{3}{4}$	Evreux	Eure
Reuilly, 3 $\frac{1}{4}$	Issoudun	Indre
Reuilly-Sauvigny, 3 $\frac{1}{2}$	Château-Thierry	Aisne
Reullée (*Marigny-lès-Reulée*), 2 $\frac{1}{2}$	Beaune	Côte-d'Or
Reulle, 3 $\frac{3}{4}$	Dijon	Côte-d'Or.
Reumont, 7 $\frac{1}{2}$	Cambrai	Nord
Réunion (la), 8 $\frac{3}{4}$	Nérac	Lot-et-Gar.
Reutenbourg, 2 $\frac{3}{4}$	Saverne	Bas-Rhin
Reuville, 4 $\frac{1}{4}$	Yvetot	Seine-Inf.
Reux, $\frac{1}{2}$	Pont-l'Evêque	Calvados
Revantin, 1 $\frac{3}{4}$	Vienne	Isère
Réveillon, 6 $\frac{3}{4}$	Lisieux	Calvados
Réveillon, 10 $\frac{3}{4}$	Dreux	Eure-et-L.
Réveillon, 12 $\frac{3}{4}$	Epernay	Marne
Réveillon, 1 $\frac{1}{4}$	Mortagne	Orne
Revel, 3	Barcelonnette	B.-Alpes
Revel *, 6 $\frac{1}{2}$	Villefranche	H.-Garonne
Revel, 3 $\frac{1}{4}$	Grenoble	Isère
Revel, 4 $\frac{3}{4}$	Vienne	Isère
Revelles, 3 $\frac{3}{4}$	Amiens	Somme
Révémont, 6 $\frac{1}{2}$	Briey	Moselle
Revennes (*Braines*), 2 $\frac{1}{4}$	Compiégne	Oise
Revennes (*Condun*), 1 $\frac{1}{4}$	Compiégne	Oise
Révérand (St.-), 6 $\frac{1}{2}$	Les Sables	Vendée
Revercourt, 5 $\frac{1}{2}$	Dreux	Eure-et-L.
Reverien (St.-), 8 $\frac{3}{4}$	Clamecy	Nièvre
Revest (le), 2	Toulon	Var
Revest-des-Brousses, 3	Forcalquier	B.-Alpes
Revest-du-Bion, 7	Forcalquier	B.-Alpes
Revest-en-Fangat, 3	Forcalquier	B.-Alpes
Revétison (la), 3	Niort	2 Sèvres
Reviers, 4	Caen	Calvados
Revigny, 1 $\frac{3}{4}$	Lons-le-Saulnier	Jura

Communes.	Arrondissem.	Départem.
Revigny-aux-Vaches, 4	Bar-le-Duc	Meuse
Reville, 5 ½	Bernay	Eure
Reville, 5 ½	Valognes	Manche
Reville, 4 ½	Montmédy	Meuse
Revillon, 8 ½	Soissons	Aisne
Revin, 2 ½	Rocroi	Ardennes
Revonnas, 2	Bourg	Ain
Rexingen, 7	Saverne	Bas-Rhin
Rexpoede, 4	Dunkerque	Nord
Rey (le), 4 ½	Villefranche	Aveiron
Reyersvillers, 7 ½	Sarreguemines	Moselle
Reygade, 9 ¾	Tulle	Corrèze
Reynel, 7	Chaumont	H.-Marne
Reynès, 2 ½	Ceret	Pyrén.-Or.
Reynier, 7	Sisteron	B.-Alpes
Reynies, 3 ½	Montauban	Tarn-et-G.
Reyrette (*Cassagnes-Begonhès*), 4 ½	Rodez	Aveiron
Reyrevignes, 2 ½	Figeac	Lot
Reyrieu, ½	Trévoux	Ain
Rézay, 5	St.-Amand	Cher
Rezé, 1	Nantes	Loire-Inf.
Rezenlieu, 5 ½	Argentan	Orne
Rezeux, 3 ¾	Rambouillet	Seine-et-O.
Rezonville, 3	Metz	Moselle
Rheiges, 2 ½	Arcis-sur-Aube	Aube
Rheu (le), 2	Rennes	Ille-et-Vil.
Rhien, 5 ½	St.-Claude	Jura
Rhinau, 5 ½	Schélestatt	Bas-Rhin
Rhodes, 4	Sarrebourg	Meurthe
Rhodès, 3	Prades	Pyrén.-Or.
Rhodès. *Voy.* Rodez		
Rhodon, 4	Vendôme	Loir-et-Ch.
Rhuel (le) (*Bréançon*), 4	Pontoise	Seine-et-O.
Rhuis, 4	Senlis	Oise
Ria, ½	Prades	Pyrén.-Or.
Riaillé, 4 ½	Ancenis	Loire-Inf.
Rialet (le), 5 ½	Castres	Tarn
Rians, 4 ½	Bourges	Cher
Riancey, 3 ½	Troyes	Aube
Rians, 8	Brignoles	Var
Riantec, 2	Lorient	Morbihan
Riaucourt, 12	Chaumont	H.-Marne
Riaville, 4 ½	Verdun	Meuse
Ribagnac, 2 ½	Bergerac	Dordogne
Ribarrouy, 9 ½	Pau	B.-Pyrén.
Ribaucourt, 7 ½	Bar-le-Duc	Meuse
Ribaucourt, 5	Doullens	Somme
Ribaute, 5 ½	Carcassonne	Aude
Ribaute, 2	Alais	Gard
Ribaute (*Lieuran-lès-Béziers*), 1 ½	Béziers	Hérault
Ribay (le)*, 4 ½	Mayenne	Mayenne
Ribeauville, 9	Vervins	Aisne
Ribeauvillers, 3 ¾	Colmar	Haut-Rhin
Ribecourt, 3	Cambrai	Nord
Ribécourt*, 3 ½	Compiègne	Oise
Ribemont, 5 ¾	St.-Quentin	Aisne
Ribemont, 5 ½	Amiens	Somme
Ribennes, 4 ¾	Mende	Lozère
RIBERAC*	ch.-l. d'arr., 122	Dordogne
Riberpré, 7	Neufchâtel	Seine-Inf.
Ribes, 5 ½	Argentière	Ardèche
Ribes (*Bonneuil-Matour*), 3 ½	Châtellerault	Vienne
Ribeyret, 13 ½	Gap	H.-Alpes

Communes.	Arrondissem.	Départem.
Ribiés, 12 ½	Gap	H.-Alpes
Riboeuf, 2	Dieppe	Seine-Inf.
Ribonnet (*Beaumont*), 2 ½	Muret	H.-Garonne
Ribouisse, 5	Castelnaudary	Aude
Riboux, 8	Toulon	Var
Ricamarie (la) (*Valbenoite*), 1	St.-Etienne	Loire
Ricarville, 3 ¾	Dieppe	Seine-Inf.
Ricarville, 2 ½	Yvetot	Seine-Inf.
Ricaud, 1 ½	Castelnaudary	Aude
Ricaud, 5 ¾	Tarbes	H.-Pyrén.
Ricey (les)*, 3	Bar-sur-Seine	Aube
Richarménil, 3	Nancy	Meurthe
Richarville, 8 ¾	Rambouillet	Seine-et-O.
Riche (la), ½	Tours	Indre-et-..
Riche, 3 ½	Château-Salins	Meurthe
Richebourg, 3 ½	Chaumont	H.-Marne
Richebourg, 6	Mantes	Seine-et-O.
Richebourg-Lavoué, 3 ½	Béthune	Pas-de-Cal.
Richebourg-St.-Vaast, 5	Béthune	Pas-de-Ca.
Richecourt, 5	Laon	Aisne
Richecourt, 5	Commercy	Meuse
Richecourt (*Aisey*), 8 ½	Vesoul	H.-Saône
Richelieu*, 4 ½	Chinon	Indre-et-L.
Richemont, 1 ½	Cognac	Charente
Richemont, 1 ¾	Thionville	Moselle
Richemont, 4 ¾	Neufchâtel	Seine-Inf.
Richerenche, 6	Orange	Vaucluse
Richet, 18 ½	Mont-de-Marsan	Landes
Richeval, 4 ¾	Sarrebourg	Meurthe
Richeville, 2	Les Andelys	Eure
Richling, 3	Sarreguemines	Moselle
Richtolsheim, 2 ¾	Schélestatt	Bas-Rhin
Richwiller, 5 ½	Altkirch	Haut-Rhin
Riconde (le) (*Le Gault*), 8 ½	Epernay	Marne
Ricourt, 5 ¼	Mirande	Gers
Ricquier (St.-), 2 ½	Abbeville	Somme
Ricrange, (*Ottonville*), 5 ½	Metz	Moselle
Rides, 5	Agen	Lot-et-Gar.
Riec, 3	Quimperlé	Finistère
Riedesheim, 5	Altkirch	Haut-Rhin
Riedespach, 2 ½	Altkirch	Haut-Rhin
Riedheim, 5 ½	Saverne	Bas-Rhin
Riedseltz, 6	Haguenau	Bas-Rhin
Riedwihr, 2 ½	Colmar	Haut-Rhin
Riel-les-Eaux, 4 ½	Châtillon	Côte-d'Or
Riencourt, 5	Amiens	Somme
Riencourt-lès-Bapaume, 5 ½	Arras	Pas-de-Cal.
Riencourt-lès-Cagnicourt, 4 ½	Arras	Pas-de-Cal.
Rièrevescemont, 1	Belfort	Haut-Rhin
Rieucazé, 1	St.-Gaudens	H.-Garonne
Rieucros, 5 ½	Pamiers	Ariége
Rieul (St.-), 7	St.-Brieuc	Côtes-du-N.
Rieulay, 3 ½	Douai	Nord
Rieumajou, 1 ½	Villefranche	H.-Garonne
Rieumes, 4 ½	Muret	H.-Garonne
Rieupeyroux, 5	Pau	B.-Pyrén.
Rieuperoux, 5 ¾	Villefranche	Aveiron
Rieussec, 3	St.-Pons	Hérault
Rieutort (*Uscladès*), 9	Argentière	Ardèche
Rieutort, 4 ½	Mende	Lozère

Communes.	Arrondissem.	Départem.	Communes.	Arrondissem.	Départem.
Rieux, 1 1/4	Pamiers	Ariége	Rimsdorf, 8	Saverne	Bas-Rhin
Rieux*, 6 1/4	Muret	H.-Garonne	Ringendorf, 6 1/2	Saverne	Bas-Rhin
Rieux, 9 1/4	Epernay	Marne	Ringendorf, 5	Saverne	Bas-Rhin
Rieux, 13	Vannes	Morbihan	Rinolds (Ols), 3 1/2	Villefranche	Aveiron
Rieux, 2 1/2	Cambrai	Nord	Rinquesen, 3 1/4	Boulogne	Pas-de-Cal.
Rieux, 3	Clermont	Oise	Rinsart, 1 1/2	Avesnes	Nord
Rieux, 6	Neufchâtel	Seine-Inf.	Riochaud, 16 1/2	Libourne	Gironde
Rieux-en-Val, 6 1/2	Carcassonne	Aude	Riol (le), 6 1/4	Gaillac	Tarn
Rieux-Minervois, 3 1/2	Carcassonne	Aude	Riolas, 7 1/2	St.-Gaudens	H.-Garonne
Riez*, 12	Digne	B.-Alpes	Riols, 1 1/4	St.-Pons	Hérault
Rigarda, 3	Prades	Pyrén.-Or.	Riom, 8 1/2	Mauriac	Cantal
Rignac*, 8 1/2	Rodez	Aveiron	Riom*,	ch.-l.d'arr., 100	Puy-de-Dô.
Rignac, 3 1/2	Lectoure	Gers	Rion, 11	St.-Sever	Landes
Rignac (Chapelle-Auzac) 9	Gourdon	Lot	Rions, 10 1/2	Nyons	Drôme
			Rions, 6 1/4	Bordeaux	Gironde
Rignac (Cuzance), 9 1/4	Gourdon	Lot	Riorges, 1	Roanne	Loire
Rignat, 3	Bourg	Ain	Riothier (Jassans), 1 1/2	Trévoux	Ain
Rignaucourt, 6	Bar-le-Duc	Meuse	Riotord, 6 1/2	Yssingeaux	H.-Loire
Rigné, 1	Baugé	Maine-et-L.	Riottière (la) (Montre- lais),	Ancenis	Loire-Inf.
Rigney, 5 1/2	Besançon	Doubs			
Rignieux-le-Franc, 10 1/2	Trévoux	Ain	Riou, 2 1/2	Saumur	Maine-et-L.
Rignovelle, 3	Lure	H.-Saône	Rioux, 3 1/2	Saintes	Char. Inf.
Rignozot, 5 1/2	Besançon	Doubs	Rioux-Martin, 12	Barbezieux	Charente
Rigny (Pierre-de-Bosse- nay), 4	Nogent-sur- Seine	Aube	Rioz*, 6	Vesoul	H.-Saône
			Ripon, 4	Ste.-Menehould	Marne
Rigny, 2	Chinon	Indre-et-L.	Riquebourg, 4 1/2	Compiègne	Oise
Rigny (Nolay), 6 1/2	Nevers	Nièvre	Riquewichr, 3 1/2	Colmar	Haut-Rhin
Rigny, 1 1/4	Gray	H.-Saône	Riquier-d'Héricourt (St.)	Yvetot	Seine-Inf.
Rigny, 6	Bressuire	2 Sèvres	3		
Rigny-la-Salle, 5	Commercy	Meuse	Riqnier-en-Rivière (St.-), 4 1/4	Neufchâtel	Seine-Inf.
Rigny-le-Ferron, 8 1/2	Troyes	Aube			
Rigny-St.-Martin, 5 1/2	Commercy	Meuse	Riquier-ès-Plains (St.-), 6 1/4	Yvetot	Seine-Inf.
Rigny-sur-Arroux, 6	Charolles	Saône-et-L.			
Rigobiin (Vinay), 1 1/2	Epernay	Marne	Rirand (St.-), 4 1/2	Roanne	Loire
Rigomer (St.-), 5	Mamers	Sarthe	Ris, 4	Thiers	Puy-de-Dô.
Riguepeu, 5 1/2	Auch	Gers	Ris, 11 1/2	Bagnères	H. Pyrén.
Rilhac, 6	Brioude	H.-Loire	Ris*, 2 1/2	Corbeil	Seine-et-Q.
Rilhac-Rançon, 2	Limoges	H.-Vienne	Riscle, 13 1/2	Mirande	Gers
Rilhac-Treignac, 9 1/2	Tulle	Corrèze	Rissel (Allières), 2 1/2	Grenoble	Isère
Rilhac-Xaintrie, 12 1/2	Tulle	Corrèze	Ristolas, 10 1/2	Briançon	H.-Alpes
Rillans, 1 1/4	Baume	Doubs	Rittershoffen, 4	Haguenau	Bas-Rhin
Rillé, 2	Chinon	Indre-et-L.	Ritzing (Haunstroff), 1 1/2	Thionville	Moselle
Rilleux, 5 1/2	Trévoux	Ain	Riunogués, 3	Ceret	Pyrén.-Or.
Rilly, 3	Vouziers	Ardennes	Rivarennes, 6 1/2	Le Blanc	Indre
Rilly, 5	Chinon	Indre-et-L.	Rivarennes, 4	Chinon	Indre-et-L.
Rilly, 5 1/2	Blois	Loir-et-Ch.	Rivareyte, 5	Mauléon	B.-Pyrén.
Rilly, 2 1/2	Rheims	Marne	Rivas, 3	Montbrison	Loire
Rilly-Ste.-Sire, 4	Arcis-sur-Aube	Aube	Rivecourt, 2 1/2	Compiègne	Oise
Rimaucourt, 5 1/2	Chaumont	H.-Marne	Rive-de-Gier*, 5	St.-Etienne	Loire
Rimay (St.-), 5	Vendôme	Loir-et-Ch.	Rive-Haute, 5 1/2	Orthez	B.-Pyrén.
Rimbach, 7 1/2	Belfort	Haut-Rhin	Rivel, 8 1/2	Limoux	Aude
Rimbach, 9 1/2	Colmar	Haut-Rhin	Riventosa, 1 1/2	Corte	Corse
Rimbach-Zell, 9 1/2	Colmar	Haut-Rhin	Riverie, 5 1/2	Lyon	Rhône
Rimbercourt (Crissoles), 7	Compiègne	Oise	Rivernert, 2 1/2	St.-Girons	Ariége
			Rivery (Grand-et-Petit-), 2 1/2	Amiens	Somme
Rimbés, 12 1/2	Mont-de-Mar- san	Landes			
			Rives (les), 6 1/2	Lodève	Hérault
Rimboval, 4 1/2	Moutreuil	Pas-de-Cal.	Rives*, 9	St.-Marcellin	Isère
Rimeize, 7 1/2	Marvejols	Lozère	Rives, 7 1/2	Villeneuve-d'A- gen	H.-Garonne
Rimeling, 4	Sarreguemines	Moselle			
Rimogne, 2 1/2	Rocroi	Ardennes	Rivesaltes, 2 1/2	Perpignan	Pyrén-Or.
Rimon, 5 1/2	Die	Drôme	Rivière, 2 1/2	Milhaud	Aveiron
Rimon, 5 1/2	La Réole	Gironde	Rivière, 5	Angoulême	Charente
Rimondeix, 5	Boussac	Creuse	Rivière (la), 4	Pontarlier	Doubs
Rimont, 2 1/2	St.-Girons	Ariége	Rivière, 4 1/2	Alais	Gard
Rimou, 6	Fougères	Ille-et-Vil.	Rivière, 10 1/2	Mirande	Gers

Communes.	Arrondissem.	Departem.
Rivière (la), 2	Libourne	Gironde
Rivière 1	Chinon	Indre-et-L.
Rivière (la), 7	St.-Marcellin	Isère
Rivière (la) (*St.-Lattier*), 2 $\frac{3}{4}$	St.-Marcellin	Isère
Rivière, 2 $\frac{1}{4}$	Dax	Landes
Rivière (la), 3 $\frac{1}{2}$	St.-Sever	Landes
Rivière (la) (*Valbenoite*), $\frac{3}{4}$	St.-Etienne	Loire
Rivière (la), 8 $\frac{3}{4}$	Langres	H.-Marne
Rivière, 1 $\frac{1}{2}$	Arras	Pas-de-Cal.
Rivière (la), 3	Belfort	Haut-Rhin
Rivière (*Maisse*), 4 $\frac{1}{2}$	Etampes	Seine-et-O.
Rivière (*La Courtade*), $\frac{1}{2}$	Gaillac	Tarn
Rivière-de-Corps (la), 1 $\frac{1}{2}$	Troyes	Aube
Rivière-Levaut, 5	St.-Claude	Jura
Rivière-en-Lavieu (la), 2	Montbrison	Loire
Rivière-le-Bois, 4 $\frac{1}{4}$	Langres	H.-Marne
Rivière-les-Fosses, 6	Langres	H.-Marne
Rivières (les) (*Esternay*), 11	Epernay	Marne
Rivières (les), 2	Vitry-le-Français	Marne
Rivières (les) (*Caligny*), 8	Domfront	Orne
Rivières-aux-Guérins (les) (*Bourgneuf*), 7 $\frac{1}{2}$	Paimbœuf	Loire-Inf.
Riville, 4 $\frac{3}{4}$	Yvetot	Seine-Inf.
Rivoire (la), 3	St.-Claude	Jura
Rivolet, 2 $\frac{1}{2}$	Villefranche	Rhône
Rivour (la) (*Lusigny*), 3 $\frac{3}{4}$	Troyes	Aube
Rix, 7 $\frac{1}{2}$	Poligny	Jura
Rix, 1 $\frac{1}{4}$	Clamecy	Nièvre
Rixheim, 5	Altkirch	Haut-Rhin
Rixouse (la), 3 $\frac{1}{4}$	St.-Claude	Jura
Rizaucourt, 8 $\frac{1}{4}$	Chaumont	H.-Marne
Rizoul, 4 $\frac{3}{4}$	Embrun	H.-Alpes
Rô, 11 $\frac{1}{2}$	Prades	Pyrén.-Or.
Roaillan, 2 $\frac{3}{4}$	Bazas	Gironde
Roaix, 4 $\frac{1}{4}$	Orange	Vaucluse
ROANNE*,	ch.-l. d'ar., 101	Loire
Roannes, 2	Aurillac	Cantal
Robécourt, 5 $\frac{1}{2}$	Neufchâteau	Vosges
Robecq, 2 $\frac{1}{2}$	Béthune	Pas-de-Cal.
Robehomme, 4	Caen	Calvados
Robersart, 5	Avesnes	Nord
Robert (St.-), 6 $\frac{1}{2}$	Brives	Corrèze
Robert (St.-), 4 $\frac{1}{2}$	Agen	Lot-et-Gar.
Robert-Espagne, 3	Bar-le-Duc	Meuse
Robert-Magny, 2 $\frac{1}{4}$	Wassy	H.-Marne
Robertot, 3 $\frac{1}{2}$	Yvetot	Seine-Inf.
Roberval, 4	Senlis	Oise
Robiac, 5	Alais	Gard
Robine (la), 4	Digne	B.-Alpes
Robion, 2	Castellanne	B.-Alpes
Robion, 4	Avignon	Vaucluse
Roc-de-Rouges (le), 6	Gourdon	Lot
Roc-St.-André, 2	Ploërmel	Morbihan
Rocamadour, 7	Gourdon	Lot
Rocancourt, 3	Caen	Calvados
Rocbaron, 3	Brignoles	Var
Rocé, 1 $\frac{1}{2}$	Vendôme	Loir-et-Ch.
Roch (St.-), 2 $\frac{3}{4}$	Tours	Indre-et-L.
Roch-sur-Egrenne (St.-), 1 $\frac{1}{4}$	Domfront	Orne
Rochambeau (*Thoré*), 2	Vendôme	Loir et-Cher
Roche (la), 5 $\frac{1}{2}$	Briançon	H.-Alpes
Roche (la), 3 $\frac{1}{4}$	Gap	H.-Alpes
Roche, 2 $\frac{1}{2}$	Vouziers	Ardennes
Roche (la), 2 $\frac{1}{2}$	Périgueux	Dordogne
Roche, 2 $\frac{1}{4}$	Besançon	Doubs
Roche, 3 $\frac{1}{4}$	Montbéliard	Doubs
Roche (la), 2 $\frac{3}{4}$	Valence	Drôme
Roche (la), 6	Brest	Finistère
Roche, 6	Vienne	Isère
Roche, 7	Blois	Loir-et-Ch.
Roche, 2	Montbrison	Loire
Roche (la), 2 $\frac{1}{2}$	Brioude	H.-Loire
Roche (la) (*St.-Sauveur*), 3 $\frac{1}{2}$	Compiégne	Oise
Roche, 6 $\frac{1}{4}$	Gray	H.-Saône
Roche (la) (*Triel*), 4	Versailles	Seine-et-O.
Roche- audin, 5	Montélimart	Drôme
Roche-Beaucourt (la), 5 $\frac{3}{4}$	Nontron	Dordogne
Roche-Bernard (la)*, 10	Vannes	Morbihan
Roche-Blanche (la), 2 $\frac{1}{2}$	Clermont	Puy-de-Dô.
Roche-Brune, 7 $\frac{3}{4}$	Embrun	H.-Alpes
Rochebrune, 4	Nyons	Drôme
Roche-Canillac (la), 5 $\frac{3}{4}$	Tulle	Corrèze
Roche-Chalais (la), 9	Riberac	Dordogne
Roche-Charles, 6	Issoire	Puy-de-Dô.
Roche-Chinard, 8	Valence	Drôme
Roche-Clermault (la), 1	Chinon	Indre et-L.
Roche-Colombe, 8 $\frac{1}{2}$	Privas	Ardèche
Roche-d'Agout, 10	Riom	Puy-de-Dô.
Roche-de-Bord (la), 5 $\frac{1}{2}$	Melle	2 Sèvres
Roche-Derrien (la), 4	Lannion	Côtes-du-N.
Roche-en-Breuil (la), 5	Semur	Côte-d'Or.
Roche-en-Regnier, 5	Le Puy	H.-Loire
Roche-Fourchat, 7 $\frac{3}{4}$	Die	Drôme
Roche-Giron (la), 5 $\frac{1}{2}$	Forcalquier	B.-Alpes
Roche Guyon (la), 4	Mantes	Seine-et-O.
Roche-l'Abeille (la), 3	St.-Yrieix	H.-Vienne
Roche-la-Molière, 1 $\frac{1}{4}$	St.-Etienne	Loire
Roche-lès Clerval, 4	Baume	Doubs
Roche-les-Peyroux, 4 $\frac{3}{4}$	Ussel	Corrèze
Roche-Mabile (la), 3 $\frac{3}{4}$	Alençon	Orne
Roche-Maurice (*Chantenay*), 1 $\frac{1}{2}$	Nantes	Loire-Inf.
Roche-Millay (la), 6	Château-Chinon	Nièvre
Roche-Noire (la), 4	Clermont	Puy-de-Dô.
Roche-Nonant (la), 4 $\frac{1}{2}$	Argentan	Orne
Roche-Posay (la), 6	Châtellerault	Vienne
Roche près Feyt (la), 7	Ussel	Corrèze
Roche-St.-Secret (la), 6	Montélimart	Drôme
Roche-Servière, 9	Bourbon-Vendée	Vendée
Roche-sur-Buis (la), 7 $\frac{1}{2}$	Nyons	Drôme
Roche-sur-Grane, 11	Die	Drôme
Roche-sur-Linotte, 6 $\frac{3}{4}$	Vesoul	H.-Saône
Roche-sur-Marne, 4 $\frac{1}{4}$	Wassy	H.-Marne
Roche-sur-Rognon, 10	Wassy	H.-Marne
Roche-Taillée, 1 $\frac{1}{4}$	St.-Etienne	Loire
Roche-Taillée, 4 $\frac{1}{4}$	Langres	H.-Marne
Roche-Taillée, 2 $\frac{1}{4}$	Lyon	Rhône
Roche-Toirin, 1 $\frac{1}{2}$	La-Tour-du-Pin	Isère
Roche-Trejoux, 10	Fontenay-le-Comte	Vendée
Roche-Vanneau (la), 4	Semur	Côte-d'Or
Rochebalut (*St.-Jean-de-Boizeau*), 8 $\frac{1}{4}$	Paimbœuf	Loire-Inf.

Communes.	Arrondissem.	Départem.	Communes.	Arrondissem.	Départem.
ROCHECHOUART*,	ch.-l. d'ar., 99	H.-Vienne	Rodde (la), 14	Issoire	Puy-de-Dô.
Rochecorbon, 1 1/2	Tours	Indre-et-L.	Rodelach (*Bibiche*), 5 1/4	Thionville	Moselle
Rochefort, 1 3/4	Belley	Ain	Rodelinghem, 5 1/4	St.-Omer	Pas-de-Cal.
ROCHEFORT*,	ch.-l. d'ar., 127	Char.-Inf.	Rodelle, 5 3/4	Rodez	Aveiron
Rochefort, 5 3/4	Châtillon	Côte-d'Or	Rodemack, 3 1/2	Thionville	Moselle
Rochefort, 2	Montélimart	Drôme	Roderen, 8 1/2	Belfort	Haut-Rhin
Rochefort ; 6 3/4	Uzès	Gard	Roderen, 3 1/2	Colmar	Haut-Rhin
Rochefort, 1 1/2	Dôle	Jura	RODEZ *	ch.-l. de dép.175	Aveiron
Rochefort, 4	Angers	Maine-et-L.	Rodome, 15 1/2	Limoux	Aude
Rochefort, 3 1/2	Chaumont	H.-Marne	Rodt, 9 1/2	Sarreguemines	Moselle
Rochefort*, 9	Vannes	Morbihan	Roë (la), 8	Château-Gontier	Mayenne
Rochefort, 8 1/2	Clermont	Puy-de-Dô.			
Rochefort, 4 1/2	Lyon	Rhône	Roedersdorff, 5	Altkirch	Haut-Rhin
Rochefort, 5	Rambouillet	Seine-et-O.	Roedersheim, 5 1/2	Colmar	Haut-Rhin
Rochefoucault (la)*, 5	Angoulême	Charente	Roëllecourt, 1 1/2	St.-Pol	Pas-de-Cal.
Rochegude, 9	Montélimart	Drôme	Rœulx, 4 3/4	Douai	Nord
Rochegude, 5	Alais	Gard	Rœuvres, 7	Epernay	Marne
Rochejean, 6 1/2	Pontarlier	Doubs	Rœux, 2	Arras	Pas-de-Cal.
ROCHELLE (LA)*,	ch.-l. d'ar., 127	Char.-Inf.	Roffey, 2	Tonnerre	Yonne
Rochelle (la), 3	Avranches	Manche	Roffiac, 1 1/2	St.-Flour	Cantal
Rochelle (la), 10	Vesoul	H.-Saône	Rogalle, 2 1/2	St.-Girons	Ariége
Rochemantru, 6	Ancenis	Loire-Inf.	Rogatien (St.-), 1 3/4	La Rochelle	Char.-Inf.
Rochemaure, 6	Privas	Ardèche	Rogecourt, 6 1/2	Laon	Aisne
Rocheménier, 5	Saumur	Maine-et-L.	Rogère (la) (*Les Moutiers*), 5 3/4	Paimbœuf	Loire-Inf.
Rochenard (la), 3 1/2	Niort	2 Sèvres			
Rochepaule, 12	Tournon	Ardèche	Rogerville, 3	Le Hâvre	Seine-Inf.
Rochepot la), 4	Beaune	Côte-d'Or	Rogéville, 4 1/2	Toul	Meurthe
Rocher, 1	Argentière	Ardèche	Roggenhaussen, 8 1/2	Colmar	Haut-Rhin
Roches, 5	Boussac	Creuse	Rogies, 8	Montdidier	Somme
Roches (les), 2 1/2	Vienne	Isère	Rogliano, 7 3/4	Bastia	Corse
Roches (les), 3 1/2	Vendôme	Loir-et-Ch.	Rogna, 3	Corte	Corse
Roches (les) (*Videlles*), 4 1/2	Etampes	Seine-et-O.	Rogna, 4 1/2	St.-Claude	Jura
			Rognac, 4 3/4	Aix	B. du Rhône
Roches (les) (*Bièvres*), 2	Versailles	Seine-et-O.	Rognes, 3	Aix	B. du Rhône
Roches (*Villebon*), 3 1/2	Versailles	Seine-et-O.	Rognonas, 7 3/4	Arles	B. du Rhône
Roches-Prémaries (les), 4	Poitiers	Vienne	Rogny, 2 1/2	Vervins	Aisne
Rochessauve, 2	Privas	Ardèche	Rogny, 13	Joigny	Yonne
Rochesson, 5 1/4	Remiremont	Vosges	Rogues, 3 3/4	Le Vigan	Gard
Rochette (la), 19	Castellanne	B.-Alpes	Rohaire, 10	Dreux	Eure-et-L.
Rochette (la), 2	Gap	H.-Alpes	Rohan, 8	Ploërmel	Morbihan
Rochette (la), 5 1/4	Angoulême	Charente	Rohr, 5	Strasbourg	Bas-Rhin
Rochette (la), 2	Aubusson	Creuse	Rohrwiller, 2 3/4	Haguenau	B.-Rhin
Rochette (la), 10 3/4	Die	Drôme	Roiffé, 3	Loudun	Vienne
Rochette (la), 9 1/4	Nyons	Drôme	Roiffieu, 13	Tournon	Ardèche
Rochette (la), 2 1/2	Brioude	H.-Loire	Roiglise, 5	Montdidier	Somme
Rochette (la), 3/4	Melun	Seine-et-M	Roilly, 2	Semur	Côte-d'Or
Rocheux (*Lignières*), 3 1/2	Vendôme	Loir-et-Ch.	Roinville, 4	Chartres	Eure-et-L.
Rochouvillers (*Ottange*), 5 1/4	Thionville	Moselle	Roinville, 5	Rambouillet	Seine-et-O.
			Roinvilliers, 3	Etampes	Seine-et-O.
Rochy-Condé, 2 1/2	Beauvais	Oise	Roisel, 3	Péronne	Somme
Rocles, 6	Moulins	Allier	Roises (les), 9	Commercy	Meuse
Rocles, 1 1/4	Argentière	Ardèche	Roisey, 6 1/2	St.-Etienne	Loire
Rocles, 10 3/4	Mende	Lozère	Roissard, 9 1/4	Grenoble	Isère
Roclincourt, 1	Arras	Pas-de-Cal.	Roissy, 5	Melun	Seine-et-M.
Rocourt, 2 1/2	Château-Thierry	Aisne	Roissy, 7 1/2	Pontoise	Seine-et-O.
			Roisy, 3 1/2	Rethel	Ardennes
Rocourt, 7 1/4	Neufchâteau	Vosges	Roiville, 7 1/2	Argentan	Orne
Rocourt. *Voy.* Raucourt.			Roiville, 4	Dieppe	Seine-Inf.
Rocozels (*Ceilhes*), 6 3/4	Lodève	Hérault	Rolampont, 5	Langres	H.-Marne
Rocq, 5 1/2	Avesnes	Nord	Rolbing, 8 1/2	Sarreguemines	Moselle
Rocque. *Voy.* Roque			Rollainville, 3	Neufchâteau	Vosges
Rocquigny, 5 1/4	Vervins	Aisne	Rolleboise, 2 3/4	Mantes	Seine-et-O.
Rocquigny, 5 1/4	Rethel	Ardennes	Rollencourt, 4 1/2	St.-Pol	Pas-de-Cal.
Rocquigny, 7	Arras	Pas-de-Cal.	Rolleville, 3	Le Hâvre	Seine-Inf.
ROCROY*,	ch.-l. d'arr., 60	Ardennes	Rollot, 2	Montdidier	Somme
Rodalbe, 5	Château-Salins	Meurthe	Rom, 5 1/2	Melle	2 Sèvres
			Romagnat, 1 3/4	Clermont	Puy-de-Dô.

Communes.	Arrondissem.	Départem.
Romagne (la), 4 ½	Rethel	Ardennes
Romagne, 5	La Réole	Gironde
Romagné, 5 ½	Fougères	Ille-et-Vil.
Romagne (la), 6	Beaupréau	Maine-et-L.
Romagne, 4 ½	Civray	Vienne
Romagne-sous-les-Côtes, 5	Montmédy	Meuse
Romagne-sous-Montfaucon, 6 ½	Montmédy	Meuse
Romagneux, 5	La-Tour-du-Pin	Isère
Romagny, ½	Mortain	Manche
Romagny-Dannemarie, 4 ½	Belfort	H.-Rhin
Romagny-Massevaux, 3 ¾	Belfort	Haut-Rhin
Romain (St.-), 6	Tournon	Ardèche
Romain (St.-), 12	Barbezieux	Charente
Romain, (St.-), 3 ½	Beaune	Côte-d'Or
Romain (St.-), 9	Bergerac	Dordogne
Romain, 2 ½	Nontron	Dordogne
Romain (St.-), 5 ½	Nontron	Dordogne
Romain, 2	Baume	Doubs
Romain (St.-) (*Albon*), 9 ½	Valence	Drôme
Romain (St.-), 3 ¾	Quimperlé	Finistère
Romain (St.-), 5 ½	Le Vigan	Gard
Romain (St.-), 4	La Réole	Gironde
Romain (St.-), 5	Libourne	Gironde
Romain, 5 ½	Dôle	Jura
Romain (St.-), 9	La-Tour-du-Pin	Isère
Romain (St.-), 8 ½	Blois	Loir-et-Ch.
Romain (St.-) (*Gourdon*),	Gourdon	Lot
Romain (St.-), 5	Agen	Lot-et-Gar.
Romain, 5 ½	Rheims	Marne
Romain, 4	Lunéville	Meurthe
Romain, 7 ½	Briey	Moselle
Romain (St.-), 3 ½	Ambert	Puy-de-Dô.
Romain (St.-), 4 ½	Mâcon	Saône-et-L.
Romain (St.-) *, 4 ½	Le Hâvre	Seine-Inf.
Romain (St.-), 8	Amiens	Somme
Romain (St.-), 4	Châtellerault	Vienne
Romain (St.-), 3 ½	Civray	Vienne
Romain-aux-Bois, 7 ½	Neufchâteau	Vosges
Romain-d'Ay (St.-), 9	Tournon	Ardèche
Romain-d'Urphé (St.-), 8 ½	Roanne	Loire
Romain-de-Beaumont (St.-), 10	Saintes	Char.-Inf.
Romain-de-Benet (St.-), 4	Saintes	Char.-Inf.
Romain-de-Couzon, (St.-), 1 ¾	Lyon	Rhône
Romain-de-Lerp (St.-), 9	Tournon	Ardèche
Romain-de-Popey (St.-), 6 ½	Villefranche	Rhône
Romain-de-Roche (St.-), 5	St.-Claude	Jura
Romain-en-Gal (St.-), 5	Lyon	Rhône
Romain-en-Gier (St.-), 5	Lyon	Rhône
Romain-en Jarret (St.-), 5	St.-Étienne	Loire
Romain-en-Viennois (St.-), 6 ½	Orange	Vaucluse
Romain-la-Chalm (St.-), 5	Yssingeaux	H.-Loire
Romain-la-Mothe (St.-), 2 ½	Roanne	Loire
Romain-le-Hameau (*Romain*), 5 ¾	Rheims	Marne
Romain-le-Preux (St.-), 3 ½	Joigny	Yonne
Romain-le-Puy (St.-), 1	Montbrison	Loire
Romain-lès-Atheux (St.-), 2 ½	St.-Etienne	Loire
Romain-sous-Gourdon (St.-), 10 ¾	Châlons	Saône-et-L.
Romain-sons-Versigny (St.-), 7 ½	Charolles.	Saône-et-L.
Romain-sur-Meuze, 8 ¾	Chaumont	H.-Marne
Romaine, 3 ½	Arcis-sur-Aube	Aube
Romainville, 1 ¾	St.-Denis	Seine
Roman, 5 ½	Evreux	Eure
Romance ou Acy, ½	Rethel	Ardennes
Romanèche, 5	Bourg	Ain
Romanèche, 4	Mâcon	Saône-et-L.
Romange, 2 ½	Dôle	Jura
Romans, 9 ¾	Trévoux	Ain
Romans *, 4	Valence	Drôme
Romans (St.-), 2	St.-Marcellin	Isère
Romans (St.-), 1	Melle	2 Sèvres
Romans, 4	Niort	2 Sèvres
Romans-de-Malegarde (St.-), 4 ¾	Orange	Vaucluse
Romans-des-Champs (St.-), 3 ½	Niort	2 Sèvres
Romansviller, 6 ½	Strasbourg	Bas-Rhin
Romasieres, 6 ½	St.-Jean-d'Angely	Char.-Inf.
Romasy, 7 ½	Rennes	Ille-et-Vil.
Rombas, 2 ¾	Briey	Moselle
Rombies, 11 ½	Douai	Nord
Rombly, 7 ½	Béthune	Pas-de-Cal.
Rome (St.-), 1	Villefranche	H.-Garonne
Rome (St.-), 9 ½	Florac	Lozère
Rome-de-Cernon (St.-), 2 ½	St.-Affrique	Aveiron
Rome-de-Tarn (St.-), 4	St.-Affrique	Aveiron
Romécourt, 6 ½	Sarrebourg	Meurthe
Romegoux, 5 ½	Saintes	Char.-Inf.
Romelfing, 3 ½	Sarrebourg	Meurthe
Romenay, 10	Mâcon	Saône-et-L.
Romeny, 1 ¾	Château-Thierry	Aisne
Romerie, 5	Vervins	Aisne
Romeries, 7 ½	Cambrai	Nord
Romery (*Cormoyeux*), 4 ¾	Rheims	Marne
Romescamps, 8 ¾	Beauvais	Oise
Romestaing, 5	Marmande	Lot.-et-G.
Romette, 1	Gap	H.-Alpes
Romeveaux (*Buthiers*), 6 ½	Fontainebleau	Seine-et-M.
Romeyer, 1 ½	Die	Drôme
Romigny, 5 ½	Rheims	Marne
Romillé, 3	Montfort	Ille-et-Vil.
Romilly, 3	Les Andelys	Eure
Romilly, 4 ½	Vendôme	Loir-et-Ch.
Romilly près Rougy, 5	Bernay	Eure
Romilly-sur-Aigre, 3 ½	Châteaudun	Eure-et-L.
Romilly-sur-Seine, 4	Nogent-sur-Seine	Aube
Romont (*Sayseval*), 3 ½	Amiens	Somme
Romont, 7 ¾	Epinal	Vosges
ROMORANTIN *	ch.-l. d'arr., 49	Loir-et-Ch.
Romphaire (St.-), 2 ½	St.-Lô	Manche
Rompon (*Creissac*), 3 ½	Privas	Ardèche

Communes.	Arrondissem.	Départem.
Ronay. *Voy.* Rosnay		
Ronce (la), $5\frac{1}{4}$	Lons-le-Saulnier	Jura
Ronce (la), 3	Lunéville	Meurthe
Roncenay, $3\frac{1}{2}$	Troyes	Aube
Roncenay (*Auxon*), $7\frac{1}{4}$	Troyes	Aube
Roncenay (le), $5\frac{1}{4}$	Evreux	Eure
Roncey, $2\frac{3}{4}$	Coutances	Manche
Ronchamp, $3\frac{1}{4}$	Lure	H.-Saône
Ronchaux, $6\frac{1}{4}$	Besançon	Doubs
Ronchaux, $3\frac{1}{4}$	St.-Claude	Jura
Ronchères, $4\frac{1}{2}$	Château-Thierry	Aisne
Ronchères (*Sons*), $6\frac{1}{2}$	Laon	Aisne
Ronchères, $11\frac{1}{2}$	Joigny	Yonne
Roncherolles, $2\frac{1}{4}$	Rouen	Seine-Inf.
Roncherolles-en-Bray, 5	Neufchâtel	Seine-Inf.
Roncheville, $\frac{1}{4}$	Pont-l'Evêque	Calvados
Ronchin, 1	Lille	Nord
Ronchois, $6\frac{1}{4}$	Neufchâtel	Seine-Inf.
Roncourt, $2\frac{1}{4}$	Briey	Moselle
Roncourt, $3\frac{1}{2}$	Neufchâteau	Vosges
Roncq, $3\frac{1}{2}$	Lille	Nord
Ronde (la), 6	Bressuire	2 Sèvres
Rondefontaine, $7\frac{1}{4}$	Pontarlier	Doubs
Rondehaie (la), $2\frac{1}{2}$	Coutances	Manche
Ronel, 3	Albi	Tarn
Ronesques, $4\frac{1}{2}$	Aurillac	Cantal
Ronfeugerai, 6	Domfront	Orne
Rongères, $1\frac{1}{2}$	La Châtre	Indre
Ronnet, $3\frac{1}{2}$	Montluçon	Allier
Ronno, 7	Villefranche	Rhône
Ronquerolles, 4	Pontoise	Seine-et-O.
Ronsenac, $5\frac{1}{4}$	Angoulême	Charente
Ronsoy, 4	Péronne	Somme
Rontalon, 4	Lyon	Rhône
Ronthon, $3\frac{1}{4}$	Avranches	Manche
Rontignon, $1\frac{1}{2}$	Pau	B.-Pyrén.
Ronvaux, $3\frac{1}{4}$	Verdun	Meuse
Ronxoux, $4\frac{1}{2}$	Mortagne	Orne
Ronzières, $2\frac{1}{4}$	Issoire	Puy-de-Dô.
Roocourt, $3\frac{1}{4}$	Chaumont	H.-Marne
Roosendael (*Condekerque-Branche*), $\frac{1}{4}$	Dunkerque	Nord
Roost-Warendin, $1\frac{1}{4}$	Douai	Nord
Roppe, $1\frac{1}{2}$	Belfort	Haut-Rhin
Roppenheim, 5	Haguenau	Bas-Rhin
Roppentzwiller, 3	Altkirch	Haut-Rhin
Roppeviller, 9	Sarreguemines	Moselle
Roque (la), $2\frac{3}{4}$	Milhaud	Aveiron
Roque (la), $4\frac{1}{2}$	Vire	Calvados
Roque (la), 3	Pont-Audemer	Eure
Roque (la), $6\frac{1}{4}$	Uzès	Gard
Roque (la), $7\frac{1}{2}$	Bordeaux	Gironde
Roque (la), 8	Montpellier	Hérault
Roque (la), 6	Agen	Lot-et-Gar.
Roque (la) *ou* Larroque, $4\frac{1}{4}$	Gaillac	Tarn
Roque-Alric (la), 5	Orange	Vaucluse
Roque-Baignard (la), $4\frac{1}{4}$	Pont-l'Evêque	Calvados
Roque-Bouillac (la),	Villefranche	Aveiron
Roque-Brussanne, 3	Brignoles	Var
Roque-Cezière (la), 8	St.-Affrique	Aveiron
Roque-d'Albère (la), 6	Ceret	Pyrén.-Or.

Communes.	Arrondissem.	Départem.
Roque-d'Anthéron (la), $5\frac{1}{4}$	Aix	B.du-Rhône
Roque-d'Esclapon, 8	Draguignan	Var
Roque-de-Fa (la), 14	Carcassonne	Aude
Roque-des-Arcs (la), $1\frac{1}{4}$	Cahors	Lot
Roque-Esteron (la), 10	Grasse	Var
Roque-Gajeac (la), 2	Sarlat	Dordogne
Roque-sur-Pernes, $1\frac{1}{2}$	Carpentras	Vaucluse
Roque-Toirac (la), $3\frac{1}{4}$	Figeac	Lot
Roquebrou (la), 4	Aurillac	Cantal
Roquebrun, 10	St.-Pons	Hérault
Roquebrune, 7	Auch	Gers
Roquebrune, $3\frac{1}{2}$	La Réole	Gironde
Roquebrune, $5\frac{1}{2}$	Draguignan	Var
Roquecor, 10	Moissac	Tarn-et-Gar.
Roquecourbe, $4\frac{1}{4}$	Carcassonne	Aude
Roquecourbe, $2\frac{1}{4}$	Castres	Tarn
Roquedur, 2	Le Vigan	Gard
Roquefère, $5\frac{1}{2}$	Carcassonne	Aude
Roquefeuil, $13\frac{1}{4}$	Limoux	Aude
Roquefixade, 4	Foix	Ariège
Roquefort, $3\frac{1}{2}$	Foix	Ariége
Roquefort, $5\frac{1}{2}$	Narbonne	Aude
Roquefort, $2\frac{1}{2}$	St.-Affrique	Aveiron
Roquefort, 9	Marseille	B. du Rhône
Roquefort, $4\frac{1}{4}$	St.-Gaudens	H.-Garonne
Roquefort, $3\frac{1}{4}$	Auch	Gers
Roquefort *, $5\frac{1}{4}$	Mont-de-Marsan	Landes
Roquefort (*Corn*), $2\frac{1}{4}$	Figeac	Lot
Roquefort, $1\frac{1}{4}$	Agen	Lot-et-Gar.
Roquefort (*Lasque*), 10	Pau	B.-Pyrén.
Roquefort, 2	Yvetot	Seine-Inf.
Roquefort, 3	Grasse	Var
Roquefort-de-Sault, $18\frac{1}{4}$	Limoux	Aude
Roquelaure, 2	Espalion	Aveiron
Roquelaure, 2	Auch	Gers
Roquelaure-St.-Aubin, $6\frac{1}{2}$	Lombez	Gers
Roquemaure *, $8\frac{1}{4}$	Uzès	Gard
Roquemaure, 6	Gaillac	Tarn
Roquemont, 5	Senlis	Oise
Roquemont, 5	Neufchâtel	Seine-Inf.
Roquencourt, 7	Clermont	Oise
Roquencourt, 1	Versailles	Seine-et-O.
Roquepine, $1\frac{1}{2}$	Condom	Gers
Roqueredonde-Tiendras, $4\frac{3}{4}$	Lodève	Hérault
Roques, 1	Lisieux	Calvados
Roques, $1\frac{3}{4}$	Muret	H.-Garonne
Roques, $3\frac{1}{4}$	Condom	Gers
Roquessels, 5	Béziers	Hérault
Roquesserière, $4\frac{1}{2}$	Toulouse	H.-Garonne
Roquetaillade, 3	Limoux	Aude
Roquetaillade, $3\frac{1}{4}$	Milhaud	Aveiron
Roquetaillade, $2\frac{1}{2}$	Auch	Gers
Roquetoire, 3	St.-Omer	Pas-de-Cal.
Roquette (la), 5	Louviers	Eure
Roquette (la), 8	Brignoles	Var
Roquette (la), 3	Grasse	Var
Roquevaire *, 6	Marseille	B. du Rhône
Roquevidal, $3\frac{1}{2}$	Lavaur	Tarn
Roquevieille (la), 1	Aurillac	Cantal
Roquiague, 2	Mauléon	B.-Pyrén.

Communes.	Arrondissem.	Departem.	Communes.	Arrondissem.	Departem.
Roquille (la), 13 1/4	Libourne	Gironde	Rosnay, 3	Rheims	Marne
Rorbach, 7	Château-Salins	Meurthe	Rosnai, 3	Argentan	Orne
Rorbach, 4	Sarreguemines	Moselle	Rosnay, 10	Fontenay-le-Comte	Vendée
Rorschwihr, 3 1/4	Colmar	Haut-Rhin			
Rorthais, 5	Bressuire	2 Sèvres	Rosne, 3	Bar-le-Duc	Meuse
Rorthres, 8 1/2	Tours	Indre-et-L.	Rosnohan, 3 1/4	Châteaulin	Finistère
Ros-Landrieux, 6	St.-Malo	Ille-et-Vil.	Rosny, *4 1/2	Sceaux	Seine
Ros-sur-Couesnon, 10	St.-Malo	Ille-et-Vil	Rosny, 1 1/2	Mantes	Seine-et-O.
Rosan, 5 1/2	Libourne	Gironde	Rosoy, 4	Soissons	Aisne
Rosans, 15 1/2	Gap	H.-Alpes	Rosoy, 4	Langres	H.-Marne
Rosay, 4	Les Andelys	Eure	Rosoy, 2	Clermont	Oise
Rosay, 5 1/4	Lons-le-Saulnier	Jura	Rosoy, 7	Senlis	Oise
			Rosoy *, 5	Coulommiers	Seine-et-M.
Rosay, 3 1/2	Vitry-le-François	Marne	Rosoy, 1 1/2	Sens	Yonne
			Rosoy-Gatebled, 3 1/4	Château-Thierry	Aisne
Rosay, 2 1/4	Mantes	Seine-et-O			
Rosay, 8	Dieppe	Seine-Inf.	Rosoy-le-Vieil, 5 1/4	Montargis	Loiret
Rosazia,	Ajaccio	Corse	Rosoy-sur-Serre *, 11 1/2	Laon	Aisne
Rosbruch, 5	Sarreguemines	Moselle	Rospez, 2	Lannion	Côtes-du N.
Roscanvel, 10 1/4	Châteaulin	Finistère	Respigliani, 3 1/2	Corte	Corse
Roscoff, 6	Morlaix	Finistère	Rosporden *, 6 1/2	Quimper	Finistère
Roselieures, 5	Luneville	Meurthe	Rossay, 1 1/2	Loudun	Vienne
Rosenau, 6	Altkirch	Haut-Rhin	Rosselle (Petite-), 5	Sarreguemines	Moselle
Rosenwiller, 6 1/4	Schelestatt	Bas-Rhin	Rossfeld, 4	Schélestatt	Bas-Rhin
Rosès, 5 1/4	Condom	Gers	Rossignol, 8	Riberac	Dordogne
Roset, 5	Besançon	Doubs	Rossillon, 3	Belley	Ain
Roset-St.-Albin, 5 1/4	Château-Thierry	Aisne	Rosson (Dôches), 4	Troyes	Aube
			Rostes, 1	Berney	Eure
Rosey, 3	Vesoul	H.-Saône	Rostey, 6 1/2	Saverne	Bas-Rhin
Rosey, 3 1/4	Châlons	Saône-et-L.	Rostino, 4	Corte	Corse
Rosheim, 6	Schelestatt	Bas-Rhin	Rostreuen *, 10	Guingamp	Côtes-du N.
Rosier (le), 10 1/4	Florac	Lozère	Rosult, 7 1/2	Douai	Nord
Rosier-Côtes-d'Aurec, 6	Montbrison	Loire	Rosureux, 10 1/2	Montbéliard	Doubs
Rosier-en-Donzy, 5 1/2	Montbrison	Loire	Rotalier, 3 1/4	Lons-le-Saulnier	Jura
Rosiers, 6	Brives	Corrèze			
Rosière (la), 9	Lure	H.-Saône	Rotangis, 7	Clermont	Oise
Rosière (la), 2 1/4	Neufchâtel	Seine-Inf.	Roth, 7	Haguenau	Bas-Rhin
Rosières, 2	Soissons	Aisne	Roth-lès-Hambach, 1 1/4	Sarreguemines	Moselle
Rosières, 2 1/4	Argentière	Ardèche	Rothau, 7 1/2	St.-Dié	Vosges
Rosières, 1 1/2	Troyes	Aube	Rothbach, 5	Haguenau	Bas-Rhin
Rosières, 3 1/4	Montbéliard	Doubs	Rothière (la), 3 1/2	Bar-sur-Aube	Aube
Rosières, 3	Le Puy	H.-Loire	Rothois-Frettencourt, 10	Beauvais	Oise
Rosières, 4	Orléans	Loiret	Rothois-Gaudechard, 4	Beauvais	Oise
Rosières, 4	Wassy	H.-Marne	Rotonay, 5	Lons-le-Saulnier	Jura
Rosières, 4	Nancy	Meurthe			
Rosières (Sars), 6 1/2	Douai	Nord	Rotours (les), 4 1/2	Argentan	Orne
Rosières, 3	Senlis	Oise	Rottelsheim, 4 1/4	Strasbourg	Bas-Rhin
Rosières, 9 1/2	Vesoul	H.-Saône	Rottine, 9 1/2	Die	Drôme
Rosières, 6	Montdidier	Somme	Rottoir (le) (Boissi-le-Sec), 2 1/4	Etampes	Seine-et-O.
Rosières, 4 1/2	Albi	Tarn			
Rosières, 5 1/2	Neufchâteau	Vosges	Rotz, 2	Caen	Calvados
Rosières-devant-Bar, 1 1/2	Bar-le-Duc	Meuse	Rou, 2	Saumur	Maine-et-L.
Rosières-en-Blois, 6 1/2	Commercy	Meuse	Rouaine (Annot), 5 1/4	Castellanne	B.-Alpes
Rosières-en-Haye, 3 1/2	Toul	Meurthe	Rouans, 5	Paimbœuf	Loire-Inf.
Rosiers, 6 1/2	Tulle	Corrèze	Rouaulière (la), 9	Château-Gontier	Mayenne
Rosiers (les) *, 5	Saumur	Maine-et-L.			
Rosiers (Poligny), 7	Fontainebleau	Seine-et-M.	Rouayroux, 9 1/2	Castres	Tarn
Rosiers, 5 1/2	Limoges	H.-Vienne	Roubaix, 2 1/2	Lille	Nord
Rosnay, 7	Bar-sur-Aube	Aube	Roubia, 5	Narbonne	Aude
Rosnay,	Le Blanc	Indre	Roucamps, 7 1/4	Vire	Calvados
Rosnay (Lavigny), 2 1/2	Lons-le-Saulnier	Jura	Rouceux, 1/2	Neufchâteau	Vosges
			Rouncourt, 1 1/2	Douai	Nord
Rosnay (Voiteur), 2 1/2	Lons-le-Saulnier	Jura	Roucoux (le), 11 1/4	Florac	Lozère
			Roucy, 7 1/4	Laon	Aisne

Communes.	Arrondissem.	Départem.
Roudoualec, 16	Pontivy	Morbihan
Roue (la) (*Neuillé-Pont-Pierre*), 5	Tours	Indre-et-L.
Rouécourt, 6 ¼	Wassy	H.-Marne
Rouede, 3 ½	St.-Gaudens	H.-Garonne
Rouellé, 1 ½	Domfront	Orne
Rouelles, 5	Langres	H.-Marne
Rouelles, 1 ½	Le Hâvre	Seine-Inf.
ROUEN *,	ch.-l. de dép. 35	Seine-Inf.
Rouen (Vieux-), 6 ¾	Neufchâtel	Seine-Inf.
Rouessé-Vassé, 10 ¾	Le Mans	Sarthe
Rouet, 11 ½	Rodez	Aveiron
Rouet, 6 ¼	Montpellier	Hérault
Rouez, 8 ¼	Le Mans	Sarthe
Rouezé, 4 ¼	Le Mans	Sarthe
Rouffach *, 3	Colmar	Haut-Rhin
Rouffange, 5 ½	Dôle	Jura
Rouffiac, 5 ½	Villefranche	Aveiron
Rouffiac, 5 ½	Aurillac	Cantal
Rouffiac, 10	Barbezieux	Charente
Rouffiac, 4	Saintes	Char.-Inf.
Rouffiac, 1 ½	Toulouse	H.-Garonne
Rouffiac, 6	Cahors	Lot
Rouffiac-Corbières, 14	Carcassonne	Aude
Rouffiac-de-Blanzac, 3 ¾	Angoulême	Charente
Rouffiac-sur-Aude, 4	Carcassonne	Aude
Rouffignac, 2 ¼	Bergerac	Dordogne
Rouffignac, 11	Sarlat	Dordogne
Rouffigny, 5	Avranches	Manche
Rouffy, 3 ¼	Epernay	Marne
Rouffilliac (*Nozac*), 1 ½	Gourdon	Lot
Rougé, 2 ¼	Châteaubriant	Loire-Inf.
Rouge (la), 6 ½	Mortagne	Orne
Rouge-Periers, 5	Bernay	Eure
Rouge-Terre (*St.-Jean-Froidmentel*), 5	Vendôme	Loir-et-Ch.
Rougefays, 5 ½	St.-Pol	Pas-de-Cal
Rougegoutte, 3 ½	Belfort	Haut-Rhin
Rougemont, 5	Semur	Côte-d'Or
Rougemont, 3 ½	Baume	Doubs
Rougemont (*St.-Jean-Froidmentel*), 5	Vendôme	Loir-et-Ch.
Rougemont (*Yevre-la-Ville*), 1 ½	Pithiviers	Loiret
Rougemont, 3 ½	Belfort	Haut-Rhin
Rougemontier, 3 ½	Pont-Audemer	Eure
Rougemontot, 6 ¼	Besançon	Doubs
Rougeon, 4 ½	Romorantin	Loir-et-Ch
Rougères, 4 ½	La Palisse	Allier
Rougerie, 2 ¼	Vervins	Aisne
Rouges-Eaux (les), 3	St.-Dié	Vosges
Rougeux, 5 ¼	Langres	H.-Marne
Rougiers, 4	Brignoles	Var
Rougnac, 5	Angoulême	Charente
Rougnat, 7	Aubusson	Creuse
Rougnon, 2 ½	Baume	Doubs
Rougon, 16	Digne	B. Alpes
Rouhe, 6 ¼	Besançon	Doubs
Rouhling, 1 ¼	Sarreguemines	Moselle
Rouillac, 3 ¼	Lectoure	Gers
Rouillac *, 5 ½	Angoulême	Charente
Rouillac, 6	Dinan	Côtes-du-N.
Rouillac, 2 ¾	Bergerac	Dordogne
Rouillard (le) (*Verneuil*) 5	Versailles	Seine-et-O.

Communes.	Arrondissem.	Départem.
Rouillé, 8 ½	Poitiers	Vienne
Rouillerot (*Rouilly-St.-Loup*), 2	Troyes	Aube
Rouillie (la) (*La Vacheresse*), 6 ¼	Neufchâteau	Vosges
Rouillies (la), 1 ¾	Avesnes	Nord
Rouillis (le), 2	Vendôme	Loir-et-Ch.
Rouillon, 1 ½	Le Mans	Sarthe
Rouilly (*Tréfols*), 10	Epernay	Marne
Rouilly, 1	Provins	Seine-et-M.
Rouilly-les-Sacey, 3 ¼	Troyes	Aube
Rouilly-St.-Loup, 1 ¼	Troyes	Aube
Roujan, 4	Béziers	Hérault
Roulans, 2 ½	Baume	Doubs
Roullée, 4	Mamers	Sarthe
Roullens, 4	Carcassonne	Aude
Roullet, 2 ¼	Angoulême	Charente
Roullours, 1 ½	Vire	Calvados
Roumagne, 5 ½	Marmande	Lot-et-Gar.
Roumare, 3	Rouen	Seine-Inf.
Roumazières, 4 ½	Confolens	Charente
Roumegoux, 5	Aurillac	Cantal
Roumegoux, 5	Albi	Tarn
Roumegoux (*Padiés*), 6	Albi	Tarn
Roumens, 5 ½	Villefranche	H.-Garonne
Roumette (*l'Escure*), 13	Rodez	Aveiron
Roumignières, 5	St.-Affrique	Aveiron
Roumiguières, 5 ½	Lodève	Hérault
Roumingoux, 7 ¼	Pamiers	Ariège
Roumoules, 12	Digne	B.-Alpes
Roupeldange, 5	Metz	Moselle
Roupéroux, 5	Mamers	Sarthe
Rouperroux, 6 ¼	Alençon	Orne
Roupy, 2	St.-Quentin	Aisne
Rouquette (la), 2 ¼	Villefranche	Aveiron
Rouquette (la), 5 ¼	Bergerac	Dordogne
Rouquette, 5 ¼	Bergerac	Dordogne
Rouquette (la), 6 ½	Gaillac	Tarn
Rouquette-Bonneval, 2 ½	Espalion	Aveiron
Rouquettes, 1 ¼	Muret	H.-Garonne
Rouret (le), 3	Grasse	Var
Rousies, 4 ½	Avesnes	Nord
Roussac, 3 ¼	Bellac	H.-Vienne
Roussas, 4 ½	Montélimart	Drôme
Roussay, 4	Beaupreau	Maine-et-L.
Roussayroles, 6 ¼	Gaillac	Tarn
Roussé-Fontaine, 4 ½	Mamers	Sarthe
Rousselange, 2 ¼	Thionville	Moselle
Rousselots (les) (*Bouchy-le-Repos*), 13 ¾	Epernay	Marne
		Jura
Rousseloy, 2 ¼	Clermont	Oise
Roussenac (*Rullac*), 11 ½	Rodez	Aveiron
Roussenac, 6	Villefranche	Aveiron
Roussent, 2 ¼	Montreuil	Pas-de-Cal.
Rousses (les), 6	St.-Claude	Jura
Rousses (les), 4 ½	Florac	Lozère
Rousset, 5 ½	Embrun	H.-Alpes
Rousset, 3	Aix	B.du Rhône
Rousset, 7	Montélimart	Drôme
Rousset (le), 6	Charolles	Saône-et-L.
Roussière (la), 4 ¼	Bernay	Eure
Roussieu, 8 ¾	Nyons	Drôme
Roussignac, 2 ¾	Jonzac	Char.-Inf.
Roussillon, 4 ½	Vienne	Isère

Communes.	Arrondissem.	Departem.
Roussillon, 3	Autun	Saône-et-L.
Roussillon, 3	Apt	Vaucluse
Roussine, 11	Le Blanc	Indre
Roussines, 8 ¼	Confolens	Charente
Rousson, 2 ½	Alais	Gard
Rousson, 5	Joigny	Yonne
Roussy, 4	Aurillac	Cantal
Roussy-Ginouillac, 11	Espalion	Aveiron
Roussy le Bourg (*Roussy-le-Village*), 2 ¼	Thionville	Moselle
Roussy-le-Village, 2 ¼	Thionville	Moselle
Routelle, 4 ½	Besançon	Doubs
Routié, 2 ¼	Limoux	Aude
Routot, 3 ½	Pont Audemer	Eure
Routot, 3	Le Hâvre	Seine-Inf.
Routtes, 3 ¾	Yvetot	Seine Inf.
Rouves, 6 ½	Nancy	Meurthe
Rouvenac, 5 ¼	Limoux	Aude
Rouveron (*Ménil-Hubert*), 9 ¾	Domfront	Orne
Rouvière (la), 3 ¼	Le Vigan	Gard
Rouvière (la), 5	Uzès	Gard
Rouvière (la), 2 ½	Mende	Lozère
Rouvignies, 8	Douai	Nord
Rouville (*Malesherbes*), 5	Pithiviers	Loiret
Rouville, 6	Senlis	Oise
Rouville, 8 ½	Le Hâvre	Seine-Inf.
Rouvillers, 6	Clermont	Oise
Rouvray (*Jours-en-Vaux*), 9 ¼	Beaune	Côte-d'Or
Rouvray *, 5 ½	Semur	Côte-d'Or
Rouvray, 1 ½	Evreux	Eure
Rouvray (*Etoges*), 5	Epernay	Marne
Rouvray, 7 ¼	Neufchâtel	Seine-Inf.
Rouvray (*Seux*), 5	Amiens	Somme
Rouvray, 6	Auxerre	Yonne
Rouvray-St.-Denis, 12 ½	Chartres	Eure-et-L.
Rouvray-St.-Florentin, 6	Chartres	Eure-et-L.
Rouvray-Ste.-Croix, 5 ½	Orléans	Loiret
Rouvrel, 5 ½	Montdidier	Somme
Rouvrelle (*Guiscard*), 9	Compiègne	Oise
Rouvres, 2	Bar-sur-Aube	Aube
Rouvres, 3	Falaise	Calvados
Rouvres, 3 ½	Dijon	Côte-d'Or
Rouvres, 3 ¼	Dreux	Eure-et-L.
Rouvres, 4 ½	Pithiviers	Loiret
Rouvres, 5	Verdun	Meuse
Rouvres, 9	Senlis	Oise
Rouvres, 4	Meaux	Seine-et-M.
Rouvres, 2 ¼	Niort	2 Sèvres
Rouvres, 2	Neufchâteau	Vosges
Rouvres-en-Xaintois, 2	Mirecourt	Vosges
Rouvres-sous-Meilly, 9	Beaune	Côte-d'Or
Rouvres-sur-Aube, 6 ½	Langres	H.-Marne
Rouvroy, 12 ¼	Laon	Aisne
Rouvroy, ½	St.-Quentin	Aisne
Rouvroy, 5	Rocroi	Ardennes
Rouvroy, 4	Ste-Menehould	Marne
Rouvroy, 7 ¾	Wassy	H.-Marne
Rouvroy, 4	Arras	Pas-de-Cal.
Rouvroy, 5	Montdidier	Somme
Rouvroy-lès-Merles, 7	Clermont	Oise
Rouvroy-sur-Meuse, 6 ¼	Commercy	Meuse

Communes.	Arrondissem.	Départem.
Rouvroy-sur-Othain, 5 ¼	Montmedy	Meuse
Roux (le), 7 ½	Argentière	Ardèche
Rouxeville, 3	St.-Lô	Manche
Rouxière (la), 3 ½	Ancenis	Loire-Inf.
Rouxmesnil, 5 ¾	Yvetot	Seine-Inf.
Rouxmesnil-St.-Denis, 1 ½	Dieppe	Seine-Inf.
Rouy, 11 ½	Nevers	Nièvre
Rouy-le-Grand, 5	Peronne	Somme
Rouy-le-Petit, 5	Peronne	Somme
Rouzaud, 1 ¼	Pamiers	Ariège
Rouze, 16 ¼	Foix	Ariège
Rouzede, 7 ¾	Angoulême	Charente
Rouzières (la) (*Védrines-St.-Loup*), 5	St.-Flour	Cantal
Rouziers, 6 ½	Aurillac	Cantal
Rouziers, 3 ¼	Tours	Indre-et-L.
Roville-aux-Chênes, 8	Epinal	Vosges
Roville-devant-Bayon, 6	Nancy	Meurthe
Rovon, 3 ¼	St.-Marcellin	Isère
Roy-Boissy, 5	Beauvais	Oise
Royal-Lieu (*Compiègne*), ½	Compiègne	Oise
Royan *, 6	Marennes	Char.-Inf.
Royas, 6 ½	Privas	Ardèche
Royas, 4 ½	Vienne	Isère
Royat (*Chamalières*), ¼	Clermont	Puy-de-Dô.
Royancourt, 2 ½	Laon	Aisne
Royaucourt, 7	Clermont	Oise
Royaumeix, 2 ½	Toul	Meurthe
Royaumont (*Asnières*), 6	Pontoise	Seine-et-O.
Roybon *, 4	St.-Marcellin	Isère
Roye, 1 ½	Lure	H.-Saône
Roye *, 4	Montdidier	Somme
Roye-sur-le-Matz, 6	Compiègne	Oise
Royer, 7 ½	Mâcon	Saône et-L.
Royère, 5 ½	Bourganeuf	Creuse
Royères, 3	Limoges	H.-Vienne
Roylai (*St.-Etienne*), 4 ½	Compiègne	Oise
Roynac, 11 ½	Die	Drôme
Royon, 4 ½	Montreuil	Pas-de-Cal.
Rozel, 2 ½	Caen	Calvados
Rozel (le), 6 ¼	Cherbourg	Manche
Rozerieulles, 1 ¾	Metz	Moselle
Rozerotte, 2 ¼	Mirecourt	Vosges
Rozier. *Voy.* Rosier		
Rozoy. *Voy.* Rosoy		
Ru (*Epiais*), 2 ½	Pontoise	Seine-et-O.
Ru (*Haravilliers*), 2 ½	Pontoise	Seine-et-O.
Ruage, 5	Clamecy	Nièvre
Ruan, 6	Vendôme	Loir-et-Ch.
Ruan, 6	Orléans	Loiret
Ruaudin, 2 ½	Le Mans	Sarthe
Ruaux, 5 ¼	Remiremont	Vosges
Rubecourt, 2	Sedan	Ardennes
Rubelles, 1	Melun	Seine et M.
Rubempré, 4	Amiens	Somme
Ruberey, 3 ½	Bayeux	Calvados
Rubescourt, 1	Montdidier	Somme
Rubigny, 5 ½	Rethel	Ardennes
Rubrouch, 5	Hazebrouck	Nord
Ruca, 9	Dinan	Côtes-du-N.

Communes.	Arrondissem.	Départem.
Ruch, 6	La Réole	Gironde
Rucourt, 2 ½	Compiègne	Oise
Rucqueville, 4 ½	Caen	Calvados
Rudelles, 4 ½	Figeac	Lot
Rudomaine (*Caisse-la-Motte*), 4 ½	Compiègne	Oise
Rue (la) (*Melisey*), 3	Lure	H.-Saône
Rüe *, 6 ¼	Abbeville	Somme
Rue-Pierre-Fond (la) (*Joncquières*), 2	Compiègne	Oise
Rue-St.-Pierre (la), 2	Clermont	Oise
Rue-St.-Pierre (la), 4 ¾	Rouen	Seine-Inf.
Rue-sous-Harol (la), 5	Mirecourt	Vosges
Ruederbach, 2	Altkirch	Haut-Rhin
Rueil, 7 ½	Dreux	Eure-et-L.
Rueil, 2 ½	Versailles	Seine-et-O.
Ruelisheim, 6 ¾	Altkirch	Haut-Rhin
Ruelle, 1 ½	Angoulême	Charente
Ruesnes, 8 ½	Avesnes	Nord
Ruestenhart, 6 ½	Colmar	Haut-Rhin
Rueyre, 1 ¼	Espalion	Aveiron
Rueyres, 5 ½	Figeac	Lot
RUFFEC *,	ch.-l. d'arr., 106	Charente
Ruffec, 2	Le Blanc	Indre
Ruffec-Vieux, 6	Ruffec	Charente
Ruffepeyre, 4 ¼	Rodez	Aveiron
Ruffey, 1 ¾	Besançon	Doubs
Ruffey, 2 ½	Lons-le-Saulnier	Jura
Ruffey-les-Beaune, 1 ½	Beaune	Côte-d'Or
Ruffey-les-Echirey, 1	Dijon	Côte-d'Or
Ruffiac, 5	Marmande	Lot-et-Gar.
Ruffiac, 2 ½	Ploërmel	Morbihan
Ruffieu, 8	Belley	Ain
Ruffigné, 2 ¾	Châteaubriant	Loire-Inf.
Ruffigny, 3	Poitiers	Vienne
Ruffine (Ste.-), 1 ¾	Metz	Moselle
Rugles *, 11	Evreux	Eure
Rugney, 2 ½	Mirecourt	Vosges
Rugny, 4	Tonnerre	Yonne
Rugy (*Argancy*), 2	Metz	Moselle
Ruhans, 1 ¼	Vesoul	H.-Saône
Ruillé-en-Champagne, 6 ½	Le Mans	Sarthe
Ruillé-Froid-Fond, 2 ¼	Château-Gontier	Mayenne
Ruillé-le-Gravelais, 4 ¼	Laval	Mayenne
Ruillé-sur-Loir, 5 ½	St.-Calais	Sarthe
Ruilly, 3 ½	Vire	Calvados
Ruimayou, 8	Orthez	B.-Pyrén.
Ruines, 3	St.-Flour	Cantal
Ruissauville, 7	Montreuil	Pas-de-Cal.
Ruitz, 2 ½	Béthune	Pas-de-Cal.
Rulhes, 8 ¾	Rodez	Aveiron
Rullac, 11 ½	Rodez	Aveiron
Rully, 3	Senlis	Oise
Rully, 3 ½	Châlons	Saône-et-L.
Rumaisnil, 4	Amiens	Somme
Rumaucourt, 5	Arras	Pas-de-Cal.
Rumegies, 8 ½	Douai	Nord
Rumelle (*Issancourt*), 2 ½	Mézières	Ardennes
Rumengol, 7	Brest	Finistère
Rumersheim, 3 ¼	Strasbourg	Bas-Rhin
Rumersheim, 9	Colmar	Haut-Rhin
Rumesnil, 4 ¼	Pont-l'Evêque	Calvados
Rumigny, 5	Rocroi	Ardennes
Rumigny, 3	Amiens	Somme
Rumilly, 3	Bar-sur-Seine	Aube
Rumilly, 1 ¼	Cambrai	Nord
Rumilly, 5	Montreuil	Pas-de-Cal.
Ruminghem, 4 ½	St.-Omer	Pas-de-Cal.
Rumont, 3	Bar-le-Duc	Meuse
Rumont, 5 ½	Fontainebleau	Seine-et-M.
Runan, 4	Guingamp	Côtes-du-N.
Rungis, 1 ½	Sceaux	Seine
Runtzenheim, 3	Haguenau	Bas-Rhin
Ruons, 2 ¼	Argentière	Ardèche
Rupereux, 2 ¼	Provins	Seine-et-M.
Rupierre, 7 ½	Pont-l'Evêque	Calvados
Rupigny (*Charly*), 1 ¼	Metz	Moselle
Ruppes, 3 ½	Neufchâteau	Vosges
Rupt, 9 ½	Lons-le-Saulnier	Jura
Rupt, 5	Wassy	H.-Marne
Rupt, 6	Vesoul	H.-Saône
Rupt, 3 ½	Remiremont	Vosges
Rupt-devant-St.-Mihiel, 5 ½	Commercy	Meuse
Rupt-en-Wævre, 4	Verdun	Meuse
Rupt-sur-Othain, 3	Montmédy	Meuse
Rupt-sur-Saux, 3 ½	Bar-le-Duc	Meuse
Rurange (*Gunkirchen*), 5	Metz	Moselle
Rurange, 2 ¼	Thionville	Moselle
Rurey, 5 ¼	Besançon	Doubs
Ruscade (la), 7 ¼	Blaye	Gironde
Rusio, 2 ½	Corte	Corse
Russ, 8 ¼	St.-Dié	Vosges
Russange, 5 ½	Briey	Moselle
Russé, 2	Saumur	Maine-et-L.
Russey, 12 ½	Montbéliard	Doubs
Russy, 3	Bayeux	Calvados
Russy-Montigny, 8	Senlis	Oise
Rustice (St.), 5 ½	Toulouse	H.-Garonne
Rustiques, 3 ½	Carcassonne	Aude
Rustrel, 2 ¼	Apt	Vaucluse
Rustroff (*Sierck*), 4 ¼	Thionville	Moselle
Rutali, 3 ½	Bastia	Corse
Ruvigny, 1 ¼	Troyes	Aube
Ruy, 3	La Tour-du-Pin	Isère
Ruyaulcourt, 6 ½	Arras	Pas-de-Cal.
Ry, 2 ¼	Argentan	Orne
Ry, 5	Rouen	Seine-Inf.
Rye, 6 ¼	Dôle	Jura
Ryes, 1 ¾	Bayeux	Calvados

S.

Saâcy, 6	Meaux	Seine-et-
Saales, 5 ½	St.-Dié	Vosges
Saane-le-Bourg, 4	Dieppe	Seine-Inf.
Saar-Union, 8 ½	Saverne	B.-Rhin
Saarwerden-le-Vieux, 8 ½	Saverne	B.-Rhin
Saas, 2 ¾	Dax	Landes
Sabadel, 7 ¼	Cahors	Lot
Sabadel, 3 ¾	Figeac	Lot

Communes.	Arrondissem.	Départem.
Sabaillan, 1 ½	Lombez	Gers
Sabalos, 3	Tarbes	H.-Pyrén.
Sabarat, 5	Pamiers	Ariége
Sabarros, 9 ¾	Bagnères	H.-Pyrén.
Sabazan, 12 ¼	Mirande	Gers
Sabenac (*Caussou*), 9 ½	Foix	Ariége
Sabine (Ste.-), 6	Beaune	Côte-d'Or
Sabine (Ste.-), 7	Bergerac	Dordogne
Sabine (Ste.-), 5 ½	Le Mans	Sarthe
Sablé*, 6	La Flèche	Sarthe
Sables (les) (*Les Moutiers*), 7	Paimbœuf	Loire-Inf.
Sables, 6	Mamers	Sarthe
SABLES (LES)*,	ch.-l. d'ar., 125	Vendée
Sablet*, 3	Orange	Vaucluse
Sablières, 4 ¾	Argentière	Ardèche
Sablon, 4 ¼	Libourne	Gironde
Sablon (le), 4 ½	Chinon	Indre-et-L.
Sablon (le), ¾	Metz	Moselle
Sablon (le) (*Chalo-St.-Mars*), 1 ½	Etampes	Seine-et-O.
Sablonceaux, 5	Saintes	Char.-Inf.
Sablonnières, 4 ¾	Coulommiers	Seine-et-M.
Sablons, 6 ½	Vienne	Isère
Sablons (les) (*Veneux*) 2 ¼	Fontainebleau	Seine-et-M.
Sabonnères, 5 ½	Muret	H.-Garonne
Saboterie (la), 5	Vouziers	Ardennes
Sabran, 5 ¾	Uzès	Gard
Sabres, 10 ½	Mont-de-Marsan	Landes
Sac-Riquier (*Courset*), 5 ½	Boulogne	Pas-de-Cal.
Sacé, 5	Mayenne	Mayenne
Sacey (*Rouilly-les-Sacey*), 3 ¾	Troyes	Aube
Sacey, 5 ½	Avranches	Manche
Saché, 4 ½	Chinon	Indre-et-L.
Sachin, 3 ¾	St.-Pol	Pas-de-Cal.
Sachy, 6 ¼	Sedan	Ardennes
Saclas, 2	Etampes	Seine-et-O.
Saclay, 2	Versailles	Seine-et-O.
Saconin, 1 ¾	Soissons	Aisne
Sacoué, 14	Bagnères	H.-Pyrén.
Sacourvielle, 10	St.-Gaudens	H.-Garonne
Sacq (le), 5	Evreux	Eure
Sacq (le), 6	Argentan	Orne
Sacquenay, 9 ½	Dijon	Côte-d'Or
Sacquenville, 2	Evreux	Eure
Sacy, 3 ½	Falaise	Calvados
Sacy, 2	Rheims	Marne
Sacy, 6	Auxerre	Yonne
Sacy-le-Grand, 5	Clermont	Oise
Sacy-le-Petit, 3 ¾	Clermont	Oise
Sadeillan, 4	Mirande	Gers
Sadillac, 3 ¾	Bergerac	Dordogne
Sadirac, 3 ¾	Bordeaux	Gironde
Sadiracq, 10 ½	Pau	B.-Pyrén.
Sadournin, 7 ½	Tarbes	H.-Pyrén.
Sadrancourt (*St.-Martin-la-Garenne*), 2 ½	Mantes	Seine-et-O.
Sadroet, 4 ¼	Brives	Corrèze
Saëns (St.-)*, 3	Neufchâtel	Seine-Inf.
Saessolsheim, 3 ¾	Saverne	Bas-Rhin
Saffais, 4 ½	Nancy	Meurthe
Saffloz, 6 ½	Lons-le-Saulnier	Jura

Communes.	Arrondissem.	Départem.
Saffré, 9	Châteaubriant	Loire-Inf.
Saffres, 6	Semur	Côte-d'Or.
Sagelat, 6	Sarlat	Dordogne
Sagnat, 6	Guéret	Creuse
Sagnes, 9	Argentière	Ardèche
Sagonne, 6 ¼	St.-Amand	Cher
Sagro,	Bastia	Corse
Sagy, 2	Louhans	Saône-et-L.
Sagy, 3	Pontoise	Seine-et-O.
Sahorre, 4	Prades	Pyrén.-Or.
Sahune, 3 ¾	Nyons	Drôme
Sahurs, 3 ½	Rouen	Seine-Inf.
Saignes, 4 ½	Mauriac	Cantal
Saignes, 6 ¾	Figeac	Lot
Saigneville, 2 ¾	Abbeville	Somme
Saignon, 1	Apt	Vaucluse
Sail, 8 ¾	Roanne	Loire
Sail-sous-Couzan, 3 ½	Montbrison	Loire
Saillac, 4 ¾	Brives	Corrèze
Saillac, 8	Cahors	Lot
Saillagouse, 11	Prades	Pyrén.-Or.
Saillans*, 5 ½	Die	Drôme
Saillans, 3 ¾	Libourne	Gironde
Saillans, 4	Ambert	Puy-de-Dô.
Saillé (*Guérande*), 9 ¼	Savenay	Loire-Inf.
Saillenard, 4	Louhans	Saône-et-L.
Sailly, 5 ½	Sedan	Ardennes
Sailly, 7 ½	Wassy	H.-Marne
Sailly, 4 ¾	Metz	Moselle
Sailly, 1 ½	Cambrai	Nord
Sailly, 2 ½	Lille	Nord
Sailly, 9	Mâcon	Saône-et-L.
Sailly, 2	Mantes	Seine-et-O.
Sailly, 3 ½	Péronne	Somme
Sailly-au-Bois, 5 ½	Arras	Pas-de-Cal.
Sailly-en-Ostrevent, 4	Arras	Pas-de-Cal.
Sailly-la-Bourse, 1 ¾	Béthune	Pas-de-Cal.
Sailly-le-Sec, 3	Abbeville	Somme
Sailly-le-Sec, 7	Péronne	Somme
Sailly-Lorette, 6 ½	Péronne	Somme
Sailly-sur-la-Lys, 5	Béthune	Pas-de-Cal.
Saincaize, 5 ¼	Nevers	Nièvre
Sainghin-en-Melantois, 2	Lille	Nord
Sainghin-en-Weppes, 4	Lille	Nord
Sainpuits, 10	Auxerre	Yonne
Sains, 4	Vervins	Aisne
Sains, 11 ¼	St-Malo	Ille-et-Vil.
Sains, 1 ½	Avesnes	Nord
Sains, 2	Amiens	Somme
Sains-en-Gohelle, 2 ½	Béthune	Pas-de-Cal.
Sains-les-Fressins, 5	Montreuil	Pas-de-Cal.
Sains-lès-Marquion, 5 ½	Arras	Pas-de-Cal.
Sains-les-Pernes, 3 ½	St.-Pol	Pas-de-Cal.
Sains-Morenvillers, 5	Clermont	Oise
Saint (le), 11 ½	Pontivy	Morbihan
SAINTES*,	ch.-l. de dép. 128	Char.-Inf.
Saintines, 4	Senlis	Oise
Saintry, ½	Corbeil	Seine-et-O.
Saints, 1 ¾	Coulommiers	Seine-et-M.
Saints, 9	Auxerre	Yonne
Sainville, 8 ½	Chartres	Eure-et-L.
Saire (St.-), 1 ½	Neufchâtel	Seine-Inf.
Saires-la-Verrerie, 3 ½	Domfront	Orne
Sairres, 4	Loudun	Vienne
Saisenay, 5 ¾	Poligny	Jura
Saissac, 3 ½	Carcassonne	Aude

Communes.	Arrondissem.	Départem.
Saissemont (*Saisseval*), 3	Amiens	Somme
Saisseval, 3 ½	Amiens	Somme
Saisy, 5	Clamecy	Nièvre
Saivre, 4 ½	Niort	2 Sèvres
Saivres, 3	Poitiers	Vienne
Saix (le), 8 ¼	Gap	H.-Alpes
Saix, 1 ½	Castres	Tarn
Saix, 3 ¼	Loudun	Vienne
Saizeray (les), 4 ½	Toul	Meurthe
Saizy, 5	Autun	Saône-et-L.
Sajas, 6 ¾	Muret	H.-Garonne
Salagnac, 9 ¾	Périgueux	Dordogne
Salagnon (*St.-Chef*), 4 ¼	La Tour-du-Pin	Isère
Salagase, 1 ¼	Le Vigan	Gard
Salaise, 5	Vienne	Isère
Salans, 7 ¼	Rodez	Aveiron
Salans, 6 ¼	Dôle	Jura
Salasc, 5	Lodève	Hérault
Salaunes, 5 ¾	Bordeaux	Gironde
Salavas, 4 ¾	Argentière	Ardèche
Salavre, 4 ½	Bourg	Ain
Salazac, 9	Uzès	Gard
Salbert, 1 ½	Belfort	Haut-Rhin
Salbris*, 7	Romorantin	Loir-et-Ch.
Salbruneau, 6	La Réole	Gironde
Salces, 4	Perpignan	Pyrén.-Or.
Saléchan, 16	Bagnères	H.-Pyrén.
Salede, 6 ½	Clermont	Puy-de-Dô.
Saleich, 5	St.-Gaudens	H.-Garonne
Saleignes, 6	St.-Jean-d'Angely	Char.-Inf.
Saleix, 8 ¼	Foix	Ariége
Salelles, 5 ¾	Argentière	Ardèche
Salelles, 5	Carcassonne	Aude
Salelles, 2 ½	Narbonne	Aude
Salelles, 6	St.-Affrique	Aveiron
Salelles (les), 2 ½	Marvejols	Lozère
Salency, 7	Compiégne	Oise
Salenthal, 2	Saverne	Bas-Rhin
Saléon, 10	Gap	H.-Alpes
Salerm, 5	St.-Gaudens	H.-Garonne
Salernes, 6 ¼	Draguignan	Var
Salers, 4 ¼	Mauriac	Cantal
Salesches, 7	Avesnes	Nord
Salesse, 6	Aubusson	Creuse
Salette, 4 ¼	Montélimart	Drôme
Salette (la), 22 ¼	Grenoble	Isère
Salettes, 5	Le Puy	H.-Loire
Saleux-Salouel, 1 ½	Amiens	Somme
Salgues (*Bastide-Marnhac*), 3	Cahors	Lot
Salgues (*Alvignac*), 9	Gourdon	Lot
Salice,	Ajaccio	Corse
Saliceto, 1 ¼	Corte	Corse
Salies, 5	St.-Gaudens	H.-Garonne
Salies, 4	Orthez	B.-Pyrén.
Saliés, 1 ¼	Albi	Tarn
Salignac, 1 ½	Sisteron	B.-Alpes
Salignac, 4	Sarlat	Dordogne
Salignac (*Vignonet*), 6	Mauriac	Cantal
Salignac, 6 ¾	Bordeaux	Gironde
Saliguey, 3 ¼	Dôle	Jura
Saligny, 7 ¾	Moulins	Allier
Saligny, 3 ¼	Bourbon-Vendée	Vendée
Saligny, 2	Sens	Yonne
Saligny-le-Vif, 8	Bourges	Cher
Saligos, 4 ¼	Argelès	H.-Pyren.
Salindres, 2	Alais	Gard
Salinelles, 7	Nismes	Gard
Salins, 1 ¼	Mauriac	Cantal
Salins*, 5	Poligny	Jura
Salins, 7 ¾	Fontainebleau	Seine-et-M.
Salival, 1 ½	Château-Salins	Meurthe
Salives, 8 ¼	Dijon	Côte-d'Or
Sallagriffon, 12	Grasse	Var
Sallartaine, 13 ¾	Les Sables	Vendée
Sallau, 5 ½	Béthune	Pas-de-Cal.
Salle (la), 3	Briançon	H.-Alpes
Salle (la), 6 ½	Le Vigan	Gard
Salle (la), 14 ¼	Grenoble	Isère
Salle (la) (*La Chapelle-Aubry*), 1 ½	Beaupréau	Maine-et-L.
Salle (la), 10 ½	Saumur	Maine-et-L.
Salle (la), 2 ½	Mâcon	Saône-et-L.
Salle (la), 3	St.-Dié	Vosges
Salle-Coquerelle (la), 5	Louviers	Eure
Salle-Prunet (la), ¾	Florac	Lozère
Sallebœuf, 4 ½	Bordeaux	Gironde
Sallen, 5 ¾	Bayeux	Calvados
Sallenelles, 3 ¼	Caen	Calvados
Sallepieusson, 2 ½	Castres	Tarn
Sallerans, 14 ¼	Gap	H.-Alpes
Salles, 3	Narbonne	Aude
Salles, 1 ½	Cognac	Charente
Salles, 2	Ruffec	Charente
Salles, 3	La Rochelle	Char.-Inf.
Salles, 4 ¼	St.-Jean-d'Angely	Char.-Inf.
Salles, 4 ½	Montélimart	Drôme
Salles, 12 ¾	Condom	Gers
Salles, 6 ¾	Muret	H.-Garonne
Salles, 8	St.-Gaudens	H.-Garonne
Salles, 10 ½	Bordeaux	Gironde
Salles (les) (*St.-Philippe*), 7 ½	Libourne	Gironde
Salles (les), 7	Montbrison	Loire
Salles, 5 ½	Villeneuve-d'Agen	Lot-et-Gar.
Salles, 1 ½	Argelès	H.-Pyrén.
Salles, 3 ½	Villefranche	Rhône
Salles, 4 ¼	Melle	2 Sèvres
Salles, 6	Albi	Tarn
Salles (les), 11 ¼	Draguignan	Var
Salles-Adour, 1 ¾	Tarbes	H.-Pyrén.
Salles Courbatières, 4	Villefranche	Aveiron
Salles-Curan, 9 ½	Milhaud	Aveiron
Salles-de-Barbezieux, 1	Barbezieux	Charente
Salles-de-Belves, 4	Sarlat	Dordogne
Salles-en-Toulon, 5	Montmorillon	Vienne
Salles-la-Source, 5 ¼	Rodez	Aveiron
Salles-la-Valette-de-Montmoreau, 14	Barbezieux	Charente
Salles-la-Vauguyon (les), 3	Rochechouart	H.-Vienne
Salles-Mongiscard, 1 ½	Orthez	B.-Pyrén.
Salles-Pisse, 1 ½	Orthez	B.-Pyrén.
Salles-sur-l'Hers, 4 ½	Castelnaudary	Aude
Salmagne, 4	Bar-le-Duc	Meuse
Salmaise, 6	Semur	Côte-d'Or
Salmbach, 7	Haguenau	Bas-Rhin

Communes.	Arrondissem.	Départem.
Salmeranges (*Ravel*), 7	Clermont	Puy-de-Dô.
Salmiech, 5 ¾	Rodez	Aveiron
Salmon, 3 ¼	Marvejols	Lozère
Salmonville, 4	Rouen	Seine-Inf.
Salomé, 5	Lille	Nord
Salon, 4	Arcis-sur Aube	Aube
Salon *, 6 ½	Aix	B.-du-Rhône
Salon, 10 ½	Tulle	Corrèze
Salon, 5 ½	Périgueux	Dordogne
Salon (*Courtelain*), ¼	Baume	Doubs
Salonne, 1	Château-Salins	Meurthe
Salornay-sur-Guye, 7 ½	Mâcon	Saône-et-L.
Salperwick, ¾	St.-Omer	Pas-de-Cal.
Salsa, 14	Carcassonne	Aude
Salsbronne, 2 ¾	Sarreguemines	Moselle
Salses (les), 4	Marvejols	Lozère
Salsigne, 6	Carcassonne	Aude
Salt-en-Donzy, 4 ½	Montbrison	Loire
Salvadou (St.-), 3	Villefranche	Aveiron
Salvadour (St.-), 4	Tulle	Corrèze
Salvagnac, 4 ½	Gaillac	Tarn
Salvagnac-Cajeard, 6	Villefranche	Aveiron
Salvanhac St.-Loup, 5 ¼	Villefranche	Aveiron
Salvetat (la), 13 ½	Rodez	Aveiron
Salvetat (la), 3	Aurillac	Cantal
Salvetat (la), 3	Toulouse	H.-Garonne
Salvetat (la), 5 ½	Villefranche	H.-Garonne
Salvetat (la), 5 ½	St.-Pons	Hérault
Salvetat (la), 4 ½	Gaillac	Tarn
Salvetat-Descars (la), 5 ¾	Villefranche	Aveiron
Salvetat. *Voyez* Sauvetat		
Salvezou (*Catus*), 4 ½	Cahors	Lot
Salviac, 3 ½	Gourdon	Lot
Salvizinet, 5	Montbrison	Loire
Salvy (St.-), 6 ½	Agen	Lot-et-Gar.
Salvy-de-Carcavès (St.-), 12	Castres	Tarn
Salzein, 3 ½	St.-Girons	Ariége
Salzuit, 3 ½	Brioude	H.-Loire
Samadet, 4 ½	St.-Sever	Landes
Saman, 3	St.-Gaudens	H.-Garonne
Samaran, 6	Mirande	Gers
Samatan, ½	Lombez	Gers
Samazan, 7	Mirande	Gers
Samazan, 4	Marmande	Lot-et-Gar.
Sambin, 4 ¾	Blois	Lot.-et-Ch.
Sambourg, 2 ¾	Tonnerre	Yonne
Saméon, 6 ½	Douai	Nord
Samer *, 4	Boulogne	Pas-de-Cal.
Samerey, 8	Beaune	Côte-d'Or
Sameron, 4	Meaux	Seine-et-M.
Sames, 6 ¾	Bayonne	B.-Pyrén.
Samiat (*La Rivoire*), 3	St.-Claude	Jura
Samiset (*La Rivoire*), 3	St.-Claude	Jura
Sammarcole, 1 ¼	Loudun	Vienne
Samognat, 4	Nantua	Ain
Samoigneux, 3	Verdun	Meuse
Samoireau, 1 ½	Fontainebleau	Seine-et-M.
Samois, 1 ¾	Fontainebleau	Seine-et-M.
Samois (le bas de). (*Samois*), 1 ¾	Fontainebleau	Seine-et-M.
Samonac, 3	Blaye	Gironde
Samouilhan, 5 ¾	St.-Gaudens	H.-Garonne
Samoussy, 2 ½	Laon	Aisne
Sampans, 1 ¼	Dôle	Jura
Sampiero	Ajaccio	Corse
Sampigny, 2 ½	Commercy	Meuse
Sampigny, 8	Autun	Saône-et-L.
Sampzon, 4	Argentière	Ardèche
Samson (St.-), 7 ½	Pont-l'Evêque	Calvados
Samson (St.-), 1 ¼	Dinan	Côtes-du-N.
Samson, 6 ¼	Besançon	Doubs
Samson (St.-), 9 ¼	Mayenne	Mayenne
Samson (St.-), 8 ¾	Ploërmel	Morbihan
Samson (St.-), 9	Beauvais	Oise
Samson-de-Bon-Fossé (St.-), 2 ¼	St.-Lô	Manche
Samson-Rochefort, 5 ¼	Valence	Drôme
Samson-sur-Risle (St.-), 2	Pont-Audemer	Eure
Samsons, 7 ½	Pau	B.-Pyrén.
Samuran, 14	Bagnères	H.-Pyrén.
San-Fiorenzo	Bastia	Corse
Sana, 9 ¼	Muret	H.-Garonne
Sancé, 1	Mâcon	Saône-et-L.
Sancergues, 3 ¾	Sancerre	Cher
SANCERRE *	ch.-l. d'arr., 53	Cher
Sancey-le-Grand, 6	Baume	Doubs
Sancheville, 7	Châteaudun	Eure-et-L.
Sanchey, 1	Epinal	Vosges
Sancia, 7	Lons-le-Saulnier	Jura
Sancoins *, 7	St.-Amand	Cher
Sancourt, 6	Les Andelys	Eure
Sancourt, 1 ½	Cambrai	Nord
Sancourt, 4 ½	Péronne	Somme
Sancy, 3 ½	Soissons	Aisne
Sancy, 2 ½	Meaux	Seine-et-M.
Sancy, 5	Provins	Seine-et-M.
Sancy-le-Bas, 2 ½	Briey	Moselle
Sand, 3 ¾	Schélestatt	Bas-Rhin
Sandarville, 4	Chartres	Eure-et-L.
Sandaucourt, 4 ½	Neufchâteau	Vosges
Sandillon, 2 ½	Orléans	Loiret
Sandouville, 5 ¼	Le Hâvre	Seine-Inf.
Sandoux (St.-), 5	Clermont	Puy-de-Dô.
Sandran, 7 ½	Trévoux	Ain
Sangatte, 7	Boulogne	Pas-de-Cal.
Sanguinet, 30	Mont-de-Marsan	Landes
Sanguis, 2 ½	Mauléon	B.-Pyrén.
Sanilhac, 1 ¼	Argentière	Ardèche
Sanilhac, 2 ½	Uzès	Gard
Sannat, 6 ½	Aubusson	Creuse
Sannerville, 2 ½	Caen	Calvados
Sannes, 6	Apt	Vaucluse
Sannois, 5	Versailles	Seine-et-O.
Sanous, 4	Tarbes	H.-Pyrén.
Sanry-les-Vigy, 2 ¾	Metz	Moselle
Sanry-sur-Nied, 2 ¾	Metz	Moselle
Sans-Vallois, 6 ¼	Mirecourt	Vosges
Sansa, 9	Prades	Pyrén.-Or.
Sansac-de-Marmiesse, 2	Aurillac	Cantal
Sansac-l'Eglise, 2	Le Puy	H.-Loire
Sansac-Veinazès, 5	Aurillac	Cantal
Sansais, 2 ½	Niort	2 Sèvres
Sansan, 5	Auch	Gers
Sansange (*Voudenay-l'Eglise*), 10 ¾	Beaune	Côte-d'Or
Sanseuzemare, 6	Le Hâvre	Seine-Inf.
Sanseuzemare, 2 ½	Neufchâtel	Seine-Inf.
Santa-Giulia	Bastia	Corse

Communes.	Arrondissem.	Départem.
Santans, $4\frac{1}{4}$	Dôle	Jura
Santeau, $3\frac{1}{2}$	Pithiviers	Loiret
Santenay-le-Bas, 4	Beaune	Côte-d'Or
Santenay-le-Haut (*Santenay-le-Bas*), $4\frac{3}{4}$	Beaune	Côte-d'Or
Santenoge, $7\frac{1}{2}$	Langres	H.-Marne
Santeny, $4\frac{3}{4}$	Corbeil	Seine-et-O.
Santes, 2	Lille	Nord
Santeuil, 5	Chartres	Eure-et-L.
Santeuil, $3\frac{1}{4}$	Pontoise	Seine-et-O.
Santhenay, $4\frac{1}{2}$	Blois	Loir-et-Ch.
Santhonax, 2	Nantua	Ain
Santigny, 4	Avallon	Yonne
Santilly, 7	Châlons	Saône-et-L.
Santilly-le-Moutier, 11	Chartres	Eure-et-L.
Santin (St.-), 12	Villefranche	Aveiron
Santin-Cantalés (St.-), 4	Aurillac	Cantal
Santin-de-Maurs (St.-), $9\frac{1}{2}$	Aurillac	Cantal
Santoche, $3\frac{1}{2}$	Baume	Doubs
Santonnax (*Cornod*), $11\frac{1}{4}$	Lons-le-Saulnier	Jura
Santosse, $6\frac{1}{2}$	Beaune	Côte-d'Or
Santranges, $3\frac{3}{4}$	Sancerre	Cher
Sanvensa, $1\frac{3}{4}$	Villefranche	Aveiron
Sanvensa-le-Four, $2\frac{3}{4}$	Villefranche	Aveiron
Sanvic, $\frac{1}{2}$	Le Hâvre	Seine-Inf.
Sanvignes, 7	Charolles	Saône-et-L.
Sanxais, 7	Poitiers	Vienne
Sanzais, $3\frac{1}{2}$	Bressuire	2 Sèvres
Saon, 3	Bayeux	Calvados
Saon, $9\frac{1}{2}$	Die	Drôme
Saône, 3	Besançon	Doubs
Saones, $2\frac{1}{2}$	Mamers	Sarthe
Saonnet, $3\frac{1}{2}$	Bayeux	Calvados
Sap (le)*, 9	Argentan	Orne
Sap-André (le), $8\frac{1}{2}$	Argentan	Orne
Sap-Mêle, 9	Argentan	Orne
Sapey (le), 3	Grenoble	Isère
Sapicourt, $3\frac{1}{4}$	Rheims	Marne
Sapigne (*Cormicy*), $4\frac{1}{2}$	Rheims	Marne
Sapignicourt, 4	Vitry-le-Français	Marne
Sapignies, $4\frac{1}{2}$	Arras	Pas-de-Cal.
Sapogne, $3\frac{1}{2}$	Mézières	Ardennes
Sapogne, $8\frac{3}{4}$	Sedan	Ardennes
Sapois, $5\frac{1}{2}$	Poligny	Jura
Sapois, $4\frac{1}{4}$	Remiremont	Vosges
Saponay, $3\frac{3}{4}$	Château-Thierry	Aisne
Saponcourt, 8	Vesoul	H.-Saône
Saquet (le) *Colombiès*, 10	Rodez	Aveiron
Sara, 10	Besançon	Doubs
Saramon, 5	Auch	Gers
Saran, $1\frac{1}{2}$	Orléans	Loiret
Sarbazan, $5\frac{3}{4}$	Mont-de-Marsan	Landes
Sarcé, $5\frac{1}{2}$	La Flèche	Sarthe
Sarceaux, $\frac{3}{4}$	Argentan	Orne
Sarcelles, $5\frac{1}{2}$	Pontoise	Seine-et-O.
Sarcenas, $3\frac{3}{4}$	Grenoble	Isère
Sarcey, 4	Chaumont	H.-Marne
Sarcey, $5\frac{3}{4}$	Lyon	Rhône
Sarcicourt, 2	Chaumont	H.-Marne
Sarcos, 8	Mirande	Gers
Sarcus, 8	Beauvais	Oise
Sarcy, $3\frac{3}{4}$	Rheims	Marne
Sardan, $12\frac{1}{2}$	Le Vigan	Gard
Sardent, 4	Bourganeuf	Creuse
Sardieu, 8	St.-Marcellin	Isère
Sardolles, $7\frac{3}{4}$	Nevers	Nièvre
Sardos (St.-), $5\frac{3}{4}$	Agen	Lot-et-G.
Sardos (St.-), $3\frac{3}{4}$	Castel-Sarrasin	Tarn-et-G.
Sardy, $9\frac{1}{2}$	Clamecy	Nièvre
Sargé, 5	Vendôme	Loir-et-Ch.
Sargé, $1\frac{1}{4}$	Le Mans	Sarthe
Sarlabous, $5\frac{1}{2}$	Bagnères	H.-Pyrén.
Sarlande, $9\frac{1}{2}$	Nontron	Dordogne
SARLAT*	ch.-l. d'arr., 128	Dordogne
Sarliac, $4\frac{1}{2}$	Périgueux	Dordogne
Sarmases, $4\frac{1}{4}$	Gaillac	Tarn
Sarniguet, 3	Tarbes	H.-Pyrén.
Sarnois, $7\frac{1}{2}$	Beauvais	Oise
Sarogna-le-Bas, $7\frac{1}{2}$	Lons-le-Saulnier	Jura
Sarogna-le-Haut (*Villeneuve-lès-Sarogna*), $7\frac{1}{4}$	Lons-le-Saulnier	Jura
Sarp, 13	Bagnères	H.-Pyrén.
Sarpourenx, $1\frac{1}{2}$	Orthez	B.-Pyrén.
Sarragailloles, 5	Mirande	Gers
Sarrageois, 5	Pontarlier	Doubs
Sarraguzan, 6	Mirande	Gers
Sarraltroff, $1\frac{1}{4}$	Sarrebourg	Meurthe
Sarran, $6\frac{3}{4}$	Tulle	Corrèze
Sarran, $8\frac{1}{2}$	Lectoure	Gers
Sarrance, $4\frac{3}{4}$	Oléron	B.-Pyrén.
Sarrancolin, 9	Bagnères	H.-Pyrén.
Sarras, 6	Tournon	Ardèche
Sarrasquette, $9\frac{3}{4}$	Mauléon	B.-Pyrén.
Sarrazac, 8	Nontron	Dordogne
Sarrazac, 13	Gourdon	Lot
Sarraziet, 3	St.-Sever	Landes
Sarre, $8\frac{1}{2}$	Bayonne	B.-Pyrén.
Sarre-Albe, 3	Sarreguemines	Moselle
SARREBOURG*	ch.-l. d'arr., 106	Meurthe
Sarrecave, $3\frac{3}{4}$	St.-Gaudens	H.-Garonne
Sarregachies, $12\frac{3}{4}$	Mirande	Gers
SARREGUEMINES*	ch.-l. d'arr., 100	Moselle
Sarreinsberg, 7	Sarreguemines	Moselle
Sarreinsming, $1\frac{1}{4}$	Sarreguemines	Moselle
Sarremezan, 3	St.-Gaudens	H.-Garonne
Sarrey, $4\frac{1}{4}$	Langres	H.-Marne
Sarriac, 13	Bagnères	H.-Pyrén.
Sarriac, $4\frac{1}{4}$	Tarbes	H.-Pyrén.
Sarrians, 1	Carpentras	Vaucluse
Sarrigné, 3	Angers	Maine-et-L.
Sarrin-de-la-Barde (St.-), $3\frac{1}{4}$	Bergerac	Dordogne
Sarron, 9	St.-Sever	Landes
Sarron, $12\frac{3}{4}$	Epernay	Marne
Sarron, $4\frac{1}{2}$	Clermont	Oise
Sarrouilles, $\frac{1}{2}$	Tarbes	H.-Pyrén.
Sarroux, $3\frac{1}{2}$	Ussel	Corrèze
Sarrus, $4\frac{1}{2}$	St.-Flour	Cantal
Sarry, 1	Châlons-sur-Marne	Marne
Sarry, 7	Tonnerre	Yonne
Sarry-en-Brionnois, $5\frac{1}{2}$	Charolles	Saône-et-L.
Sars, $6\frac{1}{2}$	Douai	Nord
Sars, $3\frac{3}{4}$	St.-Pol	Pas-de-Cal.

Communes.	Arrondissem.	Départem.
Sars-Poteries, 1 $\frac{3}{4}$	Avesnes	Nord
Sart (le) (*Anquilcourt*), 6	Laon	Aisne
Sart (le) (*Fesmy*), 10	Vervins	Aisne
SARTÈNE*.	ch.-l. d'arr., 305	Corse
Sartes, 2 $\frac{3}{4}$	Neufchâteau	Vosges
Sartilly, 2 $\frac{3}{4}$	Avranches	Manche
Sarton, 7 $\frac{1}{2}$	Arras	Pas-de-Cal.
Sartoux, 2	Grasse	Var
Sartrouville, 4	Versailles	Seine-et-O.
Sarzay, 1 $\frac{1}{2}$	La Châtre	Indre
Sarzeau*, 6	Vannes	Morbihan
Sasnières, 3 $\frac{1}{2}$	Vendôme	Loir-et-Ch.
Sassangy, 5	Châlons	Saône-et-L.
Sassay, 6	Blois	Loir-et-Ch.
Sassegnies, 3 $\frac{1}{4}$	Avesnes	Nord
Sassenage, 2 $\frac{1}{2}$	Grenoble	Isère
Sassenay, 2	Châlons	Saône-et-L.
Sassenheim, 3 $\frac{1}{2}$	Schélestatt	Bas-Rhin
Sassetot, 5	Dieppe	Seine-Inf.
Sassetot-Mauconduit, 6 $\frac{1}{4}$	Yvetot	Seine-Inf.
Sasseville, 5	Yvetot	Seine-Inf.
Sassey, 1 $\frac{1}{4}$	Evreux	Eure
Sassey, 3 $\frac{3}{4}$	Montmédy	Meuse
Sassierges, 4	Châteauroux	Indre
Sassierges, 9	Le Blanc	Indre
Sassis, 4 $\frac{3}{4}$	Argèles	H.-Pyrén.
Satillieu, 10	Tournon	Ardèche
Satinges (*Parigny-les-Vaux*), 5 $\frac{1}{4}$	Nevers	Nièvre
Satolas-Bonce, 7	Vienne	Isère
Satonay, 6	Trévoux	Ain
Satonnay, 3	Mâcon	Saône-et-L.
Satur (St.-), $\frac{1}{4}$	Sancerre	Cher
Saturargues, 5	Montpellier	Hérault
Saturnin (St.-), 11 $\frac{1}{4}$	Milhaud	Aveiron
Saturnin (St.-), 3 $\frac{1}{2}$	Murat	Cantal
Saturnin (St.-), 2 $\frac{1}{4}$	Angoulême	Charente
Saturnin (St.-), 7	St.-Amand	Cher
Saturnin (St.-), 5 $\frac{1}{2}$	Lodève	Hérault
Saturnin (St.-), 6	Mont-de-Marsan	Landes
Saturnin (St.-), 5 $\frac{1}{2}$	Marvejols	Lozère
Saturnin (St.-), 3	Angers	Maine-et-L.
Saturnin (St.-), 13 $\frac{1}{2}$	Epernay	Marne
Saturnin (St.-), 6 $\frac{3}{4}$	Château-Gontier	Mayenne
Saturnin (St.-), 4	Clermont	Puy-de-Dô.
Saturnin (St.-), 2	Le Mans	Sarthe
Saturnin (St.-), 2 $\frac{1}{4}$	Apt	Vaucluse
Saturnin (St.-), 2	Avignon	Vaucluse
Saturnin-de-Séchaud (St.-), 3 $\frac{3}{4}$	Saintes	Char.-Inf.
Saturnin-des-Bois (St.-), 8 $\frac{3}{4}$	Rochefort	Char.-Inf.
Saubens, $\frac{3}{4}$	Muret	H.-Garonne
Saubiez (*Montmorat*), $\frac{1}{2}$	Lons-le-Saulnier	Jura
Saubion, 6 $\frac{1}{2}$	Dax	Landes
Saubole, 6	Pau	B.-Pyrén.
Saubrigues, 6 $\frac{1}{2}$	Dax	Landes
Saubusse, 3 $\frac{1}{2}$	Dax	Landes
Saucats, 5 $\frac{1}{2}$	Bordeaux	Gironde
Saucède, 3	Oléron	B.-Pyrén.
Saucelle (la), 7	Dreux	Eure-et-L.
Sauchay-le-Bas, 2 $\frac{1}{2}$	Dieppe	Seine-Inf.
Sauchay-le-Haut, 2 $\frac{1}{2}$	Dieppe	Seine-Inf.
Sauchie-Cauchie, 5 $\frac{1}{2}$	Arras	Pas-de-Cal.
Sauchie-Lestrée, 6	Arras	Pas-de-Cal.
Sauclières, 8 $\frac{1}{2}$	Milhaud	Aveiron
Sauçois (*Petit-Noir*), 5 $\frac{1}{4}$	Dôle	Jura
Sauçois-le-Gros, 4	Dôle	Jura
Saucourt, 8	Wassy	H.-Marne
Saucy, 1 $\frac{1}{2}$	St.-Dié	Vosges
Saud (St.-), 3 $\frac{1}{4}$	Nontron	Dordogne
Saudemont, 5	Arras	Pas-de-Cal.
Saudoy, 10	Epernay	Marne
Saudreville (*Villeconin*), 2 $\frac{1}{4}$	Étampes	Seine-et-O.
Saudron, 9	Wassy	H.-Marne
Saudrupt, 3	Bar-le-Duc	Meuse
Sauf-Lieu (St.-), 3	Amiens	Somme
Sauge (la) (*St.-Lamain*), 4	Lons-le-Saulnier	Jura
Saugeot, 8 $\frac{1}{4}$	St.-Claude	Jura
Saughen, 6 $\frac{1}{2}$	Boulogne	Pas-de-Cal.
Saugnac, 2 $\frac{1}{4}$	Dax	Landes
Saugnac, 22	Mont-de-Marsan	Landes
Saugon, 3 $\frac{1}{4}$	Blaye	Gironde
Saugues, 8	Le Puy	H.-Loire
Saujac, 6	Villefranche	Aveiron
Saujon*, 5	Saintes	Char.-Inf.
Saulce (la), 4 $\frac{1}{4}$	Gap	H.-Alpes
Saulce-Champenoise, 3 $\frac{1}{4}$	Vouziers	Ardennes
Saulces-aux-Bois, 2 $\frac{1}{4}$	Rethel	Ardennes
Saulcet, 7	Gannat	Allier
Saulchery, 2 $\frac{1}{2}$	Château-Thierry	Aisne
Saulchoy (le), 9	Clermont	Oise
Saulchoy, 2 $\frac{3}{4}$	Montreuil	Pas-de-Cal.
Saulchoy (*Clairy*), 3 $\frac{1}{4}$	Amiens	Somme
Saulchoy-sous-Davenescourt, 2 $\frac{1}{2}$	Montdidier	Somme
Saulchoy-sous-Poix, 7	Amiens	Somme
Saulcy, 2 $\frac{1}{2}$	Bar-sur-Aube	Aube
Saulcy (le), 6 $\frac{1}{4}$	St.-Dié	Vosges
Saules (*Commarin*), 8	Beaune	Côte-d'Or
Saules, 7	Besançon	Doubs
Saules, 5 $\frac{1}{4}$	Langres	H.-Marne
Saules, 5 $\frac{1}{4}$	Châlons	Saône-et-L.
Saulge (St.-), 10 $\frac{1}{4}$	Nevers	Nièvre
Saulgé, 1 $\frac{1}{2}$	Montmorillon	Vienne
Saulgé-l'Hôpital, 7 $\frac{1}{2}$	Saumur	Maine-et-L.
Saulges, 8 $\frac{1}{4}$	Laval	Mayenne
Saulgon, 2 $\frac{1}{4}$	Confolens	Charente
Sauliac, 9	Cahors	Lot
Saulieu*, 6	Semur	Côte-d'Or
Saulmory, 3 $\frac{1}{2}$	Montmédy	Meuse
Saulnes (Haute et Basse-), 6 $\frac{1}{4}$	Briey	Moselle
Saulnière (*La Bussière-sur-Ouche*), 7	Beaune	Côte-d'Or
Saulnière (la), 1 $\frac{1}{4}$	Guéret	Creuse
Saulnière, 10	Redon	Ille-et-Vil.
Saulnières, 2 $\frac{1}{4}$	Dreux	Eure-et-L.
Saulnières, 5 $\frac{1}{4}$	Châlons	Saône-et-L.
Saulnot, 12	Lure	H.-Saône
Saulny, 1 $\frac{1}{2}$	Metz	Moselle
Saulon-la-Rue, 2 $\frac{1}{4}$	Dijon	Côte-d'Or
Saulon-sans-Fond, 2 $\frac{1}{2}$	Dijon	Côte-d'Or

Communes.	Arrondissem.	Departem.
Sault, 8	Carpentras	Vaucluse
Sault-Chevreuil, 5 $\frac{1}{4}$	Avranches	Manche
Sault-de-Navaillés, 3 $\frac{1}{2}$	Orthez	B.-Pyrén.
Sault-lès-Rethel, $\frac{1}{4}$	Rethel	Ardennes
Sault-St.-Remy, 3 $\frac{1}{2}$	Rethel	Ardennes
Saultain, 10 $\frac{1}{4}$	Douai	Nord
Saulty, 6 $\frac{1}{4}$	St.-Pol	Pas-de-Cal.
Saulve (Ste.-), 10 $\frac{1}{4}$	Douai	Nord
Saulx, 4 $\frac{1}{2}$	Verdun	Meuse
Saulx, 6	Lure	H.-Saône
Saulx-en-Barrois, 3	Commercy	Meuse
Saulx-le-Duc, 5 $\frac{1}{4}$	Dijon	Côte-d'Or
Saulx-Marchais, 6 $\frac{1}{4}$	Rambouillet	Seine-et-O.
Saulxerotte, 5 $\frac{1}{4}$	Toul	Meurthe
Saulxures, 5 $\frac{1}{4}$	Langres	H.-Marne
Saulxures, 5	Neufchâteau	Vosges
Saulxures, 5 $\frac{1}{4}$	Remiremont	Vosges
Saulxures-lès-Nancy, 1 $\frac{1}{2}$	Nancy	Meurthe
Saulxures-lès-Vannes, 4 $\frac{1}{2}$	Toul	Meurthe
Saulzais, 3	St.-Amand	Cher
Saulze (le), 4 $\frac{1}{4}$	Embrun	H.-Alpes
Saulzet, 1	Gannat	Allier
Saulzoir, 5	Cambrai	Nord
Saumane, 5 $\frac{1}{2}$	Forcalquier	B.-Alpes
Saumane, 6 $\frac{1}{4}$	Le Vigan	Gard
Saumane, 4	Avignon	Vaucluse
Saumejan, 9	Nérac	Lot-et-Gar.
Saumeray, 6 $\frac{1}{4}$	Châteaudun	Eure-et-L.
Saumont, 3 $\frac{1}{2}$	Nérac	Lot-et-Gar.
Saumont, 8	Neufchâtel	Seine-Inf.
Saumos, 8 $\frac{1}{4}$	Bordeaux	Gironde
SAUMUR *,	ch.-l. d'ar., 73	Maine-et-L.
Saunay, 8 $\frac{1}{2}$	Le Blanc	Indre
Saunay, 8 $\frac{1}{4}$	Tours	Indre-et-L.
Sauqueuse-St.-Lucien, 2 $\frac{1}{2}$	Beauvais	Oise
Sauqueville, 2 $\frac{1}{2}$	Dieppe	Seine-Inf.
Saurais, 2 $\frac{1}{4}$	Parthenay	2 Sèvres
Saurat, 6	Foix	Ariége
Saurrier, 2 $\frac{1}{4}$	Issoire	Puy-de-Dô.
Saury (St.-), 5 $\frac{1}{2}$	Aurillac	Cantal
Sausay (*Isnay*), 8	Château-Chinon	Nièvre
Sausheim, 5 $\frac{1}{4}$	Altkirck	Haut-Rhin.
Sausotte (la), 1 $\frac{1}{4}$	Nogent-sur-Seine	Aube
Saussan, 2 $\frac{1}{2}$	Montpellier	Hérault
Saussat, 3 $\frac{1}{2}$	La Palisse	Allier
Saussay, 3 $\frac{1}{4}$	Dreux	Eure-et-L.
Saussay, 1 $\frac{1}{2}$	Coutances	Manche
Saussay (*Montfort*), 4 $\frac{1}{2}$	Le Mans	Sarthe
Saussay (le), 3	Yvetot	Seine-Inf.
Saussay-la-Vache, 2	Les Andelys	Eure
Saussemenil, 1 $\frac{1}{4}$	Valognes	Manche
Saussenac, 3 $\frac{1}{4}$	Albi	Tarn
Saussens, 6	Villefranche	H.-Garonne
Sausses, 14	Castellanne	B.-Alpes
Sausseuil, 4 $\frac{1}{2}$	Vouziers	Ardennes
Saussey, 8	Beaune	Côte-d'Or
Saussignac-Razac, 3 $\frac{1}{4}$	Bergerac	Dordogne
Saussines, 5	Montpellier	Hérault
Saussy, 3 $\frac{1}{2}$	Dijon	Côte-d'Or
Sautel (le), 5	Foix	Ariége

Communes.	Arrondissem.	Departem.
Sauternes, 4 $\frac{1}{2}$	Bazas	Gironde
Sauteyrargues, 6 $\frac{1}{4}$	Montpellier	Hérault
Sauto, 8	Prades	Pyrén.-Or.
Sautron, 2 $\frac{1}{2}$	Nantes	Loire-Inf.
Sauvage (*St.-Just*), 14	Epernay	Marne
Sauvage (le) (*Devant-les-Ponts*), $\frac{1}{4}$	Metz	Moselle
Sauvage-Magnil, 5 $\frac{1}{2}$	Wassy	H.-Marne
Sauvagère (la), 4 $\frac{1}{2}$	Domfront	Orne
Sauvages (les), 7 $\frac{1}{2}$	Villefranche	Rhône
Sauvagnac, 7 $\frac{1}{2}$	Confolens	Charente
Sauvagnas, 3	Agen	Lot-et-Gar.
Sauvagnat, 8	Clermont	Puy-de-Dô.
Sauvagnat, 2	Issoire	Puy-de-Dô.
Sauvagney, 3 $\frac{1}{4}$	Besançon	Doubs
Sauvagnon, 3 $\frac{1}{2}$	Pau	B.-Pyrén.
Sauvagny, 3 $\frac{1}{2}$	Montluçon	Allier
Sauvain, 4	Montbrison	Loire
Sauvant (St.-), 3	Saintes	Char.-Inf.
Sauvat, 4 $\frac{1}{4}$	Mauriac	Cantal
Sauve *, 9 $\frac{1}{4}$	Le Vigan	Gard
Sauve-Majeure (la), 6 $\frac{1}{4}$	Bordeaux	Gironde
Sauvelade, 3 $\frac{1}{4}$	Orthez	B.-Pyren.
Sauvent (St.-), 9	Poitiers	Vienne
Sauverny, 2 $\frac{1}{4}$	Gex	Ain
Sauves (St.-), 11 $\frac{1}{4}$	Issoire	Puy-de-D.
Sauvessanges, 5	Ambert	Puy-de-Dô.
Sauvetat (la), 3 $\frac{1}{2}$	Lectoure	Gers
Sauvetat (la), 5 $\frac{1}{2}$	Le Puy	H.-Loire
Sauvetat (la), 4 $\frac{1}{2}$	Agen	Lot-et-Gar.
Sauvetat (la) (*Monflanquin*), 2	Villeneuve-d'Agen	Lot-et-Gar.
Sauvetat (la), 6	Clermont	Puy-de-Dô.
Sauvetat-du-Drot, 6 $\frac{1}{2}$	Marmande	Lot-et-Gar.
Sauvetat. *Voy.* Salvetat		
Sauveterre *, 9 $\frac{1}{4}$	Rodez	Aveiron
Sauveterre, 2	St.-Gaudens	H.-Garonne
Sauveterre, 1	Lombez	Gers
Sauveterre, 4	La Réole	Gironde
Sauveterre, 3 $\frac{1}{4}$	Agen	Lot-et-Gar.
Sauveterre, 9 $\frac{1}{2}$	Villeneuve-d'Agen	Lot-et-Gar.
Sauveterre, 5 $\frac{1}{2}$	Orthez	B.-Pyrén.
Sauveterre, 8	Tarbes	H.-Pyren.
Sauveterre, 7 $\frac{1}{2}$	Castres	Tarn
Sauveterre, 8	Moissac	Tarn et Gar.
Sauveur (St.-), 1	Embrun	H.-Alpes
Sauveur (St.-), 7 $\frac{1}{2}$	Argentière	Ardèche
Sauveur (St.-), 6 $\frac{1}{2}$	Dijon	Côte-d'Or
Sauveur (St.-), 2 $\frac{1}{4}$	Bergerac	Dordogne
Sauveur (St.-), 6 $\frac{1}{2}$	Die	Drôme
Sauveur (St.-), 4 $\frac{1}{4}$	Nyons	Drôme
Sauveur (St.-), 6	Morlaix	Finistère
Sauveur (St.), 4 $\frac{1}{2}$	Toulouse	H.-Garonne
Sauveur (St.-), 3 $\frac{1}{4}$	Lesparre	Gironde
Sauveur (St.-), 6 $\frac{1}{2}$	Libourne	Gironde
Sauveur (St.-) (*Beaumont*), $\frac{1}{2}$	Tours	Indre-et-L.
Sauveur (St.-), 1	St.-Marcellin	Isère
Sauveur (St.-), 6 $\frac{1}{4}$	St.-Etienne	Loire
Sauveur (St.-) (*Soulomés*), 10 $\frac{1}{2}$	Gourdon	Lot
Sauveur (St.-), 6 $\frac{1}{4}$	Mende	Lozère
Sauveur (St.-), 6 $\frac{1}{4}$	Sarrebourg	Meurthe

Communes.	Arrondissem.	Départem.
Sauveur (St.-), 3	Compiègne	Oise
Sauveur (St.-), 3 ½	Ambert	Puy-de-Dô.
Sauveur (St.-) (*Luz*), 5 ¼	Argelès	H.-Pyrén.
Sauveur (St.-), 4 ¼	Lure	H.-Saône
Sauveur (St.-), 5	Le Hâvre	Seine-Inf.
Sauveur (St.-), 1 ½	Bressuire	2 Sèvres
Sauveur (St.-), 2	Amiens	Somme
Sauveur (St.-), ½	Châtellerault	Vienne
Sauveur (St.-), 10	Auxerre	Yonne
Sauveur-de-Bon-Fossé (St.-), 3	St.-Lô	Manche
Sauveur-de-Carrouges (St.-), 8 ¼	Alençon	Orne
Sauveur-de-Chaulieu (St.-), 3	Mortain	Manche
Sauveur-de-Flée (St.-), 2	Segré	Maine-et-L.
Sauveur-de-Grand-Fuel (St.-), 4 ½	Rodez	Aveiron
Sauveur-de-Lévignac (St.-), 2 ½	Marmande	Lot-et-Gar.
Sauveur-de-Meillan (St.-), 3 ½	Marmande	Lot-et-Gar.
Sauveur-de-Montagut (St.-), 5	Privas	Ardèche
Sauveur-de-Nouaillé (St.-), 5 ½	La Rochelle	Char.-Inf.
Sauveur-de-Peyre (St.-), 3 ¼	Marvejols	Lozère
Sauveur-de-Pierre-Pont (St.-), 9 ¼	Coutances	Manche
Sauveur-des-Landes (St.-), 2	Fougères	Ille-et-Vil.
Sauveur-des-Poureils (St.-), 9 ¼	Le Vigan	Gard
Sauveur-la-Lande (St.-), 9	Riberac	Dordogne
Sauveur-Landelain (St.-) 2 ¼	Coutances	Manche
Sauveur-la-Pommeraie (St.-), 6 ½	Coutances	Manche
Sauveur-lès-Bray (St.-), 4 ½	Provins	Seine-et-M.
Sauveur-sur-Douve (St.-) *, 4	Valognes	Manche
Sauveur-sur-École (St.-), 2	Melun	Seine-et-M.
Sauviac, 4	Mirande	Gers
Sauviac, 1 ¼	Bazas	Gironde
Sauvian, 1 ¼	Béziers	Hérault
Sauviat, 5	Thiers	Puy-de-Dô
Sauviat, 6 ¼	Limoges	H.-Vienne
Sauvier (St.-), 4	Montluçon	Allier
Sauvignac, 7	Barbezieux	Charente
Sauvigney-lès-Angirey 3 ¼	Gray	H.-Saône
Sauvigney-lès-Pesmes, 4 ¼	Gray	H.-Saône
Sauvigny, 7 ½	Commercy	Meuse
Sauvigny-le-Beureal, 4	Avallon	Yonne
Sauvigny-le-Bois, 1	Avallon	Yonne
Sauvigny-lès-Bois, 2 ¼	Nevers	Nièvre
Sauvigny-sous-Beaune, 1	Beaune	Côte-d'Or
Sauvigny-sur-Canne, 19 ¼	Nevers	Nièvre
Sauville, 5 ½	Vouziers	Ardennes
Sauville, 5 ¼	Neufchâteau	Vosges
Sauvillers-Mongival, 3	Montdidier	Somme
Sauvimont, 1 ¼	Lombez	Gers
Sauvoy, 4	Commercy	Meuse
Sauvridet (*Leuvrigny*), 3 ¼	Epernay	Marne
Sauvy (St.-), 5 ½	Auch	Gers
Saux, 1 ½	St.-Gaudens	H.-Garonne
Saux, 5 ½	Cahors	Lot
Sauxillanges, 2	Issoire	Puy-de-Dô.
Sauxures, 5	St.-Dié	Vosges
Sauzé *, 5 ¼	Melle	2 Sèvres
Sauzelles, 2	Le Blanc	Indre
Sauzens (*Caux*), 3	Carcassonne	Aude
Sauzet, 1 ¼	Montélimart	Drôme
Sauzet, 5	Uzès	Gard
Sauzet, 5	Cahors	Lot
Sauzet-le-Froid, 7	Clermont	Puy-de-Dô.
Sauzey, 2 ½	Toul	Meurthe
Sauzon (en Belle-Isle), 13	Lorient	Morbihan
Savagna (*Mont-Morot*), ½	Lons-le-Saulnier	Jura
Savanac (*Laroque*), 2 ¼	Cahors	Lot
Savarthès, 1 ½	St.-Gaudens	H.-Garonne
Savas, 13	Tournon	Ardèche
Savas, 3 ¼	Vienne	Isère
Savasse, 1 ½	Montélimart	Drôme
Savel, 6 ¼	Die	Drôme
Savel, 15	Grenoble	Isère
SAVENAY *	ch.-l. d'ar., 105	Loire-Inf.
Savenières, 4	Angers	Maine-et-L.
Savennes, 2	Guéret	Creuse
Savennes, 12	Clermont	Puy-de-Dô.
Saverdun *, 3 ½	Pamiers	Ariége
Savere, 5	Muret	H.-Garonne
SAVERNE *	ch.-l. d'ar., 110	Bas-Rhin
Saveuse, 1 ½	Amiens	Somme
Savianges, 6	Châlons	Saône-et-L.
Savières, 7 ½	Arcis-sur-Aube	Aube
Savigna, 7	Lons-le-Saulnier	Jura
Savignac, 10 ¼	Foix	Ariége
Savignac, 1 ½	Villefranche	Aveiron
Savignac, 7	Sarlat	Dordogne
Savignac, 4	Bazas	Gironde
Savignac, 2 ¼	Libourne	Gironde
Savignac, 7	Marmande	Lot-et-Gar.
Savignac, 3	Villeneuve-d'Agen	Lot-et-Gar.
Savignac-de-Nontron, 1 ¼	Nontron	Dordogne
Savignac-Ledrier, 12 ½	Nontron	Dordogne
Savignac-les-Eglises, 5 ¼	Périgueux	Dordogne
Savignac-Loussouc, 1 ¼	Lombez	Gers
Savignac-Mona, 2	Lombez	Gers
Savignargues, 12 ¼	Le Vigan	Gard
Savigné, 9	Chinon	Indre-et-L.
Savigné, 1	Civray	Vienne
Savigné-l'Evesque, 3 ¼	Le Mans	Sarthe
Savigné-sous-le Lude, 4	La Flèche	Sarthe
Savigneux, 3	Trévoux	Ain
Savigneux, ¼	Montbrison	Loire

Communes.	Arrondissem.	Départem.	Communes.	Arrondissem.	Départem.
Savigny, $1\frac{1}{4}$	Vouziers	Ardennes	Sazeret, 7	Montluçon	Allier
Savigny, 2	Chinon	Indre-et-L.	Sazilly, 2	Chinon	Indre-et-L.
Savigny, 5	Vendôme	Loir-et-Ch.	Sazos, $4\frac{1}{2}$	Argelès	H.-Pyrén.
Savigny, $2\frac{1}{4}$	Coutances	Manche	Scaer, 5	Quimperlé	Finistère
Savigny, 8	Langres	H.-Marne	Scata, $7\frac{1}{2}$	Bastia	Corse
Savigny, $5\frac{1}{4}$	Lyon	Rhône	Sceaux, 4	Montargis	Loiret
Saviguy, $10\frac{1}{2}$	Mâcon	Saône-et-L.	Sceaux, $5\frac{1}{4}$	Segré	Maine-et-L.
Savigny, $1\frac{1}{4}$	Melun	Seine-et-M.	Sceaux, 9	Mamers	Sarthe
Savigny (*Aulnay*), $2\frac{1}{4}$	Pontoise	Seine-et-O.	SCEAUX	ch.-l. d'ar., 2	Seine
Savigny, 4	Châtellerault	Vienne	Sceaux, 3	Avallon	Yonne
Savigny, 2	Mirecourt	Vosges	Sceaux-les-Chartreux, $5\frac{1}{2}$	Corbeil	Seine-et-O.
Savigny, 6	Sens	Yonne	Sceillé, $7\frac{1}{4}$	Niort	2 Sèvres
Savigny-en-Revermont, $4\frac{1}{4}$	Louhans	Saône-et-L.	Scey-en-Varais, $5\frac{1}{2}$	Besançon	Doubs
			Scey-sur-Saône, $4\frac{1}{2}$	Vesoul	H.-Saône
Savigny-en-Sancerre, $3\frac{1}{2}$	Sancerre	Cher	Schaffhausen, 5	Haguenau	Bas-Rhin
Savigny-en-Sept, $3\frac{1}{2}$	Bourges	Cher	Schaffhausen, $4\frac{1}{2}$	Saverne	Bas-Rhin
Savigny-en-Terre-Pleine, $3\frac{1}{2}$	Avallon	Yonne	Schalbach, 3	Sarrebourg	Meurthe
			Schalckendorf, 5	Saverne	Bas-Rhin
Savigny-l'Evescant, $3\frac{1}{2}$	Poitiers	Vienne	Scharachbergheim, $4\frac{1}{2}$	Strasbourg	Bas-Rhin
Savigny-le-Sec, $2\frac{1}{4}$	Dijon	Côte-d'Or	Scheibenhard, $7\frac{1}{2}$	Haguenau	Bas-Rhin
Savigny-le-Vieux, $4\frac{1}{2}$	Mortain	Manche	Schleithal, 7	Haguenau	Bas-Rhin
Savigny-Poil-Sol, 9	Château-Chinon	Nièvre	Schel (*Volstroff*), 2	Thionville	Moselle
			SCHELESTATT	ch.-l. d'ar., 114	Bas-Rhin
Savigny-sous-Malain, $5\frac{1}{4}$	Dijon	Côte-d'Or	Scherlenheim, $3\frac{1}{2}$	Saverne	Bas-Rhin
Savigny-sur-Ardre, $4\frac{1}{2}$	Rheims	Marne	Scherwiller, 1	Schelestatt	Bas-Rhin
Savigny-sur-Orge, $3\frac{1}{4}$	Corbeil	Seine-et-O.	Schillersdorf, $5\frac{1}{4}$	Saverne	Bas-Rhin
Savigny-sur-Seille, $2\frac{1}{2}$	Louhans	Saône-et-L.	Schiltigheim, $\frac{1}{2}$	Strasbourg	Bas-Rhin
Savignyes, $2\frac{1}{4}$	Beauvais	Oise	Schirhoffen, $2\frac{1}{2}$	Haguenau	Bas-Rhin
Savilly, $10\frac{1}{4}$	Beaune	Côte-d'Or	Schirmeck, 8	St.-Dié	Vosges
Savin (St.-), $3\frac{1}{2}$	St.-Jean-d'Angely	Char.-Inf.	Schirrheim, 2	Haguenau	Bas-Rhin
			Schlierback, $4\frac{1}{2}$	Altkirch	Haut-Rhin
Savin (St.-), $4\frac{1}{2}$	La Tour-du-Pin	Isère	Schmidtveiller, 5	Sarreguemines	Moselle
Savin (St.-), 1	Argelès	H.-Pyrén.	Schneckenbusch, $1\frac{1}{4}$	Sarrebourg	Meurthe
Savin (St.-) *, 4	Montmorillon	Vienne	Schnersheim, $3\frac{1}{2}$	Strasbourg	Bas-Rhin
Savin-de-Blaye (St.-), $5\frac{1}{4}$	Blaye	Gironde	Schœnecken, 4	Sarreguemines	Moselle
Savine (Ste.-), $\frac{1}{2}$	Troyes	Aube	Schœffersheim, 5	Schelestatt	Bas-Rhin
Savines, $2\frac{1}{2}$	Embrun	H.-Alpes	Schœnau, 4	Schelestatt	Bas-Rhin
Savinien (St.-) *, 3	St.-Jean-d'Angely	Char.-Inf.	Schœnbourg, 4	Saverne	Bas-Rhin
			Schœnenbourg, 5	Haguenau	Bas-Rhin
Savins, $2\frac{1}{2}$	Provins	Seine-et-M.	Schopperten, 9	Saverne	Bas-Rhin
Saviol (St.-), $\frac{1}{2}$	Civray	Vienne	Schorbach, 8	Sarreguemines	Moselle
Savoillans, $8\frac{1}{4}$	Orange	Vaucluse	Schreckling (*Leyding*), $7\frac{1}{2}$	Thionville	Moselle
Savoisy, 5	Châtillon	Côte-d'Or			
Savolles, $4\frac{1}{2}$	Dijon	Côte-d'Or	Schremange, $1\frac{1}{2}$	Thionville	Moselle
Savonnières, 3	Tours	Indre-et-L.	Schveix-les-Sarre-Able, 4	Sarreguemines	Moselle
Savonnières-devant-Bar, $\frac{1}{2}$	Bar-le-Duc	Meuse	Schwabwiller, $3\frac{1}{2}$	Haguenau	Bas-Rhin
Savonnières-en-Pertois, 6	Bar-le-Duc	Meuse	Schweighausen, 1	Haguenau	Bas-Rhin
			Schweighausen, $6\frac{1}{4}$	Belfort	Haut-Rhin
Savonnières-en-Wœvre, 5	Commercy	Meuse	Schweidheim, $1\frac{1}{4}$	Saverne	Bas-Rhin
			Schwerdorff, 8	Thionville	Moselle
Savonges, $3\frac{1}{2}$	Dijon	Côte-d'Or	Schweyen, $7\frac{1}{2}$	Sarreguemines	Moselle
Savournin (St.-), 6	Marseilles	B.-du-Rhône	Schwindratzheim, $4\frac{1}{2}$	Saverne	Bas-Rhin
Savournon, $9\frac{1}{2}$	Gap	H.-Alpes	Schwoben, $1\frac{1}{4}$	Altkirch	Haut-Rhin
Savoyeux, $4\frac{1}{4}$	Gray	H. Saône	Schwobsheim, 2	Schelestatt	Bas-Rhin
Savy, $1\frac{1}{4}$	St.-Quentin	Aisne	Scicq, $1\frac{1}{4}$	Niort	2 Sèvres
Savy, 5	St.-Pol	Pas-de-Cal.	Scieurac, 6	Auch	Gers
Saxon, $7\frac{1}{4}$	Nancy	Meurthe	Scieurac, $5\frac{1}{2}$	Mirande	Gers
Saxy-Bourdon, $7\frac{1}{2}$	Nevers	Nièvre	Scolasse-sur-Sarthe (St.-), 10	Alençon	Orne
Say (*Jaulzy*), 5	Compiègne	Oise	Scolea, 5	Bastia	Corse
Say, 4	Argentan	Orne	Scopamena, $5\frac{1}{4}$	Sartène	Corse
Sayat, $1\frac{1}{4}$	Clermont	Puy-de-Dô.	Scorailles, 2	Mauriac	Cantal
Saze, $6\frac{1}{4}$	Uzès	Gard	Scoutres, $4\frac{1}{2}$	Privas	Ardèche
Sazeray, $4\frac{1}{2}$	La Châtre	Indre			

Communes.	Arrondissem.	Départem.	Communes.	Arrondissem.	Départem.
Scrupt, 3	Vitry-le-Français	Marne	Segrois, $4\frac{1}{2}$	Dijon	Côte-d'Or
Scy, 1	Metz	Moselle	Ségry, 2 $\frac{1}{4}$	Issoudun	Indre
Scye, 3	Vesoul	H.-Saône	Seguenie (la) (*Payrac*), 4	Gourdon	Lot
Scailles, $8\frac{1}{2}$	Condom	Gers	Segnenville, $1\frac{1}{2}$	Toulouse	H.-Garonne
Sébastien (St.-), 9	Guéret	Creuse	Seguinière (la), $4\frac{1}{2}$	Beaupréau	Maine-et-L.
Sébastien (St.-), 5	Riberac	Dordogne	Ségur, 10	Milhaud	Aveiron
Sébastien (St.-), 1	Evreux	Eure	Ségur, 3	Murat	Cantal
Sébastien (St.-), 2	Alais	Gard	Ségur, $10\frac{1}{2}$	Brives	Corrèze
Sébastien (St.-), 1	Nantes	Loire-Inf.	Ségur (le), $7\frac{1}{2}$	Albi	Tarn
Sébastien-de-Raids (St.-), $4\frac{1}{4}$	Coutances	Manche	Segura, 3	Pamiers	Ariège
Sebazac, $1\frac{1}{2}$	Rodez	Aveiron	Seguret, 4	Orange	Vaucluse
Sébecourt, 6	Evreux	Eure	Seguz, $2\frac{3}{4}$	Argeles	H.-Pyrén.
Sebeville, 5	Valognes	Manche	Srich, 11	Bagnères	H.-Pyrén.
Seboncourt, $4\frac{1}{4}$	St.-Quentin	Aisne	Seichamps, $1\frac{1}{2}$	Nancy	Meurthe
Sébourg, 12	Douai	Nord	Seichebrières, $6\frac{1}{2}$	Orléans	Loiret
Sebouville, $2\frac{1}{4}$	Pithiviers	Loiret	Seicheprey, 5	Toul	Meurthe
Sebrazac, 2	Espalion	Aveiron	Seiches, $2\frac{1}{2}$	Marmande	Lot-et-Gar.
Seby, 9	Orthez	B.-Pyrén.	Seiches, $4\frac{1}{4}$	Baugé	Maine-et-L.
Secenans, $9\frac{1}{2}$	Lure	H.-Saône	Seignalens, 6	Limoux	Aude
Sechault, $3\frac{1}{4}$	Vouziers	Ardennes	Seigné, $5\frac{1}{2}$	St.-Jean-d'Angely	Char.-Inf.
Sechelles (*Agnicourt*), 8	Laon	Aisne	Seignelay, 3	Auxerre	Yonne
Secheras, 7	Tournon	Ardèche	Seigneulle, $2\frac{1}{2}$	Bar-le-Duc	Meuse
Secheval, 3	Mézières	Ardennes	Seignolle (la) (*Damprichard*), $10\frac{1}{2}$	Montbéliard	Doubs
Sechilienne, $6\frac{1}{4}$	Grenoble	Isère	Seignosse, $7\frac{1}{2}$	Dax	Landes
Sechins, $1\frac{1}{4}$	Baume	Doubs	Seigny, $1\frac{1}{4}$	Gex	Ain
Seclin, $2\frac{1}{2}$	Lille	Nord	Seigny, $3\frac{1}{2}$	Semur	Côte-d'Or
Secondigné, 3	Melle	2 Sèvres	Seigy, $10\frac{1}{2}$	Blois	Loir-et-Ch.
Secondigny-en-Gâtine, $3\frac{1}{2}$	Parthenay	2 Sèvres	Seilh, $2\frac{1}{2}$	Toulouse	H.-Garonne
Secondin (St.-), $2\frac{1}{2}$	Blois	Loir-et-Ch.	Seillac, $3\frac{1}{2}$	Tulle	Corrèze
Secondin (St.-), 6	Civray	Vienne	Seillac, $7\frac{1}{2}$	Embrun	H.-Alpes
Sécourt, $4\frac{1}{4}$	Metz	Moselle	Seillac, $3\frac{1}{2}$	Blois	Loir-et-Ch.
Secqueville-la-Campagne, 3	Caen	Calvados	Seillans, $6\frac{1}{4}$	Draguignan	Var
SEDAN *	ch.-l. d'ar., 66	Ardennes	Seillonas, $6\frac{1}{4}$	Belley	Ain
Sedeilhac, $2\frac{1}{2}$	St.-Gaudens	H.-Garonne	Seillons, 5	Brignoles	Var
Sederon, $12\frac{1}{2}$	Nyons	Drôme	Seine (St.-), 18	Nevers	Nièvre
Sedze, 6	Pau	B.-Pyrén.	Seine-en-Basche (St.-), $8\frac{1}{4}$	Beaune	Côte-d'Or
Sedzère, $4\frac{1}{4}$	Pau	B.-Pyrén.	Seine-l'Abbaye (St.-), $5\frac{1}{2}$	Dijon	Côte-d'Or
Sées *, $6\frac{1}{4}$	Alençon	Orne	Seine-sur-Vingeanne (St.-), $8\frac{1}{2}$	Dijon	Côte-d'Or.
Sées-Ménil, $4\frac{1}{2}$	Evreux	Eure	Seingbouse, 4	Sarreguemines	Moselle
Ségal (St-), $1\frac{1}{2}$	Châteaulin	Finistère	Seiniergues (*Montfaucon*), 8	Gourdon	Lot
Ségalas, $8\frac{1}{2}$	Marmande	Lot-et-Gar.	Seissan, 5	Auch	Gers
Ségalas, $5\frac{1}{2}$	Tarbes	H.-Pyrén.	Seix, 3	St.-Girons	Ariège
Segalassière (la), 5	Aurillac	Cantal	Sel (le), 10	Redon	Ille-et-Vil.
Segarret (*St.-Cricq*), $5\frac{1}{4}$	St.-Sever	Landes	Selaincourt, 5	Toul	Meurthe
Seglan, 3	St.-Gaudens	H.-Garonne	Selens, 10	Laon	Aisne
Séglien, $3\frac{1}{2}$	Pontivy	Morbihan	Séligné, 3	Melle	2 Sèvres
Seglin (St.-), $5\frac{1}{2}$	Redon	Ille-et-Vil.	Séligney, $4\frac{1}{4}$	Dôle	Jura
Segols (*Boulvé*), 8	Cahors	Lot	Selincourt, 8	Amiens	Somme
Segonzac, 3	Cognac	Charente	Selins (St.-Hyppolite), $9\frac{1}{2}$	Mauriac	Cantal
Segonzac, $7\frac{1}{4}$	Brives	Corrèze	Selle (la), 11	Evreux	Eure
Segonzac, 3	Riberac	Dordogne	Selle (la), $7\frac{1}{4}$	Vitré	Ille-et-Vil.
Segos, $18\frac{1}{2}$	Mirande	Gers	Selle (la), 7	Autun	Saône-et-L.
Segouffielle, $6\frac{1}{2}$	Lombez	Gers	Selle-Craonaise (la), $6\frac{1}{2}$	Château-Gontier	Mayenne
Ségougnac, $2\frac{1}{2}$	Agen	Lot-et-Gar.	Selle-en-Cogle (la), $3\frac{1}{2}$	Fougères	Ille-et-Vil.
Segougnac, 2	St.-Affrique	Aveiron	Selle-en-Hermoy (la), 3	Montargis	Loiret
SEGRÉ *,	ch.-l. d'arr., 80	Maine-et-L.			
Segrée (Ste.-), 8	Amiens	Somme			
Segreville, $3\frac{1}{4}$	Villefranche	H.-Garonne			
Ségrie, 9	Mamers	Sarthe			
Ségrie-Fontaine, $9\frac{1}{2}$	Domfront	Orne			

SEM   SEN   317

Communes.	Arrondissem.	Départem.	Communes.	Arrondissem.	Départem.
Selle-en-Luitré (la), $1\frac{1}{4}$	Fougères	Ille-et-Vil.	Semoussac, $3\frac{1}{2}$	Jonzac	Char.-Inf.
Selle-Guenand (la), 7	Loches	Indre-et-L.	Semoy, 1	Orléans	Loiret
Selle-la-Forge (la), $23\frac{1}{2}$	Domfront	Orne	Sempigny, $6\frac{1}{4}$	Compiègne	Oise
Selle-lès-Bordes (la), $2\frac{1}{2}$	Rambouillet	Seine-et-O.	Sempy, 2	Montreuil	Pas-de-Cal.
Selle-St.-Avant (la), 10	Loches	Indre-et-L.	SEMUR *,	ch.-l. d'arr., 62	Côte-d'Or
Selle-sur-le-Bied (la), $3\frac{1}{4}$	Montargis	Loiret	Semur, $3\frac{1}{2}$	St.-Calais	Sarthe
Selles, 5	Rheims	Marne	Semur-en-Brionnois, $9\frac{1}{2}$	Charolles	Saône-et-L.
Selles, 6	Boulogne	Pas-de-Cal	Semussac, $6\frac{1}{4}$	Saintes	Char.-Inf.
Selles, 12	Lure	H.-Saône	Semuy, 3	Vouziers	Ardennes
Selles (les) (*Villebon*), $3\frac{1}{4}$	Versailles	Seine-et-O.	Sénac, $4\frac{1}{4}$	Tarbes	H.-Pyrén.
			Senaide, 11	Neufchâteau	Vosges
Selles, près Pont-Audemer, $1\frac{1}{2}$	Pont-Audemer	Eure	Senaillac, $9\frac{1}{2}$	Cahors	Lot
			Senaillac, $6\frac{1}{2}$	Figeac	Lot
Selles-St.-Denis (St.-Genoux), 4	Romorantin	Loir-et-Ch.	Senailly, 3	Semur	Côte-d'Or
			Senan, 2	Joigny	Yonne
Selles-sur-Cher *, $4\frac{1}{2}$	Romorantin	Loir-et-Ch.	Senans (*Arc*), 8	Besançon	Doubs
Selles-sur-Nahon, 7	Châteauroux	Indre	Senantes, $4\frac{1}{2}$	Dreux	Eure-et-L.
Sellières *, $4\frac{1}{2}$	Lons-le-Saulnier	Jura	Senantes, 5	Beauvais	Oise
			Senard, 7	Bar-le-Duc	Meuse
Selommes, 2	Vendôme	Loir-et-Ch.	Senarens, $7\frac{1}{4}$	Muret	H.-Garonne
Seloncourt, $2\frac{1}{2}$	Montbéliard	Doubs	Senargent, 9	Lure	H.-Saône
Selongey *, $4\frac{1}{2}$	Dijon	Côte-d'Or	Senarpont, $11\frac{1}{2}$	Amiens	Somme
Selonnet, 15	Digne	B.-Alpes	Senas, 10	Arles	B.-du-Rhône
Seltz, 5	Haguenau	Bas-Rhin	Senat, 4	Gannat	Allier
Selve (la), $7\frac{1}{4}$	Laon	Aisne	Senaud, $10\frac{1}{4}$	Lons-le-Saulnier	Jura
Selve (la), $16\frac{1}{2}$	Rodez	Aveiron			
Selve (St.-), $5\frac{1}{2}$	Bordeaux	Gironde	Senaux, $12\frac{1}{2}$	Castres	Tarn
Selve (la), $3\frac{1}{4}$	Céret	Pyrén.-Or.	Senay, 5	Lons-le-Saulnier	Jura
Selvigny, $4\frac{1}{4}$	Cambrai	Nord			
Sem, $7\frac{1}{2}$	Foix	Ariège	Sencenac, $3\frac{1}{4}$	Périgueux	Dordogne
Semalens, $3\frac{1}{2}$	Castres	Tarn	Sendets, 3	Bazas	Gironde
Semallé, 2	Alençon	Orne	Sendets, $2\frac{1}{4}$	Pau	B.-Pyrén.
Semmrey, $8\frac{1}{2}$	Beaune	Côte-d'Or	Séné, 2	Vannes	Morbihan
Sembadel, $7\frac{1}{4}$	Brioude	H.-Loire	Seneca,	Bastia	Corse
Sembas, 3	Villeneuve-d'Agen	Lot-et-Gar.	Sénechas, 7	Alais	Gard
			Sénégats, 8	Castres	Tarn
Semblançay, $3\frac{1}{4}$	Tours	Indre-et-L.	Sénéjac, 5	Rodez	Aveiron
Semblecay, $9\frac{1}{2}$	Issoudun	Indre	Senergues, 9	Rodez	Aveiron
Semboues, $5\frac{1}{2}$	Mirande	Gers	Senesse-de-Sanabugue, 5	Pamiers	Ariège
Seméac, 1	Tarbes	H.-Pyrén.			
Seméacq, $8\frac{1}{2}$	Pau	B.-Pyrén.	Senestis, 2	Marmande	Lot-et-Gar.
Semécourt (*Fèves*), $1\frac{1}{2}$	Metz	Moselle	Senetière (la) (*Moutiers*), $6\frac{1}{2}$	Paimbœuf	Loire-Inf.
Semelay, 7	Château-Chinon	Nièvre	Seneujols, 3	Le Puy	H.-Loire
Semens, 4	La Réole	Gironde	Senez, 15	Castellanne	B.-Alpes
Sementron, 7	Auxerre	Yonne	Sénézergues, 6	Aurillac	Cantal
Semeries, 1	Avesnes	Nord	Senier-de-Bevron (St.-), $3\frac{1}{2}$	Avranches	Manche
Semermesnil, 3	Neufchâtel	Seine-Inf.			
Semerville, $4\frac{1}{2}$	Évreux	Eure	Senier-sous-Avranches (St.-), 4	Avranches	Manche
Semerville, 11	Blois	Loir-et-Ch.			
Semesies, $5\frac{1}{2}$	Auch	Gers	Senil, 4	Lavaur	Tarn
Semessanges, $4\frac{1}{4}$	Dijon	Côte-d'Or	Senillé, 2	Châtellerault	Vienne
Semeuse, 1	Mézières	Ardennes	Seninghem, $4\frac{1}{2}$	St.-Omer	Pas-de-Cal.
Semide, $2\frac{1}{2}$	Vouziers	Ardennes	Senlecques, $5\frac{1}{4}$	Boulogne	Pas-de-Cal.
Semillac, $3\frac{1}{2}$	Jonzac	Char.-Inf.	SENLIS *,	ch.-l. d'ar., 15	Oise
Senilly, $8\frac{1}{2}$	Chaumont	H.-Marne	Senlis, 8	Montreuil	Pas-de-Cal.
Semmadon, $6\frac{1}{2}$	Vesoul	H.-Saône	Senlis, $6\frac{1}{2}$	Doullens	Somme
Semoine, 5	Arcis-sur-Aube	Aube	Senlisse, 5	Rambouillet	Seine-et-O.
Semond, $4\frac{1}{4}$	Châtillon	Côte-d'Or	Sennecay, $3\frac{1}{2}$	Bourges	Cher
Sémondaus, 2	Montbéliard	Doubs	Sennecey, 1	Dijon	Côte-d'Or
Semons, $6\frac{1}{2}$	Vienne	Isère	Sennecey *, $1\frac{1}{2}$	Mâcon	Saône-et-L.
Semons (*Tupin*), $7\frac{1}{4}$	Lyon	Rhône	Sennecey-en-Bresse, $5\frac{1}{2}$	Châlons	Saône-et-L.
Semoutier, 2	Chaumont	H.-Marne	Sennecey-le-Grand *, $4\frac{1}{2}$	Châlons	Saône-et-L.
Semousies, $1\frac{1}{4}$	Avesnes	Nord	Sennely, $7\frac{1}{4}$	Orléans	Loiret

Communes.	Arrondissem.	Départem.
Sennevières, 4	Loches	Indre-et-L.
Sennevières, 5	Senlis	Oise
Senneville, 2 ¼	Les Andelys	Eure
Senneville (*Guerville*), 1 ½	Mantes	Seine-et-O.
Senneville, 3 ½	Le Hâvre	Seine-Inf.
Senneville-sous-Fecamp 7 ½	Yvetot	Seine-Inf.
Sennevoy-le-Bas, 7	Tonnerre	Yonne
Sennevoy-le-Haut, 7	Tonnerre	Yonne
Senoch (St.-), 3	Loches	Indre-et-L.
Senomes (*Laval*), 5 ¼	St.-Affrique	Aveiron
Senon, 7 ½	Montmédy	Meuse
Senonches, 8 ¼	Dreux	Eure-et-L.
Senoncourt, 4	Verdun	Meuse
Senoncourt, 7	Vesoul	H.-Saône
Senones, 5	St.-Dié	Vosges
Senonges, 5 ¼	Mirecourt	Vosges
Senonnes, 9	Château-Gontier	Mayenne
Senonville, 5 ½	Commercy	Meuse
Senotz, 8	Beauvais	Oise
Senouillac, ½	Gaillac	Tarn
Senoux (St.-), 9 ½	Redon	Ille-et-Vil.
Senoville, 6	Valognes	Manche
Senozan, 2 ½	Mâcon	Saône-et-L.
Sens, 8	Rennes	Ille-et-Vil.
Sens, 6 ¼	Louhans	Saône-et-L.
SENS*	ch.-l. d'arr., 29	Yonne
Sens-Beaujeu, 2 ¼	Sancerre	Cher
Sensacq, 9	St.-Sever	Landes
Sentein, 4 ½	St.-Girons	Ariége
Sentelie, 8	Amiens	Somme
Sentenac, 5	Foix	Ariége
Sentenac (*Sue*), 8 ¼	Foix	Ariége
Sentenac, 3	St.-Girons	Ariége
Sentheim, 5 ½	Belfort	Haut-Rhin
Sentier (le), 7	Tours	Indre-et-L.
Sentilly, 2	Argentan	Orne
Sentzich, 2 ¼	Thionville	Moselle
Senuc, 3 ¼	Vouziers	Ardennes
Senven-Lehard, 4	Guingamp	Côtes-du N
Sepeaux, 3 ½	Joigny	Yonne
Sepmeries, 8 ¼	Avesnes	Nord
Sepmes, 8	Loches	Indre-et-L.
Seppois-le-Bas, 2 ½	Altkirch	Haut-Rhin
Seppois-le-Haut, 2 ½	Altkirch	Haut-Rhin
Sept-Fonds, 10 ½	Joigny	Yonne
Sept-Fonds, 7 ¼	Montauban	Tarn-etGar.
Sept-Fontaines, 4 ½	Pontarlier	Doubs
Sept-Fontaines (les), 6 ¼	Gray	H.-Saône
Sept-Forges, 4	Domfront	Orne
Sept-Frères, 3 ¼	Vire	Calvados
Sept-Meules, 7	Dieppe	Seine-Inf.
Sept-Moncel, 3	St.-Claude	Jura
Sept-Monts, 2	Soissons	Aisne
Sept-Saulx, 5	Rheims	Marne
Sept-Sarges, 7 ½	Montmédy	Meuse
Sept-Vents, 6 ½	Bayeux	Calvados
Septême, 2 ½	Vienne	Isère
Septeuil, 3 ½	Mantes	Seine-et O
Septoutre, 3	Montdidier	Somme
Septsors, 4 ½	Meaux	Seine-et-M.
Septvaux, 5 ½	Laon	Aisne

Communes.	Arrondissem.	Départem.
Sepveilles (*Ste.-Colombe*), 1	Provins	Seine-et-M.
Sepvigny, 6 ¼	Commercy	Meuse
Sepx, 2	St.-Gaudens	H.-Garonne
Sequedin, 1 ¼	Lille	Nord
Sequehart, 2 ½	St-Quentin	Aisne
Sequestre, 1 ¼	Albi	Tarn
Sera	Corte	Corse
Seraggio, 2 ¼	Corte	Corse
Serain, 5 ½	St.-Quentin	Aisne
Seraincourt, 4	Rethel	Ardennes
Seran, 1 ½	Lavaur	Tarn
Serandon, 9 ¼	Ussel	Corrèze
Seranon, 8	Grasse	Var
Serans, 7	Beauvais	Oise
Serans, 2 ½	Argentan	Orne
Seranville, 3 ¼	Luneville	Meurthe
Seranvillers, 2	Cambrai	Nord
Seraucourt, 6	Bar-le-Duc	Meuse
Seraucourt-le-Grand, 2 ¼	St-Quentin	Aisne
Seraumont, 3	Neufchâteau	Vosges
Serazereux, 4 ¼	Dreux	Eure-et-L.
Serbanne, 3	Gannat	Allier
Serbonnes, 4 ¼	Sens	Yonne
Serches, 3	Soissons	Aisne
Sercœur, 3 ½	Epinal	Vosges
Sercus, 1 ½	Hazebrouck	Nord
Sercy, 7 ½	Châlons	Saône-et-L.
Serdinya, 2 ½	Prades	Pyrén.-Or.
Sère, 6 ½	Mirande	Gers
Sère-en-Barèges, 5 ½	Argelès	H.-Pyrén.
Sère-ez-Angles, 4 ½	Argelès	H.-Pyren.
Sère-près-Argelès, 1	Argelès	H.-Pyrén.
Sère-Rustand, 4	Tarbes	H.-Pyren.
Serécourt, 9 ¼	Neuf Château	Vosges
Serée, 7 ½	Pau	B.-Pyrén.
Sereilhac, 3 ½	Limoges	H.-Vienne
Serenac, 4	Albi	Tarn
Serenpouy, 7 ¼	Lectoure	Gers
Séreut, 4	Ploërmel	Morbihan
Séresvillers, 7	Clermont	Oise
Serez, 4	Evreux	Eure
Serezin, 2 ½	La-Tour-du-Pin	Isère
Serezin-du-Rhône, 3 ¼	Vienne	Isère
Serge (St.-), 1	Nogent-le-Rotrou	Eure-et-L.
Sergeac, 6	Sarlat	Dordogne
Sergenaux, 5 ½	Dôle	Jura
Sergenon, 6 ½	Dôle	Jura
Sergines, 5 ¼	Sens	Yonne
Sergy, 3	Gex	Ain
Sergy, 4 ½	Château-Thierry	Aisne
Serian, 4 ½	Mirande	Gers
Sericourt, 3	St.-Pol	Pas de-Cal.
Series (St.-), 5	Montpellier	Hérault
Serignac, 10	Barbezieux	Charente
Serignac, 11 ½	Châteaulin	Finistère
Serignac, 8	Cahors	Lot
Serignac, 4	Agen	Lot-et-Gar.
Serignac, 2 ¼	Castel-Sarrasin	Tarn etGar.
Sérignan, 2	Beziers	Hérault
Sérignan, 1 ½	Orange	Vaucluse
Sérigné, 1 ½	Fontenay-le-Comte	Vendée

Communes.	Arrondissem.	Départem.
Serigny, 3 1/2	Mortagne	Orne
Sérigny, 5 1/2	Châtellerault	Vienne
Serigny-en-Bresse, 6 2/3	Louhans	Saône-et-L.
Serillac, 5	Brives	Corrèze
Seringes, 4 1/2	Château-Thierry	Aisne
Séris, 6 1/2	Blois	Loir-et-Ch.
Serley, 5 2/3	Louhans	Saône-et-L.
Sermages (*Moulins Engilbert*), 2 1/4	Château-Chinon	Nièvre
Sermaise, 2	Baugé	Maine-et-L.
Sermaise, 5	Vitry-le-Français	Marne
Sermaise, 6 1/2	Compiègne	Oise
Sermaise, 7 1/4	Rambouillet	Seine-et-O.
Sermaises, 3 1/2	Pithiviers	Loiret
Sermamagny, 1 1/2	Belfort	Haut-Rhin
Sermange, 4	Dôle	Jura
Sermano, 2 1/4	Corte	Corse
Sermentison, 2	Thiers	Puy-de-Dô.
Sermentot, 4 1/2	Bayeux	Calvados
Serméricux, 4	La Tour-du-Pin	Isère
Sermersheim, 2 1/2	Schélestatt	Bas-Rhin
Sermesse, 5 1/4	Châlons	Saône-et-L.
Sermiers, 2 1/2	Rheims	Marne
Sermizelles, 3	Avallon	Yonne
Sermoise, 2 1/2	Soissons	Aisne
Sermoise, 1 3/4	Nevers	Nièvre
Sermoyer, 9 1/2	Bourg	Ain
Sermu, 2 1/4	Lons-le-Saulnier	Jura
Sermur, 5	Aubusson	Creuse
Sernhac, 5	Nismes	Gard
Sernin (St.-), 8 1/2	Privas	Ardèche
Sernin (St.-), 5 1/4	Castelnaudary	Aude
Sernin (St.)*, 7	St.-Affrique	Aveiron
Sernin (St.-), 8 1/4	Marmande	Lot-et-Gar.
Sernin (St.-), 2	Albi	Tarn
Sernin (St.-), 5 1/4	Lavaur	Tarn
Sernin-de-l'Arche (St.-), 2 1/4	Brives	Corrèze
Serny, 4 1/2	St.-Omer	Pas-de-Cal.
Serocourt, 7 1/4	Neufchâteau	Vosges
Seron, 4 1/4	Tarbes	H.-Pyrén.
Serpent (la), 4 1/2	Limoux	Aude
Serques, 1 1/4	St.-Omer	Pas-de-Cal.
Serqueux, 9	Langres	H.-Marne
Serqueux, 4 1/2	Neufchâtel	Seine-Inf.
Serquigny, 2 3/4	Bernay	Eure
Serrabonne, 5 1/2	Prades	Pyrén.-Or.
Serrain (le), 4	Tours	Indre-et-L.
Serrallongue, 8	Ceret	Pyrén.-Or.
Serre, 2	Besançon	Doubs
Serre-Bussière-Vieille (la), 3 1/2	Aubusson	Creuse
Serre-les-Moulières, 3 1/2	Dôle	Jura
Serre-Lissosse (la), 8 1/2	Rodez	Aveiron
Serres*, 9 1/4	Gap	H.-Alpes
Serres, 4 1/2	Foix	Ariège
Serres, 4 1/4	Limoux	Aude
Serres, 3	Lunéville	Meurthe
Serres, 4 1/4	Bayonne	B.-Pyrén.
Serres-Castets, 3	Pau	B.-Pyrén.
Serres-d'Allens, 1 1/4	Foix	Ariège

Communes.	Arrondissem.	Départem.
Serres-de-Nerpol (*Nerpol*), 4	St.-Marcellin	Isère
Serres-Montgniard, 6	Bergerac	Dordogne
Serres-Morlàas, 2 1/2	Pau	B.-Pyrén.
Serres-Ste.-Marie, 5	Orthez	B.-Pyren.
Serresgaston, 4	St.-Sever	Landes
Serreslous, 4	St.-Sever	Landes
Serrières, 8	Belley	Ain
Serrières, 11	Tournon	Ardèche
Serrières, 5	Nancy	Meurthe
Serrières, 2	Mâcon	Saône-et-L.
Serrigny, 2 1/2	Beaune	Côte-d'Or
Serrigny, 1 1/4	Tonnerre	Yonne
Serris, 4 1/2	Meaux	Seine-et-M
Serrouville, 3 1/4	Briey	Moselle
Sers, 3 1/2	Angoulême	Charente
Sers (*Puisieux*), 5	Arras	Pas-de-Cal.
Sers, 4 1/2	Argelès	H.-Pyrén.
Séruelles, 4 1/2	St.-Amand	Cher
Servais, 6 1/2	Laon	Aisne
Servais (St.-), 6	Morlaix	Finistère
Serval, 9	Soissons	Aisne
Servan (St.-)*, 1/2	St.-Malo	Ille-et-Vil.
Servan (St.-), 2 1/4	Ploërmel	Morbihan
Servance, 6	Lure	H.-Saône
Servanches, 5	Riberac	Dordogne
Servant, 7	Riom	Puy-de-Dô.
Servas, 2 1/2	Bourg	Ain
Servas, 2	Alais	Gard
Servaville, 3 1/4	Rouen	Seine-Inf.
Servel, 1/4	Lannion	Côtes-du-N.
Serverette, 6	Marvejols	Lozère
Servian, 2 1/2	Béziers	Hérault
Servières, 9	Tulle	Corrèze
Servières, 2 1/4	Mende	Lozère
Serviers, 2	Uzès	Gard
Serviés, 5 1/2	Castres	Tarn
Serviez, 6	Carcassonne	Aude
Servignat, 6	Bourg	Ain
Servigney, 3 1/2	Baume	Doubs
Servigney, 4 3/4	Lure	H.-Saône
Servigny, 1 1/4	Coutances	Manche
Servigny-la-Forêt, 1	Rocroi	Ardennes
Servigny-lès-Raville, 5	Metz	Moselle
Servigny-lès-Ste.-Barbe, 2	Metz	Moselle
Serville, 2 1/2	Dreux	Eure-et-L.
Serville, 8 1/4	Le Hâvre	Seine-Inf.
Servilly, 1 1/2	La Palisse	Allier
Servin, 3 1/4	Béthune	Pas-de-Cal.
Servins, 3	Baume	Doubs
Servion, 3 1/2	Rocroi	Ardennes
Servon, 3 1/2	Rennes	Ille-et-Vil.
Servon, 4	Avranches	Manche
Servon, 4	Ste-Menéhould	Marne
Servon, 4 1/4	Melun	Seine-et-M.
Sery, 1 1/4	Rethel	Ardennes
Sery, 6	Auxerre	Yonne
Sery-lès-Mézières, 3 1/4	St.-Quentin	Aisne
Sery-Magneval, 6	Senlis	Oise
Seryès, 2	St.-Flour	Cantal
Serzy, 4	Rheims	Marne
Sésigna, 9 1/4	Lons-le-Saulnier	Jura

Communes.	Arrondissem.	Départem.
Sessenheim, 3	Haguenau	Bas-Rhin
Sestier (St.-), 5 ¼	Ussel	Corrèze
Setques, 2 ½	St.-Omer	Pas de Cal.
Seu (*Châtillon-sur-Morains*), 10 ¾	Epernay	Marne
Seuchey, 6 ½	Langres	H.-Marne
Seugy, 6	Pontoise	Seine-et-O
Seuil, 1 ½	Rethel	Ardennes
Seuillet, 4	La Palisse	Allier
Seuilly-l'Abaye, 1 ½	Chinon	Indre-et-L.
Seuilly, 7 ¾	Poitiers	Vienne
Seur, 3	Blois	Loir-et-Ch.
Seure (le), 6 ½	Saintes	Char.-Inf.
Seurin (St.-) (*Barbezieux*)	Barbezieux	Charente
Seurin (St.-), 6 ¾	Cognac	Charente
Seurin (St.-), 3	Lesparre	Gironde
Seurin (St.-), 6 ½	Libourne	Gironde
Seurin-d'Uzet (St.-), 7 ¼	Saintes	Char.-Inf.
Seurin-de-Cursac (St.-), 1 ¾	Blaye	Gironde
Seurin-de-Palenne (St.-), 4	Saintes	Char.-Inf.
Seurin-de-Prats (St.-), 8 ¼	Bergerac	Dordogne
Seurin-le-Bourg (St.-), 3 ¾	Blaye	Gironde
Seurre *, 6	Beaune	Côte-d'Or
Seux, 4	Amiens	Somme
Seuzey, 6 ¾	Commercy	Meuse
Sevain (St.-), 14	Barbezieux	Charente
Sève (St.-), 1	Morlaix	Finistère
Sève (St.-), 1 ¼	La Réole	Gironde
Sevelinges, 6	Roanne	Loire
Sevenans, 1 ½	Belfort	Haut-Rhin
Sevenfuori,	Ajaccio	Corse
Sever (St.-), 8	St.-Affrique	Aveiron
Sever (St.-) *, 2 ¾	Vire	Calvados
Sever (St.-), 3 ½	Saintes	Char.-Inf.
SEVER (ST.-) *,	ch.-l. d'ar., 185	Landes
Sever-de-Rustan (St.-), 4	Tarbes	H.-Pyrén.
Sévérac, 5 ¾	Savenay	Loire-Inf.
Severac-Bedene, 5 ¼	Espalion	Aveiron
Severac-l'Eglise, 8	Milhaud	Aveiron
Severac-le-Château *, 6	Milhaud	Aveiron
Sevère (St.-), 2 ½	Cognac	Charente
Sevère (St.-), 3	La Châtre	Indre
Severin (St.-), 4	St.-Jean-d'Angely	Char.-Inf.
Severin (St.-), 3	Aubusson	Creuse
Seveux, 5	Gray	H.-Saône
Sevidentro.	Ajaccio	Corse
Sévignac, 7	Dinan	Côtes-du-N.
Sévignac, 4 ¼	Oléron	B.-Pyrén.
Sévignac, 5 ¼	Pau	B.-Pyrén.
Sévigny, 5 ¼	Rethel	Ardennes
Sevigny, 1 ¼	Argentan	Orne
Sévis, 7	Dieppe	Seine-Inf.
Sevran, 8	Pontoise	Seine-et-O.
Sevray, 2 ¾	Argentan	Orne
Sèvres *, 2	Versailles	Seine-et-O.
Sevret, 2	Melle	2 Sèvres
Sevrey, 1 ½	Châlons	Saône-et-L.
Sevrin-Destinsac (St.-), 8	Riberac	Dordogne
Sévry, 5 ¾	Sancerre	Cher

Communes	Arrondissem.	Départem.
Sewen, 3 ½	Belfort	Haut-Rhin
Sex-Fontaines, 4	Chaumont	H.-Marne
Sexcles, 9	Tulle	Corrèze
Sexey-aux-Forges, 4	Toul	Meurthe
Sexey-les-Bois, 3	Toul	Meurthe
Seychalles, 4	Thiers	Puy-de-Dô.
Seyguede, 4 ¼	Muret	H.-Garonne
Seyne *, 13	Digne	B.-Alpes
Seyne (la), 1 ¾	Toulon	Var
Seynes, 3	Alais	Gard
Seyres, 1 ½	Villefranche	H.-Garonne
Seyresse, 1	Dax	Landes
Seyssel *, 5 ¼	Belley	Ain
Seysses-Savès, 2 ½	Lombez	Gers
Seysses-Tolosanes, 1 ¾	Muret	H.-Garonne
Seyssins, 1 ¾	Grenoble	Isère
Seyssuel, 1 ¼	Vienne	Isère
Sezanne *, 9	Epernay	Marne
Sezéria, 5 ½	Lons-le-Saulnier	Jura
Siarrouy, 2 ½	Tarbes	H.-Pyrén.
Siaugues-St.-Romain, 9	Brioude	H.-Loire
Sibas, 3 ¾	Mauléon	B.-Pyrén.
Sibiril, 5	Morlaix	Finistère
Sibiville, 3	St.-Pol	Pas-de-Cal.
Sibournet (St.-), 7 ¼	Villeneuve-d'Agen	Lot-et-Gar.
Siccieu-St.-Julien, 6	La Tour-du-Pin	Isère
Sichamp, 9 ¼	Cosne	Nièvre
Siché, 4	Ajaccio	Corse
Sickert, 5 ¾	Belfort	Haut-Rhin
Sicqueville, 3 ¼	Caen	Calvados
Sideville, 2	Cherbourg	Manche
Sidiailles, 6	St.-Amand	Cher
Siecq, 5 ½	St.-Jean-d'Angely	Char.-Inf.
Siegen, 6	Haguenau	Bas-Rhin
Sièges, 5	St.-Claude	Jura
Sièges (les), 5 ½	Sens	Yonne
Sienne, 1 ½	Châlons	Saône-et-L.
Sierck, 4 ½	Thionville	Moselle
Sierck-Haute (*Kerling-lès-Sierck*), 3 ¾	Thionville	Moselle
Sierintz, 4	Altkirch	Haut-Rhin
Siersthal, 6	Sarreguemines	Moselle
Sierville, 4 ¼	Rouen	Seine-Inf.
Siest, 2 ¼	Dax	Landes
Sieurac, 3 ½	Albi	Tarn
Sieuras, 7 ½	Pamiers	Ariége
Sievoz, 10	Grenoble	Isère
Siewiler, 5	Saverne	Bas-Rhin
Sieyes (les), 1	Digne	B.-Alpes
Siffret (St.-), 1 ¼	Uzès	Gard
Sigismond (St.-), 2 ¾	Jonzac	Char.-Inf.
Sigismond (St.-), 4 ½	Orléans	Loiret
Sigismond (St.-), 8	Angers	Maine-et-L.
Sigismond (St.-), 4 ¼	Fontenay-le-Comte	Vendée
Sigloy, 5 ½	Orléans	Loiret
Signac, 6	St.-Gaudens	H.-Garonne
Signes, 8 ½	Toulon	Var
Signets (*Signy*), 3 ½	Meaux	Seine-et-M.
Signeville, 5 ¼	Chaumont	H.-Marne
Signy, 8 [illegible]	Sedan	Ardennes

Communes.	Arrondissem.	Départem.
Signy-l'Abbaye, 5 ½	Mézières	Ardennes
Signy-le-Petit, 4	Rocroi	Ardennes
Signy-Signets, 3 ½	Meaux	Seine-et-M.
Sigogne, 3 ¼	Cognac	Charente
Sigolene (Ste.-), 2 ½	Yssingeaux	H.-Loire
Sigolsheim, 3 ¼	Colmar	Haut-Rhin
Sigonce, 2	Forcalquier	B.-Alpes.
Sigotier, 8 ½	Gap	H.-Alpes
Sigoulès, 3 ½	Bergerac	Dordogne
Sigournay (*Chassais*), 8	Fontenay-le-Comte	Vendée
Sigoyer-du-Do, 2 ¼	Gap	H.-Alpes
Sigoyers, 4 ½	Sisteron	B.-Alpes
Siguer, 7	Foix	Ariège
Sigy, 3 ¼	Provins	Seine-et-M.
Sigy-en-Bray, 5 ½	Neufchâtel	Seine-Inf.
Sigy-le-Châtel, 10	Mâcon	Saône-et-L.
Sijean *, 4 ½	Narbonne	Aude
Silfiac, 4 ¼	Pontivy	Morbihan
Silhac, 11	Tournon	Ardèche
Sillans, 7	St.-Marcellin	Isère
Sillans, 6	Brignoles	Var
Sillards, 2	Montmorillon	Vienne
Sillas, 4	Bazas	Gironde
Sillé-le-Guillaume *, 9 ½	Le Mans	Sarthe
Sillé-le-Philippe, 4 ¼	Le Mans	Sarthe
Sillegny, 3 ¼	Metz	Moselle
Sillegue, 5	Mauléon	B.-Pyrén.
Sillens (*Bôo*), 1	Argelès	H.-Pyrén.
Sillery, 2 ½	Rheims	Marne
Silley, 7 ¼	Besançon	Doubs
Silly, 3 ¼	Beauvais	Oise
Silly, 1 ¼	Argentan	Orne
Silly-en-Saulnois, 3 ¼	Metz	Moselle
Silly-la-Poterie, 5 ¼	Château-Thierry	Aisne
Silly-le-Long, 5	Senlis	Oise
Silly-sur-Nied, 2 ¼	Metz	Moselle
Silmont, 2	Bar-le-Duc	Meuse
Silvain (St.-), 5	Falaise	Calvados
Silvain (St.-), 4 ½	Tulle	Corrèze
Silvain (St.-), 2 ½	Aubusson	Creuse
Silvain (St.-), 2 ½	Guéret	Creuse
Silvain (St.-), 2	Angers	Maine-et-L.
Silvain (St.-), 6 ½	Yvetot	Seine-Inf.
Silvain-Bas-le-Roc (St.-) ¼	Boussac	Creuse
Silvain-sous-Toul, 3	Boussac	Creuse
Silvanés, 6	St.-Affrique	Aveiron
Silvareccio, 6 ¼	Bastia	Corse
Silvarouvre, 7 ¼	Chaumont	H.-Marne
Silvestre (St.-), 7	Tournon	Ardèche
Silvestre (St.-), 6	Riom	Puy-de-Dô.
Silvestre (St.-), 10	Le Hâvre	Seine-Inf.
Silvestre (St.-), 8	Bellac	H.-Vienne
Silvestre-Cappel (St.-), 1 ½	Hazebrouck	Nord
Silvestre-de-Cormeille (St.-), 3	Pont-Audemer	Eure
Silzheim, 12 ½	Saverne	Bas-Rhin
Simacourbe, 6 ¼	Pau	B.-Pyrén.
Simandre, 4	Bourg	Ain
Simandre, 2 ¼	Vienne	Isère
Simandre, 7 ½	Louhans	Saône-et-L.

Communes.	Arrondissem.	Départem.
Simard, 2 ¼	Louhans	Saône-et-L.
Simencourt, 2 ½	Arras	Pas-de-Cal.
Siméon (St.-), 2	Pont-Audemer	Eure
Siméon (St.-) (*Vaucé*), 4 ½	Domfront	Orne
Siméon (St.-), 2 ½	Coulommiers	Seine-et-M.
Siméon-de-Bressieux (St.-), 6	St.-Marcellin	Isère
Simeux (St.-), 7 ¼	Cognac	Charente
Simeyrols, 3	Sarlat	Dordogne
Simiane, 6	Forcalquier	B.-Alpes
Simiane, 3	Aix	B.-du-Rhône
Simming (*Rodemack*), 3 ¼	Thionville	Moselle
Simon (St.-), 3 ½	St.-Quentin	Aisne
Simon (St.-), 1 ½	Aurillac	Cantal
Simon (St.-), 5 ½	Cognac	Charente
Simon (St.-) (*St.-Ciers-Lalande*), 5 ½	Blaye	Gironde
Simon (St.-), 4 ½	Figeac	Lot
Simon (St.-), 8	Nérac	Lot-et-Gar.
Simon (le), 6	Fontenay-le-Comte	Vendée
Simon-de-Bordes (St.-), 1 ½	Jonzac	Char.-Inf.
Simon-de-Pelouaille (St.-), 3 ¼	Saintes	Char.-Inf.
Simorre, 3	Lombez	Gers
Simphorien (St.-), 3 ½	Sisteron	B.-Alpes
Simphorien (St.-), 3	Privas	Ardèche
Simphorien (St.-), 13	Tournon	Ardèche
Simphorien (St.-), 10 ½	Espalion	Aveiron
Simphorien (St.-), 3 ¼	Marennes	Char.-Inf.
Simphorien (St.-), 4	St.-Amand	Cher
Simphorien (St.-), 1 ½	Pont-Audemer	Eure
Simphorien (St.-), 5	Chartres	Eure-et-L.
Simphorien (St.-), 6	Bazas	Gironde
Simphorien (St.-), 5 ½	Rennes	Ille-et-Vil.
Simphorien (St.-), 9	Chinon	Indre-et-L.
Simphorien (St.-), ¼	Tours	Indre-et-L.
Simphorien (St.-) *, 3	Vienne	Isère
Simphorien (St.-), 11 ½	Mende	Lozère
Simphorien (St.-), 8	Coutances	Manche
Simphorien (St.-), 3	Mortain	Manche
Simphorien (St.-), 4 ½	St.-Lô	Manche
Simphorien (St.-) (*Pantaléon*), ¼	Autun	Saône-et-L.
Simphorien (St.-), 3 ½	Mâcon	Saône-et-L.
Simphorien (St.-), 7 ½	Le Mans	Sarthe
Simphorien (St.-), 1 ½	Niort	2 Sèvres
Simphorien (St.-), 4 ¼	Bellac	H.-Vienne
Simphorien-de-Lay (St.-) *, 4 ½	Roanne	Loire
Simphorien-de-Marmagne (St.-) *, 4	Autun	Saône-et-L.
Simphorien-de-Pouzeoux (St.-), 5	Montmorillon	Vienne
Simphorien-des-Bois (St.-), 3 ½	Charolles	Saône-et-L.
Simphorien-des-Bruyères (St.-), 7	Mortagne	Orne
Simphorien-le-Château (St.-), 6 ½	Lyon	Rhône
Simphorien-lès-Charolles (St.-), ½	Charolles	Saône-et-L.

Communes.	Arrondissem.	Départem.
Simphorien-sur-Saône (St.-), 9	Beaune	Côte-d'Or
Simplé, 3 ½	Château-Gontier	Mayenne
Sin, ½	Douai	Nord
Sinard, 7 ¼	Grenoble	Isère
Sinceny-Autreville, 10	Laon	Aisne
Sincey-lès-Rouvray, 4 ½	Semur	Côte-d'Or
Sindères, 13	Mont-de-Marsan	Landes
Sindicat-de-St.-Amé (le), 3 ½	Remiremont	Vosges
Singles, 13 ¼	Issoire	Puy-de-Dô.
Singleyrac, 3 ½	Bergerac	Dordogne
Singling, 3 ½	Sarreguemines	Moselle
Singly, 3	Mézières	Ardennes
Singrist, 1 ¾	Saverne	Bas-Rhin
Sinhalac, 17 ½	Espalion	Aveiron
Sinsat, 6 ¼	Foix	Ariége
Sinzos, 4	Tarbes	H.-Pyrén.
Sion, 11	Condom	Gers
Sion, 4 ¼	Châteaubriant	Loire-Inf.
Sionne, 1 ¾	Neufchâteau	Vosges
Sionniac, 8 ¼	Brives	Corrèze
Sionviller, 1 ½	Lunéville	Meurthe
Siorac, 2	Riberac	Dordogne
Siorac, 5	Sarlat	Dordogne
Siouville, 5 ¼	Cherbourg	Manche
Sirac, 7	Lombez	Gers
Sirach, 1	Prades	Pyrén.-Or.
Siracourt, 1 ½	St.-Pol	Pas-de-Cal
Siradan, 15 ½	Bagnères	H.-Pyrén.
Siran, 5	Aurillac	Cantal
Siran, 9	St-Pons	Hérault
Sireix, 1 ½	Argelès	H.-Pyrén.
Sireuil, 3	Angoulême	Charente
Sireuil, 4	Sarlat	Dordogne
Sirod, 6 ½	Poligny	Jura
Siros, 2 ¼	Pau	B.-Pyrén.
Sisco, 3 ½	Bastia	Corse
Sissonne, 5	Laon	Aisne
Sissy, 3	St. Quentin	Aisne
Sistels, 8	Moissac	Tarn-et-Gar.
SISTERON *,	ch.-l. d'arr., 190	B.-Alpes
Sivergues, 1 ½	Apt	Vaucluse
Sivry, 4 ½	Vouziers	Ardennes
Sivry, 4 ¼	Nancy	Meurthe
Sivry, 1 ½	Melun	Seine-et-M.
Sivry-la-Perche, 2 ½	Verdun	Meuse
Sivry-sur-Ante, 2	Ste-Menéhould	Marne
Sivry-sur-Meuse, 5	Montmédy	Meuse
Sixfours, 2 ¼	Toulon	Var
Sixte (St.-), 4	Montbrison	Loire
Sixts, 3	Redon	Ille-et-Vil.
Sizun, 7	Morlaix	Finistère
Smarves, 2 ¼	Poitiers	Vienne
Snorroy (*Norroy-le-Veneur*), 3	Metz	Moselle
Socanne, 11 ¾	Argentan	Orne
Soccia, 2 ½	Ajaccio	Corse
Sochaux, ½	Montbéliard	Doubs
Socourt, 4	Mirecourt	Vosges
Sode, 8 ½	St.-Gaudens	H.-Garonne
Sœtrich (*Hettange-la-Grande*), 1 ¼	Thionville	Moselle
Sœurdres, 7	Segré	Maine-et-L.
Soex, 2 ½	Dunkerque	Nord
Sôgne (la), 2 ¼	Evreux	Eure
Sogues, 8	Sens	Yonne
Sognolle (*Boissy-Laillerée*), 2	Pontoise	Seine-et-O
Sognolles (*Lisines*), 3	Provins	Seine-et-M.
Sogny-aux-Moulins, 2	Châlons-sur-Marne	Marne
Sogny-en-l'Angle, 4	Vitry-le-Français	Marne
Soignolles, 4 ¼	Falaise	Calvados
Soignolles, 3	Melun	Seine-et-M.
Soigny, 7 ½	Epernay	Marne
Soilly, 5 ¼	Epernay	Marne
Soindres, 1 ¼	Mantes	Seine-et-O.
Soing, 7 ¾	Gray	H.-Saône
Soings, 5	Romorantin	Loir-et-Ch
Soirans-Souffrans, 4 ¼	Dijon	Côte d'Or
Soiria, 5	Lons-le-Saulnier	Jura
SOISSONS *,	ch.-l. d'ar., 25	Aisne
Soissons, 7 ¼	Dijon	Côte-d'Or
Soisy, 1 ½	Provins	Seine-et-M.
Soisy, 3 ¼	Pontoise	Seine-et-O.
Soisy-aux-Bois, 6 ¼	Epernay	Marne
Soisy-sous-Etiolles, 1 ¼	Corbeil	Seine-et-O.
Soisy-sur-Ecole, 6	Etampes	Seine-et-O.
Soize, 10	Laon	Aisne
Solaggio, 10 ½	Corte	Corse
Solain (St.-), 1 ½	Dinan	Côtes-du-N.
Solaise, 3 ½	Vienne	Isère
Solange (St.-), 3 ¼	Bourges	Cher
Solbach, 7	Schélestatt	Bas-Rhin
Soleilhas, 4	Castellanne	B.-Alpes
Solême, 6	La Flèche	Sarthe
Solemont, 5 ¼	Montbéliard	Doubs
Solente, 8	Compiégne	Oise
Soler (le), 2	Perpignan	Pyrén.-Or.
Solerieu, 6	Montelimart	Drôme
Solers, 4	Melun	Seine-et-M.
Solesmes, 6 ¼	Cambrai	Nord
Soleymieu, 5 ½	La Tour-du-Pin	Isère
Soleymieux, 2	Montbrison	Loire
Solgne *, 5	Metz	Moselle
Solignac, 2 ¼	Jonzac	Char.-Inf.
Solignac, 2	Limoges	H.-Vienne
Solignac-sous-Roche, 3 ½	Yssingeaux	H.-Loire
Solignac-sur-Loire, 2	Le Puy	H.-Loire
Solignat, 1 ½	Issoire	Puy-de-Dô.
Soligny-la-Trappe, 2 ½	Mortagne	Orne
Soligny-les-Etangs, 3	Nogent-sur-Seine	Aube
Soline (Ste.-), 3 ¼	Melle	2 Sèvres
Sollacaro, 3 ¼	Sartène	Corse
Solliers, 2	Caen	Calvados
Solliés-Farlede, 3 ¼	Toulon	Var
Solliés-Pont, 4	Toulon	Var
Solliés-Toucas, 4 ½	Toulon	Var
Solliés-Ville, 3 ¼	Toulon	Var
Solognac, 7 ½	Lectoure	Gers
Sologny, 3 ½	Mâcon	Saône-et-L.
Solomé, 3 ¼	Loudun	Vienne
Solre-le-Château *, 3	Avesnes	Nord

Communes.	Arrondissem.	Départem.
Solrinnes, 3 ½	Avesnes	Nord
Solterre, 2 ½	Montargis	Loiret
Solutré, 2	Mâcon	Saône-et-L.
Solve (St.-), 5 ¼	Brives	Corrèze
Somain, 4 ½	Douai	Nord
Sombacour, 2 ½	Pontarlier	Doubs
Sombernon *, 5 ½	Dijon	Côte-d'Or
Somberraute, 7 ¾	Mauléon	B.-Pyrén.
Sombrin, 6 ¼	St.-Pol	Pas-de-Cal.
Sombrun, 7 ½	Tarbes	H.-Pyrén.
Somloire, 13	Saumur	Maine-et-L.
Sommaine, 4 ½	Bar-le-Duc	Meuse
Sommaing, 7	Cambrai	Nord
Sommant, 2 ½	Autun	Saône-et-L
Sommanthe, 6	Vouziers	Ardennes
Somme-Bionne, 3	Ste-Menehould	Marne
Somme-Fontaine *ou* St.-Lupien, 5 ½	Nogent-sur-Seine	Aube
Somme-Suippe, 6	Ste-Menehould	Marne
Somme-Tourbe, 4	Ste-Menehould	Marne
Somme-Yèvre, 4	Ste-Menehould	Marne
Sommecaise, 5 ½	Joigny	Yonne
Sommedieue, 3	Verdun	Meuse
Sommeille, 5	Bar-le-Duc	Meuse
Sommelan, 2 ½	Château-Thierry	Aisne
Sommelonne, 4 ½	Bar-le-Duc	Meuse
Sommencourt, 2	Wassy	H.-Marne
Sommepy, 5	Ste Menehould	Marne
Sommerance, 6	Vouziers	Ardennes
Sommeras, 4 ¼	Jonzac	Char.-Inf.
Sommerécourt, 12	Chaumont	H.-Marne
Sommereux, 8	Beauvais	Oise
Sommermont, 4	Wassy	H.-Marne
Sommeron, 4	Vervins	Aisne
Sommervieu, 1	Bayeux	Calvados
Sommerviller, 3	Lunéville	Meurthe
Sommery, 3 ½	Neufchâtel	Seine-Inf.
Sommesnil, 3 ½	Yvetot	Seine-Inf.
Sommessous, 6	Vitry-le-Français	Marne
Sommette, 4 ½	St.-Quentin	Aisne
Sommette (la), 5	Beaune	Doubs
Sommeval, 4 ½	Troyes	Aube
Sommevesle *, 4	Châlons-sur-Marne	Marne
Sommeville, 3 ¼	Wassy	H.-Marne
Sommevoire, 3 ¼	Wassy	H.-Marne
Sommières *, 6	Nismes	Gard
Sommières, 4 ½	Civray	Vienne
Sompt, 2	Melle	2 Sèvres
Sompuis, 3 ¼	Vitry-le-Français	Marne
Somsois, 3 ½	Vitry-le-Français	Marne
Son, 2	Rethel	Ardennes
Sonac, 8 ½	Limoux	Aude
Sonchamp, 2 ½	Rambouillet	Seine-et-O.
Soncourt, 4	Chaumont	H.-Marne
Soncourt, 3 ¼	Neufchâteau	Vosges
Sondernach, 6 ½	Colmar	Haut-Rhin
Sondersdorff, 4	Altkirch	Haut-Rhin
Sône (la), 1 ½	St.-Marcellin	Isère
Songeons *, 5	Beauvais	Oise
Songeson, 6	Lons-le-Saulnier	Jura
Songieux, 7 ¼	Belley	Ain
Songy, 2 ½	Vitry-le-Français	Marne
Sonnac, 6 ½	Villefranche	Aveiron
Sonnac, 5 ¼	St.-Jean-d'Angely	Char. Inf.
Sonnac, 4 ½	Figeac	Lot
Sonnay, 5	Vienne	Isère
Sonneville, 6 ¼	Angoulême	Charente
Sonneville, 1 ¼	Cognac	Charente
Sons, 6 ½	Laon	Aisne
Sonzay, 5 ¼	Tours	Indre-et-L.
Sôorts, 7	Dax	Landes
Soppe-le-Bas, 5	Belfort	Haut-Rhin
Soppe-le-Haut, 5 ¼	Belfort	Haut-Rhin
Soquence, 5 ½	Lisieux	Calvados
Sor, 2 ½	St.-Girons	Ariège
Sorans-lès Beurey, 7 ¼	Vesoul	H.-Saône
Sorans-lès Cordiers, 6 ½	Vesoul	H.-Saône
Sorba,	Corte	Corse
Sorbais, 2 ¼	Vervins	Aisne
Sorbets, 12 ¼	Condom	Gers
Sorbets, 7 ½	St.-Sever	Landes
Sorbey, 4 ½	Montmédy	Meuse
Sorbey, 3	Metz	Moselle
Sorbier, 3	La Palisse	Allier
Sorbier, 2 ½	St.-Etienne	Loire
Sorbiers, 11 ½	Gap	H.-Alpes
Sorbo, 6 ¼	Bastia	Corse
Sorbœlano, 3 ¼	Sartène	Corse
Sorbon, ½	Rethel	Ardennes
Sorbs, 7 ¼	Lodève	Hérault
Sorcle (*Montigny-sur-Loing*), 2 ½	Fontainebleau	Seine-et-M.
Sorcy, 3	Rethel	Ardennes
Sorcy, 1 ¼	Commercy	Meuse
Sorde, 6 ¼	Dax	Landes
Sore, 17	Mont-de-Marsan	Landes
Soreac, 4	Tarbes	H.-Pyrén.
Soreda, 6 ¼	Ceret	Pyrén.-Or.
Sorel (*Orvillers*), 5 ¼	Compiègne	Oise
Sorel, 4	Abbeville	Somme
Sorel le-Grand, 4	Péronne	Somme
Sorel-Moussel, 3 ¼	Dreux	Eure-et-L.
Soreng, 6 ½	Neufchâtel	Seine Inf.
Sores (St.-), 8	Coutances	Manche
Sorèze, 7	Castres	Tarn
Sorgeat, 11	Foix	Ariège
Sorges, 5	Périgueux	Dordogne
Sorges (*Ponts-de-Cé*), 1 ½	Angers	Maine-et-L.
Sorgues (*Canals*), 8	St.-Affrique	Aveiron
Sorgues, 1 ½	Avignon	Vaucluse
Sorhapuru, 3 ½	Mauléon	B.-Pyrén.
Sorholus, 3 ½	Mauléon	B.-Pyrén.
Sorigny *, 4 ½	Tours	Indre-et-L.
Sorine (la) (*St.-George*), 6 ¼	Marennes	Char.-Inf.
Sorio, 4 ½	Bastia	Corse
Sorlin (St.-), 2	Vienne	Isère
Sorlin (St.-), 12 ¼	Belley	Ain

Communes.	Arrondissem.	Départem.
Sorlin (St.-) (*Moras*), $11\frac{1}{2}$	Valence	Drôme
Sorlin (St.-), $4\frac{1}{2}$	La Tour-du-Pin	Isère
Sorlin (St.-), $4\frac{1}{2}$	Lyon	Rhône
Sorlin (St.-), 3	Mâcon	Saône-et-L.
Sorlin-de-Conac (St.-), $4\frac{1}{4}$	Jonzac	Char.-Inf.
Sormery, 10	Tonnerre	Yonne
Sormonne, 3	Mézières	Ardennes
Sornaç, $3\frac{1}{2}$	Ussel	Corrèze
Sornain (St.-), $9\frac{1}{4}$	Les Sables	Vendée
Sornay, $5\frac{1}{4}$	Gray	H.-Saône
Sornay, 1	Louhans	Saône-et-L.
Sorneville, $2\frac{1}{2}$	Château-Salins	Meurthe
Sornin (St.-), $6\frac{1}{2}$	Moulins	Allier
Sornin (St.-), $5\frac{1}{2}$	Angoulême	Charente
Sornin (St.-), 3	Marennes	Char.-Inf.
Sornin (St.-), $5\frac{1}{2}$	Boussac	Creuse
Sornin (St.-), $2\frac{1}{4}$	Bellac	H.-Vienne
Sornin-la-Voulp (St.-), $3\frac{1}{4}$	Brives	Corrèze
Sormin-Leulas (St.-), $5\frac{1}{4}$	Bellac	H.-Vienne
Sorquainville, $4\frac{1}{2}$	Yvetot	Seine-Inf.
Sorringio	Ajaccio	Corse
Sorrinières (*Vertou*), 1	Nantes	Loire-Inf.
Sorroinsu, $2\frac{1}{4}$	Ajaccio	Corse
Sorrus, 1	Montreuil	Pas-de-Cal.
Sort, 3	Dax	Landes
Sortoville, 1	Valognes	Manche
Sortoville-en-Beaumont, $5\frac{1}{2}$	Valognes	Manche
Sos, 6	Nérac	Lot-et-Gar.
Sossaye, $2\frac{1}{4}$	Châtellerault	Vienne
Sost, 16	Bagnères	H.-Pyrén.
Sosy (St.-), $8\frac{1}{4}$	Gourdon	Lot
Sottessart, $4\frac{1}{4}$	Lons-le-Saulnier	Jura
Sottevaast, $2\frac{1}{4}$	Valognes	Manche
Sotteville, $3\frac{1}{4}$	Cherbourg	Manche
Sotteville-lès-Rouen, $\frac{1}{4}$	Rouen	Seine-Inf.
Sotteville-sous-Leval, 4	Rouen	Seine-Inf.
Sotteville-sur-Mer, 7	Yvetot	Seine-Inf.
Soturac, 11	Cahors	Lot
Sotzeling, $3\frac{1}{2}$	Château-Salins	Meurthe
Souain, 5	Ste-Menehould	Marne
Soual, $3\frac{1}{2}$	Castres	Tarn
Souancé, $1\frac{1}{2}$	Nogent-le-Rotron	Eure-et-L.
Souanyes, 4	Prades	Pyrén.-Or.
Souars (*Orthez*), $\frac{1}{4}$	Orthez	B.-Pyrén.
Souastre, $4\frac{3}{4}$	Arras	Pas-de-Cal.
Souazé, $4\frac{1}{4}$	Nogent-le-Rotron	Eure-et-L.
Soubagnan, $2\frac{1}{4}$	Mirande	Gers
Soubès, $1\frac{1}{4}$	Lodève	Hérault
Soubise, $3\frac{1}{2}$	Marennes	Char.-Inf.
Soubise (Port-) (*St.-Nazaire*), $3\frac{1}{2}$	Marennes	Char.-Inf.
Soublecause, 10	Tarbes	H.-Pyrén.
Soubran, 3	Jonzac	Char.-Inf.
Soubrebost, $2\frac{1}{4}$	Bourganeuf	Creuse
Soucé, 6	Mayenne	Mayenne
Soucelles, $3\frac{1}{2}$	Angers	Maine-et-L.
Souche (la), $3\frac{1}{4}$	Argentière	Ardèche
Souché, $\frac{1}{2}$	Niort	2 Sèvres
Souchez, 3	Arras	Pas-de-Cal.
Soucht, 7	Sarreguemines	Moselle
Soucia, $5\frac{1}{2}$	Lons-le-Saulnier	Jura
Soucieu-en-Jarest, $2\frac{1}{4}$	Lyon	Rhône
Soucirac, $5\frac{1}{2}$	Gourdon	Lot
Souclin, $13\frac{1}{4}$	Belley	Ain
Soucy, $4\frac{1}{2}$	Soissons	Aisne
Soucy, $1\frac{1}{4}$	Sens	Yonne
Soudaine-Lavinadière, $10\frac{1}{4}$	Tulle	Corrèze
Soudan, 2	Châteaubriant	Loire-Inf.
Soudan, $5\frac{1}{4}$	Melle	2 Sèvres
Soudat, $3\frac{1}{2}$	Nontron	Dordogne
Souday, $7\frac{1}{2}$	Vendôme	Loir-et-Ch.
Soudé, N. D. *ou* le Petit, 4	Vitry-le-Français	Marne
Soudé-Ste.-Croix *ou* le Grand, 4	Vitry-le-Français	Marne
Soudeilles, $4\frac{1}{4}$	Ussel	Corrèze
Soudorgues, 7	Le-Vigan	Gard
Soudron, 4	Châlons-sur-Marne	Marne
Soueich, 2	St.-Gaudens	H.-Garonne
Soueix, $2\frac{1}{4}$	St.-Girons	Ariège
Souël, $4\frac{1}{2}$	Gaillac	Tarn
Soues, $1\frac{1}{2}$	Tarbes	H.-Pyren.
Soues-Rouvroy, 5	Amiens	Somme
Souesmes, 10	Romorantin	Loir-et-Ch.
Souffelnheim, 3	Haguenau	Bas-Rhin
Souffelweyersheim, $1\frac{1}{4}$	Strasbourg	Bas-Rhin
Souffrans (*Soirans*), $4\frac{1}{4}$	Dijon	Côte-d'Or
Souffrignac, 7	Angoulême	Charente
Sougé, $5\frac{1}{4}$	Châteauroux	Indre
Sougé, 7	Vendôme	Loir-et-Ch.
Sougé-le-Ganelon, 7	Mamers	Sarthe
Sougères, 7	Auxerre	Yonne
Sougraigne, 7	Limoux	Aude
Sougy, $4\frac{1}{2}$	Orléans	Loiret
Sougy, $7\frac{1}{4}$	Nevers	Nièvre
Souhesmes (les), 3	Verdun	Meuse
Souhey, 2	Semur	Côte-d'Or
Souich (le), 5	St.-Pol	Pas-de-Cal.
Souilhanels, $1\frac{1}{4}$	Castelnaudary	Aude
Souilhe, $1\frac{1}{4}$	Castelnaudary	Aude
Souillac *, 6	Gourdon	Lot
Souillaguet, 2	Gourdon	Lot
Souillé, $3\frac{1}{4}$	Le Mans	Sarthe
Souilly, $4\frac{1}{2}$	Verdun	Meuse
Souilly, 4	Meaux	Seine-et-M.
Souin, $1\frac{1}{2}$	Argelès	H.-Pyrén.
Souiry (*Sales Comtaux*), $2\frac{1}{4}$	Rodez	Aveiron
Souitte, 6	Gannat	Allier
Soula, $2\frac{1}{2}$	Foix	Ariège
Soulac, $6\frac{1}{2}$	Lesparre	Gironde
Soulade (la), $4\frac{1}{2}$	Toulouse	H.-Garonne
Soulages, 4	St.-Flour	Cantal
Soulages-Bonneval, $7\frac{1}{2}$	Espalion	Aveiron
Soulaincourt, $8\frac{1}{2}$	Wassy	H.-Marne
Soulaine, 3	Angers	Maine-et-L.
Soulaines, $4\frac{1}{2}$	Bar-sur-Aube	Aube
Soulaire, $2\frac{1}{2}$	Angers	Maine-et-L.
Soulaires, 3	Chartres	Eure-et-L.

Communes.	Arrondissem.	Départem.
Soulan, 3	St.-Girons	Ariége
Soulan (St.-), 2	Lombez	Gers
Soulan, 12 ¼	Bagnères	H.-Pyrén.
Soulancourt, 12	Chaumont	H.-Marne
Soulangé, 4 ½	Saumur	Maine-et-L.
Soulanges, 2	Vitry-le-Français	Marne
Soulangis, 3 ¼	Bourges	Cher
Soulangy, 1 ½	Falaise	Calvados
Soulangy (*Germigny*), 5¼	Nevers	Nièvre
Soulans, 11	Les Sables	Vendée
Soulatgé, 14	Carcassonne	Aude
Soulaures, 11 ¼	Bergerac	Dordogne
Soulègre (*Castelnau*), 8½	Castres	Tarn
Soulens, 6 ½	St.-Sever	Landes
Soulés, 1 ½	Mirande	Gers
Soules, 3 ½	St.-Lô	Manche
Soulgé-le-Bruant, 4 ¼	Laval	Mayenne
Soulié (le), 4	St.-Pons	Hérault
Soulières, 4 ½	Epernay	Marne
Soulièvre, 5 ¼	Parthenay	2 Sèvres
Soulignac, 6	La Réole	Gironde
Souligné-sous-Ballon, 4½	Le Mans	Sarthe
Souligné-Sous-Vallon, 4¼	Le Mans	Sarthe
Soulignonne, 4	Saintes	Char.-Inf.
Souligny, 3 ½	Troyes	Aube
Souline (Ste.-), 4	Barbezieux	Charente
Soulitré, 6	Le Mans	Sarthe
Soulle (St.-), 3 ¼	La Rochelle	Char.-Inf.
Soulomés, 10 ½	Gourdon	Lot
Soulorgues (*Nages*), 2 ½	Nismes	Gard
Soulosse, 1 ½	Neufchâteau	Vosges
Souloum, 1 ¾	Argelès	H.-Pyrén.
Soultz, 5	Strasbourg	Bas-Rhin
Soultz, 5 ½	Colmar	Haut-Rhin
Soultz-sous-Forêts *, 4	Haguenau	Bas-Rhin
Soultzbach, 3 ½	Colmar	Haut-Rhin
Soultzmatt, 4 ½	Colmar	Haut-Rhin
Soulvache, 3 ½	Châteaubriant	Loire-Inf
Soumaintrin, 9	Tonnerre	Yonne
Soumans, 3	Boussac	Creuse
Soumensac, 8	Marmande	Lot-et-Gar.
Soumont, 3	Falaise	Calvados
Soumont, ¼	Lodève	Hérault
Soumoulou, 3 ¼	Pau	B.-Pyrén.
Souparsat, 4 ¼	Aubusson	Creuse
Soupex, 2	Castelnaudary	Aude
Soupire, 5 ½	Soissons	Aisne
Soupiseau (le) (*St.-Sauveur*), 3	Compiègne	Oise
Souplainville (*Saclas*), 2 ½	Etampes	Seine-et-O.
Souplet (St.-), 7 ¾	Rheims	Marne
Souplet (St.-), 8 ¼	Cambrai	Nord
Souplet (St.-), 2 ½	Meaux	Seine-et-M.
Souplicourt, 8	Amiens	Somme
Souppes *, 7	Fontainebleau	Seine-et-M.
Souprosse, 3 ½	St.-Sever	Landes
Souraide, 5 ½	Bayonne	B.-Pyrén.
Sourans, 7	Baume	Doubs
Sourbourg, 3	Haguenau	Bas-Rhin
Sourcieux-sur-l'Arbresle, 5 ¼	Lyon	Rhône
Sourd (le) (*Wiege*), 4	Vervins	Aisne
Sourdeval *, 2	Mortain	Manche
Sourdeval-les-Bois *, 5 ½	Coutance	Manche
Sourdon (le) (*Ablois*), 2	Epernay	Marne
Sourdon, 3	Montdidier	Somme
Sourdun, 1 ¼	Provins	Seine-et-M.
Sournia, 4	Prades	Pyrén.-Or.
Sourniac, 1 ½	Mauriac	Cantal
Sourribes, 2 ½	Sisteron	B.-Alpes
Sours, 2	Chartres	Eure-et-L.
Soursac, 10 ¼	Tulle	Corrèze
Sourzac, 7	Riberac	Dordogne
Sousmazannes (*Azennes*), 5 ¼	Montmédy	Meuse
Sousmoulins, 4 ¾	Jonzac	Char.-Inf.
Souspière, 4 ½	Montélimart	Drôme
Soussac, 8	La Réole	Gironde
Soussan, 7 ½	Bordeaux	Gironde
Soussey, 5 ½	Semur	Côte-d'Or
Sousseyrat, 7 ½	Figeac	Lot
Soussoune, 9 ½	Lons-le-Saulnier	Jura
Soustelle, 2	Alais	Gard
Soustons, 6 ¼	Dax	Landes
Sousville, 11 ¼	Grenoble	Isère
Souternon, 6	Roanne	Isère
Souterraine (la) *, 7 ¾	Guéret	Creuse
Soutiers, 2 ¼	Parthenay	2 Sèvres
Souvans, 3 ½	Dôle	Jura
Souvignargues, 5 ¼	Nismes	Gard
Souvigné, 3	Ruffec	Charente
Souvigné, 14	Chinon	Indre-et-L.
Souvigné, 6	La Flèche	Sarthe
Souvigné, 7 ¼	Mamers	Sarthe
Souvigné, 4 ½	Niort	2 Sèvres
Souvigny *, 3	Moulins	Allier
Souvigny, 8	Tours	Indre-et-L.
Souvigny, 15	Romorantin	Loir-et-Ch.
Souville, 1 ¼	Pithiviers	Loiret
Souyaux, 2 ½	Tarbes	H.-Pyrén.
Souye, 3 ¼	Pau	B.-Pyrén.
Souzay, 2	Saumur	Maine-et-L.
Souzils, 1 ¾	Villefranche	Aveiron
Souzy-l'Argentière, 6¼	Lyon	Rhône
Souzy-la-Briche, 3	Etampes	Seine-et-O.
Soveria, 1 ½	Corte	Corse
Soyans, 10 ½	Die	Drôme
Soyaux, 1	Angoulême	Charente
Soye, 2 ¼	Bourges	Cher
Soye, 2	Baume	Doubs
Soye-l'Eglise, 1 ¼	St.-Amand	Cher
Soyecourt, 3 ½	Péronne	Sommo
Soyer, 12 ½	Epernay	Marne
Soyers, 7	Langres	H.-Marne
Soyon, 7	Tournon	Ardèche
Spada, 5 ½	Commercy	Meuse
Sparsbach, 4 ¼	Saverne	Bas-Rhin
Spay, 2 ½	Le Mans	Sarthe
Spechbach-le-Bas, 2	Altkirch	Haut-Rhin
Spechbach-le-Haut, 2 ¼	Altkirch	Haut-Rhin
Speicheren, 2 ¼	Sarreguemines	Moselle
Speloncato, 4	Calvi	Corse
Spézet, 9	Châteaulin	Finistère
Spincourt, 7 ½	Montmédy	Meuse
Spoix, 1 ½	Bar-sur-Aube	Aube

Communes.	Arrondissem.	Départem.
Spoix, 3 ½	Dijon	Côte-d'Or
Sponville, 5 ½	Metz	Moselle
Spycker, 2	Dunkerque	Nord
Squiffiec, 2	Guingamp	Côtes-du-N.
Staffelfelden, 9 ¾	Belfort	Haut-Rhin
Stail (St.-), 5 ¼	St.-Dié	Vosges
Stains, 1	St.-Denis	Seine
Stainville, 4 ½	Bar-le-Duc	Meuse
Staple, 2	Hazebrouck	Nord
Stattmatten, 3 ½	Huguenau	Bas-Rhin
Stazzona, 4 ½	Corte	Corse
Steenbecque, 2	Hazebrouck	Nord
Steene, 3 ¼	Dunkerque	Nord
Steenwerck, 5 ¼	Hazebrouck	Nord
Steenvoorde, 2 ¼	Hazebrouck	Nord
Steige, 4	Schélestatt	Bas-Rhin
Steinbach, 4	Sarreguemines	Moselle
Steinbach, 9	Belfort	Haut-Rhin
Steinbourg, 1 ½	Saverne	Bas-Rhin
Steinbrun-le-Bas, 4	Altkirch	Haut-Rhin
Steinbrun-le-Haut, 3 ¼	Altkirch	Haut-Rhin
Steinseltz, 6	Haguenau	Bas-Rhin
Steinsultz, 3	Altkirch	Haut-Rhin
Stenay *, 2 ½	Montmédy	Meuse
Stentens (*Muret*), 1 ¼	Muret	H.-Garonne
Sternberg, 5 ½	Belfort	Haut-Rhin.
Stetten, 4	Altkirch	Haut-Rhin
Stigny, 5 ½	Tonnerre	Yonne
Still, 6 ½	Strasbourg	Bas-Rhin
Stoncourt (*Ban-St.-Pierre*), 6	Metz	Moselle
Stonne, 5	Sedan	Ardennes
Storckensohn, 12 ½	Belfort	Haut-Rhin
Stoswihr, 5	Colmar	Haut-Rhin
Stotzheim, 3 ½	Schélestatt	Bas-Rhin
STRASBOURG *,	ch.-l. du dép. 119	Bas-Rhin
Strazeele, 2	Hazebrouck	Nord
Strenquels, 13	Gourdon	Lot
Strouth, 5 ½	Saverne	Bas-Rhin
Stuckange (*Distroff*), 1	Thionville	Moselle
Strueth, 3 ½	Altkirch	Haut-Rhin
Stultzelbronn, 11	Sarreguemines	Moselle
Stundwiller, 5	Haguenau	Bas-Rhin
Stutzheim, 2 ¼	Strasbourg	Bas-Rhin
Suarce, 5 ¼	Belfort	Haut-Rhin
Suaucourt, 8 ½	Gray	H.-Saône
Suaux, 6 ½	Confolens	Charente
Subdrai (le), 2 ¼	Bourges	Cher
Sublaines, 7	Tours	Indre-et-L.
Subles, 1 ½	Bayeux	Calvados
Subligny, 3 ½	Saucerre	Cher
Subligny, 2	Avranches	Manche
Subligny, 1 ¼	Sens	Yonne
Suc, 8 ¼	Foix	Ariége
Succos, 8	Mauléon	B.-Pyrén.
Sucé, 5	Nantes	Loire-Inf.
Sucieux, 3	La Tour-du-Pin	Isère
Sucy, 6 ¼	Corbeil	Seine-et-O.
Suech (le), 7	Albi	Tarn
Suette (*Seiches*), 4	Baugé	Maine-et-L.
Suevres, 3 ½	Blois	Loir-et-Ch.
Sugères, 13	Clermont	Puy-de-Dô.
Sugny, 1 ½	Vouziers	Ardennes
Sugny (*Mont-Morot*), ¼	Lons-le-Saulnier	Jura
Suhare, 2 ½	Mauléon	B.-Pyrén.
Suhast, 5	Mauléon	B.-Pyrén.
Suhescun, 9	Mauléon	B.-Pyrén.
Suin, 5	Charolles	Saône-et-L.
Suines (*Grisy*), 4 ½	Melun	Seine-et-M.
Suippes, 6	Châlons-sur-Marne	Marne
Suisy-le-Franc, 4 ½	Epernay	Marne
Suliac (St.-), 2 ½	St.-Malo	Ille-et-Vil.
Sulignat, 10	Trévoux	Ain
Sully, 1	Bayeux	Calvados
Sully, 5 ½	Gien	Loiret
Sully, 6 ¼	Beauvais	Oise
Sully, 3	Autun	Saône-et-L.
Sully-la-Chapelle, 5 ¼	Orléans	Loiret
Sully-la-Tour, 1 ¾	Cosne	Nièvre
Sulniac, 4	Vannes	Morbihan
Sulpice (St.-), 3 ¼	Bourg	Ain
Sulpice (St.-) *Senergues*, 9	Rodez	Aveiron
Sulpice (St.-), ¼	Bayeux	Calvados
Sulpice (St.-), 2	Cognac	Charente
Sulpice (St.-), 4	Ruffec	Charente
Sulpice (St.-), 4 ¼	Marennes	Char.-Inf.
Sulpice (St.-), 3 ¼	Muret	H.-Garonne
Sulpice (St.-), 1 ¼	Libourne	Gironde
Sulpice (St.-), 8	Redon	Ille-et-Vil.
Sulpice (St.-), 5	Rennes	Ille-et-Vil.
Sulpice (St.-), 1 ½	Blois	Loir-et-Ch.
Sulpice (St.-), 1 ½	Roanne	Loire
Sulpice (St.-), 5 ½	Figeac	Lot
Sulpice (St.-), 3	Angers	Maine-et-L.
Sulpice (St.-), 2	Château-Gontier	Mayenne
Sulpice (St.-), 5 ¼	Nevers	Nièvre
Sulpice (St.-), 2	Beauvais	Oise
Sulpice (St.-), 5 ½	Lure	H.-Saône
Sulpice (St.-) (*Condal*) 5 ½	Louhans	Saône-et-L.
Sulpice (St.-), 10	Rambouillet	Seine-et-O.
Sulpice (St.-), 2 ½	Le Hâvre	Seine-Inf.
Sulpice (St.-), 5 ½	Peronne	Somme
Sulpice (St.-), 3	Lavaur	Tarn
Sulpice (St.-), 7	Bourbon-Vendée	Vendée
Sulpice (St.-), 5	Châtellerault	Vienne
Sulpice-d'Arnoult (St.-), 4 ¼	Saintes	Char.-Inf.
Sulpice-d'Excideuil (St.-), 8	Nontron	Dordogne
Sulpice-d'Eymet (St.-), 5 ½	Bergerac	Dordogne
Sulpice-d'Izon (St.-), 5 ¼	Bordeaux	Gironde
Sulpice-de-Bellengreville (St.-), 2 ¼	Dieppe	Seine-Inf.
Sulpice-de-Bois-Jerôme (St.-), 4	Les Andelys	Eure
Sulpice-de-Grainbouville (St.-), 1 ½	Pont-Audemer	Eure
Sulpice-de-Guilleragues (St.-), 4	La Réole	Gironde

Communes.	Arrondissem.	Départem.	Communes.	Arrondissem.	Départem.
Sulpice-de-la-Pierre (St.-), 7	Dieppe	Seine-Inf.	Surville, 1 1/2	Louviers	Eure
Sulpice-de-Mareuil (St.), 3 1/2	Nontron	Dordogne	Surville, 8 1/4	Coutances	Manche
Sulpice-de-Mulli (St.-), 3 1/2	Mortagne	Orne	Survilliers, 8	Pontoise	Seine-et-O.
Sulpice-de-Roumagnac (St.-), 2	Riberac	Dordogne	Sury, 2	Mézières	Ardennes
Sulpice-de-Sommiers (St.-), 7	La Réole	Gironde	Sury, 2	Montbrison	Loire
Sulpice-des-Landes (St.-), 6	Ancenis	Loire-Inf.	Sury-en-Vaux, 1 1/2	Sancerre	Cher
Sulpice-Laurière (St.-), 9	Bellac	H.-Vienne	Sury-ès-Bois, 4 1/2	Sancerre	Cher
Sulpice-le-Donzeil (St.-), 4 1/4	Aubusson	Creuse	Sury-près-l'Ere, 4 1/2	Sancerre	Cher
Sulpice-le-Dunois (St.-), 4 1/2	Guéret	Creuse	Surzur, 4	Vannes	Morbihan
Sulpice-le-Gueritois (St.-), 1 1/2	Guéret	Creuse	Sus, 5 1/2	Orthez	B.-Pyrén.
Sulpice-les-Bois (St.-), 3	Ussel	Corrèze	Sus-St.-Léger, 5	St.-Pol	Pas-de-Cal.
Sulpice-les-Champs (St.-), 3 1/4	Aubusson	Creuse	Suscy-le-Château, 3	Melun	Seine-et-M.
Sulpice-les-Feuilles (St.-), 9	Bellac	H.-Vienne	Susmion, 5 1/4	Orthez	B.-Pyrén.
Sulpice-sous-Vouvant (St.-), 3 1/2	Fontenay-le-Comte	Vendée	Sussac, 8	Limoges	H.-Vienne
Sulpice-sur-Rille (St.-), 6 1/4	Mortagne	Orne	Sussargues, 3 1/2	Montpellier	Hérault
Sulpice-sur-Yezès (St.-), 6 1/2	Dieppe	Seine-Inf.	Sussat, 3	Gannat	Allier
Sultzeren, 5 1/2	Colmar	Haut-Rhin	Sussaute, 6 (St.-), 6	Mauléon	B.-Pyrén.
Sumène, 3 1/4	Le Vigan	Gard	Susscey, 12	Beaune	Côte-d'Or
Sunarthe, 5 1/2	Orthez	B.-Pyrén.	Susville, 10	Grenoble	Isère
Sundhausen, 3	Schélestatt	Bas-Rhin	Sutrieu, 6 1/2	Belley	Ain
Sundhoffen, 1 1/4	Colmar	Haut-Rhin	Suzan, 4 1/2	Foix	Ariège
Sunhar, 4	Mauléon	B.-Pyrén.	Suzan, 5 1/2	Mont-de-Marsan	Landes
Sunharette, 4 1/2	Mauléon	B.-Pyrén.	Suzange (Sehrémange), 1 1/2	Thionville	Moselle
Supplet (St.-), 4	Briey	Moselle	Suzanne, 4	Vouziers	Ardennes
Supt, 5	Poligny	Jura	Suzanne (Ste.-), 1/2	Montbéliard	Doubs
Surance, 6	Mirecourt	Vosges	Suzanne (Ste.-), 8	Coutances	Manche
Surba, 5	Foix	Ariège	Suzanne (Ste.-), 1 1/2	St-Lô	Manche
Surcamps, 6 1/2	Doulens	Somme	Suzanne (Ste.-)*, 9 1/2	Laval	Mayenne
Surdon, 8	Alençon	Orne	Suzanne (Ste.-), 1/4	Orthez	B.-Pyrén.
Surdoux, 9	Limoges	H.-Vienne	Suzanne, 3 1/2	Péronne	Somme
Suré, 4 1/4	Mortagne	Orne	Suzannecourt, 5	Wassy	H.-Marne
Suresnes, 2 1/4	St.-Denis	Seine	Suzay, 2	Les Andelys	Eure
Surfond, 6 1/4	Le Mans	Sarthe	Suze (Marcheseuil), 11	Beaune	Côte-d'Or
Surfontaine, 4 1/2	St.-Quentin	Aisne	Suze, 8 3/4	Die	Drôme
Surgères*, 6 1/2	Rochefort	Char.-Inf.	Suze (la), 5 1/2	Le Mans	Sarthe
Surgy, 2	Clamecy	Nièvre	Suze-la-Rousse, 7	Montélimart	Drôme
Suriauville, 5	Neufchâteau	Vosges	Suzemont, 1 1/2	Wassy	H.-Marne
Surin, 3 1/4	Niort	2 Sèvres	Suzémont, 3 1/2	Briey	Moselle
Surin, 3 1/2	Civray	Vienne	Suzette, 5	Orange	Vaucluse
Suris, 4 1/2	Confolens	Charente	Suzoy, 5 1/4	Compiègne	Oise
Surjoux, -	Nantua	Ain	Suzy, 3	Laon	Aisne
Surmont, 7 1/2	Baume	Doubs	Sy, 5	Vouziers	Ardennes
Surques, 5	St.-Omer	Pas-de-Cal.	Syam, 6	Poligny	Jura
Surrain, 2 1/2	Bayeux	Calvados	Sylley, 1 1/2	Baume	Doubs
Surtainville, 6	Cherbourg	Manche	Sylvain. Voy. Silvain.		
Surtauville, 2 1/4	Louviers	Eure	Sylvange (Marange), 3	Metz	Moselle
Survaune (Chessy), 8 1/2	Troyes	Aube	Symphorien. Voy. Simphorien		
Survie, 5	Argentan	Orne	Sybille (la) (Cloudon),	Mirecourt	Vosges
Surville, 1/2	Pont-l'Evêque	Calvados	Synthe (Grande-), 1 1/2	Dunkerque	Nord
			Synthe (Petite-), 1	Dunkerque	Nord
			Syre (Ste.-) ou Rilly, 4	Arcis-sur-Aube	Aube

T.

			Tabaille, 5 3/4	Orthez	B.-Pyrén.
			Tabanac, 4 3/4	Bordeaux	Gironde
			Tablier (le), 10 1/4	Les Sables	Vendée

Communes.	Arrondissem.	Départem.
Tabre, 8 ¾	Pamiers	Ariége
Tache (la), 6	Ruffec	Chárente
Tachoires, 6	Auch	Gers
Tachouzin, 12 ½	Condom	Gers
Tachy (*Chalmaison*), 2 ½	Provins	Seine et-M.
Tacoigniers, 6 ¾	Rambouillet	Seine-et-O.
Taden, 1	Dinan	Côtes du-N.
Tadousse, 11 ½	Pau	B.-Pyrén.
Taglio-é-Isolaccio, 7	Bastia	Corse
Taguière (la), 5	Autun	Saône-et-L.
Tagnon, 2	Rethel	Ardennes
Tagolsheim, 1 ¾	Altkirch	Haut-Rhin
Tagsdorff, 1 ¼	Altkirch	Haut-Rhin
Tahure, 5	Ste.-Menéhould	Marne
Tailhac, 8 ¾	Brioude	H.-Loire
Taillades, 4	Avignon	Vaucluse
Taillan (le), 2 ¾	Bordeaux	Gironde
Taillancourt, 7 ½	Commercy	Meuse
Taillant, 2	St.-Jean-d'Angely	Char.-Inf.
Taillas, 3 ¾	Lectoure	Gers
Taillebois, 8 ½	Domfront	Orne
Taillebourg, 3 ½	St.-Jean-d'Angely	Char.-Inf.
Taillebourg (*Poulat*), 2	St.-Gaudens	H.-Garonne
Taillebourg, 1 ½	Marmande	Lot.-et-G.
Taille-Cavat, 6	La Réole	Gironde
Taillecourt, 1 ¼	Montbéliard	Doubs
Taillefontaine, 6 ½	Soissons	Aisne
Taillepied, 5	Valognes	Manche
Taillet, 3 ¼	Ceret	Pyrén.-Or.
Taillette (la) (*Rocroi*), ½	Rocroi	Ardennes
Tailleville, 3	Caen	Calvados
Taillis, 2	Vitré	Ille-et-Vil.
Tailly, 7	Vouziers	Ardennes
Tailly, 2	Beaune	Côte-d'Or
Tailly, 7	Amiens	Somme
Tain *, 5	Valence	Drôme
Taingy, 7	Auxerre	Yonne
Taisnières-en-Thiérache, 2	Avesnes	Nord
Taisnières-sur-Hon, 6	Avesnes	Nord
Taisnil, 4	Amiens	Somme
Taissy, 1 ½	Rheims	Marne
Taisy, 1 ¾	Rethel	Ardennes
Taix, 2 ¼	Albi	Tarn
Taizé, 7 ½	Mâcon	Saône-et-L.
Taizé, 9 ½	Bressuire	2 Sèvres
Taizé-Aizie, 1 ½	Ruffec	Charente
Tajan, 10	Bagnères	H.-Pyrén.
Talais, 5 ½	Lesparre	Gironde
Talange, 3	Metz	Moselle
Talant, ½	Dijon	Côte-d'Or
Talasani, 7 ¾	Bastia	Corse
Talau, 6 ½	Prades	Pyrén.-Or.
Talayran, 6	Carcassonne	Aude
Talazac, 2 ½	Tarbes	H.-Pyrén.
Talcy, 6	Blois	Loir-et-Ch.
Talcy, 4 ½	Avallon	Yonne
Talence, 1	Bordeaux	Gironde
Talencieux, 8	Tournon	Ardèche
Talensac, 1	Montfort	Ille-et-Vil.
Talespues, 10	Rodez	Aveiron
Talevieux (*La Cula*), 6 ¼	St.-Etienne	Loire
Talissieux, 3½	Belley	Ain
Talizat, 3	St.-Flour	Cantal

Communes.	Arrondissem.	Départem.
Tallano,	Sartène	Corse
Tallans, 3	Baume	Doubs
Tallard, 3 ¼	Gap	H.-Alpes
Tallavo, 7	Ajaccio	Corse
Tallenay, 2 ¼	Besançon	Doubs
Taller, 4 ½	Dax	Landes
Tallevender-le-Grand, 1 ¼	Vire	Calvados
Tallevender-le-Petit, ¾	Vire	Calvados
Tallon, 5	Clamecy	Nièvre
Tallonay, 6	Argentan	Orne
Talloné, 5 ¾	Corte	Corse
Tallu-Couillard (*St.-Prix*), 5 ¼	Epernay	Marne
Tallud-sur-Maine (le) 6 ¾	Fontenay-le-Comte	Vendée
Tallud-sur-Thoué (le) 1	Parthenay	2 Sèvres
Talluyers, 3 ¼	Lyon	Rhône
Talmas, 4 ¼	Doullens	Somme
Talmay, 7 ½	Dijon	Côte-d'Or.
Talmont, 7 ½	Saintes	Char.-Inf.
Talmont, 3 ¼	Les Sables	Vendée
Talmontier, 7	Beauvais	Oise
Taloire, 3	Castellanne	B.-Alpes
Tamerville, 1	Valognes	Manche
Tamnay, 4 ½	Château-Chinon	Nièvre
Tanaron, 5	Digne	B.-Alpes
Tanavelle, 2	St.-Flour	Cantal
Tancarville, 6 ½	Le Hâvre	Seine-Inf.
Tancoigné, 7	Saumur	Maine-et-L.
Tancon, 7 ¼	Charolles	Saône-et-L.
Tanconville, 4 ¾	Sarrebourg	Meurthe
Tancrou, 3 ¼	Meaux	Seine-et-M.
Tancua, 5	St.-Claude	Jura
Tangry, 3	St.-Pol	Pas-de-Cal.
Taniés, 3	Sarlat	Dordogne
Tanis, 4 ½	Avranches	Manche
Tanlay, 1 ¾	Tonnerre	Yonne
Tannay, 5	Vouziers	Ardennes
Tannay, 4 ¾	Dijon	Côte-d'Or
Tannay *, 3 ½	Clamecy	Nièvre
Tannay-sur-Loire, 16 ¾	Nevers	Nièvre
Tanneres, 9 ¼	Joigny	Yonne
Tannie, 7 ½	Le Mans	Sarthe
Tannières, 5 ½	Soissons	Aisne
Tannoy, 2	Bar-le-Duc	Meuse
Tanques, 1 ¾	Argentan	Orne
Tantelainville (*Vionville*, 3	Metz	Moselle
Tantonville, 6	Nancy	Meurthe
Tanu (le), 4 ¼	Avranches	Manche
Tanus, 7 ½	Albi	Tarn
Tanville, 5	Alençon	Orne
Tanzac, 5	Saintes	Char.-Inf.
Toan, 2 ½	Epinal	Vosges
Tapinieux (*La Cula*), 6 ¼	St.-Etienne	Loire
Taponas, 3 ¾	Villefranche	Rhône
Taponat, 8 ½	Confolens	Charente
Tarabel, 4 ¼	Villefranche	H.-Garonne
Taradeau, 3 ½	Draguignan	Var
Tarantaise, 2 ½	St.-Etienne	Loire
Tarare *, 6 ½	Villefranche	Rhône
Tarascon *, 4 ¼	Foix	Ariége
Tarascon *, 3 ¾	Arles	B.-du-Rhône
Tarastex, 3 ¼	Tarbes	H.-Pyrén.
Taravo,	Sartene	Corse

Communes.	Arrondissem.	Départem.
TARBES *	ch.-l de dép. 209	H.-Pyrén.
Tarcenay, 3 ¾	Besançon	Doubs
Tarcia, 9 ½	Lons-le-Saulnier	Jura
Tardais, 8 ¼	Dreux	Eure-et-L.
Tardes, 6	Boussac	Creuse
Tardets, 3 ½	Mauléon	B.-Pyrén.
Tardière (la), 5 ½	Fontenay-le-Comte	Vendée
Tardinghen, 4	Boulogne	Pas-de-Cal.
Tarerach, 3 ½	Prades	Pyrén.-Or.
Targassonne, 12 ¼	Prades	Pyrén.-Or.
Targé, 1	Châtellerault	Vienne
Target, 5	Gannat	Allier
Targon, 10	La Réole	Gironde
Tarlefesse (*Noyon*), 6 ½	Compiégne	Oise
Tarnac, 7 ¾	Ussel	Corrèze
Tarnés, 3 ½	Libourne	Gironde
Tarnos, 9 ½	Dax	Landes
Taron, 9 ½	Pau	B.-Pyrén.
Tarquimpol, 6 ½	Château-Salins	Meurthe
Tarrano, 5	Corte	Corse
Tarsac, 14 ½	Mirande	Gers
Tarsacq, 5 ½	Oléron	B.-Pyrén.
Tarsanne (*Moras*), 9 ½	Valence	Drôme
Tarsul, 5 ½	Dijon	Côte-d'Or
Tart-l'Abbaye, 4 ½	Dijon	Côte-d'Or
Tart-le-Bas, 4	Dijon	Côte-d'Or
Tart-le-Haut, 3 ¾	Dijon	Côte-d'Or
Tartaras, 6 ¼	St.-Etienne	Loire
Tartas *, 6 ¼	St.-Sever	Landes
Tartécourt, 7 ½	Vesoul	H.-Saône
Tartiers, 2	Soissons	Aube
Tartigny, 7 ½	Clermont	Oise
Tartonne, 6	Digne	B.-Alpes
Tartre (le), 7 ¼	Louhans	Saône-et-L.
Tartre-Gaudran (le), 9 ¼	Mantes	Seine-et-O.
Tartres (les) (*Jaux*), 1 ½	Compiégne	Oise
Tarzy, 4	Rocroi	Ardennes
Tasque, 11	Mirande	Gers
Tassé, 5	La Flèche	Sarthe
Tas·cuières, 5	Dôle	Jura
Tassillé, 6 ½	Le Mans	Sarthe
Tassilly, 1 ½	Falaise	Calvados
Tassins, 1 ¼	Lyon	Rhône
Tasso, 6 ½	Ajaccio	Corse
Tastre (le), 3	Barbezieux	Charente
Tatignecourt (*Valotte*), 1 ½	Mirecourt	Vosges
Tatinghem, ¾	St.-Omer	Pas-de-Cal.
Taugon-la-Ronde, 8 ½	La Rochelle	Char.-Inf.
Taulanne, 2	Castellanne	B.-Alpes
Taulé, 1 ½	Morlaix	Finistère
Taulhac, ½	Le-Puy	H.-Loire
Tauliguan *, 5 ¼	Montélimart	Drôme
Taulis, 6 ¼	Ceret	Pyrén.-Or.
Taulle (la), 4 ½	Compiégne	Oise
Taupont, ½	Ploërmel	Morbihan
Tauriac, 10 ¾	Rodez	Aveiron
Tauriac, 4 ½	Blaye	Gironde
Tauriac, 10 ¾	Figeac	Lot
Tauriac, 6 ¼	Gaillac	Tarn
Tauriers, ½	Argentière	Ardèche
Taurignan-Castel, 1 ½	St.-Girons	Ariége
Taurignan-Vieux, 1 ¼	St.-Girons	Ariége

Communes.	Arrondissem.	Départem.
Taurin-des-Ifs (St.-), 5 ¾	Bernay	Eure
Taurinnes, 8 ½	Rodez	Aveiron
Taurinya, 1 ¼	Prades	Pyrén-Or.
Taurize, 6	Carcassonne	Aude
Tauron, 2 ½	Bourganeuf	Creuse
Taussac, 16	Espalion	Aveiron
Taussac, 9	Béziers	Hérault
Tautavel, 6 ¼	Perpignan	Pyrén.-Or.
Tauves, * 12	Issoire	Puy-de-Dô.
Taux, 3	Soissons	Aisne
Tauxières, 4 ¾	Rheims	Marne
Tauxigny, 4	Loches	Indre-et-L.
Tauzia-le-Grand, 3 ¼	Condom	Gers
Tavaco, 3 ¾	Ajaccio	Corse
Tavagna, 7 ½	Bastia	Corse
Tavant, 2 ½	Chinon	Indre-et-L.
Tavaux, 7 ¾	Laon	Aisne
Tavaux, 2 ½	Dôle	Jura
Tavel, 6 ¾	Uzès	Gard
Tavera, 5 ¾	Ajaccio	Corse
Tavernay, 1 ½	Autun	Saône-et-L.
Tavernes (les) (*Coulonnieix*), 2 ½	Périgueux	Dordogne
Tavernes, 6	Brignoles	Var
Tavers, 6 ¼	Orléans	Loiret
Tavey, 9 ¾	Lure	H.-Saône
Tavignano,	Corte	Corse
Taxat, 4	Gannat	Allier
Taxenne, 5	Dôle	Jura
Tayac, 5 ½	Rodez	Aveiron
Tayac, 4	Sarlat	Dordogne
Tayac, 4 ¼	Libourne	Gironde
Taybosc, 5 ½	Lectoure	Gers
Tayrac, 6 ¾	Rodez	Aveiron
Tayrac, 6	Agen	Lot-et-Gar.
Tazilly, 9	Château-Chinon	Nièvre
Têche, 2	St.-Marcellin	Isère
Tecou, 2	Gaillac	Tarn
Tégrom, 4 ½	Lannion	Côtes-du-N.
Teich (le), 11	Bordeaux	Gironde
Teigneux (*Moras*), 10 ¼	Valence	Drôme
Teignveaux, 5 ½	Dôle	Jura
Teigny, 3 ¾	Clamecy	Nièvre
Teil. *Voy.* Theil		
Teilhede, 2	Riom	Puy-de-Dô.
Teilhet, 4.	Pamiers	Ariége
Teilhet, 7	Riom	Puy-de-Dô.
Teillay-le-Gaudin, 5	Pithiviers	Lonet
Teillay-St.-Benoit, 4 ¼	Pithiviers	Loiret
Teillé, 3 ½	Ancenis	Loire-Inf.
Teillé, 6 ¼	Le Mans	Sarthe
Teillet, 3	Montluçon	Allier
Teilleul (le), 3	Mortain	Manche
Teillots, 9 ¼	Périgueux	Dordogne
Telgruc, 5	Châteaulin	Finistère
Telindière (la) (*St.-Jean-de-Boizeau*), 7 ¼	Paimbœuf	Loire-Inf.
Tellancourt, 7 ½	Briey	Moselle
Tellecey, 4 ¾	Dijon	Côte-d'Or
Tellières-le-Plessis, 10 ½	Alençon	Orne
Tels (*Padiès*), 6	Albi	Tarn
Téméricourt, 4	Pontoise	Seine-et-O.
Temple (le),	Angoulême	Charente

Communes.	Arrondissem.	Départem.	Communes.	Arrondissem.	Départem.
Temple (le), 9	Bordeaux	Gironde	Terraube, 1 1/4	Lectoure	Gers
Temple (le), 4 1/2	Vendôme	Loir-et-Cher	Terre (Ste.-), 4 1/2	Libourne	Gironde
Temple (le) (*Vendôme*),	Vendôme	Loir-et-Cher	Terrebasse, 5 1/2	St.-Gaudens	H.-Garonne
			Terreclapier (la), 4	Albi	Tarn
Temple (le), 3 1/2	Savenay	Loire-Inf.	Terrefondrée, 7	Châtillon	Côte-d'Or
Temple (le), 3 3/4	Villeneuve-d'Agen	Lot-et-Gar.	Terrehault, 6 1/2	Mamers	Sarthe
			Terrier, 5	Vouziers	Ardennes
Temple (le) (*Vaux*), 6	Versailles	Seine-et-O.	Terrolles, 4 1/2	Limoux	Aude
Temple (le), 7	Bressuire	2 Sèvres	Terron, 1 1/2	Vouziers	Ardennes
Temple (le), 5	Montmorillon	Vienne	Terron-lès-Vendresse, 5	Mézières	Ardennes
Temple-d'Ayen (le), 5 1/2	Brives	Corrèze	Terroux, 5 1/2	Figeac	Lot
Temple-la-Guyon, 8	Périgueux	Dordogne	Tersannes, 5 1/2	Bellac	H.-Vienne
Templemars, 1 1/2	Lille	Nord	Terson, 8 1/2	Rodez	Aveiron
Templeuve, 4 1/4	Lille	Nord	Terssac, 1 1/2	Albi	Tarn
Templeux-la-Fosse, 2	Péronne	Somme	Tertre-St.-Denis (le), 3	Mantes	Seine-et-O.
Templeux-le-Guerard, 4 1/2	Péronne	Somme	Tertry, 3 1/2	Péronne	Somme
			Tertu, 1	Argentan	Orne
Tenay, 1	Belley	Ain	Terves, 1 1/2	Bressuire	2 Sèvres
Tence, 3	Yssingeaux	H.-Loire	Terville (*Veymerange*), 1/2	Thionville	Moselle
Tencin, 5	Grenoble	Isère	Tessancourt, 6 1/2	Versailles	Seine-et-O.
Tenda	Bastia	Corse	Tessé, 7	Mayenne	Mayenne
Tendon, 5	Remiremont	Vosges	Tessé-la-Madelaine, 5	Domfront	Orne
Tendos, 3 1/2	Rouen	Seine-Inf.	Tessel, 3 1/2	Caen	Calvados
Tendron, 8	St.-Amand	Cher	Tesson, 3 1/2	Saintes	Char.-Inf.
Tendu, 5 1/2	Châteauroux	Indre	Tesson, 1 1/2	Fontenay-le-Comte	Vendée
Teneur, 5	St.-Pol	Pas-de-Cal.			
Tennemare, 5 1/2	Le Hâvre	Seine-Inf.	Tessonnière (la), 5	Parthenay	2 Sèvres
Tenquin-le-Petit,	Sarreguemines	Moselle	Tessonnière (*Lencloître*), 4 1/2	Châtellerault	Vienne
Tenteling, 2	Sarreguemines	Moselle			
Tenting, 5	Thionville	Moselle	Tessoualle (la), 7	Beaupréau	Maine-et-L.
Tercé, 5 1/2	Poitiers	Vienne	Tessy, 3	Bayeux	Calvados
Tercillac, 4	Boussac	Creuse	Tessy, 4 1/2	St.-Lô	Manche
Tercis, 2	Dax	Landes	Testet, 6 1/2	Rodez	Aveiron
Terdeghem, 2	Hazebrouck	Nord	Tetaigne, 3 3/4	Sedan	Ardennes
Terguiers, 7 3/4	Laon	Aisne	Tête-de-Buch (la)*, 14	Bordeaux	Gironde
Terisse (la), 9	Espalion	Aveiron	Teteghem, 1 1/2	Dunkerque	Nord
Terjat, 5 1/2	Montluçon	Allier	Téterchen, 6 1/2	Metz	Moselle
Termes, 14	Carcassonne	Aude	Teting, 8 3/4	Metz	Moselle
Termes, 9 1/2	Marvejols	Lozère	Teuillac, 2 1/2	Blaye	Gironde
Terminiers, 9 7/8	Châteaudun	Eure-et-L.	Teulat, 6	Lavaur	Tarn
Ternand, 4	Villefranche	Rhône	Teulet, 2 1/2	Albi	Tarn
Ternant, 1	St.-Jean-d'Angély	Char.-Inf.	Teulières, 3 1	Villefranche	Aveiron
			Teyran, 2	Montpellier	Hérault
Ternant, 4 1/2	Dijon	Côte-d'Or	Teysac, 2 1/2	Nontron	Dordogne
Ternant, 18	Nevers	Nièvre	Teyssières, 8	Montélimart	Drôme
Ternant, 8	Argentan	Orne	Teyssières-de-Cornet, 2	Aurillac	Cantal
Ternant, 4	Issoire	Puy-de-Dô.	Teyssières-le-Boliés, 3 1/2	Aurillac	Cantal
Ternas, 1 1/2	St-Pol	Pas-de-Cal.	Teyssieux, 9 1/2	Figeac	Lot
Ternat, 4 1/2	Langres	H!-Marne	Teyssode, 3 1/2	Lavaur	Tarn
Ternay, 2 3/4	Vienne	Isère	Thaas, 10 1/4	Epernay	Marne
Ternay, 6	Vendôme	Loir-et-Ch.	Thaims, 4	Saintes	Char.-Inf.
Ternay, 2 1/2	Loudun	Vienne	Thairé, 5	Rochefort	Char.-Inf.
Ternes (les), 2	St.-Flour	Cantal	Thaix, 16 1/2	Nevers	Nièvre
Ternuay, 4 1/2	Lure	H.-Saône	Thal (*Drulingen*), 7 3/4	Saverne	Bas-Rhin
Terny, 1 1/2	Soissons	Aisne	Thal (*Marmoutier*), 1 1/2	Saverne	Bas-Rhin
Terrade-de-Maur (la), 15 1/2	Coudom	Gers	Thalamy, 2	Ussel	Corrèze
			Than, 2 1/2	Caen	Calvados
Terrade-St.-Aubin (la), 14	Condom	Gers	Thanenkirch, 4 1/2	Colmar	Haut-Rhin
			Thann, 8 3/4	Belfort	Haut-Rhin
Terramesnil, 1 1/4	Doullens	Somme	Thanvillé, 2	Schélestatt	Bas-Rhin
Terrans, 7 1/2	Louhans	Saône-et-L.	Tharaux, 5 1/2	Alais	Gard
Terrasse (la), 5	Grenoble	Isère	Tharoiseau, 2 1/2	Avallon	Yonne
Terrasse (la) (*Doizieux*), 5 1/2	St.-Etienne	Loire	Tharot, 2	Avallon	Yonne
			Thasdon (*Aytré*),	La Rochelle	Char.-Inf.
Terrasson*, 8	Sarlat	Dordogne	Thaumiers, 3 1/2	St.-Amand	Cher
Terrats, 5 1/4	Perpignan	Pyrén.-Or.	Thauvenay, 1	Sancerre	Cher

Communes.	Arrondissem.	Départem.
Thèbe, $15\frac{3}{4}$	Bagnères	H.-Pyrén.
Théding, 3	Sarreguemines	Moselle
Thedirac (*Mongesty*), 10	Gourdon	Lot
Thegonnec (St.-), 3	Morlaix	Finistère
Thegra, $11\frac{1}{2}$	Gourdon	Lot
Thehillac, 14	Vaunes	Morbihan
Theil, 6	Moulins	Allier
Theil (le), 7	Privas	Ardèche
Theil (le), 2	Pont-l'Evêque	Calvados
Theil (le), 4	Vire	Calvados
Theil (le), $11\frac{1}{2}$	Evreux	Eure
Theil (le), 9	Vitré	Ille-et-Vil.
Theil (le), 3	Cherbourg	Manche
Theil (le), 7	Mortagne	Orne
Theil, $3\frac{1}{2}$	Sens	Yonne
Theil-Nolent (le), $2\frac{1}{2}$	Bernay	Eure
Theil-Rabier, $3\frac{1}{2}$	Ruffec	Charente
Theillay, 7	Romorantin	Loir-et-Ch.
Theillement (le), 6	Pont-Audemer	Eure
Theix, 2	Vannes	Morbihan
Theizé, $1\frac{3}{4}$	Villefranche	Rhône
Thel, 9	Villefranche	Rhône
Théligné, $9\frac{1}{2}$	Mamers	Sarthe
Thélis-la-Combe, $5\frac{3}{4}$	St.-Etienne	Loire
Thélo (St.-), $2\frac{3}{4}$	Loudéac	Côtes-du-N.
Théloché, $4\frac{1}{4}$	Le Mans	Sarthe
Thelod, $5\frac{1}{2}$	Nancy	Meurthe
Thelonne (*Noyers*), $1\frac{1}{4}$	Sedan	Ardennes
Thélus, 2	Arras	Pas-de-Cal.
Themines, $4\frac{3}{4}$	Figeac	Lot
Theminettes, $4\frac{3}{4}$	Figeac	Lot
Thenac, $2\frac{1}{4}$	Saintes	Char.-Inf.
Thenac, $4\frac{1}{2}$	Bergerac	Dordogne
Thenailles, $\frac{3}{4}$	Vervins	Aisne
Thenay, $7\frac{1}{2}$	Le Blanc	Indre
Thenay, $6\frac{1}{4}$	Blois	Loir-et-Ch.
Thenelles, $3\frac{1}{2}$	St.-Quentin	Aisne
Thenet, 3	Montmorillon	Vienne
Théneuil, $4\frac{1}{4}$	Chinon	Indre-et-L.
Theneuille, 7	Montluçon	Allier
Thénezay, $4\frac{3}{4}$	Parthenay	2 Sèvres
Thénioux, $11\frac{1}{4}$	Bourges	Cher
Thenissey, $4\frac{1}{2}$	Semur	Côte-d'Or.
Thénisy, $3\frac{1}{2}$	Provins	Seine-et-M.
Thennelières, $1\frac{1}{2}$	Troyes	Aude
Thennes, 5	Montdidier	Somme
Thenon, 10	Périgueux	Dordogne
Thénorgues, $3\frac{3}{4}$	Vouziers	Ardennes
Théodorit (St.-), $12\frac{1}{2}$	Le Vigan	Gard
Théoffrey (St.-), 8	Grenoble	Isère
Therdonne, $1\frac{3}{4}$	Beauvais	Oise
Therence (Ste.-), 3	Montluçon	Allier
Thérinnes, $6\frac{1}{2}$	Beauvais	Oise
Thermes, $3\frac{3}{4}$	Vouziers	Ardennes
Thermes, $11\frac{3}{4}$	Mirande	Gers
Thermes, 15	Bagnères	H.-Pyrén.
Thermes (*Neuilly*), 2	St.-Denis	Seine
Theron (le) (*Praissac*), $7\frac{1}{2}$	Cahors	Lot
Therondels, $22\frac{1}{4}$	Espalion	Aveiron
Thérouannes, $3\frac{1}{2}$	St.-Omer	Pas-de-Cal.
Thervay, $5\frac{1}{2}$	Dôle	Jura
Thésée, $8\frac{1}{2}$	Blois	Loir-et-Ch.
Thesy, $5\frac{1}{2}$	Poligny	Jura
Thesy-Glimont, 3	Amiens	Somme
Thetieu, $2\frac{1}{4}$	Dax	Landes

Communes.	Arrondissem.	Départem.
Theuley, $7\frac{1}{2}$	Gray	H.-Saône
Theurthéville, 3	Cherbourg	Manche
Theurteville-Boccage, 4	Valognes	Manche
Theuville, 3	Pontoise	Seine-et-O.
Théus, $7\frac{1}{2}$	Embrun	H.-Alpes
Theuville, $3\frac{1}{2}$	Chartres	Eure-et-L.
Theuville-aux-Maillots, $5\frac{1}{2}$	Yvetot	Seine-Inf.
Theuvy, $4\frac{3}{4}$	Dreux	Eure-et-L.
Theux, 3	Mirande	Gers
Théval, $\frac{1}{4}$	Mortagne	Orne
Thevet-St.-Julien, 2	La Châtre	Indre
Thevet-St.-Martin, 2	La Châtre	Indre
Théville, $3\frac{3}{4}$	Cherbourg	Manche
Thevray, 5	Bernay	Eure
They, $8\frac{1}{2}$	Nancy	Meurthe
They (*Sorans-lès-Beurey*), $7\frac{1}{4}$	Vesoul	H.-Saône
They-sous-Montfort, $3\frac{1}{2}$	Mirecourt	Vosges
Theys, $6\frac{1}{4}$	Grenoble	Isère
Théza, 2	Perpignan	Pyrén.-Or.
Thézac, 3	Saintes	Char.-Inf.
Thézan, $7\frac{1}{2}$	Narbonne	Aude
Thezan, 2	Béziers	Hérault
Thèze, 4	Sisteron	B.-Alpes
Thèze, $5\frac{1}{2}$	Pau	B.-Pyrén.
Thezey, 7	Nancy	Meurthe
Théziers, $6\frac{1}{4}$	Limoux	Aude
Theziers, 6	Nismes	Gard
Thezillieu, 5	Belley	Ain
Thiais, $1\frac{3}{4}$	Sceaux	Seine
Thiancourt, 5	Belfort	Haut-Rhin
Thianges, $8\frac{1}{4}$	Nevers	Nièvre
Thiant, $8\frac{1}{4}$	Douai	Nord
Thias (*Darnat*), $4\frac{1}{2}$	Bellac	H.-Vienne
Thiaucourt, $6\frac{1}{2}$	Toul	Meurthe
Thiaville, 8	Lunéville	Meurthe
Thibault (St.-), $6\frac{1}{2}$	Soissons	Aisne
Thibault (St.-), $3\frac{1}{4}$	Troyes	Aube
Thibault (St.-), 4	Semur	Côte-d'Or
Thibault (St.-), $8\frac{1}{4}$	Beauvais	Oise
Thibaut (St.-), $4\frac{1}{4}$	Meaux	Seine-et-M.
Thibermesnil, $2\frac{1}{4}$	Yvetot	Seine-Inf.
Thiberville, 3	Bernay	Eure
Thibery (St.-), $5\frac{1}{4}$	Béziers	Hérault
Thibie, 3	Châlons-sur-Marne	Marne
Thibivilliers, 5	Beauvais	Oise
Thibouville, $4\frac{1}{2}$	Bernay	Eure
Thicourt, 7	Metz	Moselle
Thiébaud (St.-), $5\frac{1}{2}$	Poligny	Jura
Thiébault (St.-), 10	Chaumont	H.-Marne
Thiébaumenil, 3	Lunéville	Meurthe
Thiéblemont, $2\frac{1}{4}$	Vitry-le-Français	Marne
Thiébouans, $8\frac{3}{4}$	Montbéliard	Doubs
Thiédeville, $6\frac{1}{2}$	Dieppe	Seine-Inf.
Thieffrain, 2	Bar-sur-Seine	Aube
Thieffrans, $6\frac{1}{2}$	Vesoul	H.-Saône
Thiel, 4	Moulins	Allier
Thiellay (*Dadonville*), $1\frac{1}{4}$	Pithiviers	Loiret
Thiembronne, 5	St.-Omer	Pas-de-Cal.
Thienans, $6\frac{3}{4}$	Vesoul	H.-Saône
Thiennes, $2\frac{3}{4}$	Hazebrouck	Nord
Thiepval, 6	Peronne	Somme

Communes.	Arrondissem.	Départem.
Thiergeville, $5\frac{1}{4}$	Yvetot	Seine-Inf.
Thierny (*Presles*), $1\frac{1}{2}$	Laon	Aisne
Thierret (*Clacy*), 1	Laon	Aisne
Thierry (St.-), 2	Rheims	Marne
Thiers, 1	Senlis	Oise
THIERS*,	ch.-l. d'ar., 103	Puy-de-Dô.
Thierville, 4	Pont-Audemer	Eure
Thierville, $\frac{1}{2}$	Verdun	Meuse
Thiery (*Coulvain*), 7	Vire	Calvados
Thiescourt, 4	Compiégne	Oise
Thiétreville, $4\frac{3}{4}$	Yvetot	Seine-Inf.
Thieulin, 7	Nogent-le-Rotrou	Eure-et-L.
Thieuloy, 6	Beauvais	Oise
Thieuloy-l'Abbaye, 7	Amiens	Somme
Thieuloy-la-Ville, 8	Amiens	Somme
Thieuloye (la), $2\frac{1}{2}$	St-Pol	Pas-de-Cal.
Thieux, $6\frac{1}{2}$	Clermont	Oise
Thieux, 4	Meaux	Seine-et-M
Thiéville, 6	Lisieux	Calvados
Thièvres, 7	Arras	Pas-de-Cal.
Thièvres, $2\frac{3}{4}$	Doullens	Somme
Thiezac, 5	Aurillac	Cantal
Thignonville, $3\frac{1}{2}$	Pithiviers	Loiret
Thil, $7\frac{3}{4}$	Trévoux	Ain
Thil, 3	Bar-sur-Aube	Aube
Thil (le), 3	Les Andelys	Eure
Thil, 6	Toulouse	H.-Garonne
Thil, $2\frac{1}{4}$	Rheims	Marne
Thil, $5\frac{3}{4}$	Briey	Moselle
Thil (le), 4	Dieppe	Seine-Inf.
Thil (le) (*Saules*), $1\frac{1}{4}$	Amiens	Somme
Thil-Chatel, 5	Dijon	Cote-d'Or
Thil-en-Bray (le), $7\frac{1}{2}$	Neufchâtel	Seine-Inf.
Thil-sur-Arroux, 6	Autun	Saône-et-L.
Thillac, 3	Mirande	Gers
Thillay, 4	Mézières	Ardennes
Thilleul-Lambert, $4\frac{1}{2}$	Evreux	Eure
Thilleux, 4	Wassy	H.-Marne
Thilliers (les)*, 4	Les-Andelys	Eure
Thillois, $1\frac{1}{4}$	Rheims	Marne
Thillombois, 7	Commercy	Meuse
Thillot, $6\frac{1}{2}$	Verdun	Meuse
Thillot (le) (*Ramonchamp*), $6\frac{1}{2}$	Remiremont	Vosges
Thilly, $7\frac{1}{2}$	Le Blanc	Indre
Thilouze, $6\frac{1}{2}$	Chinon	Indre-et-L.
Thimert, $5\frac{1}{2}$	Dreux	Eure-et-L.
Thimonville, $5\frac{3}{4}$	Metz	Moselle
Thimory, $3\frac{1}{4}$	Montargis	Loiret
Thin-le-Moustier, 4	Mézières	Ardennes
Thines, $6\frac{1}{2}$	Argentière	Ardèche
Thiolières, $1\frac{1}{4}$	Ambert	Puy-de-D
Thionne, 5	La Palisse	Allier
THIONVILLE*,	ch.-l. d'ar., 80	Moselle
Thionville, 3	Etampes	Seine-et-O.
Thionville, $7\frac{1}{2}$	Mantes	Seine-et-O
Thionville, $3\frac{1}{4}$	Yvetot	Seine-Inf.
Thiré, $4\frac{3}{4}$	Fontenay-le-Comte	Vendée
Thiron-Gardais, 4	Nogent-le-Rotrou	Eure-et-L.
This, 2	Mézières	Ardennes
Thise, $1\frac{3}{4}$	Besançon	Doubs
Thisy, $4\frac{1}{2}$	Avallon	Yonne
Thivars, 2	Chartres	Eure-et-L.

Communes.	Arrondissem.	Départem.
Thivencelle, $11\frac{1}{4}$	Douai	Nord
Thivernon, $5\frac{1}{2}$	Pithiviers	Loiret
Thiverny, 3	Senlis	Oise
Thiverval, 4	Versailles	Seine-et-O.
Thivet, 5	Chaumont	H.-Marne
Thiviers*, $6\frac{3}{4}$	Nontron	Dordogne
Thiville, 2	Châteaudun	Eure-et-L.
Thizay, $2\frac{1}{4}$	Issoudun	Indre
Thizay, $1\frac{3}{4}$	Chinon	Indre-et-L.
Thizy, 9	Villefranche	Rhône
Thoard, 4	Digne	B.-Alpes
Thodure, $6\frac{1}{2}$	St.-Marcellin	Isère
Thoiras, $8\frac{1}{4}$	Le Vigan	Gard
Thoiré, $4\frac{1}{2}$	Mamers	Sarthe
Thoiré, 8	St.-Calais	Sarthe
Thoires, $3\frac{1}{4}$	Châtillon	Côte-d'Or
Thoirette, $12\frac{1}{2}$	Lons-le-Saulnier	Jura
Thoiria, 6	Lons-le-Saulnier	Jura
Thoiry, $3\frac{1}{4}$	Gex	Ain
Thoiry, $5\frac{3}{4}$	Rambouillet	Seine-et-O.
Thoissey*, 9	Trévoux	Ain
Thoisy-la-Berchère, 7	Semur	Côte-d'Or
Thoisy-le-Désert, 9	Beaune	Côte-d'Or
Thoix, $7\frac{1}{2}$	Amiens	Somme
Thol, 7	Chaumont	H.-Marne
Tholet, 3	Espalion	Aveiron
Tholy (le), $4\frac{1}{2}$	Remiremont	Vosges
Thomas (St.-), $5\frac{1}{2}$	Laon	Aisne
Thomas, $5\frac{1}{2}$	Saintes	Char.-Inf.
Thomas, $7\frac{3}{4}$	Valence	Drôme
Thomas (St.-), $5\frac{3}{4}$	Muret	H.-Garonne
Thomas (St.-), $3\frac{1}{2}$	Ste.-Menéhould	Marne
Thomas (St.-), 7	Mayenne	Mayenne
Thomas-de-Conac (St.-), $4\frac{3}{4}$	Jonzac	Char.-Inf.
Thomas-de-St.-Lô (St.-), $\frac{1}{4}$	St.-Lô	Manche
Thomas-la-Chaussée (St.-), $3\frac{1}{2}$	Rouen	Seine-Inf.
Thomas-la-Garde (St.-), 1	Montbrison	Loire
Thomé (St.-), 9	Privas	Ardèche
Thomes, 3	Evreux	Eure
Thomery, $1\frac{1}{2}$	Fontainebleau	Seine-et-M.
Thomirey, 4	Beaune	Côte-d'Or.
Thon (le), $4\frac{1}{2}$	Rochefort	Char.-Inf.
Thonac, 7	Sarlat	Dordogne
Thonan (St.-), 4	Brest	Finistère
Thonnance, 5	Wassy	H.-Marne
Thonnance-lès-Moulins, $7\frac{3}{4}$	Wassy	H.-Marne
Thonne-la-Longue, $1\frac{1}{2}$	Montmédy	Meuse
Thonne-le-Thil, $1\frac{1}{4}$	Montmédy	Meuse
Thonne-les-Prés, $\frac{1}{2}$	Montmédy	Meuse
Thonnelle, $\frac{3}{4}$	Montmédy	Meuse
Thons (les), 10	Neufchâteau	Vosges
Thonville, 7	Metz	Moselle
Thor, 3	Avignon	Vaucluse
Thorailles, $3\frac{1}{4}$	Montargis	Loiret
Thoraise, $3\frac{1}{4}$	'esançon	Doubs
Thoranne (Basse-), 11	Castellanne	B.-Alpes
Thoranne (Haute-), 11	Castellanne	B.-Alpes
Thoras, $9\frac{1}{2}$	Le Puy	H.-Loire
Thoré, 2	Vendôme	Loir-et-Ch.

Communes.	Arrondissem.	Départem.	Communes.	Arrondissem.	Départem.
Thorée, 2	La Flèche	Sarthe	Thuit-Hebert (le), 6	Pont-Audemer	Eure
Thorel-le-Défend (*Vievv*) 10 3/4	Beaune	Côte-d'Or	Thuit-Signol (le), 5 1/4	Louviers	Eure
			Thuit-Simer (le), 5 1/2	Louviers	Eure
Thorenc, 9	Tournon	Ardèche	Thumeréville, 2 3/4	Briey	Moselle
Thorette (Ste.-), 3 1/4	Bourges	Cher	Thumeries, 4 1/4	Lille	Nord
Thorey, 7 1/4	Nancy	Meurthe	Thun, 9 1/2	Douai	Nord
Thorey, 3 1/2	Tonnerre	Yonne	Thun-Levêque, 2 1/2	Cambrai	Nord
Thorey-les-Epoisses, 2 2/7	Dijon	Côte-d'Or	Thun-St.-Martin, 2 1/2	Cambrai	Nord
Thorey-sous-Charny, 5	Semur	Côte-d'Or	Thuré, 1 1/2	Chatellerault	Vienne
Thorey-sur-Ouche, 4 1/2	Beaune	Côte-d'Or	Thuret, 3	Riom	Puy-de-Dô.
Thorigné, 2 1/4	Rennes	Ille-et-Vil.	Thurey, 5 1/2	Besançon	Doubs
Thorigné, 4	Segré	Maine-et-L.	Thurey, 4 1/4	Louhans	Saône-et-L.
Thorigné, 9	Laval	Mayenne	Thurial (St.-), 4 1/2	Montfort	Ille-et-Vil.
Thorigné, 5 1/2	St.-Calais	Sarthe	Thurien (St.-), 2	Pont-Audemer	Eure
Thorigné, 2 2/7	Melle	2 Sèvres	Thurien (St.-), 2	Quimperlé	Finistère
Thorigny*, 5 1/2	St.-Lô	Manche	Thurin (St.-), 10	Roanne	Loire
Thorigny, 4	Meaux	Seine-et-M.	Thurins, 3 1/2	Lyon	Rhône
Thorigny, 4	Bourbon-Vendée	Vendée	Thury, 7	Beaune	Côte-d'Or
			Thury (*Woippy*), 1	Metz	Moselle
Thorigny, 5 1/2	Sens	Yonne	Thury, 8	Senlis	Oise
Thorigny-sur-le-Mignon, 4 1/2	Niort	2 Sèvres	Thury, 7	Auxerre	Yonne
			Thury-Harcourt*, 6 1/2	Falaise	Calvados
Thoriseau (*Ogny*), 12 1/2	Beaune	Côte-d'Or	Thury-sous-Clermont, 2	Clermont	Oise
Thoronet (le), 3 1/2	Draguignan	Var	Thuy, 5	Tarbes	H.-Pyrén.
Thors, 2 1/2	Bar-sur-Aube	Aube	Tibiran, 12	Baguères	H.-Pyrén.
Thors, 5	St.-Jean-d'Angely	Char.-Inf.	Tichémont, 2	Briey	Moselle
			Ticheville, 8	Argentan	Orne
Thory, 3	Montdidier	Somme	Tichey, 8	Beaune	Côte-d'Or
Thoste, 2 1/2	Semur	Côte-d'Or	Tieffenbach, 6	Saverne	Bas-Rhin
Thou, 4 1/2	Sancerre	Cher	Tiercé, 3 1/2	Angers	Maine-et-L.
Thou, 6 1/2	Gien	Loiret	Tiercelet, 5 1/2	Briey	Moselle
Thouarcé, 9	Saumur	Maine-et-L.	Tiercent (le), 3 1/4	Fougère	Ille-et-Vil.
Thouaré, 2 1/2	Nantes	Loire-Inf.	Tierceville, 3 1/2	Bayeux	Calvados
Thouars, 8 1/2	Pamiers	Ariège	Tieruu, 6 1/2	Laon	Aisne
Thouars, 4	Nérac	Tarn-et-G.	Tieste, 9 2/3	Mirande	Gers
Thouars*, 7	Bressuire	2 Sèvres	Tiffauges, 13	Bourbon-Vendée	Vendée
Thouarsais, 5	Fontenay-le-Comte	Vendée			
			Tigeaux, 4	Coulommiers	Seine-et-M.
Thouels, 8	St.-Affrique	Aveiron	Tigery, 1	Corbeil	Seine-et-O.
Thoulis, 5	Laon	Aisne	Tignac, 9 1/2	Foix	Ariége
Thoult (le), 5 1/2	Epernay	Marne	Tigné, 7	Saumur	Maine-et-L.
Thouluch, 10 1/4	Espalion	Aveiron	Tignécourt, 9 2/3	Neufchâteau	Vosges
Thourotte, 2 1/2	Compiégne	Oise	Tignet (le), 3	Grasse	Var
Thoury. *Voyez* Toury			Tignieux, 9 1/4	La Tour-du-Pin	Isère
Thouzon, 3	Avignon	Vaucluse	Tignomont (*Plappeville*), 1/2	Metz	Moselle
Thual (St.-), 10	St.-Malo	Ille-et-Vil.			
Thuelin, 4	La Tour-du-Pin	Isère	Tigny (*Parcy*), 3	Soissons	Aisne
Thués-de-Llar, 4 1/2	Prades	Pyrén.-Or.	Tigny, 3	Montreuil	Pas-de-Cal.
Thués-eu-Travals, 5 1/2	Prades	Pyrén.-Or.	Tigy, 5 1/2	Orléans	Loiret
Thuyets, 5 1/2	Argentière	Ardèche	Til. *Voyez* Thil		
Thuilerie (la), 4 1/2	Dôle	Jura	Tilh, 7	Dax	Landes
Thuilerie (la) (*Vendôme*),	Vendôme	Loir-et-Ch.	Tillard, 3 1/4	Beauvais	Oise
Thuilerie (la) (*Sezannes*), 9	Epernay	Marne	Tillay (le), 3	Pontoise	Seine-et-O.
			Tillay-le-Peneux, 11	Châteaudun	Eure-et-L.
Thuilerie (la) (*Jonquière*), 1 3/4	Compiégne	Oise	Tillaye (le), 8	Fontenay-le-Comte	Vendée
Thuileries (*Montat*), 2	Cahors	Lot	Tillé, 1 1/2	Beauvais	Oise
Thuiles (les), 2	Barcelonnette	B.-Alpes	Tillenay, 6 1/4	Dijon	Côte-d'Or.
Thuilley-aux-Groseilles, 3	Toul	Meurthe	Tilleul (le), 4 3/4	Lisieux	Calvados
			Tilleul-Dame-Agnès (le), 5 1/2	Bernay	Eure
Thuillières, 6 1/4	Mirecourt	Vosges	Tilleul-en-Ouche (le), 3 1/2	Bernay	Eure
Thuir, 3 1/4	Perpignan	Pyrén.-Or.	Tilleul-Fol-Enfant (le), 1 1/4	Bernay	Eure
Thuisy (*Etissac*), 5 1/2	Troyes	Aube			
Thuisy, 4 1/4	Rheims	Marne			
Thuit (le), 1	Les Andelys	Eure	Tilleul (Notre-Dame du), 6 1/2	Argentan	Orne
Thuit-Anger (le), 4 1/4	Louviers	Eure			

Communes.	Arrondissem.	Départem.
Tilleul-Othon (le), 3 $\frac{3}{4}$	Bernay	Eure
Tilleux, 1 $\frac{1}{2}$	Neufchâteau	Vosges
Tillières*, 7	Evreux	Eure
Tilliers, 5 $\frac{1}{2}$	Beaupréau	Maine-et-L.
Tilloloy, 3 $\frac{1}{2}$	Montdidier	Somme
Tillou, 2	Melle	2 Sèvres
Tillouze, 4 $\frac{1}{2}$	Bagnères	H.-Pyren.
Tilloy, 4	Ste.-Menéhould	Marne
Tilloy, 2	Cambrai	Nord
Tilloy, 5 $\frac{1}{4}$	Douai	Nord
Tilloy, 5	St.-Pol	Pas-de-Cal.
Tilloy, 5 $\frac{1}{4}$	Abbeville	Somme
Tilloy-le-Conty, 4 $\frac{1}{2}$	Amiens	Somme
Tilloy-lès-Bapaume, 5 $\frac{1}{4}$	Arras	Pas-de-Cal.
Tilloy-lès-Mofflaines, 1	Arras	Pas-de-Cal.
Tilly, 4	Les Andelys	Eure
Tilly, 5	Verdun	Meuse
Tilly, 4 $\frac{3}{4}$	Mantes	Seine-et-O.
Tilly-Capelle, 3 $\frac{3}{4}$	St.-Pol	Pas-de-Cal.
Tilly-la-Campagne, 2 $\frac{1}{4}$	Caen	Calvados
Tilly-sur-Seulles*, 4 $\frac{1}{2}$	Caen	Calvados
Tilques, 1	St.-Omer	Pas-de-Cal.
Tincey, 7	Gray	H.-Saône
Tinchebray*, 5	Domfront	Orne
Tincourt (*Venteuil*), 2 $\frac{3}{4}$	Epernay	Marne
Tincourt (*Vinay*), 1 $\frac{1}{4}$	Epernay	Marne
Tincourt, 2	Péronne	Somme
Tincques*, 3 $\frac{3}{4}$	St.-Pol	Pas-de-Cal.
Tinery, 3 $\frac{1}{4}$	Château-Salins	Meurthe
Tingry, 4 $\frac{1}{2}$	Boulogne	Pas-de-Cal.
Tinqueux, $\frac{3}{4}$	Rheims	Marne
Tinteniac, 11 $\frac{1}{4}$	St.-Malo	Ille-et-Vil.
Tintry, 5	Autun	Saône-et-L.
Tintury, 8	Château-Chinon	Nièvre
Tiranges, 5	Yssingeaux	H.-Loire
Tirencourt (*Lachaussée*), 3	Amiens	Somme
Tirent, 5 $\frac{1}{2}$	Auch	Gers
Tirieu (*Courtenai*), 6	La Tour-du-Pin	Isère
Tirlancourt (*Guiscard*), 8 $\frac{1}{4}$	Compiégne	Oise
Tirocourt, 1	Mirecourt	Vosges
Tirpied, 2 $\frac{1}{2}$	Avranches	Manche
Tissey, 1 $\frac{1}{4}$	Tonnerre	Yonne
Tissonnière (*Jose*), 3 $\frac{1}{2}$	Thiers	Puy-de-Dô.
Titre (le), 3	Abbeville	Somme
Tiviers, 1 $\frac{1}{2}$	St.-Flour	Cantal
Tizac, 5 $\frac{3}{4}$	Villefranche	Aveiron
Tizac, 3 $\frac{1}{2}$	Libourne	Gironde
Tizac, 9 $\frac{1}{4}$	Libourne	Gironde
Tizon, 4	Gannat	Allier
Tocane, 4	Riberac	Dordogne
Tocqueville, 2	Pont-Audemer	Eure
Tocqueville, 5 $\frac{1}{4}$	Cherbourg	Manche
Tocqueville-en-Caux, 4	Dieppe	Seine-Inf.
Tocqueville-les-Murs, 8 $\frac{1}{2}$	Le Hâvre	Seine-Inf.
Tocqueville près Eu, 4 $\frac{1}{2}$	Dieppe	Seine-Inf.
Tœufle, 3	Abbeville	Somme
Toges, 1 $\frac{3}{4}$	Vouziers	Ardennes
Togny-aux-Bœufs, 5 $\frac{1}{2}$	Châlons-sur-Marne	Marne
Toigné, 3	Mamers	Sarthe
Toirac (*Laroque*), 5 $\frac{1}{2}$	Figeac	Lot
Toisac, 2 $\frac{1}{2}$	Rodez	Aveiron
Toissia, 9 $\frac{1}{2}$	Lons-le-Saulnier	Jura
Tollaincourt, 7	Neufchâteau	Vosges
Tollent, 7 $\frac{1}{2}$	St.-Pol	Pas-de-Cal.
Tollevast, 2 $\frac{3}{4}$	Cherbourg	Manche
Tombe (la) 7 $\frac{1}{2}$	Provins	Seine-et-M.
Tombebœuf, 6 $\frac{1}{4}$	Villeneuve-d'Agen	Lot-et-Gar.
Tomblaine, 1	Nancy	Meurthe
Tominzo, 5	Bastia	Corse
Tonils (les), 13 $\frac{1}{4}$	Die	Drôme
Tonnac, 6	Gaillac	Tarn
Tonnay-Boutonne, 3	St.-Jean-d'Angely	Char.-Inf.
Tonnay-Charente*, 1 $\frac{3}{4}$	Rochefort	Char.-Inf.
Tonneins*, 4	Marmande	Lot-et-Gar.
Tonnencourt, 3 $\frac{3}{4}$	Lisieux	Calvados
TONNERRE*,	ch.-l. d'arr., 49	Yonne
Tonneville, 1 $\frac{3}{4}$	Cherbourg	Manche
Tonneville, 6 $\frac{1}{2}$	Yvetot	Seine-Inf.
Tonnoy, 4 $\frac{1}{2}$	Nancy	Meurthe
Tonquédec, 2 $\frac{1}{2}$	Lannion	Côtes du-N.
Tontuit (le), 2	Pont-l'Evêque	Calvados
Torcay (*St.-Ange*), 3 $\frac{1}{2}$	Dreux	Eure-et-L.
Torcé, 2 $\frac{1}{2}$	Vitré	Ille-et-Vil.
Torcé, 11	Laval	Mayenne
Torcé, 6 $\frac{1}{4}$	Le Mans	Sarthe
Torcenay, 3	Langres	H.-Marne
Torchamp, 1 $\frac{1}{2}$	Domfront	Orne
Torchefelon, 2 $\frac{1}{2}$	La Tour-du-Pin	Isère
Torcheville, 9	Château-Salins	Meurthe
Torchon (le) (*Heunezel*), 10 $\frac{1}{2}$	Mirecourt	Vosges
Torcieu, 8	Belley	Ain
Torcy, 1 $\frac{3}{4}$	Château-Thierry	Aisne
Torcy, $\frac{1}{4}$	Sedan	Ardennes
Torcy, 2	Semur	Côte-d'Or
Torcy, 5	Montreuil	Pas-de-Cal.
Torcy, 6	Autun	Saône-et-L.
Torcy, 5 $\frac{1}{2}$	Meaux	Seine-et-M.
Torcy-le-Grand, 3	Arcis-sur-Aube	Aube
Torcy-le-Grand, 3 $\frac{1}{2}$	Dieppe	Seine-Inf.
Torcy le-Petit, 1	Arcis-sur-Aube	Aube
Torcy-le-Petit, 3	Dieppe	Seine-Inf.
Tordères, 7 $\frac{3}{4}$	Perpignan	Pyrén.-Or.
Tordouet, 3 $\frac{1}{2}$	Lisieux	Calvados
Torfou, 5	Beaupréau	Maine-et-L.
Torfou, 3	Etampes	Seine-et-O.
Torgia, 4 $\frac{1}{3}$	Ajaccio	Corse
Torigny. *Voy.* Thorigny		
Tornac, 3 $\frac{1}{2}$	Alais	Gard
Tornay, 7	Laugres	H.-Marne
Torp (le), 3 $\frac{1}{2}$	Yvetot	Seine-Inf.
Torpes, 3 $\frac{3}{4}$	Besançon	Doubs
Torpes, 7 $\frac{3}{4}$	Louhans	Saône-et-L.
Torps, 2	Falaise	Calvados
Torpt (le), 2 $\frac{1}{2}$	Pont-Audemer	Eure
Torquesne (le), 2	Pont-l'Evêque	Calvados
Torrebren, 5	Condom	Gers
Torreilles, 3	Perpignan	Pyren.-Or.
Torreu, 4 $\frac{1}{2}$	Prades	Pyrén.-Or.
Torsac, 3	Angoulême	Charente
Torsiac, 4 $\frac{1}{2}$	Brioude	H.-Loire
Torte-Fontaine, 5	Montreuil	Pas-de-Cal.
Tortebesse, 8	Clermont	Puy-de-Dô.
Tortequenne, 5	Arras	Pas-de-Cal.
Torteval, 4 $\frac{1}{2}$	Bayeux	Calvados

Communes.	Arrondissem.	Départem.	Communes.	Arrondissem.	Départem.
Tortezais, $4\frac{1}{4}$	Montluçon	Allier	Tour (la) (*Dramelay*), $8\frac{3}{4}$	Lons-le-Saul-nier	Jura
Tortisambert, $5\frac{3}{4}$	Lisieux	Calvados			
Torville (*Sebouville*), $2\frac{1}{2}$	Pithiviers	Loiret	Tour, $4\frac{1}{4}$	Blois	Loir-et-Ch.
Torvilliers, 2	Troyes	Aube	Tour (la), $1\frac{1}{4}$	St.-Etienne	Loire
Torxay, $1\frac{1}{2}$	St-Jean-d'An-gely	Char.-Inf.	Tour-Blanche (la), 6	Riberac	Dordogne
			Tour-d'Aigues (la), $9\frac{1}{2}$	Apt	Vaucluse
Tosny, $4\frac{1}{4}$	Louviers	Eure	Tour-d'Elne (la), $3\frac{3}{4}$	Perpignan	Pyrén.-Or.
Tosse, $6\frac{3}{4}$	Dax	Landes	Tour-de-France (la), $6\frac{3}{4}$	Perpignan	Pyrén.-Or.
Tossiat, 2	Bourg	Ain			
Tost (le), 4	Rouen	Seine-Inf.	Tour-de-Salvagny (la), $2\frac{1}{4}$	Lyon	Rhône
Tostat, $3\frac{3}{4}$	Tarbes	H.-Pyrén.			
Tostes, $2\frac{1}{4}$	Louviers	Eure	Tour-de-Scay, 6	Besançon	Doubs
Tostes*, 6	Dieppe	Seine-Inf.	Tour-du-May, (la), $6\frac{1}{2}$	Lons-le-Saul-nier	Jura
Tôtes, $6\frac{1}{2}$	Lisieux	Calvados			
Totainville, 5	Mirecourt	Vosges	Tour-du-Pin (la)*,	ch.-l. d'arr. 131	Isère
Touchay, 5	St.-Amand	Cher	Tour-en-Wœvre (la), $7\frac{1}{4}$	Verdun	Meuse
Touche (la), $2\frac{1}{2}$	Montélimart	Drôme	Tour-la-Ville, 1	Cherbourg	Manche
Touches (les), 5	St.-Jean-d'An-gely	Char.-Inf.	Tour-Laudry (la), 6	Beaupréau	Maine-et-L.
			Tour-St.-Austrille (la), $5\frac{1}{2}$	Aubusson	Creuse
Touches (les), $7\frac{1}{2}$	Châteaubriant	Loire-Inf.			
Touches, $3\frac{1}{4}$	Châlons	Saône-et-L.	Tour-St.-Gelin (la), 4	Chinon	Indre-et-L.
Toucy*, 1	Auxerre	Yonne	Tour-St.-Pardoux (la), 10	Issoire	Puy-de-Dô.
Touffailles, $7\frac{1}{2}$	Moissac	Tarn-et-G.			
Toufflers, $2\frac{1}{2}$	Lille	Nord	Tour-sur-Marne, 6	Rheims	Marne
Touffréville, $2\frac{1}{2}$	Caen	Calvados	Tourailles, $3\frac{1}{2}$	Vendôme	Loir-et-Ch.
Touffreville, 3	Les Andelys	Eure	Tourailles, $8\frac{3}{4}$	Commercy	Meuse
Touffreville-la-Cable, 4	Yvetot	Seine-Inf.	Tourailles (les), $7\frac{1}{4}$	Domfront	Orne
Touffreville-la-Corbeline, $1\frac{1}{2}$	Yvetot	Seine-Inf.	Touraine (*Le Meix-St.-Epoing*), 11	Epernay	Marne
Touffreville près Eu, $5\frac{1}{2}$	Dieppe	Seine-Inf.	Tourannes, 10	Grenoble	Isère
Touffreville sous Bellen-combre, 8	Dieppe	Seine-Inf.	Tourbes, $5\frac{1}{4}$	Béziers	Hérault
			Tourcelles, $1\frac{1}{2}$	Vouziers	Ardennes
Touget, $6\frac{3}{4}$	Lombez	Gers	Tourch, $6\frac{1}{2}$	Quimper	Finistère
Tougin (*Gex*), $\frac{1}{4}$	Gex	Ain	Tourcoing*, 5	Lille	Nord
Touilhe, $5\frac{1}{2}$	St.-Gaudens	H.-Garonne	Tourdun, 7	Mirande	Gers
Touillon, $6\frac{3}{4}$	Châtillon	Côte-d'Or	Toureil (le), 5	Saumur	Maine-et-L.
Touillon, $4\frac{3}{4}$	Pontarlier	Doubs	Tourgeville, $2\frac{1}{2}$	Pont-l'Evêque	Calvados
Toujouze, $14\frac{1}{4}$	Condom	Gers	Tourliac, $8\frac{3}{4}$	Villeneuve-d'A-gen	Lot-et-Gar.
Toul*,	ch.-l. d'arr., 79	Meurthe			
Toul-Ste.-Croix, $2\frac{1}{2}$	Boussac	Creuse	Tourly, 7	Beauvais	Oise
Toulaud, 7	Tournon	Ardèche	Tournignies, $4\frac{1}{4}$	Lille	Nord
Toulay (*Ally-sur-Somme*), $2\frac{3}{4}$	Amiens	Somme	Tourmont, 1	Poligny	Jura
			Tounnan, $2\frac{1}{2}$	Lombez	Gers
Toulenne, $4\frac{1}{4}$	Bazas	Gironde	Tournans, 2	Baume	Doubs
Touligny, $2\frac{1}{2}$	Mézières	Ardennes	Tournans*, $7\frac{1}{4}$	Melun	Seine-et-M.
Toulon, $1\frac{1}{4}$	Moulins	Allier	Tournas, 3	St.-Gaudens	H.-Garonne
Toulon, $5\frac{3}{4}$	Epernay	Marne	Tournavaux, $3\frac{1}{2}$	Mézières	Ardennes
Toulon*,	ch.-l.de dép. 257	Var	Tournay, $4\frac{1}{4}$	Caen	Calvados
Toulon-sur-Arroux*, 9	Charolles	Saône-et-L.	Tournay, 7	Argentan	Orne
Toulonjac, 2	Villefranche	Aveiron	Tournay, 5	Tarbes	H.-Pyrén.
Toulouges, $1\frac{1}{2}$	Perpignan	Pyrén.-Or.	Tourne, 2	Mézières	Ardennes
Toulouse*,	ch.-l.de dép.172	H.-Garonne	Tourne (le), 5	Bordeaux	Gironde
Toulouse, $4\frac{1}{4}$	Lons-le-Saul-nier	Jura	Tournebu, $3\frac{1}{2}$	Falaise	Calvados
			Tournecoupe, $5\frac{3}{4}$	Lectoure	Gers
Toulouzette, $2\frac{1}{4}$	St.-Sever	Landes	Tournedos, $5\frac{1}{4}$	Baume	Doubs
Toulzancie (la) (*St.-Martin-la-Bouval*), $7\frac{3}{4}$	Cahors	Lot	Tournedos, $4\frac{1}{4}$	Evreux	Eure
			Tournedos, $2\frac{1}{2}$	Louviers	Eure
Toumeyragues (*Leves*), $13\frac{1}{2}$	Libourne	Gironde	Tournefeuille, $1\frac{3}{4}$	Toulouse	H.-Garonne
			Tourneheu, $5\frac{3}{4}$	St-Omer	Pas-de-Cal.
Touques*, $2\frac{1}{4}$	Pont-l'Evêque	Calvados	Tournemire, 5	St.-Affrique	Aveiron
Touquettes, 9	Argentan	Orne	Tournemire, $3\frac{1}{2}$	Aurillac	Cantal
Touquin, $2\frac{3}{4}$	Coulommiers	Seine-et-M.	Tourneur (le), 4	Vire	Calvados
Tour (la) (*Glaires*), $\frac{3}{4}$	Sedan	Ardennes	Tourneville, $1\frac{3}{4}$	Evreux	Eure
Tour (la), 4	St.-Affrique	Aveiron	Tournhac, $5\frac{3}{4}$	Villefranche	Aveiron
Tour, $1\frac{1}{2}$	Bayeux	Calvados	Tournhac (*Saux*), 9	Cahors	Lot
Tour (la), $7\frac{1}{4}$	Muret	H.-Garonne	Tournine, $3\frac{3}{4}$	Maurias	Cantal

Communes.	Arrondissem.	Départem.	Communes.	Arrondissem.	Départem.
Tournières, 4 1/4	Bayeux	Calvados	Toutainville, 1	Pont-Audemer	Eure
Tournissan, 6	Carcassonne	Aude	Toutenant, 6 1/4	Châlons	Saône-et-L.
Tournoisis, 5 1/4	Orléans	Loiret	Toutens, 2 3/4	Villefranche	H.-Garonne
TOURNON*,	ch.-l. d'ar., 150	Ardèche	Toutry, 4	Semur	Côte-d'Or
Tournon, 4	Le Blanc	Indre	Touttencourt, 4 1/4	Doullens	Somme
Tournon, 15	Loches	Indre-et-L.	Touverac, 4	Barbezieux	Charente
Tournon, 6 1/4	Villeneuve-d'A-gen	Lot-et-Gar.	Touvet (le)*, 6 1/2	Grenoble	Isère
			Touville, 4	Pont-Audemer	Eure
Tournous-Darré, 7	Tarbes	H.-Pyrén.	Touvois, 8 1/4	Nantes	Loire-Inf.
Tournous-Devant, 9	Tarbes	H.-Pyrén.	Touvres, 2	Angoulême	Charente
Tournus*, 7	Mâcon	Saône-et-L.	Touzac, 5 1/4	Cognac	Charente
Tourny, 2 3/4	Les Andelys	Eure	Touzac (*Viré*), 10	Cahors	Lot
Touron (le), 7	Lectoure	Gers	Tox, 6	Corte	Corse
Touron, 5 1/4	Bellac	H.-Vienne	Toy, 7 1/4	Ussel	Corrèze
Tourouvres, 2 1/4	Mortagne	Orne	Trachère (*Cadeilhan*), 12 1/4	Bagnères	H.-Pyrén.
Tourreilhes, 2 1/4	Limoux	Aude			
Tourrenquets, 4 1/4	Auch	Gers	Tracy, 6 1/2	Caen	Calvados
Tourrens, 4 1/4	Auch	Gers	Tracy, 1 1/4	Cosne	Nièvre
Tourrette (la), 5 1/4	Carcassonne	Aude	Tracy-le-Mont, 4	Compiègne	Oise
Tourrette (la), 1	Ussel	Corrèze	Tracy-le-Val, 4 1/4	Compiègne	Oise
Tourrette (la), 5 1/4	Montbrison	Loire	Tracy-sur-Mer, 2	Bayeux	Calvados
Tourrettes, 3	Montélimart	Drôme	Trades, 10	Villefranche	Rhône
Tourrettes, 6 1/4	Draguignan	Var	Trades (*Germolles*), 6	Mâcon	Saône-et-L.
Tourrettes-lès-Vence, 5	Grasse	Var	Traenheim, 5 1/4	Strasbourg	Bas-Rhin
Tourriers, 4	Angoulême	Charente	Tragny (*Thimonville*), 5	Metz	Moselle
Tourrouzelle, 5 1/4	Narbonne	Aude	Trainel, 3	Nogent-sur-Seine	Aube
TOURS*	ch.l. de dép., 62	Indre-et-L.			
Tours, 12	Clermont	Puy-de-Dô.	Trainou, 5 3/4	Orléans	Loiret
Tours, 3 3/4	Abbeville	Somme	Traintrux, 2	St.-Dié	Vosges
Tourtenay, 10	Bressuire	2 Sèvres	Trait (le), 5 1/4	Rouen	Seine-Inf.
Tourteron, 4 3/4	Vouziers	Ardennes	Traitié-Fontaine, 6 1/4	Vesoul	H.-Saône
Tourtirac (*Gardegan*), 5 1/4	Libourne	Gironde	Tralaigue, 8 1/4	Riom	Puy-de-Dô.
			Tralonca, 1 1/4	Corte	Corse
Tourtoirac, 9 1/4	Périgueux	Dordogne	Tramain, 6 1/4	Dinan	Côtes-du-N.
Tourtour, 4 1/4	Draguignan	Var	Tramayes, 6	Mâcon	Saône-et-L.
Tourtouse, 3	St.-Girons	Ariège	Tramecourt, 5	St.-Pol	Pas-de-Cal.
Tourtrès, 7	Villeneuve-d'A-gen	Lot-et-Gar.	Tramery, 4 1/4	Rheims	Marne
			Tramezaygues, 15	Bagnères	H.-Pyrén.
Tourtrol, 4	Pamiers	Ariège	Tramolé, 7 3/4	Vienne	Isère
Tourvès, 3	Brignoles	Var	Tramont-Emy, 7 1/4	Toul	Meurthe
Tourville, 2 1/4	Caen	Calvados	Tramont-la-Sus, 7 1/4	Toul	Meurthe
Tourville, 1	Pont-l'Evêque	Calvados	Tramont-St.-André, 7 1/2	Toul	Meurthe
Tourville, 2 1/4	Coutances	Manche	Tramoye, 6 1/4	Trévoux	Ain
Tourville (*Lestre*), 2 1/4	Valognes	Manche	Trampot, 4 1/4	Neufchâteau	Vosges
Tourville, 7 3/4	Le Havre	Seine-Inf.	Trancault, 5 1/4	Nogent-sur-Seine	Aube
Tourville-la-Campagne, 6	Louviers	Eure			
Tourville-la-Chapelle, 3 1/4	Dieppe	Seine-Inf.	Tranche (la), 9 1/4	Les Sables	Vendée
Tourville-la-Rivière, 4	Rouen	Seine-Inf.	Tranchée (la) (*St.-Symphorien*), 1/4	Tours	Indre-et-L.
Tourville, près Pont-Audemer, 1	Pont-Audemer	Eure			
Tourville-sur-Arques, 1 1/4	Dieppe	Seine-Inf.	Tranclière (la), 2 1/4	Bourg	Ain
Toury*, 11 1/4	Chartres	Eure-et-L.	Trancrainville, 10	Chartres	Eure-et-L.
Toury, 12 3/4	Vitré	Ille-et-Vil.	Trangé, 2	Le Mans	Sarthe
Toury, 9	Romorantin	Loir-et-Ch.	Trannes, 3	Bar-sur-Aube	Aube
Toury (*Hernè*), 2 3/4	Provins	Seine-et-M.	Tranqueville, 3 1/4	Neufchâteau	Vosges
Toury-Ferottes, 7 1/4	Fontainebleau	Seine-et-M.	Trans, 11 1/4	St.-Malo	Ille-et-Vil.
Toury-sur-Abron, 11 1/2	Nevers	Nièvre	Trans, 5	Ancenis	Loire-Inf.
Toury-sur-Jour, 12 3/4	Nièvre	Nevers	Trans, 7	Mayenne	Mayenne
Tous, 6 1/4	Lombez	Gers	Trans, 1 1/4	Draguignan	Var
Toussieux, 4 1/4	Vienne	Isère	Translay (le), 5	Abbeville	Somme
Tousson, 5 3/4	Fontainebleau	Seine-et-M.	Transloy (le), 6 1/4	Arras	Pas-de-Cal.
Toussus, 1 1/4	Versailles	Seine-et-O.	Tronzault, 3 1/4	La Châtre	Indre
Tout-le-Mesnil (*Ouville-la-Rivière*), 2	Dieppe	Seine-Inf.	Trape (la), 6	Sarlat	Dordogne
			Trape (la), 6 1/4	Muret	H.-Garonne
			Trappes*, 2	Versailles	Seine-et-O.
Tout-y-Faut (*Vergné*), 4	St.-Jean-d'Angely	Char.-Inf.	Trassanel, 5	Carcassonne	Aude
			Traubach-le-Bas, 5 1/4	Belfort	Bas-Rhin

Communes.	Arrondissem.	Départem.
Traubach le-Haut, 6 $\frac{1}{4}$	Belfort	Haut-Rhin
Trausse, 4	Carcassonne	Aude
Travaillant, 1 $\frac{1}{2}$	Orange	Vaucluse
Travailles, 1 $\frac{3}{4}$	Les Andelys	Eure
Travecy, 7 $\frac{3}{4}$	Laon	Aisne
Traversères, 2 $\frac{1}{2}$	Auch	Gers
Traversonne, 3 $\frac{1}{2}$	Poitiers	Vienne
Traves, 5	Vesoul	H.-Saône
Travet, 5 $\frac{1}{2}$	Vesoul	H.-Saône
Travet, 5	Albi	Tarn
Travexin, 7 $\frac{1}{4}$	Remiremont	Vosges
Traye, 4 $\frac{3}{4}$	Parthenay	2 Sèvres
Tréal, 11	Vannes	Morbihan
Tréauville, 4 $\frac{3}{4}$	Cherbourg	Manche
Trébabu, 4 $\frac{3}{4}$	Brest	Finistère
Trebaïx (*Villeseque*) 3 $\frac{3}{4}$	Cahors	Lot
Tréban, 4 $\frac{1}{2}$	Moulins	Allier
Treban, 7 $\frac{1}{2}$	Albi	Tarn
Trebas, 7 $\frac{1}{2}$	Albi	Tarn
Trébédan 3	Dinan	Côtes-du-N.
Trèbes, 1 $\frac{1}{2}$	Carcassonne	Aude
Trébeurden, 2 $\frac{1}{2}$	Lannion	Côtes-du-N.
Trébief, 7	Poligny	Jura
Trebœuf, 10	Redon	Ille-et-Vil.
Trébons, 9 $\frac{1}{2}$	St.-Gaudens	H.-Garonne
Trebons, 2	Villefranche	H.-Garonne
Trébous, 1	Bagnères	H.-Pyrén.
Trébrivan, 10	Guimgamp	Côtes-du-N.
Trébry, 6 $\frac{1}{2}$	St.-Brieuc	Côtes-du-N.
Treclun, 4 $\frac{3}{4}$	Dijon	Côte-d'Or
Trecon, 5	Epernay	Marne
Trédaniel, 5 $\frac{1}{2}$	St.-Brieuc	Côtes-du-N.
Tredarzec, 5 $\frac{1}{2}$	Lannion	Côtes-du-N.
Trédias, 5	Dinan	Côtes-du-N.
Tredrez, 2	Lannion	Côtes-du-N.
Tréduder, 4	Lannion	Côtes-du-N.
Treffay, 7	Poligny	Jura
Treffendel, 3	Montfort	Ille-et-Vil.
Treffiagat, 6	Quimper	Finistère
Treffieux, 4	Châteaubriant	Loire-Inf.
Trefléan, 3	Vannes	Morbihan
Trefflès, 9	Morlaix	Finistère
Treffort, 5	Bourg	Ain
Treffort, 8	Grenoble	Isère
Treffrin, 2	Quimgamp	Côtes-du-N.
Treflaouénan, 6	Morlaix	Finistère
Treflevenès, 6 $\frac{3}{4}$	Brest	Finistere
Tréfols, 10	Epernay	Marne
Treforêts, 3 $\frac{1}{4}$	Neufchâtel	Seine-Inf.
Tréfumel, 4	Dinan	Côtes-du-N.
Trégarantec, 4 $\frac{3}{4}$	Brest	Finistère
Trégaranteur (*Guégon*), 3	Ploërmel	Morbihan
Trégarvan, 3 $\frac{3}{4}$	Châteaulin	Finistère
Trégastel, 2 $\frac{1}{2}$	Lannion	Côtes-du-N.
Trégenestre, 4	St.-Brieuc	Côtes-du-N.
Tréglamus, 11 $\frac{1}{2}$	Guimgamp	Côtes-du-N.
Treglonou, 3 $\frac{3}{4}$	Brest	Finistère
Trégomar, 6 $\frac{1}{2}$	St.-Brieuc	Côtes-du-N.
Trégomeur, 2 $\frac{3}{4}$	St.-Brieuc	Côtes-du-N.
Trégon, 4 $\frac{1}{4}$	Dinan	Côtes-du-N.
Trégonneau, 2	Guimgamp	Côtes-du-N.
Trégourez, 6 $\frac{1}{2}$	Châteaulin	Finistère
Trégueunec, 5 $\frac{1}{4}$	Quimper	Finistère
Trégueux, $\frac{1}{2}$	St.-Brieuc	Côtes-du-N.
Tréguidel, 4 $\frac{1}{2}$	St.-Brieuc	Côtes-du-N.
Tréguier *, 5	Lannion	Côtes-du-N.

Communes.	Arrondissem.	Départem.
Trégunc, 7 $\frac{3}{4}$	Quimper	Finistère
Tréhet, 8 $\frac{1}{2}$	Vendôme	Loir-et-Ch.
Tréhorenteuc, 2 $\frac{3}{4}$	Ploërmel	Morbihan
Tréhou (le), 6 $\frac{3}{4}$	Brest	Finistère
Treignac, 10 $\frac{1}{4}$	Tulle	Corrèze
Treignat, 4	Montluçon	Allier
Treigny, 6 $\frac{1}{4}$	Clamecy	Nièvre
Treigny, 10	Auxerre	Yonne
Treilles, 10	Narbonne	Aude
Treilles, 2 $\frac{3}{4}$	Montargis	Loiret
Treilliens (*Vinay*), 2 $\frac{3}{4}$	St.-Marcellin	Isère
Treillières, 4	Nantes	Loire-Inf.
Treilly, 2 $\frac{3}{4}$	Coutances	Manche
Treix, $\frac{1}{2}$	Chaumont	H.-Marne
Treize-Saints, 3	Argentan	Orne
Treize-Septiers, 11	Bourbon-Vendée	Vendée
Treize-Vents, 13	Fontenay-le-Comte	Vendée
Trejouls, 7 $\frac{1}{2}$	Moissac	Tarn et Gar.
Trélans, 5 $\frac{1}{2}$	Marvejols	Lozère
Trélazé, 1 $\frac{1}{2}$	Angers	Maine-et-L.
Trélevern, 3 $\frac{1}{4}$	Lannion	Côtes-du-N.
Trelins, 3	Montbrison	Loire
Trélissat, 1 $\frac{1}{2}$	Périgueux	Dordogne
Trélivan, 1 $\frac{1}{2}$	Dinan	Côtes-du-N.
Trélody (St.-), $\frac{1}{4}$	Lesparre	Gironde
Trélon, 3 $\frac{1}{2}$	Avesnes	Nord
Tréloup, 4 $\frac{1}{2}$	Château-Thierry	Aisne
Tréma (*St.-Victor-sur-Loire*), 2 $\frac{1}{2}$	St.-Etienne	Loire
Tremaouezan, 5	Brest	Finistère
Trémauville, 4	Yvetot	Seine-Inf.
Tremblade (la) *, 1 $\frac{3}{4}$	Marennes	Char.-Inf.
Tremblay (le), 6	Louviers	Eure
Tremblay (le), 5 $\frac{3}{4}$	Dreux	Eure-et-L.
Tremblay, 6	Fougères	Ille-et-Vil.
Tremblay (le), 2 $\frac{1}{2}$	Segré	Maine-et-L.
Tremblay (le), 8	Pontoise	Seine-et-O.
Tremblay (le), 3 $\frac{3}{4}$	Rambouillet	Seine-et-O.
Tremblay (le) (*Bois-d'Arcy*), 2	Versailles	Seine-et-O.
Tremblay (le) (*Orgeval*), 4	Versailles	Seine-et-O.
Tremblecourt, 3 $\frac{1}{2}$	Toul	Meurthe
Tremblevif, 7	Romorantin	Loir-et-Ch.
Tremblois (le) (*Laval-Morancy*), 2	Rocroi	Ardennes
Tremblois, 7	Sedan	Ardennes
Trembly, 6	Mâcon	Saône-et-L.
Tréméheuc, 10	St.-Malo	Ille-et-Vil.
Tréméloir, 2 $\frac{1}{4}$	St.-Brieuc	Côtes-du-N.
Trementines, 6	Beaupréau	Maine-et-L.
Tréméoc, 3 $\frac{1}{4}$	Quimper	Finistère
Trémereuc, 4	Dinan	Côtes-du-N.
Trémery, 4	Metz	Moselle
Trémeur, 5 $\frac{1}{2}$	Dinan	Côtes-du-N.
Tréméven, 7	St.-Brieuc	Côtes-du-N.
Trémeven, $\frac{3}{4}$	Quimperlé	Finistère
Tremilly, 5 $\frac{1}{2}$	Wassy	H.-Marne
Treminis, 15 $\frac{1}{4}$	Grenoble	Isère
Trémoins, 13 $\frac{1}{2}$	Lure	H.-Saône
Tremolat, 7 $\frac{1}{4}$	Bergerac	Dordogne
Tremons, 4	Villeneuve-d'Agen	Lot-et-Gar.

Communes.	Arrondissem.	Départem.
Tremonsey, 8	Mirecourt	Vosges
Trémont, 7 ½	Saumur	Maine-et-L.
Trémont, 2 ½	Bar-le-Duc	Meuse
Trémont, 8 ¼	Alençon	Orne
Trémorel, 9	Loudéac	Côtes-du-N.
Tremouille-Marchal, 10 ¼	Mauriac	Cantal
Trémouille-St.-Loup, 11 ¼	Issoire	Puy-de-Dô.
Tremouilles, 4	Rodez	Aveiron
Tremoulet, 2 ½	Pamiers	Ariége
Trémuson, 1 ½	St.-Brieuc	Côtes-du-N.
Tren (le), 9 ½	Nérac	Lot-et-Gar.
Trenal, 2 ¼	Lons-le-Saulnier	Jura
Trensacq, 12 ¾	Mont-de-Marsan	Landes
Trentel (*Penne*), 3	Villeneuve-d'Agen	Lot-et-Gar.
Tréogan, 1	Guimgamp	Côtes-du-N.
Tréogat, 5 ¼	Quimper	Finistère
Tréon, 2	Dreux	Eure-et-L.
Trépail, 5 ¾	Rheims	Marne
Tréphine (Ste.-), 8	Guimgamp	Côtes-du-N.
Tréport, 7 ½	Dieppe	Seine-Inf.
Trepot, 4 ¼	Besançon	Doubs
Tréprel, 2 ½	Falaise	Calvados
Trept, 7 ½	La-Tour-du-Pin	Isère
Tresauvaux, 4 ½	Verdun	Meuse
Trescault, 7	Arras	Pas-de-Cal.
Trescleoux, 11 ¾	Gap	H.-Alpes
Tresc enus, 6 ½	Die	Drôme
Trescon, 5 ½	St.-Quentin	Aisne
Tresilley, 5 ½	Vesoul	H.-Saône
Treslon, 3 ¾	Rheims	Marne
Tresnay, 12 ¾	Nevers	Nièvre
Tresponx (*Rassiels*), 3	Cahors	Lot
Tresques, 5	Uzès	Gard
Tressaint, 1	Dinan	Côtes-du-N.
Tressan, 10 ¼	Lodève	Hérault
Tressancourt (*Orgeval*), 4	Versailles	Seine-et-O.
Tressandans, 3 ½	Baume	Doubs
Tressange, 3 ½	Briey	Moselle
Tressé, 6 ½	St.-Malo	Ille-et-Vil.
Tresserre, 4 ¼	Perpignan	Pyrén.-Or.
Tresses, 3	Bordeaux	Gironde
Tressignaux, 5 ½	St.-Brieuc	Côtes-du-N.
Tressin, 2	Lille	Nord
Tresson, 3 ¾	St.-Calais	Sarthe
Treteaux, 4	La Palisse	Allier
Trétoire (la), 4	Coulommiers	Seine-et-M.
Trets, 4 ½	Aix	B.-du-Rhône
Trétu, 7 ½	St.-Claude	Jura
Trétudans, 1 ¾	Belfort	Haut-Rhin
Treuil (le) (*Outrefurens*), ¼	St.-Etienne	Loire
Treusy, 5 ½	Fontainebleau	Seine-et-M.
Treux, 7	Péronne	Somme
Trevans, 6	Digne	B.-Alpes
Trévarde (la) (*Fontaine-Raoult*), 5 ½	Vendôme	Loir-et-Ch.
Trévé, 1 ½	Loudéac	Côtes-du-N.
Trévenenc, 4 ½	St.-Brieuc	Côtes-du-N.
Treverey, 6 ¼	Commercy	Meuse
Treverien, 9	St.-Malo	Ille-et-Vil.
Treverec, 7 ½	St.-Brieuc	Côtes-du-N.
Tréveron, 2	Dinan	Côtes-du-N.
Trèves, 9 ¾	Le Vigan	Gard
Trèves, 3	Saumur	Maine et-L.
Trèves (*Longes*), 6 ½	Lyon	Rhône
Trevien, 6 ¼	Albi	Tarn
Trevières, 4	Bayeux	Calvados
Trevilhach, 4 ¾	Prades	Pyrén.-Or.
Treville, 1 ½	Castelnaudary	Aude
Trévillers, 8 ¾	Montbéliard	Doubs
Trevilly, 3 ½	Avallon	Yonne
Trevol, 2	Moulins	Allier
Trévou, 2	Quimperlé	Finistère
Trévou-Treguignec, 4	Lannion	Côtes-du-N.
TRÉVOUX *	ch.-l. d'arr., 95	Ain
Treyne (la), 6 ¼	Gaillac	Tarn
Trézan (*Malesherbes*), 4 ½	Pithiviers	Loiret
Trezanne, 10	Grenoble	Isère
Trézélidé, 6	Morlaix	Finistère
Trezelles, 2 ½	La Palisse	Allier
Trézény, 2 ½	Lannion	Côtes du-N.
Trézioux, 10	Clermont	Puy-de-Dô.
Triac, 4 ¼	Cognac	Charente
Triadou (le), 3	Montpellier	Hérault
Triaize, 8	Fontenay-le-Comte	Vendée
Triaucourt, 6 ½	Bar-le-Duc	Meuse
Tribbio, 3 ¾	Corte	Corse
Tribehou, 4 ¼	St.-Lô	Manche
Tricat (St.-), 6 ¾	Boulogne	Pas-de-Cal.
Tricherie (la), 4	Châtellerault	Vienne
Trichey, 3 ½	Tonnerre	Yonne
Triconville, 4	Commercy	Meuse
Tricot, 5	Clermont	Oise
Trie (St.-), 9 ¾	Périgueux	Dordogne
Trie (*Dormans*), 5	Epernay	Marne
Trie *, 7	Tarbes	H.-Pyrén.
Trie-Château, 6	Beauvais	Oise
Triel, 4	Versailles	Seine-et-O.
Triembach, 2 ¾	Schélestatt	Bas-Rhin
Trieux, 1 ¾	Briey	Moselle
Triey, 5 ½	Dijon	Côte-d'Or
Trigance, 8 ¼	Draguignan	Var
Trigavoux, 2 ½	Dinan	Côtes-du-N.
Trigny, 3	Rheims	Marne
Trigonnant (*Antonne*), 3	Périgueux	Dordogne
Triguerres, 5	Montargis	Loiret
Trilbardoo, 1 ¼	Meaux	Seine-et-M.
Trilha, 5 ¾	Prades	Pyrén.-Or.
Trilport, 1	Meaux	Seine-et-M.
Trimbach, 5 ½	Haguenau	Bas-Rhin
Trimer, 10	St.-Malo	Ille-et-Vil.
Trimoël (St.-) 6 ½	St.-Brieuc	Côtes-du-N.
Trimoille (la)	Montmorillon	Vienne
Trinay, 5	Orléans	Loiret
Trinit (St.-), 9	Carpentras	Vaucluse
Trinitat (la), 10	St.-Flour	Cantal
Trinité (la), 2	Evreux	Eure
Trinité (la) (*Plouzanné*), 2 ½	Brest	Finistère
Trinité (la), 4 ¼	Avranches	Manche
Trinité (la) (*Carnac*), 8 ½	Lorient	Morbihan
Trinité (la), 3 ½	Vannes	Morbihan
Trinité (la) (*Château-fort*), 1 ¾	Versailles	Seine-et-O.
Trinité-de-Thouberville (la), 6 ½	Pont-Audemer	Eure

Communes.	Arrondissem.	Départem.	Communes.	Arrondissem.	Départem.
Trinité-des-Jonquières (la), 3 ½	Neufchâtel	Seine-Inf.	Troncens-Lafitte, 1 ½	Mirande	Gers
Trinité-du-Ménil-Josselin (la), 4 ¼	Bernay	Eure	Tronche (la), 11 ¼	Tulle	Corrèze
			Tronche (la), 2	Grenoble	Isère
Trinité-du-Mont (la), 8 ½	Le Hâvre	Seine-Inf.	Tronchet (le) (Plerguer), 4	St.-Malo	Ille-et-Vil.
Trinité-en-Porhoët (la), 6	Ploërmel	Morbihan	Tronchet (le), 9 ½	Mamers	Sarthe
Trinité-sur-Erre (la), 5 ¼	Mortagne	Orne	Tronchet (le) (Chalo-St.-Mars), 2 ¼	Etampes	Seine-et-O.
Triomont (Sorbon), 1	Rethel	Ardennes			
Trioulou, 9 ½	Aurillac	Cantal	Tronchet (Neuvy), 11 ½	Epernay	Marne
Tripleval (Bennecourt), 4 ½	Mantes	Seine-et-O.	Tronchoy (Lannes), 2 ½	Langres	H.-Marne
			Tronchoy, 8 ½	Amiens	Somme
Tripleville, 12 ½	Blois	Loir-et-Cher	Tronchoy, 1 ½	Tonnerre	Yonne
Triquerville, 10	Le Hâvre	Seine-Inf.	Tronchy, 5	Châlons	Saône-et-L.
Triqueville, 1 ¼	Pont-Audemer	Eure	Troncq (le), 5	Louviers	Eure
Triteling, 8	Metz	Moselle	Trondes, 2	Toul	Meurthe
Trith-St.-Léger, 9	Douai	Nord	Tronget, 5 ½	Moulins	Allier
Trivalou (Terre-Clapier), 4	Albi	Tarn	Tronquay (le), 2 ¾	Bayeux	Calvados
			Tronquay (le), 5	Les Andelys	Eure
Trivier-de-Courtoux (St.-), 6	Bourg	Ain	Tronquière (la), 5 ¼	Figeac	Lot
			Tronquoy (le), 6	Clermont	Oise
Trivier-sur-Mognan (St.-), 5 ½	Trévoux	Ain	Tronsanges, 8	Cosne	Nièvre
			Tronville, 2 ¼	Bar-le-Duc	Meuse
Trivisi (Sénégats), 8	Castres	Tarn	Tronville (Marslatour), 4 ½	Metz	Moselle
Trivy, 8	Mâcon	Saône-et-L.			
Trizac, 5 ¼	Mauriac	Cantal	Tronville (Blangy-Tronville), 2	Amiens	Somme
Trizay, 6	Saintes	Char.-Inf.			
Trizay, 5	Châteaudun	Eure-et-L.	Troô, 5 ½	Vendôme	Loir-et-Cher
Trizay, 1 ¼	Nogent-le-Rotrou	Eure-et-L.	Tropez (St.-)*, 12 ½	Draguignan	Var
			Trosly-Loire, 10	Laon	Aisne
Trizien (Plouarzel), 5	Brest	Finistère	Trosnay, 5	Epernay	Marne
Trizy, 14 ½	Charolles	Saône-et-L.	Trotte (Vandières), 7 ¼	Rheims	Marne
Troarn*, 3	Caen	Calvados	Trou (Guyancourt), 1	Versailles	Seine-et-O.
Troche, 8	Brives	Corrèze	Trouan-le-Grand, 3	Arcis-sur-Aube	Aube
Trochères, 4 ¼	Dijon	Côte-d'Or	Trouan-le-Petit, 3	Arcis-sur-Aube	Aube
Trocy, 3	Meaux	Seine-et-M.	Troubat, 14 ½	Baguères	H.-Pyrén.
Trognéry, 5	Lannion	Côtes-du-N.	Troudeville, 5 ¾	Yvetot	Seine-Inf.
Trogues, 4 ¼	Chinon	Indre-et-L.	Trouërgat, 3 ½	Brest	Finistère
Trois-Champs, 3 ½	Langres	H.-Marne	Trouesnes, 3 ¼	Château-Thierry	Aisne
Trois-Etots, 3	Clermont	Oise			
Trois-Fonds, 3	Boussac	Creuse	Trouhans, 7 ½	Beaune	Côte-d'Or
Trois-Fontaines, 4 ¼	Vitry-le-François	Marne	Trouhaut, 6 ½	Dijon	Côte-d'Or
			Trouley, 4	Tarbes	H.-Pyrén.
Trois-Fontaines, 2	Wassy	H.-Marne	Troupiac, 3	Castres	Tarn
Trois-Fontaines, 3	Sarrebourg	Meurthe	Trous (les), 5	Rambouillet	Seine-et-O.
Trois-Monts, 4	Caen	Calvados	Trousseauville, 4 ½	Pont-l'Evêque	Calvados
Trois-Moulins (St.-Romain), 4 ½	Châtellerault	Vienne	Troussencourt, 9	Clermont	Oise
			Troussey, 3	Commercy	Meuse
Trois-Moutiers, 1 ¾	Loudun	Vienne	Trouvans, 2	Baume	Doubs
Trois-Palis, 2	Angoulême	Charente	Trouville, 5	Pont-l'Evêque	Calvados
Trois-Pierres (les), 5 ¼	Le Hâvre	Seine-Inf.	Trouville, 10	Le Hâvre	Seine-Inf.
Trois-Puits, 1 ½	Rheims	Marne	Trouville-la-Haute, 2	Pont-Audemer	Eure
Trois-Veaux, 1 ½	St.-Pol	Pas-de-Cal.	Trouy, 1 ½	Bourges	Cher
Trois-Vèvres, 7 ¼	Nevers	Nièvre	Troyen (Vendresse), 5	Laon	Aisne
Trois-Villes, 6 ¼	Cambrai	Nord	TROYES*	ch.-l. de dép. 41	Aube
Trois-Villes, 3	Mauléon	B.-Pyrén.	Troyon, 7 ½	Commercy	Meuse
Troisgots, 3 ½	St.-Lô	Manche	Truchtersheim, 3 ½	Strasbourg	Bas-Rhin
Troissereux, 1 ¼	Beauvais	Oise	Trucq (le), 6 ½	Aubusson	Creuse
Troissy, 4	Epernay	Marne	Trucy, 2 ½	Laon	Aisne
Trojan (St.-), 1 ¼	Cognac	Charente	Trucy, 4	Auxerre	Yonne
Trojan (St.-), 2	Marennes	Char.-Inf.	Trucy-l'Orgueilleux, 2 ½	Clamecy	Nièvre
Trojan (St-), 2 ½	Blaye	Gironde	Truel (le), 5	St.-Affrique	Aveiron
Troly-Breuil, 3	Compiègne	Oise	Trugny, 1 ½	Rethel	Ardennes
Tromarey, 4 ½	Gray	H.-Saône	Trugny, 7	Beaune	Côte-d'Or
Tromborn, 8	Thionville	Moselle	Truillas, 3 ½	Perpignan	Pyrén.-Or.
Tromp (le), 6	Aubusson	Creuse	Truinas, 13 ½	Die	Drôme
Troncens, 4 ¾	Mirande	Gers	Trumilly, 4	Senlis	Oise

Communes.	Arrondissem.	Départem.	Communes.	Arrondissem.	Départem.
Trun, 3	Argentan	Orne	Jch, 1/4	Lesparre	Gironde
Trungy, 2 1/2	Bayeux	Calvados	Jchac, 1 1/2	Mont-de-Marsan	Landes
Trutemer-le-Grand, 2 1/2	Vire	Calvados			
Trutemer-le-Petit, 2 1/2	Vire	Calvados	Uchaud, 3	Nismes	Gard
Truyes, 4 3/4	Tours	Indre-et-L.	Uchaud, 1 1/2	Orange	Vaucluse
Tuani, 4	Calvi	Corse	Uchentein, 3 1/2	St.-Girons	Ariége
Tubersen, 2	Montreuil	Pas-de-Cal.	Uchizy, 5 1/2	Mâcon	Saône-et-L.
Tubœuf, 6 1/2	Mayenne	Mayenne	Uchon, 3	Autun	Saône-et-L.
Tubœuf, 6 3/4	Mortagne	Orne	Uckange, 1 1/4	Thionville	Moselle
Tuchan, 12	Carcassonne	Aude	Uffheim, 4	Altkirch	Haut-Rhin
Tucquenieux, 1 1/2	Briey	Moselle	Uffholtz, 8 1/2	Belfort	Haut-Rhin
Tuda,	Bastia	Corse	Uglas, 7 1/2	Bagnères	H.-Pyrén.
Tudeils, 6 1/2	Brives	Corrèze	Ugna, 7	Lons-le-Saulnier	Jura
Tudelle, 7	Auch	Gers			
Tuffe, 8 3/4	Mamers	Sarthe	Ugnoas, 4	Tarbes	H.-Pyrén.
Tuffeaux (les) (Chénehutte), 2	Saumur	Maine-et-L.	Uguy, 4 1/2	Commercy	Meuse
			Ugny, 6 1/2	Briey	Moselle
Tugdual (St.-), 6	Pontivy	Morbihan	Ugny-l'Équipée, 4 1/2	Péronne	Somme
Tugeras, 2 3/4	Jonzac	Char.-Inf.	Ugny-le-Gay, 11 1/2	Laon	Aisne
Tuguy, 3 1/2	St.-Quentin	Aisne	Uhart (Cize), 10 1/2	Mauléon	B.-Pyrén.
Tugny, 1 1/2	Rethel	Ardennes	Uhart (Mixe), 4 1/2	Mauléon	B. Pyrén.
Tuilerie. Voyez Thuilerie			Uhlwiller, 2 1/4	Haguenau	Bas-Rhin
			Uhrwiller, 3	Haguenau	Bas-Rhin
Tulay, 3	Montbéliard	Doubs	Ulcot, 5	Bressuire	2 Sèvres
Tullettes, 8 1/4	Montélimart	Drôme	Ully-St.-Georges, 6	Senlis	Oise
Tulle (Ste.-), 6	Forcalquier	B.-Alpes	Ulmes (les), 2 1/4	Saumur	Maine-et-L.
TULLE *	ch.-l. de dép. 120	Corrèze	Ulphace (St.-), 10	Mamers	Sarthe
Tullins, 6	St.-Marcellin	Isère	Ulrich (St.-), 3 1/2	Altkirch	Haut-Rhin
Tully, 7 1/2	Abbeville	Somme	Umpeau, 3	Chartres	Eure-et-L.
Tupigny, 8	Vervins	Aisne	Unac, 9	Foix	Ariége
Tupin, 7 1/4	Lyon	Rhône	Uncey-le-Franc, 7	Semur	Côte-d'Or
Turageau, 6	Poitiers	Vienne	Unchère, 5	Rheims	Marne
Turcey, 7 1/2	Semur	Côte-d'Or	Undurain, 1 1/2	Mauléon	B.-Pyrén.
Turchère (la), 8 1/2	Mâcon	Saône-et-L.	Ungersheim, 5 1/2	Colmar	Haut-Rhin.
Turckheim, 1	Colmar	Haut-Rhin	Uniac (St.-), 2	Montfort	Ille-et-Vil.
Turenne, 3 3/4	Brives	Corrèze	Unias, 2 1/2	Mouthrison	Loire
Turgon, 6	Confolens	Charente	Unienville, 4	Bar-sur-Aube	Aube
Turgy, 7	Bar-sur-Seine	Aube	Unieux, 2 1/2	St.-Etienne	Loire
Turny, 7 1/4	Joigny	Yonne	Unverre, 7	Châteaudun	Eure-et-L.
Turon, 3 1/2	Lons-le-Saulnier	Jura	Uny-St.-Georges, 1	Clermont	Oise
			Unzent, 2 1/2	Pamiers	Ariége
Turquant, 2 1/2	Saumur	Maine-et-L.	Upaix, 8 1/2	Gap	H.-Alpes
Turquestin, 5	Sarrebourg	Meurthe	Upen, 3 1/2	St.-Omer	Pas-de-Cal.
Turqueville, 5	Valognes	Manche	Upie, 4	Valence	Drôme
Turretôt, 4 1/2	Le Hâvre	Seine-Inf.	Ur, 13	Prades	Pyrén.-Or.
Turriers, 9	Sisteron	B.-Alpes	Uragnoux, 10 1/4	Mirande	Gers
Tursac, 4	Sarlat	Dordogne	Urbach, 5	Sarreguemines	Moselle
Tusson, 3	Ruffec	Charente	Urbain (St.-), 5 1/2	Brest	Finistère
Tuzaguet, 8	Bagnères	H.-Pyrén.	Urbain (St.-), 6 1/2	Wussy	H.-Marne
Tuzan, 8	Bazas	Gironde	Urbain (St.-), 14 1/2	Les Sables	Vendée
Tuzie, 1 1/2	Ruffec	Charente	Urban, 4	Orange	Vaucluse
			Urbanya, 4 1/2	Prades	Pyrén.-Or.
U.			Urbay, 12 1/2	Belfort	Haut-Rhin
			Urbeis, 4 1/2	Schelestatt	Bas-Rhin
			Urcay, 7	Montluçon	Allier
Ubaye, 7	Barcelonnette	B.-Alpes	Urcel, 2 1/2	Laon	Aisne
Ubérach, 2	Haguenau	Bas-Rhin	Urcerey, 1 1/4	Belfort	Haut-Rhin
Uberkingner, 4 1/2	Sarreguemines	Moselle	Urciers, 2 1/2	La Châtre	Indre
Uberkumen, 6 1/4	Belfort	Haut-Rhin	Urcisse (St.-), 5	Agen	Lot-et-Gar.
Uberstroff, 2 1/2	Altkirch	Haut-Rhin	Urcisse (St.-), 6 1/2	Gaillac	Tarn
Ubexy, 2 1/2	Mirecourt	Vosges	Urcize (St.-), 11	St.-Flour	Cantal
Ubraye, 10	Castellane	B.-Alpes	Urcuit, 2	Bayonne	B.-Pyrén.
Ucel, 6 1/2	Privas	Ardèche	Urdens, 3	Lectoure	Gers
			Urdès, 4	Orthez	B.-Pyrén.

Communes.	Arrondissem.	Départem.	Communes.	Arrondissem.	Départem.
Urdos, 10 1/2	Oléron	B.-Pyrén.	Uxiat (*Cibits*), 6 1/4	Mauléon	B.-Pyrén.
Urcy, 3 1/2	Dijon	Côte-d'Or	Uz, 1 1/2	Argelès	H.-Pyrén.
Urgons, 5	St.-Sever	Landes	Uza (*Lit*), 10 1/2	Dax	Landes
Urgosse, 11 1/4	Condom	Gers	Uzay, 3	St.-Amand	Cher
Urimenil, 2 1/4	Épinal	Vosges	Uze (St.-), 8 1/2	Valence	Drôme
Urmatt. 8	Strasbourg	Bas-Rhin	Uzech (*Peyrilles*), 5	Gourdon	Lot
Urost, 5	Pau	B.-Pyrén.	Uzein, 3 1/4	Pau	B.-Pyrén.
Urou, 1/4	Argentan	Orne	Uzel, 3	Loudéac	Côtes-du-N.
Urrugne, 6 1/4	Bayonne	B.-Pyrén.	Uzelle, 3 1/2	Baume	Doubs
Urs, 8	Foix	Ariège	Uzemair, 3 1/2	Épinal	Vosges
Urschenheim, 2 1/4	Colmar	Haut-Rhin	Uzemain-la-Rue, 3 1/2	Épinal	Vosges
Ursin (St.-), 4 1/2	Avranches	Manche	Uzer, 1	Argentière	Ardèche
Urt, 4	Bayonne	B.-Pyrén.	Uzer, 2	Bagnères	H.-Pyrén.
Urtaca, 6 1/2	Bastia	Corse	Uzerche*, 6 1/4	Tulle	Corrèze
Urtière, 10 1/4	Montbéliard	Doubs	Uzès *,	ch.-l. d'ar., 176	Gard
Urtis, 10	Sisteron	B.-Alpes	Uzeste, 2 1/2	Bazas	Gironde
Uruffe, 4	Toul	Meurthe			
Urval, 9 1/4	Bergerac	Dordogne	**V.**		
Urville, 2 1/2	Bar-sur-Aube	Aube			
Urville, 3 1/4	Falaise	Calvados			
Urville (*Régneville*), 2 1/2	Coutances	Manche			
Urville, 1 1/2	Valognes	Manche			
Urville, 5	Neufchâteau	Vosges	Vaas, 6	La Flèche	Sarthe
Urville-Hague, 2 1/4	Cherbourg	Manche	Vaast (St.-), 5	Caen	Calvados
Utvillers, 1 1/2	St.-Quentin	Aisne	Vaast (St.-), 3 1/4	Pont-l'Évêque	Calvados
Ury, 2 1/2	Fontainebleau	Seine-et-M.	Vaast (St.-), 4 1/2	Valognes	Manche
Urzy, 1 1/2	Nevers	Nièvre	Vaast (St.-), 6 1/4	Avesnes	Nord
Usage (St.-), 4	Bar-sur-Seine	Aube	Vaast (St.-), 4 1/2	Cambrai	Nord
Usage (St.-),	Beaune	Côte-d'Or	Vaast (St.-) (*Aubin*), 4	Montreuil	Pas-de-Cal.
Usclades, 9	Argentière	Ardèche	Vaast-d'Equiqneville (St.-), 3 1/2	Dieppe	Seine-Inf.
Usclas, 2 1/2	Lodève	Hérault			
Usclas-d'Hérault, 6	Béziers	Hérault	Vaast-Dieppe-Dalle (St.-), 3 1/2	Yvetot	Seine-Inf.
Usos, 1 1/4	Pau	B.-Pyrén.			
Usquain, 5	Orthez	B.-Pyrén.	Vaast-du-Val (St.-), 6 1/4	Dieppe	Seine-Inf.
Ussac, 1 1/2	Brives	Corrèze	Vaast-en-Chaussée(St.-) 4	Amiens	Somme
Ussat, 5	Foix	Ariège			
Usseau, 7 1/2	Saintes	Char.-Inf.	Vaast-le-Longuemont (St.-), 4	Senlis	Oise
Usseau, 11 1/4	Pau	B.-Pyrén.			
Usseau, 4 1/2	Niort	2 Sèvres	Vaast-lès-Mello (St.-), 4	Senlis	Oise
Usseau, 1 1/2	Châtellerault	Vienne			
Ussel, 3	Gannat	Allier	Vabres, 2	Rodez	Aveiron
Ussel, 1 1/4	Murat	Cantal	Vabres, 1	St.-Affrique	Aveiron
USSEL *,	ch.-l. d'ar., 111	Corrèze	Vabres, 4 1/2	Villefranche	Aveiron
Ussel, 8	Gourdon	Lot	Vabres, 2 1/2	St.-Flour	Cantal
Usson, 8	Montbrison	Loire	Vabres, 7	Le Vigan	Gard
Usson, 2	Issoire	Puy-de-Dô.	Vabres, 5	Le Puy	H.-Loire
Usson, 6	Civray	Vienne	Vabres, 6 1/2	Castres	Tarn
Ussy, 2 1/2	Falaise	Calvados	Vache (la), 2	Valence	Drôme
Ussy, 3 1/2	Meaux	Seine-et-M.	Vacherauville, 2	Verdun	Meuse
Ustarits, 3	Bayonne	B.-Pyrén.	Vachères. 4 1/2	Forcalquier	B.-Alpes
Ustou, 5 1/2	St.-Girons	Ariège	Vachères, 2 1/2	Die	Drôme
Ustre (St.-), 2 1/2	Châtellerault	Vienne	Vacheresse, 4 1/2	Lure	H.-Saône
Usuge (St.-), 1 1/4	Louhans	Saône-et-L	Vacheresse (la), 6 1/4	Neufchâteau	Vosges
Utin (St.-), 4 1/2	Vitry-le-Français	Marne	Vacheresses-les-Basses, 4 1/2	Dreux	Eure-et-L.
Uttenheim, 4 1/2	Schelestatt	Bas-Rhin	Vacherie (la), 7	Valence	Drôme
Uttenhoffen, 3	Haguenau	Bas-Rhin	Vacherie-sur-Hondouville, 3	Louviers	Eure
Uttwiller, 4 1/2	Saverne	Bas-Rhin			
Uvernet, 1	Barcelonnette	B.-Alpes	Vacognes, 4	Caen	Calvados
Uxeau, 9 1/4	Charolles	Saône-et-L	Vacon, 3	Commercy	Meuse
Uxegney, 1 1/2	Épinal	Vosges	Vacqueresse (la), 6	Vervins	Aisne
Uxelles, 8	St.-Claude	Jura	Vacquerie (la), 6 1/2	Bayeux	Calvados
Uxeloup, 6 1/2	Nevers	Nièvre	Vacquerie (la), 5 1/2	Lodève	Hérault
Uxem, 2	Dunkerque	Nord			

Communes.	Arrondissem.	Departem.	Communes.	Arrondissem.	Departem.
Vacquerie (la), 6	Beauvais	Oise	Val-des-Prés, 2	Briançon	H.-Alpes
Vacquerie, 4 $\frac{1}{2}$	Doullens	Somme	Val-du-Roi, 7	Dieppe	Seine-Inf.
Vacquerie-le-Boucq, 5	St.-Pol	Pas-de-Cal.	Val-du-Theil (le), 3 $\frac{1}{2}$	Bernay	Eure
Vacqueriette, 5	St.-Pol	Pas-de-Cal.	Val-Ebersing, 6	Sarreguemines	Moselle
Vacqueville, 7	Lunéville	Meurthe	Val-Gilles (le) (Rosay), 8	Dieppe	Seine-Inf.
Vacqueyras, 3	Orange	Vaucluse			
Vacquières, 6	Montpellier	Hérault	Val-le-Chastel, 3 $\frac{1}{2}$	Brioude	H. Loire
Vacquiers, 5 $\frac{1}{2}$	Toulouse	H.-Garonne	Val-Martin, 5	Rouen	Seine-Inf.
Vadancourt, 7	Vervins	Aisne	Val Michel (le) (La Chapelle-Biche), 4	Domfront	Orne
Vadans, 3 $\frac{1}{2}$	Poligny	Jura			
Vadelaincourt, 3 $\frac{1}{2}$	Verdun	Meuse	Val Pineau (le), 3	Mamers	Sarthe
Vadenay, 3 $\frac{1}{4}$	Châlons-sur-Marne	Marne	Val-Profond (le, (Bièvre), 2	Versailles	Seine-et-O.
Vadencourt, 5	Amiens	Somme	Val-St.-Eloy (le), 5 $\frac{1}{2}$	Vesoul	H.-Saône
Vadonville, 1 $\frac{1}{4}$	Commercy	Meuse	Val-St. Germain (le), 6 $\frac{1}{2}$	Rambouillet	Seine-et-O.
Vagnas, 6	Argentière	Ardèche			
Vagney, 3 $\frac{1}{2}$	Remiremont	Vosges	Val-St.-Pair (le), 1	Avranches	Manche
Vahl (Faulquemont), 8	Metz	Moselle	Val-sous Châteauneuf, 3 $\frac{1}{2}$	Issoire	Puy-de-Dô.
Vaichis, 10 $\frac{1}{4}$	Foix	Ariège			
Vaiges, 6	Laval	Mayenne	Valabrix, 2 $\frac{1}{4}$	Uzès	Gard
Vailhan, 5 $\frac{1}{4}$	Béziers	Hérault	Valade (la), 9 $\frac{1}{2}$	Bergerac	Dordogne
Vaillac, 7	Gourdon	Lot	Valady, 4 $\frac{1}{4}$	Rodez	Aveyron
Vaillant, 5 $\frac{1}{2}$	Langres	H.-Marne	Valailles, 1 $\frac{1}{4}$	Bernay	Eure
Vailhauques, 2 $\frac{1}{4}$	Montpellier	Hérault	Valaire, 4	Blois	Loir-et-Ch.
Vaillergue, 2	Ussel	Corrèze	Valajoux, 7	Sarlat	Dordogne
Vaillourlhes, 4	Villefranche	Aveiron	Valampoullières, 4	Poligny	Jura
Vailly, 4	Soissons	Aisne	Valançay (Plaisir),	Versailles	Seine-et-O.
Vailly, 2 $\frac{1}{4}$	Troyes	Aube	Valancogne, 3 $\frac{1}{2}$	La-Tour-du-Pin	Isère
Vailly, 5 $\frac{1}{4}$	Sancerre	Cher	Valangonjard, 2 $\frac{1}{4}$	Pontoise	Seine-et-O.
Vains, 1 $\frac{1}{4}$	Avranches	Manche	Valantigny, 7	Bar-sur-Aube	Aube
Vairé, 3 $\frac{1}{2}$	Les Sables	Vendée	Valasse (le), 8	Le Hâvre	Seine-Inf.
Vaire-le-Grand, 2 $\frac{1}{2}$	Besançon	Doubs	Valauris, 4 $\frac{1}{2}$	Grasse	Var
Vaire-le-Petit, 2 $\frac{1}{2}$	Besançon	Doubs	Valbeleix, 5 $\frac{1}{2}$	Issoire	Puy-de-Dô.
Vaire-sous-Corbie, 5	Amiens	Somme	Valbelle, 1 $\frac{1}{4}$	Sisteron	B.-Alpes
Vaires, 5 $\frac{1}{2}$	Meaux	Seine-et-M.	Valbenoite, $\frac{1}{2}$	St.-Etienne	Loire
Vaison, 5	Orange	Vaucluse	Valbert (St.-) (Héricourt), 12	Lure	H.-Saône
Vaissac, 5	Montauban	Tarn-et-Gar.			
Vaite, 5 $\frac{1}{4}$	Gray	H.-Saône	Valbert-lès-Luxeuil (St.-), 6	Lure	H.-Saône
Vaivre, 5	Montbéliard	Doubs			
Vaivre, 3	Poligny	Jura	Valhonnais, 11 $\frac{1}{4}$	Grenoble	Isère
Vaivre (la), 9	Lure	H.-Saône	Valbonne, 2	Grasse	Var
Vaivre, 1 $\frac{1}{2}$	Vesoul	H.-Saône	Valcabrère, 3 $\frac{1}{4}$	St.-Gaudens	H.-Garonne
Vaivre (la), 7 $\frac{1}{2}$	Vesoul	H.-Saône	Valcanville, 5	Valognes	Manche
Vaize (St.-), 4	Saintes	Char.-Inf.	Valcivières, 1 $\frac{1}{4}$	Ambert	Puy-de-Dô.
Val, 6	Sarrebourg	Meurthe	Valcongrain, 7	Caen	Calvados
Val (le), 2 $\frac{1}{2}$	Avesnes	Nord	Valcorbon, 4	Les Andelys	Eure
Val (le), 4	Belfort	Haut-Rhin	Valcournouze, 2 $\frac{1}{4}$	Lavaur	Tarn
Val (le), 2 $\frac{1}{2}$	Lure	H.-Saône	Valcourt, 3 $\frac{1}{4}$	Wassy	H.-Marne
Val (le) (Bithaine), 3 $\frac{1}{4}$	Lure	H.-Saône	Valdahon, 5 $\frac{1}{2}$	Baume	Doubs
Val (le) (Meudon), 2	Versailles	Seine-et-O.	Valdecie (le), 4 $\frac{1}{4}$	Valognes	Manche
Val (le), 1	Brignoles	Var	Valdelancourt, 3	Chaumont	H.-Marne
Val-d'Aulnay (le) (Aulnay), 6	Versailles	Seine-et-O.	Valdens (la), 8 $\frac{1}{4}$	Grenoble	Isère
			Valderiez, 3	Albi	Tarn
Val-d'Enfer (le) (Jouy-en-Josas), 2	Versailles	Seine-et-O.	Valdeux (le) (Chennegy) 4 $\frac{1}{2}$	Troyes	Aube
Val-d'Ajol (le), 5 $\frac{1}{2}$	Remiremont	Vosges	Valdieu, 4 $\frac{1}{2}$	Belfort	Haut-Rhin
Val-d'Ampierre, 4	Beauvais	Oise	Valdoye, 1	Belfort	Haut-Rhin
Val David (le), 1 $\frac{1}{2}$	Evreux	Eure	Valdrôme, 8 $\frac{1}{2}$	Die	Drôme
Val-de-la-Haye, 4	Rouen	Seine-Inf.	Valdurenque, 2	Castres	Tarn
Val-de-Merci, 4	Auxerre	Yonne	Valdweistroff, 6 $\frac{1}{2}$	Thionville	Moselle
Val-de-Passey, 1 $\frac{1}{2}$	Toul	Meurthe	Valdwisse, 6 $\frac{1}{2}$	Thionville	Moselle
Val-de-Roulans, 2 $\frac{1}{4}$	Baume	Doubs	Valeilles, 3	Montbrison	Loire
Val-de-Roure, 8	Grasse	Var	Valeilles, 10 $\frac{1}{4}$	Moissac	Tarn-et-Gar.
Val-de-Suzon, 3 $\frac{1}{4}$	Dijon	Côte-d'Or	Valeins, 8	Trévoux	Ain

Communes.	Arrondissem.	Départem.
Valenay, 3	St.-Amand	Cher
Valençay *, 9 ¼	Châteauroux	Indre
Valence, 5 ½	Ruffec	Charente
VALENCE *,	ch.-l. de dép. 144	Drôme
Valence (*Castelnau*), 4 ½	Alais	Gard
Valence, 2 ½	Condom	Gers
Valence, 4 ¼	Melun	Seine-et-M.
Valence, 6 ¼	Albi	Tarn
Valence *, 5	Moissac	Tarn-et-Gar.
Valence (*Couhé*), 4 ½	Civray	Vienne
Valenciennes *, 9 ½	Douai	Nord
Valencin, 3 ½	Vienne	Isère
Valennes, 2 ½	St.-Calais	Sarthe
Valensolle, 13	Digne	B.-Alpes
Valentées, ¼	Mirande	Gers
Valentigney, 2	Montbéliard	Doubs
Valentin, 1 ¼	Besançon	Doubs
Valentin (St.-), 2 ½	Issoudun	Indre
Valentine, ½	St.-Gaudens	H.-Garonne
Valenton, 5	Corbeil	Seine-et-O.
Valergues, 3 ½	Montpellier	Hérault
Valérien (St.-), 3 ¾	Fontenay-le-Comte	Vendée
Valernes, 2	Sisteron	B.-Alpes
Valéry (St.-), 10 ½	Beauvais	Oise
Valery (St.-), 3 ¼	Neufchâtel	Seine-Inf.
Valery (St.-) *, 7	Yvetot	Seine-Inf.
Valery (St.-) *, 5	Abbeville	Somme
Valescourt, 3 ½	Clermont	Oise
Valette (la), 3	Carcassonne	Aude
Valette (la), 5 ¼	Angoulême	Charente
Valette (la), 5	Vitré	Ille-et-Vil.
Valette (la), 10	Grenoble	Isère
Valette, 6 ¼	Villeneuve-d'Agen	Lot-et-Gar.
Valeuil, 4 ¼	Périgueux	Dordogne
Valeujol, 3	St.-Flour	Cantal
Valeyrac, 2 ½	Lesparre	Gironde
Valff, 4	Schelestatt	Bas-Rhin
Valfin-lès-St.-Claude, 2	St.-Claude	Jura
Valfin-sur-la-Côte (*Val-fin*), 3 ½	St.-Claude	Jura
Valfin-sur-Valouse, 10 ¼	Lons-le-Saulnier	Jura
Valflaunès, 4 ½	Montpellier	Hérault
Valfleury (*St.-Christôt-Lachal*), 3 ¼	St.-Etienne	Loire
Valframbert, 1 ¼	Alençon	Orne
Valfroicourt, 3 ½	Mirecourt	Vosges
Valgorge, 3 ¼	Argentière	Ardèche
Valh, 8	Château-Salins	Meurthe
Valhermeil (*St.-Ouen-l'Aumons*), ½	Pontoise	Seine-et-O.
Valhey, 2 ¼	Lunéville	Meurthe
Valhuon, 1 ¼	St.-Pol	Pas-de-Cal.
Valignat, 3	Gannat	Allier
Valigny, 8 ½	Montluçon	Allier
Valiguières, 4	Uzès	Gard
Valinco	Sartène	Corse
Valines, 4 ¼	Abbeville	Somme
Valjouan, 5 ½	Provins	Seine-et-M.
Valjouffrey, 15 ¼	Grenoble	Isère
Valjouze, 3 ½	St.-Flour	Cantal
Valla (la), 7	Montbrison	Loire

Communes.	Arrondissem.	Départem.
Valla (la), 3 ¼	St.-Etienne	Loire
Vallabrègues, 6	Nismes	Gard
Vallaincourt (*Chatenois*), 3	Neufchâteau	Vosges
Vallans, 3	Niort	2 Sèvres
Vallans-St.-Georges, 5	Arcis-sur-Aube	Aube
Vallant, 1	Auxerre	Yonne
Vallaurie, 5	Montelimart	Drôme
Vallavoire, 5	Sisteron	B.-Alpes
Vallay, 3 ¼	Gray	H.-Saône
Valle	Corte	Corse
Valle, 5	Corte	Corse
Valle, 4 ¾	Corte	Corse
Valle, 5	Corte	Corse
Valle, 3	Ajaccio	Corse
Vallecalle, 3 ½	Bastia	Corse
Vallée (la), 7	Saintes	Char.-Inf.
Vallee (la), 5 ½	Commercy	Meuse
Vallée (la) (*Dormelles*), 5 ¼	Fontainebleau	Seine-et-M
Vallée-Foulon (la) (*Vauclere*), 5	Laon	Aisne
Vallègue, 1 ½	Villefranche	H.-Garonne
Valleirac (*Sarrazac*), 13	Gourdon	Lot
Vallera, 6	Chinon	Indre-et-L.
Vallerange, 8	Sarreguemines	Moselle
Vallerargues, 4 ½	Uzès	Gard
Valleraugues, 5	Le Vigan	Gard
Valleret, 1 ½	Wassy	H.-Marne
Vallereuil, 8	Riberac	Dordogne
Vallerien (St.-), 4	Sens	Yonne
Vallerin (St.-), 5	Châlons	Saône-et-L.
Valleroy, 5 ¼	Besançon	Doubs
Valleroy, 8	Langres	H.-Marne
Valleroy, 1	Briey	Moselle
Valleroy-aux-Saules, 1 ½	Mirecourt	Vosges
Valleroy-le-Sec, 5 ½	Mirecourt	Vosges
Valleroy-lès-Bois, 4 ¼	Vesoul	H.-Saône
Valleroy-Lorioz, 1 ¼	Vesoul	H.-Saône
Vallerustie	Corte	Corse
Vallery, 5 ½	Sens	Yonne
Vallery (St.-). *Voyez* Valery		
Vallesville, 7 ½	Villefranche	H.-Garonne
Vallet, 3 ¼	Jonzac	Char.-Inf.
Vallet, 5	Nantes	Loire-Inf.
Valletot, 2	Pont-Audemer	Eure
Valleville, 4 ½	Bernay	Eure
Vallica (la), 5 ½	Calvi	Corse
Vallier (St.-), 5	Barbezieux	Charente
Vallier (St.-) *, 7 ½	Valence	Drôme
Vallier (St.-), 1 ½	Langres	H.-Marne
Vallier (St.-), 2 ½	Gray	H.-Saône
Vallier (St.-), 11 ¼	Châlons	Saône-et-L.
Vallier (St.-), 2 ½	Grasse	Var
Vallier (St.-), 5	Mirecourt	Vosges
Vallière (Ste.-), 6	Narbonne	Aude
Vallière, 3	Aubusson	Creuse
Vallière (la) (*St.-Hillaire-la-Gravelle*), 4	Vendôme	Loir-et-Ch.
Vallières, 5 ½	Bar-sur-Seine	Aube
Vallières (*Fondettes*), 1 ½	Tours	Indre-et-L.
Vallières, 6 ¼	Blois	Loir-et-Ch.
Vallières, 1	Metz	Moselle

Communes.	Arrondissem.	Départem.
Valliquierville, 1	Yvetot	Seine-Inf.
Vallois, 4 $\frac{1}{2}$	Lunéville	Meurthe
Vallois (les), 6 $\frac{1}{2}$	Mirecourt	Vosges
Vallon, 5	Montluçon	Allier
Vallon, 4 $\frac{1}{2}$	Argentière	Ardèche
Vallon, 6 $\frac{1}{4}$	Le Mans	Sarthe
Vallonne, 7	Montbéliard	Doubs
Valmalle (*St.-Paul*), 3 $\frac{1}{4}$	Montpellier	Hérault
Valmascle, 5 $\frac{1}{2}$	Lodève	Hérault
Valmeray, 5	Caen	Calvados
Valmestroff (*Elzange*), 1 $\frac{1}{2}$	Thionville	Moselle
Valmigeré, 6 $\frac{1}{4}$	Limoux	Aude
Valmondois, 2	Pontoise	Seine-et-O.
Valmont, 8	Sarreguemines	Moselle
Valmont *, 5 $\frac{1}{2}$	Yvetot	Seine-Inf.
Valmunster, 6 $\frac{3}{4}$	Metz	Moselle
Valmy, 2	Ste-Menehould	Marne
VALOGNES *	ch.-l. d'ar., 93	Manche
Valon, 12	Espalion	Aveiron
Valoreille, 6 $\frac{1}{2}$	Montbéliard	Doubs.
Valos (*La-Boule*), 3 $\frac{1}{4}$	Argentière	Ardèche
Valouse, 3 $\frac{1}{2}$	Nyons	Drôme
Valprionde, 9	Cahors	Lot
Valprofonde (*Villeneuve-le-Roi*), 4 $\frac{1}{4}$	Joigny	Yonne
Valpuiseau, 3	Etampes	Seine-et-O.
Valquières (*Dio*), 3 $\frac{1}{4}$	Lodève	Hérault
Valréas *, 6 $\frac{1}{2}$	Orange	Vaucluse
Valros, 3 $\frac{1}{4}$	Béziers	Hérault
Valrouffié (*La Roque*), 2	Cahors	Lot
Vals, 8 $\frac{1}{2}$	Privas	Ardèche
Vals, 3 $\frac{1}{2}$	Pamiers	Ariége
Vals (les), 4	Villefranche	Aveiron
Vals-près-le-Puy, $\frac{1}{2}$	Le Puy	H.-Loire
Valsainte, 5	Forcalquier	B.-Alpes
Valsbronn, 8 $\frac{1}{2}$	Sarreguemines	Moselle
Valscheid, 4	Sarrebourg	Meurthe
Valsemé, 2	Pont-l'Evêque	Calvados
Valserres, 3 $\frac{1}{4}$	Gap	H.-Alpes
Valsery, 3 $\frac{1}{4}$	Soissons	Aisne
Valsonne, 5 $\frac{1}{2}$	Villefranche	Rhône
Valtembourg, 4 $\frac{1}{4}$	Sarrebourg	Meurthe
Valtin (le), 7	St.-Dié	Vosges
Valvigneres, 9	Privas	Ardèche
Valvin (*Thomery*), 1 $\frac{1}{2}$	Fontainebleau	Seine-et-M.
Vambez, 5	Beauvais	Oise
Vanault-le-Châtel, 4	Vitry-le-Français	Marne
Vanault-lès-Dames, 4	Vitry-le-Français	Marne
Vançais, 4 $\frac{1}{4}$	Melle	2 Sèvres
Vancé, 3 $\frac{1}{2}$	St.-Calais	Sarthe
Vanchy (*Lancrans*), 9 $\frac{1}{2}$	Gex	Ain
Vanclans, 6	Baume	Doubs
Vandans, 3	Gray	H.-Saône
Vandelainville, 9 $\frac{1}{4}$	Toul	Meurthe
Vandelans (*Cirey*), 8	Vesoul	H.-Saône
Vandelée (la), 1	Coutances	Manche
Vandeléville, 7	Toul	Meurthe
Vandelicourt, 4 $\frac{1}{2}$	Compiègne	Oise
Vandeloyne, 3 $\frac{1}{4}$	Parthenay	2 Sèvres
Vandenesse, 8	Beaune	Côte-d'Or
Vandenesse, 6 $\frac{1}{2}$	Château-Chinon	Nièvre

Communes.	Arrondissem.	Départem.
Vandenesse-lès-Charolles, 1 $\frac{1}{2}$	Charolles	Saône-et-L.
Vandenesse-sur-Arroux, 7 $\frac{1}{2}$	Charolles	Saône-et-L.
Vandeuil, 4 $\frac{1}{4}$	Rheims	Marne
Vandière, 7	Nancy	Meurthe
Vandières, 7	Rheims	Marne
Vandeuvre *, 5	Bar-sur-Aube	Aube
Vandeuvre, 4	Falaise	Calvados
Vandœuvre, 6 $\frac{1}{4}$	Châteauroux	Indre
Vandœuvre, 1 $\frac{1}{2}$	Nancy	Meurthe
Vandœuvre, 5	Poitiers	Vienne
Vandranges, 3 $\frac{1}{4}$	Roanne	Loire
Vandré, 6	Rochefort	Char.-Inf.
Vandrille (St.-), 8	Argentan	Orne
Vandrille (St.-), 2 $\frac{1}{2}$	Yvetot	Seine-Inf.
Vandy, 1 $\frac{1}{4}$	Vouziers	Ardennes
Vanecrocq, 2	Pont-Audemer	Eure
Vanlay, 6 $\frac{1}{4}$	Bar-sur-Seine	Aube
Vannaire, 2	Châtillon	Côte-d'Or
Vanneau (le), 3	Niort	2 Sèvres
Vannecourt, 2	Château-Salins	Meurthe
Vannes (*St.-Maure*), 2 $\frac{1}{2}$	Troyes	Aube
Vannes, 7 $\frac{1}{4}$	Orleans	Loiret
Vannes, 4	Toul	Meurthe
VANNES *	ch.-l. de dep. 128	Morbihan
Vannes, 7 $\frac{1}{2}$	Gray	H.-Saône
Vannoz, 4 $\frac{1}{2}$	Poligny	Jura
Vanosc, 17 $\frac{1}{2}$	Tournon	Ardèche
Vans *, 5 $\frac{1}{4}$	Argentière	Ardèche
Vantelay, 5 $\frac{1}{4}$	Rheims	Marne
Vantelay (Le-Hameau) (*Vantelay*), 5 $\frac{1}{4}$	Rheims	Marne
Vantoux, 1 $\frac{1}{4}$	Dijon	Côte-d'Or.
Vantoux, 1	Metz	Moselle
Vantoux, 5 $\frac{3}{4}$	Gray	H.-Saône
Vanves, 1 $\frac{1}{2}$	Sceaux	Seine
Vanvey-sur-Ource, 2 $\frac{1}{2}$	Châtillon	Côte-d'Or
Vanvillé, 3 $\frac{1}{4}$	Provins	Seine-et-M.
Vanxains, 2	Riberac	Dordogne
Vany, 1 $\frac{1}{4}$	Metz	Moselle
Vanzac, 3 $\frac{3}{4}$	Jonzac	Char.-Inf.
Vanzais, 4 $\frac{1}{4}$	Melle	2 Sèvres
Vaour, 4 $\frac{1}{2}$	Gaillac	Tarn
Vaquières (*St.-Just*), 3	Alais	Gard
Varacieu, 2	St.-Marcellin	Isère
Varades *, 3	Ancenis	Loire-Inf.
Varages, 7	Brignoles	Var
Varaignes, 3 $\frac{1}{4}$	Nontron	Dordogne
Varaise, 1 $\frac{1}{4}$	St.-Jean-d'Angely	Char.-Inf.
Varambon, 4 $\frac{1}{4}$	Bourg	Ain
Varanges, 3 $\frac{1}{4}$	Dijon	Côte-d'Or
Varangéville, 3	Nancy	Meurthe
Varanguebecq, 9	Coutances	Manche
Varanval (*Jaux*), 1 $\frac{1}{2}$	Compiègne	Oise
Varaville, 5	Caen	Calvados
Varayre, 7 $\frac{1}{4}$	Cahors	Lot
Varces, 2 $\frac{1}{4}$	Grenoble	Isère
Vardes, 11	Neufchâtel	Seine-Inf.
Vareilles, 8 $\frac{1}{2}$	Guéret	Creuse
Vareilles, 4 $\frac{1}{2}$	Sens	Yonne
Vareilles-en-Brionnais, 7	Charolles	Saône-et-L.
Varengeville, 1 $\frac{1}{2}$	Dieppe	Seine-Inf.

Communes.	Arrondissem.	Départem.
Varenne (la) (*La-Chapelle-du-Noyer*), 1/2	Châteaudun	Eure-et-L.
Varenne (*Naveil*), 1/4	Vendôme	Loir-et-Ch.
Varenne (la), 8 1/2	Beaupréau	Maine-et-L.
Varenne-la-Reconce, 4	Charolles	Sâone-et-L.
Varenne-le-Grand, 2 1/4	Châlons	Sâone-et-L.
Varenne-lès-Narcy, 4 1/4	Cosne	Nièvre
Varenne-Reuillon, 5	Charolles	Sâone-et-L.
Varenne-St.-Sauveur, 4 1/2	Louhans	Sâone-et-L.
Varenne-sous-Dun, 4 1/4	Charolles	Sâone-et-L.
Varenne-sur-le-Doubs, 9	Louhans	Sâone-et-L.
Varenne-sur-Teche, 3	La Palisse	Allier
Varennes, 3 1/2	Bergerac	Dordogne
Varennes, 10 1/4	Issoudun	Indre
Varennes, 2	Loches	Indre-et-L.
Varennes, 4	Montargis	Loiret
Varennes, 3	Saumur	Maine-et-L.
Varennes, 5 1/4	Langres	H.-Marne
Varennes (*St.-Denys*), 5	Château-Gontier	Mayenne
Varennes *, 6	Verdun	Meuse
Varennes, 6 1/2	Compiégne	Oise
Varennes (*Champsegret*), 1 1/2	Domfront	Orne
Varennes, 1 1/2	Issoire	Puy-de-Dô.
Varennes, 1	Riom	Puy-de-Dô.
Varennes, 5 1/2	Fontainebleau	Seine-et-M.
Varennes, 3 1/4	Corbeil	Seine-et-O.
Varennes, 1	Mâcon	Saône-et-L.
Varennes, 5 3/4	Doullens	Somme
Varennes, 4 1/4	Montauban	Tarn et Gar.
Varennes, 5 1/2	Poitiers	Vienne
Varennes, 6	Auxerre	Yonne
Varennes-lès-Nevers, 2 1/2	Nevers	Nièvre
Varennes-St.-Honorat, 6	Le Puy	H.-Loire
Varennes-sur-Allier *, 6 1/2	La Palisse	Allier
Varens, 15	Montauban	Tarn-et-G.
Varent (St.-), 6	Bressuire	2 Sèvres
Varessia, 3 1/4	Lons-le-Saulnier	Jura
Varetz, 2 1/2	Brives	Corrèze
Varilhes, 2	Pamiers	Ariége
Varimont, 4	Ste-Menehould	Marne
Varimpré, 2 1/2	Neufchâtel	Seine-Inf.
Varinfroy, 9	Senlis	Oise
Variscourt, 9	Laon	Aisne
Varize, 4 1/2	Châteaudun	Eure-et-L.
Varize, 5	Metz	Moselle
Varmonzey, 4	Mirecourt	Vosges
Varneville, 4	Commercy	Meuse
Varneville-aux-Grès, 7	Dieppe	Seine-Inf.
Varney, 1 1/4	Bar-le-Duc	Meuse
Varogne, 3 1/4	Vesoul	H.-Saône
Varois, 1 1/2	Dijon	Côte-d'Or
Varouville, 4 1/2	Cherbourg	Manche
Varrains, 1	Saumur	Maine-et-L.
Varreddes, 1 1/2	Meaux	Seine-et-M.
Varrès, 4 1/2	Marmande	Lot-et-Gar.
Varry, 4	Argentan	Orne
Vars, 6 1/2	Embrun	H.-Alpes
Vars, 3 1/4	Angoulême	Charente
Vars, 5 1/4	Brives	Corrèze
Vars, 3 1/4	Gray	H.-Saône

Communes.	Arrondissem.	Départem.
Varsberg, 11 1/4	Thionville	Moselle
Varvannes, 6 1/2	Dieppe	Seine-Inf.
Varvinay, 5 1/2	Commercy	Meuse
Varzay, 2	*Saintes*	*Char.-Inf.*
Varzy *, 4	Clamecy	Nièvre
Vascœuil, 6	Les Andelys	Eure
Vasles, 4 3/4	Parthenay	2 Sèvres
Vasouy, 3 1/4	Pont-l'Evêque	Calvados
Vasperviller, 3 1/2	Sarrebourg	Meurthe
Vassel, 5 1/2	Clermont	Puy-de-Dô.
Vasselay, 2 1/4	*Bourges*	*Cher*
Vasselin, 2 1/2	La Tour-du-Pin	Isère
Vassens, 12	Laon	Aisne
Vasseny, 3 1/2	Soissons	Aisne
Vassieux, 5 1/2	Die	Drôme
Vassieux (*Dormans*), 5	Epernay	Marne
Vassimont (*Chapelaine*), 7 1/4	Epernay	Marne
Vassincourt, 3	Bar-le-Duc	Meuse
Vassognes, 6 1/4	Laon	Aisne
Vassonville, 7	Dieppe	Seine-Inf.
Vassy, 4	Vire	Calvados
Vassy (*Dormans*), 5	Epernay	Marne
Vassy-sous-Pisy, 4 1/2	Avallon	Yonne
Vast (le), 4 1/4	Cherbourg	Manche
Vasteville, 3	Cherbourg	Manche
Vastres (les), 7 1/2	Le Puy	H.-Loire
Vastrie (la), 3 1/4	St.-Flour	Cantal
Vatagna (*Montaigu*), 1	Lons-le-Saulnier	Jura
Vatan * 4 1/4	Issoudun	Indre
Vathimenil, 4	Lunéville	Meurthe
Vatierville, 1 1/4	Neufchâtel	Seine-Inf.
Vatillieu, 3 1/2	St.-Marcellin	Isère
Vatimesnil, 3	Les Andelys	Eure
Vatimont, 6	Metz	Moselle
Vatry *, 4	Châlons-sur-Marne	Marne
Vattecrit, 6 1/2	Yvetot	Seine-Inf.
Vattetot-sous-Beaumont, 7	Le Hâvre	Seine-Inf.
Vattetot-sur-Mer, 6 1/4	Le Hâvre	Seine-Inf.
Vatteville, 3 1/4	Louviers	Eure
Vatteville, 4 1/4	Yvetot	Seine-Inf.
Vaubadon, 3 1/2	Bayeux	Calvados
Vauban, 6	Charolles	Saône-et-L.
Vaubecourt, 5	Bar-le-Duc	Meuse
Vaubexy, 2	Mirecourt	Vosges
Vaubon, 3 1/2	Langres	H.-Marne
Vauboyen (*Bièvre*), 2	Versailles	Seine-et-O.
Vaucé, 5	Domfront	Orne
Vaucelas (*Etrechy*), 1 3/4	Etampes	Seine-et-O.
Vaucelle-la-Basse (*Boissy*), 7 3/4	Epernay	Marne
Vaucelle-la-Haute (*Boissy*), 7 3/4	Epernay	Marne
Vaucelles, 1	Laon	Aisne
Vaucelles, 3/4	Bayeux	Calvados
Vauchamps, 3 1/2	Baume	Doubs
Vauchamps, 5	Epernay	Marne
Vauchassis, 3 1/2	Troyes	Aube
Vauchelles, 6	Compiègne	Oise
Vauchelles-lès-Authies, 3 1/2	Doullens	Somme

Communes.	Arrondissem.	Départem.
Vauchelles-lès-Domart, 7	Doullens	Somme
Vauchelles-lès-Quesnoy, 1 ¼	Abbeville	Somme
Vauchinon, 6	Beaune	Côte-d'Or
Vauchonvilliers, 4	Bar-sur-Aube	Aube
Vauchoux, 3 ½	Vesoul	H.-Saône
Vauchrétien, 11 ¼	Saumur	Maine-et-L.
Vauciennes, 1	Epernay	Marne
Vauciennes, 9	Senlis	Oise
Vauclaix, 10	Clamecy	Nièvre
Vauclerc, 5	Laon	Aisne
Vauclerc, 1	Vitry-le-Français	Marne
Vaucluse, 9	Montbéliard	Doubs
Vaucluse (*St.-Claude*), 1	St.-Claude	Jura
Vaucluse, 4	Avignon	Vaucluse
Vauclusotte, 7 ½	Montbéliard	Doubs
Vaucognes, 4	Arcis-sur-Aube	Aube
Vauconcourt, 8 ¾	Gray	H.-Saône
Vaucouleurs *, 5	Commercy	Meuse
Vaucourt, 5	Lunéville	Meurthe
Vaucourtois, 2	Meaux	Seine-et-M.
Vaucremont (*Bazoncourt*), 3 ¼	Metz	Moselle
Vaucresson, ½	Versailles	Seine-et-O.
Vaudancourt, 1 ½	Epernay	Marne
Vaudancourt, 7	Beauvais	Oise
Vaudebarier, 1	Charolles	Saône-et-L.
Vaudelenay (le), 5	Saumur	Maine-et-L.
Vaudeloges, 8	Lisieux	Calvados
Vaudemange, 4 ¼	Châlons sur-Marne	Marne
Vaudémont, 8	Nancy	Meurthe
Vauderland, 7 ½	Pontoise	Seine-et-O.
Vaudes, 3 ½	Bar-sur-Seine	Aube
Vaudesson, 4	Soissons	Aisne
Vaudétré (*Heutregéville*) 4 ½	Rheims	Marne
Vaudeurs, 5 ¼	Joigny	Yonne
Vaudevant, 9	Tournon	Ardèche
Vaudeville, 9 ½	Commercy	Meuse
Vaudeville, 2	Epinal	Vosges
Vaudeville-sur-Madon, 6 ½	Nancy	Meurthe
Vaudey, 6	Gray	H.-Saône
Vaudieu (la), 1 ½	Le Blanc	Indre
Vaudigny, 7	Nancy	Meurthe
Vaudioux, 6 ¼	Poligny	Jura
Vaudoncourt, 2 ½	Montbéliard	Doubs
Vaudoncourt, 6 ¼	Montmédy	Meuse
Vaudoncourt, 5	Metz	Moselle
Vaudoncourt, 4	Neufchâteau	Vosges
Vaudoué (le), 5	Fontainebleau	Seine-et-M.
Vaudoy, 4 ¼	Coulommiers	Seine-et-M.
Vaudreching, 6 ½	Thionville	Moselle
Vaudrecourt, 11 ½	Chaumont	H.-Marne
Vaudremont, 5	Chaumont	H.-Marne
Vaudreuil, 6 ½	Villefranche	H.-Garonne
Vaudreville, 2	Valognes	Manche
Vaudreville (*Retonfey*), 3	Metz	Moselle
Vaudreville, 4	Dieppe	Seine-Inf.
Vaudrevillers, 3	Baume	Doubs
Vaudrey, 4 ¾	Dôle	Jura
Vaudricourt, ¼	Béthune	Pas-de-Cal.

Communes.	Arrondissem.	Départem.
Vaudricourt, 6 ¼	Abbeville	Somme
Vaudrimare, 4	Les Andelys	Eure
Vaudriménil, 3 ½	Coutances	Manche
Vaudringhem, 4 ½	St.-Omer	Pas-de-Cal.
Vaudry, 1 ¼	Vire	Calvados
Vauffrey, 7 ¼	Montbéliard	Doubs
Vaugines, 5 ¼	Apt	Vaucluse
Vaugirard, 1 ¼	Sceaux	Seine
Vaugneray, 2 ¼	Lyon	Rhône
Vaugrigneuse, 6 ¼	Rambouillet	Seine-et-O.
Vaugris, 1 ¼	Vienne	Isère
Vauhalland, 3	Versailles	Seine-et-O.
Vaujany, 8 ½	Grenoble	Isère
Vaujours, 8 ½	Pontoise	Seine-et-O.
Vaujmène (*Paisy-Cosdon*), 6 ½	Troyes	Aube
Voulevrost (*Ville-Neuve-la-Lyonne*), 11 ¼	Epernay	Marne
Vaulry (St.-), 2 ½	Guéret	Creuse
Vault, 1 ¼	Avallon	Yonne
Vaulx, 4 ½	Arras	Pas-de-Cal.
Vaulx, 6 ¼	St.-Pol	Pas-de-Cal.
Vaulx-en-Velin, 1 ½	Vienne	Isère
Vaulx Millieu, 6 ½	Vienne	Isere
Vaumas, 8	Moulins	Allier
Vaumeilh, 3 ¼	Sisteron	B.-Alpes
Vaumion (*Ambleville*), 5 ¼	Mantes	Seine-et-O.
Vaumoise, 8	Senlis	Oise
Vaumort, 4	Sens	Yonne
Vaunac, 6 ½	Nontron	Dordogne
Vaunarey, 10 ¼	Die	Drôme
Vaunavey-le-Bas, 3 ½	Grenoble	Isère
Vaunavey-le-Haut, 3 ½	Grenoble	Isère
Vaunoise, 4	Mortagne	Orne
Vaupalière (la), 2 ¼	Rouen	Seine-Inf.
Vaupillon, 5 ½	Nogent-le-Rotrou	Eure-et-L.
Vaupoisson, 2	Arcis-sur-Aube	Aube
Vauquoy, 5 ¼	Verdun	Meuse
Vaureal, 1 ¼	Pontoise	Seine-et-O.
Vaurefroy, 7 ¼	Epernay	Marne
Vaureilles, 5 ¼	Villefranche	Aveyron
Vauremont (*Germaine*), 3 ¼	Rheims	Marne
Vaurette (la), 9 ¼	Montauban	Tarn etGar.
Vaurezis, 1 ½	Soissons	Aisne
Vauris, 5 ½	Villeneuve-d'Agen	Lot-et-Gar.
Vaurois (*Brémur*), 4	Châtillon	Côte-d'Or
Vauroux (le), 4	Beauvais	Oise
Vaurseinne (*Ployart*), 3 ¼	Laon	Aisne
Vaury, 3	Bellac	H.-Vienne
Vaussais (*Sauzé*), 5 ¼	Melle	2 Sèvres
Vausseroux, 3 ½	Parthenay	2 Sèvres
Vaussieux, 5 ½	Caen	Calvados
Vautebis, 3 ¼	Parthenay	2 Sèvres
Vauthiermont, 3 ¼	Belfort	Haut Rhin
Vautorte, 4	Mayenne	Mayenne
Vauvarennes (*Bouvancourt*), 4 ½	Rheims	Marne
Vauvenargues, 2 ½	Aix	B.-du-Rhône
Vauvert, 5	Nismes	Gard
Vauville, 2 ½	Pont-l'Evêque	Calvados
Vauville, 4 ½	Cherbourg	Manche

Communes.	Arrondissem.	Départem.	Communes.	Arrondissem.	Départem.
Vauvillers, 12	Lure	H.-Saône	Vauxaillon, 6	Laon	Aisne
Vauvilliers, 5	Péronne	Somme	Vauxbourg (St.-), 3 ¼	Vouziers	Ardennes
Vaux, 10 ¼	Belley	Ain	Vauxbuin, 1	Soissons	Aisne
Vaux, 2 ¼	St.-Quentin	Aisne	Vauxceré, 6	Soissons	Aisne
Vaux, 2	Montluçon	Allier	Vauxmain, 5	Beauvais	Oise
Vaux (Vilaines), 3 ½	Rocroy	Ardennes	Vauxrenard, 5 ¼	Villefranche	Rhône
Vaux, 5	Sedan	Ardennes	Vauxtin, 5 ½	Soissons	Aisne
Vaux, 5 ½	Caen	Calvados	Vauzé, 8 ½	Pau	B.-Pyrén.
Vaux (les), 1 ½	Lisieux	Calvados	Vauzelles, 2 ½	Rethel	Ardennes
Vaux, 5 ¼	Marennes	Char.-Inf.	Vâville St.-Sauveur (le) 4 ½	Dreux	Eure-et-L.
Vaux, 3	Besançon	Doubs			
Vaux, 4	Pontarlier	Doubs	Vavincourt, 1 ½	Bar-le-Duc	Meuse
Vaux (le), 4	Villefranche	H.-Garonne	Vavray-le-Grand, 2 ½	Vitry-le-Français	Marne
Vaux (Notre-Dame-de-), 7 ¼	Grenoble	Isère	Vavray-le-Petit, 3	Vitry-le-Français	Marne
Vaux, 4	St.-Claude	Jura			
Vaux, 6	Langres	H.-Marne	Vaxainville, 6	Lunéville	Meurthe
Vaux, 2 ½	Verdun	Meuse	Vaxoncourt, 3 ¼	Epinal	Vosges
Vaux, 7 ½	Briey	Moselle	Vaxy, 1 ¼	Château-Salins	Meurthe
Vaux, 1 ¼	Metz	Moselle	Vay, 9	Châteaubriant	Loire-Inf.
Vaux, 6	Clermont	Oise	Vaylats, 5 ¼	Cahors	Lot
Vaux, 3 ½	Villefranche	Rhône	Vayre, 3 ½	Clermont	Puy-de-Dô.
Vaux (le) (Chalo-St.-Mars), 2	Etampes	Seine-et-O.	Vayres, 2 ½	Libourne	Gironde
			Vayres, 3	Etampes	Seine-et-O.
Vaux, 6	Versailles	Seine-et-O.	Vayres, 1 ½	Rochechouart	H.-Vienne
Vaux (Aubergenville), 6	Versailles	Seine-et-O.	Vazeilles-Limandre, 3 ½	Le Puy	H.-Loire
Vaux, 4 ¼	Abbeville	Somme	Vazeilles, près Saugues, 6 ½	Le Puy	H.-Loire
Vaux, 3	Châtellerault	Vienne	Vazerac, 6 ¼	Montauban	Tarn-et-Gar.
Vaux, 4	Civray	Vienne	Veauce, 3	Gannat	Allier
Vaux, 1	Auxerre	Yonne	Veaucé, 6	Mayenne	Mayenne
Vaux-Champagne, 3 ½	Vouziers	Ardennes	Veauché, 4	Montbrison	Loire
Vaux-de-Chambly, 6 ¼	Lons-le-Saulnier	Jura	Veauchette, 3 ¼	Montbrison	Loire
Vaux-de-Lavalette, 6 ½	Angoulême	Charente	Veaufranche (la), 1 ¾	Boussac	Creuse
Vaux-de-Rouillac, 5 ½	Angoulême	Charente	Veaugnes, 2 ½	Sancerre	Cher
Vaux-en-Arroise, 8 ¼	Vervins	Aisne	Veaunes, 6	Valence	Drôme
Vaux-en-Dieulet, 6 ¼	Vouziers	Ardennes	Veauville-Léquelle, 3 ½	Yvetot	Seine-Inf.
Vaux-en-Pré, 7 ½	Châlons	Saône-et-L.	Veauville-les-Baous, 1	Yvetot	Seine-Inf.
Vaux-la-Campagne, 5	Falaise	Calvados	Vebre, 7 ¼	Foix	Ariège
Vaux-la-Douce, 8	Langres	H.-Marne	Vébret, 5 ½	Mauriac	Cantal
Vaux-la-Grande, 4	Commercy	Meuse	Vébron, 3	Florac	Lozère
Vaux-la-Petite, 4 ½	Commercy	Meuse	Vecchio, 2	Corte	Corse
Vaux-le-Bardoult, 2 ½	Argentan	Orne	Veciani, 5 ¼	Ajaccio	Corse
Vaux-le-Moncelot, 7	Gray	H.-Saône	Vecillieu, 7	La Tour-du-Pin	Isère
Vaux-le-Pénil, ½	Melun	Seine-et-M.	Veckerviller, 4 ½	Sarrebourg	Meurthe
Vaux-lès-Amiens, 3 ½	Amiens	Somme	Veckring (Budling), 3 ½	Thionville	Moselle
Vaux-lès-Mouron, 3 ½	Vouziers	Ardennes	Vecquemont, 3	Amiens	Somme
Vaux-lès-Palameix, 8 ½	Commercy	Meuse	Vecqueville, 5	Wassy	H.-Marne
Vaux-lès-Rubigny, 6	Rethel	Ardennes	Vedennes, 1	Avignon	Vaucluse
Vaux-Montreuil, 3 ½	Rethel	Ardennes	Vedrenat, 2 ½	Bourganeuf	Creuse
Vaux-Rouy (le), 4 ½	Rouen	Seine-Inf.	Vedrines, 1 ½	Brioude	H.-Loire
Vaux-Ste.-Seine, 5 ½	Dijon	Côte-d'Or	Vedrines-St. Loup, 4	St.-Flour	Cantal
Vaux-sous-Bornay, 1 ¼	Lons-le-Saulnier	Jura	Vedrinyans, 11 ¼	Prades	Pyrén.-Or.
			Véel, ½	Bar-le-Duc	Meuse
Vaux-sous-Corbie, 5	Amiens	Somme	Vegennes, 7	Brives	Corrèze
Vaux-sous-Coulombs, 6 ½	Meaux	Seine-et-M.	Vého, 3 ½	Lunéville	Meurthe
Vaux-sur-Aure, ½	Bayeux	Calvados	Veigné, 3 ½	Tours	Indre-et-L.
Vaux-sur-Blaise, 1 ½	Wassy	H.-Marne	Veilhes, 4	Lavaur	Tarn
Vaux-sur-Eure, 3 ½	Evreux	Eure	Veillons, 2 ½	Romorantin	Loir-et-Ch.
Vaux-sur-Lunain, 9	Fontainebleau	Seine-et-M.	Veilly, 6	Beaune	Côte-d'Or
Vaux-sur-Poligny, 6 ¼	Lons-le-Saulnier	Jura	Veiran (Causses), 4 ½	Béziers	Hérault
			Veireau, 9	Milhaud	Aveiron
Vaux-sur-Risle, 9	Evreux	Eure	Veissenet (la), 1 ½	Murat	Cantal
Vaux-sur-St.-Urbain, 7	Wassy	H.-Marne	Veix, 9	Tulle	Corrèze

Communes.	Arrondissem.	Départem.
Velaine, 3 ½	Bar-le-Duc	Meuse
Velaine-en-Haye, 2 ¼	Nancy	Meurthe
Velaine-sous-Amance, 3	Nancy	Meurthe
Velanne-la-Ville, 5 ½	Mantes	Seine-et-O.
Velards, 1	Semur	Côte-d'Or
Velars-sur-Ouche, 2 ½	Dijon	Côte-d'Or
Velaux, 3 ½	Aix	B.-du-Rhône
Velennes-l'Hirondelle, 7	Amiens	Somme
Velesme, 3 ¼	Besançon	Doubs
Velesmes, 2 ½	Gray	H.-Saône
Velet, ½	Gray	H.-Saône
Velieux, 4 ½	St.-Pons	Hérault
Velines, 7 ½	Bergerac	Dordogne
Velisy, 1	Versailles	Seine-et-O.
Velle-le-Châtel, 3 ¼	Vesoul	H.-Saône
Vellêche, 4	Châtellerault	Vienne
Vellechevreux, 7 ¾	Lure	H.-Saône
Velleclaire, 6	Gray	H.-Saône
Vellefaux, 2	Vesoul	H.-Saône
Vellefrange, 5 ½	Gray	H.-Saône
Vellefrey, 5 ¼	Gray	H.-Saône
Vellefrie, 3 ¼	Vesoul	H.-Saône
Velleguindry, 2 ¼	Vesoul	H.-Saône
Velleminfroy, 4 ½	Lure	H.-Saône
Vellemoz, 4 ½	Gray	H.-Saône
Vellennes, 2 ½	Beauvais	Oise
Velleron, 2	Carpentras	Vaucluse
Vellerot-lès-Belvoir, 5 ½	Baume	Doubs
Vellerot-lès-Vercel, 5 ½	Baume	Doubs
Velles, 3 ½	Châteauroux	Indre
Velles (*Vers*), 4	Cahors	Lot
Velles, 7 ½	Langres	H.-Marne
Velles, 6	Lunéville	Meurthe
Vellescot, 6 ½	Belfort	Haut.-Rhin
Vellevans, 5	Baume	Doubs
Vellexon, 6 ¼	Gray	H.-Saône
Velloreille-lès-Choye, 3 ½	Gray	H.-Saône
Velloreille-lès-Fretigney), 7 ½	Gray	H.-Saône
Velloreille-lès-Oiselay, 7 ¾	Gray	H.-Saône
Velmanya, 6 ½	Prades	Pyrén.-Or.
Velogny, 3	Semur	Côte-d'Or
Velone, 8	Bastia	Corse
Velorcey, 7 ½	Lure	H.-Saône
Velosne, 1 ½	Montmédy	Meuse
Velotte (*Amblans*), 1 ¼	Lure	H.-Saône
Velotte (*Monjustin*), 5	Vesoul	H.-Saône
Velotte, 1 ½	Mirecourt	Vosges
Vélu, 6	Arras	Pas-de-Cal.
Velving (*Valmunster*), 6 ¼	Metz	Moselle
Vely, 5	Epernay	Marne
Venables, 2 ½	Louviers	Eure
Venant (St.-)*, 3 ¾	Béthune	Pas-de-Cal.
Venansault, 1 ½	Bourbon-Vendée	Vendée
Venant (*Boissi-le-Sec*), 2 ½	Etampes	Seine-et-O.
Venarey, 2	Semur	Côte-d'Or
Venarsal, 2 ½	Brives	Corrèze
Venas, 4	Montluçon	Allier
Venasque, 2	Carpentras	Vaucluse
Vence*, 5 ½	Grasse	Var
Vendais, 3	Lesparre	Gironde
Vendargues, 2	Montpellier	Hérault
Vendat, 3	Gannat	Allier
Vendegies-au-Bois, 6 ½	Avesnes	Nord
Vendegies-sur-Ecaillon, 7 ½	Cambrai	Nord
Vendeins, 13	Trévoux	Ain
Vendel, 2 ½	Fougères	Ille-et-Vil.
Vendelles, 3 ½	St.-Quentin	Aisne
Vendeloves, 1	St.-Affrique	Aveiron
Vendémian, 9 ½	Lodève	Hérault
Vendemies, 1 ½	Limoux	Aude
Vendenheim, 2 ½	Strasbourg	Bas-Rhin
Vendes, 4	Caen	Calvados
Vendeuil, 4	St.-Quentin	Aisne
Vendeuil-Caply, 8 ½	Clermont	Oise
Vendeville, 1 ¼	Lille	Nord
Vendhuile, 5	St.-Quentin	Aisne
Vendières, 4 ½	Château-Thierry	Aisne
Vendin-le-Vielle, 5	Béthune	Pas-de-Cal.
Vendin-lès-Béthune, ½	Béthune	Pas-de-Cal.
Vendines, 6	Villefranche	H.-Garonne
Vendœuvre. *Voyez* Vandœuvre		
Vendoire, 6	Riberac	Dordogne
VENDÔME*	ch.-l. d'ar., 4	Loir-et-Ch.
Vendrennes, 9	Bourbon-Vendée	Vendée
Vendres, 2	Béziers	Hérault
Vendresse, 5	Laon	Aisne
Vendresse, 4 ½	Mézières	Ardennes
Vendrest, 5	Meaux	Seine-et-M.
Vendue-Mignot (la), 4 ½	Troyes	Aube
Veneffle, 3 ½	Rennes	Ille-et-Vil.
Venejan, 8 ¼	Uzès	Gard
Venelles, 1	Aix	B.-du-Rhône
Vénérand, 2 ½	Saintes	Char.-Inf.
Vénérand (St.-), 6	Le Puy	H.-Loire
Venère, 3 ¼	Gray	H.-Saône
Vénérieux, 6 ½	La-Tour-du-Pin	Isère
Vénérolle, 8 ½	Vervins	Aisne
Venerque, 2 ¼	Muret	H.-Garonne
Venesme, 4	St.-Amand	Cher
Venestanville, 4	Dieppe	Seine-Inf.
Vénesville, 6 ½	Yvetot	Seine-Inf.
Venette, ½	Compiègne	Oise
Veneux, 2 ¼	Fontainebleau	Seine-et-M.
Veney, 6	Lunéville	Meurthe
Venez, 4 ½	Castres	Tarn
Vengeons, 3	Mortain	Manche
Veniers, ½	Loudun	Vienne
Venise, 4 ½	Besançon	Doubs
Venise-la-Chapelle (Ste-) (*Bois-Guillaume*), 1 ¼	Rouen	Seine-Inf.
Venisey, 7 ¼	Vesoul	H.-Saône
Venissieux, 5	Vienne	Isère
Venizel, ½	Soissons	Aisne
Venizy, 6 ½	Joigny	Yonne
Vennans, 2 ½	Baume	Doubs
Vennecy, 2 ¾	Orléans	Loiret
Vennes, 2 ½	Baume	Doubs
Vennezey, 4 ¾	Lunéville	Meurthe

Communes.	Arrondissem.	Departem.	Communes.	Arrondissem.	Departem.
Venoix, 1	Caen	Calvados	Vercoiran, 8 ½	Nyons	Drôme
Venon, 3	Louviers	Eure	Vercourt, 7 ½	Abbeville	Somme
Venon, 2 ¼	Grenoble	Isère	Verdaches, 10	Digne	B.-Alpes
Venose, 10 ¼	Grenoble	Isère	Verdalle, 3 ½	Castres	Tarn
Venouze, 6	Auxerre	Yonne	Verde, 7	Corte	Corse
Venoy, 1 ½	Auxerre	Yonne	Verdegas, 7 ½	Marmande	Lot-et-Gar.
Vensac, 3 ¼	Lesparre	Gironde	Verdelais, 5 ½	La Réole	Gironde
Vensat, 4	Riom	Puy-de-Dô.	Verdelot, 6	Coulommiers	Seine-et-M.
Vensolasca, 5 ¼	Bastia	Corse	Verdenal, 7	Lunéville	Meurthe
Ventabien, 2 ½	Aix	B.du-Rhône	Verderel, 2	Beauvais	Oise
Ventajon, 5 ½	Rodez	Aveiron	Verderonne, 2 ¼	Clermont	Oise
Ventavon, 7 ½	Gap	H.-Alpes	Verdes, 12	Blois	Loir-et-Ch.
Ventejols, 1 ½	Ussel	Corrèze	Verdèse, 5	Corte	Corse
Ventenac, 3 ½	Foix	Ariège	Verdets, 1 ½	Oléron	B.-Pyrén.
Ventenac, 1 ½	Carcassonne	Aude	Verdey, 8 ½	Epernay	Marne
Ventenac, 4	Narbonne	Aude	Verdezun, 11	Marvejols	Lozère
Venterol, 10	Sisteron	B.-Alpes	Verdier (le), 2	Gaillac	Tarn
Venterols, 1	Nyons	Drôme	Verdière (la), 8	Brignoles	Var
Ventes (les), 2	Evreux	Eure	Verdigny, ½	Sancerre	Cher
Ventes (les Grandes), 4	Dieppe	Seine-Inf.	Verdille, 6	Ruffec	Charente
Ventes-de-Bourse (les), 4 ½	Alençon	Orne	Verdilly, 1 ¼	Château-Thierry	Aisne
Ventes-Mézangères (les), 4	Neufchatel	Seine-Inf.	Verdon, 4	Bergerac	Dordogne
			Verdon (le) (Soulac), 7 ½	Lesparre	Gironde
Ventenges, 7 ½	Le Puy	H.-Loire			
Venteuil, 2 ½	Epernay	Marne	Verdon, 6 ½	Epernay	Marne
Ventenjol Chaudes-Aigues, 5 ¼	St.-Flour	Cantal	Verdonnet, 7 ¼	Châtillon	Côte-d'Or
			Verdun, 6 ½	Foix	Ariège
Venthie (la), 5	Béthune	Pas-de-Cal.	Verdun, 3 ½	Castelnaudary	Aude
Ventillac, 2 ½	Castel-Sarrasin	Tarn-et-Gar.	Verdun (Quins), 8 ½	Rodez	Aveiron
Ventiseri, 9 ¼	Corte	Corse	VERDUN *,	ch.-l. d'arr., 70	Meuse
Ventouze, 6 ½	Ruffec	Charente	Verdun, 5	Castel-Sarrasin	Tarn-etGar.
Ventron, 8	Remiremont	Vosges	Verdun-sur-le-Doubs *, 5 ½	Châlons	Saône-et-L.
Ventrouse (la), 3 ¼	Mortagne	Orne			
Ventzwiller, 4	Sarreguemines	Moselle	Verduzan, 4 ¼	Condom	Gers
Venzolasca, 9 ½	Bastia	Corse	Veret, 4 ½	Bayeux	Calvados
Ver (Auxon), 7 ¼	Troyes	Aube	Véretz, 2 ¼	Tours	Indre-et-L.
Ver, 3 ¼	Bayeux	Calvados	Vereux, 3	Gray	H.-Saône
Ver, 2	Chartres	Eure-et-L.	Verfeil, 4 ¼	Toulouse	H.-Garonne
Ver, 4 ¼	Coutances	Manche	Verfeil, 13	Montauban	Tarn etGar.
Ver, 4	Senlis	Oise	Verfeuil, 4 ¼	Uzès	Gard
Verac, 5	Libourne	Gironde	Verfontaine, 3 ¼	Gray	H.-Loire
Veran (St.-), 11	Milhaud	Aveiron	Vergaville, 5 ½	Château-Salins	Meurthe
Veran (St.-), 9	Briançon	H.-Alpes	Verge (Ste.-), 7 ½	Bressuire	2 Sèvres
Verand (St.-), 1	St.-Marcellin	Isère	Vergeal, 3 ½	Vitré	Ille-et-Vil.
Verand (St.-), 4 ¼	Villefranche	Rhône	Vergennes (la), 5 ¼	Lure	H.-Saône
Verand (St.-), 3	Mâcon	Saône-et-L.	Verger (le), 2	Montfort	Ille-et-Vil.
Véranne, 6 ½	St.-Etienne	Loire	Vergeroux (le), 1	Rochefort	Char.-Inf.
Vérargues, 5	Montpellier	Hérault	Verges, 3	Lons-le-Saulnier	Jura
Veraux, 8	St-Amand	Cher			
Verberie *, 4	Senlis	Oise	Vergetot, 4 ½	Le Hâvre	Seine-Inf.
Verbiesles, 1 ¼	Chaumont	H.-Marne	Vergèze, 4 ½	Nismes	Gard
Verbosc, 1 ½	Yvetot	Seine-Inf.	Vergheat, 10	Riom	Puy-de-Dô.
Vercel, 4 ½	Baume	Doubs	Vergies, 9 ½	Amiens	Somme
Verchamps, 7 ¼	Vesoul	H.-Saône	Vergigny, 6	Auxerre	Yonne
Verchenys, 4 ½	Die	Drôme	Vergisson, 3	Mâcon	Saône-et-L.
Verchin, 7 ½	Douai	Nord	Vergné, 3 ¼	St.-Jean-d'Angely	Char.-Inf.
Verchins, 8	Montreuil	Pas-de-Cal.			
Verchocq, 5	Montreuil	Pas-de-Cal.	Vergnier (le), 3	St.-Quentin	Aisne
Vercia, 3 ¼	Lons-le-Saulnier	Jura	Vergognan, 17	Mirande	Gers
			Vergoncey, 3 ½	Avranches	Manche
Vercieux, 11	La Tour-du-Pin	Isère	Vergongheon, 3	Brioude	H.-Loire
Vercin (St.-Chef), 3 ½	La Tour-du-Pin	Isère	Vergonnes, 3 ¼	Segré	Maine-et-L.
Verclause, 6 ½	Nyons	Drôme	Vergons, 6	Castellanne	B.-Alpes

Communes.	Arrondissem.	Départem.	Communes.	Arrondissem.	Départem.
Vergranne, 1	Baume	Doubs	Verneuil, 2 $\frac{1}{4}$	La Châtre	Indre
Vergt, 5	Périgueux	Dordogne	Verneuil, 4 $\frac{1}{2}$	Chinon	Indre-et-L.
Vergt-de-Biron (le), 12 $\frac{1}{4}$	Bergerac	Dordogne	Verneuil, 2	Loches	Indre-et-L.
Véria, 8 $\frac{1}{4}$	Lons-le-Saulnier	Jura	Verneuil (Haut et Bas-), 4 $\frac{1}{4}$	Épernay	Marne
Vericourt, 4 $\frac{1}{2}$	Arcis-sur-Aube	Aube	Verneuil (Grand-), 1	Montmédy	Meuse
Vérie (la), 14	Bourbon-Vendée	Vendée	Verneuil (Petit-, , 1	Montmédy	Meuse
Vérignon, 6 $\frac{1}{4}$	Draguignan	Var	Verneuil, 14	Nevers	Nièvre
Vérigny, 4	Chartres	Eure-et-L.	Verneuil, 2	Senlis	Oise
Vériset, 3 $\frac{1}{2}$	Mâcon	Saône-et-L.	Verneuil, 3	Melun	Seine-et-M.
Verissey, 3 $\frac{1}{4}$	Louhans	Saône-et-L.	Verneuil, 5	Versailles	Seine-et-O.
Verjon, 4	Bourg	Ain	Verneuil, 2 $\frac{1}{4}$	Limoges	H.-Vienne
Verjux, 4 $\frac{1}{4}$	Châlons	Saône-et-L	Verneuil-Courtonne, 5	Laon	Aisne
Verlans, 12 $\frac{1}{4}$	Lure	H.-Saône	Verneuil-Moutiers, 7	Bellac	H.-Vienne
Verlhac-Tescou, 5	Montauban	TarnetGar.	Verneuil-sous-Coucy, 8	Laon	Aisne
Verlin, 3 $\frac{1}{2}$	Joigny	Yonne	Verneuil-sur-Serre, 3	Laon	Aisne
Verlincthun, 3 $\frac{1}{2}$	Boulogne	Pas-de-Cal.	Verneuse, 6	Bernay	Eure
Verlinghem, 1 $\frac{1}{4}$	Lille	Nord	Vernéville, 2 $\frac{1}{4}$	Metz	Moselle
Verlus, 17	Mirande	Gers	Vernie, 9 $\frac{1}{4}$	Mamers	Sarthe.
Verly, 7 $\frac{1}{2}$	Vervins	Aisne	Vernier-Fontaine, 6	Baume	Doubs
Verly, 5 $\frac{1}{4}$	Montdidier	Somme	Verniette (Coulie), 6 $\frac{3}{4}$	Le Mans	Sarthe
Vermand, 2 $\frac{1}{4}$	St.-Quentin	Aisne	Vernines, 6	Clermont	Puy-de-Dô.
Vermandovillers, 4	Péronne	Somme	Verniole, 1 $\frac{1}{2}$	Pamiers	Ariège
Vermanton *, 5	Auxerre	Yonne	Vernioz, 2 $\frac{1}{4}$	Vienne	Isère
Vermelles, 2 $\frac{1}{4}$	Béthune	Pas-de-Cal.	Vernix, 2 $\frac{1}{4}$	Avranches	Manche
Vermondans, 3 $\frac{1}{4}$	Montbéliard	Doubs	Vernoil-le-Fourrier, 5	Baugé	Maine-et-L.
Vermont (le), 6 $\frac{1}{2}$	St.-Dié	Vosges	Vernois (le) (Lusigny), 2 $\frac{1}{2}$	Moulins	Allier
Vern, 2	Rennes	Ille-et-Vil.	Vernois (le), 3	Montbéliard	Doubs
Vern, 2 $\frac{1}{4}$	Segré	Maine-et-L.	Vernois, 7 $\frac{1}{2}$	Montbéliard	Doubs
Vernais, 4	St.-Amand	Cher	Vernois, 7 $\frac{1}{2}$	Montbéliard	Doubs
Vernaison, 2 $\frac{1}{4}$	Lyon	Rhône	Vernois (le), 2	Lons-le-Saulnier	Jura
Vernajoul, $\frac{1}{4}$	Foix	Ariège			
Vernancourt, 4 $\frac{1}{2}$	Vitry-le-Français	Marne	Vernois (le) (Mont-le-Vernois), 4 $\frac{1}{4}$	Vesoul	H.-Saône
Vernantes, 4 $\frac{1}{2}$	Baugé	Maine-et-L.	Vernois-lès-Vesvres, 8 $\frac{1}{2}$	Dijon	Côte-d'Or
Vernautois, 1 $\frac{1}{2}$	Lons-le-Saulnier	Jura	Vernois-sous-la-Bourgeoise (le), 1	Beaune	Côte-d'Or
Vernas, 9 $\frac{1}{4}$	La Tour-du-Pin	Isère	Vernois-sur-Mance, 10	Vesoul	H.-Saône
Vernassal, 4 $\frac{1}{2}$	Le Puy	H.-Loire	Vernols, 3	Murat	Cantal
Vernaux, 8	Foix	Ariège	Vernon, 3	Argentière	Ardèche
Vernay, 1	Roanne	Loire	Vernon *, 7	Évreux	Eure
Vernay, 6	Villefranche	Rhône	Vernon (Baugency), 5	Orléans	Loiret
Verne, 1 $\frac{1}{2}$	Baume	Doubs	Vernon, 7	Poitiers	Vienne
Vernègues, 10	Arles	B. du Rhône	Vernouvilliers, 2 $\frac{1}{2}$	Bar-sur-Aube	Aube
Vernègie, 4	Boussac	Creuse	Vernosc, 10 $\frac{1}{2}$	Tournon	Ardèche
Verneil-le-Chétif, 7	La Flèche	Sarthe	Vernot, 4 $\frac{1}{4}$	Dijon	Côte-d'Or
Verneix, 1 $\frac{1}{2}$	Montluçon	Allier	Vernou, 4 $\frac{1}{4}$	Tours	Indre-et-L.
Vernet, 3	Gannat	Allier	Vernou, 4 $\frac{1}{4}$	Fontainebleau	Seine-et-M.
Vernet (le), 6	La Palisse	Allier	Vernouillet, $\frac{1}{2}$	Dreux	Eure-et-L.
Vernet (le), 10	Digne	B.-Alpes	Vernouillet, 4 $\frac{1}{2}$	Versailles	Seine-et-O.
Vernet (le), 2	Pamiers	Ariège	Vernoux, 7	Bourg	Ain
Vernet (le), 2 $\frac{1}{4}$	Muret	H.-Garonne	Vernoux *, 10	Tournon	Ardèche
Vernet (le), 4	Le Puy	H.-Loire	Vernoux, 5	Romorantin	Loir-et-Ch.
Vernet (le), 7	Clermont	Puy-de-Dô.	Vernoux, 2 $\frac{1}{4}$	Melle	2 Sèvres
Vernet (le), 3 $\frac{1}{4}$	Issoire	Puy-de-Dô	Vernoux-en-Gâtine, 5	Parthenay	2 Sèvres
Vernet, 2	Prades	Pyrén.-Or.	Vernoy, 5	Sens	Yonne
Vernet-le-Haut, 7	Villefranche	Aveiron	Vernus (St.-Pierre-en-Vaux), 5 $\frac{1}{2}$	Beaune	Côte-d'Or
Vernet-Sontira, 5 $\frac{1}{4}$	Villefranche	Aveiron	Vernusse, 6	Gannat	Allier
Verneughol, 10	Clermont	Puy-de-Dô.	Vernusse (la) Bagneux, 8	Issoudun	Indre
Verneuil, 8	Gannat	Allier			
Verneuil, 6 $\frac{1}{4}$	Confolens	Charente	Verny (Pournoy-la-Grasse), 2 $\frac{1}{4}$	Metz	Moselle
Verneuil, 3	St.-Amand	Cher			
Verneuil *, 9	Évreux	Eure	Vero, 5 $\frac{1}{4}$	Ajaccio	Corse

Communes.	Arrondissem.	Départem.
Veron, 2	Sens	Yonne
Veronnes-les-Grandes, 4 ½	Dijon	Côte-d'Or
Veronnes-les-Petites, 5 ½	Dijon	Côte-d'Or
Verosvres, 4 ½	Charolles	Saône-et-L.
Verpel, 4	Vouziers	Ardennes
Verpillière (la)*, 6	Vienne	Isère
Verpillières, 4	Bar sur-Seine	Aube
Verpillières, 5 ½	Montdidier	Somme
Verquières, 5	Arles	B.du-Rhône
Verquigneul, 1 ¾	Béthune	Pas-de-Cal.
Verquin, ¾	Béthune	Pas-de-Cal.
Verrerie-de-Portieux, 6	Mirecourt	Vosges
Verrerie-Sophie., 4	Sarreguemines	Moselle
Verrey-sous-Drée, 7 ½	Dijon	Côte-d'Or
Verrey-sous-Salmaise, 6	Semur	Côte-d'Or
Verreyrolles, 6 ½	Le Puy	H.-Loire
Verrier (le) (*Festigny-les-Hameaux*), 4	Epernay	Marne
Verrière, 7 ½	Rouen	Loire
Verrière (la), 8	Beauvais	Oise
Verrière (la), 5	Rambouillet	Seine-et-O.
Verrières, 3 ¼	Vouziers	Ardennes
Verrières, 2 ½	Troyes	Aube
Verrières, 2	Espalion	Aveiron
Verrières, 2 ½	Milhaud	Aveiron
Verrières, 3 ¾	Cognac	Charente
Verrières (les), 5	Pontarlier	Doubs
Verrières, 2	Montbrison	Loire
Verrières, ½	Ste-Menéhould	Marne
Verrières, 5	Mortagne	Orne
Verrières, 3	Versailles	Seine-et-O.
Verrières, 5	Montmorillon	Vienne
Verrières-Donzaines, 4	Epinal	Vosges
Verrières-du-Gros-Bois, 3	Baume	Doubs
Verrine, 1 ¾	Mellé	2 Sèvres
Verrine-en-Rom, 4 ½	Melle	2 Sèvres
Verrines, 3 ¾	La Rochelle	Char.-Inf.
Verrines, 4	Senlis	Oise
Verron, ½	La Flèche	Sarthe
Verronne, 3 ¾	Die	Drôme
Verrue, 4	Loudun	Vienne
Verruge, 3 ½	Parthenay	2 Sèvres
Verry, 6 ½	Verdun	Meuse
Verrye, 2 ½	Saumur	Maine-et-L.
Vers, 11 ½	Nyons	Drôme
Vers, 3	Uzès	Gard
Vers, 4	Poligny	Jura
Vers, 4	Cahors	Lot
Vers, 5 ¼	Châlons	Saône-et-L.
Vers, 2	Amiens	Somme
VERSAILLES*,	ch.-l. de dép., 5	Seine-et-O.
Versailles (*La Ferté-Macé*), 5 ½	Domfront	Orne
Versailleux, 8 ½	Trévoux	Ain
Versainville, ¼	Falaise	Calvados
Versanne (la), 5	St.-Etienne	Loire
Versaugues, 5	Charolles	Saône-et-L.
Verseilles-le-Bas, 3	Langres	H.-Marne
Verseilles-le-Haut, 3	Langres	H.-Marne
Versigny, 5	Laon	Aisne
Versigny, 3	Senlis	Oise
Versine (la), 2 ½	Beauvais	Oise
Versine (la), 3	Soissons	Aisne
Versols, 2	St.-Affrique	Aveiron

Communes.	Arrondissem.	Départem.
Verson, 2	Caen	Calvados
Versonnex, 2	Gex	Ain
Versoud (le), 2 ¾	Grenoble	Isère
Vert, 1 ¾	Dreux	Eure-et-L.
Vert, 8	Mont-de-Marsau	Landes
Vert (St.-), 4 ½	Brioude	H.-Loire
Vert, 1 ½	Mantes	Seine-et-O.
Vert (le), 5 ¼	Melle	2 Sèvres
Vert-Galant (*Vaujours*), 6	Pontoise	Seine-et-O.
Vert-la-Gravelle, 5 ¾	Epernay	Marne
Vert-le-Grand, 3	Corbeil	Seine-et-O.
Vert-le-Petit, 3	Corbeil	Seine et-O.
Vert-St.-Denis, 1	Melun	Seine-et-M.
Vert-sous-Sellières, 4 ½	Lons-le-Saulnier	Jura
Vertain, 7 ½	Cambrai	Nord
Vertaizon, 5	Clermont	Puy-de-Dô.
Vertamboz, 5	Lons-le-Saulnier	Jura
Vertault, 5	Châtillon	Côte-d'Or.
Verteau (*Chevrainvilliers*), 5 ¾	Fontainebleau	Seine-et-M.
Verteillac, 3 ½	Riberac	Dordogne
Vertesalle (la) (*Orgeval*), 4	Versailles	Seine-et-O.
Verteuil, 1 ¼	Ruffec	Charente
Verteuil, 2 ½	Lesparre	Gironde
Verteuil, 7 ½	Marmande	Lot-et-Gar.
Vertheuil, 2 ¾	Mantes	Seine-et-O.
Vertière (*Lantenue*), 5 ¼	Besançon	Doubs
Vertig (*Romeries*), 7 ½	Cambrai	Nord
Vertilly, 7 ½	Sens	Yonne
Vertolaye, 2 ½	Ambert	Puy-de-Dô.
Verton, 3	Montreuil	Pas-de-Cal.
Vertou, 2	Nantes	Loire-Inf.
Vertrieu, 13	La-Tour-du-Pin	Isère
Vertu (Ste.-), 3	Tonnerre	Yonne
Vertus*, 3 ¼	Epernay	Marne
Vertuzey, 1 ¾	Commercy	Meuse
Vervau, 5 ½	Angoulême	Charente
Vervant, 2	St. Jean-d'Angely	Char.-Inf.
Vervezelle, 4 ½	St.-Dié	Vosges
Verville (*Presles*), 5	Pontoise	Seine-et-O.
VERVINS*,	ch.-l. d'ar., 45	Aisne
Verzé, 3	Mâcon	Saône-et-L.
Verzeille, 3 ¾	Limoux	Aude
Verzenay, 3 ½	Rheims	Marne
Verzy, 3 ¾	Rheims	Marne
Vesaignes-sous-la-Fanche, 8 ¼	Chaumont	H.-Marne
Vesaignes-sur-Marne, 4 ¼	Chaumont	H.-Marne
Vesc, 8	Montélimart	Drôme
Vescemont, 3 ½	Belfort	Haut-Rhin
Vescheim, 5	Sarrebourg	Meurthe
Vescles, 9 ½	Lons-le-Saulnier	Jura
Vescours, 7	Bourg	Ain
Vescovato, 5 ½	Bastia	Corse
Vesdun, 4	St.-Amand	Cher
Vésigneul-sur-Coole, 5	Châlons-sur-Marne	Marne
Vésigneul-sur-Marne, 3 ½	Châlons-sur-Marne	Marne

Communes.	Arrondissem.	Départem.	Communes.	Arrondissem.	Départem.
Vesigneux (*Amathay*), 8 ¼	Besançon	Doubs	Vezelois, 1 ½	Belfort	Haut-Rhin
Vesillon, 1	Les Andelys	Eure	Vezenay, 3 ½	Gex	Ain
Vesles, 5	Laon	Aisne	Vezenobre, 2 ½	Alais	Gard
Veslud, 2 ½	Laon	Aisne	Vézeronce, 3	La Tour-du-Pin	Isère
Vesly, 4	Les Andelys	Eure	Vezet, 7 ½	Gray	H.-Saône
Vesly, 6 ½	Coutances	Manche	Vezezoux, 3 ½	Brioude	H.-Loire
Vesmars, 8	Pontoise	Seine-et-O.	Vezier (le), 11	Epernay	Marne
VESOUL*,	ch.-l. de dép. 91	H.-Saône	Vezières, 2	Loudun	Vienne
Vesoul (le) (*Noyen-sur-Seine*), 5 ½	Provins	Seine-et-M.	Vézilly, 5 ¼	Château-Thierry	Aisne
Vespière (la), 5 ¼	Lisieux	Calvados	Vezin, 1	Rennes	Ille-et-Vil.
Vesse, 3 ½	Gannat	Allier	Vézin, 9	Briey	Moselle
Vesseaux, 5 ½	Privas	Ardèche	Vezinnes, 1	Tonnerre	Yonne
Vessey, 4 ¾	Avranches	Manche	Vezins, 5	Milhaud	Aveiron
Vestric, 3 ¾	Nismes	Gard	Vezins, 6 ½	Beaupréau	Maine-et-L.
Vesvres, 4	Semur	Côte-d'Or.	Vezins, 5	Mortain	Manche
Vesvres-sous-Chalencey, 5 ¼	Langres	H.-Marne	Vezous (*Marieuelles*), 2 ¾	Metz	Moselle
Vesvres-sous-Prangey (*Prangey*), 3 ½	Langres	H.-Marne	Vezot, 1	Mamers	Sarthe
			Vezzani-é-Pietroso, 4 ½	Corte	Corse
Vesvrott (*Flaignot*), 8 ¼	Dijon	Côte-d'Or	Via, 11	Prades	Pyrén.-Or.
Vetrigne, 1 ½	Belfort	H.-Rhin	Viabon, 7	Chartres	Eure-et-L.
Veuil, 9	Châteauroux	Indre	Viala (le) (*Calmels*), 3	St.-Affrique	Aveiron
Veuilly-la-Poterie, 3	Château-Thierry	Aisne	Viala-du-Pas-de-Joux (le), 4	St.-Affrique	Aveiron
Veulettes, 7 ¼	Yvetot	Seine-Inf.	Viala-du-Tarn, 4 ½	Milhaud	Aveiron
Veulles, 7	Yvetot	Seine-Inf.	Vialas, 7 ¾	Florac	Lozère
Veurdre, 7 ¼	Moulins	Allier	Vialer, 9 ½	Pau	B.-Pyrén.
Veurey, 3 ¾	Grenoble	Isère	Viam, 7 ½	Ussel	Corrèze
Veuve (la), 2	Châlons-sur-Marne	Marne	Viance (St.-), 3	Brives	Correze
			Viane, 12	Castres	Tarn
			Viauges, 10 ½	Beaune	Côte-d'Or.
Veuves, 5 ¾	Blois	Loir-et-Ch.	Vianne, 2 ½	Nérac	Lot-et-Gar.
Veuvey-sur-Ouche, 5	Beaune	Côte-d'Or	Vians, 12 ¾	Lure	H.-Saône
Veuxaulles, 5 ¾	Châtillon	Côte-d'Or	Viapres-le-Grand, 2 ½	Arcis-sur-Aube	Aube
Veuzac, ¾	Villefranche	Aveiron	Viapres-le-Petit, 2	Arcis-sur-Aube	Aube
Vevy, 2 ½	Lons-le-Saulnier	Jura	Viarmes, 5 ½	Pontoise	Seine-et-O.
			Vias, 4	Béziers	Hérault
Vexaincourt, 6 ½	St.-Dié	Vosges	Viaud (St.-), 1 ½	Paimbœuf	Loire-Inf.
Vey (le), 5 ½	Falaise	Calvados	Viaulot, 3 ½	Langres	H.-Marne
Veymerange, 1	Thionville	Moselle	Viazac, 1 ½	Figeac	Lot
Veynes*, 5 ½	Gap	H.-Alpes	Vibal (le), 4 ½	Rodez	Aveiron
Veyrac, 13 ¼	Gourdon	Lot	Vibersviller, 9 ½	Château-Salins	Meurthe
Veyrac, 3	Limoges	H.-Vienne	Vibeuf, 3	Yvetot	Seine-Inf.
Veyras, 1	Privas	Ardèche	Vibrac, 5 ¾	Cognac	Charente
Veyrières, 3 ½	Mauriac	Cantal	Vibrac, 3	Jonzac	Char.-Inf.
Veyrières, 2	Ussel	Corrèze	Vibraye, 3 ½	St.-Calais	Sarthe
Veyrières, 4	Issoire	Puy-de-Dô.	Vic, 2 ½	St.-Girons	Ariége
Veyrignac, 2	Sarlat	Dordogne	Vic, 4	Aurillac	Cantal
Veyrin, 3	La Tour-du-Pin	Isère	Vic, 3	Montpellier	Hérault
Veyrines, 5 ¼	Périgueux	Dordogne	Vic, 1 ¼	Château-Salins	Meurthe
Veyrines, 7	Sarlat	Dordogne	Vic*, 4	Tarbes	H.-Pyrén.
Veyrune (la), 8 ½	Argentière	Ardèche	Vic, ½	Montmorillon	Vienne
Veyssière (la), 3 ½	Bergerac	Dordogne	Vic-de-Chassenay, 1 ½	Semur	Côte-d'Or
Veyssière (la) (*Nozac*), 1 ½	Gourdon	Lot	Vic-des-Prés, 4 ½	Beaune	Côte-d'Or
			Vic-Dessos, 7 ¾	Foix	Ariége
Veyziat, 5	Nantua	Ain	Vic-Fejensac*, 7	Auch	Gers
Vez, 9	Senlis	Oise	Vic-le-Fesq, 13	Le Vigan	Gard
Vezac, 1 ½	Aurillac	Cantal	Vic-sous-Thil, 4	Semur	Côte-d'Or.
Vezac, 2	Sarlat	Dordogne	Vic-sur-Aisne*, 4	Soissons	Aisne
Vezancy, 1 ½	Gex	Ain	Vic-sur-Allier, 5	Clermont	Puy-de-Dô.
Vezanues, 1 ½	Tonnerre	Yonne	Vic-sur-Nahon, 8 ½	Châteauroux	Indre
Vezaponin, 3	Soissons	Aisne	Vic. *Voyez* Vicq		
Vèze, 7	Murat	Cantal	Vicel (le), 4 ½	Valognes	Manche
Vezelay*, 3 ½	Avallon	Yonne	Vichel, 4 ½	Château-Thierry	Aisne
Vézelise, 6	Nancy	Meurthe	Vichel, 3 ½	Issoire	Puy-de-Dô.

Communes.	Arrondissem.	Départem.
Vichères, $2\frac{1}{2}$	Nogent-le-Rotrou	Eure-et-L.
Vicherey, $4\frac{1}{4}$	Neufchâteau	Vosges
Vichy, 6	La Palisse	Allier
Vicinato-e-Salicetto, $4\frac{1}{2}$	Corte	Corse
Vico*,	Ajaccio	Corse
Vicogne (la), $3\frac{3}{4}$	Doullens	Somme
Vicq, 3	Gannat	Allier
Vicq, $5\frac{1}{2}$	Bergerac	Dordogne
Vicq, $5\frac{1}{4}$	Dax	Landes
Vicq, $5\frac{1}{2}$	Rambouillet	Seine-et O.
Vicq, $5\frac{1}{2}$	Langres	H.-Marne
Vicq, $11\frac{3}{4}$	Douai	Nord
Vicq, $6\frac{1}{4}$	St.-Yrieix	H.-Vienne
Vicq-Exemplet, $3\frac{1}{2}$	La Châtre	Indre
Vicq-St.-Charties, $1\frac{3}{4}$	La Châtre	Indre
Vicquemare, $4\frac{1}{2}$	Yvetot	Seine-Inf.
Vicques, $3\frac{1}{4}$	Falaise	Calvados
Victeur (St.-), 6	Mamers	Sarthe
Victor (St.-), 1	Montluçon	Allier
Victor (St.-), 7	Tournon	Ardèche
Victor (St.-) $1\frac{1}{2}$	Pamiers	Ariége
Victor (St.-), 3	St.-Affrique	Aveiron
Victor (St.-), $3\frac{1}{2}$	Aurillac	Cantal
Victor (St.-), $7\frac{1}{4}$	St.-Flour	Cantal
Victor (St.-), 2	Guéret	Creuse
Victor (St.-), 6	Riberac	Dordogne
Victor (St.-), $10\frac{1}{2}$	Evreux	Eure
Victor (St.-), 4	Alais	Gard
Victor (St.-), $4\frac{1}{2}$	Roanne	Loire
Victor (St.-), $5\frac{1}{2}$	Issoire	Puy-de-Dô.
Victor (St.-), 2	Thiers	Puy-de-Dô
Victor-d'Epine (St.-), $4\frac{3}{4}$	Bernay	Eure
Victor-de-Buthou (St.-), 4	Nogent-le-Rotrou	Eure-et-L.
Victor-de-Cellieux (St.-), $2\frac{1}{2}$	La-Tour-du-Pin	Isère
Victor-de-Chrétienville (St.-), $1\frac{3}{4}$	Bernay	Eure
Victor-de-la-Coste (St.-), $5\frac{3}{4}$	Uzès	Gard
Victor-de-Moretel (St.-), 5	La-Tour-du-Pin	Isère
Victor-de-Reno (St.-), 2	Mortagne	Orne
Victor-des-Oules (St.-), 7	Uzès	Gard
Victor-l'Abbaye (St.-), 8	Dieppe	Seine-Inf.
Victor-la-Campagne (St.-), $4\frac{1}{4}$	Yvetot	Seine-Inf.
Victor-Malescours (St.-), $5\frac{1}{4}$	Yssingeaux	H.-Loire
Victor-sur-Arlanc (St.-), $9\frac{1}{4}$	Brioude	H.-Loire
Victor-sur-Loire (St.-), $1\frac{1}{4}$	St.-Etienne	Loire
Victor-sur-Ouche (St.-), $5\frac{3}{4}$	Dijon	Côte-d'Or
Victot, $5\frac{1}{4}$	Pont-l'Evêque	Calvados
Victour (St.-), 4	Ussel	Corrèze
Victurnien (St.), $3\frac{1}{2}$	Rochechouart	H.-Vienne
Vidal (St.-), 2	Le Puy	H.-Loire
Vidaillac, $9\frac{1}{2}$	Cahors	Lot
Vidaillan, $2\frac{1}{2}$	Mirande	Gers
Vidaillat, 4	Bourganeuf	Creuse
Vidalos, $\frac{3}{4}$	Argelès	H.-Pyrén.
Vidauban, 4	Draguignan	Var
Viday, $3\frac{1}{4}$	Mortagne	Orne
Vidécoville, $2\frac{1}{2}$	Valognes	Manche
Videlles, 5	Etampes	Seine-et-O.
Vidou, 6	Tarbes	H.-Pyrén.
Vidouville, 4	St.-Lô	Manche
Vidouze, 8	Tarbes	H. Pyrén.
Vieil-Arcy, 7	Soissons	Aisne
Vieil Baugé, $\frac{1}{4}$	Baugé	Maine-et-L.
Vieil-Evreux, $1\frac{1}{2}$	Evreux	Eure
Vieil-St.-Remy, $4\frac{1}{2}$	Rethel	Ardennes
Vieille, 3	Bernay	Eure
Vieille-Brioude, 1	Brioude	H.-Loire
Vieille Chapelle, $2\frac{1}{2}$	Béthune	Pas-de-Cal.
Vieille Eglise, 6	St.-Omer	Pas-de-Cal.
Vieille-Eglise, $1\frac{1}{2}$	Rambouillet	Seine-et-O.
Vieille-Loye, $3\frac{1}{4}$	Dôle	Jura
Vieille-Lyre, 8	Evreux	Eure
Vieille-Toulouse, $1\frac{1}{4}$	Toulouse	H.-Garonne
Vieille-Vigne, $2\frac{1}{2}$	Villefranche	H.-Garonne
Vieille-Vigne 7	Nantes	Loire-Inf.
Vieille-Ville, $2\frac{3}{4}$	Rethel	Ardennes
Vieilles-Granges, $6\frac{1}{2}$	Vesoul	H.-Saône
Vieilles-Maisons, $6\frac{1}{2}$	Montargis	Loiret
Vieillespèce, 3	St.-Flour	Cantal
Vieillevie, $5\frac{1}{2}$	Aurillac	Cantal
Vieilley, $3\frac{1}{2}$	Besançon	Doubs
Viel-Moulin (*Fleurey*), $5\frac{1}{2}$	Dijon	Côte-d'Or
Vieil-Moutier, $5\frac{1}{2}$	Boulogne	Pas-de-Cal.
Viel-Prat, 5	Le Puy	H.-Loire
Viélaines (*Rosières*), $1\frac{1}{2}$	Troyes	Aube
Vielcapet, $12\frac{3}{4}$	Condom	Gers
Vielcérier, 5	Confolens	Charente
Viella, 3	Lombez	Gers
Viella, 16	Mirande	Gers
Viella, $5\frac{1}{2}$	Argelès	H.-Pyrén.
Vielle, 9	Dax	Landes
Vielle, $4\frac{1}{2}$	St.-Sever	Landes
Vielle-Adour, $2\frac{1}{2}$	Tarbes	H.-Pyrén.
Vielle-Aure, 13	Bagnères	H.-Pyrén.
Vielle-Louron, $11\frac{3}{4}$	Bagnères	H.-Pyrén.
Vielle Soubiran, $8\frac{1}{4}$	Mont-de-Marsan	Landes
Viellenave, $10\frac{1}{4}$	Pau	B.-Pyrén.
Viellenave près Cescau, $7\frac{1}{2}$	Orthez	B.-Pyrén.
Viellenave près Navarrenx, $4\frac{1}{2}$	Orthez	B.-Pyrén.
Viellepinte, $7\frac{1}{2}$	Pau	B.-Pyrén.
Viellességure, 4	Orthez	B.-Pyrén.
Vielmanay, $4\frac{1}{2}$	Cosne	Nièvre
Vielmur, $3\frac{1}{4}$	Castres	Tarn
Vielverge, $7\frac{1}{2}$	Dijon	Côte-d'Or.
Vielvic (*St.-Pardoux*), 8	Sarlat	Dordogne
Viennay, $1\frac{1}{4}$	Parthenay	D. Sèvres
Vienne, $1\frac{3}{4}$	Bayeux	Calvados
VIENNE*	ch.-l. d'arr., 125	Isère
Vienne-en-Val, $4\frac{1}{2}$	Orléans	Loiret
Vienne-la-Ville, 2	Ste.-Menehould	Marne
Vienne-le-Château, 2	Ste.-Menehould	Marne
Vienney-la-Grange, $5\frac{1}{2}$	Baume	Doubs
Viens, $4\frac{1}{2}$	Apt	Vaucluse
Vienville, $4\frac{3}{4}$	St.-Dié	Vosges
Vier, $1\frac{3}{4}$	Argelès	H. Pyrén.
Viersac, 5	Boussac	Creuse
Vierville, $5\frac{1}{4}$	Bayeux	Calvados
Vierville, 8	Chartres	Eure-et-L.

Communes.	Arrondissem.	Départem.
Vierville, 6 $\frac{1}{4}$	Valognes	Manche
Vierzon-Village, 9	Bourges	Cher
Vierzon-Ville*, 9	Bourges	Cher
Vierzy, 3 $\frac{1}{2}$	Soissons	Aisne
Viesly, 6 $\frac{1}{4}$	Cambrai	Nord
Viessoix, 2	Vire	Calvados
Viethorey, 3	Baume	Doubs
Vieure, 7	Moulins	Allier
Vieussan, 10	St.-Pons	Hérault
Vieuvicq, 7 $\frac{1}{2}$	Châteaudun	Eure-et-L.
Vieuviel, 12	St.-Malo	Ille-et-Vil.
Vieuville (la), 6	Metz	Moselle
Vieuvy, 6 $\frac{1}{2}$	Mayenne	Mayenne
Vieuvy-sur-Couesnon, 6 $\frac{3}{4}$	Rennes	Ille-et-Vil.
Vieux, 4	Belley	Ain
Vieux, 5 $\frac{3}{4}$	Vouziers	Ardennes
Vieux, 2 $\frac{1}{2}$	Caen	Calvados
Vieux (les), 4	Rouen	Seine-Inf.
Vieux, 2	Gaillac	Tarn
Vieux-Bellême (St.-Martin du), 3 $\frac{1}{4}$	Mortagne	Orne
Vieux Berquin, 2 $\frac{3}{4}$	Hazebrouck	Nord
Vieux-Boucau, 8 $\frac{3}{4}$	Dax	Landes
Vieux-Bourg (le), 1 $\frac{1}{4}$	Pont l'Evêque	Calvados
Vieux-Bourg (le), 5 $\frac{1}{2}$	St.-Brieuc	Côtes-du-N.
Vieux-Champagne, 3 $\frac{3}{4}$	Provins	Seine-et-M.
Vieux-Charmont, 1	Montbéliard	Doubs
Vieux-Château, 4	Semur	Côte-d'Or
Vieux-Condé, 11 $\frac{1}{4}$	Douai	Nord
Vieux-d'Izenave, 3	Nantua	Ain
Vieux-Fumé, 5	Falaise	Calvados
Vieux-lès-Asfeld, 4 $\frac{1}{2}$	Rethel	Ardennes
Vieux-Lixheim, 2	Sarrebourg	Meurthe
Vieux-Maisons, 4 $\frac{1}{2}$	Château-Thierry	Aisne
Vieux-Maisons, 5 $\frac{1}{2}$	Provins	Seine-et-M.
Vieux-Manoir, 6	Rouen	Seine-Inf.
Vieux-Marché-Plouaret (le) (*Plouaret*), 3 $\frac{1}{2}$	Launion	Côtes-du-N.
Vieux-Mareuil, 4 $\frac{1}{4}$	Nontron	Dordogne.
Vieux-Mesnil, 5 $\frac{1}{2}$	Avesnes	Nord
Vieux-Moulin, 1 $\frac{1}{2}$	Langres	H.-Marne
Vieux-Moulin, 1 $\frac{1}{2}$	Compiégne	Oise
Vieux-Moulin, 5 $\frac{1}{2}$	St.-Dié	Vosges
Vieux-Pont, 5 $\frac{1}{4}$	Lisieux	Calvados
Vieux-Pont, 3 $\frac{3}{4}$	Argentan	Orne
Vieux-Port, 3	Pont-Audemer	Eure
Vieux-Reng, 6	Avesnes	Nord
Vieux-Rouen, 6 $\frac{1}{4}$	Neufchâtel	Seine-Inf.
Vieux-Rue (la), 5 $\frac{1}{2}$	Rouen	Seine-Inf.
Vieux-Ruffec, 6	Ruffec	Charente
Vieux-Thann, 8 $\frac{3}{4}$	Belfort	Haut-Rhin
Vieux-Urou, 3	Argentan	Orne
Vieux-Villers, 8	Clermont	Oise
Vieux-Villez, 2 $\frac{1}{2}$	Louviers	Eure
Vieuzac,	Argelès	H.-Pyrén.
Vieuzos, 10 $\frac{3}{4}$	Bagnères	H.-Pyrén.
Viévigne, 4 $\frac{3}{4}$	Dijon	Côte-d'Or
Viéville, 4	Chaumont	H.-Marne
Viéville (la), 7	Péronne	Somme
Viéville (la), 5	Mirecourt	Vosges
Viéville (*Girecourt*), 1 $\frac{1}{2}$	Mirecourt	Vosges
Viéville-en-Haye, 6 $\frac{1}{2}$	Toul	Meurthe
Viéville-sous-les-Côtes, 7 $\frac{1}{4}$	Commercy	Meuse
Viévy, 8 $\frac{3}{4}$	Beaune	Côte-d'Or

Communes.	Arrondissem.	Départem.
Viévy-le-Rayé, 8 $\frac{3}{4}$	Blois	Loir-et-Ch.
Viey, 5 $\frac{1}{4}$	Argelès	H.-Pyrén.
Vif*, 5 $\frac{3}{4}$	Grenoble	Isère
Viffort, 2 $\frac{1}{2}$	Château-Thierry	Aisne
VIGAN (LE)*,	ch.-l. d'ar., 176	Gard
Vigan, 1 $\frac{3}{4}$	Gourdon	Lot
Vigean $\frac{3}{4}$	Mauriac	Cantal
Vigean (le), 6 $\frac{1}{2}$	Montmorillon	Vienne
Vigearde, 5 $\frac{1}{4}$	Dôle	Jura
Vigen (le), 2 $\frac{3}{4}$	Limoges	H.-Vienne
Vigeois, 7 $\frac{1}{2}$	Brives	Correze
Viger, 2	Argelès	H.-Pyrén.
Vigeville, 4	Guéret	Creuse
Viggianello, 1 $\frac{1}{2}$	Sartène	Corse
Viglain, 6 $\frac{1}{2}$	Gien	Loiret
Vignacourt, 4	Amiens	Somme
Vignacq (le), 8 $\frac{1}{2}$	Dax	Landes
Vignale, 4 $\frac{1}{2}$	Bastia	Corse
Vignats, 2 $\frac{1}{2}$	Falaise	Calvados
Vignaux, 3	Corbeil	Seine-et-O.
Vigneau (le), 5	Mont-de-Marsan	Landes
Vigneaux, 4 $\frac{1}{2}$	Briançon	H.-Alpes
Vignec, 13 $\frac{1}{4}$	Bagnères	H.-Pyrén.
Vignely, 1 $\frac{1}{4}$	Meaux	Seine-et-M.
Viguemont, 3	Compiégne	Oise
Vigueron, 3	Castel-Sarrasin	Tarn-et-G.
Vignes, 6 $\frac{1}{2}$	Chaumont	H.-Marne
Vignes, 8 $\frac{1}{2}$	Orthez	B.-Pyrén.
Vignes, 4	Avallon	Yonne
Vignette (la) (*La Grange-aux-Bois*), 2	Ste.-Menéhould	Marne
Vigneules, 4	Lunéville	Meurthe
Vigneulles (*Lorry-lès-Metz*), 1	Metz	Moselle
Vigneulles (Basse-), 6	Metz	Moselle
Vigneulles (Haute-), 6	Metz	Moselle
Vigneulles-lès-Hatton-Châtel, 7	Commercy	Meuse
Vigneulles-sous-Montmédy, $\frac{1}{2}$	Montmédy	Meuse
Vigneux, 10	Laon	Aisne
Vigneux, 4	Savenay	Loire-Inf.
Vigneux (les) (*Plaisir*), 3	Versailles	Seine-et-O.
Vignevieille, 12	Carcassonne	Aude
Vignéville (la), 6 $\frac{1}{2}$	Commercy	Meuse
Vigniaux, 7 $\frac{1}{2}$	Toulouse	H.-Garonne
Vignicourt, 4	Rethel	Ardennes
Vignieux, 2 $\frac{1}{2}$	La-Tour-du-Pin	Isère
Vignoc, 4	Rennes	Ille et-Vil.
Vignol, 5	Clamecy	Nièvre
Vignolles, 2	Barbezieux	Charente
Vignolles, 1	Beaune	Côte-d'Or
Vignolles, 4	St.-Gaudens	H.-Garonne
Vignols, 6 $\frac{1}{4}$	Brives	Corrèze
Vignonet, 6	Mauriac	Cantal
Vignonet, 3 $\frac{1}{2}$	Libourne	Gironde
Vignory*, 5	Chaumont	H.-Marne
Vignot, $\frac{3}{4}$	Commercy	Meuse
Vignoux (*Huriel*), 2 $\frac{1}{2}$	Montluçon	Allier
Vignoux-sous-les-Aix, 3 $\frac{1}{4}$	Bourges	Cher
Vignoux-sous-Baranjon, 6 $\frac{3}{4}$	Bourges	Cher

Communes.	Arrondissem.	Départem.	Communes.	Arrondissem.	Départem.
Vigny, 4	Metz	Moselle	Villar-en-Val, 6	Carcassonne	Aude
Vigny, 4 1/2	Charolles	Saône-et-L.	Villar-St.-Anselme (le), 2 1/2	Limoux	Aude
Vigny, 3	Pontoise	Seine-et-O.	Villard (*Ornex*), 2	Gex	Ain
Vigor (St.-), 5 1/2	Vire	Calvados	Villard (*Divonne*), 2 3/4	Gex	Ain
Vigor (St.-), 3 1/4	Evreux	Eure	Villard, 6 1/4	Trévoux	Ain
Vigor (St.-), 5 1/4	Le Hâvre	Seine-Inf.	Villard, 5 3/4	Guéret	Creuse
Vigor-de Mieux (St.-), 1 1/2	Falaise	Calvados	Villard (le), 4	St.-Claude	Jura
Vigor-des-Monts (St.-), 6 1/4	St.-Lô	Manche	Villard (le-Petit), 4	St.-Claude	Jura
			Villard (le), 1 1/4	St.-Etienne	Loire
Vigor-le-Grand (St.-), 1/2	Bayeux	Calvados	Villard-Bonnol, 3 1/2	Grenoble	Isère
Vigoulant, 4	La Châtre	Indre	Villard-d'Arènes, 8	Briançon	H.-Alpes
Vigoulet, 1 1/2	Toulouse	H.-Garonne	Villard-de-Lans, 6 1/4	Grenoble	Isère
Vigouroux (*St.-Martin*), 7	St.-Flour	Cantal	Villard-Eymond, 10	Grenoble	Isère
			Villard-Loubierre, 10	Gap	H.-Alpes
Vigoux, 10 1/2	Le Blanc	Indre	Villard-Reculas, 12 1/2	Grenoble	Isère
Viguerie (la), 5	Rodez	Aveiron	Villard-Reymond, 10	Grenoble	Isère
Vigy, 3	Metz	Moselle	Villard-St.-Christophe, 8 1/2	Grenoble	Isère
Vihiers, 9	Saumur	Maine-et-L.			
Vijon, 6	La Châtre	Indre	Villard-St.-Sauveur, 1 1/2	St.-Claude	Jura
Vilaines, 3 1/2	Rocroi	Ardennes	Villardebelle, 5 1/2	Limoux	Aude
Vilatte (le), 9 1/4	Argentière	Ardèche	Villardonnel, 2 1/2	Carcassonne	Aude
Vibert, 6 1/2	Coulommiers	Seine-et-M.	Villards, 3 1/2	Nontron	Dordogne
Vilbon, 3 1/4	Versailles	Seine-et-O.	Villaret, 2	Civray	Vienne
Vilcey-sur-Trey, 7 1/2	Toul	Meurthe	Villargent, 7 1/2	Lure	H.-Saône
Vildé-Guingaland, 2	Dinan	Côtes-du-N.	Villargois, 5 1/2	Semur	Côte-d'Or
Vilhac, 9	Foix	Ariége	Villariès, 5	Toulouse	H.-Garonne
Vilhain, 6 1/2	Montluçon	Allier	Villaroy (*Guyancourt*), 1	Versailles	Seine-et-O.
Vilhonneur, 5	Angoulême	Charente			
Vilhosc, 1 1/4	Sisteron	B.-Alpes	Villars, 4 1/4	Angoulême	Charente
Villa-Savary, 3 1/2	Castelnaudary	Aude	Villars, 4	Saintes	Char.-Inf.
Villabé, 1/2	Corbeil	Seine-et-O.	Villars, 6	Chartres	Eure-et-L.
Villabon, 5 3/4	Bourges	Cher	Villars (le), 6 1/2	Mâcon	Saône-et-L.
Villac, 9	Sarlat	Dordogne	Villars (*St.-Hillier*), 2 3/4	Provins	Seine-et-M.
Villacerf, 3 1/2	Troyes	Aube	Villars, 2	Apt	Vaucluse
Villacoublay (*Velisy*), 1	Versailles	Seine-et-O.	Villars-Brandis, 2	Castellanne	B.-Alpes
Villacourt, 5	Lunéville	Meurthe	Villars-Colmars, 14	Castellanne	B.-Alpes
Villageneuf, 6	Altkirch	H.-Rhin	Villars-en-Azois, 8 1/2	Chaumont	H.-Marne
Villaine, 5	Gannat	Allier	Villars-Fontaine, 2 1/2	Beaune	Côte-d'Or.
Villaine-en-Duesmois, 6 1/4	Châtillon	Côte-d'Or	Villars-le-Pautel, 9	Vesoul	H.-Saône
			Villars-le-Sec, 7	Belfort	Haut-Rhin
Villaine-la-Carelles, 2 1/4	Mamers	Sarthe	Villars-lès-Blamont, 3	Montbéliard	Doubs
Villaine-la-Gonais, 1	Mamers	Sarthe	Villars-les-Bois, 5	Saintes	Char.-Inf.
Villaine-sous-Lucé, 5 1/4	St-Calais	Sarthe	Villars-Montroyer, 7 1/2	Langres	H.-Marne
Villaine-sous-Malicorne, 2	La Flèche	Sarthe	Villars près Gigny (le), 7	Lons-le-Saulnier	Jura
Villaines, 5 1/4	Chinon	Indre-et-L.	Villars-St.-Georges, 5 1/2	Besançon	Doubs
Villaines, 7	Mayenne	Mayenne	Villars-St.-Marcellin, 8 1/2	Langres	H.-Marne
Villaines, 5	Pontoise	Seine-et-O.	Villars-sous-Dumpjoux, 4 3/4	Montbéliard	Doubs
Villaines-les-Prévottes, 2	Semur	Côte-d'Or.			
			Villars-sous-Escot, 3 1/4	Montbéliard	Doubs
Villainville, 5	Le Hâvre	Seine-Inf.	Villars-sur-l'Ain (le), 4 1/2	Lons-le-Saulnier	Jura
Villalet, 4	Evreux	Eure			
Villalier, 1 1/2	Carcassonne	Aude	Villarzel, 2	Carcassonne	Aude
Villamblain, 6 3/4	Orléans	Loiret	Villarzel-du-Razés, 3 1/2	Limoux	Aude
Villamblard, 5 1/4	Bergerac	Dordogne	Villas, 5 1/2	Villeneuve-d'Agen	Lot-et-Gar.
Villamée, 3	Fougères	Ille-et-Vil.			
Villancy, 6 1/2	Bricy	Moselle	Villatte, 1 1/2	Muret	H.-Garonne
Villandraut, 4	Bazas	Gironde	Villaudric, 7 1/2	Toulouse	H.-Garonne
Villandry, 3 1/2	Tours	Indre-et-L.	Villautou, 6	Castelnaudary	Aude
Villangrette, 5 1/2	Dôle	Jura	Villavard, 4	Vendôme	Loir-et-Ch.
Villanière, 4 1/4	Carcassonne	Aude	Villazeil, 1 1/4	Marmande	Lot-et-Gar.
Villautrois, 11 1/2	Châteauroux	Indre	Ville, 5 1/2	Nantua	Ain
Villapourçon, 5 1/2	Château-Chinon	Nièvre	Ville (Ste.-) (*Barbezieux*),	Barbezieux	Charente
Villar (le), 3	Marvejols	Lozère	Ville (la) (*Mirambeau*), 3 1/4	Jonzac	Char.-Inf.

Communes.	Arrondissem.	Départem.	Communes.	Arrondissem.	Départem.
Ville,	Bastia	Corse	Ville-sous-Corbie, 7	Péronne	Somme
Ville (la), 4 ½	Calvi	Corse	Ville-sous-la-Ferté, 3 ½	Bar-sur-Aube	Aube
Ville. 5 ¼	Compiégne	Oise	Ville-sous-Orbais (la), 5 ¼	Epernay	Marne
Ville, 3	Schélestatt	Bas-Rhin			
Ville au Montois, 4 ¾	Briey	Moselle	Ville-sur-Arce, 1	Bar-sur-Seine	Aube
Ville-au-Val, 4 ¾	Nancy	Meurthe	Ville-sur-Aujon, 5	Chaumont	H.-Marne
Ville-aux-Bois, 7 ¾	Laon	Aisne	Ville-sur-Illon, 4 ¼	Mirecourt	Vosges
Ville-aux-Bois (la), 4 ¼	Bar-sur-Aube	Aube	Ville-sur-Iron, 3	Briey	Moselle
Ville aux-Bois (la), 2	Chaumont	H.-Marne	Ville-sur-Jarnioux, 2 ¼	Villefranche	Rhône
Ville-aux-Bois-lès-Dizy (la), 7 ¾	Laon	Aisne	Ville-sur-Retourne, 3 ¼	Rethel	Ardennes
			Ville-sur-Saux, 3	Bar-le-Duc	Meuse
Ville-aux-Bois-lès-Saulaines, 6 ¾	Bar-sur-Aube	Aube	Ville-sur-Terre, 2 ½	Bar-sur-Aube	Aube
			Ville-sur-Tourbe, 3	Ste.-Ménéhould	Marne
Ville-aux-Clercs (la)*, 3	Vendôme	Loir-et-Ch.	Ville-Vallouise, 5 ½	Briançon	H.-Alpes
Ville-aux-Dames (la), 1 ½	Tours	Indre-et-L.	Ville Vieille, 17	Castellanne	B.-Alpes
Ville-aux-Nonains (la), 7 ¼	Dreux	Eure-et-L.	Ville-Vieille, 7 ¼	Briançon	H.-Alpes
			Ville-Vieille, 5 ¼	Nismes	Gard
Ville-aux-Prés (la), 3	Briey	Moselle	Ville Vocance, 16	Tournon	Ardèche
Ville-Chantria, 9 ½	Lons-le-Saulnier	Jura	Villeau, 6	Chartres	Eure-et-L.
			Villeladin, 3	Argentan	Orne
Ville Cloye, ½	Montmédy	Meuse	Villebarou, 1	Blois	Loir-et-Ch.
Ville-Comtal, 9	Espalion	Aveiron	Villebaudon, 5	St.-Lô	Manche
Ville-Comtal, 6	Mirande	Gers	Villebazy, 3	Limoux	Aude
Ville d'Avray, 1	Versailles	Seine-et-O.	Villebéon, 9	Fontainebleau	Seine-et-M.
Ville-de-la-Marine (Hirel), 4	St.-Malo	Ille-et-Vil.	Villebernier, 1	Saumur	Maine-et-L.
			Villebernin, 8 ½	Châteauroux	Indre
Ville devant Belrain, 6 ½	Commercy	Meuse	Villeberny, 6	Semur	Côte-d'Or
Ville devant Chaumont 4 ¼	Montmédy	Meuse	Villebichot, 3	Beaune	Côte-d'Or
			Villeblevin, 5 ½	Sens	Yonne
Ville-du-Bois (la), 6	Versailles	Seine-et-O.	Villebois, 13 ¼	Belley	Ain
Ville-du-Pont (la), 4 ½	Pontarlier	Doubs	Villebois, 13	Nyons	Drôme
Ville-en-Blaisois, 2 ¼	Wassy	H.-Marne	Villebon, 8	Nogent-le-Rotrou	Eure-et-L.
Ville-en-Bray, 4	Beauvais	Oise			
Ville-en-Selve, 3 ¼	Rheims	Marne	Villeboujis, 4	Sens	Yonne
Ville-en-Tardenois, 1 ½	Rheims	Marne	Villebourg, 8	Tours	Indre-et-L.
Ville-en-Vermois, 2 ½	Nancy	Meurthe	Villebout, 6	Vendôme	Loir-et-Ch.
Ville-en-Wœvre, 4 ½	Verdun	Meuse	Villebramar, 6 ¼	Villeneuve-d'Agen	Lot-et-Gar.
Ville-Falavier, 6	Vienne	Isère			
Ville-Ferry, 4	Semur	Côte-d'Or	Villebret, 2	Moulluçon	Allier
Ville-Gardin, 5 ¼	Sens	Yonne	Villebrumier, 4 ½	Montauban	Tarn et Gar.
Ville-Hervier, 1 ½	Romorantin	Loir-et-Ch.	Villecelin, 5	St.-Amand	Cher
Ville-Houdelémont, 8 ¾	Briey	Moselle	Villecerf (Messon), 3 ½	Troyes	Aube
Ville Issey, 1 ¼	Commercy	Meuse	Villecerf, 4 ¼	Fontainebleau	Seine-et-M.
Ville-Jésus, 4 ¼	Ruffec	Charente	Villecey-sur-Mad (Waville), 4 ¾	Metz	Moselle
Ville-l'Evêque (la), 5	Dreux	Eure-et-L.			
Ville-Laure, 6 ½	Apt	Vaucluse	Villechauve, 4	Vendôme	Loir-et-Ch.
Ville-lès-Anlezy, 9	Nevers	Nièvre	Villechenève, 6 ¾	Lyon	Rhône
Ville-Louvette (St.-Bon) 13 ¾	Epernay	Marne	Villechetif, 1 ½	Troyes	Aube
			Villechetive, 4 ¼	Joigny	Yonne
Ville-Mardy, 3	Vendôme	Loir-et-Ch.	Villechien, 2	Mortain	Manche
Ville-Maréchal, 6 ½	Fontainebleau	Seine-et-M.	Villecien, 1 ½	Joigny	Yonne
Ville-Moirieu, 7 ½	La Tour-du-Pin	Isère	Villeconin, 2 ¼	Etampes	Seine-et-O.
Ville-Moisson-sur-Orge, 4	Corbeil	Seine-et-O.	Villecourt, 4 ¼	Péronne	Somme
			Villecresnes, 4	Corbeil	Seine-et-O.
Ville-Nouvelle, 4	St.-Jean-d'Angely	Char.-Inf.	Villecroze, 5 ¼	Draguignan	Var
			Villecun, 5 ¼	Lodève	Hérault
Ville Perdrix, 11 ¾	Die	Drôme	Villedieux (Gaja), 1 ¼	Limoux	Aude
Ville-Ponge, 2 ¼	St Jean-d'Angely	Char.-Inf.	Villedieu (la), 8	Privas	Ardèche
			Villedieu, 1 ¼	St.-Flour	Cantal
Ville-Porcher, 4 ¼	Vendôme	Loir-et-Ch.	Villedieu (la), 5	St.-Jean-d'Angely	Char.-Inf.
Ville-Romain, 2	Vendôme	Loir-et-Ch.			
Ville St. Jacques, 5 ¼	Fontainebleau	Seine-et-M.	Villedieu, 5	Châtillon	Côte-d'Or.
Ville-St.-Ouen, 5 ½	Amiens	Somme	Villedieu (la), 8 ½	Aubusson	Creuse
Ville-Sauvage (Etampes)	Etampes	Seine-et-O.	Villedieu (la), 8 ½	Sarlat	Dordogne
			Villedieu, 3	Baume	Doubs
Ville-Savoye, 7	Soissons	Aisne	Villedieu (la), 6	Pontarlier	Doubs
Ville-sous-Aujou, 4 ¼	Vienne	Isère			

Communes.	Arrondissem.	Départem.
Villedieu, 5	Châteauroux	Indre
Villedieu, 3 $\frac{1}{2}$	Romorantin	Loir-et-Ch.
Villedieu, 8	Vendôme	Loir-et-Ch.
Villedieu (la), 6 $\frac{1}{4}$	Mende	Lozère
Villedieu, 2 $\frac{1}{2}$	Beaupréau	Maine-et-L.
Villedieu *, 5 $\frac{1}{2}$	Avranches	Manche
Villedieu, 1 $\frac{1}{2}$	Argentan	Orne
Villedieu (la) (*Ruhans*), 5 $\frac{1}{2}$	Vesoul	H.-Saône
Villedieu, 7	La Flèche	Sarthe
Villedieu, 6	Neufchâtel	Seine-Inf.
Villedieu (la), 1 $\frac{1}{4}$	Castel-Sarrasin	Tarn-et-G.
Villedieu, 5 $\frac{1}{2}$	Orange	Vaucluse
Villedieu (la), 5	Poitiers	Vienne
Villedieu-en-Fontenelle, 9 $\frac{1}{4}$	Lure	H.-Saône
Villedômain, 6	Loches	Indre-et-L.
Villedômer, 6	Tours	Indre-et-L.
Villedommange, 2 $\frac{1}{4}$	Rheims	Marne
Villedoux, 3	La Rochelle	Char.-Inf.
Villedubert, 3	Carcassonne	Aude
Villefagnan, 2 $\frac{1}{2}$	Ruffec	Charente
Villefargeau, 1	Auxerre	Yonne
Villefavart, 3 $\frac{1}{4}$	Bellac	H.-Vienne
Villeferre, 6	Aubusson	Creuse
Villefloure, 6 $\frac{1}{4}$	Limoux	Aude
Villefollet, 3	Melle	2 Sèvres
Villefort, 7	Limoux	Aude
Villefort *, 11 $\frac{1}{4}$	Mende	Lozère
Villefranche, 5	Montluçon	Allier
VILLEFRANCHE *	ch.-l. d'ar., 175	Aveiron
Villefranche, 12	Nyons	Drôme
VILLEFRANCHE *	ch.-l. d'arr., 178	H.-Garonne
Villefranche, 3 $\frac{1}{2}$	Lombez	Gers
Villefranche, 2	Romorantin	Loir-et-Ch.
Villefranche, 7	Nérac	Lot-et-Gar.
Villefranche, 3 $\frac{3}{4}$	Montmédy	Meuse
Villefranche, [illegible]	Prades	Pyrén.-Or.
VILLEFRANCHE *	ch.-l. d'arr., 110	Rhône
Villefranche, 4 $\frac{1}{2}$	Albi	Tarn
Villefranche, 5 $\frac{1}{4}$	Joigny	Yonne
Villefranche-de-Belvès, 9	Sarlat	Dordogne
Villefranche-de-Longchapt, 10 $\frac{1}{2}$	Bergerac	Dordogne
Villefrancœur, 4	Blois	Loir-et-Ch.
Villefrançon, 3 $\frac{3}{4}$	Gray	H.-Saône
Villefranque, 1 $\frac{3}{4}$	Bayonne	B.-Pyrén.
Villefranque, 8 $\frac{3}{4}$	Tarbes	H.-Pyrén.
Villegagnon, 4	Provins	Seine-et-M.
Villegailhenc, 2	Carcassonne	Aude
Villegats, $\frac{3}{4}$	Ruffec	Charente
Villegats, 7	Evreux	Eure
Villegaudin, 4 $\frac{3}{4}$	Châlons	Saône-et-L.
Villegenon, 5 $\frac{3}{4}$	Sancerre	Cher
Villegly, 2 $\frac{1}{2}$	Carcassonne	Aude
Villegougis, 3 $\frac{1}{4}$	Châteauroux	Indre
Villegouge, 3 $\frac{1}{2}$	Libourne	Gironde
Villegouin, 7 $\frac{1}{4}$	Châteauroux	Indre
Villegruis, 3 $\frac{3}{4}$	Provins	Seine-et-M.
Villegusien, 3 $\frac{1}{2}$	Langres	H.-Marne
Villehardouin, 6 $\frac{1}{4}$	Troyes	Aube
Villejoubert, 4 $\frac{1}{2}$	Angoulême	Charente
Villejuif, 1 $\frac{1}{2}$	Sceaux	Seine
Villejust, 4	Versailles	Seine-et-O.
Villeloin, 4	Loches	Indre-et-L.

Communes.	Arrondissem.	Départem.
Villelongue, 3	Limoux	Aude
Villelongue, 11 $\frac{1}{2}$	Rodez	Aveiron
Villelongue, 2 $\frac{1}{4}$	Argelès	H.-Pyrén.
Villelongue-de-la-Salanque, 2 $\frac{1}{2}$	Perpignan	Pyrén.-Or.
Villelongue-dels-Monts, 5 $\frac{1}{4}$	Ceret	Pyrén.-Or.
Villeloup, 4 $\frac{1}{2}$	Troyes	Aube
Villemade, 2	Montauban	Tarn-et-G.
Villemagne, 4 $\frac{1}{2}$	Castelnaudary	Aude
Villemagne, 7	Béziers	Hérault
Villemain, 5 $\frac{1}{4}$	Melle	2 Sèvres
Villemandeur, $\frac{1}{2}$	Montargis	Loiret
Villemanoches, 3 $\frac{3}{4}$	Sens	Yonne
Villemareuil, 2	Meaux	Seine-et-M.
Villemartin (*Mouliet*), 5 $\frac{1}{2}$	Libourne	Gironde
Villemaure, 7 $\frac{1}{2}$	Troyes	Aube
Villembits, 6	Tarbes	H.-Pyrén.
Villemer, 2 $\frac{1}{2}$	Joigny	Yonne
Villemereuil, 3 $\frac{1}{4}$	Troyes	Aube
Villemert, 5	Fontainebleau	Seine-et-M.
Villemervry, 7 $\frac{1}{4}$	Langres	H.-Marne
Villemesnil, 8	Le Hâvre	Seine-Inf.
Villemeux, 2 $\frac{1}{2}$	Dreux	Eure-et-L.
Villemoiron, 6	Troyes	Aube
Villemoisan, 6 $\frac{3}{4}$	Angers	Maine-et-L.
Villemolaque, 3 $\frac{3}{4}$	Perpignan	Pyrén.-Or.
Villemonble, 5	Sceaux	Seine
Villemongeois (*Boursault*), 2	Epernay	Marne
Villemontais, 2 $\frac{3}{4}$	Roanne	Loire
Villemontiers, 3 $\frac{1}{2}$	Montargis	Loiret
Villemontoire, 2 $\frac{1}{2}$	Soissons	Aisne
Villemontry, 5	Sedan	Ardennes
Villemorien, 1 $\frac{1}{2}$	Bar-sur-Seine	Aube
Villemorin, 4 $\frac{1}{4}$	St.-Jean-d'Angely	Char.-Inf.
Villemoron, 7 $\frac{1}{4}$	Langres	H.-Marne
Villemotier, 3 $\frac{1}{2}$	Bourg	Ain
Villemoustausson, 1	Carcassonne	Aude
Villemoyenne, 3	Bar-sur-Seine	Aube
Villempuy, 4 $\frac{3}{4}$	Châteaudun	Eure-et-L.
Villemur, 9	Toulouse	H.-Garonne
Villemur, 11	Bagnères	H.-Pyrén.
Villemurlin, 5 $\frac{1}{2}$	Gien	Loiret
Villemus, 3 $\frac{1}{4}$	Forcalquier	B.-Alpes
Villenauxe *, 3	Nogent-sur-Seine	Aube
Villenauxe-la-Petite, 5 $\frac{1}{2}$	Provins	Seine-et-M.
Villenave, 11	St.-Sever	Landes
Villenave, 8	Bayonne	B.-Pyrén.
Villenave, 5	Argelès	H.-Pyrén.
Villenave-d'Ornan, 2 $\frac{1}{4}$	Bordeaux	Gironde
Villenave-de-Riom, 6 $\frac{1}{2}$	Bordeaux	Gironde
Villenave, près Bearn, 3 $\frac{1}{2}$	Tarbes	H.-Pyrén.
Villenave, près Marsac, 3 $\frac{3}{4}$	Tarbes	H.-Pyrén.
Villenavotte, 2 $\frac{1}{2}$	Sens	Yonne
Villênes, 4	Versailles	Seine-et-O.
Villeneuve (*Crozet*), 3 $\frac{1}{4}$	Gex	Ain
Villeneuve, 3 $\frac{1}{2}$	Trévoux	Ain
Villeneuve, $\frac{1}{2}$	Soissons	Aisne
Villeneuve, 3	Moulins	Allier
Villeneuve, 2 $\frac{3}{4}$	Forcalquier	B.-Alpes
Villeneuve, 3	St.-Girons	Ariége

Communes.	Arrondissem.	Départem.
Villeneuve, 2 ½	Villefranche	Aveiron
Villeneuve, 4 ¼	St.-Jean-d'Angely	Char.-Inf.
Villeneuve, 3 ¼	Bourges	Cher
Villeneuve, 7	Pontarlier	Doubs
Villeneuve, 4	Chartres	Eure-et-L.
Villeneuve, 1 ¼	Lombez	Gers
Villeneuve, 1 ¾	Mirande	Gers
Villeneuve, 2 ¾	Blaye	Gironde
Villeneuve, 4 ¾	Vienne	Isère
Villeneuve, 5	Mont-de-Marsan	Landes
Villeneuve, 5 ½	Romorantin	Loir-et-Ch.
Villeneuve (la), 6 ½	Langres	H.-Marne
Villeneuve, 2	Issoire	Puy-de-Dô.
Villeneuve, 13 ¼	Prades	Pyrén.-Or.
Villeneuve (la), 3 ¼	Vesoul	H.-Saône
Villeneuve (*Angerville*), 5	Etampes	Seine-et-O.
Villeneuve (la) (*Mézières*), 2	Mantes	Seine-et-O.
Villeneuve, 3	Albi	Tarn
Villeneuve (*Courvalle*), 6 ¼	Albi	Tarn
Villeneuve, 4 ¼	Lavaur	Tarn
Villeneuve (la), 10 ½	Limoges	H.-Vienne
Villeneuve-au-Châtelon, 3	Nogent-sur-Seine	Aube
Villeneuve-aux-Chemins, 7	Troyes	Aube
Villeneuve-aux-Frênes (la), 7 ½	Chaumont	H.-Marne
Villeneuve-aux-Riches-Hommes, 4	Nogent-sur-Seine	Aube
Villeneuve-Coutelas, 9	Brignoles	Var
VILLENEUVE-D'AGEN *	ch.-l. d'ar., 165	Lot-et-Gar.
Villeneuve-d'Angoulême, 5 ½	Montpellier	Hérault
Villeneuve-d'Aval, 6	Poligny	Jura
Villeneuve-d'Olmes, 6 ¼	Foix	Ariége
Villeneuve-de-Berg *, 6 ½	Privas	Ardèche
Villeneuve-de-Duras, 9	Marmande	Lot-et-Gar.
Villeneuve-de-Durfort, 4 ½	Pamiers	Ariége
Villeneuve-de-l'Ecusson, 4	St.-Gaudens	H.-Garonne
Villeneuve-de-la-Raho, 2 ¼	Perpignan	Pyrén.-Or.
Villeneuve-de-la-Rivière, 2 ½	Perpignan	Pyrén.-Or.
Villeneuve-de-Mézin, 4 ¾	Nérac	Lot-et-Gar.
Villeneuve-de-Rivière, 1	St.-Gaudens	H.-Garonne
Villeneuve-de-St.-Aignant (*St.-Aignant*), 3 ¼	Marennes	Char.-Inf.
Villeneuve-du-Bosc, 1 ¾	Foix	Ariége
Villeneuve-du-Parrage, 1 ¼	Pamiers	Ariége
Villeneuve-en-Cheyrie, 4 ½	Mantes	Seine-et-O.
Villeneuve-en-Montagne, 5	Châlons	Saône-et-L.
Villeneuve-Fronville, 6 ¼	Blois	Loir-et-Ch.
Villeneuve-l'Archévêque *, 6	Sens	Yonne
Villeneuve-la-Comptal, 1 ¼	Castelnaudary	Aude
Villeneuve-la-Dondagre, 4	Sens	Yonne
Villeneuve-la-Guyard *, 6	Sens	Yonne
Villeneuve-la-Hurée, 4 ½	Coulommiers	Seine-et-M.
Villeneuve-la-Lyonne, 11 ¼	Epernay	Marne
Villeneuve-le-Comte, 5	Coulommiers	Seine-et-M.
Villeneuve-le-Loubet, 5 ½	Grasse	Var
Villeneuve-le-Roi (la), 5 ¼	Beauvais	Oise
Villeneuve-le-Roi *, 4 ½	Joigny	Yonne
Villeneuve-lès-Avignon *, 9 ¼	Uzès	Gard
Villeneuve-lès-Béziers,	Béziers	Hérault
Villeneuve-lès-Bordes, 6 ¼	Provins	Seine-et-M.
Villeneuve-lès-Boulve, 4 ½	Toulouse	H.-Garonne
Villeneuve-lès-Cerfs, 5	Riom	Puy-de-Dô.
Villeneuve-lès-Charleville, 7 ¾	Epernay	Marne
Villeneuve-lès-Charnod, 11	Lons-le-Saulnier	Jura
Villeneuve-lès-Convers (la), 10	Châtillon	Côte-d'Or
Villeneuve-lès-Cugnaux, 1 ¾	Muret	H.-Garonne
Villeneuve-lès-Genets, 10	Joigny	Yonne
Villeneuve-lès-Montréals, 5	Carcassonne	Aude
Villeneuve-lès-Montheries (la), 4 ½	Chaumont	H.-Marne
Villeneuve-lès-Rouffy, 3 ¾	Epernay	Marne
Villeneuve-lès-Sarrogna, 7 ½	Lons-le-Saulnier	Jura
Villeneuve-Megrigny (la), 6 ¼	Bar-sur-Aube	Aube
Villeneuve-Minervois, 3 ½	Carcassonne	Aude
Villeneuve-près-Seurre (la), 8 ¾	Châlons	Saône-et-L.
Villeneuve St.-Barthélemy, 8 ¾	Valence	Drôme
Villeneuve-St.-Denis, 5 ¾	Coulommiers	Seine-et-M.
Villeneuve-St.-Georges *, 4 ½	Corbeil	Seine-et-O.
Villeneuve-St.-Martin (la), 2	Pontoise	Seine-et-O.
Villeneuve-St.-Salve, 2	Auxerre	Yonne
Villeneuve-St.-Vitre, 11 ½	Epernay	Marne
Villeneuve-sous-Charigny, 2	Semur	Côte-d'Or.
Villeneuve-sous-Dammartin, 5	Meaux	Seine-et-M.
Villeneuve-sous-Pimont, ¾	Lons-le-Saulnier	Jura
Villeneuve-sous-Thury, 9	Senlis	Oise
Villeneuve-sur-Auvers, 2	Etampes	Seine-et-O.
Villeneuve-sur-Bellot, 5 ¼	Coulommiers	Seine-et-M.
Villeneuve-sur-Conie, 6	Orléans	Loiret
Villeneuve-sur-Fère, 3 ¼	Château-Thierry	Aisne
Villeneuve-sur-Seine, 4 ½	Corbeil	Seine-et-O.
Villeneuve-sur-Verberie, 3	Senlis	Oise

Communes.	Arrondissem.	Départem.
Villeneuve-sur-Vingeanne (la), 8 ½	Dijon	Côte-d'Or
Villeneuvette, 5 ½	Lodève	Hérault
Villenotte (*Velards*), 1	Semur	Côte-d'Or
Villenouvelle, 1 ½	Villefranche	H.-Garonne
Villenouvette (*St.-Hilaire*), 1 ½	Muret	H.-Garonne
Villenouvette (*Marausan*), 1 ¼	Béziers	Hérault
Villenoy, ½	Meaux	Seine-et-M.
Villeny, 9	Romorantin	Loir-et-Ch.
Villepail, 7	Mayenne	Mayenne
Villepard (*Breviande*), 1 ½	Troyes	Aube
Villeparisis, 5	Meaux	Seine-et-M.
Villeparois, 1	Vesoul	H.-Saône
Villeperdue, 5 ¾	Tours	Indre-et-L.
Villeperdue (*Rieux*), 9 ¾	Epernay	Marne
Villeperrot, 2 ¼	Sens	Yonne
Villepierre, 7 ½	Pontoise	Seine-et-O.
Villepinte, 3	Castelnaudary	Aude
Villepot, 3	Châteaubriant	Loire-Inf.
Villepreux, 2	Versailles	Seine-et-O.
Villequier, 3	Yvetot	Seine-Inf.
Villequier-au-Mont, 10	Laon	Aisne
Villequiers*, 8	Bourges	Cher
Viller, 8 ½	Sarreguemines	Moselle
Villerable, 1	Vendôme	Loir-et-Ch.
Villerach, 1	Prades	Pyrén.-Or.
Villeras (*Saclay*), 2	Versailles	Seine-et-O.
Villerbon, 2 ½	Blois	Loir-et-Ch.
Villeréal, 8	Villeneuve-d'Agen	Lot-et Gar.
Villereau, 4 ½	Orléans	Loiret
Villereau, 3 ½	Pithiviers	Loiret
Villereau, 8	Avesnes	Nord
Villeres, 18	Mirande	Gers
Villerest, 2 ½	Les Andelys	Eure
Villerest, 1 ¼	Roanne	Loire
Villeret, 3 ¾	St.-Quentin	Aisne
Villeret, 8 ½	Bar-sur-Aube	Aube
Villereversure, 3 ½	Bourg	Ain
Villermain, 9 ¾	Blois	Loir-et-Ch.
Villeron (*Villemert*), 5	Fontainebleau	Seine-et-M.
Villeron, 8	Pontoise	Seine-et-O.
Villeroy, 4 ½	Commercy	Meuse
Villeroy, 2	Meaux	Seine-et-M.
Villeroy, 6 ¾	Abbeville	Somme
Villeroy, 10 ½	Amiens	Somme
Villeroy, 3	Sens	Yonne
Villerouge, 9	Carcassonne	Aude
Villers, 7 ½	Sedan	Ardennes
Villers*, 6	Caen	Calvados
Villers, 2	Châteauroux	Indre
Villers, 4 ½	Roanne	Loire
Villers, 2	Ste.-Menehould	Marne
Villers (*Couvrot*), 1	Vitry-le-Français	Marne
Villers, 5 ½	Neufchâtel	Seine-Inf.
Villers, 4 ½	Poitiers	Vienne
Villers, 1	Mirecourt	Vosges
Villers-Agron, 5 ¼	Château-Thierry	Aisne
Villers-Allerand, 2 ½	Rheims	Marne
Villers-au-Bois, 2	Arras	Pas-de-Cal.
Villers-au-Flos, 6	Arras	Pas-de-Cal.
Villers-au-Tertre, 2	Douai	Nord
Villers-aux-Bois, 2 ¾	Epernay	Marne
Villers-aux-Corneilles, 12 ½	Epernay	Marne
Villers-aux-Erables, 4 ½	Montdidier	Somme
Villers-aux-Nœuds, 1 ¾	Rheims	Marne
Villers-aux-Oies, 2 ½	Château-Salins	Meurthe
Villers-aux-Vents, 3 ½	Bar-le-Duc	Meuse
Villers-Boccage, 3 ½	Amiens	Somme
Villers-Bonneux, 7	Sens	Yonne
Villers-Bouton, 6 ½	Vesoul	H.-Saône
Villers-Bretonneux, 4	Amiens	Somme
Villers-Brettenach, 4	Metz	Moselle
Villers-Brulin, 4 ½	St.-Pol	Pas-de-Cal.
Villers-Buzon, 3 ½	Besançon	Doubs
Villers-Campeaux, 3 ¼	Douai	Nord
Villers-Campsart, 10	Amiens	Somme
Villers-Canivet, 1 ¾	Falaise	Calvados
Villers-Carbonnelle, 2	Péronne	Somme
Villers-Cernay, 2	Sedan	Ardennes
Villers-Chambellan, 4	Rouen	Seine-Inf.
Villers-Chatel, 5	St.-Pol	Pas-de-Cal.
Villers-Chemin, 6	Gray	H.-Saône
Villers-Chief, 6	Baume	Doubs
Villers-Cotterêts*, 6	Soissons	Aisne
Villers-devant-Dun, 5	Montmédy	Meuse
Villers-devant-le-Thour, 4	Rethel	Ardennes
Villers-devant-Mézières, 1	Mézières	Ardennes
Villers-devant-Mouzon, 2 ½	Sedan	Ardennes
Villers-devant-Raucourt, 4 ½	Sedan	Ardennes
Villers-Ecalles, 4 ½	Rouen	Seine-Inf.
Villers-en-Arthies, 3	Mantes	Seine-et-O.
Villers-en-Cauchie, 4 ½	Cambrai	Nord
Villers-en-Haye, 4 ½	Toul	Meurthe
Villers-en-Ouche, 9 ½	Argentan	Orne
Villers-en-Prayères, 8 ½	Soissons	Aisne
Villers-en-Vexin, 3	Les Andelys	Eure
Villers-Farlay, 5	Poligny	Jura
Villers-Faucon, 3 ½	Péronne	Somme
Villers-Franqueux, 2 ½	Rheims	Marne
Villers-Grélot, 3	Baume	Doubs
Villers-Guislain, 5 ½	Cambrai	Nord
Villers-Helon, 4	Soissons	Aisne
Villers-l'Hôpital, 5 ½	St.-Pol	Pas-de-Cal.
Villers-l'Orme, 1 ½	Metz	Moselle
Villers-la-Chèvre, 6 ¾	Briey	Moselle
Villers-la-Combe, 5 ¾	Baume	Doubs
Villers-la-Montagne, 6	Briey	Moselle
Villers-la-Ville, 6 ½	Lure	H.-Saône
Villers-le-Rond, 9	Briey	Moselle
Villers-le-Sec, 4 ½	St.-Quentin	Aisne
Villers-le-Sec, 1 ½	Baume	Doubs
Villers-le-Sec, 4 ½	Vitry-le-Français	Marne
Villers le-Sec, 1 ½	Chaumont	H.-Marne
Villers-le-Sec, 5 ½	Bar-le-Duc	Meuse
Villers-le-Sec, 1 ½	Vesoul	H.-Saône
Villers-le-Temple (*Perouse*), 8 ½	Vesoul	H.-Saône
Villers-le Tilleul, 3	Mézières	Ardennes
Villers-le-Tourneur, 4 ¾	Rethel	Ardennes
Villers-lès-Aprey, 4	Langres	H.-Marne
Villers-lès-Bois, 3 ½	Poligny	Jura
Villers-lès-Cagnicourt, 5	Arras	Pas-de-Cal.
Villers-lès-Guise, 6 ¾	Vervins	Aisne
Villers-lès-Luxeuil, 6	Lure	H.-Saône

Communes.	Arrondissem.	Départem.	Communes.	Arrondissem.	Départem.
Villers-lès-Mangiennes, 4 1/4	Montmédy	Meuse	Villers-Tournelle, 2	Montdidier	Somme
Villers-lès-Moivrons, 4 1/4	Nancy	Meurthe	Villers-Vaudey, 8 1/2	Gray	H.-Saône
			Villers-Vermont, 7	Beauvais	Oise
			Villers-Vicomte, 9	Clermont	Oise
Villers-lès-Nancy, 1 1/2	Nancy	Meurthe	Villersexel, 5 1/4	Lure	H.-Saône
Villers-lès-Rombas (Rombas), 2 1/4	Briey	Moselle	Villerupt, 6	Briey	Moselle
			Villervaldt, 2 1/4	Sarreguemines	Moselle
Villers-lès-Roye, 4	Montdidier	Somme	Villerville, 3 1/2	Pont-l'Évêque	Calvados
Villers-Louis, 3	Sens	Yonne	Villery, 1 1/2	Soissons	Aisne
Villers-Marmery, 5	Rheims	Marne	Villery, 4	Troyes	Aube
Villers-Nicole, 5 1/2	Avesnes	Nord	Villes, 3	Carpentras	Vaucluse
Villers-Outréau, 5	Cambrai	Nord	Villesaint (Boursault), 2	Épernay	Marne
Villers-Pater, 4 1/2	Vesoul	H.-Saône	Villeselve, 9	Compiègne	Oise
Villers-Patras, 2 1/2	Châtillon	Côte-d'Or	Villeseneux, 6 1/2	Épernay	Marne
Villers-Plouich, 4 1/2	Cambrai	Nord	Villesèque, 3	Carcassonne	Aude
Villers-Pol, 8 1/2	Avesnes	Nord	Villesèque, 8 1/2	Narbonne	Aude
Villers-Robert, 4 1/2	Dôle	Jura	Villesèque, 3 1/2	Cahors	Lot
Villers-Rotin, 7 1/2	Dijon	Côte-d'Or	Villesiscle, 3 1/2	Castelnaudary	Aude
Villers-St.-Barthélemy, 2 1/4	Beauvais	Oise	Villespassans, 7	St.-Pons	Hérault
			Villespy, 3	Castelnaudary	Aude
Villers-St.-Christophe, 4	St.-Quentin	Aisne	Villetaneuse, 1/4	St.-Denis	Seine
Villers-St.-Frambourg, 2	Senlis	Oise	Villetelle, 5 1/2	Montpellier	Hérault
			Villetertre (la), 8	Beauvais	Oise
Villers-St.-Genest, 6	Senlis	Oise	Villethierry, 6 1/2	Sens	Yonne
Villers-St.-Paul, 3	Senlis	Oise	Villeton, 4	Marmande	Lot-et-Gar.
Villers-St.-Sépulchre, 3	Beauvais	Oise	Villetoureix, 1/2	Riberac	Dordogne
Villers-Sérine, 5 1/4	Lons-le-Saulnier	Jura	Villetritoules, 7	Carcassonne	Aude
			Villetrun, 2	Vendôme	Loir-et-Ch.
Villers-sir-Simon, 4 1/4	St.-Pol	Pas-de-Cal.	Villette, 13	Trévoux	Ain
Villers-sous-Ailly, 4 1/2	Abbeville	Somme	Villette, 1/2	Sedan	Ardennes
Villers-sous-Bonchamp, 3 1/4	Verdun	Meuse	Villette, 1/2	Arcis-sur-Aube	Aube
			Villette (la), 7 1/2	Falaise	Calvados
Villers-sous-Chalamont, 7 1/4	Pontarlier	Doubs	Villette, 1 1/4	Dôle	Jura
			Villette (la), 8	Lons-le-Saulnier	Jura
Villers-sous-Châtillon, 6 1/2	Rheims	Marne	Villette (Fétigny), 6 1/4	Lons-le-Saulnier	Jura
Villers-sous-Couzances, 5 1/2	Verdun	Meuse	Villette, 3	Poligny	Jura
			Villette, 8 1/2	Briey	Moselle
			Villette (la), 1	St. Denis	Seine
Villers-sous-Foucarmont, 4	Neufchâtel	Seine-Inf.	Villette (la Petite-) (La Villette), 1 1/4	St.-Denis	Seine
Villers-sous-Montrond, 3 1/4	Besançon	Doubs	Villette, 1 1/2	Mantes	Seine-et-O.
Villers-sous-Pareid, 6	Verdun	Meuse	Villette, 6	Gaillac	Tarn
Villers-sous-Preny, 7	Nancy	Meurthe	Villette-d'Anthon, 9 1/2	Vienne	Isère
Villers-sous-St.-Leu, 4	Senlis	Oise	Villette-lès-Bois, 4 1/4	Dreux	Eure-et-L.
Villers-Stoncourt (Chanville), 5 1/4	Metz	Moselle	Villette-lès-Cornod, 1 1/4	Lons-le-Saulnier	Jura
Villers-sur-Anchy, 5 1/2	Beauvais	Oise	Villette-lès-St.-Amour, 9 1/2	Lons-le-Saulnier	Jura
Villers-sur-Authie, 7 1/2	Abbeville	Somme			
Villers-sur-Bar, 2	Sedan	Ardennes			
Villers-sur-Bonnières, 3 1/2	Beauvais	Oise	Villette-Serpaise, 1 1/2	Vienne	Isère
Villers-sur-Coudun, 1 1/4	Compiègne	Oise	Villettes, 3 1/2	Louviers	Eure
Villers-sur-Fère, 4	Château-Thierry	Aisne	Villeurbanne, 7	Vienne	Isère
			Villevallier, 2 1/4	Joigny	Yonne
Villers-sur-Glos, 1 1/4	Lisieux	Calvados	Villevaudé, 4 1/4	Meaux	Seine-et-M.
Villers-sur-le-Mont, 3 1/4	Mézières	Ardennes	Villevayre, 5 1/2	Villefranche	Aveiron
Villers-sur-le-Roule, 3 1/2	Louviers	Eure	Villevenard, 6 1/2	Épernay	Marne
Villers-sur-Marne, 2 1/2	Château-Thierry	Aisne	Villevêque, 3 1/2	Angers	Maine-et-L.
			Villeveyrac, 5	Montpellier	Hérault
Villers-sur-Mer, 3 1/2	Pont-l'Évêque	Calvados	Villevieux, 2 1/4	Lons-le-Saulnier	Jura
Villers-sur-Meuse, 4 1/4	Verdun	Meuse			
Villers-sur-Port, 2 1/2	Vesoul	H.-Saône	Villevillon, 5 1/4	Nogent-le-Rotrou	Eure-et-L.
Villers-sur-Saulnot, 12 1/2	Lure	H.-Saône			
Villers-sur-Trie, 6	Beauvais	Oise	Villevocques, 2 1/4	Montargis	Loiret

Communes.	Arrondissem.	Départem.
Villevoque (*Piney*), 5 ¼	Troyes	Aube
Villevotte, 11 ¼	Epernay	Marne
Villexanton, 5	Blois	Loir-et-Ch.
Villexavier, 2	Jonzac	Char.-Inf.
Villey (le), 7 ¼	Dôle	Jura
Villey-le-Sec, 1 ¼	Toul	Meurthe
Villey-St.-Etienne, 2	Toul	Meurthe
Villey-sur-Tille, 6	Dijon	Côte-d'Or
Villez-sous-Bailleul, 4	Evreux	Eure
Villez-sur-Damville, 4 ½	Evreux	Eure
Villez-sur-le-Neubourg, 4 ½	Louviers	Eure
Villié, 5	Villefranche	Rhône
Villiers, 3	Arcis-sur-Aube	Aube
Villiers, 10 ½	Beaune	Côte-d'Or
Villiers, 9 ½	Le Blanc	Indre
Villiers, 1 ¼	Vendôme	Loir-et-Ch.
Villiers, 4 ½	Avranches	Manche
Villiers (*Verdey*), 8 ¼	Epernay	Marne
Villiers, 3	Château-Gontier	Mayenne
Villiers (*Neuilly*), 2 ¼	St.-Denis	Seine
Villiers (*Estouches*), 3 ¼	Etampes	Seine-et-O.
Villiers (*Villebon*), 3 ¼	Versailles	Seine-et-O.
Villiers, 1	Loudun	Vienne
Villiers-Adam, 2	Pontoise	Seine-et-O.
Villiers-aux-Bains, 15	Chinon	Indre-et-L.
Villiers-aux-Bois, 1 ½	Wassy	H.-Marne
Villiers-aux-Chênes, 5	Wassy	H.-Marne
Villiers-aux-Corneilles, 1 ½	Châlons-sur-Marne	Marne
Villiers-Couture, 6	St.-Jean-d'Angely	Char.-Inf.
Villiers-en-Bière, 1 ½	Melun	Seine-et-M.
Villiers-en-Bois, 5 ¼	Melle	2 Sèvres
Villiers-en-Désœuvre, 8	Evreux	Eure
Villiers-en-Lieu, 6 ¼	Wassy	H.-Marne
Villiers-en-Plaine, 2 ½	Niort	2 Sèvres
Villiers-Faux, 1 ¼	Vendôme	Loir-et-Ch.
Villiers-Fossard, 1 ½	St.-Lô	Manche
Villiers la-Faye, 3	Beaune	Côte-d'Or
Villiers-la-Forêt, 3	Châtillon	Côte-d'Or
Villiers-Laquenexy (*Laquenexy*), 2 ¼	Metz	Moselle
Villiers-le-Bâcle, 2	Versailles	Seine-et-O.
Villiers-le-Bel, 5 ¼	Pontoise	Seine-et-O
Villiers-le-Bois, 5	Bar-sur-Seine	Aube
Villiers-le-Brûlé (*Piney*) 5 ¼	Troyes	Aube
Villiers-le-Mahieu, 6 ¼	Rambouillet	Seine-et-O.
Villiers-le-Morhiers, 5	Dreux	Eure-et-L.
Villiers-le-Roux, 2	Ruffec	Charente
Villiers-le-Sec, 2 ½	Bayeux	Calvados
Villiers-le-Sec, 3	Clamecy	Nièvre
Villiers-le-Sec, 5 ¼	Pontoise	Seine-et-O.
Villiers-lès-Hauts, 5	Tonnerre	Yonne
Villiers-lès-Pots, 5 ¼	Dijon	Côte-d'Or
Villiers-Martin (*Manchecourt*), 2 ½	Pithiviers	Loiret
Villiers-St.-Benoist, 7 ¼	Joigny	Yonne
Villiers-St.-Frédéric, 6 ½	Rambouillet	Seine-et-O.
Villiers-St.-Georges, 3 ¼	Provins	Seine-et-M
Villiers-St.-Orien, 4 ¼	Châteaudun	Eure-et-L.
Villiers-sous-Mortagne, 1	Mortagne	Orne

Communes.	Arrondissem.	Départem.
Villiers-sous-Praslin, 2 ¼	Bar-sur-Seine	Aube
Villiers-sur-Chize, 4 ¾	Melle	2 Sèvres
Villiers sur-Gretz, 3	Fontainebleau	Seine-et-M.
Villiers-sur-Marne, 8	Wassy	H.-Marne
Villiers-sur-Marne, 7 ¾	Corbeil	Seine-et-O.
Villiers-sur-Morin, 3	Meaux	Seine-et-M.
Villiers-sur Orge, 4	Corbeil	Seine-et-O.
Villiers-sur-Port, 2 ¼	Bayeux	Calvados
Villiers-sur-Seine, 3 ½	Provins	Seine et-M.
Villiers-sur Suize, 4 ½	Chaumont	H. Marne
Villiers-sur-Tholon, 3	Joigny	Yonne
Villiers-sur-Yonne, 1 ¼	Clamecy	Indre
Villiers-Vineux, 4	Tonnerre	Yonne
Villing (*Rémering*), 8 ½	Thionville	Moselle
Villions, 3	Caen	Calvados
Villognon, 7	Ruffec	Charente
Villon, 4 ¼	Tonnerre	Yonne
Villoncourt, 3	Epinal	Vosges
Villorbaine, 2	Charolles	Saône-et-L.
Villorceau, 6 ¼	Orléans	Loiret
Villosne, 5	Montmédy	Meuse
Villossanges, 8	Riom	Puy-de-Dô.
Villotran, 3 ½	Beauvais	Oise
Villotte, 7 ½	Semur	Côte-d'Or
Villotte, 3	Marmande	Lot-et-Gar.
Villotte, 1	Vitry-le-Français	Marne
Villotte, 7 ¼	Neufchâteau	Vosges
Villotte (la), 7	Joigny	Yonne
Villotte-devant-Louppy, 3 ½	Bar le-Duc	Meuse
Villotte-devant-St.-Mihiel *, 6 ¾	Commercy	Meuse
Villotte-sur-Ource, 2	Châtillon	Côte-d'Or
Villouxel, 2 ¼	Neufchâteau	Vosges
Villuis, 5 ¼	Provins	Seine-et-M.
Villy, 6 ¼	Sedan	Ardennes
Villy, 4 ½	Caen	Calvados
Villy, 1 ¼	Falaise	Calvados
Villy, 6	Semur	Côte-d'Or
Villy, 4	Auxerre	Yonne
Villy-en-Trode, 2	Bar-sur-Seine	Aube
Villy-le-Bas, 7	Dieppe	Seine-Inf.
Villy-le-Bois, 4 ½	Troyes	Aube
Villy-le-Brulé (*Villy-le-Moutier*), 3 ½	Beaune	Côte-d'Or
Villy-le-Haut, 4 ¾	Dieppe	Seine-Inf.
Villy-le-Maréchal, 3 ½	Troyes	Aube
Villy-le-Moutier, 2 ½	Beaune	Côte-d'Or
Vilory, 4	Vesoul	H.-Saône
Vilsberg, 4	Sarrebourg	Meurthe
Vilthion (*St.-Amand*), 4	Vendôme	Loir-et-Ch.
Vimarcé, 11 ¼	Laval	Mayenne
Vimenet, 11	Milhaud	Aveiron
Vimenil, 4	Epinal	Vosges
Vimont, 3	Caen	Calvados
Vimont, 5	Rouen	Seine-Inf.
Vimory, 2	Montargis	Loiret
Vimoutiers *, 7 ½	Argentan	Orne
Vimpelles, 5	Provins	Seine-et-M.
Vimy, 3 ¼	Vervins	Aisne
Vimy, 3	Arras	Pas-de-Cal.
Vin de-Fontaine, 9	Coutances	Manche
Vinaco	Corte	Corse

Communes.	Arrondissem.	Départem.	Communes.	Arrondissem.	Départem.
Vinantes, 3	Meaux	Seine-et-M.	Vincent-des-Landes (St.), 3 1/4	Châteaubriant	Loire-Inf.
Vinassan, 2 1/2	Narbonne	Aude			
Vinax, 6	St.-Jean-d'Angely	Char.-Inf.	Vincent-des-Prés (St.-), 7 1/2	Mâcon	Saône-et-L.
Vinay *, 2 1/2	St.-Marcellin	Isère	Vincent-des-Prés (St.-), 2	Mamers	Sarthe
Vinay, 1 1/4	Épernay	Marne			
Vinça, 2	Prades	Pyrén.-Or.	Vincent-des-Xaintes (St.-), 1/2	Dax	Landes
Vincelles, 3	Lons-le-Saulnier	Jura	Vincent-du-Lorouer (St.-), 5 1/2	St.-Calais	Sarthe
Vincelles, 5 1/4	Épernay	Marne			
Vincelles, 1	Louhans	Saône-et-L.	Vincent en-Bresse (St.-), 3 1/4	Louhans	Saône-et-L.
Vincelles, 3	Auxerre	Yonne			
Vincelotte, 3	Auxerre	Yonne	Vincent-Fort-du-Laye (St.-), 7	Fontenay-le-Comte	Vendée
Vincennes, 3 1/4	Sceaux	Seine			
Vincent (St.-), 6 1/4	Barcelonnette	B.-Alpes	Vincent-Jalmoutier (St.-), 5	Ribérac	Dordogne
Vincent (St.-), 5	Sisteron	B.-Alpes			
Vincent (St.-), 4 1/4	Mauriac	Cantal	Vincent-la-Rivière (St.-), 3	Bernay	Eure
Vincent (St.-) (Vitrac), 7 1/4	Confolens	Charente			
Vincent (St.-) (St.-Paul), 3 1/4	Valence	Drôme	Vincent-lès-Bragny (St.-), 5	Charolles	Saône-et-L.
Vincent (St.-) (Jonquières), 3 3/4	Nismes	Gard	Vincent-les-Paluel(St.-), 1	Sarlat	Dordogne
Vincent (St.-), 1 1/4	Villefranche	H.-Garonne	Vincent-Lespinasse (St.-), 4	Moissac	Tarn-et-Gar.
Vincent (St.-), 5 1/4	Libourne	Gironde	Vincent-Sterlange (St.-), 10	Fontenay-le-Comte	Vendée
Vincent (St.-), 2	Montpellier	Hérault			
Vincent (St.-), 4 3/4	St.-Pons	Hérault	Vincent-sur-Graon (St.-) 9 1/2	Les Sables	Vendée
Vincent, 9	Dôle	Jura			
Vincent (St.-), 2 1/4	Le Puy	H.-Loire	Vincent-sur-Jard (St.-), 6 1/4	Les Sables	Vendée
Vincent (St.-), 4	Cahors	Lot			
Vincent (St.-), 7 1/2	Figeac	Lot	Vincey, 3	Mirecourt	Vosges
Vincent (St.-), 5	Nérac	Lot-et-Gar.	Vincly, 9	Montreuil	Pas-de-Cal.
Vincent (St.-), 12	Vannes	Morbihan	Vincy, 11 1/2	Laon	Aisne
Vincent (St.-) (St.-Front), 1	Domfront	Orne	Vincy, 3 1/4	Meaux	Seine-et-M.
			Vindecy, 7	Charolles	Saône-et-L.
Vincent (St.-), 2	Issoire	Puy-de-Dô.	Vindelle, 2	Angoulême	Charente
Vincent (St.-), 5	Le Hâvre	Seine-Inf.	Vindey, 9 1/2	Épernay	Marne
Vincent-Conozac (St.-), 3	Ribérac	Dordogne	Vindrac, 6	Gaillac	Tarn
			Vinemerville, 6 1/4	Yvetot	Seine-Inf.
Vincent-d'Aignillon, 7	Agen	Lot-et-Gar.	Vines, 13	Espalion	Aveiron
Vincent-d'Excideuil (St.-), 5	Périgueux	Dordogne	Vinets, 2	Arcis-sur-Aube	Aube
			Vineuil, 2 1/2	Châteauroux	Indre
Vincent-de-Barrès (St.-), 3 1/4	Privas	Ardèche	Vineuil, 1	Blois	Loir-et-Ch.
			Vineuse (la), 7	Mâcon	Saône-et-L.
Vincent-de-Boisset (St.-),	Roanne	Loire	Vineuse (la), 6	Fontenay-le-Comte	Vendée
Vincent de-Bouley (St.-), 2	Bernay	Eure	Vinezac, 1/2	Argentière	Ardèche
			Vingrau, 6 1/4	Perpignan	Pyrén.-Or.
Vincent-de-Cosse (St.-), 3	Sarlat	Dordogne	Vingré, 3	Soissons	Aisne
			Vingt-Hanaps, 3 1/4	Alençon	Orne
Vincent-de-Durfort (St.-), 3	Privas	Ardèche	Vinneuf, 6	Sens	Yonne
			Vinnemer (St.-), 2	Tonnerre	Yonne
Vincent-de-la-Châtre (St.-), 2	Melle	2 Sèvres	Vinon, 1	Sancerre	Cher
			Vinon, 10	Brignoles	Var
Vincent-de-Gy (St-), 11 1/2	Bourges	Cher	Vins, 2	Brignoles	Var
Vincent-de-Mercuze (St.-), 5 1/4	Grenoble	Isère	Vinsobres, 1 1/4	Nyons	Drôme
			Vintersbourg, 4 1/4	Sarrebourg	Meurthe
Vincent-de-Paul (St.-), 4 1/4	Bordeaux	Gironde	Vintreuge, 7	Sarreguemines	Moselle
			Vintrou (le), 6	Castres	Tarn
Vincent-de-Reins (St.-), 9	Villefranche	Rhône	Vinzelle (la), 10 1/2	Rodez	Aveiron
			Vinzelles, 3	Thiers	Puy-de-Dô.
Vincent-de-Tyrosse (St.-), 5 1/4	Dax	Landes	Vinzelles, 2	Mâcon	Saône-et-L.
			Vinzieu, 15	Tournon	Ardèche
Vincent-des-Bois (St.-), 5 1/4	Évreux	Eure	Viocourt, 3	Neufchâteau	Vosges

Communes.	Arrondissem.	Departem.
Viodos, ½	Mauléon	B.-Pyrén.
Violaine (*Maast*), 4	Soissons	Aisne
Violaine (*Olizy*), 6	Rheims	Marne
Violaisnes, 3	Béthune	Pas-de-Cal.
Violène (*Verdon*), 6 ¼	Epernay	Marne
Violes, 13 ¼	Condom	Gers
Violès, 2 ½	Orange	Vaucluse
Violey, 8 ½	Roanne	Loire
Viols-en-Laval, 3 ½	Montpellier	Hérault
Viols-le-Fort, 5	Montpellier	Hérault
Vioménil, 5	Mirecourt	Vosges
Vion, 3	Tournon	Ardèche
Vion, 5 ½	La Flèche	Sarthe
Vionville, 3 ¾	Metz	Moselle
Viozan, 4	Mirande	Gers
Viplaix, 4	Montluçon	Allier
Vira, 4	Pamiers	Ariége
Vira, 13 ¼	Perpignan	Pyrén.-Or.
Virac, 5	Albi	Tarn
Virandeville, 3 ½	Cherbourg	Manche
VIRE *,	ch.-l. d'ar., 78	Calvados
Vire, 9 ½	Cahors	Lot
Viré-en-Champagne, 8	La Flèche	Sarthe
Viréaux, 2 ½	Tonnerre	Yonne
Virecourt, 6	Lunéville	Meurthe
Virelade, 7	Bordeaux	Gironde
Virelet, 9	Riom	Puy-de-Dô.
Viremont, 7 ½	Lons-le-Saulnier	Jura
Vireux-Molhain, 7	Rocroi	Ardennes
Vireux-Wallerand, 7	Rocroi	Ardennes
Virey, 4	Mortain	Manche
Virey, 4 ¼	Gray	H.-Saône
Virey, 1 ¼	Châlons	Saône-et-L.
Virey, 4	Mâcon	Saône-et-L.
Virey-sous-Bar, 1 ½	Bar-sous-Seine	Aube
Virginy, 3 ½	Ste-Menehould	Marne
Viriat, 1 ½	Bourg	Ain
Viricelle, 5	Montbrison	Loire
Virieu *, 2 ¼	La Tour-du-Pin	Isère
Virieux (*Pelussin*), 6	St.-Etienne	Loire
Virieux-le-Grand, 3	Belley	Ain
Virieux-le-Petit, 4 ½	Belley	Ain
Virigneux, 5	Montbrison	Loire
Virignin, 1 ¼	Belley	Ain
Viriville, 7	St.-Marcellin	Isère
Virming, 8 ½	Château-Salins	Meurthe
Virollay, 1	Versailles	Seine-et-O.
Virollet, 5	Saintes	Char.-Inf.
Vironchaux, 6 ¼	Abbeville	Somme
Vironvay, 1	Louviers	Eure
Virsac, 6 ½	Bordeaux	Gironde
Virson, 6	Rochefort	Char.-Inf.
Virville, 5	Le Hâvre	Seine-Inf.
Viry, 9 ½	Laon	Aisne
Viry, 5	St.-Claude	Jura
Viry, 2	Charolles	Saône-et-L.
Viry-Châtillon, 3 ½	Corbeil	Seine-et-O.
Vis-en-Artois, 3	Arras	Pas-de-Cal.
Visan, 5	Orange	Vaucluse
Visargues, 1 ¼	Murat	Cantal
Viscos, 3 ½	Argelès	H.-Pyrén.
Viseney (le), 3	Poligny	Jura
Viserny, 2	Semur	Côte-d'Or
Visker, 2 ¼	Tarbes	H.-Pyrén.
Vismes-au-Mont (*Vismes-au-Val*), 3 ¼	Abbeville	Somme
Vismes-au-Val, 3 ¼	Abbeville	Somme
Visoncourt, 4 ¼	Lure	H.-Saône
Visous, 18 ¼	Mirande	Gers
Vissac, 8 ¼	Brioude	H.-Loire
Vissac, 4 ¼	Le Vigan	Gard
Visseiches, 7 ¼	Vitré	Ille-et-Vil.
Vit (St.-) *, 4 ½	Besançon	Doubs
Vit-les-Belvoir, 5 ½	Baume	Doubs
Vitarelles (*Léobard*), 2	Gourdon	Lot
Vitarville, 3 ¼	Montmédy	Meuse
Viterbe, 3	Lavaur	Tarn
Viterne, 4 ½	Nancy	Meurthe
Vitoisin (*Romain*), 5 ½	Rheims	Marne
Vitot, 5 ½	Louviers	Eure
Vitotel, 6	Louviers	Eure
Vitrac, 10 ½	Espalion	Aveiron
Vitrac, 3 ½	Aurillac	Cantal
Vitrac, 7 ½	Confolens	Charente
Vitrac, 5 ¼	Tulle	Corrèze
Vitrac, 1 ½	Sarlat	Dordogne
Vitrac, 5	Agen	Lot-et-Gar.
Vitrac, 5	Riom	Puy-de-Dô.
Vitray, 6 ½	Montluçon	Allier
Vitray, 7 ½	Châteaudun	Eure-et-L.
Vitray, 3	Loches	Indre-et-L.
Vitray-sous-Brezolles, 4 ¼	Dreux	Eure-et-L.
Vitray-sous-l'Aigle, 6	Mortagne	Orne
VITRÉ *,	ch.-l. d'ar., 89	Ille-et-Vil.
Vitré, 2	Melle	2 Sèvres
Vitreux, 5 ¾	Dôle	Jura
Vitrey, 6 ¼	Nancy	Meurthe
Vitrey, 9	Vesoul	H.-Saône
Vitrimont, 1 ½	Lunéville	Meurthe
Vitrolles, 6 ½	Gap	H.-Alpes
Vitrolles, 3 ½	Aix	B.-du-Rhône
Vitrolles, 12	Apt	Vaucluse
Vitry, 2 ½	Thionville	Moselle
Vitry, 4	Arras	Pas-de-Cal.
Vitry, 8 ½	Mâcon	Saône-et-L.
Vitry, 2	Sceaux	Seine
Vitry-aux-Loges, 6 ½	Orléans	Loiret
Vitry-en-Montagne, 5	Langres	H.-Marne
Vitry-la-Ville, 3 ¼	Châlons-sur-Marne	Marne
Vitry-le-Brûlé, ¼	Vitry-le-Français	Marne
Vitry-le-Croisé, 3	Bar-sur-Seine	Aube
VITRY-LE-FRANÇAIS *,	ch.-l. d'arr., 48	Marne
Vitry-lès-Nogent, 6 ¼	Chaumont	H.-Marne
Vitry-lès-Paray, 4	Charolles	Saône-et-L.
Vitry-sur-Loire, 14 ½	Charolles	Saône-et-L.
Vitte (St.-), 4	St.-Amand	Cher
Vitte (St.), 9	St.-Yrieix	H.-Vienne
Vitteaux *, 5	Semur	Côte-d'Or
Vittefleur, 8	Yvetot	Seine-Inf.
Vittel, 6	Mirecourt	Vosges
Vittersdorff, ¼	Altkirch	Haut-Rhin
Vittoncourt, 5	Metz	Moselle
Vittonville, 8 ½	Nancy	Meurthe
Vitz-sur-Authie, 7	Abbeville	Somme

Communes.	Arrondissem.	Départem.	Communes.	Arrondissem.	Départem.
Vivaise, 1 1/2	Laon	Aisne	Voilemont, 2	Ste-Menehould	Marne
Vivans, 6	Roanne	Loire	Voillans, 1 1/4	Baume	Doubs
Vivant (St.-), 1 1/4	Dôle	Jura	Voillecomte, 1 1/2	Wassy	H.-Marne
Vivario, 3 1/2	Corte	Corse	Voimhaut, 2	Metz	Moselle
Viven, 5	Pau	B.-Pyrén.	Voimemont, 5	Nancy	Meurthe
Viver (St.-Héand), 2 1/2	St.-Etienne	Loire	Voingt, 10 1/2	Riom	Puy-de-Dô.
Viverols, 4	Ambert	Puy-de-Dô.	Voinsles, 5	Coulommiers	Seine-et M.
Vivès, 2	Céret	Pyrén.-Or.	Voipreux, 3 1/2	Epernay	Marne
Vivey, 6 1/2	Langres	H.-Marne	Voir (St.-), 5 1/2	Moulins	Allier
Vivien (St.-), 7 1/4	Bergerac	Dordogne	Voires, 7 1/2	Besançon	Doubs
Vivien (St.-), 6	Ribérac	Dordogne	Voiron *, 5	Grenoble	Isère
Vivien (St.-), 6 1/2	Jonzac	Char.-Inf.	Voisage (*Arry*)*, 5	Metz	Moselle
Vivien (St.-), 2	La Rochelle	Char.-Inf.	Voise, 4 1/2	Chartres	Eure-et-L.
Vivien (St.-), 3	Blaye	Gironde	Voisenon, 1	Melun	Seine-et-M.
Vivien (St.-), 4 1/2	La Réole	Gironde	Voiscreville, 5	Pont-Audemer	Eure
Vivien (St.-), 4 1/4	Lesparre	Gironde	Voisey, 8 1/2	Langres	H.-Marne
Vivier (ie) (*Artaise*), 5	Sedan	Ardennes	Voisines, 3	Langres	H.-Marne
Vivier (le), 4 1/2	St.-Malo	Ille-et Vil.	Voisines, 3 1/2	Sens	Yonne
Vivier, 5	Prades	Pyrén.-Or.	Voisins (*St.-Cyr-la-Ri-vière*), 2	Etampes	Seine-et-O.
Vivier-au-Court, 2 1/2	Mézières	Ardennes			
Vivier-Frères-Robert (*Vieux-Moulins*), 1 1/2	Compiègne	Oise	Voisins-le-Bretonneux, 8 1/2	Rambouillet	Seine-et-O.
Viviers, 6	Soissons	Aisne	Voissanc, 6 1/2	La-Tour-du-Pin	Isère
Viviers *, 9	Privas	Ardèche	Voiteur, 3	Lons-le-Saulnier	Jura
Viviers, 2	Bar-sur-Seine	Aube			
Viviers, 9	Villefranche	Aveiron	Voivre (la), 6	Lure	H.-Saône
Viviers, 3 1/2	Bourganeuf	Creuse	Voivre (la), 1 1/4	St. Dié	Vosges
Viviers, 11	Laval	Mayenne	Voivres, 3	Le Mans	Sarthe
Viviers, 2 1/4	Château-Salins	Meurthe	Voivres (les), 7	Mirecourt	Vosges
Viviers, 7	Briey	Moselle	Voisy (*Villevenard*), 6	Epernay	Marne
Viviers, 2	Castres	Tarn	Volandry, 2	Baugé	Maine-et-L.
Viviers, 3 1/2	Lavaur	Tarn	Volcksberg, 7 1/4	Saverne	Bas-Rhin
Viviers, 2	Tonnerre	Yonne	Volesvres, 2 1/2	Charolles	Saône-et-L.
Viviers-le-Gras, 8 1/4	Mirecourt	Vosges	Volgelsheim, 3 1/2	Colmar	Haut-Rhin
Viviers-lès-Outroicourt, 2	Mirecourt	Vosges	Volgré, 2 1/2	Joigny	Yonne
Viviès, 4	Pamiers	Ariège	Volkerinckove, 6 1/4	Dunkerque	Nord
Viville, 7	Cognac	Charente	Volkrange, 1 1/2	Thionville	Moselle
Vivoin, 7	Mamers	Sarthe	Vollognat, 2	Nantua	Ain
Vivonne *, 5	Poitiers	Vienne	Vollore-Montagne, 3	Thiers	Puy-de-Dô.
Vivy, 1 1/2	Saumur	Maine-et-L.	Vollore-Ville, 2	Thiers	Puy-de-Dô.
Vix, 2	Châtillon	Côte-d'Or	Volmerange, 4	Metz	Moselle
Vix, 3 1/4	Fontenay-le-Comte	Vendée	Volmerange-lès-Œnt-range, 3 1/4	Thionville	Moselle
Vizille *, 3 1/4	Grenoble	Isère	Volmunster, 6	Sarreguemines	Moselle
Vizos, 4 1/4	Argelès	H.-Pyrén.	Volnay, 1 1/2	Beaune	Côte-d'Or
Vlsinghen (*St.-Martin Choquel*), 6 1/2	Boulogne	Pas-de-Cal.	Volnay, 5 1/4	St. Calais	Sarthe
Vobles, 10 1/4	Lons-le-Saulnier	Jura	Volon, 6 1/2	Gray	H.-Saône
			Volonne, 2	Sisteron	B.-Alpes
Vocance, 18	Tournon	Ardèche	Volonzac, 10	Espalion	Aveiron
Vodables, 2 1/4	Issoire	Puy-de-Dô.	Volpajola, 5 1/4	Bastia	Corse
Vœlfling, 8	Thionville	Moselle	Volpilhac, 5	Rodez	Aveiron
Vœllerdingen, 9	Saverne	Bas-Rhin	Volstroff, 1 1/2	Thionville	Moselle
Vœuil, 2 1/2	Angoulême	Charente	Volvent, 7 1/4	Die	Drôme
Vogelgrün, 4	Colmar	Haut-Rhin	Volvic, 2	Riom	Puy-de-Dô.
Vogua, 8	Lons-le-Saulnier	Jura	Volx, 3	Forcalquier	B. Alpes
			Vomécourt, 5 1/2	Epinal	Vosges
Vogtlingshoffen, 2	Colmar	Haut-Rhin	Vomécourt-sur-Madon, 2	Mirecourt	Vosges
Vogné, 9	Privas	Ardèche	Vombert (*St.-Jean-de-Braye*), 1 1/2	Orléans	Loiret
Voharies, 3 1/4	Vervins	Aisne	Voncourt, 7 1/4	Langres	H.-Marne
Voui *, 2	Commercy	Meuse	Voncq, 4	Vouziers	Ardennes
Voide (le), 9	Saumur	Maine-et-L.	Vonges, 6	Dijon	Côte-d'Or
Voies-d'Escles, 5 1/4	Mirecourt	Vosges	Vongnes, 2 1/4	Belley	Ain
Voigny, 1	Bar-sur-Aube	Aube	Vonnas, 1 1/2	Trévoux	Ain

Communes.	Arrondissem.	Départem.	Communes.	Arrondissem.	Départem.
Vontezac, 9	Brives	Corrèze	Voutré, 11	Laval	Mayenne
Vopillon, 2 1/4	Condom	Gers	Voutron, 4 1/2	Rochefort	Char.-Inf.
Voray, 9	Vesoul	H.-Saône	Vouvant, 3	Fontenay-le-Comte	Vendée
Voreppe, 3 1/2	Grenoble	Isère	Vouvray, 5	Nantua	Ain
Vorey, 5	Le Puy	H.-Loire	Vouvray, 2 1/4	Tours	Indre-et-L.
Vorges, 1	Laon	Aisne	Vouvray, 9	Mamers	Sarthe
Vorges, 3 1/4	Besançon	Doubs	Vouvray-sur-Loir, 9 1/4	St.-Calais	Sarthe
Vorly, 4 1/2	Bourges	Cher	Vouxey, 2 1/4	Neufchâteau	Vosges
Vornay, 4 1/2	Bourges	Cher	Vouzailles, 6	Poitiers	Vienne
Vornes, 5 1/2	Dôle	Jura	Vouzans, 4	Angoulême	Charente
Vors-de-Calmont, 4 1/4	Rodez	Aveiron	Vouzeron, 8	Bourges	Cher
Vors-de-Rodez, 4 1/4	Rodez	Aveiron	VOUZIERS *,	ch.-l. d'ar., 58	Ardennes
Vosne, 4 1/2	Beaune	Côte-d'Or	Vouzon, 12 1/2	Romorantin	Loir-et-Ch.
Vosnon, 7	Troyes	Aube	Vouzy, 4 1/2	Epernay	Marne
Vou, 3	Loches	Indre-et-L.	Voves, 5	Chartres	Eure-et-L.
Vouarcès, 13 1/2	Epernay	Marne	Voy (St.-), 3 1/2	Yssengeaux	H.-Loire
Vouciennes, 3 1/2	Châlons-sur-Marne	Marne	Voye (la), 7 1/2	Bar-le-Duc	Meuse
Voudenay, 10 1/2	Beaune	Côte-d'Or	Voyenne, 5	Laon	Aisne
Voué, 2	Arcis-sur-Aube	Aube	Voyennes, 6	Péronne	Somme
Vouécourt, 4 1/2	Chaumont	H.-Marne	Voyer, 3 1/4	Sarrebourg	Meurthe
Vouel, 8	Laon	Aisne	Voysay, 1 1/2	St.-Jean-d'Angely	Char.-Inf.
Vougay (St.-), 6	Morlaix	Finistère			
Vougaucourt, 1 1/4	Montbeliard	Doubs	Vozelles, 3	Gannat	Allier
Vougecourt, 10	Vesoul	H.-Saône	Vraignes, 7 1/2	Amiens	Somme
Vougeot, 5	Beaune	Côte-d'Or	Vaignes, 3	Peronne	Somme
Vouglans, 6	St.-Claude	Jura	Vrain (St.-), 3	Vitry-le-Français	Marne
Vougrey, 3	Bar-sur-Seine	Aube			
Vougy, 2 1/2	Roanne	Loire	Vrain (St.-), 3	Cosne	Nièvre
Vouharte, 4 1/2	Angoulême	Charente	Vrain (St.-), 3 1/2	Corbeil	Seine-et-O.
Vouhé, 8 1/2	Rochefort	Char.-Inf.	Vraincourt, 3 1/4	Chaumont	H.-Marne
Vouhé, 2 1/4	Parthenay	2 Sèvres	Vraiville, 2 1/4	Louviers	Eure
Vouhenans, 1 1/2	Lure	H.-Saône	Vran (St.-), 6 1/4	Loudéac	Côtes-du-N.
Vouhet, 7 1/2	Le Blanc	Indre	Vrasville, 5 1/4	Cherbourg	Manche
Vouillé, 1 1/2	Niort	2 Sèvres	Vraucourt, 4 1/2	Arras	Pas-de-Cal.
Vouillé, 4 1/2	Poitiers	Vienne	Vraux, 3	Châlons-sur-Marne	Marne
Vouillé-les-Marais, 4	Fontenay-le-Comte	Vendée			
			Vrécourt, 4 1/2	Neufchâteau	Vosges
Vouillers, 4	Vitry-le-Français	Marne	Vred, 3 1/2	Douai	Nord
			Vregille, 7 1/2	Gray	H. Saône
Vouillon, 3 1/4	Issoudon	Indre	Vregny, 2	Soissons	Aisne
Vouilly, 7	Bayeux	Calvados	Vremy, 2	Metz	Moselle
Voulaine, 4	Châtillon	Côte-d'Or	Vrétot (le), 4 1/2	Valognes	Manche
Vouléme, 2	Civray	Vienne	Vriange, 3	Dôle	Jura
Voulgézac, 4	Angoulême	Charente	Vrigne-aux-Bois, 2 1/2	Sedan	Ardennes
Voulon, 2 1/2	Civray	Vienne	Vrigne-Meuse, 3	Mézières	Ardennes
Voulon, 2 1/2	Bellac	H.-Vienne	Vrigny, 2 1/2	Pithiviers	Loiret
Voulpaix, 1 1/4	Vervins	Aisne	Vrigny, 2 1/2	Rheims	Marne
Voulte (la), *, 5	Privas	Ardèche	Vrigny, 2	Argentan	Orne
Voultegon, 3	Bressuire	2 Sèvres	Vrisy, 1 1/2	Vouziers	Ardennes
Voulton, 1 1/4	Provins	Seine-et-M.	Vritz, 6 1/2	Ancenis	Loire-Inf.
Voulx, 9 1/2	Fontainebleau	Seine-et-M.	Vrocourt, 4 1/2	Beauvais	Oise
Vouneuil-sous-Biard, 1 1/2	Poitiers	Vienne	Vroil, 5 1/4	Vitry-le-Français	Marne
Vouneuil-sur-Vienne, 3	Châtellerault	Vienne			
Vourcy, 6 1/4	St.-Marcellin	Isère	Vron, 7 1/2	Abbeville	Somme
Vourles, 2 1/2	Lyon	Rhône	Vroncourt, 8	Chaumont	H.-Marne
Vourvenans, 2 1/4	Belfort	Haut-Rhin	Vroncourt, 6 1/2	Nancy	Meurthe
Voussac, 6	Gannat	Allier	Vroville, 1	Mirecourt	Vosges
Voute-Chilhac (la), 6 1/2	Brioude	H.-Loire	Vry, 3	Metz	Moselle
Voute-sur-Loire (la), 2	Le Puy	H.-Loire	Vue, 4 1/2	Paimbœuf	Loire-Inf.
Voutenay, 3 1/2	Avallon	Yonne	Vuez, 4	Rheims	Marne
Vouthou, 6	Angoulême	Charente	Vuillafans, 7 1/2	Besançon	Doubs
Vouthon-Bas, 8 1/2	Commercy	Meuse	Vuillafans, 5 1/2	Lure	H.-Saône
Vouthon-Haut, 9	Commercy	Meuse	Vuillecin, 1 1/4	Pontarlier	Doubs

Communes.	Arrondissem.	Départem.
Vulaines, 9	Troyes	Aube
Vulaines, 1 ¾	Fontainebleau	Seine-et-M
Vulaines, 1 ½	Provins	Seine-et-M
Vulbas (St.-), 13 ½	Belley	Ain
Vulmont, 5	Metz	Moselle
Vulvoz, 4	St.-Claude	Jura
Vy-le-Ferroux, 5	Vesoul	H.-Saône
Vy-lès-Filain, 3 ¾	Vesoul	H.-Saône
Vy-lès-Lure, 1 ¼	Lure	H.-Saône
Vy-lès-Rupt	Gray	H.-Saône

W.

Communes.	Arrondissem.	Départem.
Waast (St.) *Voyez* Vaast (St.)		
Waben, 3	Montreuil	Pas-de-Cal.
Wacquemoulin, 5 ½	Clermont	Oise
Wacquinghen, 2	Boulogne	Pas-de-Cal.
Wadelincourt, ¾	Sedan	Ardennes
Wadimont, 5 ½	Rethel	Ardennes
Wadonville-en-Wœvre, 5 ½	Verdun	Meuse
Wagnon, 3 ½	Rethel	Ardennes
Wahagnies, 4 ½	Lille	Nord
Wahlenheim, 2 ½	Haguenau	Bas-Rhin
Wail, 4 ½	St.-Pol	Pas-de-Cal.
Wailly, 2 ½	Arras	Pas-de-Cal.
Wailly, 2	Montreuil	Pas-de-Cal.
Wailly, 4	Amiens	Somme
Walbach, 2 ¾	Altkirch	H.-Rhin
Walbach, 2 ½	Colmar	Haut-Rhin
Walbourg, 2	Haguenau	Bas-Rhin
Walck (*Bitschoffen*), 3	Haguenau	Bas-Rhin
Waldersbach, 6 ½	St.-Dié	Vosges
Wald'hausen, 8	Sarreguemines	Moselle
Waldolwisheim, 1 ½	Saverne	Bas-Rhin
Walincourt, 4 ½	Cambrai	Nord
Wallheim, ½	Altkirch	Haut-Rhin
Wallers, 4 ¼	Avesnes	Nord
Wallers, 7 ¾	Douai	Nord
Wallon-Cappel, 1 ¾	Hazebrouck	Nord
Waltenheim, 5	Saverne	Bas-Rhin
Waltenheim, 3 ½	Altkirch	H.-Rhin
Waltighoffen, 2 ½	Altkirch	H.-Rhin
Waly, 7	Bar-le-Duc	Meuse
Wambaix, 2 ½	Cambrai	Nord
Wambercourt, 5 ½	Montreuil	Pas-de-Cal.
Wambrechies, 1 ½	Lille	Nord
Wamin, 6 ½	St.-Pol	Pas-de-Cal.
Wanchy, 4	Neufchâtel	Seine-Inf.
Wancourt, 1 ½	Arras	Pas-de-Cal.
Wandignies, 4 ½	Douai	Nord
Wandonne, 5 ½	St.-Omer	Pas-de-Cal.
Wanel, 4 ½	Abbeville	Somme
Wangen, 5 ½	Strasbourg	B.-Rhin
Wangenbourg, 8	Strasbourg	B.-Rhin
Wannehain, 4	Lille	Nord
Wanquetin, 4	Arras	Pas-de-Cal.
Wantzenau (la), 2 ½	Strasbourg	Bas-Rhin
Warcq, 1	Mézières	Ardennes
Warcq, 5	Verdun	Meuse

Communes.	Arrondissem.	Départem.
Warde-Mauger (la), 6	Montdidier	Somme
Wardrecques, 2	St.-Omer	Pas-de-Cal.
Warcy, 2	Montdidier	Somme
Wargemoulin, 3 ½	Ste.-Menehould	Marne
Warguies, 4	Doullens	Somme
Wargnies-le-Grand, 9	Avesnes	Nord
Wargnies-le-Petit, 8 ¾	Avesnes	Nord
Warhem, 3	Dunkerque	Nord
Warlencourt, 5	Arras	Pas-de-Cal.
Warlincourt-lès-Pas, 5 ½	Arras	Pas-de-Cal.
Warling, 5 ½	Douai	Nord
Warloy-Baillon (*Guibermesnil*), 5	Amiens	Somme
Warluis, 1 ½	Beauvais	Oise
Warlus, 2 ½	Arras	Pas-de-Cal.
Warlus, 7	Amiens	Somme
Warluzel, 6 ½	St.-Pol	Pas-de-Cal.
Warmériville, 4 ¾	Rheims	Marne
Warnecourt, 1 ½	Mézières	Ardennes
Warneton (Bas), 4	Lille	Nord
Warneton (Sud-), 3 ¾	Lille	Nord
Warnimont, 7 ½	Briey	Moselle
Warvillers, 5	Montdidier	Somme
Wasigny, 3	Rethel	Ardennes
Wasnes-au-Bac, 3 ¾	Douai	Nord
Wasquehal, 1 ½	Lille	Nord
Wasselonne, 5 ½	Strasbourg	Bas-Rhin
Wasserbourg, 5	Colmar	Haut-Rhin
Wassigny, 8 ¾	Vervins	Aisne
WASSY,	ch.-l. d'arr., 57	H.-Marne
Wast (le), 3 ½	Boulogne	Pas-de-Cal.
Watronville, 3 ½	Verdun	Meuse
Watten, 6 ½	Dunkerque	Nord
Wattignies, 4 ¼	Avesnes	Nord
Wattignies, 1 ½	Lille	Nord
Wattigny, 5 ¾	Vervins	Aisne
Wattrelos, 5 ½	Lille	Nord
Wattwiller, 9	Belfort	Haut-Rhin
Waudrechies (*Flaumont*), ½	Avesnes	Nord
Wavans, 6 ¾	St.-Pol	Pas-de-Cal.
Wavignies, 6 ¼	Clermont	Oise
Waville, 4 ¾	Metz	Moselle
Wavrans, 3 ¼	St.-Omer	Pas-de-Cal.
Wavrans, 1 ½	St.-Pol	Pas-de-Cal.
Wavrechain-sous-Faux, 5 ½	Douai	Nord
Wavrechin-sous-Denain, 8 ½	Douai	Nord
Wavrille, 4 ¾	Montmédy	Meuse
Wavrin, 3	Lille	Nord
Wazemmes, ½	Lille	Nord
Waziers, ½	Douai	Nord
Wee (*Carignan*), 4 ¾	Sedan	Ardennes
Weckolsheim, 3	Colmar	Haut-Rhin
Wegscheid, 6 ½	Belfort	Haut-Rhin
Weidesheim, 3	Sarreguemines	Moselle
Weiler, 7	Haguenau	B.-Rhin
Weinbourg, 5 ¾	Saverne	B.-Rhin
Weiskirchen, 5 ¾	Sarreguemines	Moselle
Weislingen, 6 ½	Saverne	Bas-Rhin
Weitbruch, 1 ½	Haguenau	Bas-Rhin
Weiterswiler, 4	Saverne	Bas-Rhin
Welferding, ½	Sarreguemines	Moselle
Welles, 6	Clermont	Oise
Wemaers Cappel, 4	Hazebrouck	Nord
Wentzwiller, 5	Altkirch	Haut-Rhin

Communes.	Arrondissem.	Départem.	Communes.	Arrondissem.	Départem.
Werentzhausen, $3\frac{1}{2}$	Altkirch	Haut-Rhin	Wisse, $3\frac{1}{2}$	Château-Salins	Meurthe
Werwick, 4	Lille	Nord	Wissembourg*, 7	Haguenau	B.-Rhin
Werwal (le) (Quesques), $6\frac{1}{2}$	Boulogne	Pas-de-Cal.	Wissignecourt, $3\frac{1}{2}$	Laon	Aisne
			Wissous, 5	Corbeil	Seine-et-O.
West-Bécourt, $3\frac{1}{2}$	St.-Omer	Pas-de-Cal.	Wisviller, 2	Sarreguemines	Moselle
West-Cappel, 4	Dunkerque	Nord	Wittelsheim, $9\frac{1}{2}$	Belfort	Haut-Rhin
Westhalten, 4	Colmar	Haut-Rhin	Wittenheim, 6	Altkirch	Haut-Rhin
Westhausen, $3\frac{1}{4}$	Schélestatt	Bas-Rhin	Witternesse, $7\frac{1}{2}$	Béthune	Pas-de-Cal.
Westhausen, $2\frac{1}{2}$	Saverne	Bas-Rhin	Witternheim, $4\frac{1}{2}$	Schélestatt	Bas-Rhin
Westhoffen, $5\frac{1}{4}$	Strasbourg	Bas-Rhin	Wittersbourg, 10	Château-Salins	Meurthe
Westreheim, $7\frac{1}{2}$	Béthune	Pas-de-Cal.	Wittersheim, 2	Haguenau	Bas-Rhin
Wettolsheim, 1	Colmar	Haut-Rhin	Wittes, $3\frac{1}{4}$	St.-Omer	Pas-de-Cal.
Weyer, $6\frac{1}{4}$	Saverne	Bas-Rhin	Wittisheim, 3	Schélestatt	Bas-Rhin
Weyersheim, $3\frac{2}{4}$	Strasbourg	Bas-Rhin	Wittring, $2\frac{1}{4}$	Sarreguemines	Moselle
Wickersheim, $3\frac{3}{4}$	Saverne	Bas-Rhin	Witry, 2	Rheims	Marne
Wickerswihr (Holtzwihr), 2	Colmar	Haut-Rhin	Witz (St.-), 8	Pontoise	Seine-et-O.
			Wiwersheim, 3	Strasbourg	Bas-Rhin
Wicquinghen, 4	Montreuil	Pas-de-Cal.	Wizerne, $1\frac{1}{4}$	St.-Omer	Pas-de-Cal.
Wicres, $4\frac{1}{2}$	Lille	Nord	Woël, 7	Verdun	Meuse
Widehem, 4	Montreuil	Pas-de-Cal.	Woellenheim, 5	Strasbourg	Bas-Rhin
Widensohlen, $2\frac{1}{2}$	Colmar	Haut-Rhin	Woërth, 3	Haguenau	Bas-Rhin
Wiège, 4	Vervins	Aisne	Woignarue, $7\frac{1}{2}$	Abbeville	Somme
Wiencourt-l'Equipée, 7	Montdidier	Somme	Woimbey, $7\frac{1}{2}$	Commercy	Meuse
Wierre-au-Bois, $4\frac{1}{2}$	Boulogne	Pas-de-Cal.	Woincourt, $6\frac{1}{2}$	Abbeville	Somme
Wierre-Effroy, 4	Boulogne	Pas-de-Cal.	Woinville, 5	Commercy	Meuse
Wignehies, 3	Avesnes	Nord	Woippy, 1	Metz	Moselle
Wihr-au-Val, 3	Colmar	Haut-Rhin	Woirel, 9	Amiens	Somme
Wihr-en-Plaine, 1	Colmar	Haut-Rhin	Wolfersdorff, $5\frac{1}{2}$	Belfort	Haut-Rhin
Wildenstein, 15	Belfort	Haut-Rhin	Wolfgantzen, $2\frac{1}{2}$	Colmar	Haut-Rhin
Wildersbach, $7\frac{1}{2}$	St.-Dié	Vosges	Wolfisheim, $1\frac{1}{2}$	Strasbourg	Bas-Rhin
Willeman, $3\frac{1}{4}$	St.-Pol	Pas-de-Cal.	Wolfling, $2\frac{1}{4}$	Sarreguemines	Moselle
Willems, $2\frac{1}{2}$	Lille	Nord	Wolfskirchen, $8\frac{1}{2}$	Saverne	Bas-Rhin
Willencourt, $7\frac{1}{2}$	St.-Pol	Pas-de-Cal.	Wolschheim, $1\frac{3}{4}$	Saverne	Bas-Rhin
Willer, $9\frac{1}{2}$	Saverne	Bas-Rhin	Wolschwiller, 6	Altkirch	Haut-Rhin
Willer, 2	Altkirch	Haut-Rhin	Wolxheim, $4\frac{1}{2}$	Strasbourg	Bas-Rhin
Willer, 10	Belfort	Haut-Rhin	Wormhoudt*, 4	Dunkerque	Nord
Willeroncourt, $4\frac{1}{2}$	Commercy	Meuse	Woutsweiller, $1\frac{1}{2}$	Sarreguemines	Moselle
Willerval, 2	Arras	Pas-de-Cal.	Ws, 3	Pontoise	Seine-et-O.
Willgottheim, 5	Strasbourg	Bas-Rhin	Wuadsincourt, $6\frac{1}{4}$	Rheims	Marne
Willies, 3	Avesnes	Nord	Wuenheim (Soultz), 6	Colmar	Haut-Rhin
Wilshausen, $4\frac{1}{2}$	Saverne	Bas-Rhin	Wulverdinghe, $6\frac{1}{2}$	Dunkerque	Nord
Wilwisheim, $2\frac{1}{2}$	Saverne	Bas-Rhin	Wy, dit Joli-Village, 4	Mantes	Seine-et-O.
Wimereux (Wimille), 1	Boulogne	Pas-de-Cal.	Wyldre, 4	Dunkerque	Nord
Wimille, 1	Boulogne	Pas-de-Cal.			
Wimmenau, $6\frac{1}{2}$	Saverne	Bas-Rhin	**X.**		
Winkel, 5	Altkirch	Haut-Rhin			
Windstein, 4	Haguenau	Bas-Rhin	Xaffevillers, $8\frac{3}{4}$	Epinal	Vosges
Wingen, $6\frac{1}{2}$	Haguenau	Bas-Rhin	Xaintrailles, $3\frac{1}{2}$	Nérac	Lot-et-Gar.
Wingen, $7\frac{1}{4}$	Saverne	Bas-Rhin	Xaintray, $4\frac{1}{4}$	Niort	2 Sèvres
Wingersheim, $5\frac{2}{4}$	Saverne	Bas-Rhin	Xambes, 5	Angoulême	Charente
Wingles, $3\frac{1}{4}$	Béthune	Pas-de-Cal.	Xammes, 8	Toul	Meurthe
Winnezeele, $3\frac{1}{4}$	Hazebrouck	Nord	Xamontarupt, $5\frac{1}{2}$	Epinal	Vosges
Wintershausen, $1\frac{1}{2}$	Haguenau	Bas-Rhin	Xandre (St.-), $1\frac{1}{2}$	La Rochelle	Char.-Inf.
Wintzenbach, $5\frac{1}{2}$	Haguenau	Bas-Rhin	Xanrey, 3	Château-Salins	Meurthe
Wintzenheim, $4\frac{1}{2}$	Strasbourg	Bas-Rhin	Xanton, $2\frac{1}{4}$	Fontenay-le-Comte	Vendée
Wintzenheim, 1	Colmar	Haut-Rhin			
Wirquin (Ouve), $4\frac{1}{2}$	St.-Omer	Pas-de-Cal.	Xaronval, 2	Mirecourt	Vosges
Wirvigne, 3	Boulogne	Pas-de-Cal.	Xermaménil, 2	Lunéville	Meurthe
Wiry-au-Mont, $5\frac{1}{2}$	Abbeville	Somme	Xertigny*, $3\frac{1}{2}$	Epinal	Vosges
Wiry-au-Val (Wiry-au-Mont), $5\frac{1}{2}$	Abbeville	Somme	Xeuilly, 4	Nancy	Meurthe
			Xirocourt, 7	Nancy	Meurthe
Wische, $9\frac{1}{2}$	St.-Dié	Vosges	Xiste (St.-), $4\frac{1}{2}$	Agen	Lot-et-Gar.
Wisembach, 3	St.-Dié	Vosges	Xivray, 5	Commercy	Meuse
Wiseppe, $3\frac{1}{2}$	Montmédy	Meuse	Xocourt, $3\frac{1}{2}$	Château-Salins	Meurthe
Wisnes, $4\frac{1}{2}$	St.-Omer	Pas-de-Cal.	Xonville, $5\frac{1}{2}$	Metz	Moselle
Wisques, 1	St.-Omer	Pas-de-Cal.	Xouaxange, $1\frac{1}{4}$	Sarrebourg	Meurthe
Wissant, 4	Boulogne	Pas-de-Cal.			

Communes.	Arrondissem.	Départem.
Xousse, $5\frac{1}{4}$	Lunéville	Meurthe
Xures, $4\frac{1}{4}$	Château-Salins	Meurthe

Y.

Communes.	Arrondissem.	Départem.
Y, 3	Péronne	Somme
Yaguen (St.-), $6\frac{3}{4}$	St.-Sever	Landes
Yainville, $5\frac{1}{4}$	Rouen	Seine-Inf.
Yan (St.-), 5	Charolles	Saône-et-L.
Yaucourt-Bussu, $3\frac{1}{4}$	Abbeville	Somme
Ybar (St.-), $8\frac{1}{2}$	Tulle	Corrèze
Ybars (St.-), 5	Pamiers	Ariége
Ybourgues (les), $1\frac{1}{2}$	Forcalquier	B.-Alpes
Ychaussas (*Auterive*), $4\frac{1}{2}$	Muret	H.-Garonne
Ydes, $4\frac{1}{4}$	Mauriac	Cantal
Ydeuc (St.-) (*Parame*), $\frac{3}{4}$	St.-Malo	Ille-et-Vil.
Yebleron, $3\frac{1}{2}$	Yvetot	Seine-Inf.
Yèbles, $3\frac{1}{2}$	Melun	Seine-et-M.
Yères, 4	Corbeil	Seine-et-O.
Yermenonville, $5\frac{1}{2}$	Chartres	Eure-et-L.
Yerville, $2\frac{1}{4}$	Yvetot	Seine-Inf.
Yèvre-la Ville, $1\frac{1}{4}$	Pithiviers	Loiret
Yèvre-le-Châtel, $1\frac{1}{4}$	Pithiviers	Loiret
Yèvres, $7\frac{3}{4}$	Bar-sur-Aube	Aube
Yèvrès, $5\frac{1}{4}$	Châteaudun	Eure-et-L.
Ygrande, 6	Moulins	Allier
Ylie (St.-), $\frac{3}{4}$	Dôle	Jura
Ymarre, $4\frac{1}{4}$	Rouen	Seine-Inf.
Ymanville, 7	Le Hâvre	Seine-Inf
Ymeray, $4\frac{1}{2}$	Chartres	Eure-et L.
Ymonville, 7	Chartres	Eure-et-L.
Yolet, 2	Aurillac	Cantal
Yon, 3	Belley	Ain
Yon (St.-), $8\frac{1}{4}$	Rambouillet	Seine-et-O
Yoncq, 5	Sedan	Ardennes
Yorre (St.-), 7	La Palisse	Allier
Yors (St.-), $6\frac{1}{2}$	Auch	Gers
Youx, 9	Riom	Puy-de-Dô.
Ypreville, $4\frac{1}{2}$	Yvetot	Seine Inf.
Yquebeuf, $5\frac{1}{2}$	Rouen	Seine-Inf.
Yquelon, 7	Avranches	Manche
Yrieix (St.-), $\frac{1}{4}$	Angoulême	Charente
YRIEIX (ST.-) *,	ch.-l. d'ar., 107	H.-Vienne
Yrieix-la-Montagne (St.-), 4	Aubusson	Creuse
Yrieix-le-Déjeala (St.-), $8\frac{1}{2}$	Tulle	Corrèze
Yrieix-lès-Bois (St.-), $1\frac{1}{4}$	Guéret	Creuse
Yrieix-sous-Aixe (St.-), $3\frac{1}{4}$	Limoges	H.-Vienne
Yronde, $5\frac{1}{2}$	Clermont	Puy-de-Dô.
Yrouer, $1\frac{1}{4}$	Tonnerre	Yonne
Yssé, $3\frac{1}{4}$	Châteaubriant	Loire-Inf.
YSSINGEAUX *,	ch.-l. d'ar., 129	H.-Loire
Ythaire (St.-), $7\frac{1}{2}$	Mâcon	Saône-et L.
Ytrac, $1\frac{1}{2}$	Aurillac	Cantal
Ytres, 4	Péronne	Somme
Yutz-Basse, $\frac{1}{2}$	Thionville	Moselle
Yutz-Haute (*Yutz-Basse*)	Thionville	Moselle
Yvecrique, $2\frac{1}{4}$	Yvetot	Seine-Inf.
Yvernaumont, 2	Mézières	Ardennes
Yves, $3\frac{1}{4}$	Rochefort	Char.-Inf
Yvetaux (les), 5	Argentan	Orne
Yvetot, 1	Valognes	Manche
YVETOT *,	ch.-l. d'ar., 45	Seine-Inf.
Yvi (St.-), $3\frac{1}{4}$	Quimper	Finistère
Yvias, 8	St.-Brieuc	Côtes-du N.
Yviers, 5	Barbezieux	Charente
Yvignac, 5	Dinan	Côtes-du N.
Yville, 5	Rouen	Seine-Inf.
Yvoine (St.-), $1\frac{1}{4}$	Issoire	Puy-de-Dô.
Yvoy-le-Pré, $6\frac{1}{4}$	Sancerre	Cher
Yvrac, $5\frac{1}{4}$	Angoulême	Charente
Yvrac, $2\frac{1}{2}$	Bordeaux	Gironde
Yvrandé, $3\frac{1}{2}$	Domfront	Orne
Yvré-l'Evesque, $1\frac{1}{4}$	Le Mans	Sarthe
Yvré-le-Pôlin, $5\frac{1}{2}$	La Flèche	Sarthe
Yvrench, $3\frac{3}{4}$	Abbeville	Somme
Yvrencheux, $3\frac{1}{4}$	Abbeville	Somme
Yys (les), 7	Nogent-le-Rotrou	Eure-et-L.
Yzengremer, $6\frac{1}{2}$	Abbeville	Somme
Yzernay, $8\frac{1}{4}$	Beaupreau	Maine-et-L.
Yzeron, 4	Lyon	Rhône
Yzeure, $\frac{1}{2}$	Moulins	Allier
Yzeures, 11	Loches	Indre-et-L.
Yzosse, 1	Dax	Landes

Z.

Communes.	Arrondissem.	Départem.
Zacharie (St.-), 7	Brignoles	Var
Zalana,	Corte	Corse
Zarbeling, $4\frac{1}{4}$	Château-Salins	Meurthe
Zegers-Capelle, 5	Dunkerque	Nord
Zehnacker, 3	Saverne	Bas-Rhin
Zeinheim, $3\frac{1}{2}$	Saverne	Bas-Rhin
Zellenberg, $3\frac{1}{4}$	Colmar	Haut-Rhin
Zellweiller, $3\frac{1}{4}$	Schelestatt	Bas-Rhin
Zermezeele, 4	Hazebrouck	Nord
Zessingen, 3	Altkirch	Haut-Rhin
Zetting, $1\frac{1}{4}$	Sarreguemines	Moselle
Zeurange, $7\frac{1}{2}$	Thionville	Moselle
Zilia, $2\frac{1}{2}$	Calvi	Corse
Zilling, 3	Sarrebourg	Meurthe
Zillisheim, $2\frac{3}{4}$	Altkirch	Haut-Rhin
Zimmerbach, 2	Colmar	Haut-Rhin
Zimmersheim, 4	Altkirch	Haut-Rhin
Zimming, $6\frac{1}{4}$	Metz	Moselle
Zincourt, $3\frac{1}{4}$	Epinal	Vosges
Zinsing, 2	Sarreguemines	Moselle
Zintswiller, $4\frac{1}{2}$	Haguenau	Bas-Rhin
Zittersheim, 6	Saverne	Bas-Rhin
Zœbersdorf, $4\frac{1}{4}$	Saverne	Bas-Rhin
Zollingen, $9\frac{1}{4}$	Saverne	Bas-Rhin
Zommanges, $6\frac{1}{4}$	Château-Salins	Meurthe
Zondrange (*Marange*), 6	Metz	Moselle
Zoteux (les), 4	Montreuil	Pas-de-Cal.
Zouafques *, 4	St.-Omer	Pas-de-Cal.
Zuani *ou* Tuani, 4	Corte	Corse
Zudausque, 2	St.-Omer	Pas-de-Cal.
Zutquerque, $4\frac{1}{2}$	St.-Omer	Pas-de-Cal.
Zutzendorf, 5	Saverne	Bas-Rhin
Zuydcoote, 2	Dunkerque	Nord
Zuytpeene, 4	Hazebrouck	Nord

FIN.

www.ingramcontent.com/pod-product-compliance
Lightning Source LLC
Chambersburg PA
CBHW050256170426
43202CB00011B/1708